OS X Yosemite

Der umfassende Ratgeber

von
Florian Gründel

Liebe Leserin, lieber Leser,

wie in jedem Jahr haben auch diesmal die Apple-Fans der Veröffentlichung der neuen OS-X-Version entgegengefiebert. Nun hat sich ja auf den ersten Blick eigentlich »nur« das Design des Betriebssystems geändert und an diesem scheiden sich bislang die Geister. Viel spannender sind da aber eigentlich die vielen nicht gleich ersichtlichen kleinen Änderungen, die sich Apple für OS X Yosemite hat einfallen lassen. Da wäre beispielsweise die Funktion Handoff, mit der Sie in Kombination mit einem iPhone Ihre Telefonate direkt vom Mac aus starten können, die Integration von iCloud Drive im Finder oder die Bearbeitung von E-Mail-Anhängen direkt in Mail. All diese Details gilt es zu entdecken. Aber vielleicht haben Sie gerade erst einen neuen Apple-Rechner gekauft und müssen sich erst einmal zurechtfinden in der neuen Welt?

In jedem Fall halten Sie das richtige Buch in den Händen! Denn unser Autor und ausgewiesener Apple-Experte Florian Gründel begleitet Sie als kompetenter Ratgeber durch OS X Yosemite – egal, ob Sie zum ersten Mal mit einem Mac arbeiten oder schon ein alter Hase sind. In zahlreichen Schrittanleitungen lernen Sie anschaulich den Umgang mit Ihrem Mac und nutzen die mitgelieferten Programme, surfen im Internet und verschicken E-Mails. Aber auch als fortgeschrittener Anwender kommen Sie hier voll auf Ihre Kosten und erhalten tiefe Einblicke in das System und jede Menge Tipps für Profis, von der Benutzerverwaltung über verschlüsselte Datensicherungen bis zu den Serverfunktionen.

Dabei können Sie das Buch zum schnellen Nachschlagen, Lernen oder einfach zum Schmökern verwenden. Nutzen Sie das ausführliche Stichwortverzeichnis oder das Inhaltsverzeichnis, um schnell Antworten auf Ihre Fragen zu bekommen, oder arbeiten Sie sich systematisch durch die Kapitel. Darüber hinaus erhalten Sie zahlreiche Praxistipps des Autors und nützliche Hintergrundinformationen für Ihre täglichen Aufgaben am Mac.

Dieses Buch wurde mit größter Sorgfalt geschrieben und hergestellt. Sollten Sie dennoch einmal Fehler finden oder inhaltliche Anregungen haben, freue ich mich, wenn Sie mir schreiben. Ich wünsche Ihnen jetzt aber zunächst viel Spaß beim Lesen und Kennenlernen von OS X Yosemite.

Ihr Lars Wolf
Lektorat Vierfarben

lars.wolf@vierfarben.de
www.facebook.com/vierfarben

Auf einen Blick

Sie haben Fragen, Wünsche oder Anregungen zum Buch?
Gerne sind wir für Sie da:

Anmerkungen zum Inhalt des Buches: lars.wolf@vierfarben.de
Bestellungen und Reklamationen: service@vierfarben.de
Rezensions- und Schulungsexemplare: sophie.herzberg@vierfarben.de

An diesem Buch haben viele mitgewirkt, insbesondere:

Lektorat Lars Wolf
Korrektorat Alexandra Müller, Olfen
Herstellung Norbert Englert
Einbandgestaltung Janina Conrady
Coverfoto © Apple
Typografie und Layout Vera Brauner
Satz Reemers Publishing Services, Krefeld
Druck Himmer, Augsburg

Gesetzt wurde dieses Buch aus der TheSans (9,5 pt/13,25 pt) in Adobe InDesign CC 2014.
Und gedruckt wurde es auf mattgestrichenem Bilderdruckpapier (115 g/m^2).
Hergestellt in Deutschland.

Bibliografische Information der Deutschen Nationalbibliothek
Die Deutsche Nationalbibliothek verzeichnet diese Publikation in der Deutschen Nationalbibliografie; detaillierte bibliografische Daten sind im Internet über http://dnb.d-nb.de abrufbar.

ISBN 978-3-8421-0147-0

© Vierfarben, Bonn 2015
1. Auflage 2015

Vierfarben ist ein Verlag der Rheinwerk Verlag GmbH
Rheinwerkallee 4, 53227 Bonn
www.vierfarben.de

Der Verlagsname Vierfarben spielt an auf den Vierfarbdruck, eine Technik zur Erstellung farbiger Bücher. Der Name steht für die Kunst, die Dinge einfach zu machen, um aus dem Einfachen das Ganze lebendig zur Anschauung zu bringen.

Inhalt

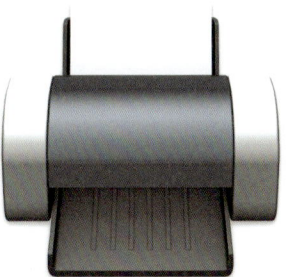

Teil II   Alltägliche Aufgaben am Mac

3   Dateiverwaltung mit dem Finder 107

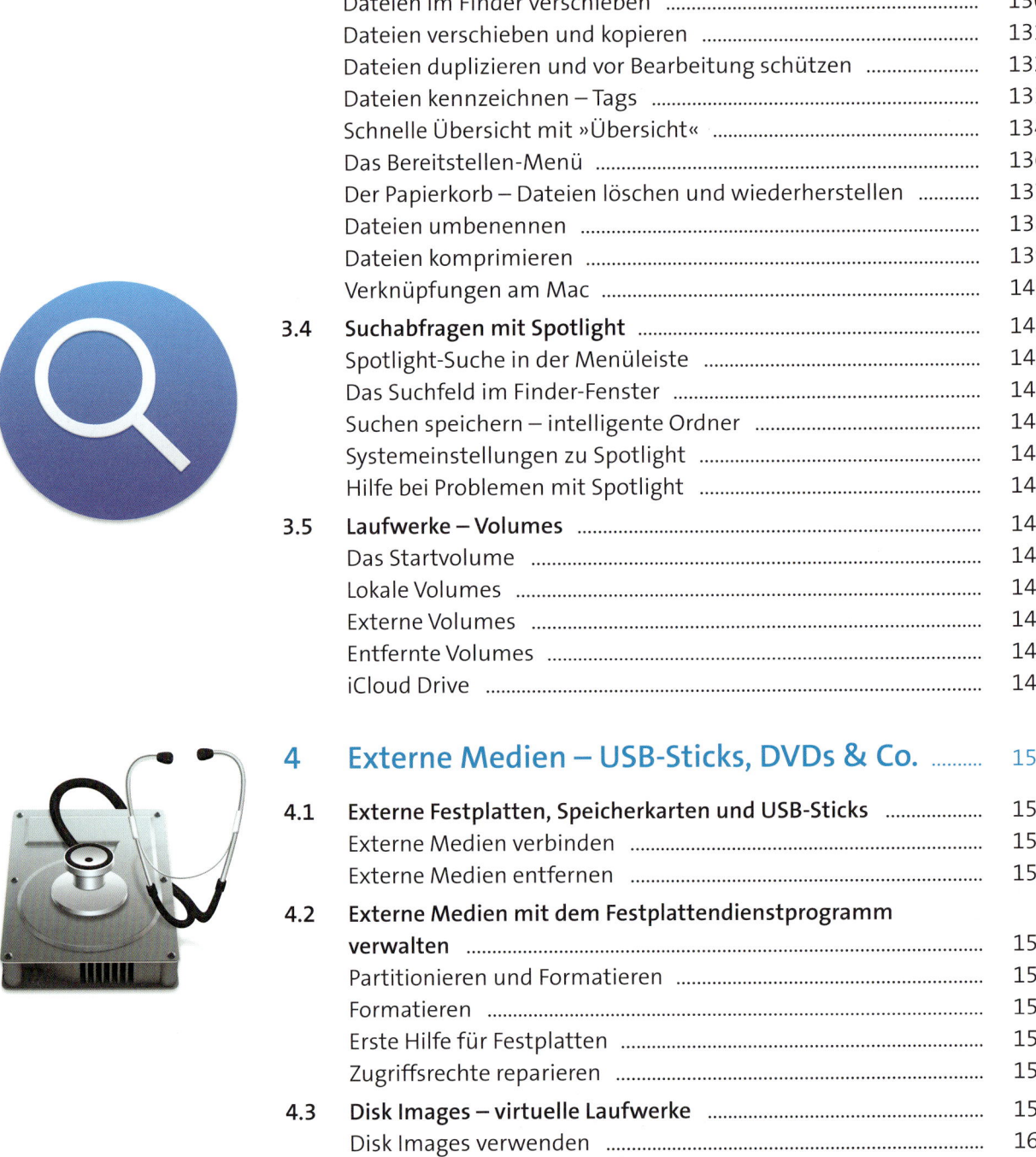

5   Programme auf dem Mac

Teil III   Mit dem Mac im Netz

8 Mail, Kontakte, Karten, Kalender und Erinnerungen

Teil IV   Texte, Musik, Fotos und Videos

11   Pages, Numbers und Keynote – das Produktivitätstrio für den Mac 367

12   iTunes und iBooks: Musik und Bücher genießen

13 Kreativ werden mit iMovie, GarageBand und iPhoto

14 Andere Multimediaprogramme auf dem Mac

Teil V   Die richtigen Einstellungen

17 Benutzer und Gruppen anlegen und verwalten 637

18 Daten und Aufgaben teilen – lokale Netzwerke und Freigaben 659

Teil VI   Der Mac für Power-User

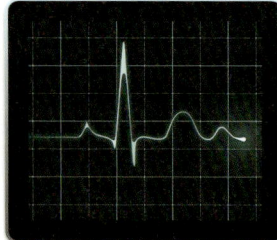

23 Routineaufgaben automatisieren mit Automator und AppleScript

24 Den Mac als Server betreiben 809

25 Die Technologien von OS X – eine Übersicht 825

Für Hannah

Vorwort und Dank

Es freut mich sehr, dass Sie sich für dieses Buch entschieden haben. Ich habe versucht, in meinem mittlerweile sechsten Buch über OS X mal wieder alles unterzubringen, was Sie wissen müssen, um mit Ihrem Mac zurechtzukommen – angefangen bei elementaren Bedienkonzepten über die wichtigsten Programme bis hin zu einem Einblick in die Tiefen des Systems und dem Betrieb als kleinem Server. Aus leider anhaltend unerfreulichem Anlass haben wir auch diesmal das Kapitel zum Thema Sicherheit um den Themenbereich digitale Selbstverteidigung erweitert. Auch wenn »umfassend« auf dem Cover steht, wird selbst bei einem Buch dieser Größenordnung möglicherweise die eine oder andere Information oder der eine oder andere Tipp auf der Strecke geblieben sein. Das Ziel des Buches ist es auch nicht, alles bis zum letzten Handgriff zu erklären, sondern Sie in die Lage zu versetzen, Ihren Mac souverän und mit Freude zu nutzen. Den einen oder anderen Trick, der es nicht ins Buch geschafft hat, kriegen Sie dann locker selbst raus.

Durch meine langjährige Arbeit als Trainer, Dozent, Consultant, Autor und Supporter sowie durch die Erfahrungen als QA-Engineer (sowohl bei einem Anbieter von TV- und Videoprodukten aus dem Mac-Umfeld als auch als freier QA-Engineer für namhafte Softwareunternehmen) habe ich viel über die Bedürfnisse der Benutzer gelernt – und speziell über die Bedürfnisse von Ein- und Umsteigern. In diesem Buch steckt aber nicht nur Wissen aus langjähriger praktischer Erfahrung, sondern auch ganz viel Zeit und Herzblut, daher kann ein solches Buch schon aus rein praktischen Gründen nicht eine Woche nach der Veröffentlichung des Betriebssystems erscheinen, schließlich soll das vermittelte Wissen fundiert und gemäß dem Anspruch des Buches »umfassend« sein. Ich hoffe, Sie profitieren davon. Für Fragen und Anregungen wenden Sie sich bitte an den Verlag. Jede Rückmeldung ist willkommen und hilft uns, also dem Verlag und mir, das nächste Buch noch besser zu machen.

Obwohl der eigentliche Schreibprozess eine ziemlich einsame, nervenzehrende und manchmal an den Wahnsinn grenzende Angelegenheit ist, entsteht so ein Buch nicht durch einen allein. Denn was nützt das beste und umfangreichste Manuskript, wenn es nicht veröffentlicht würde? Neben dem Autor gibt es also Menschen im Umfeld der Entstehung des Buches, deren Beitrag für das Erscheinen mitverantwortlich ist. Ich möchte mich deswegen bei den folgenden Personen von ganzem Herzen bedanken:

- bei meinem Lektor Lars Wolf. Es macht besondere Freude, wenn die eigene Arbeit vom Lektor nicht nur beruflich geschätzt wird.

- bei Katharina Sutter, Jan Watermann, den armen Korrektoren, die meine Kommasetzung ausbaden, und dem Verlag Vierfarben für die professionelle Zusammenarbeit und für die gleichbleibend hohe Qualität der Buchreihe. Eine Qualität, die diese Auflage hoffentlich wieder genauso erfüllt, sodass dieses Buch für Sie so wertvoll ist, wie wir es uns erhoffen.

- bei allen anderen Mitarbeitern von Vierfarben, die an Entstehung, Vertrieb und Marketing beteiligt sind.

- bei meiner Freundin Stephanie Karraß, aus deren Fotofundus ich mich für dieses Buch (mal wieder) bedient habe – dafür, dass ich mir ein Leben ohne sie nicht mehr vorstellen kann. Und dafür, dass sie mich auch mit meinen Schreibkollern erträgt.

- bei Lars Felber, der nicht nur als Freund stets ein offenes Ohr hatte und hat, sondern dessen Expertise, Branchenkenntnis und journalistischer Sachverstand immer wieder eine große Hilfe für mich waren und sind.

- bei meinen Trainerkolleginnen und Trainerkollegen der Apple Sales Training Academy, deren Expertise ebenfalls stets eine große Hilfe ist – mehr geballtes Fachwissen als von diesen Damen und Herren kann man nicht bekommen.

- bei meiner »Familie«: Julia und Johanna Brunner, ohne die ich heute sicher nicht da wäre, wo ich bin.

- und natürlich bei den Entwicklern von OS X, dem weltbesten Betriebssystem.

Ihnen, liebe Leserin und lieber Leser, wünsche ich viel Spaß mit Ihrem Mac. Ich hoffe, dieses Buch ist Ihnen in allen Mac-Belangen stets ein hilfreicher Begleiter.

Florian Gründel
München

Teil I
Erste Schritte am Mac

Kapitel 1
Herzlich willkommen am Mac

Brauchen Sie denn überhaupt ein Buch wie dieses, wenn am Mac doch alles so einfach, selbsterklärend und intuitiv ist? Schnürsenkelbinden und Fahrradfahren sind auch ganz einfach, und trotzdem musste man es einmal lernen. Genauso verhält es sich auch mit dem Mac. Einmal erklärt, ist alles ganz einfach. Dieses Buch hilft Ihnen dabei – als Einstiegshilfe, als Nachschlagewerk oder als Spickzettel.

Herzlich willkommen!

Wahrscheinlich haben Sie sich gerade Ihren (ersten) Mac gekauft oder stehen kurz davor und wollen schon einmal einen Eindruck davon bekommen, was sich mit dem Kauf eines Macs ändert. Je nach Ihren Vorkenntnissen und Gewohnheiten werden Ihnen am Mac unter Umständen einige Dinge vielleicht seltsam erscheinen, andere werden Sie vielleicht nicht dort finden, wo Sie sie erwarten. Sie werden jedoch schnell feststellen, dass das kein Problem ist. Macs sind wegen ihres Betriebssystems OS X so einfach und intuitiv zu bedienen, dass Sie sich schon bald überhaupt nicht mehr vorstellen können, wie Sie zuvor ohne Mac ausgekommen sind.

Warum also ein Buch wie dieses, wenn doch alles so einfach, selbsterklärend und intuitiv ist? Dieses Buch dient als Einstiegshilfe, als Nachschlagewerk und als Spickzettel. Auch wenn vieles sehr einfach und intuitiv ist, ist es dennoch eine große Hilfe, wenn Sie zumindest grundsätzlich wissen, womit Sie es gerade zu tun haben und wie das alles prinzipiell funktioniert.

Dieses Buch wird Ihnen helfen, einen leichten, gut verständlichen und vergnüglichen Einstieg zu finden. Es wird Ihnen nach einem erfolgreichen Einstieg außerdem als Nachschlagewerk dienen – auch über die aktuelle Betriebssystemversion hinaus.

1.1 Die Apple-Computer in der Übersicht

Falls Sie noch keinen Mac ihr Eigen nennen und überlegen, welche Hardware Sie sich zulegen wollen, erfahren Sie in den folgenden Abschnitten alles, was Sie über die Leistungsdaten und Einsatzmöglichkeiten der jeweiligen Modelle wissen müssen, um eine Kaufentscheidung zu treffen. Zunächst finden Sie eine Übersicht über die bei Drucklegung dieses Buches verfügbaren aktuellen Modelle. Anschließend folgen ein paar Hinweise zum Kauf von Gebrauchtgeräten. Wir fangen in der Übersicht mit den Notebooks an, weil einfach zunehmend mehr Notebooks gekauft werden. Einer der häufigsten Gründe dürfte die mobiler gewordene Gesellschaft sein. Viele Leute greifen jedoch aus ganz praktischen Erwägungen zu einem Notebook, weil es einfach weniger Platz wegnimmt. Wird es nicht mehr benötigt, ist es zusammengeklappt sehr platzsparend und lässt sich bequem verstauen.

MacBook Air

Mit Sicherheit die platzsparendsten Macs überhaupt sind die Modelle des MacBook Air. Erhältlich in den Größen 11 und 13 Zoll, sind diese auf das Wesentliche reduzierten Macs auf maximale Mobilität getrimmt. Dazu gehören eine lange Akkulaufzeit, geringes Ge-

Abbildung 1.1
MacBook Air
(Foto: © Apple)

wicht und möglichst viel Konnektivität. Erreicht wird das unter anderem durch Verzicht auf ein Laufwerk für optische Medien. Es können also keine CDs/DVDs eingelegt werden, da kein entsprechendes Laufwerk eingebaut ist. Anstelle einer Festplatte verfügt das MacBook Air über einen Flash-Speicher, wie er auch in SSD-Festplatten verbaut wird. Da bei Flash-Speichern keine mechanischen Teile mehr bewegt werden müssen, wie das bei herkömmlichen Festplatten der Fall ist, wirkt sich das positiv auf Leistung, Wärmeentwicklung und Akkulaufzeit aus. Summa summarum ist das MacBook Air eines der modernsten und in seiner Konzeption wegweisendsten Notebooks.

INFO

Zoll vs. Zentimeter
Maße von Computermonitoren werden für gewöhnlich in Zoll angegeben. Dabei ist stets die Bildschirmdiagonale gemeint. Ein Zoll sind umgerechnet 2,54 cm. Ein Computer wie das kleine Modell des MacBook Air mit seinen 11,6 Zoll hat also eine Diagonale von knapp 30 Zentimetern. Abgekürzt wird die Angabe Zoll durch das Zollzeichen. Wenn Sie also irgendwo die Angabe 15" sehen, wissen Sie, dass es sich um ein Gerät mit 15-Zoll-Display (Bildschirmdiagonale) handelt. Im weiteren Verlauf des Buches wird Zoll ebenfalls nicht mehr ausgeschrieben, sondern die Abkürzung verwendet.

Das MacBook Air ist für Sie der ideale Computer, wenn Sie viel unterwegs sind und der Computer für Sie vorrangig ein Kommunikationsgerät ist.

MacBook Pro

Das MacBook Pro ist die professionelle Variante unter den Notebooks. Das bedeutet nicht, dass das MacBook Air unprofessionell wäre, aber das »Pro« steht in dem Fall für eine umfangreichere Ausstattung und stärkere Prozessoren. Ein MacBook Pro ist für Sie der ideale Computer, wenn Sie viel unterwegs sind, Ihren Mac aber nicht nur als Kommunikations-, sondern auch als Arbeitsmittel für anspruchsvolle Anwendungen wie beispielsweise professionelle Bildbearbeitung und Videoschnitt einsetzen. Das MacBook Pro ist in 13" erhältlich. Es ist der letzte Computer von Apple, der noch mit einem eingebauten optischen Laufwerk verkauft wird.

Abbildung 1.2 *Perfekt ausgestattet: das MacBook Pro (Foto: © Apple)*

*< **Abbildung 1.3***
MacBook Pro mit
Retina-Display
(Foto: © Apple)

MacBook Pro mit Retina-Display

Beim MacBook Pro mit Retina-Display unterscheidet sich der Bildschirm ganz erheblich von denen der anderen MacBook-Pro-Modelle, denn er verfügt mit Auflösungen von 2.560 × 1.600 Pixeln (13") sowie 2.880 × 1.800 Pixeln (15") über eine vielfach höhere Pixeldichte. Apple nennt Displays mit solch extremer Pixeldichte »Retina-Display«, die auch bei den aktuellen iPhone- und iPad-Modellen verbaut sind. Zusätzlich zum Retina-Display setzt Apple bei diesem MacBook-Pro-Modell auf die allerneuesten technischen Errungenschaften, sodass das MacBook Pro mit Retina-Display eines der derzeit modernsten Notebooks auf dem Markt ist. Diese Speerspitze der Technik hat entsprechend ihren Preis. Der ist zwar gerechtfertigt, aber für die meisten Einsteiger dürfte das Gerät schlicht überausgestattet sein.

Mac mini

Der Mac mini ist technisch eigentlich auch ein Notebook, Form und Design machen ihn jedoch zu einem Desktop-Computer, also zu einem stationären Computer für den Einsatz zu Hause oder im Büro. Der Mac mini ist der kleinste und kompakteste Desktop-Computer, den es gibt. Möglich wird das durch den Einsatz von Technik in seinem Inneren, die sonst in Notebooks verbaut wird.

Der Mac mini ist nicht nur wegen seiner geringen Größe und des vergleichsweise günstigen Einstiegspreises ein idealer Computer für Umsteiger aus der PC-Welt. Der Mac mini wird außerdem ohne weitere Hardware – also ohne Tastatur, Maus, Bildschirm etc. – geliefert. Da diese Geräte bei den meisten Umsteigern ohnehin bereits vorhanden sind, lässt sich bereits vorhandene Hardware wie Bildschirm, Maus und Tastatur problemlos auch mit dem Mac mini nutzen. Sie sollten lediglich darauf achten, dass Tastatur und Maus über einen USB-Anschluss (oder über Bluetooth) verfügen. Das ist bei allen modernen Geräten aber mittlerweile Standard. Für den Bildschirm ist gegebenenfalls noch ein Adapter nötig, da Apple als Grafikschnittstellen beim Mac mini HDMI und Thunderbolt 2 verwendet. Ältere Monitore verfügen meist nicht über diese Anschlüsse, daher sollten Sie beim Kauf eines Mac mini wissen, welche Grafikschnittstelle Ihr Monitor hat, und gegebenenfalls gleich einen passenden Adapter dazukaufen.

∧ **Abbildung 1.4** *Der ideale Mac für Umsteiger: Mac mini (Foto: © Apple)*

Der Mac mini ist der ideale Computer für Sie, wenn Sie vom PC auf einen Mac umsteigen wollen und auf ein optisches Laufwerk verzichten können, denn auch im Mac mini wird kein optisches Laufwerk mehr verbaut. Es lassen sich jedoch externe Laufwerke per USB und Thunderbolt anschließen.

iMac

Der iMac ist wahrscheinlich der bekannteste Mac überhaupt – allein schon, weil er aus keiner Bürodekoration im Fernsehen mehr wegzudenken ist. Mit seinem »All-in-one-Konzept« folgt der iMac heute noch den Designprinzipien des ersten Macs von 1984. Über die Jahre hat der iMac viele Designveränderungen erlebt, und auch seine Rolle im Hardwareportfolio von Apple hat sich vom Einsteigergerät zum semiprofessionellen Allrounder gewandelt. Der iMac ist als 21,5"- und 27"-Modell erhältlich, und wenn man ihn zum ersten Mal sieht, ist man wirklich erstaunt, dass es möglich ist, den kompletten Computer auf der Rückseite eines so schmalen Bildschirms unterzubringen.

▲ **Abbildung 1.5** *Der perfekte Allrounder: iMac (Foto: © Apple)*

Der iMac ist der ideale Computer für Sie, wenn Sie keine Abstriche bei Leistung und Design machen wollen, aber nicht auf eine rein professionelle Lösung wie den Mac Pro angewiesen sind. Seit Herbst 2014 ist der 27"-iMac auch mit einem 5K-Retina-Display verfügbar. Dieses Display hat eine sensationelle Auflösung

von 5.120 x 2.880 Pixeln. Mit einem Einstiegspreis von 2.599 Euro ist dieser iMac ein absoluter Preis-/Leistungsknaller, denn zum Teil kosten 4K-Monitore (ohne eingebauten Computer) schon mehr als hier der ganze Computer mit 5K-Display.

Mac Pro

Der Mac Pro ist ein rein professionelles Arbeitsgerät. Auf so einem »Numbercruncher« nur eine E-Mail zu schreiben gibt einem schon beinahe das Gefühl, dieses Leistungswunder sträflich zu unterfordern. Der Mac Pro ist ganz klar für den professionellen Einsatz konzipiert, wo Leistung zählt, wie beispielsweise bei Filmschnitt-, CAD- und Rendering-Anwendungen.

Je nach Einsatzzweck lassen sich an die vielen Anschlüsse des Mac Pro entsprechende Peripheriegeräte anschließen, und die Gesamtausstattung kann dann mitunter so viel wie ein Mittelklasseauto kosten. Der Mac Pro ist ganz sicher kein Einsteigermodell, aber der ideale Computer für Sie, wenn Sie beruflich mit einer der genannten Anwendungen zu tun haben.

Welche Möglichkeiten Sie zur individuellen Konfiguration Ihres Macs haben, lesen Sie im nächsten Abschnitt. Dort geht es um Arbeitsspeicher, Festplatten und Monitore.

▲ **Abbildung 1.6** *Leistung ohne Ende: Mac Pro (Foto: © Apple)*

1.2   Individuelle Konfiguration

Die meisten Käufer fragen sich, ob der ausgewählte Mac in der Standardkonfiguration ausreicht oder ob sie ihn individuell aufrüsten sollen. Es lohnt sich, sich diese Frage vor dem Kauf zu stellen, da ein späteres Erweitern oft gar nicht möglich und bestenfalls mit reichlich Aufwand und hohen Kosten verbunden ist. Sie sind also gut beraten, sich vor dem Kauf zu überlegen, welcher Mac es sein und wie er ausgestattet sein soll.

Egal, für welchen Mac Sie sich entscheiden, Sie müssen ohnehin einige Entscheidungen bezüglich der Ausstattung treffen. In den meisten Fällen wird die Ausstattung durch Ihren konkreten Bedarf oder Einsatzzweck, beispielsweise Videoschnitt oder Grafikbearbeitung, bestimmt. In den meisten anderen Fällen ist die Ausgangssituation weniger eindeutig. Daher folgen hier ein paar allgemeine Ratschläge, die Sie auf jeden Fall in Betracht ziehen sollten, wenn Sie die Ausstattung Ihres Macs planen.

Arbeitsspeicher

Arbeitsspeicher kann man eigentlich nie genug haben, andererseits sollten der Arbeitsspeicher und die damit verbundenen Mehrkosten natürlich in einem vernünftigen und realistischen Verhältnis zum Computer und zum geplanten Einsatzzweck stehen. Für Notebooks der aktuellen Produktpalette sollten z. B. die standardmäßig verbauten 4 bis 8 GByte Arbeitsspeicher (je nach Modell) für die durchschnittliche Nutzung gut ausreichen. Wenn Sie absehen können, dass Sie regelmäßig leistungshungrige Anwendungen im Bereich CAD, Fotobearbeitung oder Videoschnitt nutzen werden, dann sollten Sie über 8 GByte Arbeitsspeicher oder mehr nachdenken. Das Gleiche gilt, wenn Sie Virtualisierungslösungen wie etwa Parallels Desktop einsetzen wollen (Lesen Sie dazu mehr in Kapitel 19, »Windows auf dem Mac«, ab Seite 689.). In solchen Fällen sollte der Mac nicht mit weniger als 8 GByte Arbeitsspeicher ausgestattet sein. Nur beim Mac Pro und beim neuen 27"-iMac mit 5K-Display ist der Arbeitsspeicher nachträglich leicht nachrüstbar.

Festplatten vs. Flash-Speicher (SSD) und Fusion Drive

Grundsätzlich gilt bei Festplatten, was zuvor beim Arbeitsspeicher gesagt wurde: Viel ist schön, und genug ist es nie. Bei stationären Macs wie Mac Pro, iMac und Mac mini empfiehlt es sich also, auf jeden Fall immer möglichst viel Speicherplatz zur Verfügung zu haben.

Interessanter wird die Entscheidung bei mobilen Macs, da hier nicht nur die schiere Größe ein Entscheidungskriterium ist. Zudem sind externe Festplatten mittlerweile so günstig geworden, dass der intern verfügbare Festplattenplatz kein allein ausschlaggebendes Kriterium mehr ist. Mit der Möglichkeit, anstelle einer herkömmlichen mechanischen Festplatte eine auf Flash-Speicherbausteinen basierende Festplatte zu verbauen (Apple nennt solche Laufwerke daher auch Flash-Laufwerke), bieten sich für Nutzer mobiler Computer viele Vorteile. Da ein Flash-Speicher weniger Strom benötigt als eine herkömmliche mechanische Festplatte, wird der Akku des Notebooks weniger beansprucht, was zu einer längeren Akkulaufzeit führt. Die fehlende Mechanik macht sich nicht nur positiv bei der Akkulaufzeit bemerkbar, sondern auch bei der Wärmeentwicklung und bei den Zugriffszeiten. Ein Notebook mit Flash-Speicher startet bedeutend schneller als eines mit einer herkömmlichen Festplatte. Noch drastischer wird das Verhältnis, wenn Sie den Computer nicht ausschalten, sondern nur schlafen legen (Ruhezustand). Quasi mit dem Aufklappen ist der Computer ohne weitere »Bedenksekunden« sofort wieder verfügbar. Gerade für Menschen, die viel unterwegs sind, ist das mitunter der ausschlaggebende Grund, von einem PC zum Mac zu wechseln.

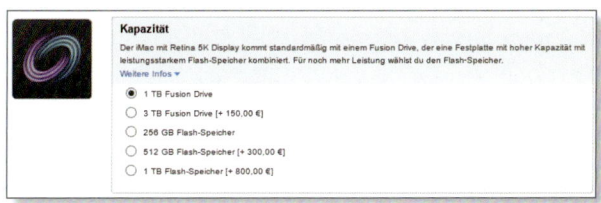

▲ Abbildung 1.7 *Massenspeicheroptionen im Apple Online Store*

Apple bietet mittlerweile nur noch das MacBook Pro ohne Retina-Display standardmäßig mit herkömmlichen Festplatten an, alle anderen Notebooks werden von Haus aus mit Flash-Technologie ausgestattet. Aus Erfahrung kann ich sagen, dass die Vorteile dieser Technologie für Nutzer von Notebooks deutlich überwiegen, und wer einmal ein Notebook mit Flash-Speicher hatte, der kann sich nicht vorstellen, jemals wieder eines mit herkömmlicher Festplatte zu nutzen. Mit Flash-Speicher wird der mobile Mac spürbar schneller, arbeitet ohne bedeutende Wärme- und Geräuschentwicklung, und der Akku hält ebenfalls deutlich länger. Natürlich trägt zur Akkulaufzeit auch die Beanspruchung durch die Anwendungen, die Sie benutzen, bei, aber gerade ein Betriebssystem wie OS X Yosemite nutzt hier alle Möglichkeiten zum Stromsparen und Optimieren von Software aus.

Machen Sie sich also beim Kauf eines MacBook Pro bereits vor dem Kauf Gedanken, ob Sie ein Flash-Laufwerk verwenden wollen, da ein nachträglicher Tausch zwar prinzipiell möglich, aber nicht rentabel ist.

Bei stationären Computern wie Mac mini und iMac haben Sie bei manchen Modellen die Qual der Wahl. Apple bietet zusätzlich zur Wahl zwischen »herkömmlicher« Festplatte und Flash-Speicher eine dritte Option: das sogenannte *Fusion Drive*, das eine Kombination aus Flash-Speicher und Festplatte ist und das Beste aus beiden Welten verbindet. Ein Fusion Drive bietet Ihnen die Geschwindigkeit eines Flash-Speichers und die gigantische Speichermenge von bis zu 3 TByte einer herkömmlichen Festplatte.

Monitore

Nehmen Sie als Erstmonitor bei stationären Computern einen möglichst großen Monitor. Im Falle des Mac mini wäre das also das 27"-Thunderbolt-Display oder beim iMac das 27"- anstelle des 21,5"-Modells. Wenn Sie die Wahl haben, empfehle ich Ihnen, bei gleichwertigen Monitormodellen stets den größeren zu nehmen. Warum den größeren? Egal, wie jung Sie jetzt sind und

wie gut Ihre Augen heute sind, denken Sie sich immer das Wort »noch« dazu. Es ist eine Binsenweisheit, dass es mit zunehmendem Alter anstrengender wird, auf einen Monitor zu sehen. Je größer also der Monitor und je höher die Pixeldichte ist, desto mehr Möglichkeiten haben Sie, den Monitor bzw. seine Auflösung an Ihre sich verändernden Bedürfnisse anzupassen. Ideal ist hier natürlich der iMac mit 5K-Retina-Display. Etwas Besseres können Sie Ihren Augen nicht gönnen. Beim Mac Pro gilt das prinzipiell auch, allerdings spielen hier unter Umständen, je nach Einsatzzweck, noch ganz andere Kriterien eine Rolle, sodass sich in diesem Fall keine allgemeine Empfehlung aussprechen lässt.

∧ **Abbildung 1.8** Nicht nur mit iPad und iPhone möglich, sondern auch mit dem Mac: Bildschirmerweiterung mithilfe von Apple TV. (Foto: © Apple)

Was aber tun bei Notebooks, wo ein größerer Monitor entsprechend mehr Schlepperei bedeutet? Hier haben Sie z. B. beim MacBook Pro 13" bei gleicher Baugröße die Möglichkeit, ein Display mit »normaler« Auflösung zu nehmen oder ein MacBook Pro mit Retina-Display, das sich sehr viel besser eignet, wenn Sie Ihren Computer zwar unterwegs, aber meist lang anhaltend an einem Ort nutzen und er dabei trotz hervorragenden Displays transportabel bleiben soll. Sind Sie hingegen viel unterwegs und brauchen einen möglichst handlichen Begleiter, der meist jedoch nicht allzu lange am Stück läuft, dann wäre vielleicht sogar ein 11"-MacBook-Air eine Überlegung wert. Wenn Sie sich für die möglichst mobile Variante entscheiden, sollten Sie überlegen, einen stationären Zweitmonitor dort zu nutzen, wo Sie meistens arbeiten, um dann bei längeren Arbeitsperioden einen möglichst großen Monitor zur Verfügung zu haben. Eine interessante Option ist hier die Nutzung eines Apple TV. Ein an das Apple TV angeschlossener großer Monitor, Fernseher oder sogar Videobeamer wird so einfach und bequem zum großen Zweitmonitor für Ihren mobilen Mac. Wenn Sie also viel auf Reisen sind, und beispielsweise den Fernseher im Hotelzimmer als großen Zweitmonitor verwenden wollen, ist das Apple TV dafür der perfekte Begleiter. Klein, leicht und günstig.

Alle Macs unterstützen nicht nur die Spiegelung des eingebauten Displays auf einen weiteren Monitor, sondern auch die Display-Erweiterung, sodass Sie dann in den Genuss von zwei (und je nach Modell und Ausstattung sogar drei und mehr) gleichzeitig nutzbaren Displays kommen.

1.3   Gebrauchtgeräte

Apple bietet neben Neugeräten auch generalüberholte Macs im sogenannten *Refurbished Store* an und gewährt für dort erworbene Geräte eine Garantie von einem Jahr.

> **INFO**
>
> **Den Gebrauchten online kaufen**
> Den Refurbished Store erreichen Sie online unter *http://store.apple.com/de/browse/home/special-deals/mac.*

Die Garantie für nagelneue und für generalüberholte Geräte können Sie durch Kauf eines *Apple Care Protection Plan* auf insgesamt drei Jahre verlängern. So erhalten Sie einen halbwegs aktuellen Mac mit einer kleinen Ersparnis im Gegensatz zum Neukauf.

Kaufen Sie einen gebrauchten Mac von privat, kann die mögliche Ersparnis beim Kauf zwar größer ausfallen als im Refurbished Store von Apple, dafür ist aber unter Umständen das Garantierisiko größer. Der zuvor erwähnte Apple Care Protection Plan kann nur innerhalb von zwölf Monaten ab Kaufdatum erworben werden. Kaufen Sie also nun von privat einen gebrauchten Mac, der vor mehr als zwölf Monaten bei Apple (oder einem anderen Händler) gekauft wurde, lassen Sie sich vom Verkäufer schriftlich bestätigen, dass für dieses Gerät ein Apple Care Protection Plan abgeschlossen wurde. Der Apple Care Protection Plan ist ohnehin an das Gerät und nicht den ursprünglichen Käufer gebunden. Der Verkäufer hätte also keinen Vorteil davon, Ihnen den Protection Plan vorzuenthalten.

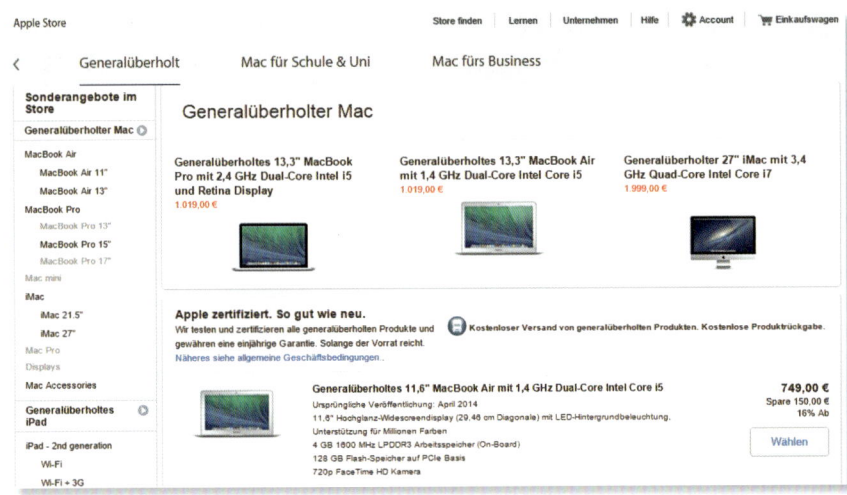

◂ Abbildung 1.9 Hier kaufen Sie einen generalüberholten Mac.

∧ Abbildung 1.10 *Garantieerweiterung von Apple*

Der Kauf eines gebrauchten Macs ohne entsprechende Garantieverlängerung gleicht einem Roulettespiel: Wenn alles gut geht, haben Sie lange Freude an einem tollen Computer, wenn es blöd läuft, gibt der Computer schon einen Tag später den Geist auf. Ein Mac ohne Garantieabdeckung ist in aller Regel ein wirtschaftlicher Totalschaden, da Ersatzteile und Reparatur meist nur geringfügig weniger kosten als ein Neugerät. Anders sieht es aus, wenn der ursprüngliche Kauf des Macs noch keine zwölf Monate her ist. Dann können Sie problemlos für den gebrauchten Mac noch eine Garantieverlängerung erwerben.

INFO

Apple Care Protection Plan
Der Apple Care Protection Plan ist eine Verlängerung der Garantie Ihres Macs auf insgesamt drei Jahre. Er deckt innerhalb dieses Zeitraums Reparaturen an Ihrem Mac ab und beinhaltet u. U. auch eine Garantieabdeckung für Zubehör wie Monitore und Wireless-Geräte von Apple und bietet Ihnen einen sehr guten Telefon-Support. Weitere Informationen erhalten Sie unter *www.apple.com/de/ support/products/mac.html*.

Neben der Garantiefrage gibt es beim Kauf eines gebrauchten Macs auch technische Überlegungen. Ein Gebrauchter kann zwar ein gutes Schnäppchen sein, und gerade um eine andere Computerplattform kennenzulernen, ist es eine gute Idee, erst einmal einen gebrauchten Computer, »wo nicht viel schiefgehen kann«, zu kaufen. Aber auch ein gebrauchter Com-

puter sollte wenigstens halbwegs aktuell sein, sonst wird aus dem geplanten Einstieg in eine andere Computerplattform schnell eine Reise in die Computergeschichte. Das schließt also beispielsweise alle Macs aus, die nicht mindestens mit einem Intel-Core-Prozessor bestückt sind, wenigstens Mac OS X 10.7 Lion als Betriebssystem nutzen und über weniger als 4 GByte Arbeitsspeicher verfügen. Macs, die älter sind, geben zwar zum Teil tolle Liebhabergeräte, aber keine guten Einsteigercomputer ab.

Vergewissern Sie sich beim Kauf eines Macs von privat, dass bei Software und Zubehör mindestens Maus, Tastatur und vor allem die Original-Installationsmedien (bis OS X 10.6; ab OS X 10.7 gibt es keine Installationsmedien mehr) enthalten sind.

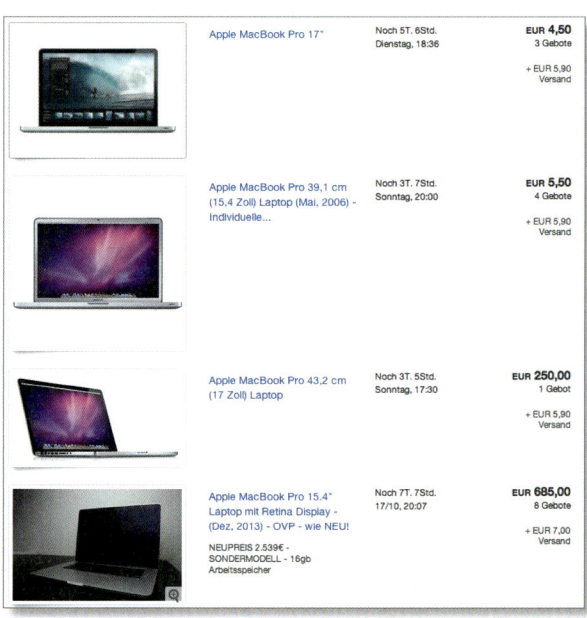

∧ Abbildung 1.11 *Das Internet ist voll von Angeboten gebrauchter Macs.*

1.4 Schnittstellen und Anschlüsse

Schnittstellen sind wesentlich, um mit einem Computer, also auch einem Mac, andere Geräte nutzen und mit diesen interagieren zu können. Im Laufe der Zeit hat es an allen Computersystemen eine Vielzahl von Schnittstellen gegeben. Es ist keine Seltenheit, an einem Computer drei oder sogar mehr verschiedene Schnittstellen für die unterschiedlichsten Arten von anzuschließenden Geräten vorzufinden. Apple war und ist nach wie vor bemüht, die Schnittstellenvielfalt zu reduzieren. Hilfreich war dabei die Verbreitung der USB-Schnittstelle. Die von Apple selbst mitentwickelte FireWire-Schnittstelle konnte sich im Vergleich zu USB nicht so deutlich durchsetzen.

USB und FireWire sind nur zwei Beispiele für den ewigen Ideenwettstreit um die beste – und bestenfalls einzige – Schnittstelle an Computersystemen. Aktuell ist, trotz aller Bemühungen Apples, noch bei den meisten Macs eine bunte Mischung an Schnittstellen zu finden.

USB

USB ist die derzeit universellste Computerschnittstelle, nicht nur bei Macs. Per USB lassen sich viele Eingabegeräte wie Mäuse, Tastaturen, Trackpads, Zeichentabletts und viele mehr anschließen. Ebenso lassen sich externe Festplatten, Drucker, Scanner und selbst Skurrilitäten wie Tassenwärmer und Miniaquarien anschließen.

Es gibt mit USB 1.1, USB 2.0 und USB 3.0 drei unterschiedliche Varianten von USB, die sich vor allem in der Geschwindigkeit des Datentransfers unterscheiden.

Das langsame USB 1.1 ist bei modernen Computern kein Thema mehr. Apple verbaut in den aktuellen Macs ausschließlich die schnellen USB-3.0-Anschlüsse. Im Hinblick auf Apples bereits erwähntes Bemühen um »eine Schnittstelle für alles« sowie auf Apples Beteiligung an der Entwicklung der neuen Schnittstellentechnologie *Thunderbolt* (in der Presse und bei PC-Herstellern anfangs auch *Light Peak* genannt) ist zu erwarten, dass Apple bei zukünftigen Geräten verstärkt auf Thunderbolt bzw. den Nachfolgestandard Thunderbolt 2 (wie etwa beim neuen 27"-iMac mit 5K-Retina-Display und dem Mac-Pro-Modell) setzen wird (siehe Seite 40).

USB-Geräte benötigen, wegen des zentralen Gerätemanagements des Computers, einen direkten Anschluss, lassen sich also nicht ohne Weiteres hintereinanderschalten. Um also z. B. mehr USB-Geräte nutzen zu können, als der Computer Anschlüsse zur Verfügung stellt, ist es nötig, einen USB-Verteiler, einen sogenannten *USB-Hub*, zwischenzuschalten. Das macht die Schnittstelle leider etwas unflexibel.

Ebenfalls unschön ist, dass sich für USB eine wild wuchernde Steckervielfalt entwickelt hat. Zusätzlich gibt es für manche Anwendungszwecke abweichende herstellerspezifische Stecker und Buchsen. Prominentestes Beispiel ist hier der *Lightning Connector* von Apple für Mobilgeräte wie iPad, iPod und iPhone.

∧ **Abbildung 1.12** *USB-Steckervielfalt (Quelle: Wikipedia)*

Die maximal erreichbare Geschwindigkeit bei der Datenübertragung ist bei USB 2.0 langsam und nicht mehr zeitgemäß. Bei USB 3.0 wurde zwar das Geschwindigkeitsproblem weitgehend gelöst, die anderen Probleme bleiben jedoch bestehen. Es ist aber weder ein Problem noch ein Nachteil, wenn ein heute neu gekaufter Mac vor allem über eine Vielzahl von USB-Schnittstellen verfügt: Da viele Geräte weiterhin per USB verbunden werden, hat man lieber einen USB-Anschluss zu viel als einen zu wenig.

∧ **Abbildung 1.13** *Rechts sehen Sie den USB-Anschluss mit seinem Logo. (Foto: © Apple)*

FireWire

FireWire ist eine von Apple entwickelte Schnittstelle zur schnellen Datenübertragung zwischen Computern und Peripheriegeräten, wie z. B. externen Festplatten oder Videokameras. FireWire-Geräte lassen sich über einen Hub am Mac anschließen, Sie können sie jedoch auch – im Gegensatz zu USB – hintereinander in Reihe schalten.

Es gibt zwei FireWire-Standards, die sich hinsichtlich Steckertypen und Übertragungsgeschwindigkeit unterscheiden: *FireWire 400* und *FireWire 800*.

Der schnellere Standard FireWire 800 ist jedoch mit FireWire 400 abwärtskompatibel, sodass sich mit einem entsprechenden Steckeradapter auch Geräte beider Standards problemlos verbinden lassen. In diesem Fall ist jedoch die Maximalgeschwindigkeit im Geräteverbund nur so schnell wie das langsamste Gerät. Wenn Sie beispielsweise drei externe Festplatten an Ihren Mac angeschlossen haben, von denen zwei dem Standard FireWire 800 entsprechen und eine dem Standard FireWire 400, arbeiten alle Geräte nur mit der Geschwindigkeit von FireWire 400. Als Eselsbrücke bietet sich hier das Sprichwort vom schwächsten Glied einer Kette an – die Kette ist also nur so stark wie ihr schwächstes Glied.

∧ **Abbildung 1.14** *FireWire-800-Stecker und -Buchse (Quelle: Wikipedia)*

Die FireWire-Schnittstelle ist außerdem unter ihrem technischen Namen *IEEE1394* und – speziell im Umfeld von Sony – auch unter dem Namen *i.Link* bekannt. In aktuellen Macs mit FireWire-Schnittstelle wird nur noch FireWire 800 verbaut. Apple hat sich mittlerweile weitestgehend von FireWire verabschiedet. Aktuell verfügt nur noch das 13"-MacBook-Pro (ohne Retina-Display) über eine eingebaute FireWire-Schnittstelle. Wenn Sie jedoch noch viele FireWire-Geräte besitzen und diese weiterhin nutzen möchten, können Sie sich gut mit einem Adapter von Thunderbolt auf FireWire behelfen.

> **INFO**
>
> **Target-Modus**
> An PCs fristete die FireWire-Schnittstelle ein Schattendasein, am Mac war sie jedoch besonders wertvoll, da der Mac so in den sogenannten *Target-Modus* versetzt werden konnte. Glücklicherweise bietet Ihnen die Thunderbolt-Schnittstelle ebenfalls diese Möglichkeit. Der Mac verhält sich in diesem Modus wie eine gewöhnliche externe Festplatte und kann so zu Installations-, Diagnose- oder schlimmstenfalls Rettungszwecken mit einem anderen Mac verbunden und wie eine einfache Festplatte ausgelesen werden. Siehe auch den Abschnitt »Tastaturkommandos beim Einschalten« am Ende dieses Kapitels.

Thunderbolt/Thunderbolt 2

Thunderbolt (manchmal auch *Light Peak* genannt) ist eine neue, von Intel in Zusammenarbeit mit Apple entwickelte Schnittstelle, die externe Peripheriegeräte mit dem Computer verbindet. Im Gegensatz zu FireWire, mit dem sich vor allem externe Geräte mit hohem Datenvolumen wie Festplatten, Videokameras, CD-/DVD-Brenner und professionelle Soundkarten anschließen lassen, und USB für allgemeine Peripheriegeräte ohne allzu große Ansprüche an den Datendurchsatz wie beispielsweise Drucker, Mäuse und Tastaturen können Sie mit Thunderbolt auch Geräte wie z. B. Monitore anschließen, die bislang auf eine eigene Grafikschnittstelle angewiesen waren. Mit Thunderbolt lassen sich bis zu sechs Geräte hintereinanderschalten, sodass Sie z. B. eine externe Festplatte und einen Monitor auf der gleichen Leitung betreiben können. Die Stecker von Thunderbolt sind kompatibel mit dem Grafikanschluss *Apple Display Port*. Die MacBook-Pro-Modelle aus dem Frühjahr 2011 waren die ersten Computer überhaupt, die diese neue Schnittstelle verwendet haben. Mittlerweile hat sich Thunderbolt etabliert, und alle aktuellen Macs sind mit Thunderbolt ausgestattet. Der Nachfolgestandard Thunderbolt 2 unterscheidet sich von Thunderbolt lediglich durch eine Geschwindigkeitssteigerung und damit auch durch einen höheren Datendurchsatz. Dies ist derzeit vor allem im Bereich der professionellen Videoproduktion nützlich. Der Mac Pro (Winter 2013) war der erste Computer, der über Thunderbolt-2-Schnittstellen verfügt hat.

^ **Abbildung 1.15** *Thunderbolt-Anschluss an einem MacBook Pro (Foto: © Apple)*

Bluetooth

Bluetooth ist eine Schnittstelle, von der Sie zunächst gar nichts sehen, da es sich um eine Funktechnologie handelt. Die externen Geräte werden also mit dem Mac bei der Nutzung von Bluetooth nicht physisch miteinander verbunden, sondern über Funk. Bluetooth bietet drahtlose Übertragung im Nahbereich. Es existieren zwar auch Bluetooth-Spezifikationen für weitere Übertragungsstrecken, diese haben sich in der Praxis jedoch kaum durchgesetzt. Üblicherweise beträgt die nutzbare Distanz zwischen Bluetooth-Geräten (Dazu zählen natürlich auch Macs.) maximal ca. 10 Meter. Typische Geräte, die mit Bluetooth angebunden werden, sind einfache Peripheriegeräte wie Mäuse, Tastaturen und Trackpads. Es lassen sich aber z. B. auch Mobiltelefone und Headsets verbinden. Mit einem per Bluetooth verbundenen Headset können Sie beispielsweise Programme wie Nachrichten oder Skype sehr viel komfortabler nutzen, als wenn sie mit Kabeln am Mac »angeleint« sind.

Alle aktuellen Macs sind von Haus aus mit dem aktuellen Standard Bluetooth 4.0 ausgestattet. Der Vorteil von Bluetooth besteht darin, dass Sie mehrere Geräte gleichzeitig an den Mac anschließen können, ohne dabei Kabelsalat auf dem Schreibtisch zu haben. Bluetooth 4.0 bietet Ihnen, im Vergleich zu den Vorgängerversionen, vor allem eine deutlich verbesserte Energieeffizienz. Das bedeutet, dass Geräte, die ebenfalls Bluetooth 4.0 unterstützen, im laufenden Betrieb sehr wenig Energie benötigen und somit stromsparender sind. Das macht sich vor allem bei Produkten wie z. B. Bluetooth-Schlüsselanhängern bemerkbar. Bluetooth 4.0 ist wesentliche Bedingung dafür, dass Sie die mit OS X Yosemite und iOS 8.1 neu eingeführten Continuity-Funktionen wie Handoff nutzen können: Sie können Dateien oder Arbeitsvorgänge also bequem auf einem Mac beginnen und auf einem iOS-Gerät unmittelbar fortsetzen.

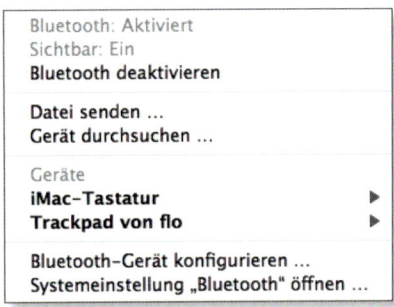

^ **Abbildung 1.16** *Das Bluetooth-Menü von OS X*

Ethernet

Ethernet wird umgangssprachlich ganz allgemein einfach als »Netzwerkanschluss« bezeichnet. Es kann prinzipiell in unterschiedlichen Geschwindigkeiten ausgeführt sein, wobei die Geschwindigkeiten 10 und 100 Mbit/s kaum noch von Bedeutung sind. In aktuellen Macs wird nur Gigabit-Ethernet mit 1.000 Mbit/s eingesetzt. Ethernet ist abwärtskompatibel, jedoch bestimmt die langsamste Komponente die Gesamtgeschwindigkeit im Netzwerk. Wenn Sie also z. B. zwei Computer mit Gigabit-Ethernet über einen 100-Mbit/s-Switch verbinden, beträgt die für alle nutzbare Netzwerkgeschwindigkeit eben nur 100 Mbit/s. Bis auf das MacBook Air und das MacBook Pro mit Retina-Display hat jeder aktuelle Mac mindestens einen Ethernet-Anschluss. Der Mac Pro hat sogar zwei. Beim MacBook Air und beim MacBook Pro lässt sich der Ethernet-Anschluss über einen Adapter (sowohl für USB als auch für Thunderbolt) nachrüsten.

⌃ **Abbildung 1.17** *Ethernet-Anschluss* ❶ *bei einem Mac mini (Foto: © Apple)*

Wireless LAN (WLAN)

Wireless LAN (WLAN) wird für drahtlose Netzwerkverbindungen genutzt und ist in allen aktuellen Macs verbaut. WLAN gibt es in verschiedenen Geschwindigkeitsstandards: 802.11a, 802.11b, 802.11g, 802.11n und 802.11ac. Apple verwendet für neue Geräte 802.11ac. Das MacBook Air aus dem Frühjahr 2013 war der erste Mac, der mit 802.11ac ausgestattet wurde.

```
Netzwerke suchen …
WLAN deaktivieren

ALICE-WLAN80
FRITZ!Box 7170
FRITZ!Box 7312
FRITZ!Box 7362 SL
FRITZ!Box Fon WLAN 7270
FRITZ!Box WLAN 3170
GuestDNET
KD WLAN Hotspot+
Mossman Net
Sweetrosie
Sweetrosie5
Telekom
TP-LINK
WirelessDNET
WLAN-016C17
WLAN-6C5D49
WOITL
Wolf

Mit anderem Netzwerk verbinden …
Netzwerk anlegen …
Systemeinstellung „Netzwerk" öffnen …
```

⌃ **Abbildung 1.18** *WLAN ist mittlerweile omnipräsent.*

Ebenso wie bei kabelgebundenen Netzwerkverbindungen gilt auch hier: In Netzwerken, in denen Geräte unterschiedliche Geschwindigkeitsstandards haben, ist die Gesamtgeschwindigkeit im Netz so hoch wie die des langsamsten Geräts.

Schnittstellen für externe Monitore

Mobile Macs und der iMac haben ja bereits ein Display eingebaut, aber der Mac mini und der Mac Pro benötigen einen externen Bildschirm. Um also einen Bildschirm anschließen zu können, braucht ein Computer eine Grafikschnittstelle. Wie bei allen anderen Anschlüssen gibt es auch bei den Grafikschnittstellen viel Auswahl. An Macs aus der aktuellen Produktpalette können Ihnen die folgenden Schnittstellen begegnen:

- HDMI
- Thunderbolt bzw. Apple Display Port

Für alle anderen Anschlüsse gibt es entsprechende Adapter, um von dem einen auf den anderen Standard zu kommen und so Geräte unterschiedlicher Standards miteinander verbinden zu können. Thunderbolt und Apple Display Port nutzen den gleichen Stecker, es sind jedoch unterschiedliche Technologien. Thunderbolt ist abwärtskompatibel mit Apple Display Port.

⌃ **Abbildung 1.19** *HDMI-* ❷ *und Thunderbolt-Schnittstelle* ❸ *an einem Mac mini (Foto: © Apple)*

Audioschnittstellen

Um Audiosignale in den Mac hinein- und aus dem Mac herauszubekommen, gibt es Audioanschlüsse. Glücklicherweise haben Sie hier nicht so viel Auswahl wie bei anderen Schnittstellen, sondern Sie können nur zwischen analog und digital wählen. Beachten Sie hier, dass zwar alle Macs über einen Audioausgang, z. B. für einen Kopfhörer, verfügen, aber nicht alle Modelle auch einen Audioeingang bieten. Bei Modellen, die über keinen Audioeingang verfügen, können Sie diesen beispielsweise mittels einer externen Soundkarte via USB oder Thunderbolt nachrüsten.

⌃ Abbildung 1.20 *Der Audioeingang* ④ *und Audioausgang* ⑤ *an einem Mac mini – jeweils kombiniert analog/digital (Foto: © Apple)*

Sonstige Schnittstellen

Darüber hinaus gibt es ein paar weitere Schnittstellen, die in keine der oben genannten Kategorien passen, hier aber dennoch kurz vorgestellt werden sollen:

- **PCI Express:** Mit der PCI-Express-Schnittstelle lassen sich ältere Mac Pro (die ohnehin nur noch als Gebrauchtgeräte zu bekommen sind) mittels entsprechender Erweiterungskarten z. B. um spezielle Grafik- oder Audiokarten erweitern. Dies ist eine Erweiterungsoption vorrangig für den professionellen Einsatz.

- **SD-Karten-Steckplatz:** Ein SD-Karten-Steckplatz findet sich in vielen Modellen der aktuellen Produktpalette. Damit können SD-Speicherkarten direkt am Mac ausgelesen werden. Das spart den Anschluss eines externen Kartenlesers via USB.

- **Kensington-Diebstahlsicherung:** Der *Kensington Lock* am 13«-MacBook-Pro (ohne Retina-Display) ist keine Schnittstelle im eigentlichen Sinne, da mit diesem keine Hardware verbunden wird, die die Funktionalität erweitert. Stattdessen kann an ihn ein Schloss angeschlossen werden, das als Diebstahlschutz oder zumindest als Diebstahlerschwernis dient (siehe dazu auch den Abschnitt »Zugriffssicherheit: Schutz vor Diebstahl« auf Seite 707 in Kapitel 20, »Sicher ist sicher – Ihre Daten schützen«).

Tastatur, Maus und Trackpad

Ein Mac lässt sich natürlich wie jeder andere Computer auch mit Tastatur und Maus bedienen. Dennoch ist am Mac eben manches ein bisschen anders als an ge-

◁ Abbildung 1.21 *Unersetzliches Eingabegerät seit Mac OS X 10.7: das Trackpad (Foto: © Apple)*

wöhnlichen Computern. Bei der Tastatur fällt der Unterschied nicht so drastisch auf – abgesehen von der etwas anderen Tastenbelegung. Deutlicher werden die Unterschiede vor allem bei den weiteren Eingabegeräten wie Maus und Trackpad. Apple bietet mit der *Magic Mouse* eine einzigartige Maus an, die zum einen wie eine gewöhnliche Maus funktioniert, zum anderen jedoch Gesten, die auf ihrer Oberfläche ausgeführt werden, erkennt. Gänzlich auf Gestenerkennung wiederum ist das *Magic Trackpad* ausgelegt, das – abgesehen von der Größe – im Prinzip dem Trackpad entspricht, das auch in mobilen Macs verbaut wird. Seit Mac OS X 10.7 Lion setzt Apple auch am Mac auf die Bedienlogik der Gestensteuerung, die Sie vielleicht bereits vom iPhone oder iPad kennen, sodass sich OS X seit Version 10.7 im Gegensatz zu den Vorgängerversionen am besten mittels Trackpad bedienen lässt. Das Gleiche gilt natürlich auch für die aktuelle Version 10.10.

Mehr zum Umgang mit Tastatur, Maus und Trackpad erfahren Sie in Kapitel 2, »Die Benutzeroberfläche kennenlernen«, ab Seite 63.

Zubehör

Es gibt eine Unmenge an Zubehör für Macs. Die am häufigsten genutzten Zubehörgeräte dürften dabei wohl Drucker, Scanner, Grafiktabletts und Headsets sein. Einigen dieser Geräte begegnen Sie später im Buch immer wieder.

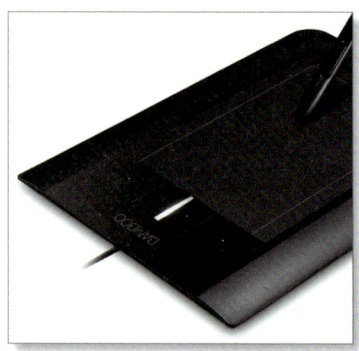

⌃ Abbildung 1.22 *Typisches Zubehör: Grafiktablett (Foto: © Wacom)*

1.5   Den Mac zum ersten Mal starten

Auf jedem neuen Mac ist das neue Betriebssystem, OS X 10.10 Yosemite, bereits vorinstalliert. Das OS – die englische Abkürzung für *operating system*, deutsch: Betriebssystem – basiert auf einem Unix-Kern. Unix ist eines der ältesten Betriebssysteme. Im Lauf der Jahrzehnte gab es stetig neue Varianten von Unix, und auch OS X ist ein offiziell zertifiziertes Unix-System.

Auch wenn es zumindest technisch nicht ganz korrekt ist, kann man das mittlerweile auch bei Computerlaien zumindest vom Namen her bekannte Linux als einen Unix-Ableger bezeichnen. OS X ist also nicht aus dem Nichts entstanden, sondern wurzelt – aufbauend auf seinen Vorgängern Unix, NeXT und dem klassischen Mac.OS – tief in der Computergeschichte.

Mittlerweile wurde mit iOS, dem Betriebssystem für Apples Mobilgeräte wie iPhone, iPad und iPod touch, ein Ableger von OS X geschaffen, der eigenständig weiterentwickelt wird und von dem nun wiederum Technologien zu OS X zurückfließen. Mac OS X 10.7 Lion war die erste Version von OS X, bei der das vor allem durch die Fokussierung auf die Bedienung durch Gesten deutlich wird.

Aber nun genug der trockenen Informationen und der Historie. Sie haben Ihren neuen Mac ja nicht zum Ansehen gekauft.

> **INFO**
>
> **Macs in Museen**
> Sie haben sich Ihren Mac nicht zum Ansehen gekauft, anders sieht das bei vielen Museen aus, die Macs mittlerweile als Klassiker zeitgenössischen Designs ausstellen.

Es wird Zeit für den ersten Start. Abhängig davon, ob es sich bei Ihrem Mac um einen neuen oder einen gebraucht gekauften Computer handelt, kann der erste Startvorgang unterschiedlich ablaufen. Bei einem neu gekauften Mac ist das System größtenteils schon installiert, und der Setupassistent leitet Sie durch die wichtigsten Schritte bei der Einrichtung Ihres neuen Computers. Den Setupassistenten sehen wir uns im nächsten Abschnitt genauer an. Handelt es sich um einen gebrauchten Mac, ist vermutlich bereits eine ältere Version von OS X installiert. Wie Sie in so einem Fall das Betriebssystem auf OS X 10.10 aktualisieren, betrachten wir in Kapitel 21, »Rat und Tat bei Problemen«, ab Seite 739 im Detail.

Egal, ob es sich um den ersten Start eines neuen Macs oder um eine nachträgliche Installation von OS X auf einem gebrauchten Mac handelt, er wird Sie nach dem Drücken des Power-Buttons mit dem bekannten Gong begrüßen, und früher oder später werden Sie dem Migrationsassistenten begegnen, den wir uns im übernächsten Abschnitt ansehen.

Der Setupassistent

Nun gilt es, den Mac einzurichten. Der Setupassistent leitet Sie nach dem ersten Start bzw. am Ende einer Neuinstallation durch die wichtigsten Schritte, um Ihren Mac in Betrieb zu nehmen und den Standardnutzer festzulegen.

> **HINWEIS**
>
> **VoiceOver**
> Die Technologie VoiceOver, die Blinde bei der Bedienung des Macs durch Vorlesen der Bildschirminhalte unterstützt, wird von OS X automatisch aktiviert, wenn der Setupassistent gestartet ist und Sie eine Weile keine Aktion vornehmen. Wundern Sie sich also nicht, falls Ihr Mac plötzlich anfängt mit Ihnen zu sprechen ... er ist nicht »verhext«.

1 Als Erstes sehen Sie einen Willkommensbildschirm. Hier legen Sie Ihr Land fest. Wählen Sie Ihr Land bzw. Ihre Region aus der Liste aus. Sollte Ihr Land nicht in der Liste angezeigt werden, setzen Sie das Häkchen bei **Alle einblenden** ❶ unter der Liste. Anschließend

zeigt die Liste alle verfügbaren Länder an. Wählen Sie das gewünschte Land durch Anklicken aus, und klicken Sie auf **Fortfahren** ❷.

∧ **Abbildung 1.23** *Wählen Sie Ihr Land aus.*

2 Im folgenden Fenster wählen Sie die Tastaturbelegung für Ihre Tastatur. Die Voreinstellung entspricht den Standardeinstellungen für das zuvor angegebene Land. Sollten Sie dennoch eine andere Tastaturbelegung auswählen wollen, setzen Sie auch in diesem Fenster das Häkchen bei **Alle einblenden**. Wählen Sie die gewünschte Tastaturbelegung durch Anklicken aus, und klicken Sie auch hier wieder auf **Fortfahren**.

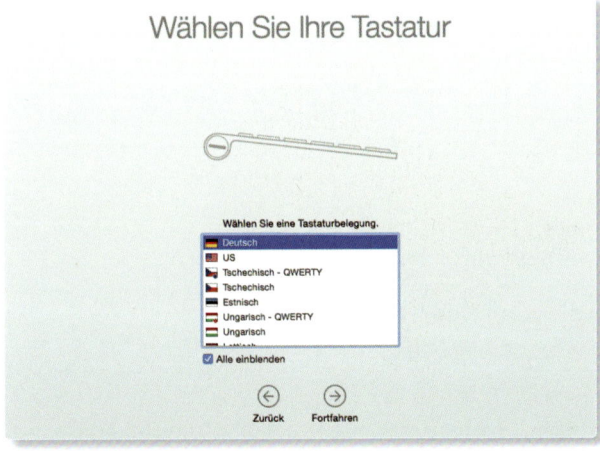

∧ **Abbildung 1.24** *Wählen Sie Ihre Tastaturbelegung aus.*

Unter Umständen begegnet Ihnen im nächsten Fenster bereits der Migrationsassistent. Das ist beispielsweise dann der Fall, wenn Sie Ihren Mac bereits per Kabel mit Ihrem Netzwerk verbunden haben, denn dann entfällt die Frage nach der Netzwerkkonfiguration.

Der Migrationsassistent ist mit der Frage, ob Sie Daten auf diesen Mac übertragen wollen, in den Setupassistenten eingebettet, steht aber auch als eigenes Dienstprogramm zur Verfügung, das Sie später jederzeit aus dem Ordner *Dienstprogramme* heraus starten können. Sie sind also nicht gezwungen, die Daten jetzt sofort von einem anderen Computer auf Ihren Mac zu übertragen. Allerdings ist es empfehlenswert, denn was man hat, hat man. Wir sehen uns den Migrationsassistenten im folgenden Abschnitt, »Der Migrationsassistent«, ab Seite 55 genauer an. Wenn Sie jetzt Ihre Daten übertragen wollen, überspringen Sie den folgenden Schritt und steigen bei Schritt 4 ein.

3 Im nächsten Fenster richten Sie Ihre Netzwerkverbindung ein. Der Setupassistent sucht automatisch nach allen verfügbaren Drahtlosnetzwerken in Ihrer näheren Umgebung und zeigt diese in einer Liste an. Wählen Sie das gewünschte Drahtlosnetzwerk, und geben Sie das Kennwort für das Netzwerk ein.

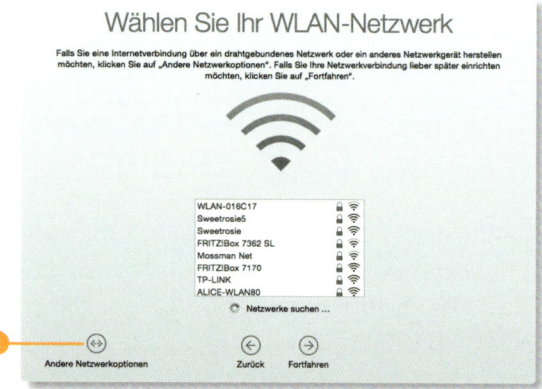

⌃ *Abbildung 1.25* *Wählen Sie Ihr Netzwerk aus.*

Alternativ zu den Drahtlosnetzwerken können Sie auch durch Klick auf **Andere Netzwerkoptionen** ❶

einen anderen Netzwerkzugang oder einfach gar nichts auswählen. In diesem Fall erhalten Sie dann zwar eine entsprechende Meldung, aber die Netzwerkeinstellungen sind für den weiteren Setupverlauf nicht wesentlich, und das Netzwerk lässt sich später jederzeit bequem in den Systemeinstellungen einstellen. Wie Sie einen Internetzugang einrichten, erfahren Sie in Kapitel 7, »Internet und Netzwerk«, ab Seite 243. Klicken Sie zunächst auf **Fortfahren**.

> **TIPP**
>
> **Verbindung fehlgeschlagen?**
> Wenn Sie mit Ihrem neuen Mac nicht in Ihr Drahtlosnetzwerk kommen, obwohl Sie mit Ihrem alten Computer stets problemlos Zugang bekommen haben, könnte das an Ihrem Router liegen. Vermutlich ist er so eingestellt, dass er nur Computer mit einer ihm bekannten bestimmten Hardwarekennung, der MAC-Adresse, ins Netz lässt. Sie müssen in so einem Fall Ihren Mac Ihrem Router also bekannt machen. Konsultieren Sie dazu die Bedienungsanleitung des Routers, da die Einstellung je nach Hersteller unterschiedlich vorgenommen wird. Die MAC-Adresse(n) Ihres Macs finden Sie in den Systemeinstellungen (**Netzwerk >** Schnittstelle auswählen **>** Button **Weitere Optionen ... >** Tab **Hardware**).

4 Der nächste Schritt ist der *Migrationsassistent*, den wir uns im folgenden Abschnitt detaillierter ansehen. An dieser Stelle gehen wir davon aus, dass es nichts zu migrieren gibt. Sie können den Migrationsassistenten auch später jederzeit starten. Oder Sie starten ihn jetzt und blättern entsprechend weiter zum Abschnitt »Der Migrationsassistent« auf Seite 55 in diesem Kapitel (Lesen Sie dazu auch Seite 621 in Kapitel 16, »Dienstprogramme – nützliche Helfer«.). Klicken Sie auf **Fortfahren**.

5 Je nachdem, ob Sie zuvor eine Netzwerkverbindung angelegt haben oder nicht, kann der folgende Schritt bei Ihnen etwas abweichen. Falls ja, sehen Sie nun das Fenster, in dem Sie Ihre Apple-ID eingeben können, falls Sie bereits im Besitz einer solchen sind. Falls Sie noch keine Apple-ID haben, können Sie später jederzeit eine erstellen. Wenn Sie an dieser Stelle die Eingabe der Apple-ID überspringen, haben Sie später in den Systemeinstellungen jederzeit die Möglichkeit, iCloud zu aktivieren. Zum Überspringen klicken Sie auf **Nicht anmelden** und wählen dann **Fortfahren**. Haben Sie zuvor kein Netzwerk angelegt, wird auch das hier beschriebene Fenster nicht angezeigt, und es geht direkt mit der Lizenzvereinbarung weiter.

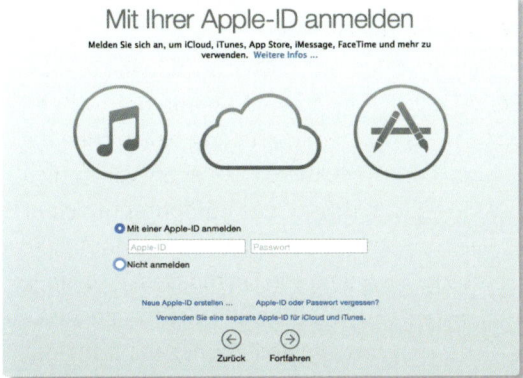

∧ **Abbildung 1.26** *Geben Sie Ihre Apple-ID ein, wenn Sie bereits eine haben.*

6 Im Anschluss sehen Sie die Lizenzvereinbarung, die Sie durch Klick auf **Akzeptieren** und erneuten Klick auf **Akzeptieren** im folgenden Dialogfenster annehmen.

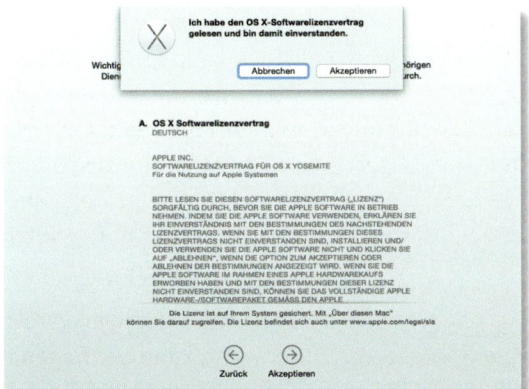

∧ **Abbildung 1.27** *Ohne »Abnicken« der Lizenzvereinbarung geht es nicht weiter.*

7 Der nächste Schritt ist sehr wichtig, denn hier legen Sie den ersten Benutzer – und somit auch Administrator – auf diesem Mac an.

Geben Sie in das Feld **Vollständiger Name** Ihren Namen ein. Der Setupassistent macht, basierend auf dem eingegebenen Namen, im zweiten Feld einen Vorschlag für den **Accountnamen**. Diesen können Sie übernehmen, oder Sie geben einen Namen ein, der Ihnen lieber ist.

8 Geben Sie nun ein **Passwort** ein, und bestätigen Sie es. Geben Sie bei **Merkhilfe** einen Hinweis auf Ihr Kennwort ein für den Fall, dass Sie es einmal vergessen sollten. Nach wiederholter falscher Kennworteingabe am Login-Fenster wird die Merkhilfe eingeblendet. Sie sollten die Merkhilfe daher nicht zu eindeutig ausfallen lassen. Wenn Sie sich sicher sind, dass Sie auf die Merkhilfe verzichten können, können Sie sie auch leer lassen.

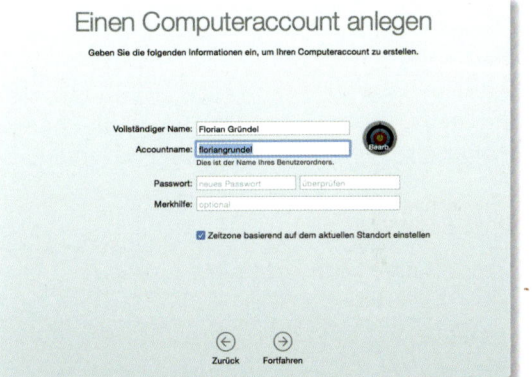

∧ **Abbildung 1.28** *Ihr Benutzerordner wird Ihren Accountnamen tragen.*

9 In diesem Fenster haben Sie außerdem die Möglichkeit, Ihr Benutzerbild festzulegen. Klicken Sie dazu auf das kleine Bild, um ein Dialogfenster zu öffnen, mit dem Sie Ihr Benutzerbild festlegen können.

Wollen Sie mit der eingebauten Kamera Ihres Macs ein Foto erstellen, klicken Sie auf **Kamera**, und klicken Sie dann auf den Button mit dem Kamerasymbol. Es folgen ein kurzer Countdown und ein Aufblitzen des Monitors, und das fertige Bild wird nun angezeigt. Sie können diesen Vorgang so oft wiederholen, bis Sie mit dem Ergebnis zufrieden sind. Mit dem Schieberegler unter dem Bild können Sie die Größe des Bildes anpassen und das Bild gegebenenfalls auch durch Anklicken und Gedrückthalten der Taste verschieben.

▲ **Abbildung 1.29** *Die Kamera in Aktion*

Alternativ klicken Sie auf **Standard** und wählen ein Bild aus der Übersicht durch Anklicken aus. Egal, wofür Sie sich entschieden haben – klicken Sie anschließend auf **Fertig** und dann auf **Fortfahren**.

> **HINWEIS**
>
> **Der Accountname kann nicht mehr geändert werden!**
>
> Es ist ganz wichtig, dass Sie sich darüber im Klaren sind, dass der hier ausgewählte Accountname später nicht mehr (ohne Probleme) geändert werden kann. Dieser Accountname wird auch als Name für Ihren Benutzerordner verwendet, also für den Ordner, in dem Sie Ihre Daten sichern. Wählen Sie also hier einen Kurznamen, mit dem Sie gut leben können, schließlich werden Sie ihn später dauernd sehen.

10 Haben Sie zuvor das Häkchen bei **Zeitzone automatisch anhand des Standorts einstellen** nicht gesetzt, bestimmen Sie im folgenden Fenster die Zeitzone, in der Sie sich befinden. Klicken Sie dazu

in der Weltkarte auf Ihre Region, oder geben Sie den Namen Ihrer Stadt oder einer großen Stadt in Ihrer Nähe in das entsprechende Feld ein. Klicken Sie auf **Fortfahren**.

▲ **Abbildung 1.30** *Legen Sie die Zeitzone fest.*

11 Im nächsten Fenster legen Sie fest, ob Sie anonymisierte Diagnose- und Nutzungsdaten an Apple senden möchten und ob Daten zu Systemabstürzen für Entwickler freigegeben werden sollen. Es liegt bei Ihnen, wie Sie sich hier entscheiden.

12 Anschließend klicken Sie auf **Fortfahren**, um zum nächsten Schritt zu kommen.

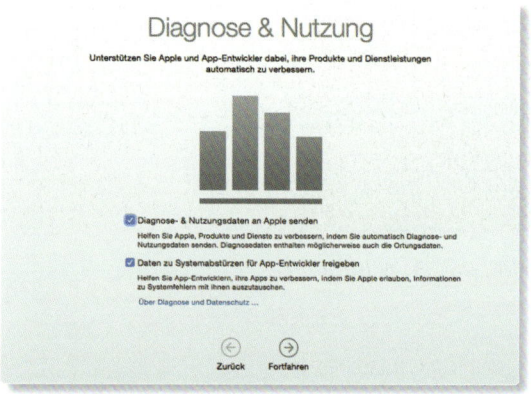

▲ **Abbildung 1.31** *Es liegt bei Ihnen, ob Sie Daten an Apple übermitteln wollen.*

Im nächsten Fenster gibt es nichts zu tun, denn es enthält nur den Hinweis, dass Ihr Mac konfiguriert wird.

Ist dieser Prozess abgeschlossen, wird Ihnen der Anmeldebildschirm angezeigt. Damit ist der Setupassistent beendet und Ihr Mac startklar.

▲ Abbildung 1.32 *Ihr Mac wird konfiguriert, und der Setupassistent wird abgeschlossen.*

Im Anmeldebildschirm geben Sie Ihr zuvor vergebenes Kennwort ein und drücken die Taste ⏎ . Jetzt sehen Sie Ihre neue Arbeitsumgebung, die Sie in Kapitel 2, »Die Benutzeroberfläche kennenlernen«, ab Seite 63 ausführlich kennenlernen werden.

▲ Abbildung 1.33 *Willkommen am Mac!*

Der Migrationsassistent

Der Migrationsassistent hilft Ihnen beim Übertragen von Benutzerdaten Ihres alten Computers, damit Sie mit Ihrem Mac da weitermachen können, wo Sie mit dem alten Computer aufgehört haben. Der Migrationsassistent steht sowohl für OS X als auch für Windows zur Verfügung. Ob Sie den Migrationsassistenten während des Setups starten oder später aus dem Ordner *Dienstprogramme*, macht nur dahingehend einen Unterschied, als dass Sie während des Setups nach Nutzung des Migrationsassistenten keinen Benutzer mehr anlegen müssen, da der ja bereits vom Migrationsassistenten importiert und angelegt worden ist.

> **TIPP**
>
> **Der Migrationsassistent auf dem PC**
> Den Migrationsassistenten für Windows erhalten Sie unter *http://support.apple.com/kb/DL1415?viewlocale=de_DE*. Laden Sie ihn herunter, starten Sie ihn unter Windows, und folgen Sie den Anweisungen. Hinweise und weitere Informationen zum Migrationsassistenten für Windows erhalten Sie auf den Support-Seiten von Apple unter *http://support.apple.com/kb/HT4796?viewlocale=de_DE*.

Nutzen Sie den Migrationsassistenten später, um einen Benutzer mit demselben Kurznamen zu importieren, wird ein neuer Benutzer mit einem neuen Kurznamen angelegt, da nicht zwei Benutzer den gleichen Kurznamen haben können. Die folgenden Schritte zeigen den Migrationsassistenten als Programm aus dem Ordner *Dienstprogramme* (Haben Sie den Migrationsassistenten aus dem Setupassistenten gestartet (siehe dazu Seite 52), lesen Sie ab Schritt 4, wie Sie weiter verfahren.).

1 Starten Sie das Programm Migrationsassistent sowohl auf dem Zielcomputer (Ihrem Mac) als auch auf dem Quellcomputer (einem anderen Mac oder PC im selben Netzwerk). Wenn Sie den Migrationsassistenten während des Setups ausführen, entfällt der Start auf dem eigenen Mac, denn Sie sind ja bereits mittendrin.

Alternativ zu einem anderen Computer im selben Netzwerk können Sie übrigens auch Laufwerke, auf denen sich zu importierende Benutzer befinden, per

USB oder Thunderbolt an Ihren Mac anschließen. So lassen sich beispielsweise Nutzer von einem Mac migrieren, der im Target-Modus gestartet wurde. Was der Target-Modus ist und wie Sie ihn aktivieren, erfahren Sie in Abschnitt »Tastaturkommandos beim Einschalten« am Ende dieses Kapitels.

2 Nach dem Start sehen Sie ein Fenster mit einer Erklärung, dass alle laufenden Anwendungen beendet werden (und der aktuelle Benutzer abgemeldet wird), wenn Sie durch Klick auf die Schaltfläche **Fortfahren** den Migrationsassistenten weiter durchführen.

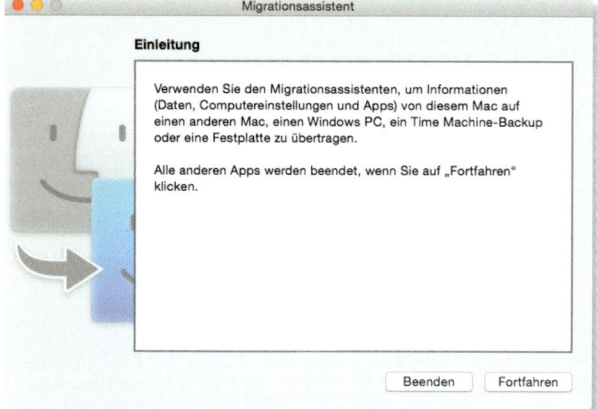

⌃ **Abbildung 1.34** Einleitende Informationen des Migrationsassistenten

3 Geben Sie im folgenden Dialogfenster Ihr Administratorkennwort ein. Daraufhin verändert sich die Oberfläche Ihres Macs. Es ist nun egal, ob Sie den Migrationsassistenten ursprünglich über den Setupassistenten ausgeführt oder ihn über die Dienstprogramme gestartet haben, die folgenden Schritte sind identisch.

4 Wählen Sie zunächst aus, von wo Sie die Daten importieren möchten. Sie haben die Wahl zwischen **Von einem Mac, Time Machine-Backup oder Startvolume** bzw. **Von einem Windows PC**. Soll Ihr Mac der Computer sein, der die Daten nicht importiert, sondern bereitstellt, wählen Sie **Auf einen anderen Mac** aus.

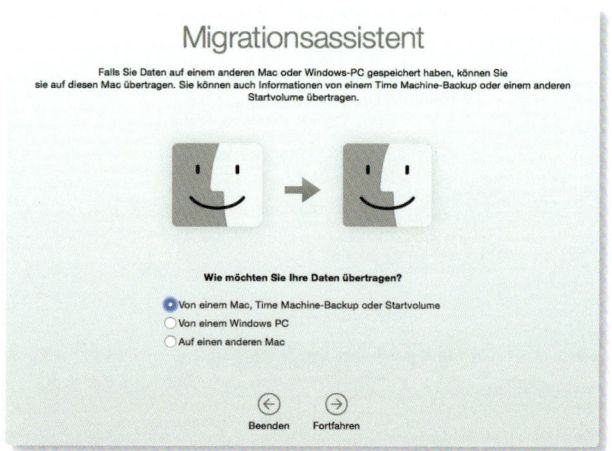

⌃ **Abbildung 1.35** So sieht der Migrationsassistent auf Ihrem Mac aus.

5 Falls Sie Ihre Daten von einem anderen Mac übertragen wollen, wählen Sie auf diesem im folgenden Dialogfenster des Assistenten die Option **Auf einen anderen Mac**.

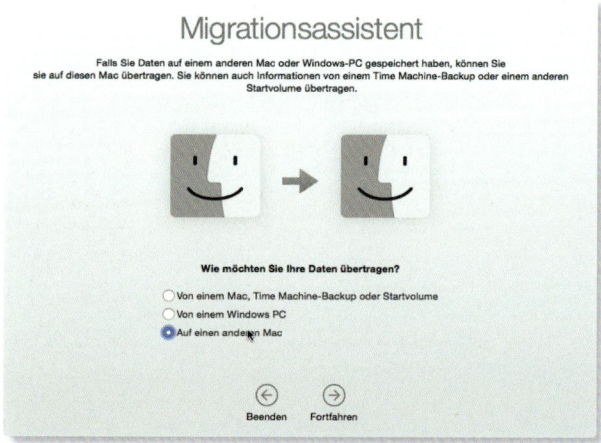

⌃ **Abbildung 1.36** So sieht der Migrationsassistent auf dem anderen Mac aus, von dem die Daten übertragen werden sollen.

6 Klicken Sie auf beiden Computern jeweils auf den Button **Fortfahren**.

7 Auf dem anderen Mac bzw. dem PC, von dem Sie die Daten übertragen möchten, wird nun auf die Verbindung von Ihrem Mac gewartet.

↑ Abbildung 1.37 *Der Migrationsassistent auf dem PC wartet auf Ihren Mac.*

8 Klicken Sie auf Ihrem Mac auf den Button **Fortfahren**. Ihr Mac sucht nach allen verfügbaren Quellen in Ihrem Netzwerk oder an den Anschlüssen Ihres Macs.

9 Im folgenden Fenster zeigt Ihr Mac die gefundenen Quellen an. Hier gilt es, diejenige auszuwählen, von der die Daten übertragen werden sollen. Klicken Sie nach der Auswahl auf **Fortfahren**.

↑ Abbildung 1.38 *Die gewünschte Quelle für die Migration auswählen*

10 Auf beiden Computern wird ein Nummerncode angezeigt. Stimmt der Code überein, klicken Sie auf **Fortfahren**.

↑ Abbildung 1.39 *Sicher ist sicher: Beide Computer müssen denselben Code anzeigen.*

11 Der Quellcomputer wird analysiert, und die verfügbaren Informationen werden auf Ihrem Mac angezeigt. Klicken Sie auf die Kästchen ❶ der Informationen und Inhalte, die Sie auf diesen Mac importieren möchten. Klicken Sie gegebenenfalls bei **Dokumente & Daten** auf den Button **Bearbeiten**, um detaillierte, nutzerspezifische Vorgaben für den Import zu machen. Klicken Sie anschließend auf den Button **Fortfahren**, um die Übertragung der gewünschten Daten zu starten.

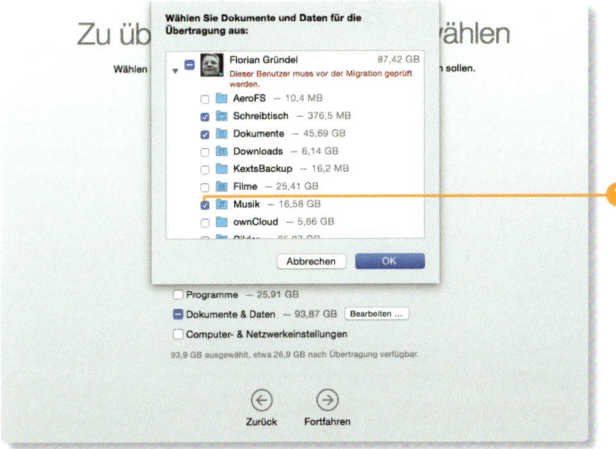

↑ Abbildung 1.40 *Die auf dem Quellcomputer verfügbaren Inhalte gezielt auswählen*

12 Falls bei der Übertragung von Benutzern ein Konflikt entstehen sollte, erhalten Sie hier einen entsprechenden Warnhinweis zusammen mit Informationen, wie der Konflikt gegebenenfalls zu lösen ist. Folgen Sie, falls nötig, den Anweisungen.

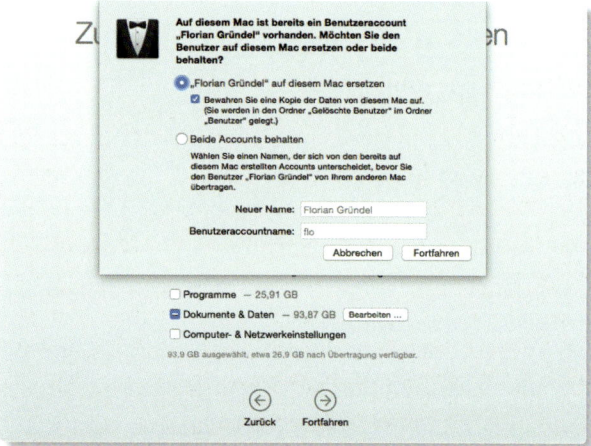

Abbildung 1.41 *Der Migrationsassistent warnt, wenn Benutzer bereits vorhanden sind.*

13 Ist kein Konflikt entstanden bzw. ein entstandener Konflikt gelöst, beginnt nun die Übertragung der Dateien. Je nach Art der Verbindung und Umfang der zu migrierenden Daten dauert der reine Übertragungsprozess ein paar Minuten oder mehrere Stunden. Während der Übertragung zeigen beide Computer entsprechende Statusmeldungen an.

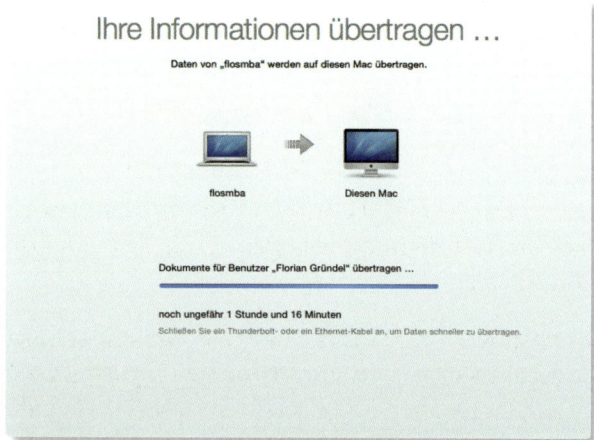

Abbildung 1.42 *Daten werden übertragen.*

14 Nachdem alle gewünschten Daten erfolgreich übertragen wurden, klicken Sie auf **Beenden**. Die importierten Benutzer und Daten sind nun auf Ihrem Mac verfügbar.

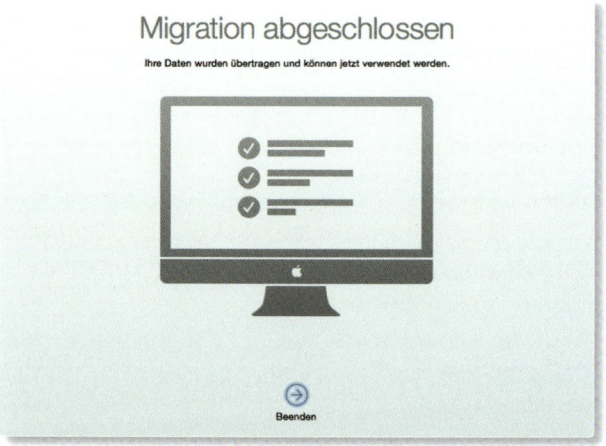

Abbildung 1.43 *Fertig! Die Migration war erfolgreich.*

HINWEIS

Windows-Nutzer müssen ihr Kennwort ändern
Benutzer, die von Windows migriert wurden, müssen beim ersten Anmelden ihr Kennwort zurücksetzen. Der entsprechende Dialog erscheint automatisch bei der ersten Anmeldung.

Abbildung 1.44
Das Kennwort muss nach der Migration von Windows zurückgesetzt werden.

1.6 Den Mac ein- und ausschalten

Jetzt haben Sie Ihren neuen Mac gerade erst gestartet, noch nichts damit gemacht und sollen ihn schon wieder ausschalten? Sie müssen ihn jetzt nicht unbedingt ausschalten, aber Sie sollten den Ausschaltvorgang zumindest einmal gesehen haben.

Optionen beim Ausschalten

Klicken Sie oben links auf dem Bildschirm auf das -Menü, und wählen Sie **Ausschalten**, um Ihren Mac auszuschalten. Im folgenden Dialogfenster haben Sie mehrere Auswahlmöglichkeiten:

- Sie verhindern durch Klick auf den Button **Abbrechen** das Ausschalten.

- Sie tun nichts. Ihr Mac wird dann nach 60 Sekunden ausgeschaltet.

- Sie beschleunigen das Ausschalten. Nach einem Klick auf die Schaltfläche **Ausschalten** wird Ihr Mac sofort ausgeschaltet.

- Sie sorgen durch Setzen des Häkchens bei **Beim nächsten Anmelden alle Fenster wieder öffnen** dafür, dass Ihr Mac exakt den Zustand wiederherstellt, in dem er sich jetzt befindet.

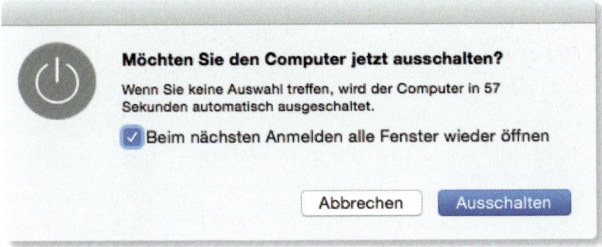

⌃ Abbildung 1.45 *Der Ausschaltdialog*

Vor allem letztere Einstellung ist besonders praktisch, da Sie so den Mac in dem Zustand, in dem er sich gerade befindet (mit allen offenen Fenstern, mitten in der Bearbeitung einer Datei etc.), ausschalten können. Selbst ungesicherte Dokumente gehen nicht verloren, sondern werden beim nächsten Start wiederhergestellt.

Wenn das Häkchen gesetzt ist, können Sie sich sicher sein, dass Sie nach dem nächsten Anmelden alles exakt wieder so vorfinden werden, wie Sie es gerade eben verlassen haben. Das funktioniert sogar über Betriebssystem-Updates hinweg. Apple nennt diese Funktion übrigens *Resume*, englisch für *fortsetzen*.

Der Startvorgang

Nicht nur beim Ausschalten bietet der Mac Besonderheiten, sondern ebenso beim Einschalten. Mit speziellen Tastaturbefehlen beim Einschalten können Sie den Startmodus des Macs verändern. Verantwortlich dafür ist das *Extensible Firmware Interface* (EFI), das ungefähr mit dem vergleichbar ist, was bei einem gewöhnlichen Computer das BIOS ist. Durch bestimmte Tastenkombinationen beim Start können Sie dem EFI sagen, dass der Mac bestimmte Dinge tun oder lassen soll. Das ist vor allem im Support-Bereich oder dann, wenn Sie einmal Probleme haben sollten, sehr hilfreich. Nachfolgend erhalten Sie eine Übersicht über die verfügbaren Kommandos und darüber, wie sie Ihnen von Nutzen sein können.

> **TIPP**
>
> **Hilfe, wenn der Mac nicht startet**
> Hilfe bei Startproblemen bieten die Support-Dokumente *http://support.apple.com/kb/ HT2674?viewlocale=de_DE* und *http://support. apple.com/kb/TS1411?viewlocale=de_DE* auf den Support-Seiten der Website von Apple. Dort werden auch Fehlermeldungen in Form von Piepsen und Blinken erklärt.

Doch zuvor sehen wir uns noch kurz und stark vereinfacht an, welche Dinge ablaufen, wenn Sie Ihren Mac einschalten:

1. **POST:** Nach dem Druck auf den Power-Knopf führt der Mac den sogenannten *Power-On Self Test* (POST) aus. Dabei werden Hardwareschnittstellen initialisiert, und der Arbeitsspeicher wird getestet. Sollte

in diesem frühen Stadium etwas nicht in Ordnung sein, macht der Mac, abhängig vom Modell, durch spezifische Piepgeräusche oder durch Blinken der Power-LED darauf aufmerksam.

2. **Gong:** War beim POST alles in Ordnung, ertönt der bekannte Gong, und der Startvorgang wird mit dem Laden des EFI fortgesetzt. Da beim POST zunächst der Arbeitsspeicher getestet wird, der Gong jedoch das Erste ist, was man als Nutzer nach dem Einschalten wahrnimmt, kann die Zeit zwischen Einschalten und Gong, je nach Menge des verbauten Arbeitsspeichers, unterschiedlich lang sein und einige Sekunden dauern.

INFO

Start ohne Gong
Wundern Sie sich nicht, wenn Sie den Gong beim Start Ihres Macs nicht hören; es kann dafür einfache Gründe geben. Vielleicht haben Sie ja z. B. die Systemlautstärke auf 0 gesetzt, bevor Sie den Mac zuletzt ausgeschaltet haben.

3. **EFI:** An dieser Stelle greifen die zuvor erwähnten Tastaturkommandos in den Standardarbeitsablauf des EFI ein. Je nach Kommando führt das EFI nun spezielle Aufgaben aus. Bleibt ein solches intervenierendes Kommando aus, setzt das EFI den Bootvorgang durch Laden des Kernels fort.

4. **Kernel:** Der Kernel ist quasi die kleinste Zelle des Betriebssystems. Er ist ab hier dafür verantwortlich, dass alle benötigten Teile des Betriebssystems geladen werden.

5. **Login:** Ist das alles erledigt, startet zu guter Letzt das Programm, das für den Login des Benutzers verantwortlich ist. Je nach Einstellung, z. B. bei automatischer Anmeldung, bekommen Sie als Anwender davon gar nichts mit, und das Nächste, was Sie nach dem Einschalten sehen, ist Ihre gewohnte Arbeitsumgebung. Sonst müssen Sie Ihr Passwort und gegebenenfalls Ihren Benutzernamen im Login-Fenster eingeben.

Tastaturkommandos beim Einschalten

In diesem Abschnitt finden Sie eine Übersicht über die Befehle, die Ihnen während des Starts zur Verfügung stehen und die Sie während des EFI, also unmittelbar nach dem Gong, über Eingabe auf Ihrer Tastatur ausführen können.

Falls Sie an Ihrem Mac eine Bluetooth-Tastatur verwenden, müssen Sie daran denken, zusätzlich eine kabelgebundene Tastatur anzuschließen, da die Befehle mit einer Bluetooth-Tastatur nicht verwendbar sind, weil zu dem Zeitpunkt, da der entsprechende Tastaturbefehl das EFI beeinflussen soll, das System Bluetooth noch gar nicht aktiviert hat und also auch keine Bluetooth-Tastatur erkennen und verbinden kann.

- **Target-Modus:** Im Target-Modus wird aus Ihrem Mac eine einfache externe Festplatte, die per FireWire oder Thunderbolt mit anderen Macs verbunden und auf diese Weise ausgelesen werden kann. Das eignet sich vor allem bei der Problembehebung oder bei der Migration. Sie starten den Target-Modus, indem Sie die Taste T während des Starts drücken. Wenn das FireWire- oder das Thunderbolt-Symbol (oder beide) auf dem Bildschirm angezeigt wird, können Sie die Taste loslassen. Um den Modus zu beenden, drücken Sie die Power-Taste Ihres Macs (den An-/Ausschaltknopf).

- **Bootvolume wählen:** Stehen mehrere Volumes zur Verfügung, von denen sich starten lässt (beispielsweise zusätzlich zu OS X auch noch Windows mittels Boot Camp), können Sie beim Start wählen, von welchem Volume gestartet werden soll. Dazu drücken Sie beim Start die Taste alt. Anstatt direkt zu starten, zeigt Ihr Mac nach ein paar Sekunden alle verfügbaren Volumes mit einem startbaren Betriebssystem an. Wählen Sie mit den Pfeiltasten ◄ und ► das gewünschte Volume, von dem Sie starten wollen, aus, und drücken Sie anschließend die Taste ↵. Der Mac startet nun vom ausgewählten Volume. Dieses Volume muss nicht zwingend die eingebaute Festplatte sein. Macs lassen sich von jedem Volume starten, auf dem sich ein ausreichend aktuelles System befindet. Dabei spielt es keine Rolle, ob das System auf der internen Festplatte liegt, auf einem externen Medium oder möglicherweise sogar per Netzwerkverbindung auf einem weit entfernten Server.

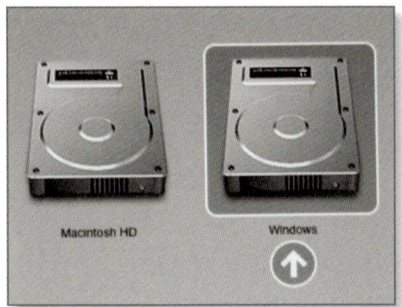

∧ **Abbildung 1.46** *Hier wählen Sie zwischen OS X und Windows.*

- **Von DVD starten:** Um gezielt von einer DVD zu starten, können Sie sich die zuvor beschriebene Auflistung aller Bootvolumes sparen und stattdessen beim Start die Taste C drücken. Der Mac startet dann von der eingelegten DVD.

- **Von einem Netzlaufwerk starten:** Auch wenn Sie gezielt von einem Netzlaufwerk starten möchten, können Sie sich die zuvor beschriebene Auflistung aller Bootvolumes sparen und stattdessen beim Start die Taste N drücken. Der Mac sucht dann beim Start nach verfügbaren Netzlaufwerken. Sobald Sie den blinkenden Globus sehen, lassen Sie die Taste los.

- **CD auswerfen:** Lässt sich eine CD/DVD im laufenden Betrieb partout nicht auswerfen, schalten Sie Ihren Mac aus und drücken beim Neustart des Macs die linke Maustaste bzw. auf das Trackpad. Halten Sie Taste oder das Trackpad so lange gedrückt, bis das Medium ausgeworfen wurde. Anschließend startet Ihr Mac wie gewohnt.

- **Verbose:** In diesem Modus sehen Sie nicht wie gewohnt die einfarbigen Hintergründe, sondern es werden Ihnen die Systemmeldungen angezeigt. Diese Alternative bietet Administratoren eine große

Hilfe, um im Falle des Falles zu erkennen, wo und wann ein Problem auftritt. Im Normalfall wird der Verbose-Modus nicht benötigt. Sie aktivieren ihn durch Drücken von cmd + V während des Starts. Er eignet sich übrigens auch hervorragend dazu, computertechnisch unerfahrene Kollegen und Freunde zu erschrecken.

- **Recovery:** Im Recovery-Modus gelangen Sie zu einer Auswahl an Dienstprogrammen für administrative Tätigkeiten. Den Recovery-Modus sehen wir uns in Kapitel 21, »Rat und Tat bei Problemen«, ab Seite 739 detailliert an. Den Recovery-Modus aktivieren Sie durch Drücken von cmd + R während des Starts.

- **Erweiterungen nicht laden:** In diesem Modus, der vor allem zu Support- und Diagnosezwecken dient, werden alle Kernel-Erweiterungen und Startprozesse deaktiviert, die nicht unbedingt zum Start des Macs gebraucht werden. Diesen Modus starten Sie, indem Sie die Taste ⇧ unmittelbar nach dem Gong drücken (nicht davor!).

- **RAM zurücksetzen:** Ihr Mac sichert grundlegende Einstellungen im sogenannten *PRAM* und *NVRAM*. Das sind Speicherbereiche, deren Inhalte auch dann erhalten bleiben, wenn der Mac ausgeschaltet ist. In einigen seltenen Fällen ist es nötig, diesen Speicher zurückzusetzen, beispielsweise nachdem Sie Arbeitsspeicher getauscht oder aufgerüstet haben.

Das RAM setzen Sie wie folgt zurück:

1 Schalten Sie Ihren Mac aus.

2 Drücken Sie die Tasten alt + cmd + P + R gleichzeitig, und halten Sie sie gedrückt.

3 Schalten Sie jetzt Ihren Mac ein. Sie hören den bekannten Gong, anschließend startet Ihr Mac sofort neu, und der Ton ertönt ein zweites Mal.

4 Lassen Sie nach dem zweiten Gong die Tasten los. Ihr Mac startet nun wie gewohnt. Unter Umständen müssen Sie nun einige Einstellungen (speziell im Bereich Maus, Tastatur, Monitor) erneut vornehmen.

HINWEIS

Betreten verboten

Das EFI weckt bei neugierigen Bastlern natürlich Begehrlichkeiten, und früher oder später wird jemand Ihnen erzählen, wie einfach es ist, das EFI mittels spezieller Werkzeuge (wie z. B. rEFIt) auszureizen. Daher an dieser Stelle die ausdrückliche Warnung: Lassen Sie solche Spielereien sein, solange Sie sich nicht hundertprozentig sicher sind, dass Sie wissen, was Sie da tun, und Probleme im Zweifelsfall auch selbst beheben können. Solche »Basteleien« werden nämlich nicht von Apples Garantiebedingungen abgedeckt.

Kapitel 2
Die Benutzeroberfläche kennenlernen

Ihren Mac bedienen Sie über die Benutzeroberfläche. Über diese Oberfläche interagieren Sie mit dem Betriebssystem. Macs wurden schon immer als besonders anwenderfreundlich bezeichnet, und das liegt vor allem an ihrer Benutzeroberfläche.

Die Benutzeroberfläche ist dafür verantwortlich, Ihnen die Verwendung des Computers so einfach und angenehm wie möglich zu machen. Apple hat die Oberfläche des Betriebssystems seit jeher unter diesem Gesichtspunkt gestaltet und weiterentwickelt. Auch Maus, Tastatur und Trackpad — also die Geräte, mit denen Sie auf der Benutzeroberfläche arbeiten — wurden nach diesem Prinzip entwickelt.

Streng genommen, besteht die Benutzeroberfläche nur aus grafischen Elementen wie Buttons, Slidern, Pfeilen usw. Ein paar dieser Elemente haben Sie bereits im Setupassistenten kennengelernt und vermutlich ganz intuitiv benutzt. Wir werden in diesem Kapitel viele dieser Elemente vorstellen und besprechen. Die Elemente werden im Kontext ihrer Funktion dargestellt, sodass Sie anschließend nicht nur mit denjenigen Elementen souverän umgehen können, die Sie hier kennengelernt haben, sondern dank Ihres Wissens über die bereits bekannten Elemente auch mit solchen Elementen, die Ihnen zuvor noch nicht begegnet sind.

Es lässt sich dabei leider nicht vermeiden, dass wir bei der Beschreibung immer wieder einmal vor einem Henne-Ei-Problem stehen und ein Element oder eine Aktion erwähnen, die erst später im Buch erklärt wird. Sie finden in diesen Fällen entsprechende Verweise darauf, wo die Erklärung dazu steht.

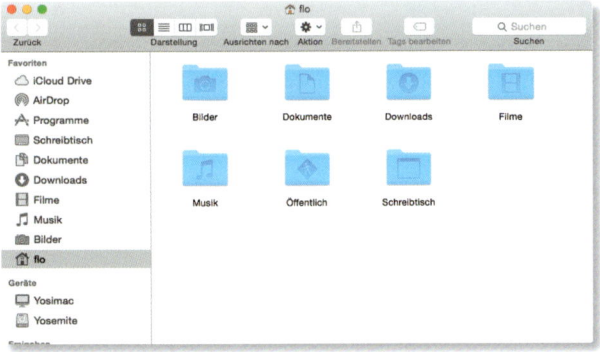

∧ Abbildung 2.1 *Ein einfaches Finder-Fenster ist schon voller Bedienelemente.*

2.1 Interaktion mit Ihrem Mac

Sie haben beim Start und bei der Installation bereits die Tastatur und eine Maus oder ein Trackpad benutzt, um mit Ihrem Mac zu interagieren. Mit diesen Geräten geben Sie Text ein (Tastatur) und klicken (Maus) oder tippen (Trackpad) auf Elemente, die auf dem Bildschirm dargestellt werden. Diese Eingabegeräte ermöglichen eine intuitive Nutzung Ihres Macs. Tastatur, Maus und Trackpad sind dabei nur die häufigsten, aber nicht die einzigen Geräte dieser Art. Weitere Eingabegeräte sind beispielsweise Braillezeilen (spezielle Tastaturen, die Blindenschrift erfühlbar machen), Grafik-tabletts, Trackballs oder Jogwheels. Die Geräte werden entweder per USB-Kabel oder drahtlos per Bluetooth mit dem Mac verbunden. Die drei meistgenutzten – Tastatur, Maus und Trackpad – sehen wir uns im Folgenden genauer an.

∧ **Abbildung 2.2** *Ein nicht ganz alltägliches, aber umso wichtigeres Gerät: Braillezeile für Macs* ❶ *(Quelle: http://www.vertical-technologie.de/sehbehinderung_blindheit/braillezeilen_oder_brailled/macbraille_mobil.html)*

Die Tastatur

In mobile Macs ist die Tastatur bereits eingebaut, bei stationären Macs ist die Tastatur ein eigenes Stück Hardware, das mit dem Mac entweder per USB-Kabel oder per Bluetooth verbunden wird. Der größte Teil der Tastatur ist leicht zu bedienen. Die überwiegende Zahl der Tasten zeigt die Buchstaben des Alphabets und arabische Ziffern von 0 bis 9. Diese Tasten sollten keine Fragen aufwerfen, ebenso wenig wie die Leertaste.

INFO

Modifikatortasten
Modifikatortasten sind Tasten, die das Verhalten einer zeitgleich gedrückten Taste verändern. Das bekannteste Beispiel dürfte die ⇧-Taste sein, die aus Kleinbuchstaben Großbuchstaben macht und die manche Leser vielleicht noch von der Schreibmaschine als Hoch- oder Feststelltaste kennen.

Die Tastatur besteht jedoch nicht nur aus dem Alphabet und Zahlen, sondern auch aus Sondertasten, die wir jetzt genauer betrachten, damit Sie später ganz selbstverständlich damit umgehen können.

Die wichtigsten Tasten einer Mac-Tastatur

■ cmd : Die »Command«-Taste wird für Tastaturbefehle benutzt. Sie ist die meistgenutzte der sogenannten *Modifikatortasten*. Sie entspricht der Strg -Taste auf Windows-Systemen. Benutzer, die schon länger mit dem Mac arbeiten, nennen sie unter Umständen noch »Apfeltaste«, da sie bis vor ein paar Jahren anstelle der Beschriftung »cmd« noch einen Apfel zeigte. Mit cmd + , öffnen Sie beispielsweise in (beinahe) jedem Programm die Einstellungen.

■ alt : Ist ebenfalls eine der Modifikatortasten. Sie kommt meistens im Zusammenhang mit einer Veränderung eines Befehls zum Einsatz. So lässt sich auch die Eselsbrücke zur Verwendung der Taste erklären: »alt« wie »alternativ«. Mit einem Druck auf alt machen Sie z. B. im Finder im Menü **Gehe zu** den Ordner *Library* sichtbar.

■ ctrl : Ist nicht das Äquivalent zur gleichnamigen Taste unter Windows, da sie am Mac eine sehr viel untergeordnetere Rolle spielt. Auch sie ist eine der Modifikatortasten. Im Finder lassen sich z. B. mithilfe von ctrl + cmd + N alle derzeit markierten Dateien in einen neuen Ordner bewegen.

■ ⇧ : Die »Shift«-Taste oder auch »Umschalttaste« findet sich links und rechts auf der Tastatur. Links befindet sich über der Taste ⇧ eine zweite Taste ⇪ , mit der sich das Hochstellen nicht nur einmalig, sondern dauerhaft aktivieren lässt. Die Hauptaufgabe von ⇧ ist das Umschalten zwischen Groß- und Kleinschreibung, weshalb sie sicher manchen Lesern noch aus Schreibmaschinenzeiten als »Hochstelltaste« bzw. »dauerhafte Hochstelltaste« bekannt ist. ⇧ ist eine der Modifikatortasten.

- `esc`: Die »Escape«-Taste dient dazu, Befehle oder Vorgänge abzubrechen bzw. zu beenden. Unter bestimmten Umständen lassen sich mit `esc` Aktionen aktivieren, wie etwa die Wortvervollständigung bei Textanwendungen.

- `F`-Tasten: Multifunktionstasten, die je nach Tastatur und Einstellungen mit verschiedenen Funktionen wie beispielsweise Mission Control oder der Helligkeitssteuerung des Bildschirms belegt werden können.

- `fn`: Modifikatortaste, die vor allem im Zusammenhang mit den `F`-Tasten verwendet wird. So lässt sich einer `F`-Taste eine Funktion zuordnen, die ausgeführt wird, wenn Sie sie direkt drücken, und eine weitere Funktion, die aufgerufen wird, wenn Sie zusätzlich `fn` drücken.

- `⏏`: Eine spezielle Taste auf Mac-Tastaturen, mit der eingelegte optische Medien ausgeworfen werden. Die »Auswurf«-Taste ist nötig, da Macs im Gegensatz zu den meisten PCs keine Laufwerke mit Schublade, sondern sogenannte *Slot-in-Laufwerke* verwenden, die das optische Medium einziehen. Dadurch gibt es keine manuelle Möglichkeit, das eingelegte Medium wieder zu entfernen.

Mit dem fortschreitenden Niedergang der optischen Medien verliert die Taste jedoch an Bedeutung. Durch den Wegfall der internen Laufwerke in den meisten neuen Mac-Modellen ist die Taste bei diesen Modellen bereits nicht mehr zu finden.

- `→`: Die Tabulatortaste. Sie dient heute noch in Textverarbeitungsprogrammen dem Zweck, den sie schon auf der Schreibmaschine hatte, nämlich von Tabulator zu Tabulator zu springen. Sie hat heute auf dem Mac die zusätzliche Eigenschaft, dass Sie mit ihr in der Oberfläche navigieren und so beispielsweise von Button zu Button springen können.

- `←`: Die »Backspace«- oder »Rückschritt«-Taste diente bereits in Schreibmaschinenzeiten dazu, in der Zeile zurückzugehen. Sie wird heute vor allem zum Löschen verwendet. In Textverarbeitungspro-

grammen dient sie zum Löschen des Textes, der sich links vom Cursor befindet. Um Text rechts neben dem Cursor zu löschen, müssen Sie zusätzlich die `fn`-Taste drücken. Im Finder und in anderen Programmen löschen Sie mit ihr die markierten Elemente. Je nach Situation kann sie nur in Kombination mit gleichzeitig gedrückter `cmd`-Taste verwendet werden.

- `↵`: Die `↵`-Taste ist aus Schreibmaschinenzeiten noch als »Zeilenschalter« bekannt und dient bei der Arbeit mit Text auch heute noch dazu, eine neue Zeile beginnen zu lassen. Sehr häufig wird die `↵`-Taste aber auch dazu benutzt, Befehle oder Eingaben zu bestätigen, z. B. wenn Dialogfenster bestätigt werden sollen oder die Umbenennung einer Datei ausgelöst werden soll.

- `◄`, `►`, `▲`, `▼`: Mit den Pfeiltasten bewegen Sie in Programmen, die mit Text arbeiten, den Cursor oder markierte Elemente. Im Finder navigieren Sie mit den Pfeiltasten innerhalb des Dateisystems.

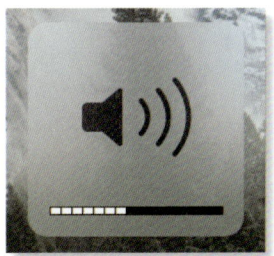

▲ **Abbildung 2.3** Mit den `F`-Tasten passen Sie beispielsweise die Lautstärke an.

Einstellungen zur Tastatur nehmen Sie in den Systemeinstellungen in den Bereichen **Tastatur**, **Sprache & Region** und **Mission Control** vor. Die Systemeinstellungen erreichen Sie über das -Menü links oben auf dem Bildschirm oder durch Anklicken bzw. Antippen der App Systemeinstellungen im Dock.

Die Maus

Mäuse sind Geräte zum Zeigen und Klicken. Auf dem Bildschirm sehen Sie einen kleinen pfeilförmigen Zeiger. Mit der Maus steuern Sie diesen Zeiger. Da die Maus jahrelang das einzige weitverbreitete Zeigegerät war, hat sich für den Zeiger der Begriff *Mauszeiger* etabliert, was genau genommen nicht stimmt, da der Zeiger sowieso da ist und er ja auch von anderen Geräten, wie beispielsweise dem Trackpad (das wir uns gleich noch genauer ansehen werden), gesteuert werden kann. Dennoch werden wir im Buch meist die gewohnte Bezeichnung *Mauszeiger* verwenden – auch dann, wenn Sie den Zeiger mit einem Trackpad bedienen.

Um nun eine Aktion auszulösen, nachdem Sie den Zeiger durch Bewegen der Maus an die gewünschte Stelle gebracht haben, drücken Sie die Maustaste leicht nach unten. Dadurch lösen Sie einen *Mausklick* aus. Bei Mäusen mit mehreren Tasten entspräche das einem Klick mit der linken Maustaste. Apple nennt diese Maustaste auch die *primäre Maustaste* ❶. Abhängig von den Einstellungen, die Sie für die Bedienung der Maus vorgenommen haben, können Sie auch einen *Sekundärklick* auslösen. Der Sekundärklick entspricht der rechten Maustaste bei Mäusen mit mehreren Tasten. Mit dem Sekundärklick erreichen Sie in der Regel kontextabhängige Menüs zum jeweils angeklickten Element.

Mit Mäusen können Sie einfach klicken oder doppelklicken. *Doppelklicken* bedeutet, dass Sie schnell zweimal hintereinander klicken. Wie schnell Sie dabei sein können und wollen, lässt sich ebenfalls einstellen. Die Bedienung der Maus können Sie in den Systemeinstellungen nach einem Klick auf **Maus** umfangreich einstellen.

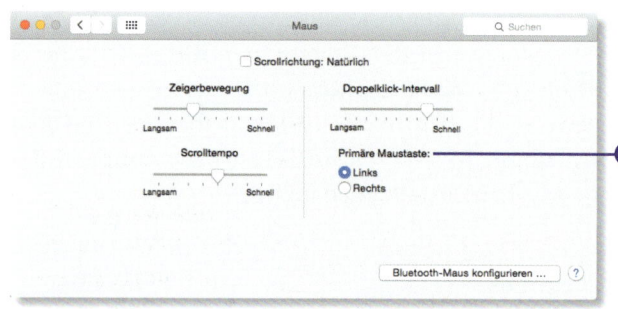

^ **Abbildung 2.4** *Die Systemeinstellungen zum Anpassen der Maus*

Je nachdem, welche Maus Sie an Ihren Mac angeschlossen haben, können sich die Einstellungsmöglichkeiten in diesem Fenster übrigens unterscheiden. Haben Sie eine Magic Mouse von Apple, können Sie z. B. auch noch Gesten auf Ihrer Maus nutzen, ähnlich wie bei einem Trackpad.

^ **Abbildung 2.5** *Systemeinstellungen für die Magic Mouse*

Das Trackpad

Ein Trackpad (Manche Leute nennen es auch *Touchpad*.) bietet einen sehr viel natürlicheren und intuitiveren Zugang zur Bedienung des Systems als eine Maus. Auf einem Trackpad bedienen Sie das System direkt mit den Fingern. Das Trackpad erkennt die Bewegungen Ihrer Finger. Dabei erkennt das Trackpad nicht nur Bewegung an sich, sondern unterscheidet auch, welche Bewegung Sie machen, wie viele Finger Sie dafür nutzen usw. Die Trackpad-Bedienung ist, was Bewegung und Tippen angeht (Was bei der Maus das Klicken ist, ist beim Trackpad das Tippen.), absolut intuitiv.

❶ Für Gesten, mit denen Sie bestimmte Aktionen ausführen können, lohnt es sich, einen Blick in die Einstellungen des Trackpads zu werfen. Sie finden die Einstellungen für das Trackpad, wie bereits zuvor die Einstellungen von Tastatur und Maus, in den Systemeinstellungen, in diesem Fall nach einem Klick oder Tippen auf **Trackpad**.

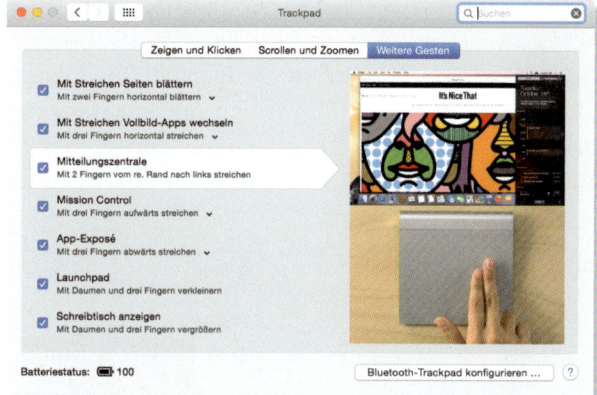

∧ Abbildung 2.6 *Die Systemeinstellungen zum Anpassen des Trackpads*

Bevor wir uns nun die Elemente der Benutzeroberfläche und ihre Funktionen ansehen, werfen wir zunächst einen Blick auf zwei wesentliche Bedienkonzepte am Mac, denn sie sind die elementarste Art der Interaktion mit der Benutzeroberfläche: *Drag & Drop* und das *Markieren* von Elementen. Ob Sie dafür nun im Folgenden die Maus oder das Trackpad nutzen, bleibt Ihnen überlassen. Probieren Sie einfach aus, was Ihnen am besten gefällt.

TIPP

Bluetooth-Trackpad
In Mobilgeräten sind Trackpads ja ohnehin fest verbaut. Aber auch wenn Sie einen stationären Mac haben, müssen Sie nicht auf den Komfort eines Trackpads verzichten, denn Apple bietet das Trackpad auch als Zusatzgerät an, das sich per Bluetooth mit Ihrem Mac verbinden lässt.

Drag & Drop

Damit dieser Abschnitt zum Thema Drag & Drop für Sie nicht nur theoretisch bleibt, wird an dieser Stelle auch schon der Finder vorgestellt und genutzt. Der Finder ist ein ebenso wesentlicher Teil des Betriebssystems wie die Benutzeroberfläche, denn er ist der Dateimanager von OS X. Sie erkennen ihn am freund-

lichen Lächeln ganz links in der Leiste – dem sogenannten *Dock* – am unteren Rand des Bildschirms. Ein Klick auf dieses Icon genügt, um ein sogenanntes *Finder-Fenster* zu öffnen. Über dieses Finder-Fenster haben Sie dann Zugriff auf alle Ordner und Dateien auf Ihrem Mac. Im folgenden Kapitel werden wir den Finder noch ausführlich besprechen, hier genügt es erst einmal, zu wissen, dass es ihn gibt.

∧ Abbildung 2.7 *Das Symbol des Finders im Dock*

Drag & Drop wird uns später immer wieder begegnen. Deswegen ist es wichtig, dass Sie von Anfang an damit vertraut sind. Wörtlich übersetzt bedeutet Drag & Drop »ziehen und fallenlassen«. Die Idee von Drag & Drop ist also, Dinge zu ziehen und sie andernorts wieder abzulegen. Damit soll am Computer nachgeahmt werden, was man ganz natürlich tut: Dinge nehmen und ablegen. Um Drag & Drop an Computern – und natürlich speziell am Mac, denn hier funktioniert mehr mit Drag & Drop als bei allen anderen Betriebssystemen – zu nutzen, markieren und bewegen Sie Dateien oder Elemente der Benutzeroberfläche. Sehen wir uns das einmal anhand eines Beispiels an:

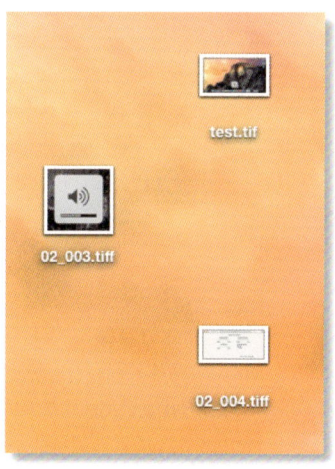

< Abbildung 2.8
Drei Dateien auf dem Schreibtisch, die per Drag & Drop gleich ordentlich in einer Reihe stehen werden

1 Markieren Sie zunächst eine Datei durch einmaliges Anklicken.

^ **Abbildung 2.9** *Einmaliges Anklicken mit der linken Maustaste markiert ein Element.*

2 Halten Sie die Maustaste gedrückt, und bewegen Sie nun mit gedrückter Maustaste die Datei an die gewünschte Stelle. Auf dem Touchpad können Sie analog das Pad gedrückt halten und dabei mit dem Finger die Datei verschieben. Dieser und der vorangegangene Schritt sind eigentlich ein Schritt und wurden hier nur zum besseren Verständnis des Vorgangs getrennt.

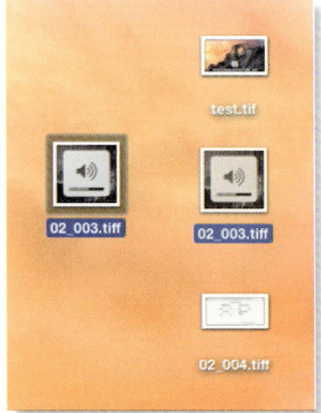

^ **Abbildung 2.10** *Die Datei wird bewegt.*

3 Lassen Sie die Maustaste – und damit auch die Datei – wieder los. Sie sehen nun, dass die Datei an der neuen Position liegt, an die Sie sie bewegt haben.

^ **Abbildung 2.11** *Die Datei wurde an ihrer neuen Position abgelegt.*

Damit ist die eigentliche Handhabung von Drag & Drop schon vollständig erklärt. Wichtig ist nun vor allem, dass Sie ein Gefühl dafür bekommen, was Sie mit Drag & Drop alles machen können und was sich alles bewegen lässt. Hier gibt es jedoch keine definitive Liste, in der Sie nachschlagen und die Sie gegebenenfalls auswendig lernen könnten. Die Möglichkeiten zu erkunden, die Drag & Drop Ihnen bietet, ist ein steter Lernprozess. Sie werden sehen: Es macht Spaß, sich der Betriebssystemoberfläche spielerisch zu nähern, Dinge auszuprobieren und so selbst zu entdecken. Es wird Ihnen auch nach Jahren noch passieren, dass Sie eine Bedienmöglichkeit (nicht nur Drag & Drop, auch Tastaturbefehle) entdecken, die Ihnen bislang nicht bekannt war, Ihnen aber jetzt, da Sie davon wissen, schlagartig die Bedienung noch mehr erleichtert.

^ **Abbildung 2.12** *Eine Datei per Drag & Drop mit einem bestimmten Programm starten*

Eine der »natürlichsten« Anwendungen von Drag & Drop ist beispielsweise das Öffnen von Dateien mit einem bestimmten Programm. Bewegen Sie eine Datei auf das Icon eines Programms im Dock, um diese Datei mit dem ausgewählten Programm zu öffnen. Auf diese Weise öffnen Sie z. B. Dateien bequem mit einem anderen Programm als dem Standardprogramm, das der Datei zugewiesen ist und das sonst gestartet wird, wenn Sie eine Datei per Doppelklick öffnen.

Drag & Drop lässt sich auch verwenden, um einem Dokument andere Inhalte (wie Texte, Bilder etc.) hinzuzufügen. In so einem Fall ziehen Sie beispielsweise ein Foto in ein Textdokument, das Sie gerade bearbeiten, um das Foto zu dem Dokument hinzuzufügen.

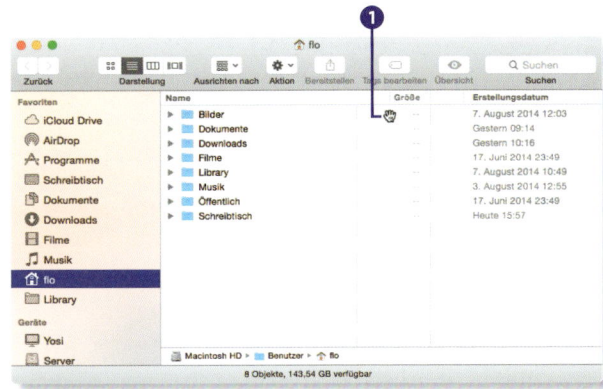

∧ Abbildung 2.14 *Per Drag & Drop bewegen Sie auch Elemente der Bedienoberfläche.*

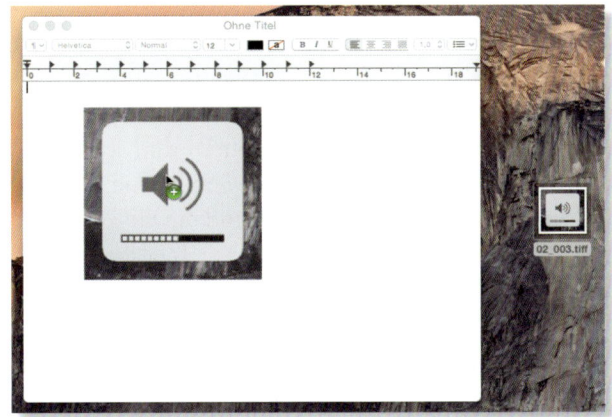

∧ Abbildung 2.13 *Eine Datei per Drag & Drop zu einer anderen Datei hinzufügen*

Aber nicht nur Dateien und Ordner lassen sich bewegen, sondern auch Elemente der Betriebssystemoberfläche. So können Sie z. B. Spalten in beinahe jedem Programm durch Anfassen ❶ und Ziehen in der Größe verändern und umsortieren.

Je mehr Sie Ihrem Spieltrieb freien Lauf lassen, desto besser werden Sie mit OS X zurechtkommen, und desto mehr Spaß wird es Ihnen machen. Sie brauchen dabei auch keine Angst zu haben, denn fast immer lässt sich die letzte Aktion wieder rückgängig machen. Beinahe jedes Programm bietet unter **Bearbeiten > Widerrufen** oder mit dem Tastaturbefehl [cmd] + [Z] die Möglichkeit, den letzten Schritt oder die letzten Schritte rückgängig zu machen.

Elemente markieren

Im vorangegangenen Abschnitt über Drag & Drop haben Sie ebenfalls gelernt, wie Sie eine Datei (oder jedes beliebige andere Element) mit der Maus markieren. Markieren ist wie Drag & Drop eine der wesentlichen Interaktionsmöglichkeiten mit dem Betriebssystem. Dinge zu markieren ist etwas, was Sie quasi dauernd bei Ihrer Arbeit am Mac machen. Deswegen ist es wichtig, dass Sie die verschiedenen Möglichkeiten, Dinge zu markieren, kennen und anwenden können. Speziell im Zusammenspiel mit Drag & Drop bietet das Betriebssystem hier, wo es nötig ist, auch visuelle Hilfen, die Ihnen anzeigen, was Sie gerade tun. Sehen wir uns zunächst die verschiedenen Möglichkeiten, Dinge zu markieren, an.

Ein einzelnes Element markieren

Wie Sie schon gesehen haben, ist die denkbar einfachste Art, etwas zu markieren (beispielsweise eine einzelne Datei oder einen Ordner), das Element einmal mit dem Mauszeiger anzuklicken, um es dann z. B. zu bewegen. Ein einzelnes Element zu markieren ist also ganz einfach. Mehrere Elemente zu markieren ist da schon anspruchsvoller, denn hier »führen viele Wege nach Rom«.

Mehrere Elemente markieren

In den meisten Fällen werden Sie wohl mehr als nur ein Element markieren wollen. Abhängig davon, ob Sie sich gerade in einem Programmfenster befinden oder auf dem Schreibtisch oder in einem Ordner (und dann wiederum abhängig von der gewählten Darstellungsweise und Sortierung und der Menge und Anordnung der gewünschten Elemente), kommen unterschiedliche Möglichkeiten des Markierens in Betracht. Angenommen, Sie möchten eine Liste oder einen Teil einer Liste markieren.

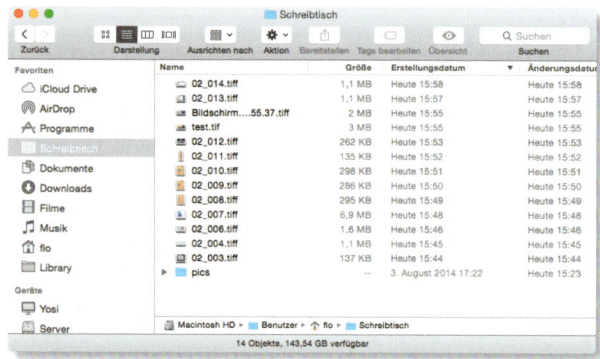

▲ **Abbildung 2.15** *Ein Block aus dieser Liste soll markiert werden.*

1 Markieren Sie per Mausklick die erste der zu markierenden Dateien.

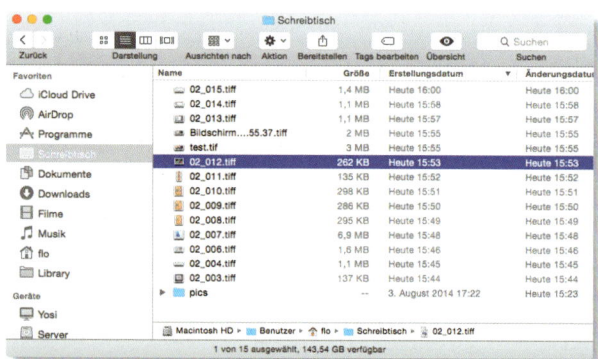

▲ **Abbildung 2.16** *Die erste der gewünschten Dateien ist markiert.*

2 Drücken Sie auf der Tastatur die Taste ⌽ .

3 Markieren Sie die letzte der zu markierenden Dateien. Sie sehen, dass nun automatisch ebenso alle dazwischen befindlichen Dateien markiert wurden.

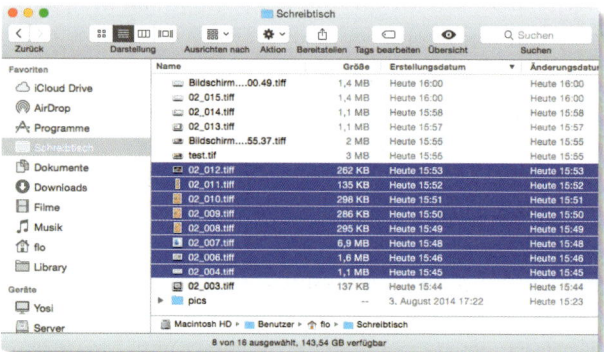

▲ **Abbildung 2.17** *Die letzte Datei – und mit ihr der ganze Block dazwischen – ist nun markiert.*

Wir nehmen nun an, dass Sie eine Datei in diesem Block nicht markieren wollten. Natürlich haben Sie dennoch erst einmal den ganzen Block markiert, denn schließlich geht das schneller, als jede Datei einzeln anzuklicken. Um nun also eine einzelne Datei wieder aus der Auswahl zu nehmen, gehen Sie wie folgt vor:

1 Drücken Sie die Taste cmd , und halten Sie sie gedrückt.

2 Klicken Sie nun die Datei, die Sie abwählen wollen, einmal an.

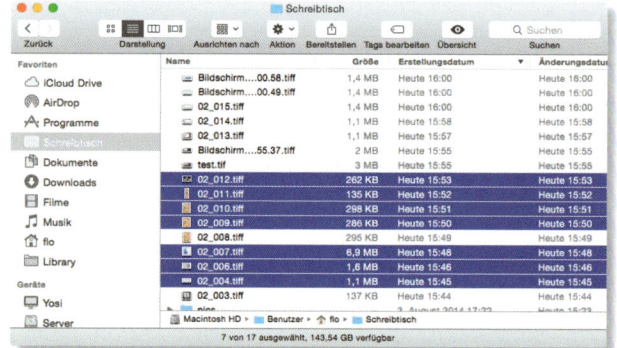

▲ **Abbildung 2.18** *Eine Datei mithilfe von cmd abwählen*

Der Einsatz von cmd erlaubt Ihnen also große Flexibilität beim Auswählen von Elementen, denn cmd ist nicht darauf beschränkt, eine Auswahl aufzuheben, sondern erlaubt generell die gezielte Auswahl einzelner Elemente, ohne den Selektionsstatus der anderen Elemente zu beeinflussen. Würden Sie in obigem Beispiel nun eine einzelne Datei anklicken, dann wären alle anderen abgewählt, und nur die angeklickte Datei wäre markiert. Um das zu verhindern, hilft, wie beschrieben, die Taste cmd. Lassen Sie also den Druck auf cmd weg, wenn Sie beispielsweise gezielt die aktuelle Auswahl aufheben wollen. Wollen Sie alle Markierungen aufheben, klicken Sie auf eine beliebige freie Stelle auf dem Bildschirm.

Möchten Sie mehrere, nicht in einem Block hintereinanderliegende Elemente auswählen, halten Sie cmd gedrückt und klicken nacheinander auf die gewünschten Elemente.

△ **Abbildung 2.19** Einzeln ausgewählte Elemente im Finder

Die hier genannten Möglichkeiten, Dateien zu markieren, gelten allgemein. Allerdings bietet sich auf dem Schreibtisch und im Finder-Fenster eine weitere Möglichkeit an, mehrere Elemente gleichzeitig zu markieren, die vor allem bei der Symboldarstellung ❶ hilfreich ist:

1 Klicken Sie auf eine freie Stelle, und halten Sie die Maustaste gedrückt.

2 Ziehen Sie mit gedrückter Maustaste einen Rahmen auf. Achten Sie dabei darauf, dass sich einige Elemente innerhalb des Rahmens befinden. Sie sehen,

wie die Elemente innerhalb des Rahmens automatisch markiert werden, wenn Sie die Maus über sie hinwegziehen.

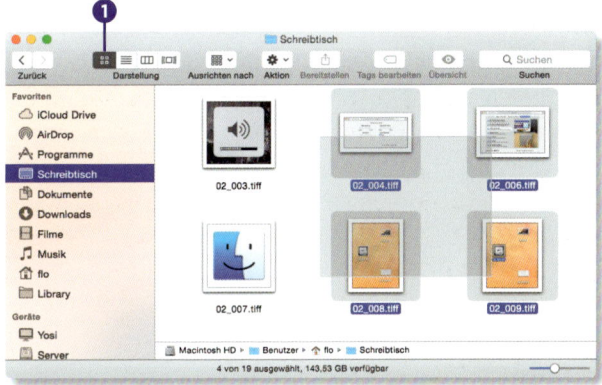

△ **Abbildung 2.20** Dateien mittels Aufziehrahmen markieren

3 Lassen Sie die Maustaste nun wieder los. Die gewünschten Elemente sind jetzt markiert, und Sie können, wie bereits zuvor beschrieben, erneut einzelne Elemente abwählen oder hinzufügen, oder die markierten Elemente zusammen per Drag & Drop bewegen.

Alle Elemente markieren

Um alle Elemente im aktuellen Fenster zu markieren, drücken Sie die Tastenkombination cmd + A oder klicken auf den Menübefehl **Bearbeiten > Alle auswählen**, der in fast jedem Programm zur Verfügung steht. Das lohnt sich auch dann, wenn Sie vielleicht einzelne Elemente nicht markieren wollen: Schließlich können Sie diese anschließend bequem per cmd-Klick wieder abwählen, was in vielen Fällen der einfachere und schnellere Weg ist.

Nachdem Sie nun mehrere Möglichkeiten kennengelernt haben, Elemente zu markieren, und auch mit Drag & Drop vertraut sind, schauen wir uns zuletzt noch den kleinen Hinweis neben dem Mauszeiger an, der erscheint, wenn Sie mehr als ein Element per Drag & Drop bewegen: OS X zeigt Ihnen neben dem Mauszeiger an, wie viele Elemente Sie bewegen (siehe Abbildung 2.21).

↑ Abbildung 2.21 *Neben dem Mauszeiger wird die Anzahl der markierten und bewegten Elemente angezeigt (hier: 3).*

INFO

Markierung umkehren
Umsteiger von älteren Windows-Versionen werden möglicherweise bei den Möglichkeiten, Dinge zu markieren, die Option **Markierung umkehren** vermissen. Diese Möglichkeit existiert unter OS X nicht.

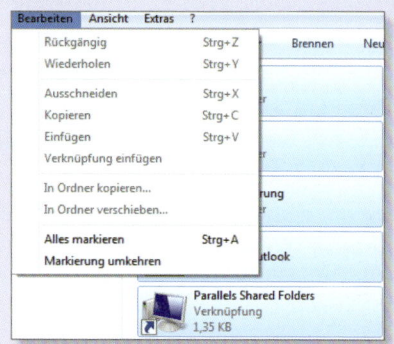

↑ Abbildung 2.22 *Windows-Umsteiger müssen sich umgewöhnen.*

Mit Drag & Drop und dem Markieren von Elementen haben Sie gleich zu Beginn zwei wesentliche Bedienkonzepte von OS X kennengelernt. OS X unterstützt Sie

außerdem nach Kräften immer dort, wo Sie es sehr gut gebrauchen können. Wenn Sie beispielsweise eine Datei in einen Ordner bewegen wollen, der bereits eine Datei gleichen Namens enthält, fragt OS X, ob Sie die bereits vorhandene Datei ersetzen oder beide behalten wollen. Für den Fall, dass Sie beide behalten wollen, wird die neu hinzugefügte umbenannt, indem ihr die Bezeichnung *Kopie* hinzugefügt wird. Fügen Sie eine weitere Datei gleichen Namens hinzu, wird automatisch eine Nummerierung angehängt.

↑ Abbildung 2.23 *Existieren zwei gleichnamige Dateien an einem Ort, wird ein entsprechender Zusatz hinzugefügt.*

Im weiteren Verlauf dieses Kapitels lernen Sie nun die wichtigsten Elemente der Bedienoberfläche von OS X Yosemite kennen.

2.2 Der Schreibtisch

Der Schreibtisch ist das zentrale Element der Betriebssystemoberfläche. Er ist Ihre Arbeitsoberfläche und in OS X Yosemite mit dem Bild des El Capitan, eines beliebten Kletterfelsens im Yosemite-Nationalpark in den USA, hinterlegt. Genau so, wie auf Ihrem echten Schreibtisch Zettel, Bücher, Handy, CDs und sonst alles Mögliche liegen können, finden Sie auch auf dem Schreibtisch von OS X viele verschiedene Elemente, wie z. B. Festplatten, eingelegte CDs (sofern Ihr Mac über ein optisches Laufwerk verfügt oder Sie ein externes angeschlossen haben), Dateien und Programme. Genauso aufgeräumt – oder eben nicht – wie auf realen Schreibtischen kann es auch auf dem Schreibtisch von OS X aussehen.

▲ **Abbildung 2.24** *Ein aufgeräumter Schreibtisch*

Sie haben es in der Hand. Das System macht Ihnen
diesbezüglich keine Vorgabe, sondern Sie arbeiten mit
dem Maß an (Un-)Ordnung, das Ihnen lieb ist und mit
dem Sie sich wohlfühlen.

Betrachten Sie den Schreibtisch als das, was er ist: der
zentrale Ausgangspunkt für Ihre Arbeit. Von hier gelangen Sie an alle benötigten Dokumente, Programme
und Fenster. Hierhin gelangen Sie auch jederzeit mit
einem Tastendruck wieder zurück. Welcher Tastendruck das ist, erfahren Sie in Abschnitt 2.11, »Mission
Control und Spaces«, auf Seite 99.

Sehen wir uns zunächst die wesentlichen Bestandteile
des Schreibtischs an.

2.3 Die Menüleiste

Die Menüleiste sitzt bei OS X immer am oberen Bildschirmrand. *Immer!* Selbst dann, wenn sie momentan ausgeblendet sein sollte, beispielsweise während
Sie ein Programm bildschirmfüllend nutzen. Sie können sich sicher sein, dass Sie immer dann, wenn Sie
den Mauszeiger an den oberen Bildschirmrand bewegen, Zugriff auf die Menüleiste erhalten. Das klingt zu-

◄ **Abbildung 2.25** *Ein
übervoller Schreibtisch.
Wer will hier noch den
Überblick behalten?*

nächst banal. Sie werden aber schon nach wenigen Tagen feststellen, wie wesentlich es für Ihr Nutzungsverhalten ist, wenn Sie sich keine Gedanken darüber machen müssen, wo ein so zentrales Element wie die Menüleiste zu finden ist.

▲ **Abbildung 2.27** *Das ⌘-Menü ist immer verfügbar, unabhängig von dem Programm, das gerade läuft.*

Das ⌘-Menü finden Sie immer am linken Rand der Menüleiste, egal welches Programm Sie momentan nutzen. Die einzelnen Menüpunkte sind:

- **Über diesen Mac:** Hier erhalten Sie schnellen Zugriff auf die wichtigsten Systeminformationen.

▲ **Abbildung 2.28** *Die wichtigsten Hardwareinformationen sehen Sie hier auf einen Blick.*

- **Systemeinstellungen:** Öffnet das gleichnamige Programm, mit dem Sie grundlegende Einstellungen vornehmen können. Die Systemeinstellungen werden ausführlich in Kapitel 15, »Systemeinstellungen – den Mac im Griff«, ab Seite 549 behandelt.

- **Umgebung:** Das Menü **Umgebung** wird nur dann angezeigt, wenn Sie in den Systemeinstellungen im Bereich **Netzwerk** verschiedene Netzwerkumge-

INFO

Die Menüleiste auf mehreren Monitoren
Seit OS X 10.9 Mavericks steht Ihnen die Menüleiste (und das Dock) nun nicht mehr, wie es bislang bei früheren OS-X-Versionen üblich war, nur auf dem »Hauptmonitor«, sondern auf allen angeschlossenen Monitoren zur Verfügung. Dabei wird die Menüleiste auf dem Monitor, auf dem Sie aktuell arbeiten, deutlich dargestellt. Auf den anderen Monitoren erscheint die Menüleiste stärker transparent.

Haben Sie noch kein Programm geöffnet, sehen Sie zunächst die Menüleiste des Finders wie in Abbildung 2.26. Öffnen Sie ein Programm, steht dann dort anstelle von **Finder** ❶ der jeweilige Programmname.

Der Aufbau der Menüleiste folgt dabei einem immer gleichen Prinzip, das Ihnen die Arbeit wesentlich erleichtert, weil Sie sich so – selbst bei Programmen, die für Sie neu sind – stets zumindest prinzipiell zurechtfinden. Der linke Bereich der Menüleiste ist den Menüs der Programme vorbehalten. Diese variieren, je nach Programm, beträchtlich. Der rechte Teil wird von kleinen grafischen Symbolen, sogenannten *Menulets*, meist unabhängig vom aktiven Programm bevölkert.

Die Menüleiste hat einige festgelegte Elemente, die immer gleich sind. Das beginnt ganz links mit dem ⌘-Menü ❷.

Das ⌘-Menü ist ein grundlegender Bestandteil der Menüleiste und immer verfügbar, egal, welche weiteren Menüs das gerade aktive Programm einblendet.

▲ **Abbildung 2.26** *Die Menüleiste*

bungen eingerichtet haben. Mehr über Umgebungen erfahren Sie in Kapitel 7 ab Seite 279.

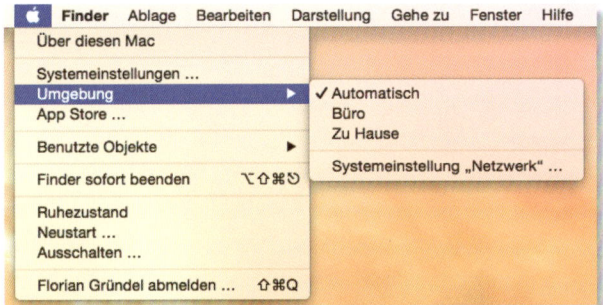

▲ Abbildung 2.29 *Bequem Umgebungen auswählen, ohne die Systemeinstellungen aufrufen zu müssen*

■ **App Store:** Ein Klick auf diesen Menüpunkt öffnet den App Store, wo Sie weitere Software bequem online kaufen, herunterladen und anschließend sofort nutzen können. Den App Store kennen Sie bereits, falls Sie Ihren Mac von Vorgängerversionen von OS X auf OS X 10.10 aktualisiert haben. Er wird zusehends zum Herzstück, wenn Sie neue Software auf dem Mac installieren oder bereits vorhandene aktualisieren möchten. In Kapitel 5, »Programme auf dem Mac«, werfen wir ab Seite 171 einen detaillierten Blick auf den App Store. Stehen Softwareupdates für Programme aus dem App Store zur Verfügung, zeigt das Menü eine entsprechende Info ❸ an.

▲ Abbildung 2.30 *Ein Update ist verfügbar.*

■ **Benutzte Objekte:** Bietet Zugriff auf ein Untermenü, mit dem Sie schnell auf kürzlich benutzte Programme, Dokumente und Server zugreifen können.

■ **Sofort beenden:** Öffnet ein Fenster mit einer Liste aktuell geöffneter Programme. Programme können in dieser Liste ausgewählt und »gewaltsam« beendet werden. Das ist hilfreich, sollte einmal ein Programm nicht mehr reagieren und beendet werden müssen. **Sofort beenden** wird in Kapitel 5 auf Seite 179 ausführlich beschrieben.

■ **Ruhezustand:** Versetzt den Mac in den Ruhezustand. In diesem Modus spart Ihr Mac Strom: Monitor, Festplatten und Prozessor werden »schlafen gelegt«, aber nicht komplett ausgeschaltet. Ein Druck auf eine beliebige Taste weckt den Mac anschließend wieder auf.

■ **Neustart:** Bewirkt einen Neustart des Macs.

■ **Ausschalten:** Schaltet den Mac aus.

■ **[Name des Benutzers] abmelden:** Beendet alle laufenden Programme des aktuell angemeldeten Benutzers und meldet diesen ab. Der Bildschirm zeigt anschließend das Login-Fenster zur Benutzeranmeldung.

> **TIPP**
>
> **Schneller Benutzerwechsel**
> Wenn Sie nur kurz einen anderen Benutzer anmelden möchten, müssen Sie nicht den aktuell angemeldeten Benutzer (mitsamt dem damit verbundenen Aufwand bei der erneuten Anmeldung) abmelden. Nutzen Sie dazu den »schnellen Benutzerwechsel«. Was das ist und wie es funktioniert, lesen Sie in Kapitel 17 ab Seite 643.

Suchen mit Spotlight

Eine weitere Konstante in der Menüleiste ist das Menü **Hilfe** (siehe Abbildung 2.31). Dieses Menü ist immer, bei jedem Programm, das letzte Menü. Der Umfang der Menüpunkte im Menü **Hilfe** variiert je nach Programm. Gleich ist jedoch immer, dass der oberste Eintrag ein Suchfeld ist, mit dem Sie die Hilfe zum Programm und die Unterpunkte aller Menüs durchsuchen können (*Spotlight for Help*).

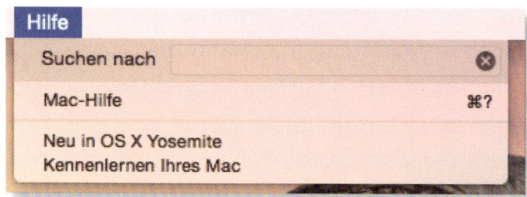

^ **Abbildung 2.31** *Ein »Hilfe«-Menü mit Suchfeld*

Das nächste unveränderliche Element in der Menüleiste ist das Spotlight-Symbol. Sie erkennen es an der kleinen Lupe ❶ am rechten Rand der Menüleiste (siehe Abbildung 2.32). Links davon befinden sich für gewöhnlich eine ganze Menge weiterer kleiner Icons, die sogenannten *Menulets*, die Zugriffe auf Funktionen und Menüs der mit ihnen verbundenen Programme erlauben. Da aber weder ihre Anzeige noch ihre Reihenfolge in der Menüleiste festgelegt ist, befassen wir uns in diesem Buch mit diesen Menulets immer im Zusammenhang mit den Programmen, die sie dort platzieren.

Das Spotlight-Symbol ❷ bietet Zugriff auf das Spotlight-Suchfenster. Detaillierte Informationen zu Spotlight und wie Sie die Suchfunktion benutzen, erhalten Sie in Kapitel 3, »Dateiverwaltung mit dem Finder«, ab Seite 107.

Die Mitteilungszentrale

Das letzte Icon ganz rechts in der Menüleiste ist das Icon der Mitteilungszentrale. Ein Klick darauf zeigt die ansonsten verborgene Mitteilungszentrale an.

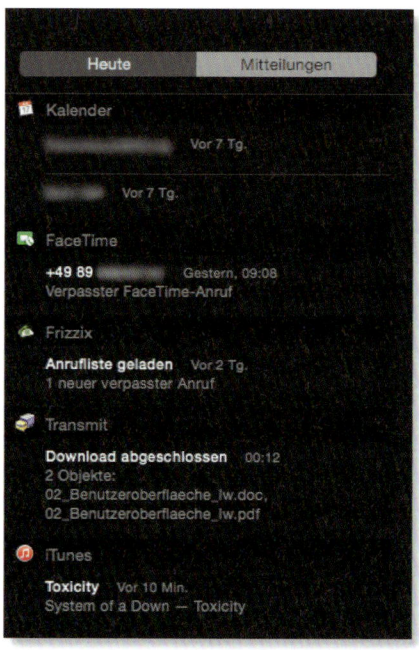

^ **Abbildung 2.33** *Die Mitteilungszentrale sichtbar und in Aktion*

< **Abbildung 2.32** *Das Spotlight-Icon am rechten Rand der Menüleiste aktiviert das in der Schreibtischmitte angezeigte Suchfenster.*

Die Mitteilungszentrale wurde mit OS X 10.8 eingeführt und zeigt Hinweise, Erinnerungen und in der Ansicht **Heute** auch sogenannte *Widgets* an. Widgets in
der Mitteilungszentrale bieten, ebenso wie Widgets
im Dashboard, zusätzliche Informationen wie beispielsweise Wetter und Uhrzeit an. Programme können hier ebenfalls mithilfe von Widgets Informationen
anzeigen. Welche Programme die Mitteilungszentrale
nutzen sollen und auf welche Weise die Informationen
jeweils angezeigt werden, legen Sie in den Systemeinstellungen in den Bereichen **Mitteilungen** und **Erweiterungen** fest. Sie können die Einstellungen direkt
über das Zahnradsymbol unten rechts in der Mitteilungszentrale aufrufen.

△ **Abbildung 2.34** *Die Mitteilungszentrale konfigurieren*

TIPP

Wenn es in der Menüleiste eng wird
Der Platz in der Menüleiste kann knapp werden. Für
Programme ist das kein Problem. Programme erhalten vom System immer so viel Platz, wie sie für ihre
Menüs brauchen. Die Menulets im rechten Bereich
der Menüleiste werden aber unter Umständen
teilweise ausgeblendet. Sie können die Position von
System-Icons (bis auf Spotlight und Mitteilungszentrale) ändern, um sie auch in solchen Situationen
sehen zu können. Klicken Sie dazu mit gedrückter
`cmd`-Taste das entsprechende Icon an, und bewegen Sie es an die gewünschte Position.

Wie Sie die jeweiligen Einstellungen vornehmen, sehen wir uns ausführlich in Kapitel 15, »Systemeinstellungen – den Mac im Griff«, auf Seite 549 an.

2.4 Das Dock

Das Dock ist der Teil des Schreibtischs, von dem aus Sie
häufig verwendete Programme starten können und
schnellen Zugriff auf oft genutzte Ordner, Dokumente,
Links etc. haben.

Nach einer Standardinstallation von OS X präsentiert
sich das Dock am unteren Bildschirmrand. Ähnlich wie
die Menüleiste enthält auch das Dock gleichbleibende
Elemente, die die Benutzung intuitiv begreifbar machen. Zwischen diesen stets gleichbleibenden Elementen, die an den jeweiligen Enden des Docks sitzen, können die Reihenfolge und die Darstellung der weiteren
Elemente variieren. Das Dock ist in seiner Funktionalität zweigeteilt: In der linken Hälfte befinden sich Verknüpfungen zu Programmen.

△ **Abbildung 2.35** *Programme in der linken Dock-Hälfte*

In der rechten Hälfte liegen Verknüpfungen zu Ordnern und der Papierkorb, der in Kapitel 3, »Dateiverwaltung mit dem Finder«, ab Seite 107 detailliert beschrieben wird.

△ **Abbildung 2.36** *Ordner in der rechten Dock-Hälfte*

Getrennt werden die beiden Hälften durch einen
Trennstrich ❶. Außer dem Trennstrich sind die Verknüpfungen zum Finder ❷ und zum Papierkorb ❸
feste, unveränderliche Bestandteile des Docks. Abgesehen von diesen drei Elementen, können Sie das Dock
ganz nach Ihren persönlichen Vorlieben anpassen.

▲ **Abbildung 2.37** *Das Dock bietet Ihnen schnellen Zugriff auf Programme, Dokumente und Dateien.*

Zusätzlich zeigt das Dock die aktuell geöffneten Programme an, und auch minimierte Fenster, z. B. Finder-Fenster oder Programmfenster, werden im Dock abgelegt.

▲ **Abbildung 2.38** *Das jeweils zuletzt gestartete Programm, das nicht ohnehin über eine Verknüpfung im Dock verfügt, wird links vom Trennstrich angezeigt.*

Auf der rechten Seite des Docks sehen Sie Miniaturfenster offener Programme, die minimiert und im Dock abgelegt wurden. Je nach gewählter Einstellung können sich minimierte Fenster auch »hinter« dem Icon des zugehörigen Programms im Dock befinden. Lesen Sie zu den Dock-Einstellungen den Abschnitt »Das Dock anpassen« ab Seite 80.

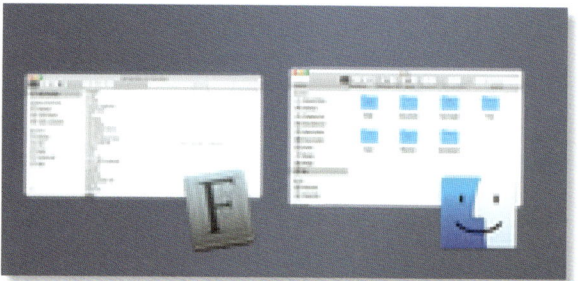

▲ **Abbildung 2.39** *Die verkleinerten Fenster rechts im Dock*

Elemente aus dem Dock entfernen

Die Elemente im Dock sind durchweg Verknüpfungen zu Programmen, Ordnern, Dokumenten usw. Die eigentlichen Inhalte befinden sich also nicht im Dock.

Die Verknüpfungen, die sich nach einer Standardinstallation des Betriebssystems im Dock befinden, können Sie bis auf Finder und Papierkorb bei Bedarf entfernen, umsortieren und ergänzen. Eine Verknüpfung zu entfernen ist denkbar einfach: einfach das Element anklicken und aus dem Dock herausziehen. Bis OS X 10.9 wurde das von einer kleinen Verpuffungsanimation begleitet, die anzeigte, dass das Element nun aus dem Dock entfernt ist. Mit OS X Yosemite sehen Sie nur den drögen Hinweis **Entfernen**.

1 Klicken Sie das gewünschte Element im Dock an, und halten Sie die Maustaste gedrückt.

2 Bewegen Sie die Maus – und damit auch das Element – aus dem Dock heraus.

3 Wenn Sie das Etikett **Entfernen** über dem Icon sehen, lassen Sie die Maustaste los.

▲ **Abbildung 2.40** *Im Vergleich zu früheren Betriebssystemversionen eine ziemlich freudlose Angelegenheit: Elemente aus dem Dock entfernen*

Elemente zum Dock hinzufügen

Ebenso einfach ist es, dem Dock etwas hinzuzufügen: Wählen Sie das gewünschte Element im Finder aus, und ziehen Sie es in das Dock. Links vom Trennstrich ist Platz für die Programme, rechts davon ist Raum für alles andere.

1 Öffnen Sie ein Finder-Fenster, und klicken Sie in der Seitenleiste auf **Programme**.

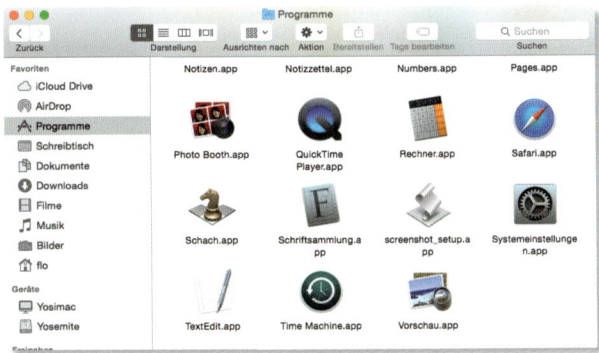

△ **Abbildung 2.41** Der »Programme«-Ordner im Finder

2 Wählen Sie ein Programm aus, das noch nicht im Dock vorhanden ist (beispielsweise TextEdit), und ziehen Sie es per Drag & Drop in das Dock.

3 Am Dock angekommen, sehen Sie, wie die vorhandenen Icons für das neu hinzuzufügende Icon »Platz machen«. Positionieren Sie das Programm an der gewünschten Stelle im Dock, und lassen Sie dort die Maustaste los.

△ **Abbildung 2.42** Eine Verknüpfung zu einem Programm im Dock anlegen

4 Sie haben nun im Dock eine Verknüpfung zum ausgewählten Programm angelegt. Hätte es sich bei dem Objekt nicht um ein Programm, sondern z. B. um einen Ordner gehandelt, hätten Sie dafür einen Platz in der rechten Dock-Hälfte auswählen müssen. Der Ordner *Programme* ist hier beispielsweise gut platziert.

△ **Abbildung 2.43** Schneller Zugriff auf den Ordner »Programme«

Das Dock anpassen

Das Dock lässt sich sowohl in der Größe als auch in seiner Erscheinung anpassen. Um einen Überblick über die Einstellungsmöglichkeiten des Docks zu bekommen, werfen wir einen Blick in die Systemeinstellungen Ihres Macs. Um diese aufzurufen, klicken Sie im Dock auf das Icon für die Systemeinstellungen. Alternativ erreichen Sie die Systemeinstellungen auch über das -Menü (Dort finden sich im Untereintrag **Dock** auch einige Einstellungen im direkten Zugriff.).

▲ **Abbildung 2.44** *Ein Klick auf dieses Icon bringt Sie zu den Systemeinstellungen.*

Klicken Sie im Fenster **Systemeinstellungen** auf das Icon **Dock**. Anschließend sehen Sie zahlreiche Einstellungsmöglichkeiten.

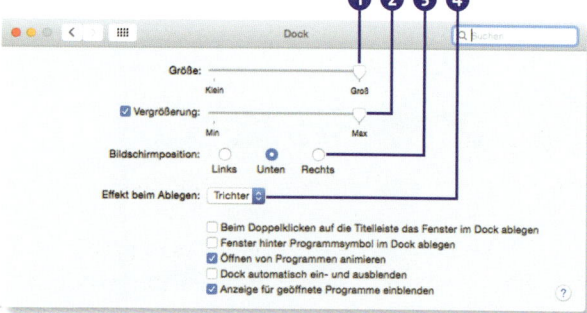

▲ **Abbildung 2.45** *Die Einstellungsmöglichkeiten für das Dock in den Systemeinstellungen*

Bei **Größe** lässt sich mit dem Schieberegler ❶ die Darstellungsgröße des Docks ändern. Angenommen, Sie möchten das Dock zwar nicht allzu groß haben, aber dennoch gut sehen können, was sich im Dock befindet, bietet sich der nächste Punkt an: **Vergrößerung**. Einerseits können Sie die Vergrößerung aktivieren oder deaktivieren. Andererseits können Sie aber auch

mit dem Schieberegler ❷ einstellen, wie sehr das Dock vergrößert werden soll. Wenn Sie also bei aktivierter Vergrößerung mit dem Mauszeiger über das Dock fahren, wird jeweils der Teil des Docks, der sich unter dem Mauszeiger befindet, der Einstellung entsprechend vergrößert.

▲ **Abbildung 2.46** *Die Symbole werden vergrößert, wenn Sie mit dem Mauszeiger über das Dock fahren.*

Die nächste Einstellung betrifft die Position des Docks auf dem Bildschirm ❸. Nach einer Standardinstallation von OS X befindet sich das Dock zwar erst einmal am unteren Bildschirmrand, es lässt sich jedoch auch am linken oder rechten Bildschirmrand positionieren. Dabei ist zu beachten, dass das Dock sich unterschiedlich verhält, je nachdem, ob Sie mit einem oder mehreren Monitoren arbeiten. Soll das Dock am unteren Bildschirmrand zu sehen sein, steht es Ihnen auf allen angeschlossenen Monitoren zur Verfügung. Entscheiden Sie sich jedoch für den linken oder rechten Bildschirmrand, wird das Dock nur auf einem Monitor dargestellt. Das bedeutet, wenn Sie mehrere Monitore angeschlossen haben, wird das Dock entsprechend immer nur auf dem ganz linken bzw. ganz rechten Monitor angezeigt.

> **TIPP**
>
> **Elemente im Dock umsortieren**
> Wenn Sie ein Element an einer anderen Stelle im Dock positionieren möchten, gehen Sie zunächst so vor wie beim Entfernen eines Elements (siehe den Abschnitt »Elemente aus dem Dock entfernen« auf Seite 78). Lassen Sie es jedoch nicht außerhalb des Docks los, sondern ziehen Sie es an der gewünschten Stelle zurück ins Dock. Das ist auch der schnellste Weg, um ein gerade geöffnetes Programm dauerhaft im Dock zu behalten.

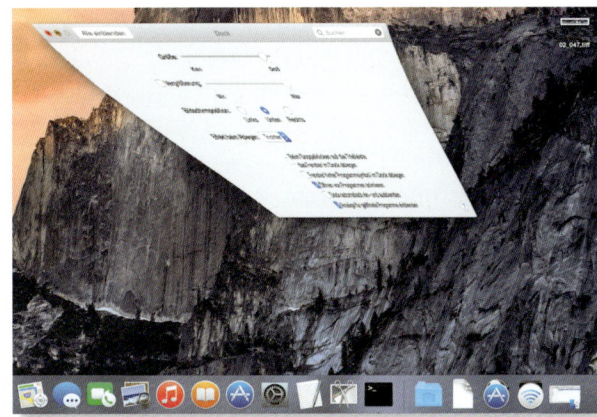

▲ Abbildung 2.48 *Der Trichtereffekt beim Ablegen eines Fensters im Dock*

Die nächste Einstellung, **Fenster hinter Programmsymbol im Dock ablegen ❺**, bestimmt die Art, wie Sie geöffnete, aber derzeit nicht benötigte Fenster im Dock managen. Normalerweise werden im Dock abgelegte Fenster grundsätzlich am rechten Rand des Docks, links vom Papierkorb, abgelegt.

> ☐ Beim Doppelklicken auf die Titelleiste das Fenster im Dock ablegen
> ❺ ☐ Fenster hinter Programmsymbol im Dock ablegen
> ❽ ☑ Öffnen von Programmen animieren
> ❾ ☐ Dock automatisch ein- und ausblenden
> ⑩ ☑ Anzeige für geöffnete Programme einblenden

▲ Abbildung 2.49 *Weitere Optionen für das Dock*

Setzen Sie das Häkchen bei dieser Einstellung, werden minimierte Fenster nicht am rechten Rand, sondern unsichtbar (!) hinter dem jeweiligen Programm-Icon abgelegt.

◄ Abbildung 2.47 *Das Dock am linken Bildschirmrand*

Die folgende Einstellung bestimmt den Effekt ❹, mit dem Fenster im Dock abgelegt werden. Wählen Sie hier **Trichter** aus, sieht es aus, als würde das Fenster ins Dock »gesaugt«. Wählen Sie **Linear**, wird das Fenster einfach im Dock abgelegt.

▲ Abbildung 2.50 *Im Dock abgelegte Fenster in der Standardeinstellung*

In diesem Fall erhalten Sie eine Übersicht über die aktuell offenen Fenster eines Programms, wenn Sie auf das jeweilige Programm-Icon im Dock mit der rechten Maustaste klicken. Im oberen Bereich listet das Kontextmenü die zuletzt benutzten Dateien auf. Im Bereich darunter zeigt das Kontextmenü die aktuell geöffneten Dateien an. Das Häkchen **7** zeigt an, dass das Fenster das aktuell aktive, im Vordergrund befindliche ist. Die Raute **6** symbolisiert dabei, dass das Fenster im Dock abgelegt ist. Wenn kein Symbol zu sehen ist, bedeutet das, dass das Fenster zwar geöffnet, aber nicht aktiv, also nicht das im Vordergrund befindliche Fenster, ist.

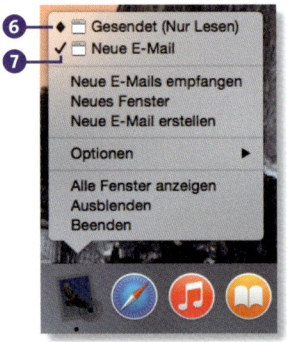

^ **Abbildung 2.51** *Das Kontextmenü eines Programms mit Anzeige der zugehörigen Fenster*

Die nächste Einstellung, **Öffnen von Programmen animieren 8** (siehe Abbildung 2.49), macht zwar auf den ersten Blick den Eindruck einer optischen Spielerei, jedoch ist es durchaus hilfreich, eine visuelle Rückmeldung zu bekommen, wenn ein Programm startet. Haben Sie die Einstellung aktiviert, hüpft das Icon des startenden Programms im Dock. Diesem Hüpfen werden Sie, unabhängig von der hier vorgenommenen Einstellung, vermutlich ohnehin früher oder später begegnen, da die Programm-Icons ebenfalls im Dock hüpfen, wenn ein Programm Ihre Aufmerksamkeit erfordert.

Die nächste Einstellung ist besonders wichtig auf kleinen Bildschirmen. So praktisch das Dock auch ist, wenn der Platz auf dem Bildschirm begrenzt ist, kann es durchaus nerven, wertvollen Platz an das Dock abzutreten. Mit der Einstellung **Dock automatisch ein-**

und ausblenden 9 können Sie sich den wertvollen Bildschirmplatz vom Dock zurückholen, da es bei aktivierter Einstellung außerhalb des Bildschirms verschwindet. Fahren Sie nun mit dem Mauszeiger an den Bildschirmrand, an dem Sie das Dock positioniert haben, wird es automatisch eingeblendet und ist dann eben nur bei Bedarf sichtbar.

Die letzte Einstellungsmöglichkeit betrifft die Anzeige aktiver Programme im Dock. Haben Sie die Einstellung **Anzeige für geöffnete Programme einblenden 10** aktiviert, zeigt das Dock unter den Icons aktiver Programme einen kleinen schwarzen Punkt **11** an.

^ **Abbildung 2.52** *Links ein aktives, rechts ein nicht aktives Programm*

Kontextmenüs im Dock

Der eingeblendete Punkt im Dock ist bereits eine große Hilfe, um schnell einen Überblick über die aktiven Programme zu erhalten. Aber nicht nur das Dock selbst bietet Möglichkeiten, die bei der Benutzung behilflich sind. Auch die einzelnen Programmverknüpfungen im Dock bieten meist einen Zusatznutzen, wenn Sie mit einem Rechtsklick das jeweilige Kontextmenü aufrufen.

INFO

Kontextmenü aufrufen
Normalerweise rufen Sie ein Kontextmenü per Rechtsklick mit der Maus auf. Wenn Sie eine ältere Ein-Tasten-Maus von Apple verwenden, drücken Sie für einen Rechtsklick beim Klicken gleichzeitig die Taste `ctrl`.

Da die Kontextmenüs, die die Programme bereitstellen, stark vom jeweiligen Programm abhängen und sich zum Teil noch dadurch unterscheiden, ob ein Programm läuft oder nicht, folgt hier nur eine kurze beispielhafte Übersicht über die Programmverknüpfung der Systemeinstellungen. Ein Rechtsklick auf das Icon der Systemeinstellungen zeigt die Auswahl der verfügbaren Bereiche und erlaubt es Ihnen, direkt einen der Bereiche auszuwählen.

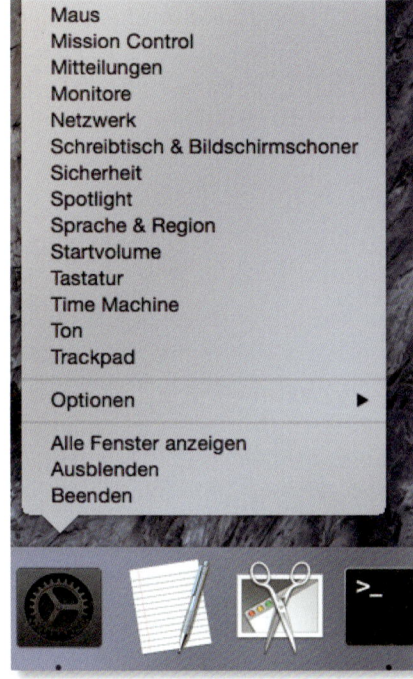

∧ **Abbildung 2.53** *Kontextmenü des Icons der Systemeinstellungen im Dock (Ausschnitt)*

Die Kontextmenüs der Ordner sehen etwas anders aus als die Kontextmenüs der Programme. Hier bieten die Kontextmenüs vor allem Einstellungsmöglichkeiten, die Aussehen und Verhalten der Ordner beeinflussen. Lassen Sie sich die Inhalte der Ordner als **Fächer**, **Gitter** oder **Liste** ❶ anzeigen, oder überlassen Sie die Wahl der Anzeige dem System, indem Sie hier **Automatisch** ❷ einstellen. Bei den Anzeigeoptionen ❸ können Sie zwischen **Ordner** und **Stapel** wählen. **Ordner** zeigt, wie der Name vermuten lässt, den Ordner auch als solchen an. **Stapel** stellt die in dem Ordner enthaltenen Icons hintereinander gestaffelt dar. Außerdem können Sie die Sortierung der Inhalte ❹ einstellen.

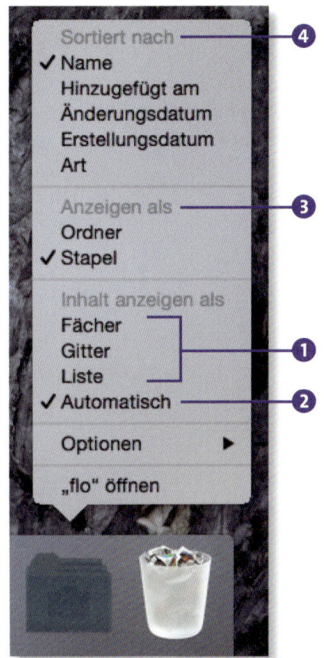

∧ **Abbildung 2.54** *Darstellungsoptionen der Ordner im Dock*

TIPP

Ordner für besseren Überblick
Lassen Sie sich Ordner auch als solche anzeigen. Die Anzeige als Stapel sieht zwar auf den ersten Blick etwas schicker aus als die Anzeige als Ordner. Sie wirkt jedoch auf Dauer etwas unruhig und bietet keinen echten Vorteil, denn um zu sehen, was drin ist, müssen Sie sowieso auf das Symbol klicken, egal, welche Darstellung im Dock ausgewählt ist.

∧ **Abbildung 2.55** *Links die Anzeige als Ordner, rechts die Anzeige als Stapel: Um alles zu sehen, was darin ist, müssen Sie unabhängig von der gewählten Darstellungsoption auf das Symbol klicken.*

Überblick mit App Exposé

Bei der Bedienung des Docks ist eine Technologie besonders hilfreich: *App Exposé*. App Exposé ermöglicht Ihnen einen schnellen Überblick über die vom ausgewählten Programm geöffneten, abgelegten und zuletzt benutzten Dateien.

> **INFO**
>
> **App Exposé ist nur mit Trackpad richtig schön**
> Die Möglichkeit, App Exposé auf das Programm zu beziehen, über dem sich der Mauszeiger befindet, funktioniert nur mit einem Trackpad. App Exposé lässt sich zwar auch mit einem frei wählbaren Tastaturbefehl starten, allerdings bezieht es sich dann nur auf das jeweils im Vordergrund befindliche Programm und nicht auf das Programm, über dem sich der Mauszeiger befindet. Ist App Exposé allerdings erst einmal gestartet, können Sie es durch den Klick auf ein Programmsymbol auch auf das jeweilige Programm beziehen.

Und so funktioniert App Exposé mit einem Trackpad:

1 Bewegen Sie den Mauszeiger über das Icon des Programms im Dock, über dessen Fenster Sie einen Überblick bekommen möchten.

2 Wischen Sie kurz mit drei Fingern nach unten.

3 App Exposé zeigt nun im oberen Bildschirmbereich alle offenen Fenster und, durch eine feine Linie getrennt, im unteren Bildschirmbereich eine Übersicht über die zuletzt benutzten Dateien an. Wenn Sie jetzt ein anderes Programmsymbol im Dock anklicken, zeigt App Exposé die Übersicht über das angeklickte Programm. Dabei muss das Programm nicht aktiv sein; die Liste der zuletzt benutzten Dateien wird auf jeden Fall eingeblendet.

4 Per Klick auf das gewünschte Fenster oder eine der zuletzt geöffneten Dateien verlassen Sie App Exposé, und Ihr Mac holt das angeklickte Fenster in den Vordergrund.

Der Papierkorb

Am rechten Rand des Docks befindet sich der Papierkorb. Hier landen die Dateien, die Sie nicht mehr brauchen. Ähnlich wie bei einem realen Papierkorb werden die dort platzierten Dateien nicht sofort gelöscht, sondern sie bleiben so lange im Papierkorb, bis Sie diesen entleeren. Wie das geht, erfahren Sie in Kapitel 3, »Dateiverwaltung mit dem Finder«, ab Seite 107.

Wenn Sie eine Datei aus dem Papierkorb zurückholen möchten, markieren Sie sie, und wählen Sie aus dem Zahnradmenü den Eintrag **Zurücklegen**. Alternativ dazu steht Ihnen natürlich auch hier Drag & Drop zur

< *Abbildung 2.56* App Exposé

Verfügung, um Dateien wieder aus dem Papierkorb herauszuholen.

∧ **Abbildung 2.57** *Dateien aus dem Papierkorb an ihren ursprünglichen Ablageort zurückholen*

Der Papierkorb dient aber nicht nur zur Aufbewahrung von Dateien, die Platz machen sollen, er dient ebenfalls als Auswurfmöglichkeit für externe Medien, z. B. DVDs (sofern Sie noch einen Mac mit eingebautem Laufwerk besitzen oder ein externes optisches Laufwerk an Ihren Mac angeschlossen haben) oder externe Festplatten.

∧ **Abbildung 2.58** *Ein Klick auf den Papierkorb im Dock öffnet ein Finder-Fenster mit einer Übersicht über die Dateien im Papierkorb.*

Wenn Sie ein Medium (beispielsweise eine CD oder einen USB-Stick) in Richtung des Papierkorbs im Dock ziehen, wird der Papierkorb zu einem Auswurfsymbol. Lassen Sie nun das Medium-Icon über dem Auswurfsymbol los, wirft Ihr Mac das Medium aus. Externe Laufwerke können Sie anschließend entfernen. Voraussetzung ist dafür allerdings, dass Sie sich diese Medien auf dem Schreibtisch anzeigen lassen. Lesen Sie dazu den folgenden Abschnitt.

∧ **Abbildung 2.59** *Der Papierkorb wird zum Auswurfsymbol, wenn Sie Medien in seine Richtung bewegen.*

2.5 Angezeigte Elemente auf dem Schreibtisch

Nach Menüleiste und Dock sehen wir uns an, was sich dazwischen befindet: der Schreibtisch bzw. Schreibtischhintergrund. Der Schreibtischhintergrund ist nicht nur Teil der Bedienoberfläche, er ist auch Teil des Finders. Aber vor allem ist er eine mehr oder minder leere große Fläche. Diese Fläche hat jedoch wichtige Funktionen. Hier können Sie sich, zusätzlich zu den Ordnern und Dateien auf dem Schreibtisch, mit dem Mac verbundene Volumes aller Art – wie etwa externe Festplatten, CDs und Netzlaufwerke – anzeigen lassen. Beachten Sie jedoch, dass diese, wenn Sie das in den Einstellungen des Finders entsprechend eingestellt haben, nur auf dem Schreibtisch selbst angezeigt werden. Im Ordner *Schreibtisch* ❶ (siehe Abbildung 2.60) zeigt der Finder nur Ordner und Dateien (die sich auf dem Schreibtisch befinden) an.

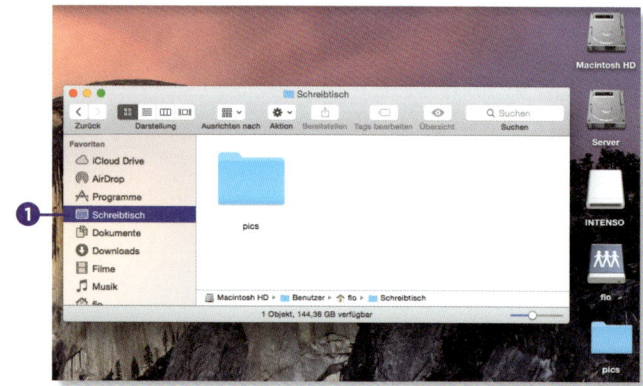

∧ Abbildung 2.60 *Festplatten und Netzlaufwerke werden zwar auf dem Schreibtisch, aber nicht im gleichnamigen Ordner im Finder angezeigt.*

INFO

Volumes

Der Begriff *Volume* ist Ihnen bereits mehrfach begegnet. Es ist also Zeit, sich zu fragen: Was sind Volumes? Volume ist der Sammelbegriff für Festplatten bzw. Laufwerke. Volumes werden in den nächsten beiden Kapiteln über den Finder und externe Medien detailliert besprochen.

In den Einstellungen des Finders legen Sie fest, welche Elemente auf dem Schreibtisch angezeigt werden sollen. Der Schreibtisch ist also mehr als nur ein einfacher Ordner. Er ist mit seinen Elementen Menüleiste, Dock und Schreibtischhintergrund der Ausgangspunkt für all Ihre Aktivitäten.

1 Klicken Sie auf **Finder > Einstellungen**, oder nutzen Sie den Tastaturbefehl ⌘ + . .

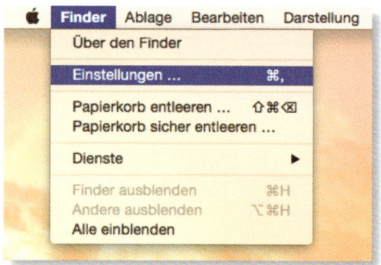

∧ Abbildung 2.61 *Die Einstellungen des Finders aufrufen*

2 Klicken Sie auf den Abschnitt **Allgemein**, und setzen Sie die Häkchen ❷ bei den Elementen, die Sie auf dem Schreibtisch angezeigt bekommen möchten.

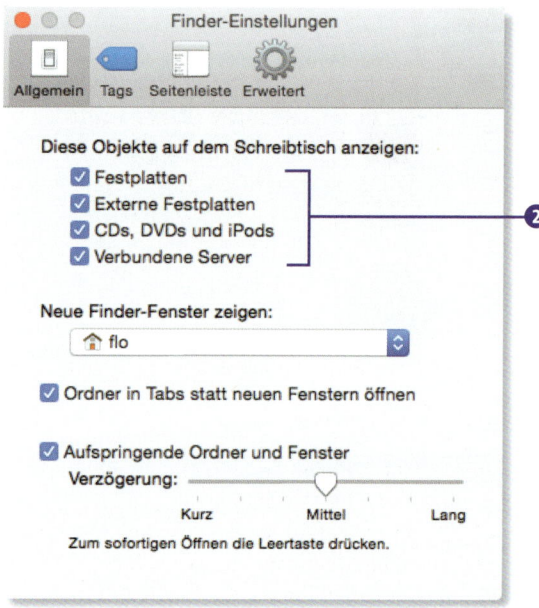

∧ Abbildung 2.62 *Gemäß diesen Einstellungen zeigt der Schreibtisch die entsprechenden Elemente an, sobald sie im System vorhanden bzw. an Ihren Mac angeschlossen sind.*

Nicht zuletzt bietet der Schreibtisch mit seiner großen Fläche die Möglichkeit, ein schönes Hintergrundbild zu verwenden. So gestalten Sie Ihren Mac ein wenig persönlicher.

1 Klicken Sie auf das -Menü, und wählen Sie hier den Punkt **Systemeinstellungen**.

2 Klicken Sie in den **Finder-Einstellungen** im Fenster der Systemeinstellungen auf **Schreibtisch & Bildschirmschoner**. Im Tab **Schreibtisch** sehen Sie im oberen Bereich ein eingerahmtes Bild, das den aktuellen Schreibtischhintergrund anzeigt ❸.

3 In der Liste rechts darunter ❹ sehen Sie die verfügbaren Bilder. Wählen Sie das gewünschte Bild einfach durch Anklicken aus. Das ausgewählte Bild wird sofort als neuer Schreibtischhintergrund angezeigt.

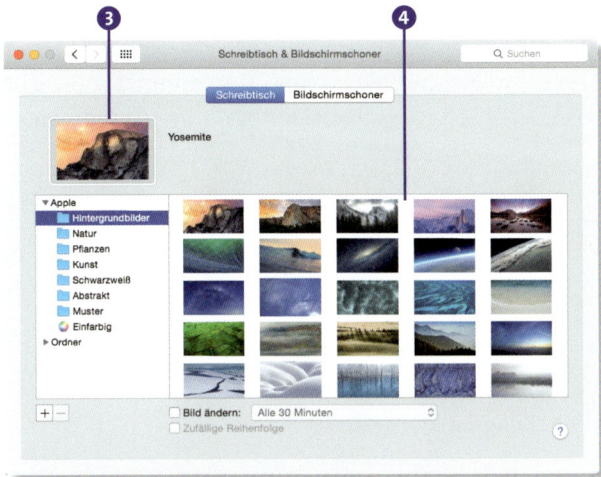

Abbildung 2.63 *Hintergrundbild des Schreibtischs ändern*

INFO

Mehrere Monitore und Spaces

Nutzen Sie mehrere Monitore an Ihrem Mac, sehen Sie das entsprechende Fenster der Systemeinstellungen auf jedem Monitor und können für jeden Monitor ein eigenes Hintergrundbild festlegen. Wenn Sie nun zusätzlich auch auf jedem Space ein eigenes Hintergrundbild nutzen möchten, bewegen Sie das Fenster der Systemeinstellungen auf den gewünschten Space und wählen dort ein neues Hintergrundbild aus. Auf diese Weise ist es möglich, dass Sie auf jedem Monitor und jedem Space jeweils ein unterschiedliches Hintergrundbild verwenden.

Abbildung 2.64 *Vier Spaces verteilt auf zwei Monitore und jeder mit einem eigenen Hintergrundbild*

4 Alternativ ziehen Sie ein beliebiges Bild per Drag & Drop auf den Rahmen, der den aktuellen Hintergrund anzeigt. Dieses Bild wird dann als Hintergrundbild genutzt.

In das Fenster **Schreibtisch & Bildschirmschoner** gelangen Sie auch jederzeit bequem vom Schreibtisch. Öffnen Sie dazu mit einem Rechtsklick auf eine freie Stelle des Schreibtischs das Kontextmenü, und klicken Sie auf **Schreibtischhintergrund ändern**.

2.6 Fenster in OS X

Die bekanntesten Elemente, die die Benutzeroberflächen aller modernen grafischen Betriebssysteme bestimmen, sind *Fenster*. Ganze Betriebssysteme wurden nach ihnen benannt. Die folgenden Abschnitte beschreiben Ihnen, welchen Arten von Fenstern Sie bei OS X begegnen werden, welche Möglichkeiten diese bieten und wie Sie mit ihnen umgehen.

Verschiedene Fenstertypen

Zunächst sind Fenster Informationseinheiten. Um eine übersichtliche Darstellung der Inhalte zu erhalten und um vernünftig mit Fenstern arbeiten zu können, müssen diese Inhalte irgendwie strukturiert dargestellt werden, und genau diese Möglichkeit bieten Ihnen die Fenster. Je nach Anwendung und Situation gibt es verschiedene Fenstertypen:

- **Programmfenster:** Manche Fenster enthalten eine komplette Anwendung, wie beispielsweise iPhoto oder die Systemeinstellungen; das sind die *Programmfenster*. Programme, die nur aus einem Fenster bestehen, werden beim Schließen dieses Fensters beendet. Programme, die aus mehreren Fenstern bestehen, werden nicht unbedingt – oder nicht unbedingt sofort – beendet, wenn Sie das letzte Programmfenster schließen. Um sie endgültig zuschließen, müssen Sie also gegebenenfalls den Weg über das Programmmenü nehmen oder Sie verwenden die Tastenkombination [cmd] + [Q].

Abbildung 2.65 *Ein Programm mit nur einem Fenster: die Systemeinstellungen*

- **Dokumentenfenster:** Andere Fenster zeigen einzelne Dateien innerhalb einer Anwendung an, wie etwa die Fenster des Programms Vorschau. Diese Fenster sind Dokumentenfenster. Beachten Sie, dass Programme, die mehrere Dokumentenfenster haben können, mit dem Schließen des letzten Fensters nicht automatisch beendet werden.

Abbildung 2.66 *Vorschau mit mehreren offenen Fenstern und dem Schreibtisch im Hintergrund. Werden alle Fenster geschlossen, bleibt Vorschau dennoch (zumindest eine Weile) aktiv.*

- **Finder-Fenster:** Fenster, die Ordner und Dateien auflisten, gehören zum Finder, dem Programm für das Dateimanagement. Der Finder ist das wichtigste Programm im System und kann deshalb auch nicht beendet werden. Ist kein anderes Programm aktiv, ist automatisch der Finder das aktive Programm.

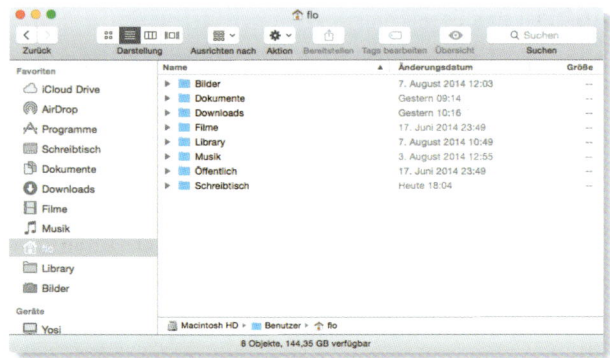

Abbildung 2.67 *Ein Finder-Fenster*

- **Schwebende Fenster:** Darüber hinaus gibt es eine Reihe von Fenstern, die sich unter dem Begriff *schwebende Fenster* zusammenfassen lassen. Solche Fenster sind z. B. Warnfenster, Dialogfenster oder Hilfsfenster.

Abbildung 2.68 *Typische schwebende Fenster: Farbwahl und Schriftauswahl*

Fenster, egal, welcher Art, folgen (idealerweise) den Vorgaben von Apple bezüglich Aussehen und Verhalten. So ist sichergestellt, dass Sie stets ein einheitliches Erscheinungsbild und Verhalten erwarten können und sich nicht auf jedes Programm neu einstellen müssen. Dieses einheitliche Erscheinungsbild unterscheidet OS X ganz wesentlich von anderen Betriebssystemen und trägt maßgeblich zu einer einfachen und intuitiven Bedienung des Betriebssystems bei. Werfen wir nun einen Blick auf typische Elemente, aus denen Fenster bestehen.

Aufbau der Fenster

Fenster bestehen aus vielen verschiedenen Elementen, die so gestaltet sind und entsprechend funktionieren, dass Sie sie möglichst intuitiv benutzen können. Ein wichtiges Element ist die Titelleiste. Die Titelleiste steht stets ganz oben und zeigt den Namen der aktuellen Datei bzw. den Programmnamen an. Zur Titelleiste gehören die drei Buttons zum Schließen, Minimieren und zum Wechsel in den Vollbildmodus des Fensters. Die Buttons werden im Folgenden noch ausführlicher beschrieben. Ausnahmen können vorkommen. Gut zu erkennen ist das z. B. bei den Programmen iTunes und Kontakte. Diese verfügen über keine bzw. keine typisch aussehende Titelleiste.

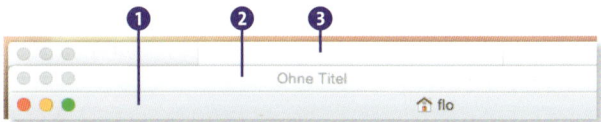

∧ **Abbildung 2.69** *Titelleisten des Finders* ❶ *und einer Textdatei in TextEdit* ❷. *Ganz hinten sehen Sie das Programm Kontakte (ohne Titelleiste)* ❸.

Ein weiteres wesentliches Element fast aller Programme auf dem Mac ist die Symbolleiste. Sie bezeichnet ganz einfach den Teil des Fensters, der die Symbole enthält, die Zugang zu den meistgenutzten Programmfunktionen bieten. Die Funktion der Symbole ist meist an einem Button mit entsprechendem

Icon zu erkennen. Bei den meisten Programmen können Sie die Symbolleiste an Ihre individuellen Bedürfnisse anpassen. Wie das funktioniert, erfahren Sie in Kapitel 5, »Programme auf dem Mac«, auf Seite 171.

Bei den meisten Programmen befindet sich die Symbolleiste am oberen Fensterrand. Je nach Programmoberfläche kann sie jedoch auch an anderer Stelle innerhalb des Fensters positioniert sein.

Viele Programme besitzen außerdem eine Fußleiste. Meist werden dort Zusatzinformationen angezeigt, oder die Fußleiste bietet Zugriff auf weitere Funktionen.

∧ **Abbildung 2.71** *Die Fußleisten von iTunes und dem Finder*

Ein weiterer Bestandteil vieler Programme ist eine Seitenleiste. Unter Umständen gibt es sogar mehrere. Meist werden Seitenleisten für Auflistungen oder zur Darstellung von kontextabhängigen Inhalten benutzt. Seitenleisten finden Sie beispielsweise in iTunes, iPhoto und dem Finder, aber auch in vielen anderen Programmen. Seitenleisten sind eines der wesentlichen Elemente zur Strukturierung von Inhalten. In den meisten Programmen können Sie die Seitenleiste bei Bedarf auch ausblenden.

< **Abbildung 2.70** *Beim Finder ist die Symbolleiste am oberen Fensterrand* ❹, *bei iPhoto sitzt sie am unteren Fensterrand* ❺.

◄ **Abbildung 2.72** *Seitenleisten von hinten nach vorn: iTunes, iPhoto (mit Seitenleisten links und rechts), Finder*

Beim Umgang mit großen Mengen an Daten ist die Möglichkeit, gezielt nach Inhalten zu suchen, ein wesentlicher Bestandteil der täglichen Arbeit. Entsprechend wichtig sind Suchfelder, die am Mac in vielen Fenstern angeboten werden.

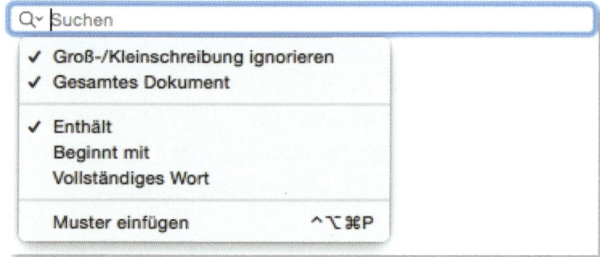

▲ **Abbildung 2.74** *Die Suche verfeinern*

Verschiedene Fensterelemente haben verschiedene Funktionen. Die bereits erwähnten dienen vor allem der Strukturierung der Inhalte. Andere Elemente dienen in erster Linie der Bedienung. Mithilfe dieser Fensterelemente werden Fenster *anfassbar* und erlauben Interaktion.

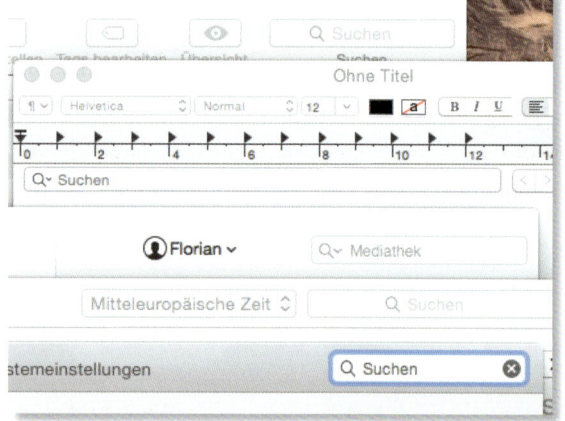

▲ **Abbildung 2.73** *Verschiedene Suchfelder von hinten nach vorn: Finder, TextEdit, iTunes, Kalender, Systemeinstellungen*

Suchfelder erkennen Sie recht einfach an der kleinen Lupe am linken Rand. Oft bieten Suchfelder nach einem Klick auf die Lupe ein kleines Menü an, mit dem Sie die Suche auf bestimmte Inhalte einschränken können.

2.7 Fenster-Buttons – Schließen, Minimieren und Vollbildmodus

Die deutsche Bezeichnung für Buttons ist *Knopf* oder auch *Schaltfläche*. Sie ist aber nicht etabliert, und um Verwirrungen zu vermeiden, werden wir weiterhin das englische Wort *Button* verwenden. Buttons sind, wie die deutsche Entsprechung sagt, (Druck-)Knöpfe, die Sie drücken bzw. anklicken/antippen können. Buttons sind eines der wichtigsten und am häufigsten verwendeten Elemente der Betriebssystemoberfläche, und es gibt sie in allen Arten, Größen und mit ganz unterschiedlichen Funktionen. Die Symbolleisten, die Sie bereits kennengelernt haben, sind voll von Buttons. Diese Vielfalt muss Sie aber an dieser Stelle nicht erschrecken. Im Gegenteil: Trotz der Vielfalt sind Buttons meist selbsterklärende Elemente – entweder durch ihre Farbe, Position, Beschriftung oder durch das angezeigte Icon.

Selbst Buttons, die auf den ersten Blick nicht nach Button aussehen, sondern nur ein Textfeld sind, kann man noch als Button bezeichnen. Apple geht hier mit OS X einen ähnlichen Weg wie mit iOS, wo es fast keine klassischen Buttons mehr gibt, sondern nur noch Textfelder. Drei der wichtigsten Buttons, die Ihnen in jedem Fenster begegnen werden, sind die zuvor im Abschnitt über die Titelleiste bereits kurz erwähnten Buttons zum Schließen, Minimieren und für den Vollbildmodus. Sie befinden sich in jedem Fenster links oben in der Titelleiste in einer (meist) waagerechten Reihe.

^ **Abbildung 2.75** *Die Buttons zum Schließen und Minimieren von Fenstern sowie zur Steuerung des Vollbildmodus*

Fenster schließen

Im Standarderscheinungsbild ist der Schließen-Button rot. Wenn Sie den Mauszeiger darüberbewegen, zeigt er ein schwarzes **X** an. Der Button dient zum Schließen des aktuellen Fensters. Der entsprechende Tastaturbefehl lautet cmd + W .

Damit wird jedoch, wie bereits erwähnt, bei Programmen, die mehrere Fenster haben können, nur das aktuelle Fenster geschlossen. Wird das letzte offene Fenster geschlossen, bleibt das Programm dennoch geöffnet, allerdings ohne aktives Fenster. Allzu lange wird jedoch auch ein Programm in diesem Zustand

nicht bleiben, da das Betriebssystem nach einer Weile Programme, die keine aktiven Fenster haben, automatisch beendet, um die von dem Programm belegten Ressourcen freizugeben. Programme, die nur aus einem Programmfenster bestehen (wie etwa iPhoto, Photo Booth, die Systemeinstellungen und viele andere), werden beim Schließen ihres Fensters auch beendet. Mehr zum Umgang mit Programmen erfahren Sie in Kapitel 5, »Programme auf dem Mac«, ab Seite 171.

^ **Abbildung 2.76** *TextEdit ist zwar fensterlos, aber noch aktiv. Sie erkennen das oben an der Menüleiste.*

> **INFO**
>
> **Anzeige ungesicherter Dateien**
> OS X bietet eine automatische Sicherungsfunktion für Programme an. Mehr dazu erfahren Sie in Abschnitt 6.3, »Dateien sichern – Versionen und Auto Save«, ab Seite 233. Nicht alle Programme machen jedoch Gebrauch von dieser Funktion. Bei solchen Programmen zeigt ein schwarzer Punkt in dem roten Button an, dass an der aktuell geöffneten Datei Veränderungen vorgenommen wurden und dass sie seitdem nicht erneut gesichert wurde. Sie müssen in diesen Fällen die Sicherung selbst anstoßen.

Fenster minimieren

Im Standarderscheinungsbild ist der Minimieren-Button orange. Wenn Sie den Mauszeiger über ihn bewegen, zeigt er einen schwarzen Strich an. Der Button dient zum Minimieren des Fensters. Ein Klick darauf, und das Fenster wird im Dock abgelegt – je nach Einstellung entweder verkleinert, aber sichtbar und mit eingeblendetem Programm-Icon im rechten Teil des Docks, oder aber unsichtbar hinter dem dazugehörigen Programm-Icon. Dieses Verhalten können Sie in den Einstellungen des Docks, die Sie bereits kennengelernt haben, entsprechend festlegen.

Wollen Sie nicht umständlich auf den orangefarbenen Button klicken, nutzen Sie einfach den Tastaturbefehl cmd + M .

Minimierte Fenster sind nicht mehr als Objekte relevant, die Sie auf dem Schreibtisch arrangieren müssen. Dennoch sind es Fenster, die einem Programm zugeordnet und geöffnet sind. Sie können sie also jederzeit wieder zur weiteren Verwendung mit einem Klick auf die Miniatur aus dem Dock zurückholen. Werden Ihre Fenster hinter dem Programm-Icon abgelegt, machen Sie einen Rechtsklick auf das Programm-Icon und wählen dann per Mausklick aus der Liste das gewünschte Fenster aus.

^ Abbildung 2.77 *Ins Dock minimierte Fenster. Die eingeblendeten Icons zeigen, zu welchem Programm das jeweilige Fenster gehört.*

Eine Alternative für mehr Platz auf dem Bildschirm ist das Ausblenden von Fenstern, das Sie in der Regel über das Tastenkürzel cmd + H oder über den Befehl **[Programmname] > [Programmname] ausblenden** in der Menüleiste des jeweiligen Programms erreichen.

iTunes	Ablage	Bearbeiten	Darstellung
Über iTunes			
Einstellungen …			⌘,
iTunes-Feedback-Webseite besuchen Nach Updates suchen …			
Dienste			▶
iTunes ausblenden			⌘H
Andere ausblenden			⌥⌘H
Alle einblenden			
iTunes beenden			⌘Q

^ Abbildung 2.78 *iTunes können Sie getrost ausblenden – die Musik läuft weiter.*

Streng genommen, betrifft der Zustand *Ausgeblendet* nicht die Fenster, sondern das jeweilige Programm. Schließlich lassen sich nicht einzelne Fenster, sondern nur ganze Programme ausblenden. Deutlich wird die Auswirkung jedoch bei den Fenstern. So werden nicht nur alle aktiven Fenster eines Programms ausgeblendet, sondern auch alle möglicherweise zum Programm gehörenden, jedoch aktuell im Dock abgelegten Fenster des Programms.

Ist ein Programm – und mit ihm seine Fenster – ausgeblendet, gibt es nur noch zwei unmittelbar sichtbare Hinweise darauf, dass das Programm jederzeit wieder zur Verfügung stehen kann. Das ist zum einen die Anzeige am unteren Rand des Docks, dass das Programm aktiv ist.

^ Abbildung 2.79 *Karten und Nachrichten sind aktiv. Sie erkennen das am Punkt ❶ unter dem Icon.*

Außerdem sehen Sie in der *Programmwechselanzeige*, ob ein Programm noch aktiv ist: Sie wird eingeblendet, wenn Sie den Tastaturbefehl cmd + → nutzen, um zwischen Programmen zu wechseln.

^ Abbildung 2.80 *Die Programmwechselanzeige zeigt stets alle aktiven Programme an.*

Bedenken Sie also: Nur weil ein Fenster nicht da ist, bedeutet das nicht zwangsläufig, dass es geschlossen ist. Möglicherweise ist ja das dazugehörige Programm gerade einfach nur ausgeblendet.

Fenster im Vollbildmodus

Fenster können seit Mac OS X 10.7 die komplette Bildschirmoberfläche einnehmen. Dabei werden auch die Menüleiste und das Dock ausgeblendet. In diesem Modus gibt es quasi keine Fenster mehr, da ja immer nur ein Fenster bildschirmfüllend sein kann und alles andere ausgeblendet wird (siehe Abbildung 2.81).

Der Vollbildmodus steht nicht in allen Programmen zur Verfügung, und leider halten sich auch nicht alle Programme, die den Vollbildmodus beherrschen, an die Vorgaben von Apple. Die meisten Programme können Sie seit OS X 10.10 mit einem Klick auf den grünen Fenster-Button in den Vollbildmodus versetzen, das Fenster wird daraufhin also bildschirmfüllend dargestellt. Wenn Sie den Mauszeiger über den Button bewegen, zeigt er zwei schwarze Pfeilspitzen, die nach links unten bzw. rechts oben weisen. In älteren OS-X-Versionen diente der Button nur zur Vergrößerung des Fensters, nicht aber zur Aktivierung der Funktion. Dieses Verhalten lässt sich auch heute noch erreichen, indem Sie zusätzlich zum Klick auf den grünen Button die Taste alt drücken. Dann verhält sich der grüne Button wie in früheren Versionen von OS X.

Um den Vollbildmodus zu beenden, bewegen Sie den Mauszeiger an den oberen Bildschirmrand. Daraufhin werden die Menüleiste und die Titelleiste des Fensters eingeblendet. Klicken Sie in der Titelleiste erneut auf den grünen Fenster-Button, um den Vollbildmodus zu beenden. Alternativ können Sie in vielen Programmen auch die Taste esc auf Ihrer Tastatur drücken, um den Vollbildmodus zu verlassen.

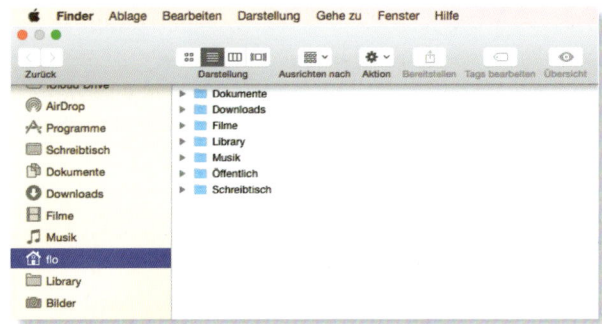

▲ **Abbildung 2.82** *Menü- und Titelleiste lassen sich auch bei bildschirmfüllenden Fenstern anzeigen. Sie überlappen dann allerdings einen Teil des Fensters.*

Seit OS X 10.9 können Sie auch Finder-Fenster im Vollbildmodus nutzen. Bildschirmfüllend angezeigte Fens-

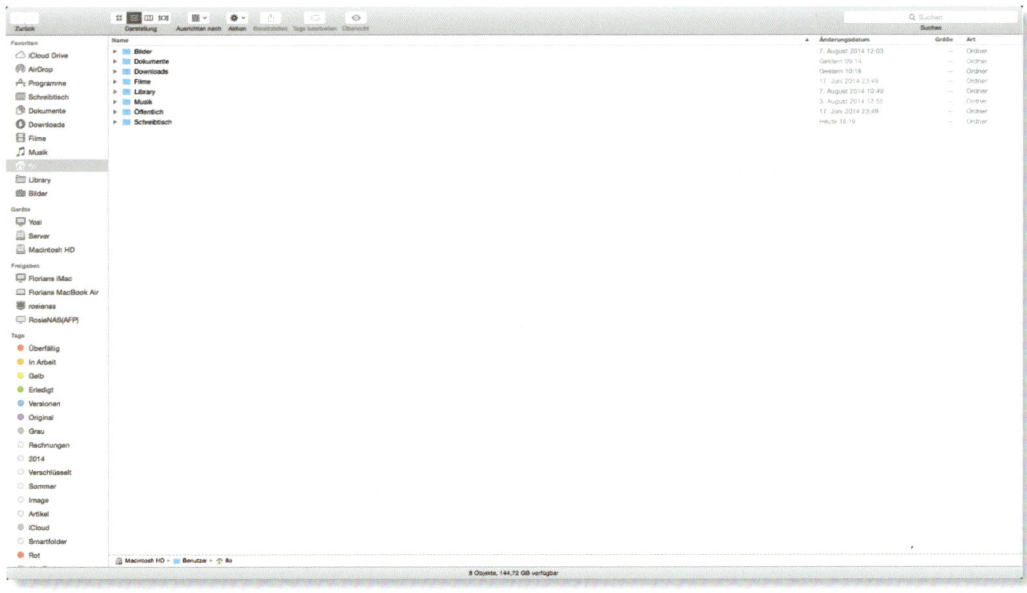

▲ **Abbildung 2.81** *Bildschirmfüllende Fenster blenden Menüleiste und Dock aus.*

ter verhalten sich übrigens wie Spaces, werden aber nicht als Space gezählt. Mehr über Spaces erfahren Sie ab Seite 99.

TIPP

Auch das Dock lässt sich anzeigen

Mit einem Trick lässt sich in bildschirmfüllenden Fenstern auch das Dock anzeigen. Bewegen Sie den Mauszeiger an den Rand des Bildschirms, wo sonst das Dock zu finden ist. Warten Sie eine Sekunde, und bewegen Sie den Zeiger anschließend erneut in Richtung Dock (Fahren Sie also quasi den Mauszeiger »gegen die Wand«.). Das Dock wird nun eingeblendet. Sie müssen in diesem Fall also sehr »deutlich werden«.

Leider halten sich nicht alle Programmentwickler an die Vorgaben von Apple, wie man beispielsweise an Microsofts Word 2011 für Mac sehen kann. Hier müssen Sie zum Beenden des Vollbildmodus statt auf den grünen Button (der im Vollbildmodus von Word nicht mehr zu sehen ist) in der Menüleiste oben rechts auf den kleinen Doppelpfeil klicken.

⌃ **Abbildung 2.83** *Extrawurst für Word*

Je nach Art und Kontext des Fensters sind möglicherweise die beiden Buttons zum Minimieren und Vergrößern inaktiv und werden entsprechend ausgegraut angezeigt. Auch wenn Sie mit der Maus darüberfahren, zeigen sie keine Veränderung.

⌃ **Abbildung 2.84** *Ausgegraute Buttons*

Dies ist meistens bei kleinen Fenstern der Fall, die eine definierte Größe haben und meist auch nur kurz genutzt werden, wie beispielsweise Fenster, die Einstel-

lungen oder ein Hinweisfenster zum jeweiligen Programm anzeigen.

Auch hier brät Apple für iTunes übrigens eine Extrawurst: Im Einstellungsfenster von iTunes (**iTunes > Einstellungen**) fehlen alle drei Buttons vollständig. Hier müssen Sie, was für Apple untypisch ist, Ihre Eingaben mit dem Button **OK** bestätigen oder mit dem Button **Abbrechen** verwerfen, damit sich das Einstellungsfenster schließt.

2.8 Fenster im Vorder- und im Hintergrund

Haben Sie nur ein Fenster offen, ist der Vordergrund der »natürliche« Zustand des Fensters, schließlich arbeiten Sie ja gerade mit dem Fenster. So weit ist das ganz einfach. Kommen aber weitere Fenster dazu, ergibt sich die Notwendigkeit, Fenster in irgendeiner Weise zu organisieren und als aktiv (im Vordergrund) oder inaktiv (im Hintergrund) zu erkennen. Das Fenster im Vordergrund erkennen Sie stets daran, dass es farbig bzw. kontrastreicher wirkt und einen leichten Schatten wirft.

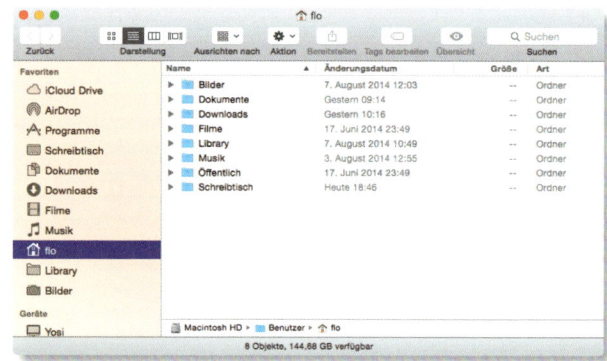

⌃ **Abbildung 2.85** *Fenster im Vordergrund: plastisch, farbig, mit Schatten*

Im Gegensatz zu anderen Betriebssystemen ist es bei OS X jedoch nicht so, dass z. B. eine Scrollbewegung an das im Vordergrund befindliche Fenster gebunden ist. Stattdessen ist das Scrollen in OS X an den Mauszeiger gebunden. Das bedeutet, dass Sie auch in Fenstern scrollen können, die sich momentan nicht im Vordergrund befinden. Es reicht, wenn der Mauszeiger sich darüber befindet.

Manche Programme öffnen Fenster, die stets im Vordergrund gehalten werden. Das muss aber nicht zwangsläufig bedeuten, dass Sie dann in anderen Fenstern nicht mehr weiterarbeiten können, auch wenn es im ersten Moment irritierend ist. Die deutlichste Auswirkung dieses Fensterverhaltens ist, dass das Fenster, das dauerhaft im Vordergrund ist, den Platz absolut beansprucht. Andere Fenster müssen Sie also, wenn Sie darin arbeiten wollen, neben diesem Fenster platzieren, da es sich der normalen Logik entzieht, die ja besagt, dass das angeklickte Fenster in den Vordergrund kommt.

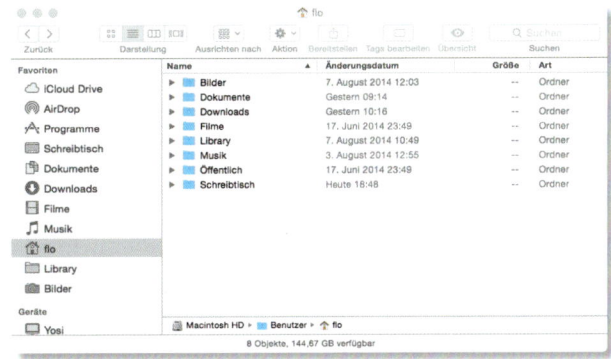

▲ Abbildung 2.87 *Ein Fenster im Hintergrund bzw. ein inaktives Fenster: flach, blass, ohne Schatten*

2.9 Fenster bewegen und Größe anpassen

Da Sie vermutlich meist mehr als ein Fenster offen haben, bietet OS X viele Möglichkeiten, mit einer Vielzahl an Fenstern problemlos und intuitiv umzugehen, ohne dabei den Überblick zu verlieren.

Fenster bewegen

Zunächst lassen sich Fenster bewegen. So können Sie sie an der Stelle positionieren, die Ihnen am angenehmsten erscheint oder die im jeweiligen Moment am sinnvollsten ist.

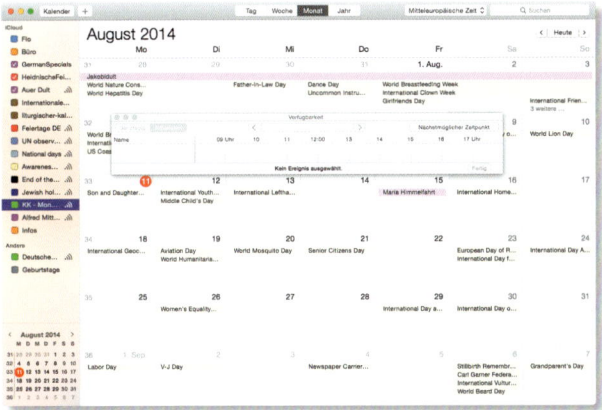

▲ Abbildung 2.86 *Sonderfall: Normalerweise müsste das Kalender-Fenster im Vordergrund sein und das schwebende Fenster überdecken, denn es ist deutlich erkennbar das aktive Fenster.*

Fenster im Hintergrund erscheinen ohne Schatten, weniger kontrastreich bzw. wirken blass. Dazu bedarf es noch nicht einmal vieler anderer Fenster, die sich in den Vordergrund drängen. Es reicht, wenn Sie neben das bereits offene Fenster an eine beliebige Stelle des Schreibtischs klicken. Sie sehen, wie das Fenster inaktiv wird. Ein Fenster kommt natürlich auch in diesen Zustand, wenn Sie auf ein anderes Programm bzw. Fenster klicken.

1 Klicken Sie ein Fenster in der Titelleiste, Symbolleiste oder Fußleiste an.

2 Halten Sie die Maustaste gedrückt, und bewegen Sie das Fenster an die gewünschte Stelle.

3 Lassen Sie die Maustaste wieder los. Wer Drag & Drop beherrscht, der kann auch Fenster bewegen.

In manchen Situationen ist es nötig, nicht das aktuelle Fenster im Vordergrund zu bewegen, sondern ein im Hintergrund befindliches. Dafür müssen Sie es jedoch anklicken, wodurch es in den Vordergrund käme, was aber ja gerade unerwünscht ist. Diese Problematik lässt sich folgendermaßen lösen:

1 Drücken Sie die Taste `cmd`, und halten Sie sie gedrückt.

2 Bewegen Sie nun das gewünschte Fenster im Hintergrund. Solange Sie `cmd` gedrückt halten, können Sie Fenster im Hintergrund bewegen, ohne diese zu aktiven Fenstern zu machen.

Die Fenstergröße anpassen

Fenster müssen sich bezüglich ihrer Größe der jeweiligen Situation anpassen. Mit dem Button zum Verändern der Größe, der sich in der Titelleiste befindet, haben Sie bereits eine Möglichkeit, die Fenstergröße zu verändern, kennengelernt. Eine weitere ist, die Größe der Fenster manuell anzupassen:

1 Fahren Sie mit der Maus an den Rand eines Fensters. Sie sehen, wie sich der Mauszeiger in einen Pfeil mit zwei Enden wandelt. Die Enden des Pfeils zeigen die Richtung der bevorstehenden Größenänderung an, je nachdem, an welcher Stelle des Fensters Sie den Zeiger positionieren.

2 Klicken Sie nun einmal, und halten Sie die Maustaste gedrückt. Bewegen Sie den Mauszeiger so lange bei gedrückter Maustaste, bis das Fenster die gewünschte Größe erreicht hat.

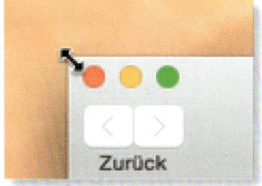

∧ **Abbildung 2.88** Die Größe eines Fensters ändern Sie an den Ecken oder den Seiten.

2.10 Weitere Bedienelemente

Scrollbalken sind ein weiteres Standardelement der Betriebssystemoberfläche, das mit OS X 10.7 jedoch eine grundlegende Veränderung erfuhr. In älteren Versionen von OS X (und bei fast allen anderen grafischen

Betriebssystemen) gibt es Scrollbalken, die – zumindest ab einer bestimmten Fenstergröße – fester Bestandteil des Fensters sind.

< **Abbildung 2.89** Scrollbalken, wie sie bislang in beinahe allen Betriebssystemen Verwendung fanden

Das ist bei OS X seit der Version 10.7 anders. Hier wird, ähnlich wie bei iPhone oder iPad (also Geräten, die unter dem verwandten Betriebssystem iOS laufen), ein Scrollbalken nur eingeblendet, wenn Sie auch tatsächlich scrollen (das ist die Standardeinstellung von OS X). Da also auch keine Scrollpfeile vorhanden sind, die Sie anklicken könnten, setzt das voraus, dass Sie als Zeigerhardware beispielsweise ein modernes Trackpad, eine Magic Mouse von Apple oder eine Maus mit Scrollrad haben. Denn das Scrollen können Sie nur noch mit der Bewegung initiieren.

∧ **Abbildung 2.90** Ein moderner, nur noch bei Bedarf eingeblendeter Scrollbalken

Der Scrollbalken ist durch diese Änderung im Bedienkonzept von einem überwiegend aktiven zu einem überwiegend passiven, vor allem der Anzeige dienenden Element geworden, das nur dann auftaucht, wenn Sie Fensterinhalte aktiv bewegen. Als Hilfe vor allem für Mausbenutzer wird jedoch der Scrollbalken beim Benutzen etwas dicker. So lässt er sich leichter mit dem Mauszeiger anfassen und wie gewohnt nutzen. Durch diese grundsätzliche Änderung ist es, je nach angezeigtem Fensterinhalt, mitunter schwierig geworden, überhaupt zu erkennen, ob Scrollen nötig oder möglich ist. Hier hilft nur, es auszuprobieren. Prinzipiell haben Sie stets die Möglichkeit zu scrollen. Wenn es nichts zu scrollen gibt, werden Sie das sofort merken.

Diese doch sehr massive Änderung beim Scrollverhalten von OS X hat bereits für zahlreiche Diskussionen gesorgt. Ganz gleich, was man davon hält: Die neuen Scrollbalken und auch das neue Scrollverhalten sind nicht für jeden Anwender an einem Mac die erste Wahl. Es ist zwar auf Geräten wie dem iPhone oder dem iPad hilfreich und »natürlich«, dennoch sind Touchgeräte und Computer unterschiedliche Dinge, und was an einem Gerät praktisch ist, muss nicht notwendigerweise auch am anderen Gerät als hilfreich empfunden werden. Sollten Sie den alten Scrollbalken vermissen, keine Sorge: Sie können ihn sich wieder anzeigen lassen. Wie das geht, lesen Sie im nächsten Abschnitt.

Scrollbalken einblenden und Scrollrichtung ändern

Sie können das alte Scrollverhalten und die Scrollbalken nahezu wie gewohnt nutzen, wenn Sie die entsprechenden Einstellungen in den Systemeinstellungen aktivieren:

1 Starten Sie die Systemeinstellungen durch einen Klick auf und im Menü auf **Systemeinstellungen**. Klicken Sie in dem sich öffnenden Fenster auf den Button **Allgemein**.

2 Dort wählen Sie bei **Rollbalken einblenden** die Einstellung **Immer ❶**. Diese Einstellung bewirkt, dass Ihnen zumindest immer noch nutzbare und anklickbare Scrollbalken angezeigt werden.

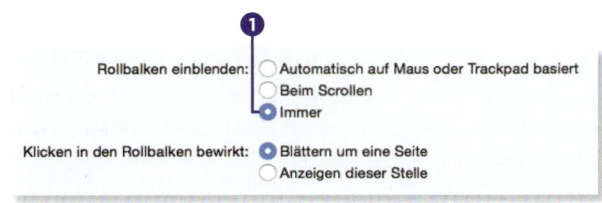

▲ **Abbildung 2.91** So werden Scrollbalken immer eingeblendet.

3 Klicken Sie auf den Button **Alle einblenden ❷**, oder nutzen Sie den Tastaturbefehl cmd + L, um zur Übersicht der Systemeinstellungen zurückzukommen.

4 Klicken Sie nun auf den Button **Trackpad**. Hier können Sie die Scrollrichtung ändern.

5 Im Abschnitt **Scrollen und Zoomen ❸** deaktivieren Sie das Häkchen bei **Scrollrichtung: Natürlich ❹**. Nutzen Sie eine Magic Mouse, finden Sie diese Option in der Systemeinstellung **Maus** und dort unter **Zeigen und Klicken**. Jetzt zeigt Ihr Mac wieder das von Computern gewohnte Scrollverhalten.

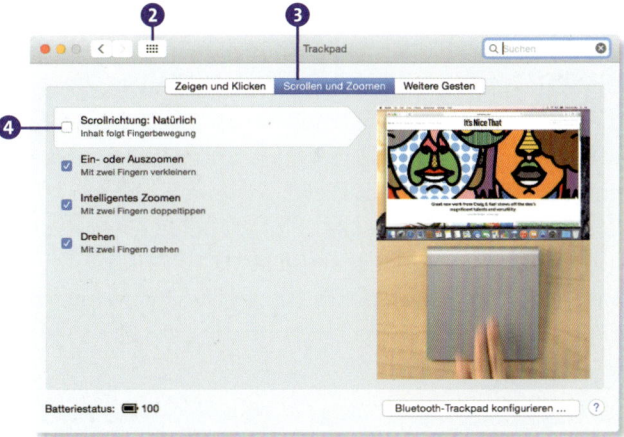

▲ **Abbildung 2.92** Viele Anwender nutzen lieber das gewohnte Scrollverhalten.

Auswahlen treffen: Checkboxen und Radiobuttons

Zwei Elemente, die Ihnen sicher auf den meisten Websites schon mal begegnet sind, finden Sie auch bei OS X: *Checkboxen* ❺ (siehe Abbildung 2.93) sind kleine viereckige Kästchen, die Sie durch Anklicken mit einem Häkchen versehen können. Die Box bzw. die Einstellung, die sie repräsentiert, ist dann aktiviert. Bei mehreren Checkboxen kann auch mehr als eine aktiv sein. Das unterscheidet die Checkbox vom *Radiobutton*. Ein Radiobutton ❷ dient meist dazu, aus einer Gruppe von Buttons beziehungsweise Optionen exklusiv eine einzelne Auswahl zu ermöglichen. Bei logisch zusammengehörenden Radiobuttons kann stets nur einer ausgewählt sein; sie schließen sich also gegenseitig aus.

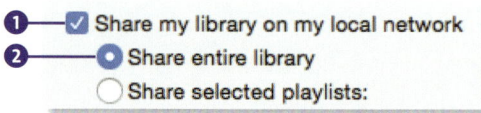

▲ **Abbildung 2.93** *Eine angeklickte Checkbox und ein ausgewählter Radiobutton*

Die Anzeige steuern: Erweiterungspfeile und Schieberegler

Ein typisches Element, vor allem in der Listenansicht des Finders, sind die sogenannten *Erweiterungspfeile*. Diese kleinen Pfeile blenden Inhalte ein und aus. Zeigt die Spitze nach rechts, werden derzeit weitere Inhalte verborgen. Zeigt die Spitze nach unten, werden die enthaltenen Inhalte angezeigt. Zwischen den beiden Zuständen schalten Sie ganz einfach durch einen Klick auf den Pfeil um. Wer lieber die Tastatur benutzt, markiert dafür das gewünschte Element und nutzt dann zum Aus- oder Einklappen der Inhalte die Tasten ◄ und ►.

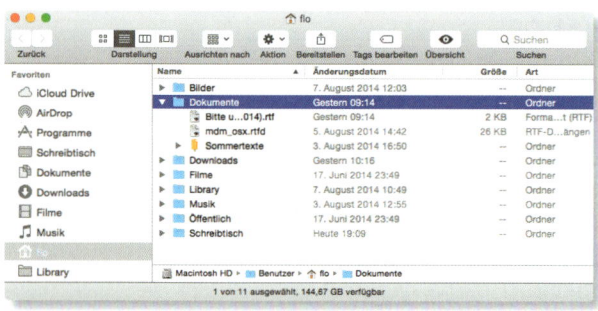

▲ **Abbildung 2.94** *Erweiterungspfeile – eingeklappt und ausgeklappt (hier der Ordner »Dokumente«)*

Ein ebenfalls sehr häufig verwendetes Element sind Schieberegler. Schieberegler dienen meist zur Größenanpassung ausgewählter Elemente oder werden, z. B. in iPhoto, zur Veränderung von Werten eingesetzt.

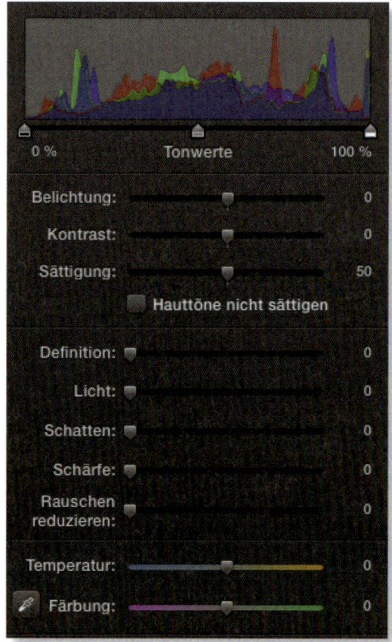

▲ **Abbildung 2.95** *Bildanpassungen in iPhoto: ein typischer Fall für den Einsatz von Schiebereglern*

Schieberegler bestehen aus der Schiebestrecke und einem Schieber. Der Schieber lässt sich anklicken und auf der Schiebestrecke verschieben.

Alternativ klicken Sie auf die gewünschte Stelle der Schiebestrecke, und der Schieber springt dann dorthin. Schieberegler können recht einfach aussehen, wenn es nur darum geht, Veränderungen deutlich zu machen. Manche sehen jedoch auch etwas aufwendiger aus, wenn es z. B. um konkrete Maße geht.

Tabs

Ein weiteres oft verwendetes Element sind Tabs. Tabs könnte man auf Deutsch sinngemäß als (Kartei-)Reiter übersetzen, und dann wird auch sofort klar, um welches Element der Betriebssystemoberfläche es sich hier handelt. In Fenstern, in denen viele inhaltlich unterschiedliche Abschnitte auf relativ kleinem Raum untergebracht werden müssen, findet man üblicherweise Tabs recht häufig (etwa in den Systemeinstellungen).

^ **Abbildung 2.96** *Tabs in den Systemeinstellungen zu »Tastatur«*

Tabs werden auch typischerweise von Webbrowsern verwendet, um mehrere Webseiten in einem Fenster anzuzeigen.

^ **Abbildung 2.97** *Tabs im Webbrowser Safari*

Aber nicht nur Einstellungs- oder Browserfenster verwenden Tabs, auch im Finder können Sie mit Tabs arbeiten, um den Überblick zu behalten. Details dazu finden Sie in Kapitel 3, »Dateiverwaltung mit dem Finder«, ab Seite 107.

Damit haben Sie nun alle wichtigen Elemente der Benutzeroberfläche von OS X kennengelernt. Generell sollten Sie sich immer in Erinnerung rufen, dass sich beinahe jedes Element *anfassen*, bewegen, in der Größe verändern oder sonst irgendwie verändern lässt. Achten Sie auch auf kleine Symbole oder Änderungen des Mauszeigers, und seien Sie einfach experimentierfreudig.

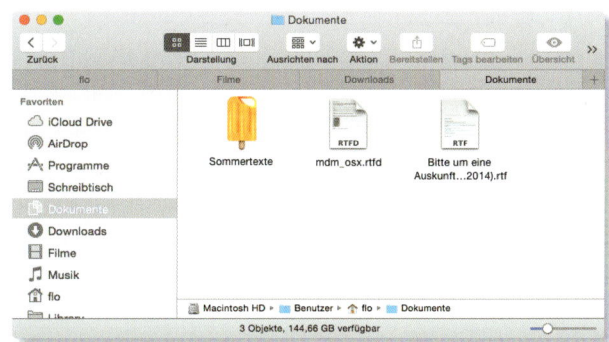

^ **Abbildung 2.98** *Tabs im Finder*

2.11 Mission Control und Spaces

Haben Sie nur wenige Fenster offen, ist alles noch ganz übersichtlich. Wie aber können Sie den Überblick behalten und schnell und einfach zwischen Fenstern und Programmen wechseln, wenn Sie viele Fenster aus mehreren Programmen geöffnet haben und diese zum Teil unterschiedliche Zustände wie beispielsweise den Vollbildmodus haben? Um hier die Übersicht zu behalten, bietet OS X die Funktionen Mission Control und Spaces, die zum Teil ineinander integriert sind und auch gemeinsam *Mission Control* genannt werden.

Mission Control bietet nicht nur eine einfache Übersicht über alle Programme und Fenster, es umfasst auch eine weitere Technologie zum Fenstermanagement, mit der sich der Schreibtisch vervielfältigen lässt. Diese Technik heißt *Spaces*. So dient Mission Control nicht nur der Übersicht, sondern ermöglicht auch eine schnelle und einfache Navigation zwischen den verschiedenen Schreibtischen, Programmen und Fenstern.

Mission Control zeigt im großen Bereich in der Mitte des Bildschirms ❶ (siehe Abbildung 2.99) die aktiven Fenster der aktiven Programme in einer verkleinerten und nach Programmzugehörigkeit sortierten Ansicht an. Darüber ❷ befinden sich die Übersicht über die Spaces und alle Fenster, die gerade im Vollbildmodus ausgeführt werden.

^ **Abbildung 2.99** *Mission Control stellt alle aktiven Programme, alle Fenster und alle Spaces übersichtlich dar.*

Mission Control aufrufen

Mission Control lässt sich auf viele verschiedene Weisen aufrufen: mit einer eigenen Taste, indem Sie mit drei Fingern auf einem Trackpad nach oben wischen oder, falls Sie eine Magic Mouse besitzen, durch Doppeltippen auf die Maus (nicht klicken!).

^ **Abbildung 2.100** *Mit dieser Taste* ③ *starten Sie Mission Control.*

Mission Control lässt sich aber auch anders aktivieren. Da die Möglichkeiten so vielfältig sind, sollten Sie Ihre Einstellungen bezüglich Tastenbelegung, Trackpad-Gesten, Maustasten und aktiver Ecken in den Systemeinstellungen prüfen, indem Sie auf die Einstellungen **Mission Control** und/oder **Trackpad** klicken und in der letztgenannten Einstellung den Bereich **Weitere Gesten** aufrufen, um die festgelegten Gesten einzusehen oder zu ändern.

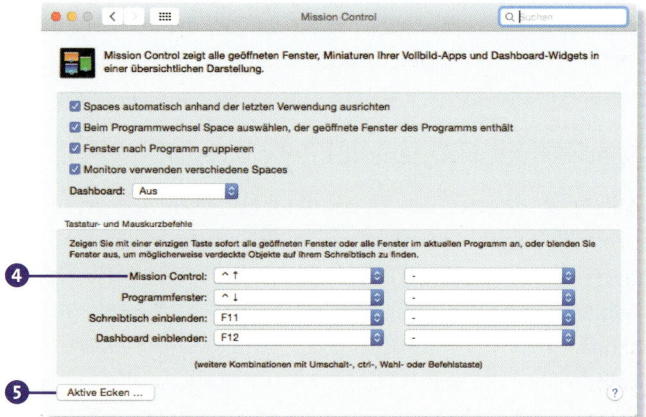

^ **Abbildung 2.101** *Mission Control in den Systemeinstellungen: eine eigene Taste festlegen* ④ *oder die aktiven Ecken* ⑤ *nutzen*

So wechseln Sie von einem Fenster zu einem anderen:

1 Aktivieren Sie Mission Control. Die Fenster des aktuellen Schreibtischs werden Ihnen in der Übersicht angezeigt.

2 Bewegen Sie den Mauszeiger über das Fenster, in das Sie wechseln wollen. Das Fenster wird blau umrahmt angezeigt.

3 Klicken Sie das Fenster an. Mission Control wird beendet, und das ausgewählte Fenster ist im Vordergrund.

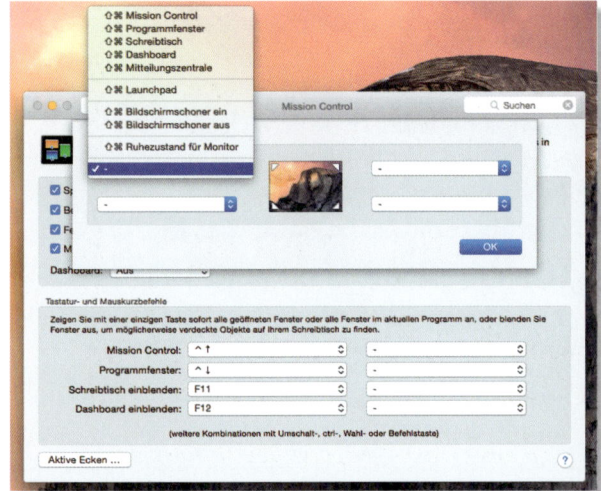

△ **Abbildung 2.102** *Mit dieser Einstellung in den aktiven Ecken wird zukünftig Mission Control gestartet, wenn Sie mit der Maus in die obere linke Bildschirmecke fahren.*

Spaces – verschiedene Schreibtische

Mit Spaces erweitern Sie den Schreibtisch auf insgesamt bis zu 16 Schreibtische je Monitor. Der Schreibtisch wird jedoch nicht tatsächlich vervielfältigt, sondern es werden nur weitere Flächen für Fenster geschaffen. Dass es sich inhaltlich stets um ein und denselben Schreibtisch handelt, erkennen Sie daran, dass die auf dem Schreibtisch abgelegten Ordner und Dateien immer dieselben sind, ganz egal auf welchem Schreibtisch Sie sich aktuell befinden.

△ **Abbildung 2.103** *Spaces vervielfältigen den Schreibtisch.*

Spaces eignen sich hervorragend, um Ordnung und Struktur in die Menge der offenen Programme und Fenster zu bringen. So ordnen Sie beispielsweise Programme gezielt einem bestimmten Space zu. Auf diese Weise nutzen Sie z. B. je einen Space nur für jeweils ein oder zwei Programme: einen Space für Grafikprogramme, einen Space für Textverarbeitung etc.

Dabei müssen Sie sich gar nicht merken, auf welchem Space ein Programm liegt, denn dafür können Sie entweder Mission Control verwenden, oder Sie wechseln einfach mit $\boxed{\text{cmd}}$ + $\boxed{\rightarrow}$ zwischen den Programmen. Wenn ein Programm, in das Sie wechseln, auf einem anderen Space liegt, wird entsprechend dorthin gewechselt. Das klingt in der Beschreibung mitunter abstrakt und umständlich. Tatsächlich ist die Navigation zwischen Spaces so intuitiv und unmittelbar, dass Sie sich schon nach wenigen Minuten nicht mehr vorstellen können, wie Sie zuvor jemals ohne Spaces gearbeitet haben.

Als zusätzliche Möglichkeit, intuitiv den Überblick zwischen den Spaces zu behalten, kann jeder Space ein eigenes Hintergrundbild haben. Wechseln Sie zum gewünschten Space, und legen Sie dann das Hintergrundbild fest. So erkennen Sie in Mission Control bereits am Hintergrundbild, welcher Space der gewünschte ist, und müssen nicht auf die Nummerierung achten.

△ **Abbildung 2.104** *Sorgt für mehr Übersicht: jeder Space mit einem eigenen Hintergrundbild*

Von Space zu Space wechseln

Zwischen den Spaces navigieren Sie mittels Mission Control, indem Sie den gewünschten Space anklicken, bzw. bei einem Trackpad durch seitliches Wischen mit drei Fingern oder indem Sie zu einem Programm wechseln, das sich auf einem anderen Space befindet.

TIPP

Seitlich wischen

Seitliches Wischen, um zwischen Spaces zu wechseln, funktioniert immer. Dafür muss nicht Mission Control gestartet sein. Mission Control dient vor allem der übersichtlichen Darstellung.

Programmfenster im Vollbildmodus werden in Mission Control übrigens ebenfalls im Bereich der Spaces angezeigt; sie sind also quasi ihr eigener Space, belegen aber nicht einen der maximal 16 verfügbaren Spaces. Ebenso verhält es sich mit dem Dashboard, das standardmäßig in der Übersicht über die Spaces angezeigt wird.

︿ **Abbildung 2.105** *Werden zwar als Space angezeigt, aber nicht mitgezählt: Dashboard (links) und Fenster im Vollbildmodus (rechts)*

Einen neuen Space einrichten

Mithilfe von Mission Control organisieren Sie Fenster und Programme nicht nur auf dem aktuellen Schreibtisch, sondern auch Space-übergreifend:

1 Öffnen Sie mehrere Programme, und stellen Sie sicher, dass mindestens eines der geöffneten Programme mehr als ein Fenster anzeigt.

2 Aktivieren Sie Mission Control.

3 Klicken Sie ein Fenster eines Programms mit mehreren Fenstern an, und ziehen Sie es nach ganz rechts oben. Im Bereich der Spaces erscheint von rechts ein neuer Space mit einem Pluszeichen ❶.

4 Lassen Sie das Fenster los. Es wird nun ein neuer Space angelegt, und das ausgewählte Fenster wird diesem Space zugeordnet.

Ein neuer Space lässt sich jedoch auch erzeugen, ohne ein Fenster dort abzulegen. Fahren Sie, wie zuvor beschrieben, mit dem Mauszeiger nach rechts oben, und klicken Sie dann auf das Pluszeichen, um einen neuen leeren Space anzulegen.

︿ **Abbildung 2.106** *Einen neuen Space erzeugen*

Einen Space löschen

Von einem Programm befinden sich also nun mindestens zwei Fenster auf unterschiedlichen Spaces. Machen wir zunächst die Fensterverteilung von gerade eben rückgängig, und löschen wir bei der Gelegenheit einen nicht mehr benötigten Space:

1 Aktivieren Sie Mission Control.

2 Fahren Sie mit dem Mauszeiger über den soeben neu angelegten Space, der das dort abgelegte Fenster enthält. Sobald sich der Mauszeiger über dem Space befindet, zeigt der Space links oben ein kleines Symbol mit einem **X** an, mit dem sich der Space schließen lässt.

3 Klicken Sie auf das Symbol zum Schließen des Space. Der ausgewählte Space wird geschlossen, und die enthaltenen Fenster werden dem aktuellen Space zugeordnet.

▲ **Abbildung 2.107** *Dieser Space wird entfernt. Seine Fenster werden dem aktuellen Space zugeordnet.*

Ein Programm einem Space zuordnen

Nun befinden sich also alle Fenster wie zuvor auf demselben Space. Wir wollen nun richtig aufräumen und nicht nur ein Fenster, sondern komplette Programme mit all ihren Fenstern auf andere Spaces verteilen.

1 Aktivieren Sie Mission Control.

2 Klicken Sie diesmal nicht nur ein einzelnes Fenster, sondern das Icon **❷** des ausgewählten Programms an, und ziehen Sie es, wie zuvor das Fenster, nach rechts oben, um es auf einem neuen Space abzule-

gen. So haben Sie mit einer Aktion bequem ein Programm mit mehreren Fenstern einem neuen Space zugeordnet.

▲ **Abbildung 2.108** *Ein Programm mit mehreren Fenstern auf dem Weg zu einem neuen Space*

3 Angenommen, Sie möchten, dass das Programm nun dauerhaft dem Space zugeordnet bleibt: Wechseln Sie zum gewünschten Programm und damit auch auf den entsprechenden Space.

4 Klicken Sie mit rechts auf das Symbol des Programms im Dock.

5 Fahren Sie mit dem Mauszeiger über **Optionen**, und wählen Sie den gewünschten Schreibtisch im Menüabschnitt **Zuweisen zu** mit einem Mausklick aus.

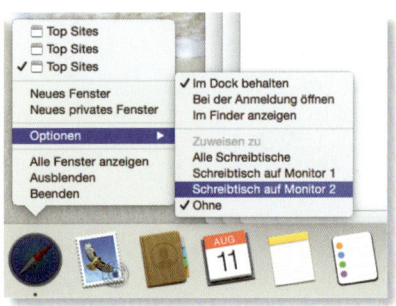

▲ **Abbildung 2.109** *Ein Programm dem aktuellen Schreibtisch zuordnen*

Zukünftig wird dieses Programm immer auf dem gewählten Space geöffnet. Heben Sie die Auswahl auf, indem Sie im Menüabschnitt **Zuweisen zu** auf **Ohne** klicken.

Teil II
Alltägliche Aufgaben am Mac

Kapitel 3
Dateiverwaltung mit dem Finder

Das wichtigste Programm jedes Betriebssystems ist der Dateimanager. Denn mit ihm bewegen Sie sich durch die Ordnerstruktur, verschieben, kopieren, öffnen oder löschen Dateien und Ordner. Bei OS X heißt dieses Programm »Finder«. In diesem Kapitel erfahren Sie, wie Sie den Finder für Ihre tägliche Arbeit nutzen können.

Der Finder empfängt Sie mit einem freundlichen Lächeln. Aus gutem Grund, denn er ist nicht nur ein Dateimanager, sondern der Dreh- und Angelpunkt all Ihrer Aktivitäten. Mit dem Finder verwalten Sie Dateien und Ordner, nutzen externe Medien und starten Programme. Weil also der Finder mehr als nur ein Programm ist, nämlich ein wesentlicher Teil des Betriebssystems, empfängt er Sie mit einem Lächeln, schließlich haben Sie dauernd mit ihm zu tun.

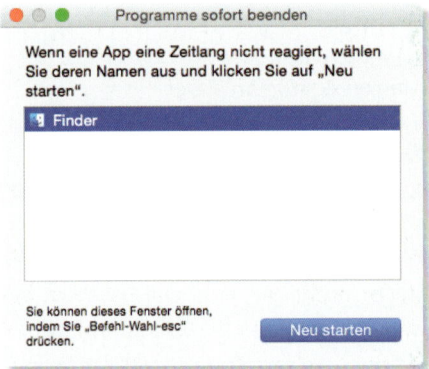

▲ Abbildung 3.2 *Den Finder können Sie nicht beenden, sondern nur neu starten.*

Liefe der Finder nicht, hätten Sie keine nutzbare Betriebssystemoberfläche. Sie müssen den Finder daher auch nicht starten, wenn Sie Ihren Mac einschalten, denn er ist ohnehin stets aktiv.

▲ Abbildung 3.1 *Das freundliche Lächeln des Finders empfängt Sie im Dock ganz links.*

Der Finder ist mit ähnlichen Programmen anderer Betriebssysteme vergleichbar, wie etwa dem Windows-Explorer. Da der Finder so ein wesentlicher Teil des Betriebssystems ist, lässt er sich nicht wie andere Programme beenden.

▲ Abbildung 3.3 *Ein Blick auf den Schreibtisch, und die Menüleiste Ihres Macs offenbart, dass der Finder läuft.*

Die Menüleiste zeigt immer dann den Finder neben dem -Menü an, wenn ansonsten alle anderen Programme geschlossen sind.

Der Finder ist zugleich ein Urgestein und ein Stück Computergeschichte, denn er war vor über 30 Jahren bereits Teil des ersten Macintosh-Betriebssystems. Seither hat sich viel getan, und seine Aufgaben und Kompetenzen haben sich mit der Zeit verändert und erweitert.

∧ **Abbildung 3.4** *Am Copyright-Jahr können Sie es erkennen: Der Finder war von Anfang an dabei.*

Wenn Sie auf das Dateisystem eines Computers zugreifen müssen, brauchen Sie einen Dateimanager. Apple könnte es möglicherweise in den nächsten Jahren gelingen, OS X so weit zu vereinfachen, dass Sie sich überhaupt nicht mehr mit dem Dateisystem beschäftigen müssen. Auf iPhones und iPads, auf denen das verwandte Betriebssystem iOS läuft, ist das bereits der Fall. Sollte Apple das tatsächlich schaffen, hätte möglicherweise bald auch das letzte Stündlein des Finders geschlagen. Sehr wahrscheinlich dürfte das in nächster Zeit jedoch nicht sein, aller Annäherung von OS X und iOS zum Trotz.

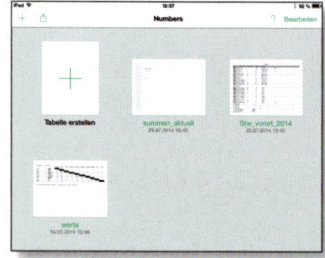

∧ **Abbildung 3.5** *Auf Geräten mit iOS haben Sie mit dem Dateisystem nichts mehr zu tun. Die Apps verwalten die jeweils eigenen Dateien selbst.*

Solange aber der Dateisystemzugriff noch ein notwendiges Übel ist, kommen Sie nicht ganz darum herum, sich damit zu beschäftigen. Sie müssen sich aber keine Sorgen machen, denn der Finder macht es Ihnen so leicht wie möglich.

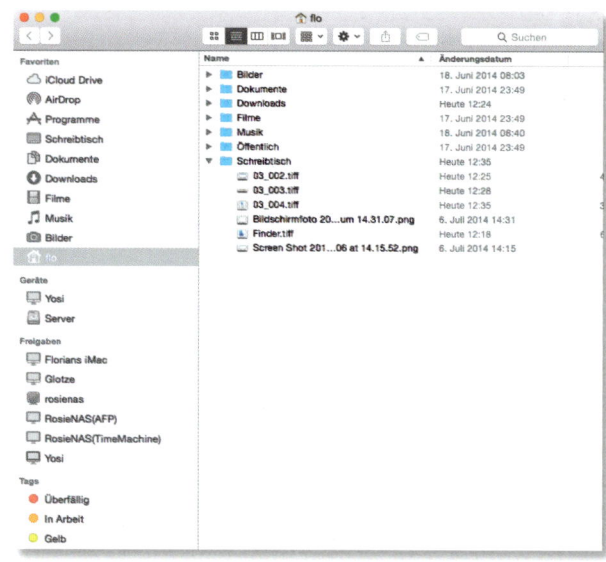

∧ **Abbildung 3.6** *Der Finder macht den Umgang mit dem Dateisystem zum Kinderspiel.*

3.1 Der Aufbau des Finders

Da der Finder mehr ist als nur ein Programm wie jedes andere, sollten Sie sich mit ihm besonders gut auskennen. Sehen wir uns also zunächst ein Finder-Fenster im Detail an.

Ein Finder-Fenster öffnen

Öffnen Sie zunächst ein Finder-Fenster. Dafür haben Sie mehrere Möglichkeiten:

1. den Menübefehl **Ablage > Neues Fenster**

∧ **Abbildung 3.7** *Ein neues Finder-Fenster per Menübefehl öffnen*

2. den Tastaturbefehl [cmd] + [N]

3. einen Klick auf das Finder-Symbol im Dock

∧ **Abbildung 3.8** *Das Finder-Symbol im Dock*

4. klicken Sie auf eine **Im Finder öffnen**-Verknüpfung ❶ eines Ordners im Dock

∧ **Abbildung 3.9** *Über eine Verknüpfung können Sie sich den im Dock angezeigten Ordner im Finder anzeigen lassen.*

5. einen Doppelklick auf ein Laufwerkssymbol oder auf einen Ordner auf dem Schreibtisch

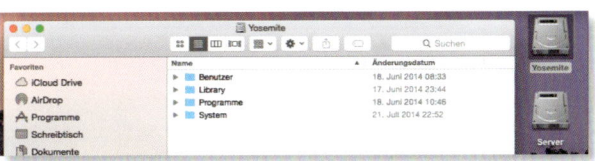

∧ **Abbildung 3.10** *Der Inhalt von Ordnern und Laufwerken wird durch einen Doppelklick in einem Finder-Fenster angezeigt.*

Sie können beliebig viele Finder-Fenster öffnen. Allerdings wird es irgendwann unübersichtlich, da helfen auch der größte Monitor und so raffinierte Techniken wie Tabs und App Exposé (siehe Kapitel 2, »Die Benutzeroberfläche kennenlernen«, ab Seite 63) nichts. Meist ist es völlig ausreichend, ein oder zwei Finder-Fenster bzw. ein Fenster und entsprechend viele Tabs offen zu haben. Prinzipiell ist ein Finder-Fenster ausreichend, um damit alle Dateioperationen vornehmen zu können.

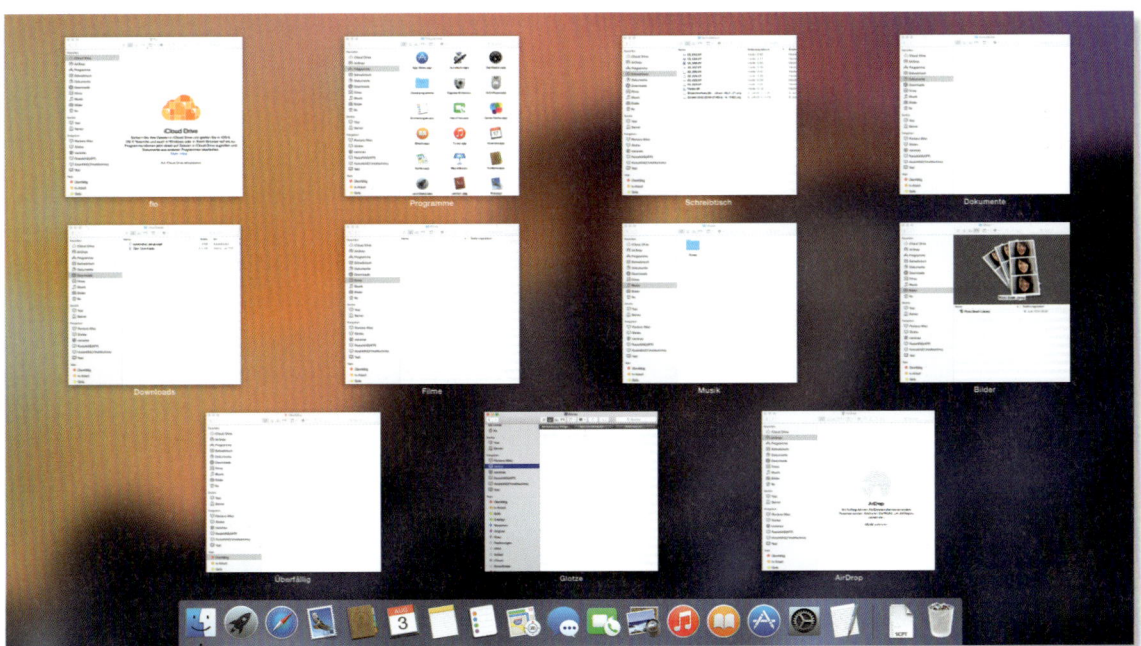

∧ **Abbildung 3.11** *Öffnen Sie so viele Fenster, wie Sie wollen, aber denken Sie auch an die Übersichtlichkeit.*

Ein Finder-Fenster im Detail

Nachdem Sie nun mindestens ein Finder-Fenster geöffnet haben, sehen wir uns den Aufbau und die Elemente des Fensters an.

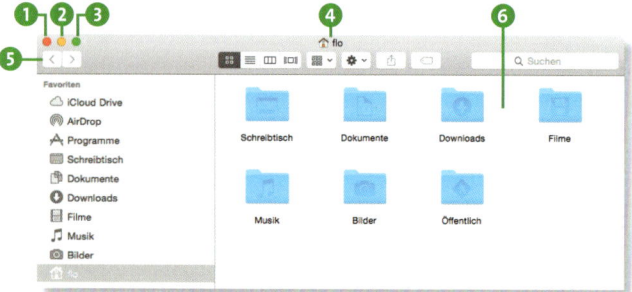

▲ **Abbildung 3.12** *Ein Finder-Fenster*

Ganz oben befindet sich die Titelleiste. Sie zeigt die Buttons zur Fenstermanipulation, mit denen Sie das Fenster schließen ❶, im Dock ablegen ❷ oder bildschirmfüllend vergrößern ❸ können, und das Symbol und den Namen des aktuellen Ordners ❹. Name und Symbol des aktuellen Ordners zeigen den vollständigen Dateipfad an, wenn Sie mit gedrückter cmd -Taste daraufklicken. Ein Klick auf einen Ordner in dem angezeigten Pfad veranlasst das Finder-Fenster, diesen Ordner respektive seinen Inhalt im Inhaltsbereich des Finder-Fensters anzuzeigen.

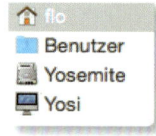

▲ **Abbildung 3.13** *Der komplette Pfad zum aktuellen Ordner »Dokumente«*

Ohne sichtbare Grenze geht die Titelleiste in die Symbolleiste ❺ über. In der Symbolleiste befinden sich von links nach rechts die Buttons für die Navigation, die Ansichtsarten, die Sortierungsmöglichkeiten, das Aktion-Menü bzw. Zahnradmenü, das **Bereitstellen**-Menü, die Tags und das Suchfeld. Jeden dieser Buttons, genauer gesagt, seine Funktion, lernen Sie im weiteren Verlauf des Kapitels noch detailliert kennen.

▲ **Abbildung 3.14** *Das »Kommandozentrum« des Finders: die Symbolleiste*

TIPP

Unix-Pfad in der Titelleiste

Speziell für Umsteiger von anderen Unix-artigen Betriebssystemen wie z. B. Linux bietet sich zur besseren Orientierung im Dateisystem diese kleine Modifikation des Finders an. Im Terminal bewirken die Befehle `defaults write com.apple.finder _FXShowPosixPathInTitle -bool YES` und `killall Finder`, dass die Titelleiste neben dem Symbol des aktuellen Ordners nicht den Namen, sondern den vollständigen Unix-Pfad anzeigt. Rückgängig machen können Sie das, indem Sie im ersten Befehl `YES` in `NO` ändern. Der zweite Befehl bleibt unverändert. Alle Befehle müssen Sie jeweils mit ⏎ bestätigen. Mehr zum Terminal erfahren Sie in Kapitel 16, »Dienstprogramme – nützliche Helfer«, ab Seite 605.

`/Users/flo/Documents`

▲ **Abbildung 3.15**
Bei der Anzeige des vollständigen Unix-Pfades werden die Ordnernamen nicht ins Deutsche übersetzt.

Rechts ❻ befindet sich der Bereich für die Inhalte. Hier wird angezeigt, was in der Seitenleiste ausgewählt ist. In der Seitenleiste finden Sie unter anderem die Abschnitte **Favoriten**, **Geräte**, **Freigaben** und **Tags**. Innerhalb der Abschnitte befinden sich abhängig von Ihren Einstellungen und der aktuellen Netzwerkumgebung mehr oder weniger Einträge. Die Inhalte dieser Abschnitte lassen sich ohne Weiteres aus- und einblenden.

1 Bewegen Sie den Mauszeiger über den Namen eines Abschnitts. Der Link **Ausblenden** wird nun angezeigt.

2 Klicken Sie auf den angezeigten Link **Ausblenden**.

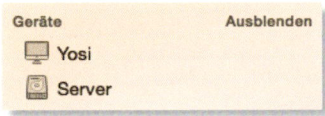

Abbildung 3.16 *Abschnitte in der Seitenleiste ausblenden*

3 Die Inhalte des Abschnitts werden nun ausgeblendet. Der Name des Abschnitts bleibt jedoch erhalten, und der Link beim Überfahren mit der Maus ändert sich – logischerweise – in **Einblenden**.

Abbildung 3.17 *Abschnitte wieder einblenden*

Bei den Einträgen im Bereich **Favoriten** handelt es sich um Verknüpfungen zu Ordnern, gesicherte Suchabfragen, die Dateiaustauschtechnik AirDrop (siehe Kapitel 18, »Daten und Aufgaben teilen – lokale Netzwerke und Freigaben«, ab Seite 659) sowie zum Onlinespeicher iCloud Drive. Ein einfaches Mittel der Navigation ist es also, den jeweils gewünschten Ort in der Seitenleiste anzuklicken.

Abbildung 3.18 *Alles, was keine Freigabe oder kein Gerät ist, landet im Bereich »Favoriten«.*

Alle Elemente in diesem Bereich können Sie per Drag & Drop in der Reihenfolge verändern. Ebenso wie die Verknüpfungen im Dock, die bereits in Kapitel 2, »Die Benutzeroberfläche kennenlernen«, beschrieben wurden,

können Sie auch die Verknüpfungen in der Seitenleiste jederzeit entfernen und per Drag & Drop neu hinzufügen. Im Bereich **Favoriten** können Sie also alles Mögliche unterbringen. In den Einstellungen des Finders können Sie jederzeit bequem festlegen, welche Abschnitte und Objekte Sie in der Seitenleiste verfügbar haben wollen (**Finder > Einstellungen > Seitenleiste**).

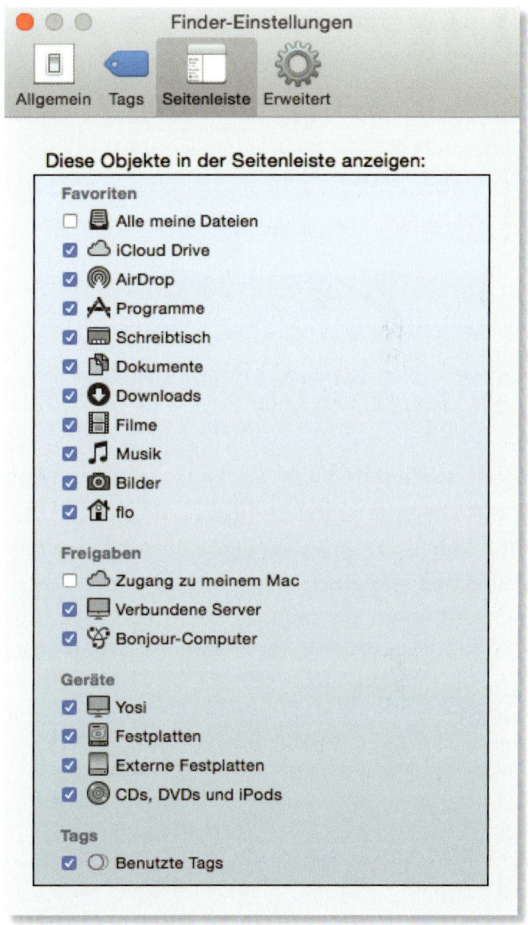

Abbildung 3.19 *In den Einstellungen des Finders lässt sich festlegen, welche Abschnitte in der Seitenleiste zu sehen sein sollen.*

Die Bereiche **Freigaben** und **Geräte** lassen sich nicht so ohne Weiteres um weitere Einträge bereichern. Sie zeigen jeweils nur das an, was tatsächlich verfügbar ist. Der Bereich **Freigaben** zeigt alle im aktuellen Netzwerk verfügbaren Freigaben anderer Macs und Windows-PCs an. Etwaige andere Freigaben werden hier nicht angezeigt, was nicht heißt, dass Sie nicht darauf zugreifen können. Netzwerkfreigaben werden detailliert in Kapitel 18, »Daten und Aufgaben teilen – lokale Netzwerke und Freigaben«, ab Seite 659 beschrieben.

Der Bereich **Geräte** zeigt alle angeschlossenen Geräte wie interne und externe Festplatten, USB-Sticks, optische Medien usw.

In beiden Bereichen werden verbundene Freigaben bzw. Geräte mit einem Auswurfsymbol ❶ angezeigt. Ein Klick darauf entfernt sie wieder, wenn Sie sie nicht mehr benötigen. Nähere Informationen dazu finden Sie ab Seite 146.

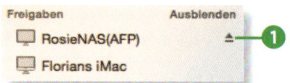

^ **Abbildung 3.20** *Freigaben und Geräte werden mit einem Auswurfsymbol angezeigt.*

Sie können das Finder-Fenster aber noch weiter an Ihre Bedürfnisse anpassen, um den Überblick über Ihre Dateien und Ordner zu bewahren. Auf Wunsch blenden Sie eine Pfad- ❷ und eine Statusleiste ❸ ein. Dazu gehen Sie in das Menü **Darstellung** in der Finder-Menüleiste und wählen nacheinander **Pfadleiste einblenden** und **Statusleiste einblenden**.

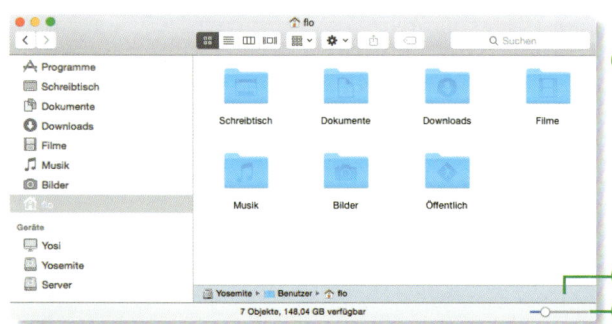

^ **Abbildung 3.21** *Ein Finder-Fenster mit Pfad- und Statusleiste*

Die Pfadleiste zeigt den vollständigen Pfad des aktuell angezeigten bzw. markierten Elements. Möchten Sie

einen Speicherort über die Pfadleiste aufrufen, doppelklicken oder -tippen Sie auf das entsprechende Element des Pfads. Klicken Sie also beispielsweise auf **Benutzer**, um den Ordner *Benutzer* im Finder angezeigt zu bekommen.

^ **Abbildung 3.22** *Auch über die Pfadleiste können Sie navigieren.*

Ebenfalls am unteren Fensterrand befindet sich die Statusleiste. Sie zeigt Ihnen zum einen, ob Sie für den aktuellen Ordner Schreibrechte haben, und zum anderen die Anzahl der aktuell ausgewählten Elemente sowie den verfügbaren Platz auf dem aktuellen Volume. Außerdem befindet sich in der Statusleiste des Finders ein Slider ❹, mit dem Sie die Größe der Symbole anpassen können.

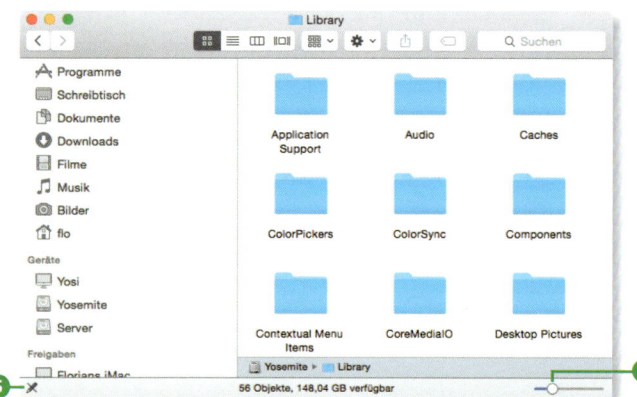

^ **Abbildung 3.23** *Der durchgestrichene Stift ❺ zeigt an, dass der angemeldete Benutzer im aktuellen Ordner keine Schreibrechte hat.*

Ein relativ neues Element des Finders bzw. Finder-Fensters, das in OS X 10.9 hinzugekommen ist, ist die Tableiste. Sie befindet sich unterhalb der Symbolleiste und zeigt Ihnen, wie es der Name bereits vermuten lässt, Tabs an. Sie können in einem Finder-Fenster nicht beliebig viele, aber auf jeden Fall deutlich mehr Tabs, als sinnvoll nutzbar sind, anlegen. Um Tabs sinnvoll nutzen zu können, lassen Sie sich am besten die

Tableiste im Finder-Fenster anzeigen, auch wenn aktuell keine weiteren Tabs geöffnet sind. Dazu gehen Sie in das Menü **Darstellung** in der Finder-Menüleiste und wählen **Tableiste einblenden**. Ist die Tableiste erst einmal eingeblendet, ist die Nutzung von Tabs denkbar einfach, denn die Tableiste bietet am rechten Rand ein kleines Pluszeichen **6**, mit dem Sie jederzeit weitere neue Tabs hinzufügen können.

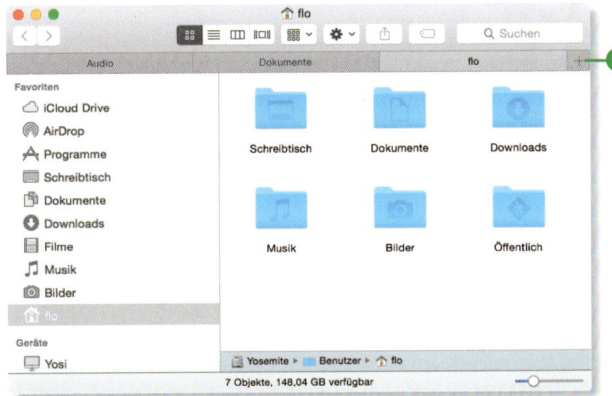

^ **Abbildung 3.24** Tabs in Aktion

Mit OS X 10.10 ist im Finder eine neue Ansichtsoption hinzugekommen: die Vorschau. Ist im Menü **Darstellung** der Punkt **Vorschau einblenden** aktiviert, zeigt das Finder-Fenster rechts eine Vorschau der ausgewählten Datei an. Diese Darstellungsoption steht Ihnen allerdings in der Spaltenansicht nicht bzw. nur für markierte Dateien zur Verfügung.

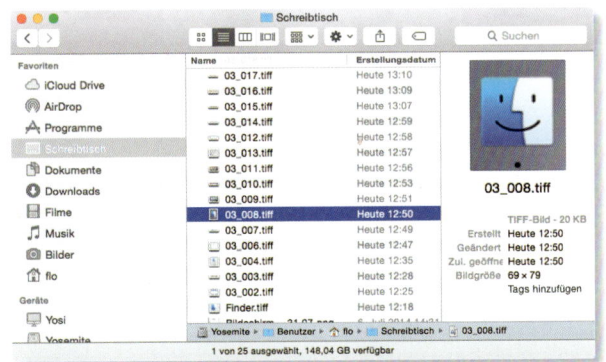

^ **Abbildung 3.25** Bietet einen schnellen Blick auf das ausgewählte Element: Vorschau im Finder-Fenster.

Der Benutzerordner

Der Benutzerordner ist Ihr digitales Zuhause. Nicht umsonst wird er mit einem Haussymbol versehen und trägt den von Ihnen nach dem Start mithilfe des Setup-assistenten ausgewählten Kurznamen.

^ **Abbildung 3.26** Home, sweet home

Innerhalb dieses Benutzerordners finden Sie die Ordner, die Sie für die tägliche Arbeit mit Ihrem Mac benötigen. Sichern Sie am besten Ihre Unterordner und Dateien innerhalb der vorgegebenen Ordnerstruktur, um sich möglichst wenig Gedanken machen zu müssen, wo und wie Sie Ihre Daten am besten und sichersten ablegen. Jede Abweichung von der vorgegebenen Struktur birgt unnötiges Konfliktpotenzial, da viele Programme diese Ordnerstruktur voraussetzen.

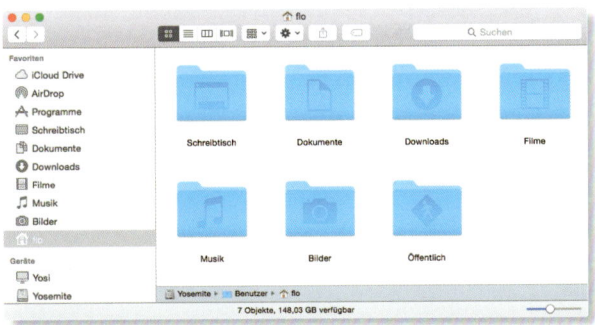

^ **Abbildung 3.27** Die Standardordner innerhalb Ihres Benutzerordners

Folgende Ordner finden Sie in Ihrem Benutzerordner:

- **Bilder:** Programme wie z. B. iPhoto und Photo Booth speichern hier ihre Dateien.

- **Dokumente:** Hier legen die meisten Programme, auch von Drittanbietern, ihre Ordner an und legen dort ihre Dateien ab. Dies ist der ideale Platz für alle Ihre eigenen Dateien, außer für Bilder, Musik und Filme. Legen Sie beispielsweise Ordner für Ihre Korrespondenz, für Berufliches und Privates an. Innerhalb des Ordners *Dokumente* haben Sie alle Freiheiten.

- **Downloads:** Der Ordner *Downloads* ist eine Durchgangsstation. Alle Dateien, die Sie aus dem Internet herunterladen, aus Mail sichern oder per Nachrichten empfangen etc., werden zunächst im Ordner *Downloads* gesichert. Von dort können Sie die Dateien nach Ihren Vorstellungen weiterverwenden, umsortieren, löschen usw.

- **Filme:** Programme wie iMovie legen hier ihre Projektordner ab.

- **Musik:** Programme wie iTunes und GarageBand legen hier ihre Mediatheken und Projektordner ab.

- **Öffentlich:** Im Ordner *Öffentlich* können Sie Dateien und Ordner ablegen, die für andere zugänglich sein sollen. Dieser Ordner ist der einzige Ordner in Ihrem Benutzerordner, der auch für andere Benutzer zugänglich ist.

  Der Ordner *Öffentlich* enthält den Unterordner *Briefkasten*. In diesen Ordner können Ihnen andere Benutzer Dateien hineinlegen. Mit diesen beiden Ordnern können Benutzer, die sich im gleichen Netzwerk befinden, untereinander Dateien austauschen, und dennoch bleibt die Privatsphäre jedes Benutzers vollständig gewahrt.

- **Schreibtisch:** Wie ich bereits erwähnt habe, ist Ihr Schreibtisch letztlich nichts anderes als ein Ordner innerhalb Ihres Benutzerordners – mit der Ausnahme, dass er als (sichtbarer) Schreibtisch nicht nur Dateien und Ordner, sondern auch (externe) Laufwerke anzeigt. Als einfacher Ordner im Finder zeigt der Schreibtisch nur die in ihm gesicherten Dateien und Ordner an.

  Theoretisch müssten Sie auf dem Schreibtisch gar keine Ordner und Dateien ablegen, da ja für al-

les ein passender Ordner zur Verfügung steht. Das klappt aber natürlich im Alltag so gut wie nie, und so wird sich hier auch immer die eine oder andere Datei oder der eine oder andere Ordner (zumindest vorübergehend) finden lassen.

Ein weiterer Ordner kommt unter Umständen zu Ihrem Benutzerordner hinzu:

- **Programme** bzw. **Applications:** Diesen Ordner können Sie selbst anlegen, wenn Sie darin beispielsweise Programme unterbringen wollen, die nur für Ihren Benutzer zur Verfügung stehen sollen – im Gegensatz zu den Programmen aus dem Ordner *Programme*, die systemweit für alle Benutzer zur Verfügung stehen.

  Dieser Ordner wird aber unter Umständen auch von Programmen wie CrossOver oder Parallels selbstständig angelegt (Über beide Programme erfahren Sie mehr in Kapitel 19, »Windows auf dem Mac«, ab Seite 689.). Diese Programme legen dort z. B. Windows-Programme ab.

> **INFO**
>
> **Keine Websites**
> Nutzer früherer Versionen von OS X werden sich möglicherweise wundern, wo der Ordner *Websites* geblieben ist. Dieser Ordner ist in OS X seit 10.8 Mountain Lion nicht mehr verfügbar, da auch die Webfreigabe nicht mehr zur Verfügung steht. War der Ordner vor dem Update jedoch bereits mit Ihren eigenen Inhalten gefüllt, bleibt er beim Update erhalten. Mehr zum Thema Freigaben erfahren Sie in Kapitel 18, »Daten und Aufgaben teilen – lokale Netzwerke und Freigaben«, ab Seite 659.

Die OS X zugrunde liegende Dateisystemstruktur sieht eine klare Trennung von System- und Nutzerdaten vor – natürlich auch der Benutzer untereinander, falls Sie mehr als einen Benutzer auf Ihrem Mac einrichten. Sie sollten also idealerweise außerhalb Ihres Benutzerordners und des *Programme*-Ordners auf der obersten Ebene keine weiteren Ordner oder Dateien anlegen. Falls Sie es doch tun, fragt das System nach einem Administratorpasswort. So ist sichergestellt, dass nur derjenige am System Änderungen vornimmt, der auch dazu autorisiert ist und hoffentlich weiß, was er da tut.

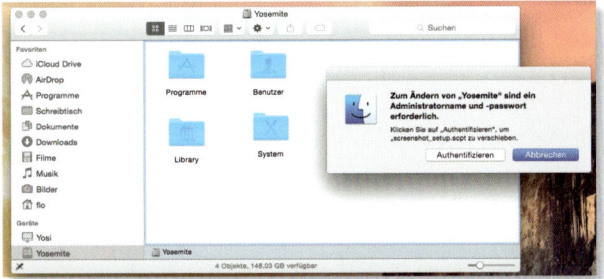

▲ **Abbildung 3.28** *OS X erlaubt nur autorisierten Benutzern, außerhalb des eigenen Benutzerordners Änderungen vorzunehmen.*

Das führt zu einem stabilen System und somit auch zur Sicherheit Ihrer Daten. Wichtig ist dies auch im Zusammenhang mit Ihrer Privatsphäre. Sind auf einem Computer mehrere Benutzer eingerichtet, können diese nicht auf die Daten der jeweils anderen Benutzer zugreifen.

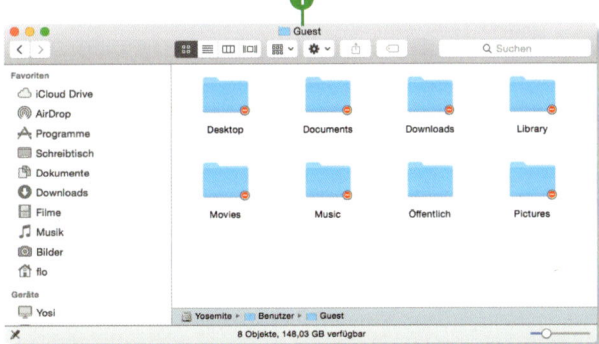

▲ **Abbildung 3.29** *Nur der Ordner »Öffentlich« ist auch für andere Benutzer verfügbar. Da der aktuelle Nutzer nicht »Guest«* ❶ *ist, kann er nicht auf die Ordner und Dateien von »Guest« zugreifen.*

Für die gemeinsame Nutzung von Daten gibt es einen Ordner *Für alle Benutzer* ❷, in dem jeder Benutzer lesen und schreiben darf. Viele Programme nutzen diesen Ordner ebenfalls, um dort Dateien abzulegen, die ansonsten jeder Benutzer selbst ablegen müsste, was

eine unnötige Platzverschwendung wäre, wenn man sich die fraglichen Dateien auch teilen kann.

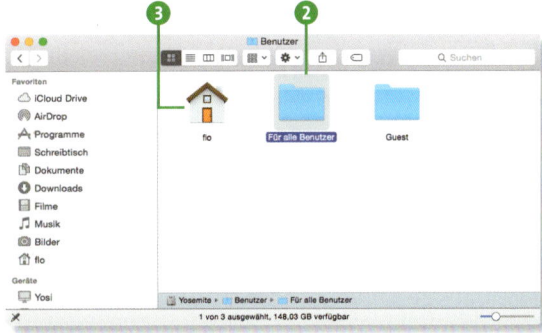

▲ **Abbildung 3.30** *Nur der aktuell angemeldete Benutzer sieht seinen Benutzerordner mit dem Haussymbol* ❸*.*

Wir werden an vielen Stellen im Buch immer wieder auf den Benutzerordner zurückkommen. Machen Sie sich also mit ihm vertraut, denn das Sprichwort »My home is my castle« könnte kaum zutreffender sein.

Macintosh HD

Ebenso wesentlich wie Ihr Benutzerordner ist die oberste Ebene Ihrer Festplatte, die nach einer Standardinstallation immer *Macintosh HD* heißt. Hier befindet sich der Ordner *Benutzer*, der wiederum die Benutzerordner aller Benutzer enthält. Außerdem liegen hier alle systemrelevanten Ordner wie *Library* und *System*.

Im Idealfall werden Sie mit keinem der Ordner auf Macintosh HD jemals etwas zu tun haben, mit Ausnahme des Ordners *Programme*.

▲ **Abbildung 3.31** *Macintosh HD*

Über diesen Ordner und die darin enthaltenen Programme erfahren Sie mehr in Kapitel 5, »Programme auf dem Mac«, ab Seite 171.

Navigation mithilfe der Menüs

Eine Unterstützung bei der Navigation im Finder bieten übrigens auch die Menüs **Fenster** und **Gehe zu**. Das Menü **Fenster** bietet einen eigenen Menüeintrag für jedes geöffnete Fenster. In den meisten Fällen sind Sie aber vermutlich mit Technologien wie App Exposé und Mission Control, über die Sie in Kapitel 2 ab Seite 63 mehr erfahren, flexibler und schneller in der Handhabung der Fenster.

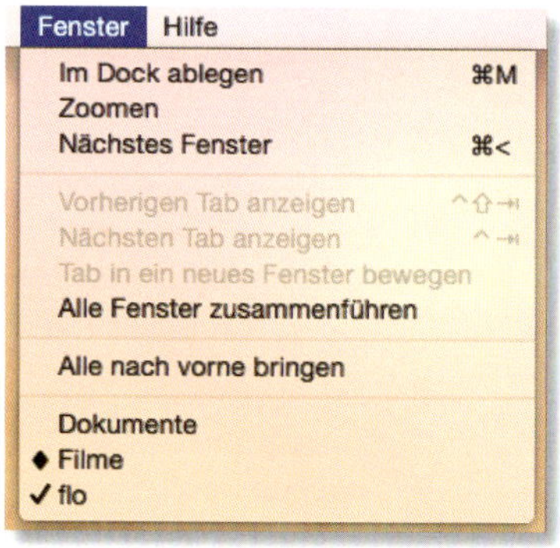

Abbildung 3.32 *Das Menü »Fenster« zeigt alle Fenster an.*

Die Einträge im Menü **Gehe zu** entsprechen größtenteils den Ordnern in Ihrem Benutzerordner und der Seitenleiste. In den meisten Fällen werden Sie wohl, um im Fenster zu navigieren, nicht extra den Mauszeiger bis an den oberen Bildschirmrand bewegen wollen. Möglicherweise haben Sie sich auch im Laufe der Zeit die Tastaturbefehle für die einzelnen Ordner (die Sie übrigens im Menü **Gehe zu** gut nachschlagen können) bereits eingeprägt und nutzen nun diese für die Navigation.

Zwei Einträge im Menü **Gehe zu** sind jedoch wesentlich: Der Menübefehl **Gehe zum Ordner** bzw. der Tastaturbefehl ⇧ + cmd + G öffnet ein kleines Eingabefenster, in dem Sie einen Pfad zu einem Ordner eingeben können, der dann im Finder-Fenster angezeigt wird. In ganz seltenen Fällen (falls Sie einmal einen Ordner auf Unix-Ebene öffnen müssen) ist das eine hilfreiche Funktion.

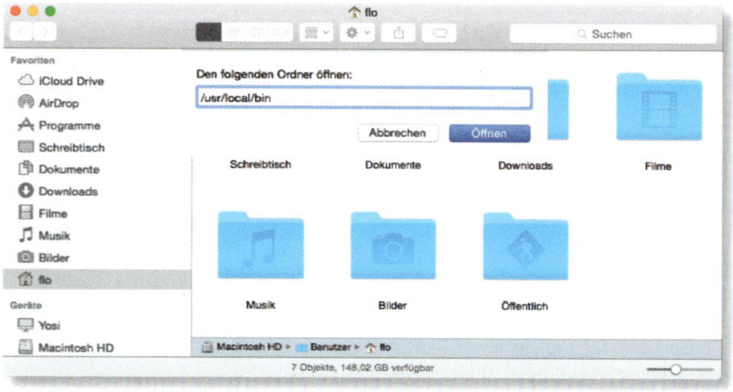

Abbildung 3.33 *Der Menübefehl »Gehe zum Ordner« verlangt nach der Angabe eines Pfads.*

Der zweite wichtige Menübefehl ist nicht auf Anhieb sichtbar. Es gibt einen weiteren sehr wichtigen Ordner im Dateisystem, der sich innerhalb Ihres Benutzerordners befindet. Der Ordner heißt *Library*, und sosehr Sie auch suchen, Sie werden ihn zunächst nicht finden. Seit OS X 10.7 wird dieser Ordner nicht mehr ohne Weiteres angezeigt.

Das ist eine zweischneidige Entscheidung von Apple. Einerseits kann man natürlich in diesem Ordner viel Unheil anrichten, weil beispielsweise nahezu alle Programme dort Einstellungen und Daten ablegen und Sie sich sicher ärgern würden, wenn plötzlich durch ein Versehen alle Ihre Mails verschwunden wären. Für Apple ist es auf dem Weg zum dateisystemfreien Betriebssystem durchaus logisch, potenziell problematische Ordner vor dem direkten Zugriff des Benutzers zu verstecken. Andererseits kommt man eben manchmal in die Verlegenheit, doch auf Benutzerebene auf den Ordner *Library* zugreifen zu müssen.

Da er ja existiert, auch wenn er nicht ohne Weiteres angezeigt wird, gibt es einen Weg, ihn dennoch sicht- und greifbar zu machen: Im aufgeklappten Menü **Gehe zu** drücken Sie die Taste alt. Sie sehen, dass Ihnen nun das Menü den Ordner *Library* anzeigt.

Halten Sie `alt` gedrückt, und klicken Sie auf den Eintrag **Library**. Der Finder zeigt Ihnen nun den Inhalt von
Library an, und Sie können ganz normal – wie in allen
anderen Ordnern auch – durch die Ordnerstruktur navigieren. Sollten Sie *Library* im direkten Zugriff behalten wollen, dann klicken Sie auf **Ablage > Zur Seitenleiste hinzufügen**, oder nutzen Sie den Tastaturbefehl
`ctrl` + `cmd` + `T`. *Library* ist nun über eine Verknüpfung in der Seitenleiste gewohnt einfach erreichbar.

↑ Abbildung 3.34 *Per Tastatur machen Sie »Library« im
Menü »Gehe zu« sichtbar.*

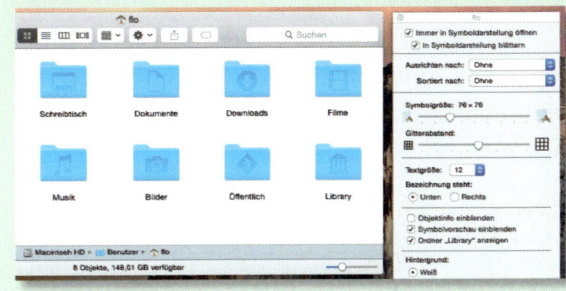

↑ Abbildung 3.35 *»Library« lässt sich dauerhaft
sichtbar machen.*

3.2 Ansichtsoptionen im Finder

Um bequem im Dateisystem zu navigieren, sind Sie
aber nicht nur auf die Seitenleiste und die Menüs beschränkt. Der Finder lässt sich ganz nach Ihren Bedürfnissen anpassen. Die am leichtesten zugänglichen
Möglichkeiten, Aussehen und Darstellung in Finder-
Fenstern anzupassen, sind die vier Buttons in der Symbolleiste, mit denen Sie die Darstellung innerhalb des
Finder-Fensters unmittelbar ändern.

Weniger unmittelbar erreichbar – und daher eher für
grundlegende Einstellungen gedacht – sind die Einstellungsmöglichkeiten, die die Darstellungsoptionen
bieten. Nicht direkt mit dem Aussehen, aber mit der
Strukturierung und somit auch mit Übersichtlichkeit
und Bedienbarkeit zu tun haben die Möglichkeiten,
die der Button zur Objektausrichtung in der Symbolleiste bietet. Jede dieser Möglichkeiten sehen wir uns
nun im Detail an.

Die Symbolansicht

Sie aktivieren die Symbolansicht durch einen Klick auf den Button ❶ in der Symbolleiste oder durch den Tastaturbefehl [cmd] + [1]. Diese Ansicht zeigt alle Elemente im Finder-Fenster als Symbol an. Ist die Statusleiste eingeblendet, lässt sich die Größe der Symbole jederzeit mithilfe des Sliders ❷ in der Statusleiste verändern (**Darstellung > Statusleiste einblenden**). Sie können die Symbole auf diese Weise bequem vergrößern und verkleinern. In der Symbolansicht können Sie Elemente auch durch Aufziehen eines Rahmens markieren (siehe Abschnitt »Mehrere Elemente markieren« in Kapitel 2, »Die Benutzeroberfläche kennenlernen«, ab Seite 63).

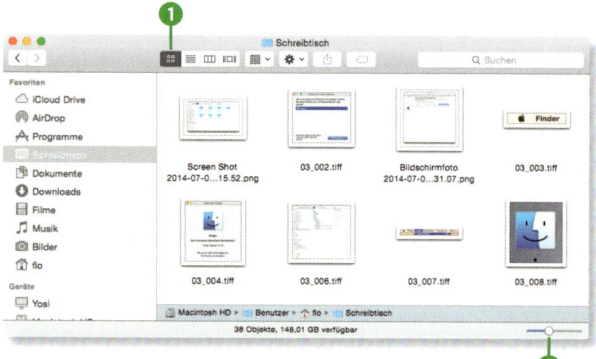

▲ **Abbildung 3.36** *Die Symbolansicht*

Um in der Symbolansicht eine Ordnerebene tiefer zu gelangen, müssen Sie den gewünschten Ordner doppelt anklicken. Jede dieser Aktionen »merken« sich übrigens die beiden Navigationspfeile in der Symbolleiste oben links. Mit ihnen wechseln Sie per Mausklick bequem zwischen den bereits besuchten Ordnern hin und her.

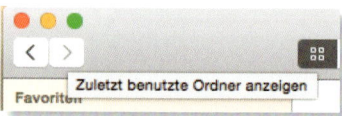

▲ **Abbildung 3.37** *Mit den Navigationspfeilen in der Symbolleiste wechseln Sie schnell zwischen den zuletzt benutzten Ordnern hin und her.*

Die Listenansicht

Die Listenansicht aktivieren Sie durch einen Klick auf den Button ❸ in der Symbolleiste oder durch den Tastaturbefehl [cmd] + [2]. Sie zeigt alle Elemente im Finder-Fenster als Liste an. Die Spalten ❹ in der Listenansicht können Sie per Drag & Drop verschieben. Ein Klick bzw. weitere Klicks in den Titel einer Spalte sortiert alle Einträge aufsteigend bzw. absteigend. In den Darstellungsoptionen des Finders, die später in diesem Kapitel beschrieben werden, lassen sich Spalten der Listenansicht hinzufügen und entfernen.

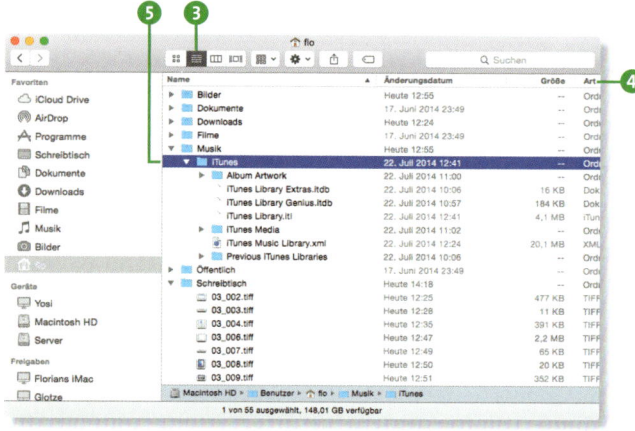

▲ **Abbildung 3.38** *Die Listenansicht*

Um in der Listenansicht die Inhalte eines Unterordners anzuzeigen, haben Sie zwei Möglichkeiten: Zum einen steht wieder der Doppelklick zur Verfügung, Sie können die Inhalte über den kleinen Pfeil ❺ aber auch einfach nach unten aufklappen.

Die Spaltenansicht

Die Spaltenansicht zeigt alle Elemente im Finder-Fenster in Spalten an (siehe Abbildung 3.39). Sie aktivieren sie durch einen Klick auf den Button ❻ in der Symbolleiste oder durch den Tastaturbefehl [cmd] + [3]. Die Spaltenansicht ist eine sehr einfache Möglichkeit, bei tief verschachtelten Ordnerstrukturen den Überblick zu behalten, da Sie so, je nach Breite des Fensters, die ganze Tiefe der Ordnerstruktur im Blick haben. Ein großer Bildschirm ist hierbei natürlich zusätzlich von Vorteil.

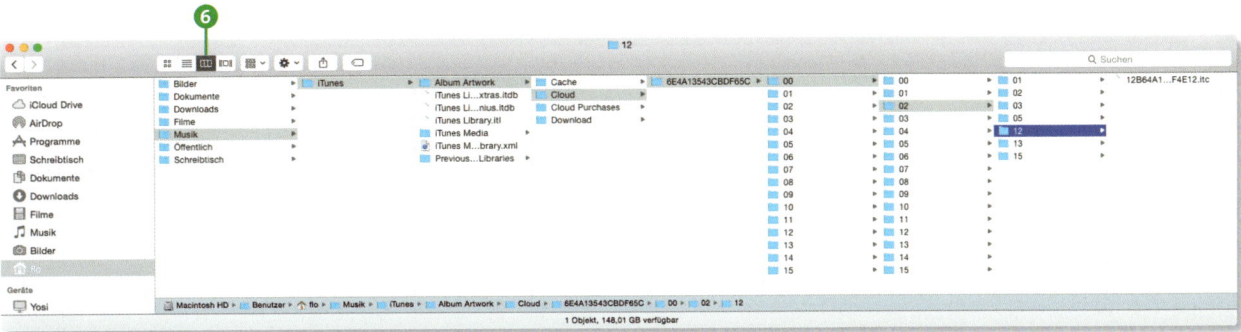

⌃ **Abbildung 3.39** Die Spaltenansicht

In der Spaltenansicht nutzen Sie die Trennstriche zwischen den Spalten, um die Breite der Spalte zu ändern.

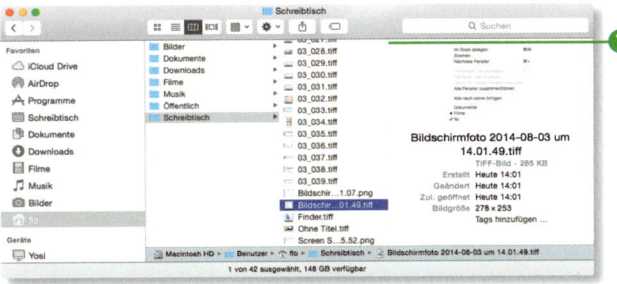

⌃ **Abbildung 3.40** Wird leicht übersehen: Mit dem Trennstrich ❼ passen Sie die Größe der Spalte an.

Durch Klicken und Ziehen bringen Sie die Spalte auf die gewünschte Breite. Mit einem Doppelklick springt die Spalte auf die optimale Größe.

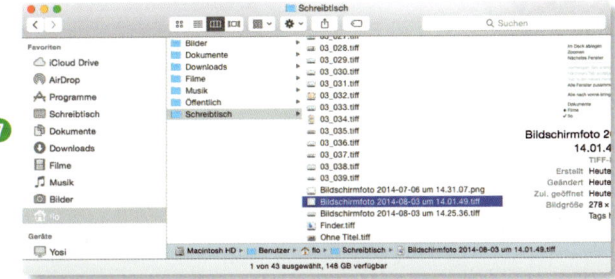

⌃ **Abbildung 3.41** Nach einem Doppelklick auf den Trennstrich sind alle Einträge in der Spalte in voller Breite lesbar.

Die Ansicht Cover Flow

Cover Flow aktivieren Sie durch einen Klick auf den Button ❽ in der Symbolleiste oder durch den Tastatur-

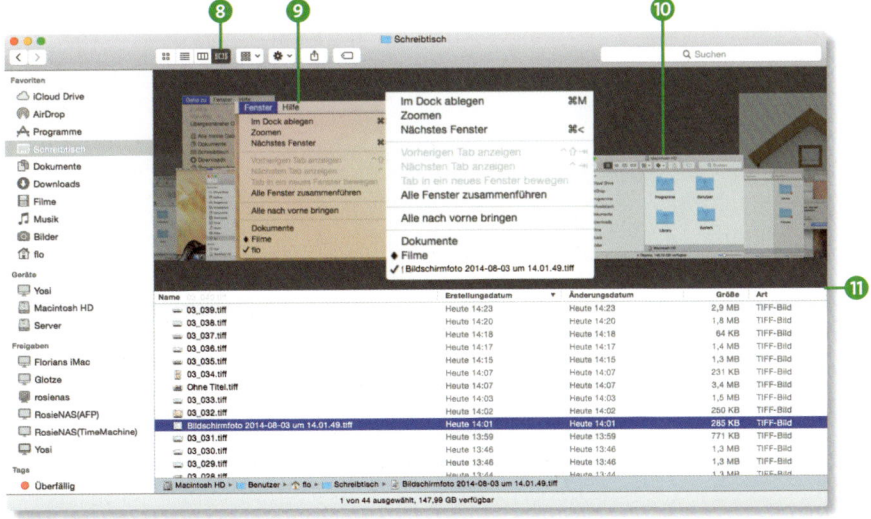

⌃ **Abbildung 3.42** Pimp my Listenansicht: Cover Flow

befehl cmd + 4 . Cover Flow zeigt alle Elemente im Finder-Fenster in einer kombinierten Ansicht aus einer Liste (im unteren Fensterteil) und einem *Präsentierteller* (im oberen Fensterteil) an. Elemente, die Sie in der Liste anklicken, werden im oberen Teil angezeigt. Im oberen Teil navigieren Sie, indem Sie über das Trackpad wischen oder die Elemente anklicken, die links ❾ (siehe Abbildung 3.42) und rechts ❿ von dem Element in der Mitte zu sehen sind. Das Größenverhältnis zwischen den beiden Bereichen lässt sich durch Ziehen an der Trennung ⓫ der beiden Fensterhälften verändern.

Die verschiedenen Ansichten bieten die Qual der Wahl. Viele Anfänger und Umsteiger fragen sich, welche Ansicht sie denn nun für den Finder benutzen sollen oder welche die richtige ist. Richtig ist nur, diese Frage gar nicht erst aufkommen zu lassen, weil Sie sich sonst selbst blockieren. Die Ansichten stehen immer zur Verfügung. Sie wählen einfach diejenige, die für Sie im Moment am besten geeignet ist. Meist hat man ein oder zwei Ansichten, die man besonders häufig nutzt, oder man empfindet eine bestimmte Ansicht in einem bestimmten Ordner als besonders geeignet. Um also beispielsweise festzulegen, dass der Benutzerordner stets in der Symbolansicht angezeigt wird, helfen die Darstellungsoptionen.

Darstellungsoptionen für die Symbolansicht

Die Darstellungsoptionen befinden sich in einem kleinen schwebenden Fenster, dessen Anzeigeoptionen je nach Fenster und Ansichtsart variieren. Sie blenden das Fenster mit einem Klick auf **Darstellung > Darstellungsoptionen einblenden**, mit dem Tastaturbefehl cmd + J oder durch Klick auf **Darstellungsoptionen einblenden** ❶ aus dem Zahnradmenü in der Symbolleiste ein.

Da die Einstellungsmöglichkeiten vor allem von der aktuell ausgewählten Ansichtsart abhängen (und so also deutlich zu umfangreich sind, um hier in aller Ausführlichkeit vorgestellt zu werden), passen wir im folgenden Beispiel exemplarisch die Ansicht für den Benutzerordner an.

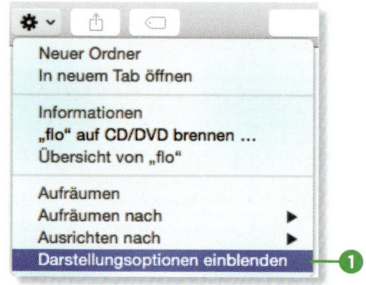

△ **Abbildung 3.43** *Eine der Möglichkeiten, die Darstellungsoptionen aufzurufen*

1 Öffnen Sie ein Finder-Fenster, das den Benutzerordner anzeigt, und aktivieren Sie per Mausklick die Symbolansicht.

△ **Abbildung 3.44** *Mit dem ersten Icon geht's zur Symbolansicht.*

2 Öffnen Sie die Darstellungsoptionen, z. B. per Tastenkürzel cmd + J . Das Fenster mit den Darstellungsoptionen zeigt in seiner Titelleiste stets den Namen des Ordners, auf den sich die festgelegten Einstellungen beziehen.

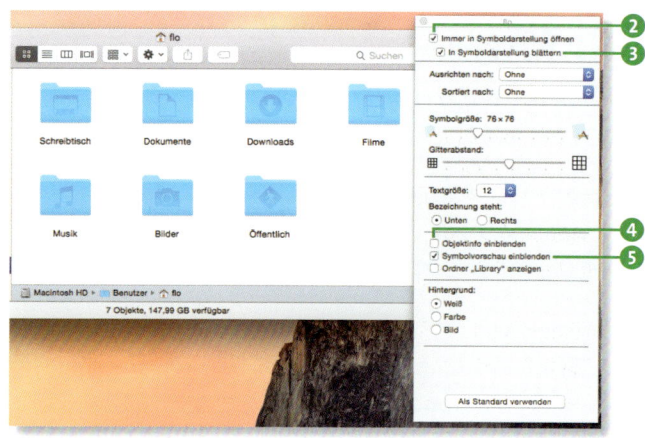

△ **Abbildung 3.45** *Der Benutzerordner und das Fenster mit den Darstellungsoptionen*

3 Setzen Sie Häkchen bei **Immer in Symboldarstellung öffnen** ❷ und **In Symboldarstellung blättern** ❸. Der

Benutzerordner wird nun automatisch immer mit der Symboldarstellung geöffnet.

Die Darstellung können Sie natürlich jederzeit für den Moment ändern, indem Sie in der Symbolleiste auf eine andere Darstellungsart klicken. Beim nächsten Öffnen wird die Ansicht jedoch wieder zur Voreinstellung, also zur Symboldarstellung, wechseln. Befände sich das Fenster gerade z. B. in der Listendarstellung, würde auch das Fenster mit den Darstellungsoptionen entsprechend **Immer in Listendarstellung öffnen** anzeigen.

4 Die Einstellungen der nächsten drei Abschnitte beziehen sich auf jeweils sofort sichtbare Änderungen. Wählen Sie hier die Einstellungen, die Ihnen am liebsten sind.

5 Aktivieren Sie per Mausklick die Option **Objektinfo einblenden** ❹. Der Finder zeigt nun, wo es möglich ist, weitere Informationen an. Bei Ordnern zeigt er die Anzahl der darin befindlichen Objekte an, bei Bilddateien die Auflösung, bei Musikdateien die Dauer und bei vielen anderen Dateien die Größe.

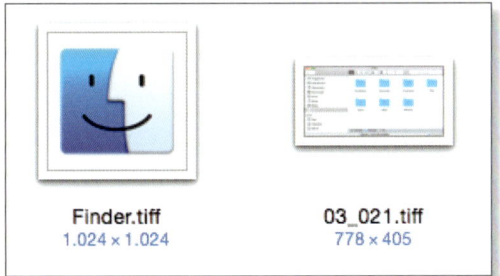

▲ Abbildung 3.46 *Besonders praktisch bei Bilddateien: die Objektinfo*

6 Deaktivieren Sie gegebenenfalls das Häkchen bei **Symbolvorschau einblenden** ❺. Die Symbolvorschau ist zwar bei Dateien sehr praktisch, aber bei einem Ordner, der selbst wiederum nur Unterordner anzeigt, ist sie überflüssig. Es ist aber auch kein Problem, wenn sie aktiviert bleibt. Bei älteren bzw. leistungsschwächeren Computern können Sie jedoch durch die Deaktivierung der Symbolvorschau für den Schreibtisch die Leistung deutlich verbessern.

7 Die Einstellung **Hintergrund** ❻ scheint auf den ersten Blick nur eine optische Spielerei zu sein. Es kann jedoch durchaus sehr hilfreich sein, einzelnen Ordnern einen anderen Hintergrund zu geben als anderen. Das ist eine Einstellung, die Ihnen bei der Orientierung sehr behilflich sein kann. Sie haben hier bei der Gestaltung des Fensterhintergrunds die Wahl zwischen Farben und Bildern.

Klicken Sie auf den Radiobutton **Farbe**. Anschließend zeigt das Einstellungsfenster ein kleines Viereck ❼, auf das Sie nun klicken.

Daraufhin öffnet sich ein Farbwahlfenster, mit dem Sie die gewünschte Farbe auswählen können. Die ausgewählte Farbe wird jeweils sofort übernommen, und Sie können das Farbwahlfenster schließen. Entwickeln Sie ein Farbkonzept, das Sie zur Navigation nutzen wollen, und färben Sie die Ordner entsprechend ein. Sie werden feststellen, dass diese Möglichkeit eine große Hilfe sein kann. Ein knalliges Orange nehmen Sie jedenfalls in der Regel schneller wahr als den kleinen Namen des aktuellen Ordners in der Titelleiste.

▲ Abbildung 3.47 *Der Benutzerordner mit einer selbst gewählten Hintergrundfarbe*

8 Ebenso können Sie auch mit der Wahl geeigneter Bilder für den Ordnerhintergrund verfahren. Klicken

121

Sie dazu auf den Radiobutton **Bild**. Die zuvor für den Hintergrund festgelegte Farbe wird nun wieder in ein neutrales Weiß geändert, und wo eben noch das Viereck für die Farbauswahl war, ist zwar immer noch ein Viereck ❶, aber hier können Sie nun ein Bild einfügen.

9 Ziehen Sie das gewünschte Bild einfach per Drag & Drop aus einem anderen Finder-Fenster auf das Viereck. Das Bild wird sofort als Hintergrundbild übernommen.

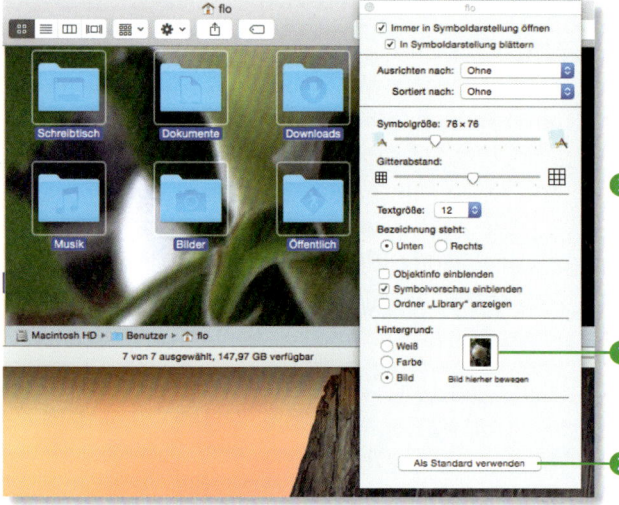

▲ **Abbildung 3.48** Lassen Sie Ihrer Kreativität freien Lauf.

10 Hier merken Sie sofort, ob das ausgewählte Bild geeignet ist oder nicht, denn viele Bilder sind zu groß oder eignen sich wegen ihres unruhigen Inhalts nicht als Hintergrundbild. Es lohnt sich daher, ein bisschen zu experimentieren, denn das Ergebnis kann wirklich bereichernd sein. Ihre besondere Stärke spielt diese Funktion – wie zuvor die Farbwahl – dann aus, wenn Sie mit der Wahl geeigneter Bilder ein stringentes Konzept verfolgen, das Ihnen die Bedienung erleichtert. Ihrer Kreativität sind hier keine Grenzen gesetzt. Haben Sie eine Einstellung gefunden, die Sie beispielsweise als Ausgangssituation für alle neuen Ordner haben wollen, klicken Sie auf den Button **Als Standard verwenden** ❷.

Weitere Darstellungsoptionen

Bevor wir uns als Nächstes die Sortiermöglichkeiten im Finder-Fenster ansehen, werfen wir noch einen Blick auf die Möglichkeiten, die die Darstellungsoptionen für die Listenansicht bieten.

Dazu öffnen Sie ein Fenster mit einem Klick auf **Listenansicht** ❸ und öffnen die Darstellungsoptionen. Hier setzen Sie dann die Häkchen bei den Informationen, die Sie in den Spalten angezeigt bekommen möchten (siehe Abbildung 3.49). Das gilt natürlich ebenso für die Darstellung **Cover Flow**, die ja letztlich auch eine Art Listenansicht ist. Nur die Spaltendarstellung fällt hier etwas aus dem Rahmen, da sie kaum Einstellungsmöglichkeiten bietet.

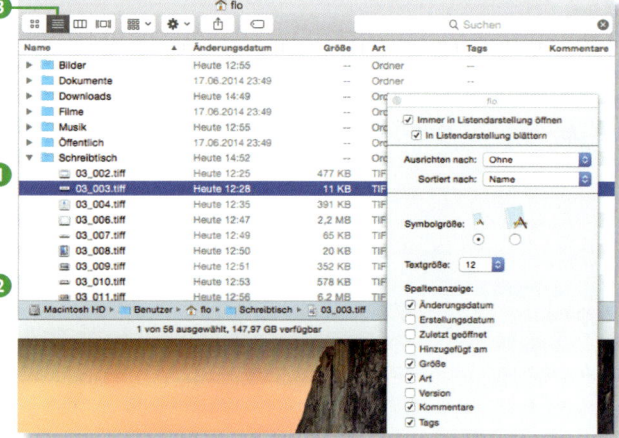

▲ **Abbildung 3.49** Nicht immer sind alle Spalten notwendig, aber gerade Tags und Kommentare werden als nutzbare Informationen oft übersehen.

Sortiermöglichkeiten im Finder

Die Anpassungsmöglichkeiten der Finder-Fenster haben gezeigt, dass gutes Aussehen nicht nur Selbstzweck ist, sondern auch der Orientierung und Strukturierung dient. Bei der Strukturierung der Inhalte im Finder-Fenster hilft auch der Button **Objektausrichtung ändern** ❹. Die Sortiermöglichkeiten, die dieses Menü zur Verfügung stellt, sind – ähnlich wie die Ansichtsarten – nicht immer für jede Situation geeignet.

Und so kommt es vor allem darauf an, die im jeweiligen Moment am besten geeignete Sortiermöglichkeit auszuwählen. Am deutlichsten zeigt sich das wieder an einem Beispiel.

1 Öffnen Sie ein Finder-Fenster, und wechseln Sie in die Listenansicht. Klicken Sie in der Seitenleiste auf **Alle meine Dateien**. Unter diesem Punkt sammelt OS X Verknüpfungen zu Ihren Bildern, Filmen, Ihrer Musik und Ihren Dokumenten. Wirklich gespeichert sind Ihre Daten aber weiterhin in den entsprechenden Ordnern, die Sie z. B. über die Seitenleiste mit einem Klick auf **Dokumente**, **Filme**, **Musik** und **Bilder** erreichen. **Alle meine Dateien** ist also lediglich eine Übersicht, die permanent aktualisiert wird, und kein tatsächlicher Ablageort.

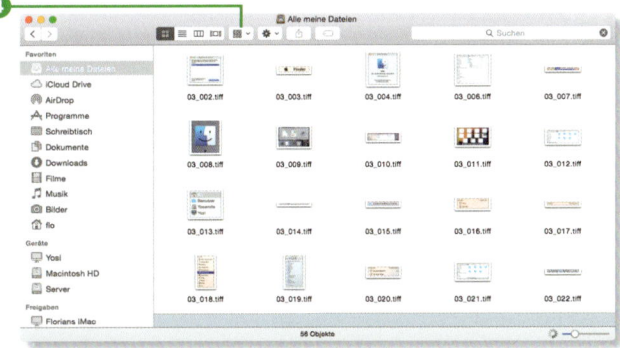

△ **Abbildung 3.50** *Kann mehr Übersichtlichkeit vertragen: »Alle meine Dateien«*

Allerdings hilft Ihnen – egal, in welcher Ansicht – diese Anzeige zunächst nicht wirklich weiter: Die schiere Masse der Dateien wirkt chaotisch und unübersichtlich.

2 Für solche Fälle gibt es den Button zur Objektausrichtung. Wählen Sie im aufklappenden Menü den Eintrag **Name** aus.

Es ist kein sichtbarer Erfolg eingetreten, alles sieht immer noch so chaotisch aus wie zuvor. Das zeigt, dass sich nicht jede Sortieroption für jede Situation eignet.

3 Klicken Sie daher erneut auf den Button, wählen Sie diesmal jedoch **Art** als Objektausrichtung aus.

Wechseln Sie gegebenenfalls die Ansichtsart in die **Symbolansicht**.

Nun hat sich eine deutliche Verbesserung ergeben: Ganz links befinden sich die neuesten Dokumente und weiter rechts die älteren. Auch große Datenmengen lassen sich auf diese Weise relativ einfach und schnell so darstellen, dass Sie die Übersicht behalten und schnell die gewünschten Dateien finden.

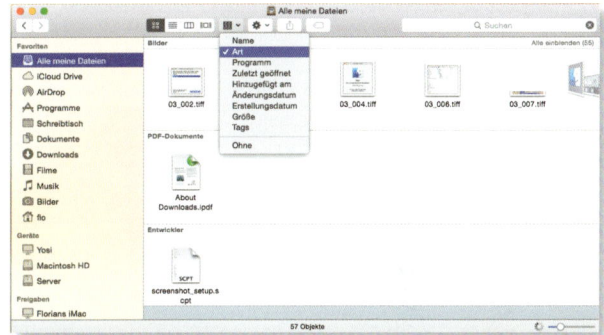

△ **Abbildung 3.51** *Sehr viel übersichtlicher: sortiert nach Art*

Welche Ansicht ist in welchem Ordner besonders geeignet oder völlig ungeeignet? Auch hier kann man keine allgemeingültigen Hinweise geben, denn jeder entwickelt für sich die Arbeitsweise, die für ihn ideal ist. Daher lautet hier mein Rat wie bei vielen anderen Dingen zuvor: Seien Sie experimentierfreudig!

Die Icons im Finder

Es gibt eine Vielzahl verschiedener Icons, die Sie nun auch schon in vielen Abbildungen des Finders gesehen haben. Die meisten Icons sind durch das stilisierte Bild, das sie zeigen, selbsterklärend.

Datei-Icons zeigen eine verkleinerte Originalansicht des Inhalts der Datei an. Je nach Dateityp kommen zu der Vorschau spezifische Eigenheiten hinzu, die das Wiedererkennen vereinfachen. So werden Bilder mit einem kleinen weißen Rahmen, die meisten anderen Dateiformate mit einem kleinen Eselsohr rechts oben angezeigt.

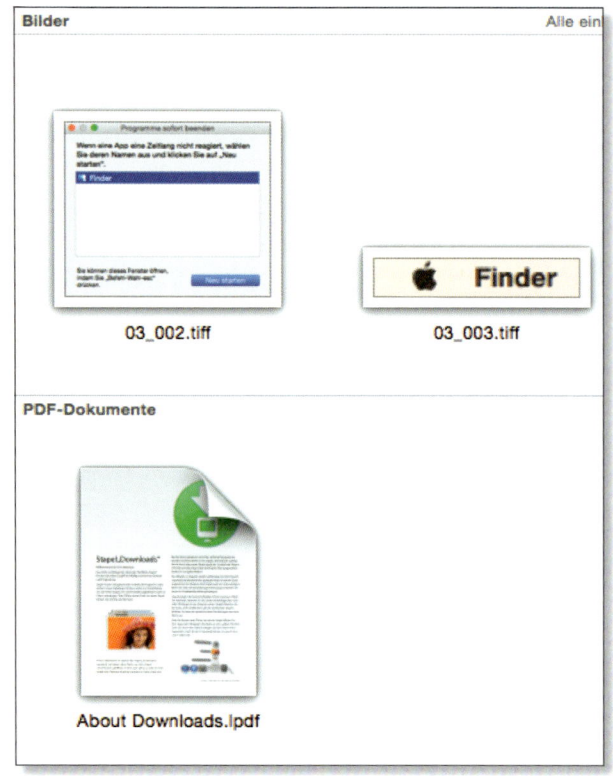

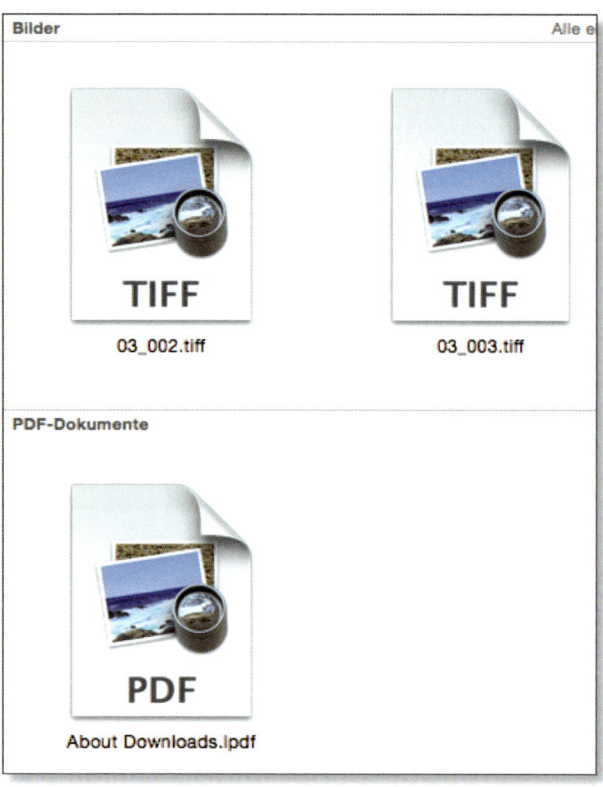

^ **Abbildung 3.52** *Datei-Icons mit Vorschau*

^ **Abbildung 3.53** *Datei-Icons ohne Vorschau*

Auch wenn keine Vorschau des Inhalts angezeigt wird, bleiben Datei-Icons aus mehreren Gründen gut erkennbar:

- durch das Eselsohr
- in vielen Fällen zusätzlich durch Einblendung des Dateityps
- durch Wiederaufnahme des Icons des Programms, das für die Bearbeitung der Datei zuständig ist
- durch generische Icons, die bestimmte Dateiformate repräsentieren

Ob Sie lieber Icons mit Dateivorschau nutzen oder generische Icons, Sie stellen dies in den Darstellungsoptionen des jeweiligen Ordners ein, indem Sie das Häkchen bei **Symbolvorschau einblenden** setzen (siehe dazu den Abschnitt »Darstellungsoptionen für die Symbolansicht« ab Seite 120).

Auch Ordner sind eindeutig an ihren Icons zu erkennen, da sie meist wie Hängeregister aussehen. In vielen Fällen zeigen sie zusätzlich in Form eines Piktogramms an, um welche Art von Ordner es sich handelt. Selbst spezielle Ordner (wie beispielsweise intelligente Ordner und Brennordner) sind eindeutig als Ordner zu erkennen und zeigen ihre spezielle Funktion schon im Icon an.

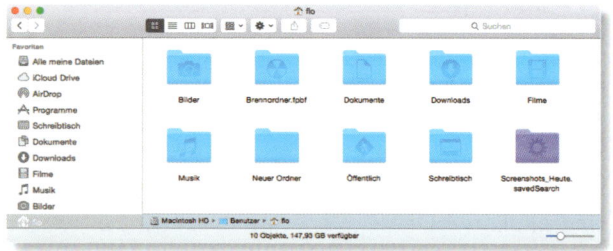

^ **Abbildung 3.54** *An den Icons dieser Ordner können Sie erkennen, welche Funktionen sie haben.*

Die Symbolvorschau zeigt alles

Die Option, Datei-Icons anstelle des generischen Icons eine Dateivorschau zeigen zu lassen, ist sehr viel praktischer, als man im ersten Moment vermutet. Auf den ersten Blick ist beispielsweise »nur« die erste Seite eines PDFs oder ein Standbild einer Filmdatei zu sehen. Aber die Datei-Icons können mehr. Wenn Sie mit der Maus über mehrseitige Dateien oder Mediendateien fahren, sehen Sie Pfeile zum Blättern bzw. ein Abspielsymbol eingeblendet. Sie können sich also bereits im Icon einen vollständigen Überblick über den Inhalt der Datei verschaffen, ohne diese öffnen zu müssen.

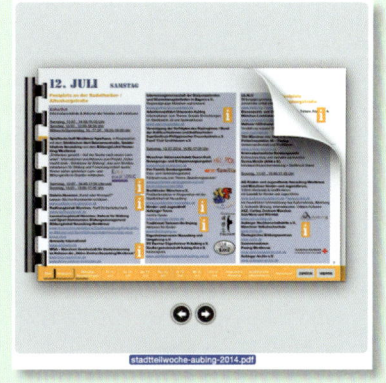
Abbildung 3.55
Die komplette Datei im Icon ansehen

Die meisten Ordner sind jedoch normale Ordner und sehen auch so aus. Aber sie lassen sich durch individuelle Icons aufpeppen, auch wenn sie dann nicht mehr unbedingt sofort als Ordner zu erkennen sind. Wie das geht, erfahren Sie weiter hinten in diesem Kapitel im Abschnitt »Individuelle Ordner-Icons« ab Seite 129. Dort erfahren Sie auch, wie Sie Ordner erstellen (lesen Sie dazu den Abschnitt »Ordner anlegen« ab Seite 128).

Abbildung 3.56 *Normale Ordner und Ordner mit individuellem Icon*

Programm-Icons können im Vergleich zu Datei- und Ordner-Icons ein wahrer Quell an Farbenfreude und Kreativität sein. Da es, je nach Programm, nicht unbedingt eine zwingende grafische Entsprechung gibt, sind die Entwickler hier auf ihre Kreativität angewiesen, um ein möglichst gutes Icon für ihre Anwendung zu entwerfen.

Abbildung 3.57 *Kreative Programm-Icons mit mehr oder minder konkretem Bezug auf das Programm*

Auch Laufwerke und andere Hardware-Geräte, die Sie an Ihren Mac anschließen, werden immer durch ein Icon repräsentiert. Diese Icons sind meist visuelle Entsprechungen der jeweiligen Hardware, die sie repräsentieren.

∧ Abbildung 3.58 *Laufwerk-Icons*

Aliasse werden mit einem kleinen geschwungenen schwarzen Pfeil in der linken unteren Ecke des Programm- oder Datei-Icons angezeigt. Worum es sich genau bei Aliassen handelt und wofür sie gut sind, erfahren Sie in diesem Kapitel im Abschnitt »Verknüpfungen am Mac« ab Seite 140.

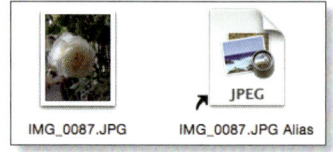

∧ Abbildung 3.59 *Alias-Icons unterscheiden sich vom Original durch den schwarzen Pfeil.*

Icons helfen beim Erkennen und Unterscheiden von Inhalten, doch mit Icons allein wäre Ihnen in den meisten Fällen nicht geholfen. Ebenso wichtig ist es, die Menge an Ordnern und Dateien sinnvoll strukturieren zu können.

3.3 Der Finder in Aktion: Umgang mit Dateien

Bevor wir uns nun damit befassen, wie man im Finder mit Dateien und Ordnern umgeht und sie organi-

siert, stellen wir uns zunächst in Anlehnung an die berühmte Frage »Wat is'n Dampfmaschin'?« die Frage: Was ist eigentlich eine Datei? Darauf gibt es eine einfache Antwort: Eine Datei ist das Ergebnis dessen, was Sie mit einem Programm erarbeitet haben. Apple denkt diese Logik in OS X (und natürlich auch in iOS) streng weiter. Deshalb ist es z. B. mit dem Finder – im Gegensatz zu den Dateimanagementprogrammen anderer Betriebssysteme – nicht möglich, eine neue leere Datei zu erstellen. Schließlich ist der Finder ja *nur* dafür zuständig, Dateien zu managen, nicht dafür, sie zu erstellen. Bei OS X erstellen die Programme die Dateien. Es lässt sich also feststellen: Eine Datei ist ein sichtbares Ergebnis geleisteter Arbeit.

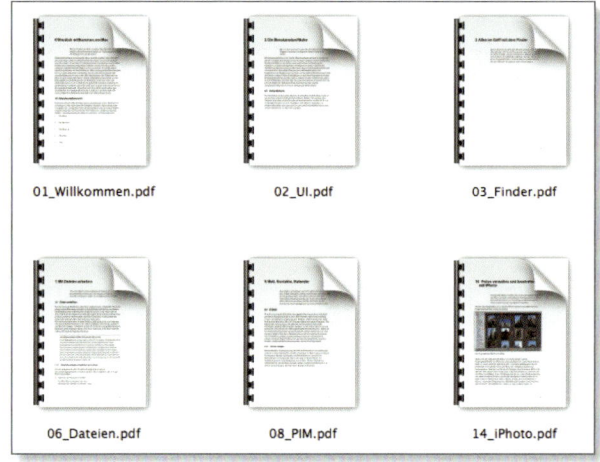

∧ Abbildung 3.60 *Da steckt viel Arbeit drin. Eine Datei ist immer das Ergebnis geleisteter Arbeit.*

Wie man diese sichtbaren Ergebnisse geleisteter Arbeit effektiv organisiert, sehen wir uns in den folgenden Abschnitten an.

Dateien öffnen

Eine Datei wurde mithilfe eines Programms erstellt und in einem Ordner Ihres Benutzerordners gesichert. Dort liegt sie nun. In den meisten Fällen werden Sie jedoch innerhalb der nächsten Wochen erneut auf die Datei zugreifen wollen oder müssen. Nehmen wir an, dass Sie am nächsten Tag bereits eine Änderung vornehmen wollen. Sie haben nun zwei Möglichkeiten, die Datei erneut zu öffnen. Die eine Möglichkeit ist, das Programm, mit dem Sie die Datei erstellt haben, zu starten und von dort aus die Datei zu öffnen. In den meisten Programmen finden Sie einen entsprechenden Menüeintrag zum Öffnen von Dateien.

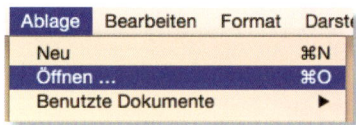

Abbildung 3.61 *Dateien in Programmen öffnen*

Dabei sind Sie aber nicht auf das Programm festgelegt, das die Datei erstellt hat. Sie können jede Datei auch mit einem anderen Programm öffnen – vorausgesetzt natürlich, das gewünschte Programm kann mit dem Format der Datei umgehen.

Die andere Möglichkeit ist die sehr viel einfachere: Ein Doppelklick auf die Datei öffnet sie mit dem Programm, mit dem sie erstellt wurde. Was tun Sie aber, wenn Sie die Datei mit einem anderen Programm öffnen wollen als dem, mit dem sie ursprünglich erstellt wurde? Auch das ist aus dem Finder heraus zum Glück kein Problem:

1 Markieren Sie die gewünschte Datei.

2 Klicken Sie in der Symbolleiste auf das Symbol für das Kontextmenü (Zahnradmenü). Im Kontextmenü fahren Sie mit der Maus über **Öffnen mit**. Es öffnet sich eine weitere Liste.

3 Wählen Sie aus dieser Liste das gewünschte Programm aus. Die Datei wird daraufhin mit dem ausgewählten Programm geöffnet. Die Standardzuordnung bleibt jedoch erhalten, sodass ein Doppelklick die Datei wieder mit dem gewohnten Programm öffnet.

Die Liste zeigt zuerst das Programm an, das die Datei erstellt hat, bzw. das Programm, das der Datei als Standard zugewiesen ist. Darunter sind alle Programme aufgelistet, die auch mit dem Dateiformat umgehen können. Der letzte Eintrag öffnet ein Di-

alogfenster, in dem Sie das gewünschte Programm selbst auswählen können, falls es in der Liste nicht aufgeführt ist.

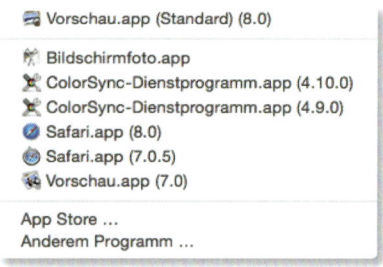

Abbildung 3.62 *Die Programmauswahl für eine Bilddatei*

Falls Sie die Zuordnung der Datei zu einem bestimmten Programm dauerhaft ändern möchten, geht das am einfachsten und schnellsten mit dem Infofenster der entsprechenden Datei:

1 Markieren Sie die Datei, die Sie zukünftig mit einem anderen Programm öffnen möchten.

2 Klicken Sie in der Symbolleiste wieder auf das Symbol für das Kontextmenü, und klicken Sie auf **Informationen**.

Alternativ können Sie natürlich auch den Menübefehl **Ablage > Informationen** oder den Tastaturbefehl ⌘cmd + ⌘I nutzen.

Abbildung 3.63 *Ein Klick auf das Zahnrad-Icon in der Symbolleiste zeigt das Kontextmenü an.*

Das folgende Fenster ist das Infofenster zum ausgewählten Objekt. Das Infofenster ist der zentrale

Ort für alle Informationen zu einer Datei wie beispielsweise Dateigröße oder Erstellungsdatum. Es wird uns an vielen Stellen im Buch immer wieder begegnen.

Abbildung 3.64 *Das Infofenster zeigt alles Wissenswerte zum ausgewählten Objekt an.*

3 Wählen Sie aus dem Auswahlmenü im Abschnitt **Öffnen mit** das gewünschte Programm aus.

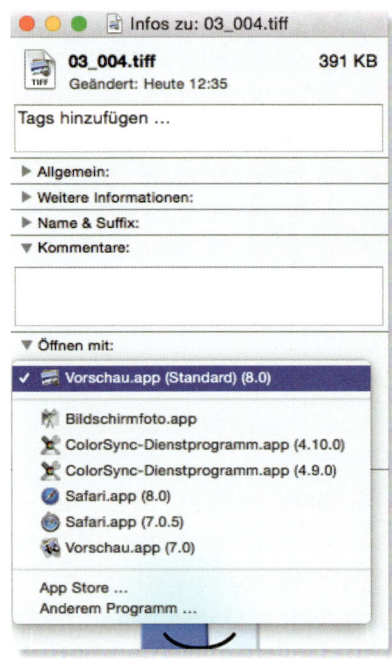

Abbildung 3.65 *Die Programmauswahl im Infofenster*

Nachdem Sie die Programmzuordnung für *diese* Datei dauerhaft geändert haben, haben Sie mit einem weiteren Klick die Möglichkeit, diese Programmzuordnung für *alle* Dateien dieses Typs festzulegen. Ein Klick auf den Button **Alle ändern** bewirkt, dass zukünftig alle Dateien des gewählten Typs mit dem soeben ausgewählten Programm geöffnet werden.

Abbildung 3.66 *Die Änderung für alle Dateien des gleichen Dateityps festlegen*

Ordner anlegen

Angenommen, Sie haben vor ein paar Tagen eine Datei erstellt. Diese haben Sie nun erneut geöffnet, bearbeitet und wieder gesichert. Später möchten Sie möglicherweise einen Ordner anlegen, um alle Dateien, die zu einem bestimmten Projekt gehören, dort zu vereinigen, so auch die eben erwähnte Datei.

1 Navigieren Sie zu dem Ordner, in dem Sie den Projektordner anlegen wollen, beispielsweise dem Ordner *Dokumente*.

2 Klicken Sie in der Symbolleiste auf das Zahnradsymbol, und wählen Sie aus dem Kontextmenü den Eintrag **Neuer Ordner**. Alternativ können Sie natürlich zum Anlegen eines neuen Ordners auch den Menübefehl **Ablage > Neuer Ordner** oder den Tastaturbefehl ⇧ + cmd + N verwenden.

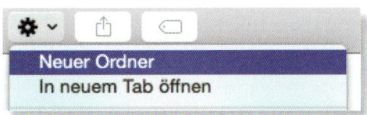

⌃ **Abbildung 3.67** *Einen neuen Ordner anlegen*

3 Der neue Ordner wird angelegt, und Sie können ihm einen Namen geben. Ein Mausklick auf eine freie Stelle neben den Ordner oder ein Druck auf ↵ bestätigt die Eingabe.

⌃ **Abbildung 3.68** *Dem neuen Ordner einen Namen geben*

> **TIPP**
>
> **Ordnernamen ändern**
> Natürlich können Sie den Namen eines Ordners oder einer Datei auch später jederzeit ändern. Markieren Sie dazu das gewünschte Objekt, und drücken Sie die Taste ↵. Nun geben Sie einen neuen Namen ein. Schließen Sie die Eingabe durch erneutes Drücken von ↵ ab.

Bewegen Sie nun die Datei in den neu angelegten Ordner. Welche Möglichkeiten Sie dazu haben, erfahren Sie gleich im Anschluss. Vorher wollen wir uns aber noch anschauen, wie Sie Ordner-Icons individuell gestalten.

Individuelle Ordner-Icons

Durch ein individuelles Icon können Sie wichtige Ordner besser hervorheben. Wie Sie dazu vorgehen, erklärt die folgende Anleitung. Sollten Sie kein attraktives Bildmaterial haben, finden Sie z. B. unter *http://iconfactory.com/freeware/icon* eine schöne Auswahl mit kostenlosen Icons. Laden Sie aus dem Internet ein Icon-Set herunter, das Ihnen gefällt, und führen Sie die folgenden Schritte aus, um das herkömmliche Ordner-Icon zu ersetzen.

1 Markieren Sie das gewünschte Quell-Icon in dem Icon-Set, und rufen Sie das Infofenster dieses Icons auf, beispielsweise über **Ablage > Informationen** oder den Tastaturbefehl cmd + I.

2 Markieren Sie das Symbol links oben ①. Kopieren Sie das Symbol mithilfe des Tastaturbefehls cmd + C. Sie können das Infofenster nun schließen.

3 Rufen Sie nun das Infofenster des Zielordners auf, und markieren Sie das Symbol links oben. Aktuell ist es noch ein gewöhnliches Ordner-Icon, wie Sie es bereits kennen.

4 Nun setzen Sie das zuvor kopierte Symbol mithilfe des Tastaturbefehls cmd + V ein. Der Ordner trägt jetzt ein individuelles Symbol. Die Änderungen sehen Sie auch im Finder, sobald Sie das Infofenster geschlossen haben.

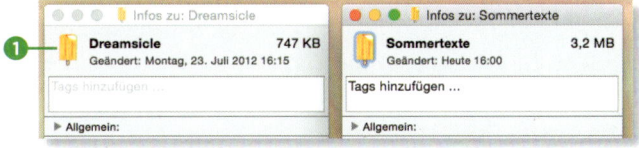

⌃ **Abbildung 3.69** *Ein optisches Schmankerl: Das Icon des Dokuments »Dreamsicle« wurde durch Kopieren und Einsetzen zum Icon des Ordners »Sommertexte«. (Icon: Iconfactory)*

TIPP

folderol
Eine weitere sehr bequeme, Möglichkeit, Ordner individuell zu gestalten, ist die App *folderol* von Erica Sadun. Mit folderol lassen sich Ordner einfärben und mit Bildern verschönern. folderol ist über den Mac App Store verfügbar.

▲ **Abbildung 3.70** *Schönere Ordner mit folderol*

Dateien im Finder verschieben

Haben Sie eine Datei einmal an einem Ort gespeichert, muss sie natürlich nicht für immer dort bleiben. Am einfachsten geht das Verschieben von Dateien an einen anderen Speicherort natürlich per Drag & Drop. Aber was tun Sie, wenn Sie die Dateien nun in einen Ordner bewegen wollen, den Sie nicht häufig brauchen und der deswegen nicht so leicht erreichbar ist? Die eine Möglichkeit wäre, zwei Finder-Fenster zu öffnen, in jedem Finder-Fenster den jeweils benötigten Ordner zu öffnen und die Dateien dann vom einen zum anderen zu ziehen. Das würde jedoch einiges an unnötigem Geklicke bedeuten.

Sehen wir uns im folgenden Beispiel eine einfachere Möglichkeit an. Unsere Ausgangssituation ist, dass mehrere markierte Dateien (hier Bildschirmfotos) vom

Schreibtisch in einen in der Ordnerhierarchie *tief* liegenden Unterordner im Ordner *Bilder* verschoben werden sollen, ohne dabei das aktuelle Finder-Fenster zu verlassen.

1 Markieren Sie die gewünschten Dateien auf dem Schreibtisch. Ob Sie das auf dem Schreibtisch direkt tun oder über **Schreibtisch** in der Seitenleiste des Finders, ist dabei für unser Beispiel egal. Wichtig ist nur, dass für die folgende Aktion ein Finder-Fenster geöffnet ist.

2 Da sich für dieses Beispiel keine Verknüpfung zum Bilderordner in der Seitenleiste befindet, müssen Sie also zwangsläufig erst einmal eine Ebene höher in den Benutzerordner navigieren, denn von dort haben Sie Zugang zum Bilderordner. Ziehen Sie dazu die Dateien in der Seitenleiste auf die Verknüpfung mit dem Benutzerordner. Lassen Sie die Dateien jetzt und auch im weiteren Vorgehen nicht los, bis Sie am Zielordner angekommen sind!

Praktischerweise zeigt der Mac Ihnen in einem kleinen roten Icon am Mauszeiger an, wie viele Dateien bewegt werden. Hier sind es acht Dateien.

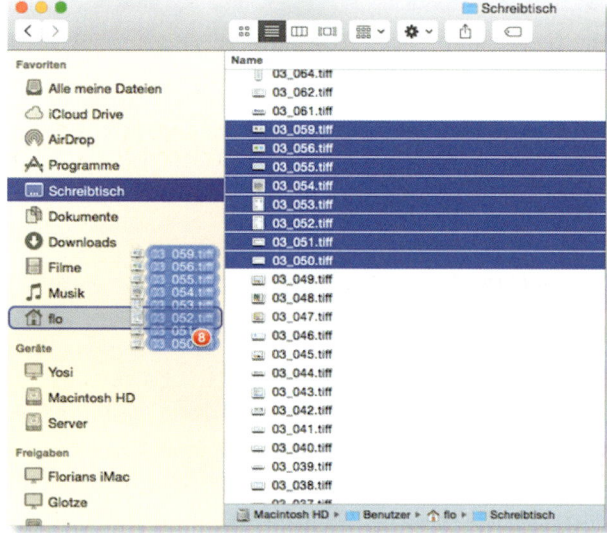

▲ **Abbildung 3.71** *Der erste Schritt: erst einmal eine Ebene höher gehen, von wo aus der gewünschte Ordner zugänglich ist*

3 Nach einem kurzen Moment wechselt die Ansicht des Finder-Fensters vom eben noch benutzten Ordner *Schreibtisch* zur Übersicht des Benutzerordners.

4 Bewegen Sie die Dateien dort über den Ordner *Bilder*. Auch hier wechselt die Ansicht des Finder-Fensters nach einem kurzen Moment vom eben noch benutzten Benutzerordner zum Inhalt des Ordners *Bilder*.

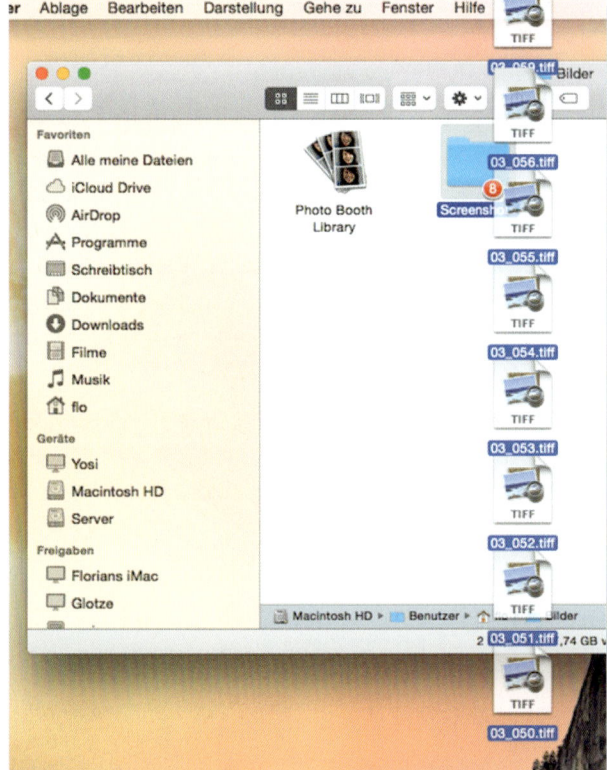

^ **Abbildung 3.72** Im Ordner »Bilder« auf dem Weg zum Ordner »Screenshots«

5 Je nachdem, wie Sie Ihre weitere Ordnerstruktur zuvor angelegt haben, können Sie mit dieser Methode immer tiefer in die Ordnerstruktur vordringen. Im Beispiel werden die Dateien über den Ordner *Screenshots* in den Ordner *Yosemite* bewegt.

6 Erst dort lassen wir die Dateien los. Auf diese Weise haben wir die Dateien vom Ordner *Schreibtisch* über

mehrere Ordnerebenen hinweg in den Ordner *Yosemite* bewegt, ohne dabei das Finder-Fenster zu verlassen.

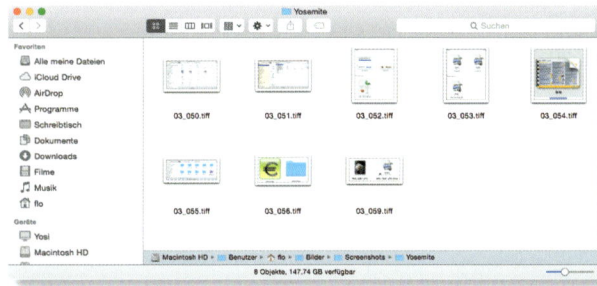

^ **Abbildung 3.73** Im Ordner »Yosemite« angekommen

Je nach Ansichtseinstellungen hat der Finder dabei zusätzliche Fenster geöffnet und anschließend (größtenteils) wieder geschlossen. Prinzipiell wurde aber das Finder-Fenster nicht verlassen, und es wurden auch keine Anstrengungen unternommen, um selbst gezielt andere Fenster zu öffnen. Wenn Sie Dateien bewegen, genügt es also, einen Moment über einem Ordner zu verharren. Er öffnet sich dann von selbst. So ist es problemlos möglich, auch komplexe und umfangreiche Dateibewegungen mit einem Minimum an Aufwand zu erledigen. Probieren Sie damit herum. Je souveräner Sie den Umgang mit Ordnern und Dateien beherrschen, desto weniger Probleme werden Sie später haben, weil Sie ein Gefühl dafür bekommen haben, was wo ist und in welchem Rahmen Sie agieren.

INFO

Bildschirmfotos
Vielleicht fragen Sie sich, wie die hier im Beispiel verwendeten Bildschirmfotos erstellt wurden? Dazu gibt es am Mac u. a. ein eigenes Programm. Auf Seite 613 erfahren Sie mehr.

Dateien verschieben und kopieren

Wenn Sie Dateien nicht von einem Ort zum anderen bewegen, sondern kopieren möchten, gehen Sie wie zuvor

beschrieben vor, halten aber zusätzlich die Taste alt
gedrückt. Neben dem Mauszeiger erscheint nun nicht
nur die Anzahl der bewegten Objekte, sondern auch ein
Pluszeichen. Das bedeutet: Die Objekte werden nicht
an den neuen Speicherort verschoben, sondern kopiert.

▲ **Abbildung 3.74** *Der Mauszeiger zeigt ein Pluszeichen
an, wenn Dateien nicht verschoben, sondern kopiert werden.*

Dateien duplizieren und vor Bearbeitung schützen

In vielen Situationen ist es sinnvoll, an einer Kopie einer Datei weiterzuarbeiten: Wählen Sie eine Datei aus.
Angenommen, bei der Datei handelt es sich um ein
Konzept, und Sie werden nun gebeten, das Konzept an
manchen Stellen zu überarbeiten. Um Ihr Originalkon-
zept aber sicherheitshalber zu behalten, legen Sie zu-

nächst eine Kopie der Datei an und arbeiten anschließend mit der Kopie weiter.

1 Markieren Sie die gewünschte Datei, und klicken Sie
in der Symbolleiste auf das Zahnradsymbol für das
Kontextmenü. Aus diesem wählen Sie den Eintrag
Duplizieren. Alternativ können Sie natürlich auch
den Menübefehl **Ablage > Duplizieren** oder den Tastaturbefehl cmd + D verwenden.

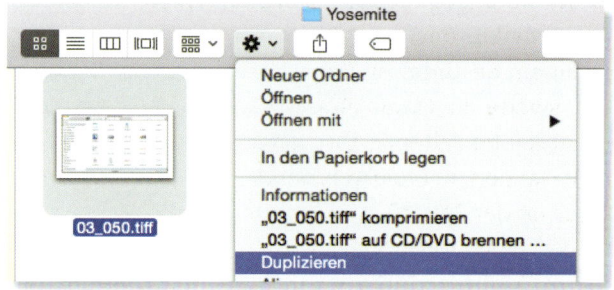

▲ **Abbildung 3.75** *Eine Kopie einer Datei wird per Duplizieren erstellt.*

2 Die neu erzeugte Datei trägt automatisch den Namen der Originaldatei und den Zusatz *Kopie*. Den
Namen können Sie natürlich jederzeit ändern. Da
Sie schon ahnen, dass das nicht der letzte Ände-
rungswunsch gewesen sein wird, nehmen Sie zunächst ein paar wichtige Einstellungen an der Originaldatei vor.

3 Markieren Sie die Originaldatei, und rufen Sie das
Infofenster auf, z. B. per cmd + I.

4 Setzen Sie im Infofenster im Abschnitt **Allgemein**
das Häkchen bei **Geschützt**. Jetzt kann die Datei
zwar noch ohne Weiteres geöffnet, aber nicht mehr
geändert werden.

5 Wenn Sie die Datei möglicherweise als Vorlage für
weitere Versionen nutzen wollen, deaktivieren Sie
das Häkchen bei **Geschützt**, und setzen Sie stattdessen das Häkchen bei **Formularblock**. Die Datei wird
nun zu einer Vorlagendatei. Wann immer diese Datei nun geöffnet wird, wird automatisch eine Kopie
erstellt und geöffnet. Das Original bleibt unange-
tastet.

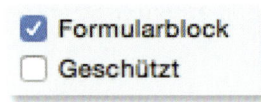

^ **Abbildung 3.76** *Die Datei zu einer Vorlagendatei machen*

Dateien kennzeichnen – Tags

In den vorangegangenen Schritten haben Sie also einen Projektordner erstellt, in dem sich alle Dateien zu einem bestimmten Projekt befinden. Das sind beispielsweise die Originaldatei, mehrere Versionen und eventuell begleitende Dateien. Es haben sich also einige Dateien im Projektordner angesammelt, und nun ist es an der Zeit, für etwas Ordnung und Struktur zu sorgen. Eine große Hilfe sind dabei die *Tags*.

Tags sind Markierungen, die Sie an Dateien und Ordner anhängen können und die Ihnen dann sofort ein entsprechendes Feedback geben, in welchem Bearbeitungszustand sich bestimmte Dateien oder sogar das ganze Projekt befindet. Da Tags sowohl einen frei wählbaren Namen als auch eine Farbe haben, haben Sie mit einem Tag zwei zusätzliche Informationen, genannt *Metadaten*, an eine Datei angehängt. Mit jeder weiteren Zusatzinformation lassen sich Dateien und Ordner leichter organisieren.

Sie können unter anderem in den Einstellungen des Finders Namen und Farben für die Tags vergeben. Sieben Farben haben Sie insgesamt zur Auswahl. Da Tags systemweit und in iCloud zur Verfügung stehen, profitieren Sie bei Verwendung permanent von den Tags. Sehen wir uns zunächst an, wie Sie die Standard-Tags an Ihre eigenen Bedürfnisse anpassen:

1 Klicken Sie auf **Finder > Einstellungen**, oder nutzen Sie den Tastaturbefehl [cmd] + [.], um die Einstellungen des Finders zu öffnen.

2 Klicken Sie auf den Abschnitt **Tags**.

3 Klicken Sie auf einen Namen, um ihn nach Ihren Maßgaben zu ändern.

^ **Abbildung 3.77** *So passen Sie die Tags an Ihre Bedürfnisse an.*

4 Nachdem die Tags nun passend eingerichtet sind, lassen sie sich auch sinnvoll nutzen. Markieren Sie dazu die gewünschte Datei.

5 Klicken Sie in der Symbolleiste auf das Zahnradsymbol für das Kontextmenü, und klicken Sie auf das gewünschte Tag ❶.

^ **Abbildung 3.78** *Tag(s) zuweisen*

Das ausgewählte Tag ist nun der Datei zugeordnet. Wenn Sie Tags zusammen mit den Darstellungsarten und Sortieroptionen verwenden, die Sie bereits kennengelernt haben, behalten Sie stets den Überblick in Ihren Projekten.

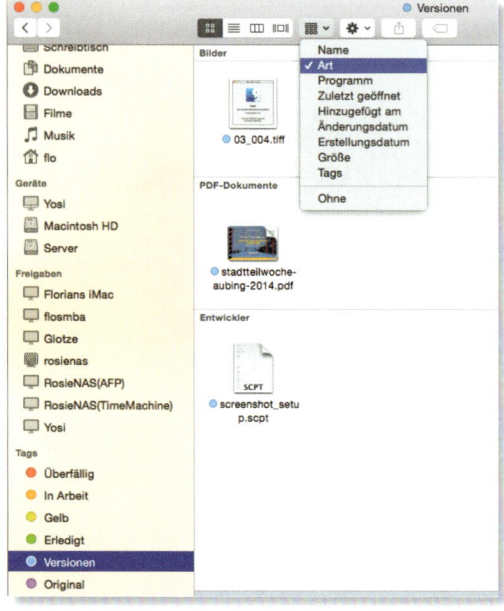

▲ **Abbildung 3.79** *Tags und die Sortieroptionen sind ein starkes Team.*

Mit den Standard-Tags, die das System automatisch mitliefert, ist diese Option aber längst nicht erschöpft, denn Sie können beliebig viele benutzerdefinierte Tags anlegen. Dateien und Ordner lassen sich auch mit mehreren Tags versehen, und Tags sind nicht nur auf Ihren eigenen Mac und den Finder beschränkt, sondern stehen Ihnen auch in allen Programmen, in den entsprechenden Dateidialogen, in iCloud und bei der Weitergabe Ihrer Daten an andere Nutzer zur Verfügung.

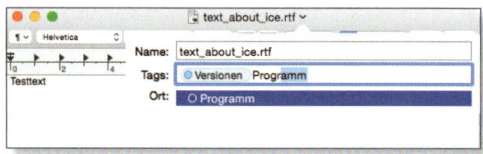

▲ **Abbildung 3.80** *Tags sind überall verfügbar, wo mit Dateien umgegangen wird, und lassen sich vielfach einer Datei zuweisen.*

Auch wenn die Tags sehr praktisch sind und beim Erscheinen von OS X 10.9 als Neuerung gepriesen wurden, waren sie eigentlich gar nicht so neu, denn sie haben altgediente Vorgänger. Von System 7 bis OS X 10.8 haben bereits die Vorgänger der Tags, die Etiketten, gute Dienste geleistet. Leider haben die Etiketten jedoch bei vielen Nutzern, besonders bei Umsteigern, eher ein Schattendasein gefristet, da die Möglichkeit, Dateien und Ordner derart zu *etikettieren*, also mit Metadaten zu versehen, eine Spezialität des alten Mac OS war und von OS X übernommen wurde. Da der Funktionsumfang der Tags jedoch weit über den der Etiketten hinausgeht, werden die Tags zukünftig sicherlich mehr Beachtung erfahren. Nutzen Sie die Tags, und profitieren Sie bei Ihrer alltäglichen Arbeit am Mac von den Möglichkeiten, die sich Ihnen dadurch bieten.

Schnelle Übersicht mit »Übersicht«

Bei einem Ordner voller Projektdateien ist es nicht unwahrscheinlich, dass Sie früher oder später in die Situation kommen, Versionen vergleichen zu müssen, weil Sie z. B. eine ältere Version erneut bearbeiten wollen. Jetzt wäre es natürlich wenig erfreulich, jede Datei erst öffnen zu müssen, um ihren Inhalt zu sehen. Glücklicherweise steht in OS X systemweit eine Technologie namens *Übersicht* – auch *QuickLook* genannt – zur Verfügung. Und die macht ihrem Namen alle Ehre.

▲ **Abbildung 3.81** *Sie starten die Übersicht mit dem Augensymbol.*

1 Markieren Sie eine der gewünschten Dateien, und klicken Sie in der Symbolleiste auf den Button mit dem Auge ❶, oder drücken Sie die Leertaste.

Standardmäßig ist das Icon für die Übersicht in OS X 10.10 nicht in der Symbolleiste aktiviert. Sie müssen also gegebenenfalls die Symbolleiste erst anpassen (über die Menüleiste des Finders > **Darstellung > Symbolleiste anpassen**, lesen Sie dazu auch Kapitel 5, »Programme auf dem Mac«, ab Seite 171).

2 Übersicht blendet daraufhin ein schwebendes Fenster ein, das stets im Vordergrund bleibt und eine Ansicht des Inhalts des ausgewählten Elements anzeigt. Sie können also das Fenster geöffnet lassen und im Hintergrund eine Datei nach der anderen auswählen. Haben Sie die gewünschte Datei gefunden, können Sie sie durch einen Klick auf den Button **Öffnen mit [Programmname]** ❷ im Übersichtsfenster sofort mit dem Programm öffnen, das der Datei als Standard zugeordnet ist.

∧ **Abbildung 3.82** Wenn Sie sich eine Datei mit Übersicht ansehen, sparen Sie sich das Öffnen der Datei in einem Programm.

3 Wollen Sie die Übersicht wieder verlassen, ohne eine Datei zu öffnen, drücken Sie einfach erneut auf die Leertaste.

Übersicht bietet nicht nur einen schnellen Blick auf eine Datei, die Sie sonst extra öffnen müssten. Für längere Texte eignet sich z. B. der Vollbildmodus der Übersicht. Übersichtsfenster verfügen – wie viele Programmfenster auch – über einen Vollbildmodus, den Sie durch den bekannten Button ❸ (Abbildung 3.82) in der Titelleiste starten.

Richtig praktisch wird es jedoch, wenn Sie mehrere Dateien markieren und dann Übersicht starten. Die-

ser Modus bietet sich vor allem für Bilddateien an, die Sie auf diese Weise schnell und außerdem bildschirmfüllend betrachten können. Übersicht zeigt in solchen Fällen zunächst nur eine der ausgewählten Dateien an, aber die Titelleiste blendet in diesem Fall weitere Symbole ein, mit denen Sie die Anzeige von Übersicht verändern können.

∧ **Abbildung 3.83** Ein Übersichtsfenster mit mehreren markierten Dateien

Ganz links befinden sich die bekannten Buttons zum Schließen des Fensters und Aktivieren des Vollbildmodus. Der Minimieren-Button existiert in diesem Fenster nicht, denn es lässt sich nicht minimieren, also im Dock ablegen. Daneben ❹ befinden sich die Navigationspfeile, wie Sie sie aus dem Finder-Fenster kennen. Mit ihnen springen Sie zwischen den ausgewählten Dateien im Übersichtsfester hin und her. Mit dem Button ❺ wechseln Sie von der aktuellen Einzelansicht zu einer Übersichtsansicht aller ausgewählten Dateien. Ein Klick auf eine der Dateien führt wieder zurück zur Einzelansicht. Am rechten Rand der Titelleiste finden Sie die bekannten Buttons zum Öffnen und für die Vollbildansicht sowie den Button für das **Bereitstellen**-Menü ❻, der Ihnen bereits aus der Symbolleiste bekannt vorkommen dürfte. Das **Bereitstellen**-Menü sehen wir uns nun etwas genauer an.

4 Objekte

^ **Abbildung 3.84** *Die Übersichtsansicht im Übersichts-fenster*

> **TIPP**
>
> **Übersicht noch hilfreicher machen**
> Speziell wenn man Texte in der Übersicht betrach-
> tet, wäre es manchmal hilfreich, Text direkt aus der
> Übersicht kopieren zu können, was zunächst leider
> nicht geht. Mit einem kleinen Trick geht es aber
> doch. Öffnen Sie das Dienstprogramm Terminal,
> und geben Sie folgenden Befehl ein:
>
> ```
> defaults write com.apple.finder
> QLEnableTextSelection -bool TRUE;
> killall Finder
> ```
>
> Jetzt lässt sich Text auch direkt aus der Übersicht
> kopieren. Ein Rätsel, warum das nicht die Stan-
> dardeinstellung ist.

Das Bereitstellen-Menü

Bereits mit OS X 10.8 hat ein neues Icon in der Symbolleiste des Finders Einzug gehalten, das vielen Nutzern
eines iPhones oder iPads bekannt vorkommen dürfte:
das Icon des **Bereitstellen**-Menüs.

^ **Abbildung 3.85** *Das Icon des »Bereitstellen«-Menüs*

Mit dem **Bereitstellen**-Menü können Sie eine oder
mehrere Dateien auf verschiedene Weise beispielsweise mit Freunden oder Kollegen teilen. Abhängig
vom ausgewählten Dateityp ändern sich entsprechend die Einträge im **Bereitstellen**-Menü. Die angebotenen Einträge lassen sich seit OS X 10.10 auch
bearbeiten. Ein Klick auf den Eintrag **Mehr …** im **Bereitstellen**-Menü öffnet die entsprechenden Einstellungsmöglichkeiten in den Systemeinstellungen. Hier können Sie dann ganz bequem festlegen, welche Einträge
Sie im **Bereitstellen**-Menü sehen möchten und welche
nicht.

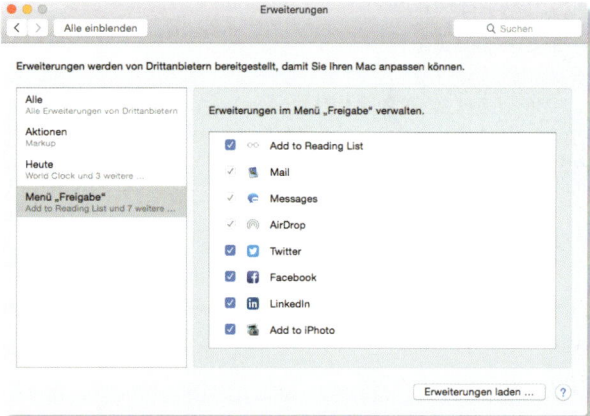

^ **Abbildung 3.86** *In den Systemeinstellungen können
Sie die Einträge des »Bereitstellen«-Menüs anpassen.*

Über das **Bereitstellen**-Menü können Sie z. B. ein Bild
ganz bequem per E-Mail verschicken, auf Flickr veröffentlichen oder per AirDrop an andere Macs oder iOS-
Geräte senden.

Abbildung 3.87 *Die ausgewählte Datei lässt sich mit anderen auf viele Arten teilen.*

Um eine Datei über das **Bereitstellen**-Menü mit anderen zu teilen, gehen Sie wie folgt vor:

1 Markieren Sie die entsprechende Datei.

2 Klicken Sie auf das Icon des **Bereitstellen**-Menüs.

3 Klicken Sie auf den gewünschten Menüeintrag, um die Datei auf die ausgewählte Weise zu teilen, z. B. **AirDrop**.

Je nach ausgewählter Möglichkeit führt das System nun die entsprechenden Schritte aus.

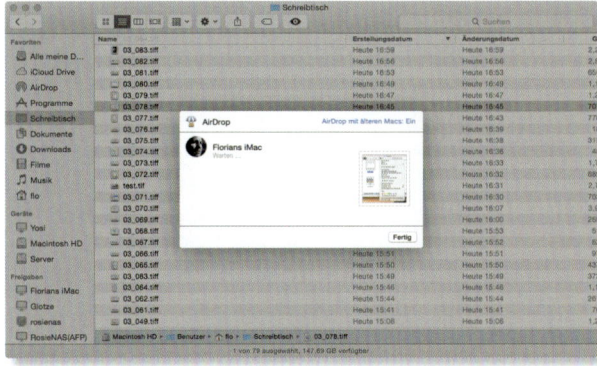

Abbildung 3.88 *Eine Datei per AirDrop senden*

Für manche Versandarten wie beispielsweise Twitter oder Flickr benötigen Sie natürlich zunächst einen entsprechenden Account.

Abbildung 3.89 *Das Senden über Twitter funktioniert nicht, da noch kein Twitter-Account angelegt wurde.*

Der Papierkorb – Dateien löschen und wiederherstellen

Um den Papierkorb zu erklären, bleiben wir bei unserem Beispiel aus den vorangegangenen Abschnitten. Sie haben einen Projektordner voller Dateien in unterschiedlichen Versionen. Jetzt machen wir aber einen Zeitsprung. Angenommen, das Projekt ist beendet, und Sie wollen die Dateien behalten, die letztlich relevant waren, aber alle anderen Dateien, die zwischenzeitlich entstanden sind, löschen. Markieren Sie dazu im Projektordner alle Dateien, die Sie nicht mehr benötigen. Sie haben nun mehrere Möglichkeiten, die ausgewählten Dateien zu löschen:

- Klicken Sie in der Symbolleiste auf das Symbol für das Kontextmenü, und wählen Sie **In den Papierkorb legen**.
- Klicken Sie auf **Ablage > In den Papierkorb legen**.
- Nutzen Sie den Tastaturbefehl [cmd] + [←].
- Verschieben Sie die Dateien per Drag & Drop in den Papierkorb.

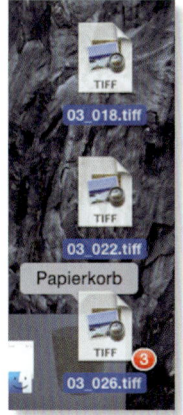

Abbildung 3.90 *Dateien in den Papierkorb legen*

Egal, für welche Methode Sie sich entscheiden, das Ergebnis ist, dass die Dateien sich jetzt im Papierkorb befinden. Damit haben Sie zunächst nichts anderes gemacht, als die Dateien in einen anderen Ordner zu verschieben. Gerade bei Dateien, die z. B. von unserem Beispielprojekt stammen, ist es ganz sinnvoll, sie vielleicht noch ein paar Tage im Papierkorb zu lassen – möglicherweise kommt ja doch noch die eine oder andere Rückfrage. Wenn jedoch sicher ist, dass Sie die Dateien nicht mehr brauchen werden, ist es sinnvoll, den Papierkorb ab und an zu leeren:

1 Klicken Sie auf den Papierkorb im Dock. Im folgenden Finder-Fenster sehen Sie den Inhalt des Papierkorbs. Sie haben hier die letzte Möglichkeit, Objekte, die möglicherweise doch nicht gelöscht werden sollen, vor dem Entleeren aus dem Papierkorb zu holen.

2 In Abbildung 3.91 ist versehentlich eine Bilddatei im Papierkorb gelandet, die gar nicht gelöscht werden soll. Markieren Sie daher dieses Element.

3 Klicken Sie in der Symbolleiste auf das Symbol für das Kontextmenü, und wählen Sie **Zurücklegen** ❶. Das Objekt wird nun in den Ordner zurückgelegt, aus dem es zuvor gelöscht wurde. Soll die Datei an einem anderen Ort abgelegt werden, machen Sie das am besten per Drag & Drop aus dem Papierkorb heraus.

▲ **Abbildung 3.91** Eine Datei aus dem Papierkorb zurückholen

4 Alle übrigen Objekte im Papierkorb sollen nun aber gelöscht werden. Klicken Sie dazu auf den Button **Entleeren** ❷.

▲ **Abbildung 3.92** All diese Elemente sollen durch Entleeren des Papierkorbs gelöscht werden.

5 Bestätigen Sie den Rückfragedialog, indem Sie auf den Button **Papierkorb entleeren** klicken. Der Papierkorb wird nun geleert, das Fenster des Papierkorbs schließt sich, und zurück bleibt Leere.

▲ **Abbildung 3.93** Der Papierkorb wird nur nach Rückfrage entleert.

Dateien umbenennen

In den vorangegangenen Abschnitten haben wir mit einem Beispielprojekt Dateien im Finder organisiert. Wir nehmen nun an, dass das Projekt abgeschlossen ist. Grund genug, die Dateien umzubenennen. Eine einzelne Datei umzubenennen ist nicht schwer. Markieren Sie die Datei, drücken Sie die Taste ↵, und geben Sie den neuen Namen ein. Abschließend drücken Sie erneut ↵. Interessanter wird es, wenn mehrere Dateien umbenannt werden sollen. Da kann die beschriebene Vorgehensweise sehr schnell lästig werden. In früheren Betriebssystemversionen musste man sich in solchen Fällen mit Automatisierung mittels Automator (siehe Seite 787) oder AppleScript (siehe Seite 796) behelfen. Seit OS X 10.10 lassen sich mehrere Dateien auch direkt im Finder komfortabel umbenennen.

1 Markieren Sie die gewünschten Dateien.

2 Wählen Sie aus dem Zahnradmenü den Eintrag **[Anzahl] Objekte umbenennen ...**.

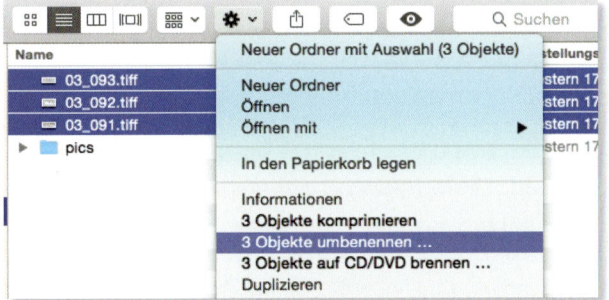

▲ **Abbildung 3.94** *Das Zahnradmenü bietet die Möglichkeit, mehrere Dateien gleichzeitig umzubenennen.*

3 Wählen Sie im folgenden Einblendmenü die gewünschten Änderungen an den Dateinamen aus. Über das Auswahlmenü ❸ können Sie entscheiden, ob Sie die bestehenden Dateinamen ersetzen, erweitern oder in einem neuen Format anlegen möchten. Entsprechend Ihrer Auswahl wird das Menüfenster angepasst.

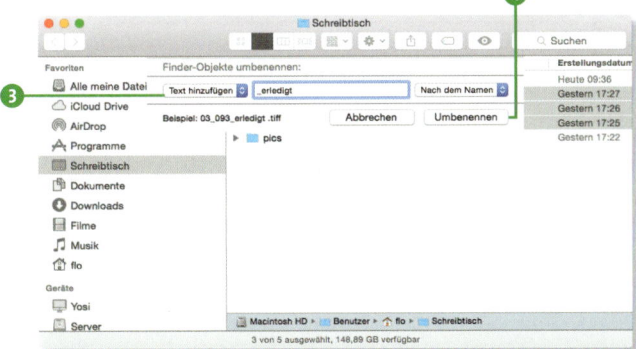

▲ **Abbildung 3.95** *Legen Sie den neuen Dateinamen fest.*

4 Klicken Sie auf den Button **Umbenennen** ❹. Die zuvor festgelegte Struktur für die Dateinamen wird nun bei den zuvor markierten Dateien umgesetzt.

▲ **Abbildung 3.96** *Praktisch: Dateien im Finder automatisiert umbenennen*

Dieses eher unscheinbare Feature ist eine der gewinnbringendsten Neuerungen in OS X 10.10. Bleibt zu hoffen, dass Apple weitere Automatisierungsmöglichkeiten direkt im Finder verfügbar macht.

Dateien komprimieren

Jetzt geht es ans *Aufräumen*. Die Dateien des nun abgeschlossenen Projekts werden zunächst bei keinem weiteren Projekt gebraucht. Um also Platz auf der Festplatte Ihres Macs zu gewinnen, nehmen wir an, Sie wollen die verbliebenen Dateien als ZIP-Archiv komprimieren und auf einer externen Festplatte archivieren.

1 Öffnen Sie den Projektordner mit den verbliebenen Dateien, und markieren Sie alle Dateien. Am einfachsten und schnellsten geht das mit dem Tastaturbefehl ⌘ cmd + A.

2 Klicken Sie in der Symbolleiste auf das Symbol für das Kontextmenü, und wählen Sie den Eintrag **[Anzahl] Objekte komprimieren**.

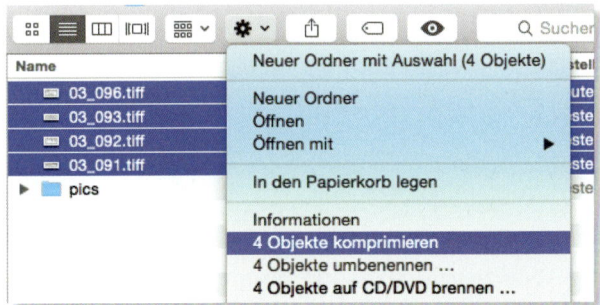

▲ **Abbildung 3.97** *Objekte komprimieren über das Kontextmenü*

Das Ergebnis dieser Aktion ist eine Datei, die in komprimierter, also zusammengepackter, Form die zuvor markierten Dateien enthält. Diese Datei erhält automatisch den Namen *Archiv*, den Sie natürlich ändern können. Die Originaldateien, die zur Erstellung des Archivs benutzt wurden, können Sie nun löschen.

Dieses ZIP-Archiv lässt sich übrigens auch ohne Probleme an einen Windows-PC weitergeben und dort entpacken.

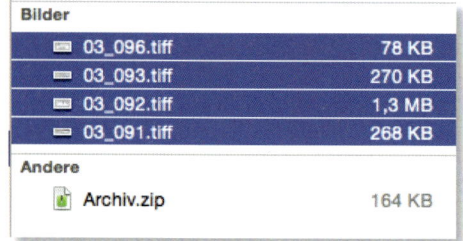

∧ **Abbildung 3.98** *Sparen Sie Speicherplatz durch Kompression.*

Das Archiv hat den Vorteil, dass sich eine einzelne Datei einfacher handhaben lässt als ein Ordner voller Dateien. Zugleich spart es Platz durch die Dateikompression. Sollten Sie die Dateien später doch noch einmal brauchen, doppelklicken Sie auf die Archivdatei, und Sie finden nach dem Entpacken die gleiche Dateistruktur vor wie zuvor. Die Archivdatei können Sie nun beispielsweise auf ein externes Medium auslagern, um auf der internen Festplatte wieder Platz freizugeben. Wie der Umgang mit den externen Medien genau funktioniert, erfahren Sie in Kapitel 4, »Externe Medien – USB-Sticks, DVDs & Co.«, ab Seite 151. Ich muss an dieser Stelle jedoch ein wenig vorgreifen, um die Vorzüge eines Alias zu erklären.

Verknüpfungen am Mac

Ein *Alias* ist eine Verknüpfung mit einer Datei. Um bei der Logik des Beispiels aus den vorangegangenen Abschnitten zu bleiben, nehmen wir an, dass sich eine Archivdatei mit unserem Beispielprojekt auf einem USB-Stick befindet. Dennoch wollen wir am ursprünglichen Ort – also da, wo die Archivdatei zuvor auf der internen Festplatte gesichert war – eine Art Referenz zu der

Archivdatei auf dem USB-Stick haben, damit wir für etwaige spätere Zugriffe nicht suchen müssen. Diese Referenz nennt sich bei OS X Alias. Legen wir also nun einen Alias zu unserem Archiv an:

1 Markieren Sie die Archivdatei auf dem USB-Stick.

2 Klicken Sie in der Symbolleiste auf das Symbol für das Kontextmenü, und wählen Sie aus dem Menü den Eintrag **Alias erzeugen**. Alternativ können Sie natürlich auch den Menübefehl **Ablage > Alias erzeugen** oder den Tastaturbefehl cmd + L verwenden.

3 Es wird nun ein Alias zur ausgewählten Datei erzeugt. Dieser Alias ist eine Verknüpfung zur Originaldatei.

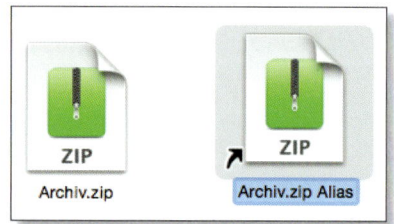

∧ **Abbildung 3.99** *Links Originaldatei, rechts Alias*

Ein Alias verweist nicht einfach nur auf sein Original, sondern ist mit der Originaldatei quasi verbunden. So können Sie die Originaldatei auch – auf dem gleichen Laufwerk – an einen anderen Ort verschieben, ohne dass der Alias dadurch auf einmal ins Leere zeigen würde.

4 Nun soll der Alias aber die Stelle des Projekts auf der internen Festplatte einnehmen. Er muss also dorthin bewegt werden. Bewegen Sie den Alias per Drag & Drop in den Ordner, wo zuvor die Projektdateien lagen.

Beim Bewegen wird Ihnen auffallen, dass Sie den Alias nicht bewegt, sondern kopiert haben. Das liegt daran, dass sich Dateien über Volumes hinweg nicht bewegen, sondern nur kopieren lassen. Den Alias auf dem USB-Stick können Sie also anschließend löschen. Sie brauchen ihn nicht mehr.

Bewegen erzwingen

Wenn Sie beim Bewegen von Dateien über Dateisystemgrenzen hinweg (z. B. beim Bewegen von Ihrer internen Festplatte auf einen USB-Stick) das Bewegen der Datei anstelle des standardmäßigen Kopierens erzwingen wollen, drücken Sie gleichzeitig die Taste [cmd].

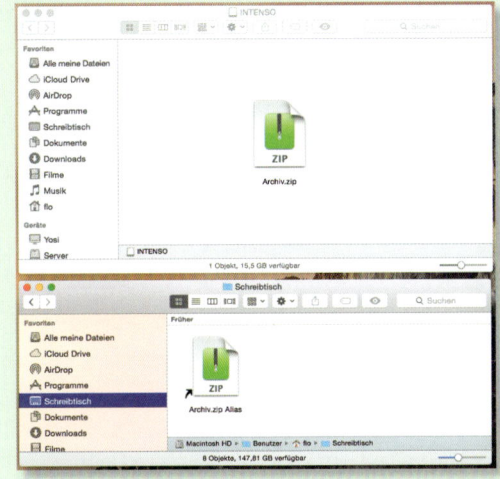

∧ **Abbildung 3.100**
Der Alias wird an die Stelle bewegt, an der er gebraucht wird.

Eine der wesentlichen Funktionen des Alias ist es, sein Original zu repräsentieren. Wenn Sie also den Alias öffnen, öffnen Sie eigentlich die Originaldatei, ohne sich darum kümmern zu müssen, wo sich diese befindet. Möchten Sie jedoch die Originaldatei gar nicht öffnen, sondern nur wissen, wo sie sich befindet, leistet der Alias ebenso gute Dienste:

1 Markieren Sie den Alias.

2 Klicken Sie in der Symbolleiste auf das Symbol für das Kontextmenü, und wählen Sie aus dem Menü **Original zeigen**. Alternativ verwenden Sie den Menübefehl **Ablage > Original zeigen** oder den Tastaturbefehl [cmd] + [R].

3 Das Finder-Fenster zeigt nun die Originaldatei.

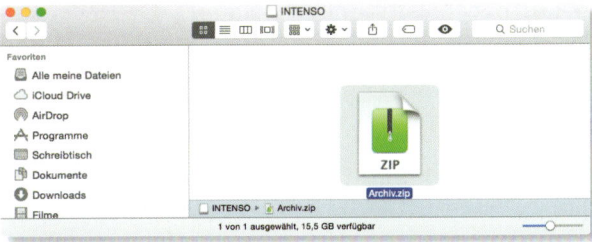

∧ **Abbildung 3.101** *Das Original wird im Finder-Fenster angezeigt.*

Angenommen, das Original würde nun in einen Unterordner verschoben, verwiese der Alias trotzdem korrekt auf das Original. Der Alias ist sogar dann noch nützlich, wenn Sie beispielsweise den USB-Stick entfernen, das Original also gar nicht verfügbar ist, denn er verrät immer noch, wo sich das Original befindet!

Markieren Sie dazu den Alias, und rufen Sie das Infofenster auf. Im Infofenster zeigt der Alias im Abschnitt **Allgemein** den Speicherort des mit ihm verbundenen Originals ① an. So ist es ein Leichtes, den passenden USB-Stick zur Hand zu nehmen und ihn anzustecken – und schon ist das Original wieder verfügbar.

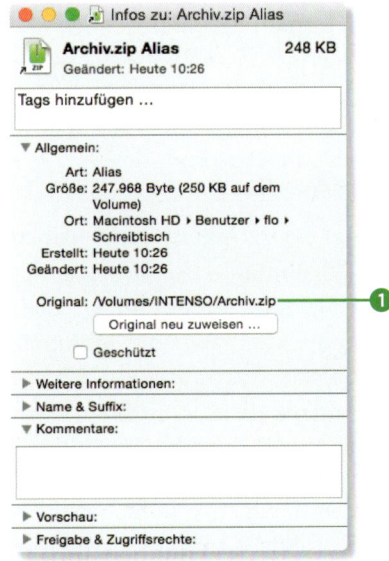

∧ **Abbildung 3.102** *Das Infofenster verrät den Speicherort des Originals.*

So viel zu den wichtigsten Funktionen des Finders im Umgang mit Dateien und Ordnern. Sehen wir uns nun weitere Funktionen des Finders bzw. des Systems an.

3.4 Suchabfragen mit Spotlight

Spotlight ist eine in das Betriebssystem integrierte Suchtechnologie, die Dateien und Ordner nicht nur namentlich erfasst, sondern zusätzlich die Inhalte der Dateien und die verfügbaren Metadaten bei der Suche berücksichtigt. Metadaten sind Daten, die zusätzlich zur Verfügung stehen und Zusatzinformationen zur Datei bieten, wie z. B. das Kameramodell bei Bilddateien oder die bereits zuvor kennengelernten Tags. So ist es beispielsweise möglich, Ergebnisse für ein Suchstichwort zu erhalten, das vielleicht nur in einer einzigen Datei enthalten oder nur in Metadaten vorhanden ist.

Spotlight ist so tief ins System integriert, dass Sie dieser Technologie an allen Ecken und Enden begegnen. Spotlight ist im **Hilfe**-Menü verfügbar, und auch in den Systemeinstellungen profitieren Sie von Spotlight. Da Ihnen Spotlight an so vielen Stellen zur Verfügung steht, sehen wir uns an dieser Stelle zunächst Spotlight im Finder an. Wir werden Spotlight jedoch immer wieder begegnen, z. B. im Kapitel über Mail (siehe Seite 287).

Spotlight-Suche in der Menüleiste

Da die Menüleiste immer zur Verfügung steht – auch bei Programmen im Vollbildmodus ist sie jederzeit leicht erreichbar, indem Sie mit der Maus an den oberen Bildschirmrand fahren –, steht auch die Spotlight-Suche jederzeit für Sie bereit. Das Spotlight-Suchfeld blenden Sie durch Klick auf die kleine Lupe ❶ am rechten Rand der Menüleiste oder durch die Tastaturkombination [cmd] + Leertaste ein.

^ **Abbildung 3.104** *Das Spotlight-Icon in der Menüleiste*

TIPP

Noch mehr Informationen in der Vorschau
Während der Spotlight-Vorschau können Sie sich, abhängig vom Dateityp, durch Drücken und Gedrückthalten von [cmd] weitere Informationen anzeigen lassen – etwa den Speicherort der Datei ❷.

^ **Abbildung 3.103** *Zusätzliche Informationen in der Vorschau durch Drücken von* [cmd]

War das Suchfeld in früheren Betriebssystemversionen direkt unter dem Spotlight-Icon der Menüleiste zu finden, wird es Ihnen seit OS X 10.10 in der Bildschirmmitte angezeigt. Es macht zunächst einen unscheinbaren Eindruck und wartet auf Ihre Eingaben.

^ **Abbildung 3.105** *Das Spotlight-Suchfeld in der Mitte des Bildschirms*

Geben Sie nun einen beliebigen Suchbegriff ein, und Spotlight zeigt eine übersichtliche, nach Dateityp sortierte Liste aller Fundstellen (siehe Abbildung 3.106). Je mehr Buchstaben Sie in das Suchfeld eingeben, desto feiner wird die Suche.

Für eine Vorschau klicken Sie auf eine der angezeigten Fundstellen. Spotlight blendet dann rechts neben der Fundstellenliste eine Vorschau der markierten Fundstelle ein, damit Sie die Ergebnisse der Suche direkt beurteilen können. Zusätzlich zu den lokalen Fundstellen bietet die Liste auch Fundstellen im App Store, Wikipedia und dem Internet an ❸.

Wird die gesuchte Datei in der Fundstellenliste nicht angezeigt oder möchten Sie die Fundstellen der lokalen Dateien (Zusatzinformationen wie Wikipedia und App Store werden im Finder nicht angezeigt.) detaillierter durchsuchen, listen Sie durch einen Klick auf **Alle im Finder zeigen** am Ende der Liste alle Fundstellen bequem in einem Finder-Fenster auf und profitieren von den weiteren Such-, Sortier- und Ansichtsmöglichkeiten, die sich im Finder-Fenster bieten. Wenn Sie die Suche später wiederholen wollen, haben Sie dort auch die Möglichkeit, die Suche zu sichern und später erneut aufzurufen. Schauen wir uns also als Nächstes die erweiterten Suchoptionen im Finder-Fenster an.

Das Suchfeld im Finder-Fenster

Wenn Sie im Suchfeld in der Symbolleiste eines Finder-Fensters einen Suchbegriff eingeben, erhalten Sie zunächst dieselben Ergebnisse wie zuvor bei der Eingabe in das Spotlight-Suchfeld. Zusätzlich zu der einfachen Anzeige von Fundstellen stehen Ihnen im Finder jedoch Möglichkeiten zur Sortierung der Ansicht und vor allem zur Verfeinerung der Suche zur Verfügung. Grenzen Sie beispielsweise die Suche sofort auf bestimmte Bereiche ein. Wählen Sie dazu in der eingeblendeten Suchleiste ❶ (Abbildung 3.107) aus, ob Sie **Diesen Mac**, den aktuellen Ordner oder die **Freigaben** – also die aktuell verfügbaren Netzwerkvolumes – durchsuchen möchten.

Wenn Sie die Suche weiter eingrenzen möchten, klicken Sie auf den kleinen Button mit dem Pluszeichen ❷ ganz rechts in der Suchleiste. Daraufhin blendet der Finder eine weitere Suchleiste ein, mit der Sie die Suche um weitere Parameter einschränken können. Fügen Sie beliebig viele weitere Suchleisten mit jeweils neuen Suchparametern hinzu, um so die Suche immer weiter zu verfeinern.

< **Abbildung 3.106** Die Spotlight-Suchergebnisse

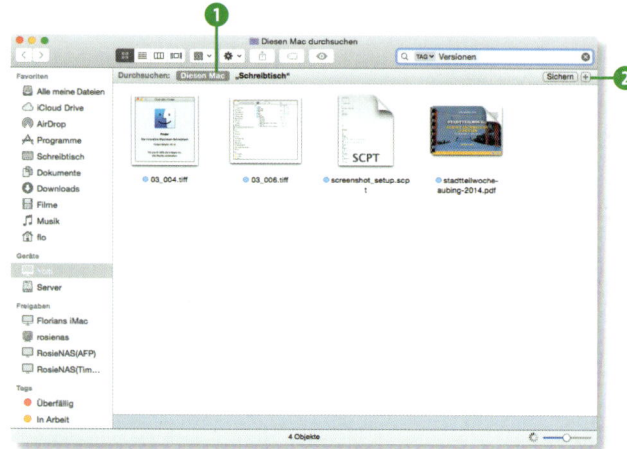

Abbildung 3.107 *Die Spotlight-Suche im Finder-Fenster*

1 Öffnen Sie ein Finder-Fenster, und geben Sie in das Suchfeld einen Begriff ein.

2 Wählen Sie Parameter zur Einschränkung der Suche aus, z. B. **Art ist Bild** ❸.

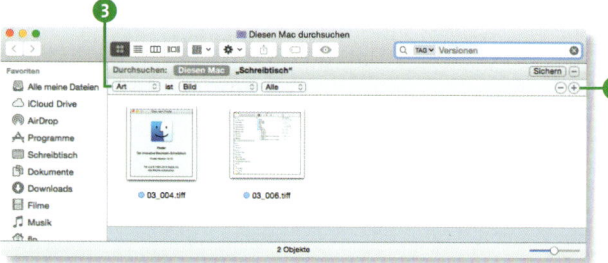

Abbildung 3.108 *Die aktuellen Suchparameter finden Bilddateien, die mit dem Tag »Versionen« versehen sind.*

Weitere Parameter fügen Sie durch einen Klick auf den Plus-Button ❹ hinzu. Diese Parameter werden stets miteinander kombiniert, die Auswahl wird also immer weiter verfeinert. Möchten Sie jedoch bestimmte Parameter als Ausschlusskriterium hinzufügen, müssen Sie sich eines Tricks bedienen.

3 Drücken Sie die Taste ⌥alt⌝, und klicken Sie auf den Plus-Button, um einen Suchparameter hinzuzufügen. Durch das Drücken von ⌥alt⌝ werden automatisch zwei Suchparameter hinzugefügt. Die erste Zeile ist neu und setzt die Bedingung für die nachfolgende Zeile, wo Sie aus allen bereits bekannten Parametern wählen können.

Um also nun die in der zweiten Zeile formulierte Bedingung als Ausschlussbedingung zu verwenden, stellen Sie in der ersten Zeile bei **der folgenden Aussagen trifft zu** die Bedingung **Keine** ❺ aus dem Auswahlmenü ein. Im Beispiel wurde nach dem Tag **Versionen** gesucht. Die Suche wurde dann auf Bilddateien eingeschränkt. Anschließend wurde als Ausschlusskriterium festgelegt, dass Dateien vom Typ *tiff* nicht angezeigt werden sollen.

Abbildung 3.109 *Durch cleveres Kombinieren und Ausschließen von Suchparametern stellen Sie auch komplexe Suchen zusammen.*

Nachdem Sie nun bereits einen ersten Eindruck davon bekommen haben, wie mächtig die so tief ins System integrierte Suchtechnologie Spotlight ist, stellt sich natürlich die Frage, ob es nicht furchtbar lästig ist, die vielen Suchparameter jedes Mal aufs Neue zusammenzustellen, wenn Sie nach etwas Bestimmtem suchen. Auch hier bietet Ihnen OS X natürlich Abhilfe.

Suchen speichern – intelligente Ordner

Sie können die aktuelle Suche sichern. Sie wird so zu einem sogenannten *intelligenten Ordner*. Intelligente Ordner sind gesicherte Suchabfragen, die beim Öffnen des Ordners nicht jedes Mal aufs Neue zusammengestellt werden müssen, sondern die mit ihnen gesicherte Abfrage ausführen. Beachten Sie aber: Wenn Sie einen intelligenten Ordner erneut öffnen, kann sich die Gesamtheit der Dateien auf Ihrem Mac prinzipiell in einem anderen Zustand befinden als zuvor, denn in der Zwischenzeit haben Sie unter Umständen neue Dateien erstellt, andere gelöscht usw. – und das kann entsprechende Auswirkungen auf das Suchergebnis haben. Der Inhalt eines intelligenten Ordners ist also nicht unbedingt bei jedem Öffnen gleich. Um die aktuelle Suche zu sichern und einen intelligenten Ordner daraus zu machen, gehen Sie wie folgt vor:

1 Führen Sie eine Suche durch, und klicken Sie anschließend auf den Button **Sichern** in der ersten Zeile der Suchparameter.

2 Vergeben Sie im folgenden Sicherungsdialog einen Namen für die Suche bzw. den intelligenten Ordner, wählen Sie dann einen Speicherort, und setzen Sie das Häkchen ❻, falls Sie die gespeicherte Suche in der Seitenleiste im Bereich **Favoriten** griffbereit haben wollen. Klicken Sie auf den Button **Sichern**.

▲ **Abbildung 3.110** *Eine komplexe Suchabfrage zur weiteren Verwendung als »intelligenten Ordner« sichern*

Damit ist aber natürlich nicht ein für alle Mal die Suche quasi in Stein gemeißelt. Sie lässt sich jederzeit anpassen.

3 Klicken Sie den intelligenten Ordner in der Seitenleiste mit rechts an, um das Kontextmenü aufzurufen. Dort klicken Sie auf **Suchkriterien einblenden.**

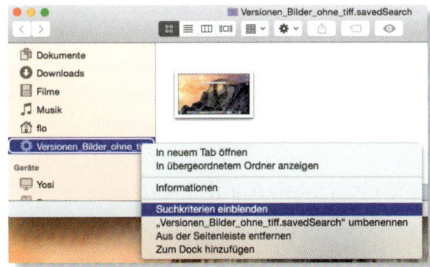

▲ **Abbildung 3.111** *Die Suchparameter von intelligenten Ordnern lassen sich jederzeit verändern.*

Im Finder-Fenster werden nun wieder wie zuvor bei der Erstellung die Suchkriterien eingeblendet. Sie können sie bearbeiten und erneut sichern.

Systemeinstellungen zu Spotlight

In den Systemeinstellungen finden Sie auch die Einstellungen zu Spotlight. Allerdings sind diese recht überschaubar. Klicken Sie in der ersten Zeile auf den Button **Spotlight**.

In den Einstellungen zu Spotlight können Sie im Bereich **Suchergebnisse** durch Setzen von Häkchen bei den entsprechenden Dateitypen festlegen, ob der jeweilige Dateityp bei den Fundstellen angezeigt werden soll. Auch die Reihenfolge der Dateitypen legen Sie einfach durch Drag & Drop fest. Im Bereich **Privatsphäre** können Sie Ordner hinzufügen, die von der Suche ausgenommen werden sollen.

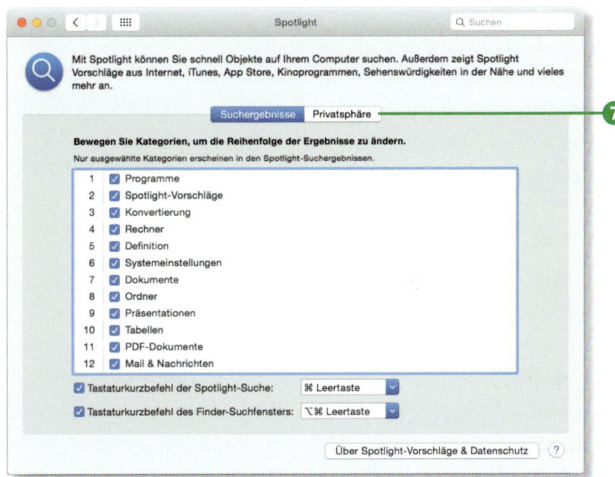

▲ **Abbildung 3.112** *Die Einstellungen von Spotlight*

Die Inhalte dieser Ordner werden nicht indiziert und tauchen dementsprechend auch nicht in den Suchergebnissen auf.

Hilfe bei Problemen mit Spotlight

Sie wissen, dass eine bestimmte Datei im System vorhanden ist, aber Spotlight findet diese beim besten

Willen nicht? Der einzige, aber meist auch absolut ausreichende »Trick« bei Problemen mit Spotlight ist, das Laufwerk, auf dem Dateien nicht gefunden werden, zur Liste der Ausnahmen im Tab **Privatsphäre** ❼ (siehe Abbildung 3.112) der Spotlight-Einstellungen hinzuzufügen und kurz darauf wieder zu entfernen. Dadurch wird Spotlight »gezwungen«, alle Dateien auf dem entsprechenden Laufwerk erneut zu indizieren. Der initiale Indizierungsprozess kann jedoch unter Umständen einige Systemressourcen in Anspruch nehmen. Wundern Sie sich also nicht, wenn Ihr Mac während der Erstindizierung etwas »träge« reagiert.

3.5   Laufwerke – Volumes

Nachdem Sie dem Begriff *Volumes* jetzt schon einige Male begegnet sind, befasst sich dieser Abschnitt nun etwas ausführlicher damit: was sie sind, worin die verschiedenen Arten von Volumes sich unterscheiden und wie Sie mit ihnen umgehen.

Volumes sind Laufwerke. Ein Volume ist, meist physisch bedingt, eine abgeschlossene logische Einheit, beispielsweise eine Festplatte oder ein USB-Stick.

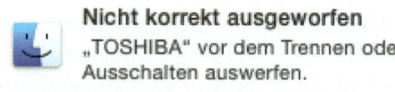

Abbildung 3.113 *Externe Volumes sollten Sie immer ordentlich auswerfen.*

Volumes verfügen über ein Dateisystem und müssen daher, wenn es sich um externe oder Servervolumes handelt, vor der physischen Trennung – oder wenn sie nicht mehr gebraucht werden – explizit *ausgeworfen*, also aus dem lokalen Dateisystem entfernt werden. Werfen Sie sie nicht oder nicht korrekt aus, besteht die Gefahr, dass das Dateisystem des auszuwerfenden Volumes und/oder das Dateisystem des Startvolumes Schaden nimmt. Ein beschädigtes Dateisystem bedeutet fast immer auch Datenverlust oder zumindest großen Reparaturaufwand.

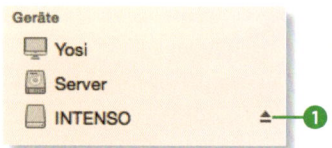

Abbildung 3.114 *Alle Geräte müssen oder sollten Sie zumindest mit dem Auswurfsymbol vom Mac abmelden.*

Denken Sie also daran, Ihre Volumes vor dem Abziehen zunächst immer erst über das Auswurfsymbol ❶ in der Seitenleiste des Finders oder über den Papierkorb auszuwerfen.

Abbildung 3.115 *Der Papierkorb wird zum Auswurfsymbol, wenn Sie Volumes in seine Richtung bewegen.*

Auch wenn Volumes prinzipiell recht ähnlich aussehen und sich ihre Unterschiede in der Praxis kaum bemerkbar machen, ist es dennoch sinnvoll, die unterschiedlichen Arten von Volumes zu kennen, um zu wissen, was Sie da vor sich haben und wie Sie am besten mit den jeweiligen Volumes umgehen.

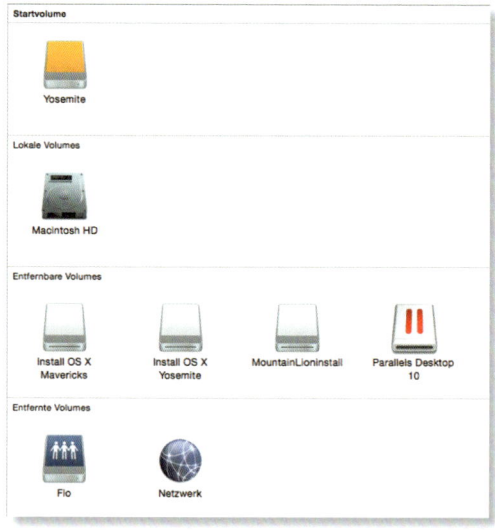

Abbildung 3.116 *Volumes, sortiert nach Art*

Das Startvolume

Wenn auf einem Volume nicht nur ein Haufen Ordner und Dateien liegt, sondern es, wenn es entsprechend formatiert ist, über ein geeignetes Dateisystem verfügt und sich darauf Betriebssystemdateien befinden, dann kann das Volume als Startvolume fungieren. Typischerweise handelt es sich beim Startvolume meistens um die im Gerät eingebaute Festplatte. Aus technischer Sicht ist das allerdings nicht zwingend. Auch ein externes Volume oder sogar ein Servervolume kann als Startvolume dienen.

Es gibt mehrere Möglichkeiten – die zum Teil von der jeweiligen Situation abhängen –, ein Volume als Startvolume auszuwählen. Das Thema wird Ihnen detaillierter in Kapitel 15, »Systemeinstellungen – den Mac im Griff«, auf Seite 549 begegnen. Wenn Sie feststellen wollen, welches Volume das aktuelle Startvolume ist, wählen Sie z. B. im Finder in der Seitenleiste im Bereich **Geräte** Ihren Computer aus und richten die Ansicht nach **Art** aus.

Lokale Volumes

Lokale Volumes sind all die Volumes, die intern verbaut sind. Dabei muss ein Volume nicht unbedingt einer Festplatte entsprechen. Ist eine Festplatte partitioniert, ist für OS X jede Partition ein eigenes Volume. Über das Partitionieren erfahren Sie mehr im nächsten Kapitel ab Seite 154.

Externe Volumes

Externe oder entfernbare Volumes sind Volumes, die nicht dauerhaft im Computer verbaut und auch nicht per Netzwerk verbunden sind. Es handelt sich bei entfernbaren Volumes also um physischen Speicher aller Art, der vorübergehend mit dem Mac verbunden ist. Typischerweise sind das CDs, DVDs, USB-Sticks, SD-Karten, Kameras, externe Festplatten etc. Es gibt eine besondere Art von entfernbaren Volumes, die nicht wie die zuvor erwähnten Volumes auf physischem Speicher basiert, sondern rein softwarebasiert ist: das

Disk Image bzw. das daraus resultierende Volume. In Kapitel 4, »Externe Medien – USB-Sticks, DVDs & Co.«, erfahren Sie noch mehr über entfernbare Volumes und Disk Images.

Entfernte Volumes

Entfernte Volumes sind Volumes, die nicht physisch mit dem Mac verbunden sind, sondern über ein Netzwerk. Um ein Volume über ein Netzwerk zu verbinden, ist es erforderlich, dass der Mac die gleiche *Sprache* spricht wie der Computer, der das Volume über das Netzwerk zur Verfügung stellt. Diese Sprache nennt man *Netzwerkprotokoll*. Um also ein Netzwerkvolume laden zu können, muss der Mac das passende Netzwerkprotokoll beherrschen und den Ort der Freigabe kennen. Meistens müssen Sie sich jedoch darüber im Alltag keine Gedanken machen, da der Mac das zumindest für die gängigsten Netzwerkprotokolle automatisch regelt. Wenn es dennoch einmal Bedarf geben sollte, beispielsweise manuell eine Netzwerkverbindung herzustellen, erfahren Sie dazu mehr in Kapitel 7, »Internet und Netzwerk«, ab Seite 243.

iCloud Drive

Seit OS X Yosemite ist ein ganz besonderes »Laufwerk« fester Bestandteil des Finders geworden: iCloud Drive. iCloud Drive ist ein virtuelles Laufwerk in Ihrer iCloud, das es Ihnen ermöglicht, Dateien jederzeit griffbereit zu haben. Dabei sind sie nicht auf Ihren Mac festgelegt. iCloud Drive ist auch von iOS (ab iOS 8) und sogar von Windows (ab Windows 7) aus erreichbar. Die Voraussetzungen für die Nutzung von iCloud Drive sind also nur ein passendes Gerät, ein iCloud-Account und die Aktivierung von iCloud Drive.

Wenn Sie sich mit Ihrem Mac bislang nicht bei iCloud angemeldet haben (z. B. während des Einrichtens Ihres Macs oder über die Systemeinstellung **iCloud**), sehen Sie nach Klick auf **iCloud Drive** in der Seitenleiste des Finders einen entsprechenden Hinweis ❶ (siehe Abbildung 3.117).

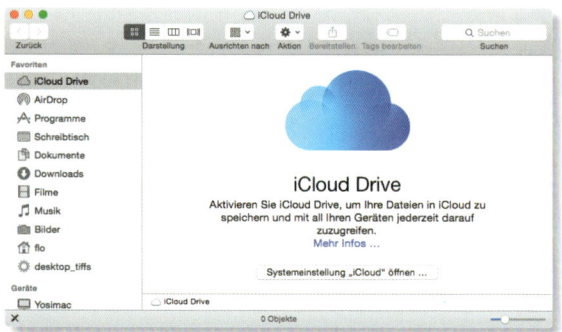

▲ **Abbildung 3.117** *iCloud Drive muss aktiviert werden.*

Der Hinweis sieht ein wenig anders aus, wenn Sie bereits Dateien in iCloud gespeichert haben, aber iCloud Drive noch nicht aktiviert wurde (etwa wenn Sie Dateien aus einem Programm direkt in iCloud gespeichert haben). In diesem Fall ändert sich die Beschriftung des Buttons von **Systemeinstellung „iCloud" öffnen** zu **Auf iCloud Drive aktualisieren**.

1 Unabhängig davon, wie der Button in Ihrem Fall beschriftet ist, klicken Sie ihn an, um die iCloud-Einstellungen in den Systemeinstellungen zu öffnen.

2 Setzen Sie das Häkchen vor der ersten Option **iCloud Drive**. Im folgenden Fenster wird Ihnen angezeigt, welche Betriebssystemversion auf den verschiedenen Geräten installiert sein muss, um iCloud Drive verwenden zu können.

3 Wenn Sie sich sicher sind, dass Ihre Geräte entsprechend ausgestattet sind, und Sie iCloud Drive nutzen möchten, klicken Sie auf den Button **Fortfahren**.

▲ **Abbildung 3.118** *Hinweis für die Voraussetzung zur Nutzung von iCloud Drive*

Anschließend wird iCloud Drive konfiguriert, und Sie können es nach kurzer Wartezeit nutzen.

▲ **Abbildung 3.119** *iCloud Drive wird konfiguriert.*

Während der Konfiguration legt iCloud Drive einen Ordner für jedes Programm an, das iCloud Drive nutzen kann und zu dem bereits zuvor Dateien in iCloud gespeichert waren.

▲ **Abbildung 3.120** *iCloud Drive nach Aktivierung und Konfiguration*

4 Welche Programme iCloud Drive nutzen sollen, legen Sie ebenfalls in den Einstellungen von iCloud fest. Klicken Sie, nachdem iCloud Drive aktiviert und konfiguriert wurde, in den iCloud-Einstellungen bei **iCloud Drive** auf den Button **Optionen**.

▲ **Abbildung 3.121** *Nehmen Sie Änderungen an iCloud Drive vor.*

Sie sehen nun alle Programme auf Ihrem Mac, die iCloud Drive nutzen können. Mit den Häkchen bei jedem Programmnamen legen Sie fest, ob das jeweilige Programm iCloud Drive nutzen soll. Klicken Sie auf eines der Häkchen, um iCloud Drive für dieses Programm als Speicherort zu deaktivieren.

5 Wenn Sie die Einstellungen vorgenommen haben, klicken Sie auf den Button **Fertig**, und Sie können auch die Systemeinstellungen schließen.

^ **Abbildung 3.122** *Festlegen, welche Programme iCloud Drive nutzen sollen*

Sie können nun iCloud Drive wie ein entferntes Volume nutzen, denn genau das ist iCloud Drive. Jede Datei, die Sie in iCloud Drive speichern, steht Ihnen sofort auch auf allen anderen Geräten zur Verfügung, mit denen Sie auf iCloud Drive zugreifen. Sie sind dabei nicht auf einen Mac, das iPhone oder iPad beschränkt. iCloud Drive können Sie auch unter Windows oder per Browser nach Anmeldung auf *http://www.icloud.com* nutzen.

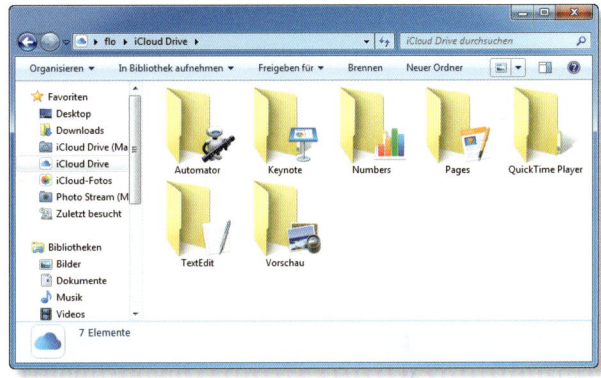

^ **Abbildung 3.123** *Macht plattformübergreifende Datei-verfügbarkeit zum Kinderspiel: iCloud Drive.*

Mit iCloud Drive haben Sie also jederzeit Ihre Daten auf allen Plattformen griffbereit. Beachten Sie jedoch, dass Sie Dateien auf dem jeweiligen Gerät nur dann nutzen können, wenn dort auch ein entsprechendes Programm installiert ist, das die gewünschte Datei auch öffnen kann.

Kapitel 4
Externe Medien – USB-Sticks, DVDs & Co.

Sie haben im Alltag immer wieder mit den verschiedensten Arten externer Datenträger zu tun. Damit der Umgang reibungslos funktioniert, erfahren Sie in diesem Kapitel, wie Sie CD, DVD, USB-Stick & Co. auf Ihrem Mac nutzen.

Nachdem Sie am Ende des vorangegangenen Kapitels bereits einen Überblick über die verschiedenen Arten von Volumes bekommen haben, beschäftigen wir uns in diesem Kapitel ausschließlich mit Laufwerksarten, die alle nur eine temporäre Verbindung zu Ihrem Mac haben und physisch mit ihm verbunden sind. Dabei kommen die unterschiedlichsten Speichertechnologien (Festplatte, USB-Stick, SD-Karte, CD/DVD etc.) und Anschlussarten (USB, FireWire, Thunderbolt, Kartenleser etc.) zum Einsatz.

Wir verschaffen uns in diesem Kapitel also einen Überblick über die verschiedenen Möglichkeiten der Nutzung und des Managements externer Medien. Bevor wir uns aber ins Thema stürzen, folgt hier eine kurze Wiederholung aus dem vorangegangenen Kapitel, um auch Querlesern zu erklären, was ein *Volume* ist, denn mit Volumes haben wir es in diesem Kapitel ständig zu tun. Volumes sind Laufwerke. Ein Volume ist, meist physisch bedingt, eine abgeschlossene logische Einheit, beispielsweise eine Festplatte oder ein USB-Stick. Volumes verfügen über ein Dateisystem und müssen daher, wenn es sich um externe oder Servervolumes handelt, vor der physischen Trennung oder dann, wenn sie nicht mehr gebraucht werden, explizit *ausgeworfen*, also aus dem lokalen Dateisystem entfernt werden, da ein Trennen ohne vorheriges erfolgreiches

Entfernen zu Datenverlusten sowohl auf externen als auch auf internen Volumes führen kann.

∧ **Abbildung 4.1** *Verschiedene Volumes am Mac in der Übersicht*

4.1 Externe Festplatten, Speicherkarten und USB-Sticks

In diesem Kapitel geht es also um externe Speichermedien und darum, wie Sie sie mit dem Mac verbinden und wie Sie mit ihnen umgehen. Ob es sich bei dem externen Speicher um eine Festplatte, einen USB-Stick, eine Kamera, einen Kartenleser etc. handelt, spielt dabei keine Rolle. Damit der Finder mit dem externen Speicher etwas anfangen kann, ist es nur relevant, dass das externe Gerät und der Mac physisch verbunden sind und dass der so verbundene Speicher ein Dateisystem enthält, das der Finder lesen und idealerweise auch beschreiben kann.

Externe Medien verbinden

Stecken Sie einen Speicherstick oder eine externe Festplatte an Ihren Mac an, oder stecken Sie eine SD-Karte in den SD-Karten-Slot an Ihrem Mac. Nach wenigen Sekunden wird Ihnen das Medium auf dem Schreibtisch bzw. im Finder-Fenster angezeigt, und Sie können es verwenden.

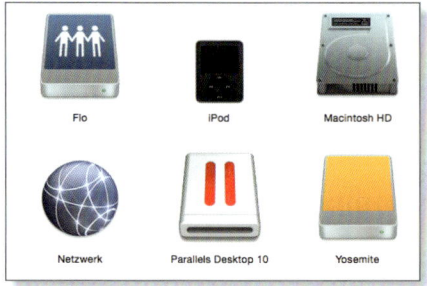

▲ **Abbildung 4.2** OS X zeigt in vielen Fällen bereits am Icon an, um welche Art Medium es sich handelt.

Schließen Sie eine Digitalkamera oder eine SD-Karte an Ihren Mac an, kann es sein, dass sich iPhoto meldet. Wie Sie dann vorgehen, lesen Sie auf Seite 512.

HINWEIS

Anzeige auf dem Schreibtisch
Damit die angeschlossenen Geräte auf dem Schreibtisch angezeigt werden, müssen in den Finder-Einstellungen, die Sie über den Tastaturbefehl `cmd` + `.` erreichen, die entsprechenden Häkchen bei **Diese Objekte auf dem Schreibtisch anzeigen** gesetzt sein.

Unter Umständen öffnet sich auch ein Dialogfenster, das Sie fragt, ob Sie das angesteckte Medium für Time-Machine-Backups nutzen wollen. Wollen Sie das, bestätigen Sie die Frage mit einem Klick auf den Button **Als Backup-Volume verwenden** und lesen in Kapitel 20, »Sicher ist sicher – Ihre Daten schützen«, auf Seite 707 weiter. Ist das nicht der Fall, beantworten Sie die Frage mit einem Klick auf einen der Buttons **Später entscheiden** oder **Nicht verwenden**.

▲ **Abbildung 4.3** OS X fragt beim Anschluss eines externen Mediums, ob dieses für Backups verwendet werden soll.

Um nun den größtmöglichen Nutzen aus dem externen Medium zu ziehen, müssen Sie sich überlegen, wofür Sie es verwenden wollen. Davon hängt die Wahl des passenden Dateisystems ab. Wenn Sie regelmäßige Backups machen wollen, überlassen Sie Time Machine die Arbeit. Wollen Sie das Medium als manuelle Backup-Lösung und für den gelegentlichen Dateiaustausch mit anderen Macs nutzen, ist es sinnvoll, das native Dateisystem von OS X zu nutzen, das *HFS+* heißt. Wollen Sie das Medium vorwiegend für den Dateiaustausch verwenden und soll es an Computern mit den unterschiedlichsten Betriebssystemen zum Einsatz kommen, empfiehlt sich das Windows-Dateisystem *FAT*.

Da die meisten externen Medien beim Kauf ohnehin bereits mit FAT formatiert sind, müssen Sie für letzteren Fall vermutlich gar nichts tun. Wenn Sie ein Medium jedoch mit HFS+ formatieren wollen, gibt es dafür ein praktisches Hilfsprogramm, das Festplattendienstprogramm, das Sie in Kapitel 16, »Dienstprogramme – nützliche Helfer«, ab Seite 605 genauer kennenlernen werden.

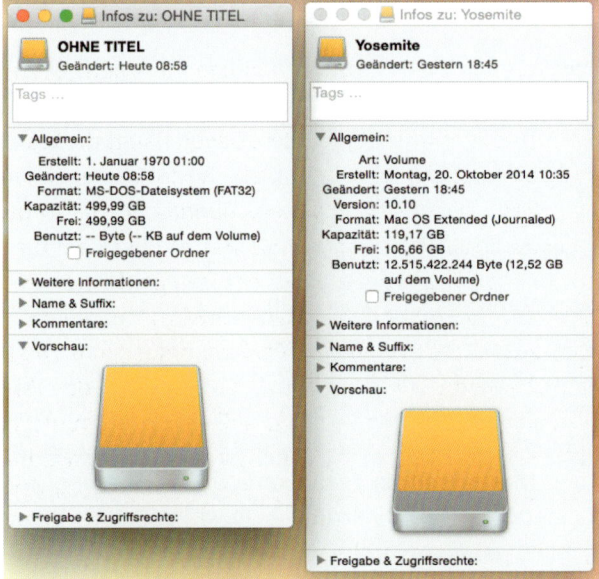

Abbildung 4.4 Das Infofenster zeigt Ihnen unter »Format« das Dateisystem der Datenträger.

Nehmen wir also an, Sie haben über die weitere Verwendung des Mediums nachgedacht oder vielleicht sogar ein paar Dateien hin und her bewegt und brauchen das externe Medium nun nicht mehr. Bevor Sie das Medium physisch von Ihrem Mac trennen, ist es wichtig, dass Sie das Medium zuvor korrekt entfernen.

Externe Medien entfernen

Beinahe so einfach wie das Verbinden durch einfaches An- oder Einstecken ist auch das Entfernen. Dafür gibt es viele Möglichkeiten. Drei davon sind stets schnell und einfach nutzbar:

- **Auf den Papierkorb ziehen:** Ziehen Sie ein externes Medium vom Schreibtisch in Richtung Papierkorb. Der Papierkorb verändert nun sein Aussehen und wird zu einem Auswurfsymbol. Lassen Sie das Medium über dem Auswurfsymbol los. Anschließend wird es nicht mehr auf dem Schreibtisch angezeigt, und Sie können es physisch von Ihrem Mac entfernen.

Abbildung 4.5 Ein Volume per Drag & Drop auf den Papierkorb auswerfen

- **Auswurfbutton im Finder:** Der Finder zeigt externe Medien in der Seitenleiste im Abschnitt **Geräte** an. *Gemountete*, also mit dem Dateisystem des Macs verbundene, Geräte werden mit einem Auswurfsymbol neben ihrem Namen angezeigt.

  Klicken Sie auf das Auswurfsymbol ❶ (siehe Abbildung 4.6) neben dem Namen des gewünschten Mediums. Das Medium wird nun aus dem Dateisystem entfernt und nicht mehr im Finder angezeigt. Nachdem es nicht mehr angezeigt wird, können Sie auch die physische Verbindung trennen.

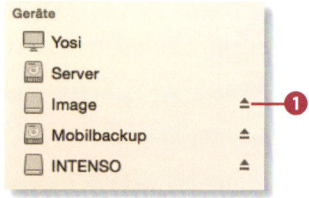

Abbildung 4.6 *Externe Medien in der Seitenleiste des Finders*

- **Der Tastaturbefehl** cmd + E **:** Für die meisten Aktionen gibt es einen passenden Tastaturbefehl, so auch für das Entfernen eines Volumes. Sollte es einmal für das, was Sie tun möchten, keinen geben, können Sie selbst einen erstellen. Wie das geht, erfahren Sie in Kapitel 15, »Systemeinstellungen – den Mac im Griff«, ab Seite 549.

  Markieren Sie das Volume, das entfernt werden soll, und drücken Sie den Tastaturbefehl cmd + E . Sobald das Volume nicht mehr angezeigt wird, können Sie die physische Verbindung trennen.

INFO

Besonderheit des Papierkorbs bei externen Medien
Der Papierkorb ist quasi eine gespaltene Persönlichkeit. Im Dock sehen Sie zwar nur einen Papierkorb, tatsächlich gibt es im System aber für jedes Volume einen Papierkorb. In der Praxis ist das für Sie eher positiv, denn Sie müssen sich nicht um den Papierkorb jedes Volumes einzeln kümmern, sondern haben eine zentrale Anlaufstelle. Allerdings kann sich der Papierkorb allein durch das Mounten eines externen Volumes auf wundersame Weise füllen: Legen Sie beispielsweise eine Datei vom Startvolume und eine Datei von einem externen Volume in den leeren Papierkorb. Wenn Sie nun das externe Volume auswerfen und anschließend den Papierkorb leeren, wird er als leer angezeigt. Stecken Sie das externe Volume wieder an, wird der Papierkorb wieder als gefüllt angezeigt. Um also Dateien von externen Volumes auch tatsächlich zu löschen, müssen die externen Volumes angeschlossen sein, wenn Sie den Papierkorb leeren.

Der Nutzung eines externen Mediums steht nun prinzipiell nichts mehr im Wege, denn mit Dateien und Ordnern kennen Sie sich mittlerweile ohnehin aus, und wie Sie externe Medien anstecken und entfernen, haben Sie nun ebenfalls erfahren. Oft ist es aber mit dem einfachen Benutzen nicht getan, sondern externe Medien müssen formatiert, partitioniert und repariert werden. Für alle diese Aufgaben bietet OS X das hervorragende Festplattendienstprogramm im Ordner *Dienstprogramme*.

4.2 Externe Medien mit dem Festplattendienstprogramm verwalten

Das Programm, mit dem sich die Aufgaben rund ums Management von Datenträgern erledigen lassen, ist das bereits zuvor erwähnte Festplattendienstprogramm. Mit diesem Programm können Sie Datenträger z. B. auf Unversehrtheit prüfen, umbenennen, RAID-Systeme anlegen und vieles mehr. Die gängigsten Aufgaben dürften jedoch das Partitionieren und Formatieren sein.

Partitionieren und Formatieren

Angenommen, Sie haben sich eine externe Festplatte gekauft und wollen diese nun optimal nutzen. So soll die Platte, z. B. weil sie sehr groß ist, in zwei Partitionen mit unterschiedlichen Formatierungen aufgeteilt werden: in eine etwas größere, die später als Volume für Time-Machine-Backups dienen soll, und in eine etwas kleinere, die individuell und voraussichtlich auch an einem PC genutzt werden soll.

1 Stecken Sie die Festplatte an Ihren Mac an. Vergewissern Sie sich, dass die Festplatte vom System erkannt wird, also im Finder angezeigt wird, oder dass der Fragedialog von Time Machine erscheint, den Sie bereits in Abbildung 4.3 kennengelernt haben.

2 Öffnen Sie das Festplattendienstprogramm. Sie finden es im Ordner *Programme > Dienstprogramme*.

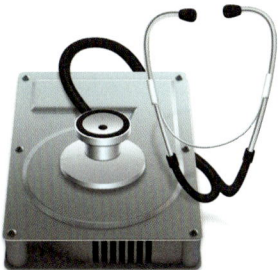

Abbildung 4.7 *Das vielsagende Icon des Festplatten-dienstprogramms*

3 Markieren Sie die externe Festplatte ❷, deren Partitionslayout Sie ändern wollen, in der Liste der Festplatten. Wichtig: Markieren Sie tatsächlich die Festplatte, nicht eines der Volumes auf der Festplatte. Eigentlich können Sie hier gar nichts falsch machen. Das Festplattendienstprogramm zeigt in der Liste bei Volumes stets nur den Namen an, bei physischen Medien jedoch den unveränderlichen Namen des Geräts, und vor diesem steht die Größe des Geräts. Den Unterschied erkennen Sie auch gut an den Informationen, die in der Fußleiste zum jeweils ausgewählten Objekt eingeblendet werden.

4 Klicken Sie auf den Button **Partition** ❸. Dieser Button ist nur dann verfügbar, wenn Sie die Festplatte und nicht eine der Partitionen auf der Festplatte ausgewählt haben.

5 Da die Festplatte ja zwei Zwecken dienen soll, ist es nun an der Zeit, sie entsprechend aufzuteilen. Wählen Sie daher im Auswahlmenü **Partitionslayout** den Eintrag **2 Partitionen** aus.

6 Klicken Sie einmal in die Partition, die später dem Dateiaustausch dienen soll, beispielsweise Partition 2. In den nebenstehenden **Partitionsinformationen** wird unter anderem die Größe der ausgewählten Partition angezeigt. Geben Sie hier die gewünschte Größe der Partition ein, oder ändern Sie sie mit dem folgenden Schritt dynamisch in Relation zu Partition 1.

7 Klicken Sie dazu auf den kleinen Punkt ❶ (siehe Abbildung 4.9) zwischen den beiden Partitionen. Halten Sie die Taste gedrückt, und bewegen Sie den kleinen Punkt auf und ab. So verändern Sie das Größenverhältnis der beiden Partitionen. Die Größe wird automatisch berechnet und angezeigt.

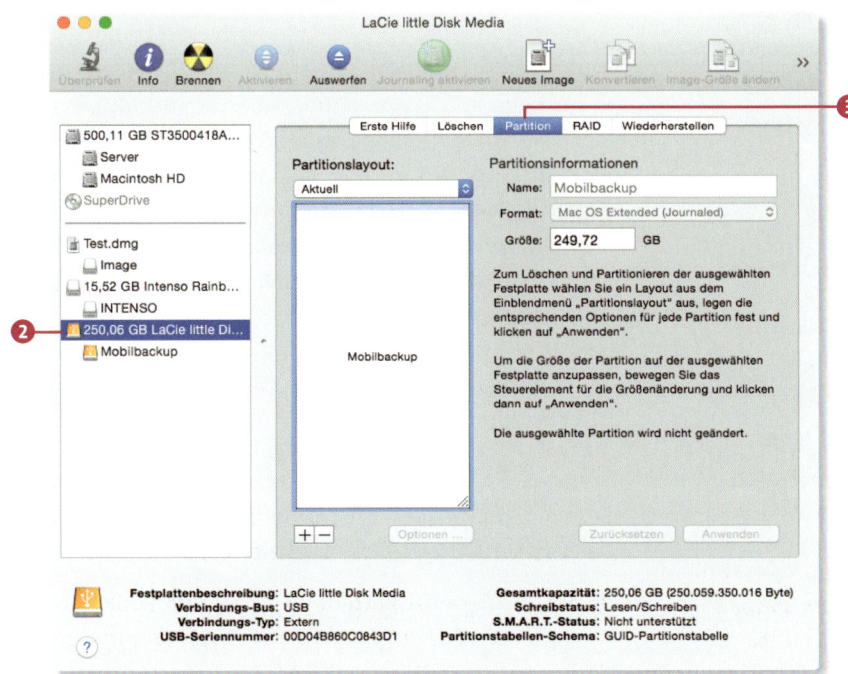

Abbildung 4.8 *Eine markierte Festplatte im Festplattendienstprogramm, bereit zur Partitionierung*

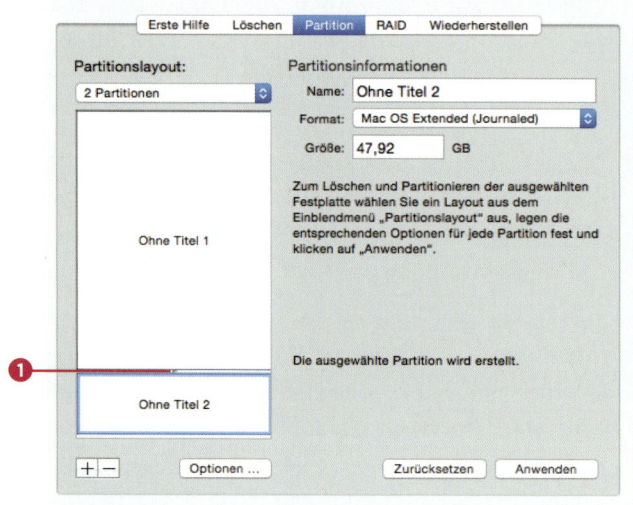

^ **Abbildung 4.9** *Die Größe der Partitionen wählen*

8 Sind Sie mit dem Größenverhältnis der beiden Partitionen zufrieden, müssen Sie anschließend jeder Partition noch ein geeignetes Format zuweisen. Stellen Sie sicher, dass die Partition ausgewählt ist, auf die die folgenden Einstellungen zutreffen sollen.

9 Wählen Sie aus dem Auswahlmenü **Format** den gewünschten Eintrag, z. B. **MS-DOS-Dateisystem (FAT)**, für die Partition aus, die später zum Dateiaustausch dienen und auch an einen Windows-PC angeschlossen werden soll.

10 Klicken Sie in das Feld **Name**, und geben Sie einen Namen für die Partition an, beispielsweise »FLOHMARKT« ❷.

11 Markieren Sie die andere Partition. Wählen Sie für diese Partition als Format, das für Time-Machine-Backups geeignet ist, das native Format von OS X aus: **Mac OS Extended (Journaled)**.

12 Vergeben Sie auch für diese Partition einen Namen.

13 Bevor Sie weitermachen, vergewissern Sie sich, dass alle Einstellungen so sind, wie Sie die Festplatte einrichten wollen. Noch lässt sich alles pro-

blemlos ändern, da noch keine Änderung an der Festplatte vorgenommen wurde. Wenn Sie sich sicher sind, dass alles passt, fahren Sie fort. Klicken Sie dazu auf den Button **Anwenden** ❸.

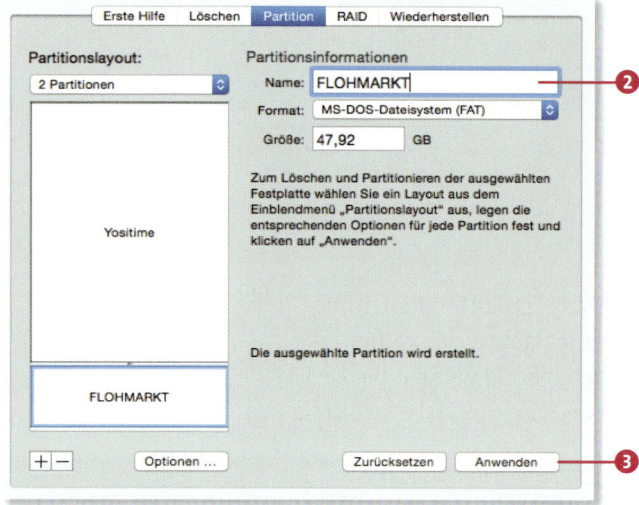

^ **Abbildung 4.10** *Die geplante Aufteilung der Festplatte, hier rechts mit den Einstellungen für die kleinere Partition*

Die Änderungen, die bei der Partitionierung vorgenommen worden sind, vor allem in Verbindung mit der Formatierung, sind sogenannte *destruktive Änderungen*. Das bedeutet, dass alle Inhalte der Festplatte nach Anwendung der Änderungen unwiederbringlich verloren sind. Eine Festplatte sollten Sie also nur dann partitionieren, wenn noch keine Daten darauf sind, wenn es um die Daten nicht schade ist oder wenn die Daten andernorts gut gesichert sind, sodass Sie sie später zurückspielen können. Falls Sie also auf dem Medium Daten haben, die Sie behalten möchten, sollten Sie den Vorgang jetzt abbrechen und zunächst eine Sicherung der Daten vornehmen.

14 Das Festplattendienstprogramm blendet einen Dialog ein, der noch einmal die Änderungen auflistet, die an der Festplatte vorgenommen werden. Klicken Sie auf den Button **Partition**.

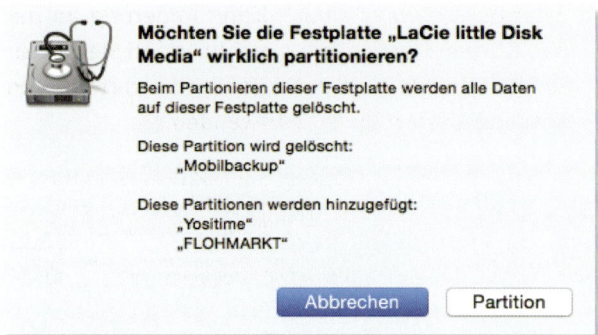

△ **Abbildung 4.11** *Nachfragedialog vor der Partitionierung*

Das Festplattendienstprogramm nimmt nun die zuvor eingestellten Veränderungen an der Festplatte vor. Anschließend werden die Festplatte und ihre Partitionen wieder in der Liste angezeigt.

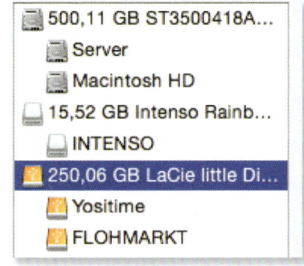

△ **Abbildung 4.12** *Aus eins mach zwei: Hier sehen Sie die beiden neuen Partitionen.*

Formatieren

Beim Partitionieren haben wir automatisch die Formatierung mit erledigt, da sich hier beides auf einmal machen lässt. In vielen Fällen ist es gar nicht nötig, die Festplatte oder das externe Medium zu partitionieren, sondern es soll nur formatiert werden, um beispielsweise einem USB-Stick, der mit Windows-Formatierung gekauft wurde, den Segen des Mac-Dateiformats zukommen zu lassen.

1 Markieren Sie im Festplattendienstprogramm das gewünschte Objekt, und wählen Sie anstelle des Buttons **Partition** nun den Button **Löschen**.

2 Mit dem Auswahlfeld **Format** und dem Eingabefeld **Name** machen Sie nun, wie zuvor bei der Partitionierung, die gewünschten Angaben.

3 Mit einem Klick auf den Button **Löschen** ❹ starten Sie die Formatierung. Wundern Sie sich bitte nicht über die Bezeichnung des Buttons. Das ist eine der Apple-typischen unglücklichen Übersetzungen. »Formatieren« würde es besser treffen.

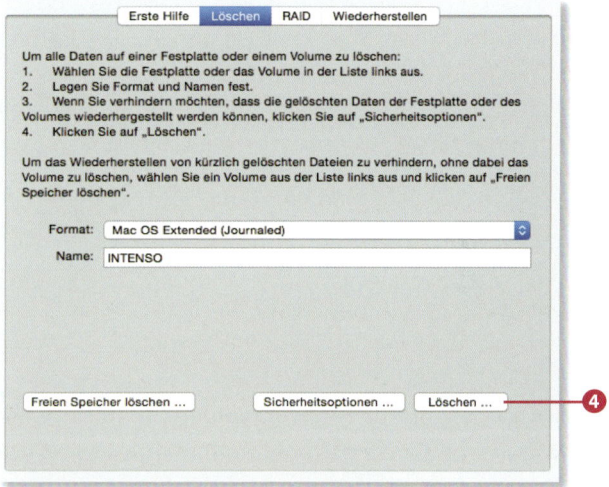

△ **Abbildung 4.13** *Ein Medium formatieren*

HINWEIS

Beim Formatieren werden alle Daten gelöscht!
Bedenken Sie immer, dass alle Daten, die sich eventuell schon auf dem Medium befinden, beim Formatieren gelöscht werden. Ergreifen Sie also gegebenenfalls die gleichen Sicherheitsmaßnahmen wie beim Partitionieren.

Erste Hilfe für Festplatten

Nicht immer, wenn man das Festplattendienstprogramm bemüht, geschieht das für so radikale Eingriffe wie Formatierung und/oder Partitionierung. Es hilft auch bei Problemen mit Festplatten. Wenn eine Festplatte Probleme macht, sich z. B. nicht mehr beschreiben lässt oder sich anderweitig »seltsam« verhält, ist eventuell ihr Dateisystem beschädigt. Wenn Sie in solchen Fällen nicht zu lange warten und umgehend handeln, lassen sich solche Fehler oft wieder beheben, bevor es zu einem massiven Datenverlust kommt.

1 Stecken Sie das problematische Medium an Ihren Mac an. Bei dem fehlerhaften Volume muss es sich nicht unbedingt um ein externes Volume handeln. Im Festplattendienstprogramm können Sie auch ein internes Volume auswählen, solange es sich dabei nicht um das Startvolume handelt. Das Startvolume kann sich nicht selbst reparieren. In diesem Fall müssten Sie gegebenenfalls von einem anderen Volume starten.

2 Starten Sie das Festplattendienstprogramm aus dem Ordner *Programme > Dienstprogramme*.

3 Wählen Sie das gewünschte Medium bzw. Volume in der Liste aus.

4 Klicken Sie auf den Button **Erste Hilfe**.

5 Klicken Sie auf den Button **Volume überprüfen** ❶. Das Festplattendienstprogramm überprüft nun das Dateisystem auf dem ausgewählten Medium und zeigt die Ergebnisse ❷ im Protokollfeld an.

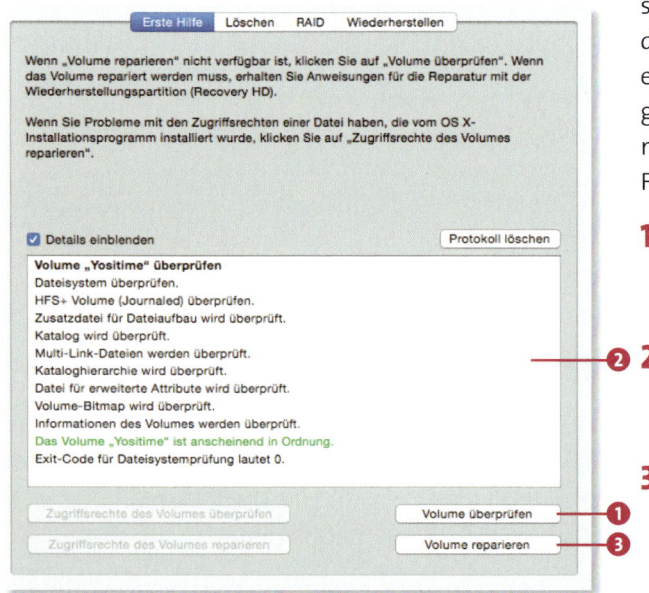

^ *Abbildung 4.14* *Auf diesem Medium ist alles in Ordnung.*

6 Zeigt das Ergebnis der Überprüfung Fehler an, haben Sie die Möglichkeit, gleich einen Reparaturversuch zu starten. Klicken Sie dazu auf den Button **Volume reparieren** ❸.

Das Festplattendienstprogramm versucht nun, das Volume zu reparieren, und zeigt nach Abschluss der Operation im Protokollfeld an, ob die Reparatur erfolgreich war. Ist das der Fall, sollten die Probleme mit dem Medium behoben sein. Ist das nicht der Fall, sollten Sie so schnell wie möglich eine Datensicherung des fraglichen Mediums machen, um Datenverlust zu vermeiden, und – je nach Wert der gefährdeten Daten – eventuell professionelle Hilfe in Anspruch nehmen.

Zugriffsrechte reparieren

Für Ihre interne Festplatte gibt es eine weitere Hilfemöglichkeit, nämlich die Kontrolle und Korrektur der Zugriffsrechte. Alle Objekte im Dateisystem verfügen über einen Eigentümer und entsprechende Zugriffsrechte. Im Laufe längerer Nutzung kommt hier immer wieder einmal etwas durcheinander. Das ist ganz normal und kaum vermeidbar. In der Regel entsteht dadurch auch keine Sicherheitslücke, denn im Zweifel sind Rechte meist zu restriktiv eingestellt worden. In den meisten Fällen merken Sie davon gar nichts. Wenn es aber doch einmal zu Problemen mit dem Dateizugriff kommen sollte (etwa dass sich eine Datei nicht mehr öffnen oder bearbeiten lässt), hilft auch hier das Festplattendienstprogramm.

1 Stecken Sie das problematische Medium an Ihren Mac an, und starten Sie das Festplattendienstprogramm.

2 Wählen Sie das gewünschte Medium bzw. Volume in der Liste links aus, und klicken Sie auf den Button **Erste Hilfe**.

3 Klicken Sie auf den Button **Zugriffsrechte des Volumes überprüfen** ❹.

Da hier in 99 % aller Fälle zumindest bagatellartige Fehler gefunden werden, schadet es nicht, die Über-

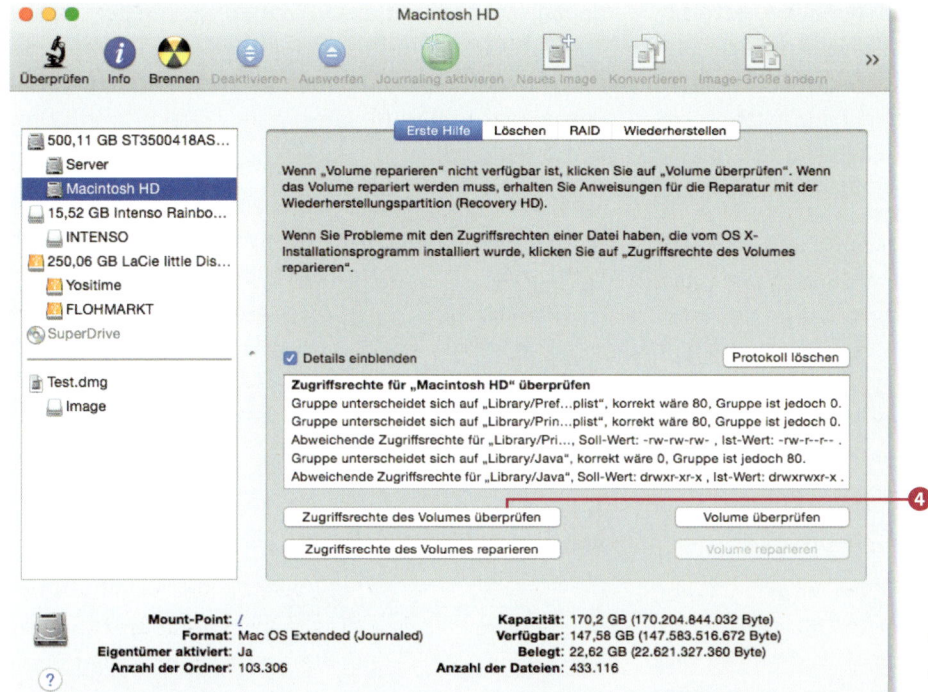

< **Abbildung 4.15** *Auch auf einem problemlos laufenden System finden sich viele »verdrehte« Zugriffsrechte.*

prüfung zu überspringen und gleich die Korrektur zu veranlassen. Klicken Sie dazu auf den Button **Zugriffsrechte des Volumes reparieren**.

4.3 Disk Images – virtuelle Laufwerke

Es gibt eine spezielle Art von Laufwerken bei OS X: das Disk Image. Es handelt sich dabei nicht um einen physischen Datenträger wie die, die Sie zuvor kennengelernt haben. Ein Disk Image ist also streng genommen kein externes Laufwerk, es verhält sich aber genauso. Disk Images sind sehr praktisch, da sie ganze Volumes in einer einzigen Datei zusammenfassen. Mithilfe von Disk Images erstellen Sie beispielsweise bequem Kleinserien von CDs/DVDs, da das Image schon alle Inhalte so vorhält, wie sie später benötigt werden. Disk Images sind eine der gebräuchlichsten Methoden zur Softwaredistribution. Da Ihnen Disk Images immer wieder begegnen werden, ist es zunächst wichtig, dass Sie verstehen, was Disk Images sind und wie Sie mit ihnen umgehen.

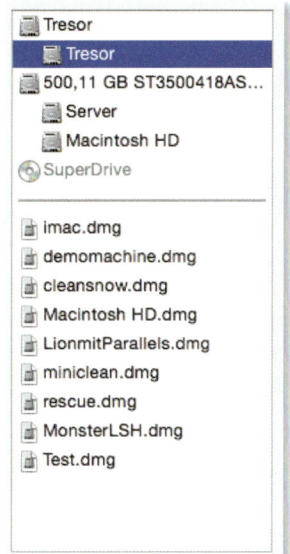

∧ **Abbildung 4.16** *Disk Images im Festplattendienstprogramm*

Ein Disk Image ist zunächst nur eine Datei mit der Endung *.dmg* und einem Icon, das eine Festplatte zeigt.

Meistens ist die Datei relativ groß. Ähnlich wie die bereits erwähnten Archivdateien enthalten auch Disk Images mitunter viele Dateien. Entpacken Sie eine Archivdatei durch einen Doppelklick auf die Datei, ist das Ergebnis ein Ordner, der den gleichen Namen wie die Archivdatei trägt und in dem sich die entpackten Dateien befinden.

∧ **Abbildung 4.17** *Aus einer Archivdatei wird nach dem Entpacken ein gleichnamiger Ordner.*

Im Vergleich dazu ist das Ergebnis eines per Doppelklick geöffneten Disk Images kein Ordner, sondern ein virtuelles Laufwerk, dessen Name nicht dem des Disk Images entsprechen muss. Dieses virtuelle Laufwerk verhält sich exakt genau so wie ein gewöhnliches externes Laufwerk.

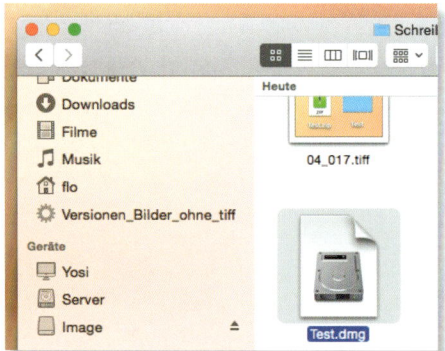

∧ **Abbildung 4.18** *Aus dem Disk Image »Test.dmg« wurde das virtuelle Laufwerk »Image«.*

Disk Images verwenden

Am häufigsten werden Ihnen vermutlich Disk Images begegnen, wenn Sie Software aus dem Internet laden, da sich Disk Images als hervorragendes Übertragungsmedium für den Vertrieb von Software etabliert

haben. Nehmen wir an, Sie haben ein Disk Image aus dem Internet heruntergeladen, weil Sie ein Programm nutzen möchten. Sie finden also nach dem Herunterladen zunächst eine entsprechende Datei in Ihrem Ordner *Downloads*.

∧ **Abbildung 4.19** *Das aus dem Internet heruntergeladene Disk Image*

1 Öffnen Sie das Disk Image mit einem Doppelklick. Anschließend prüft der Finder bzw. ein Hilfsprogramm des Finders das Disk Image auf Unversehrtheit und mountet es, bindet es also ins Dateisystem ein. Dieser Vorgang entspricht dem Anstecken eines physischen externen Laufwerks.

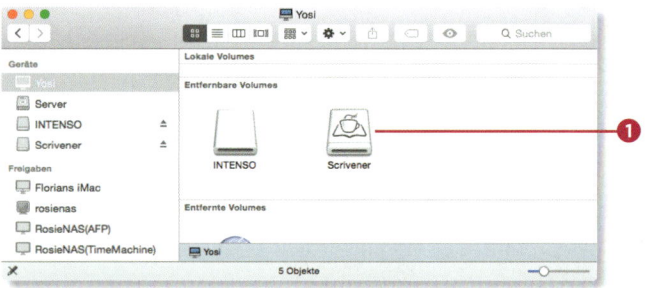

∧ **Abbildung 4.20** *Aus dem Disk Image entsteht ein Laufwerk* ❶.

Kam es zu Problemen (was meist nur dann der Fall ist, wenn das Disk Image beim Download beschädigt oder unvollständig geladen wurde), wird der Prüfvorgang mit einer entsprechenden Fehlermeldung abgebrochen. In so einem Fall können Sie das beschädigte Disk Image nur entsorgen und den Download erneut starten. Ein Reparaturversuch mit dem Festplattendienstprogramm ist zwar prinzipiell möglich, aber gerade bei aus dem Internet geladenen Disk Images ist die Wahrscheinlichkeit sehr groß, dass der Fehler durch einen unvollständigen Download zustande gekommen ist, und ein solcher Fehler lässt sich auch nicht reparieren.

Wir gehen davon aus, dass es zu keinen Problemen kam und das Disk Image korrekt gemountet wurde und nun zur Verfügung steht.

2 Wechseln Sie im Finder zu dem durch das Disk Image erstellten Laufwerk. Hier finden Sie nun die Dateien, die Sie eigentlich interessieren. In den meisten Fällen wird es sich dabei um ein Programm handeln.

3 Ziehen Sie das Programm oder die gewünschten Objekte aus dem virtuellen Laufwerk an die Stellen auf Ihrer Festplatte, wo Sie sie haben wollen.

Im Falle von Programmen machen es die meisten Entwickler Ihnen recht leicht und stellen innerhalb des virtuellen Laufwerks sowohl ihr Programm als auch einen Alias zum Ordner *Programme* zur Verfügung. Sie müssen dann nur noch das Programm per Drag & Drop auf den Alias ziehen, und schon kopiert der Finder das Programm aus dem virtuellen Laufwerk in den Ordner *Programme*.

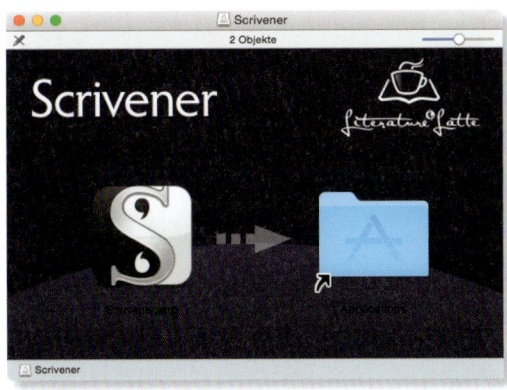

⌃ Abbildung 4.21 *Der Inhalt des virtuellen Laufwerks: das Programm und ein Alias zum Ordner »Programme«*

4 Wenn Sie das virtuelle Laufwerk nicht mehr benötigen, dann entfernen Sie es, wie von physischen Laufwerken gewohnt, also z. B. per Klick auf das Auswurfsymbol im Finder.

Nachdem das Laufwerk ausgeworfen wurde, benötigen Sie auch die ursprüngliche Disk-Image-Datei nicht mehr und können sie vom Ordner *Downloads* in den Papierkorb verschieben.

Disk Images erstellen

Disk Images sind nicht nur für den Vertrieb von Software sehr praktisch, sondern beispielsweise auch, um exakte Abbilder von Laufwerken oder Ordnern zu erstellen. Angenommen, Sie möchten die Inhalte eines USB-Sticks nicht nur im Finder von einem Stick zum anderen kopieren, sondern exakt duplizieren. Oder nehmen wir an, der Stick, der als Ziel dient, ist nicht verfügbar, wohl aber der Quellstick. Da bietet es sich an, den Quellstick zunächst als Disk Image zu speichern, bis der Zielstick verfügbar ist. Oder Sie möchten eine Art Safe für Ihre wichtigen Dateien anlegen. In so einem Fall ist ein verschlüsseltes Disk Image ideal, denn das Laufwerk aus diesem Disk Image wird nur nach Eingabe des korrekten Kennworts erstellt.

Es gibt Hunderte von Anwendungszwecken. Ein weiterer Anwendungszweck, den wir uns nun genauer anschauen wollen, ist z. B. eine Kleinserie von USB-Sticks, auf die jeweils dieselben Daten gespeichert werden sollen.

Ein Disk Image aus einem Ordner erstellen

Wir sehen uns in den folgenden Schritten zunächst an, wie Sie aus einem bereits vorhandenen Ordner oder Quelllaufwerk ein Disk Image erstellen, das Sie dann wiederum auf andere Laufwerke replizieren können. Anschließend erstellen wir auf Seite 164 einen kennwortgeschützten Datensafe, der nur so viel Platz wie nötig braucht.

1 Öffnen Sie das Festplattendienstprogramm aus dem *Dienstprogramme*-Ordner.

2 Klicken Sie auf das Festplatten-Icon in der Seitenleiste, und wählen Sie dann **Ablage > Neu > Image von Ordner**, oder nutzen Sie den Tastaturbefehl `⇧` + `cmd` + `N`.

3 Wählen Sie im folgenden Dialogfenster den gewünschten Ordner aus, den Sie in ein Disk Image verwandeln wollen, und klicken Sie anschließend auf den Button **Image**.

∧ **Abbildung 4.22** *Wählen Sie einen Ordner aus, der als Vorlage für ein virtuelles Laufwerk dienen soll.*

4 Im folgenden Fenster können Sie einen Namen für die Disk-Image-Datei vergeben, also für die Datei, die das virtuelle Laufwerk enthalten wird (siehe Abbildung 4.22).

Zusätzlich zum Namen können Sie hier das **Image-Format** und die **Verschlüsselung** der Datei auswählen. Das Image-Format bestimmt die Funktion des virtuellen Laufwerks. Möchten Sie beispielsweise nur Daten weitergeben, wie in dem obigen Beispiel des Softwarevertriebs, dann eignet sich die Auswahl **Nur Lesen**. Soll das Laufwerk später auch auf anderen Betriebssystemen funktionieren, wählen Sie **Hybrid-Image**.

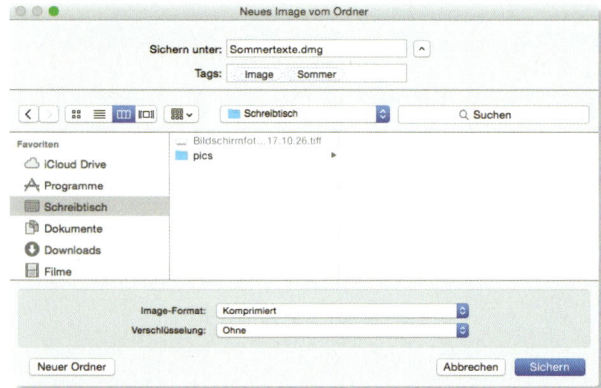

∧ **Abbildung 4.23** *Das Disk Image wird konfiguriert.*

Bei **Verschlüsselung** stellen Sie ein, ob das Disk Image verschlüsselt werden soll und, falls ja, wie stark. Entscheiden Sie sich für eine Verschlüsselung, lässt sich das virtuelle Laufwerk später nur nach Eingabe des korrekten Kennworts entschlüsseln.

5 Machen Sie Ihre Angaben wie gewünscht, und klicken Sie dann auf den Button **Sichern**.

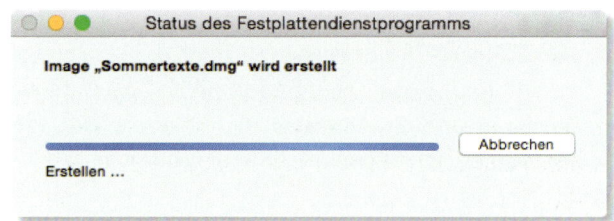

∧ **Abbildung 4.24** *Das Disk Image wird erstellt.*

Das Festplattendienstprogramm erstellt nun ein neues Disk Image mit den vorgegebenen Parametern. Nach Abschluss des Vorgangs finden Sie die neu erstellte Disk-Image-Datei am angegebenen Speicherort vor.

Ein Disk Image aus einem vorhandenen Laufwerk erstellen

Alternativ zum Erstellen eines Disk Images aus einem Ordner können Sie auch ein vorhandenes Laufwerk nutzen. Ein Disk Image von einem bereits vorhandenen Laufwerk anzulegen ist die einfachste und schnellste Methode, ein Disk Image zu erstellen. Und es ist eine einfache und schnelle Möglichkeit, ein exakt gleiches Abbild des ausgewählten Laufwerks zu erstellen. Besonders hilfreich ist das z. B., wenn Sie die Inhalte eines Macs auf einen anderen transferieren wollen, aber kein Time-Machine-Backup dafür zur Verfügung haben.

1 Öffnen Sie das Festplattendienstprogramm, und wählen Sie links in der Liste das gewünschte Laufwerk aus.

2 Klicken Sie auf **Ablage > Neu > Image von „[Name des ausgewählten Laufwerks]"**.

3 Geben Sie im folgenden Sicherungsdialog Name, Format und gegebenenfalls eine Verschlüsselung an, wie Sie es auch für einen Ordner tun würden.

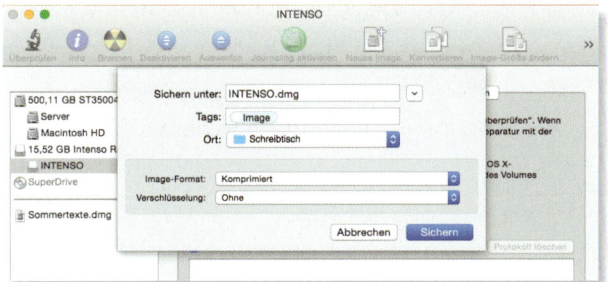

▲ **Abbildung 4.25** *Ein Disk Image von einem Laufwerk anlegen*

4 Klicken Sie auf den Button **Sichern**. Das Festplattendienstprogramm erstellt nun das Disk Image, wie angegeben.

Laufwerke aus Disk Images wiederherstellen

Nachdem Sie gesehen haben, wie einfach Sie Disk Images erstellen, sehen wir uns nun an, wie Sie physische Laufwerke mithilfe von Disk Images wiederherstellen.

Bleiben wir bei dem zuvor erwähnten Beispiel einer Kleinserie von USB-Sticks. Angenommen, Sie haben vor ein paar Tagen ein großes Fest gefeiert. Es sind viele schöne Fotos entstanden, und Sie möchten diese nun Ihren Gästen zukommen lassen.

Es müssen dafür also 20 USB-Sticks immer wieder mit denselben Inhalten gefüllt werden – eine stupide und ermüdende Arbeit. Nehmen wir jedoch an, Sie haben einen Ordner zusammengestellt, der alle Bilder enthält, und von diesem Ordner bereits ein Disk Image erstellt. Ab jetzt ist die weitere Arbeit ein Kinderspiel:

1 Öffnen Sie das Festplattendienstprogramm, und stecken Sie den ersten USB-Stick aus Ihrer Serie an, der später die Daten enthalten soll.

2 Vergewissern Sie sich, dass das zuvor angelegte Disk Image ❶ des Bilderordners in der Liste der Lauf-

werke gelistet ist. Falls nicht, ziehen Sie das Disk Image per Drag & Drop dorthin.

3 Markieren Sie das Disk Image, und klicken Sie auf **Images > Image für das Wiederherstellen überprüfen**.

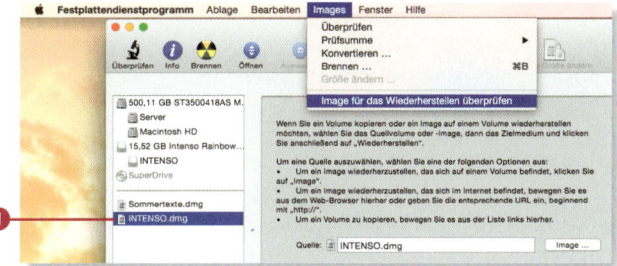

▲ **Abbildung 4.26** *Image für das Wiederherstellen überprüfen*

4 Geben Sie im folgenden Dialogfenster Ihr Administratorkennwort ein, und bestätigen Sie mit **OK**. Das Festplattendienstprogramm erstellt nun eine Prüfsummendatei für das Disk Image. Dieser Vorgang ist nur einmal für jedes Image nötig.

5 Markieren Sie das Laufwerk, das gefüllt werden soll. Klicken Sie auf den Button **Wiederherstellen**.

6 Ziehen Sie das Disk Image aus der Seitenleiste in das Feld **Quelle**.

7 Ziehen Sie den Namen des USB-Sticks ebenfalls aus der Seitenleiste in das Feld **Zielmedium**.

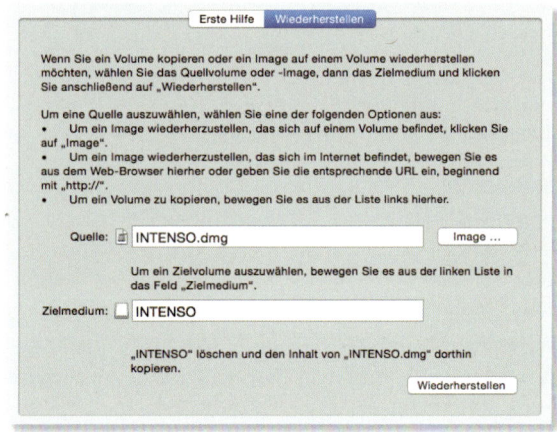

▲ **Abbildung 4.27** *Quelle und Ziel*

8 Jetzt ist alles vorbereitet, und Sie können auf den Button **Wiederherstellen** klicken. Im folgenden Dialogfenster müssen Sie durch einen Klick auf den Button **Löschen** noch bestätigen, dass das Zielmedium gelöscht (und dann mit den Daten aus dem Disk Image überschrieben) wird.

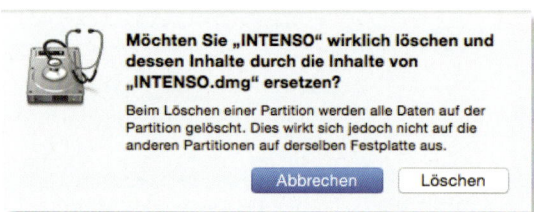

▲ **Abbildung 4.28** *Das Zielmedium wird erst gelöscht, dann werden die neuen Inhalte übertragen.*

9 Geben Sie im folgenden Dialogfenster Ihr Administratorkennwort ein, und klicken Sie auf den Button **OK**.

Der Inhalt des Disk Images wird nun auf den USB-Stick repliziert. Wenn der Vorgang abgeschlossen ist, können Sie den Stick auswerfen, einen neuen USB-Stick anstecken und den Vorgang (mit Ausnahme der Prüfsummenerstellung) wiederholen.

Optische Medien aus Disk Images wiederherstellen

Eigentlich ist das Folgende ein kleiner Vorgriff auf die optischen Medien, aber es passt gut zu den vorangegangenen Beispielen. Disk Images eignen sich nämlich auch als Vorlagen für Kleinserien von CDs und DVDs.

1 Öffnen Sie das Festplattendienstprogramm.

2 Vergewissern Sie sich, dass das gewünschte Disk Image in der Liste der Laufwerke aufgeführt ist. Falls nicht, ziehen Sie es per Drag & Drop aus dem Finder dorthin.

3 Markieren Sie das gewünschte Disk Image, und klicken Sie in der Symbolleiste auf den Button **Brennen**.

4 Legen Sie einen ausreichend großen Rohling ein. Es dauert einen Moment, bis der Rohling verfügbar ist.

5 Klicken Sie im Brenndialog auf den Button **Brennen**. Die CD/DVD wird nun gebrannt.

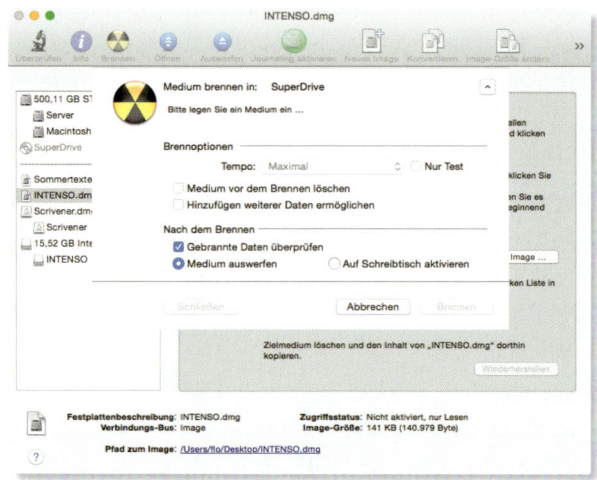

▲ **Abbildung 4.29** *Schnell und einfach optische Medien befüllen – mit einem Disk Image als Vorlage*

Einen Datensafe erstellen

Sicher haben Sie die eine oder andere Datei, die Sie lieber in ganz besonderer Sicherheit wissen wollen, z. B. Scans Ihrer Ausweisdokumente. Um diese Dokumente sicher zu speichern, können ebenfalls Disk Images behilflich sein, denn mit ihnen lässt sich ein Datensafe erstellen, der nur so viel Platz beansprucht wie unbedingt nötig.

1 Öffnen Sie auch dazu das Festplattendienstprogramm.

2 Klicken Sie auf **Ablage > Neu > Leeres Image**, oder nutzen Sie den Tastaturbefehl `alt` + `cmd` + `N`. Im folgenden Dialogfenster müssen Sie nun einige Angaben machen.

3 Geben Sie in das Feld **Sichern unter** den gewünschten Namen der Disk-Image-Datei ein. Idealerweise wählen Sie einen unverfänglichen Namen. Wählen Sie im Auswahlmenü **Ort** den gewünschten Speicherort der Datei aus. Geben Sie im Feld **Name** den Namen des späteren virtuellen Laufwerks an, im Beispiel »TRESOR«.

4 Wählen Sie aus dem Auswahlmenü **Größe** eine sinnvolle Größe aus. Diese Größe beschreibt die Maximalgröße des mitwachsenden Images. Haben Sie hier 100 MB ausgewählt, aber das Image respektive das virtuelle Laufwerk nur mit 10 MB gefüllt, dann ist es auch nur 10 MB groß. Es kann aber nicht größer als 100 MB werden, wenn Sie hier 100 MB angeben.

5 Wählen Sie aus dem Auswahlmenü **Format** den Eintrag **Mac OS Extended (Journaled)**. Stellen Sie nun in dem Auswahlmenü **Verschlüsselung** die gewünschte Verschlüsselung ein. Hier sind Sie mit der empfohlenen Verschlüsselung meist gut beraten.

6 Suchen Sie als Nächstes aus dem Auswahlmenü **Partitionen** die gewünschte Partitionsart aus, und wählen Sie im Menü **Image-Format** den Eintrag **Mitwachsendes Image** aus.

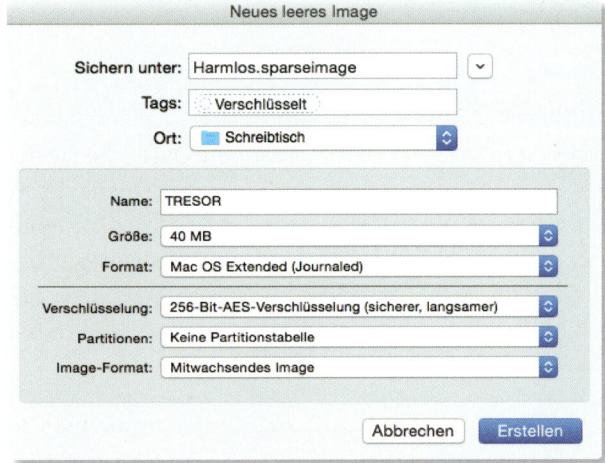

^ **Abbildung 4.30** *Einen Datensafe erstellen*

7 Die beiden besonders wichtigen Informationen für unseren Tresor sind die **Verschlüsselung**, denn die Daten sollen ja gesichert sein, und das **Mitwachsende Image** sowie die **Größe**. Die Größe ist die Maximalgröße, die das Image erreichen kann. Haben Sie alle Einstellungen getroffen, klicken Sie auf den Button **Erstellen**.

8 Geben Sie im folgenden Dialog ein Kennwort für das verschlüsselte Disk Image an, und bestätigen Sie es

erneut. Klicken Sie auf den Button **OK**. Das Image wird nun erstellt und kann anschließend benutzt werden.

^ **Abbildung 4.31** *Das Image bzw. das virtuelle Laufwerk ist später nicht für jeden zugänglich.*

Um nun den Datensafe zu nutzen, doppelklicken Sie auf die Datei *Harmlos.sparseimage*, geben im folgenden Dialog das ausgewählte Kennwort ein, und Sekunden später steht das virtuelle Laufwerk *TRESOR* zur Verfügung.

^ **Abbildung 4.32** *Aus dem harmlosen, aber verschlüsselten Image wird der »TRESOR«.*

4.4 CDs und DVDs brennen

Auch wenn die Tage der optischen Medien gezählt sind und in den meisten neuen Mac-Modellen keine optischen Laufwerke mehr verbaut sind, spielen sie doch heute noch eine Rolle bei der Weitergabe digitaler Informationen. Längst ist es völlig selbstverständlich geworden, dass optische Medien wie CD und DVD nicht mehr nur konsumiert, sondern auch selbst mit Inhalten befüllt werden. Wie Sie Musik-CDs und Video-DVDs, vorausgesetzt natürlich, Sie haben ein optisches Laufwerk an Ihren Mac angeschlossen, am Mac genießen, erfahren Sie in den Kapiteln über iTunes (12, ab Seite 445) und iMovie (13, ab Seite 485). In diesem Kapitel befassen wir uns mit dem Brennen von Daten-CDs und -DVDs. Dafür haben Sie mit OS X mehrere Möglichkeiten, die Sie in den folgenden Abschnitten kennenlernen werden.

Seite 445) und iMovie (13, ab Seite 485).

HINWEIS

Achtung bei speziellen Medien

Vorab ein Hinweis, der Ihnen unter Umständen teure Reparaturen erspart: Bei Slot-in-Laufwerken, also solchen, die, anstatt eine Schublade auszufahren, das Medium einziehen, dürfen Sie keine Medien mit ungewöhnlicher Größe oder Form (z. B. Mini-CDs oder CDs in Visitenkartenform) verwenden, da diese nicht mehr ausgeworfen werden können und schlimmstenfalls das Laufwerk beschädigen.

Brennen mit dem Finder

In Kapitel 3, »Dateiverwaltung mit dem Finder«, ab Seite 107 haben Sie eine besondere Art von Ordnern noch nicht kennengelernt: die Brennordner. Brennordner sind eine einfache und effektive Methode, um wiederkehrende Brennvorgänge zu vereinfachen, da Sie mit einem Brennordner ohne Aufwand stets die Verknüpfungen zu den zu brennenden Objekten verwalten können. Legen Sie also zunächst einen Brennordner an, und befüllen Sie ihn mit den gewünschten Inhalten:

1 Klicken Sie in der Menüleiste im Finder auf **Ablage > Neuer Brennordner**.

2 Vergeben Sie einen Namen für den Ordner.

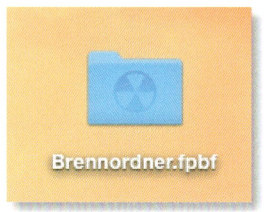

▲ **Abbildung 4.33** *Ein neu erstellter Brennordner*

3 Ziehen Sie Dateien, die Sie hinzufügen möchten, in den Ordner.

4 Nachdem der Ordner nun angelegt und mit Inhalten befüllt ist, geht es ans Brennen. Klicken Sie im Brennordner auf den Button **Brennen** ❶.

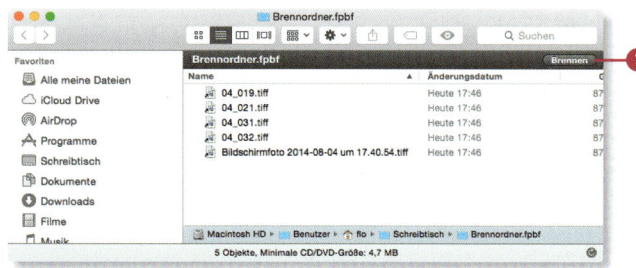

▲ **Abbildung 4.34** *Dateien und Ordner, die gebrannt werden sollen*

Der Finder zeigt ein Dialogfenster mit der Bitte, einen CD-/DVD-Rohling einzulegen, der mindestens über die angegebene Kapazität verfügt.

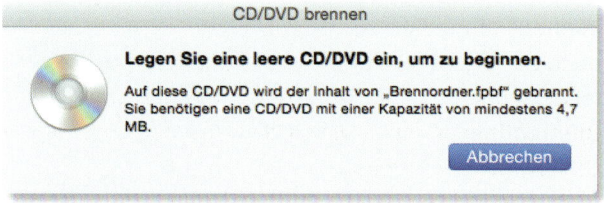

▲ **Abbildung 4.35** *Die Bitte, einen Rohling passender Größe einzulegen*

5 Nachdem Sie einen Rohling eingelegt haben, legen Sie im folgenden Dialog die Brenngeschwindigkeit fest und vergeben einen Namen für die CD/DVD. Das System schlägt zunächst automatisch den Namen des Brennordners vor.

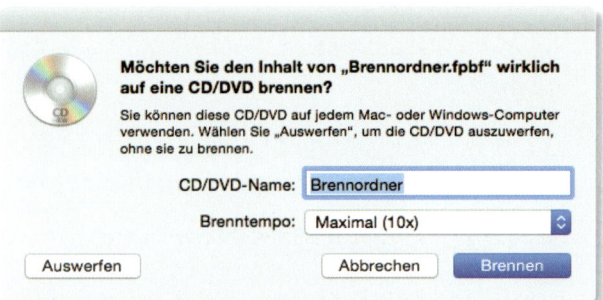

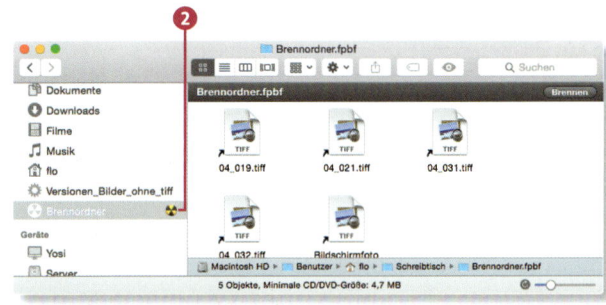

^ **Abbildung 4.38** *Praktisch: Brennordner in der Seitenleiste*

^ **Abbildung 4.36** *Sie können hier ohne Bedenken die maximale Brenngeschwindigkeit wählen.*

6 Abschließend klicken Sie auf den Button **Brennen**. Der Finder zeigt jetzt den Fortschritt des Brennvorgangs in einem kleinen Statusfenster an. Möchten Sie den Brennvorgang abbrechen, können Sie das über das × neben dem Statusbalken tun.

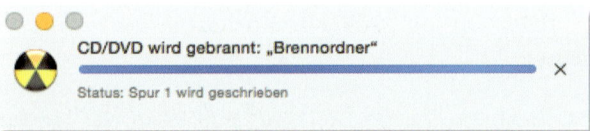

^ **Abbildung 4.37** *Das Statusfenster für den Brennvorgang*

Brennordner eignen sich also vor allem für wiederkehrende Aufgaben. Deswegen empfiehlt es sich, auch den Brennordner in der Seitenleiste des Finders zu platzieren. So haben Sie jederzeit schnell Zugriff und können ganz einfach weitere Dateien hinzufügen. Und auch der eigentliche Brennvorgang ist über die Seitenleiste schneller gestartet. In der Seitenleiste wird für Brennordner nämlich gleich das Brennsymbol neben dem Namen angezeigt.

Ziehen Sie den Brennordner in die Seitenleiste des Finders an die gewünschte Stelle im Bereich **Favoriten**. Der Brennordner wird nun mit dem Brennsymbol ❷ in der Seitenleiste dargestellt.

So fügen Sie bequem Dateien per Drag & Drop hinzu oder starten den Brennvorgang, ohne jedes Mal den Brennordner in einem eigenen Finder-Fenster öffnen zu müssen.

Möchten Sie jedoch spontan einen Ordner auf CD oder DVD brennen, bietet der Finder dazu im Kontextmenü den Punkt **[Name] auf CD/DVD brennen** ❸ an. Einem Klick auf diesen Menübefehl folgt ein Dialogfenster, das Sie bittet, einen Rohling entsprechend der angegebenen Größe einzulegen. Sobald Sie diesen dann einlegen, prüft das System, ob ausreichend Platz auf dem eingelegten Rohling vorhanden ist, und gibt entweder eine Meldung aus oder startet den Brennvorgang. Wenn Sie den aktuellen Ordner brennen möchten, brauchen Sie nichts weiter zu tun, als das Kontextmenü zu bemühen. Wollen Sie andere Dateien oder Ordner brennen, müssen Sie diese dafür erst markieren. Der Menübefehl des Kontextmenüs ändert sich entsprechend in **[X] Objekte auf CD/DVD brennen**.

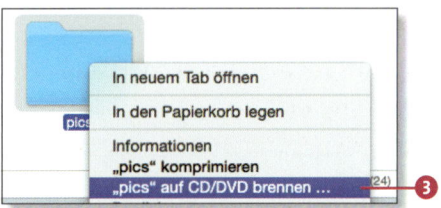

^ **Abbildung 4.39** *Spontan einen Ordner auf CD/DVD brennen*

Wiederbeschreibbare Medien löschen

Der Finder ist nicht die einzige Möglichkeit, CDs und DVDs zu brennen. OS X bietet mit dem Festplattendienstprogramm ein weiteres Programm, mit dem sich CDs und DVDs erstellen lassen. Das ist jedoch nicht annähernd so komfortabel wie im Finder, weil Sie immer den Umweg über ein Disk Image gehen müssen; dafür ist es aber spezialisierter. Wenn Sie also einfach nur ein paar Daten brennen wollen, nutzen Sie dafür idealerweise den Finder, denn für das Gros der Brennaufträge sind Sie mit dem Finder ausreichend versorgt.

Das Festplattendienstprogramm bietet jedoch nicht nur Brenn-, sondern auch Managementfunktionen an. Wenn Sie beispielsweise eine wiederbeschreibbare CD/DVD löschen möchten, nutzen Sie dazu das Festplattendienstprogramm. Wir werfen hier also nur einen Blick auf die Managementfunktionen, denn die Funktion **Brennen** haben Sie ja bereits im letzten Abschnitt kennengelernt (siehe Seite 166). Sehen wir uns z. B. an, wie Sie eine wiederbeschreibbare CD/DVD löschen:

1 Legen Sie eine wiederbeschreibbare CD/DVD ein, auf die bereits Daten gebrannt wurden.

2 Starten Sie das Festplattendienstprogramm, und wählen Sie in der Liste der Volumes das **SuperDrive**-Laufwerk bzw. den Namen Ihres CD-/DVD-Laufwerks **❶** aus.

3 Klicken Sie auf den Tab **Löschen** **❷**. Wählen Sie den Button **Schnell** **❸** aus, und klicken Sie auf **Löschen** **❹**.

4 Bestätigen Sie den folgenden Dialog, indem Sie auf den Button **Löschen** klicken.

∧ **Abbildung 4.41** *Gelöscht wird erst nach Rückfrage.*

Anschließend wird die eingelegte CD/DVD gelöscht. Im unteren Bereich des Fensters sehen Sie den Fortschritt des Löschvorgangs.

∧ **Abbildung 4.42** *Die Fortschrittsanzeige des Löschvorgangs*

Nach Abschluss des Löschvorgangs zeigt das System eine leere CD an.

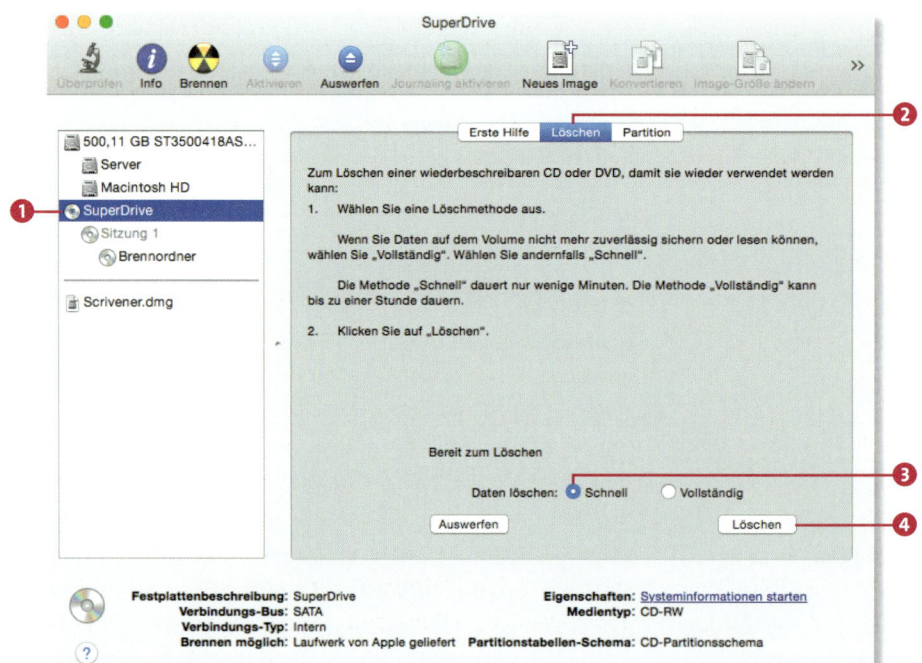

< **Abbildung 4.40** *Das Festplattendienstprogramm löscht mehr als nur Festplatten.*

CDs und DVDs mehrfach beschreiben

OS X ist leider nicht besonders komfortabel, wenn es darum geht, mehrere Sessions auf ein Medium zu brennen, also eine CD oder DVD mehrfach hintereinander zu beschreiben.

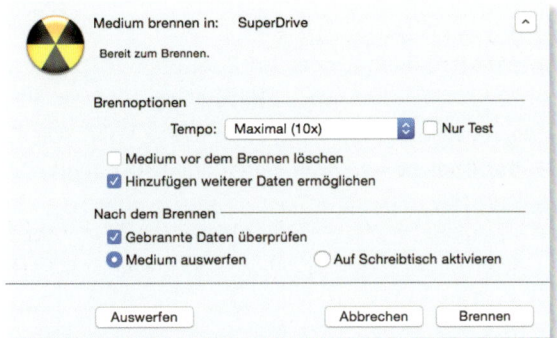

▲ **Abbildung 4.43** Nur beim Brennen von Images mit dem Festplattendienstprogramm gibt es eine solche Option.

Der Finder bietet Ihnen diese Möglichkeit gar nicht, und im Festplattendienstprogramm können Sie im Brenndialog beim Brennen eines wiederbeschreibbaren Mediums lediglich auswählen, dass das Medium erst gelöscht und dann erneut gebrannt werden soll. Nur beim Brennen von Images ist diese Option verfügbar. Setzen Sie dazu im Brenndialog das Häkchen bei **Hinzufügen weiterer Daten ermöglichen**.

INFO

Verhalten beim Einlegen von Medien
Sie können in den Systemeinstellungen im Bereich **CDs & DVDs** festlegen, wie das System reagieren soll, wenn eine CD eingelegt wird. Je nachdem, was Sie dort als Standardverhalten einstellen, wird dann, wie zuvor beschrieben, nach dem Löschen einer wiederbeschreibbaren CD/DVD die entsprechende Standardaktion erfolgen, als wäre ein leeres Medium eingelegt worden. Haben Sie hier noch keine Einstellungen vorgenommen, fragt der Finder jedes Mal nach dem Einlegen einer leeren CD, was getan werden soll.

Andernfalls – und das ist das Standardverhalten von OS X auch beim Brennen im Finder – schließt Ihr Mac Medien nach dem ersten Brennen ab, sodass Sie keine weiteren Daten mehr hinzufügen können.

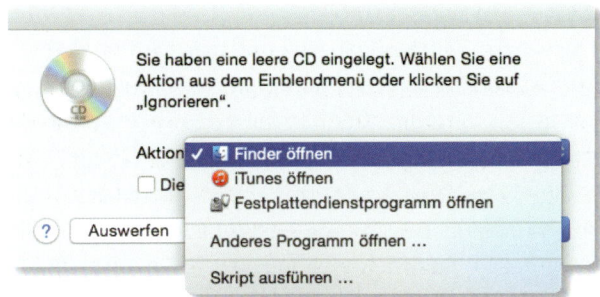

▲ **Abbildung 4.44** Wie soll der Mac reagieren, wenn Sie eine CD/DVD einlegen?

Optische Medien »gewaltsam« auswerfen

In seltenen Fällen kommt eine CD/DVD nicht mehr aus dem Laufwerk heraus. Das ist meistens glücklicherweise kein mechanisches Problem, denn das wäre ein Fall für den Support. In so einem Fall hat OS X das Medium einfach nur *vergessen*, und Sie können das Problem schnell beheben: Schalten Sie Ihren Mac aus. Drücken Sie dann die Maus oder das Trackpad wie bei einem Klick, und halten Sie die Taste gedrückt. Schalten Sie nun den Mac ein, und halten Sie die Taste weiter gedrückt, bis das Medium ausgeworfen wird.

Kein Blu-ray?

Ein ganzes Kapitel über externe Medien und kein Wort über Blu-ray? Ja. Blu-ray spielt am Mac keine Rolle. Wie bereits zuvor erwähnt, werden optische Medien zusehends unwichtiger. Einerseits werden externe Datenträger immer kleiner und sind in der Lage, immer größere Mengen an Daten zu speichern, andererseits werden die Internetanschlüsse immer schneller und immer allgemeiner verfügbar, sodass sich Inhalte viel einfacher über Datennetze übertragen lassen. Wenn der physische Übertragungsweg wegfällt, hat das auch Auswirkungen auf die Verfügbarkeit. Während

Sie eine CD oder DVD physisch erwerben müssen, können Sie über online verfügbare Inhalte quasi sofort verfügen.

Apple treibt das Aussterben der optischen Medien voran wie kein zweites Unternehmen. Und der Erfolg gibt Apple recht. Mittlerweile sind optische Laufwerke beinahe aus der gesamten Produktpalette verschwunden – und das bislang offenbar ohne Umsatzeinbrüche. Der iTunes Store ist der weltweit größte Onlineshop für digitale Medien, und selbst das Betriebssystem, mit dem Sie gerade arbeiten, wird nicht mehr auf optischen Medien ausgeliefert. Apple sieht also keinerlei Grund, weiter ein aussterbendes Medium zu unterstützen – vor allem wenn dann auch noch (wie im Falle von Blu-ray) dafür Lizenzgebühren zu zahlen wären.

Wenn Sie aber gar nicht auf Blu-ray verzichten können, gibt es einige wenige Blu-ray-Laufwerke als Zubehör zu kaufen, und Software wie beispielsweise das Brennprogramm Toast (*www.roxio.de*) ist auch in der Lage, Blu-ray-Medien zu brennen. Im Großen und Ganzen bleibt nur festzustellen, dass Blu-ray – so wie bald alle optischen Medien – am Mac eben keine Rolle spielt. Und es dürfte nur eine Frage der Zeit sein, bis auch alle anderen PC-Hersteller auf diesen Trend reagieren.

Kapitel 5
Programme auf dem Mac

Die Programme machen einen Computer aus, denn ohne Betriebssystem und Programme wäre selbst ein Mac nur ein (immerhin sehr schicker) Haufen Elektronik. Wie Sie mit Programmen umgehen, erfahren Sie in diesem Kapitel.

Mit Ihrem Mac werden ab Werk schon viele nützliche Programme geliefert, die in diesem Kapitel alle zumindest kurz vorgestellt werden. Ab Seite 194 geht es damit los. Vorher werden wir allerdings erst noch einen Blick darauf werfen, wie Sie generell mit Programmen am Mac arbeiten, wie Sie Programme installieren und gegebenenfalls auch wieder löschen.

Apple nennt Software und Programme auf dem Mac immer *App* – so wie bei iPhone und iPad auch. Daher werden Sie diesen Begriff auch in diesem Buch immer wieder finden. App ist dabei nichts weiter als die Abkürzung des englischen Worts *Application*, also Anwendung. Die Bezeichnungen *Programm* und *Anwendung* werden im Weiteren gleichbedeutend verwendet.

5.1 Mit Programmen arbeiten

In den vorangegangenen Kapiteln haben Sie zwar schon das eine oder andere Programm gestartet, benutzt und wieder geschlossen. Aber auch wenn Sie dabei nicht auf Probleme gestoßen sind, ist doch etwas Rüstzeug ganz hilfreich, um später in allen Situationen souverän mit Programmen umgehen zu können. Dieses Kapitel wird Ihnen alle notwendigen Informationen dazu bieten.

Programme starten

Um ein Programm zu starten, haben Sie mehrere Möglichkeiten. Die einfachste ist ein einfacher Klick auf das Programm-Icon im Dock.

∧ **Abbildung 5.1** *Mit einem einfachen Klick starten Sie Programme aus dem Dock.*

Was tun Sie aber, wenn sich das gewünschte Programm nicht im Dock befindet? Schließlich befinden sich im Dock zunächst nur Verknüpfungen zu Programmen, die von Apple oder von Ihnen bereits dort platziert wurden, und nicht zu allen installierten Programmen. Soll also ein Programm gestartet werden, das nicht über eine Verknüpfung im Dock verfügt, dann können Sie dazu beispielsweise das Launchpad nutzen.

Das Launchpad ist eine Oberfläche zum Starten von Programmen. In puncto Aussehen und Bedienung ist das Launchpad den iOS-Geräten nachempfunden. Da das Launchpad selbst ja auch ein Programm ist, können Sie es auf dieselben Weisen wie alle anderen

Programme auch starten. Es empfiehlt sich also, das Launchpad im Dock zu haben, wo Sie es nach der Installation ohnehin vorfinden.

^ **Abbildung 5.2** *Mit einem Klick auf das Icon mit der Rakete starten Sie Launchpad.*

Für Nutzer eines Trackpads bietet sich eine weitere Möglichkeit an, das Launchpad zu starten, nämlich das Zusammenziehen von drei Fingern und dem Daumen.

Beim Start des Launchpads werden der aktuelle Schreibtisch sowie alle offenen Fenster ausgeblendet, und der Schreibtischhintergrund wird unscharf dargestellt. Im Vordergrund zeigt das Launchpad alle verfügbaren Programme an. Mit einem Klick oder Tipp auf eines der Programm-Icons wird das entsprechende Programm gestartet und das Launchpad automatisch beendet.

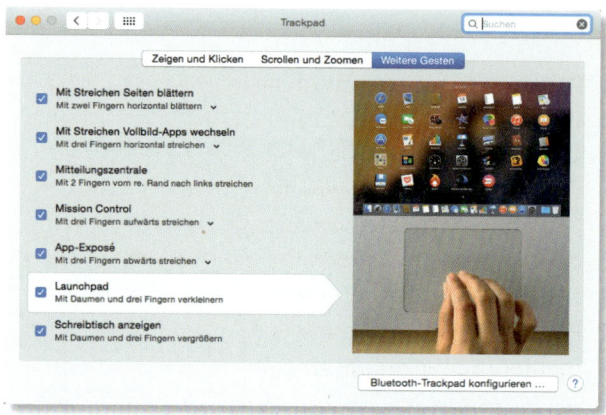

^ **Abbildung 5.3** *Launchpad mit Geste starten*

Dabei reicht manchmal, je nach Menge der installierten Programme, eine Seite auf dem Launchpad nicht aus, um alle installierten Programme anzuzeigen. Das Launchpad bietet daher mehrere Seiten, um alle Programme unterzubringen. Die Zahl der Seiten wird durch kleine Punkte am unteren Bildschirmrand angezeigt. Mit seitlichem Wischen mit zwei Fingern oder mit einem Mausklick auf den gewünschten Punkt navigieren Sie zwischen den einzelnen Seiten.

^ **Abbildung 5.4** *Das Launchpad in Aktion*

Programme suchen mit Launchpad
Wenn Sie Launchpad starten, hat automatisch das kleine Suchfeld am oberen Fensterrand den Fokus. Sie können also ohne einen weiteren Klick mit der Eingabe eines Suchstichworts per Tastatur beginnen. So lassen sich Programme schnell und einfach finden – vor allem dann, wenn Sie besonders viele Programme im Launchpad haben und es sich über mehrere Seiten erstreckt.

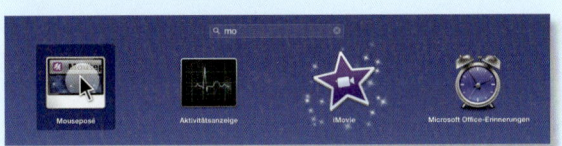

^ **Abbildung 5.5** *Die Suche im Launchpad ist automatisch aktiv. Sie hilft beim schnellen Finden und Starten von Programmen.*

Ebenso wie bei iOS lassen sich die Programme mit dem Launchpad auch nach Kategorien zusammenfassen. Bewegen Sie eines der Programme auf ein anderes. Nach einer kurzen Verzögerung erstellt das Launchpad einen virtuellen Ordner und legt beide Programme dort ab. Das Launchpad gibt dem neu entstandenen Ordner automatisch einen möglichst plausiblen Namen. Sie können diesen jedoch jederzeit ändern.

Um den Namen zu ändern, klicken Sie auf einen Ordner, der sich daraufhin öffnet. Klicken Sie dann im Ordner auf den Namen des Ordners, und ändern Sie ihn.

^ **Abbildung 5.6** *Den Namen eines Ordners im Launchpad ändern*

Gefällt Ihnen die Reihenfolge der Programme im Launchpad nicht, können Sie sie in eine andere Reihenfolge bringen oder auf weitere Seiten im Launchpad verteilen. Dazu klicken Sie auf ein Programm,

halten die Taste gedrückt und ziehen es an die gewünschte Stelle im Launchpad oder bewegen es nach rechts, um es beispielsweise auf einer weiteren Seite im Launchpad zu positionieren. Weitere Seiten können Sie jederzeit durch Bewegen nach rechts hinzufügen. So lässt sich z. B. die Vielfalt der Programme je nach Seite thematisch sortieren. Eine Umsortierung der Programme im Launchpad hat keine Auswirkung auf die Sortierung der Programme im Ordner *Programme*.

Natürlich finden Sie alle installierten Programme auch im Ordner *Programme* auf Ihrem Mac. Dort starten Sie das gewünschte Programm durch einen Doppelklick auf das jeweilige Icon oder nach Markieren des gewünschten Programms über den Tastaturbefehl [cmd] + [O].

^ **Abbildung 5.7** *Mit einem Doppelklick starten Sie Programme im Finder.*

Anstatt in den Finder zu wechseln, können Sie auch auf den Ordner *Programme* im Dock (den Sie dort natürlich zunächst platzieren müssen) und in der anschließenden Übersicht auf das gewünschte Programm klicken.

^ **Abbildung 5.8** *Mit einem einfachen Klick starten Sie Programme aus dem Ordner »Programme« im Dock.*

Eine weitere Möglichkeit, Programme zu starten, bietet Ihnen Spotlight. Rufen Sie das Spotlight-Suchfeld auf, geben Sie den Namen des gewünschten Programms ein – meist reicht es bereits, die ersten paar Buchstaben einzutippen –, und bestätigen Sie mit der Taste ⏎.

⌃ Abbildung 5.9 *Ein Programm mithilfe von Spotlight starten*

Sie sehen schon, dass es unzählige Arten gibt, ein Programm zu starten. Die aufgelisteten fünf Methoden sind nur die gebräuchlichsten. Egal, für welche Methode Sie sich in der jeweiligen Situation entscheiden, das Ergebnis ist immer ein startendes Programm.

INFO

Gestartete Programme im Dock
Das Icon eines gestarteten Programms erscheint immer im Dock. Der Startvorgang selbst wird Ihnen dabei auch optisch durch ein kurzes Hüpfen des Icons angezeigt. Sie können dieses Verhalten mit der Option **Öffnen von Programmen animieren** in der Systemeinstellung **Dock** anpassen.

Nachdem das Programm gestartet ist, können Sie damit arbeiten. Wundern Sie sich nicht, wenn Sie nach dem Start eines Programms möglicherweise keine Fenster sehen. Manche Programme – speziell solche, die man als »kleine Helferlein« bezeichnen könnte – öffnen weder Fenster beim Start noch wird ihre

Aktivität im Dock angezeigt. Die Aktivität solcher Programme beschränkt sich darauf, als Hintergrundprozess bei Bedarf zur Verfügung zu stehen. Meist finden Sie solche Programme als Icon in der Menüleiste, als sogenannte *Menulets*, wieder.

⌃ Abbildung 5.10 *Mouseposé (ganz links) ist ein typisches Menüleistenprogramm: Es braucht nur wenig Platz in der Menüleiste.*

Das eine oder andere Programm haben Sie in den letzten Kapiteln bereits genauer kennengelernt, und die Bedienelemente und die damit verbundenen Aktionsmöglichkeiten sollten Ihnen ebenfalls bereits aus Kapitel 2, »Die Benutzeroberfläche kennenlernen«, vertraut sein. Deswegen gehe ich an dieser Stelle nicht mehr auf Aussehen und Bedienung der Programmfenster ein, sondern auf deren grundsätzliche Handhabung. Sehen wir uns also zunächst an, wie sich uns das Programmfenster darstellt.

Auch wenn Sie ein Programm zum ersten Mal starten, heißt das nicht, dass Sie alles neu lernen müssen. Dafür sorgt schon die Tatsache, dass Programme auf dem Mac bestimmten Richtlinien bezüglich Aussehen und Bedienbarkeit entsprechen müssen (oder, besser gesagt, *sollten*; aber glücklicherweise halten sich die meisten Entwickler daran). Eine Menüleiste finden Sie bei jedem Programm immer an der gleichen Stelle: am oberen Bildschirmrand. Viel wichtiger als die technischen Aspekte ist beim Kennenlernen eines Programms, dass Sie ein paar einfache Regeln befolgen. So erleben Sie keine Überraschungen (zumindest keine unliebsamen) und haben schnell Erfolgserlebnisse. Vor der Benutzung eines Programms ist es hilfreich, sich folgende Fragen zu stellen:

- Welche Aufgabe möchte ich erledigen?

- Weiß ich, welches Programm mir dabei helfen kann?

- Ist ein geeignetes Programm auf meinem Mac vorhanden, oder muss ich es erst installieren?

■ Bin ich darauf vorbereitet, dass das Programm unter Umständen mit zusätzlicher Hardware, beispielsweise einer Kamera, interagiert? Falls ja, habe ich die Hardware und die nötigen Anschlusskabel griffbereit?

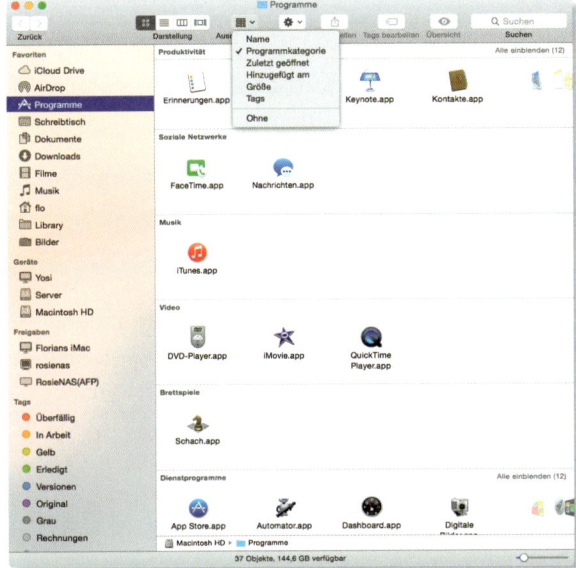

▲ **Abbildung 5.11** *Die Sortierung der Programme nach Kategorien im Ordner »Programme« hilft Ihnen, das richtige Programm für eine Aufgabe zu finden.*

Nach dem Start des Programms gilt es, sich zu orientieren:

■ Wie sieht die Programmoberfläche aus?

■ Sind mir die einzelnen Bereiche des Fensters klar?

■ Erkenne ich die gängigsten Bedienelemente und Symbole wieder?

■ Weiß ich, wo ich gezielt Hilfe finde?

■ Ist mir klar, wie ich die erstellten Inhalte weiterverwenden möchte und wo ich sie sichern kann?

Je einfacher und ablauforientierter Sie denken, desto leichter fällt Ihnen die Bedienung. Speziell bei Umsteigern von Windows sorgt die manchmal bestechend einfache und ablauforientierte Arbeitsweise von Programmen auf dem Mac zunächst für die eine

oder andere Irritation, aber bald darauf für so manches Aha-Erlebnis – und zu guter Letzt vor allem für Unverständnis, warum man sich vorher so lange mit unausgegorenen Technologien, Bedienkonzepten und benutzerunfreundlichen Programmoberflächen herumgeärgert hat.

Programmeinstellungen

Beinahe jedes Programm bietet Einstellungsmöglichkeiten, mit denen Sie seine Funktionen und sein Aussehen anpassen können. Sie erreichen die Einstellungen in fast jedem Programm über das Menü mit dem Namen des Programms oder über den Tastaturbefehl ⌘ + .. Genauso, wie Sie sich vor der Nutzung eines Programms Gedanken darüber gemacht und nach dem Start zunächst die Oberfläche erkundet haben, sollten Sie nun einen Blick auf die Einstellungen werfen.

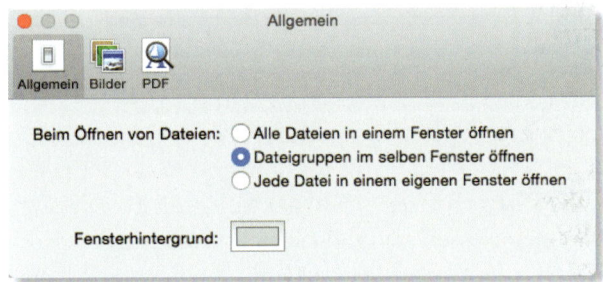

▲ **Abbildung 5.12** *Bei manchen Programmen, wie hier beim Programm Vorschau, sind die Einstellungen überschaubar.*

Es ist sinnvoll, dass Sie sich hier zunächst einen Überblick verschaffen, auch wenn Sie nicht sofort jede Einstellungsmöglichkeit verstehen und idealerweise an den Einstellungen gar nichts ändern müssen oder wollen. Denn das große Geheimnis von Programmen auf dem Mac ist, so zu funktionieren, dass Sie die Einstellungen möglichst gar nicht oder zumindest nur ganz selten aufrufen müssen. Wenn Sie sich die Einstellungen zuerst anschauen, erschließt sich bei der späteren Nutzung des Programms manches möglicherweise einfacher, weil Sie auf einen Begriff bereits in den Einstellungen gestoßen sind und sich seine Funktion dann bereits automatisch erklärt. Auch wenn Sie an einer Stelle des Programms gerne das Erscheinungsbild anpassen würden, haben Sie vermutlich nach dem Besuch der Einstellungen zumindest im Hinterkopf, dass Sie schon einmal Anpassungsmöglichkeiten gesehen haben.

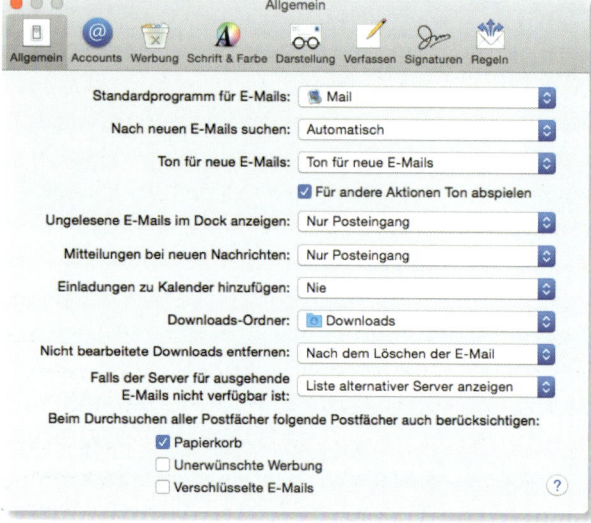

⌃ Abbildung 5.13 *Andere Programme bieten dagegen eine Vielzahl von Einstellungen. Hier ist es das Programm Mail.*

Letztlich dienen umfangreiche Kenntnisse vor allem der souveränen Bedienung und damit einem guten und entspannt erreichten Arbeitsergebnis.

Programm-Symbolleisten anpassen

Bei vielen Programmen lässt sich die Symbolleiste anpassen. Sie können wählen, auf welche Icons oder Funktionen Sie dort zugreifen wollen. Die meisten Programme enthalten z. B. in der Standardsymbolleiste nur die wichtigsten Funktionen. Das können Sie ebenso ändern wie die Darstellung der Icons. Eine optimal eingerichtete, an die eigenen Bedürfnisse angepasste Symbolleiste erleichtert Ihre Arbeit ungemein. Im Folgenden wird das am Beispiel des Finders demonstriert:

1 Öffnen Sie ein Finder-Fenster, und wählen Sie **Darstellung > Symbolleiste anpassen**. Alternativ klicken Sie mit rechts auf die Symbolleiste und wählen im folgenden Kontextmenü den Eintrag **Symbolleiste anpassen**.

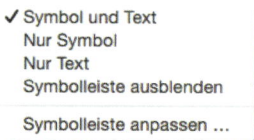

⌃ Abbildung 5.14 *Das Kontextmenü nach einem Rechtsklick auf die Symbolleiste*

2 Das folgende Dialogfenster zeigt alle verfügbaren Elemente der Symbolleiste. Bewegen Sie die gewünschten Elemente, beispielsweise den Button

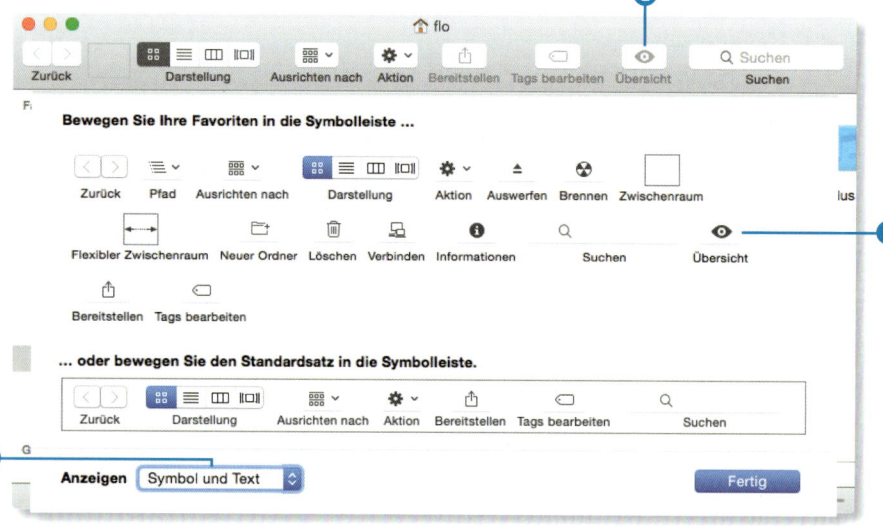

◁ Abbildung 5.15 *Lässt sich umfangreich anpassen: die Symbolleiste des Finders*

Übersicht ❶, per Drag & Drop in die Symbolleiste ❷ oder aus der Symbolleiste an die gewünschten Stellen, und passen Sie gegebenenfalls die Zwischenräume an.

3 In diesem Fenster bestimmen Sie auch, wie die Symbole angezeigt werden. Gerade am Anfang, wenn Sie die Symbole noch nicht so gut kennen, ist es sinnvoll, die Option **Symbol und Text** ❸ aus dem Auswahlmenü **Anzeigen** auszuwählen, da Ihnen die Bezeichnung bereits einen Hinweis auf die Funktion des Buttons gibt.

4 Klicken Sie, nachdem Sie die gewünschten Änderungen vorgenommen haben, auf den Button **Fertig**. Ihre Änderungen werden in der Regel sofort und ohne Neustart des Programms übernommen.

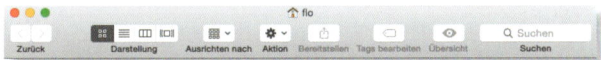

⌃ **Abbildung 5.16** *Hier sind Symbol und Text zu sehen.*

Programme beenden

Nachdem Sie einen Überblick bekommen haben, wie Sie Programme starten können und sich in Programmen zurechtfinden, und wissen, wie Sie Einstellungen anpassen, erfahren Sie nun, wie Sie Programme beenden. Dafür gibt es meist nur die Auswahl Menübefehl oder Tastaturbefehl. Wählen Sie aus dem Menü mit dem Namen des Programms den Befehl **[Name des Programms] beenden**. Der Tastaturbefehl, um ein Programm zu beenden, lautet ⌘ + Q .

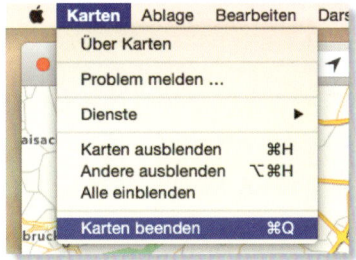

⌃ **Abbildung 5.17** *Neben dem ⌘-Menü befindet sich immer das Programm-Menü, hier »Karten«. Dort lässt sich das jeweilige Programm auch jederzeit beenden.*

Manche Programme beendet das System auch von selbst, wenn es die Ressourcen benötigt, die durch das Beenden des Programms frei werden. Sie müssen jedoch keine Angst haben, dass Ihnen das System ein aktives Programm mit offenen Fenstern buchstäblich unter den Fingern schließt. Das betrifft nur Programme, die noch aktiv sind, aber kein Fenster mehr geöffnet haben. Diese Funktion nennt sich *Automatic Termination* und ist prinzipiell eine gute Idee, kann aber im Alltag störend sein. Wenn Sie also bei einem Programm alle Fenster geschlossen, das Programm aber nicht beendet haben und es kurze Zeit später nicht mehr in den aktiven Programmen zu finden ist, dann wurde es Opfer von Automatic Termination und muss erneut gestartet werden.

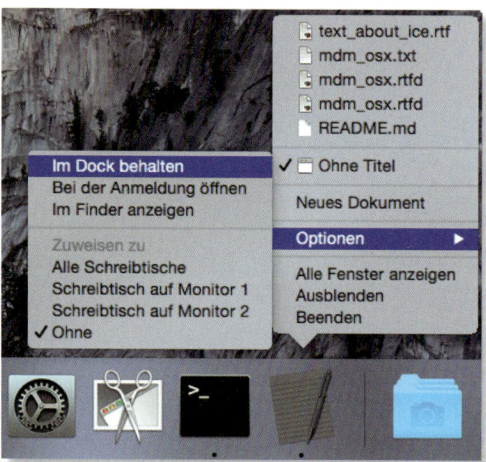

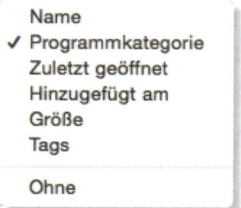

^ **Abbildung 5.18** *So bleibt ein Programm dauerhaft im Dock.*

^ **Abbildung 5.19** *Sortieren Sie die Programme nach Kategorien.*

Im Bereich **Video** befinden sich standardmäßig drei Programme. Zwei tragen das Wort *Player* im Namen. Es lässt sich daher vermuten, dass diese Programme keine oder nur sehr geringe Bearbeitungsfunktionen bieten. Das dritte Programm, iMovie, scheint am naheliegendsten zu sein.

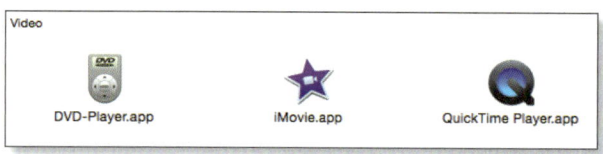

^ **Abbildung 5.20** *iMovie ist das Programm der Wahl.*

Der prinzipielle Arbeitsablauf

In der folgenden Schritt-für-Schritt-Anleitung sehen wir uns noch einmal den grundsätzlichen Umgang mit Programmen an. Angenommen, Sie möchten Urlaubsvideos schneiden und nachvertonen:

1 Öffnen Sie im Finder den Ordner *Programme*, und klicken Sie in der Symbolleiste auf den Button für die Sortierung. Dort wählen Sie **Programmkategorie** aus.

2 Starten Sie iMovie durch Doppelklick auf das Programm-Icon. Die Oberfläche (siehe Abbildung 5.21) macht den Eindruck, als handele es sich um das richtige Programm, um Filme aus der Kamera zu importieren und zu bearbeiten.

< **Abbildung 5.21** *Die Programmoberfläche von iMovie*

3 Dankenswerterweise blenden die meisten Programme eine kurze Info ein, wenn Sie mit der Maus eine Weile über einem Element, wie z. B. einem Button, bleiben.

Im konkreten Fall ist das jedoch gar nicht nötig, denn die Schaltfläche **Medien importieren** ist in iMovie nicht zu übersehen ❶. Klicken Sie darauf, um Ihre Filme zu importieren.

4 Im folgenden Fenster sehen Sie eine Dateiübersicht, die in der Struktur dem Finder gleicht. Sie bietet jedoch nicht nur Zugriff auf Ordner und Dateien, sondern auch auf direkt an Ihren Mac angeschlossene bzw. eingebaute Kameras.

▲ **Abbildung 5.22** Das Importfenster

Das Importfenster macht schon einmal einen guten Eindruck. Prinzipiell scheint das Übertragen von Videodateien von einer Kamera also kein Problem zu sein. Kehren wir zunächst zum Programm zurück. Klicken Sie dafür im Importfenster auf den Button **Schließen**.

5 So weit ist alles erst einmal ohne große Überraschungen. Die Funktionsweise von iMovie bekommen Sie bei Gelegenheit heraus (siehe auch Kapitel 13, »iLife – kreativ werden mit iMovie, GarageBand und iPhoto«), aber es macht den Eindruck, als käme man ohne große Probleme zurecht. Sicherheitshalber werfen wir noch einen Blick in die Einstellungen.

6 Klicken Sie auf **iMovie > Einstellungen**, oder nutzen Sie den Tastaturbefehl [cmd] + [,]. Die Einstellungen sind recht übersichtlich.

7 Da noch nichts einzustellen ist, schließen Sie das Einstellungsfenster wieder. Klicken Sie dazu auf den roten Button links oben in der Titelleiste des Einstellungsfensters, oder nutzen Sie den Tastaturbefehl [cmd] + [W].

iMovie scheint also das richtige Programm für unseren Zweck zu sein. Wenn später bei der Benutzung Fragen auftauchen, steht Ihnen jederzeit die Hilfefunktion in der Menüleiste zur Verfügung. Außerdem schauen wir uns das Programm in Kapitel 13, ab Seite 485, noch ausführlicher an. iMovie können Sie also zunächst wieder schließen.

8 Klicken Sie auf **iMovie > iMovie beenden**, oder nutzen Sie den Tastaturbefehl [cmd] + [Q].

Es ist auf jeden Fall hilfreich, sich zunächst mit Programmen vertraut zu machen. Sehen Sie sich möglichst alle mitgelieferten Programme einmal an. Auch wenn Sie ein Programm nicht gleich nutzen, je mehr Programme Sie schon in Aktion gesehen haben, desto leichter fällt es Ihnen später, mit neuen Programmen umzugehen.

Programme kontrollieren und sofort beenden

Mit der Zeit starten Sie Programm um Programm, schicken manche in den Hintergrund, andere minimieren Sie ins Dock oder verteilen sie mithilfe von Mission Control auf verschiedene Spaces (wie das geht, erfahren Sie in Abschnitt 2.11, »Mission Control und Spaces«, auf Seite 99). Kurzum: Sie nutzen Ihren Mac. Sie können arbeiten, ohne sich Gedanken um Technik zu machen; für das Betriebssystem bedeutet das, richtig beschäftigt zu sein. Je komplexer sich der Zustand Ihres Systems im Laufe der Zeit gestaltet, desto mehr muss es in der Lage sein, mit dieser Anforderung auch umgehen zu können. Dazu gehört auch, stets über den Zustand jedes laufenden Prozesses informiert zu sein, um bei Bedarf eingreifen zu können.

```
                       ⬆ flo — bash — 124×25
Yosi:~ flo$ ps aux
USER           PID %CPU %MEM      VSZ     RSS   TT  STAT STARTED      TIME COMMAND
_windowserver  151  0,6  1,3  3713588   54156   ??  Ss    8:15am   0:29.44 /System/Library/Frameworks/ApplicationService
flo            231  0,3  0,6  2567648   25732   ??  S     8:28am   0:01.55 /Applications/Utilities/Terminal.app/Contents
root           503  0,0  0,1  2468780    2808 s000 Ss    9:22am   0:00.07 login -pf flo
root           498  0,0  0,2  2491892    6524   ??  Ss    9:21am   0:23.37 /System/Library/Frameworks/VideoToolbox.frame
_cvmsroot      497  0,0  0,2  2491132    7664   ??  S     9:21am   0:00.03 /System/Library/Frameworks/OpenGL.framework/V
flo            493  0,0  0,2  2499636    7696   ??  S     9:21am   0:00.04 /System/Library/Frameworks/CoreServices.frame
flo            486  0,0  0,2  2497104    9464   ??  Ss    9:21am   0:00.21 /System/Library/Frameworks/QuickLook.framewor
flo            485  0,0  0,2  3011180    9800   ??  S     9:21am   0:00.14 /System/Library/Frameworks/QuickLook.framewor
root           482  0,0  0,1  2460692    5120   ??  Ss    9:20am   0:00.01 /System/Library/Frameworks/CoreMediaIO.framew
flo            481  0,0  0,1  2495032    4560   ??  S     9:20am   0:00.04 /System/Library/CoreServices/ScopedBookmarkAg
flo            474  0,0  1,8  2556772   76940   ??  S     9:20am   0:02.46 /System/Library/Frameworks/OpenGL.framework/V
root           468  0,0  0,5  2471960   22736   ??  Ss    9:17am   0:00.04 /usr/sbin/ocspd
flo            439  0,0  0,5  2502612   19804   ??  S     9:08am   0:01.88 /System/Library/PrivateFrameworks/GeoServices
flo            424  0,0  0,3  2536484   12164   ??  S     9:06am   0:00.06 /Library/Image Capture/Support/LegacyDeviceDi
flo            423  0,0  1,0  2576936   43724   ??  S     9:06am   0:00.29 /System/Library/Image Capture/Support/Image C
flo            412  0,0  0,2  2474812    6628   ??  S     9:03am   0:00.02 /System/Library/Frameworks/CoreServices.frame
flo            410  0,0  0,0  2469216     800   ??  S     9:03am   0:00.01 /System/Library/Frameworks/CoreServices.frame
flo            409  0,0  0,2  2474976    6744   ??  S     9:03am   0:00.03 /System/Library/Frameworks/CoreServices.frame
flo            408  0,0  0,2  2474812    6408   ??  S     9:03am   0:00.02 /System/Library/Frameworks/CoreServices.frame
flo            407  0,0  0,2  2474812    6376   ??  S     9:03am   0:00.02 /System/Library/Frameworks/CoreServices.frame
flo            406  0,0  0,4  2535896   15868   ??  Ss    9:03am   0:00.07 /System/Library/Frameworks/NotificationCenter
flo            401  0,0  0,1  2499236    5376   ??  S     9:02am   0:00.12 /System/Library/PrivateFrameworks/AOSKit.fram
flo            395  0,0  0,3  2538536   11820   ??  S     9:02am   0:00.07 /System/Library/PrivateFrameworks/UniversalAc
```

< **Abbildung 5.23** *Ein kleiner Einblick in das Prozessmanagement des Betriebssystems*

Auch wenn das Betriebssystem den Programmen einen idealen Rahmen zur Verfügung stellt, kann ein Programm dennoch mal aus dem Ruder laufen. Einem stabilen Betriebssystem wie OS X kann das aber nichts anhaben. Ein abstürzendes oder hängendes Programm hat in der Regel keinen Einfluss auf die Stabilität des laufenden Betriebssystems und der anderen Prozesse.

Sehr vereinfacht erklärt, liegt der Grund dafür darin, dass der Platz an Arbeitsspeicher, den das instabile Programm benötigt, vom Betriebssystem so sauber von den anderen Prozessen abgeschottet wird, dass diese nicht in Mitleidenschaft gezogen werden. Sie haben natürlich die Möglichkeit, in diese Prozesse auch einzugreifen. Tatsächlich tun Sie das mit jedem Mausklick – wenn Sie beispielsweise ein Programm starten oder beenden. Da fast immer alles einwandfrei funktioniert, bekommen Sie von der Komplexität im Hintergrund gar nichts mit. Aber selbst dann, wenn Sie einmal eingreifen müssen (etwa weil ein Programm nicht mehr reagiert), bedeutet das nicht, dass Sie auf einmal zum ausgebildeten Systemadministrator werden müssen.

Wenn ein Programm abstürzt, ist es abgestürzt, da können und müssen Sie nichts mehr machen. Starten Sie es erneut. In den allermeisten Fällen hat sich das Problem ohnehin erledigt. Nur dann, wenn ein Programm regelmäßig und reproduzierbar *abstürzt* oder sich *aufhängt*, liegt wirklich ein Problem vor, und Sie sollten den Entwickler des Programms oder dessen Support kontaktieren.

^ **Abbildung 5.24** *Dieser Crash wurde nur für das Foto auf ganz hinterhältige Weise provoziert.*

Das Dialogfenster nach dem Crash bietet zwar an, das Crash-Log (also die Fehlerdokumentation) an Apple zu senden, aber meist ist es sehr viel sinnvoller, die Daten dem Entwickler des abgestürzten Programms zukommen zu lassen. Kopieren Sie den angezeigten Text in eine neue Textdatei, und senden Sie diese – vielleicht sogar zusammen mit möglichst aussagekräftigen Details dazu, wann und in welchem Kontext der Crash entstanden ist – an den Entwickler. Die meisten Programme bieten dafür im **Hilfe**-Menü Kontaktinformationen.

Ist ein Programm jedoch nicht abgestürzt, sondern *hängt* es (reagiert also nicht mehr), gibt es ein paar einfache Hilfsmöglichkeiten, damit umzugehen. Wobei *umgehen* in solchen Fällen bedeutet, das störrische Programm quasi gewaltsam zu beenden. OS X bietet

Ihnen mehrere Möglichkeiten, ein Programm *gewalt-sam* zu beenden:

- **Das Kontextmenü im Dock:** Klicken Sie mit rechts auf das Symbol des betroffenen Programms im Dock. Klicken Sie im Kontextmenü dann auf **Sofort beenden**. Das Programm wird sofort beendet.

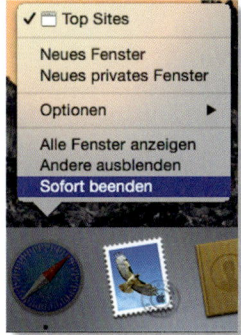

∧ **Abbildung 5.25** *Programmsymbole im Dock bieten Kontextmenüs – auch zum (sofortigen) Beenden.*

- **-Menü:** Klicken Sie im -Menü auf **Sofort beenden**, oder nutzen Sie den Tastaturbefehl `cmd` + `alt` + `esc`. Im folgenden Fenster werden alle aktiven Programme aufgelistet. Hängende Programme sind durch die Meldung *(reagiert nicht)* entsprechend gekennzeichnet.

Wählen Sie das hängende Programm aus. Klicken Sie auf den Button **Sofort beenden**. Auch hier wird das Programm sofort beendet.

∧ **Abbildung 5.26** *Hängende Programme lassen sich gezielt »abschießen«.*

- **Aktivitätsanzeige:** Mit dem Dienstprogramm Aktivitätsanzeige können Sie hängende Programme ebenfalls beenden. Das würde aber an dieser Stelle zu weit führen, weil der Aufwand im Gegensatz zu den ersten beiden Methoden nicht gerechtfertigt ist, um *nur* ein Programm zu beenden. Die Aktivitätsanzeige wird ausführlich in Kapitel 16, »Dienstprogramme – nützliche Helfer«, ab Seite 605 besprochen.

INFO

Finder lässt sich nicht beenden
Im Fenster **Programme sofort beenden** ist Ihnen vielleicht eine Besonderheit aufgefallen. Bei jedem Programm, das Sie in dem Fenster markieren, zeigt sich der Button **Sofort beenden**. Einzige Ausnahme: der Finder. Der Finder ist ein Systemprozess und lässt sich nicht beenden – selbst dann nicht, wenn er hängt. Der Finder lässt sich nur neu starten, und das ist dann auch das, was der Button anzeigt, wenn Sie den Finder markieren: **Neu starten**.

∧ **Abbildung 5.27** *Der Finder lässt sich nur neu starten, aber nicht beenden.*

Prinzipiell kann natürlich beim Absturz eines Programms oder beim gezielten Beenden eines hängenden Programms ein Datenverlust entstehen. Zumindest die Änderungen seit dem letzten Speichern sind stark gefährdet. Da mit OS X 10.7 aber mit *Auto Save* und *Versionen* Funktionen zur regelmäßigen automatischen Sicherung und Versionierung der Arbeit eingeführt wurden, ist die Arbeit fast nie mehr ungesichert. Datenverluste nach einem Absturz werden so gering wie möglich gehalten. Mehr über Auto Save und Versionen erfahren Sie in Kapitel 6, »Mit Dateien arbeiten«, ab Seite 217.

Programmabstürze vs. Systemabstürze

Dass ein Programm einmal abstürzt oder hängt, kann passieren. Das ist zwar nicht schön und glücklicherweise auch nicht alltäglich, aber eben auch kein Problem. Anders sieht es mit Systemabstürzen aus, die *Kernel Panic* genannt werden. OS X ist ein so solides Betriebssystem, dass es ohne konkreten Anlass im alltäglichen Betrieb nicht zu Systemabstürzen kommt. Es ist mir beispielsweise während der sechsmonatigen Arbeit an diesem Buch nicht einmal gelungen, einen Systemabsturz zu provozieren, um an dieser Stelle davon ein Foto zeigen zu können. Das Foto stammt aus dem Support-Bereich von Apple.

> You need to restart your computer. Hold down the Power button for several seconds or press the Restart button.
>
> Veuillez redémarrer votre ordinateur. Maintenez la touche de démarrage enfoncée pendant plusieurs secondes ou bien appuyez sur le bouton de réinitialisation.
>
> Sie müssen Ihren Computer neu starten. Halten Sie dazu die Einschalttaste einige Sekunden gedrückt oder drücken Sie die Neustart-Taste.
>
> コンピュータを再起動する必要があります。パワーボタンを数秒間押し続けるか、リセットボタンを押してください。

∧ **Abbildung 5.28** Kernel Panic

Es gibt nur sehr wenige Gründe für einen Systemabsturz von OS X. Die zwei typischen sind: schadhafte Arbeitsspeichermodule und schlecht programmierte oder unpassende *Kernel Extensions*. Kernel Extensions sind Dateien im Format KEXT. Oft handelt es sich dabei um Hardwaretreiber. Da die Wahrscheinlichkeit, dass Sie von einem Systemabsturz betroffen sein werden, sehr niedrig ist und es sich dabei – in dem seltenen Fall, dass es dazu kommt – um ein wirklich schwerwiegendes Problem handelt, empfehle ich Ihnen bei Ker-

nel Panics keine Selbsthilfemaßnahmen, sondern den Anruf beim Apple-Support.

Hilfe für Programme

Dem Thema Hilfe sind Sie bereits kurz in Kapitel 2 über die Benutzeroberfläche und in Kapitel 3 über den Finder begegnet. Was für die Hilfe im Finder gilt, gilt weitestgehend auch für alle anderen Programme. Sie finden das **Hilfe**-Menü immer als letztes Menü des aktuellen Programms in der Menüleiste. Das **Hilfe**-Menü bietet Ihnen ein Suchfeld, in das Sie einen Begriff eingeben können, wodurch Sie die entsprechenden Fundstellen in den Menüs angezeigt bekommen. Manche Programme haben so viele Menüs und Untermenüs, dass die Funktion eine wirklich großartige Unterstützung ist.

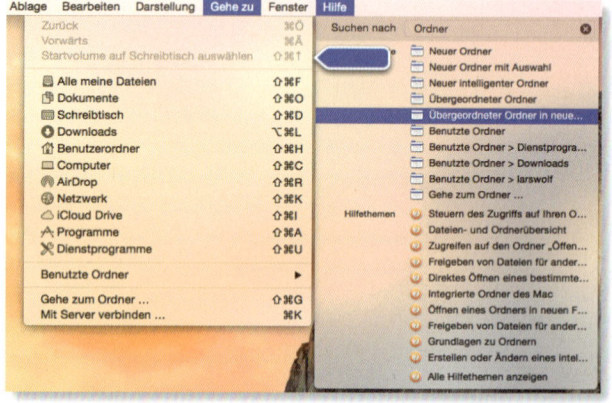

∧ **Abbildung 5.29** Spotlight im »Hilfe«-Menü der Programme hilft bei der Suche nach Menübefehlen. Bei englischsprachigen Programmen heißt das »Hilfe«-Menü entsprechend »Help«.

Werfen Sie bei Ihrem ersten Rundgang durch ein Programm stets auch einen Blick in das **Hilfe**-Menü. In vielen Programmen stellen Ihnen die Entwickler dort nicht nur das Suchfeld zur Verfügung, sondern auch zahlreiche Verknüpfungen zu weiteren Hilferessourcen im Internet (wie beispielsweise Videoanleitungen, Kontakt zum Support, Anwenderforen, Bedienungsanleitungen oder Newsletter).

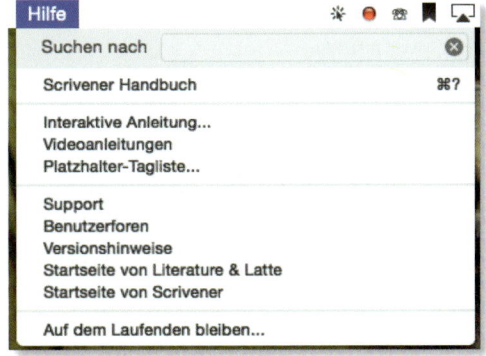

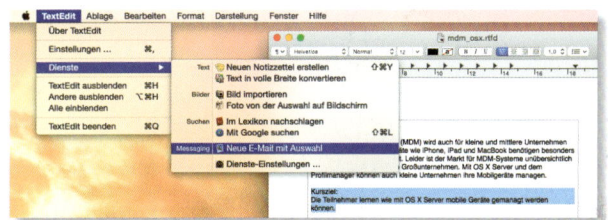

^ **Abbildung 5.30** *Manche Entwickler bieten im Menü »Hilfe« Zugang zu zahlreichen Hilfe-Ressourcen wie Foren oder dem Support.*

Programme von Apple – und auch viele Programme von anderen Entwicklern – stellen die Bedienungsanleitung in einem browserähnlichen Fenster dar, andere Hersteller integrieren sie zum Teil auch als PDF-Datei, die sich mit dem Programm Vorschau anzeigen lässt. Der Hilfe-Browser zeigt die Inhalte übersichtlich strukturiert an und verknüpft relevante Inhalte miteinander. Da es sich beim Hilfe-Browser um ein Fenster handelt, das sich immer im Vordergrund befindet, haben Sie die Möglichkeit, die Fenster so zu platzieren, dass Sie sowohl im Hilfe-Browser lesen als auch gleichzeitig in der gewünschten Anwendung die beschriebenen Aktionen vornehmen können.

^ **Abbildung 5.31** *Der Hilfe-Browser des Finders*

5.2 Dienste – Zusammenarbeit verschiedener Programme

Eine Besonderheit von OS X sind die *Dienste*. Dienste sind eine Möglichkeit, innerhalb eines Programms mit anderen Programmen zu interagieren. Mithilfe der Dienste schlagen Sie z. B. schnell und einfach einen Begriff im Lexikon nach oder stoßen einen Arbeitsablauf an, ohne dafür das aktuelle Programm verlassen zu müssen.

Abhängig vom ausgewählten Objekt (etwa markiertem Text oder einer markierten Datei) zeigt das **Dienste**-Menü des jeweiligen Programms kontextabhängig unterschiedliche Einträge an.

^ **Abbildung 5.32** *Dienste stehen kontextabhängig vom aktiven Programm und vom markierten Objekt zur Verfügung.*

Die Dienste zeigen eindrucksvoll, wie nahtlos OS X Programme und Systemfunktionen integriert. Gewöhnen Sie sich daran, die Dienste zu nutzen. Leider führen die Dienste im Untermenü des jeweiligen Programm-Menüs ein Schattendasein, und viele Anwender machen daher nicht von den Diensten Gebrauch. So entgeht ihnen die Erfahrung, wie optimal Programme und Betriebssystem zum Wohl des Anwenders Hand in Hand arbeiten. Mit dem Programm Automator können Sie sogar selbst weitere Dienste und somit persönliche Arbeitsabläufe erstellen und optimieren. Wie das geht, erfahren Sie in Kapitel 23, »Routineaufgaben automatisieren mit Automator und AppleScript«, ab Seite 787.

Um einen Dienst zu nutzen, markieren Sie im Finder eine Datei oder in einem anderen Programm einen beliebigen Text und rufen das **Dienste**-Menü auf. Das

Dienste-Menü zeigt Ihnen nun alle aktuell zum ausgewählten Element verfügbaren Aktionen an. Am besten probieren Sie es gleich aus:

1 Markieren Sie einen beliebigen Text in einem Programm. Hier im Beispiel habe ich ein Wort in einem Textdokument markiert.

2 Klicken Sie auf **[Programmname] > Dienste**, und wählen Sie den gewünschten Dienst aus, beispielsweise **Mit Google suchen**.

△ **Abbildung 5.33** Einen Dienst auswählen

Anschließend arbeitet der ausgewählte Dienst sein Programm ab. In diesem Beispiel wird ein Browserfenster geöffnet, in dem der Suchmaschine Google der markierte Text als Suchbegriff übergeben wird.

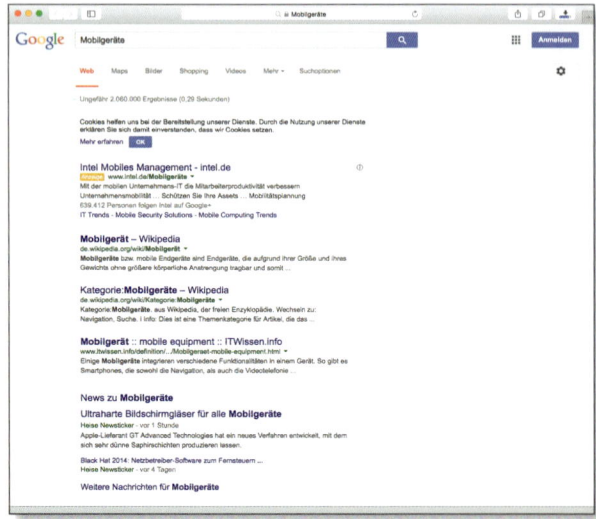

△ **Abbildung 5.34** Der markierte Text als Google-Suchbegriff

Probieren Sie aus, wie Ihnen die Dienste im Alltag bei der Arbeit behilflich sein können. Dienste sind eine Betriebssystemfunktion, die sich nicht aufdrängt, die man aber nicht mehr missen möchte, wenn man sich einmal daran gewöhnt hat.

△ **Abbildung 5.35**
Je restriktiver die Sicherheitseinstellungen, desto öfter begegnet Ihnen dieser Dialog.

5.3 Programme installieren

Jetzt haben Sie schon viel über die Bedienung von Programmen erfahren. Aber wie kommen die Programme auf Ihren Mac? Zunächst muss ein Programm den Weg auf Ihren Computer finden, sonst können Sie ja nichts damit anfangen. Wenn Sie einen Blick in den Ordner *Programme* werfen, sehen Sie, dass er bereits einige Programme enthält. Welche das sind, sehen wir uns in der Übersicht am Ende dieses Kapitels ab Seite 194 genauer an.

Zunächst sollten Sie wissen, wie Sie selbst weitere Programme installieren und wieder löschen. Dazu gibt es mehrere Wege, die aber alle so einfach sind, dass Sie keine Probleme damit haben werden.

Abbildung 5.36 *Der Ordner »Programme«: gut gefüllt mit vorinstallierten und selbst installierten Programmen*

Programme manuell installieren

Die einfachste Installationsmethode ist, ein Programm, das Sie auf CD, USB-Stick, als (bereits entpacktes) Disk Image etc. vorliegen haben, zu nehmen und per Drag & Drop in den *Programme*-Ordner Ihres Macs zu bewegen.

Abbildung 5.37 *Programminstallation per Drag & Drop*

Mehr müssen Sie nicht machen. Viele Programmentwickler machen es Ihnen besonders leicht und gestalten die Disk Images, mit denen sie ihre Programme vertreiben, entsprechend einfach, beispielsweise mit einem Alias zum *Programme*-Ordner neben dem Programm, sodass Sie nur das Programm auf den Alias bewegen müssen. Eine Übersicht besonders schöner und benutzerfreundlicher Disk Images finden Sie bei *www.flickr.com/groups/dmg*.

In den meisten Fällen wäre technisch nicht einmal das Bewegen des Programms in den Ordner *Programme* nötig, da die meisten Programme nicht wählerisch sind, von wo aus sie gestartet werden. Der Übersicht halber – und weil viele Programme für Updates darauf angewiesen sind – ist es jedoch eine gute Praxis, Programme auch in den *Programme*-Ordner zu legen und von dort zu starten. Manche Programme sind so clever programmiert, dass sie erkennen, ob sie z. B. von CD gestartet wurden. Sie machen Sie dann darauf aufmerksam, dass es besser wäre, das Programm erst in den *Programme*-Ordner zu legen und von dort zu starten, da beim Start von einem nur lesbaren, aber nicht beschreibbaren Volume wie einer CD möglicherweise nicht alle Funktionen in vollem Umfang zur Verfügung stehen.

Abbildung 5.38 *Manche Programme warnen Sie, wenn sie von einem nicht beschreibbaren Volume aus gestartet wurden.*

Programme aus dem App Store laden

Der einfachste Weg, Programme zu kaufen und zu installieren, führt über den App Store oder das gleichnamige Programm, das Sie über das Icon im Dock oder den Eintrag **App Store** im -Menü starten. Damit das Programm funktioniert und Sie Zugriff auf den Store bekommen, muss eine Verbindung zum Internet bestehen. Lesen Sie gegebenenfalls ab Seite 243 nach, wie Sie den Internetzugang an Ihrem Mac einrichten.

Wenn Sie ein Programm aus dem App Store laden, übernimmt der App Store den Download und die Installation des Programms. Sie müssen sich weiter um nichts kümmern. Nach erfolgter Installation finden Sie das geladene Programm im *Programme*-Ordner und können es sofort nutzen.

∧ **Abbildung 5.39** *Das App-Store-Icon im Dock*

Für Einkäufe im App Store benötigen Sie eine Apple-ID (die Sie übrigens nicht nur im App Store, sondern auch bei vielen anderen Gelegenheiten brauchen) sowie eine Kreditkarte oder eine Geschenkkarte für den App Store, mit der der Kauf im App Store im Prinzip so funktioniert wie die Verwendung einer Prepaid-Karte für Mobiltelefone.

Falls Sie noch keine Apple-ID haben, können Sie im App Store eine erstellen.

1 Starten Sie den App Store. Am einfachsten geht das mit einem Klick auf das Icon im Dock.

2 Um sich eine Apple-ID zuzulegen, klicken Sie im Abschnitt **Alles auf einen Klick** auf den Link **Account**.

3 Der App Store blendet daraufhin das Login-Fenster ein, wo Sie sich als Besitzer einer Apple-ID einloggen können. Da Sie noch keine Apple-ID haben, klicken Sie in diesem Fenster auf den Button **Apple-ID erstellen**.

∧ **Abbildung 5.40** *Der App Store leitet Sie nun Schritt für Schritt durch die Erstellung der Apple-ID.*

4 Klicken Sie im folgenden Willkommensfenster auf den Button **Weiter**.

5 Setzen Sie im nächsten Fenster das Häkchen bei **Ich habe die allgemeinen Geschäftsbedingungen gelesen und akzeptiere diese**, und klicken Sie auf den Button **Akzeptieren**.

6 Geben Sie im folgenden Fenster die abgefragten Daten an, und klicken Sie nach der Eingabe auf den Button **Weiter**.

∧ **Abbildung 5.41** *Eine Apple-ID ist leicht erstellt.*

7 Geben Sie im folgenden Fenster Ihre gewünschte Zahlungsmethode und die damit verbundenen Kreditkartendaten sowie Ihre Rechnungsadresse an.

∧ **Abbildung 5.42** *Kreditkartendaten eingeben oder Geschenkgutschein einlösen – eine Apple-ID benötigen Sie so oder so.*

Hier können Sie anstelle der Kreditkartendaten auch den Gutscheincode einer Geschenkkarte eingeben, wenn Sie zum ersten Mal eine Geschenkkarte einlösen. Später geht das auch einfacher, denn dann haben Sie Ihre Apple-ID ja bereits und können einfach auf der Startseite des App Stores im Abschnitt **Alles auf einen Klick** auf den Link **Einlösen** klicken.

8 Klicken Sie auf den Button **Apple-ID erstellen**. Sie sehen nun die Bestätigung, dass Ihre Apple-ID erfolgreich angelegt wurde. Nach ein paar Minuten erhalten Sie eine E-Mail mit der Mitteilung, dass Ihre Apple-ID aktiv ist. Sie können also ab sofort Ihre Apple-ID z. B. für Einkäufe im App Store nutzen.

9 Suchen Sie sich nun ein Programm aus, das Sie nutzen wollen. Im App Store steht natürlich auch eine Suchfunktion ❶ zur Verfügung.

▲ **Abbildung 5.43** *Viel Auswahl im App Store*

10 Klicken Sie das Programm an, über das Sie mehr wissen wollen. Im folgenden Infofenster erfahren Sie mehr über das Programm, seine Funktionen und wie andere Benutzer es finden.

11 Um das Programm nun zu laden und/oder zu kaufen, klicken Sie auf den Button mit der Preisangabe. Hier im Beispiel ist das Programm nicht kostenfrei erhältlich, und der Button zeigt entsprechend den Kaufpreis von **29,99 €** ❷ an.

▲ **Abbildung 5.44** *Die Detailinformationen zu einem Programm*

12 Der Button mit der Preisangabe zeigt nun die Beschriftung **App kaufen**. Da Sie genau das machen wollen, klicken Sie den Button an.

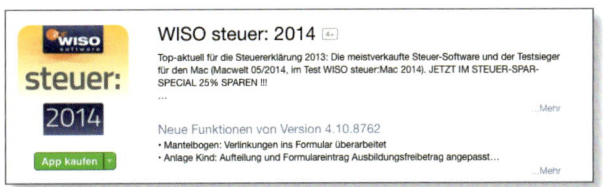

▲ **Abbildung 5.45** *Ein Programm aus dem App Store installieren*

Die folgenden Schritte hängen davon ab, ob Sie bereits eine Apple-ID haben und ob Sie mit dieser schon im Store angemeldet sind. Für das Beispiel gehen wir davon aus, dass Sie zwar über eine Apple-ID verfügen, aber nicht im Store angemeldet sind.

13 Geben Sie im folgenden Dialogfenster unter **Passwort** das Kennwort zu Ihrer Apple-ID (und gegebenenfalls auch die Apple-ID) ein, mit der Sie sich im App Store anmelden wollen. Klicken Sie auf den Button **Anmelden**, um den Kauf zu bestätigen und den Download des Programms einzuleiten.

▲ **Abbildung 5.46** *Die Anmeldung im App Store*

14 Daraufhin wird das Programm-Icon zum Launchpad hinzugefügt, und während des Downloads
und der Installation zeigt das Icon einen kleinen
Fortschrittsbalken, außerdem ist es noch schwarzweiß.

▲ **Abbildung 5.47** *Programme werden aus dem App
Store geladen und installiert.*

Ist die Installation abgeschlossen, wird das Programm-Icon im Launchpad von Sternchen umgeben angezeigt. Das Programm können Sie jetzt direkt aus Launchpad heraus starten.

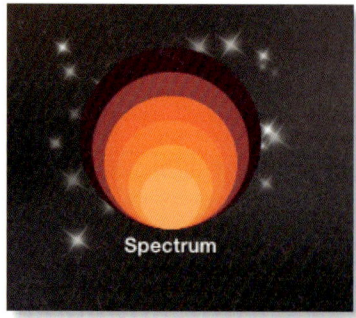

▲ **Abbildung 5.48** *Das Programm ist fertig installiert.*

Noch mehr zum App Store erfahren Sie im weiteren
Verlauf dieses Kapitels ab Seite 194.

Programme mithilfe eines Installers installieren

Manche Programme – speziell wenn es sich um etwas
komplexere Programme handelt – nutzen ein Installationsprogramm. Dabei gibt es zwei Arten von Installa-
tionsprogrammen:

- das systemeigene Installationsprogramm, das für
die Installation von Software mit dem Dateiformat
PKG genutzt wird

- selbst gestrickte Installationsprogramme von Drittanbietern

Leider halten sich die Installationsprogramme Dritter
oft nicht an die Vorgaben von Apple bezüglich Aussehen und Bedienung. Das ist zwar nicht tragisch, hin-
terlässt aber in manchen Fällen einen schalen Bei-
geschmack, da es den Anschein vermittelt, dass ein
Produkt, das für eine andere Betriebssystemplattform
entwickelt wurde, nun auch mal eben für den Mac
lauffähig gemacht wurde. Mit einem richtigen Mac-
Programm hat das jedoch nichts zu tun.

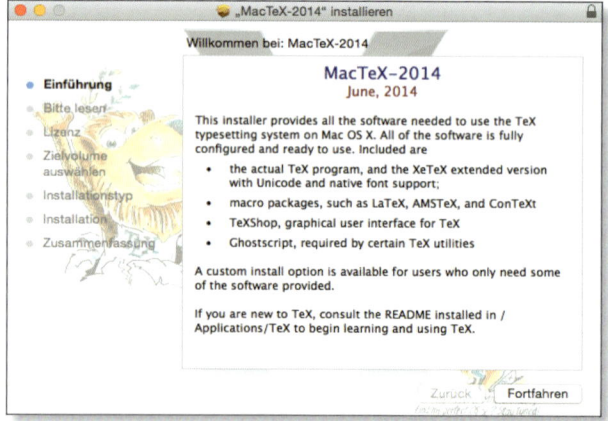

▲ **Abbildung 5.49** *Ein Installationsprogramm, das Software im Format PKG installiert.*

Der Installationsvorgang einer PKG-Datei läuft im Detail so ab:

1 Doppelklicken Sie auf die gewünschte Datei. Anschließend startet der Installer und führt Sie durch
die Installationsschritte. Typischerweise zeigt der

erste Schritt Informationen zu der Software an, die Sie installieren wollen.

^ **Abbildung 5.50** *Die PKG-Datei im Ordner »Downloads«*

2 Klicken Sie auf den Button **Fortfahren**. In den folgenden Schritten können Sie – je nachdem, mit welchen Vorgaben die PKG-Datei erstellt wurde – verschiedene Informationen zu der zu installierenden Software sowie den Softwarelizenzvertrag lesen und das Zielvolume für die Software auswählen. Dazu erfolgt ein entsprechender Hinweis oder Button, über den Sie den Installationsort auswählen können.

^ **Abbildung 5.51** *Lesen Sie den Softwarelizenzvertrag.*

3 Klicken Sie auf den Button **Fortfahren**. Bei Bedarf passen Sie im folgenden Schritt den Installationsort an. Wenn Sie auf den Button **Ort für die Installation ändern** klicken, zeigt der Installer die verfügbaren Volumes, und Sie wählen dann das gewünschte Volume durch einen Klick darauf aus. Meist ist das aber nicht nötig.

^ **Abbildung 5.52** *Bei Bedarf ändern Sie das Installationsziel.*

4 Klicken Sie auf den Button **Installieren**. Anschließend fragt das Installationsprogramm in einem Dialogfenster nach Ihrem Administratorkennwort, da während der Installation oft auf systemrelevante Ordner zugegriffen werden muss. Geben Sie es ein, und klicken Sie auf den Button **Software installieren**.

^ **Abbildung 5.53** *Zur Installation der Software sind Administratorrechte erforderlich.*

5 Der Installer zeigt den Fortschritt der Installation an und präsentiert zuletzt ein Fenster, das Sie über Erfolg oder Misserfolg der Installation informiert. Die installierte Software steht Ihnen nun (in der Regel) im Ordner *Programme* zur Verfügung, und Sie können sie mit einem Doppelklick auf das Programmicon starten. In manchen Fällen wird Ihnen der Programmstart nach Abschluss der Installation bereits im Installer angeboten.

^ **Abbildung 5.54** *Diese Installation wurde erfolgreich beendet.*

INFO

Warum ein Installer?
Warum nutzen manche Programme einen Installer, wenn es doch ausreicht, ein Programm in den *Programme*-Ordner zu legen? Manche Programme sind beispielsweise darauf angewiesen, bestimmte Dateien oder Informationen in Systemordnern vorzufinden oder selbst dort abzulegen. Da der manuelle Aufwand dafür zu groß ist, erledigt das ein Installer einfacher und zuverlässiger.

5.4 Programme aktualisieren

Programme zu aktualisieren ist genauso einfach wie das Installieren von Programmen. Bei der Aktualisierung von Programmen gibt es ebenso wie bei der Installation mehrere Möglichkeiten.

Neue Programmversionen installieren

Bei der manuellen Aktualisierung ersetzen Sie das aktuelle Programm durch eine neuere Version.

1 Bewegen Sie eine neuere Version des Programms durch Drag & Drop in den *Programme*-Ordner.

2 Der Finder macht Sie nun darauf aufmerksam, dass das Programm bereits vorhanden ist. Klicken Sie auf den Button **Ersetzen**.

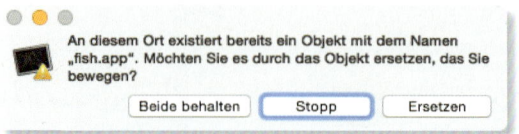

^ **Abbildung 5.55** *Eine ältere Programmversion durch eine neuere ersetzen*

Die neuere Programmversion ersetzt nun die ältere, und schon ist das Programm auf dem aktuellen Stand.

TIPP

Lieber nicht »beide Dateien behalten«
Die Möglichkeit, beide Dateien zu behalten, bietet der Finder erst seit OS X 10.7. Das ist beim Umgang mit Dateien eine sehr praktische und hilfreiche Funktion. Beim Update von Programmen ist es aber meist keine gute Idee, mehrere Versionen eines Programms gleichzeitig auf demselben Mac installiert zu haben, weil sonst die Dateizuordnung »aus dem Tritt« kommen kann.

Programm-Updates einzeln installieren

Viele Programme enthalten einen automatischen Update-Mechanismus. Oft lässt sich in den Einstellungen eines Programms festlegen, ob das Programm selbstständig in bestimmten, meist einstellbaren Intervallen nach Aktualisierungen suchen soll oder ob Sie die Suche manuell anstoßen wollen.

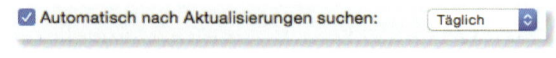

^ **Abbildung 5.56** *Typische Einstellung, wie viele Programme sie bieten*

Ist für ein Programm ein Update verfügbar, hängt der weitere Vorgang davon ab, wie der Entwickler des Programms den Update-Mechanismus implementiert hat.

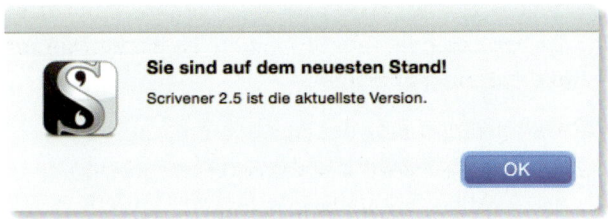

▲ **Abbildung 5.57** *Nicht immer ist ein Update verfügbar.*

Das Update wird in einen temporären Ordner heruntergeladen und entpackt. Anschließend wird die laufende Version des Programms beendet, das Update automatisch installiert und das dann aktualisierte Programm (neu) gestartet. Das ist ein für Sie sehr einfacher Prozess, der meist nur wenige Minuten in Anspruch nimmt, ohne dass Sie selbst etwas tun müssen – ist die neue Programmversion allerdings recht groß, dauert natürlich auch der Download entsprechend länger. Meist informiert Sie aber eine Fortschrittsanzeige über den aktuellen Stand des Update-Prozesses.

▲ **Abbildung 5.58** *Informationen über das verfügbare Update werden eingeblendet.*

Sie können bis zum fälligen Neustart des Programms wie gewohnt weiterarbeiten. Diese vorbildliche Benutzerfreundlichkeit hat das Sparkle-Framework innerhalb kürzester Zeit zum beliebtesten Update-Mechanismus in der Mac-Entwicklergemeinde gemacht. Wenn Ihnen ein Programm in den Einstellungen also anbietet, automatisch nach Aktualisierungen zu su-

chen, sollten Sie davon Gebrauch machen, denn so müssen Sie nie überlegen, ob Sie auf dem aktuellsten Stand sind – Sie sind es einfach.

Updates aus dem App Store – automatische Suche nach Updates

Sowohl Programme von Apple als auch alle anderen Programme, die Sie über den App Store installiert haben, lassen sich über diesen auch auf den neuesten Stand bringen.

1 Klicken Sie im -Menü auf **App Store**, oder starten Sie den App Store im Launchpad.

2 Im App Store angekommen, klicken Sie in der Symbolleiste auf **Updates**. Der App Store wird daraufhin automatisch nach Updates Ihrer installierten Programme durchsucht, und es werden Ihnen verfügbare Updates im oberen Bereich des Fensters angezeigt, sofern welche vorhanden sind. Sind alle Programme auf dem aktuellen Stand, bleibt die Anzeige leer.

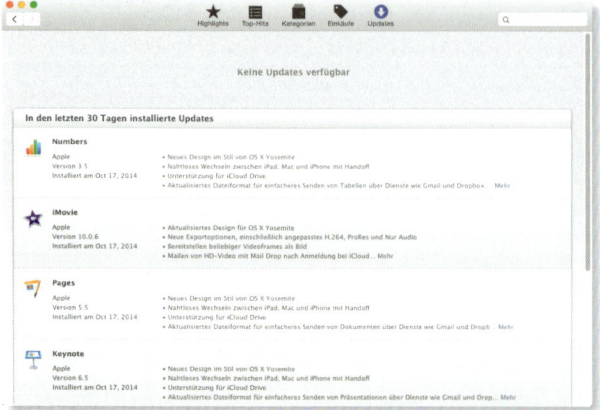

Abbildung 5.59 *Hier sind alle Programme auf dem aktuellsten Stand.*

3 Für Detailinformationen des jeweiligen Updates klicken Sie auf den Button **Mehr** ❶.

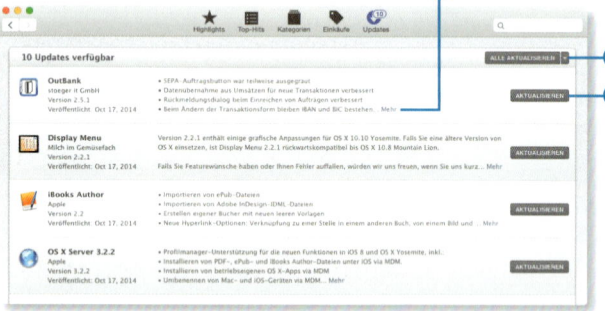

Abbildung 5.60 *Einige Updates stehen bereit.*

Sie haben nun die Möglichkeit, einzelne Programme durch Klick auf den Button **Aktualisieren** ❷ rechts von der Programmbeschreibung zu aktualisieren oder alle auf einmal durch Klick auf den Button **Alle Aktualisieren** ❸. Klicken Sie auf das kleine Dreieck neben der Schaltfläche **Alle Aktualisieren**, wenn Sie die Aktualisierung der Programme zu einem späteren Zeitpunkt durchführen und vom System daran erinnert werden möchten.

Abbildung 5.61 *Alle Apps auf einmal aktualisieren*

Gegebenenfalls sehen Sie anschließend den Dialog für den Login im App Store, den Sie bereits von der Installation her kennen.

Anschließend lädt der App Store die Updates und installiert sie. Während des Update-Vorgangs informiert Sie ein Statusbalken über die Dauer des Updates.

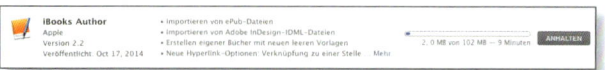

Abbildung 5.62 *Information während des Updates*

4 Bei Bedarf können Sie ein Update auch durch Klick auf den Button **Anhalten** pausieren lassen und es später durch einen Klick auf den Button **Fortsetzen** erneut anwerfen, ohne den Download noch einmal vollständig vornehmen zu müssen.

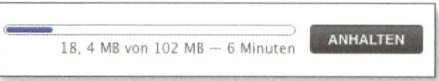

Abbildung 5.63 *Updates lassen sich auch komfortabel zwischendurch anhalten.*

Wenn Sie die Softwareaktualisierung auf einem mobilen Mac starten, achten Sie darauf, den Mac an die Stromversorgung anzuschließen. Im Batteriebetrieb sind Updates zwar möglich, aber nicht empfehlenswert. Für gewöhnlich brauchen Sie die Softwareaktualisierung nicht selbst zu starten, da sie nach einer Standardinstallation automatisch wöchentlich nach aktualisierter Software sucht und gegebenenfalls Meldung macht. Sie können in den Systemeinstellungen mit einem Klick auf **App Store** dieses Verhalten abstellen.

INFO

Neustart nach Updates
Nach manchen Updates – speziell wenn es sich um Betriebssystem-Updates handelt – ist ein anschließender Neustart des Macs nötig. Dank der Resume-Funktion kann Ihnen das aber egal sein, denn nach dem Neustart arbeiten Sie exakt da weiter, wo Sie gerade waren.

Abbildung 5.64 Die Softwareaktualisierung in den Systemeinstellungen im Bereich »App Store« anpassen

5.5 Programme deinstallieren

Wenn Sie oft Programme aus dem Internet herunterladen, werden sich mit der Zeit viele Programme auf Ihrem Mac ansammeln. Sicherlich werden Sie dann das eine oder andere Programm nicht mehr benötigen und es deinstallieren wollen.

Wie schon bei Installation und Update gibt es auch beim Löschen von Programmen mehrere Wege.

Programme löschen per Drag & Drop

Programme zu deinstallieren bzw. zu löschen ist ebenso einfach, wie sie zu installieren und zu aktualisieren. In nahezu allen Fällen reicht es vollkommen aus, das Programm per Drag & Drop aus dem Ordner *Programme* in den Papierkorb zu bewegen. Haben Sie ein Programm in den Papierkorb gelegt und diesen entleert, erinnert nichts mehr an das Programm.

Abbildung 5.65 Wenn Sie ein Programm aus dem Ordner »Programme« in den Papierkorb bewegen, ist es damit bereits deinstalliert.

Wenn Sie ein Programm per Drag & Drop oder mit dem Launchpad löschen, löschen Sie in der Regel nur das Programm. Einstellungsdateien und etwaige andere Hilfsdateien bleiben davon meist unberührt. Das ist auch kein Problem, weil es sich dabei meist nur um simple Textdateien handelt. Sie stören nicht, und ihre Anwesenheit beeinträchtigt auch das System in keiner Weise – zumal Sie für den Fall, dass Sie das Programm möglicherweise später doch noch einmal installieren, bei dem Stand weitermachen können, bei dem Sie das Programm deinstalliert haben, weil Ihre Einstellungen alle noch vorhanden sind.

Haben Sie ein aus dem App Store gekauftes Programm gelöscht, ist es nicht für immer verloren. Der App Store zeigt im Bereich **Einkäufe** stets alle Programme an, die Sie im App Store gekauft haben – also auch die Programme, die Sie zwischenzeitlich wieder gelöscht haben. Anhand der Buttons sehen Sie, ob ein erworbenes Programm derzeit installiert ist oder nicht. Ein erneuter Klick auf **Installieren** bringt das Programm zurück auf Ihren Mac.

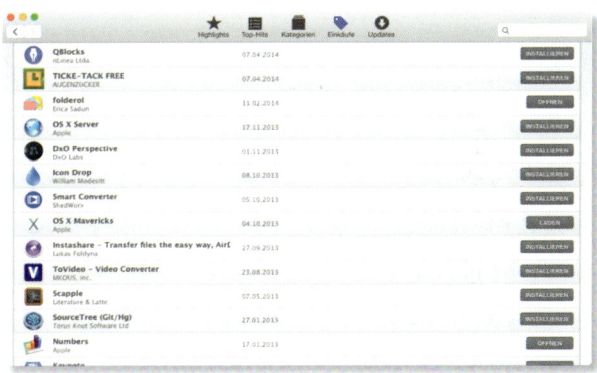

Abbildung 5.66 Der App Store zeigt alle gekauften Programme an – auch die, die aktuell nicht (mehr) installiert sind.

Programme mit dem Launchpad löschen

Das Launchpad bietet eine weitere Art, Programme, die aus dem App Store stammen, bequem zu löschen, die vor allem den Nutzern von iPhone und iPad vertraut ist.

1 Starten Sie das Launchpad, z. B. über einen Klick auf das Raketen-Icon im Dock.

2 Drücken Sie die Taste `alt`, und halten Sie sie gedrückt. Sie sehen, wie die Programmsymbole anfangen zu wackeln. Die von Ihnen nachträglich über den App Store installierten Programme zeigen links oben im Icon ein kleines **x** an.

∧ **Abbildung 5.67** *Löschbare Programme zeigen ein »x« im Icon.*

3 Klicken Sie bei dem Programm, das Sie löschen möchten, auf das **x**. Das Launchpad zeigt daraufhin einen Bestätigungsdialog, in dem Sie auf den Button **Löschen** klicken. Das Icon wird vom Launchpad entfernt, und das Programm ist damit gelöscht.

∧ **Abbildung 5.68** *Rückfrage vor dem Löschen*

Wenn Sie ein Programm aus dem Launchpad entfernen, wird es ebenfalls aus dem Ordner *Programme* entfernt, also gelöscht. In diesem Fall ist der Löschvorgang sofort definitiv. Programme, die Sie mit dem Launchpad löschen, landen nicht zuerst im Papierkorb!

Programme mit einem Uninstaller löschen

In sehr seltenen Fällen platzieren Programme einen eigenen *Uninstaller*, also ein kleines Programm zum Deinstallieren, im *Programme*-Ordner. Ist das der Fall,

starten Sie den Uninstaller und folgen seinen Anweisungen. Sollten Sie den Uninstaller übersehen und das Programm manuell gelöscht haben, ist das in der Regel aber auch kein Beinbruch, es bleiben normalerweise nur Einstellungsdateien auf Ihrem Mac, die nicht weiter stören.

Allgemeine Uninstaller

Man kann Uninstaller erwerben, die versprechen, zuverlässig Programme und alle zugehörigen Dateien zu löschen. Ich rate von solchen Programmen ausnahmslos ab. Mir ist noch keines begegnet, das tatsächlich so zuverlässig löscht, wie es vom Hersteller beworben wird. Viel schwerwiegender ist aber, dass ein derart rigoroses Löschen nicht nötig ist und die Uninstaller unter Umständen dabei mehr Schaden auf Ihrem Mac anrichten, als sich durch sie tatsächlich gewinnen lässt. Gehen Sie von dem Geld, das Sie durch den Nichtkauf eines solchen Programms sparen, lieber mit der Familie lecker essen.

5.6 Die vorinstallierten Programme

Nachdem Sie nun einiges über Programme im Allgemeinen erfahren haben, sehen wir uns die mit dem Betriebssystem mitgelieferten Programme im Überblick an. Die wichtigsten Programme Ihres Macs werden in späteren Kapiteln dann noch einmal ausführlich behandelt.

App Store

Den App Store haben Sie ja bereits im Verlauf des Kapitels kennengelernt, als Sie von dort Programme installiert und aktualisiert haben (siehe Seite 185 und Seite 191). Wir wollen an dieser Stelle einen genaueren Blick darauf werfen und uns ansehen, wie Sie bei der Fülle von verfügbaren Programmen den Überblick behalten und im App Store die Programme finden, für die Sie sich interessieren.

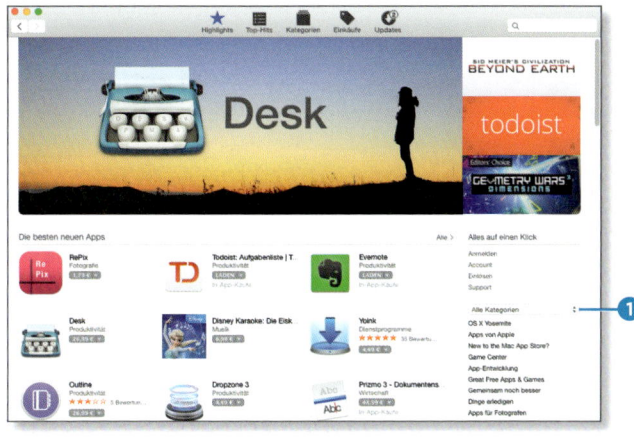

▲ **Abbildung 5.69** *Der App Store*

Eine erste Filterungsmöglichkeit ist, nur die Programme einer bestimmten Kategorie anzeigen zu lassen. Dafür bietet der App Store ein Auswahlmenü ❶, mit dem Sie einzelne Kategorien auswählen können.

▲ **Abbildung 5.70** *Die verfügbaren Kategorien im App Store*

1 Wählen Sie aus dem Auswahlmenü beispielsweise **Produktivität** aus. Anschließend zeigt der App Store eine Übersicht über die Programme aus dieser Kategorie. Blättern Sie die Liste vollständig durch,

oder sortieren Sie sie weiter, z. B. nach Gratisprogrammen.

2 Klicken Sie dazu im Bereich **Gratis** rechts im App Store auf den Link **Alle**. Nun zeigt der App Store nur noch solche Programme aus der Kategorie an, die gratis verfügbar sind.

▲ **Abbildung 5.71** *Im App Store finden Sie viele kostenlose Programme.*

3 Die Sortierung lässt sich noch ein weiteres Mal beeinflussen. Zunächst sortiert der App Store die verfügbaren Programme nach Bestsellern. Sie haben aber auch die Möglichkeit, die Ansicht alphabetisch zu sortieren. Klicken Sie dazu im Auswahlmenü ❷ auf **Name**.

▲ **Abbildung 5.72** *Die Sortierung im App Store anpassen*

So gewinnen Sie auch bei der Vielzahl der Programme schnell eine Übersicht. Hilfreich ist hier natürlich auch die Suchfunktion, die Sie sogar aus dem Finder aufrufen können und die gerade da besondere Funktionen bietet, weil so beispielsweise auch die Suche nach bestimmten Dateitypen möglich ist. So finden Sie etwa alle Programme, die mit einem bestimmten Dateityp umgehen können.

Das ist besonders praktisch, wenn Sie z. B. per Mail eine Datei zugeschickt bekommen, für die kein geeignetes Programm auf Ihrem Mac installiert ist. Erscheint nach dem Doppelklick auf die Datei das Fenster aus Abbildung 5.73, fühlt sich kein auf Ihrem Mac installiertes Programm dafür verantwortlich, die Datei zu öffnen. Wenn Sie bereits ein passendes Programm installiert haben, können Sie es mit **Programm auswählen** manuell zuweisen.

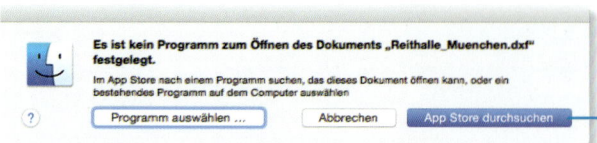

∧ **Abbildung 5.73** *Bei unbekannten Dateiformaten hilft der App Store.*

Können Sie die Datei mit keinem Programm öffnen, klicken Sie im Dialog auf **App Store durchsuchen ❶**. Anschließend zeigt der App Store eine Liste der verfügbaren Programme, die die Datei öffnen können. Dabei ist ein Blick in das Suchfeld ❷ des App Stores interessant: Dort hat der Finder als Suchparameter nicht nur die Endung der Datei eingegeben, sondern auch den Hinweis auf Englisch, dass es sich um eine Endung handelt (*extension*).

∧ **Abbildung 5.74** *Die Suche nach der Endung und die Ergebnisse*

Das ist eine hilfreiche Verfeinerung der Suche, denn hätten Sie beispielsweise als Suchbegriff einfach nur »dxf« eingegeben, hätten die Ergebnisse ganz anders ausgesehen.

∧ **Abbildung 5.75** *Der gleiche Suchbegriff, aber ohne Zusatzangabe, führt zu einem deutlich anderen Ergebnis.*

Im App Store ohne Kreditkarte einkaufen

Für Einkäufe im App Store oder iTunes Store benötigen Sie eine Kreditkarte. Wenn Sie aber ungern mit Kreditkarten einkaufen, können Sie den AppStore trotzdem nutzen. Denn es gibt einen alternativen Weg, dort einzukaufen: mithilfe von iTunes-Geschenkkarten, die Sie im Einzelhandel erhalten. Diese Karten gibt es in verschiedenen Preisklassen. Dabei handelt es sich um ein ähnliches Prinzip wie bei Prepaid-Telefonen: Sie kaufen eine Karte eines bestimmten Werts und können diesen dann entsprechend einlösen. Der App Store und der iTunes Store bieten beide im Bereich **Alles auf einen Klick** jeweils einen Link namens **Einlösen**.

∧ **Abbildung 5.76** *Im App Store und im iTunes Store können Sie auch ohne Kreditkarte einkaufen.*

Dieser Link führt Sie zu einer Eingabemaske, in der Sie die Nummer Ihrer Geschenkkarte eingeben. Anschließend können Sie von diesem Guthaben einkaufen.

Noch bequemer können Sie das Guthaben auch mit der eingebauten iSight-Kamera Ihres Macs Ihrem Konto hinzufügen, klicken Sie dazu auf den Button **Ka-**

mera verwenden. Halten Sie nun die Geschenkkarte vor Ihre Kamera, der Rest geschieht automatisch, und das entsprechende Guthaben wird Ihrem Konto gutgeschrieben.

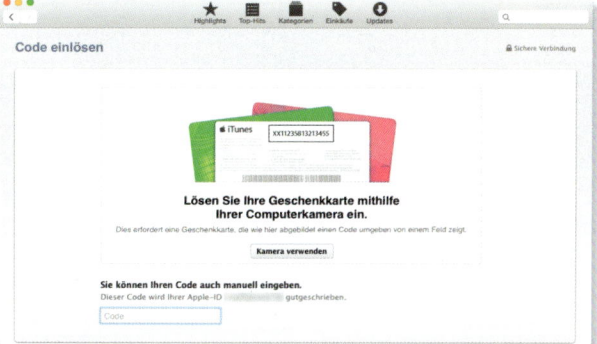

▲ **Abbildung 5.77** Code von der Geschenkkarte eingeben und einkaufen

Automator

Das Programm ist, wie der Name schon vermuten lässt, ein Programm, mit dem Sie Aufgaben automatisieren. Wenn Sie richtig in die Arbeit mit Automator einsteigen wollen, finden Sie in Kapitel 23, »Routineaufgaben automatisieren mit Automator und AppleScript«, ab Seite 787 weitere Informationen.

▲ **Abbildung 5.78** Das Programm-Icon von Automator

Sicher werden Sie schon nach kurzer Zeit mit Ihrem neuen Mac Routinearbeiten ausmachen, die Sie gerne automatisch erledigt hätten. Dabei hilft Ihnen Automator. Mit Automator können Sie ohne Programmier-kenntnisse auch komplexe Arbeitsabläufe mit mehreren beteiligten Programmen zusammenklicken und abspeichern. Je nach ausgewähltem Verwendungszweck können diese Arbeitsabläufe beispielsweise – durch bestimmte Ereignisse ausgelöst – selbstständig aktiv werden; oder Sie starten sie gezielt, etwa wenn der Ablauf als Programm gesichert wurde.

Beim Start von Automator können Sie auf dem Begrüßungsbildschirm bereits auswählen, welche Art von Ablauf Sie erstellen möchten.

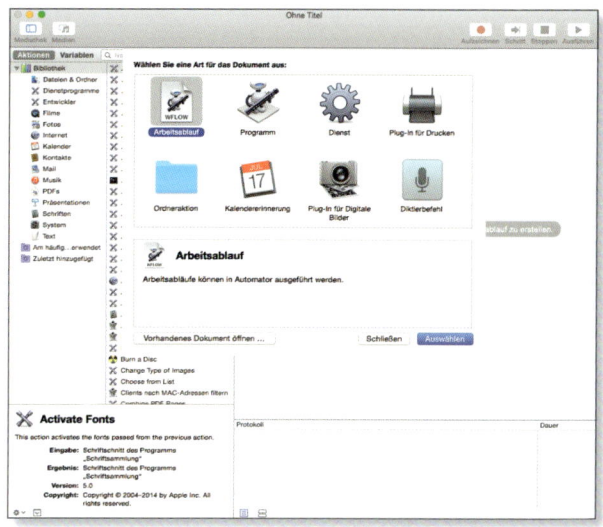

▲ **Abbildung 5.79** Der Startbildschirm von Automator

Prinzipiell ist es sinnvoll, an dieser Stelle bereits auszuwählen, welche Art von Automatismus Sie erstellen möchten, da die Arten sich vor allem dadurch unterscheiden, wie sie ausgelöst werden und welche Art von Information als Eingabe gebraucht oder akzeptiert wird. Wenn Sie sich nicht sicher sind, welche Verwendung für Ihr Projekt geeignet ist, wählen Sie eine der verfügbaren Optionen aus. Sie erhalten dann weitere Informationen über Art, Verwendung und Input.

Im Zweifelsfall ist es meist am hilfreichsten, mit einem **Arbeitsablauf** zu beginnen. Im folgenden Beispiel sehen wir uns an, wie sich mit Automator bequem Bilder umwandeln lassen können, ohne dafür extra ein Bildbearbeitungsprogramm starten zu müssen.

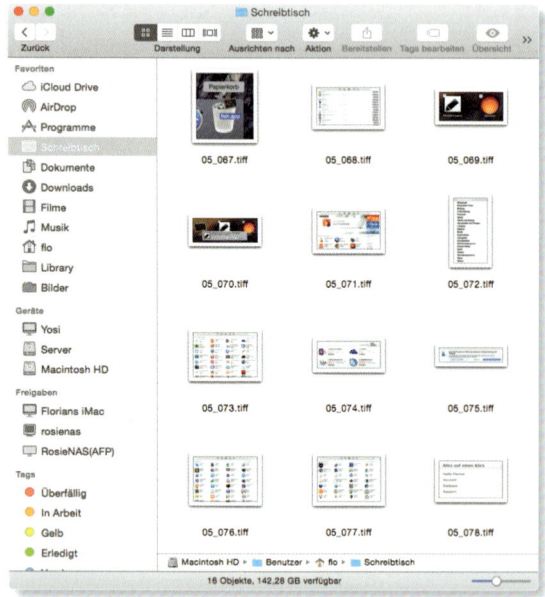

Abbildung 5.80 *Viele Bilder sollen umgewandelt werden.*

1 Legen Sie einen neuen Arbeitsablauf an.

2 Als erste Aktion muss der Arbeitsablauf wissen, welche Dateien er bearbeiten soll. Wählen Sie dazu zunächst ganz links im Bereich **Bibliothek** die Kategorie **Dateien & Ordner**, und fügen Sie aus der Liste die Aktion **Ausgewählte Finder-Objekte abfragen** per Doppelklick oder Drag & Drop zum Ablauf hinzu.

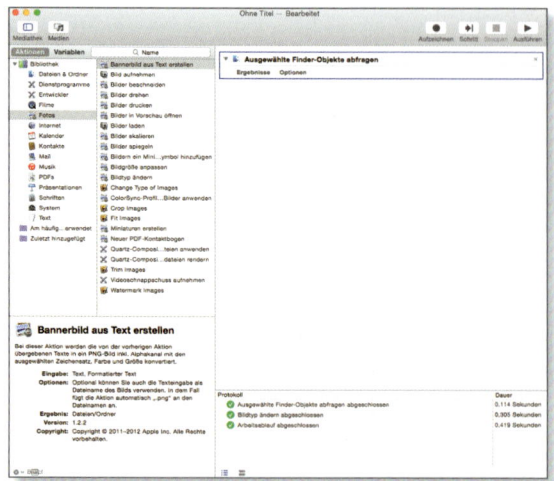

Abbildung 5.81 *Die gewünschten Dateien suchen*

Um aus der Fülle der Aktionen diejenige zu finden, die Bilder umwandeln kann, nutzen Sie das Suchfeld. Mögliche Suchstichworte, die sich eignen, sind »ändern«, »umwandeln« oder das gewünschte Dateiformat, in das die Bilder umgewandelt werden sollen.

Abbildung 5.82 *Bei den Suchergebnissen scheint etwas Passendes dabei zu sein.*

3 Klicken Sie die Aktion **Bildtyp ändern** ❶ an. Automator zeigt Informationen zur ausgewählten Aktion links unten im Fenster an.

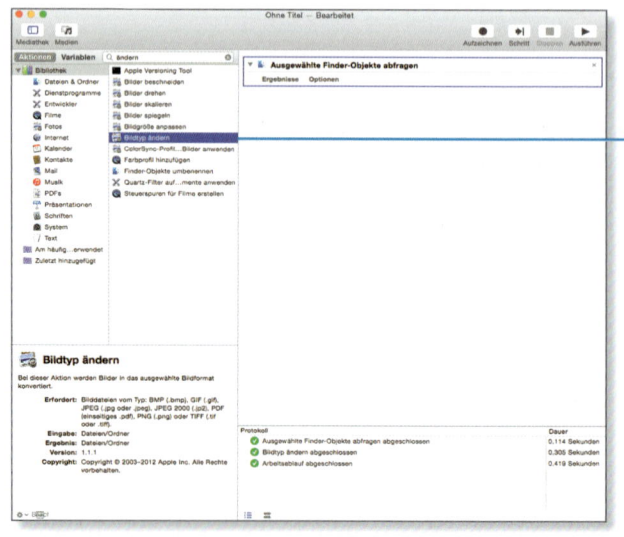

Abbildung 5.83 *Die ausgewählte Aktion scheint die gesuchte zu sein.*

4 Ziehen Sie die Aktion nach rechts, um sie als zweiten Schritt für den Arbeitsablauf zu verwenden.

In dem folgenden Hinweisfenster können Sie entscheiden, ob Sie mit den Originaldateien fortfahren möchten oder ob Automator für den Arbeitsablauf Kopien der gewählten Dateien erstellen soll. Eine sehr vernünftige Vorsichtsmaßnahme, aber dennoch arbeiten wir für das Beispiel mit den Originaldateien und klicken auf **Nicht anwenden**.

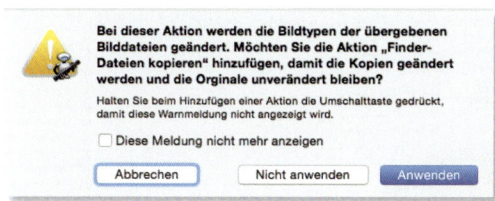

△ **Abbildung 5.84** *Automator zeigt einen Sicherheitshinweis.*

5 Wählen Sie in den Einstellungen der Aktion **Bildtyp ändern** aus dem Auswahlmenü **In Typ** ➋ den gewünschten Dateityp aus.

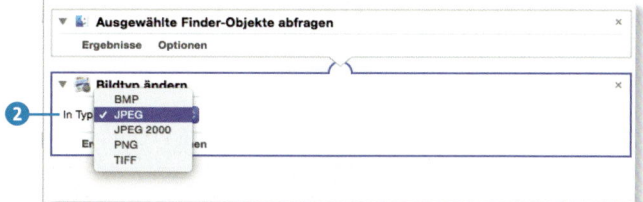

△ **Abbildung 5.85** *Die passenden Einstellungen für jeden Arbeitsschritt auswählen.*

Der Arbeitsablauf ist damit fertiggestellt. Zeit also, ihn auszuprobieren.

6 Markieren Sie im Finder eine Bilddatei, mit der Sie den Ablauf testen wollen.

7 Klicken Sie danach in Automator in der Symbolleiste auf den Button **Ausführen**.

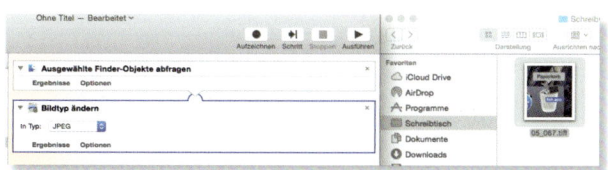

△ **Abbildung 5.86** *Der komplette Ablauf, bereit, getestet zu werden.*

Nach erfolgreichem Test sehen Sie, wie einfach es ist, mit nur wenigen Klicks und einem Zeitaufwand von weniger als einer Minute Bilder automatisiert umzuwandeln.

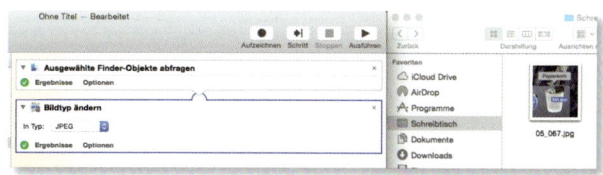

△ **Abbildung 5.87** *Die Umwandlung hat geklappt.*

Wenn der Arbeitsablauf erfolgreich getestet wurde, ist es natürlich sinnvoll und erstrebenswert, ihn so zu speichern, dass er später jederzeit griffbereit zur Verfügung steht – z. B. als Programm. Wählen Sie dies im Sicherungsdialog im Bereich **Dateiformat** ➌ aus.

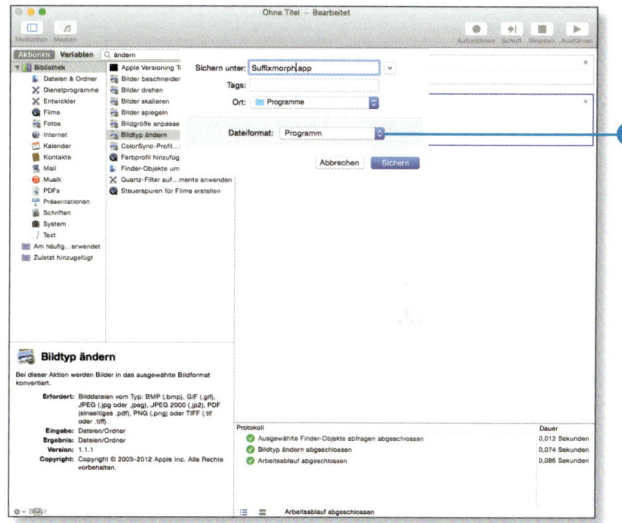

△ **Abbildung 5.88** *Den Arbeitsablauf als Programm speichern*

Ist der Ablauf als Programm gespeichert, kann er jederzeit bequem aufgerufen werden. Besonders praktisch ist es, so einem »Helferlein« einen prominenten Platz zu geben, beispielsweise in der Symbolleiste des Finders. Drücken Sie dazu die Tasten [alt] + [cmd], und ziehen Sie das gewünschte Programm auf die Symbolleiste des Finders.

▲ Abbildung 5.89 *Stets griffbereit: eine Programmver-knüpfung in der Symbolleiste des Finders*

Noch praktischer ist es, den Arbeitsablauf als Dienst zu speichern, denn dann steht er im **Dienste**-Menü, mit optionalem eigenen Tastaturbefehl, jederzeit zur Verfügung – nicht nur im Finder oder als Programm, das zunächst aufgerufen werden muss. So lässt sich Automation einfach und nutzbringend anwenden. Mit einem Bildbearbeitungsprogramm wäre die Umwandlung von Dateien sehr viel lästiger und aufwendiger. Wenn Sie mehr zum Thema Automation am Mac mithilfe des Automators erfahren möchten, lesen Sie in Kapitel 23, »Routineaufgaben automatisieren mit Automator und AppleScript«, ab Seite 787 weiter. Sie werden sehen, dieses kleine Programm kann Ihren Arbeitsalltag enorm erleichtern.

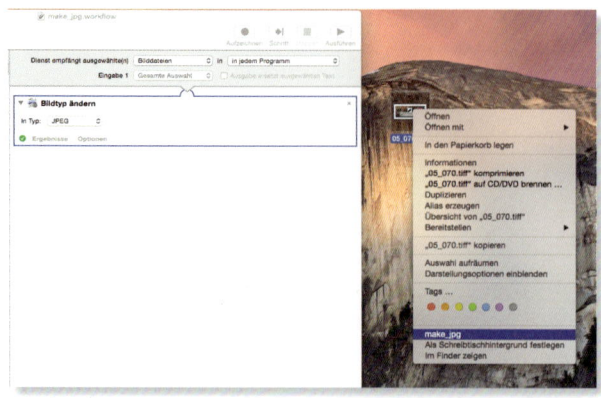

▲ Abbildung 5.90 *Besonders praktisch: Arbeitsablauf als Dienst*

Dashboard

Das Dashboard ist eigentlich kein Programm im herkömmlichen Sinne, sondern eine Umgebung, in der kleine Programme – sogenannte *Widgets* – ausgeführt werden. Widgets sind eigentlich nichts anderes als kleine Webseiten, und das Dashboard ist quasi der Browser, in dem sie angezeigt werden. Das Dashboard und die Widgets werden ausführlich in Kapitel 10, »Schnelle Infos – Dashboard und Widgets«, siehe Seite 353, beschrieben.

▲ Abbildung 5.91 *Das Icon des Dashboards*

Dienstprogramme

Im Ordner *Dienstprogramme* befinden sich Programme, die Sie eher selten, dafür aber im Falle des Falles meist umso dringender brauchen. Es handelt sich bei den Dienstprogrammen vor allem um Programme für administrative Zwecke. Zum Beispiel finden Sie hier das Festplattendienstprogramm. Die Dienstprogramme werden ausführlich in Kapitel 16, »Dienstprogramme – nützliche Helfer«, ab Seite 605 beschrieben.

▲ Abbildung 5.92 *Die Dienstprogramme*

Digitale Bilder

Digitale Bilder ist ein auf den ersten Blick recht unscheinbares, aber dennoch umfangreiches Programm. Mit Digitale Bilder können Sie Bilder von Digitalkameras importieren und Scanner ansteuern. Die Geräte müssen dabei nicht unbedingt an den jeweiligen Computer angeschlossen sein, da Digitale Bilder auch auf freigegebene Geräte im Netzwerk zugreifen kann.

Dem Programm Digitale Bilder begegnen Sie erneut in den Kapiteln über iPhoto (ab Seite 485) und den Alternativen zu iLife (ab Seite 531).

^ **Abbildung 5.93** Das Icon von Digitale Bilder

DVD-Player

DVD-Player zeigt, wenig überraschend, DVDs an. Wenn Sie eine Film-DVD in Ihren Mac einlegen, startet DVD-Player, um die DVD abzuspielen. Zusätzlich zu den Abspielfunktionen, die Sie auch von einem gewöhnlichen DVD-Player erwarten würden, bietet DVD-Player in OS X die Funktion, Lesezeichen zu setzen.

Mit Lesezeichen markieren Sie Stellen im Ablauf der DVD und kehren später gezielt dorthin zurück. Normalerweise lassen sich auf DVDs nur Kapitelmarker anspringen, sodass die Lesezeichen-Funktion eine echte Bereicherung darstellt. Für mehr Informationen zum DVD-Player schlagen Sie in Abschnitt 14.3, »DVDs mit dem DVD-Player ansehen«, auf Seite 545 nach.

^ **Abbildung 5.94** Das Icon des DVD-Players sieht wie eine Fernbedienung aus.

Erinnerungen

Mit dem Programm Erinnerungen machen Sie sich Notizen. Zusätzlich können Sie sich an die Notizen erinnern lassen. Nutzer von iPhone und iPad wird Erinnerungen sicherlich bekannt vorkommen, da es das Programm dort schon länger gibt. Erinnerungen sehen wir uns in Kapitel 8, »Mail, Kontakte, Karten, Kalender und Erinnerungen«, ab Seite 287 genauer an.

^ **Abbildung 5.95** Das Icon von Erinnerungen

FaceTime

FaceTime ist eine Videotelefonie-Anwendung ähnlich wie die Video-Chat-Funktion von Nachrichten. Der wesentliche Unterschied zu Nachrichten ist, dass FaceTime nicht aktiv sein muss. Wenn Sie einen Anruf erhalten, startet FaceTime automatisch und zeigt Ihnen den Anrufer an.

∧ **Abbildung 5.96** *Das Icon von FaceTime*

FaceTime ist schnell erklärt, weil es so simpel ist. Mit FaceTime lässt sich videotelefonieren – nicht mehr, aber auch nicht weniger. Nutzer eines iPhones bzw. iPads kennen FaceTime vermutlich bereits als Anwendung in iOS. Auf dem Mac funktioniert FaceTime ganz genauso.

Beim Start von FaceTime geben Sie Ihre Apple-ID ein, oder Sie erstellen eine, falls Sie noch keine haben (siehe Seite 186).

∧ **Abbildung 5.97** *Anmelden bei FaceTime per Apple-ID*

Im folgenden Schritt geben Sie die E-Mail-Adresse an, unter der Sie für FaceTime-Anrufe erreichbar sein möchten. Sind Sie Besitzer eines iPhones, wird Ihnen außerdem Ihre Mobilnummer angezeigt.

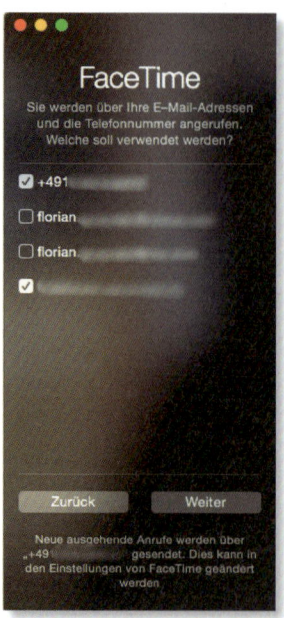

∧ **Abbildung 5.98** *Unter den angegebenen E-Mail-Adressen und Telefonnummern sind Sie für FaceTime-Anrufe erreichbar.*

Nun können Sie mit FaceTime anrufen und angerufen werden. Wie Sie mit FaceTime Anrufe starten und empfangen, lesen Sie detailliert in Kapitel 9, »Direkte Kommunikation – mit Nachrichten, FaceTime und Handoff«, ab Seite 335.

Game Center

Game Center ist Ihre zentrale Anlaufstelle zur Sicherung Ihrer Spielstände. Mit Game Center können Sie aber Ihre Spielstände nicht nur sichern, sondern sie auch veröffentlichen und mit oder gegen andere Nutzer spielen. Für Spielefans, die zudem noch lieber gegen reale Personen als den Computer antreten, ist das eine spannende Sache.

< **Abbildung 5.99** *Das Icon von Game Center würde sich auch als Logo für Lollipops oder Waschmittel eignen.*

Um Game Center zu nutzen, müssen Sie sich zunächst mit Ihrer Apple-ID anmelden. Außerdem müssen Spiele Game Center unterstützen; die meisten Spiele tun das aber ohnehin. Beim ersten Start von Game Center legen Sie zunächst einen öffentlich sichtbaren Kurznamen an.

△ **Abbildung 5.100** *Anmelden mit der Apple-ID*

Anschließend sehen Sie Ihre Profilseite. In der Symbolleiste befinden sich die Buttons **Ich, Freunde, Spiele, Quests** und **Züge**. Ein Klick auf den jeweiligen Button bringt Sie zur entsprechenden Übersicht.

Im Bereich **Freunde** sehen Sie beispielsweise, welche Spiele Ihre Freunde spielen. Mit einem Klick auf den

Namen eines Spiels erhalten Sie detaillierte Informationen zu dem Spiel und den von Ihren Freunden erzielten Erfolgen. Mit einem Klick auf den Preis des Spiels kaufen und laden Sie dieses aus dem App Store.

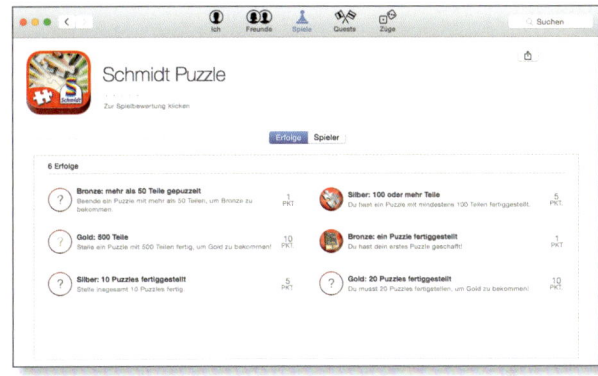

△ **Abbildung 5.102** *Die Detailansicht eines Spiels*

GarageBand

GarageBand ist ein Musikprogramm, mit dem Sie selbst Musik und Podcasts aufnehmen können. Sie können auch ein Instrument lernen und Klingeltöne für Ihr iPhone erstellen. GarageBand ist zwar nicht Teil des Betriebssystems, aber beim Kauf eines neuen Macs sind die Programme der iLife-Suite, also auch

◁ **Abbildung 5.101** *Die Profilübersicht in Game Center*

GarageBand, vorinstalliert. Einen detaillierten Blick auf GarageBand werfen wir in Kapitel 13, »Kreativ werden mit iMovie, GarageBand und iPhoto«, ab Seite 485.

▲ **Abbildung 5.103** *Der Startbildschirm von GarageBand*

iBooks

iBooks kennen Sie möglicherweise bereits von Ihrem iPad oder iPhone. iBooks unter OS X hat die gleiche Oberfläche und bietet außerdem dieselben Möglichkeiten, elektronische Bücher zu lesen und mit E-Books am Mac zu arbeiten. Wir sehen uns iBooks in Kapitel 12, »iTunes und iBooks: Musik und Bücher genießen«, ab Seite 445 genauer an.

▲ **Abbildung 5.104** *Das Icon von iBooks*

iMovie

iMovie ist ein Videoschnittprogramm, mit dem Sie selbst Filme und Filmtrailer schneiden, vertonen und mit Effekten und Einblendungen versehen. iMovie wird ausführlich in Kapitel 13, »Kreativ werden mit

iMovie, GarageBand und iPhoto«, ab Seite 485 behandelt. iMovie ist ein Programm aus der iLife-Suite.

▲ **Abbildung 5.105** *Die Themenauswahl in iMovie*

iPhoto

Mit iPhoto verwalten Sie Ihre digitalen Fotos. Zusätzlich zu den Verwaltungsfunktionen bietet iPhoto einfache Bildbearbeitungsfunktionen. iPhoto ist ab Seite 509 ein eigener Abschnitt gewidmet. Wie iMovie ist auch iPhoto ein Programm der iLife-Suite.

▲ **Abbildung 5.106** *iPhoto nach dem ersten Start*

iTunes

iTunes ist eines der wichtigsten Programme auf Ihrem Mac. Mit iTunes verwalten Sie zunächst natürlich Ihre digitale Musiksammlung. Zusätzlich zu den Funktionen rund um die Musikorganisation enthält iTunes einen Online Store, in dem Sie weitere Inhalte wie Musik und Filme sowie Apps und E-Books für iOS-Geräte laden können. Mit iTunes lassen sich außerdem Podcasts abonnieren und iOS-Geräte aktivieren, synchronisieren und sichern. iTunes ist die Medienzentrale im digitalen Zuhause. In Kapitel 12, »iTunes und iBooks – Musik und Bücher genießen«, werfen wir einen ausführlichen Blick auf diese eierlegende Wollmilchsau (siehe Seite 445).

^ **Abbildung 5.107** *(Zumindest für Apple) Eines der wichtigsten Programme auf Ihrem Mac: iTunes*

Kalender

Bei Kalender ist der Name Programm: Mit ihm verwalten Sie Ihre Termine. Eine ausführliche Beschreibung des Programms finden Sie in Kapitel 8, »Mail, Kontakte, Karten, Kalender und Erinnerungen«, ab Seite 287.

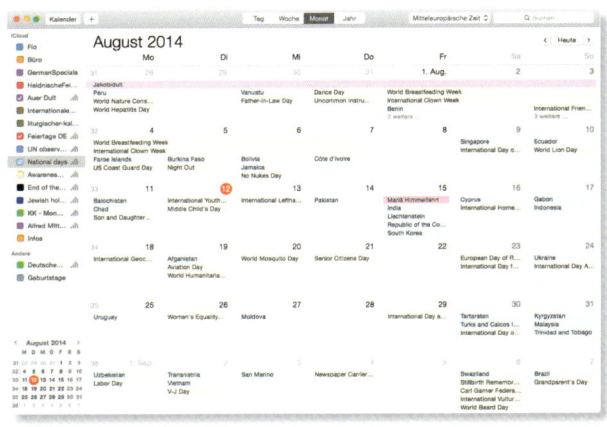

^ **Abbildung 5.108** *Mit Kalender verwalten Sie Termine.*

Karten

Auch bei Karten erwartet Sie keine Überraschung, und möglicherweise haben Sie ja sogar bereits ein iPhone oder iPad und kennen die App Karten schon von iOS. Karten ist eines der Programme, wie beispielsweise auch Erinnerungen und Notizen, das zuerst für iOS verfügbar war und nun Bestandteil von OS X ist. Eine ausführliche Beschreibung von Karten finden Sie in Kapitel 8, »Mail, Kontakte, Karten, Kalender und Erinnerungen«, ab Seite 287.

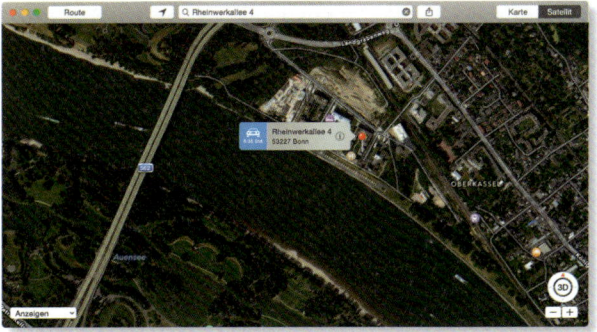

^ **Abbildung 5.109** *Hier wird Wissen produziert.*

Keynote

Keynote ist ein Programm zum Erstellen von aufwendigen Präsentationen und insofern nur bedingt vergleichbar mit Microsoft PowerPoint, das eher für trockene Informationsvermittlung nicht nur bekannt, sondern deswegen vor allem auch gefürchtet ist.

^ **Abbildung 5.110** *Vorlagen in Keynote*

Mehr zu Keynote erfahren Sie in Kapitel 11, »Pages, Keynote und Numbers – das Produktivitätstrio für den Mac«, ab Seite 367.

Kontakte

Mit dem Programm Kontakte verwalten Sie Ihre Kontakte. Die Bedienung ist stark an einem realen Adressbuch orientiert, ein digitales Adressbuch hat jedoch einige Vorteile; beispielsweise lassen sich damit Gruppen von Personen anlegen, und Sie können die Sortierung der Einträge jederzeit über die Einstellungen anpassen.

^ **Abbildung 5.111** *Gruppen in Kontakte*

Durch die systemweite Integration des Programms Kontakte stehen Ihnen die Adressbuchdaten in allen Programmen, in denen es nötig und sinnvoll ist, zur Verfügung. So legen Sie z. B. in Kontakte bequem eine Gruppe an und geben später in Mail als Empfänger einer E-Mail den Namen der Gruppe an, um die Mail allen Kontakten dieser Gruppe zukommen zu lassen.

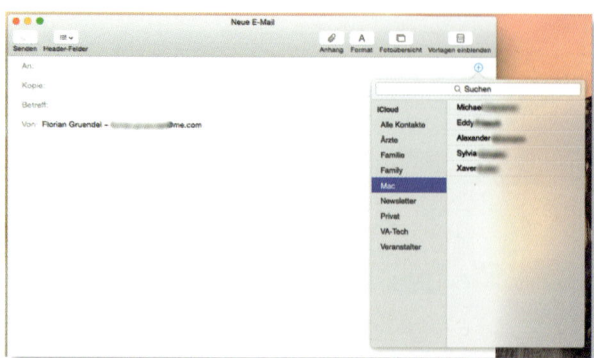

^ **Abbildung 5.112** *Adressen stehen systemweit zur Verfügung, z. B. in Mail.*

Gruppen richten Sie manuell ein, oder Sie erzeugen intelligente Gruppen. Das Prinzip bei der Erstellung einer intelligenten Gruppe ist analog zur Spotlight-Suche im Finder, mit der Sie intelligente Ordner anlegen können (siehe Kapitel 3, »Dateiverwaltung mit dem Finder«, ab Seite 107). Mit einem Klick auf den Namen der jeweiligen Gruppe in der linken Seitenleiste wechseln Sie schnell zwischen den Gruppen hin und her.

^ **Abbildung 5.113** *Eine Gruppe und ihre Kontakte*

Ein Klick auf einen Namen in der Liste ❶ zeigt Ihnen rechts die Detailansicht des ausgewählten Kontakts an. In der Detailansicht befinden sich am unteren Fensterrand die Buttons ❷, um einen Kontakt bzw. die Visitenkarte des Kontakts zu bearbeiten, sowie der bereits aus dem Finder bekannte Button ❸, um die angezeigte Visitenkarte auf verschiedene Weisen bereitzustellen.

^ **Abbildung 5.114** *Links die Gruppen, in der Mitte die Mitglieder, rechts die Detailansicht zum ausgewählten Kontakt*

Die Notizen zu einem Kontakt können Sie jederzeit ändern. Dazu ist es nicht nötig, in den Bearbeitungsmodus zu wechseln. Die eigentlichen Kontaktinformationen können Sie jedoch nur nach Klick auf den Button **Bearbeiten** anpassen. Klicken Sie auf das Plussymbol ❹, können Sie über den entsprechenden Eintrag im Auswahlmenü einen neuen Kontakt, eine neue Gruppe oder der aktuell geöffneten Visitenkarte neue Felder hinzufügen. Einen detaillierten Blick auf das Programm Kontakte werfen wir in Kapitel 8, »Mail, Kontakte, Karten, Kalender und Erinnerungen«, ab Seite 287.

Launchpad

Das Launchpad ist, ähnlich wie das Dashboard, kein Programm im eigentlichen Sinne und dient eigentlich nur dem Aufrufen von Programmen. Wie das geht, können Sie in diesem Kapitel auf Seite 172 nachlesen.

∧ **Abbildung 5.115** *Das Icon von Launchpad*

Lexikon

Lexikon ist, wie der Name bereits vermuten lässt, ein Nachschlagewerk. Lexikon sucht nach Wörtern und Begriffen, die Sie eingeben. In den Einstellungen von Lexikon können Sie die zu verwendenden Quellen auswählen, beispielsweise **Duden-Wissensnetz deutsche Sprache**, **Apple Lexikon**, **Wikipedia** und **Oxford American Writer's Thesaurus**.

Diese Datenbanken stehen standardmäßig zur Verfügung. Mithilfe der Einstellungen und entsprechender

Plug-ins lassen sich weitere Datenbanken für die Suche hinzufügen.

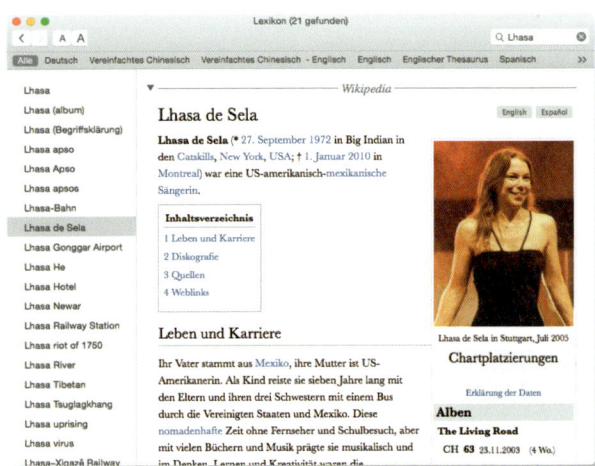

∧ **Abbildung 5.116** *Das Lexikon bietet Informationen aus unterschiedlichen Quellen.*

Laden Sie eine Erweiterung für das Lexikon aus dem Internet, um sie zukünftig in Ihre Suchanfragen einzubeziehen. In der Regel liegen die Erweiterungen nach dem Download und dem Entpacken im PKG-Format vor, können also ganz einfach per Doppelklick installiert werden, da das Installationsprogramm sich um alle weiteren Schritte kümmert.

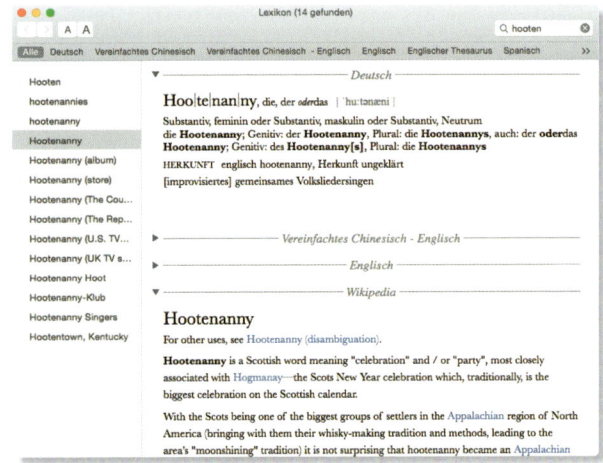

∧ **Abbildung 5.117** *Installierte Plug-ins erweitern den Funktionsumfang von Lexikon.*

TIPP

Lexikon erweitern

Das Lexikon können Sie mittels Plug-ins erweitern, um den Funktionsumfang weiter auszubauen. Eine gute erste Anlaufstelle für eine Übersicht verfügbarer Erweiterungen ist *http://tekl.de/deutsch/Lexikon-Plugins.html*.

Das Lexikon steht auch als Dienst in allen anderen Programmen zur Verfügung (siehe Seite 183). Trotz des immensen Wissensschatzes, den Lexikon zur Verfügung stellt, dürfte es eines der am häufigsten übersehenen Programme in OS X sein, vermutlich weil es zunächst so unscheinbar wirkt. Wenn Sie ein Trackpad nutzen, können Sie sich sogar dabei den Weg über die Dienste sparen, wenn Sie ein Wort nachschlagen wollen.

1 Markieren Sie ein Wort.

2 Doppeltippen Sie mit drei Fingern auf das Wort. Das markierte Wort wird nun gelb unterlegt dargestellt, und die Suche im Lexikon startet. Nach wenigen Sekunden blendet das System den entsprechenden Lexikon-Eintrag zum markierten Wort ein.

3 Möchten Sie weitere Informationen aufrufen, tippen Sie auf den entsprechenden Lexikon-Eintrag. Um das Fenster wieder zu schließen, tippen Sie an eine Stelle außerhalb des Fensters.

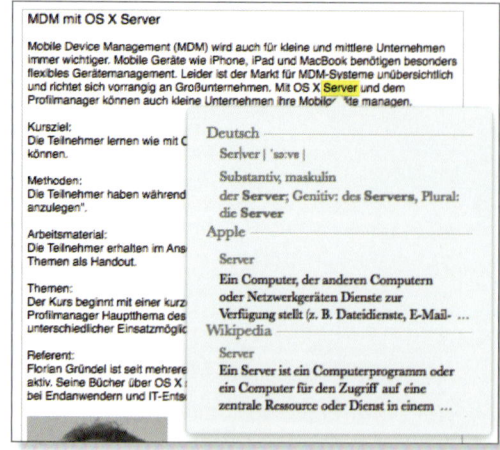

^ Abbildung 5.118 *Wörter ohne Aufwand nachschlagen*

Mail

Ohne ein E-Mail-Programm können Sie heute mit einem Computer nichts mehr anfangen – das gilt mittlerweile sogar für Mobiltelefone. Selbstverständlich bringt OS X ein E-Mail-Programm mit, das schlicht und einfach *Mail* heißt. Von dem Understatement im Namen dürfen Sie sich aber nicht täuschen lassen. Mail ist ein sehr leistungsfähiger Mailmanager, der einige interessante und hilfreiche Funktionen bietet. In Kapitel 8, »Mail, Kontakte, Karten, Kalender und Erinnerungen«, ab Seite 287 wird dieses Programm ausführlich erklärt.

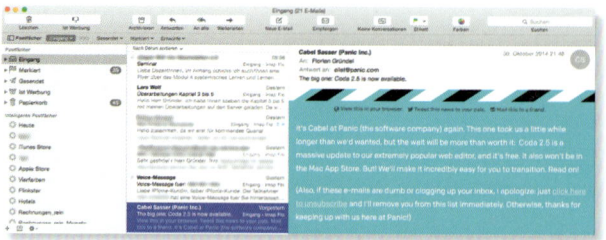

^ Abbildung 5.119 *Mail in Aktion*

Mission Control

Mission Control ist, wie das Dashboard und das Launchpad, kein Programm im herkömmlichen Sinne, sondern eine Betriebssystemfunktion, um Spaces, Programme und Fenster im Griff zu behalten. Über Mission Control haben Sie bereits in Kapitel 2, »Die Benutzeroberfläche kennenlernen«, ab Seite 63 alles erfahren.

^ Abbildung 5.120 *Das Icon von Mission Control*

Nachrichten

In früheren Betriebssystemversionen hieß Nachrichten iChat und diente dazu, mit Ihren Freunden und

Kollegen in Verbindung zu bleiben. Nachrichten als Nachfolger von iChat hat denselben Zweck und bietet zusätzliche Vorteile. Mit Nachrichten können Sie Text-, Audio- und Video-Chats sowohl in lokalen Netzwerken als auch mit anderen Teilnehmern auf der ganzen Welt führen. Dank der Integration von iCloud können Sie mit Nachrichten auf anderen Geräten angefangene Unterhaltungen auf Ihrem Mac fortführen. Umgekehrt geht das natürlich ebenfalls.

Eine ausführliche Beschreibung von Nachrichten finden Sie in Kapitel 9, »Direkte Kommunikation – mit Nachrichten, FaceTime und Handoff«, ab Seite 335.

kannt vorkommen dürfte. Notizen auf dem Mac sieht genauso aus und verhält sich genauso wie die Notizen-App unter iOS. Notizen ist zunächst ein ganz simples Programm, mit dem Sie Notizen anlegen. Seinen großen Vorteil spielt es im Zusammenspiel mit iCloud aus, da dank iCloud stets alle Notizen über alle Geräte hinweg synchron bleiben. Das bedeutet, dass Notizen, die Sie am Mac anlegen, wenige Sekunden später ebenfalls bereits auf Ihrem iPhone und iPad zur Verfügung stehen, und natürlich umgekehrt auch. Notizen sehen wir uns genauer in Kapitel 8, »Mail, Kontakte, Karten, Kalender und Erinnerungen«, ab Seite 287 an.

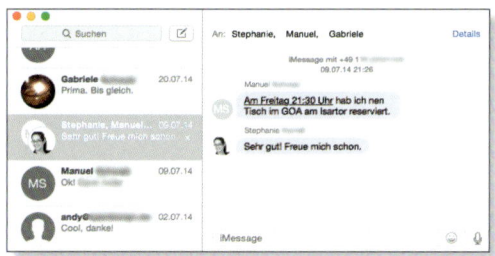

Abbildung 5.121 *Das Programm Nachrichten*

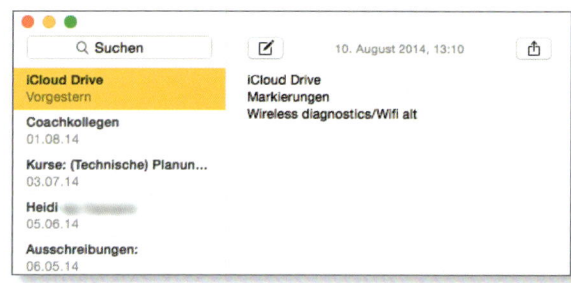

Abbildung 5.122 *Notizen in Aktion*

Notizen

Notizen ist ein Programm, das, wie bereits zuvor Erinnerungen, einigen iPhone- und iPad-Nutzern bereits be-

Notizzettel

Die kleinen selbstklebenden Notizzettel kennt jeder. Besonders häufig finden sie sich an Computermonitoren.

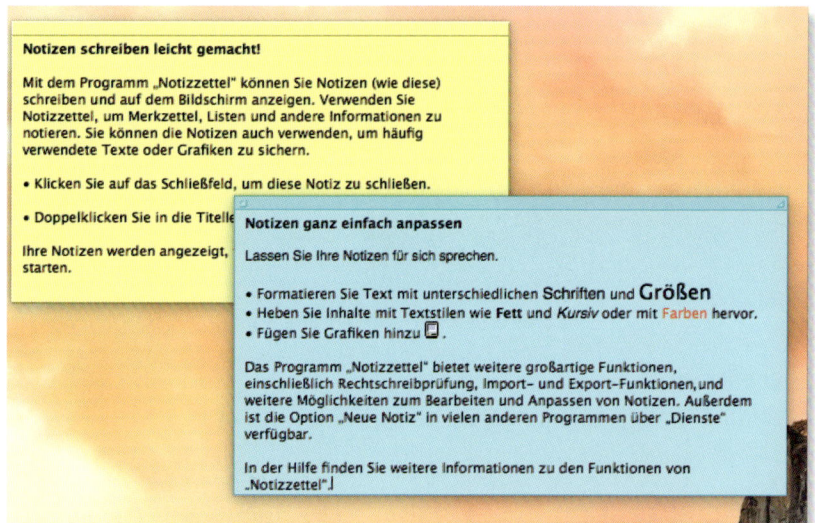

< **Abbildung 5.123** *Immer wieder praktisch: die Notizzettel*

Das Programm Notizzettel setzt diese am Rand des Monitors klebenden Zettel als digitale Zettel auf dem Monitor fort.

1 Um einen neuen Notizzettel zu erstellen, klicken Sie auf **Ablage > Neue Notiz**. Geben Sie nun Text ein, oder fügen Sie andere Inhalte per Drag & Drop hinzu.

2 Besonders hilfreich ist es, Notizen stets im Vordergrund halten zu können. Wählen Sie dazu die Notiz aus, die Sie stets griffbereit haben wollen, und klicken Sie auf **Notiz > Immer im Vordergrund**. Die ausgewählte Notiz wird nun von keinem anderen Programmfenster verdeckt.

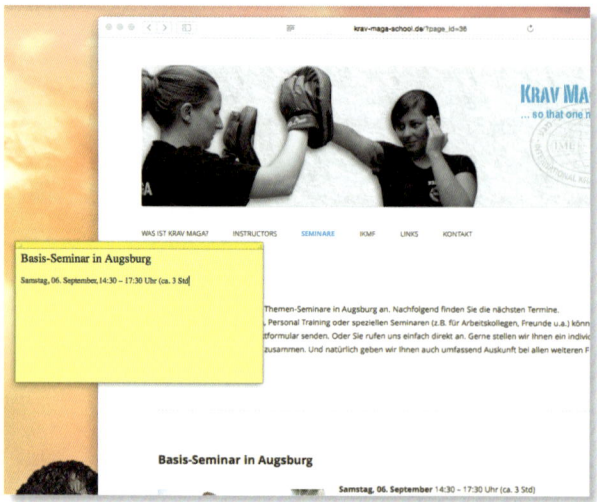

^ **Abbildung 5.124** *Es ist sehr praktisch, einen Notizzettel stets im Vordergrund zu haben.*

3 Um nun auf Nummer sicher zu gehen, dass die Notiz auch dann verfügbar ist, wenn Sie beispielsweise von einem Space zum anderen wechseln, sollten Sie das Programm Notizzettel allen Spaces zuweisen. Klicken Sie dazu mit rechts auf das Notizzettel-Icon im Dock, und wählen Sie aus dem folgenden Kontextmenü **Optionen > Alle Schreibtische**.

Das Programm Notizzettel ist also nun auf allen Schreibtischen mit einem Notizzettel im Vordergrund präsent. Auf diese Weise müssen Sie nie wieder überlegen, wo Stift und Papier sind, sondern können nach

einem Klick auf den stets präsenten Notizzettel sofort losschreiben.

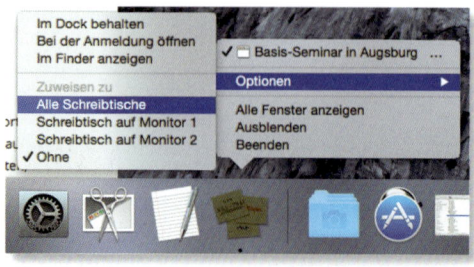

^ **Abbildung 5.125** *So stellen Sie sicher, dass Sie Ihre Notizen überall im Blick haben.*

Mit Notizen und Notizzettel stehen Ihnen auf dem Mac zwei praktische Programme zur Notizenverwaltung zur Verfügung. Welches sich für Ihre Zwecke besser eignet, müssen Sie selbst herausfinden. Beide haben ihre individuellen Vorzüge.

Numbers

Numbers ist ein Tabellenkalkulationsprogramm, vergleichbar mit Microsoft Excel.

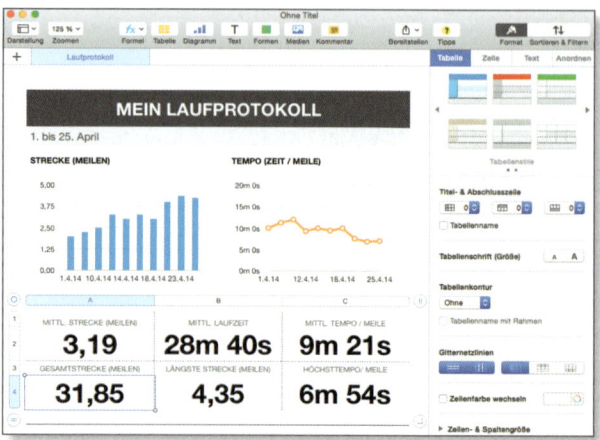

^ **Abbildung 5.126** *Mit Numbers erstellen Sie Tabellen und Diagramme.*

Mehr zu Numbers erfahren Sie in Kapitel 11, »Pages, Keynote und Numbers – das Produktivitätstrio für den Mac«, ab Seite 367.

Pages

Pages ist sowohl ein Schreibprogramm (vergleichbar mit Microsoft Word) als auch ein einfaches DTP-Programm. Sie können mit Pages Texte also nicht nur schreiben, sondern auch gestalten.

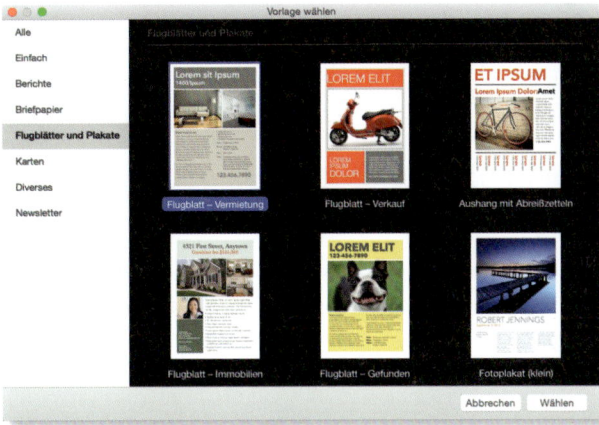

▲ Abbildung 5.127 *Die Themenauswahl von Pages zeigt schon die Möglichkeiten als Schreib- und als Layoutprogramm.*

In Kapitel 11, »Pages, Keynote und Numbers – das Produktivitätstrio für den Mac«, ab Seite 367 stelle ich Ihnen Pages ausführlich vor.

Photo Booth

Dass man mit einem Passfotoautomaten nicht nur *seriöse* Passbilder für biometrische Ausweise machen, sondern auch sehr viel Spaß haben kann, weiß jeder, der entsprechende Bilder in einer alten Schuhschachtel hat. Dass der Spaß in der digitalen Welt nicht zu Ende sein muss, beweist das Programm Photo Booth. Genau wie ein Passfotoautomat macht Photo Booth vor allem eines: Fotos. In diesem Fall mithilfe der in allen modernen Macs eingebauten iSight-Kamera. Zusätzlich lassen sich mit Photo Booth die Aufnahmen in Echtzeit mit Effekten versehen.

So kann ein eigentlich recht simples Programm problemlos mehrere Erwachsene einen ganzen Abend lang bestens unterhalten, und diese können sich benehmen, als seien sie Vorschulkinder. Aber Photo Booth

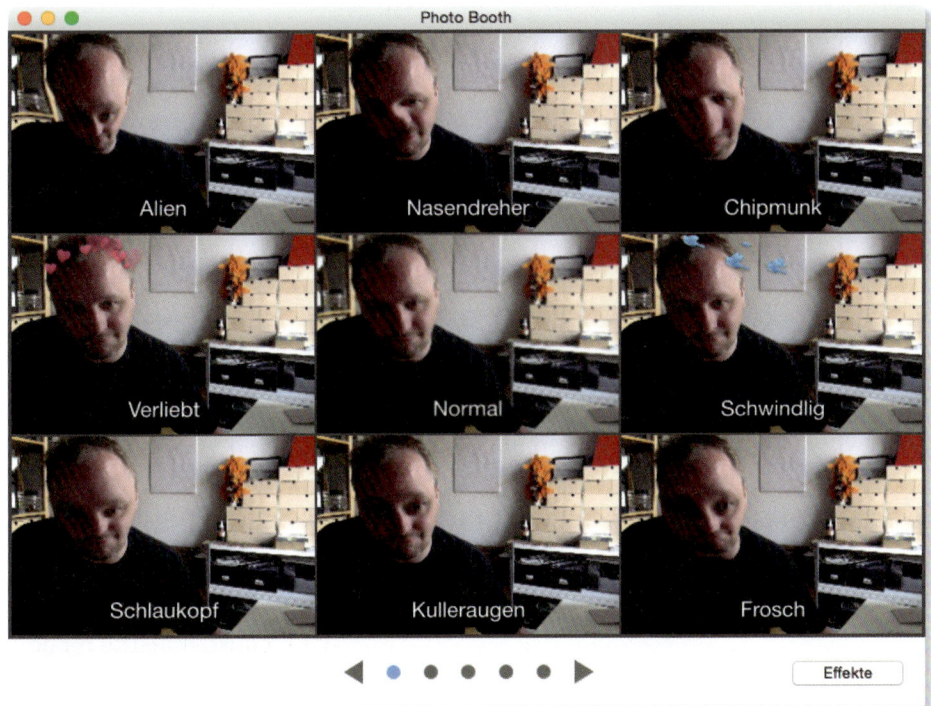

◄ Abbildung 5.128 *Spaß mit Photo Booth*

lässt sich durchaus auch seriös nutzen. Photo Booth ist die einfachste und schnellste Möglichkeit, mit dem Mac ein Foto oder sogar einen kurzen Film aufzunehmen und direkt zu versenden. Wie das geht, erfahren Sie in Kapitel 14, »Andere Multimediaprogramme auf dem Mac«, ab Seite 531.

QuickTime Player

QuickTime ist eine der zentralen Technologien des Betriebssystems. Neben der Technologie QuickTime gibt es den gleichnamigen Player als Programm. Abgesehen von den Abspielfunktionen, lassen sich mit dem QuickTime Player auch Audio-, Video- und sogar Bildschirmaufnahmen machen. In Kapitel 14 über die Multimedia-Alternativen am Mac lernen Sie den QuickTime Player genauer kennen (siehe Seite 540).

^ **Abbildung 5.129** Der QuickTime Player

Rechner

Ebenso wie das Lexikon ist der Rechner wahrscheinlich eines der am meisten unterschätzten Programme von OS X. Das liegt auch beim Rechner vermutlich vor allem daran, dass man ihm auf den ersten Blick nicht ansieht, was er alles kann. Der Rechner beherrscht jedoch mehr als nur die Grundrechenarten.

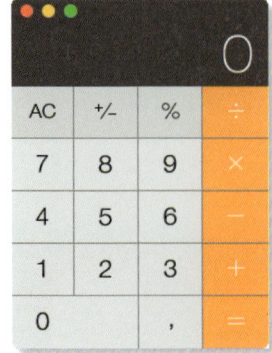

^ **Abbildung 5.130** Ihm sehen Sie seine Leistungsfähigkeit auf den ersten Blick nicht an: dem Rechner.

Im Menü **Darstellung** können Sie die Ansicht des Rechners auf **Wissenschaftlich** oder **Programmierer** umschalten.

^ **Abbildung 5.131** Rechner: auch für wissenschaftliches Rechnen geeignet

Aber der Rechner lässt sich nicht nur in Aussehen und Funktionalität anpassen, sondern er bietet auch Umrechnungsfunktionen für Längen-, Flächen-, Volumen- und viele weitere Einheiten, unter anderem einen Währungsrechner, der dank Aktualisierung über das Internet stets auf die aktuellen Umrechnungskurse zurückgreift. Allerdings bietet Ihnen Spotlight ebenfalls Grundrechenarten und Umrechnungen, und auch noch bedeutend schneller, weil Spotlight jederzeit sofort griffbereit ist. Durch die kontinuierliche Verbesserung von Spotlight müssen Sie den Rechner nicht unbedingt öffnen, da Spotlight ohnehin auf das Programm zugreift. Geben Sie Ihre Anfrage einfach in das Suchfeld ein, und schon wird Ihnen das Ergebnis angezeigt.

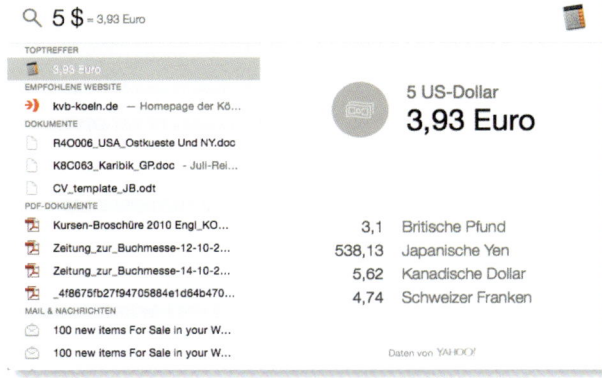

^ **Abbildung 5.132** *Spotlight als Währungsrechner*

Safari

Ebenso wenig, wie heute ein Computer ohne E-Mail-Programm auskommt, kommt er ohne Webbrowser aus. OS X enthält mit Safari einen der modernsten Browser. Safari überzeugt durch die Unterstützung moderner Technologien wie HTML5 und durch einige Komfortfunktionen wie die Leseliste und die Reader-Funktion. Eine ausführliche Beschreibung von Safari finden Sie in Kapitel 7, »Internet und Netzwerk«, ab Seite 243.

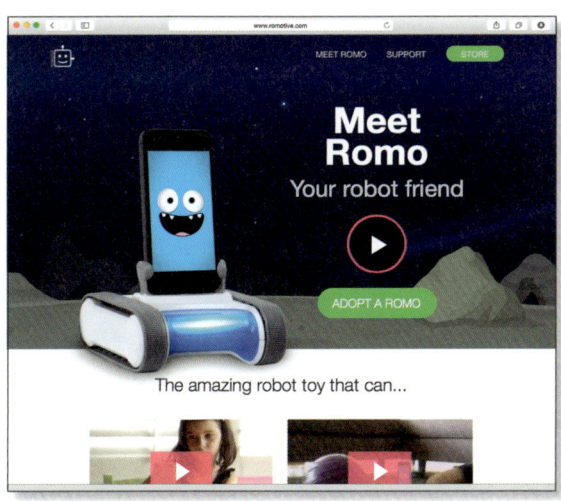

^ **Abbildung 5.133** *Eine Website in Safari*

Schach

Spiele gehören zu den verbreitetsten Programmen, seit es Computer gibt. Kein Betriebssystem ist also *vollständig*, wenn es nicht ein Spiel mitbringt. Im Falle von OS X ist es Schach. Wer Schach spielen kann, dem werden sich bei der Benutzung des Programms keine Fragen stellen. Dank der Integration von Game Center können Sie auch eine Partie Schach mit einem Freund spielen, der Tausende Kilometer weit entfernt ist.

^ **Abbildung 5.134** *Schach – und bald auch matt*

Schriftsammlung

Schriftsammlung ließe sich auch den Dienstprogrammen zuordnen. Schriftsammlung bietet einen Überblick über die im System vorhandenen Schriften und entsprechende Managementfunktionen. Mit Schriftsammlung lassen sich Schriften aktivieren, deaktivieren, überprüfen und installieren. Sehen wir uns an dieser Stelle an, wie Sie eine neue Schrift installieren. Ich gehe davon aus, dass Sie eine Schrift im Format *.ttf* vorliegen haben. Der einfachste Weg, die Schriftdatei zu installieren, besteht darin, doppelt daraufzuklicken. Anschließend öffnet Schriftsammlung ein Vorschaufenster, das das ganze Alphabet und die Zahlen 0 bis 9 in der Schrift anzeigt.

^ **Abbildung 5.135** *Die Schriftvorschau*

Anschließend genügt ein Klick auf den Button **Installieren**, um die Schrift hinzuzufügen. Die Schrift ist nun verfügbar und wird in der Liste der installierten Schriften in der Schriftsammlung angezeigt.

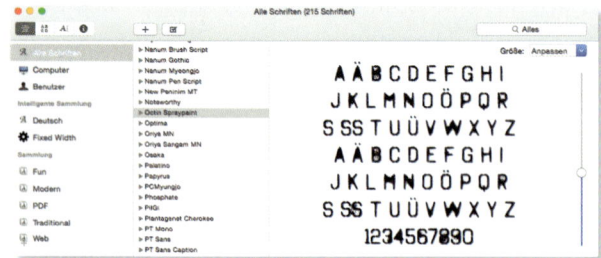

^ **Abbildung 5.136** *Die neu installierte Schrift in Schriftsammlung*

Systemeinstellungen

Systemeinstellungen ist das Programm, mit dem Sie alle wichtigen Einstellungen bezüglich Hardware, Netzwerk, Benutzerverwaltung etc. vornehmen. Einzelnen Systemeinstellungen wie **Netzwerk**, **Freigaben** und **Benutzer & Gruppen** begegnen Sie in Kapitel 7, »Internet und Netzwerk«, und in Kapitel 17, »Benutzer und Gruppen anlegen und verwalten«, wieder, wo diese ausführlich besprochen werden. Andere Einstellungen werden in Kapitel 15, »Systemeinstellungen – den Mac im Griff«, ab Seite 549 behandelt.

^ **Abbildung 5.137** *Die Systemeinstellungen kennen Sie (zumindest in Teilen) bereits aus einigen anderen Kapiteln dieses Buches.*

TextEdit

Ebenso wie ein Webbrowser, ein E-Mail-Programm und Spiele gehört zu einem vollwertigen Betriebssystem auch ein Texteditor. OS X bringt mit TextEdit ein Schreibprogramm mit, das nicht nur eine billige Zugabe, sondern ein leistungsfähiges Schreibprogramm ist. Einen detaillierten Blick auf TextEdit erhalten Sie in Kapitel 6, »Mit Dateien arbeiten«, in dem der Umgang mit Dateien und Programmen anhand von TextEdit exemplarisch beschrieben wird (siehe Seite 221).

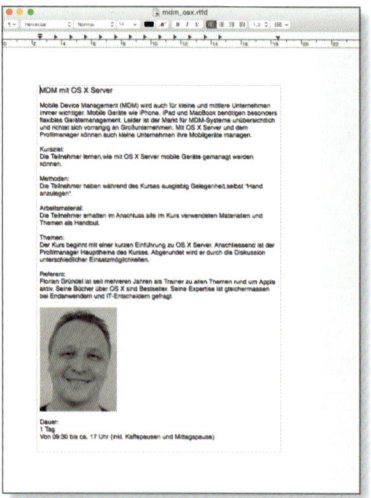

^ **Abbildung 5.138** *TextEdit*

< **Abbildung 5.139** *Mit Time Machine ist das Zurückholen von Daten ein Kinderspiel.*

Time Machine

Time Machine ist nicht nur ein Programm, sondern auch eine in das System integrierte Technologie. Mit Time Machine lassen Sie regelmäßig automatische Backups anlegen. So können Sie sicher sein, möglichen Datenverlust so gering wie möglich zu halten. Eine besondere Problematik bei Backups ist neben der Speicherung die Wiederherstellung gesicherter Daten. Dieser Vorgang war in der Vergangenheit bei fast allen Backup-Lösungen mehr oder minder unbefriedigend gelöst, weil er wenig benutzerfreundlich war. An dieser Stelle kommt das Programm Time Machine ins Spiel. Time Machine stellt die gesicherten Daten nachvollziehbar und übersichtlich dar und bietet eine einfache Möglichkeit, Daten für die Wiederherstellung auszuwählen. Time Machine – die Technologie und das gleichnamige Programm – wird in Kapitel 20, »Sicher ist sicher – Ihre Daten schützen«, ab Seite 707 ausführlich besprochen.

Vorschau

Vorschau ist vor allem – der Name lässt es vermuten – ein Dateibetrachter. Vorschau ist in der Lage, eine beeindruckend große Zahl an Dateiformaten anzuzeigen, sogar solche, die keine nativen Dateiformate auf dem Mac sind. Selbst Dateiformate von Programmen, die möglicherweise gar nicht installiert sind, zeigt Vorschau in vielen Fällen an. Aber mit Vorschau lassen sich Dateien nicht nur ansehen. Vorschau ist auch in

der Lage, Dateien in andere Formate umzuwandeln oder PDF-Dateien mit Kommentaren zu versehen. Sogar Ihre Unterschrift können Sie mit Vorschau in Dokumente einfügen. Angenommen, Sie erhalten eine PDF-Datei, zu der Sie Anmerkungen hinzufügen wollen:

1 Öffnen Sie die gewünschte Datei mit Vorschau.

2 Klicken Sie in der Symbolleiste auf den Button mit dem Arztköfferchen ❶. Nun ist der Anmerkungsmodus aktiv. Das zeigt sich an der zusätzlichen Symbolleiste, die entsprechende Symbole für den Anmerkungsmodus enthält.

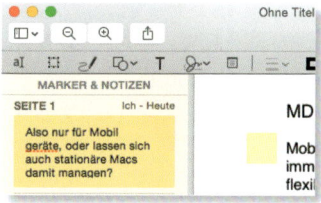

∧ **Abbildung 5.140** *Der Anmerkungsmodus ist aktiv.*

3 Um nun beispielsweise eine Notiz hinzuzufügen, klicken Sie auf den Button **Notiz** ❷. Der Mauszeiger wird zu einem Fadenkreuz.

4 Klicken Sie auf die Stelle, an der Sie die Notiz hinzufügen wollen, und geben Sie den Notiztext ein.

∧ **Abbildung 5.141** *Eine Notiz wurde hinzugefügt.*

Weitere Bearbeitungsmöglichkeiten sind beispielsweise Texthervorhebungen oder Textstreichungen.

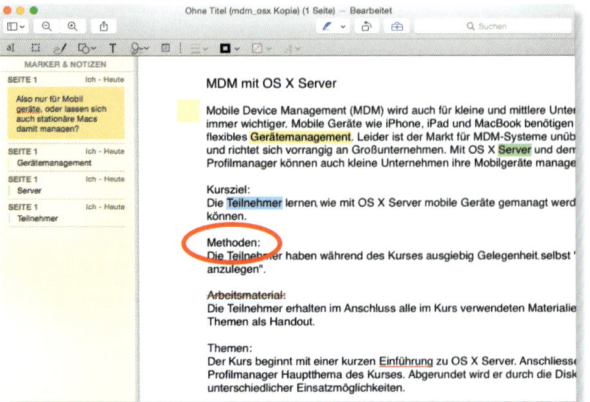

^ **Abbildung 5.142** *Vorschau bietet Ihnen viele Anmerkungsmöglichkeiten.*

5 Die mit Abstand praktischste Anmerkungsfunktion ist jedoch, die eigene Unterschrift zu einem Dokument hinzuzufügen. Klicken Sie dazu auf den Button **Signatur** ❶ in der Anmerkungsleiste.

6 Vorschau öffnet daraufhin ein eigenes Fenster, mit dem Sie Ihre Unterschrift ganz einfach einscannen – oder präziser gesagt: mit der eingebauten Kamera fotografieren – können. Verwenden Sie ein Trackpad an Ihrem Mac, können Sie Ihre Unterschrift auch darauf »schreiben«. Klicken Sie dazu auf den Button **Klicken Sie hier, um zu beginnen**, und unterschreiben Sie auf dem Trackpad. Für optimale Ergebnisse kann allerdings nur die Kamera garantieren.

^ **Abbildung 5.143** *Mit Vorschau die eigene Unterschrift »einscannen«*

7 Folgen Sie den Anweisungen auf dem Bildschirm, und klicken Sie auf den Button **Fertig**, wenn Ihnen die eingescannte Signatur zusagt.

Ihre Signatur steht nun im Signaturmenü in der Anmerkungsleiste zur Verfügung. Wählen Sie Ihre Signatur aus dem Signaturmenü ❷.

^ **Abbildung 5.144** *Das Signaturmenü*

8 Die Unterschrift wird daraufhin in einem Rahmen eingefügt. Sobald Sie den Mauszeiger darüberbewegen und die linke Maustaste gedrückt halten, können Sie den Rahmen frei auf Ihrem Dokument bewegen. Positionieren Sie so Ihre Unterschrift an der Stelle, an der Sie sie einfügen wollen. Mithilfe der Eckanfasser am Rahmen ziehen Sie Ihre Signatur auf die gewünschte Größe.

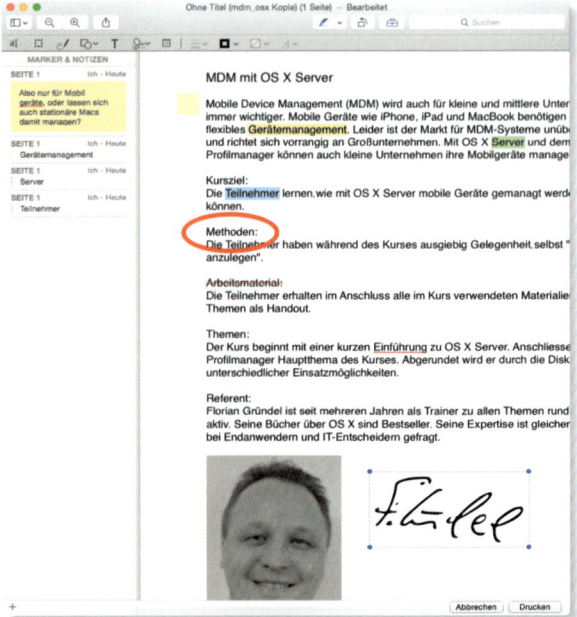

^ **Abbildung 5.145** *Eine von vielen Anmerkungsmöglichkeiten: die eigene Unterschrift*

Kapitel 6
Mit Dateien arbeiten

Im letzten Kapitel des Grundlagenteils befassen wir uns mit der grundsätzlichen Arbeitsweise im Umgang mit Dateien und erstellen exemplarisch dafür ein Textdokument mit TextEdit.

Wie Sie in Kapitel 3, »Dateiverwaltung mit dem Finder«, bereits erfahren haben, verfolgt OS X eine streng logische Philosophie im Hinblick auf Arbeitsabläufe und das Erstellen von Dateien. Grundsätzlich gilt, dass ein Programm dazu da ist, etwas zu tun. Wenn sich aus dieser Arbeit mit dem Programm ein Resultat ergibt, das Sie sichern möchten, dann ist dieses gesicherte Arbeitsergebnis eine Datei. Eine Datei ist also niemals nur Selbstzweck und kann (genauer gesagt, sollte) daher auch nicht von einem reinen Dateimanagementprogramm wie dem Finder erstellt werden.

Für viele Umsteiger von anderen Betriebssystemen ist das oft unverständlich und wird als *Eigenheit* von OS X abgetan. Tatsächlich ist OS X aber das einzige Betriebssystem, das diese Logik konsequent umsetzt. In iOS hat Apple diese Logik noch sehr viel konsequenter umgesetzt, als das in OS X der Fall ist. Hier sind die Dateien, die bei der Nutzung eines Programms entstanden sind, auch nur innerhalb des Programms verfügbar bzw. müssen von dort an andere Programme »übergeben« werden. Das ist zwar für die meisten Nutzer, durch jahrelange Gewohnheit beim Umgang mit Dateimanagern, lästig, letztlich jedoch eine konsequente Weiterverfolgung der Arbeitslogik.

6.1 Dateien erstellen

Es gibt durchaus Möglichkeiten, die eben erwähnte strenge Logik von OS X zu umgehen. Mit Bordmitteln ist das beispielsweise möglich, wenn Sie sich mit dem Dienstprogramm Terminal angefreundet haben. Auf der Kommandozeile legen Sie mit dem Befehl `touch` schnell eine beliebige neue Datei an. Darüber hinaus gibt es einige Programme von Drittanbietern wie etwa NuFile, mit denen sich Dateien auch außerhalb des eigentlich dafür zuständigen Programms anlegen lassen.

Ich rate Ihnen jedoch von solchen Lösungen ab. Wenden Sie die Dateilogik von OS X für sich an, auch wenn es für Umsteiger von anderen Betriebssystemen möglicherweise zunächst heißt, gegen eingeübte Gewohnheiten handeln zu müssen. Dateien sind eben kein Selbstzweck, sondern das gesicherte Ergebnis getaner Arbeit. Sie werden sehen, dass Ihnen schon nach kurzer Zeit völlig unbegreiflich sein wird, warum Sie eine Datei außerhalb des dafür zuständigen Programms erstellen wollten oder im anderen Betriebssystemen getan haben. Wie diese Umsetzung in der Praxis aussieht, erfahren Sie in den folgenden Abschnitten.

Eine Textdatei anlegen, bearbeiten und sichern

Um also z. B. eine Textdatei anzulegen, ist es nötig, ein Textverarbeitungsprogramm zu starten und dort Text einzugeben und eventuell sogar Bilder hinzuzufügen.

1 Starten Sie das Programm TextEdit aus dem Ordner *Programme*. TextEdit öffnet zunächst den Dateidialog, mit dem Sie bereits vorhandene Dateien öffnen oder ein neues Dokument erzeugen können **1**.

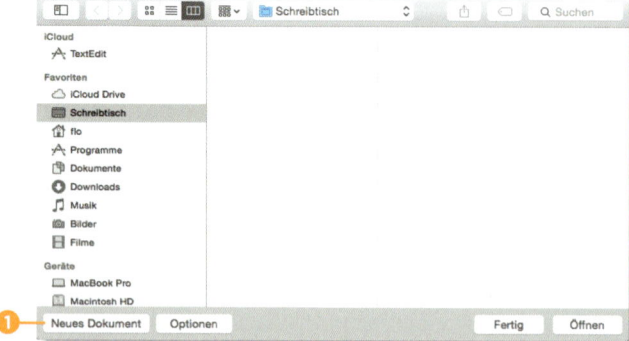

∧ **Abbildung 6.1** *Klicken Sie auf »Neues Dokument«, um bei null zu beginnen.*

2 TextEdit erstellt daraufhin ein neues Dokument, das zunächst den Namen **Ohne Titel** trägt. Sie können nun sofort mit dem Schreiben beginnen.

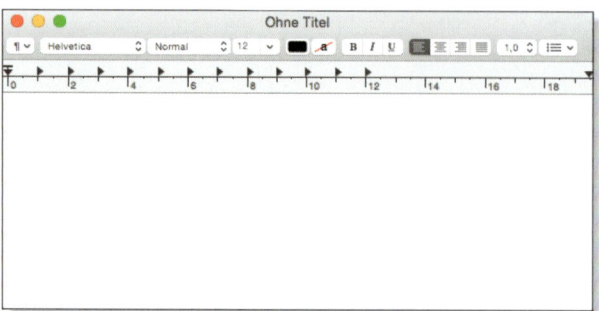

∧ **Abbildung 6.2** *Ein neues leeres Dokument anlegen*

3 Geben Sie einen beliebigen Text ein. Machen Sie sich mit dem Text nicht zu viel Mühe, schließlich geht es nur um ein Beispiel. Die Tasten der Tastatur entsprechen denen von Schreibmaschinen. ⇥ springt zum nächsten Tabulator, ⇧ entspricht der Hoch-

stelltaste, ↵ erzeugt eine Zeilenschaltung, und ← entspricht der Rückschritttaste.

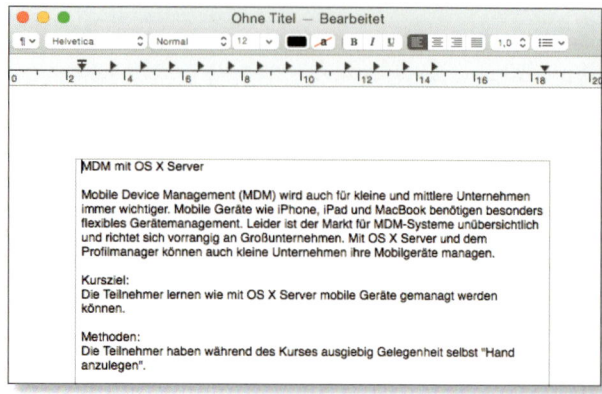

∧ **Abbildung 6.3** *Datei mit Text*

4 Sichern Sie das Dokument durch einen Klick auf **Ablage > Sichern** oder mit dem Tastaturbefehl cmd + S .

5 Wählen Sie im folgenden Sicherungsdialog den Namen, gegebenenfalls die gewünschten Tags, den Ablageort sowie das Dateiformat, in dem die Datei gesichert werden soll. Wählen Sie als Dateiformat **RTF-Dokument**.

Dieses Dateiformat hat das Suffix **.rtf* und ist das flexibelste Format für formatierten Text. Dateien im Format RTF können auch mit Programmen anderer Betriebssysteme wie Windows und Linux problemlos weiterbearbeitet werden.

∧ **Abbildung 6.4** *Der einfache Sicherungsdialog*

Tabulatoren

Die Tabulatoren in TextEdit können Sie jederzeit ändern oder löschen, und Sie können auch jederzeit neue hinzufügen. Klicken Sie mit rechts auf einen Tabulator, und wählen Sie im folgenden Einblendmenü die gewünschte Tabulatorart aus, um einem vorhandenen Tabulator eine neue Funktion zuzuweisen. Das gleiche Einblendmenü erhalten Sie, wenn Sie mit der rechten Maustaste auf eine leere Stelle im Lineal klicken. Der Tabulator wird dann an der gewählten Stelle eingefügt. Positionen von Tabulatoren verändern Sie durch Ziehen. Um einen Tabulator zu löschen, ziehen Sie ihn aus dem Lineal heraus.

✓ ▶ Linker Tabulator
◆ Zentrierter Tabulator
◀ Rechter Tabulator
◉ Dezimal-Tabulator

∧ **Abbildung 6.5**
Das Tabulatormenü

Der Sicherungsdialog im Detail

Der Sicherungsdialog ist quasi ein kleines Finder-Fenster, denn im Sicherungsdialog lässt sich wie in einem Finder-Fenster im Dateisystem navigieren, suchen, die Anzeige anpassen und eben die aktuell bearbeitete Datei sichern. Wenn Sie einen Speicherort ausgewählt haben, können Sie mit einem Klick auf das kleine nach unten zeigende Dreieck ❷ (siehe Abbildung 6.4) neben dem Feld **Sichern unter** den Sicherungsdialog erweitern.

Mit der erweiterten Ansicht des Sicherungsdialogs lässt sich der gewünschte Ort zur Sicherung bequemer festlegen als über das Auswahlmenü, zumal Sie so beispielsweise auch jederzeit einen neuen Ordner durch Klick auf den gleichnamigen Button ❸ erstellen kön-

nen. Der Sicherungsdialog schlägt als Ort für die Sicherung stets den zuletzt ausgewählten Ordner vor.

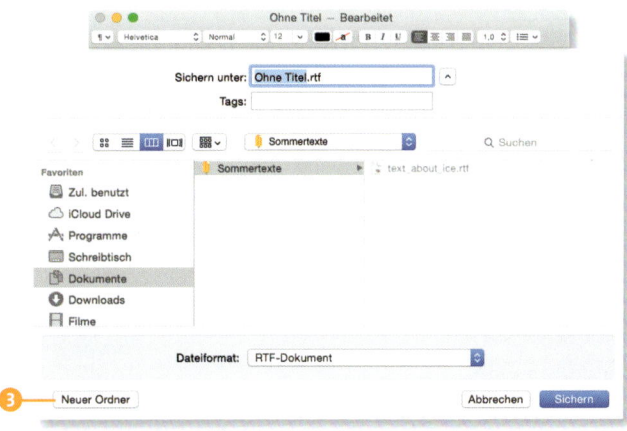

∧ **Abbildung 6.6** *Der erweiterte Sicherungsdialog*

Wenn Sie eine bereits vorhandene Datei durch die aktuelle Datei ersetzen wollen, klicken Sie die gewünschte Datei an. Bestätigen Sie die Rückfrage, ob die Datei ersetzt werden soll, durch einen Klick auf den Button **Ersetzen**. Möchten Sie die aktuelle Datei unter einem neuen Namen sichern, brechen Sie den Dialog ab, wählen **Ablage > Duplizieren** und sichern die Datei anschließend unter dem gewünschten Namen. Manche Programme bieten dazu direkt im Menü **Ablage** den Befehl **Datei sichern unter**.

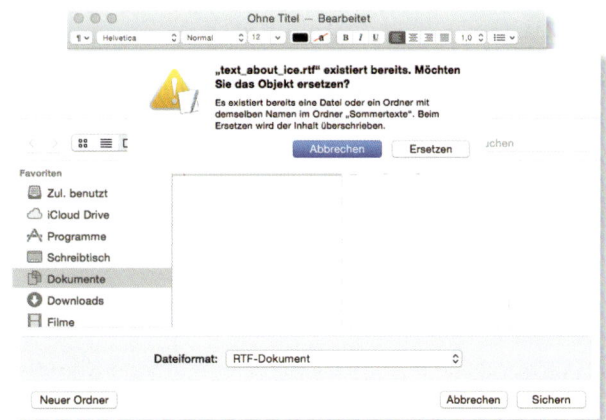

∧ **Abbildung 6.7** *Der Sicherungsdialog fragt vorsichtshalber nach, bevor Dateien ersetzt werden.*

Dateien schließen

Wenn Sie die Datei gesichert haben und mit der Bearbeitung fertig sind, schließen Sie die Datei. Das geht am einfachsten mit dem Tastaturbefehl `cmd` + `W` oder über das Menü **Ablage > Schließen**. Das Fenster mit der aktuellen Datei wird geschlossen. Beachten Sie aber, dass das Programm weiterläuft (mit Ausnahme einiger Apple-Programme, die beendet werden, sobald das letzte aktive Fenster geschlossen wurde). Wollen Sie auch das Programm schließen, drücken Sie `cmd` + `Q` auf Ihrer Tastatur, oder nutzen Sie das jeweilige Programm-Menü.

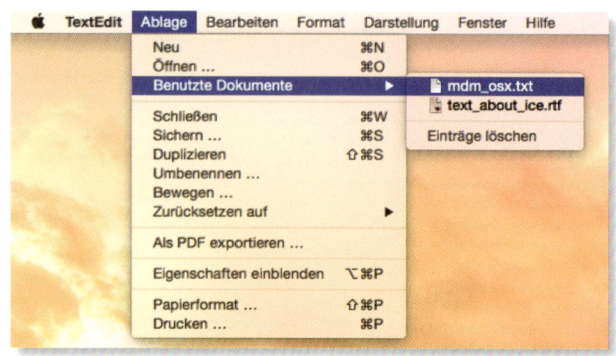

∧ Abbildung 6.9 *Schnell griffbereit: bereits benutzte Dokumente*

Dateien wieder öffnen

Wenn Sie die Datei nun wieder öffnen wollen, steht Ihnen in den Programm-Menüs analog der Befehl **Ablage > Öffnen** oder das Tastenkürzel `cmd` + `O` zur Verfügung. Der **Öffnen**-Dialog unterscheidet sich dabei nicht sehr vom Sicherungsdialog. Im Öffnen- und im Sicherungsdialog haben Sie die Möglichkeit, Dateien lokal von Ihrem Mac oder über iCloud Drive aus der iCloud zu öffnen bzw. zu sichern.

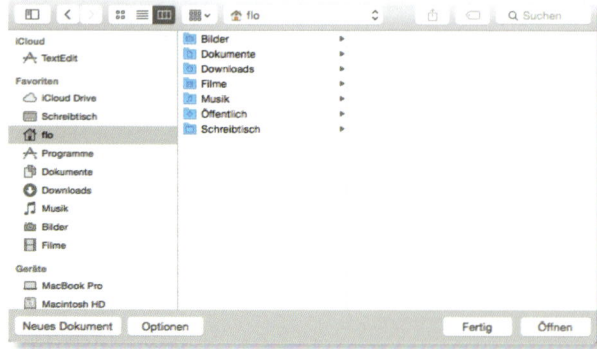

∧ Abbildung 6.8 *Der »Öffnen«-Dialog von TextEdit*

Sollten Sie einmal vergessen haben, wo Sie eine Datei gesichert haben, werden die zuletzt benutzten Dateien übrigens auch immer im **Ablage**-Menü unter **Benutzte Dokumente** oder einem ähnlich benannten Menü festgehalten. (Der genaue Name hängt vom jeweiligen Programm ab.)

INFO

iCloud nicht verfügbar?
Wenn Ihnen ein Klick auf iCloud Drive nicht eine Liste der verfügbaren Dateien anzeigt, sondern allgemeine Informationen über iCloud Drive, dann haben Sie iCloud Drive (noch) nicht aktiviert. Klicken Sie zum Aktivieren von iCloud Drive auf den Button **Auf iCloud Drive aktualisieren**, oder aktivieren Sie iCloud Drive in den Einstellungen zu iCloud in den Systemeinstellungen. Weitere Informationen zu iCloud und iCloud Drive finden Sie ab Seite 590 und Seite 441.

∧ Abbildung 6.10
Mit iCloud Drive erreichen Sie Dateien, die in iCloud gespeichert sind.

6.2 Dateien bearbeiten

Sie haben nun also eine neue Datei erstellt und gesichert. Damit ist das oben beschriebene Prinzip, wie Dateien erstellt werden, eigentlich vollständig erklärt. Da wir aber gerade eine Datei erstellt haben, wollen wir sie auch weiterbearbeiten, damit Sie grundsätzlich sehen, wie Sie Dateien bearbeiten.

Text formatieren

Inhalte zu haben ist zwar schön, aber sie sollten auch optisch ansprechend aufbereitet sein, sonst wird das Lesen zur Qual. Wir fügen also beispielsweise eine Überschrift in TextEdit hinzu:

1 Positionieren Sie den Cursor – das ist die blinkende Eingabemarke ❶ – an der gewünschten Stelle, und geben Sie eine Überschrift ein.

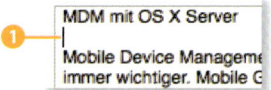

▲ **Abbildung 6.11** *Inhalte werden an der Position des Cursors hinzugefügt.*

2 Um den Text der Überschrift optisch vom Rest abzusetzen, soll die Überschrift ein anderes Format erhalten. Markieren Sie die Überschrift.

3 Wählen Sie in der Symbolleiste aus dem Auswahlmenü für die Schriftgröße ❷ einen größeren Wert, z. B. »18«. Alternativ dazu können Sie mit den Tastaturkommandos cmd + + bzw. cmd + – den ausgewählten Text schrittweise vergrößern bzw. verkleinern.

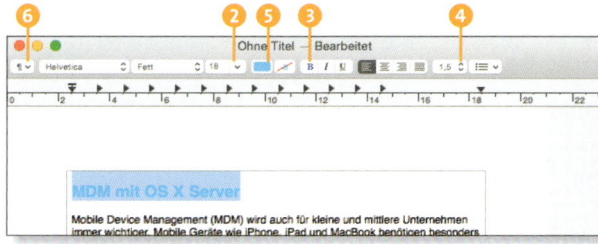

▲ **Abbildung 6.12** *Menüs in der Symbolleiste von TextEdit*

Sie sehen, wie der markierte Text nun entsprechend größer dargestellt wird.

4 Um dem Ganzen noch etwas mehr Ausdruck zu verleihen, soll die Überschrift in fetten Lettern erscheinen. Klicken Sie dazu in der Symbolleiste auf den Button **B** ❸, oder nutzen Sie den Tastaturbefehl cmd + B .

5 Jetzt soll aber noch mehr Raum zwischen der Überschrift und dem Text geschaffen werden. Dafür könnten Sie natürlich mehrere Zeilenumbrüche einfügen. Eleganter ist es aber, wenn dem größeren Text auch ein größerer Zeilenabstand zugeordnet ist. Wählen Sie dazu im Menü **Zeilen- und Absatzabstand** ❹ einen größeren Wert aus, beispielsweise »1,5«.

Die Zeile, die die Überschrift enthält, ist also nun 1,5-mal so hoch wie eine normale Textzeile.

6 Als letzte Änderung geben wir der Überschrift eine andere Farbe. Klicken Sie in der Symbolleiste auf das Auswahlmenü für die Textfarbe ❺. Wählen Sie eine der angezeigten Farben aus, z. B. Türkis.

Sie haben nun also einige Änderungen am Format vorgenommen, damit die Überschrift das aktuelle Erscheinungsbild erhält. Um das nicht immer wieder machen zu müssen, lassen sich diese Vorgaben als Stil sichern.

7 Markieren Sie die formatierte Überschrift, und wählen Sie in der Symbolleiste im Menü **Absatzstil wählen** ❻ den Eintrag **Stile einblenden**, um im folgenden Dialog den Stil zusichern.

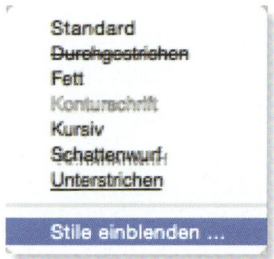

▲ **Abbildung 6.13** *Über das Absatzstilmenü können Sie eigene Stile abspeichern.*

Im folgenden Dialogfenster wird der gewählte Stil mit all seinen Parametern wie Schrifttyp, Aussehen, Größe, Bündigkeit, Zeilenabstand etc. angezeigt.

Abbildung 6.14 *Der aktuelle Stil soll zur späteren Wiederverwendung gesichert werden.*

8 Klicken Sie auf den Button **Als Favorit sichern**, um den Stil zur späteren Wiederverwendung stets schnell zur Verfügung zu haben. Geben Sie dem Stil einen Namen, und klicken Sie dann auf den Button **Hinzufügen**. Der so gesicherte Stil steht nun im Menü **Absatzstil wählen** mit dem vergebenen Namen zur Verfügung.

Abbildung 6.15 *Das Absatzstilmenü mit hinzugefügtem eigenen Stil*

9 Bevor Sie weitere Änderungen an der Datei vornehmen, sichern Sie diese durch Klick auf **Ablage > Sichern** oder ⌘ + S .

Probieren Sie weitere Formatierungsmöglichkeiten aus. Je sicherer Sie sich im Umgang mit den zur Verfügung stehenden Menüs fühlen, desto souveräner gehen Sie später an neue, bislang unbekannte Programme heran.

Helfer von Format – der Farbwähler

Beim Formatieren des Textes sind Sie dem Farbwähler begegnet. Es lohnt sich, an dieser Stelle einen genaueren Blick auf den Farbwähler zu werfen, weil er uns immer wieder begegnen wird. Er steht nämlich systemweit zur Verfügung, und eine in einem Programm gesicherte Farbe kann in einem anderen Programm erneut nützlich sein.

Abbildung 6.16 *Den Farbwähler in TextEdit aufrufen*

Wenn Sie beispielsweise in TextEdit das Auswahlmenü für Textfarbe aufrufen und auf den Button **Farben einblenden** klicken, sehen Sie im folgenden schwebenden Fenster den Farbwähler. Das Quadrat ❶ zeigt die jeweils aktuell ausgewählte Farbe an. Mithilfe des Farbkreises ❷, des Sliders ❸ und der Pipette ❹ wählen Sie Farben aus. Mit den Buttons in der Symbolleiste ❺ können Sie die Auswahlmethode verändern.

Wenn Sie die aktuell angezeigte Farbe zur weiteren Verwendung sichern wollen, ziehen Sie sie aus dem Farbbalken in eines der freien Kästchen am unteren Fensterrand ❻. Die dort abgelegten Farben stehen Ihnen nun immer in der Farbauswahl in allen Programmen zur Verfügung. Wenn Ihnen die Kästchen nicht reichen, ziehen Sie das Fenster an dem kleinen Punkt ❼ so weit wie nötig nach unten hin auf.

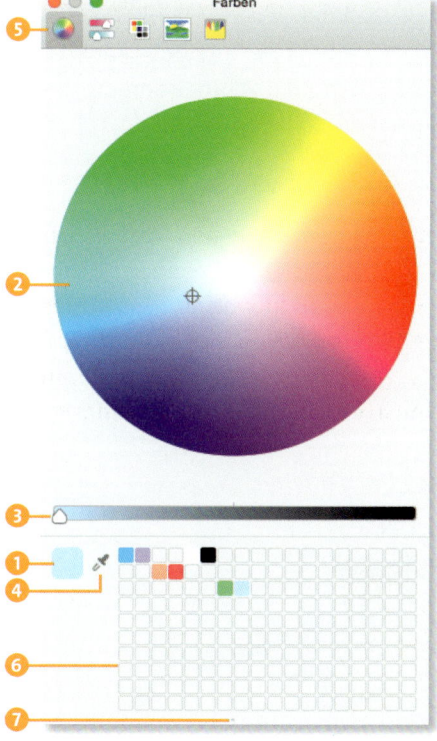

△ **Abbildung 6.17** *Das Farbwahlfenster*

Das Farbwahlfenster lässt sich sogar mit Software von Drittanbietern um weitere Farbräume und Managementfunktionen erweitern, z. B. mit dem Hexpicker von Wafflesoft (*http://wafflesoftware.net/hexpicker*). Als Suchstichwörter für weitere Erweiterungen bieten sich die Begriffe »os x, extend« und »color picker« an.

Die Schrift ändern

An dieser Stelle wollen wir das Aussehen der Überschrift noch weiter verändern. Dazu weisen wir der

Überschrift zunächst eine andere Schrift, genannt *Font*, zu.

1 Markieren Sie die Überschrift. Das Schriftartenmenü in der Symbolleiste zeigt den aktuell verwendeten Font an.

2 Wählen Sie in der Symbolleiste aus dem Schriftartenmenü eine andere Schrift, beispielsweise **Papyrus**, aus.

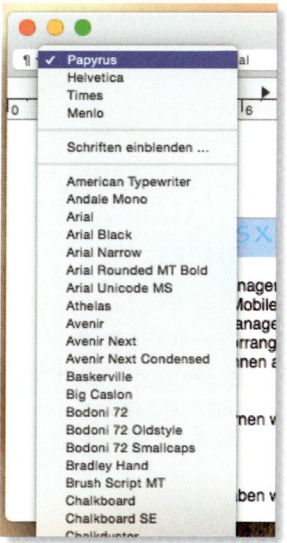

△ **Abbildung 6.18** *Reichlich Auswahl: das Schriftenmenü*

Sie sehen, wie die Auswahl der Schrift das Aussehen und den Charakter des Textes beeinflusst.

△ **Abbildung 6.19** *Die Schriftart eines Textes trägt zur Aussage bei und sollte daher mit Bedacht gewählt werden.*

Obwohl in OS X bereits viele Schriften integriert sind, reicht Ihnen die Auswahl der vorhandenen Schriften vielleicht nicht aus. In so einem Fall können Sie die gewünschte Schrift selbst installieren. Wie das funktioniert, erfahren Sie in Kapitel 5, »Programme auf dem Mac«, auf Seite 213.

Text automatisch ergänzen lassen

Text lässt sich also gestalten, um für eine bessere Lesbarkeit zu sorgen. Meist müssen Sie aber am Text selbst arbeiten, und auch dafür stellt TextEdit entsprechende Funktionen bereit, die Sie so oder so ähnlich auch in anderen Programmen wiederfinden werden.

Eine dieser Funktionen zum Bearbeiten ist die Textergänzung. OS X verfügt über ein integriertes Wörterbuch, das Sie beim Schreiben jederzeit durch Drücken von `esc` aufrufen können, beispielsweise wenn Sie sich nicht sicher sind, wie ein Wort geschrieben wird.

1 Geben Sie ein paar Buchstaben ein, z. B. »Kurs«.

2 Drücken Sie `esc`. TextEdit blendet daraufhin eine Liste von Wörtern ein, die mit diesen Buchstaben beginnen. Mit `▲`/`▼` navigieren Sie schnell durch die Liste der angebotenen Wörter.

3 Haben Sie das gewünschte Wort erreicht, wählen Sie es durch Drücken von `↵` aus. Das gewählte Wort wird eingesetzt bzw. Ihre Eingabe entsprechend ergänzt.

Abbildung 6.20 *Die Textergänzung in Aktion: sinnvolle Angebote*

4 Nachdem Sie nun mithilfe der Textergänzung weiteren Text eingegeben haben, sichern Sie die Datei durch Klick auf **Ablage > Sichern** oder mit `cmd` + `S`.

Die Textergänzungsfunktion ist sehr hilfreich, um schnell Text entstehen zu lassen. Weitere Hilfen bei der Texteingabe sind die Möglichkeit, individuelle Kürzel zu verwenden, die dann durch einen entsprechend festgelegten anderen Text ersetzt werden, und das Nachschlagen im Lexikon während des Schreibens.

Symbol- und Textersetzung

Eine große Hilfe beim Schreiben, vor allem für Vielschreiber, ist die systemweite Textersetzung. Hier können Sie Textkürzel vorgeben, die dann während des Schreibens automatisch durch den angegebenen Text ersetzt werden. Bevor Sie die Kürzel nutzen können, müssen Sie sie jedoch festlegen:

1 Öffnen Sie die Systemeinstellungen, und klicken Sie auf **Tastatur**.

2 Hier wechseln Sie zum Tab **Text**.

3 Setzen Sie, falls nötig, das Häkchen bei **Automatische Korrektur**.

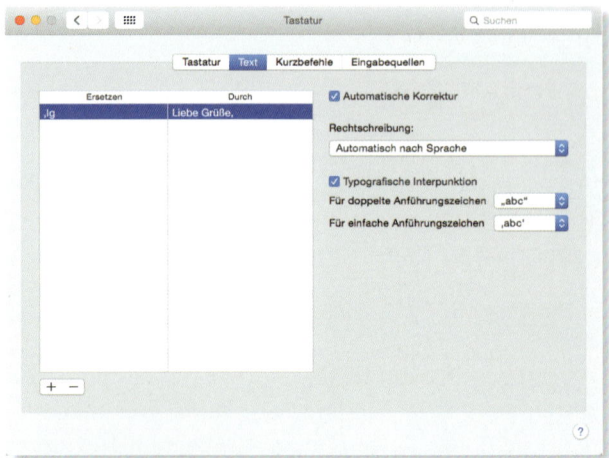

Abbildung 6.21 *Textersetzungen einrichten und verwalten*

4 Um selbst ein Kürzel anzulegen, sind nur wenige Klicks nötig. Klicken Sie dazu auf den Plus-Button unter der Liste der Kürzel. Daraufhin wird am Ende der Liste eine neue Zeile eingefügt, automatisch aktiviert und das Feld **Ersetzen** für die Texteingabe aktiviert.

5 Geben Sie ein Kürzel ein, das Sie für die Textersetzung verwenden wollen.

6 Drücken Sie die ⟶-Taste, oder klicken Sie in das Feld **Durch**. Hier geben Sie nun den Text ein, der später anstelle des Kürzels erscheinen soll.

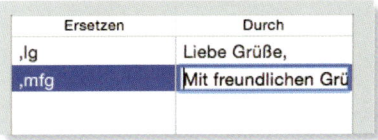

Ersetzen	Durch
,lg	Liebe Grüße,
,mfg	Mit freundlichen Grü

∧ **Abbildung 6.22** *Ein neu angelegtes Kürzel*

Vielleicht wundern Sie sich, warum die selbst angelegten Kürzel in den Beispielen führende Satzzeichen haben. Das liegt daran, dass es sinnvoll ist, die Kürzel so zu wählen, dass sie nicht versehentlich ein sinnvoller und gewollter Teil des Textes sein können. Denn das wären sie dann ja nicht mehr, weil sie nach ihrer Eingabe ersetzt würden. Eine Kombination aus dem Kürzel, das Sie verwenden wollen, zusammen mit einem führenden Zeichen, das für Sie bequem zu tippen ist, ist also eine sichere und bequeme Art, die Kürzel nur auf gewollte Weise zu nutzen.

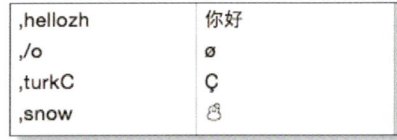

,hellozh	你好
,/o	ø
,turkC	Ç
,snow	☃

∧ **Abbildung 6.23** *Erleichtert die internationale Korrespondenz: Textersetzung*

Dabei sind den Kürzeln hier kaum Grenzen gesetzt. Was immer sich darstellen lässt, kann auch ersetzt werden. Besonders dann, wenn Sie oft mit Zeichen aus anderen Sprachen zu tun haben, es sich aber nicht lohnen würde, die Eingabemethode deswegen zu ändern, ist diese Funktion sehr hilfreich. So können Sie weiterhin z. B. auf Deutsch oder Englisch miteinander kommunizieren, den Namen Ihres Gegenübers aber trotzdem korrekt schreiben, wenn dieser z. B. ein anderes Zeichen enthält. Natürlich könnten Sie auch die Eingabemethode schnell ändern, aber im Schreibfluss stört das unter Umständen schon. Zudem zeugt eine korrekte Anrede von Höflichkeit, gerade wenn nicht alltägliche Zeichen darin enthalten sind.

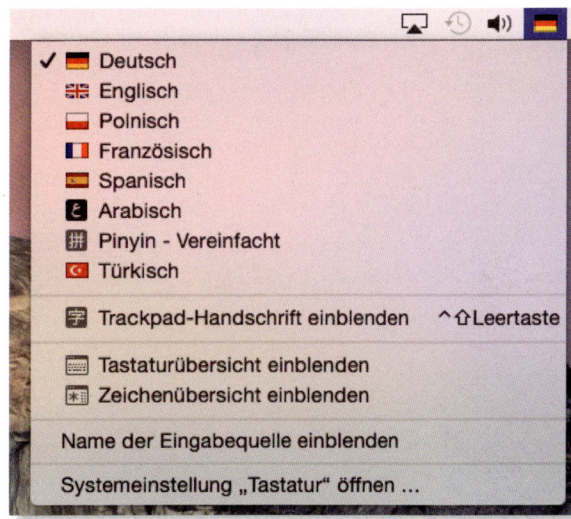

∧ **Abbildung 6.24** *Die Eingabequellen in der Menüleiste*

Umlaute griffbereit

Für viele Sonderzeichen, wie beispielsweise das in Abbildung 6.23 gezeigte norwegische Ø und das türkische Ç, ist es allerdings noch nicht einmal nötig, die Textersetzung zu bemühen, denn viele Sonderzeichen sind stets griffbereit.

∧ **Abbildung 6.25** *Die Tastaturübersicht bietet einen Überblick über die schnell erreichbaren Sonderzeichen.*

Um die Sonderzeichen aufzurufen, drücken Sie entweder zusätzlich eine sogenannte Modifikatortaste wie z. B. alt oder ⇧ (oder beide gleichzeitig), oder Sie nutzen eine Technik, die bereits auf dem iPhone und iPad gut funktioniert.

1 Drücken Sie einen Buchstaben, von dem Sie eine Variante eingeben wollen, und halten Sie ihn gedrückt. Nach wenigen Sekunden zeigt das aktuelle Programm eine Auswahl ähnlicher Buchstaben an.

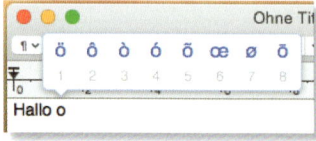

∧ Abbildung 6.26 *Buchstaben halten, um schnell eine seltener benötigte Variante einzufügen*

2 Klicken Sie den gewünschten Buchstaben an, oder geben Sie die unter dem Buchstaben angegebene Zahl ein. Der gewünschte Buchstabe wird nun eingefügt, und Sie können wie gewohnt weiterschreiben.

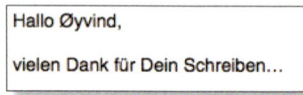

∧ Abbildung 6.27 *Das eingefügte Zeichen im Kontext*

Weitere Informationen zu den verschiedenen Eingabemethoden und Tastaturbelegungen finden Sie in Kapitel 15, »Systemeinstellungen – den Mac im Griff«, auf Seite 549.

Text diktieren

Eine weitere, besonders bequeme Möglichkeit, Text einzugeben, ist, ihn zu diktieren. Mit OS X 10.8 hat eine Diktierfunktion Einzug in das Betriebssystem gefunden, die nicht nur sehr einfach und recht zuverlässig funktioniert, sondern unabhängig vom Programm auch überall auf dem System zur Verfügung steht. Seit OS X 10.9 ist die Diktatfunktion auch ohne Internetverbindung einsetzbar, sodass sie Ihnen jederzeit zur Verfügung steht. Nachdem Sie die Diktierfunktion in den Systemeinstellungen aktiviert und eingerichtet haben, können Sie jederzeit Text sprechen, anstatt zu tippen. Beachten Sie jedoch, dass Sie beim Diktat sämtliche Satzzeichen und neue Zeilen mitsprechen müssen. Der Text der folgenden Abbildung wurde also so gesprochen:

»Hier muss jetzt ganz viel Text eingegeben werden PUNKT NEUE ZEILE Und zwar KOMMA ich betone es noch einmal KOMMA ausschließlich verbal PUNKT NEUE ZEILE Es wurde kein Buchstabe dieses Textes getippt PUNKT NEUE ZEILE«

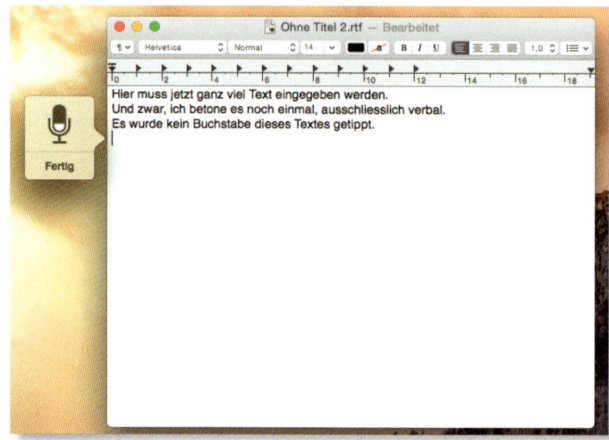

∧ Abbildung 6.28 *Die Diktierfunktion ist sehr praktisch und funktioniert recht zuverlässig.*

Wer also halbwegs ordentliches Hochdeutsch spricht, wird viel Freude mit der Diktierfunktion haben und wenig »Missverstandenes« verbessern müssen.

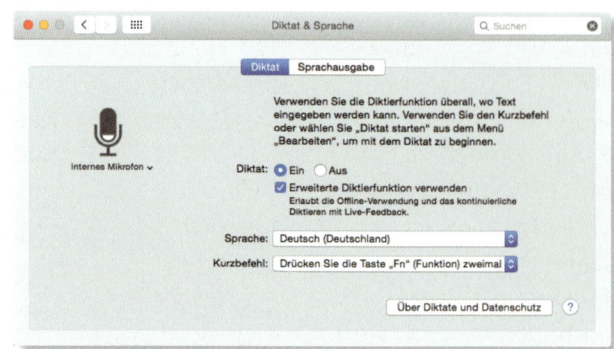

∧ Abbildung 6.29 *Die erweiterte Diktierfunktion aktivieren, um bequemer diktieren zu können*

Um die Diktierfunktion zu aktivieren, klicken Sie in den Systemeinstellungen auf **Diktat & Sprache** und wählen dann den Tab **Diktat**. Hier können Sie die Diktierfunktion ein- bzw. ausschalten. Zusätzlich können Sie die die Diktierfunktion auch offline nutzen. Um also in den Genuss kommen zu können, nicht alle 30 Sekunden Pause machen zu müssen und auf die Umwandlung von Sprache in Text auf einem Webserver zu warten, setzen Sie das Häckchen bei **Erweiterte Diktierfunktion verwenden**. Fortan können Sie also bequem Text diktieren, anstatt ihn zu tippen.

An dieser Stelle sei ein persönlicher Hinweis gestattet, weil ich oft gefragt werde, ob diese Funktion nicht ein Segen für Autoren sei und man sich bei Büchern über 800 Seiten nicht wunde Finger damit ersparen könne. Die Antwort darauf ist, zumindest in meinem Fall, ein klares Nein. Das liegt jedoch nicht daran, dass die Diktierfunktion nicht ungemein praktisch wäre, denn das ist sie tatsächlich; probieren Sie es aus. Es liegt auch nicht daran, dass sie nicht richtig funktionieren würde; im Gegenteil: Sie werden überrascht sein, wie gut die Erkennung funktioniert, wenn Sie ein sauberes klares Deutsch in passablem Tempo sprechen. Nein, es liegt ganz einfach am Anwendungszweck. Wenn ich ein Buch schreibe, weiß ich erst im Moment des Schreibens, was ich schreiben werde. Selbst bei einem Sachbuch wie diesem, bei dem ich natürlich vorher weiß, worüber ich schreibe, fließt der tatsächliche Text im Moment des Entstehens buchstäblich *aus den Fingern*. Es ist eine erlernte Kulturtechnik, die sich nicht ohne Weiteres ändern lässt. Das bedeutet nicht, dass die Diktierfunktion nutzlos ist. Man sollte nur wissen, wofür man sie idealerweise einsetzt. Ihre großen Stärken spielt sie bei Alltagstexten wie Briefen und E-Mails aus, die man locker in ein bis zwei Sätzen auch ohne vorherige Planung spontan formuliert bekommt. Für lange und/oder komplexe Texte wie Bücher ist sie zumindest in meinem Fall leider nicht geeignet. Aber vielleicht gibt es Leute, die auch lange Texte lieber diktieren. Es lohnt sich auf alle Fälle, die Diktierfunktion auf Herz und Nieren zu prüfen. Dann können Sie selbst beurteilen, ob sie für Sie nützlich sein kann.

Begriffe im Lexikon nachschlagen

Dank der tiefen Einbettung des Programms Lexikon ins System stehen die Daten von Lexikon genauso wie die

Textersetzung in den meisten Programmen zur Verfügung. Wenn Sie also während des Schreibens einen Begriff nachschlagen wollen, ohne das aktuelle Programm zu verlassen, markieren Sie das gewünschte Wort, und doppeltippen Sie mit drei Fingern, wenn Sie mit einem Trackpad arbeiten. Oder Sie klicken mit rechts auf das Wort und wählen aus dem Kontextmenü **Suche nach „[Begriff]"**. Gibt es eine Information zum ausgewählten Wort, wird diese automatisch nach wenigen Sekunden angezeigt.

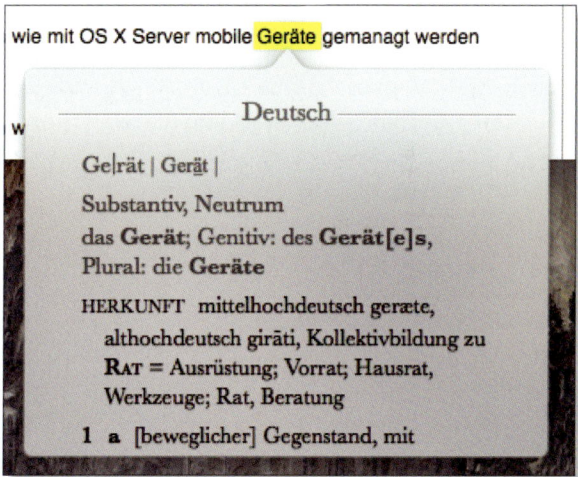

∧ Abbildung 6.30 *Immer griffbereit: das Lexikon*

Die Textergänzung und das Lexikon sind bei der Texteingabe sehr praktisch. Eine hilfreiche Funktion für bereits vorhandenen Text sehen wir uns im folgenden Abschnitt an: die Suchfunktion.

Suchen und Ersetzen

Suchfunktion klingt zunächst recht trivial, zumal die systemweite Suchfunktion Spotlight ja auch in der Lage ist, sogar innerhalb von Texten zu suchen. Die Suchfunktion von TextEdit findet gesuchten Text aber nicht nur, sondern sie ersetzt ihn auf Wunsch auch. So tauschen Sie schnell häufig verwendete Wörter aus oder eliminieren typische Buchstabendreher, ohne dafür mühsam den ganzen Text durchkämmen zu müssen.

1 Rufen Sie das Suchfeld durch Klick auf **Bearbeiten > Suchen > Suchen** oder mit cmd + F auf.

2 Geben Sie in das Suchfeld einen Suchbegriff ein.

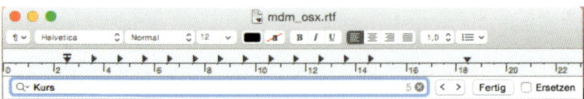

△ **Abbildung 6.31** Das Suchfeld von TextEdit

TextEdit verdunkelt daraufhin die Seite und zeigt die Fundstellen in Weiß an. Zusätzlich wird die aktuell ausgewählte Fundstelle in Gelb angezeigt.

3 Navigieren Sie zwischen den Fundstellen mit **Bearbeiten > Suchen > Weitersuchen (vorwärts)** oder cmd + G und **Bearbeiten > Suchen > Weitersuchen (rückwärts)** oder ⇧ + cmd + G.

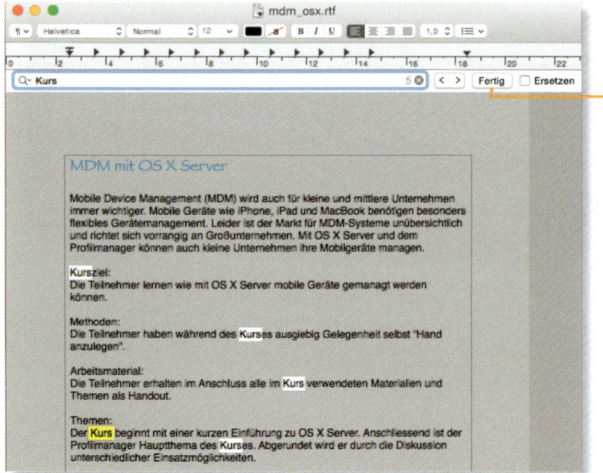

△ **Abbildung 6.32** Hier werden Ihnen alle Fundstellen angezeigt.

4 Sind Sie mit der Durchsicht der Fundstellen fertig, klicken Sie anschließend in der Suchleiste auf den Button **Fertig** ❶. TextEdit kehrt daraufhin zur normalen Ansicht zurück.

5 Nun wollen wir die Suche verfeinern. Rufen Sie erneut die Suchleiste auf. Falls der Suchbegriff nicht mehr angezeigt wird, geben Sie ihn erneut ein, oder klicken Sie auf die Lupe, und wählen Sie ihn im folgenden Menü aus.

In diesem Menü haben Sie auch die Möglichkeit, die Suche um bestimmte Parameter zu verändern und so die potenziellen Fundstellen einzuschränken oder zu erweitern.

△ **Abbildung 6.33** Dieses Menü erscheint, wenn Sie auf die Lupe klicken.

6 Setzen Sie in der Suchleiste das Häkchen bei **Ersetzen** ❷. Die Suchleiste wird nun um ein zusätzliches Feld erweitert.

7 Geben Sie in das neue Eingabefeld die Zeichenfolge ein, durch die der Suchbegriff ersetzt werden soll.

△ **Abbildung 6.34** Suchen mit aktivierter Ersetzung (und unschönem Anglizismus)

8 Wenn Sie nun in der Suchleiste auf den Button **Ersetzen** ❸ klicken, wird die jeweils gelb markierte Fundstelle ersetzt. Wenn Sie auf den Button **Alle** klicken, werden alle Fundstellen ersetzt. Überlegen Sie also vorher gut, ob Sie wirklich alle Einträge ersetzen möchten.

Suchen und Ersetzen mit Mustern

Eine Besonderheit bietet TextEdit beim Suchen und Ersetzen: Es kann nicht nur nach konkreten Suchbegriffen beziehungsweise Wörtern fahnden, sondern auch nach Mustern. Das ist beispielsweise praktisch, um Ziffern oder Symbole im Text durch die entsprechenden Wörter zu ersetzen.

1 Klicken Sie in der Suchleiste auf die Lupe, und wählen Sie im folgenden Menü **Muster einfügen**, oder drücken Sie [ctrl] + [alt] + [cmd] + [P].

TextEdit zeigt daraufhin ein Menü an, mit dem Sie Suchmuster aus einzelnen Suchparametern zusammenstellen. So realisieren Sie auch komplexe Suchabfragen. Wir bleiben beim obigen Beispiel und schauen, ob sich im Text Ziffern durch Wörter ersetzen lassen.

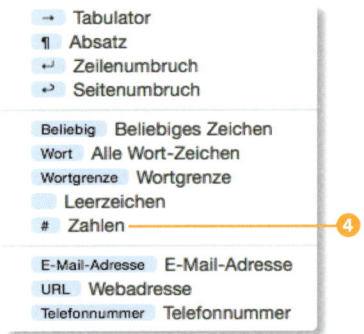

^ Abbildung 6.35 *Das Menü zur Auswahl der Parameter für ein Suchmuster*

2 Klicken Sie im Auswahlmenü auf **Zahlen** ❹. Die Suchfunktion zeigt Ihnen daraufhin auf die bereits bekannte Weise die Fundstellen aller Ziffern an. Sie können nun bequem mit den Pfeiltasten ❺ neben dem Suchfeld von Fundstelle zu Fundstelle springen und die jeweils gelb markierte Fundstelle gegebenenfalls ersetzen.

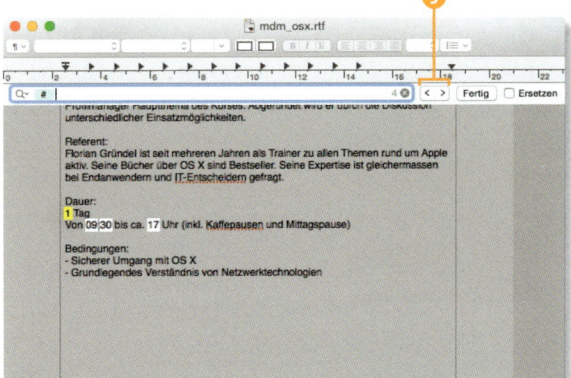

^ Abbildung 6.36 *Ein einfaches Suchmuster mit nur einem Parameter. So finden Sie Ziffern im Text.*

Suchmuster kombinieren

Ein weiteres nützliches Beispiel der Funktion **Suchen und Ersetzen** aus der Praxis ist das Eliminieren versehentlich eingefügter Leerzeichen.

1 Legen Sie folgendes Suchmuster an: **Alle Wort-Zeichen** (wird im Suchfeld als **Wort** dargestellt) + **Leerzeichen** + **Leerzeichen**. Um ein Muster anzulegen, wiederholen Sie die vorangegangenen Schritte, bis das gewünschte Muster zusammengestellt ist. Es ist nicht nötig, ein Plus einzugeben.

Folgen also im durchsuchten Text einem Wort zwei Leerzeichen statt nur einem, werden Fundstellen, die diesem Muster entsprechen, angezeigt.

2 Die Struktur, mit der man diesen Fehler beheben möchte, ist der Struktur des Fehlers ganz ähnlich. Zum Glück ist es nicht nötig, die Suchparameter in das **Ersetzen**-Feld neu einzugeben. Sie lassen sich aus dem Suchfeld schnell und einfach per Doppelklick übernehmen. Setzen Sie dazu das Häkchen bei **Ersetzen** ❻, um das **Ersetzen**-Feld anzuzeigen.

3 Doppelklicken Sie im Suchfeld auf den Suchparameter **Wort** und den für das erste Leerzeichen. Die Suchfunktion übernimmt jeden im Suchfeld per Doppelklick ausgewählten Parameter unmittelbar ins **Ersetzen**-Feld.

4 Gehen Sie über die Pfeil-Buttons an die gewünschte Fundstelle, und klicken Sie auf den Button **Ersetzen** ❼.

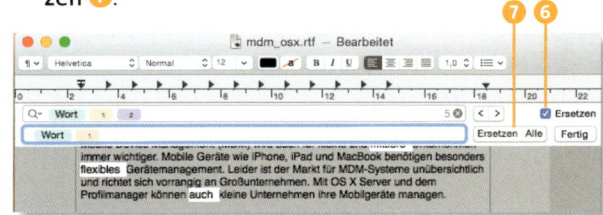

^ Abbildung 6.37 *Sie können Fehler, z. B. überflüssige Leerzeichen, anhand von Mustern finden und schnell und einfach mithilfe von Mustern ersetzen.*

So lassen sich schnell und mit geringem Aufwand Fehler anhand ihrer Struktur erkennen und eliminieren.

Besonders hilfreich ist diese Funktion beispielsweise bei Buchstabendrehern im Wort. Mit Suchstrukturen wie »Beliebiges Zeichen« + »ie« + »Beliebiges Zeichen« und der entsprechenden Ersetzungsstruktur »Beliebiges Zeichen« + »ei« + »Beliebiges Zeichen« finden Sie z. B. auf die Schnelle die »Hieterkeit« und machen sie zur »Heiterkeit«. Speziell bei langen Texten spart es Zeit und Nerven, gezielt nach Fehlerstrukturen im Text zu suchen, anstatt nach jedem Fehler einzeln zu fahnden.

TextEdit merkt sich zwar, solange es geöffnet ist, die letzten Suchabfragen und stellt sie zur Verfügung, wenn Sie auf die Lupe klicken, aber leider lassen sich die zusammengestellten Suchmuster nicht zur weiteren Verwendung sichern. Sie müssen Sie also bei jedem Neustart des Programms wieder anlegen.

Bilder hinzufügen

Da wir aktuell an einem Textdokument arbeiten, ist das einzig sinnvoll hinzufügbare Medienformat ein Bild. In anderen Programmen kann es sich auch um Audio- oder Videodateien handeln. Wichtig ist im konkreten Fall nur, dass Sie verstehen, wie Sie Medien hinzufügen. Später werden Sie dieses Wissen problemlos auf andere Anwendungen übertragen.

1 Klicken Sie auf **Bearbeiten > Dateien anfügen ...**, oder drücken Sie ⇧ + cmd + A.

2 Wählen Sie im folgenden Auswahlmenü das gewünschte Bild aus, und klicken Sie auf den Button **Öffnen**.

Je nach Dateiformat der aktuellen Datei zeigt Ihnen TextEdit unter Umständen einen Dialog mit dem Hinweis an, dass das Dateiformat geändert werden muss. Wählen Sie im Dialog die gewünschte Aktion aus. Handelt es sich um eine noch nicht gesicherte Datei, sehen Sie diesen Dialog erst beim Schließen der Datei.

^ **Abbildung 6.38** *Eine anzuhängende Datei auswählen*

3 Die ausgewählte Datei wird an der Stelle hinzugefügt, an der sich der Cursor befindet.

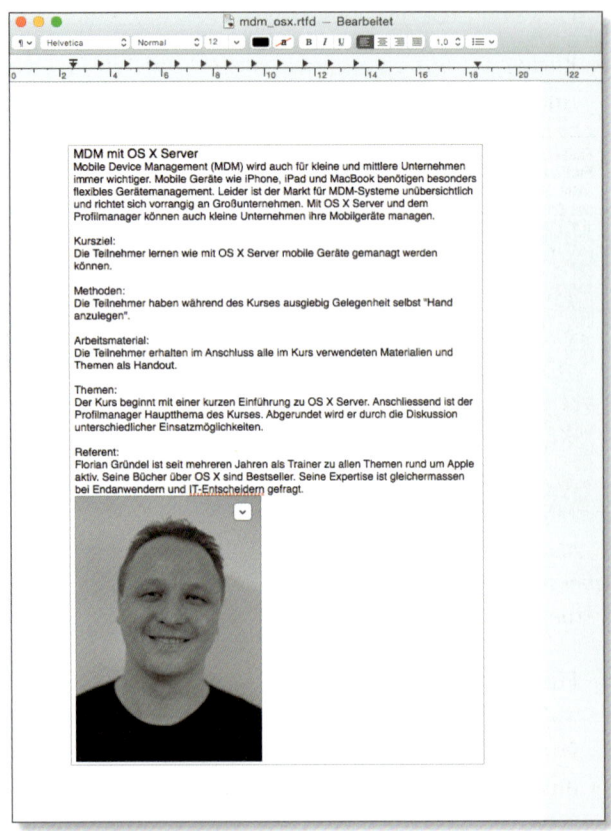

^ **Abbildung 6.39** *Der Datei ist nun das ausgewählte Foto angehängt.*

Alternativ dazu ziehen Sie die gewünschte Datei aus dem Finder auf das Fenster von TextEdit und lassen es dort an der gewünschten Stelle los.

Bilder bearbeiten

In den meisten Programmen, so wie hier in TextEdit, stehen Ihnen nun mit Markierungen weitere Bearbeitungsmöglichkeiten für Bilder zur Verfügung. Markierungen ist eine mit OS X 10.10 neu eingeführte Möglichkeit, Bilder zu bearbeiten, ohne dafür extra ein Bildbearbeitungsprogramm öffnen zu müssen. Sie können also z. B. in TextEdit oder Mail – und natürlich auch mit Vorschau und allen anderen Programmen, die Markierungen unterstützen – Änderungen an Bildern direkt im Programm vornehmen.

1 Fahren Sie mit dem Mauszeiger über das Bild.

2 Klicken Sie auf den kleinen eingeblendeten Pfeil ❶ und anschließend auf **Markierungen**.

⌃ **Abbildung 6.40** *Markierungen bietet Ihnen einfache, aber umfangreiche Bildbearbeitungen unmittelbar im aktuellen Programm.*

Für unser aktuelles Beispiel ändern wir lediglich auf die Schnelle die Größe des Bildes. Alle weiteren Funktionen, die Ihnen Markierungen bietet, werden ausführlich ab Seite 314 beschrieben.

3 Fahren Sie mit dem Mauszeiger in eine Ecke des Bildes. Markierungen blendet einen blauen gestrichelten Rahmen ein.

4 Ziehen Sie die Ecke(n) so lange, bis der Bildausschnitt die gewünschte Größe hat.

⌃ **Abbildung 6.41** *Das eingefügte Bild ist dank Markierungen schnell auf eine brauchbare Größe gebracht.*

5 Wenn Ihnen die Änderungen gefallen, klicken Sie auf den Button **Fertig**. Um zu dem ursprünglichen Bild zurückzukehren und Markierungen ohne Änderungen zu beenden, klicken Sie auf den Button **Abbrechen**.

TextEdit übernimmt das von Markierungen bearbeitete Bild. Die Änderungen beziehen sich selbstverständlich nie auf das Originalbild, sondern auf die in dem aktuellen Dokument verwendete eingebettete Kopie.

Textdateien mit Bildern sichern

Wenn Sie nun die Datei erneut sichern, werden Sie einen Dialog zur Konvertierung der Datei sehen.

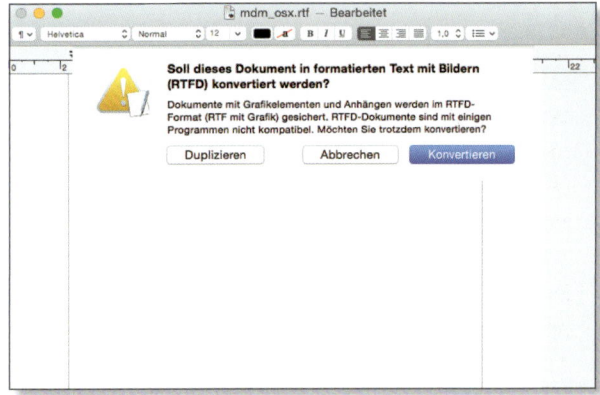

⌃ **Abbildung 6.42** *TextEdit ändert die Dateiendung.*

TextEdit ändert die Dateiendung, wenn Sie ein Bild zur Datei hinzufügen. Wenn Sie also vorhaben, grafiklastige Schreiben zu erstellen, sollten Sie idealerweise gleich ein Programm wie Pages in Betracht ziehen, denn damit erzeugen Sie kompatiblere Dateiformate wie beispielsweise DOC-Dateien. TextEdit eignet sich eben vorwiegend für Text.

Die neue Dateiendung *.rtfd* macht aus einer normalen Datei ein sogenanntes *Containerformat* – ein Dateiformat, das in OS X weitverbreitet ist. Viele Programme nutzen Containerformate für ihre Dateien. Diese Containerformate sind nichts anderes als Ordner, die jedoch für das System – aber vor allem für Sie als Benutzer – so aussehen, als handele es sich um eine gewöhnliche Datei.

Das ist bei der täglichen Arbeit am Mac sehr praktisch, denn in Containerformaten lassen sich alle möglichen Zusatzdateien und Informationen unterbringen. Da man es eben den meisten Containerformaten gar nicht ansieht, was in ihnen steckt, gibt es eine Möglichkeit, nachzusehen:

1 Markieren Sie eine Datei, die im entsprechenden Containerformat gespeichert ist, und klicken Sie sie mit rechts an.

2 Wählen Sie aus dem Kontextmenü den Eintrag **Paketinhalt zeigen**.

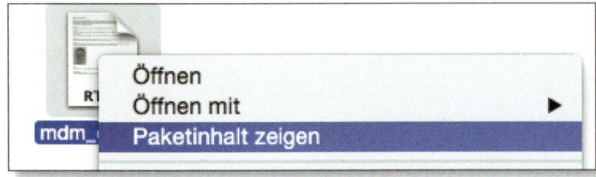

^ **Abbildung 6.43** *Sesam, öffne dich!*

Erscheint dieser Eintrag nicht im Kontextmenü, handelt es sich nicht um eine Containerdatei. Erscheint der Eintrag, klicken Sie ihn an, um einen Einblick in die Dateien zu erhalten, die im Container vorhanden sind. Auf diese Weise greifen Sie beispielsweise bequem auf das Bild in der RTFD-Datei zu.

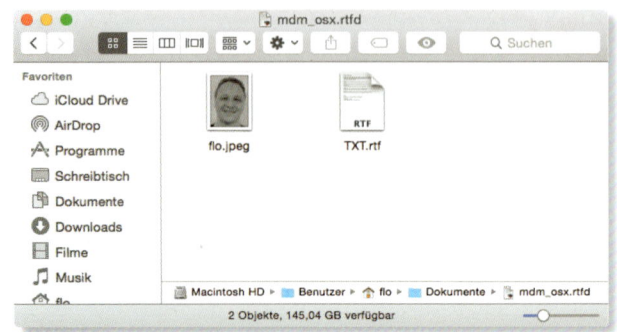

^ **Abbildung 6.44** *Die Datei ist eigentlich gar keine Datei mehr.*

Metadaten hinzufügen

Wie Sie bereits in Kapitel 3, »Dateiverwaltung mit dem Finder«, auf Seite 133 erfahren haben, sind Dateien ohne ordentliche Metadaten quasi unsichtbar. Um also die Textdatei besser auffindbar zu machen, gibt es in TextEdit eine einfache Methode, ihr nützliche Metadaten hinzuzufügen, die Ihnen auch in vielen anderen Textprogrammen zur Verfügung steht.

Klicken Sie dazu auf **Ablage > Eigenschaften einblenden**. Im folgenden Fenster haben Sie die Möglichkeit, umfangreiche Zusatzinformationen in den **Dokumenteigenschaften** einzugeben.

^ **Abbildung 6.45** *Hier vergeben Sie die Metadaten.*

Nachdem Sie nun einige Änderungen am Text vorgenommen haben, ist es Zeit, die Datei erneut zu sichern.

Bislang haben Sie die Datei schon einige Male gespeichert. Bei dieser Gelegenheit sehen wir uns noch zwei besondere Funktionen von OS X an. Diese Funktionen heißen *Versionen* und *Auto Save*.

6.3 Dateien sichern – Versionen und Auto Save

Versionen und Auto Save arbeiten Hand in Hand und unterstützen Sie. Auto Save sichert die gerade in Bearbeitung befindliche Datei in Ihren Arbeitspausen, bzw. wenn Sie ständig Eingaben machen, sichert Auto Save jede Stunde und beim Beenden des Programms. Zusätzlich wird jede Datei, die länger als zwei Wochen nicht geändert wurde, automatisch schreibgeschützt, sodass sie nicht versehentlich geändert werden kann. Wenn Sie nun versuchen, eine schreibgeschützte Datei zu ändern, fragt Auto Save, ob die Datei freigegeben oder ob eine Kopie erstellt werden soll.

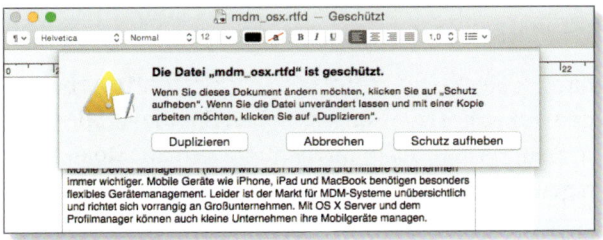

⌃ Abbildung 6.46 *Sie erhalten eine Warnmeldung, wenn Sie versuchen, in eine geschützte Datei zu schreiben.*

Natürlich können Sie eine Datei auch selbst als geschützt markieren. Dazu fahren Sie mit der Maus über den Titel der Datei und klicken auf den kleinen Pfeil. Im folgenden Menü aktivieren Sie die Option **Geschützt**.

⌃ Abbildung 6.47 *Eine Datei schützen*

Eine weitere Funktion in diesem Zusammenhang ist *Versionen*: eine Versionsverwaltung für Dateien, an denen Sie arbeiten. Das bedeutet: Jedes Mal, wenn Sie eine Datei sichern, oder stündlich mithilfe von Auto Save wird eine Version der Datei im aktuellen Zustand – also die aktuelle Version der Datei – gesichert. Im Laufe der vorangegangenen Abschnitte haben Sie die Datei mindestens dreimal gesichert. Sie haben also nicht nur die Datei im aktuellen Zustand vorliegen, sondern auch mindestens drei Versionen früherer Zustände. Die Versionen einer Datei sind über die Versionsverwaltung zugänglich.

Dank der Funktionen Versionen und Auto Save müssen Sie sich eigentlich nie wieder Gedanken machen, ob es ab einem bestimmten Zeitpunkt besser wäre, an einer Kopie der aktuellen Datei weiterzuarbeiten. Auch können Sie alles ausprobieren – ohne Angst vor Datenverlust. Sie können jederzeit einen früheren Zustand wiederherstellen.

In den folgenden Schritt-für-Schritt-Anleitungen sehen wir uns die gesicherten Versionen unserer Datei an und stellen einen früheren Zustand wieder her.

So durchsuchen Sie alle Versionen:

1 Klicken Sie auf **Ablage > Zurücksetzen auf > Alle Versionen durchsuchen**.

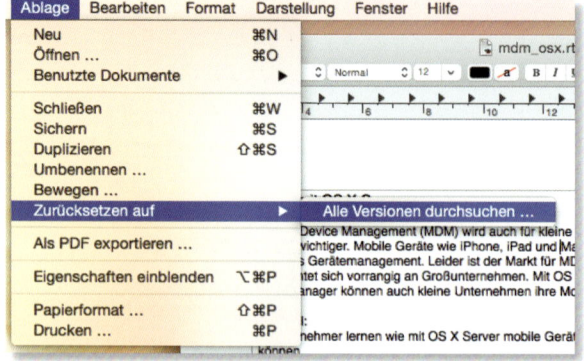

▲ **Abbildung 6.48** *Der Zugang zu den Versionen der Datei*

Anschließend ändert sich die komplette Bildschirmansicht. Dock, Schreibtisch, Menüleiste, Programmfenster etc. werden ausgeblendet (siehe Abbildung 6.49).

Versionen zeigt nun vor einer Milchglasansicht Ihres Schreibtischhintergrunds links die aktuelle Version der Datei ❶ an und rechts eine Liste aller verfügbaren früheren Versionen der Datei ❷. Klicken Sie auf die Titelleisten, oder bewegen Sie den Zeit-Slider ❸, um die früheren Versionen zu durchsuchen und Text aus einer alten Version in die aktuelle zu kopieren oder eine ältere Version in Gänze zur aktuellen zu machen. Zur Navigation durch die einzelnen Versionen können Sie natürlich auch die Pfeilschaltflächen ❹ verwenden.

2 Navigieren Sie zu einer älteren Version. Dank des Seite-an-Seite-Vergleichs mit der aktuellen Version lässt sich gut verfolgen, was sich im Laufe der Zeit bei der Bearbeitung der Datei getan hat.

3 Angenommen, Sie wollen nur eine Passage aus der alten Version in die aktuelle Version kopieren. Markieren Sie dazu in der älteren Version die gewünschte Passage, und ziehen Sie sie in der neuen Version an die gewünschte Stelle.

4 Oder Sie möchten grundsätzlich mit der Bearbeitung einer älteren Version fortfahren, dann navigieren Sie zu der gewünschten älteren Version und klicken auf den Button **Wiederherstellen** ❺.

Versionen holt sofort die gewählte Version in den Vordergrund, beendet den Wiederherstellungsmodus und kehrt zur gewohnten Fensteransicht zurück.

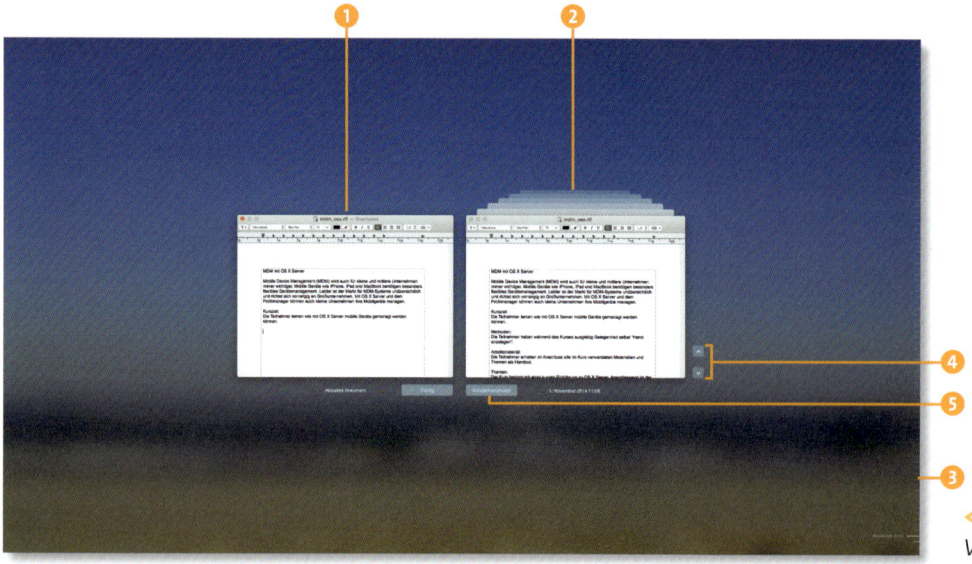

◂ **Abbildung 6.49** *Die Versionenübersicht*

Die zuletzt aktuelle Version wird damit automatisch zu einer der älteren, jederzeit abrufbaren Versionen. Sie ist also ebenfalls nicht verloren.

Die Funktionen Versionen und Auto Save gehören zu den nützlichsten Funktionen von OS X. Wenn Sie einmal diesen unschätzbaren Vorteil kennengelernt haben, ganz bequem ältere Versionen einer Datei visuell durchzublättern und mit der aktuellen Version zu vergleichen, werden Sie sich nicht mehr vorstellen können, ein Betriebssystem zu nutzen, das diese Funktion entweder gar nicht oder nicht in dieser Anschaulichkeit bietet.

Da es sich dabei, wie erwähnt, um Betriebssystemfunktionen handelt, stehen Versionen und Auto Save in allen Programmen, die von der Funktion Gebrauch machen, zur Verfügung.

Natürlich tauchen mit einer Technik wie Versionen auch Fragen auf. So haben Sie sich möglicherweise gefragt, ob bei der Weitergabe der Datei, beispielsweise per E-Mail, auch alle Versionen weitergegeben werden. Das ist nicht der Fall. Geben Sie die Datei weiter, handelt es sich dabei nur um den aktuellen Zustand der Datei; die Historie bleibt in Ihrer Obhut. Das Weitergeben aller Zustände wäre aus Platzgründen, aber vor allem aus Gründen der Privatsphäre, keine gute Idee. Möglicherweise stünde in einer der Versionen etwas, was der Empfänger nicht als schmeichelhaft empfände. Versionen steht Ihnen nicht nur für lokale Dateien, sondern auch für in iCloud gesicherte Dateien zur Verfügung. Dabei ist Versionen sogar so intelligent, dass es erkennt, wenn der Name der Datei geändert wurde, und zeigt das in der Historie entsprechend an.

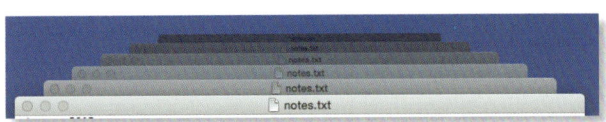

︿ **Abbildung 6.50** *Werden nicht alle weitergegeben und brauchen auch nicht viel Platz: ältere Versionen einer Datei*

Die eben erwähnten Platzgründe sind auch eine Frage, die sich im Zusammenhang mit Versionen stellt. Ist

das nicht Platzverschwendung? Ist da die Festplatte nicht im Nu voll?

Eine versionierte Datei braucht nur geringfügig mehr Platz auf der Festplatte als eine nicht versionierte. Aber der Platzbedarf wächst nicht in dem Maße, dass jede Version eine vollwertige, eigenständige Datei mit entsprechendem Platzbedarf ist. Die Datei selbst wird durch die Versionen auch nicht größer, sodass Ihnen auch bei der Weitergabe einer Datei keine Probleme entstehen. Das Betriebssystem löst die Versionierung sehr clever durch kleine Datenbanken, die mit der jeweiligen Datei verknüpft sind. Die jeweilige Datenbank enthält auch nicht zu jeder Version den vollen Inhalt der Datei, sondern zeichnet nur jeweils auf, was sich von Version zu Version geändert hat. So bleibt der Platzbedarf für die Versionierung der Dateien in einem angemessenen Rahmen. Das ist aber auch der Grund, warum Versionen immer nur auf dem »Heimatlaufwerk« einer Datei funktionieren. Wird eine Datei von einem Laufwerk auf ein anderes bewegt (oder kopiert), verfügt die Datei auf dem Ziellaufwerk nicht mehr über die Verknüpfung zu der zu ihr gehörenden Datenbank, in der die Versionen gesichert sind. Wird die Datei nun auf dem Ziellaufwerk bearbeitet, wird hier eine neue Versionshistorie angelegt, vorausgesetzt, das Dateisystem des Laufwerks lässt das auch zu (Mit dem nativen Dateisystemformat HFS+ sind Sie auf der sicheren Seite.).

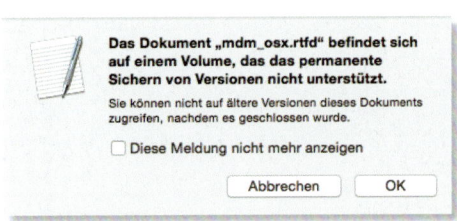

︿ **Abbildung 6.51** *Nicht jedes Dateisystem unterstützt Versionen.*

6.4 Dateien drucken

Nachdem Sie nun also einige Änderungen an der Datei vorgenommen haben, möchten Sie die Datei vielleicht weitergeben – entweder auf Papier ausgedruckt oder als Datei per E-Mail verschickt. Dazu nehmen wir an, dass Sie bereits einen Drucker eingerichtet haben. Wie das geht, können Sie in Abschnitt 15.17, »Drucker & Scanner«, ab Seite 586 nachlesen.

Nachdem Sie die Datei also so weit bearbeitet haben, dass Sie sie weitergeben können, wollen wir sie zunächst auf Papier ausdrucken.

Schneller Ausdruck auf Papier

Ist der Drucker erst einmal installiert, gelingt der Ausdruck auf Papier ganz schnell und unkompliziert – zumindest solange Sie nur einen Testdruck machen oder nur eine Einzelseite ausdrucken wollen und keine detaillierten Einstellungen nötig sind.

1 Klicken Sie auf **Ablage > Drucken**, oder drücken Sie `cmd` + `P`. TextEdit zeigt daraufhin den vereinfachten Druckdialog an.

2 Wählen Sie hier aus den angezeigten Menüs den gewünschten Drucker, die Anzahl der Kopien und die zu druckenden Seiten aus.

3 Klicken Sie auf den Button **Drucken**. TextEdit übergibt nun den Druckauftrag an den ausgewählten Drucker.

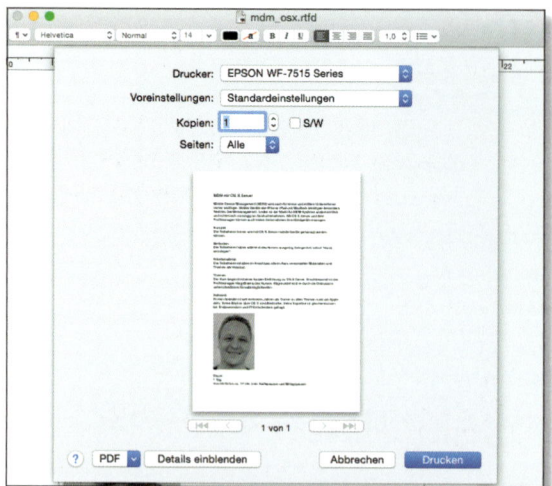

^ **Abbildung 6.52** Der einfache Druckdialog

Wollen Sie noch genauer einstellen, was und wie gedruckt werden soll, lesen Sie den folgenden Abschnitt.

Während der Druckvorbereitung und des Drucks sehen Sie im Dock ein Programm, das so heißt wie der Drucker.

^ **Abbildung 6.53** Wird ein Druckauftrag gestartet, öffnet sich das zugehörige Druckerprogramm.

Im Programmfenster des Druckers haben Sie Zugriff auf Managementfunktionen wie das Pausieren, Starten oder Löschen des aktuellen Druckauftrags oder aller anstehenden Druckaufträge. Das Druckerprogramm beendet sich nach erfolgtem Ausdruck wieder.

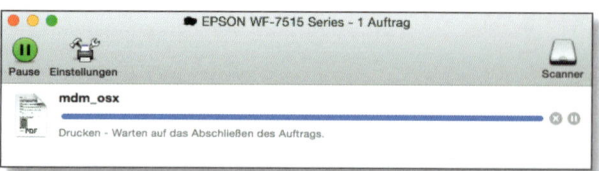

^ **Abbildung 6.54** Das Druckerprogramm

Detaillierte Einstellungen für den Druck

Möglicherweise möchten Sie vor dem Drucken weitere Einstellungen vornehmen, beispielsweise um Tinte zu sparen. Klicken Sie dazu im vereinfachten Druckdialog auf den Button **Details einblenden**.

Im Auswahlmenü sehen Sie den Namen des Programms, das den Druckdialog aufgerufen hat. In diesem Menü befinden sich die Einstellungsmöglichkeiten **Medien & Qualität**, **Layout**, **Papierhandhabung** und **Deckblatt**. Weitere Einträge in diesem Menü sind programm- und druckerspezifisch und können daher erheblich variieren.

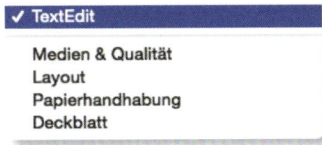

∧ **Abbildung 6.55** *Optionen im Druckmenü*

Wie bereits erwähnt, weichen die Menüpunkte in diesem Menü je nach Druckermodell mitunter erheblich voneinander ab. Die Einträge im oberen Menüteil finden Sie jedoch immer im Druckdialog, und sie helfen Ihnen z. B., Papier zu sparen.

Im Menü **Layout** haben Sie die Möglichkeit, im Auswahlmenü **Seiten pro Blatt** festzulegen, wie viele Seiten Ihres Dokuments auf ein Blatt Papier gedruckt werden sollen. Auf diese Weise können Sie, je nach Druckaufkommen, eine ganze Menge Papier sparen.

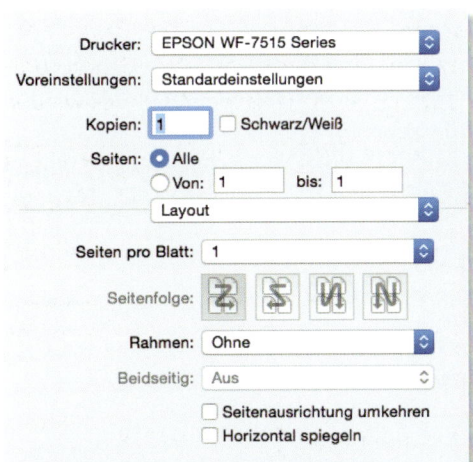

∧ **Abbildung 6.56** *Papier sparen mit dem passenden Layout*

Im Menü **Papierhandhabung** legen Sie fest, ob nur bestimmte Seiten gedruckt werden sollen (wie beispielsweise nur die ungeraden Seiten) und in welcher Reihenfolge gedruckt werden soll (also etwa die letzte Seite zuerst, damit Sie nicht später alle Seiten von Hand sortieren müssen).

Im Menü **Deckblatt** bestimmen Sie, ob Sie den auszudruckenden Seiten ein Deckblatt hinzufügen wollen,

z. B. mit dem Hinweis, dass die folgenden Daten **Streng geheim** sind.

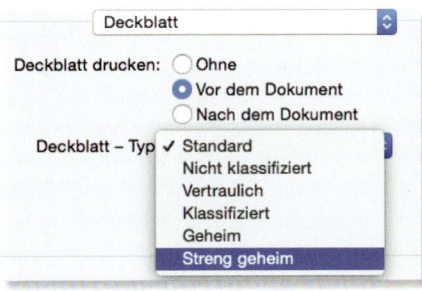

∧ **Abbildung 6.57** *Ein Deckblatt für wichtige Informationen hinzufügen*

Alle weiteren Einstellungen hängen vom jeweils verwendeten Drucker ab. Da viele Ausdrucke rein informativ sind, bietet es sich an, nicht nur Papier, sondern auch Tinte bzw. Toner zu sparen. Da diese Einstellungen bei jedem Drucker anders sind, ist es sinnvoll, wenn Sie sich mal durch die Menüs und Untermenüs Ihres Druckermodells durcharbeiten.

1 Nehmen Sie in den Auswahlmenüs die gewünschten Anpassungen vor.

2 Möchten Sie die vorgenommenen Druckereinstellungen zur späteren Wiederverwendung sichern, verwenden Sie das Auswahlmenü **Voreinstellungen**. Wählen Sie dazu aus dem Menü **Voreinstellungen** den Befehl **Aktuelle Einstellungen als Voreinstellung sichern**.

3 Vergeben Sie im folgenden Dialog einen passenden Namen für die Voreinstellung, und wählen Sie, ob sie nur für den gewählten Drucker oder für alle Drucker gelten soll.

∧ **Abbildung 6.58** *Druckereinstellungen zur weiteren Verwendung sichern*

Ihre Einstellungen sind nun zur schnellen Wiederverwendung unter dem gewählten Namen im Voreinstellungsmenü verfügbar.

4 Starten Sie den Druckauftrag.

Eine PDF-Datei erstellen

Für viele Schriftstücke ist es heutzutage allerdings nicht mehr nötig, sie auszudrucken. Meist reicht es, wenn Sie sie als Dateianhang per E-Mail verschicken. In vielen Fällen, beispielsweise bei Rechnungen, werden Sie jedoch nicht wollen, dass der Empfänger die Datei bearbeiten kann. In solchen Fällen ist es sinnvoll, nicht die Originaldatei, sondern einen »virtuellen Ausdruck« der Datei im Format PDF zu verschicken. Um aus einer Datei eine Kopie als PDF-Datei zu machen, rufen Sie bei OS X einfach den Druckdialog auf.

1 Rufen Sie den Druckdialog auf.

2 Wählen Sie aus dem Auswahlmenü **PDF** am linken unteren Fensterrand einen Menübefehl aus, z. B. **Als PDF sichern**.

```
PDF in Vorschau öffnen
Als PDF sichern …
Als PostScript sichern …

PDF zu iBooks hinzufügen
PDF versenden
PDF in „Web-Downloads" sichern
PDF via Nachrichten senden

Menü bearbeiten …
```

∧ **Abbildung 6.59** *Das PDF-Menü*

3 Im folgenden Speicherdialog geben Sie einen Namen für die Datei ein. Fügen Sie außerdem, wenn Sie möchten, einen Betreff und Schlagwörter an. Klicken Sie gegebenenfalls auf **Sicherheitsoptionen**, und machen Sie im folgenden Fenster die entsprechenden Angaben. Klicken Sie auf den Button **Sichern**.

Sie haben nun von der Textdatei eine Kopie im Format PDF erstellt, die für Empfänger nur lesbar, aber nicht oder nur sehr bedingt veränderbar ist.

Im Speicherdialog finden Sie noch weitere Einträge wie beispielsweise **PDF versenden**. Damit übergeben Sie die PDF-Datei direkt an das E-Mail-Programm. Zu diesem Menü können auch Programme von Dritten neue Einträge hinzufügen, und auch Sie können mithilfe des Programms Automator entsprechende Menüeinträge erstellen und so eigene Arbeitsabläufe anlegen.

> **TIPP**
>
> **Noch schneller zum PDF**
> Viele Programme bieten Ihnen die Möglichkeit, dass Sie gar nicht erst den Druckdialog bemühen müssen, um eine PDF-Datei zu erstellen. Mit dem Menübefehl **Ablage > Als PDF exportieren** sichern Sie sofort eine Kopie des aktuellen Dokuments als PDF-Datei.

Einen Schreibtischdrucker anlegen und nutzen

OS X bietet die Möglichkeit, Dateien zu drucken, ohne sie extra dafür in einem Programm zu öffnen. Das ist praktisch, wenn Sie immer wieder dieselben Dateien unverändert ausdrucken müssen.

1 Öffnen Sie die Systemeinstellungen, und klicken Sie auf **Drucker & Scanner**.

2 Ziehen Sie den gewünschten Drucker aus der Liste auf den Schreibtisch oder ins Dock.

Wenn Sie auf diesen Drucker dann per Drag & Drop Dateien ziehen, werden diese sofort gedruckt.

∧ **Abbildung 6.60** *Ein Schreibtischdrucker im Dock*

Nachdem Sie mit der Bearbeitung der Datei fertig sind und das Programm beendet haben, ist wieder der Finder für die Datei verantwortlich. Und was Sie im Finder mit Dateien, Ordnern und Laufwerken alles machen können, das haben Sie ja in den vorangegangenen Kapiteln erfahren.

Damit ist der Grundlagenteil dieses Buches abgeschlossen. Sie haben die wichtigsten Elemente der Benutzeroberfläche kennengelernt, Sie wissen, was der Finder ist und was er alles kann – bzw. was Sie alles können, denn er führt ja nur Ihre Befehle aus. Sie gehen problemlos mit Dateien und Ordnern um, können diese von externen Laufwerken und auf diese kopieren, und Sie können verschlüsselte Datentresore nutzen.

Kurzum, Sie beherrschen die wesentlichen Grundlagen, und neue Situationen wie Dialogfenster, die Ihnen zuvor noch nicht begegnet sind, bereiten Ihnen nicht die geringsten Probleme.

Für die folgenden Teile des Buches gehe ich davon aus, dass Sie ab hier vermutlich nicht mehr chronologisch weiterlesen. Auch deswegen ist es wichtig, dass Sie nun das nötige Rüstzeug haben, um z. B. vorbereitende Arbeiten für manche der Dinge, die wir noch besprechen werden, ohne Detailkenntnisse durchführen zu können. Wenn Sie Ihre Kenntnisse zunächst weiter vertiefen wollen, ist es sinnvoll, als Nächstes die Kapitel aus Buchteil V und VI, »Die richtigen Einstellungen«, und »Für Poweruser – Administration & Verwaltung«, zu lesen, zumindest die Kapitel zu den Systemeinstellungen (Kapitel 15), zur Benutzerverwaltung (Kapitel 17), zur Einrichtung von Freigaben (Kapitel 18), zum Thema Datensicherheit (Kapitel 20) und zu den verschiedenen Möglichkeiten der Problemlösung am Mac (Kapitel 21). Wie Sie danach weiterlesen, bleibt dann wirklich ausschließlich Ihnen überlassen. Für alle folgenden Kapitel haben Sie jetzt jedenfalls die nötigen Grundkenntnisse. Hoffentlich hatten Sie bis hierhin Spaß mit Ihrem neuen Mac. Er wird auch in den kommenden Kapiteln nicht nachlassen. Im Gegenteil.

⌃ **Abbildung 6.61** *Vertiefen Sie Ihre Kenntnisse über die Systemeinstellungen.*

Teil III
Mit dem Mac im Netz

Kapitel 7
Internet und Netzwerk

Heute ist selbst ein Mobiltelefon ohne Internetzugang eine Seltenheit. Ein Computer ohne Internetzugang ist schlicht nicht mehr vorstellbar. Mit OS X ist der Zugang ins Internet leicht hergestellt; mit Safari steht Ihnen einer der modernsten Browser zur Verfügung, und mit iCloud haben Sie nicht nur Ihre Lesezeichen stets griffbereit.

Bevor Sie auf Ihrem Mac das Internet als Informations-, Kommunikations- und Unterhaltungsmedium nutzen können, benötigen Sie natürlich eine Verbindung ins Internet. Mit einem so »anschlussfreudigen« Computer wie einem Mac finden Sie immer einen Weg ins Internet. Wir sehen uns im Folgenden die häufigsten Verbindungsarten an.

∧ **Abbildung 7.1** *Surfen mit Safari*

7.1 Mit dem Internet verbinden

Eine Verbindung ins Internet besteht in den meisten Fällen aus drei Beteiligten: Ihnen oder, genauer ge-

sagt, dem Computer, den Sie gerade nutzen, Ihrem Internetanbieter (abgekürzt ISP, für *Internet Service Provider*) und dem Internet selbst. Und genauso einfach ist prinzipiell auch der durch diese Konstellation entstehende Datenstrom. Sie verbinden sich mit Ihrem Internetanbieter, und der leitet Ihren Datenstrom ins Internet weiter und natürlich auch wieder zurück. Um also nun über Ihren Internetanbieter ins Internet zu kommen, müssen Sie sich in irgendeiner Form – wie genau, hängt vom Anbieter und von der Verbindungsmethode ab – mit Ihrem Internetanbieter verbinden. Das Prinzip ist also ganz einfach, und eine Verbindung ist schnell hergestellt.

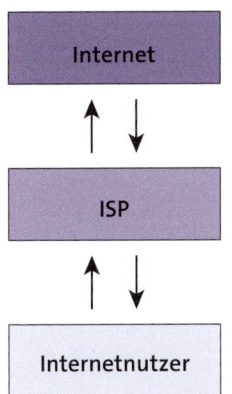

∧ **Abbildung 7.2** *Sie verbinden sich über einen Anbieter (ISP) wie z. B. die Telekom oder 1&1 mit dem Internet.*

Wichtig ist, dass Sie den Teil der Verbindung, für den Sie verantwortlich sind, verstanden haben – also Ihren Mac, Ihr lokales Netzwerk (falls Sie mehrere Macs/Computer in Ihrem Haushalt untereinander vernetzen) und die beteiligten Geräte bis zur Telefonbuchse. Sie sollten selbstständig Fehler suchen und beheben oder ausschließen können, und Sie sollten in der Lage sein, Informationen umzusetzen, die sich auf Ihre spezifische Situation beziehen.

Das klingt zwar vielleicht zunächst etwas komplex, aber Sie werden im Laufe des Kapitels sehen, dass es das nicht ist. Gute Kenntnisse und ein Verständnis für die Abläufe beim Internetzugang können Ihnen aber bares Geld sparen. Ich habe bei meiner Arbeit als Supporter und Administrator bereits mehrfach von Kunden gehört, dass ihr Internetanbieter sie bei Anrufen bei der Hotline sofort an eine kostenpflichtige Spezialhotline weiterverbunden hat, sobald der Hotline-Mitarbeiter aus dem Gespräch erkennen konnte, dass es sich bei ihrem Computer um einen Mac handelte. Diese Praxis kann man getrost zumindest als zweifelhaft bezeichnen, und Sie können solche Kosten vermeiden, wenn Sie dank Ihrer Kenntnisse in der Lage sind, die Informationen der Hotline für Ihre konkrete Situation zu *übersetzen*. Dieses Kapitel soll Ihnen dabei helfen.

Einen Apple-Router einrichten

Widmen wir uns also zunächst dem Herzstück Ihres Internetzugangs: dem Router. Der Router ist das Gerät, das die Datenströme aus Ihrem und in Ihr lokales Netzwerk bzw. zu Ihrem Mac regelt. Er stellt die Verbindung zu Ihrem Internetprovider her und stellt diese Verbindung für Ihr gesamtes Netzwerk oder eben für den einen Mac, mit dem Sie ins Internet gehen, zur Verfügung. Ob die Verbindung der Computer in Ihrem lokalen Netzwerk zum Router dabei per Ethernet-Kabel oder drahtlos per WLAN erfolgt, spielt keine Rolle.

Konfigurieren wir nun als Beispiel einen Router aus dem Hause Apple: *AirPort Time Capsule*. Die Konfiguration eines anderen Routers (in unserem Beispiel einer Fritz!Box) wird ab Seite 249 erklärt.

HINWEIS

Konfigurationsschritte können abweichen
Je nach verwendetem Gerätetyp (von Apple) sieht die Konfiguration bei Ihrem Gerät unter Umständen etwas anders aus und umfasst möglicherweise weitere oder andere Schritte.

Egal, welchen Router Sie benutzen, mit diesen Beispielen werden Sie die Einrichtung auch bei sich zu Hause vornehmen können, denn das Prinzip ist immer das gleiche.

< *Abbildung 7.3* AirPort Time Capsule (Foto: © Apple)

1 Verbinden Sie den WAN-Anschluss von Time Capsule mit Ihrem DSL-Modem, und starten Sie Time Capsule. Rufen Sie dann auf Ihrem Mac das AirPort-Dienstprogramm aus dem Ordner *Dienstprogramme* auf, falls es nicht innerhalb der nächsten zwei Minuten nach Anstecken der Time Capsule ohnehin von selbst startet. Mit dem AirPort-Dienstprogramm lassen sich ausschließlich Apple-eigene Geräte konfigurieren. (Im folgenden Abschnitt sehen wir uns die Konfiguration eines Routers eines Drittanbieters an.) Nach einigen Sekunden taucht Time Capsule, wie auch etwaige weitere Geräte, in der Übersicht auf. Das AirPort-Dienstprogramm sammelt zunächst selbstständig alle verfügbaren Informationen zu Ihrem gegebenenfalls bereits vorhandenen Netzwerk und präsentiert anschließend den ersten Schritt des Setupassistenten.

Sollte Time Capsule nicht angezeigt werden, stellen Sie sicherheitshalber eine Verbindung per Ethernet-Kabel zwischen Ihrem Mac und einem beliebigen Ethernet-Anschluss von Time Capsule her.

INFO

WAN

WAN steht für *Wide Area Network* und bezeichnet die Schnittstelle an Ihrem Router, mit der die Verbindung ins Internet hergestellt wird. Bei Apple-Geräten ist die WAN-Schnittstelle mit einem Kreis aus Punkten gekennzeichnet. Bei neueren Routern aus dem Hause Apple ist sie auch leicht daran zu erkennen, dass sie durch einen USB-Anschluss von den anderen Anschlüssen getrennt ist.

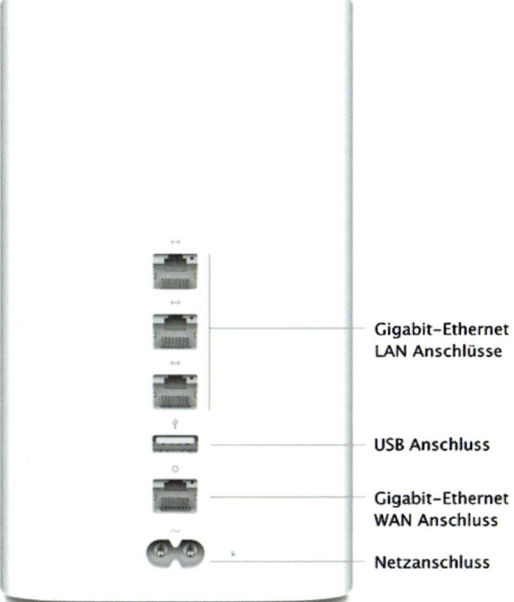

∧ **Abbildung 7.4** *Die Anschlüsse auf der Rückseite von Time Capsule (Foto: © Apple)*

2 Im ersten Fenster des Setupassistenten können Sie festlegen, dass Time Capsule ein eigenes WLAN-Netzwerk anlegen soll. Außerdem können Sie den Namen und ein Kennwort für Time Capsule festlegen. Vergeben Sie hier also zunächst einen Namen

sowie ein Passwort, das nötig ist, um Änderungen an den Einstellungen von Time Capsule vorzunehmen. Mit einem Klick auf den Button **Weitere Optionen** haben Sie die Möglichkeit, abweichende Einstellungen wie beispielsweise die Erweiterung eines bereits vorhandenen Netzwerks vorzunehmen. Klicken Sie nach der Eingabe auf den Button **Weiter**.

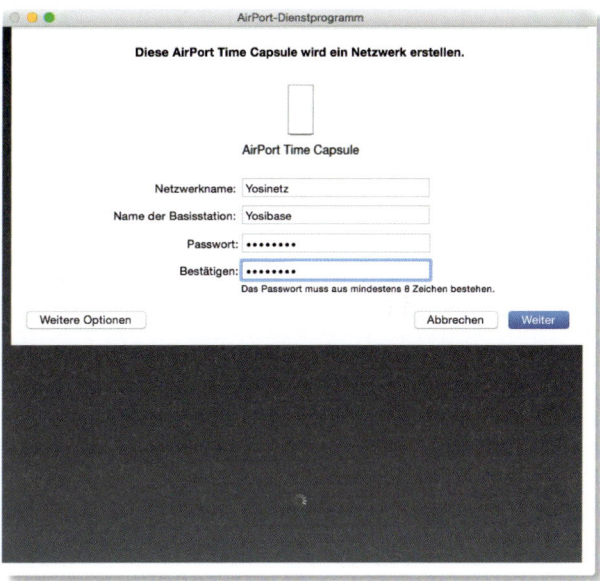

∧ **Abbildung 7.5** *Ein Kennwort für die Basisstation vergeben*

3 Im folgenden Schritt können Sie auswählen, ob Sie Diagnose- und Nutzungsdaten an Apple senden möchten. Treffen Sie Ihre Wahl, und klicken Sie auch hier wieder auf den Button **Weiter**.

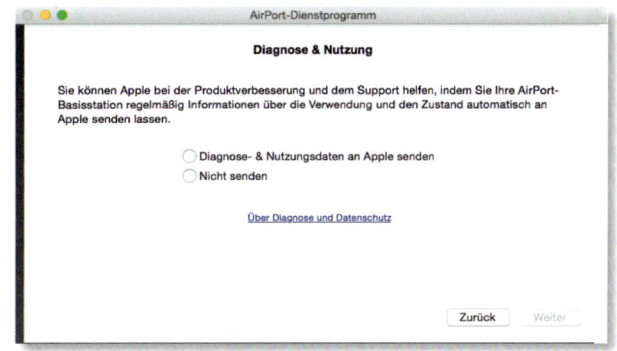

∧ **Abbildung 7.6** *Daten an Apple senden?*

Anschließend richtet der Setupassistent alles Notwendige automatisch ein und präsentiert Ihnen eine fertig konfigurierte Time Capsule. Beenden Sie den Setupassistenten mit einem Klick auf den Button **Fertig**.

⌃ **Abbildung 7.7** *Das WLAN-Netzwerk ist eingerichtet.*

Da der Ablauf hier nicht in allen Fällen gleich ist und sehr von den Gegebenheiten Ihres Netzwerks – oder noch nicht vorhandenen Netzwerks – abhängt, sehen wir uns in den folgenden Schritten noch an, wie Sie mithilfe des AirPort-Dienstprogramms Einstellungen an einem WLAN-Gerät von Apple (Wir bleiben im Beispiel bei Time Capsule.) vornehmen können.

4 Wenn Sie das AirPort-Dienstprogramm starten, sehen Sie zunächst eine schematische Übersicht über Ihr Netzwerk und die daran beteiligten Apple-Router.

5 Klicken Sie auf die Time Capsule, die im Beispiel seit der zuvor vorgenommenen Ersteinrichtung auf den Namen »Yosibase« hört.

6 Das AirPort-Dienstprogramm zeigt daraufhin in einem schwebenden Fenster Statusinformationen und einen Button **Bearbeiten** an. Klicken Sie darauf.

7 Im folgenden Fenster sehen Sie verschiedene Tabs, über die Sie entsprechende Einstellungen vornehmen können. Um z. B. die Einstellungen für den Zugang zum Internet zu ändern, klicken Sie auf den Tab **Internet**.

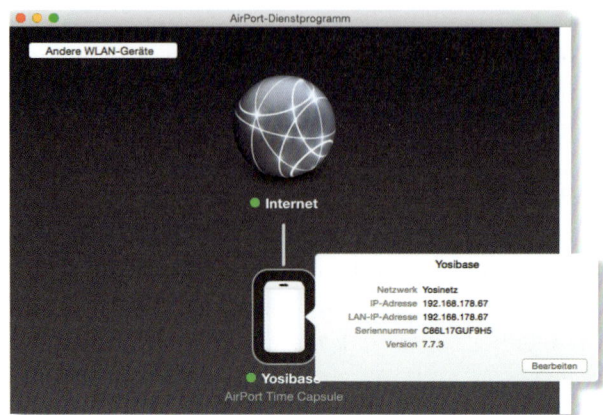

⌃ **Abbildung 7.8** *Die Netzwerkübersicht mit Details zum ausgewählten Gerät*

8 Wählen Sie im Tab **Internet** aus dem Auswahlmenü **Verbinden mit** die gewünschte Verbindungsart aus, und geben Sie gegebenenfalls die notwendigen Zugangsdaten ein.

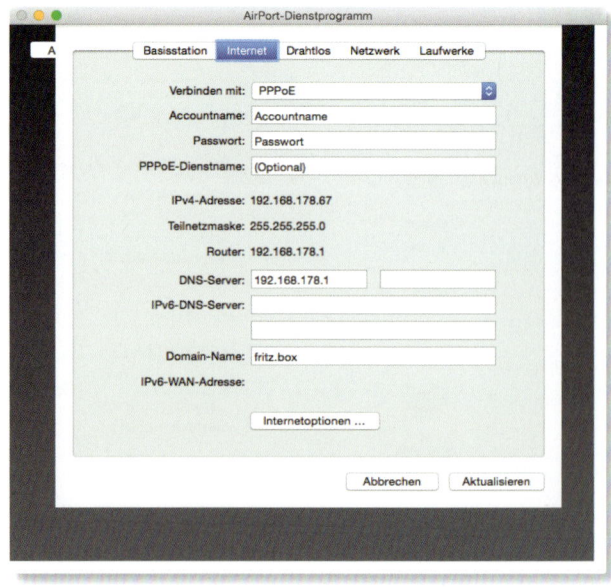

⌃ **Abbildung 7.9** *Eine Einwahlverbindung per PPPoE anlegen*

9 Klicken Sie auf den Button **Aktualisieren**, um die Einstellungen nach einem darauf erfolgenden Neustart von Time Capsule wirksam werden zu lassen.

Da in Time Capsule eine Festplatte eingebaut ist, die für Datensicherungen im lokalen Netzwerk freigegeben werden kann (z. B. mit Time Machine; lesen Sie dazu den Abschnitt »Backups mit Time Machine« ab Seite 719), können Sie im Tab **Laufwerke** festlegen, ob für den Zugriff auf die freigegebene/n Festplatte/n das gleiche Passwort gelten soll wie das für den Schutz der Einstellungen oder ob Sie dafür ein anderes Passwort (Laufwerkskennwort bzw. Accounts) verwenden wollen. Es empfiehlt sich, für den Schutz der Laufwerke ein anderes Passwort zu verwenden, da Sie dieses Passwort unter Umständen gemeinschaftlich verwenden, aber für den Konfigurationszugriff auf Time Capsule idealerweise allein verantwortlich sind.

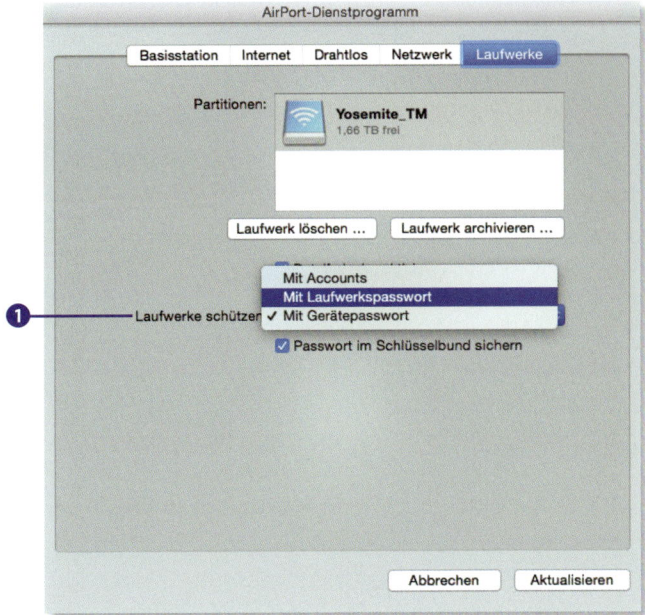

⌃ Abbildung 7.10 *Hier wird durch die Verwendung zweier verschiedener Kennwörter ein unabhängiger Zugriff auf die Router-Einstellungen und die Backup-Festplatte ermöglicht.*

10 Wählen Sie also aus dem Auswahlmenü **Laufwerke schützen ❶** das gewünschte Passwort aus, und geben Sie gegebenenfalls anschließend das gewünschte Passwort ein. Klicken Sie dann auf den Button **Aktualisieren**.

11 Legen Sie im Tab **Netzwerk** aus dem Auswahlmenü **Router-Modus** fest, wie Time Capsule eingesetzt werden soll. Soll Time Capsule als Router im Netzwerk fungieren und damit auch die Aufgabe eines DHCP-Servers übernehmen, oder soll Time Capsule lediglich als drahtloser Einwahlpunkt dienen, weil bereits ein anderer Router im Netzwerk Aufgaben als DHCP-Server übernimmt (Bridge-Modus)? In letzterem Fall bliebe im Netzwerk alles gleich, es käme lediglich durch die netzwerkweit verfügbare Festplatte für Backups eine neue Funktion durch Time Capsule hinzu.

12 Soll Time Capsule als Netzwerk-Router fungieren, wählen Sie **Nur DHCP** oder **DHCP und NAT** aus. Im Normalfall müssen Sie nichts weiter tun, weil Apple hier bereits Vorgaben macht, die für fast alle Privatanwender passen. Sollten Sie jedoch beispielsweise einen eigenen Adressraum für DHCP festlegen wollen, öffnet ein Klick auf den Button **Netzwerkoptionen ❷** ein entsprechendes Einstellungsfenster.

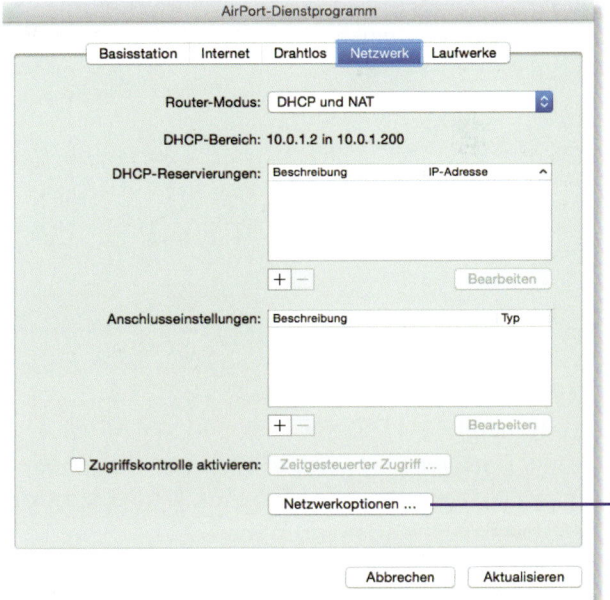

⌃ Abbildung 7.11 *Den Router-Modus von Time Capsule festlegen*

INFO

DHCP und NAT
DHCP steht für *Dynamic Host Configuration Protocol*. Dieses Protokoll kümmert sich darum, dass jeder Computer im lokalen Netzwerk eine eindeutige *Hausnummer* in Form einer IP-Adresse bekommt. NAT steht für *Network Address Translation*. Der Router nutzt diese Technologie, um die Anfragen eines Computers aus dem lokalen Netzwerk ins Internet weiterzuleiten und die Antwort aus dem Internet wieder dem richtigen Computer im lokalen Netzwerk zuzuordnen.

Sie in den folgenden Feldern einen Namen für das Netzwerk, wählen Sie die Sicherheitsstufe aus ❷, und legen Sie das Passwort für das Netzwerk fest.

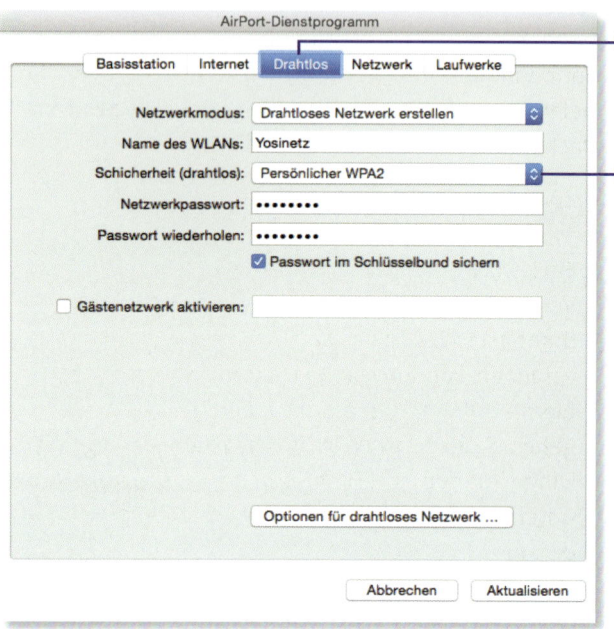

▲ **Abbildung 7.13** *Ein drahtloses Netzwerk anlegen*

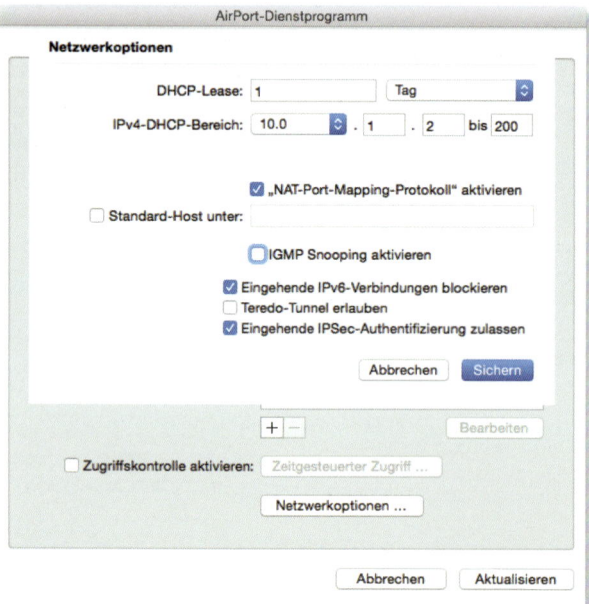

▲ **Abbildung 7.12** *Die »Netzwerkoptionen« helfen bei der Wahl des bevorzugten Adressraums.*

Weiter geht es mit den Einstellungen zum drahtlosen Netzwerk. Im Tab **Drahtlos** ❶ haben Sie die Möglichkeit, ein bereits vorhandenes drahtloses Netzwerk zu erweitern oder ein neues drahtloses Netzwerk anzulegen. Für unser Beispiel gehen wir davon aus, dass Sie ein neues Netzwerk anlegen möchten. Wählen Sie dazu aus dem Auswahlmenü **Netzwerkmodus** den Eintrag **Drahtloses Netzwerk erstellen** aus. Vergeben

INFO

Wozu ein bestimmter Adressraum?
Möglicherweise fragen Sie sich, warum Sie überhaupt einen bestimmten Adressraum auswählen sollten. In den meisten Fällen spielt es tatsächlich keine Rolle, welchen Adressraum Sie für Ihr privates Netzwerk zu Hause verwenden. In Fällen jedoch, wo Sie z. B. eine VPN-Verbindung in das Netzwerk Ihres Arbeitgebers nutzen, kann das von Bedeutung sein, denn in so einem Fall dürfen nicht beide Netzwerke den gleichen Adressraum verwenden, da die VPN-Verbindung sonst nicht gelingt. Und da die Wahrscheinlichkeit gering ist, dass Sie die IT Ihres Arbeitgebers überzeugen können, Ihnen zuliebe den Adressraum zu ändern, bietet das AirPort-Dienstprogramm die Möglichkeit, den im eigenen Netzwerk verwendeten Adressraum zu ändern.

Nachdem Sie also diverse Änderungen vorgenommen haben, klicken Sie anschließend auf den Button **Aktualisieren**, damit die soeben vorgenommenen Einstellungen nach einem Neustart von Time Capsule aktiv werden. Time Capsule arbeitet nun als Router, und Sie können Ihre Computer mit dem angelegten Drahtlosnetzwerk verbinden, ins Internet gehen und drahtlose Backups mit Time Machine machen.

> **HINWEIS**
>
> **Ein Kennwort für das WLAN-Netz**
> Vergeben Sie auf jeden Fall ein Kennwort für Ihr drahtloses Netzwerk. Haben Sie kein Kennwort vergeben, können Nachbarn und Passanten problemlos über Ihren Internetzugang ins Internet gehen. Sollte jemand in Ihrem Netzwerk illegale Dinge aus dem Internet über Ihre Verbindung herunterladen, tragen Sie mindestens eine Mitschuld daran.

Einen anderen Router einrichten

Sehen wir uns noch kurz an, wie Sie einen Router eines anderen Herstellers konfigurieren. Da die Geräte hier mitunter extrem unterschiedlich sind, ist die folgende Beschreibung nicht als Anleitung, sondern eher als allgemeine Einführung zu verstehen, denn die wesentlichen Einstellungen sind im Grundsatz immer gleich.

Für unser Beispiel nutzen wir einen der meistgenutzten und zuverlässigsten Router, eine Fritz!Box. Im Gegensatz zu den Apple-Geräten, die sich mit dem AirPort-Dienstprogramm konfigurieren lassen, werden die meisten anderen Router über eine Weboberfläche eingerichtet.

1 Öffnen Sie mit Ihrem Webbrowser, z. B. Safari, ein Browserfenster.

2 Rufen Sie die Adresse auf, unter der die Konfigurationsoberfläche des Routers erreichbar ist.

Welche Adresse das ist, steht in der Anleitung des Routers. Bei vielen Geräten finden Sie diese Infor-

mation auch auf der Geräteunterseite. Im Falle der Fritz!Box geben Sie in die Adresszeile »http://fritz.box« ein. Nachdem die Seite aufgerufen ist, fragen die meisten Router zunächst ein Kennwort ab. Das Standardkennwort Ihres Routers erfahren Sie ebenfalls aus der mitgelieferten Anleitung. Ebenso wie die Adresse finden Sie bei vielen Routern auch das Standardkennwort auf der Geräteunterseite. Bei solchen Geräten ist es besonders wichtig, dass Sie als erste »Amtshandlung« das Kennwort ändern.

> **TIPP**
>
> **Adresse und Kennwort vergessen?**
> Sollten Sie tatsächlich einmal die Adresse und das Kennwort Ihres Routers vergessen haben und keine Möglichkeit finden, diese Informationen wiederzubekommen, setzen Sie Ihren Router auf die Werkseinstellungen zurück (Bei den meisten Geräten gibt es einen kleinen Knopf auf der Rückseite.). Auch im Internet können Sie die Standardwerte Ihres Routers nachschlagen: *http://router-faq.de/index.php?id=router_ip_pw*.

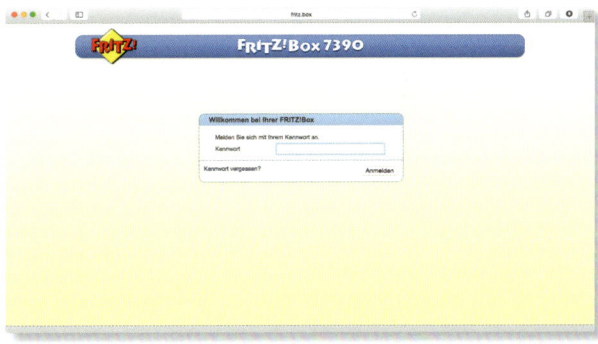

⌃ **Abbildung 7.14** *Die Anmeldeoberfläche der Fritz!Box in Safari*

Anschließend zeigt Ihnen der Router entweder verschiedene Menüs oder führt Sie direkt durch die Einrichtung mithilfe eines Einrichtungsassistenten. Bei der Fritz!Box finden Sie oben einen Button **Einstellungen**. Ein Klick darauf zeigt Ihnen in einer Seitenleiste die verfügbaren Assistenten, aus denen Sie den Assistenten für den Internetzugang auswählen.

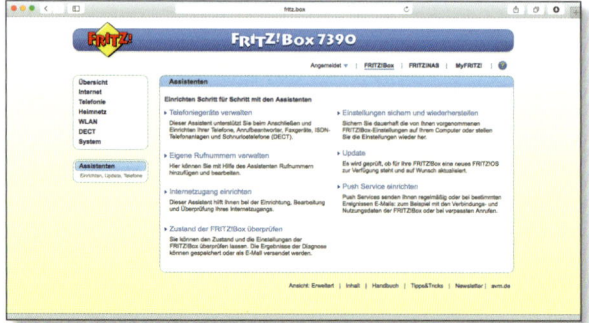

^ **Abbildung 7.15** *Für den Internetzugang gibt es einen eigenen Assistenten.*

Je nach Router fragt der Assistent nun die benötigten Informationen ab, und Sie haben Gelegenheit, Ihre Verbindungsdaten einzugeben. Das Ergebnis am Ende des Assistenten ist bei den meisten Routern eine Übersicht über die vergebenen Einstellungen, verbunden mit der Information, dass der Router neu gestartet werden muss, damit die Einstellungen wirksam werden.

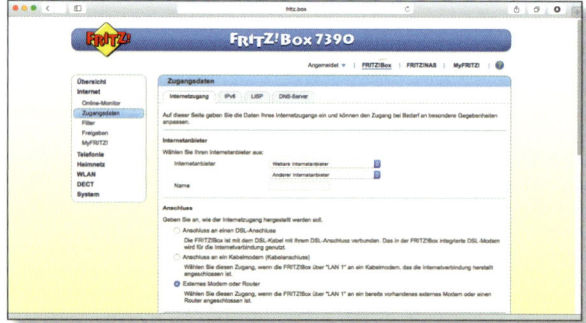

^ **Abbildung 7.16** *Bei jedem Router müssen Sie die Zugangsdaten für den Internetzugang eingeben.*

Nachdem Sie also Ihren Router erfolgreich eingerichtet haben, sehen wir uns im nächsten Abschnitt an, wie der Mac zu konfigurieren ist, damit er über den soeben eingerichteten Router entweder per Netzwerkkabel oder WLAN ins Internet kommt.

Über das Netzwerkkabel ins Internet

Da Sie im letzten Abschnitt Ihren Router eingerichtet haben, gehen wir an dieser Stelle davon aus, dass Ihr

Router bereits erfolgreich konfiguriert und arbeitsbereit ist.

1 Verbinden Sie Ihren Mac per Ethernet-Kabel mit dem Router.

2 Öffnen Sie die Systemeinstellungen.

3 Klicken Sie nun in den Systemeinstellungen auf **Netzwerk**, um die Einstellungen aufzurufen.

4 In der Liste der verfügbaren Netzwerkschnittstellen wählen Sie **Ethernet** aus. Im rechten Teil des Fensters sehen Sie die Einstellungen zur ausgewählten Schnittstelle.

5 Klicken Sie auf das Auswahlmenü **IPv4 konfigurieren ❶**, und wählen Sie den Eintrag **DHCP**.

6 Klicken Sie auf den Button **Anwenden ❷**. Daraufhin weist der Router Ihrem Mac eine IP-Adresse zu, und die Statusanzeige ❸ zeigt die erfolgreiche Verbindung entsprechend an.

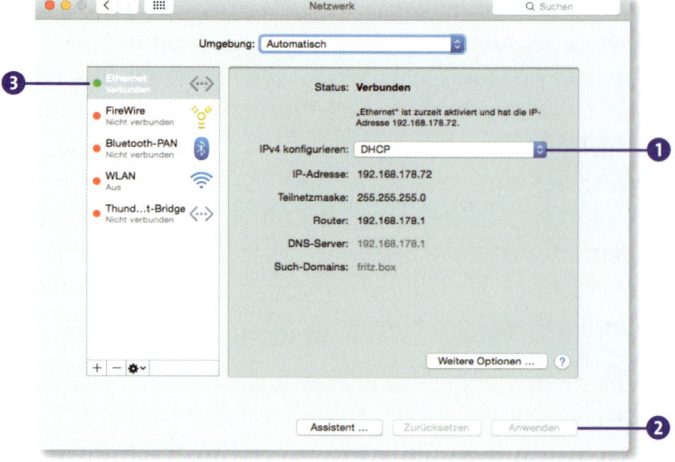

^ **Abbildung 7.17** *Das Ergebnis einer erfolgreichen Kommunikation zwischen Mac und Router*

Sollte das nicht der Fall sein, ist ein Problem aufgetreten, wovon wir aber an dieser Stelle nicht ausgehen. Mögliche Problemlösungen sehen wir uns später in diesem Kapitel im Abschnitt »Verbindungsprobleme lösen« auf Seite 284 an. Zum besseren Verständnis der Vorgänge – und um so seltsame Begriffe wie *IP-*

Adresse und *DHCP* zu erklären – schauen wir uns an, was gerade passiert ist.

Nachdem Sie Ihren Mac angewiesen haben, dass er DHCP (Dynamic Host Configuration Protocol) verwenden soll, um IPv4 zu konfigurieren, hat Ihr Mac eine Broadcast-Anfrage mit der Bitte um Zuweisung einer IP-Adresse an das ganze Netzwerk geschickt. Im echten Leben wäre das ungefähr vergleichbar damit, dass Sie einen Raum betreten, in dem sich mehrere gleich aussehende Personen befinden, von denen nur eine Ihnen die gewünschte IP-Adresse zuweisen kann. Da Sie also vorab nicht wissen können, welche Person Ihnen die gewünschte Auskunft geben kann, rufen Sie Ihre Bitte um Adresszuweisung in den Raum, sodass alle Anwesenden sie hören können (Broadcast). Daraufhin weist die verantwortliche Person (Alle anderen ignorieren Ihre Anfrage.) Ihnen die gewünschte Adresse zu (Dynamic Host Configuration).

Stellt sich also noch die Frage, was es mit der IP-Adresse auf sich hat. Die Antwort ist erstaunlich simpel: Mit dieser Adresse wird Ihr Mac im lokalen Netzwerk eindeutig identifizierbar. Die Aufgabe des Routers ist es ja, den Datenverkehr in das Internet und aus ihm zu regeln. Bei beispielsweise fünf Computern im lokalen Netzwerk muss der Router jederzeit wissen, welche Anfrage von welchem Computer kam, um die Antwort aus dem Internet korrekt zuordnen zu können. Für den Router spielt es dabei übrigens keine Rolle, ob er sich nur um einen oder um mehrere Computer kümmern muss.

Um dieser Aufgabe gerecht zu werden und jeden einzelnen Computer identifizieren zu können, weist der Router jedem Computer eine Adresse zu. Das *IP* vor der Adresse heißt nichts anders, als dass es sich um eine Adresse gemäß der Spezifikation des *Internet Protocol* (IP) handelt. Dieses IP-Protokoll ist quasi die Handlungsanweisung, nach der der Router seine Arbeit versieht.

Es ließe sich hier noch beliebig ins Detail gehen, aber es reicht für unsere Zwecke, wenn Ihnen das Prinzip klar geworden ist. Sehen wir uns nun den Internetzugang über ein lokales Netzwerk per WLAN an.

Über WLAN ins Internet

Das drahtlose Internet wird am Mac *AirPort* genannt und ist lediglich eine andere Bezeichnung für WLAN. Gemeint ist immer dasselbe. Der Zugang zum Internet über WLAN unterscheidet sich dabei kaum von dem über ein Netzwerkkabel, außer dass Sie eben dafür kein Netzwerkkabel an Ihren Mac anschließen müssen, da die Verbindung ja drahtlos erfolgt. Wichtig ist nur, dass Ihr Router erfolgreich konfiguriert ist (siehe Seite 249).

1 Öffnen Sie die Systemeinstellungen.

2 Klicken Sie hier auf den Button **Netzwerk**.

3 Klicken Sie in der Liste der verfügbaren Netzwerkschnittstellen auf **WLAN ④**. Im rechten Teil des Fensters sehen Sie daraufhin die Einstellungen zur ausgewählten Schnittstelle.

4 Klicken Sie auf den Button **WLAN aktivieren**. Bei bereits aktiviertem WLAN zeigt der Button entsprechend **WLAN:deaktivieren ⑤** an.

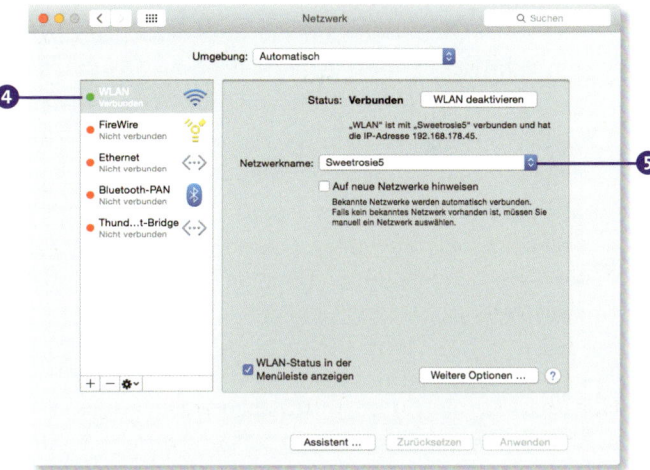

∧ **Abbildung 7.18** *WLAN, frisch aktiviert*

5 Wählen Sie aus dem Auswahlmenü **Netzwerkname** das gewünschte Netzwerk aus, mit dem Ihr Mac verbunden werden soll. Da WLAN-Netzwerke eine relativ hohe Reichweite haben, werden Sie in diesem Menü höchstwahrscheinlich nicht nur Ihr eigenes Netzwerk, sondern auch die Netzwerke Ihrer Nachbarn sehen.

^ **Abbildung 7.19** *Reichlich Auswahl*

6 Geben Sie im folgenden Fenster das **Passwort** für das ausgewählte Netzwerk ein. Bei Netzwerken, die kein Kennwort erfordern, entfällt dieser Schritt. Allerdings handelt es sich in solchen Fällen auch in der Regel um eher unsichere Netze. Der Schritt entfällt ebenfalls, falls Sie sich mit einem Netzwerk verbinden, dessen Kennwort Sie bereits zuvor eingegeben haben und das im Schlüsselbund gesichert wurde. Lesen Sie dazu auch Kapitel 16, »Dienstprogramme – nützliche Helfer«, ab Seite 605.

^ **Abbildung 7.20** *Das ausgewählte Netzwerk ist kennwortgeschützt.*

7 Klicken Sie auf den Button **Verbinden**. Ihr Mac ist nun drahtlos mit dem lokalen Netzwerk und dem Internet verbunden.

Eine Internetverbindung ohne Router einrichten

Die einfachste Verbindung ins Internet ist eine Einwahlverbindung. Sie ist die ideale Verbindung, falls Sie keine Flatrate haben oder nicht permanent online sein wollen. Im Gegensatz zum bereits vorgestellten Internetzugang über ein lokales Netzwerk, für den Sie einen Router benötigen, sind für die Einwahlverbindung nur Ihr Mac und ein DSL-Modem (und ein paar Kabel) nötig. Das DSL-Modem bekommen Sie in der Regel von Ihrem Internetanbieter gestellt.

Zunächst müssen Sie Ihren Mac und das DSL-Modem physisch verbinden. Danach geben Sie in den Systemeinstellungen Ihres Macs die Details zur Verbindung ein.

1 Verbinden Sie den WAN-Anschluss Ihres DSL-Modems mit der Telefonbuchse.

Bei den meisten DSL-Modems ist die Buchse für den WAN-Anschluss mit *WAN* oder *DSL* beschriftet.

2 Verbinden Sie den LAN-Anschluss Ihres DSL-Modems mit der Ethernet-Buchse (Netzwerkanschluss) Ihres Macs.

Bei Macs mit mehreren Netzwerkbuchsen können Sie sich eine Ethernet-Buchse aussuchen, solange Sie später bei der Konfiguration die richtige auswählen. Die meisten DSL-Modems haben mehr als eine LAN-Buchse. Nehmen Sie in so einem Fall zunächst die Buchse, die mit **1** beschriftet ist, oder sehen Sie in den Informationen, die Sie vom Internetanbieter erhalten haben, nach, ob Sie eine beliebige LAN-Buchse oder nur eine bestimmte nutzen können.

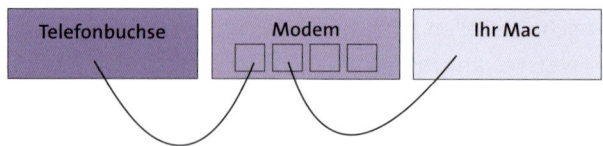

^ **Abbildung 7.21** *Schematische Darstellung der Verkabelung Mac > DSL-Modem > Telefonbuchse*

Damit ist die notwendige Verkabelung auch schon abgeschlossen. Nehmen wir also nun die nötigen softwareseitigen Einstellungen vor:

3 Öffnen Sie die Systemeinstellungen, z. B. per Klick auf das Dock-Icon.

4 Klicken Sie auf **Netzwerk**. In der Liste sehen Sie alle erkannten Netzwerkschnittstellen und angelegten Verbindungen.

⌃ **Abbildung 7.22** *Erkannte Netzwerkschnittstellen und angelegte Verbindungen*

Die Schnittstelle **Ethernet** sollte zum jetzigen Zeitpunkt einen roten oder idealerweise einen orangefarbenen Punkt anzeigen. Ein roter Punkt neben einer Netzwerkschnittstelle bedeutet, dass die Schnittstelle inaktiv ist. Sie muss erst verbunden und/oder konfiguriert oder aber zumindest aktiviert werden. Ein orangefarbener Punkt bedeutet, dass die Schnittstelle zwar eine physische Verbindung hat (in diesem Fall per Kabel mit Ihrem DSL-Modem), aber kein Datenstrom zustande kommt. Warum kein Datenstrom fließt, kann viele unterschiedliche Ursachen haben. Im konkreten Fall ist es ziemlich klar, denn wir haben uns ja noch nicht eingewählt, sondern müssen die Einwahlverbindung erst anlegen.

5 Klicken Sie in der Liste der verfügbaren Netzwerkschnittstellen auf **Ethernet**. Bei Macs mit mehreren Netzwerkbuchsen haben Sie sich zuvor eine Ethernet-Buchse ausgesucht. Die andere Buchse wird, falls sie anderweitig genutzt wird, vermutlich in Grün angezeigt oder in Rot, wenn kein Kabel eingesteckt ist.

6 Im rechten Teil des Fensters sehen Sie die Einstellungen zur jeweils ausgewählten Schnittstelle. Klicken Sie auf das Auswahlmenü **IPv4 konfigurieren**, und wählen Sie **PPPoE-Dienst erstellen**.

7 Geben Sie im folgenden Dialog einen *griffigen* Namen für die Verbindung ein.

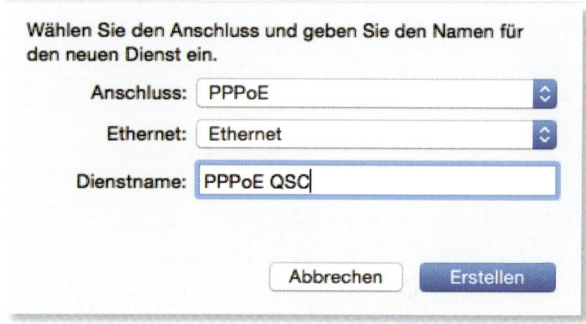

⌃ **Abbildung 7.23** *Einen Namen für die neue Verbindung angeben*

Es ist sinnvoll, den Namen der Verbindung aus der Verbindungsart und dem Namen des Internetproviders und gegebenenfalls aus dem aktuellen Ort zusammenzusetzen, also beispielsweise »PPPoE QSC« (QSC heißt hier der Internetprovider) oder »PPPoE Alice Eltern«. So lassen sich mehrere Verbindungen gut unterscheiden.

8 Klicken Sie auf den Button **Fertig**. Diese neu erstellte Verbindung wird nun ebenfalls in der Liste der Schnittstellen und Verbindungen angezeigt.

⌃ **Abbildung 7.24** *Die neu angelegte Verbindung wird in der Liste der Schnittstellen und Verbindungen angezeigt.*

9 Sie sehen nun drei auszufüllende Felder, wovon zwei unbedingt nötig sind und das dritte nur unter Umständen: Geben Sie in die Felder **PPPoE-Dienstname**, **Accountname** und **Kennwort** die entsprechenden Daten ein, die Ihnen Ihr Internetprovider mitgeteilt hat.

Das Feld **PPPoE-Dienstname** wird in den meisten Fällen nicht gebraucht, und Sie können es leer lassen, wenn Ihr Internetprovider nicht explizit einen bestimmten Wert erwartet und bei den Ihnen übermittelten Einwahldaten auch deutlich darauf aufmerksam macht.

10 Klicken Sie auf den Button **Verbinden**. Die Verbindung zu Ihrem Internetprovider wird nun mit den angegebenen Einwahldaten aufgebaut.

Nachdem die Verbindung zustande gekommen ist (meistens innerhalb von Sekunden), zeigt die Systemeinstellung das deutlich an. Der Punkt neben der Verbindung ist nun grün. Zusätzlich werden über dem Feld **PPPoE-Dienstname** Informationen zur aktuellen Verbindung angezeigt, und die Statusinformation zeigt **Verbunden** an.

^ **Abbildung 7.25** *Eine aktive Verbindung*

Die Verbindung bleibt nun so lange bestehen, bis Sie sie wieder trennen oder Ihr Internetprovider die Verbindung nach einer bestimmten Zeit der Inaktivität trennt. Um die Verbindung aktiv zu trennen, wählen Sie die Verbindung in der Systemeinstellung **Netzwerk** zunächst in der Liste aus und klicken dann auf den Button **Trennen**. Die Verbindung wird nun wieder getrennt, und der Statuspunkt zeigt das entsprechend in Orange an.

Die Einwahlverbindung schnell herstellen

Nun wäre es ziemlich lästig, jedes Mal, wenn Sie ins Internet möchten, die Systemeinstellungen zu bemü-

hen. Es geht auch einfacher. Setzen Sie dazu in der Systemeinstellung **Netzwerk** das Häkchen bei **PPPoE-Status in der Menüleiste anzeigen**. Das System zeigt nun in der Menüleiste ein kleines Ethernet-Icon an.

^ **Abbildung 7.26** *Das Menü für die PPPoE-Verbindung in der Menüleiste*

Über einen Klick auf dieses Icon stellen Sie nun ganz leicht eine Einwahlverbindung her. Wählen Sie dazu aus dem Menü **Mit „[Verbindungsname]" verbinden**. Anschließend wird die Verbindung aufgebaut. Das wird ebenfalls in der Menüleiste angezeigt.

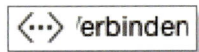

^ **Abbildung 7.27** *Während des Verbindens laufen die Informationen durch die Menüleiste.*

Nachdem die Verbindung aufgebaut ist, zeigt die Menüleiste sekundenaktuell die aktuell aufgelaufene Verbindungsdauer an.

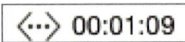

^ **Abbildung 7.28** *Die Verbindungsdauer in der Menüleiste*

Auch das Trennen der Verbindung geht ganz einfach über das Icon: Wählen Sie aus dem Menü **Verbindung zu „[Verbindungsname]" trennen**. Die Zugriffsmöglichkeit auf die Internetverbindung aus der Menüleiste macht es sehr viel angenehmer und einfacher, die Verbindung zu starten und zu beenden, als über die Systemeinstellungen.

Sie können für diese Verbindung weitere Einstellungen festlegen, die die Nutzung noch bequemer machen.

Wechseln Sie zurück zu den Systemeinstellungen **Netzwerk**. Klicken Sie auf die gewünschte Verbindung und dort auf den Button **Weitere Optionen**. Im folgenden Fenster sehen Sie mehrere Tabs, die Sie normalerweise nicht benötigen. Dennoch wird uns später in diesem Kapitel zumindest der Tab **Proxies** noch beschäftigen (siehe Seite 282). Aktuell interessiert uns nur der Tab **PPP**. Ist hier ein Häkchen bei **Bei Bedarf automatisch verbinden** aktiviert, baut das System immer dann automatisch eine Internetverbindung auf, wenn Sie einen Internetdienst in Anspruch nehmen, also z. B., wenn Sie in Safari eine Website aufrufen.

Dies ist eine komfortable Einstellung, allerdings sollten Sie, falls Sie nicht über eine Flatrate verfügen, die Aktivierung dieser Einstellung überdenken oder zumindest die anderen Einstellungen restriktiv handhaben, da sonst die Kosten für die Internetverbindung schnell steigen können.

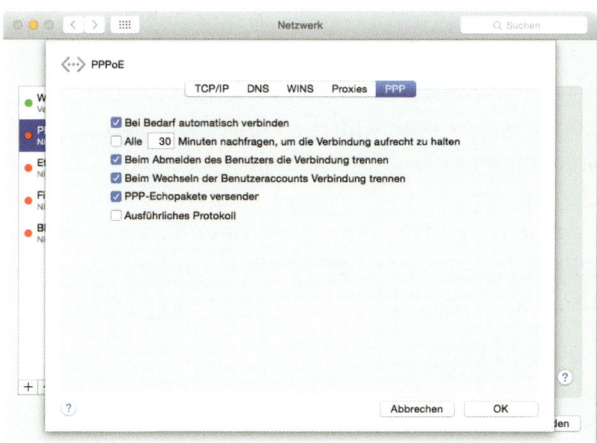

∧ **Abbildung 7.29** *Bieten Komfort: die Einstellungen im Tab »PPP«*

Übrigens lohnt es sich auch für Nutzer von Flatrates, zunächst eine Einwahlverbindung zu erstellen, bevor sie ihr lokales Netzwerk installieren und den Router konfigurieren. Testen Sie, bevor Sie irgendetwas anderes in Ihrem Netzwerk machen, die direkte Einwahlverbindung wie beschrieben. So können Sie sich sicher sein, dass mit der Verbindung grundsätzlich alles in Ordnung ist und das DSL-Modem funktioniert. Wenn

Sie später möglicherweise einmal auf Fehlersuche in Ihrem Netzwerk sind, profitieren Sie von dem Wissen, dass die Verbindung an sich korrekt funktioniert. Behalten Sie die Verbindung deswegen auch in der Liste der Verbindungen. Sollten später Probleme im Netzwerk auftreten, können Sie so stets diese simple Verbindungsmethode testen und von den Ergebnissen des Tests ausgehend potenzielle Fehlerquellen ausschließen oder eingrenzen.

7.2 Mit Safari durch das Web surfen

Nachdem also alle Vorbedingungen erfüllt sind, können Sie endlich das Internet nutzen. Denn ohne Internet ist OS X kaum noch denkbar. Das fängt damit an, dass mit Safari einer der modernsten und komfortabelsten Webbrowser zur Verfügung steht. Das setzt sich fort mit Programmen wie Mail und Nachrichten, und es endet noch lange nicht mit iCloud bzw. iCloud Drive.

> **INFO**
>
> **Was ist denn eigentlich iCloud?**
> iCloud ist ein kostenloser Onlinedienst von Apple. Es ist aber nicht nur ein einfacher Onlinespeicher, in dem Daten abgelegt werden, sodass sie von überall aus wieder abgerufen werden können, sondern iCloud kümmert sich dabei auch noch darum, dass die Daten stets aktuell auf allen Geräten zur Verfügung stehen. iCloud ist an so vielen Stellen so tief ins System integriert, dass Sie um die Nutzung eigentlich nicht herumkommen, es sei denn, Sie können auf ganz viel Komfort verzichten oder sind einer der wenigen Menschen, die ihren Mac tatsächlich nur als Schreibmaschine nutzen.

Safari starten

Safari finden Sie nach einer Standardinstallation von OS X bereits im Dock, von wo aus Sie sofort loslegen und das Programm starten können.

↗ Abbildung 7.30 *Safari im Dock*

Nach dem Start von Safari sehen Sie zunächst die Ansicht **Top Sites**. Top Sites ist eine spezielle Ansicht, die mehrere Websites in Echtzeit darstellt. Dabei handelt es sich um die Websites, die Sie zuletzt häufig besucht haben. Nach dem ersten Start sind das natürlich noch nicht sehr viele Sites, sodass Safari vor allem allgemein stark frequentierte Websites anzeigt, die Sie auch in den Standardlesezeichen finden, wie beispielsweise Spiegel Online, ZEIT Online oder YouTube.

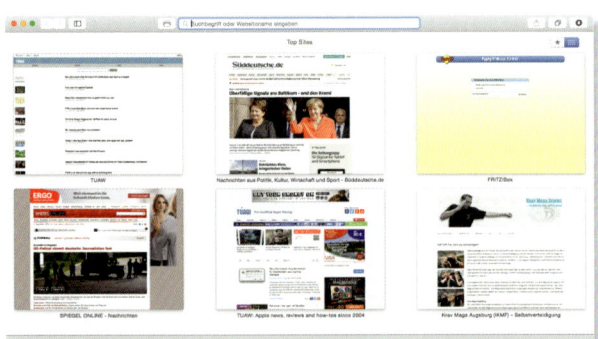

↗ Abbildung 7.31 *Praktisch: Top Sites mit sechs Sites*

Bevor wir uns weiter mit Top Sites beschäftigen, wollen wir aber zunächst erst einmal eine Website mit Safari öffnen.

Eine Website öffnen

Um eine Website aufzurufen, tippen Sie deren Adresse in die Adresszeile ein. Die Adresszeile ist die Zeile am oberen Fensterrand, die nach dem Programmstart die Info **Suchbegriff oder Websitename eingeben** anzeigt. Dabei können Sie meistens bei Ihrer Eingabe sowohl auf die Angabe des Protokolls (»http«, »https«, »ftp« etc.) als auch auf die Angabe des Dienstes (»www«) verzichten.

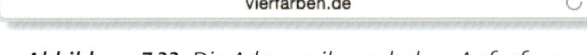

↗ Abbildung 7.32 *Die noch leere Adresszeile*

Geben Sie in die Adresszeile von Safari beispielsweise »vierfarben.de« ein, und drücken Sie die Taste ⏎ . Safari ergänzt daraufhin automatisch *http://www.*, sodass die komplette Adresse anschließend *http://www.vierfarben.de* lautet (*http://* wird jedoch automatisch von Safari in der Adresszeile ausgeblendet), und lädt die Startseite.

vierfarben.de ↻

↗ Abbildung 7.33 *Die Adresszeile nach dem Aufruf von »vierfarben.de«*

In der Adresszeile sehen Sie allerdings erst nach dem Anklicken die vollständige korrekte Adresse. Links daneben sehen Sie dann auch das Favicon ❶. Das ist ein kleines Icon, das angezeigt wird, falls die Website eines zur Verfügung stellt. Mit einem Klick auf den kleinen gebogenen Pfeil ❷ am rechten Rand der Adresszeile aktualisieren Sie die Website, d. h., Sie bewirken, dass die Seite erneut geladen wird.

↗ Abbildung 7.34 *Klicken Sie die Adresszeile an, um die vollständige Adresse zu sehen.*

Safari bedienen – Funktionen und Symbole

Die Oberfläche von Safari bietet weitere Elemente, die Ihnen dabei helfen, bequem im Internet zu surfen.

^ **Abbildung 7.35** *Die Bedienelemente von Safari*

Links von der Adresszeile befinden sich Pfeile ❸, mit denen Sie rückwärts und vorwärts durch die bereits besuchten Seiten navigieren können. Außerdem sehen Sie einen Button zum Einblenden der Seitenleiste sowie den Button **Diese Seite drucken**, um die aktuelle Seite auszudrucken. Die Adresszeile selbst dient nicht nur zur Adresseingabe, sondern auch als Suchfeld, mit dem Sie Internetsuchmaschinen nach Informationen durchsuchen. Ein Klick auf die Lupe öffnet ein Menü mit den zuletzt genutzten Suchbegriffen. Zusätzlich können Sie hier die verwendete Suchmaschine festlegen.

^ **Abbildung 7.36** *Die Adresszeile dient auch als Suchfeld.*

Rechts neben der Adresszeile befinden sich die Buttons **Senden** und **Alle Tabs einblenden** sowie der Button **Downloads**. Ein Klick auf den Button listet die in letzter Zeit abgeschlossenen und aktuell andauernden Downloads auf. Wenn Sie also beispielsweise eine Datei aus dem Internet herunterladen, sehen Sie dort den Fortschritt des Downloads.

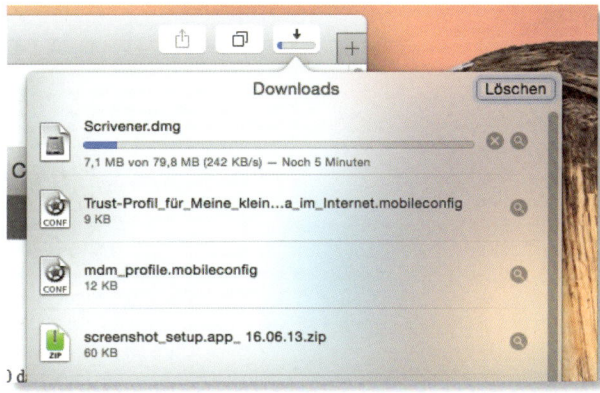

^ **Abbildung 7.37** *Die Downloads-Übersicht*

Die nächste Zeile in Safari zeigt die Favoritenleiste. Sollte sie beim ersten Start nicht zu sehen sein, können Sie sich die Favoritenleiste über das Menü **Darstellung > Favoritenleiste einblenden** anzeigen lassen. Die Top Sites lassen sich durch Klick auf den Button ganz links in der Favoritenleiste ebenfalls einblenden.

^ **Abbildung 7.38** *Ganz links in der Favoritenleiste: Top Sites*

> **TIPP**
>
> **URLs komplett anzeigen**
> Safari übernimmt leider in der neuesten Version einen Trend anderer Browser, den man getrost als Unart und wenig benutzerfreundlich bezeichnen kann. Die Adresszeile zeigt nicht mehr die komplette URL an, sondern nur noch den ersten Teil, also die Siteadresse. Sie können in den Einstellungen von Safari im Tab **Erweitert** jedoch festlegen, dass Sie die URL nach wie vor komplett angezeigt bekommen wollen. Setzen Sie dazu das Häkchen bei **Vollständige Websiteadresse anzeigen**.

Besuchte Websites – der Verlauf

Mit der Zeit werden Sie viele verschiedene Websites aufgerufen und sich vor allem über Links auf den Sei-

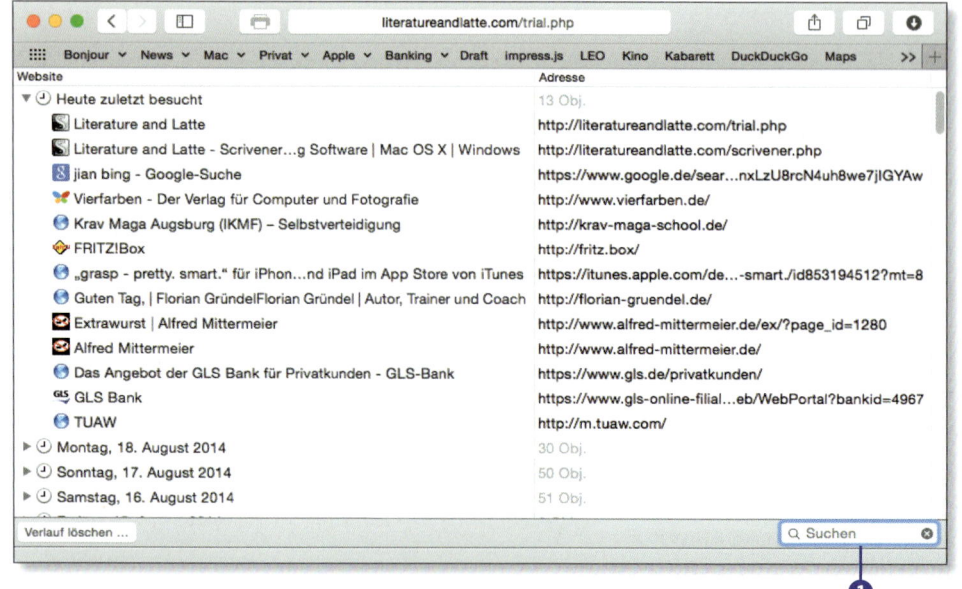

< Abbildung 7.39 Der Verlauf, nach Datum sortiert

ten immer weiter durch das Netz geklickt haben. Was tun Sie jedoch, wenn Sie eine Website wieder aufrufen wollen, aber die Adresse nicht kennen? Safari speichert alle besuchten Websites in einem Verlauf, den Sie über das entsprechende Menü **Verlauf** in der Menüleiste aufrufen können.

Klicken Sie in der Menüleiste im Menü **Verlauf** auf **Verlauf einblenden**. Safari zeigt daraufhin eine nach Datum sortierte Liste aller besuchten Websites.

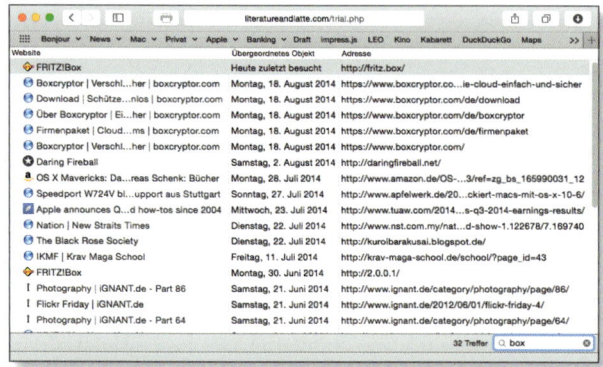

∧ Abbildung 7.40 Den Verlauf durchsuchen

Da es aber, selbst wenn der Verlauf nach Datum sortiert ist, mit der Übersicht schwierig werden kann

(speziell dann, wenn sich der Verlauf über Wochen und Monate gefüllt hat), können Sie den Verlauf auch durchsuchen. Sie finden rechts unten ein Suchfeld ❶. Mit seiner Hilfe durchsuchen Sie die Inhalte der besuchten Seiten.

Löschintervall des Verlaufs festlegen

Besonders dann, wenn Sie des Öfteren zu bestimmten Themen recherchieren müssen, lohnt es sich, das Löschintervall des Verlaufs in den Einstellungen hochzusetzen. Falls Sie sich bei der weiteren Recherche erinnern, schon einmal etwas über ein Thema gelesen zu haben, aber nicht mehr wissen, wo, haben Sie bei einem langen Löschintervall noch eine Chance, die Information im Verlauf wiederzufinden.

1 Öffnen Sie die Einstellungen von Safari über `cmd` + `,` oder **Safari > Einstellungen**.

2 Klicken Sie auf den Tab **Allgemein**.

3 Wählen Sie aus dem Auswahlmenü **Objekte aus Verlauf entfernen** das gewünschte Intervall aus, nach dem Einträge wieder aus dem Verlauf entfernt werden sollen.

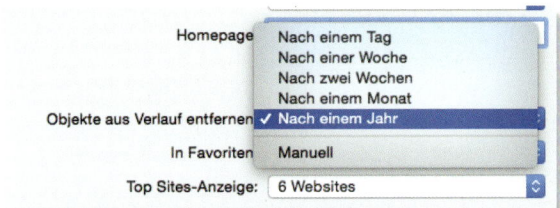

▲ Abbildung 7.41 *Die Dauer des Verlaufs einstellen*

Websites im Schnellzugriff – Lesezeichen

Während Sie durch das Web surfen, werden Ihnen immer wieder Seiten auffallen, die Sie vielleicht später gerne erneut besuchen würden. Oder Sie surfen bestimmte Sites ohnehin regelmäßig an, sodass es angenehm wäre, nicht jedes Mal eine (unter Umständen recht lange und kryptische) URL erneut in das Adressfeld eingeben zu müssen. Und tatsächlich ist das auch nicht nötig. Einmal besuchte Seiten finden sich ja im Verlauf wieder, und wenn Sie anfangen, in das Adressfeld von Safari zu tippen, durchsucht Safari sofort den Verlauf und die gesicherten Lesezeichen und macht entsprechende Vorschläge. Dabei muss das von Ihnen gesuchte Stichwort gar nicht unbedingt in der Adresse einer Website vorkommen. Safari durchsucht im Verlauf auch inhaltliche Informationen wie beispielsweise die Titel der besuchten Websites. So haben Sie bereits besuchte Seiten schnell griffbereit.

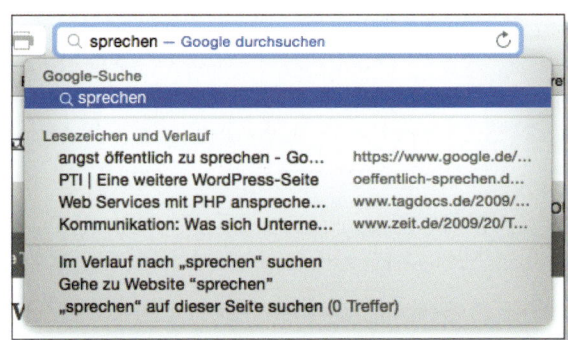

▲ Abbildung 7.42 *Safari macht Ihnen in der Adresszeile Vorschläge.*

Eine weitere Methode für einen schnellen Zugriff sind die bereits erwähnten Lesezeichen. Um zu einem spä-

teren Zeitpunkt erneut bequem Zugriff auf eine Site oder Seite zu erhalten, sichern Sie sie als Lesezeichen. Dafür haben Sie mehrere Möglichkeiten:

1 Klicken Sie links neben der Adresszeile auf den Button **Senden** ❷.

2 Klicken Sie auf den Menüeintrag **Lesezeichen hinzufügen**.

▲ Abbildung 7.43 *Das »Senden«-Menü in Safari*

3 Wählen Sie im folgenden Dialog den gewünschten Ort zur Sicherung des Lesezeichens aus, z. B. **Favoriten** ❸.

Je nach ausgewähltem Ort zeigt der Dialog gegebenenfalls einen weiteren Schritt an, beispielsweise die Eingabe eines Namens, unter dem das Lesezeichen erscheinen soll.

4 Klicken Sie auf den Button **Hinzufügen**. Safari fügt nun die URL aus der Adresszeile am ausgewählten Ort hinzu.

▲ Abbildung 7.44 *Ein Lesezeichen hinzufügen*

Lesezeichen lassen sich auch per Drag & Drop sichern. Blenden Sie zunächst die Seitenleiste ein, am schnellsten geht das mit einem Klick auf die Schaltfläche **Seitenleiste einblenden** ❶ (siehe Abbildung 7.45), Sie können aber auch den Tastaturbefehl ⇧ + cmd + L verwenden. Bewegen Sie den Mauszeiger auf die Adresszeile, und ziehen Sie die

Adresse in die Lesezeichenübersicht der Seitenleiste. Safari fügt nun die URL aus der Adresszeile hinzu.

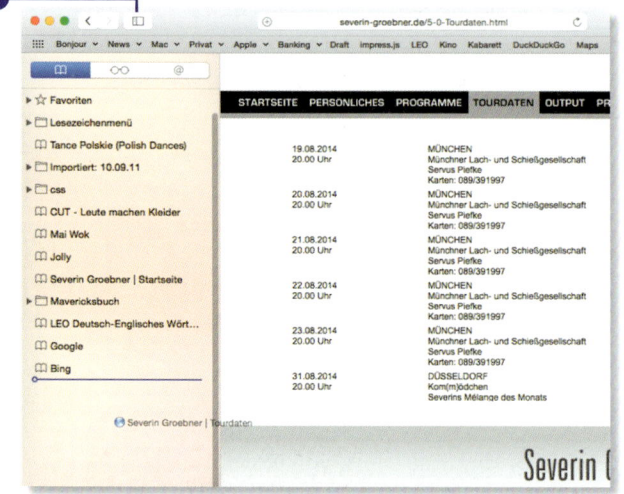

Abbildung 7.45 *Lesezeichen lassen sich auch per Drag & Drop hinzufügen.*

Übrigens können Sie die aktuelle Seite nach einem Klick in die Adresszeile auch einfach nach unten ziehen und so in der Favoritenleiste speichern.

Wenn Sie Lesezeichen per Drag & Drop hinzufügen, können Sie auch andere Quellen als die Adresszeile von Safari nutzen. Per Drag & Drop fügen Sie Lesezeichen auch aus anderen Programmen, aus dem Finder oder aus dem Verlauf als Lesezeichen hinzu.

> **TIPP**
>
> **Eine Adresse in den Top Sites speichern**
> Webadressen können Sie auch ganz leicht den Top Sites hinzufügen. Ziehen Sie die Adresse dazu einfach auf das Icon von Top Sites in der Favoritenleiste. Safari fügt die URL am entsprechenden Ort hinzu.

Kurzfristig gesichert – Leseliste

Die Leseliste ist eine besondere Form der Lesezeichen, die eher für die kurzfristige Nutzung gedacht ist. Fügen Sie hier Lesezeichen hinzu, die Sie bald wieder nut-

zen werden, für die Sie aber gerade keine Zeit finden – beispielsweise wenn Sie gerade einen interessanten Artikel lesen, ihn aber nicht zu Ende lesen können, weil Sie aus dem Haus müssen.

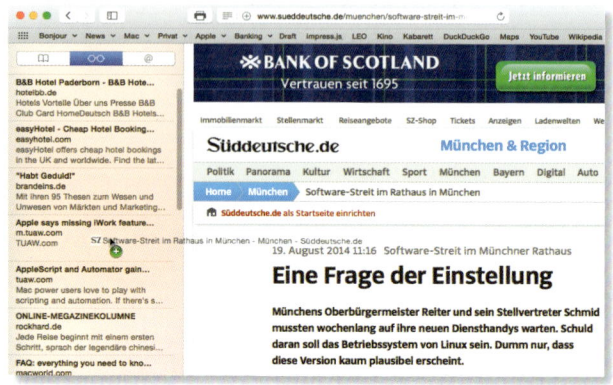

Abbildung 7.46 *Eine Webseite zur Leseliste hinzufügen*

Ziehen Sie die URL aus der Adresszeile auf das Leselisten-Icon in der Lesezeichenleiste, und Sie können den Artikel später bequem weiterlesen. Dabei müssen Sie das dank der Synchronisation der Lesezeichen mit iCloud nicht am selben Mac machen, an dem Sie gerade sitzen, sondern können den Artikel bequem auf Ihrem iPad oder iPhone aufrufen (siehe den nächsten Abschnitt). Und dazu müssen Sie dann noch nicht mal online sein, denn die in der Leseliste gesicherten Seiten werden beim Hinzufügen zur Leseliste automatisch heruntergeladen, um später auch gegebenenfalls offline verfügbar zu sein. Während des Downloads wird an dem neuen Eintrag in der Leseliste entsprechend der Hinweis **Zum Offline lesen sichern** angezeigt. Noch schneller geht das Speichern einer Seite in der Leseliste mit einem Klick auf den Plus-Button ❷ am linken Rand der Adresszeile.

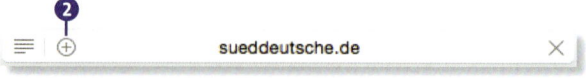

Abbildung 7.47 *Fügen Sie Seiten über den Plus-Button in der Adressleiste der Leseliste hinzu.*

Wenn Sie ein Lesezeichen aus der Leseliste anklicken, wird die Seite geladen bzw. die gesicherte Seite aufgerufen, falls Sie gerade keine Internetverbindung haben. Sie können die Leseliste durch einen Klick auf den entsprechenden Button nach allen verfügbaren Lesezeichen ❸ oder den ungelesenen Lesezeichen ❹ sortieren. Leider werden die Buttons nur sichtbar, wenn Sie die Leseliste nach unten »ziehen«.

△ **Abbildung 7.48** *Die Leseliste*

Um ein Lesezeichen zu löschen, fahren Sie mit dem Mauszeiger über das Lesezeichen und klicken auf den dann eingeblendeten kleinen Button × ❺ rechts oben.

Lesezeichen mit iCloud synchronisieren

Dank der nahtlosen Integration von iCloud ins System stehen Ihnen Ihre Lesezeichen und natürlich auch die Leseliste stets synchronisiert auf allen Geräten zur Verfügung. Wenn Sie also auf einem der Geräte, auf denen iCloud aktiviert ist (ganz egal, ob es sich dabei um einen Mac oder ein iOS-Gerät handelt), ein Lesezeichen hinzufügen, steht das Lesezeichen Sekunden später ebenfalls auf allen anderen Geräten bereit. Machen Sie die Probe aufs Exempel:

1 Fügen Sie in Safari auf dem Mac ein Lesezeichen hinzu, beispielsweise zur Leseliste. Es spielt dabei keine Rolle, ob Sie das Lesezeichen zur Lesezeichenleiste, zur Leseliste, zum Lesezeichenmenü oder einfach allgemein zu den Lesezeichen hinzufügen.

2 Wechseln Sie zu einem beliebigen anderen Mac oder iOS-Gerät, auf dem Sie mit Ihrem iCloud-Account eingeloggt sind.

3 Starten Sie Safari, und öffnen Sie nun auch dort die Leseliste. Wie Sie sehen, hat iCloud in der Zwischenzeit die Lesezeichen synchronisiert.

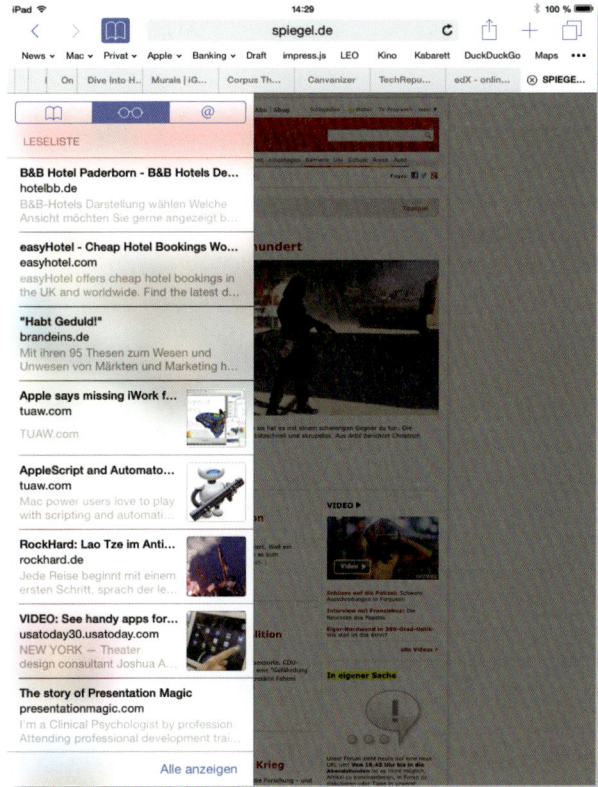

△ **Abbildung 7.49** *Die synchronisierte Leseliste auf dem iPad*

Dank iCloud sind Sie also nicht mehr an ein bestimmtes Gerät gebunden, um Inhalte weiterzuverfolgen. Testen Sie der Vollständigkeit halber ebenfalls den umgekehrten Weg. Sie werden keinen Unterschied feststellen. Die Synchronisierung der Lesezeichen erfolgt so unmittelbar und selbstverständlich, dass Sie sich fragen werden, wie Sie zuvor ohne iCloud auskommen konnten. Wie Sie iCloud einrichten, erfahren Sie ab Seite 590.

Lesezeichen importieren

Safari bietet Ihnen die Möglichkeit, weitere Lesezeichen zu importieren. Angenommen, Sie haben bislang einen anderen Browser verwendet. Natürlich wollen Sie die Lesezeichen, die Sie in dem anderen Browser angelegt haben, nun auch in Safari nutzen.

INFO

Lesezeichen exportieren

Die meisten Browser bieten eine Exportfunktion für Lesezeichen, die nicht nur dabei behilflich ist, Lesezeichen zwischen Browsern zu transferieren, sondern Lesezeichen z. B. auch an Dritte weiterzugeben. In Safari finden Sie die Möglichkeit, Lesezeichen zu exportieren, unter **Ablage > Lesezeichen exportieren**.

1 Exportieren Sie die Lesezeichen in Ihrem alten Browser. Die meisten Browser bieten, quasi als kleinsten gemeinsamen Nenner, den Export der Lesezeichen ins Format HTML.

2 Wechseln Sie zu Safari, und klicken Sie auf **Ablage > Lesezeichen importieren**.

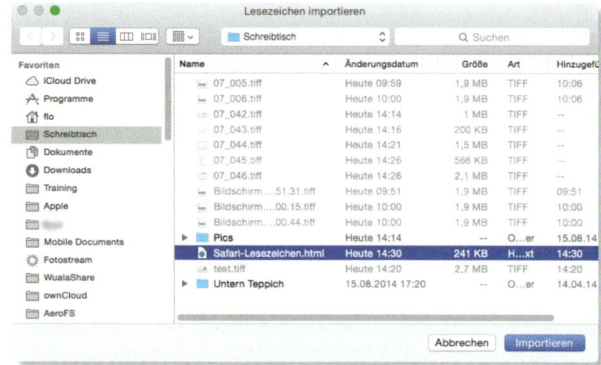

▲ **Abbildung 7.50** *Lesezeichen importieren*

3 Wählen Sie im folgenden Dialog die gewünschte Datei aus. Im Beispiel habe ich eine HTML-Datei gewählt.

4 Klicken Sie auf den Button **Importieren**. Safari fügt daraufhin in der Lesezeichenübersicht einen neuen Ordner mit der Bezeichnung **Importiert** und dem aktuellen Datum hinzu, dessen Namen Sie nun ändern können. Eine spätere Änderung ist natürlich ebenfalls jederzeit möglich. Innerhalb dieses Ordners finden Sie jetzt alle importierten Lesezeichen wieder. Sie müssen sich also keine Gedanken darüber machen, dass Ihre vorhandenen Lesezeichen durch die importierten Lesezeichen ersetzt werden.

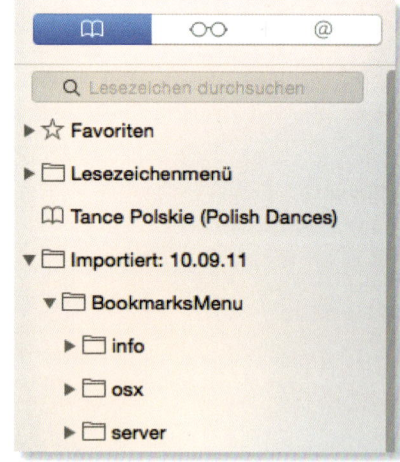

▲ **Abbildung 7.51** *Importierte Lesezeichen*

Lesezeichen verwalten

Mit der Zeit werden die Lesezeichen immer mehr. Das kennen Sie ja bereits aus dem Finder: Mit zunehmender Menge an Dateien brauchen Sie effizientere Sortiermöglichkeiten. Safari bietet zwar bei der Strukturierung nicht so viel Automation wie der Finder, aber dennoch Möglichkeiten, Lesezeichen zu verwalten.

Nachdem also spätestens nach dem Import die Menge der Lesezeichen dringend etwas Ordnung erfordert, sehen wir uns an, wie Sie diese Ordnung bei den Lesezeichen herstellen.

1 Klicken Sie in der Seitenleiste auf das Symbol für die Lesezeichenübersicht, und wählen Sie am unteren Rand der Seitenleiste den Button **Bearbeiten 1**.

2 Daraufhin wird eine Übersichtsseite über alle gespeicherten Lesezeichen geöffnet. Klicken Sie auf den Button **Neuer Ordner**. Safari legt daraufhin einen neuen Ordner an.

3 Geben Sie dem Ordner einen Namen, und fügen Sie nun per Drag & Drop die gewünschten Lesezeichen hinzu.

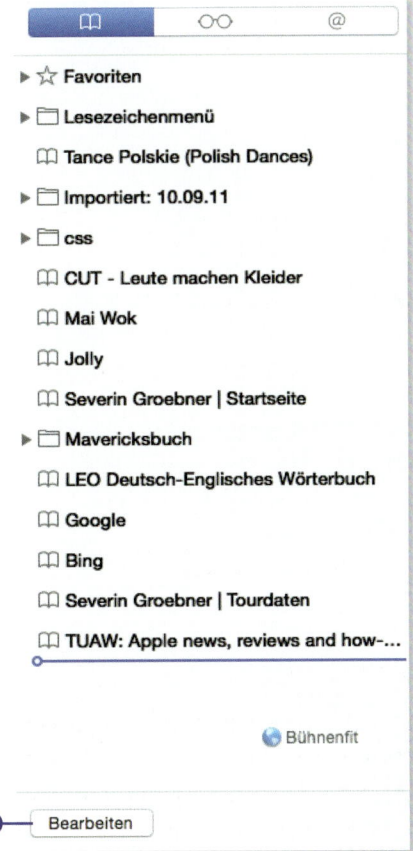

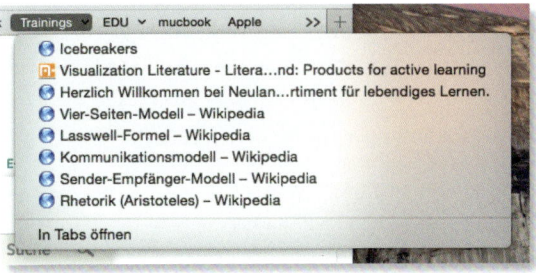

∧ **Abbildung 7.53** Alle Lesezeichen eines Ordners gleichzeitig in jeweils einem eigenen Tab öffnen

Für die Ordner in der Favoritenleiste bietet Safari eine Besonderheit bei der Benutzung an. Safari zeigt unter der Liste der Lesezeichen den Eintrag **In Tabs öffnen**. Damit können Sie alle Lesezeichen des Ordners gleichzeitig in jeweils einem eigenen Tab öffnen. Das ist besonders praktisch, wenn Sie bestimmte Websites oft gemeinsam aufrufen.

∧ **Abbildung 7.52** Lesezeichen in Ordner sortieren

4 Möchten Sie wieder zur normalen Ansicht zurückkehren, klicken Sie auf den nach links weisenden Pfeil in der Adresszeile. Daraufhin wird die zuvor aufgerufene Webseite erneut geladen.

Lesezeichen von Social-Media-Diensten

Safari bietet in der Seitenleiste nicht nur die eigenen Lesezeichen und die Leseliste, sondern auch die Möglichkeit, auf geteilte Links anderer zuzugreifen. Ob Sie diese Links in Safari zu sehen bekommen, hängt davon ab, ob Sie in den Systemeinstellungen unter der Option **Internetaccounts** entsprechende Accounts von Anbietern wie beispielsweise Facebook, Twitter oder LinkedIn angelegt haben.

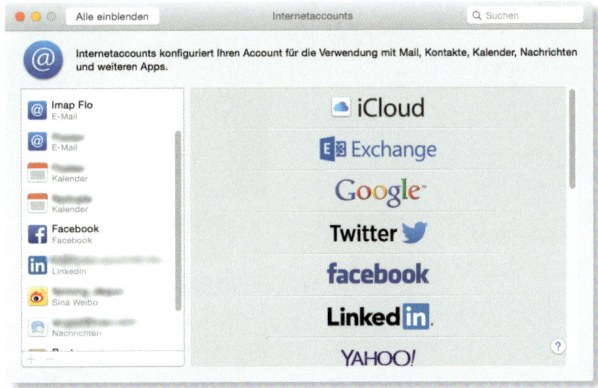

∧ **Abbildung 7.54** Voraussetzung für freigegebene Links: aktive Accounts bei Social-Media-Diensten

Wenn Sie also entsprechende Dienste in den System-einstellungen aktiviert haben, zeigt Safari automatisch freigegebene bzw. geteilte Links von Leuten an, mit denen Sie verbunden sind oder denen Sie folgen. Sie können dabei die Lesezeichenleiste stets offen haben und parallel zu den besuchten Websites im Hauptteil des Fensters nutzen. So sehen Sie sofort, wenn jemand einen interessanten Link veröffentlicht.

Top Sites anpassen

Die Top Sites haben Sie ja bereits beim ersten Start von Safari kennengelernt. Auf den ersten Blick wirken sie wie eine Spielerei. Wenn Sie sich im Vollbildmodus von Safari in Top Sites die maximal möglichen 24 Websites gleichzeitig anzeigen lassen, sieht das auf einem 27"-iMac durchaus beeindruckend aus, und man wird unwillkürlich an Bilder von großen TV-Stationen erinnert (siehe Abbildung 7.56).

Top Sites ist jedoch nur auf den ersten Blick eine Spielerei, denn mit ein paar Anpassungen wird daraus eine hilfreiche und nützliche Startseite.

1 Fahren Sie mit dem Mauszeiger über eine der angezeigten Sites. Nach ein paar Sekunden blendet Safari daraufhin mehrere Bedienelemente ein.

< *Abbildung 7.55*
Geteilte Links in
Aktion

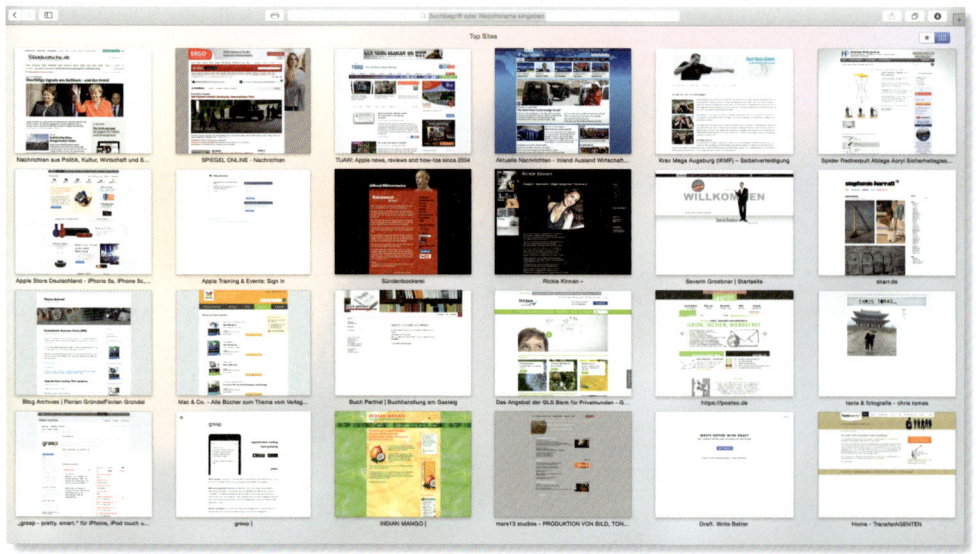

< *Abbildung 7.56*
Gewaltig: Top Sites
mit 24 Sites im Voll-
bildmodus

An der entsprechenden Site erscheinen links oben in der Ecke ein × und eine Pinnnadel. Ein Klick auf das × bewirkt, dass diese Site aus den Top Sites entfernt wird. Ein Klick auf die Pinnnadel bewirkt, dass die Site auf jeden Fall in den Top Sites bleibt – selbst dann, wenn sie rein rechnerisch durch eine andere ersetzt werden müsste. Die Zahl der angezeigten Sites ändern Sie in den Einstellungen von Safari auf dem Tab **Allgemein**.

Safari zeigt dann je nach Einstellung sechs, zwölf oder 24 Sites in der Übersicht an. Mithilfe dieser Ansichtsanpassungen ist es für Sie beispielsweise ganz einfach, stets die sechs wichtigsten Websites im Blick zu behalten.

△ **Abbildung 7.57** Top Sites bearbeiten

2 Sie haben außerdem die Möglichkeit, ein weiteres Safari-Fenster zu öffnen und Sites per Drag & Drop aus der Adresszeile des neu geöffneten Fensters zu den Top Sites hinzuzufügen.

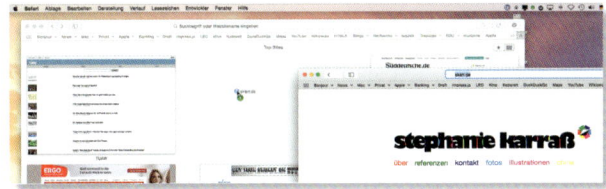

△ **Abbildung 7.58** Sites per Drag & Drop zu den Top Sites hinzufügen

3 Auch die Reihenfolge der Sites in Top Sites können Sie anpassen. Ziehen Sie die Sites per Drag & Drop an die gewünschte Position innerhalb der Top-Sites-Ansicht.

4 Um eine der Sites zu öffnen, klicken Sie die gewünschte Site an.

Websites in das Dashboard integrieren

Mit dem Dashboard führen Sie Widgets, also kleine Programme, aus. Mit Safari können Sie dank der Technologie *Webclip* solche Widgets selbst erstellen. Das Dashboard haben Sie bereits kurz in Kapitel 2 über die Benutzeroberfläche und in Kapitel 5 über die Programme kennengelernt. Ausführliche Informationen zum Dashboard und zu den Widgets erhalten Sie in Kapitel 10, »Schnelle Infos – Dashboard und Widgets«, ab Seite 353. An dieser Stelle sehen wir uns an, wie Sie Safari ins Dashboard integrieren und wie Sie mit Safari eigene Widgets erstellen.

1 Rufen Sie in Safari die Seite auf, von der Sie einen Teil als Widget verwenden möchten.

2 Klicken Sie auf **Ablage > In Dashboard öffnen**.

3 Safari verdunkelt daraufhin die aktuell angezeigte Seite und blendet einen hellen Auswahlkasten ein.

Dieser Auswahlkasten folgt dem Mauszeiger. Positionieren Sie den Kasten an der gewünschten Stelle, und klicken Sie einmal.

△ **Abbildung 7.59** Der Auswahlkasten legt den Bereich der Website fest, der im Dashboard angezeigt werden soll.

4 Der Kasten wird an der ausgewählten Stelle fixiert und zeigt einen Bearbeitungsrahmen, mit dem Sie durch Klicken und Ziehen der Anfasspunkte die Größe des Rahmens anpassen.

5 Wenn Sie mit der Auswahl zufrieden sind, klicken Sie auf den Button **Hinzufügen ❶**.

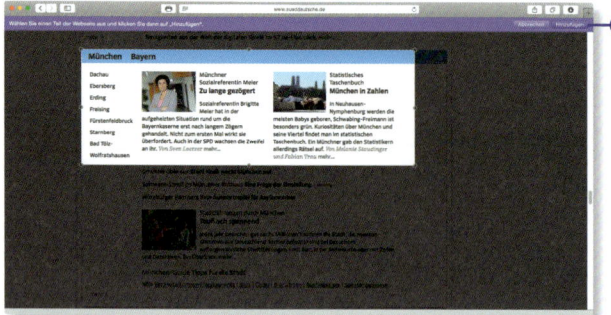

⌃ **Abbildung 7.60** *Den gewünschten Teil auswählen und anpassen*

6 Anschließend wird das Dashboard eingeblendet und der soeben ausgewählte Teil der Seite als Widget in das Dashboard geladen.

⌃ **Abbildung 7.61** *Das Widget in Aktion im Dashboard*

Besonders nützlich ist diese Funktion vor allem dann, wenn Sie auf diese Weise Inhalte schnell griffbereit haben möchten, ohne dafür jedes Mal die komplette Webseite laden zu müssen – denn das Dashboard ist jederzeit nur einen Mausklick weit entfernt. Angenommen, Sie müssen regelmäßig eine bestimmte Website auf Veränderungen kontrollieren. Dann ist das mit dem Dashboard sehr viel leichter erledigt als mit Safari, zumal Sie beliebig viele Widgets zum Dashboard hinzufügen können.

7.3 Bilder, Musik und andere Dokumente anzeigen und sichern

Safari ist perfekt in das ganze System integriert. So können Sie z. B. Bilder aus Safari direkt weiterverwenden und zu Ihrer iPhoto-Mediathek hinzufügen oder als Hintergrundbild Ihres Schreibtischs benutzen.

Bilder auf der Festplatte sichern

Medien wie Bilder und Videos werden zunehmend im Internet ausgetauscht. Das ist aber nicht nur praktisch, sondern birgt auch die Gefahr von Urheberrechtsverletzungen. Man ist durch den einfachen Austausch von Dateien so daran gewöhnt, diese selbstverständlich zu nutzen, dass man unter Umständen vergisst, dass jemand Rechte an der Datei respektive ihrem Inhalt hat. Bitte vergessen Sie das nicht, wenn Sie mit Medien arbeiten.

1 Klicken sie mit rechts Sie in Safari auf ein Bild. Safari zeigt daraufhin ein Kontextmenü zu dem Bild an.

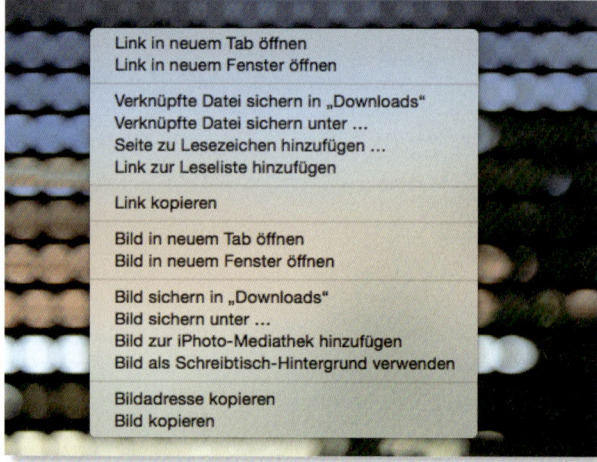

⌃ **Abbildung 7.62** *Das Kontextmenü für Bilder in Safari*

2 Wählen Sie nun die gewünschte Aktion aus, beispielsweise **Bild als Schreibtisch-Hintergrund verwenden** oder **Bild zur iPhoto-Mediathek hinzufügen**. Daraufhin setzt Safari den von Ihnen zuvor ausgewählten Befehl um.

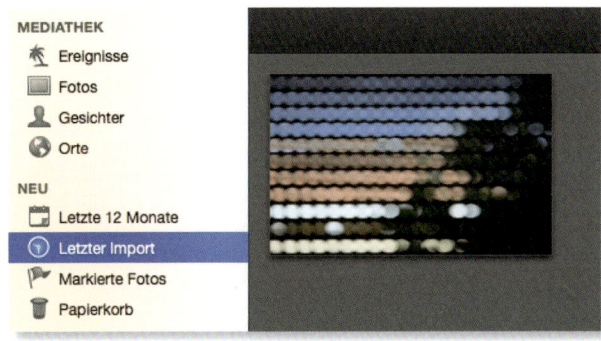

Abbildung 7.63 *Das in die iPhoto-Mediathek importierte Bild*

PDF-Dateien im Browser

Ebenso wie Bilder lassen sich auch PDF-Dateien in Safari nicht nur herunterladen, sondern auch ansehen und weiterverwenden.

1 Klicken Sie auf einen Link zu einer PDF-Datei. Die Datei wird in Safari geöffnet.

Safari bietet auch für PDF-Dateien ein Menü, wenn Sie mit dem Mauszeiger an das untere Ende des Bildschirms fahren.

Abbildung 7.64 *Eine PDF-Datei in Safari*

Die Darstellung lässt sich vergrößern oder verkleinern ❷. Zusätzlich bietet das Menü an, die Datei im Programm Vorschau zu öffnen ❸ oder im Ordner *Downloads* ❹ zu sichern.

2 Mit einem Rechtsklick auf die Datei können Sie die Darstellung weiter beeinflussen, etwa in der Größe und der Seitenaufteilung. Das ist vor allem bei mehrseitigen Dateien hilfreich, weil die Ansicht **Doppelseiten** einen sehr viel besseren Überblick über ein gesamtes Dokument bietet.

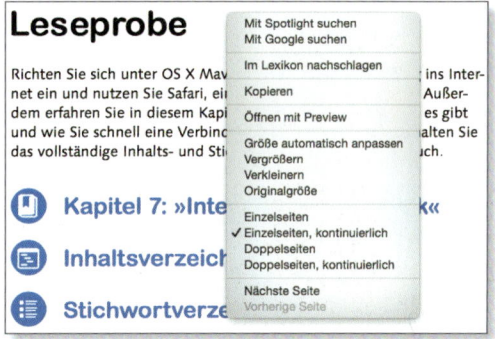

Abbildung 7.65 *Ansichtsoptionen für PDF-Dateien in Safari*

Audio- und Videodateien

Bei Audio- und Videodateien stehen meist nicht so umfangreiche Optionen wie bei Bildern und PDF-Dateien zur Verfügung. Der Umfang der Optionen hängt zudem stark davon ab, welche Optionen der Anbieter der Dateien einstellt und welche nicht und welche Möglichkeiten entsprechend in die Datei eingebettet werden. Safari kann hier kaum etwas machen, außer die Dateien anzuzeigen.

In Abbildung 7.66 wurde ein Flash-Video angeklickt. Dass Flash am Mac nicht gut gelitten ist, haben Sie sicher schon aus den Medien erfahren. Apple geht den Weg gegen Flash konsequent weiter und liefert z. B. auf dem neuen MacBook Air keinen vorinstallierten Flash Player mehr mit. Wenn Sie also auf Flash nicht verzichten können, müssen Sie es unter Umständen selbst nachträglich installieren.

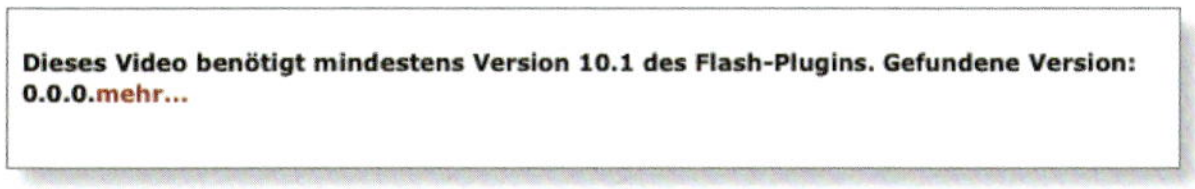

Dieses Video benötigt mindestens Version 10.1 des Flash-Plugins. Gefundene Version: 0.0.0.mehr...

Abbildung 7.66 *Flash ist am Mac nicht gut gelitten.*

7.4 Privat und sicher surfen

Neben einer guten Lesezeichenverwaltung bietet Safari noch einige Funktionen mehr, die das Surfen im Web sicher und bequem machen. Eine der interessantesten Funktionen in Bezug auf Privatsphäre und Sicherheit ist die Funktion *Privates Surfen*.

Privates Surfen

Wenn Sie **Privates Surfen** aktivieren, werden die bei der Benutzung anfallenden Informationen nicht gesichert. Normalerweise speichert Safari den Verlauf der besuchten Seiten, den Verlauf der Eingaben im Suchfeld und kann Formulare auf Websites automatisch ausfüllen. All diese Funktionen sind beim privaten Surfen deaktiviert. Wenn Sie **Privates Surfen** wieder deaktivieren, ist in Safari keine Spur aus dem Zeitraum zu erkennen, während dessen es aktiviert war.

1 Klicken Sie auf **Ablage > Neues privates Fenster**.

Safari öffnet daraufhin ein entsprechendes Fenster, in dem Ihnen ein Hinweis zum privaten Surfen angezeigt wird. Klicken Sie auf das Schließkreuz, um den Hinweis auszublenden, oder rufen Sie einfach eine neue Seite auf. Die Funktion **Privates Surfen** erkennen Sie außerdem an dem dunklen Adressfeld.

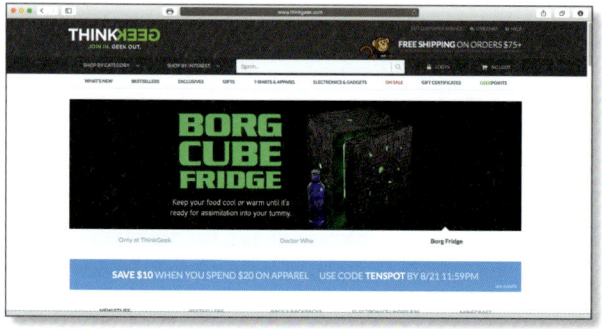

∧ Abbildung 7.67 *Perfekt zum heimlichen Bestellen von Geschenken: Privates Surfen*

2 Machen Sie die Probe aufs Exempel, und durchsuchen Sie den Verlauf. Sie werden keine Spur Ihrer Aktivitäten aus dem privaten Fenster finden. Privates

Surfen ist die einfachste und garantiert unauffälligste Art, eine Überraschung für ein Familienmitglied zu planen. Sie könnten zwar natürlich auch alles löschen, aber das wäre ebenfalls auffällig, weil dann plötzlich nichts mehr im Verlauf ist.

Safari zurücksetzen

Abgesehen von der Möglichkeit, inkognito zu surfen, trägt es natürlich zu Ihrer Sicherheit bei, wenn Sie keine Spuren hinterlassen – vor allem bei öffentlich zugänglichen Macs. Zusätzlich zum privaten Surfen bietet Safari eine weitere Möglichkeit, keine Spuren zu hinterlassen – und zwar, Safari zurückzusetzen.

1 Klicken Sie auf **Safari > Verlauf und Websitedaten löschen ...**.

2 Wählen Sie im folgenden Dialogfenster aus, welche Informationen gelöscht werden sollen.

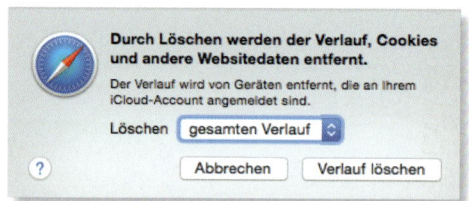

∧ Abbildung 7.68 *Safari zurücksetzen*

3 Klicken Sie auf den Button **Verlauf löschen**. Safari löscht nun unwiederbringlich die ausgewählten Informationen. So löschen Sie also entweder gezielt einzelne Informationen oder setzen Safari komplett zurück.

Privates Surfen sowie auch die Möglichkeiten, Safari zurückzusetzen, sind zwar wichtig, wenn es um Ihre Privatsphäre geht, allerdings schützen sie Sie nicht vor Angriffen aus dem Internet. Auch wenn Mac-Computer in der Vergangenheit von solchen Angriffen meist verschont blieben, bietet die Firewall dennoch einen guten und noch dazu leicht zu konfigurierenden Schutz. Wie Sie die Firewall aktivieren, lesen Sie in Kapitel 20, »Sicher ist sicher – Ihre Daten schützen«, auf Seite 707.

7.5   Surfen für Fortgeschrittene

Safari bietet im alltäglichen Betrieb viele Details an den richtigen Stellen, um seine Nutzung zu einem Vergnügen zu machen – z. B. den Reader oder das Management mehrerer gleichzeitig geöffneter Websites mittels Tabs.

Push-Nachrichten empfangen

Seit OS X 10.9 bietet Apple Websitebetreibern die Möglichkeit, Ihnen Neuigkeiten ihrer Website direkt als Push-Benachrichtigung in der Mitteilungszentrale anzuzeigen. Ob Sie diese Funktion nutzen können, hängt also zunächst davon ab, ob der jeweilige Websitebetreiber entsprechende Push-Benachrichtigungen zu einer Website anbietet. Ist das der Fall, werden Sie auf der jeweiligen Website auf einen entsprechenden Hinweis stoßen, wie Sie ihn z. B. in Abbildung 7.69 sehen können.

⌃ Abbildung 7.69 Manche Websites bieten Push-Benachrichtigungen an.

1 Bietet eine Website Push-Benachrichtigungen an, zeigt Ihnen Safari automatisch beim Aufrufen einen Dialog mit der Rückfrage, ob Sie der Website erlauben wollen, Ihnen zukünftig Push-Benachrichtigungen zu senden.

2 Wenn Sie also Nachrichten empfangen wollen, klicken Sie im Dialog auf den Button **Erlauben**. Je nach Website können Sie unter Umständen weitere Einstellungen vornehmen.

⌃ Abbildung 7.70 Um Nachrichten empfangen zu können, muss der Absender autorisiert werden.

3 Ab sofort erhalten Sie die Push-Benachrichtigungen in der Mitteilungszentrale und bleiben so immer auf dem Laufenden.

Damit ist die Einrichtung auch schon abgeschlossen. Anschließend empfangen Sie von der ausgewählten Website Push-Benachrichtigungen, wie Sie es von Programmen wie beispielsweise Kalender her kennen. Sie können die Einstellungen zur Push-Benachrichtigung jedes Absenders in den Einstellungen von Safari im Tab **Mitteilungen** anpassen.

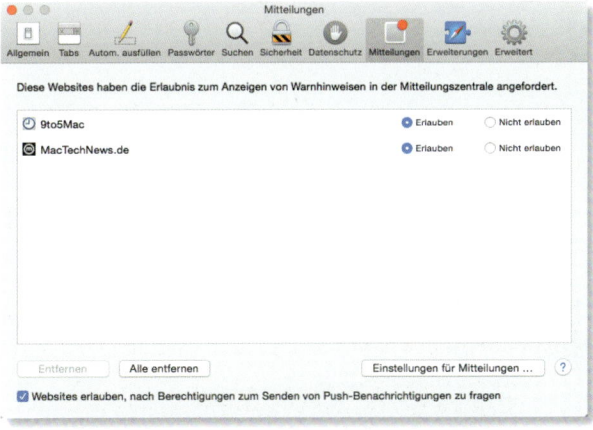

⌃ Abbildung 7.71 Push-Nachrichten von Websites lassen sich wie alle anderen Nachrichtenquellen anpassen.

Websites in Tabs öffnen

Um mehrere Websites gleichzeitig zu nutzen, können Sie jede Website in einem eigenen Fenster öffnen, was aber schnell recht unübersichtlich wird. Effektiver und übersichtlicher ist es, die einzelnen Websites nicht in Fenstern, sondern in Tabs zu öffnen.

Klicken Sie auf **Ablage > Neuer Tab**, oder nutzen Sie den Tastaturbefehl ⌘ + T. Safari legt daraufhin einen neuen Tab an, der Ihre Startseite zeigt. Oder halten Sie beim Klicken auf einen Link ⌘ gedrückt, auch dann öffnet sich ein neuer Tab mit der entsprechenden Seite. Sie können weitere Tabs auch durch Klick auf den Plus-Button am rechten Rand der Tableiste hinzufügen.

∧ Abbildung 7.72 *Oben die Favoritenleiste, darunter die Tabs*

In den Einstellungen von Safari können Sie im Bereich **Tabs** weitere Anpassungen zum Umgang mit Fenstern und Tabs in Safari vornehmen. So lässt sich beispielsweise im Auswahlmenü ❶ festlegen, dass neue Seiten von Safari immer als Tab und nicht als Fenster geöffnet werden (auch wenn das Öffnen in einem neuen Fenster von den Webseiten-Programmierern vorgesehen wurde).

∧ Abbildung 7.73 *Passen Sie die Tab-Einstellungen an.*

Die Navigationselemente in der Symbolleiste von Safari gelten jeweils für den im Vordergrund befindlichen Tab. Sie erkennen ihn daran, dass er direkt in die Favoritenleiste übergeht. Wenn Sie dennoch mal die Seite aus einem Tab lieber in einem eigenen Fenster hätten, ziehen Sie den Tab aus der Tableiste aus dem Safari-Fenster heraus, oder klicken Sie auf **Fenster > Tab in ein neues Fenster bewegen**. Umgekehrt geht das auch: Fassen Sie die offenen Fenster durch Klick auf **Fenster > Alle Fenster zusammenführen** in einem Fenster in Tabs zusammen.

Tabs geräteübergreifend im Griff behalten

Auch die Tabs profitieren von iCloud. Rechts neben der Adresszeile befindet sich der Button **Alle Tabs einblenden** ❷. Ein Klick darauf zeigt sowohl die lokalen als auch alle auf anderen Geräten (mit dem gleichen iCloud-Account) in Safari geöffneten Tabs an, sodass Sie diese Tabs auch auf Ihrem Mac sehen. Selbstverständlich funktioniert das umgekehrt ebenso: die auf dem Mac geöffneten Tabs werden Ihnen auch auf dem anderen Gerät angezeigt.

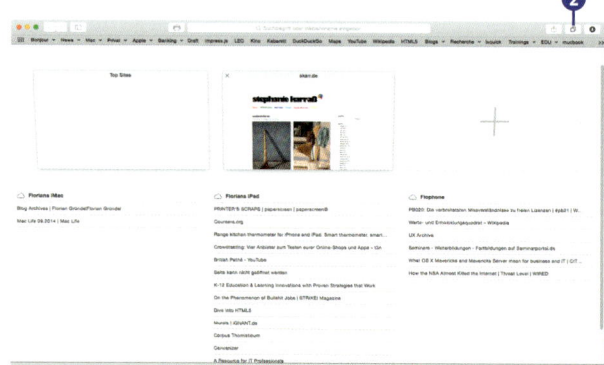

∧ Abbildung 7.74 *Alle offenen Tabs auf allen Geräten in der Übersicht*

Schnell zwischen Tabs navigieren

Um von einem Tab zum anderen zu gelangen, können Sie natürlich den jeweiligen Tab in der Tableiste einfach anklicken. Sie haben jedoch bei Verwendung eines Trackpads zusätzlich die Möglichkeit, zwei Finger zusammenzuziehen (so, als ob Sie auf einem iPhone oder iPad etwas verkleinern möchten). Safari zeigt dann die Tabs in einer Übersicht an, in der Sie mit einem Trackpad durch seitliches Wischen bequem zwischen den Tabs hin und her wechseln oder einen neuen Tab öffnen können.

∧ Abbildung 7.75 *Zwischen Tabs hin und her wechseln*

Die Reader-Funktion

Mein persönliches Highlight ist die bereits zuvor kurz erwähnte Funktion *Reader*. Auf den meisten Websites ist der eigentlich interessante Teil, also der Inhalt eines Artikels, meist in einen Wust von weiteren Informationen eingebettet, die man zwar manchmal nicht missen will, die aber beim konzentrierten Lesen eines Artikels dann doch stören.

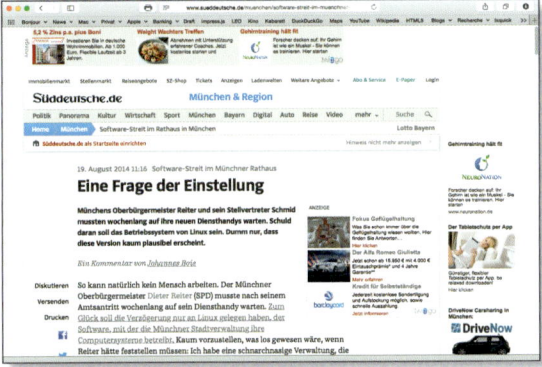

▲ **Abbildung 7.76** *Gute Inhalte, leider begleitet von ständiger Ablenkung*

Die Funktion Reader löst dieses Problem, indem sie den Inhalt des aufgerufenen Artikels lesefreundlich formatiert in einem übersichtlichen Fenster darstellt und alle anderen Inhalte der Website in den Hintergrund rückt.

1 Rufen Sie einen Artikel auf einer Website auf. Wenn Safari den Artikel im Reader darstellen kann, wird das Icon **Reader** ❸ links in der Adresszeile angezeigt.

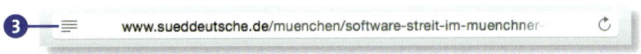

▲ **Abbildung 7.77** *Der Reader links in der Adresszeile*

2 Wenn Sie auf den Button klicken, stellt Safari den Artikel nun so dar, dass es eine wahre Freude ist, ihn zu lesen.

Zusätzlich zur besseren Lesbarkeit bietet Ihnen Safari in der Reader-Ansicht oben links die Möglichkeit, die Schrift zu vergrößern bzw. zu verkleinern ❹ und so die Ansicht an Ihre Bedürfnisse anzupassen.

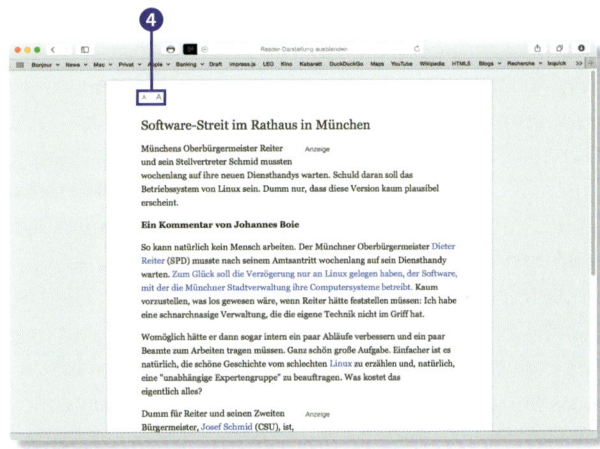

▲ **Abbildung 7.78** *Die Ansicht »Reader«*

3 Klicken Sie erneut auf den Button **Reader** in der Adresszeile, um zur gewohnten Seitenansicht zurückzukehren.

Die Funktion Reader dient also vor allem der guten Aufbereitung von Inhalten und erhöht zum Teil beträchtlich die Lesbarkeit von Webseiten.

Safari erweitern

Die Funktionalität von Safari können Sie mithilfe von Erweiterungen – der Name sagt es bereits – erweitern. Nach einem Klick auf **Safari > Safari-Erweiterungen** öffnet Safari auf der Website von Apple eine Seite mit der Übersicht über die verfügbaren Safari-Erweiterungen (Diese ist jedoch leider bislang nur auf Englisch verfügbar.).

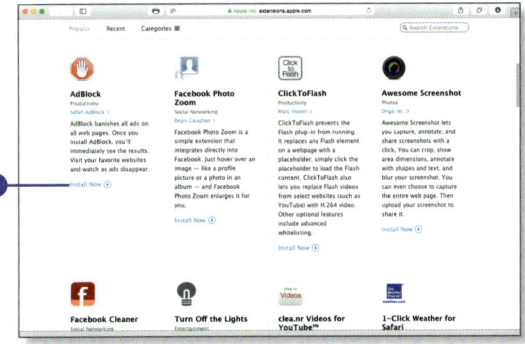

▲ **Abbildung 7.79** *Auf der Website von Apple finden Sie eine Übersicht über verfügbare Erweiterungen für Safari.*

Hier finden Sie, aufgeteilt in entsprechende Kategorien, eine Menge an Erweiterungen, mit denen Sie Safari um praktische Funktionen ergänzen können. Durchstöbern Sie die Übersicht nach interessanten Erweiterungen. Mit dem Button **Install Now** ❺ (siehe Abbildung 7.79), der neben der Erweiterung angezeigt wird, lassen sich Erweiterungen sofort installieren und nutzen. Voraussetzung ist jedoch, dass in den Einstellungen von Safari im Tab **Erweiterungen** die Nutzung der Erweiterungen auch aktiviert ist ❶. Die Einstellungen von Safari erreichen Sie über das **Safari**-Menü oder das Tastenkürzel cmd + , .

^ **Abbildung 7.80** *Erweiterungen aktivieren*

Manche Erweiterungen lassen sich darüber hinaus umfangreich anpassen. Dazu wechseln Sie in die Einstellungen von Safari und dort in den Abschnitt **Erweiterungen**.

INFO

Erweiterungen und »extensions.apple.com«
Wenn Sie gerade eine neue Erweiterung auf *extensions.apple.com* geladen haben, sie ausprobieren und sich nichts tut, liegt das in den meisten Fällen daran, dass die meisten Erweiterungen für die Website *extensions.apple.com* gesperrt sind. Testen Sie die neu installierte Erweiterung also auf einer beliebigen anderen Website.

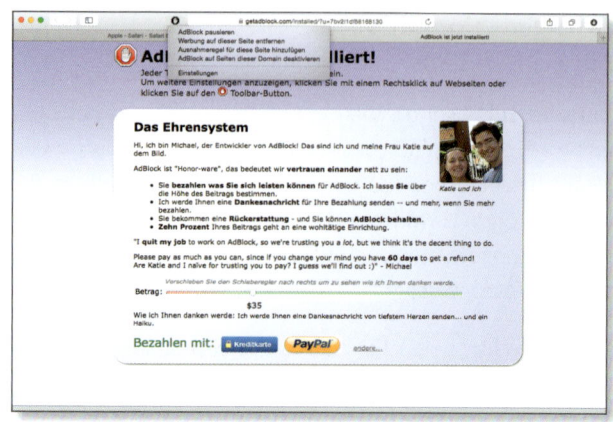

^ **Abbildung 7.81** *Manche Erweiterungen bieten Infos und Einstellungsmöglichkeiten.*

Dort klicken Sie in der Liste der installierten Erweiterungen auf die gewünschte Erweiterung.

In der Übersicht der Erweiterungen nehmen Sie nun, je nach Funktionsumfang der Erweiterung, Einstellungen vor.

Wie Sie eine Erweiterung nutzen, lässt sich an dieser Stelle nur schwer sagen, da das vor allem von der jeweiligen Erweiterung abhängt. Manche Erweiterungen, wie etwa AdBlock, blenden Werbung auf besuchten Websites aus, andere wiederum verändern das Verhalten von Safari, wenn Sie den Mauszeiger über Links ziehen. Hier hilft es vor allem, sich vorab auf der Beschreibungsseite der Erweiterung zu informieren.

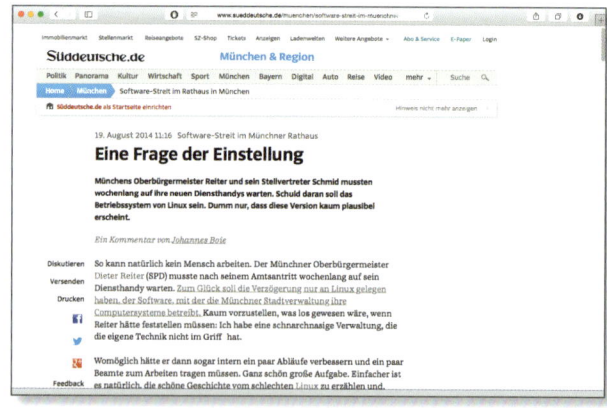

^ **Abbildung 7.82** *Endlich ohne nervige Werbung surfen*

Hilfreiche Informationen dank des Entwicklermenüs

Zu guter Letzt sehen wir uns noch eine Funktion von Safari an, die möglicherweise nicht alle Benutzer interessant finden. Aber das lässt sich vermutlich auch über die bisherigen Funktionen sagen. Safari bietet Ihnen die Möglichkeit, sich ein Entwicklermenü anzeigen zu lassen. Dieses müssen Sie jedoch zunächst aktivieren.

1 Klicken Sie in den Einstellungen von Safari auf den Tab **Erweitert** ❷.

2 Setzen Sie das Häkchen bei **Menü „Entwickler" in der Menüleiste anzeigen** ❸.

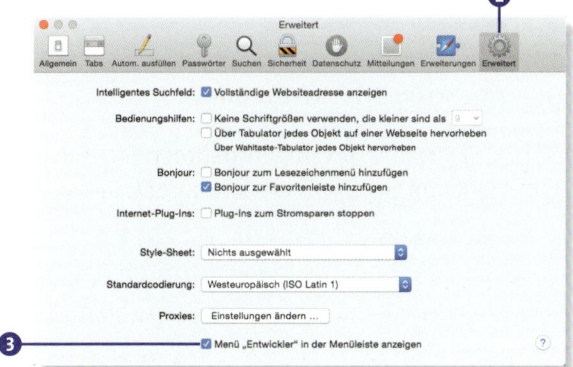

△ **Abbildung 7.83** Eröffnet neue Möglichkeiten: das »Entwickler«-Menü

Safari zeigt nun in der Menüleiste ein neues Menü namens **Entwickler** an (siehe Abbildung 7.85).

Das Menü **Entwickler** bietet einige Einträge, die beispielsweise für Entwickler von Websites sehr hilfreich sind. **Webinformationen einblenden** hilft dabei, die Struktur von Seiten zu analysieren (siehe Abbildung 7.84). So können Sie Informationen gewinnen und die eigenen Seiten testen.

Für den Test von Webseiten gibt es beispielsweise ein eigenes hilfreiches Untermenü namens **User Agent**. Dieses Menü bietet tatsächlich auch für interessierte Anwender wissenswerte Informationen. Wenn ein Browser eine Website aufruft, übermittelt er dabei dem angefragten Server seine User-Agent-Information. *User-Agent* ist die Bezeichnung, mit der sich der Browser dem Server gegenüber ausgibt. Im Normalfall wird der User-Agent übermittelt, der dem Browser entspricht. Zu Testzwecken kann es jedoch helfen, sich einem Server gegenüber als ein anderer Browsertyp auszugeben.

Die Informationen, die der Server zurückliefert, geben dann etwa Aufschluss über Unterschiede zwischen Webbrowsern. Wenn eine Website z. B. für einen bestimmten Browser optimiert wurde, wird in der Regel

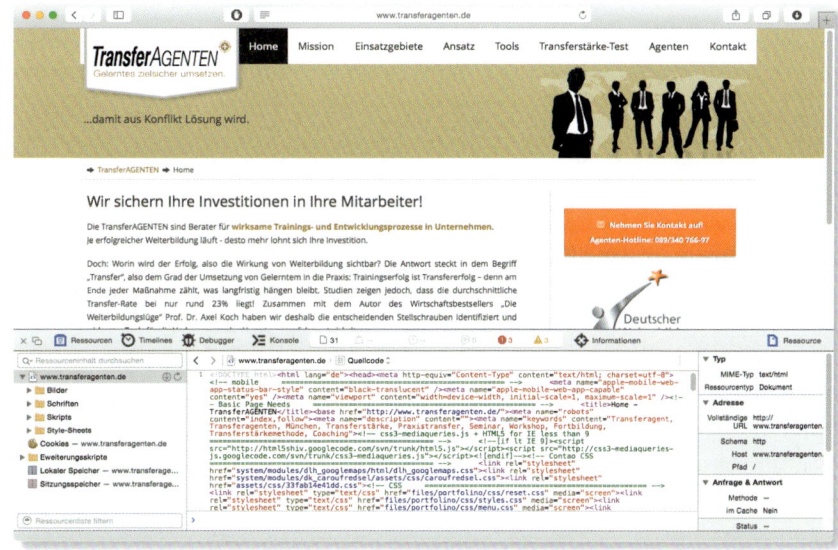

◁ **Abbildung 7.84** Hilft bei der Webentwicklung: Webinformationen in Safari einblenden

eine entsprechende Meldung ausgegeben, wenn man die Seite mit einem anderen Browser besucht – auch dann, wenn sich der eigene Browser für einen anderen Browser ausgibt.

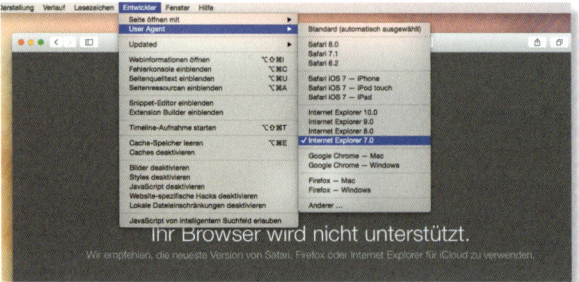

▲ **Abbildung 7.85** *Eine künstlich provozierte Browsermeldung*

Die WebKit-Technologie

Nicht nur als Entwickler wird Sie vielleicht auch der technische Hintergrund für die Leistung von Safari interessieren. Sie basiert vor allem auf einer Technologie namens *WebKit*. WebKit ist eine Rendering Engine, also die Technologie, die für das Anzeigen der Inhalte zuständig ist. Es nutzt nichts, wenn Sie einen Browser haben, der die Inhalte von Webseiten zwar schnell lädt (was ohnehin von der Bandbreite Ihrer Internetverbindung abhängt), der aber bei der Anzeige der Inhalte dann Probleme hat – und da ist ein langsamer Seitenaufbau nur eines von vielen möglichen Problemen. Mit WebKit werden die Inhalte von Webseiten in wirklich atemberaubendem Tempo verarbeitet und angezeigt. WebKit ist Open-Source-Software, also frei verfügbar. Von dieser freien Verfügbarkeit machen auch andere Hersteller Gebrauch. So basieren beispielsweise auch Google Chrome, Android, WebOS und viele andere Softwareprojekte auf WebKit. WebKit entstand übrigens aus einem Open-Source-Projekt namens KHTML.

Der zugrunde liegende Quellcode war also bereits Open-Source-Software. Vergleicht man andere Programme, die auf WebKit basieren, mit Safari, dann ist das ein gutes Beispiel dafür, dass die gleiche technische Ausgangssituation kein Garant für gute Software ist. Denn mit WebKit bestehen zwar auch andere Browser den *Acid3-Test*, sie sind aber in der Handhabung nicht so komfortabel wie Safari.

▲ **Abbildung 7.86** *Das WebKit-Logo*

> **INFO**
>
> **Acid3-Test**
> Mit dem sogenannten *Acid3-Test* werden die Standardkonformität und Performance von Rendering Engines geprüft. Browser, die auf WebKit basieren, bestehen den Test mit 100 von 100 möglichen Punkten in beiden Kategorien. Den Test können Sie mit jedem Browser durch Aufruf von *http://acid3.acidtests.org* durchführen.

WebKit ist also ein wichtiger Teil von Safari, aber eben nicht der einzige. Hinzu kommt, dass Safari moderne Webstandards wie etwa HTML5 und CSS3 nicht nur unterstützt, sondern dass Apple sich auch bei deren Weiterentwicklung engagiert. Nicht zuletzt verfügt Safari über eine moderne Programmoberfläche, die die anzuzeigenden Inhalte in den Vordergrund rückt.

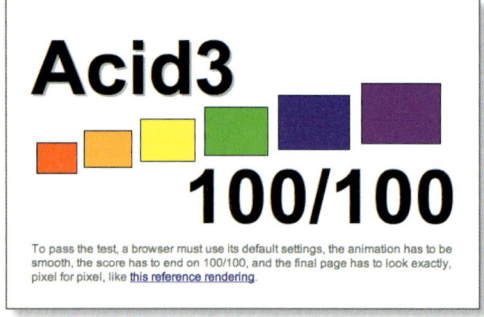

▲ **Abbildung 7.87** *Kann sich sehen lassen: Safari besteht den Acid3-Test.*

Safari ist also nicht nur ein einfacher Webbrowser, sondern ein flexibles Werkzeug zum Informationsmanagement. Safari ist neben iTunes eines der wichtigsten Programme von OS X und hat einen entsprechend hohen Stellenwert bei Apple. Ebenfalls hohen Stellenwert für Apple hat iCloud, und so ist es auch kein Wunder, dass in iCloud die Lesezeichen nicht nur von Macs und iOS-Geräten, sondern auch auf dem PC mit dem Internet Explorer synchronisiert werden.

▲ **Abbildung 7.88** *iCloud synchronisiert die Lesezeichen von Safari an Windows-PCs mit dem Internet Explorer.*

Wenige Internetdienste haben die Bedeutung, die heute das WWW hat. Ein Dienst im Internet – auch wenn er alle paar Jahre fälschlicherweise für überholt erklärt wird – hat jedoch mit Sicherheit mindestens denselben Stellenwert wie das WWW: die E-Mail. Wie Sie mit OS X Mails empfangen, verwalten und schreiben, sehen wir uns im folgenden Kapitel ab Seite 299 an.

7.6   Ein Netzwerk einrichten

Wenn Sie für Ihren Internetzugang einen Router nutzen, haben Sie mit dessen Installation eigentlich schon ein halbes Netzwerk angelegt. Wenn Sie mehrere Macs in Ihrem Haushalt haben, lohnt es sich vor allem für den Datenaustausch, diese untereinander zu vernetzen.

Sehen wir uns daher an, welche Arten von lokalen Netzwerken Sie anlegen können und wie diese von Nutzen sind. Haben Sie nur einen Mac oder wollen Sie aktuell noch kein Heimnetzwerk anlegen, können Sie diesen Abschnitt überspringen.

> **HINWEIS**
>
> **Nicht verwechseln: Netzwerkdienste und Dienste**
> *Dienste* haben nichts mit *Netzwerkdiensten* zu tun. Dienste werden von Programmen zur gegenseitigen Nutzung innerhalb von OS X verwendet. Netzwerkdienste sind beispielsweise Datei- oder Druckerfreigaben. In größeren Netzwerken sind das vor allem Verzeichnisdienste wie etwa LDAP oder Open Directory. Alles, was also in einem Netzwerk zur gemeinsamen Nutzung bereitgestellt wird, ist ein Netzwerkdienst.

Ein lokales Netzwerk anlegen

Sehen wir uns zunächst an, was ein (lokales) Netzwerk ist. Netzwerke sind Verbindungen zwischen Geräten. Dabei müssen für die Verbindung sowohl technische (Hardware) als auch logische (Software, Protokolle) Bedingungen erfüllt sein. Wenn also mindestens zwei Geräte miteinander verbunden sind und miteinander kommunizieren, haben Sie bereits das kleinstmögliche Netzwerk. Wenn z. B. zwei Macs untereinander Dateien per AirDrop austauschen (siehe auch Seite 661), bilden sie in dem Moment ein Netzwerk. Auch wenn es viele verschiedene Techniken zum Anlegen von Netzwerken gibt, bleibt die Logik jedoch immer die gleiche.

▲ **Abbildung 7.89** *Kurzzeitiges Minimalnetzwerk: AirDrop*

Die Wege, die die Daten im Netzwerk nehmen, hängen dabei vor allem davon ab, welche Dienste wo verfügbar sind und von welchen Netzwerkteilnehmern sie genutzt werden. Nehmen wir an, in einem Netzwerk mit drei Computern ist auf einem der drei Computer eine Freigabe eingerichtet. Das heißt, dieser Computer stellt für andere Netzwerkteilnehmer Dienste bereit. Die anderen Computer greifen also, um den Dienst zu nutzen, auf den Computer zu, der den Dienst bereitstellt. Das bedeutet, dass Datenverkehr verstärkt zu dem Computer mit der Freigabe läuft, da ja mehrere andere Computer darauf zugreifen. Um also diesen entstehenden Datenverkehr zwischen Computern zu regeln, gibt es für Netzwerke entsprechende Hardware wie z. B. Router und Switches. Dazu kommen Softwareprotokolle, die den Datenverkehr abwickeln und die beteiligten Computer verstehen und unterstützen müssen. In größeren Netzwerken kommen noch Server hinzu, die Managementaufgaben im Netzwerk übernehmen.

⊞	AppleTV-3	192.168.178.42
	Badefreude	192.168.178.33
	Demeter	192.168.178.38
	Flomac	192.168.178.39
⊞	Flomac(2)	192.168.178.26
⊞	Flopad	192.168.178.46
	Flophone	192.168.178.25
	Glotze	192.168.178.32
	minilion	192.168.178.37

∧ **Abbildung 7.90** *Je mehr Netzwerkteilnehmer es gibt, desto wichtiger wird die Organisation.*

Sehen wir uns also die verschiedenen Netzwerktypen und beteiligten Geräte an.

Zwei Macs über ein Netzwerkkabel verbinden

Die einfachste Art von Netzwerk haben wir bereits angesprochen, nämlich die unmittelbare Verbindung zweier Computer. Dabei spielt es prinzipiell keine Rolle, ob die Verbindung per Kabel oder drahtlos zu-

stande kommt. Solange die Verbindung gelingt und die beiden Computer Daten austauschen können, ist das bereits ein Netzwerk. Man spricht in diesem Fall von einem *Peer-to-Peer-Netzwerk*.

Mit Macs lassen sich Peer-to-Peer-Netzwerke ganz einfach realisieren. Dank der von OS X verwendeten Technologie *Bonjour* werden Computer, die Dienste im Netzwerk anbieten, ohne weitere Konfiguration von anderen Macs erkannt und können mit den jeweiligen Programmen entsprechend genutzt werden.

1 Verbinden Sie zwei Macs zunächst mit einem Netzwerkkabel, um ein Peer-to-Peer-Netzwerk zu erstellen.

2 Stellen Sie sicher, dass mindestens auf einem der beiden Macs eine Freigabe, beispielsweise eine Dateifreigabe, eingerichtet ist. Freigaben werden ausführlich in Kapitel 18, »Daten und Aufgaben teilen – lokale Netzwerke und Freigaben«, ab Seite 659 beschrieben.

3 Öffnen Sie auf beiden Macs ein Finder-Fenster. Der Finder zeigt Ihnen dank der Technologie *Bonjour* in der Seitenleiste im Abschnitt **Freigaben** den (jeweils) anderen Mac an.

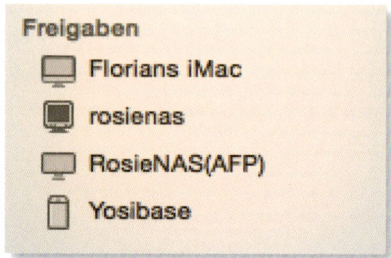

∧ **Abbildung 7.91** *Computer, die Freigaben im Netzwerk anbieten, werden in der Seitenleiste des Finders angezeigt.*

Auf diese Weise lassen sich bereits Dateien austauschen, Drucker und Scanner nutzen, die Internetverbindung teilen etc. Mit einem Kabel ist die Verbindung zwischen zwei Macs besonders einfach. Wie Sie die Freigabe des anderen Macs nutzen, erfahren Sie ebenfalls in Kapitel 18.

Zwei Macs per WLAN verbinden

Ebenso einfach ist es drahtlos, wenn in beiden Macs
aktuelle WLAN-Hardware eingebaut ist und jeweils
mindestens Mac OS X 10.7 installiert ist. Dann nutzen
Sie zumindest für die Dateiübertragung einfach die
Funktion AirDrop im Finder. Ist einer der beteiligten
Macs jedoch etwas älter oder sollen nicht nur Dateien
übertragen werden, eignet sich AirDrop nicht. Um also
zwei oder mehr Macs drahtlos miteinander zu verbinden, muss einer der Macs ein Funknetzwerk anlegen, und die anderen Macs können dann mit diesem
WLAN-Netzwerk verbunden werden.

1 Klicken Sie auf das WLAN-Symbol in der Menüleiste,
und wählen Sie im folgenden Menü **Netzwerk anlegen**.

△ **Abbildung 7.92** *Das WLAN-Menü in der Menüleiste*

2 Geben Sie im folgenden Fenster einen frei wählbaren
Namen für Ihr Netzwerk ein, und wählen Sie den gewünschten Funkkanal aus dem Auswahlmenü aus.

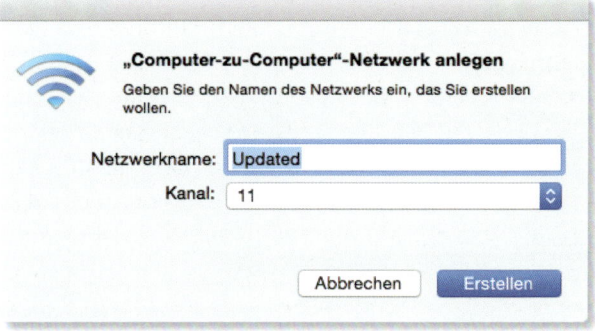

△ **Abbildung 7.93** *Geben Sie hier einen Namen für das
Netzwerk an, das Sie anlegen wollen.*

3 Klicken Sie auf den Button **Erstellen**. Das WLAN-
Menü in der Symbolleiste zeigt daraufhin ein anderes Symbol.

△ **Abbildung 7.94** *Das Symbol, wenn der Mac ein WLAN-
Netzwerk bereitstellt*

Aber nicht nur das Symbol ist ein anderes. Im Menü
ist nun auch ein neuer Abschnitt **Geräte** hinzugekommen, in dem zunächst der eigene Mac angezeigt wird.

4 Klicken Sie nun auf dem anderen Mac auf das WLAN-
Symbol. Auch auf diesem Mac zeigt das Kontextmenü des WLAN-Symbols einen Abschnitt **Geräte**.

5 Klicken Sie auf den unter **Geräte** aufgelisteten Mac. Ihr Mac ist nun mit dem Drahtlosnetzwerk des anderen Macs verbunden.

∧ Abbildung 7.95 *Das WLAN-Netzwerk eines anderen Macs*

Jetzt stehen Ihnen – wie bereits zuvor bei der Kabelverbindung – die Dienste des anderen Macs zur Verfügung. Um die Verbindung zu dem Netzwerk wieder zu trennen, klicken Sie im WLAN-Menü auf **Verbindung zu „[Name des Netzwerks]" trennen**.

Mehrere Computer zu einem Netzwerk verbinden

In lokalen Netzwerken dürften Peer-to-Peer-Netzwerke, wie sie oben beschrieben wurden, mittlerweile eher eine Seltenheit sein. Da die meisten Computernutzer heutzutage einen Internetzugang mit Flatrate haben, mit mehr als einem Computer ins Internet wollen – und das am liebsten auch noch drahtlos –, findet sich in den meisten Haushalten heutzutage ein Router. Wenn also mehrere Geräte ein Netzwerk bilden und eines der Geräte besondere Funktionen zur Organisation des Netzwerks bereitstellt, spricht man von einem *gemanagten Netzwerk*.

Bei den meisten lokalen Netzwerken in Haushalten ist die Komplexität des Netzwerks nicht sehr hoch. Die verwendeten Managementfunktionen der meisten Router beschränken sich darauf, den Adressraum zu verwalten, der dort gebraucht wird (DHCP).

Dieser Adressdienst nennt sich DHCP (Dynamic Host Configuration Protocol) und ist die Grundlage dafür, dass alle anderen Netzwerkteilnehmer ins Internet gehen können. Das wissen Sie bereits aus den vorangegangenen Abschnitten. Hat ein Computer im lokalen Netzwerk aber erst eine IP-Adresse erhalten, können sich die Computer im lokalen Netzwerk auch gegenseitig Netzwerkdienste wie beispielsweise Dateifreigaben anbieten.

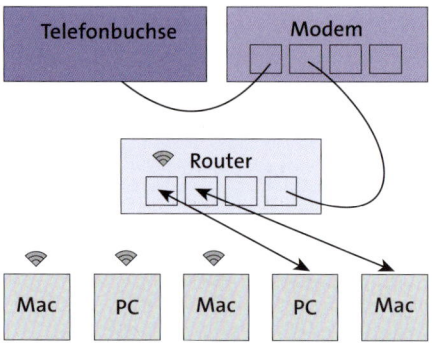

∧ Abbildung 7.96 *Schema eines gemanagten Netzwerks: Drei Computer sind drahtlos mit dem Router verbunden, zwei per Kabel. Der Router hat eine Verbindung zum DSL-Modem, das an die Telefonbuchse angeschlossen ist.*

Router sind also Geräte, die den Datenstrom aus Ihrem Netzwerk und zurück in Ihr lokales Netzwerk organisieren. Dabei spielt es zunächst keine Rolle, ob die Verbindung der Netzwerkteilnehmer zum Router per Kabel oder drahtlos erfolgt. Bei lokalen Netzwerken zu Hause übernimmt der Router also das Management des Datenverkehrs, und in den meisten Fällen bieten Router Zusatzfunktionen wie z. B. den Anschluss eines Druckers, um diesen netzwerkweit zur Verfügung zu stellen.

Je professioneller die Geräte werden, und je mehr sie sich von den Mitbewerbern unterscheiden wollen, desto mehr Funktionen bieten sie an. Wenn Sie nicht ohnehin als Router ein Gerät von Apple (wie beispielsweise die AirPort-Extreme-Basisstation oder Time Capsule) verwenden, tun Sie sich – und vor allem Ihren Nerven – einen Gefallen, wenn Sie sich an die Geräte der Fritz!-Reihe von AVM halten. Aus meiner täglichen

Support-Praxis zeigt sich, dass Sie mit einem dieser Router den Gerätepark klein halten, keine Probleme bei der Einrichtung haben und sich vor allem darauf verlassen können, dass das Gerät zuverlässig arbeitet. Das ist umso bemerkenswerter, als die tägliche Support-Praxis ebenfalls zeigt, dass manch andere, sehr viel schickere Router anderer Hersteller offenbar nicht einmal ihrer Grundaufgabe (für reibungslosen Datenverkehr zu sorgen) gewachsen sind.

Da also Router auch für kleine Heimnetzwerke immer leistungsfähiger werden, benötigen Sie auch immer weniger Geräte, da viele Router mittlerweile DSL-Modem, Router, WLAN-Access-Point und zum Teil sogar Telefonanlage und Anrufbeantworter in einem Gerät vereinen, wo Sie sonst vier oder mehr einzelne Geräte stehen hatten. Das macht sich nicht zuletzt auch beim Stromverbrauch bemerkbar. Die Managementfunktionen, die in Ihrem Netzwerk der Router übernimmt, übernehmen in größeren Netzwerken spezialisierte Server.

Mehr Komfort mit Netzwerkumgebungen

Zusätzlich zu den Schnittstellen Ethernet und WLAN kann Ihr Mac die USB-, FireWire- und die Thunderbolt-Schnittstelle als Netzwerkschnittstelle nutzen. Das eignet sich besonders für Peer-to-Peer-Netzwerke. Im Laufe der Zeit können weitere Schnittstellen dazukommen, beispielsweise wenn Sie ein Mobiltelefon als Bluetooth-Modem für den mobilen Internetzugang nutzen.

△ Abbildung 7.97 *Weitere Schnittstellen*

Zu den zusätzlichen Schnittstellen können auch zusätzliche Verbindungen kommen. OS X bietet neben dem bereits erwähnten PPPoE die Möglichkeit, virtuelle private Netze (VPNs), virtuelle Anschlüsse (VLAN) und 6-zu-4-Verbindungen anzulegen. Solche Verbindungen brauchen Sie vermutlich nur im beruflichen Umfeld. Sie erhalten dann vom Administrator detaillierte Informationen zu den Einstellungen.

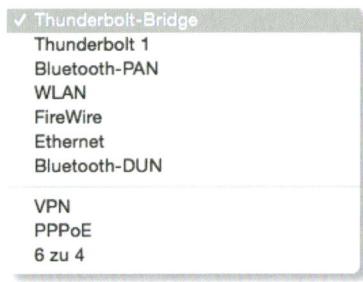

△ Abbildung 7.98 *Zu den Netzwerkanschlüssen lassen sich weitere Schnittstellen und Verbindungen hinzufügen.*

Die Netzwerkeinstellungen bieten jedoch noch weitere hilfreiche Einstellungen. Die praktischste Einstellung sind die *Umgebungen*. Umgebungen bieten die Möglichkeit, Netzwerkeinstellungen gezielt an die jeweilige Situation anzupassen und dann eben als sogenannte Umgebung zu sichern. So nehmen Sie z. B. schnell auch große Änderungen vor, ohne jedes Mal sämtliche Einstellungen manuell ändern zu müssen. Stattdessen wechseln Sie einfach die Umgebung.

Zunächst ist immer die Umgebung **Automatisch** aktiv, die man auch einfach als *Alle* bezeichnen könnte. Jede Änderung, die Sie zuvor in den Netzwerkeinstellungen gemacht haben – also beispielsweise das Hinzufügen einer PPPoE-Verbindung –, wurde der Umgebung **Automatisch** hinzugefügt. Das ist auch sinnvoll, denn so lassen sich die weiteren Umgebungen bequem ohne großen Aufwand anlegen. Am einfachsten ist es nämlich, eine neue Umgebung zu erstellen, indem Sie eine vorhandene Umgebung duplizieren:

1 Klicken Sie in der Systemeinstellung **Netzwerk** oben im Auswahlmenü **Umgebung** auf **Umgebungen bearbeiten**.

2 Klicken Sie im folgenden Fenster auf das Zahnrad-Icon.

3 Im folgenden Kontextmenü wählen Sie den Eintrag **Umgebung duplizieren**.

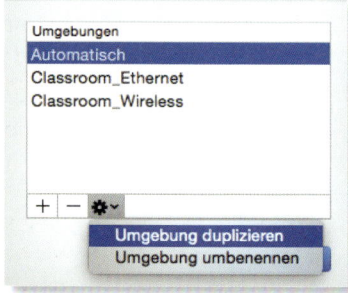

∧ **Abbildung 7.99** *Umgebungen neu anlegen und bearbeiten*

4 Geben Sie der neu angelegten Umgebung einen Namen, beispielsweise »Arbeit«, und klicken Sie auf den Button **Fertig**.

5 Klicken Sie erneut auf das Auswahlmenü **Umgebung**, und wählen Sie die gerade eben erstellte Umgebung **Arbeit** aus.

6 Nehmen wir nun an, dass Sie am Arbeitsplatz nur die Schnittstelle Ethernet benötigen. Markieren Sie eine andere Schnittstelle als **Ethernet**.

7 Klicken Sie auf den Minus-Button unter der Liste der Schnittstellen. Die ausgewählte Schnittstelle wird nun aus der Liste der Schnittstellen entfernt.

8 Wiederholen Sie den Vorgang, und löschen Sie auch die anderen Schnittstellen und Verbindungen bis auf **Ethernet**.

9 Klicken Sie auf den Button **Anwenden**. Sie haben also nun eine Umgebung namens **Arbeit** angelegt, die nur noch die Schnittstelle *Ethernet* enthält. Damit ist gewährleistet, dass sich Ihr Mac, wenn die Umgebung **Arbeit** ausgewählt ist, ausschließlich per Ethernet mit dem lokalen Netzwerk und dem Internet verbinden kann.

10 Legen Sie zu Übungszwecken weitere Umgebungen an, beispielsweise eine für zu Hause, wo Sie

nur WLAN verwenden, oder eine Einwahlverbindung, wenn Sie zu Besuch bei Ihren Eltern sind.

Nachdem Sie also mehrere Umgebungen angelegt haben, sollte das Umgebungsmenü in etwa so aussehen, wie hier zu sehen.

∧ **Abbildung 7.100** *Umgebungen für jede Gelegenheit*

Um eine Umgebung zu nutzen, wählen Sie sie aus dem Auswahlmenü aus. Alle Netzwerkeinstellungen werden dann automatisch entsprechend der ausgewählten Umgebung konfiguriert, und Sie müssen nicht selbst bei jeder Änderung Ihre Anschlüsse umkonfigurieren. Um den Komfort, den die Umgebungen bieten, noch zu steigern, müssen Sie nicht jedes Mal erst die Systemeinstellungen öffnen, um die Umgebung zu wechseln, sondern können das ganz bequem aus dem -Menü heraus vornehmen. Sobald Umgebungen angelegt sind, werden sie zur schnellen Auswahl im -Menü angezeigt und können dort auch ausgewählt und somit aktiviert werden.

∧ **Abbildung 7.101** *Praktisch, weil immer schnell verfügbar: Umgebungen im -Menü*

Einen ausgewählten DNS-Server verwenden

Umgebungen scheinen also zunächst vor allem für mobile Macs gedacht zu sein, und dort sind sie ein

Plus an Bequemlichkeit, auf das man nicht mehr verzichten mag, wenn man es einmal kennengelernt hat. Umgebungen lassen sich jedoch auch sinnvoll auf stationären Macs einsetzen – etwa für spezialisierte Einstellungen wie Proxy- oder DNS-Server sowie bei der Nutzung von VPN-Verbindungen.

DNS steht für *Domain Name System*. DNS ist eine Technologie, die IP-Adressen Namen zuordnet, die sich Menschen einfach merken können. Sie erreichen Websites zwar über die Eingabe der IP-Adresse, aber 78.111.72.10 ist eben nicht so leicht zu merken und zu tippen wie »vierfarben.de«. Über die ganze Welt verteilt gibt es viele Server, die nichts anderes machen, als sich um diese Namenszuordnung zu kümmern. Der erste dieser Server zur Namensauflösung steht jeweils bei Ihrem Internetprovider. Das bedeutet: Wenn Sie in Safari in die Adresszeile »vierfarben.de« eintippen, wird diese Anfrage vom DNS-Server Ihres Internetproviders bearbeitet und weitergeleitet.

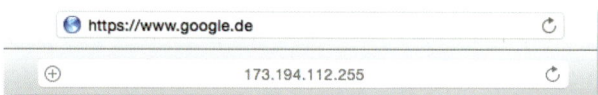

∧ **Abbildung 7.102** *DNS in Aktion*

INFO

Kriminell?
Leider haben es in den letzten Jahren Politiker, die selbst nicht über ausreichend technisches Wissen verfügen, um die Tragweite ihrer Entscheidungen und der damit einhergehenden Stimmungsmache beurteilen zu können, geschafft, die Nutzung alternativer DNS-Server und Proxyserver fast schon zu kriminalisieren und Nutzer pauschal als potenzielle Kriminelle darzustellen.

Tatsächlich gibt es aber in vielen Fällen legitime Gründe für die Nutzung von DNS-Servern, die nicht von Ihrem Internetprovider betrieben werden, und ebenso gute Gründe gibt es für die Nutzung von Proxyservern. Um es kurz zu machen: Die Nutzung ist nicht nur legitim, sondern auch (noch) legal.

Angenommen, Ihr Internetprovider käme auf die Idee, die Weiterleitung zu *vierfarben.de* zu blockieren, dann können Sie sich beispielsweise mit der Nutzung eines alternativen DNS-Servers helfen. Haben Sie einen DNS-Server eingetragen, der nicht von Ihrem Internetprovider betrieben wird, wird Ihre Anfrage nun nicht mehr vom DNS-Server Ihres Internetproviders beantwortet, sondern von dem neu eingetragenen, und der leitet Sie dann (hoffentlich) wieder zu *vierfarben.de* weiter.

DNS ist also ein ganz einfacher Hebel, der angesetzt werden kann, um Menschen ohne technischen Background mit geringem Aufwand Informationen vorzuenthalten. Aus welchen Motiven so etwas geschieht, spielt dabei keine Rolle, denn der dabei vorgenommene Eingriff in Ihre Informationsautonomie ist absolut. DNS-Server, die so konfiguriert sind, dass sie nicht jede Anfrage korrekt beantworten, sind de facto Zensur – allerdings eine, die sich leicht umgehen lässt, wie Sie gleich sehen werden.

Umgebungen helfen auch hier wieder, denn es ist wesentlich bequemer, eine Umgebung zu wechseln, als sich jedes Mal durch mehrere Untermenüs zu klicken. Sehen wir uns an, wie Sie einen alternativen DNS-Server nutzen.

1 Klicken Sie in der Systemeinstellung **Netzwerk** in der Liste der Schnittstellen auf die gewünschte Schnittstelle.

2 Klicken Sie auf den Button **Weitere Optionen**.

3 Klicken Sie auf den Tab **DNS**.

4 Klicken Sie unten links auf den Plus-Button unter der Liste der DNS-Server, um einen neuen DNS-Server einzurichten. Geben Sie die IP-Adresse des gewünschten DNS-Servers ein, z. B. »8.8.8.8«, um die öffentlichen DNS-Server von Google für die Weiterleitung zu nutzen.

5 Klicken Sie auf den Button **OK**. Das Einstellungsfenster wird geschlossen, und Sie sehen wieder die Liste der Schnittstellen der ausgewählten Umgebung.

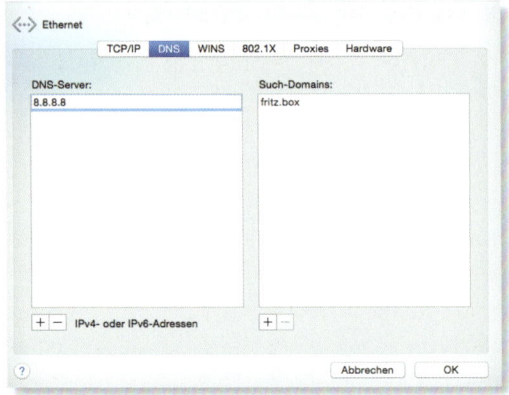

∧ Abbildung 7.103 *Einen alternativen DNS-Server nutzen*

6 Klicken Sie auf den Button **Anwenden**. Sie nutzen nun nicht mehr den DNS-Server Ihres Internetproviders, sondern den öffentlichen DNS-Server von Google.

Einen Proxyserver nutzen

Ein weiteres Mittel, um Zensur zu umgehen – oder auch mal ganz bewusst erlebbar zu machen –, sind Proxyserver. Proxyserver sind Stellvertreter. Wenn Sie über einen Proxyserver ins Netz gehen, werden alle Ihre Anfragen wie beispielsweise *vierfarben.de* nicht direkt an den Server gerichtet, sondern zunächst an den Proxyserver, der sie dann weiterleitet. Für den Server *vierfarben.de* sieht es also so aus, als käme die Anfrage von dem Proxyserver und nicht von Ihnen, denn von Ihnen weiß der Server *vierfarben.de* gar nichts. Sie sind hinter dem Proxy verborgen.

Mithilfe von Proxyservern ist es also unter anderem möglich, (relativ) anonym zu bleiben. Mit Proxyservern lässt sich aber z. B. auch dem angefragten Server ein anderes Herkunftsland vorgaukeln. Da es möglich ist, anhand der IP-Adresse des Anfragenden den ungefähren geografischen Standort (bis zur Stadt) zu ermitteln, kann es bei manchen Anfragen nützlich sein, die Anfrage über einen Proxy im jeweiligen Land zu schicken. Der angefragte Server denkt also, die Anfrage kommt aus dem eigenen Land, tatsächlich jedoch kommt sie von woanders.

Wenn Sie auf diese Weise Dienste in Anspruch nehmen, bewegen Sie sich aber meist in einer rechtlichen Grauzone, da der Betreiber des Dienstes in der Regel nicht grundlos sein Angebot auf das eigene Land beschränkt, sondern durch Gesetze (meist im Zusammenhang mit Eigentums- und Aufführungsrechten) dazu gezwungen wird.

Proxyserver eignen sich beispielsweise auch gut, um sich ein Bild von den Kommunikationsmöglichkeiten in einem Land zu machen. Nutzen Sie z. B. einen chinesischen Proxyserver, um sich ein Bild davon zu machen, welche Websites in China erreichbar sind.

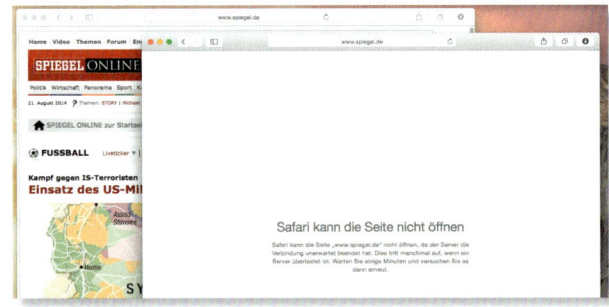

∧ Abbildung 7.104 *Zweimal die gleiche Website: Die Seite im Hintergrund wurde aus Deutschland aufgerufen, die Seite im Vordergrund ebenfalls aus Deutschland, aber mit einem chinesischen Proxy.*

Proxyserver sind noch wesentlich vielseitiger, und es gibt viele Möglichkeiten und Gründe dafür, Proxyserver zu nutzen. Das würde jedoch an dieser Stelle zu weit führen. Sehen wir uns lieber an, wie Sie einen Proxyserver einrichten.

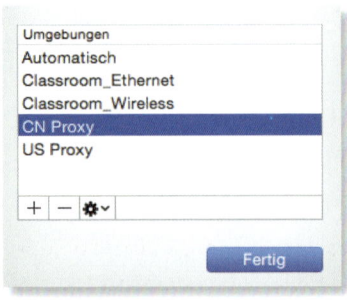

∧ Abbildung 7.105 *Umgebungen nutzen, um schnell zwischen Proxyservern zu wechseln*

1 Klicken Sie in der Systemeinstellung **Netzwerk** in der Liste der Schnittstellen auf die gewünschte Schnittstelle.

2 Klicken Sie im rechten Bereich der ausgewählten Schnittstelle auf den Button **Weitere Optionen**. Hier wechseln Sie in den Tab **Proxies**.

3 Setzen Sie in der Liste **Zu konfigurierendes Protokoll** die Häkchen bei den gewünschten Protokollen, beispielsweise bei **Web-Proxy (HTTP)**.

4 Geben Sie in die Felder **Web-Proxy-Server** die IP-Adresse des Proxyservers ❶ und die Port-Nummer des Servers ❷ ein.

5 Setzen Sie gegebenenfalls das Häkchen bei **Passwort für den Proxy-Server erforderlich**, und geben Sie anschließend **Benutzername** und **Passwort** in die entsprechenden Felder ein.

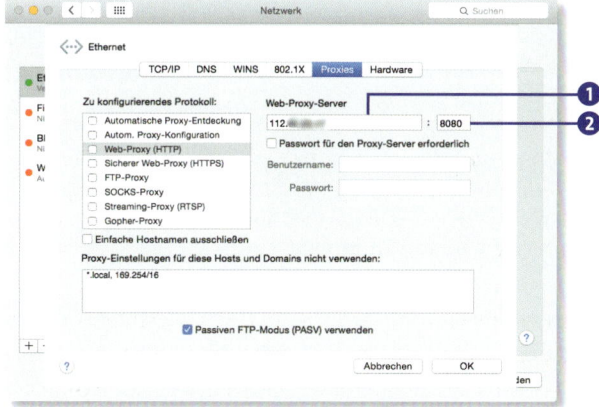

▲ **Abbildung 7.106** *Einen Proxyserver nutzen*

6 Klicken Sie auf den Button **OK**. Das Einstellungsfenster wird geschlossen, und Sie sehen nun wieder die Liste der verschiedenen Schnittstellen der ausgewählten Umgebung.

7 Klicken Sie hier auf den Button **Anwenden**. Sie nutzen nun den zuvor eingestellten Proxyserver.

Der Button **Weitere Optionen** bietet also zu jeder Schnittstelle eine ganze Reihe weiterer, zum Teil spezialisierter Optionen, die Sie möglicherweise (bis auf **DNS** und **Proxies**) nie benötigen werden.

Flexible Proxynutzung mit Umgebungen

Mithilfe der Umgebungen können Sie also mehrere unterschiedliche Konfigurationen für die gleiche Netzwerkschnittstelle einstellen und bequem zwischen den Konfigurationen wechseln. Zusätzlich können Sie in Umgebungen, in denen Sie mehrere Verbindungen angelegt haben – beispielsweise in der Umgebung **Automatisch** –, die Reihenfolge der verwendeten Schnittstellen bestimmen. Damit legen Sie die Priorität Ihres Datenverkehrs fest. Kommt der Datenverkehr bei einer Schnittstelle zum Erliegen, übernimmt automatisch die nächste Schnittstelle in der Liste. Die sollte allerdings auch so konfiguriert sein, dass sie automatisch aktiv werden kann, was von den Einstellungen der Schnittstelle abhängt.

1 Klicken Sie in der Systemeinstellung **Netzwerk** auf das Zahnrad-Icon links unter der Liste der Schnittstellen.

2 Klicken Sie im folgenden Menü auf **Reihenfolge der Dienste festlegen**.

3 Ziehen Sie im folgenden Fenster die Schnittstellen in die gewünschte Reihenfolge, und bestätigen Sie mit einem Klick auf den Button **OK**.

▲ **Abbildung 7.107** *Prioritäten bei der Nutzung der Schnittstellen festlegen*

Die Schnittstellen werden nun in der angegebenen Reihenfolge abgefragt und (abhängig von der Verfügbarkeit) genutzt.

Verbindungsprobleme lösen

So einfach Netzwerke prinzipiell auch sind, in der Praxis wohnt ihnen dennoch eine gewisse Komplexität inne. Das macht sich vor allem dann bemerkbar, wenn es mal nicht rundläuft. Komplexität entsteht vor allem durch die möglichen Fehlerquellen, die sich mit jedem Gerät und jedem Kabel potenzieren. Wenn Sie jedoch ein paar einfache Grundregeln für die Fehlersuche beherzigen und sie in aller Ruhe und Besonnenheit systematisch abarbeiten, sollten Sie selbst bei der Fehlersuche keine Probleme bekommen. Genau genommen, ist es nur eine einfache Grundregel, die Sie aber für jeden Schritt aufs Neue anwenden müssen: *ausschließen*. Das Ausschlussverfahren ist der Schlüssel zum Erfolg bei allen technischen Problemen, besonders bei Netzwerkproblemen.

Mit wachsender Erfahrung wird die Diagnose – speziell dann, wenn ein Problem sich auf sehr spezifische Weise äußert – zwar etwas leichter, aber prinzipiell hilft das Ausschlussverfahren am besten. Testen Sie systematisch alle beteiligten Geräte und Komponenten entlang des Wegs, den der Datenstrom geht. Sehen wir uns ein typisches Szenario für die Fehlersuche an (siehe Abbildung 7.108).

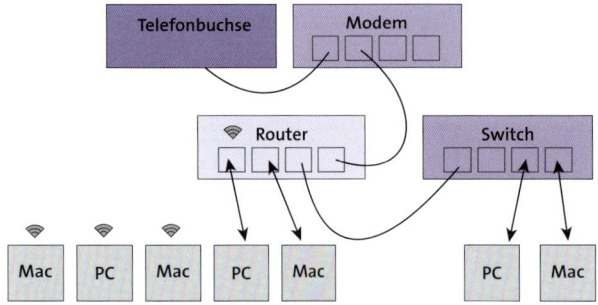

∧ **Abbildung 7.108** *Das Beispielnetzwerk für die Fehlersuche*

Nehmen wir an, der Mac, der per Ethernet-Kabel mit dem Switch verbunden ist, bekommt keine Internetverbindung mehr. Prüfen Sie zunächst, ob sich die Netzwerkeinstellungen verändert haben:

- Ist möglicherweise eine andere Umgebung aktiv?
- Ist die Schnittstelle aktiv?

> **INFO**
>
> **Switch**
> Ein *Switch* ist eine Art Verteiler. Stellen Sie sich einen Switch wie eine Mehrfachsteckdosenleiste vor. So machen Sie aus einem Anschluss mehrere Anschlüsse. Die Leitung wird also einfach nur vervielfacht. Tatsächlich ist ein Switch technisch nicht ganz so simpel, wie hier beschrieben, aber für die alltägliche Nutzung reicht es, sich den Switch als Verteiler vorzustellen.

Nehmen wir an, es stellt sich heraus, dass die Schnittstelle aktiv ist, aber keine IP-Adresse bekommt, obwohl DHCP ausgewählt ist. Die Information, dass die Schnittstelle keine IP-Adresse bekommt, deutet zumindest schon einmal darauf hin, dass der Fehler nicht grundsätzlich bei der Verbindung ins Internet zu suchen ist, sondern eher im lokalen Netzwerk – da ja die IP-Adressen per DHCP vom Router zugewiesen werden. Irgendwo zwischen dem Router und dem Mac gibt es also ein Problem. Da wir annehmen, dass das Problem nicht auf dem Mac selbst zu suchen ist, suchen wir nach Möglichkeiten, diese Annahme zu bestätigen – zumindest in Teilen. Denn es könnte ja tatsächlich sein, dass der Ethernet-Anschluss des Macs defekt ist. Dann wäre es wünschenswert, wenn noch WLAN funktioniert. Dass beides nicht geht, ist unwahrscheinlich. Dann läge das Problem vermutlich eher nicht beim Mac.

Also testen wir zunächst, ob der Mac per WLAN eine IP-Adresse vom Router bekommt: Öffnen Sie dazu **Netzwerk** in den Systemeinstellungen. Klicken Sie auf die Schnittstelle **WLAN** und anschließend auf den Button **WLAN aktivieren**. Hier wählen Sie das gewünschte Netz aus. Nehmen wir an, die Verbindung per WLAN war erfolgreich.

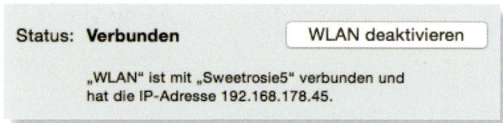

Status: **Verbunden**   [WLAN deaktivieren]

„WLAN" ist mit „Sweetrosie5" verbunden und
hat die IP-Adresse 192.168.178.45.

∧ **Abbildung 7.109** *WLAN funktioniert einwandfrei.*

Das Problem lässt sich also auf die Ethernet-Verbindung eingrenzen. Da es ja zwischen dem Mac und dem Router einige Stationen gibt, an denen Fehler auftreten können, ist es sinnvoll, den Mac zunächst direkt an den Router anzuschließen. Vergessen Sie jedoch nicht, WLAN wieder zu deaktivieren!

Trennen Sie also das Ethernet-Kabel, mit dem Ihr Mac mit dem Switch verbunden ist, von Ihrem Mac. Verbinden Sie dann Ihren Mac und den Router mit dem Ethernet-Kabel des Macs, der sonst direkt mit dem Router verbunden ist.

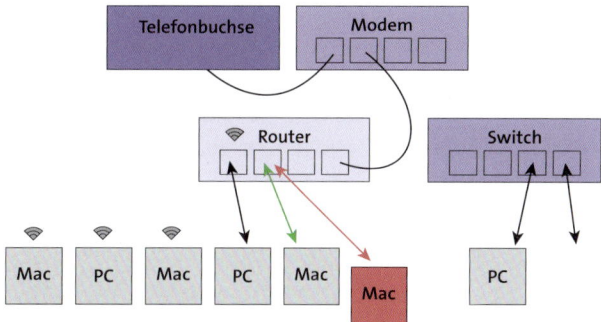

∧ **Abbildung 7.110** *Die direkte Ethernet-Verbindung zwischen Mac und Router (rot) testen Sie mit einem Ethernet-Kabel eines anderen Macs (grün), der kein Problem hat.*

Testen Sie jetzt die Verbindung. Weist der Router nun eine IP-Adresse zu? Wir gehen davon aus, dass nun alles in Ordnung ist. Somit lässt sich ebenfalls ausschließen, dass das Problem der Ethernet-Anschluss Ihres Macs ist. Nachdem auf dem Mac nachweislich Ethernet und WLAN funktionieren (vor allem im Zusammenspiel mit dem Router, der auch mit anderen Computern problemlos via Ethernet und WLAN zusammenarbeitet), geraten drei potenzielle Fehlerkandidaten in den Fokus:

- der Switch
- das Ethernet-Kabel zwischen dem Router und dem Switch
- das Ethernet-Kabel zwischen dem Switch und Ihrem Mac

Testen wir also zunächst das Ethernet-Kabel zwischen Router und Switch. Ziehen Sie dazu das Ende des Ethernet-Kabels, das Router und Switch verbindet, vom Switch ab, und verbinden Sie es stattdessen mit Ihrem Mac. Nehmen wir auch hier wieder an, dass die Verbindung erfolgreich zustande gekommen ist.

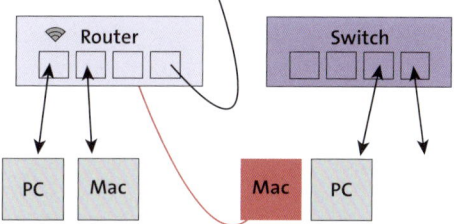

∧ **Abbildung 7.111** *So testen Sie das Ethernet-Kabel, das normalerweise Router und Switch verbindet (rot).*

Das Problem kann also nur noch der Switch oder das Ethernet-Kabel zwischen Switch und Mac sein. Da an dem Switch ja auch ein PC hängt, lässt sich der Switch ausschließen für den Fall, dass der PC erfolgreich ins Netz kommt. Aber Achtung! Es liegt zwar nahe, weil es bequem ist, einfach den PC hochzufahren und zu sehen, ob er eine Verbindung bekommt. Ist das der Fall, haben Sie Glück gehabt. Ist das nicht der Fall, haben Sie sich beim Ausschluss von Fehlerquellen unnötig zurückgeworfen, denn es handelt sich dabei um ein Gerät, das bislang bei der Fehlersuche keine Rolle gespielt hat. Wir können also keine gesicherte Aussage darüber machen, was das Problem sein sollte für den Fall, dass der PC ebenfalls keine Verbindung bekommt. Wir testen daher nicht den PC, sondern nur seine Ethernet-Verbindung zum Switch.

Verbinden Sie dazu Router und Switch wie zuvor. Ziehen Sie dann am PC das Ende des Ethernet-Kabels ab, das PC und Switch verbindet, und verbinden Sie damit nun Mac und Switch. Nehmen wir erneut an, dass die Verbindung zustande kommt.

Das Problem ist also ziemlich eindeutig auf ein defektes Kabel zwischen Ihrem Mac und dem Switch eingegrenzt. Im Zweifelsfall ist es auch die erste Vermutung, dass wohl genau dieses Kabel defekt ist, aber ohne systematisches Ausschließen von Fehlern ist es eben nur eine Vermutung. Und auch jetzt, wo alles darauf hindeutet, dass das Kabel defekt ist, ist es immer noch nicht *bewiesen*. Es folgt also ein letzter Test.

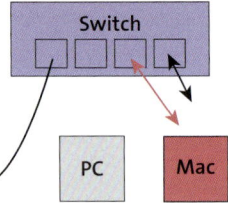

▲ **Abbildung 7.112** *Jetzt testen Sie das Ethernet-Kabel, das normalerweise Switch und PC verbindet (rot).*

Verbinden Sie Switch und Mac mit einem Ethernet-Kabel – nicht jedoch mit dem als defekt vermuteten Ethernet-Kabel, sondern mit einem anderen Ethernet-Kabel, das erwiesenermaßen korrekt funktioniert, beispielsweise mit dem Ethernet-Kabel zwischen Router und Mac. Wir nehmen an, das Ergebnis war positiv. Die Ursache für das Problem war also ein defektes Ethernet-Kabel zwischen Switch und Mac.

Das Schöne an Problemen ist, dass ihre Lösung im Vergleich zur Fehlersuche meist ein Kinderspiel ist.

HINWEIS

Internet in Zeiten von Prism, Tempora und Co.
Da das Thema »digitale Selbstverteidigung« längst nicht mehr nur Sicherheitsexperten angeht, sondern vor allem im Zeichen der Enthüllungen um den Geheimdienstskandal zu einem Thema geworden ist, das jedermann betrifft, erfahren Sie mehr dazu in Kapitel 20, »Sicher ist sicher – Ihre Daten schützen«, ab Seite 707. Gestatten Sie mir an dieser Stelle die persönliche Anmerkung, dass, unabhängig von den technischen Inhalten, die diese Problematik mit sich bringt, es auf eine Weise beschämend ist, dass sich unbescholtene und oft auch technisch unerfahrene Bürger hier einem Szenario ausgesetzt sehen, das sie vermutlich nicht vollständig verstehen, geschweige denn wissen, wie sie sich effektiv schützen können. Ich hätte nicht erwartet und bin schockiert darüber, Kapitel 20 um diesen Aspekt so deutlich erweitern zu müssen. Wenn die Politik nicht in der Lage bzw., schlimmer noch, offenbar nicht willens ist, die Bürger vor dem Zugriff fremder Interessen zu schützen, sondern »digitale Selbstverteidigung« Bürgerpflicht wird, dann wird früher oder später die Grundlage unseres demokratischen Systems unterhöhlt: Vertrauen. Das Vertrauen darin, dass die, die uns vertreten, auch in unserem Sinne und nicht gegen unsere Grundrechte handeln.

Kapitel 8
Mail, Kontakte, Karten, Kalender und Erinnerungen

Eine effiziente Zeitplanung, privat wie beruflich, ist ohne E-Mail, Adressverwaltung und Kalender undenkbar. Mit den Programmen Mail, Kontakte, Kalender und Erinnerungen haben Sie alles, was Sie brauchen, um Ihr Zeitmanagement souverän im Griff zu haben. Perfekt ergänzt werden diese vier durch das Programm Karten. Mit iCloud halten Sie Ihren Mac zudem mit anderen Geräten, wie dem iPad und dem iPhone, stets synchron.

Wenn Sie zuvor andere Betriebssysteme genutzt haben, sind Sie es vermutlich gewohnt, ein Programm zu haben, das E-Mail, Kalender und Adressverwaltung vereint, wie beispielsweise Outlook unter Windows oder Evolution unter Linux.

Im Gegensatz dazu bietet OS X für jede Aufgabe ein eigenes Programm. Das bedeutet aber nicht geringere Produktivität. Im Gegenteil: Die Programme sind optimal aneinander angepasst und ins System integriert. Da jedes Programm seinen klar definierten Aufgabenbereich hat, ist nicht nur jedes Programm für sich effektiver, sondern Ihre Lernkurve beim Kennenlernen jedes einzelnen Programms ist geringer als die für ein komplexes Programm, mit dem sich alles machen lässt.

∧ **Abbildung 8.1** *Einig, aber keine Einheit: Mail, Kontakte, Kalender und Karten*

An der Stelle zeigt sich auch ein prinzipieller Unterschied in der Bedienphilosophie der Betriebssysteme.

Anders als bei anderen Betriebssystemen dienen Programme am Mac, besonders die von Apple selbst entwickelten Programme, idealerweise immer und ausschließlich nur einer einzigen Aufgabe. Dank dieser Reduktion lassen sich die einzelnen Programme sehr viel intuitiver gestalten und sind deswegen auch sehr viel einfacher zu erlernen. Bei Programmen, die so eng miteinander verzahnt sind, stellt sich natürlich die Frage, in welcher Reihenfolge man sie vorstellen soll. Auch wenn es vermutlich keine perfekte Lösung gibt, hoffe ich dennoch, die sinnvollste gefunden zu haben, damit Sie den größten Nutzen aus den Programmen erzielen können.

8.1 Kontakte – Ihr Adressbuch auf dem Mac

Kontakte, in früheren Versionen von OS X auch Adressbuch genannt, ist der zentrale Platz zur Verwaltung Ihrer Kontakte. Wenn es darum geht, mit welchen Programmen sich der Alltag organisieren lässt, steht Kontakte an erster Stelle, schließlich gäbe es ohne Kontakte nichts zu managen. Sehen wir uns also zunächst an, wie Sie mit dem Programm Kontakte in Kontakt bleiben.

Im Programm Kontakte lassen sich Kontakte bequem anlegen und verwalten.

△ **Abbildung 8.2** *Das Icon von Kontakte*

Einen neuen Kontakt anlegen

Kontakte befindet sich standardmäßig als Verknüpfung im Dock. Wenn Sie das Programm zum ersten Mal starten, wird es noch ziemlich leer sein. Anders sieht es aus, wenn Sie bereits Kontakte in iCloud angelegt haben und beim Einrichten Ihres Macs ebenfalls Ihre Apple-ID zur Nutzung mit iCloud angegeben haben. Dann finden Sie in Kontakte bereits alle Ihre Kontakte aus iCloud vor. Neue Kontakte hinzuzufügen ist denkbar einfach.

△ **Abbildung 8.3** *Nach dem ersten Start ist die Zahl der Kontakte möglicherweise noch recht übersichtlich.*

1 Öffnen Sie Kontakte, und klicken Sie auf den Button mit dem Pluszeichen **❶**. Klicken Sie im folgenden

Kontextmenü auf **Neuer Kontakt**. Kontakte legt daraufhin einen neuen leeren Kontakt an.

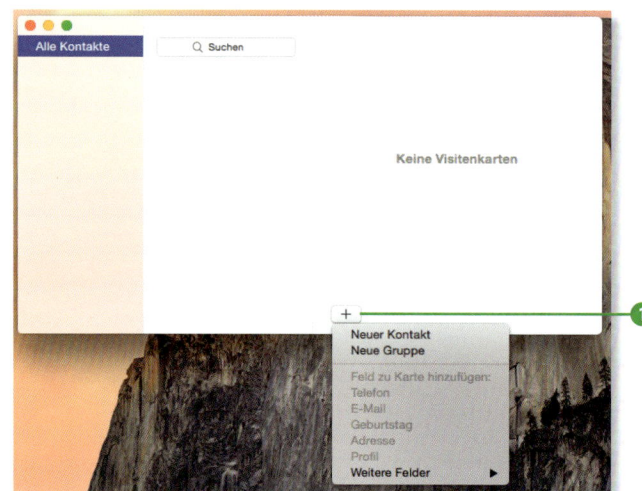

△ **Abbildung 8.4** *Über das Kontextmenü einen neuen Kontakt erstellen*

2 Klicken Sie in die gewünschten Felder, und geben Sie die jeweiligen Informationen ein, oder wählen Sie aus den Auswahlmenüs mit den Doppelpfeilen **❷** (siehe Abbildung 8.5) die jeweiligen Informationen aus.

3 Falls Sie ein Feld nicht benötigen, lassen Sie es einfach leer. Wenn Sie ein Feld bei keiner Visitenkarte brauchen, können Sie es aus der Visitenkartenvorlage löschen. Manche sollten Sie hingegen mit Informationen füllen, da andere Programme womöglich darauf zugreifen. Sinnvoll ist z. B. das Feld **Geburtstag**, damit Kalender darauf zugreifen kann.

4 Falls Sie weitere Felder hinzufügen möchten, klicken Sie erneut auf den Plus-Button, und wählen Sie unter **Weitere Felder** die gewünschten Felder wie beispielsweise **Position** oder **Spitzname**.

5 Nachdem Sie die gewünschten Felder gefüllt haben, klicken Sie auf den Button **Fertig ❸**.

Der neu hinzugefügte Kontakt steht nun systemweit in allen Programmen zur Verfügung, die auf Kontakte zugreifen.

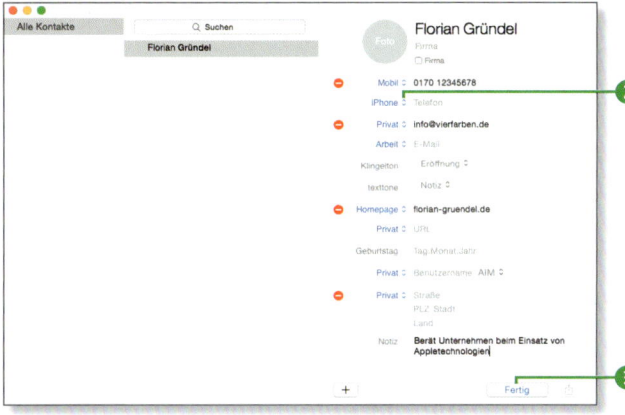

▲ Abbildung 8.5 *Einen neuen Kontakt erstellen*

Kontakte bearbeiten

Einen bereits vorhandenen Kontakt zu verändern ist ebenso einfach wie das Anlegen des Kontakts:

1 Klicken Sie auf den Button **Bearbeiten**, um in den Bearbeitungsmodus der Visitenkarte zu gelangen.

2 Nehmen Sie die gewünschten Änderungen vor, und klicken Sie abschließend auf den Button **Fertig**.

> **TIPP**
>
> **Notizen**
>
> In das Feld **Notiz** können Sie jederzeit schreiben. Dazu ist es nicht nötig, in den Bearbeitungsmodus zu wechseln. Das ist besonders praktisch, wenn Sie z. B. gerade mit der Person telefonieren und sich Notizen machen wollen. Auch um Notizen zu entfernen, müssen Sie nicht den Bearbeitungsmodus starten. Klicken Sie einfach in das Feld **Notiz**, und löschen Sie die entsprechenden Einträge.

Die Visitenkartenvorlage anpassen

Sie merken vermutlich sehr bald, ob Ihnen die Felder, die Kontakte standardmäßig beim Anlegen eines Kontakts anzeigt, ausreichen oder ob es für Sie günstiger wäre, mehr oder andere Felder zu haben. Spätestens

dann, wenn Sie wenigstens bei jedem zweiten Kontakt auf **Visitenkarte > Feld hinzufügen** oder den Plus-Button klicken, sollten Sie sich die Visitenkartenvorlage in den Einstellungen von Kontakte ansehen.

1 Öffnen Sie die Einstellungen von Kontakte, und klicken Sie oben auf **Vorlage**.

2 Passen Sie die Visitenkartenvorlage nach Ihren Bedürfnissen an. Fügen Sie weitere Felder über das Auswahlmenü ❹ hinzu, oder entfernen Sie Felder, die Sie nie benutzen, mit einem Klick auf das vorangestellte Minuszeichen ❺.

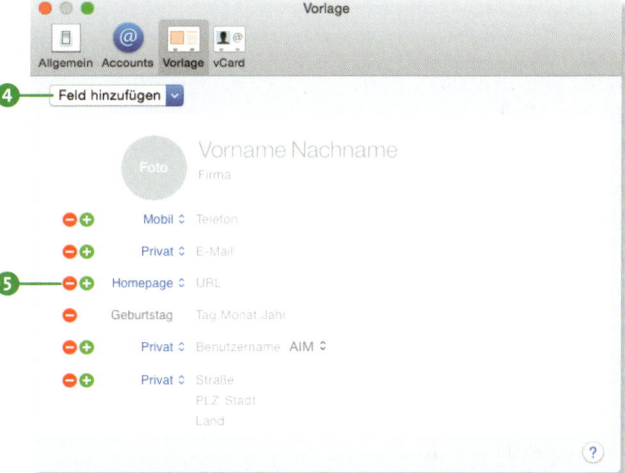

▲ Abbildung 8.6 *Die Visitenkartenvorlage den eigenen Bedürfnissen anpassen*

So, wie Sie die Vorlage anlegen, werden Ihnen in Zukunft die Felder beim Anlegen eines neuen Kontakts angezeigt.

Kontakte importieren und exportieren

Alternativ zur manuellen Eingabe lassen sich Kontakte auch importieren. Das Format vCard mit der Dateiendung *.vcf* hat sich mittlerweile in nahezu allen Programmen und Betriebssystemen für die Speicherung elektronischer Visitenkarten durchgesetzt. Dateien im VCF-Format importieren Sie durch Doppelklick bequem in Kontakte.

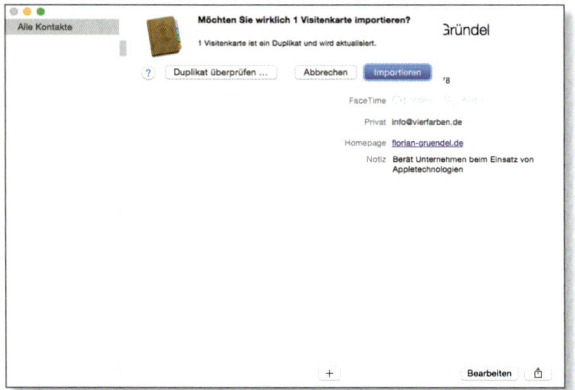

Abbildung 8.7 *Kontakte prüft beim Import, ob der Kontakt bereits existiert.*

Kontakte überprüft dabei die zu importierenden Kontakte auf mögliche Duplikate und zeigt gegebenenfalls einen Dialog an, der fragt, wie mit möglichen Duplikaten verfahren werden soll. Wählen Sie in der Leiste oben ❶ eine Option, und klicken Sie auf den Button **Importieren** ❷.

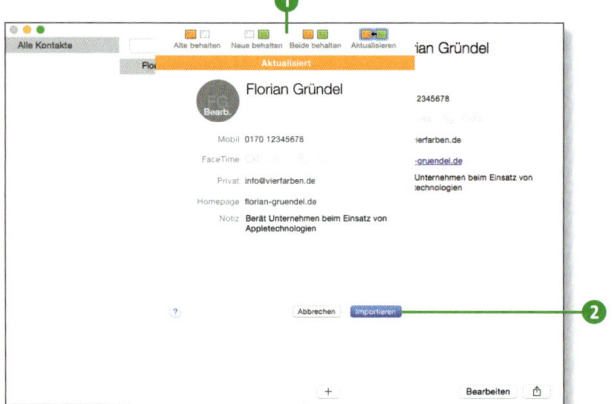

Abbildung 8.8 *Konfliktlösung bei Duplikaten*

Zusätzlich zum Format VCF lassen sich Kontakte auch im Format CSV importieren.

1 Klicken Sie auf **Ablage > Importieren**.

2 Wählen Sie im folgenden Dateidialog die gewünschte Datei mit der Endung *.csv* aus.

Sie sehen nun ein zweigeteiltes Fenster, in dem Sie die Listenfelder zu den Einträgen der Visitenkarte

zuordnen. Mit den Pfeiltasten springen Sie von einem Kontakt zum nächsten.

3 Passen Sie bei den ersten paar Kontakten die Feldzuordnungen an. Klicken Sie anschließend auf **OK**, wenn Sie sicher sind, dass die Zuordnungen nun für alle zu importierenden Kontakte korrekt sind.

Kontakte importiert nun alle Kontakte entsprechend der von Ihnen vorgenommenen Vorgaben.

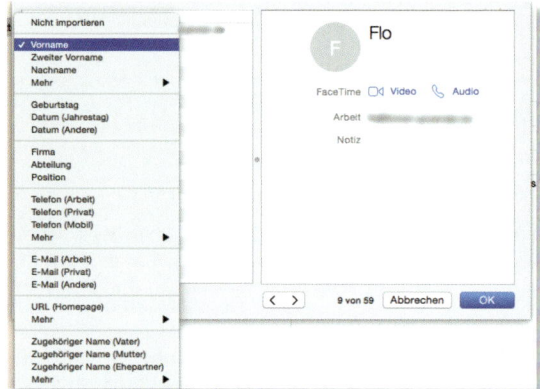

Abbildung 8.9 *Importanpassungen*

Einen Kontakt zu exportieren ist genauso einfach, wie einen Kontakt zu importieren. Dabei haben Sie zwei Möglichkeiten: Die eine ist natürlich Drag & Drop. Ziehen Sie einen Kontakt aus dem Adressbuch auf den Schreibtisch oder auf ein anderes Programm, um die Visitenkarte als Datei vorliegen zu haben oder sie mit einem anderen Programm zu nutzen. Die andere ist, die Datei mithilfe des Buttons **Senden** beispielsweise per E-Mail zu versenden.

1 Gehen Sie in Kontakte zu der gewünschten Visitenkarte.

2 Klicken Sie auf den **Senden**-Button, und wählen Sie die gewünschte Weitergabeart, z. B. **Per E-Mail senden**, aus.

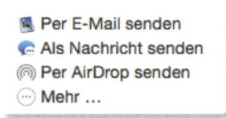

Abbildung 8.10 *Weitergabearten für eine Visitenkarte*

Daraufhin startet Mail und erstellt eine neue E-Mail mit der ausgewählten Visitenkarte als Anhang.

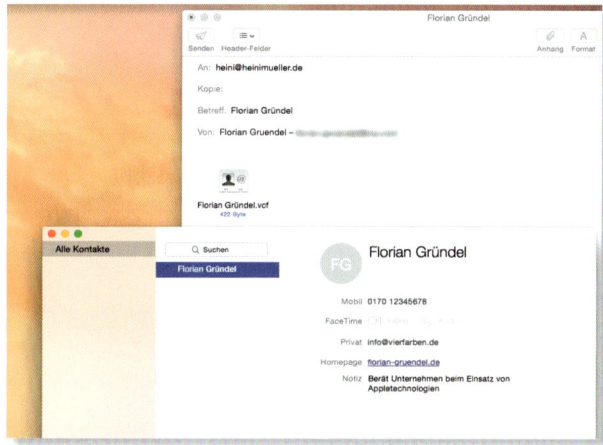

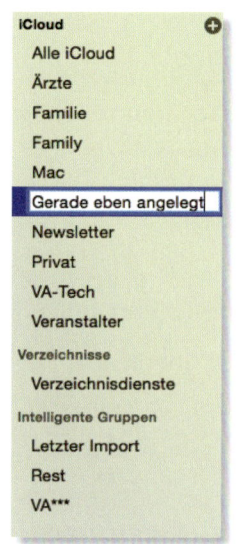

^ **Abbildung 8.11** *Visitenkarten einfach per Mail senden*

^ **Abbildung 8.12** *Eine neu angelegte Gruppe*

8.2 Kontakte verwalten

Mit der Zeit kann die Zahl der Kontakte beachtlich steigen. Da ist es von Vorteil, wenn Sie die Kontakte entsprechend sortieren können, um den Überblick zu behalten. In vielen Fällen ist es möglicherweise gar nicht nötig, alle Kontakte auf einmal zu sehen, da Sie beispielsweise nur Kontakte sehen wollen, die bestimmten Kriterien entsprechen, oder solche, die zu einer bestimmten Gruppe gehören. So, wie sich mit dem Finder intelligente Ordner und mit Mail intelligente Postfächer erstellen lassen, können Sie mit Kontakte auch intelligente Gruppen anlegen.

Gruppen anlegen

Sie können selbstverständlich Gruppen manuell nach ganz persönlichen Kriterien erstellen:

1 Klicken Sie auf **Ablage > Neue Gruppe** oder den Plus-Button neben dem Verzeichnisnamen in der Seitenleiste, oder nutzen Sie den Tastaturbefehl ⟨⇧⟩ + ⟨cmd⟩ + ⟨N⟩.

2 Geben Sie einen Namen für die Gruppe an.

3 Fügen Sie Kontakte per Drag & Drop zur gewünschten Gruppe hinzu, indem Sie sie auf den Namen der Gruppe ziehen.

Sie können den Weg auch andersherum gehen:

1 Markieren Sie alle Kontakte, die zu einer neuen Gruppe gehören sollen.

2 Klicken Sie auf **Ablage > Neue Gruppe aus Auswahl**. Die neu angelegte Gruppe ist sofort mit den zuvor ausgewählten Kontakten gefüllt.

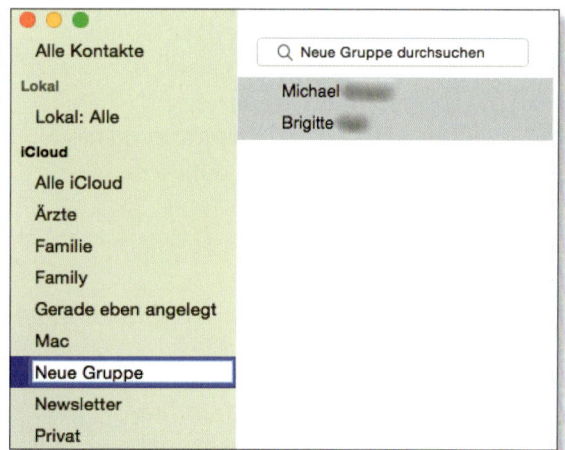

^ **Abbildung 8.13** *Eine neue Gruppe aus einer Auswahl*

Intelligente Gruppen anlegen

Flexibler sind jedoch intelligente Gruppen. Ebenso wie intelligente Ordner sind intelligente Gruppen keine festen Gruppen, sondern gesicherte Suchabfragen, die eine bestimmte Kombination von Suchparametern enthalten und bei jedem Aufruf neu abgearbeitet werden.

1 Klicken Sie auf **Ablage > Neue intelligente Gruppe**.

2 Vergeben Sie einen Namen für die Gruppe.

3 Wählen und kombinieren Sie die gewünschten Parameter.

4 Klicken Sie auf den Button **OK**. Auf diese Weise legen Sie schnell und einfach Gruppen an – beispielsweise nach geografischen Kriterien oder nach Geburtstagsterminen.

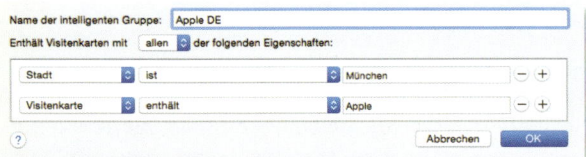

^ **Abbildung 8.14** Mit intelligenten Gruppen behalten Sie z. B. leicht Filialen im Blick.

Gruppenzuordnung schnell im Blick

Haben Sie viele Kontakte und viele Gruppen, wird es mitunter schwierig, den Überblick darüber zu behalten, welchen Gruppen ein Kontakt zugeordnet ist. Dazu bietet Kontakte eine sehr praktische Funktion.

1 Markieren Sie den Kontakt, dessen Gruppenzugehörigkeiten Sie überprüfen möchten.

2 Drücken und halten Sie die Taste `alt`. Kontakte zeigt nun alle dem Kontakt zugeordneten Gruppen (auch die intelligenten Gruppen) in blauer Schrift an.

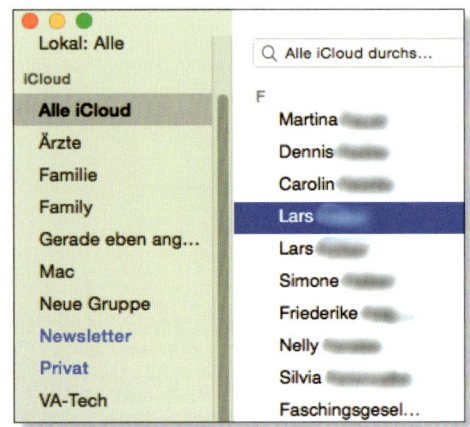

^ **Abbildung 8.15** Die Gruppen des gewählten Kontakts werden farbig hervorgehoben.

Wie bereits erwähnt, sind Kontakte systemweit in anderen Anwendungen verfügbar – und zwar nicht nur die einzelnen Kontakte, sondern auch die angelegten Gruppen. Allerdings ist die Unterstützung von Gruppen von Programm zu Programm unterschiedlich gelöst. Vermutlich zur Freude vieler Anwender, unterstützt Mail seit OS X 10.10 nun endlich auch intelligente Gruppen und fügt nach Eingabe des Gruppennamens alle Kontakte der intelligenten Gruppe als Empfänger hinzu.

Einen Kontakteserver nutzen

Zusätzlich zu den Kontakten auf Ihrem Mac nutzen Sie möglicherweise Onlineadressbücher. Speziell im beruflichen Umfeld ist das nicht unwahrscheinlich.

1 Öffnen Sie die Einstellungen von Kontakte, und wechseln Sie in den Tab **Accounts**.

2 Klicken Sie dort auf den Plus-Button unter der Liste der Accounts.

3 Wählen Sie den gewünschten Accounttyp aus, und geben Sie in die Felder anschließend die entsprechenden Accountdaten ein.

^ **Abbildung 8.16** *Mit einem Klick auf »Anderer Kontakte-Account« in Schritt 3 lässt sich im folgenden Fenster Kontakt zu einem CardDAV-Server aufnehmen.*

4 Klicken Sie auf den Button **Erstellen**. Kontakte verbindet sich daraufhin mit dem Server und bindet die vom Server bereitgestellten Informationen mit ein.

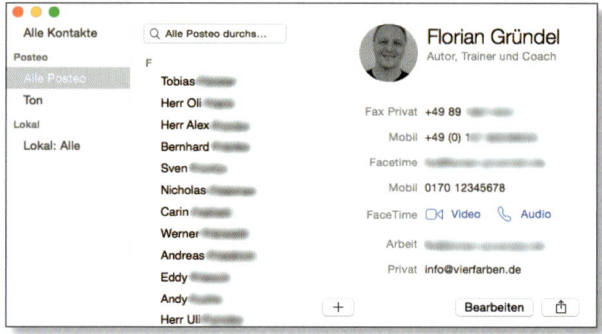

^ **Abbildung 8.17** *Kontakte auf einem Adressbuchserver*

Das ungemein Praktische an Kontakte- und Kalenderservern ist die Synchronisierung. Wenn Sie mehrere Computer und Mobilgeräte verwenden, kann die Synchronisierung zu einem Albtraum werden. Anders sieht es aus, wenn alle Geräte denselben Server nutzen, denn dann verfügen immer alle Geräte über den gleichen, stets aktuellen Datenbestand. Auf diesem Prinzip bauen auch die Kalender- und Kontaktefunk-

tionen von iCloud auf, das wir uns im weiteren Verlauf des Kapitels noch genauer ansehen werden.

8.3 Karten

Der nächste logische Schritt, um die einzelnen Programme als Einheit zu verstehen, ist das Programm Karten. Was nützen einem Kontakte, wenn man nicht weiß, wie man hinkommt?

^ **Abbildung 8.18** *Das Icon von Karten*

Den eigenen Standort ermitteln

Nach dem Start von Karten sehen Sie zunächst eine Karte, die mehr oder minder genau Ihren Standort angibt, je nachdem, ob Sie die Ortungsdienste für das Programm Karten aktiviert haben. Die entsprechenden Einstellungen nehmen Sie in den Systemeinstellungen vor. Klicken Sie dort auf **Sicherheit**, und wählen Sie den Tab **Privatsphäre**. Klicken Sie links im Menü auf **Ortungsdienste**, um die Ortungsdienste nach Ihren Bedürfnissen für bestimmte Programme zu aktivieren oder zu deaktivieren.

^ **Abbildung 8.19** *Karten frisch nach dem Start*

Um maximal von Karten zu profitieren, ist es sinnvoll, zunächst den eigenen Standort zu kennen.

1 Klicken Sie in der Symbolleiste auf den Button mit der stilisierten Kompassnadel **❶**. Karten bestimmt nun Ihre aktuelle Position und zeigt diese mit einem kleinen blauen Punkt an.

2 Klicken Sie auf den blauen Punkt. Karten zeigt Ihnen daraufhin in einer kleinen Einblendung die Adresse der aktuellen Position an.

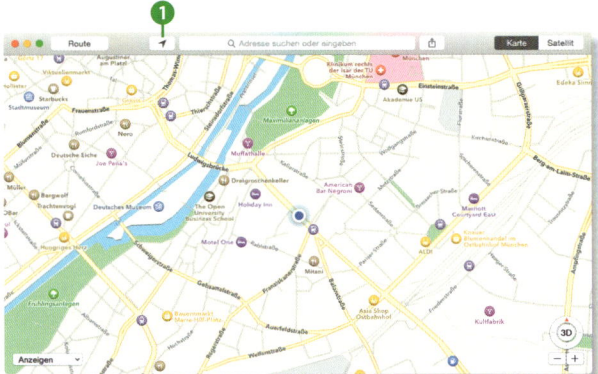

^ **Abbildung 8.20** *Die aktuelle Position*

3 Diese Einblendung bietet nach einem Klick auf den kleinen Info-Button weitere Informationen zu Ihrem aktuellen Standort in einem Fenster an. Sie haben außerdem die Möglichkeit, weitere Funktionen im Zusammenhang mit dem aktuellen Ort zu starten. So lässt sich der angeklickte Ort zu den Favoriten oder zu einem Kontakt hinzufügen oder die Route dorthin berechnen **❷**.

4 Sie können außerdem über dieses Fenster per Klick auf den gleichnamigen Button ein Problem melden. Warum das nötig und wichtig ist, lesen Sie im Abschnitt »Probleme melden« auf Seite 298. Außerdem finden Sie den von anderen Gelegenheiten bereits bekannten Button **Senden ❸**, den wir uns später genauer ansehen. In dem Fenster zum aktuellen Ort wird Ihnen außerdem zur Übersicht ein Ausschnitt des Ortes aus der Vogelperspektive angezeigt.

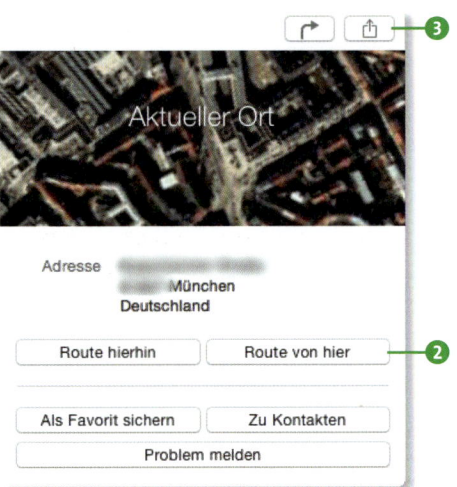

^ **Abbildung 8.21** *Ortsinformationen*

Nachdem also geklärt ist, wo Sie sich selbst befinden, wäre es natürlich noch sehr viel spannender, beispielsweise die angelegten Kontakte auf der Karte sehen zu können.

HINWEIS

Keine Ortung ohne aktives WLAN
Falls Sie WLAN (noch) nicht aktiviert haben, erhalten Sie eine Meldung, dass die Standortbestimmung aufgrund ausgeschalteten WLANs fehlschlägt. Der Dialog bietet Ihnen jedoch die Möglichkeit, WLAN zu aktivieren.

^ **Abbildung 8.22** *WLAN muss zur Standortbestimmung aktiv sein.*

Einen Kontakt auf der Karte anzeigen

Um einen Kontakt in Karten angezeigt zu bekommen, muss dieser natürlich zunächst mit einer Adresse in Ihren Kontakten angelegt sein. Trifft diese Voraussetzung zu, haben Sie aus Karten heraus Zugriff auf alle Ihre Kontakte und können sich ihre Adressen in Karten anzeigen lassen.

1 Um die Adresse eines Kontakts aufzurufen, klicken Sie in der Menüleiste in das Suchfeld ❹.

2 Geben Sie den Namen des gewünschten Kontakts ein. Karten zeigt daraufhin alle Informationen, die dem Suchstichwort entsprechen. Diese Daten für Karten liefert der Informationsdienst *Yelp*, es werden aber auch Informationen aus dem Programm Kontakte ❺ mit angezeigt.

3 Klicken Sie auf den gewünschten Eintrag, zeigt Ihnen Karten die zugehörige Adresse an.

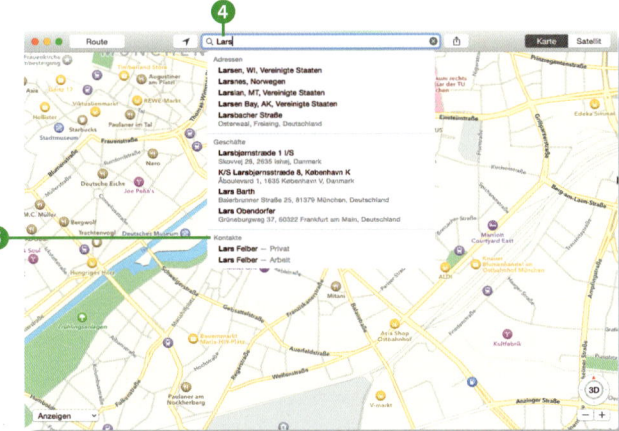

△ **Abbildung 8.23** *Einen Kontakt in Karten anzeigen lassen*

Sich einen Kontakt auf der Karte anzeigen zu lassen ist also, wie Sie sehen, ein Kinderspiel, aber wie sieht es mit einer Routenplanung in Karten aus?

Routen berechnen

Sie können sich die Route von einem angezeigten Standort zu Ihrer aktuellen Position mit einem Klick anzeigen lassen.

1 Falls neben dem Pin zur ausgewählten Adresse nicht ohnehin schon ein Infoetikett angezeigt wird, klicken Sie auf den Pin.

Die Einblendung neben dem Pin zeigt bereits ein kleines Auto und die geschätzte Fahrzeit von Ihrem aktuellen Standort bis zum Standort des Pins an.

2 Klicken Sie im Infoetikett auf das Auto, um sich die Route auf der Karte anzeigen zu lassen.

△ **Abbildung 8.24** *Routenplanung mit einem Klick*

3 Karten zeigt nun drei verschiedene Routenvorschläge und zeigt diese in der Kartenansicht und den Routenverlauf der jeweils (durch Anklicken) ausgewählten Route am linken Rand tabellarisch an. Dabei lassen sich der Start- und Zielpunkt tauschen ❻, und es lässt sich wählen, ob Sie die Routen nach Auto- oder Fußgängerkriterien ❼ angezeigt bekommen wollen.

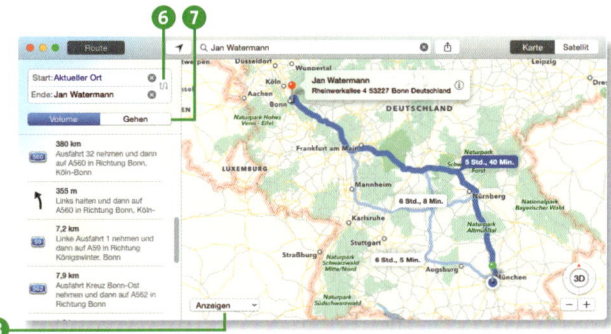

△ **Abbildung 8.25** *Die Routenübersicht*

Ein besonders hilfreiches Extra der Routenübersicht ist die Anzeige aktueller Verkehrsmeldungen. Diese lassen sich mit einem Klick auf das Auswahlmenü ❽ und Auswahl des Menüpunkts **Verkehr anzeigen** einblenden. Karten zeigt daraufhin dichten Verkehr und Stau mit orangefarbenen bzw. roten gestrichelten Linien an. Zusätzlich werden Straßensperrungen und Baustellen mit entsprechenden Symbolen angezeigt. Ein Klick auf das jeweilige Symbol am Routenverlauf bietet weitere Informationen zum entsprechenden Hindernis.

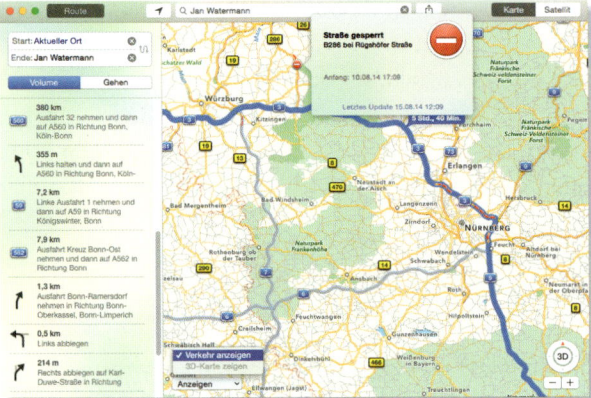

▲ **Abbildung 8.26** *Aktuelle Verkehrsinformationen einblenden*

Routenplanung am Mac ist zwar eine feine Sache, aber noch praktischer ist es, wenn man die zuvor zu Hause berechneten Routen auch unterwegs verwenden kann.

Routen teilen

Ist eine Route erst mal erstellt, will man sie natürlich auch anderweitig nutzen. Am einfachsten ist es, die Route auszudrucken bzw. eine PDF-Datei daraus zu erstellen, damit man sie auch unterwegs nutzen kann. Wenn Sie Besitzer eines iPhones oder iPads sind, geht das Mitnehmen sogar noch bequemer von der Hand.

1 Um die Route auszudrucken, rufen Sie den Druckdialog (**Ablage > Drucken**) auf und drucken die Route nach einem Klick auf den Button **Drucken** wie gewohnt auf Papier aus.

2 Um die Route als PDF-Datei zu sichern, könnten Sie zwar ebenfalls den Druckdialog aufrufen und aus dem Menü **PDF** die entsprechende Option wählen, aber es geht noch einfacher: Klicken Sie auf **Ablage > Als PDF exportieren**.

3 Klicken Sie im Speicherdialog auf **Details einblenden**, um die Darstellung von Karte und Route anzupassen.

4 Anschließend geben Sie einen Dateinamen an und klicken auf den Button **Sichern**, um eine PDF-Datei der Route zu erstellen.

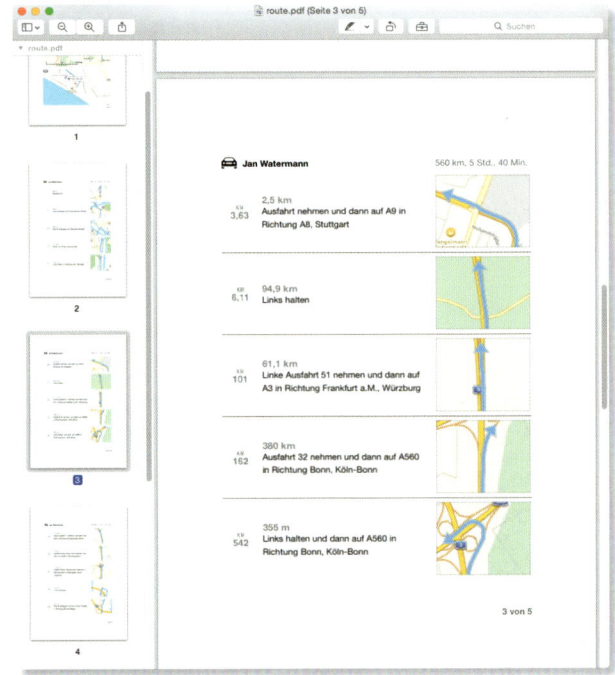

▲ **Abbildung 8.27** *Das fertige PDF*

Das bietet sich insbesondere an, wenn Sie die Routenbeschreibung bequem Dritten zur Verfügung stellen möchten.

Alternativ können Sie die erzeugte Routenbeschreibung praktischerweise auch zur Weiterverwendung unterwegs an Ihr iPad oder iPhone senden.

1 Klicken Sie in der Menüleiste auf den bekannten **Senden**-Button.

2 Sind die entsprechenden Voraussetzungen erfüllt (siehe dazu den Hinweiskasten »Routen auf iPhone oder iPad übertragen« auf der folgenden Seite), sehen Sie den Eintrag **An [Ihr Name/Ihr Gerät] senden**.

Abbildung 8.28 *Die Route an ein Mobilgerät senden*

3 Ein Klick darauf sendet die Route an das entsprechende Mobilgerät, sodass Sie die Route ganz bequem auf dem Gerät starten und sich unterwegs navigieren lassen können.

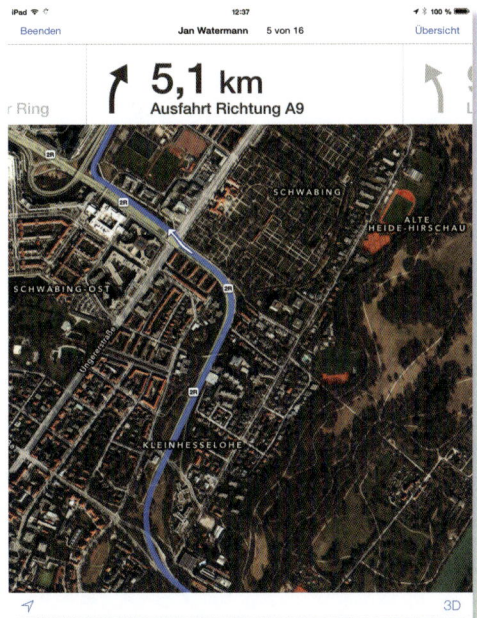

Abbildung 8.29 *Navigation mit einer empfangenen Route auf einem iPad*

Zusatzinformationen in Karten

Das Suchfeld in Karten ist nicht nur bei der Suche nach Personen aus Ihrem Adressbuch eine praktische Funktion. Sie können es prinzipiell auch für die Umfeldsuche nutzen, beispielsweise nach einem Restaurant, einem bestimmten Geschäft, einer Tankstelle, einem Amt oder was Sie eben sonst gerade in Ihrer Nähe suchen. Sicher kennen Sie das bereits von Diensten wie etwa Google Maps. Da ist es natürlich angenehmer, nicht erst den Browser und Google bemühen zu müssen, sondern diese Informationen stets in Karten griffbereit zu haben.

Abbildung 8.30 *Auf der Suche nach leckerem türkischen Essen*

An dieser Stelle sollte ich jedoch vielleicht lieber »wäre« statt »ist« schreiben, und hier kommt auch das »prinzipiell« von eben zum Tragen. Prinzipiell ist das natürlich sehr komfortabel. Leider setzt Apple für diese Zusatzinformationen (zumindest in Deutschland) auf den Onlinedienst Yelp. Dessen Datenqualität ist jedoch in Bezug auf Umfang und Aktualität nicht sehr empfehlenswert. Erschwerend kommt hinzu, dass Karten offenbar nicht denselben Datenbestand nutzt wie die Website von Yelp. Leider hat sich dieser Zustand in den letzten Monaten (seit der Veröffentlichung des Ratgebers zu OS X Mavericks) auch nicht wesentlich verbessert, was zur Folge hat, dass manche Einträge nicht angezeigt werden oder veraltete Einträge, trotz eingesendeter Korrektur, nicht aktualisiert werden. Besonders absurd wird es, wenn Sie Einträge wie in Abbildung 8.31 zu sehen bekommen. Hier wurde nach dem Imbiss »Ni Hao« gesucht, und dieser wird auch tatsächlich angezeigt, aber wie!

▲ **Abbildung 8.31** *Sorgen für mehr Verwirrung und Ärger als Nutzen: die Daten von Yelp in Karten.*

Unter diesen Umständen sind die an sich sehr willkommenen und nützlichen Zusatzinformationen leider immer noch nicht sinnvoll nutzbar. Da Apple bei der Einführung des eigenen Kartendienstes (zunächst unter iOS) vor circa drei Jahren bereits einiges an Kritik von der Fachpresse und enttäuschten Nutzern einstecken musste und sich das Kartenmaterial in iOS seitdem in regelmäßigen Abständen deutlich verbessert, ist es umso unverständlicher, warum das für Karten unter OS X nicht zu gelingen scheint.

Bleibt also nur zu hoffen, dass sich an der Datenqualität in Karten möglicherweise durch den neu gestarteten Dienst *Apple Maps Connect* etwas ändern wird. Hier können sich kleinere und mittlere Unternehmen registrieren und die Karteneinträge für Ihr Unternehmen selbst verwalten oder korrigieren. Um den Dienst nutzen zu können, benötigen Sie ebenfalls eine Apple-ID, mit der Sie sich auf *https://mapsconnect.apple.com* anmelden (bislang ist der Dienst jedoch nur in englischer Sprache verfügbar).

Sie können die Zusatzinformationen aber nicht nur über die Suche nach einem speziellen Begriff bzw. Ort im Suchfeld aufrufen, sondern auch unmittelbar in der Karte die entsprechenden Symbole anklicken, um weitere Informationen zu den Orten zu erhalten. Je nach Datenbestand werden Ihnen die Kontaktinformationen sowie Öffnungszeiten angezeigt und, falls vorhanden, auch Rezensionen und Fotos.

Probleme melden

Immerhin bietet Karten Ihnen an, aktiv mitzumachen, um die Datenqualität zu verbessern. Warum diese Korrekturen des Datenbestands dann aber leider auch nach Monaten noch nicht berücksichtigt sind, wissen wohl nur Apple und/oder Yelp. Wenn Sie also Lust haben, gratis die Datenbanken von Yelp zu verbessern, können Sie das direkt aus Karten heraus tun.

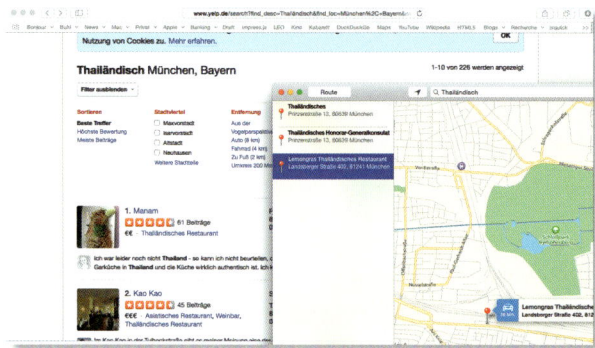

▲ **Abbildung 8.32** *Fehlersuchbild: die Ergebnisse des gleichen Suchbegriffs aus (theoretisch) derselben Datenquelle*

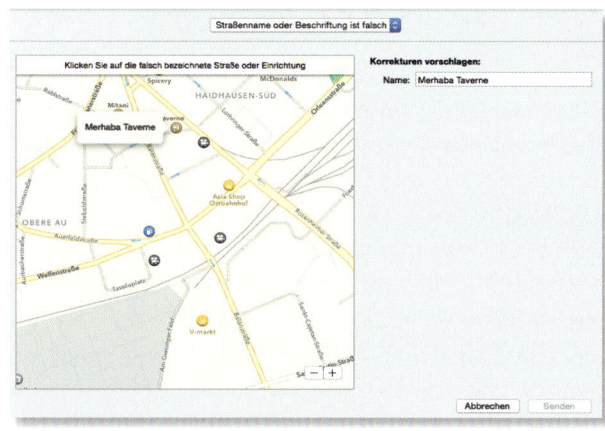

▲ **Abbildung 8.33** *Ein Problem melden*

1 Klicken Sie im Menü **Karten** auf den Eintrag **Problem melden**.

Alternativ können Sie in der Infoeinblendung zu einem Ort den Button **Problem melden** anklicken.

2 Wählen Sie im folgenden Fenster aus dem Auswahlmenü am oberen Fensterrand den Problembereich aus, mit dem sich das Problem, das Sie melden möchten, eingrenzend beschreiben lässt.

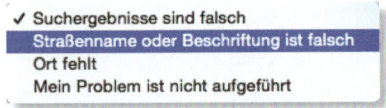

∧ **Abbildung 8.34** Ein Problem zu einem Standort melden

3 Geben Sie die entsprechenden Informationen zur Korrektur ein, und klicken Sie anschließend auf den Button **Senden**, um Ihre Korrekturvorschläge abschließend zu übermitteln.

Leider lassen sich keine detaillierten Änderungsangaben mehr machen, sodass der Nutzen von Problemmeldungen fragwürdig ist. Ob und wann Ihre Änderungen Eingang in die Karteninformationen finden, ist nicht bekannt. Machen Sie sich aber nicht zu viele Hoffnungen. Die für das Buch über Mavericks verwendeten Screenshots zeigten eine Adresse, bei der der Laden gewechselt hat: Aus einem Gemüseladen wurde eine Metzgerei. An dieser Adresse zeigt Karten heute gar kein Geschäft mehr an, obwohl der Metzger nach wie vor dort ist.

Um das Thema Karten positiv abzuschließen, sei jedoch an dieser Stelle betont, dass Karten ein unglaublich praktisches und perfekt in das System integriertes (Sie werden das in Abschnitt 8.8, »Kalender – Ihr digitaler (Termin-)Assistent«, ab Seite 322 feststellen.) Programm ist, das derzeit bereits wenigstens für seine Kernfunktionen richtig gut nutzbar ist. Und alles andere wird eben hoffentlich mit der Zeit verbessert. Bei manch anderem Betriebssystem verhält es sich mit den meisten Programmen so, bei OS X ist das zum Glück eine Ausnahme, wenn auch keine rühmliche.

8.4 Mail einrichten

Mit zunehmender Vernetzung steigt die Zahl der E-Mail-Konten, die es zu verwalten gilt. Es ist keine Seltenheit, bis zu fünf oder mehr verschiedene E-Mail-Accounts zu benutzen. Dazu kommen Konten für Kalender und Kontakteserver, entweder bei Onlinediensten wie Google und Yahoo! oder auch in lokalen Netzen, wie beispielsweise dem Verzeichnisdienstserver im Büro. Um die verschiedenen Accounts zentral verwalten zu können, gibt es in den Systemeinstellungen den Punkt **Internetaccounts**.

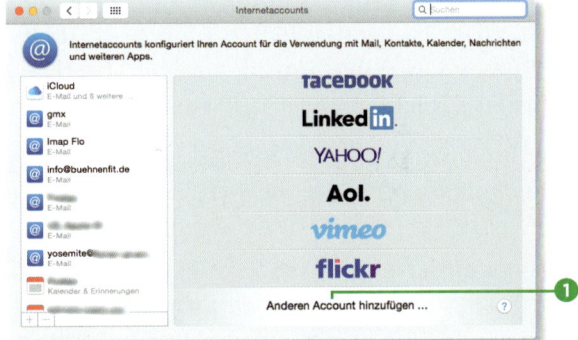

∧ **Abbildung 8.35** Die verschiedenen Kontoarten auf einen Blick

Zusätzlich zur reinen Übersicht können Sie hier natürlich weitere Konten anlegen oder vorhandene löschen. Bei der Auswahl der angebotenen Konten sehen Sie bereits die Vielfalt der möglichen Konten, und ein Klick auf den Eintrag **Anderen Account hinzufügen** **1** blendet ein Fenster mit weiteren Kontenarten ein (Um diesen Eintrag sehen zu können, müssen Sie im rechten Bereich etwas nach unten scrollen.).

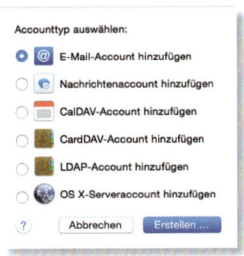

∧ **Abbildung 8.36** Weitere Accountarten

Einen E-Mail-Account anlegen

Einen neuen Account legen Sie entweder in den System-einstellungen an zentraler Stelle oder im jeweiligen Programm an. Egal, wo Sie es tun, die Informationen werden entsprechend miteinander verknüpft. Wechseln wir also zum Programm Mail, und legen wir beispielhaft einen E-Mail-Account an. Voraussetzung dafür ist natürlich, dass Sie bereits eine funktionierende E-Mail-Adresse haben, z. B. bei Web.de oder GMX oder vielleicht sogar von einer eigenen Domain.

1 Beim ersten Start von Mail begrüßt Sie ein Assistent, der Ihnen bei der Einrichtung des Mail-Accounts hilft. Wenn Sie den Assistenten schon gestartet haben, lesen Sie gleich bei Schritt 4 weiter, andernfalls öffnen Sie zunächst die Einstellungen von Mail.

2 Wechseln Sie in den Einstellungen auf den Tab **Accounts**, und klicken Sie auf den Button mit dem Pluszeichen unter der Liste der Accounts.

3 Wählen Sie im folgenden Fenster den gewünschten Accounttyp aus, und klicken Sie auf den Button **Fortfahren**.

4 Geben Sie im folgenden Fenster Ihren vollständigen Namen, die **E-Mail-Adresse** und das **Passwort** des E-Mail-Accounts in die entsprechenden Felder ein.

5 Klicken Sie auf den Button **Erstellen**.

Abbildung 8.37 Ein neuer E-Mail-Account wird angelegt.

Mail fragt nun den Server der angegebenen Mailadresse ab, ob er erreichbar ist und welches Mailprotokoll verwendet werden soll. Mail versucht, diesen Prozess weitgehend zu automatisieren. Sollte das nicht gelingen, erhalten Sie die Meldung, dass der Account manuell konfiguriert werden muss. Klicken Sie in diesem Fall auf den Button **Weiter**, und geben Sie im folgenden Schritt die Daten für die Authentifizierung bei dem Server – zunächst beim Posteingangsserver – an.

6 Klicken Sie auf den Button des gewünschten Servertyps bzw. Accounttyps ❶. Wenn Sie sich nicht sicher sind, welcher Servertyp der richtige ist, wählen Sie im Zweifelsfall POP, oder fragen Sie beim von Ihnen verwendeten E-Mail-Dienst nach, welches Protokoll verwendet wird.

7 Geben Sie in die folgenden Felder Ihren Benutzernamen und Ihr Kennwort ein, und klicken Sie auf den Button **Weiter**. Daraufhin überprüft Mail mit den angegebenen Daten die Verbindung zum Server.

Abbildung 8.38 Die Daten für den Posteingangsserver

8 Ist alles in Ordnung, geben Sie im folgenden Schritt die Daten für den Postausgangsserver ein. Andernfalls prüfen Sie die eingegebenen Daten erneut.

9 Füllen Sie die Felder zum Postausgangsserver mit den Daten, die Ihnen Ihr Dienstanbieter übermittelt hat.

Abbildung 8.39 *Die Daten für den Postausgangsserver können Sie in diesem Dialog festlegen.*

10 Klicken Sie zum Schluss auf den Button **Erstellen**, um die Einrichtung zu beenden.

11 Der E-Mail-Account ist damit erstellt und nutzbar und wird Ihnen auch in der Accountliste der Systemeinstellungen angezeigt.

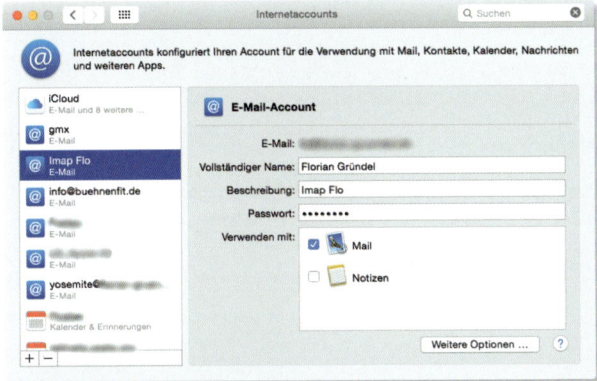

Abbildung 8.40 *Ein mit Mail erstellter Account in der Accountübersicht in den Systemeinstellungen*

Mails auf dem Server löschen

Wenn Sie einen POP-Server nutzen, sollten Sie in den Einstellungen festlegen, nach welchem Intervall E-Mails vom Server gelöscht werden sollen. Wenn Sie nur mit IMAP-Accounts arbeiten, bleibt Ihnen dieser Schritt erspart.

Normalerweise wird einer Mail, die Sie per POP heruntergeladen haben, eine Information angehängt, wann sie gelöscht werden kann, denn sie wurde ja heruntergeladen und wird nun auf dem Server nicht mehr benötigt. Das ist unter Umständen sofort der Fall. Möglicherweise wollen Sie aber die Mail sicherheitshalber noch eine Weile auf dem Server belassen, um sie gegebenenfalls erneut laden zu können, beispielsweise mit einem anderen Gerät. Dieses Intervall, wie lange eine Mail, nachdem Sie sie heruntergeladen haben, auf dem Mailserver verfügbar bleiben soll, passen Sie in den Einstellungen von Mail an.

1 Öffnen Sie die Einstellungen von Mail.

2 Klicken Sie auf den Tab **Accounts**, und wählen Sie in der Seitenleiste den gewünschten POP-Account aus.

3 Klicken Sie rechts auf den Tab **Erweitert**, und setzen Sie hier das Häkchen bei **Nach Erhalt einer E-Mail Kopie vom Server löschen**.

4 Wählen Sie aus dem Auswahlmenü darunter das gewünschte Intervall.

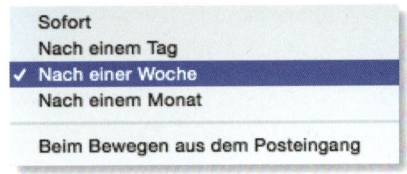

Abbildung 8.41 *Das Löschintervall einstellen*

Mailprotokolle

An dieser Stelle ist eine kurze Information zu den vielen verschiedenen Begriffen, die zuvor gefallen sind, sicher ganz hilfreich. Von *Protokollen* haben Sie in diesem Buch schon zuvor gelesen; sie werden Ihnen hier wieder begegnen, und im Zusammenhang mit Computern (und Elektronik allgemein) hört man auch immer wieder von Protokollen. Protokolle bei Computern sind nichts anderes als Protokolle im zwischenmenschlichen Umgang auch: eine gemeinsame Vereinbarung, wie bestimmte Dinge zu regeln sind, wer bei bestimmten Dingen den Vortritt hat etc. Dass es für jeden Zweck ein anderes und oft auch mehrere verschiedene Protokolle zur Auswahl gibt, ist einfach so. Das ist ein Zustand, den man besser nicht hinterfragt, wenn man nicht vorhat, den Rest des Tages mit philosophischen Grundfragen zu verbringen. An dieser Stelle werfen wir kurz einen Blick auf die Protokolle, die im Zusammenhang mit Mail auftauchen.

Es gibt prinzipiell zwei Arten von E-Mail-Accounts:

- solche, die Sie ausschließlich lokal (also auf Ihrem Mac) und auf eventuell vorhandenen weiteren Geräten nutzen (POP)

- solche, die online zur Verfügung stehen und die nur auf das jeweils zur Bearbeitung genutzte Gerät repliziert werden (IMAP)

Erstere benötigen einen Mailserver zum Empfangen (POP) der Nachrichten. Letztere finden nur auf dem Server statt; das verwendete Protokoll heißt IMAP. Ein weiteres Protokoll, mit dem Mail umgehen kann, ist Exchange. Welches Protokoll Sie also für einen Mail-Account nutzen, hängt einerseits davon ab, ob Sie überhaupt eine Wahl haben. Gerade im beruflichen Umfeld gibt es oft keine Wahlmöglichkeit. Bei privaten Mail-Accounts ist es schon wahrscheinlicher, die Wahl zu haben, falls Ihr Anbieter sowohl POP als auch IMAP zur Verfügung stellt.

Aber für welches Protokoll sollten Sie sich nun entscheiden? Es ist letztlich eine Frage der persönlichen Präferenz. Beide Protokolle haben ihre Vor- und Nachteile. POP ist nicht so bequem auf mehreren Geräten nutzbar, und Sie sind selbst für Ihre Datensicherung verantwortlich. IMAP ist unglaublich praktisch, aber Sie müssen dem Serverbetreiber in Bezug auf Daten- und Betriebssicherheit vertrauen. Ihr iCloud-E-Mail-Account nutzt IMAP, damit Sie stets überall Zugriff auf Ihre E-Mails haben.

INFO

OS X und Exchange
Anders als so manches Microsoft-Produkt wird die von Microsoft entwickelte Technologie Exchange von OS X selbstverständlich »out of the box«, also ohne weitere Bedingungen, Installationen oder Einstellungen, unterstützt. Wer also heute noch Macs als nicht bürotauglich bezeichnet, hat offensichtlich die letzten zehn Jahre hinter dem Mond verbracht.

Die Programmoberfläche von Mail

Nachdem also ein E-Mail-Account eingerichtet ist, startet Mail, und wir verschaffen uns zunächst einen Überblick über die Oberfläche (siehe Abbildung 8.42).

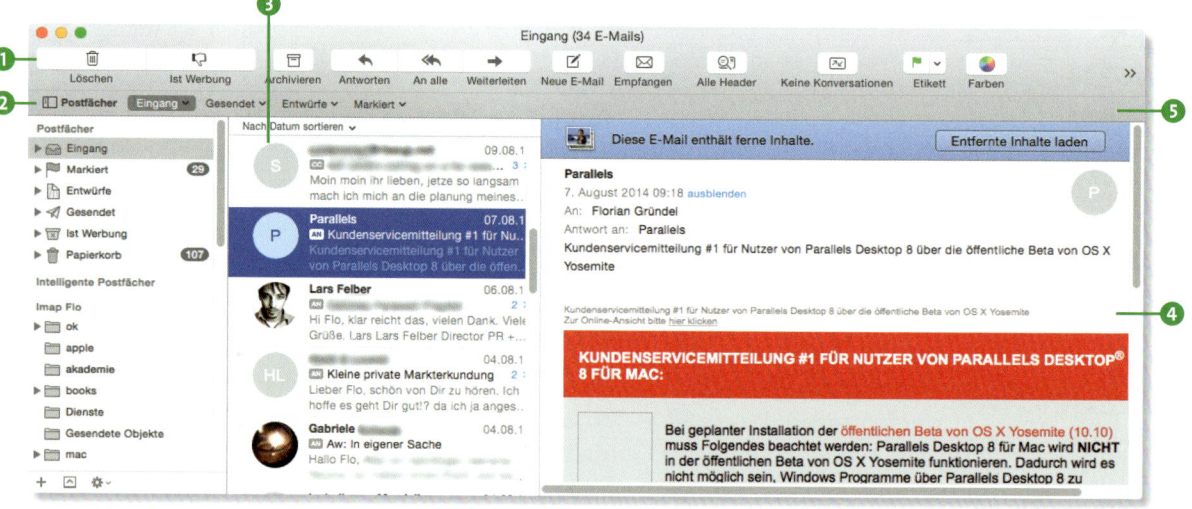

∧ **Abbildung 8.42** Die Programmoberfläche von Mail

Auf den ersten Blick gibt es keine großen Überraschungen. Mail verfügt über eine Symbolleiste ❶, ein zunächst zweispaltiges Layout, das jedoch durch Klick auf den Button **Postfächer** ❷ oder **Ablage > Postfachliste einblenden** zu einem dreispaltigen Layout werden kann. In der linken bzw. mittleren Spalte sehen Sie die Inhalte, also die Mails ❸ des ausgewählten Postfachs, aufgelistet. Rechts wird der Inhalt der aktuell ausgewählten Mail(s) ❹ angezeigt. Außerdem gibt es eine Favoritenleiste ❺, die sich als Ergänzung oder Ersatz für die Postfachspalte nutzen lässt. Da hier auf den ersten Blick keine Fragen auftauchen, importieren wir zunächst alte E-Mails aus unserem vorherigen E-Mail-Programm.

INFO

Postfächer

Für Mail ist alles ein Postfach: zum einen natürlich die Postfächer, die in der Seitenleiste auch so bezeichnet werden. Aber auch die mit einem Ordnersymbol versehenen Ansammlungen von E-Mails, beispielsweise im Abschnitt eines angelegten IMAP-Kontos ❻ oder nach einem Import im Abschnitt **Lokal**, bezeichnet Mail als Postfächer.

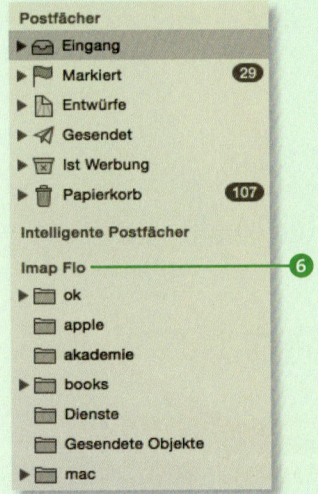

^ Abbildung 8.43
Für Mail ist alles ein Postfach, auch wenn es nicht immer das gleiche Symbol hat.

E-Mails importieren

Wenn Sie bereits zuvor mit einem anderen Computer ein E-Mail-Programm genutzt haben, möchten Sie nun sicherlich die Mails von dort in Mail auf Ihrem Mac importieren. Exportieren Sie also zunächst auf Ihrem alten Computer die E-Mails aus Ihrem Mailprogramm in eines der folgenden Formate, die Mail importieren kann:

- Apple Mail
- Netscape/Mozilla
- Thunderbird
- Eudora
- Dateien im MBOX-Format

Die meisten E-Mail-Programme bieten dafür einen entsprechenden Menübefehl zum Exportieren. Wenn Sie beim Format unsicher sind, wählen Sie im Zweifelsfall das MBOX-Format, das die meisten E-Mail-Programme unterstützen.

1 Klicken Sie in Mail auf **Ablage > Postfächer importieren**.

2 Wählen Sie im folgenden Schritt, von welchem Programm Sie Mails importieren möchten, und klicken Sie auf den Button **Fortfahren**.

^ Abbildung 8.44 *Die gewünschten Quellpostfächer wählen*

3 Wählen Sie im folgenden Schritt den Speicherort aus, an dem die bisherigen Mails zu finden sind, und klicken Sie auf **Auswählen**.

4 Mail zeigt nun alle am ausgewählten Ort gefundenen Objekte an, und Sie können gegebenenfalls einzelne durch Entfernen des Häkchens abwählen, um sie vom Import auszuschließen. Klicken Sie auf den Button **Fortfahren**.

5 Anschließend importiert Mail die ausgewählten Objekte. Je nach Menge dauert das Importieren nur ein paar Sekunden, einige Minuten oder mitunter auch Stunden. Während des Imports zeigt Mail den Fortschritt an.

∧ *Abbildung 8.45 Die Mails werden importiert.*

Anschließend finden Sie Ihre importierten Postfächer in der Postfachleiste wieder. Mail hat einen neuen Abschnitt **Lokal** angelegt. Das heißt, Postfächer in diesem Abschnitt befinden sich auf Ihrem Mac. Im Abschnitt **Lokal** befindet sich der Ordner **Importiert**, der jetzt alle Ihre importieren Postfächer enthält.

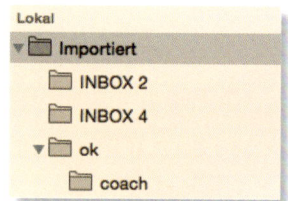

∧ *Abbildung 8.46 Die importierten Postfächer*

Um sich ein bisschen »heimischer« zu fühlen und nicht jedes Mal zuerst in den Ordner **Importiert** wechseln zu müssen, können Sie die Postfächer aus dem Ordner **Importiert** heraus eine Ebene höher in den Abschnitt **Lokal** bewegen. Postfächer bewegen und organisieren Sie per Drag & Drop. So bewegen Sie auch Postfächer wiederum in andere Postfächer. Damit Sie mit Postfächern wie gewohnt arbeiten können, sehen die Postfächer wie Ordner aus und lassen sich auch so nutzen. Da Sie ja aus dem Finder den Umgang mit Ordnern gewohnt sind, haben Sie auch sicher mit den Postfächern kein Problem.

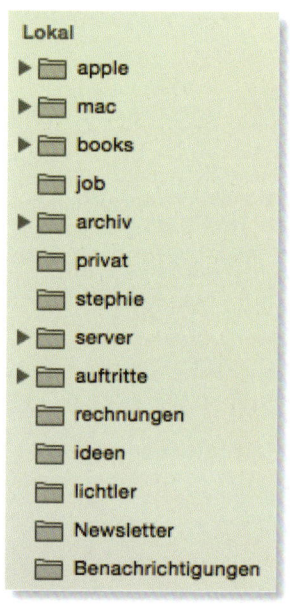

∧ *Abbildung 8.47 Postfächer lassen sich wie Ordner im Finder organisieren.*

8.5   E-Mails empfangen und verwalten

Nachdem Sie nun Ihre alten E-Mails erfolgreich importiert haben, wird es Zeit, neue Mails zu holen.

E-Mails vom Server abrufen

Haben Sie den Import erledigt, steht dem E-Mail-Empfang nichts mehr im Wege.

Klicken Sie in der Symbolleiste auf den Button **Empfangen**. Mail holt nun alle neuen Mails vom Server und legt sie zunächst, falls Sie nicht anderslautende Regeln angelegt haben, im Eingangspostfach ab.

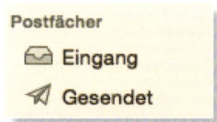

▲ **Abbildung 8.48** *»Eingang« und »Gesendet« sind standardmäßig angelegte Postfächer.*

Anzeige und Sortierung der empfangenen Mails sind Bereiche, in denen ein Mailprogramm gegenüber anderen Mailprogrammen brillieren kann. Je größer Ihr Aufkommen an E-Mails ist, desto wichtiger wird das effiziente Management der eingegangenen E-Mails.

Mail bietet hier einige hilfreiche Darstellungsarten und Sortiermöglichkeiten, mit denen Sie die Flut der E-Mails bequem managen. Zunächst zeigt Mail alle eingegangenen Mails im Ordner **Eingang** an. Wenn Sie mehrere E-Mail-Accounts mit Mail verwalten, werden alle eingegangenen E-Mails gemeinsam im Eingang angezeigt.

▲ **Abbildung 8.49** *Der Ordner »Eingang« zeigt alle eingegangenen E-Mails aller E-Mail-Accounts gemeinsam an.*

Möchten Sie jedoch nur die Mails im Eingang eines bestimmten E-Mail-Accounts sehen, klappen Sie den Eingangsordner aus und markieren den Ordner des gewünschten Accounts. Die Übersicht zeigt nun nur die Mails im Eingangsordner des ausgewählten Accounts.

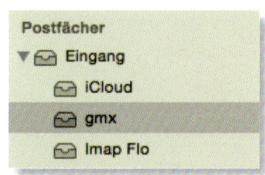

▲ **Abbildung 8.50** *Die aufgeklappte Eingangsansicht mit einem ausgewählten E-Mail-Account*

E-Mails löschen

Wenn alle Mails im Eingangsordner verbleiben, wird dieser sehr schnell sehr voll, und auf dem Laufenden zu bleiben wird zur Qual, trotz der guten Suchfunktion von Mail. Es ist also sinnvoll, die eingegangenen Mails zu sortieren oder – falls Sie sie nicht mehr brauchen – zu löschen. Das Löschen ist denkbar einfach:

1 Markieren Sie eine E-Mail, und klicken Sie in der Symbolleiste auf den Button **Löschen**. Das ist der Button mit dem Papierkorbsymbol.

2 In der Seitenleiste kommt daraufhin ein neuer Eintrag hinzu: **Papierkorb**. Im Papierkorb landen alle gelöschten Mails. Auch der Papierkorb ist – wie der Eingang – nach Account sortierbar. So lässt sich auch in den Einstellungen von Mail für den Papierkorb jedes Accounts einzeln einstellen, wie lange die gelöschten E-Mails im Papierkorb verbleiben sollen, bevor sie auch von dort endgültig gelöscht werden.

3 Öffnen Sie dazu die Einstellungen von Mail. Im Tab **Accounts** wählen Sie in der Seitenleiste links den gewünschten Account aus.

4 Klicken Sie auf den Tab **Postfach-Verhalten**.

5 Wählen Sie im Bereich **Papierkorb** aus dem Auswahlmenü **1** den gewünschten Zeitraum aus.

▲ **Abbildung 8.51** *Die Löschen-Einstellungen zum ausgewählten Account*

Data Detectors – Inhalte automatisch erkennen

Die meisten E-Mails bekommen Sie ja nicht zum Selbstzweck, sondern aus einem bestimmten Grund, beispielsweise weil Sie zu einem Termin eingeladen oder auf etwas hingewiesen werden. Ganz egal, was der Grund für die E-Mail ist, in den meisten Fällen finden Sie in Mails Daten, Adressen, Links usw. Diese Daten kann Mail mithilfe sogenannter *Data Detectors* erkennen. Dabei handelt es sich um eine Technologie, die ermittelt, ob es sich bei Text um Inhalte von bestimmter Art (wie etwa um ein Datum, eine Adresse oder eine Sendungsverfolgungsnummer) handelt.

^ **Abbildung 8.52** *Ein Data Detector hat eine Adresse erkannt.*

Diese Texterkennungsfunktion stellt das Betriebssystem programmübergreifend zur Verfügung, sodass auch Entwickler anderer Programme davon profitieren können, wenn sie die Technologie in ihren Programmen nutzen. In Mail sind die Data Detectors besonders nützlich, da hier Informationen empfangen und gleich weiterverwendet werden. Data Detectors bieten also im Kontext von E-Mail, Kontakteverwaltung, Karten und Kalenderorganisation großen Nutzen. Es ist z. B. bequem möglich, einen neuen Kalendereintrag oder einen neuen Kontakt zu erstellen.

1 Fahren Sie mit dem Mauszeiger beispielsweise über ein Datum in einer E-Mail. Wenn der Data Detector das Datum erkannt hat, wird das Datum umrahmt und ein kleiner Pfeil ❶ angezeigt.

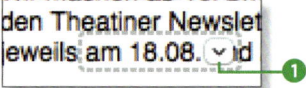

^ **Abbildung 8.53** *Data Detector in Aktion*

2 Klicken Sie auf den eingeblendeten Pfeil. Im folgenden schwebenden Fenster wird das markierte Datum nun im Kontext Ihrer weiteren Termine für das Datum angezeigt.

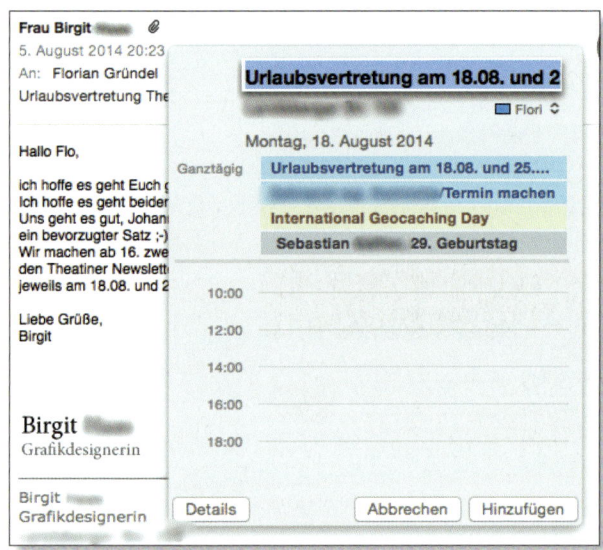

^ **Abbildung 8.54** *Das markierte Datum wird zusammen mit Ihren Einträgen aus Kalender angezeigt.*

3 Handelt es sich dabei um einen Termin, den Sie zu Kalender hinzufügen wollen, klicken Sie auf den Button **Hinzufügen**.

4 Wenn Sie den Termin erst noch etwas konkretisieren wollen, klicken Sie auf den Button **Details**, nehmen in der daraufhin eingeblendeten Ereignismaske die gewünschten Änderungen vor und klicken dann auf den Button **Hinzufügen**.

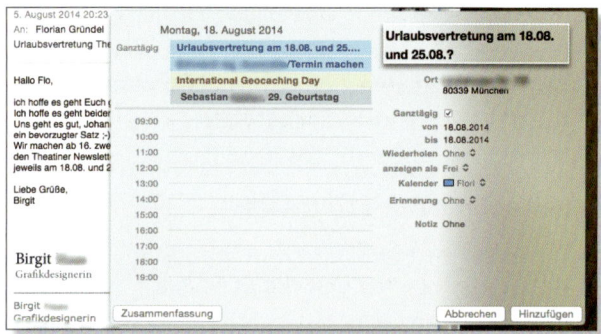

▲ **Abbildung 8.55** *Mit wenigen Klicks ändern Sie die wichtigsten Einstellungen und legen einen neuen Termin an.*

Auch Webseiten-Links werden von Data Detectors erkannt und dann in einem Vorschaufenster angezeigt, was in vielen Fällen sehr praktisch ist, da Sie so nicht extra das Programm wechseln und einen Browser öffnen müssen, um schnell eine Information nachzuschlagen.

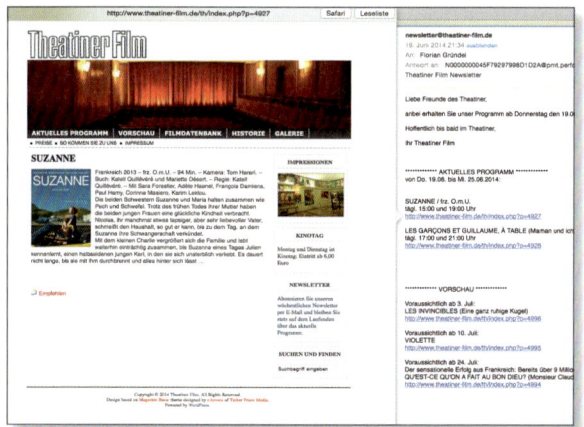

▲ **Abbildung 8.56** *Praktisch: die Vorschau eines per E-Mail empfangenen Links*

Allerdings ist diese Funktion auch mit Vorsicht zu genießen, speziell dann, wenn Sie z. B. Newsletter abonniert haben. Bei den meisten Newslettern befindet sich am Ende der Mail ein Link, um den Newsletter abzubestellen. Wenn Sie sich diesen Link mit der Vorschau anzeigen lassen, sind Sie schon vom Newsletter abgemeldet, ohne extra den Link im Browser aufzurufen, und müssen sich gegebenenfalls neu anmelden.

Den Data Detectors werden wir in Abschnitt 8.8, »Kalender – Ihr digitaler (Termin-)Assistent«, ab Seite 322 im Zusammenhang mit diesem Programm erneut begegnen.

Spamfilter aktivieren

Leider ist ein großer Teil der eingehenden E-Mails es nicht wert, sie zu lesen, geschweige denn, sie zu behalten, weil es sich um Werbemails handelt. Mail hat einen integrierten Werbemail-Filter, der Sie vor dem Gros der Werbemails schützt. Die Werbemails werden beim Empfang der E-Mails sofort gefiltert und tauchen gar nicht erst im Eingang auf, sondern werden, abhängig von Ihren Einstellungen, automatisch in den Ordner **Werbung** oder einen anderen von Ihnen festgelegten Ordner bewegt. Natürlich klappt das nicht hundertprozentig, aber die Quote ist sehr gut, zumal Sie die Erkennung stetig verbessern können, indem Sie selbst unerwünschte E-Mails mit einem Klick auf den Button mit dem nach unten weisenden Daumen in der Symbolleiste als Werbung markieren oder fälschlich als Werbung erkannte Mails durch einen Klick auf **Keine Werbung** ❷ wieder rehabilitieren. Falls Sie also einmal eine E-Mail vermissen, schauen Sie ruhig in den Ordner **Ist Werbung**. Eventuell hat Mail die E-Mail ja fälschlicherweise als Spam, als sogenannte *falsche Positive*, erkannt. Besonders bei Newslettern passiert das leider ab und zu.

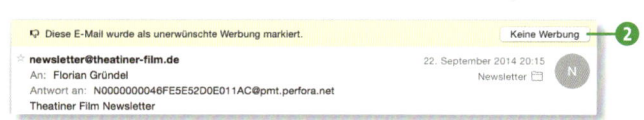

▲ **Abbildung 8.57** *Wenn die Werbemail-Erkennung über das Ziel hinausschießt, schaffen Sie mit einem Mausklick Abhilfe.*

Der Werbemail-Filter ist automatisch aktiviert. Das heißt: In dem unwahrscheinlichen Fall, dass Sie ihn nicht nutzen wollen, müssen Sie ihn explizit deaktivieren. In den Einstellungen von Mail finden Sie dazu einen eigenen Tab namens **Werbung**, auf dem Sie die Funktion abstellen können.

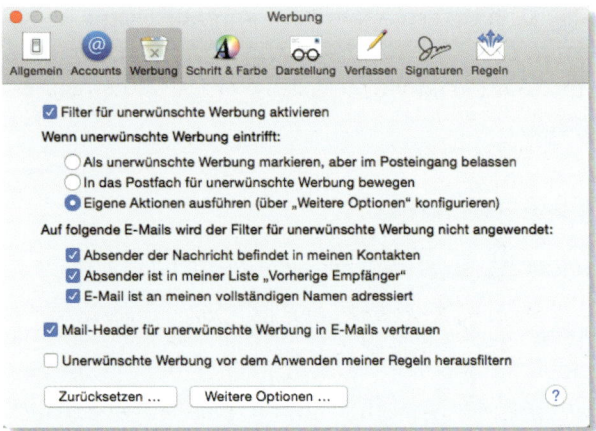

Abbildung 8.58 *Erkennung und Sortierung von Werbemails anpassen*

Dort können Sie die Parameter für die Erkennung und Sortierung von unerwünschten Werbemails anpassen.

Postfächer anlegen

Sind also die Werbemails automatisch und die unwichtigen E-Mails manuell gelöscht, bleiben die erwünschten E-Mails, die es sich zu behalten lohnt. Aber auch die will man nicht auf ewig im Eingang liegen haben, da es dort sonst relativ schnell recht unübersichtlich zugeht. Sie haben mehrere Möglichkeiten, die E-Mails zu sortieren, die Sie behalten möchten. Die einfachste und flexibelste ist, die E-Mails in Postfächer zu sortieren.

1 Klicken Sie auf den Button mit dem Pluszeichen unter der Liste der Postfächer. Klicken Sie im folgenden Kontextmenü **Neues Postfach** an.

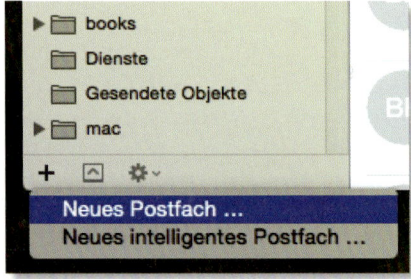

Abbildung 8.59 *Ein neues Postfach anlegen*

2 Wählen Sie im folgenden Dialog aus dem Auswahlmenü **Ort** den gewünschten Ort oder die Position in der Seitenleiste (und damit die logische Einordnung für das Postfach) aus, und geben Sie in das Feld **Name** den Namen für das neue Postfach ein.

3 Klicken Sie auf den Button **OK**.

4 Das neue Postfach wird nun an der angegebenen Stelle angelegt, Sie können es aber natürlich auch nachträglich noch jederzeit durch Drag & Drop an eine andere Stelle bewegen.

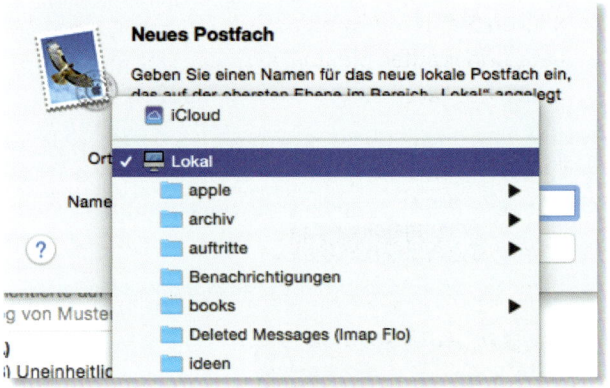

Abbildung 8.60 *Den Ort für das neue Postfach festlegen*

Nun können Sie dem Postfach mittels Drag & Drop Mails hinzufügen oder sie automatisch per Filter in das gewünschte Postfach einsortieren.

Abbildung 8.61 *Mails aus dem Eingang per Drag & Drop in ein Postfach bewegen*

E-Mails mit Etiketten markieren

Mit Postfächern sorgen Sie also schon für mehr Ordnung und Struktur. Eine weitere Möglichkeit, etwas Ordnung und Struktur in die Vielzahl der E-Mails zu bringen, besteht darin, sie zu markieren. Die farbigen Etiketten sind Ihnen bereits vom Finder bekannt und stehen in Mail ebenfalls zur Verfügung, allerdings in leicht abgewandelter Form.

1 Markieren Sie eine Mail, die Sie mit einem Etikett versehen möchten.

2 Klicken Sie in der Symbolleiste auf den Button **Etikett**, und wählen Sie aus dem Kontextmenü die gewünschte Farbe aus.

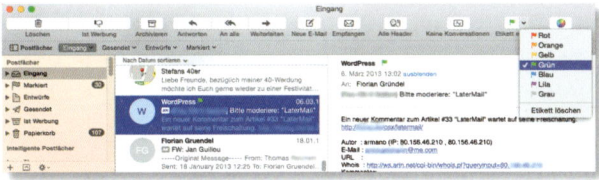

^ **Abbildung 8.62** *Mails markieren*

Markierte Mails werden in der Seitenleiste zusätzlich in intelligenten Postfächern je nach gesetztem Etikett sortiert angezeigt.

^ **Abbildung 8.63** *Praktisch: Markierte Mails werden gesondert sortiert und sind so stets griffbereit.*

E-Mails von VIPs

Mit OS X 10.8 hat Apple eine weitere Möglichkeit eingeführt, Mails zu kennzeichnen: anhand von Personen, die Sie als sogenannte *VIPs* (Very Important Persons, also Menschen, die Ihnen besonders wichtig sind) definieren. Wer zum Kreis der VIPs gehört, entscheiden Sie. Dazu blendet Mail, wenn Sie den Mauszeiger über

den Namen des Absenders bewegen, einen kleinen Stern ein. Um einen Absender als VIP zu definieren, klicken Sie ganz einfach auf den eingeblendeten Stern.

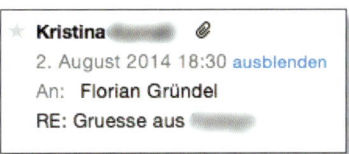

^ **Abbildung 8.64** *Einen Absender durch Klick auf den Stern als VIP kennzeichnen*

Mail erstellt daraufhin automatisch ein neues intelligentes Postfach mit dem Namen des VIPs, sodass Sie Mails dieser Person stets einfach und schnell griffbereit haben.

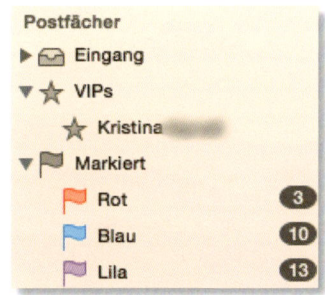

^ **Abbildung 8.65** *Hier noch einmal alle Organisations- und Sortiermöglichkeiten in Mail im Überblick: VIP, Etiketten, Postfächer*

Filterregeln erstellen

Mit Postfächern und Etiketten ist schon viel gewonnen, aber immer noch müssen Sie das Gros der E-Mails von Hand sortieren. Die Sortiererei ist lästig und zeitraubend. Ganz viele Sortiervorgänge lassen sich bequem automatisieren, da sie sich immer wieder wiederholen. Dafür bietet Mail die Möglichkeit, Filterregeln zu erstellen. Alle empfangenen E-Mails werden beim Empfang daraufhin geprüft, ob sie den Parametern einer Regel entsprechen, und gegebenenfalls entsprechend behandelt und sortiert. Einen dieser Filter, den für die unerwünschten Werbemails, haben Sie bereits im Abschnitt »Spamfilter aktivieren«, ab Seite 307 kennengelernt. Filterregeln lassen sich aber nicht nur für unerwünschte, sondern für alle E-Mails anlegen.

1 Öffnen Sie die Einstellungen von Mail über die Menüleiste **Mail > Einstellungen**.

2 Wechseln Sie in den Tab **Regeln**, und klicken Sie auf den Button **Regel hinzufügen** ❶.

⌃ Abbildung 8.66 *Über die Regeln in Mail legen Sie E-Mail-Filter an.*

3 Geben Sie bei **Beschreibung** ❷ einen griffigen Namen für die Regel ein.

4 Wählen Sie im Auswahlmenü **Bei Erfüllen** ❸ aus, ob die nachfolgenden Bedingungen alle (**aller**) gelten sollen oder ob es genügt, wenn eine (**einer**) der folgenden Bedingungen erfüllt ist.

5 Wählen Sie in den folgenden Auswahlmenüs entsprechende Bedingungen und Parameter aus, die zur Abarbeitung dieser Regel erfüllt sein sollen. Klicken Sie auf den Button mit dem Pluszeichen ❹, um weitere Bedingungen hinzuzufügen. Das Prozedere sollte Ihnen vom Erstellen eines intelligenten Ordners im Finder vertraut sein (siehe Seite 144).

6 Wählen Sie in den Auswahlmenüs bei **Folgende Aktionen durchführen** ❺ ebenfalls die gewünschten Bedingungen und Parameter aus. Hier können Sie also unter anderem einstellen, dass eine Mail automatisch in ein bestimmtes Postfach einsortiert wird.

7 Klicken Sie auf den Button **OK**, um Ihre Angaben zu bestätigen. Zukünftig müssen Sie also Mails, die den genannten Kriterien entsprechen, nicht mehr selbst

sortieren, sondern finden sie nach dem Empfang im gewünschten Postfach.

⌃ Abbildung 8.67 *Eine Regel wird eingerichtet.*

Kombinieren Sie nun die verfügbaren Techniken, indem Sie beispielsweise automatisch sortieren und etikettieren lassen, dann die Mails im Postfach nach Etikett sortieren, und schon behalten Sie auch bei Tausenden von Mails problemlos den Überblick. Mit clever zusammengestellten Regeln realisieren Sie auch komplexe Arbeitsabläufe.

Um sich dabei unnötige Arbeit zu ersparen, lassen sich Regeln duplizieren. Oft unterscheiden sich Regeln nur in Details. Da wäre es lästig, jede Regel von Grund auf neu zusammenzuklicken. Duplizieren Sie also Regeln, und nehmen Sie nur die nötigen Änderungen an den duplizierten Regeln vor, um schnell viele Regeln zu erstellen. Zusätzlich zu den einfachen Postfächern, den Etiketten und den Filterregeln bietet Mail eine weitere Möglichkeit der Sortierung: intelligente Postfächer.

Intelligente Postfächer und die Suchfunktion

Intelligente Postfächer sind – wie die bereits vom Finder bekannten intelligenten Ordner (siehe Seite 144) – keine wirklichen Postfächer, die die dorthin sortierten E-Mails enthalten, sondern wie die intelligenten Ordner im Finder gesicherte Suchabfragen, die mitunter sehr komplex ausfallen können.

Mit den intelligenten Postfächern verfügen Sie über die flexibelste Möglichkeit, E-Mails zu sortieren und stets aktuell zu halten, da die Suche ja jedes Mal aufs Neue ausgeführt wird, wenn Sie das Postfach anklicken.

1 Klicken Sie auf den Button mit dem Pluszeichen unter der Liste der Postfächer. Wählen Sie im folgenden Kontextmenü **Neues intelligentes Postfach** aus.

2 Vergeben Sie im folgenden Dialog einen Namen für das intelligente Postfach, und stellen Sie Suchparameter für das intelligente Postfach zusammen.

Nachdem Sie bereits im Finder intelligente Ordner angelegt und in Mail Filterregeln erstellt haben, sollte Ihnen das Zusammenstellen der Parameter für intelligente Postfächer keine Probleme bereiten.

∧ **Abbildung 8.68** *Ein intelligentes Postfach erstellen*

3 Ein intelligentes Postfach lässt sich auch aus einem Suchergebnis heraus erstellen. Geben Sie dazu in das Suchfeld einen Suchbegriff ein. Mail bietet daraufhin in einem Einblendmenü alle im Kontext mit dem Suchbegriff verfügbaren Fundstellen übersichtlich und thematisch sortiert an.

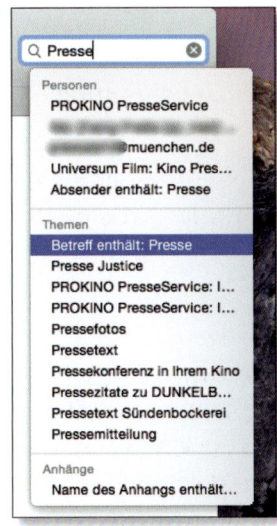

< **Abbildung 8.69** *Mail bietet kontextabhängige Suchergebnisse an.*

4 Klicken Sie auf eine der angebotenen Fundstellen. Mail zeigt nun zum einen die Fundstelle an, macht daraus aber im Suchfeld auch zugleich einen Suchparameter, den Sie wiederum verändern können.

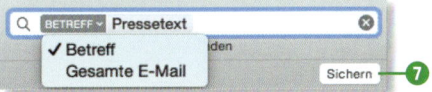

∧ **Abbildung 8.70** *Anpassbare Suchparameter*

So kombinieren Sie mehrere Suchparameter und sichern sie zur weiteren Verwendung als intelligentes Postfach.

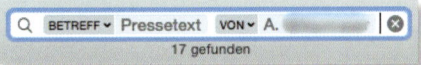

∧ **Abbildung 8.71** *Suchparameter lassen sich kombinieren.*

5 Klicken Sie auf den Button **Sichern** ❼ unter dem Suchfeld. Mail zeigt daraufhin das Dialogfenster zum Erstellen eines intelligenten Postfachs, das bereits die zuvor im Suchfeld verwendeten Parameter enthält. Fügen Sie bei Bedarf über die Plus-Buttons weitere Parameter hinzu, und passen Sie so die Suche weiter an.

6 Klicken Sie auf den Button **OK**, um die Suche als intelligentes Postfach zu sichern.

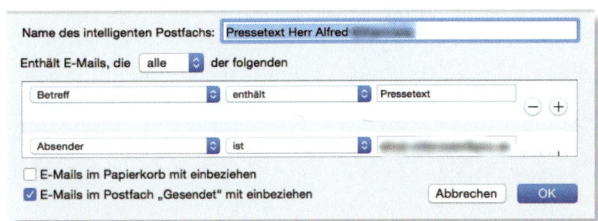

∧ **Abbildung 8.72** *Aus der Suche wird ein intelligentes Postfach.*

Mehr Übersicht durch Konversationen

Aber nicht nur dann, wenn Sie selbst mittels Regeln, Postfächern und Suchen aktiv Einfluss auf die Sortierung und Darstellung der E-Mails nehmen, gewinnen Sie Übersicht. Mail bietet von sich aus schon übersichtliche Darstellungen an. So sortiert Mail automatisch zusammengehörende E-Mails und stellt diese zeitlich fortlaufend in einer *Konversation* dar (siehe Abbildung 8.73).

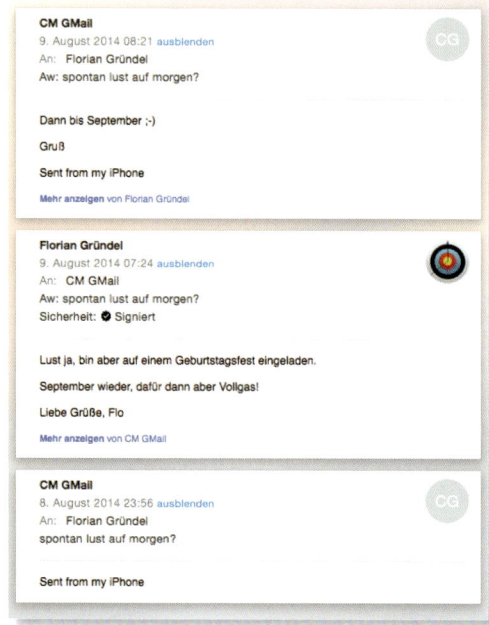

Abbildung 8.73 *Mail zeigt zusammengehörende Mails als fortlaufende Konversation an.*

Schalten Sie die Konversationsansicht mit Klick auf **Darstellung > Nach Konversation ordnen** ein und aus. Haben Sie diese Art der Darstellung deaktiviert, zeigt Mail die zusammengehörenden Mails farblich markiert an. Sie behalten also so oder so stets den Überblick über Ihre Mails.

Abbildung 8.74 *Die Alternative zur Konversation: farbliche Markierung zusammengehörender E-Mails*

8.6 E-Mails schreiben und versenden

Nachdem Sie sich nun ausgiebig mit den eingegangenen E-Mails beschäftigt haben, wird es Zeit, selbst E-Mails zu schreiben und zu versenden.

1 Klicken Sie auf den Button **Neue E-Mail** in der Symbolleiste. Das ist der Button mit Papier und Stift. Mail öffnet daraufhin ein neues Fenster, in dem Sie Ihre E-Mail schreiben und bearbeiten können.

2 Geben Sie zunächst den Text Ihrer E-Mail ein. Dabei stehen Ihnen natürlich viele bereits aus anderen Programmen bekannte Formatierungsmöglichkeiten zur Verfügung.

3 Um beispielsweise die verwendete Schrift zu ändern, markieren Sie den gewünschten Text.

4 Klicken Sie auf den Button **Format** ❶ in der Symbolleiste. Mail zeigt nun eine Formatierungsleiste an, die viele der bekannten Formatierungsmöglichkeiten bietet.

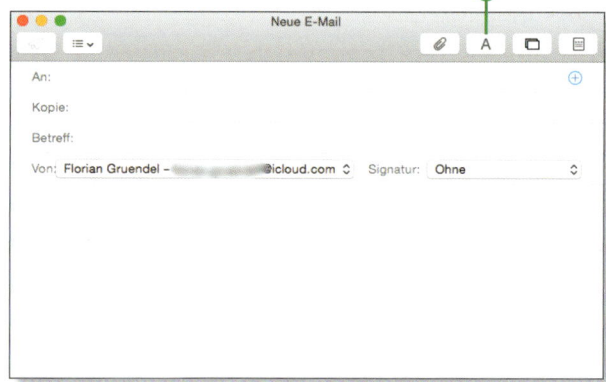

Abbildung 8.75 *Eine neue E-Mail verfassen*

Falls der Button **Format** – und weitere im Folgenden erwähnte Buttons – nicht in der Menüleiste angezeigt wird, müssen Sie diese erst hinzufügen. Klicken Sie dazu auf **Darstellung > Symbolleiste anpassen …**, und stellen Sie die Buttons in der Menüleiste nach Ihren Bedürfnissen zusammen. Alternativ dazu können Sie auch mit rechts auf die Symbolleiste klicken und dort den Befehl **Symbolleiste anpassen …** auswählen.

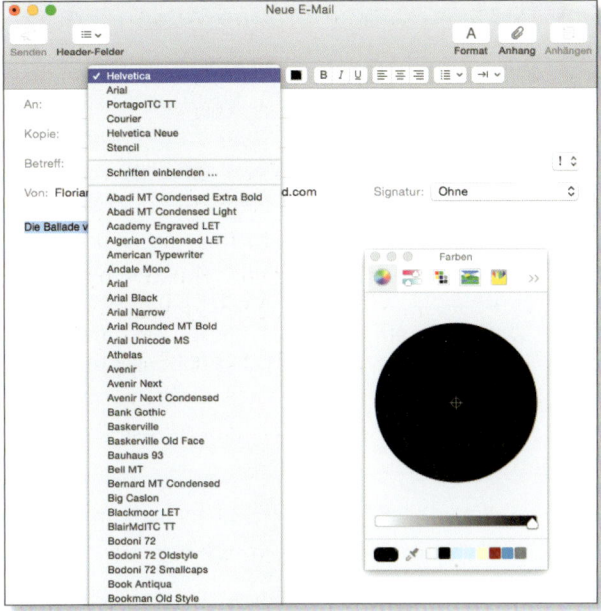

Abbildung 8.76 Die E-Mail formatieren

Anhänge hinzufügen

Da Sie mit einer E-Mail ja nicht nur Text versenden, sondern ihr auch Dateien anhängen können, nutzen wir die Möglichkeit, ein Foto in die E-Mail einzufügen.

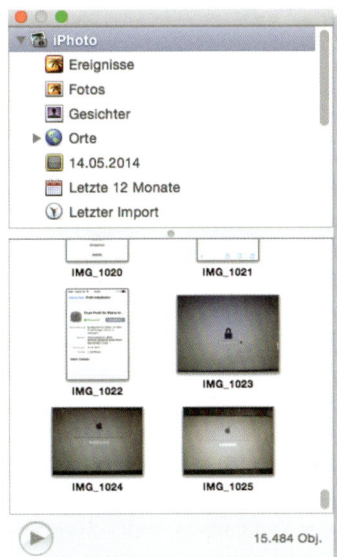

Abbildung 8.77 Die Fotoübersicht

1 Klicken Sie in der Symbolleiste auf den Button **Foto-übersicht** ❷. Mail blendet daraufhin ein Fenster mit der Übersicht über die verfügbaren Fotos ein. Sie können hier auf Ihr iPhoto-Archiv und auf die Fotos aus Photo Booth zugreifen.

2 Wählen Sie aus der Fotoübersicht ein Foto aus, und ziehen Sie es per Drag & Drop in Ihre E-Mail.

Das Foto ist möglicherweise zu groß, um es so, wie es ist, per E-Mail zu versenden (Lesen Sie dazu auch den Abschnitt »Mail Drop« ab Seite 317.). Mail zeigt daher automatisch, nachdem Sie ein Foto hinzugefügt haben, eine Übersicht über die Größe der Mail ❸ und ein neues Auswahlmenü ❹ an, mit dem Sie die Größe des eingefügten Bildes verändern können.

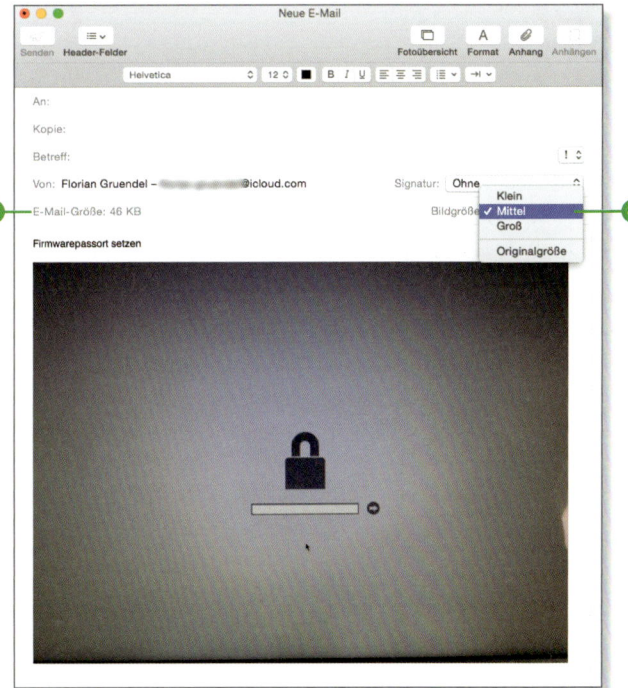

Abbildung 8.78 Die Größe eingefügter Bilder lässt sich anpassen.

3 Genauso bequem wie Fotos lassen sich Dateien aller Art anhängen. Klicken Sie dazu in der Symbolleiste auf den Button **Anhang** ❺, es öffnet sich auch hier ein entsprechendes Fenster.

4 Wählen Sie im folgenden Auswahlfenster die gewünschte(n) Datei(en) aus, und klicken Sie auf den Button **Datei wählen** ❶. Die ausgewählte Datei wird zu der Mail hinzugefügt.

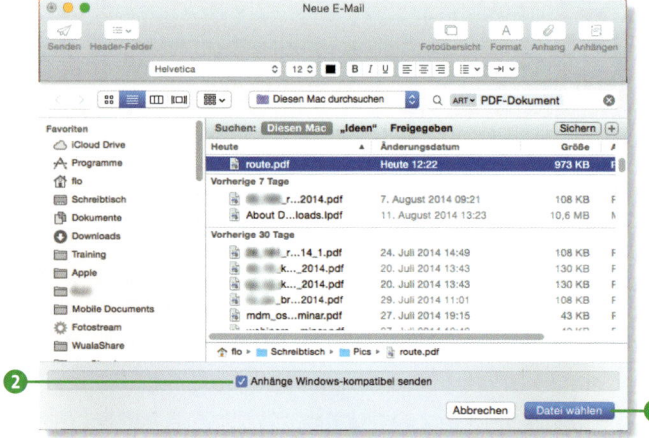

▲ **Abbildung 8.79** *Auch im Auswahlfenster stehen alle bekannten Sortier- und Suchmöglichkeiten zur Verfügung.*

Im Auswahlfenster für Anhänge haben Sie gesehen, dass Sie bei der Option **Anhänge Windows-kompatibel senden** ein Häkchen setzen können ❷. Wenn Sie wissen, dass der Empfänger Ihrer E-Mail Windows nutzt, oder Sie sich nicht sicher sind, welches Betriebssystem der Empfänger verwendet, dann sollten Sie das Häkchen setzen bzw. gesetzt lassen.

Der Hintergrund dieser Einstellung ist, dass die Betriebssysteme unterschiedliche Dateisysteme verwenden. Zusatzinformationen zu einer Datei (wie beispielsweise das farbige Etikett) können im Dateisystem von OS X problemlos verwendet werden. Da Windows ein anderes Dateisystem nutzt, würde z. B. das farbige Etikett dort nicht angezeigt. Um also von vornherein potenzielle Probleme beim Empfänger zu vermeiden, setzen Sie das Häkchen.

Mail stellt dann vor dem Senden der E-Mail sicher, dass die Datei vom Empfänger auch an dessen Computer genutzt werden kann.

Anhänge bearbeiten

Mit OS X Yosemite haben in Mail auch umfangreiche Bearbeitungsmöglichkeiten für Fotos und PDF-Dokumente Einzug gehalten, die Ihnen bislang nur im Bearbeitungsmodus des Programms Vorschau zur Verfügung standen.

1 Bewegen Sie den Mauszeiger über das in die Mail eingefügte Bild, wird ein kleines, nach unten zeigendes Dreieck ❸ eingeblendet. Klicken Sie darauf, und wählen Sie anschließend aus dem folgenden Menü **Markierungen**.

▲ **Abbildung 8.80** *Markierungen ist eine praktische neue Funktion in Yosemite.*

Das Foto wird nun hervorgehoben angezeigt, und am oberen Rand wird eine Symbolleiste mit Bearbeitungsoptionen ❹ eingeblendet. Die meisten der hier zur Verfügung stehenden Bearbeitungsmöglichkeiten kennen Sie bereits von den Bearbeitungsmöglichkeiten mit Vorschau (Lesen Sie dazu den Abschnitt »Vorschau« ab Seite 215.).

▲ **Abbildung 8.81** *Die Bearbeitungsmöglichkeiten von Markierungen*

Ein paar davon sind es aber dennoch wert, sie sich an dieser Stelle genauer anzusehen.

2 Klicken Sie auf den Button **Skizze** ❺. Der Mauszeiger wird nun zu einem Stift, und Sie können frei drauflosmalen.

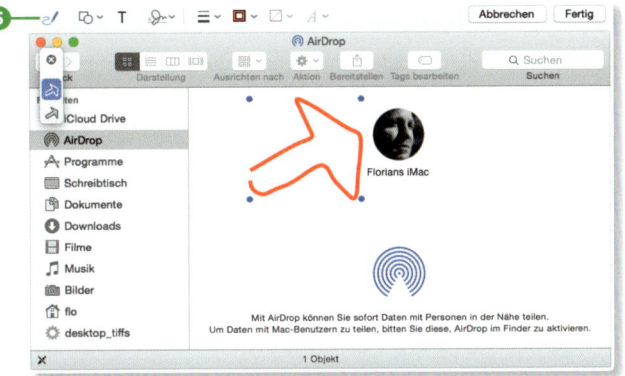

⌃ **Abbildung 8.82** *Einfach losmalen, den Rest übernimmt Markierungen.*

Markierungen erkennt automatisch die Form, die Sie mit dem Stift-Werkzeug zeichnen, und stellt sie entsprechend ordentlich dar. So wird beispielsweise aus krakeligen Strichen schnell und bequem ein Pfeil oder ein Kreis erstellt.

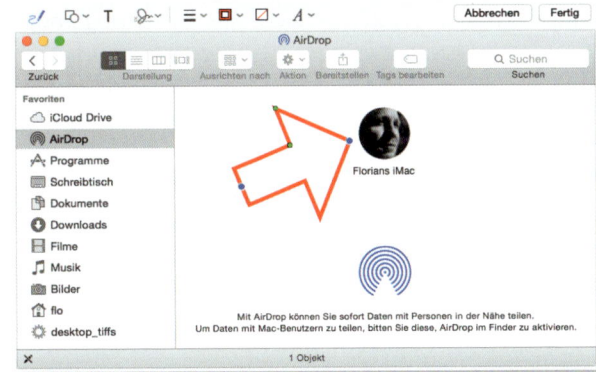

⌃ **Abbildung 8.83** *Aus Gekrakel wird eine ansehnliche Form.*

3 Möchten Sie sich bestimmte Bereiche der Abbildung genauer ansehen, ist die Lupenfunktion hilf-

reich. Klicken Sie auf den Button **Formen** ❻, und wählen Sie im Menü **Lupe** ❼ aus.

Die eingeblendete Lupe können Sie nun an die gewünschte Stelle bewegen. Mit dem blauen Punkt verändern Sie den Radius der Vergrößerung, mithilfe des grünen Punkts den Grad der Vergrößerung.

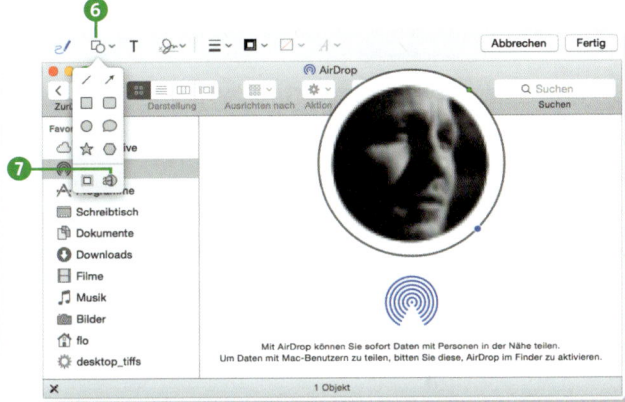

⌃ **Abbildung 8.84** *Praktisch – die Lupenfunktion*

Mit Markierungen können Sie aber auch schnell und unkompliziert Bilder oder PDF-Dokumente unterzeichnen. Dabei haben Sie (wie bereits bei Vorschau) die Möglichkeit, die Signatur von der Kamera erkennen zu lassen, oder sie, falls Sie ein Trackpad nutzen, von Hand zu »schreiben«.

4 Klicken Sie auf den Button **Signatur** ❶ (siehe Abbildung 8.85), und wählen Sie die gewünschte Erkennungsart aus, z. B. **Trackpad**.

5 Klicken Sie auf den Button **Klicken Sie hier, um zu beginnen**, und geben Sie nun Ihre Signatur ein (Oder malen Sie einen Smiley, oder lassen Sie Ihrer Phantasie freien Lauf.).

6 Drücken Sie, sobald Sie fertig sind, eine beliebige Taste, um die Aufzeichnung zu beenden. Sie können mit einem Klick auf den Button **Löschen** Ihre »Zeichnung« wiederholen, falls Sie mit dem Ergebnis nicht zufrieden sind. Oder Sie klicken auf den Button **Fertig**, um die Signatur einzufügen. Mit einem Klick auf den Button **Abbrechen** wird keine Signatur eingefügt und der Vorgang beendet.

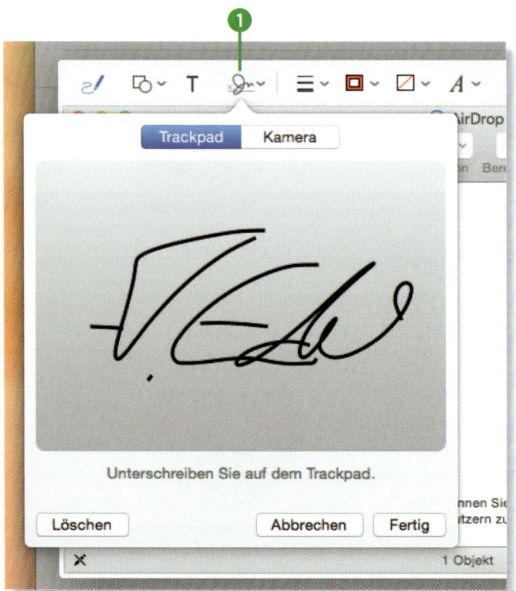

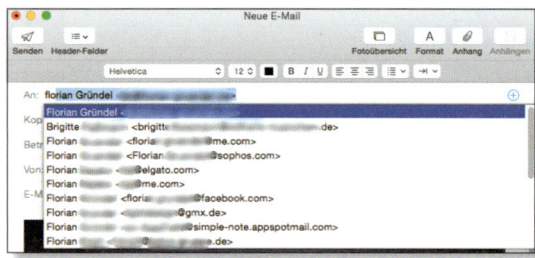

△ **Abbildung 8.86** *Empfänger eingeben*

Sie können nicht nur Namen oder E-Mail-Adressen angeben, sondern auch Gruppen und intelligente Gruppen aus Kontakte. Mail fügt dann automatisch alle in der Gruppe befindlichen Kontakte als Empfänger ein.

2 Geben Sie gegebenenfalls in das Feld **Kopie** Empfänger ein, die die E-Mail neben dem Empfänger in Kopie erhalten sollen.

3 Geben Sie in das Feld **Betreff** den Betreff Ihrer E-Mail ein.

4 Klicken Sie in der Symbolleiste auf den Button **Senden**, um die E-Mail an den oder die Empfänger zu versenden.

△ **Abbildung 8.85** *Für ernsthafte Signaturen eignet sich die Kameraerkennung besser. Das Trackpad eignet sich eher für Signaturen, die Sie, ohne abzusetzen, in einem Zug machen können.*

7 Wenn Sie alle gewünschten Anmerkungen vorgenommen haben, klicken Sie auf den Button **Fertig**, um Markierungen zu beenden. Die Mail ist nun endgültig reif, gesendet zu werden.

Die Möglichkeit, Anmerkungen direkt in Mail machen zu können, erspart Ihnen lästige Arbeitsschritte in anderen Programmen und ist damit eine der praktischsten Neuerungen in OS X Yosemite.

E-Mails abschicken

Inhaltlich reicht das zunächst für eine alltägliche E-Mail: etwas Text und Dateianhänge. Zeit, die E-Mail zu versenden.

1 Geben Sie in das Feld **An** den Namen des Empfängers ein. Schon während der ersten Buchstaben, die Sie eintippen, sehen Sie, wie Mail anbietet, den Namen zu vervollständigen. Dabei greift Mail sowohl auf die Einträge aus dem Programm Kontakte zurück als auch auf Absender von bereits empfangenen E-Mails.

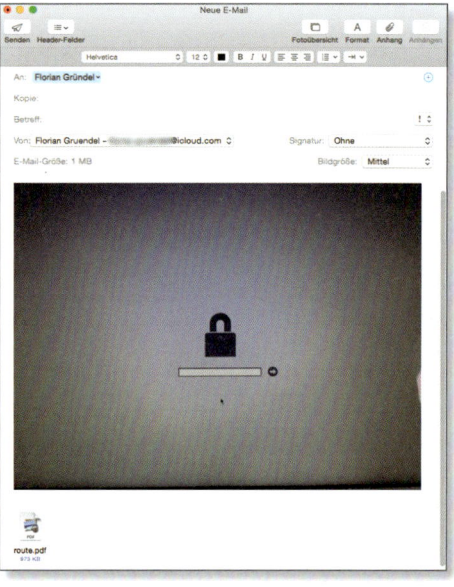

△ **Abbildung 8.87** *Die fertige E-Mail, bereit zum Versenden. Jetzt müssen Sie nur noch auf »Senden« klicken.*

^ **Abbildung 8.88** *Gesendete Mails werden im Ordner »Gesendet« aufbewahrt.*

Mail schließt daraufhin das Editorfenster, versendet die Mail und sichert sie im Postfach **Gesendet** (siehe Abbildung 8.88).

Mail Drop

Die meisten Dateianhänge machen beim Mailversand keine Probleme, da sie klein genug sind, um bequem an eine Mail angehängt zu werden. Schwierig wird es, wenn ein Anhang so groß ist, dass die Mail entweder von Ihrem sendenden Mailserver oder dem empfangenden Mailserver abgelehnt wird. Früher musste man sich in solchen Fällen anderweitig behelfen und dabei mitunter ziemliche »Verrenkungen« machen. Ganze Dienste, wie beispielsweise die unsägliche Datenkrake Dropbox, sind im Zuge dieser Problematik entstanden. Apple hat dankenswerterweise mit OS X Yosemite in Mail die Möglichkeit integriert, iCloud für solche »übergroßen« (bis maximal 5 GB) Dateianhänge nutzen zu können. Die Funktion nennt sich *Mail Drop* und bietet sich immer dann von selbst an, wenn ein Anhang grenzwertig groß ist. Sie müssen sich also gar keine Gedanken machen, wie Sie Mail Drop aktivieren, denn es steht Ihnen ohnehin immer dann zur Verfügung, wenn es nötig ist.

Wenn ein Anhang zu groß ist, um ihn direkt in die Mail einzubetten, wird Ihnen das im Mailfenster entsprechend in roter Schrift angezeigt ❶.

1 Klicken Sie auf den Button **Senden**. Mail öffnet nun einen Dialog, der Sie fragt, ob Sie den Anhang über iCloud als Download bereitstellen möchten.

^ **Abbildung 8.89** *Großer Anhang? Kein Problem!*

2 Klicken Sie auf den Button **Mail Drop verwenden**, um das Angebot anzunehmen.

^ **Abbildung 8.90** *Hilfreich – iCloud anstelle überquellender Mailserver*

Mail beginnt daraufhin mit dem Upload der Datei(en) und ersetzt die eingebettete Datei in Ihrer

Mail durch die entsprechenden Downloadlinks, über die der Empfänger die Dateien aus iCloud herunterladen kann. Die Dateien stehen dem Empfänger der Mail insgesamt 30 Tage zur Verfügung und werden dann automatisch gelöscht.

Leider zeigt Mail nach dem Abschicken und dem Beginn des Ladevorgangs keinerlei Status an, was gerade passiert und wie lange es wohl noch dauert, sodass an dieser Stelle Geduld gefragt ist, bis Mail wenigstens eine ausgehende E-Mail anzeigt. Hoffentlich bessert Apple hier mit einem der nächsten Updates nach.

Je nachdem, welches Mailprogramm der Empfänger Ihrer Mail nun benutzt, bekommt er in der eingehenden Mail Downloadlinks angezeigt, über die die Datei(en) heruntergeladen werden können, oder die Datei wird in die Mail eingebettet angezeigt, als wäre sie direkt als normaler Anhang mitgeschickt worden. Diesen Komfort bietet jedoch nur Mail in OS X.

∧ **Abbildung 8.91** *Mail lädt per Mail Drop versendete Anhänge automatisch nach. Den Ladefortschritt kann man im Icon erkennen.*

Das E-Mail-Fenster anpassen

Eine E-Mail ist also leicht verfasst und versendet. Beim Verfassen einer Mail sind aber manchmal Dinge wichtig, die beim obigen Beispiel komplett außen vor waren, wie beispielsweise Empfänger einer Blindkopie oder die Priorität der E-Mail.

Dafür können Sie das Editorfenster von Mail an Ihre eigenen Präferenzen anpassen. Klicken Sie dazu in der Symbolleiste auf den Button **Header-Felder**, um der Mail weitere Empfängerfelder oder das Prioritätsfeld hinzuzufügen.

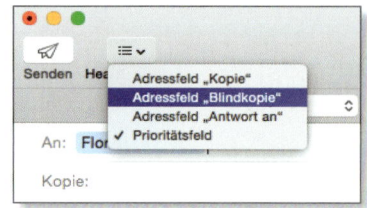

∧ **Abbildung 8.92** *Das Editorfenster von Mail an die eigenen Bedürfnisse anpassen*

Das Editorfenster übernimmt die vorgenommenen Änderungen und behält diese auch bei, sodass Sie bei der nächsten neuen Mail, die Sie verfassen, das Fenster wieder so vorfinden, wie Sie es zuvor eingestellt haben.

Signaturen anlegen

Aber auch mit angepasstem E-Mail-Fenster gibt es noch etwas, das beim Schreiben von E-Mails eigentlich unentbehrlich ist: eine Signatur. Gerade bei der beruflichen Nutzung von E-Mails gehört eine Signatur nicht nur zum guten Ton, sondern ist Pflicht. Mit Mail verwalten und nutzen Sie problemlos mehrere Signaturen. Dazu müssen Sie natürlich erst einmal Signaturen anlegen:

1 Öffnen Sie die Einstellungen von Mail, und klicken Sie auf den Tab **Signaturen**.

In der linken Spalte wählen Sie den E-Mail-Account, zu dem Sie eine Signatur hinzufügen möchten. Im mittleren Feld verwalten Sie die Signaturen des ausgewählten Accounts. Im rechten Feld bearbeiten Sie die ausgewählte Signatur.

2 Wählen Sie also einen E-Mail-Account aus der Liste der verfügbaren Accounts, und klicken Sie auf den Button mit dem Pluszeichen ❶ unter dem mittleren Feld. Mail legt nun eine neue Standardsignatur an.

3 Vergeben Sie einen Namen ❷ für die Signatur, und geben Sie in das rechte Feld ❸ die Signatur so ein, wie sie später in Ihren E-Mails erscheinen soll.

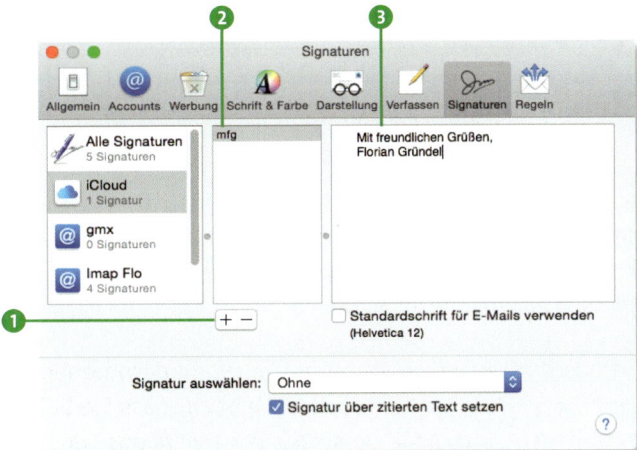

▲ **Abbildung 8.93** *Hier legen Sie die Signatur an.*

Sie können die Signatur natürlich entsprechend formatieren. Alle dafür notwendigen Befehle finden Sie in der Mail-Menüleiste unter **Format**. Fügen Sie z. B. der Signatur ein Foto hinzu. Positionieren Sie einfach das einzufügende Foto per Drag & Drop an die gewünschte Stelle der Signatur.

▲ **Abbildung 8.94** *Signaturen anlegen und verwalten*

TIPP

Standardsignatur festlegen

Sie können für jeden Mail-Account das Signaturverhalten festlegen. Wählen Sie im Auswahlmenü **Signatur auswählen** die Signatur (bzw. bei mehreren Signaturen das Verhalten) für den ausgewählten Account aus. Die ausgewählte Signatur wird dann standardmäßig in jede neue Mail eingefügt.

Signaturen nutzen

Nachdem Sie also Signaturen angelegt haben, sehen wir uns an, wie Sie sie nutzen.

1 Klicken Sie in der Symbolleiste auf den Button **Neue E-Mail**, um ein Editorfenster zu öffnen.

2 Geben Sie den Text Ihrer E-Mail ein.

3 Wählen Sie aus dem (mittlerweile mit Inhalten gefüllten) Signaturmenü ❹ eine Signatur aus. Die Signatur wird nun am Ende der E-Mail hinzugefügt.

▲ **Abbildung 8.95** *Die ausgewählte Signatur wird am Ende der Mail eingefügt.*

Hatten Sie zuvor festgelegt, dass Mail automatisch beim Anlegen einer neuen Mail eine bestimmte Signatur hinzufügt, können Sie das hier natürlich immer noch ändern und z. B. über **Ohne** festlegen, dass gar keine Signatur angefügt wird.

Mail-Vorlagen nutzen

In den meisten Fällen schreibt man eher kurze E-Mails mit eher informativem Charakter. Ab und an gibt es aber doch das eine oder andere Ereignis, bei dem man gerne eine Mail schicken würde, die etwas weniger nüchtern daherkommt als eine alltägliche E-Mail. Für solche Fälle sind E-Mail-Vorlagen in Mail integriert, mit denen Sie beispielsweise schnell und einfach hübsch gestaltete, persönliche Glückwunsch-Mails verschicken können.

1 Klicken Sie in der Symbolleiste auf den Button **Neue E-Mail**, um ein Editorfenster zu öffnen. Klicken Sie in der Symbolleiste auf den Button **Vorlagen einblen-**

den **1** (Sollte dieser aktuell nicht zu sehen sein, können Sie ihn über **Darstellung** > **Symbolleiste anpassen** einblenden.).

2 Das Editorfenster blendet daraufhin eine thematisch sortierte Übersicht über die verfügbaren Vorlagen ein. Um eine Vorlage zu verwenden, reicht es, sie anzuklicken.

3 Wählen Sie die gewünschte Vorlage aus, z. B. **Vormerkung 2** aus dem Themenbereich **Ankündigungen 3**. Text und Bild der Vorlage sind nur Platzhalter und lassen sich ganz einfach austauschen.

4 Klicken Sie auf den Text. Der Text ist nun editierbar; bearbeiten Sie ihn wie gewohnt.

5 Das Foto lässt sich ebenso einfach austauschen. Ziehen Sie ein beliebiges Bild per Drag & Drop auf das Platzhalterbild.

6 Nachdem Sie die gewünschten Änderungen an der Vorlage vorgenommen haben, klicken Sie auf den Button **Senden**.

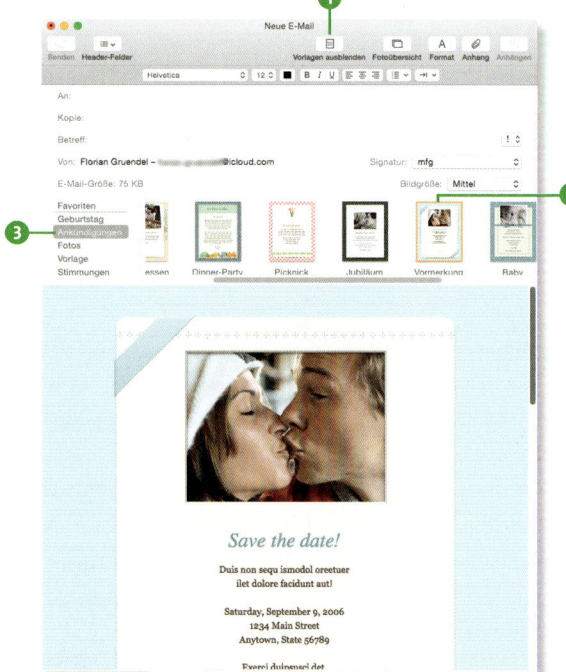

⌃ Abbildung 8.96 *Wählen Sie aus den zahlreichen Mail-Vorlagen.*

Mail versendet daraufhin die E-Mail wie zuvor auch schon die weniger schön gestaltete Mail, und der Empfänger Ihrer E-Mail freut sich hoffentlich über etwas Farbe im Eingangsordner.

So schön die E-Mails aus den Vorlagen auch sind, sie sind nicht bei jedem Empfänger gern gesehen. Technisch handelt es sich bei den Mails aus Vorlagen um E-Mails, die über HTML-Befehle und zusätzliche Grafiken aufbereitet wurden. Speziell im beruflichen Umfeld sind solche Mails eher unbeliebt. Abgesehen davon, dass die Mails wegen ihrer Aufmachung wenig Seriosität ausstrahlen, verhindern die IT-Abteilungen mancher Unternehmen aus Sicherheitsgründen sogar die Zustellung von HTML-Mails.

Sie sollten also im Umgang mit E-Mails aus Vorlagen immer daran denken, dass diese Mails etwas Besonderes zu einem besonderen Anlass für besondere Empfänger sind und Sie sie entsprechend nicht alltäglich nutzen sollten. Außerdem kann es immer passieren, dass Ihre HTML-Mail nicht korrekt angezeigt wird, wenn der Empfänger z. B. eingestellt hat, dass Bilder in solchen Mails standardmäßig nicht angezeigt werden sollen.

8.7 Die Programmoberfläche von Mail anpassen

Mail betritt mit seinem Aussehen und der dreispaltigen Fensteraufteilung Neuland, da die meisten E-Mail-Programme bislang ein zweispaltiges Fensterlayout verwendeten, bei dem die rechte Spalte in der Mitte unterteilt ist.

Wenn Ihnen dieses herkömmliche Fensterlayout lieber ist, holen Sie es in den Einstellungen von Mail im Tab **Darstellung** durch Setzen des Häkchens bei **Klassisches Layout verwenden** zurück. Mail wird dann im gewohnten Fensterlayout mit zwei Spalten angezeigt. In der zweiten Spalte sehen Sie dann oben eine Liste mit den E-Mails des ausgewählten Postfachs, unten die in der Liste markierte Mail.

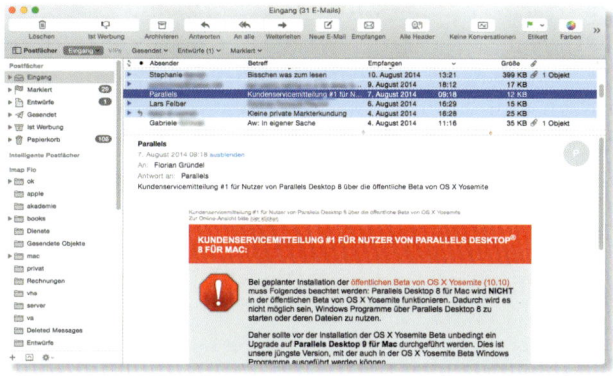

∧ **Abbildung 8.97** Das klassische Layout mit nur zwei Spalten

∧ **Abbildung 8.98** Im Vollbildmodus ist jeweils nur ein Arbeitsschritt möglich.

Zusätzlich zu den beiden Fensterlayouts können Sie Mail natürlich auch im Vollbildmodus nutzen. Um den Vollbildmodus zu aktivieren, klicken Sie auf den grünen Button oben links in der Titelleiste. Sie können dazu auch die Tastenkombination ctrl + cmd + F verwenden. Im Vollbildmodus verhalten sich jedoch manche Programme etwas anders, als Sie es vom Fenstermodus gewohnt sind.

So lassen sich im Fenstermodus beispielsweise mehrere Fenster gleichzeitig öffnen, weil man unter Umständen anfängt, mehrere Mails zu schreiben, sie aber nicht gleich zu Ende bringt und eventuell die angefangenen E-Mails nebeneinander sehen möchte, um sie beim Schreiben zu vergleichen. Im Vollbildmodus ist das nicht möglich, da Programme im Vollbildmodus quasi nur aus einem einzigen Fenster bestehen (siehe Abbildung 8.98). Das kann durchaus auch von Vorteil sein,

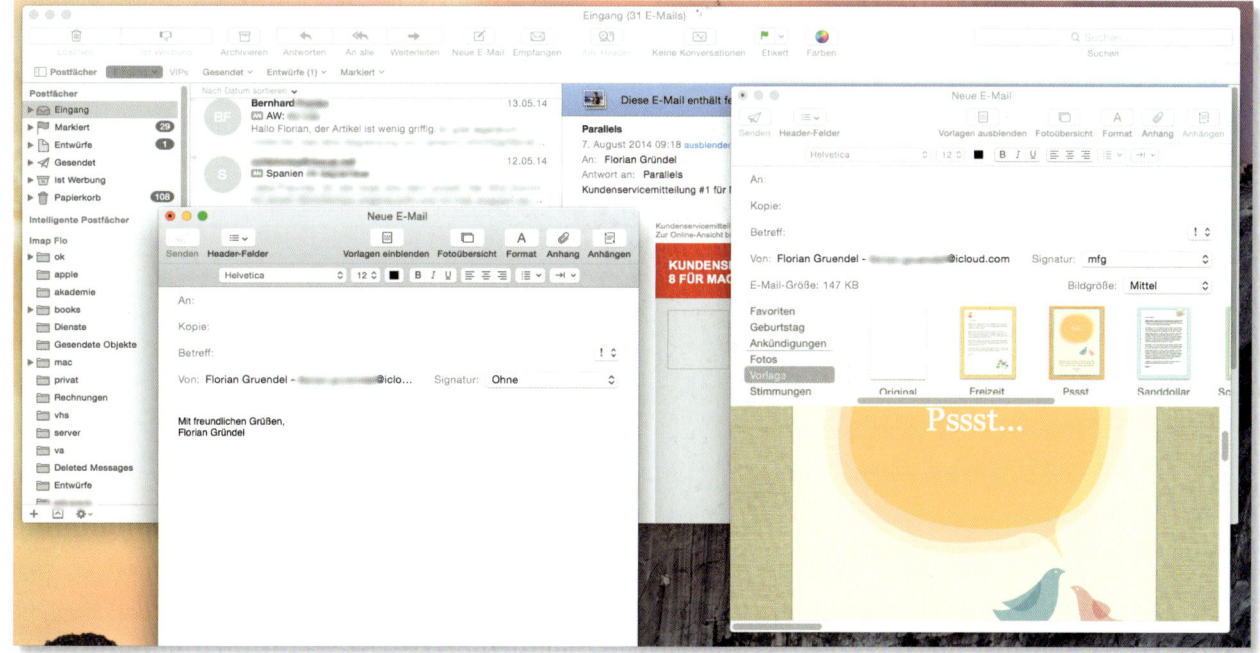

∧ **Abbildung 8.99** Mehrere offene Fenster in Mail

z. B. um die Konzentration auf die gerade anstehende E-Mail durch nichts anderes zu stören. So müssen Sie sich nicht dauerhaft für Fenstermodus oder Vollbildmodus entscheiden, sondern können bequem und schnell zwischen beiden wechseln, um in der jeweiligen Situation genau die Benutzeroberfläche zu nutzen, die für die aktuelle Aufgabe am besten geeignet ist.

Nach dieser Einführung in Mail sollten Sie ohne größere Probleme weitere E-Mail-Accounts anlegen, E-Mails empfangen, senden und organisieren können. In Kombination mit dem Programm Kontakte stehen Ihnen bereits die beiden zentralen Programme zur Verfügung, um mit Ihren Kontakten in Verbindung zu bleiben und Ihren Alltag zu organisieren.

8.8 Kalender – Ihr digitaler (Termin-) Assistent

Ein Kalenderprogramm ist eine Selbstverständlichkeit. Jedes Betriebssystem verfügt über eines, das mehr oder minder ordentlich seine Grundaufgaben erledigt: Termine anzeigen und verwalten. Kalender in OS X geht darüber hinaus und ist zusammen mit Mail, Kontakte und Karten quasi Ihr digitaler persönlicher Assistent. Ebenso wie bei Kontakte steigen wir auch bei Kalender Schritt für Schritt tiefer in das Programm ein.

Die Kalenderoberfläche sollte selbst bei Benutzern, die nie zuvor an einem Computer gesessen haben, keine Fragen aufkommen lassen.

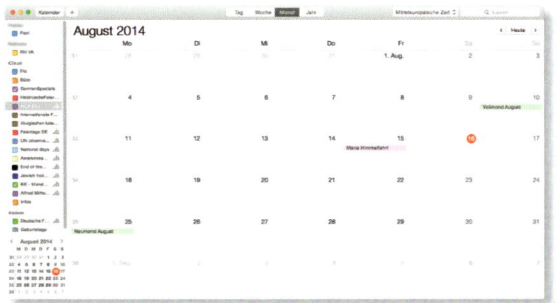

△ Abbildung 8.100 *Die Oberfläche von Kalender: einfach und aufgeräumt*

Einen Termin eintragen und bearbeiten

Einen neuen Termin einzutragen gestaltet sich ganz einfach:

1 Starten Sie zunächst Kalender.

2 Doppelklicken Sie auf den Tag, an dem der Termin stattfinden soll. Kalender legt am ausgewählten Tag einen neuen Termin an. Der Termin heißt zunächst schlicht **Neues Ereignis**.

△ Abbildung 8.101 *Ein neuer Termin wird angelegt. In der Apple-Sprache heißen Termine übrigens Ereignisse.*

3 Geben Sie einen Namen bzw. Titel für den Termin ein, und drücken Sie ⏎, um vorläufig die Bearbeitung zu beenden. Der Termin ist damit bereits grundsätzlich angelegt. Sehr wahrscheinlich wollen Sie aber noch weitere Details festlegen.

4 Doppelklicken Sie dazu auf den Termin, und Sie können ihn sofort bearbeiten und die fehlenden Details hinzufügen. Sobald Sie im Feld **Ort hinzufügen** eine Adresse eingegeben haben, greift Kalender auf Karten zu und blendet im Ereignisfenster den entsprechenden Kartenausschnitt ❶ ein. Sie können außerdem festlegen, ob sich der Termin wiederholt, und im Auswahlmenü **Warnhinweis** einen Zeitpunkt für eine Erinnerung an den Termin einrichten.

5 Wenn Sie fertig sind, klicken Sie an eine beliebige Stelle außerhalb des schwebenden Fensters. Der Termin wurde nun mit Detailinformationen versehen und automatisch mit den Änderungen gespeichert.

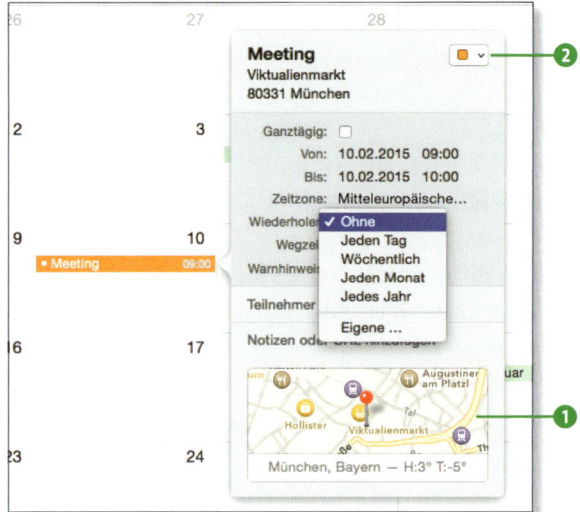

Abbildung 8.102 *Die Termindetails werden in einem schwebenden Fenster angezeigt und können bearbeitet werden.*

Kalender legt neue Termine zunächst immer in dem Kalender an, den Sie in den Einstellungen von Kalender im Tab **Allgemein** im Auswahlmenü **Standardkalender** festgelegt haben. Wenn Sie einen Termin einem anderen Kalender zuordnen wollen, vergessen Sie nicht, den entsprechenden Kalender im Eingabefenster ❷ rechts oben auszuwählen.

Abbildung 8.103 *Den Termin einem Kalender zuordnen*

Reisezeit einplanen

Diese Detailinformationen sind größtenteils selbsterklärend und durch einen Klick auf die jeweiligen Felder leicht erreichbar. Eine Besonderheit von Kalender ist hier die enge Verzahnung mit Daten, die sich aus den

Programmen Kontakte und Karten ergeben. Gerade bei der Terminplanung profitieren Sie besonders davon, da Kalender Ihnen anbietet, bei der Zeitplanung die Zeit für die Anreise zum Termin mit zu berücksichtigen. Dazu steht Ihnen in den Details des Termins das Auswahlmenü **Reisezeit** zur Verfügung, aus dem Sie die voraussichtliche Reisezeit auswählen können.

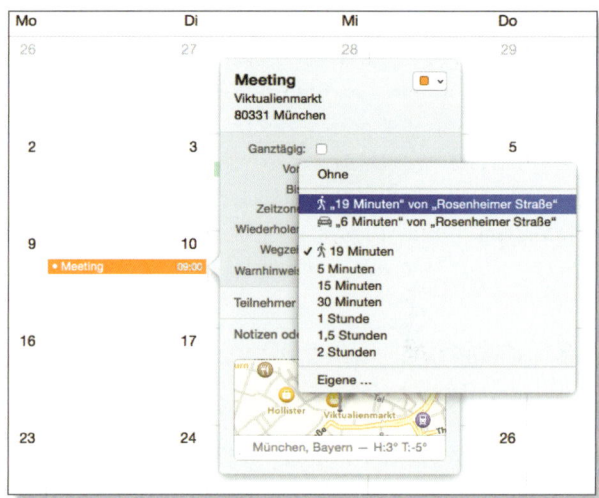

Abbildung 8.104 *Die Anreisezeit zum Termin auswählen*

> **TIPP**
>
> **Informationen ohne Aufwand**
> Es gibt eine weitere Möglichkeit, die Detailinformationen und die Bearbeitung leicht zu erreichen. Rufen Sie **Bearbeiten > Informationen einblenden** auf, oder drücken Sie ⌥ + ⌘ + Ⓘ. Kalender zeigt nun ein schwebendes Fenster an, das die Details des markierten Eintrags einblendet und die sofortige Bearbeitung ermöglicht.

Haben Sie eine Reisezeit ausgewählt, finden Sie im Auswahlmenü **Warnhinweis** einen Eintrag **Beim Verlassen**. Ist dieser ausgewählt, richtet sich der Zeitpunkt des Hinweises nach der Startzeit abzüglich der erwarteten Reisezeit. Der Alarm zu dem Terminbeispiel der Abbildungen würde sich also um 08:41 Uhr bemerkbar machen.

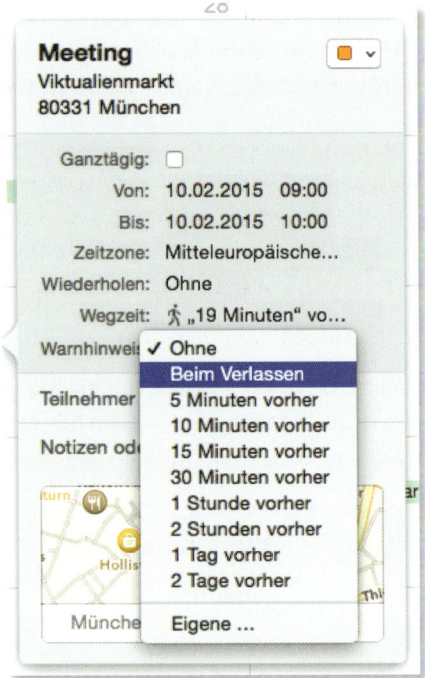

^ **Abbildung 8.105** *Die Erinnerung ist nicht fest an ein Intervall gebunden, sondern relativ zur Startzeit des Termins abzüglich der Zeit für die Anreise.*

Bei der Reisezeitplanung in Kalender zeigt sich sehr deutlich, wie gut und wie eng die einzelnen Programme zusammenarbeiten.

Schnelle Termineingabe mit Data Detectors

Data Detectors haben Sie bereits im Abschnitt über Mail kennengelernt (siehe Seite 306). Sie können damit auch Termine anlegen. Mithilfe von Data Detectors lassen sich Termine schnell und einfach in natürlicher Sprache anlegen.

1 Klicken Sie auf den Plus-Button ❶ in der Symbolleiste.

2 Geben Sie einen Termin in natürlicher Sprache ein, beispielsweise »Übermorgen Mittagessen«.

Schon während Sie tippen, bietet Ihnen Kalender eine Auswahl möglicher anzulegender Termine an, die auf einer Kombination von erkanntem Datum

und Zeit und ähnlichen Terminen aus der Vergangenheit basieren.

3 Ist einer der Vorschläge relevant, klicken Sie ihn an, um ihn für Ihren Termin zu übernehmen, oder beenden Ihre Eingabe. Kalender legt daraufhin einen entsprechenden Termin an, hier also den Termin **Übermorgen Mittagessen** um 12 Uhr am Montag. Der Vorteil dieser Vorgehensweise ist, dass Sie nicht umständlich zur passenden Uhrzeit navigieren müssen.

^ **Abbildung 8.106** *Schnelle Termineingabe dank Data Detector*

Erwarten Sie keine Wunder. Auch wenn Data Detectors eine der interessanten Technologien von OS X sind, sind ihnen dennoch derzeit noch Grenzen gesetzt. Aber für einfache Termine funktioniert das schon ziemlich gut. Wenn Sie sich bei der Gelegenheit noch das Tippen sparen möchten und für die Termineingabe die Diktatfunktion (siehe Seite 226) nutzen, wird der Mac zu Ihrem Privatsekretär. Probieren Sie es aus.

INFO

Termine wiederholen

Kalender bietet nicht nur die üblichen Wieder-
holungsmöglichkeiten für einen Termin, sondern
auch *krumme* Wiederholungen.

So lassen sich alle Arten von Serienterminen sehr
einfach ganz nach Ihren Bedürfnissen anpassen.
Klicken Sie im Infofenster im Auswahlmenü **Wiederholen** auf **Eigene**, um z. B. eine Wiederholung
in der Art »Alle 3 Wochen am Donnerstag« zu
erstellen.

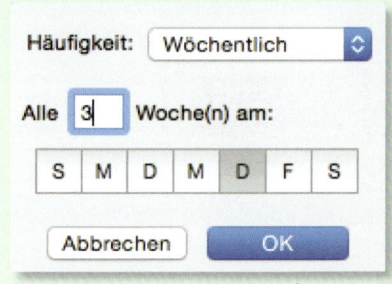

^ **Abbildung 8.107** *Mit Kalender lassen
sich auch individuelle Wiederholungsintervalle
anlegen.*

8.9 Termine übersichtlich verwalten

Wenn Sie einen Termin eintragen, haben Sie vielleicht
schon das farbige kleine Viereck bemerkt. Darüber ordnen Sie einen Termin einem bestimmten Kalender zu
– der Kalender ist dabei quasi als Kategorisierung zu
verstehen, z. B. um Ihre privaten von Ihren beruflichen
Terminen zu trennen.

Die Kalender »Privat« und »Büro«

Nach dem ersten Start von Kalender finden Sie zunächst zwei Kalender vor: **Privat** und **Arbeit**. So trennen Sie Ihre Termine sauber. Das ist besonders dann
wichtig, wenn Sie Ihre Kalender – sowohl den beruflichen als auch den privaten – möglicherweise nicht al-

lein nutzen, sondern mit anderen teilen, sodass auch
Ihre Arbeitskollegen und Ihre Familie auf die jeweiligen Kalender Zugriff haben. Dazu lassen sich Kalender
anpassen.

1 Sollte die Seitenleiste in Kalender nicht eingeblen-
det sein, klicken Sie links oben in Kalender auf den
Button **Kalender**. Kalender blendet nun links die
Übersicht über die verfügbaren Kalender ein.

2 Markieren Sie den gewünschten Kalender.

3 Klicken Sie auf **Bearbeiten > Informationen**, oder
nutzen Sie den Tastaturbefehl [cmd] + [I]. Im folgenden Infodialog passen Sie den Kalender an.

Wählen Sie beispielsweise eine andere Farbe für
den Kalender aus, geben Sie eine Beschreibung ein,
oder verändern Sie die Accountinformationen. Klicken Sie dazu, je nach Kalender, auf den Button **Veröffentlichen** oder **Accountinformationen**.

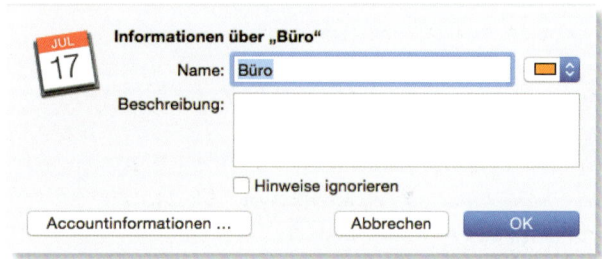

^ **Abbildung 8.108** *Kalenderinformationen*

Alle eigenen Kalender in Kalender lassen sich über die
Kalenderinformation zur gemeinsamen Nutzung freigeben – entweder mit iCloud oder auf einem beliebigen Kalenderserver, der das CalDAV-Protokoll unterstützt. Dabei ist die Freigabe von Kalendern per iCloud
denkbar einfach:

1 Fahren Sie zunächst mit dem Mauszeiger über den
Kalendernamen, bis das Funkwellensymbol ❶ (siehe
Abbildung 8.109) zu sehen ist. Klicken Sie darauf.

2 Tragen Sie im folgenden Fenster die E-Mail-
Adresse(n) der Person(en) ein, für die Sie den Kalender freigeben wollen.

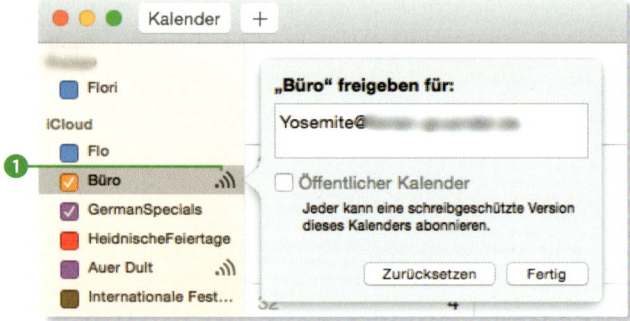

∧ Abbildung 8.109 *Kalender mit iCloud freigeben*

3 Als Resultat erhalten alle Personen, denen Sie den Kalender freigegeben haben, per E-Mail eine Einladung zu Ihrem Kalender.

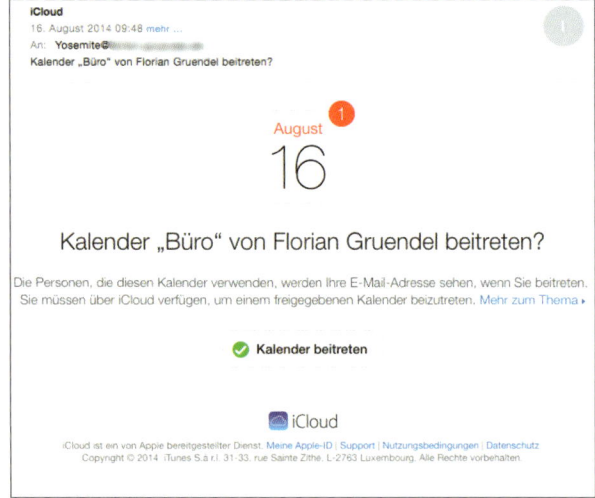

∧ Abbildung 8.110 *Alle Personen erhalten eine Einladung per E-Mail.*

Alternativ zur Freigabe eines Kalenders für einzelne Personen können Sie einen Kalender auch für die Öffentlichkeit freigeben. Wenn Sie also einen Kalender mit Terminen angelegt haben, der für ein breites Publikum interessant sein könnte, und den Sie als Abonnement anbieten wollen, dann bietet sich die Veröffentlichungsmöglichkeit **Öffentlicher Kalender** ❷ an. So sind die Abonnenten Ihres freigegebenen Kalenders stets etwa über die nächsten Termine im Gemeindezentrum oder Ihrer Theatergruppe informiert.

∧ Abbildung 8.111 *Einen Kalender für die Allgemeinheit veröffentlichen*

Klicken Sie auf den Button **Senden** ❸, um den Kalender per E-Mail oder über einen Internetdienst zu teilen. Klicken Sie abschließend auf **Fertig**, wenn Sie Ihre Eingabe speichern und die Bearbeitung beenden möchten.

Einen Kalender abonnieren

Nachdem Sie nun wissen, wie Sie Kalender freigeben, ist es Zeit, einen Blick darauf zu werfen, wie sich freigegebene Kalender abonnieren lassen.

Ein typisches Beispiel für einen abonnierten Kalender ist ein Kalender, der Feiertage anzeigt.

1 Klicken Sie auf **Ablage > Neues Kalenderabonnement**.

2 Geben Sie im folgenden Dialog beispielsweise *webcal://abo.kleiner-kalender.de/ical/c48-feiertage-in-deutschland.ics* ein, und klicken Sie auf den Button **Abonnieren**.

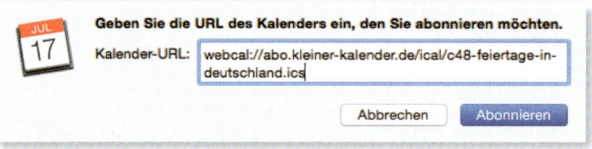

∧ Abbildung 8.112 *Einen Kalender abonnieren*

Kalender lädt daraufhin die Kalenderdaten von der angegebenen Adresse, zeigt ein Dialogfenster, in dem Sie Einstellungen zum abonnierten Kalender vornehmen können, und fügt die Daten anschließend in Kalender ein.

^ **Abbildung 8.113** *Ein abonnierter Kalender*

Neue Kalender anlegen

Nachdem Sie also nun Ihre beiden Standardkalender und vielleicht auch noch den einen oder anderen abonnierten Kalender haben, wollen Sie vielleicht einen weiteren Kalender selbst anlegen.

1 Klicken Sie auf **Ablage > Neuer Kalender**.

2 Klicken Sie im folgenden Untermenü auf die gewünschte Kalenderart (wie **Lokal**, **iCloud**) oder auf einen verfügbaren Kalenderserver. Im Beispiel legen wir einen lokalen Kalender an. Kalender fügt nun einen lokalen Kalender zu der Liste der Kalender hinzu.

3 Geben Sie dem neuen Kalender einen Namen. Der neue Kalender ist nun verfügbar, und Sie können ihn mit Terminen füllen.

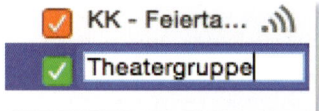

^ **Abbildung 8.114** *Ein neuer Kalender wird angelegt.*

Mit der Zeit sammeln sich so einige Kalender an. Die meisten Termine legen Sie aber typischerweise doch in einem bestimmten Kalender an. Damit Sie nicht jedes Mal, wenn Sie einen neuen Termin anlegen, den passenden Kalender auswählen müssen, können Sie in den Einstellungen von Kalender im Tab **Allgemein**

einen Standardkalender auswählen, dem alle neuen Einträge hinzugefügt werden, wenn Sie nicht einen Termin bei seiner Erstellung einem anderen Kalender zuordnen.

Einen Kalender importieren

Es lohnt sich beispielsweise, Schulferienkalender zu importieren. Generell ist es aber Geschmackssache oder manchmal auch eine Frage der Verfügbarkeit, ob Sie Kalender lieber importieren oder abonnieren. Der Vorteil eines importierten Kalenders ist, dass die Termine lokal in einem Kalender gesichert sind. Termine eines abonnierten Kalenders sind mit Ende des Abonnements nicht mehr verfügbar.

Nachdem Sie also z. B. aus dem Internet eine ICS-Kalenderdatei heruntergeladen haben, importieren Sie diese in Kalender – wahlweise über die Importauswahl von Kalender, die Sie über das Menü **Ablage > Importieren** erreichen, oder durch Doppelklick auf die heruntergeladene ICS-Datei.

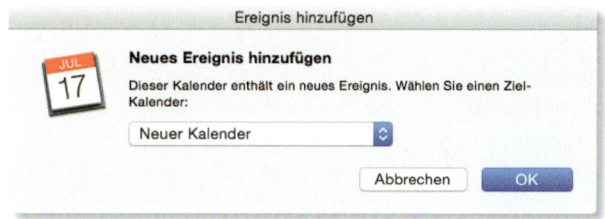

^ **Abbildung 8.115** *Im Importdialog wählen Sie aus, zu welchem Kalender die neuen Daten hinzugefügt werden sollen.*

> **TIPP**
>
> **Informationen satt**
> Eine gute Quelle für interessante Kalender ist die Website *www.project24.info/index.php*, auf der Sie sich zu vielen unterschiedlichen Themen Informationen individuell zusammenstellen können. Die so generierten Kalender nutzen Sie dann dank des Kalenderformats ICS mit Kalender.

Kalender exportieren

Im Gegensatz zum Import von Kalenderdaten können Sie beim Export bestimmen, ob Sie nur ein bestimmtes Ereignis oder einen kompletten Kalender exportieren möchten. Um z. B. nur ein bestimmtes Ereignis zu exportieren, ziehen Sie es per Drag & Drop aus Kalender auf den Schreibtisch oder auf das gewünschte Programm-Icon im Dock, z. B. Mail. Mail erstellt daraufhin eine neue Mail mit dem Ereignis als Anhang.

1 Um einen ganzen Kalender zu exportieren, klicken Sie in der Symbolleiste von Kalender auf **Kalender**. Der Schritt kann natürlich entfallen, wenn Sie die Kalenderübersicht ohnehin bereits eingeblendet haben.

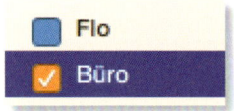

⌃ **Abbildung 8.116** *Der gewünschte Kalender muss ausgewählt sein.*

2 Markieren Sie den gewünschten Kalender.

3 Klicken Sie auf **Ablage > Exportieren > Exportieren**.

4 Geben Sie im folgenden Sicherungsdialog den gewünschten Ort und gegebenenfalls einen anderen Namen für den Kalender an.

5 Klicken Sie auf den Button **Exportieren**. Der Kalender ist anschließend am angegebenen Ort als Kalenderdatei verfügbar.

Auf diese Weise lassen sich beispielsweise Kalender von einem Kalenderserver bequem auf einen anderen transferieren oder einfach nur als lokale Sicherung anlegen.

8.10 Kalender im Netzwerk

Mit Kalender können Sie nicht nur Ihre eigenen Termine verwalten. Kalender ist auch ideal für die Terminorganisation im Team geeignet. In dem Moment, in dem ein sogenannter *CalDAV-Server*, ein Server für

Kalenderdaten, ins Spiel kommt, müssen Sie sich keine Gedanken mehr über manuelles Importieren und Exportieren und das Aktualisieren von Informationen machen. Das erledigt alles der Server für Sie. In welchem Umfang Ihnen bestimmte Funktionen zur Verfügung stehen, hängt vom verwendeten CalDAV-Server ab. In Umgebungen mit Windows-Servern verhält sich Kalender entsprechend, nur dass die dort eingesetzten Server meist Exchange-Server sind.

Netzwerk-Account anlegen

Um diese Funktion nutzen zu können, müssen Sie (wie zuvor bei Kontakte) auch in Kalender zunächst einen Account auf einem Server anlegen.

1 Öffnen Sie die Einstellungen von Kalender, und klicken Sie auf den Tab **Accounts**.

2 Klicken Sie auf den Plus-Button unter der Liste der Accounts, um einen neuen Account anzulegen.

3 Wählen Sie aus der Übersicht den gewünschten **Accounttyp** aus, z. B. **CalDAV-Account hinzufügen**.

4 Klicken Sie auf den Button **Fortfahren**.

5 Geben Sie in die folgenden Felder **Benutzername**, **Passwort** und **Serveradresse** ein.

Da Sie solche Serverdienste wie Adressbuchserver und Kalenderserver meist im beruflichen Kontext nutzen werden, sollten Ihnen die hier geforderten Login-Daten vom Administrator mitgeteilt werden.

CalDAV-Account hinzufügen

Geben Sie zunächst folgende Informationen ein:

Accounttyp:	Manuell
Benutzername:	florian
Passwort:	••••••••
Serveradresse:	mdm-server.meinekleinefirmaiminterne

Abbrechen　　　　　　　　　　　　Erstellen

⌃ **Abbildung 8.117** *Einen Server-Account hinzufügen*

6 Klicken Sie auf den Button **Erstellen**. Kalender nimmt nun Kontakt zum angegebenen Server auf und lädt die verfügbaren Kalender.

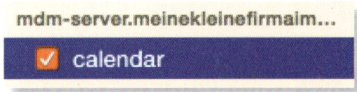

▲ **Abbildung 8.118** *Kalender von einem Kalenderserver*

Zugriffsberechtigungen zur gemeinsamen Nutzung

Um nun beispielsweise einen Kalender gemeinsam mit anderen zu nutzen, passen Sie die Zugriffsberechtigungen an:

1 Öffnen Sie die Einstellungen von Kalender, und klicken Sie auf dem Tab **Accounts** auf den Server-Account.

2 Klicken Sie auf den Tab **Stellvertretung**.

Sie sehen anschließend eine Liste mit Accounts, die ebenfalls auf dem Kalenderserver verfügbar sind und für die Ihnen vom jeweiligen Nutzer Zugriffsrechte eingeräumt wurden. Diese Kalender werden in der Kalenderliste im Abschnitt **Stellvertretungen** angezeigt.

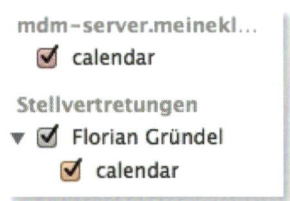

▲ **Abbildung 8.119** *Kalender eines anderen Benutzers, auf die Sie Zugriff haben*

3 Umgekehrt können Sie natürlich auch anderen Personen Zugriff auf Ihre Kalender geben. Klicken Sie dazu auf den Button **Bearbeiten** und dann auf den Plus-Button unterhalb der Liste.

4 Geben Sie einen Namen ein. Sobald ein auf dem Server verfügbarer Account erkannt wird, vervollständigt Kalender den Namen.

5 Setzen Sie das Häkchen bei **Schreibzugriff**, wenn Sie der Person nicht nur Lese-, sondern auch Schreibrechte für Ihre Kalender geben wollen. So erhält sie die Möglichkeit, Termine anzulegen oder zu bearbeiten.

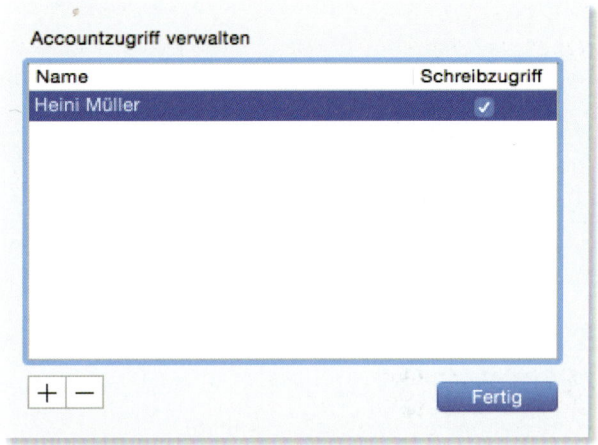

▲ **Abbildung 8.120** *Nutzer auf demselben Kalenderserver, die Zugriff auf meine Kalender haben*

Ihre Kalender sind nun für die aufgelisteten Personen mit den jeweils vergebenen Rechten verfügbar und tauchen in deren Kalenderliste im Abschnitt **Stellvertretungen** auf.

Termine koordinieren im Netzwerk

Wie Sie einen Termin anlegen, haben Sie ja bereits zuvor gesehen. Bei der gemeinsamen Nutzung im Netzwerk lassen sich weitere Parameter für einen Termin festlegen. Laden Sie beispielsweise weitere Personen zu einem Termin ein.

1 Wählen Sie zunächst den Termin aus, zu dem Sie weitere Personen einladen möchten, und rufen Sie über ⎇ alt + ⌘ cmd + ⎘ I das Infofenster für einen Termin auf.

2 Geben Sie bei **Teilnehmer hinzufügen** einen Namen ein. Wie zuvor bei den Freigaben für die Stellvertretung ergänzt auch hier Kalender den Namen, sobald ein passender Eintrag gefunden wird.

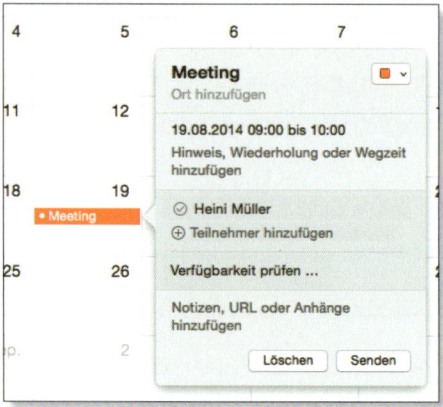

Abbildung 8.121 *Einen Teilnehmer zu einem Termin hinzufügen und einladen*

3 Fügen Sie gegebenenfalls weitere Informationen wie Dateianhänge, URLs oder Notizen hinzu.

4 Klicken Sie auf den Button **Senden**.

5 Die eingegebenen potenziellen Teilnehmer erhalten nun in ihren Kalendern eine Nachricht und können den Termin zu- oder absagen.

Abbildung 8.122 *Eine Einladung zu einem Termin*

6 Die Information, ob die Einladung angenommen oder abgelehnt wurde, wird wiederum an Sie übermittelt.

Abbildung 8.123 *Der eingeladene Teilnehmer hat den Termin bestätigt.*

Die Jahresansicht

Die Jahresansicht von Kalender zeigt nicht nur alle Tage des Jahres an, sondern tut das als sogenannte *Heatmap*. Die Ansicht zeigt also, wo noch Platz für Termine ist und wo es schon *heiß hergeht*. Das ist sehr praktisch, um bei der Terminfindung für langfristige Termine zumindest Zeiträume grob eingrenzen zu können.

Abbildung 8.124 *Jahresansicht als Heatmap*

Sie sollten dabei jedoch beachten, dass auch die Termine aus importierten Kalendern in der Jahresübersicht verzeichnet werden und so unter Umständen das Bild der Heatmap leicht verfälschen (Je nach importiertem Kalender sind diese Termine ja nicht oder nur geringfügig relevant für Ihre eigene Terminplanung.).

INFO

Termine in der Jahresansicht nicht vorhanden?
Sollten Sie Ihre Termine in der Jahresansicht nicht angezeigt bekommen, ist diese Option derzeit nicht eingeschaltet. Klicken Sie zum Aktivieren in den Kalender-Einstellungen im Tab **Erweitert** auf die Option **Ereignisse in Jahresansicht anzeigen**.

8.11 Notizen

In diesem Kapitel geht es um das Alltagsmanagement mit den Programmen Mail, Kontakte, Karten, Kalender und Erinnerungen. OS X bietet jedoch noch ein weiteres Programm, das sich perfekt in diese Reihe aufnehmen lässt: Notizen.

In früheren Versionen von OS X waren Notizen noch in Mail integriert. Seit OS X 10.8 gibt es ein eigenes Programm dafür. Nutzer, die von iOS neu zum Mac kommen, kennen die gleichnamige App bereits von ihrem iPhone oder iPad.

ten Wörter der Notiz. Wenn Sie iCloud für Notizen aktiviert haben, stehen Ihnen Ihre Notizen auf jedem Ihrer Geräte, auf denen Sie mit Ihrer Apple-ID angemeldet sind, jederzeit zur Verfügung.

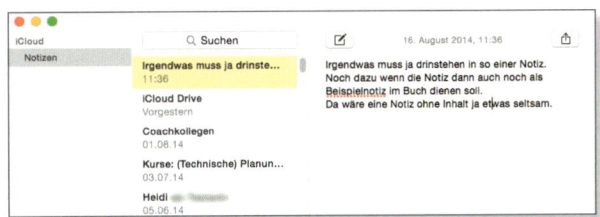

▲ **Abbildung 8.127** *Die neue Notiz hat nun Inhalt bekommen.*

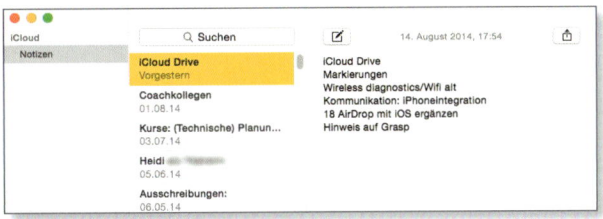

▲ **Abbildung 8.125** *Für iOS-Nutzer ein vertrauter Anblick: die App Notizen*

Notizen anlegen

Und auch die Funktionsweise am Mac ist quasi die gleiche wie bei iOS.

1 Starten Sie **Notizen**.

2 Klicken Sie auf den Plus-Button, um eine neue Notiz anzulegen.

Sie können nun sofort mit dem Schreiben (oder Diktieren) loslegen, denn Notizen platziert automatisch den Cursor an den Beginn der neuen Notiz.

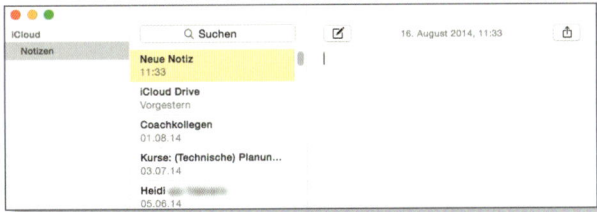

▲ **Abbildung 8.126** *Eine neue Notiz, bislang allerdings noch ohne Inhalt*

Nachdem Sie Ihre Notiz fertiggestellt haben, müssen Sie nichts weiter tun. Notizen werden automatisch gesichert und erhalten als Namen automatisch die ers-

Notizen teilen

Wie in den meisten anderen Programmen unter OS X gibt es natürlich auch in Notizen die Möglichkeit, Inhalte mit anderen zu teilen, und auch hier gestaltet sich das denkbar einfach.

1 Klicken Sie in der Notizenliste auf die Notiz, die Sie teilen möchten.

2 Klicken Sie in der ausgewählten Notiz auf den **Senden**-Button, und wählen Sie die gewünschte Übermittlungsart aus.

Anschließend übergibt Notizen den Inhalt der ausgewählten Notiz zur weiteren Vermittlung an Mail oder Nachrichten.

8.12   Erinnerungen

Ein auf dem Mac ebenfalls vergleichsweise neues, weil erst mit OS X 10.8 eingeführtes, aber iOS-Benutzern bereits bekanntes Programm ist Erinnerungen, das die perfekte Ergänzung zu Ihrer Alltagsorganisation mit den Programmen Mail, Kalender, Kontakte, Karten und Notizen darstellt. Mit dem Programm Erinnerungen lassen sich ebensolche anlegen, bearbeiten und organisieren.

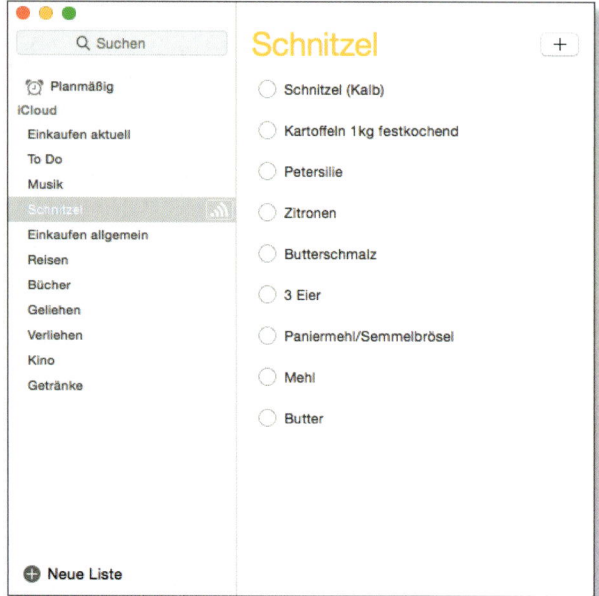

▲ **Abbildung 8.128** *Erinnerungen sieht so aus wie unter iOS und funktioniert auch genauso.*

Erinnerungen legen Sie so an:

1 Klicken Sie auf die gewünschte Liste, der Sie eine Erinnerung hinzufügen möchten.

2 Klicken Sie rechts oben neben dem Namen der Liste auf den Plus-Button, um ihr eine Erinnerung hinzuzufügen.

▲ **Abbildung 8.129** *Eine neue Erinnerung erstellen*

3 Geben Sie den gewünschten Text ein.

4 Klicken Sie auf den Info-Button **i**, der am rechten Rand des Eintrags angezeigt wird, um festzulegen, ob Erinnerungen Sie zeit- oder ortsabhängig an diesen Eintrag erinnern soll, also entweder zu einem bestimmten Zeitpunkt oder aber, wenn Sie sich an

einem bestimmten Ort aufhalten. Wirklich nützlich ist das jedoch nur in Kombination mit einem iOS-Gerät, am besten einem iPhone und der Synchronisierung Ihrer Erinnerungen via iCloud. (Beachten Sie dabei, dass dazu auf Ihrem iPhone die Ortungsdienste aktiviert sein müssen.)

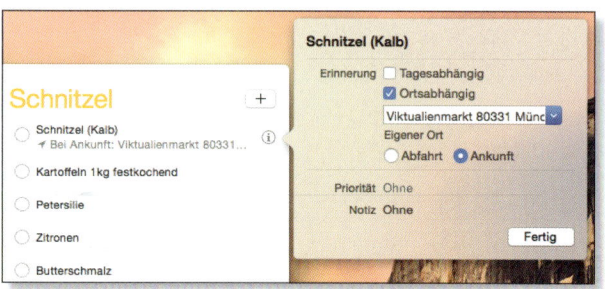

▲ **Abbildung 8.130** *Festlegen, wie an den Eintrag erinnert werden soll*

Ebenso, wie Sie eine Erinnerung anlegen, können Sie sie auch bearbeiten. Auch Erinnerungen ist vor allem dann erst so richtig nützlich, wenn Sie ebenfalls iCloud verwenden, denn dann werden Ihre Erinnerungen mit all Ihren Geräten synchronisiert, und Sie haben stets alle Erinnerungen griffbereit, egal, auf welchem Gerät Sie die Erinnerung eingegeben haben.

8.13   iCloud im Browser nutzen

iCloud verwenden Sie aber nicht nur in den Programmen, die wir uns gerade angesehen haben, Sie können den Dienst auch unabhängig online nutzen. Alle Daten, die Sie mit iCloud auf Ihrem Mac nutzen, stehen Ihnen auch im Browser zur Verfügung. Sollten Sie also beispielsweise nicht in der Nähe Ihres Macs, iPhones oder iPads, aber in der Nähe eines modernen Webbrowsers und einer Internetverbindung sein, haben Sie dennoch Zugriff auf Ihre Daten. Außerdem haben Sie zusätzlich mit iCloud Zugriff auf die Webversionen von Pages, Numbers und Keynote (siehe Kapitel 11, »Pages, Keynote und Numbers – das Produktivitätstrio für den Mac«, Seite 367).

Abbildung 8.131 Der verwendete Browser sollte den Anforderungen genügen.

iCloud.com ist ein Dienst, der auf moderne Browser-techniken setzt. Sie sollten also als Browser Safari, Firefox oder Internet Explorer in der jeweils aktuellen Version verwenden. Bis auf den Internet Explorer gibt es die anderen Browser sowohl für den Mac als auch für Windows.

1 Rufen Sie die Adresse *https://www.icloud.com* auf, geben Sie Ihre Login-Daten ein, und bestätigen Sie mit ⏎.

Abbildung 8.132 Der Anmeldedialog auf »iCloud.com«

2 Auf der Startseite haben Sie Zugriff auf die einzelnen Bereiche von iCloud. Falls iCloud nach dem Login nicht die Startseite, sondern eine App anzeigt, gelangen Sie aus jeder App durch einen Klick auf den Namen der aktuellen Funktion links oben zu den anderen Funktionen bzw. zur Startseite.

Abbildung 8.133 Die Startseite mit der App-Auswahl

3 Klicken Sie auf das Icon der gewünschten App. Der Browser lädt nun die Seite mit der ausgewählten App.

4 Egal, welche App Sie aufrufen, Sie sollten sich sofort zurechtfinden. Die Apps im Browser funktionieren bis auf ein paar Kleinigkeiten genau wie ihre »großen« Verwandten auf Ihrem Mac.

Selbstverständlich werden alle Änderungen, die Sie im Browser an Ihren Daten vornehmen, auch auf Ihre anderen bei iCloud angemeldeten Geräte übertragen. Daher können Sie, wenn Sie zurück an Ihrem Mac, iPhone oder iPad sind, sofort mit den aktuellen Daten weiterarbeiten.

5 Wenn Sie alle gewünschten Änderungen vorgenommen haben, melden Sie sich wieder ab. Klicken Sie dazu auf der Startseite rechts oben auf Ihren Namen und anschließend auf den Link **Abmelden**. Anschließend zeigt der Browser erneut die Login-Seite.

Falls Sie iCloud auf einem öffentlichen Computer (etwa in einem Internetcafé) genutzt haben, vergessen Sie nicht, anschließend den Browsercache und den Verlauf zu löschen.

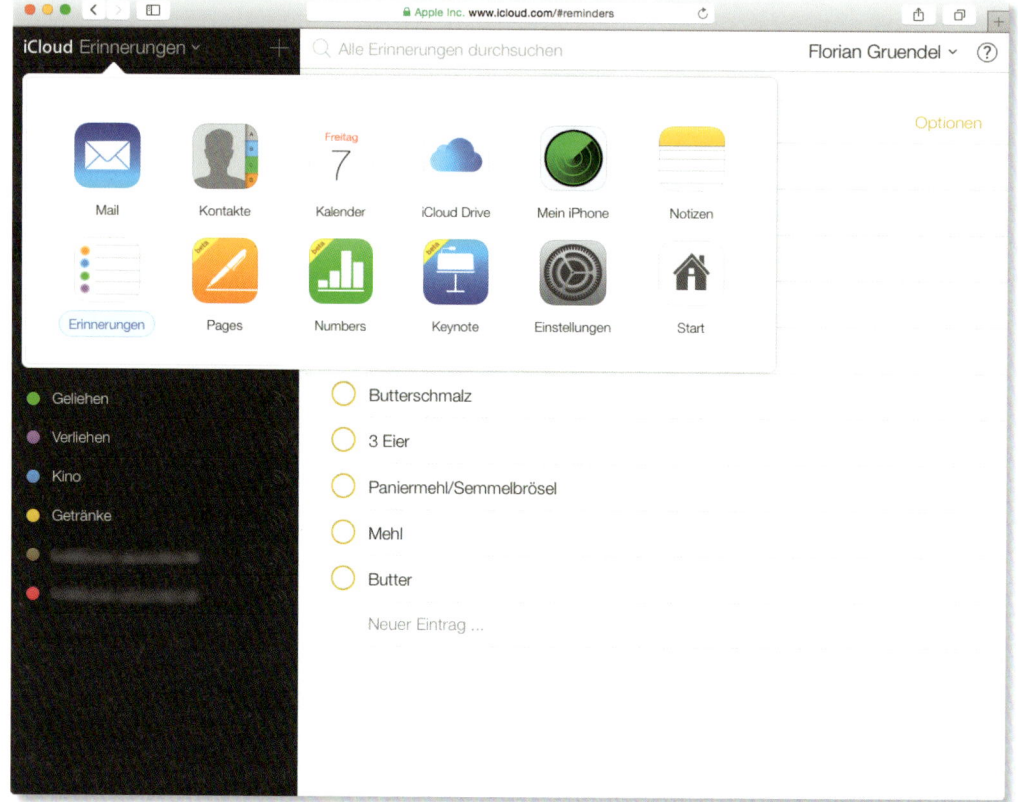

Abbildung 8.134 *Quasi keine Unterschiede zum Programm auf dem Mac: Erinnerungen auf »icloud.com« im Browser*

Kapitel 9
Direkte Kommunikation – mit Nachrichten, FaceTime und Handoff

Kommunikation hat viele Facetten. In Kapitel 8 ging es bereits um asynchrone Kommunikation etwa per E-Mail und um eine gemeinsame Terminplanung. Nun sehen wir uns die Möglichkeiten der Echtzeitkommunikation an und was OS X dafür bietet.

Echtzeitkommunikation mit Computern gibt es beinahe schon so lange wie den Computer selbst. Das erste *moderne* System zur Echtzeitkommunikation war das Programm *talk*, das ab 1983 mit BSD-Unix verfügbar war. Im Vergleich zu den heutigen Möglichkeiten erscheint *talk* etwas umständlich, aber es ließ sich immerhin in Echtzeit schriftlich kommunizieren. Ab 1988 war *IRC* (Internet Relay Chat) das gebräuchlichste Mittel zur direkten Textkommunikation. Anders als bei *talk*, wo gezielt zwei Nutzer miteinander kommunizieren, findet der Großteil der Kommunikation im IRC in öffentlichen oder halb öffentlichen Chat-Räumen statt. Zusätzlich zu den Chat-Räumen gibt es im IRC die Möglichkeit der direkten Kommunikation zwischen den Benutzern. Auch Datenaustausch ist im IRC möglich. Entsprechende Clients gibt es für jedes Betriebssystem. IRC hat mittlerweile den Charme von CB-Funk und wirkt heute etwas altertümlich.

Bis zum massiven Siegeszug des WWW spätestens ab 1997 als wichtigstem Dienst neben E-Mail war IRC das Mittel der Wahl für die Echtzeitkommunikation. Mit der gestiegenen Nutzung des WWW wurden Chat-Möglichkeiten zunehmend in Websites integriert. Dieser Trend ebbte nach ein paar Jahren ebenfalls wieder ab, als die Mehrheit der Netznutzer *Instant Messaging* wie ICQ und AIM als bevorzugte Kommunikationsmethode für sich entdeckte. Instant Messaging kann man als Trend zurück zu den Wurzeln von *talk* betrachten. Chats auf Websites finden sich heute fast nur noch auf großen Social-Media-Sites wie Facebook, als Serviceangebote auf Shopping- und Dienstleistungswebsites und auf Websites von großen, thematisch weitgehend homogenen Communitys. Instant Messaging ist jedoch die einfachste Möglichkeit, schnell und gezielt mit anderen in Kontakt zu treten. In der Regel findet diese Kommunikation eins zu eins statt. Gruppengespräche sind eher die Ausnahme bei Instant Messaging, erleben aber in letzter Zeit, speziell wegen der Beliebtheit von WhatsApp, eine gewisse Renaissance.

Das Programm Nachrichten steht, wie viele andere Instant-Messaging-Programme, in vielen Bereichen in der Tradition von *talk* und IRC. Viele Begriffe und Regeln der Netiquette, die Chat-Nutzer heute ganz selbstverständlich benutzen, stammen noch aus den Tagen von IRC, das heutzutage leider größtenteils unverdient einen eher schlechten Ruf als »virtuelle Hafenkneipe« genießt.

9.1 Nachrichten einrichten

Nach diesem kurzen Ausflug in die Historie der textlichen Echtzeitkommunikation kommen wir zu einer der modernsten und vielseitigsten Möglichkeiten zu kommunizieren: Nachrichten. Da Nachrichten standardmäßig ein Teil von OS X ist, steht es sofort jedem Mac-Nutzer mit Internetzugang und Apple-ID zur Verfügung.

^ **Abbildung 9.1** *Das Icon von Nachrichten*

Nachrichten ist ein Programm, das es allen Anwendern recht machen will. So ist Nachrichten ein Instant Messenger und wird vorwiegend zur direkten Kommunikation von zwei Teilnehmern genutzt. Mit Nachrichten können Sie aber auch mit mehreren Empfängern gleichzeitig *sprechen*. Dank der zunehmenden Verbreitung von Audio und Video und der eingebauten Kameras und Mikrofone in modernen Macs sind auch Audio- und Video-Chats mit Nachrichten kein Problem. Zusätzlich bietet Nachrichten auch die Möglichkeit des Screensharings, sodass Sie beispielsweise mit Verwandten oder Freunden Ihren Bildschirm teilen können. Voraussetzung für die Nutzung von Nachrichten ist ein entsprechender Account bei einem Anbieter eines der unterstützten Protokolle. Am besten funktioniert das natürlich, wenn Sie dafür iMessage mit Ihrer Apple-ID nutzen. Unter idealen technischen Voraussetzungen können Sie auf diese Weise sogar SMS von und auf Ihr iPhone weiterleiten (Lesen Sie dazu mehr im Abschnitt »Handoff – Telefon und SMS auf dem Mac« ab Seite 349.).

Einen Account anlegen

Wie bei den meisten Netzwerkdiensten geht auch bei Nachrichten nichts ohne einen passenden Account. Und auch bei Nachrichten ist es wie bei allem am Mac: Wenn Sie bereits eine Apple-ID haben, müssen Sie fast nichts mehr machen. Beim ersten Start von Nachrich-

ten begrüßt Sie ein Anmeldefenster, in dem Sie nur noch Ihre Apple-ID und das dazugehörige Passwort einzugeben brauchen.

^ **Abbildung 9.2** *Einfacher geht es nicht: Apple-ID eingeben, und schon können Sie Nachrichten nutzen.*

Wenn Sie später einen weiteren Account zu Nachrichten hinzufügen wollen, geht das ebenfalls ganz einfach.

1 Öffnen Sie die Einstellungen von Nachrichten über **Nachrichten > Einstellungen**.

2 Klicken Sie auf den Tab **Accounts**. Wenn Sie über eine Apple-ID verfügen und diese auch für iCloud verwenden, ist die Wahrscheinlichkeit, dass Sie sie bereits in der Liste der verfügbaren Accounts wiederfinden, relativ groß. In diesem Fall müssen Sie Ihre Apple-ID nur noch zur Verwendung mit Nachrichten aktivieren.

3 Klicken Sie daher nun in der Liste der Accounts auf Ihre Apple-ID, und setzen Sie in der Detailansicht zu Ihrem Account das Häkchen bei **Diesen Account aktivieren**.

Ihre Apple-ID wird nun als Account für Nachrichten verwendet.

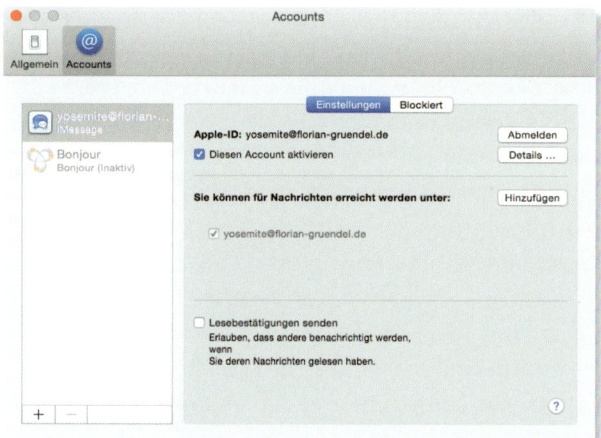

Abbildung 9.3 *Muss nur noch aktiviert werden: Ihre Apple-ID*

Zusätzlich unterstützt Nachrichten Accounts der folgende Chat-Protokolle:

- Aol.

- Google

- Yahoo!

- AIM

- Accounts auf Servern, die das Jabber-Protokoll/XMPP nutzen

Darüber hinaus beherrscht Nachrichten die Kommunikation mittels Bonjour, um sich mit Nutzern im selben Netzwerk zu unterhalten, ohne mehr machen zu müssen, als die Bonjour-Funktion zu aktivieren.

Falls Sie noch keinen Account haben und Nachrichten nicht nur zu Hause im lokalen Netzwerk nutzen wollen, sollten Sie sich einen entsprechenden Account zulegen. Am besten ist es, Sie nutzen eine Apple-ID und aktivieren diese, wie zuvor beschrieben. Das hat vor allem den Vorteil, dass Sie so – wieder einmal dank iCloud – alle Ihre Konversationen in Nachrichten ebenfalls auf Ihren mobilen iOS-Geräten zur Verfügung haben. Sie können also mit einer Apple-ID Konversationen unabhängig vom Gerät beginnen und (weiter-)führen.

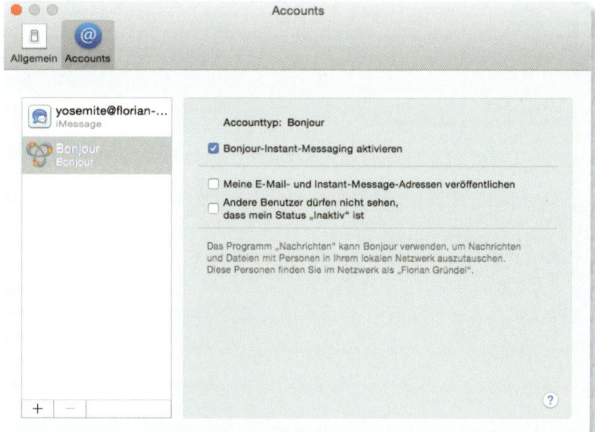

Abbildung 9.4 *Bonjour muss nur aktiviert werden, es ist keine weitere Konfiguration nötig.*

Wenn Sie möglichst flexibel sein wollen und Ihre Gesprächspartner voraussichtlich nicht alle ebenfalls Mac- oder zumindest iOS-Nutzer sind (unverständlich zwar, aber so was soll es ja geben), ist z. B. ein zusätzlicher AIM-Account empfehlenswert, da das AIM-Protokoll auch von Chat-Programmen unter Windows unterstützt wird.

1 Klicken Sie auf den Plus-Button unter der Liste der Accounts.

2 Wählen Sie im folgenden Fenster **Anderer Nachrichten-Account** aus.

3 Klicken Sie auf den Button **Fortfahren**.

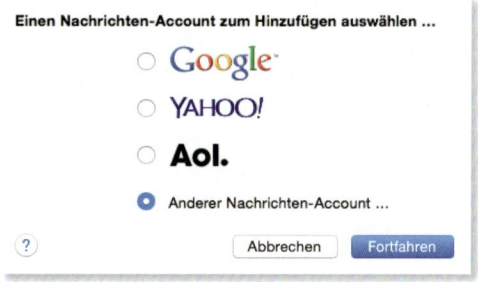

Abbildung 9.5 *Nachrichten bietet viele Accounttypen.*

4 Wählen Sie aus dem Auswahlfeld **Accounttyp** die gewünschte Protokollart.

337

5 Geben Sie Ihre Anmeldedaten ein.

6 Klicken Sie auf den Button **Erstellen**.

⌃ **Abbildung 9.6** *Accountdaten eingeben*

7 Anschließend meldet Nachrichten Sie mit den angegebenen Accountdaten an.

⌃ **Abbildung 9.7** *Der grüne Punkt zeigt die erfolgreiche Anmeldung an.*

INFO

Bonjour

Bonjour ist eine Technologie, mit der in lokalen Netzwerken freigegebene Dienste und Geräte sich gegenseitig über ihr Vorhandensein informieren können. So können Sie ohne weitere Kenntnis des lokalen Netzwerks beispielsweise nicht nur Gesprächspartner, sondern auch freigegebene Drucker finden und nutzen. Bonjour ist auch unter dem Namen *ZeroConf* und unter dem technischen Namen *mDNS* (Multicast DNS) bekannt.

Einen Kontakt hinzufügen

Verwenden Sie für Nachrichten iMessage und Ihre Apple-ID, ist auch das Verwenden, Hinzufügen oder Verwalten Ihrer Kontakte sehr bequem. Sie können ganz einfach Ihre Kontakte aus der App Kontakte nutzen. Nachrichten erkennt, ob eine Kommunikation per iMessage oder SMS möglich ist, und Sie können sofort mit Ihren Kontakten in Verbindung treten. Anders sieht das beispielsweise aus, wenn Sie das AIM-Proto-

koll nutzen. Hier müssen Sie, nachdem Sie einen Account angelegt haben, erst explizit Gesprächspartner hinzufügen. Wenn Sie Bonjour aktiviert haben, sehen Sie die Kontakte in Ihrem lokalen Netzwerk automatisch, aber der wahrscheinlichere Nutzungsfall dürfte doch eher eine Einzelplatznutzung mit Kontakten über das Internet sein. Die einfachste Variante ist, den Accountnamen einer Person gleich beim Anlegen eines Eintrags im Programm Kontakte einzugeben. Ist die Person mit ihrem Chat-Namen in Kontakte vorhanden, ist es ein Kinderspiel, sie zur Kontaktliste von Nachrichten hinzuzufügen:

1 Wählen Sie aus dem Menü **Freunde** > **Kontakt hinzufügen**, um einen neuen Kontakt in Nachrichten anzulegen, oder nutzen Sie den Tastaturbefehl ⇧ + cmd + A.

2 Geben Sie in eines der Felder einen Namen ein. Ist dem Namen in der App Kontakte ein Benutzername für das entsprechende Protokoll zugeordnet, werden die Daten automatisch ergänzt.

3 Wählen Sie aus dem Auswahlmenü **Hinzufügen zu** eine der bereits standardmäßig angelegten Gruppen für den Kontakt aus. Sie können später noch weitere, eigene Gruppen anlegen (siehe Seite 340) und die Zuordnung eines Kontakts anpassen.

⌃ **Abbildung 9.8** *Ist ein Kontakt bereits im Programm Kontakte hinterlegt, reicht die Eingabe in ein Feld, und der Rest wird ergänzt.*

4 Klicken Sie auf den Button **Hinzufügen**, um den Kontakt in Nachrichten zu verwenden.

Natürlich können Sie hier auch Nachrichten-Kontakte hinzufügen, die Sie (noch) nicht als Kontakte in Ihrem Adressbuch haben. Sie können später jederzeit den Nachrichten-Kontakt einem Kontakt aus Kontakte hinzufügen.

5 Markieren Sie als Nächstes einen Kontakt in Nachrichten. Klicken Sie auf **Freunde** > **Informationen einblenden**, oder nutzen Sie einfach den Tastaturbefehl ⌞⇧⌟ + ⌞cmd⌟ + ⌞I⌟.

6 Im folgenden Informationsfenster sehen Sie Details zum Kontakt. Hier können Sie den Nachrichten-Kontakt einem Kontakt aus Kontakte zuordnen. Klicken Sie dazu im Tab **Visitenkarte** auf den Button **Visitenkarte auswählen**. Alternativ können Sie natürlich auch die entsprechenden Kontaktinformationen in die Felder eintragen.

⌃ Abbildung 9.9 *Das Infofenster zu einem Kontakt in Nachrichten*

7 Wählen Sie im folgenden Dialogfenster im Bereich **Name** den gewünschten Kontakt aus, und klicken Sie auch hier auf den Button **Visitenkarte auswählen**.

⌃ Abbildung 9.10 *Den Nachrichten-Kontakt einem Kontakt aus Kontakte hinzufügen*

Der Nachrichten-Kontakt ist nun einem Kontakt aus Kontakte zugeordnet. Der Button, der zuvor **Visitenkarte auswählen** angezeigt hat, zeigt nun die Beschriftung **Im Programm „Kontakte" anzeigen**, Ihnen wird also auch so noch einmal die Zuordnung verdeutlicht.

Durch die enge Integration von Kontakte empfiehlt es sich, die Chat-Namen Ihrer Kontakte gleich dort beim Anlegen der Visitenkarte einzutragen, denn dann haben Sie sie überall stets griffbereit.

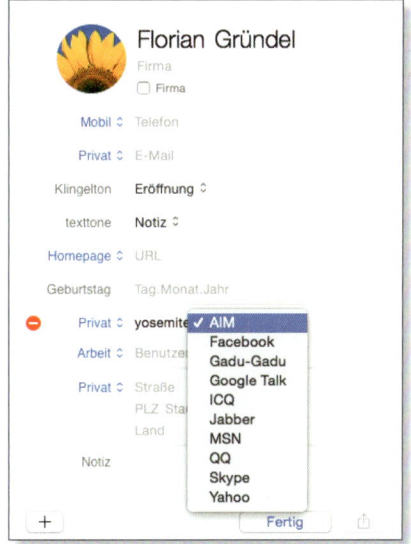

⌃ Abbildung 9.11 *Ordnen Sie in Kontakte einem Kontakt einen Chat-Namen zu.*

Damit nun Chats mit der neu hinzugefügten Person zustande kommen können, prüfen Sie Ihre Privatsphäre-Einstellungen in den Einstellungen im Tab **Accounts** und dort im Tab **Privatsphäre**. Je nach Einstellung kann es passieren, dass Sie eine Person zwar erfolgreich zu Ihren Chat-Kontakten hinzugefügt haben, aber für die Person trotzdem nicht erreichbar sind. Das liegt dann wahrscheinlich an zu restriktiven Einstellungen. Wählen Sie hier daher z. B. die Option **Benutzer in meiner Kontaktliste zulassen**.

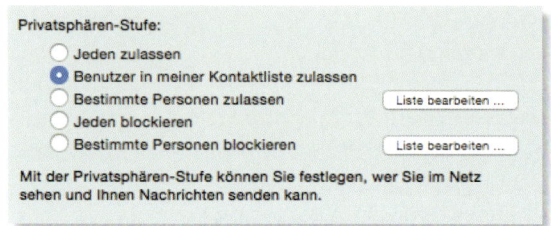

∧ **Abbildung 9.12** *Erster Anlaufpunkt bei Erreichbarkeitsproblemen: die Privatsphäre-Einstellungen*

Kontakte in Gruppen organisieren

Je umfangreicher Ihre Kontakte werden, desto wichtiger wird es, den Überblick zu behalten. In Kontakte haben Sie bereits Gruppen kennengelernt (siehe dazu den Abschnitt 8.2, »Kontakte verwalten«, ab Seite 291) und erfahren, wie praktisch es ist, Kontakte Gruppen zuzuordnen. Nachrichten bietet ebenfalls Gruppierungsmöglichkeiten. Diese sind zwar nicht so umfangreich wie in Kontakte und auch nicht automatisierbar, aber dennoch völlig ausreichend.

1 Klicken Sie auf den Plus-Button unterhalb der Kontaktliste, und wählen Sie den Befehl **Gruppe hinzufügen**.

2 Geben Sie im folgenden Fenster der Gruppe einen Namen, und klicken Sie auf den Button **Hinzufügen**.

3 Die Gruppe ist nun erstellt, und Sie können Kontakte per Drag & Drop hinzufügen. Alternativ markieren Sie zuerst alle Personen, die Sie einer Gruppe hinzufügen wollen, und klicken anschließend auf **Freunde > Neue Gruppe mit Personen erstellen**.

∧ **Abbildung 9.13** *Eine Gruppe hinzufügen*

Leider unterscheiden sich die Gruppen in Nachrichten ein wenig von den Gruppen aus dem Programm Kontakte. In Kontakte befinden sich zunächst wahllos alle Kontakte. Zusätzlich lassen sich Kontakte in Gruppen zusammenfassen. Kontakte werden also immer nur logisch einer Gruppe zugeordnet, unabhängig davon, ob es sich bei der Gruppe um eine einfache oder intelligente Gruppe handelt. Das ist bei Nachrichten anders. Hier ist die Zuordnung zu einer Gruppe absolut. Ein Kontakt, den Sie in Nachrichten in eine Gruppe verschieben, steht nur noch in dieser Gruppe zur Verfügung, aber nicht mehr zusätzlich in der Gesamtübersicht. Eine Gesamtübersicht wie in Kontakte gibt es also in Nachrichten ebenfalls nicht. Ein Kontakt muss also zu einer Gruppe gehören.

9.2   Chatten mit Nachrichten

Nachdem Sie also nun Chat-Partner zu Ihren Nachrichten-Kontakten hinzugefügt haben, können Sie chatten. Damit Ihre Kontakte wissen, ob Sie verfügbar sind oder nicht, gibt es den Anwesenheitsstatus.

Verfügbarkeit anzeigen

Prinzipiell sind eigentlich nur zwei Zustände für diesen Status möglich: *anwesend* und *nicht anwesend*. Sie haben jedoch die Möglichkeit, mithilfe Ihres Anwesenheitsstatus Ihre Verfügbarkeit feiner granuliert anzuzeigen. So ist für Ihre Kontakte der Status **Anwesend** von anderer Bedeutung, als wenn Sie beispielsweise zwar anwesend sind, aber Ihr Status gleichzeitig **Am Schreiben** oder ähnliches anzeigt. So erkennen Ihre Kontakte, dass Sie zwar grundsätzlich ansprechbar wären, aber gerade einer Tätigkeit nachgehen, die Konzentration erfordert, und dass es deswegen nur in Notfällen geboten ist, Sie zu stören. Inwieweit Ihre Kontakte Ihren Status jeweils so verstehen wie Sie selbst, lässt sich jedoch nicht garantieren.

▲ **Abbildung 9.14** *Hier sagt mein Status, dass ich zwar anwesend bin, aber eine Störung unerwünscht ist, wenn es kein Notfall ist.*

Sie können beispielsweise auch *inkognito* anwesend sein, wenn Sie Ihren Status auf **Abwesend** oder **Unsichtbar** setzen, aber nicht offline gehen. Solange Sie nicht offline sind, sind Sie prinzipiell erreichbar. Lassen Sie bei der Wahl Ihres Anwesenheitsstatus Ihrem Informationsbedürfnis und Ihrer Kreativität freien Lauf. Ändern und anpassen können Sie Ihren Status ganz einfach über das Statusmenü, das Ihren aktuellen Status unter Ihrem Namen im Kontakte-Fenster anzeigt.

1 Klicken Sie auf Ihre Statusanzeige.

2 Um Ihren Status zu ändern, wählen Sie aus dem Menü einen neuen Status aus. Die Änderung erfolgt sofort und ohne weitere Rückfrage oder Bestätigung.

INFO

iMessage ist gleicher als andere Protokolle
Leider gilt das nicht für Gesprächsanfragen, die Sie per iMessage erreichen. Wenn Sie von iMessage-Nachrichten nicht gestört werden wollen, müssen Sie das in den Systemeinstellungen unter **Mitteilungen** einstellen. Wählen Sie in der linken Spalte **Nachrichten** und rechts die Option **Ohne**, wenn Sie beim Eingang einer neuen iMessage keinerlei Benachrichtigung erhalten wollen.

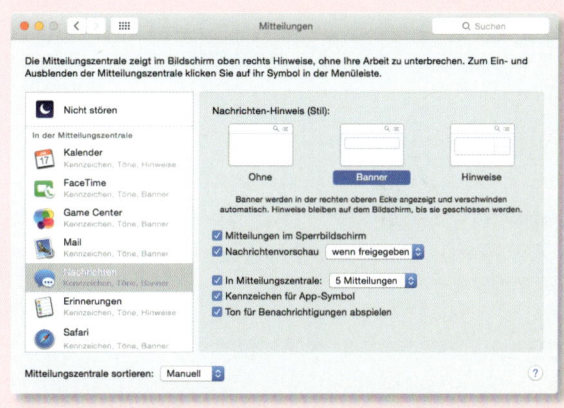

▲ **Abbildung 9.15** *Die Anzeige von eingehenden iMessage-Nachrichten lässt sich nicht direkt in Nachrichten, sondern über die Systemeinstellungen verhindern.*

3 Um einen neuen Status anzulegen, wählen Sie aus dem Menü den Befehl **Statusmenü bearbeiten ❶**.

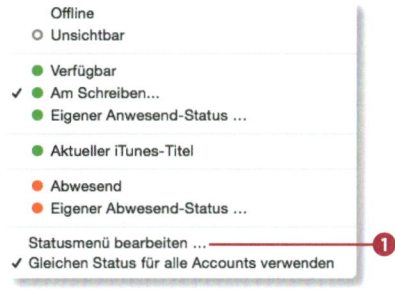

▲ **Abbildung 9.16** *Das Statusmenü*

4 Im folgenden Fenster haben Sie die Möglichkeit, Ihren Status sowohl für **Anwesend** als auch für **Ab-**

wesend detailliert anzupassen. Mit einem Klick auf die Plus-Buttons unter den beiden Listen legen Sie einen eigenen Status – wie vorher das Beispiel **Am Schreiben** – für eine der beiden Kategorien **Anwesend** oder **Abwesend** an.

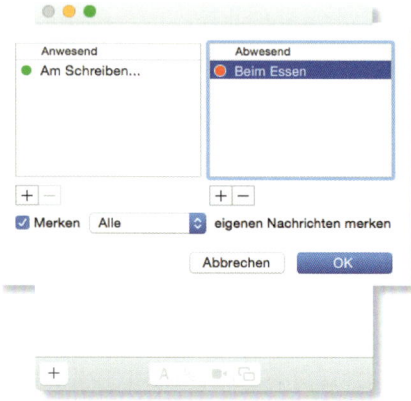

^ **Abbildung 9.17** *Sie legen fest, wie ein bestimmter Status einsortiert werden soll. Er wird dann entsprechend farbig angezeigt.*

Besonders beliebt ist die Möglichkeit, den aktuellen Titel aus iTunes ❷ als Status anzeigen zu lassen. Für gute Freunde ist das mitunter aussagekräftiger als jeder manuell eingegebene Status.

^ **Abbildung 9.18** *Der aktuelle Titel in iTunes als Status für Nachrichten*

Chat-Möglichkeiten

Verfügbarkeit bedeutet aber nicht, nur anwesend zu sein und die Statusmeldung aktuell zu halten. Verfüg-

barkeit bedeutet auch, zu wissen, welcher Kontakt für welche Art von Chat verfügbar ist. Nachrichten stellt diese Information automatisch anhand der technischen Möglichkeiten des Macs zur Verfügung, auf dem der Chat-Partner aktuell angemeldet ist:

- Hat sich ein Kontakt auf einem Mac angemeldet, der weder über Audio- noch Video-Chat-Möglichkeiten verfügt, wird neben seinem Benutzerbild nichts angezeigt. Daran erkennen Sie: Dieser Kontakt steht ausschließlich für Text-Chats zur Verfügung.

- Wird neben dem Kontakt ein Hörer angezeigt, sind mit diesem Kontakt außer Text-Chats auch Audio-Chats möglich.

- Wird neben dem Kontakt auch eine Kamera angezeigt, sind mit diesem Kontakt auch Video-Chats möglich.

^ **Abbildung 9.19** *Mit diesem Kontakt sind alle Möglichkeiten nutzbar.*

Audio- und Video-Chats sind abwärtskompatibel, d. h., sie können auf beiden Seiten Audio nutzen, aber nur von einer Seite aus Video anzeigen lassen. Das ist bei einem direkten Chat zwischen zwei Personen eher unbefriedigend, aber gerade bei Konferenz-Chats ist es im Zweifelsfall besser, ein Kontakt nimmt wenigstens akustisch teil, als gar nicht teilzunehmen.

Nachdem nun endlich alle Vorbedingungen erfüllt sind, wird es Zeit, ein Schwätzchen zu halten. Zunächst geht es um den einfachen Text-Chat.

Abbildung 9.20 *Mit einem Klick auf die Kamera können Sie einen Video-Chat starten.*

Text-Chat

Einen Chat mit einem Kontakt zu beginnen ist denkbar einfach. Ob ein Kontakt verfügbar ist, sehen Sie an der Anzeige und dem Anwesenheitsstatus des Kontakts.

1 Ist der Kontakt verfügbar, markieren Sie ihn, um eine Unterhaltung zu beginnen.

2 Klicken Sie anschließend den Button für die gewünschte Chat-Art, beispielsweise Text-Chat ❶, in der Fußleiste des Kontaktfensters an.

Abbildung 9.21 *Kontakt markieren, Chat-Art auswählen, los geht's!*

3 Im folgenden Fenster können Sie bereits mit dem Schreiben einer Chat-Nachricht loslegen. Geben Sie in das Eingabefeld ❷ Ihren Text ein, und drücken Sie anschließend die Taste ⏎, um ihn zu senden.

4 Dem ausgewählten Kontakt wird nun Ihre Nachricht als neuer Chat angezeigt, und er kann antworten.

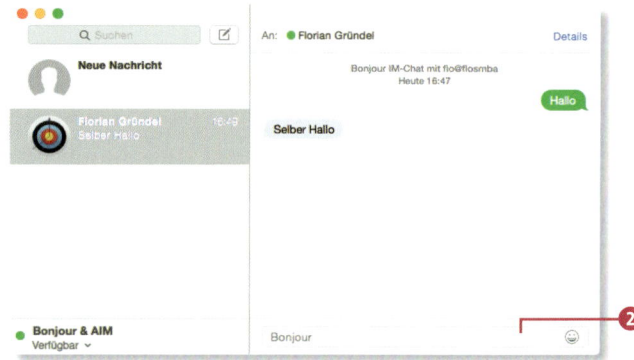

Abbildung 9.22 *So beginnen Sie ein Gespräch.*

5 Nachdem der Kontakt geantwortet hat, kann sich das Gespräch entwickeln. Dabei sind Sie nicht ausschließlich auf Text angewiesen. Sie können auch Dateien per Drag & Drop in das Chat-Fenster ziehen oder ein Symbol aus der Symbolübersicht auswählen. Die Symbolübersicht erreichen Sie durch Klick auf den Smiley ❸ im Eingabefeld.

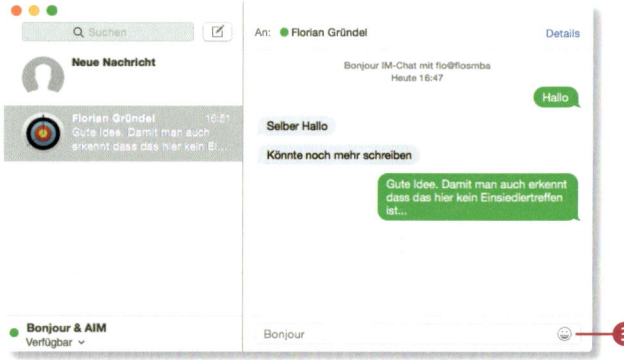

Abbildung 9.23 *Ein Gespräch entwickelt sich.*

TIPP

Zeilenumbruch erzwingen

Auf den ersten Blick scheint es unmöglich, in Nachrichten gezielt einen Zeilenumbruch im eigenen Text zu erreichen, da ja ⏎ bewirkt, dass der eingegebene Text gesendet wird. Um dennoch einen Zeilenumbruch zu erreichen, bevor Sie Ihre Nachricht abschicken, drücken Sie alt + ⏎.

Gruppen-Chat

Neben dem Chat mit einer einzelnen Person, egal, ob über das Internet oder per Bonjour, ist es auch mit Nachrichten möglich, öffentliche Chat-Räume zu betreten oder eigene Chat-Räume zu eröffnen. Die Vorgehensweise ist für beides gleich:

1 Klicken Sie auf **Ablage** > **Chat-Raum betreten**, oder nutzen Sie den Tastaturbefehl cmd + R.

2 Geben Sie im folgenden Fenster in das Feld **Raumname** den Namen des gewünschten Chat-Raums ein. Klicken Sie auf den Button **OK**.

Gibt es den Chat-Raum bereits, nehmen Sie einfach teil. Gab es den Chat-Raum zuvor noch nicht, haben Sie ihn jetzt gegründet und damit auch die Möglichkeit, weitere Nutzer in den Chat-Raum einzuladen. Nachdem der Raum angelegt ist, sehen Sie ihn in der Seitenleiste in der Liste der offenen Chats.

3 Klicken Sie rechts oben auf **Details** ❶, und anschließend auf **Kontakt hinzufügen**, und geben Sie die Namen der gewünschten Teilnehmer ein. Diese erhalten daraufhin eine Einladung, an Ihrem Chat-Raum teilzunehmen.

∧ **Abbildung 9.24** *Teilnehmer zum Chat-Raum hinzufügen*

Im Gruppen-Chat chatten Sie genauso wie zuvor beim direkten Chat, nur dass Sie eben nicht allein, sondern Teil einer Gruppe sind – also auch alle anderen mitlesen. Die meistgenutzte Anwendung von Chat-Räumen dürfte die Verabredung zum gemeinschaftlichen Mittagessen sein. Nennenswerte öffentliche Chat-Räume, in denen sich regelmäßig Teilnehmer zu bestimmten

Themen austauschen (wie etwa im IRC), gibt es für Nachrichten bzw. die von Nachrichten verwendeten Protokolle nicht.

Dateien austauschen

Mit Nachrichten lassen sich auch Dateien austauschen. Ziehen Sie die Datei per Drag & Drop in das Eingabefeld des Chat-Fensters, und sie ist schon so gut wie verschickt.

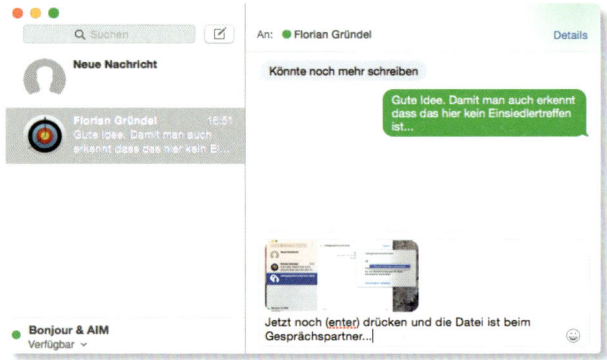

∧ **Abbildung 9.25** *Eine Datei mit Nachrichten übermitteln*

Audio-Chat

Der Audio-Chat ist genauso einfach zu starten wie der Text-Chat. Im Prinzip ist der Audio-Chat nichts anderes als ein Telefonat, und er ist auch genauso einfach.

1 Klicken Sie den gewünschten Kontakt an.

2 Klicken Sie auf die gewünschte Chat-Art, in dem Fall also auf Audio-Chat, den Button mit dem Telefonhörer.

3 Ihre Chat-Anfrage wird dem gewünschten Teilnehmer angezeigt. Hat der Teilnehmer das Gespräch
angenommen, können Sie nun beide miteinander
sprechen. Eine Pegelanzeige im Chat-Fenster zeigt
Ihnen den Audiopegel Ihres Mikrofons an.

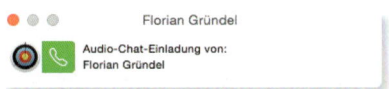

^ **Abbildung 9.26** *Eine Einladung zum Audio-Chat*

4 Sogar kleine Telefonkonferenzen mit bis zu neun
weiteren Teilnehmern lassen sich mit Nachrichten realisieren. Laden Sie dazu als Initiator des Ge-
sprächs weitere Teilnehmer ein. Klicken Sie im
schwebenden Chat-Fenster mit der Pegelanzeige
auf den Plus-Button, und wählen Sie weitere Teilnehmer aus.

Diese erhalten nun ebenfalls eine Chat-Anfrage
und tauchen als Teilnehmer auf, falls sie die Anfrage
akzeptieren.

Anstatt alle Teilnehmer in einem laufenden Gespräch
einzeln einzuladen, können Sie auch vor Gesprächsbe-
ginn alle gewünschten Teilnehmer in der Kontaktliste
markieren und anschließend den Audio-Chat starten.
Alle Teilnehmer erhalten daraufhin eine Einladung, die
ihnen anzeigt, dass Sie sie zu einem Audio-Chat mit n
weiteren Personen eingeladen haben.

Um den Chat zu beenden oder aus einer Telefonkonfe-
renz auszusteigen, schließen Sie das Chat-Fenster, die
Verbindung wird dadurch automatisch getrennt.

Video-Chat

Video-Chats starten, benutzen und beenden Sie genauso wie Audio-Chats. Der einzige Unterschied besteht darin, dass sich die Teilnehmer nicht nur hören,
sondern auch sehen können. Bei Konferenzen können
maximal drei weitere Personen teilnehmen. Das Chat-
Fenster bei einem Video-Chat zeigt das Bild der anderen Teilnehmer groß und zur Kontrolle das eigene Bild
klein als Bild im Bild.

^ **Abbildung 9.27** *Ein Video-Chat*

Screensharing

Nachrichten bietet neben den verschiedenen Möglich-
keiten, miteinander zu kommunizieren, zusätzliche
Möglichkeiten der Interaktion zwischen den Chat-Teil-
nehmern. Eine der Möglichkeiten ist Screensharing.
Vielleicht haben Sie schon einen Blick in Kapitel 18,
»Daten und Aufgaben teilen – lokale Netzwerke und
Freigaben«, geworfen und dort ebenfalls schon etwas
von »Screensharing im lokalen Netzwerk« gelesen.
Falls ja, dann wird Ihnen das Screensharing von Nach-
richten bekannt vorkommen.

Screensharing bedeutet, dass Sie Zugriff auf den Bildschirm – und damit auch auf den Mac – Ihres Chat-
Partners erhalten. Umgekehrt geht das natürlich genauso. Sie können Ihren Bildschirm (und damit Ihren
Mac) für Ihren Chat-Partner freigeben. Dabei gehen
Sie genauso vor, als ob Sie einen normalen Chat initiieren würden:

1 Markieren Sie den gewünschten Kontakt.

2 Klicken Sie in der Fußleiste auf den Button mit den
zwei Bildschirmen ❷.

^ **Abbildung 9.28** *Starten Sie die Bildschirmfreigabe aus
Nachrichten.*

Bildschirmfreigabe für Florian Gründel

^ **Abbildung 9.29** *Eine aktivierte Bildschirmfreigabe. Die Infoeinblendung verschwindet nach ein paar Sekunden.*

3 Wählen Sie im folgenden Menü **um Zugriff auf Bildschirm von [Name des Chat-Partners] bitten**. Der Chat-Partner erhält eine entsprechende Meldung und kann ablehnen oder akzeptieren.

Nachdem der Chat-Partner angenommen hat, wird Ihr eigener Bildschirm in ein Fenster verkleinert ❷ und der Bildschirm des Macs ❸ Ihres Chat-Partners monitorfüllend bei Ihnen dargestellt.

4 Ein Klick auf das verkleinerte Fenster bringt Sie zurück Ihrem eigenen Bildschirm, und der Bildschirm des Chat-Partners wird im kleinen Fenster dargestellt. So lässt sich zwischen beiden Macs wechseln. Während Sie *auf* dem Mac Ihres Chat-Partners sind, haben Sie die gleichen Möglichkeiten wie der Chat-Partner, also die volle Kontrolle über den Mac, den Sie gerade fernsteuern. Es empfiehlt sich daher, Screensharing nur zwischen Chat-Partnern zu nutzen, die sich gegenseitig absolut vertrauen.

^ **Abbildung 9.30** *Zwischen den Bildschirmen wechseln*

Screensharing ist das ideale Werkzeug, um anderen Benutzern über das Internet zu assistieren, denn Sie übernehmen den Bildschirm des anderen ja nicht exklusiv, sondern nutzen ihn gemeinsam. So können Sie beispielsweise Fehler gut nachvollziehen, indem Sie den anderen die Schritte machen lassen, die den Fehler auslösen, und nur in Notfällen eingreifen.

9.3 Nachrichten mit iMessage, Handoff und FaceTime

Nachrichten ist von Apple über die Jahre etwas undankbar mit immer mehr Aufgaben überfrachtet worden. Zunächst war es nur ein Chat-Programm, wie Sie es bislang in diesem Kapitel kennengelernt haben. Dann gesellte sich irgendwann, als eigene Anwendung für Videotelefonie auf dem Mac, FaceTime dazu, und beide existieren nun parallel mit ähnlichen Funktionen, aber unterschiedliche Protokolle bedienend. Und als ob das noch nicht verwirrend genug wäre, ist Nachrichten von Apple auserkoren worden, vorrangig iMessage (und wenn die technischen Bedingungen es zulassen, auch SMS) zu bedienen. Die Unterstützung der bislang vorgestellten Chat-Protokolle lässt sich mittlerweile mit Fug und Recht eher als »Zugabe« bezeichnen, und es stellt sich die Frage, wie lange Apple diese überhaupt noch unterstützen wird. Schließlich ist iMessage ein voller Erfolg. Und die Reduzierung auf das Wesentliche (eigentlich genau das, was Produkte aus dem Hause Apple so besonders macht) täte Nachrichten gut.

iMessage

iMessage ist mittlerweile das dominierende Protokoll in Nachrichten. iMessage ist perfekt ins System integriert, lässt sich per iCloud synchronisieren und erlaubt sogar die Weiterleitung von SMS. Dabei funktioniert der Versand von iMessage wie der SMS-Versand. Der einzige Unterschied ist, dass SMS über das Netz des Mobilfunkanbieters gesendet werden, während iMessage-Nachrichten über das Internet übertragen werden. Und weil es kaum etwas Einfacheres gibt als iMessage, sind Sie, nach Eingabe Ihrer Apple-ID und des entsprechenden Passworts als Nachrichten-Account, sofort startklar (Lesen Sie dazu den Abschnitt »Einen Account anlegen« auf Seite 336.). Anschließend stehen Ihnen alle Ihre Kontakte, die ebenfalls iMessage nutzen, als Gesprächspartner in Nachrichten zur Verfügung.

1 Klicken Sie rechts neben dem Suchfeld über der Liste der aktiven »Gespräche« auf den Button mit dem Stift.

Nachrichten erstellt nun eine neue Konversation.

△ **Abbildung 9.31** *Eine neue Konversation anlegen*

2 Geben Sie rechts im Feld **An** den Namen des gewünschten Gesprächspartners bzw. der gewünschten Gesprächspartner ein, denn Sie können problemlos auch mit mehreren Personen gleichzeitig chatten.

3 Geben Sie im Eingabefeld die Nachricht ein, die Sie senden wollen. Ein Klick auf den Smiley bietet Ihnen die Möglichkeit, sich auch »nonverbal« auszudrücken.

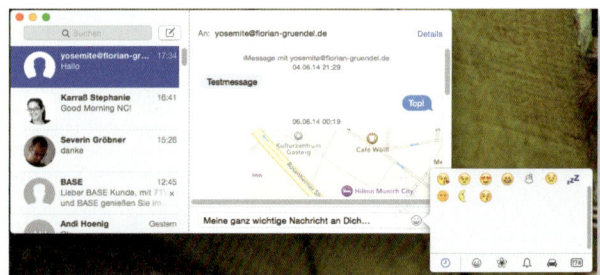

△ **Abbildung 9.32** *Eine Nachricht verfassen*

4 Drücken Sie die Taste ⏎, um Ihre Nachricht abzuschicken.

5 Da iMessage große Ähnlichkeit mit SMS hat, sollten Sie im Gegensatz zu einem Chat nicht mit einer unmittelbaren Antwort Ihres Gesprächspartners rechnen.

Einzelheiten zur ausgewählten Konversation wie Infos zum Gesprächspartner, die Möglichkeit, ein Videotelefonat mit FaceTime oder eine Screensharing-Session zu starten, sowie einen schnellen Überblick über die gemeinsam in der Konversation genutzten Dateien erhalten Sie durch Klick auf **Details**.

⌃ Abbildung 9.33 *Sehr praktisch: Rufen Sie Details zur Konversation auf.*

TIPP

Schreibfaul?
Wenn Sie mal keine Lust auf Tippen haben, klicken Sie auf das Mikrofonsymbol rechts neben dem Eingabefeld und nehmen Ihre Nachricht einfach auf. Anschließend können Sie die Aufnahme sofort als Audioschnipsel versenden.

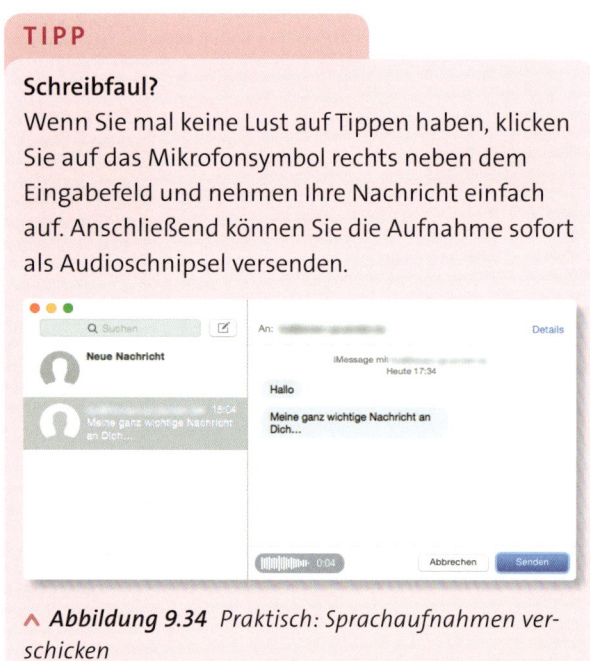

⌃ Abbildung 9.34 *Praktisch: Sprachaufnahmen verschicken*

Seinen besonderen Vorteil spielt iMessage in Zusammenarbeit mit iOS aus. Dank der Integration in iCloud spielt es keine Rolle, mit welchem Gerät Sie eine Konversation starten, Sie können Sie auf jedem anderen Gerät (iPhone, iPad, anderer Mac), auf dem Sie mit Ih-

rer Apple-ID angemeldet sind, weiterführen. Diese Unabhängigkeit von der Hardware macht iMessage ganz schnell zu einem unentbehrlichen Kommunikationskanal. Hinzu kommt, dass die App Nachrichten unter iOS genauso funktioniert, wie Sie sie möglicherweise von OS X gewohnt sind. Abgesehen von einigen Kleinigkeiten, die auf die unterschiedlichen Displaygrößen der iOS- und OS-X-Anwendung zurückzuführen sind, sieht Nachrichten auf beiden Plattformen auch gleich aus. Sie müssen sich bei der Bedienung also nicht umgewöhnen, egal, an welchem Gerät Sie Nachrichten gerade nutzen.

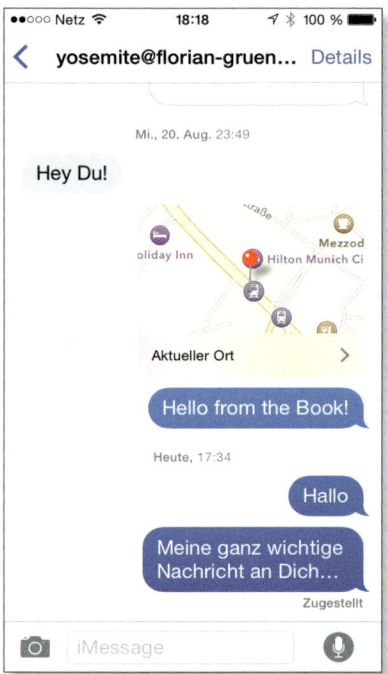

⌃ Abbildung 9.35 *Funktioniert plattformübergreifend gleich: Nachrichten (hier unter iOS 8 auf einem iPhone)*

Apple treibt die Annäherung der beiden Betriebssysteme sowie der Gerätefamilien immer weiter voran, und die aktuellen Betriebssystemversionen OS X 10.10 und iOS 8 stehen ganz im Zeichen der Verzahnung von Funktionen zwischen OS X und iOS. Daher erscheint es auch nur logisch, dass sich mit Nachrichten nun neben den Chat-Protokollen und iMessage auch SMS vom Mac aus nutzen lassen.

Handoff – Telefon und SMS auf dem Mac

Unter den Begriffen *Handoff* bzw. *Continuity* sammelt Apple all jene Funktionen, die OS X Yosemite und iOS 8 miteinander verbinden. Dazu gehört unter anderem die Möglichkeit, den Mac als Freisprecheinrichtung fürs iPhone nutzen zu können und SMS vom iPhone zu Nachrichten auf dem Mac weiterzuleiten. Der umgekehrte Weg, also SMS vom Mac aus zu verschicken, ist natürlich auch möglich. Damit diese Komfortfunktionen auch funktionieren, bedarf es ein klein wenig Vorbereitung bzw. müssen gewisse Voraussetzungen erfüllt sein.

1. Ihre Geräte müssen, wenn sie die technischen Voraussetzungen (beachten Sie hierzu den folgenden Infokasten) erfüllen, alle mit derselben Apple-ID bei iCloud angemeldet sein.

2. Auf allen Geräten muss Bluetooth aktiviert sein, und die Geräte müssen sich in räumlicher Nähe zueinander befinden.

3. Alle Geräte müssen mit demselben WLAN-Netzwerk verbunden sein.

4. Alle Geräte müssen mit demselben Account bei FaceTime angemeldet sein.

INFO

Technische Voraussetzungen für Continuity/Handoff
Ob Ihre Geräte die technischen Voraussetzungen erfüllen, erfahren Sie am einfachsten und schnellsten unter *http://support.apple.com/de-de/HT6337*. Dieser sehr ausführliche und hilfreiche Support-Artikel klärt alle Fragen zum Thema.

Treffen diese Voraussetzungen zu und geht auf Ihrem iPhone ein Anruf ein, wird der Anruf ebenfalls auf allen weiteren aktivierten Geräten (iPad, Mac etc.) angezeigt und kann auch von jedem Gerät aus angenommen werden. So wird Ihr Mac, falls Sie nicht Kopfhörer angesteckt haben, zu einer Luxusfreisprecheinrichtung.

∧ **Abbildung 9.36** *Mit dem Mac telefonieren dank Continuity*

Ebenso einfach ist es, nun vom Mac aus einen Anruf zu initiieren.

1 Öffnen Sie das Programm Kontakte.

2 Wählen Sie den gewünschten Kontakt aus.

3 Fahren Sie mit dem Zeiger über eine Telefonnummer. Kontakte blendet nun die Verbindungsmöglichkeiten (Telefon, SMS) für die jeweilige Nummer ein.

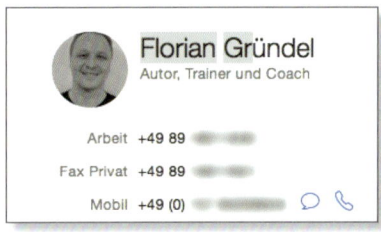

∧ **Abbildung 9.37** *Die Telefonfunktion ist tief ins System und in andere Apps integriert.*

4 Klicken Sie auf das eingeblendete Telefonhörersymbol. Ihr Mac baut nun, mithilfe Ihres iPhones im Hintergrund, das Gespräch auf. Sobald der Gesprächspartner annimmt, können Sie mit Ihrem Mac telefonieren und haben dabei beide Hände frei. Das Gespräch beenden Sie über den gleichnamigen Button.

∧ **Abbildung 9.38** *Ein ausgehendes Telefonat*

Um auch SMS vom iPhone auf iMessage weiterzuleiten, bedarf es noch eines zusätzlichen Konfigurationsschrittes auf dem iPhone.

1 Öffnen Sie auf dem iPhone die Einstellungen.

2 Tippen Sie in der Liste auf **Nachrichten**.

3 Tippen Sie auf **Weiterleitung von SMS**.

4 Aktivieren Sie die Geräte, auf die Sie SMS weiterleiten wollen.

∧ Abbildung 9.39 *Geräte zur Weiterleitung von SMS auf dem iPhone auswählen*

Nach der Aktivierung wird auf dem ausgewählten Gerät in Nachrichten ein Dialog mit einem sechsstelligen Zahlencode eingeblendet.

∧ Abbildung 9.40 *Auf dem ausgewählten Gerät wird ein Code zur Authentifizierung der Weiterleitung von SMS angezeigt.*

5 Geben Sie den Code, der Ihnen auf dem ausgewählten Gerät angezeigt wird, auf Ihrem iPhone ein, und tippen Sie auf **Erlauben**.

Die Geräte sind nun miteinander verbunden. Sie können mit dem gekoppelten Gerät SMS benutzen, als wäre es ein Telefon. Das bedeutet aber auch, dass Sie den Infospam Ihres Netzbetreibers ebenfalls weitergeleitet bekommen.

Neben der Möglichkeit, SMS und Telefonie vom iPhone auf den Mac zu holen, haben Sie natürlich auch nach wie vor die Möglichkeit, auf dem Mac Videotelefonie mit FaceTime zu nutzen.

9.4   FaceTime

FaceTime ist ein klassisches »One Trick Pony«. Wobei es korrekterweise zwei Tricks sind. Mit FaceTime können Sie Video- und Audiotelefonate über das Internet führen. Sie müssen sich auch dafür lediglich mit Ihrer Apple-ID anmelden.

∧ Abbildung 9.41 *Das FaceTime-Programm-Icon*

FaceTime steht sowohl auf Macs als auch auf dem iPhone (ab iPhone 4), iPad (ab der zweiten Generation) und iPod touch (ab der vierten Generation) zur Verfügung.

Einen Account einrichten

Wenn Sie bereits eine Apple-ID haben, können Sie FaceTime sofort nutzen. Beim ersten Start von FaceTime geben Sie Ihre Apple-ID und Ihr Passwort ein, und schon können Sie loslegen. Für Ihre Kontakte sind Sie nun unter Ihrer Apple-ID für Audio- und Videotelefonate per FaceTime erreichbar.

⌃ **Abbildung 9.42** *Bei FaceTime anmelden*

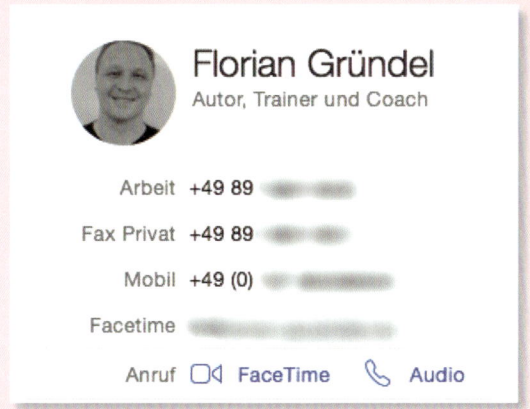

⌃ **Abbildung 9.43** *Praktisch: FaceTime als eigene Beschriftung in Kontakten*

Videotelefonate mit FaceTime

1 Um einen Anruf zu starten, wählen Sie zunächst Audio oder Video aus und geben dann den Namen des gewünschten Gesprächspartners in das Suchfeld ein.

2 Klicken Sie bei den Suchergebnissen auf den gewünschten Telefonhörer, um das Gespräch zu starten.

⌃ **Abbildung 9.44** *Kontakte suchen mithilfe des Suchfelds*

Anschließend baut FaceTime die Verbindung zum ausgewählten Kontakt auf. Wenn der Kontakt gerade nicht verfügbar sein sollte, zeigt FaceTime eine entsprechende Meldung an.

yosemite@florian-gruendel.de
ist für FaceTime nicht verfügbar.

⌃ **Abbildung 9.45** *Der gewählte Kontakt ist gerade nicht erreichbar.*

Wenn der gewählte Kontakt erreichbar ist und das Gespräch angenommen hat, können Sie mit FaceTime ein Videotelefonat führen, wie Sie es bereits vom Video-Chat her kennen.

Abbildung 9.46 *Ein FaceTime-Telefonat mit einem Kontakt, der das Gespräch auf seiner Seite auf einem iPad führt*

3 Ebenso einfach, wie ein Gespräch zu starten, ist es, ein Gespräch anzunehmen. Wenn Sie FaceTime aktiviert haben, sind Sie für Anrufe erreichbar. Wenn ein Anruf bei Ihnen eingeht, hören Sie einen Klingelton, und FaceTime zeigt Ihnen an, wer Sie anruft.

Abbildung 9.47 *Ein eingehender Anruf*

4 Nehmen Sie den Anruf nun an, oder lehnen Sie ihn ab. Nachdem Sie FaceTime gerade aktiviert haben, gehe ich davon aus, dass Sie erreichbar sein wollen. Klicken Sie auf den Button **Annehmen**.

Das Gespräch kommt nun zustande, und Sie können mit dem Kontakt ein Videotelefonat führen.

5 Wenn Sie vorübergehend nicht für Anrufe per FaceTime erreichbar sein wollen, reicht es, FaceTime zu deaktivieren. Klicken Sie auf **FaceTime** > **FaceTime deaktivieren**, oder nutzen Sie den Tastaturbefehl cmd + K .

Abbildung 9.48 *FaceTime ist deaktiviert.*

An dieser Stelle endet der große Themenkomplex »Online und Kommunikation«, und wir widmen uns im nächsten Kapitel ganz der Produktivität mit den Programmen Pages, Numbers und Keynote. Allerdings werden wir auch dort nicht ganz auf Internet und Onlinedienste verzichten können, denn auch in diesen Programmen ist iCloud perfekt integriert.

Kapitel 10
Schnelle Infos – Dashboard und Widgets

Wenn Sie auf die Schnelle wissen wollen, wie das Wetter in Peking ist, ob ein Flug pünktlich ist oder wie es mit der Schneehöhe in Ihrem bevorzugten Skigebiet aussieht, müssen Sie dafür nicht extra erst nach der passenden Internetseite suchen, es reicht, das Dashboard zu öffnen.

Manche Informationen aus dem Internet braucht man oft und schnell und am liebsten ohne Ablenkung durch die weiteren Inhalte auf Webseiten. Widgets sind Kleinstprogramme, die jeweils genau nur die gefragten Informationen auf Ihrem Mac zur Verfügung stellen. Diese Widgets finden Sie auf dem aktuellsten Stand im Dashboard.

10.1 Dashboard

Wie bereits in Kapitel 5 über die Programme erwähnt, ist das Dashboard kein Programm im herkömmlichen Sinne, sondern eine Umgebung, in der kleine Programme, sogenannte *Widgets*, ausgeführt werden.

Technisch betrachtet, sind Widgets nichts anderes als kleine Webseiten mit bestimmten Informationen, und das Dashboard ist quasi der Browser, in dem sie angezeigt werden. Auf Seite 265 haben Sie solch einen Webseiten-Schnipsel ja bereits hinzugefügt. Was die Widgets aber von einer Website unterscheidet, ist, dass sie immer sofort verfügbar sind. Sie müssen sich nicht bis zur gewünschten Stelle durchklicken oder seitenlang scrollen, um zur gewünschten Information zu gelangen. Außerdem sehen die Widgets meist auch noch besser aus.

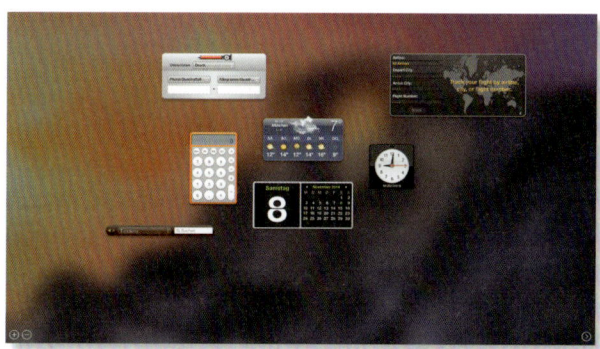

∧ **Abbildung 10.1** Einige Widgets im Dashboard

HINWEIS

Internet notwendig
Um die meisten Widgets sinnvoll nutzen zu können, muss Ihr Mac mit dem Internet verbunden sein, denn die Informationen für die meisten Widgets werden aus dem Internet geholt. Sollten Sie noch keine Internetverbindung eingerichtet haben, lesen Sie zunächst in Kapitel 7, »Internet und Netzwerk«, ab Seite 243 nach, wie Sie dazu vorgehen.

Besonders praktisch ist, dass Widgets mehrfach gestartet werden können. So können Sie sich beispielsweise auf dem Dashboard gleichzeitig die Zeit aus mehreren für Sie wichtigen Zeitzonen anzeigen lassen.

^ **Abbildung 10.2** *Eine Weltzeituhr aus Widgets*

Dashboard aufrufen

Das Dashboard ist immer in der Nähe, egal, wo Sie sich gerade befinden. Sie können das Dashboard mithilfe der Tastatur mit F3 als eigenen Space via Mission Control aufrufen, eine aktive Ecke (siehe Kapitel 15, »Systemeinstellungen – den Mac im Griff«, auf Seite 549) oder eine Maustaste festlegen sowie auf einem Trackpad von Space 1 aus mit drei Fingern nach links streichen. Es gibt also mehrere Wege, das Dashboard aufzurufen, und Sie können jeden Weg nach Ihren Bedürfnissen anpassen. Sie müssen nicht die eben beschriebenen Standards nutzen. Aber was erwartet Sie dort? Sehen wir uns zunächst die Bedienoberfläche des Dashboards an.

Die Bedienoberfläche des Dashboards

Der größte Teil des Dashboards ist eine leere Fläche, auf der Sie die Widgets frei anordnen können. Widgets können Sie überall *anfassen* und bewegen. Sie müssen die aktuelle Position eines Widgets also nicht als gegeben hinnehmen. In den Ecken links unten und rechts unten sehen Sie jeweils Icons:

- Ein Klick auf das Pfeil-Icon rechts unten beendet das Dashboard und bringt Sie zu Space 1 zurück. Weitere Möglichkeiten, das Dashboard zu beenden, sind dieselben wie bei der Aktivierung des Dashboards.

- Ein Klick auf das Plus-Icon links unten öffnet die Widgets-Übersicht, die in Aussehen und Bedienbarkeit stark an Launchpad erinnert.

^ **Abbildung 10.3** *Die Widgets-Übersicht zeigt alle verfügbaren Widgets an.*

Widgets zum Dashboard hinzufügen

Nach einem Klick auf das Plus-Icon sehen Sie alle verfügbaren Widgets und fügen das gewünschte Widget zum Dashboard hinzu, indem Sie es anklicken.

Widgets aus dem Dashboard entfernen

Nach einem Klick auf das Minus-Icon befindet sich das Dashboard in einer Art Verwaltungsmodus. Alle Widgets zeigen nun ein × in der Ecke links oben. Ein Klick darauf schließt das ausgewählte Widget. Sie können es später aus der Widgets-Übersicht heraus neu zum Dashboard hinzufügen.

^ **Abbildung 10.4** *Ein Klick auf das × schließt das Widget.*

Widgets deinstallieren

Um ein Widget dauerhaft zu entfernen, drücken Sie in der Widgets-Übersicht auf die Taste alt. Die Widgets fangen daraufhin an zu wackeln, nachträglich installierte Widgets zeigen außerdem links oben das bekannte ×. Ein Klick darauf entfernt das Widget nach Bestätigung des folgenden Dialogs dauerhaft aus der Übersicht der verfügbaren Widgets, und Sie müssen es gegebenenfalls neu installieren. Es lassen sich also nur nachträglich selbst installierte Widgets löschen. So viel zur Oberfläche und zur grundsätzlichen Bedienung des Dashboards.

10.2 Die Widgets im Überblick

Auch bei den Widgets gibt es, wie bei Programmen, ein paar Elemente in der Bedienoberfläche, die Sie kennen sollten und auf die Sie sich verlassen können. So bedienen Sie später prinzipiell jedes Widget – egal, wie unterschiedlich sie aussehen – sofort zuverlässig. Widgets zeigen, wenn Sie den Mauszeiger über sie ziehen, ein kleines **i** ❶, meist in der Ecke rechts unten.

< **Abbildung 10.5** Das Wetter-Widget mit eingeblendetem »i«-Icon

Ein Klick darauf, und das Widget dreht sich um 180°. Es zeigt also quasi seine *Rückseite*, auf der Sie dann meistens Einstellungen vornehmen können.

^ **Abbildung 10.6** Widget-Einstellungen auf der »Rückseite« des Widgets

Viele Widgets können Sie in der Größe ändern. Oft bieten die Widgets dafür von Fenstern bekannte Elemente wie *Anfasser*. Manche Widgets lassen sich durch einen Klick auf bestimmte Bereiche in der Größe und der Darstellung ändern; hier ist ein wenig Experimentierfreude gefragt. Einige Widgets passen ihre Größe selbst dynamisch an die Menge des Inhalts an, den sie zeigen sollen.

^ **Abbildung 10.7** Ein Klick auf das aktuelle Wettersymbol verkleinert das Widget auf die wesentlichen Informationen.

Apple liefert bereits einige Widgets mit Yosemite mit. Sein volles Potenzial entwickelt das Dashboard aber erst durch die große Auswahl weiterer Widgets, die Sie im Internet erhalten. Und hier findet sich wirklich ein Widget für beinahe jeden Zweck. Bevor wir uns ansehen, wo Sie weitere Widgets finden und wie Sie sie installieren, werfen wir zunächst einen Blick auf die von Apple mitgelieferten Widgets.

Ski Report

Ski Report ist ein kleines Widget, das die Schneelage in Ihrem Lieblingsskigebiet anzeigt. Das Skigebiet legen Sie in den Einstellungen des Widgets fest.

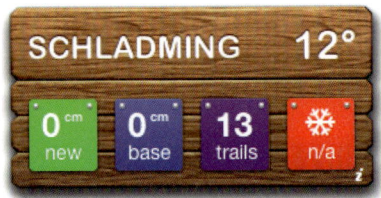

∧ **Abbildung 10.8** *Im Sommer kann auch das Widget keine Schneemassen herbeizaubern.*

Rechner

Das Widget Rechner stellt Ihnen einen ganz einfachen Taschenrechner zur Verfügung. Wer es komplexer braucht, der muss anstelle des Widgets das Programm Rechner bemühen.

∧ **Abbildung 10.9** *Das Taschenrechner-Widget*

Kalender

Das Kalender-Widget zeigt einen kleinen Kalender, ähnlich einem Klappkalender für den Schreibtisch. In der Standardansicht werden der heutige Tag und der dazugehörige Monat angezeigt.

∧ **Abbildung 10.10** *Das Kalender-Widget in der Standardansicht*

Nach einem Klick auf den Tag wird ein weiteres Feld mit den heutigen Terminen angezeigt.

∧ **Abbildung 10.11** *Auch Termine lassen sich einsehen.*

Mit einem Klick auf einen der Termine wechseln Sie vom Dashboard zum Programm Kalender – ein nettes Widget für Benutzer, die nicht ohnehin ständig Kalender offen haben.

Kontakte

Das Kontakte-Widget zeigt zunächst nur einen Fotoplatzhalter und ein Suchfeld an. Geben Sie einen Namen ein. Sie sehen, wie bereits nach Eingabe des ersten Buchstabens kontinuierlich nach allen entsprechenden Kontakten gefiltert wird.

< **Abbildung 10.12** *Die Liste der Vorschläge gemäß dem aktuellen Suchwort*

In der Liste der Vorschläge können Sie mit den Pfeiltasten auf Ihrer Tastatur navigieren und selbstverständlich auch mit der Maus scrollen, wenn das Fenster zu klein sein sollte, um alle gefundenen Kontakte anzuzeigen. Ist der gesuchte Kontakt gefunden, genügt ein Klick darauf oder ein Druck auf die Taste ⏎, um den Kontakt vollständig anzuzeigen.

∧ Abbildung 10.13 *Die Einzelansicht eines Kontakts mit allen Kontaktinformationen*

In der Einzelansicht lassen sich die meisten Einträge anklicken.

Ein Klick auf eine E-Mail-Adresse öffnet Mail und erstellt eine neue E-Mail. Ein Klick auf einen Instant-Messaging-Account öffnet das Programm Nachrichten. Ein Klick auf eine Adresse öffnet Karten und lädt die Kartenansicht der Adresse. Ein Klick auf den orangefarbenen Pfeil im Suchfeld bringt Sie zurück zur Übersicht.

Leider bietet das Widget keine allgemeine Übersicht wie Sie sie aus dem Programm Kontakte kennen, sondern nur die Suchfunktion. Ebenso muss man auch auf die Sortierung nach Gruppen aus Kontakte verzichten, was zur Folge hat, dass viele Einträge doppelt angezeigt werden, wenn sie beispielsweise auf einem Server und lokal verfügbar sind. Das Programm Kontakte ist, wenn man es ohnehin offen hat, genauso schnell zu erreichen und bietet mehr als das Widget im Dashboard.

Lexikon

Die Funktion des Lexikon-Widgets entspricht ungefähr der des Programms Lexikon: Geben Sie in das Suchfeld des Widgets einen Begriff ein, und wählen Sie im Auswahlmenü daneben, welche Quelle Sie für den eingegebenen Begriff abfragen möchten.

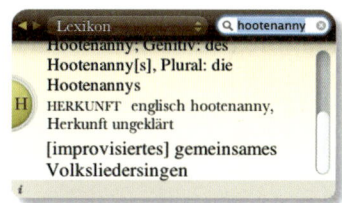

∧ Abbildung 10.14 *Das Lexikon-Widget in Aktion*

Leider bleibt das Widget hinter den Möglichkeiten des gleichnamigen Programms zurück. Beim Programm Lexikon werden im Gegensatz zum Widget alle verfügbaren Quellen abgefragt. Das Programm lässt sich außerdem um weitere Quellen ergänzen. Das Widget fragt leider nur die fest einprogrammierten Quellen ab. Wenn Sie also Lexikon ohnehin offen haben oder sich an die Nutzung der Dienste gewöhnt haben, in denen Ihnen Lexikon stets zur Verfügung steht, sind Sie damit besser beraten.

ESPN

ESPN ist ein US-amerikanischer Sportsender. Das Widget bietet aktuelle Neuigkeiten zu einer Reihe von Sportarten, deren Fokus aber nahezu ausnahmslos auf den USA liegt.

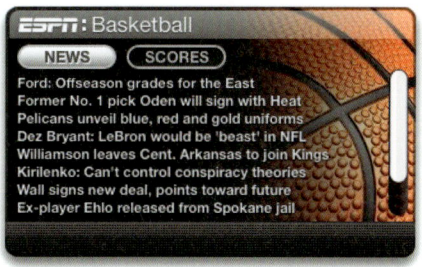

∧ Abbildung 10.15 *Das ESPN-Widget zeigt Sportmeldungen aus den USA.*

Für Fans von US-Sportarten ist das Widget ganz hilfreich, um auf dem Laufenden zu bleiben, für alle anderen ist es uninteressant.

Flight Tracker

Flight Tracker ist ein hilfreiches Widget, um Flüge zu verfolgen. So können Sie eine Fahrt zum Flughafen, um dort jemanden abzuholen, entsprechend planen.

1 Geben Sie in die entsprechenden Suchfelder die Fluglinie (**Airline**), den Abflug- (**Depart City**) und den Ankunftsflughafen (**Arrive City**) ein.

2 Klicken Sie auf **Track**, um rechts im Fenster eine Liste der passenden Flüge zu erhalten.

^ **Abbildung 10.16** *Die Liste der verfolgbaren Flüge gemäß den eingegebenen Suchparametern*

3 Markieren Sie den gewünschten Flug, und klicken Sie erneut auf **Track**, um Informationen zum ausgewählten Flug zu erhalten.

^ **Abbildung 10.17** *Das Widget zeigt nun die Flugroute und Zeitinformationen an.*

Movies

Movies zeigt die Filmplakate aktueller Filme an. Nach einem Klick auf das Plakat wechselt die Ansicht, und

das Widget liefert weitere Informationen zum Film und zu den Kinos vor Ort, in denen er gezeigt wird. Leider lassen sich in den Einstellungen des Widgets nur Städte in den USA auswählen.

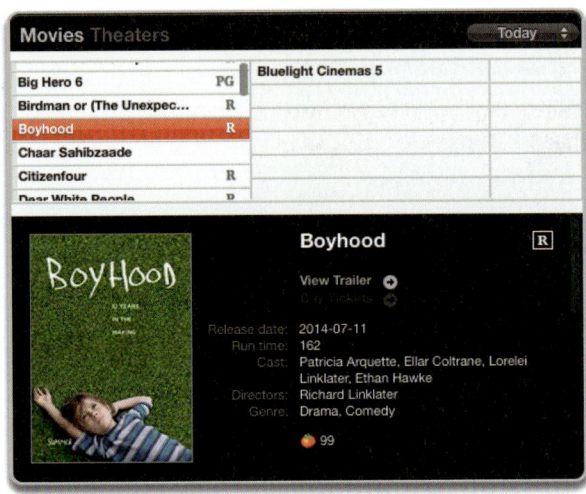

^ **Abbildung 10.18** *Eigentlich ein tolles Widget; leider zeigt es nur Kinos in den USA.*

Notizzettel

Das Notizzettel-Widget sieht so aus wie das gleichnamige Programm, und Sie können genau das Gleiche damit machen.

^ **Abbildung 10.19** *Das Notizzettel-Widget in Aktion*

Aktien

Das Aktien-Widget bietet eine Übersicht über Aktien und Indizes. So haben Sie stets die Entwicklung Ihres Portfolios im Blick. Aber auch wenn Sie selbst keine

Aktien besitzen, ist es doch interessant, bestimmte Werte und Indizes zu verfolgen, speziell solche, aus denen sich Konsequenzen für die Weltpolitik ableiten lassen.

^ **Abbildung 10.20** *Aktien und Indizes im Blick mit dem Aktien-Widget*

Puzzle

Ein nettes kleines Widget für zwischendurch ist das Puzzle.

^ **Abbildung 10.21** *Vorlage und Ziel*

Ein Klick auf eines der Teile startet den Mischvorgang. Ein erneuter Klick stoppt das Mischen, und Sie sind nun gefragt, ein Feld durch Klick darauf zu bewegen, um alle Teile wieder in die richtige Reihenfolge zu bringen.

^ **Abbildung 10.22** *Nach dem Mischen*

Übersetzung

Übersetzung ist ein praktisches Widget, mit dem Sie schnell und einfach Wörter nachschlagen können. Für ganze Sätze oder Redewendungen sind andere Übersetzungsdienste jedoch geeigneter.

^ **Abbildung 10.23** *Das Widget Übersetzung eignet sich eher für einzelne Wörter, weniger für Phrasen.*

Umrechnen

Das praktische Widget Umrechnen rechnet die gängigsten Maßeinheiten und Währungen um. Zunächst beschränken Sie die Auswahl über die Liste **Umrechnen**. Dann wählen Sie aus den Listen über den beiden Eingabefeldern die konkreten Einheiten. Wenn Sie nun in das erste Feld den Ausgangswert eingeben, zeigt das Widget im zweiten Feld sofort das Ergebnis an.

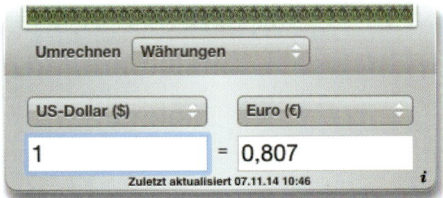

∧ **Abbildung 10.24** *Die Währungsrechnungsfunktion des Umrechnen-Widgets*

Noch schneller als über das Widget erhalten Sie Umrechnungen mithilfe von Spotlight. Mehr über Spotlight erfahren Sie ab Seite 142.

Wetter

Wetter zeigt das aktuelle Wetter und eine Vorschau für die nächsten sechs Tage für den gewählten Standort. Ihren Standort und die gewünschte Temperatureinheit legen Sie in den Einstellungen des Widgets fest, die Sie wie immer per Klick auf das **i** rechts unten erreichen.

∧ **Abbildung 10.25** *Die Einstellungen des Wetter-Widgets*

Noch schneller und übersichtlicher sind die Wetterinformationen in der Mitteilungszentrale, über die Sie ab Seite 567 mehr erfahren.

Webclip

Webclips sind Teile von Webseiten, die als Widgets dargestellt werden. So können Sie beispielsweise eine bestimmte Rubrik auf einer Seite, die Sie ansonsten vielleicht nicht regelmäßig besuchen, als Widget anlegen.

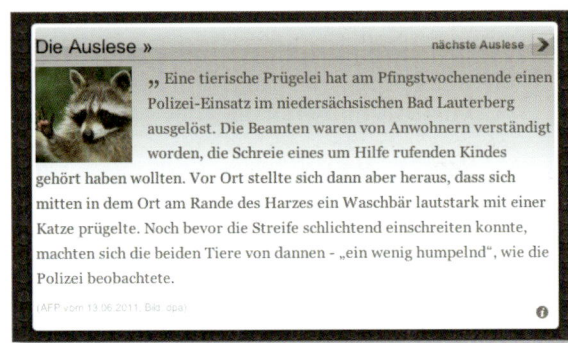

∧ **Abbildung 10.26** *Beliebte Rubriken von Websites als Webclip im Dashboard ansehen*

Webclips erstellen Sie mit Safari, daher finden Sie weitere Details zu dieser Safari-Funktion in Kapitel 7, »Internet und Netzwerk«, auf Seite 243.

Weltzeituhr

Das Widget Weltzeituhr zeigt schlicht die aktuelle Uhrzeit an – jedoch nicht einfach die Uhrzeit Ihres Standorts, sondern des Standorts, den Sie in den Einstellungen des Widgets festlegen.

∧ **Abbildung 10.27** *Eines der praktischsten der vorinstallierten Widgets: Weltzeituhr*

10.3 Widgets aus dem Internet laden

Weitere Widgets hinzuzufügen ist ganz einfach. Das Internet bietet eine Vielzahl von Quellen, von denen Sie Widgets herunterladen können. Erster Anlaufpunkt ist natürlich die Website von Apple. Unter *www.apple.com/downloads/dashboard* finden Sie eine Vielzahl von Widgets für beinahe jeden Zweck. Weitere Widgets finden Sie z. B. auf *www.dashboardwidgets.com*.

Abbildung 10.28 *Weitere Widgets aus dem Internet laden*

Nachdem Sie also ein Widget heruntergeladen haben, finden Sie es, wie alle Downloads, im Finder im Ordner *Downloads*. Meist sind die Widgets in ein für den Transport gut geeignetes Dateiformat wie etwa ZIP oder DMG eingeschlossen. Die weiteren Schritte hängen also vom Transportformat ab. Informationen zum Umgang mit ZIP-Archiven und Disk Images erhalten Sie in Kapitel 3, »Dateiverwaltung mit dem Finder«, ab Seite 107.

Nach dem Entpacken sehen Sie eine Datei mit der Endung *.wdgt*. Wie bei vielen anderen Dateien handelt es sich bei der Endung *.wdgt* nicht um eine einzelne Datei, sondern um ein Containerformat (lesen Sie hierzu den Abschnitt »Textdateien mit Bildern sichern« ab Seite 231, in dem mehrere Dateien enthalten sind.

Abbildung 10.29 *Das Widget, gepackt als ZIP- und ausgepackt als WDGT-Datei*

Ein Rechtsklick auf die Datei öffnet das Kontextmenü, das den Eintrag **Paketinhalt zeigen** anbietet. Wenn Sie sich so ein Widget von innen anschauen, sehen Sie, dass es vor allem aus Grafik-, HTML-, CSS- und Skriptdateien besteht – alles Elemente, aus denen sich auch Webseiten zusammensetzen.

Zusätzlich findet sich aber auch immer eine PLIST-Datei, die wesentliche Einstellungen des Widgets enthält. Mithilfe dieser Steuerungsdatei regeln das Widget und das Dashboard Aussehen, Bedienung und Funktionalität des Widgets.

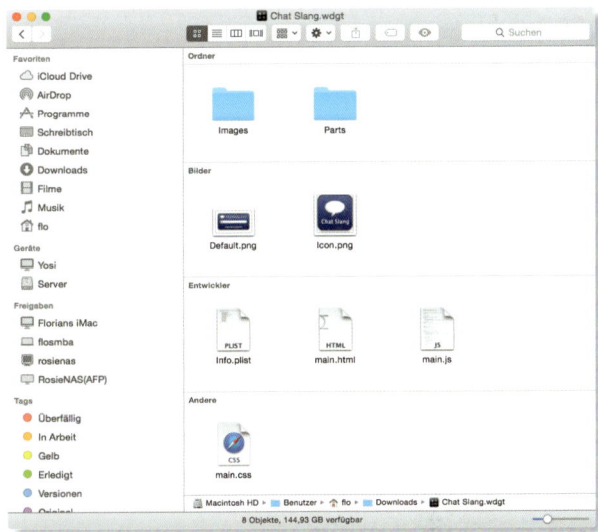

Abbildung 10.30 *Die Bestandteile eines Widgets*

Nachdem Sie nun ein Widget, das Sie verwenden möchten, im *Downloads*-Ordner haben, wird es Zeit, das Widget zu installieren.

1 Doppelklicken Sie auf die Widget-Datei mit der Dateiendung *.wdgt*. Anschließend sehen Sie ein Dialogfenster, das Sie fragt, ob Sie das Widget installieren wollen.

2 Klicken Sie auf den Button **Installieren**.

3 Nachdem Sie das bestätigt haben, wird das Widget zur Widgets-Übersicht hinzugefügt, und Sie können es jederzeit, wie andere Widgets auch, zum Dashboard hinzufügen.

△ Abbildung 10.31 *Der Installationsdialog*

Die übrig gebliebene *Transportdatei* (in den meisten Fällen wird es sich dabei um eine DMG- oder ZIP-Datei handeln) im Ordner *Downloads* können Sie nun bedenkenlos löschen.

HINWEIS

Sicherheitseinstellungen beachten

Die Sicherheitseinstellungen, die Sie in den Systemeinstellungen für Programme festgelegt haben, gelten auch für Widgets. Wenn sich also ein Widget nicht installieren lässt, haben Sie vermutlich Ihre Sicherheitseinstellungen entsprechend restriktiv festgelegt. Lesen Sie dazu auch Abschnitt 15.8, »Sicherheit«, ab Seite 563.

10.4 Widgets auf dem Schreibtisch

Widgets können Sie nicht nur im Dashboard nutzen, sondern auch in der Mitteilungszentrale (Lesen Sie dazu auch auf Seite 76.) und, mit einem Trick, auch auf den Schreibtisch holen, sodass Sie sie wirklich immer im Blick haben. Dazu ist es nötig, den sogenannten *Entwicklermodus* zu aktivieren, denn eigentlich ist diese Funktion nur für Entwickler gedacht, damit diese während der Entwicklung eines Widgets nicht ständig das Dashboard aufrufen müssen. Den Entwicklermodus aktivieren Sie durch eine entsprechende Einstellung. Diese Einstellung lässt sich mithilfe eines Terminalbefehls aktivieren.

1 Öffnen Sie das Programm Terminal aus dem Ordner *Dienstprogramme*.

2 Geben Sie im Terminal `defaults write com. apple.dashboard devmode YES` ein. Dieser Befehl aktiviert die Einstellung.

3 Drücken Sie die Taste ⏎.

4 Geben Sie im Terminal den Befehl `killall Dock` ein. Mit diesem Befehl starten Sie das Dock neu. Das ist nötig, da das Dashboard ein abhängiger Prozess, also eigentlich nur ein Anhängsel an den Prozess des Docks, ist.

5 Drücken Sie wieder die Taste ⏎.

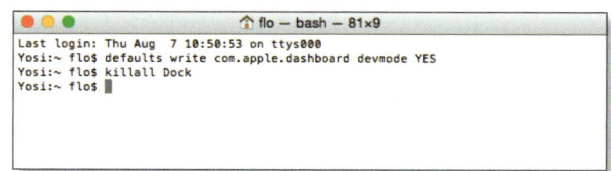

△ Abbildung 10.32 *Der Entwicklermodus wird aktiviert.*

Der Entwicklermodus ist nun aktiv, und Sie können Widgets vom Dashboard auf den Schreibtisch ziehen. Zunächst müssen Sie aber eine weitere Einstellung vornehmen, denn das Ziehen von Widgets aus dem Dashboard auf den Schreibtisch funktioniert nur, wenn das Dashboard nicht als eigener Space angelegt ist.

6 Öffnen Sie die Systemeinstellungen, und klicken Sie in der ersten Zeile auf **Mission Control**.

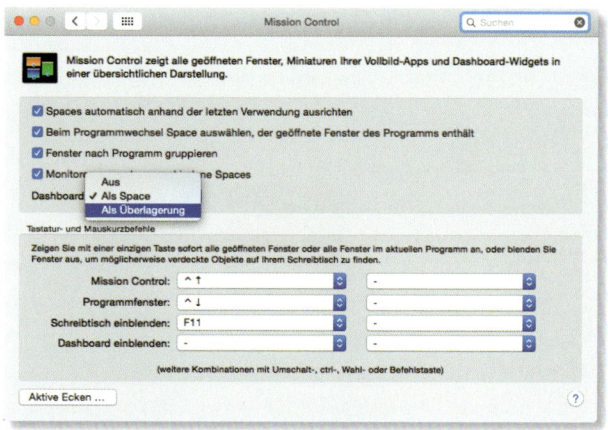

△ Abbildung 10.33 *Das Dashboard darf für diesen Trick kein eigener Space sein.*

7 Wählen Sie in den Einstellungen von Mission Control im Auswahlmenü **Dashboard** die Option **Als Überlagerung**. Das Dashboard lässt sich nun nach wie vor per Mausklick oder Tastaturbefehl aufrufen, ist aber nicht mehr als eigener Space zugänglich. Das heißt, Sie können es nicht mehr per Mission Control oder durch Wischen auf dem Trackpad aufrufen.

8 Aktivieren Sie nun das Dashboard.

9 Ziehen Sie dann das gewünschte Widget, und halten Sie die Maustaste gedrückt. Drücken Sie nun zusätzlich zur Maustaste die Taste `F12` bzw. die Taste, die Sie zur Aktivierung des Dashboards festgelegt haben, auf Ihrer Tastatur. Das Dashboard wird beendet, und Sie können die Maustaste wieder loslassen. Das Widget ist jetzt auf dem Schreibtisch verfügbar, da Sie es beim Beenden des Dashboards gedrückt gehalten haben.

Wenn Sie den Entwicklermodus nicht mehr nutzen wollen, bewegen Sie das Widget auf die gleiche Weise, wie Sie es aus dem Dashboard gezogen haben, zurück zum Dashboard. Geben Sie anschließend die beiden Terminalbefehle erneut ein. Tauschen Sie jedoch nun im ersten Befehl `YES` gegen `NO` aus.

Teil IV
Texte, Musik, Fotos und Videos

Kapitel 11
Pages, Numbers und Keynote – das Produktivitätstrio für den Mac

Nachdem wir uns in den vorangegangenen Kapiteln vor allem mit der Kommunikation beschäftigt haben, sehen wir uns nun mit Pages, Numbers und Keynote Produktivprogramme für die Büroarbeit am Mac an.

Office-Programme waren in den vergangenen 20 Jahren einer der Hauptgründe für den Siegeszug des PCs. Speziell Microsoft Office war, was die Marktdurchdringung angeht, in den vergangenen Jahren meist Dreh- und Angelpunkt vieler IT-strategischer Entscheidungen. Häufig hatte das auch Auswirkungen auf die privat eingesetzten Installationen von Microsoft Office. Denn Microsoft konnte lange darauf vertrauen, dass die Leute die Programme, die sie von der Arbeit kennen, auch zu Hause einsetzen. Mit der zunehmenden *Consumerization of IT* kehrt sich diese Selbstverständlichkeit um. Die Nutzer wollen nun auch in ihrem Arbeitsumfeld verwenden, was sie von zu Hause kennen. Mit dem Erfolg von Apple und der damit verbundenen steigenden Zahl vor allem von iPhones und iPads, aber auch von Macs in Privathaushalten (und langsam, aber sicher auch in Unternehmen), hat sich der Fokus bei der Nutzung von Office-Paketen deutlich in Richtung Multimedia verschoben. Hinzu kommt die allgegenwärtige Verfügbarkeit des Internets, wodurch auch die Nutzung alternativer Office-Programme im Internet einen größeren Stellenwert erlangt. Office-Programme haben also heute nicht mehr den Stand, den sie noch vor zehn Jahren hatten. Und ich behaupte an dieser Stelle, dass speziell der Dinosaurier unter den Office-Anwendungen, Microsoft Office, gerade durch die unübersichtliche Fülle an Möglichkeiten, die sich in den meisten Fällen gar nicht voll ausnutzen lässt, in spätestens zehn Jahren nicht mehr relevante Grundlage von IT-Entscheidungen sein wird. Die Office-Landschaft wird zusehends mehr Alternativen bieten und somit sehr viel heterogener werden. Microsoft Office wird dann vermutlich nur eines von vielen Office-Paketen sein (mit allen damit verbundenen Konsequenzen, die u. a. auch voraussichtlich dazu führen werden, dass die Dateiformate von Microsoft Office ihren Nimbus als Standard verlieren). Das wird u. a. zur Folge haben, dass Kunden und Geschäftspartner Ihnen nicht mehr durch die Hintertür diktieren können, welche Software Sie zu verwenden haben, und auch entsprechend die eigenen Workflows werden umstellen müssen.

Diese Entwicklungen führen außerdem dazu, dass sich die Ansprüche an Office-Programme ändern. Office-Programme müssen bereits heute, und zukünftig umso mehr, medialer, flexibler und einfacher, dabei aber auch jederzeit online verfügbar sein. Microsoft reagiert ebenfalls auf diesen Trend und versucht verstärkt, Office in einer entsprechenden Variante namens Office 365 anzubieten. Wie so oft in den letzten Jahren ist Microsoft dabei jedoch nicht Vorreiter, sondern Getriebener, denn diese Trendwende hat insbesondere Google vorangetrieben (siehe dazu auch den Infokasten »Office-Programme im Netz«), und auch

Apple mischt in diesem Bereich kräftig mit. Betrachtet man die zuvor erwähnte Consumerization of IT, von der Apple wie kein zweites Unternehmen profitiert, im Zusammenhang damit, dass Apple seit dem 01.09.2013 für alle neu gekauften Macs sowie iPhones und iPads die Programme Pages, Numbers und Keynote gratis zur Verfügung stellt und dass Apple von den gleichen Programmen auch Webversionen anbietet, die für jeden, der einen iCloud-Account hat (Unter bestimmten Voraussetzungen ist nicht mal dieser nötig.), frei nutzbar sind, dann wird deutlich, dass die Marktdominanz von Microsoft Office womöglich in naher Zukunft Geschichte sein könnte. Ein guter Zeitpunkt also, sich die Programme Pages, Numbers und Keynote genauer anzuschauen.

Google text & tabellen

Dokumente mit Google Text & Tabellen gemeinsam online erstellen und bearbeiten:

- **Dateien vom Computer hochladen:** Es ist ganz einfach und kostenlos.
- **Zugriff von überall:** Sie können Ihre Dokumente von jedem Computer oder Smartphone aus bearbeiten und anzeigen.
- **Dokumente mit anderen teilen:** Die Zusammenarbeit in Echtzeit ermöglicht schnelleres Arbeiten.

^ *Abbildung 11.1*
Google Docs bietet online grundlegende Office-Funktionen kostenlos an.

Apple bietet mit Pages, Numbers und Keynote ein Paket aus den drei wichtigsten Office-Anwendungen Schreiben, Tabellen und Präsentationen, das weit mehr enthält und eine andere Ausrichtung hat als andere Office-Pakete:

- eine mediale Ausrichtung der Inhalte
- den einfachen Import und Export anderer Dateiformate
- die Integration von iCloud
- plattformunabhängige Versionen der Programme, sodass Sie Pages, Numbers und Keynote in gleicher Weise unter OS X, iOS und im Web nutzen können

^ *Abbildung 11.2* *Plattformunabhängig nutzbar: Pages, Numbers und Keynote*

Pages, Numbers und Keynote werden auch heute noch oft unter dem Begriff *iWork*, dem langjährigen Namen des Softwarepakets, zusammengefasst. Apple hat sich aber zusehends von dieser Paketbezeichnung verabschiedet, und da es sich um einzelne Programme handelt, werden auch wir uns die Programme nacheinander einzeln ansehen.

Pages ist ein Schreibprogramm. Allerdings ist Pages mit dieser sträflich verkürzenden Bezeichnung völlig unzureichend beschrieben. Pages ist sehr viel mehr als ein klassisches Schreibprogramm, mit dem man seine Korrespondenz erledigt.

Pages bietet neben der reinen Möglichkeit der Texterstellung vor allem grafisch viele Möglichkeiten und ist deswegen auch ein einfach zu bedienendes Layoutprogramm, mit dem Sie auch für private Zwecke professionell aussehende Dokumente erstellen. So muss beispielsweise die Einladung zur Elternsprechstunde

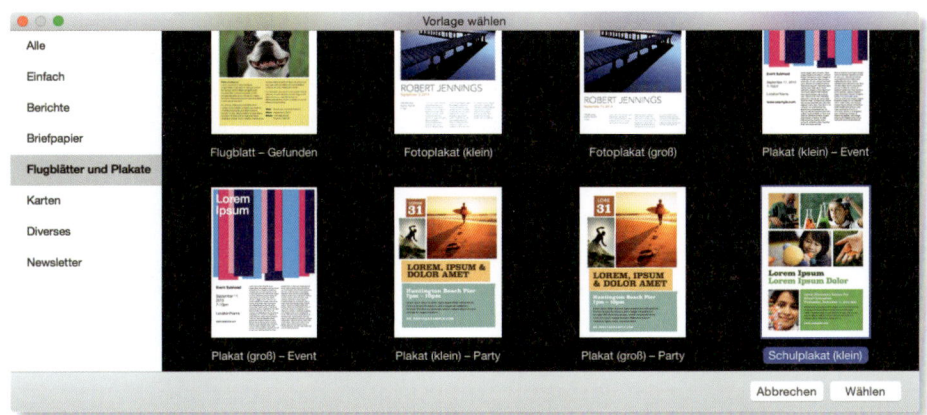

> *Abbildung 11.3 Professionelle Vorlagen machen die Arbeit mit Pages zum Vergnügen.*

heute nicht mehr aussehen wie ein Demoflugblatt aus den frühen 80er-Jahren.

Numbers ist ein Tabellenkalkulationsprogramm, mit dem sich tabellarische Daten zwar auch wie gewohnt nüchtern darstellen lassen, das Ihnen aber die Möglichkeit gibt, es nicht dabei zu belassen. Tabellen eignen sich eben nicht nur für trockene Wirtschaftsdaten, sondern beispielsweise auch für die Projektplanung und -koordination. In vielen Fällen ist es also durchaus hilfreich, auch andere Daten (wie z. B. Fotos oder sogar Filme) neben den Tabellen zu verwenden. Mit anderen Office-Programmen ging das bislang mehr schlecht als recht, für Numbers ist es eine Selbstverständlichkeit, diese in Tabellenblättern zu vereinen.

^ *Abbildung 11.4 Tabellen müssen keine Zahlenwüsten sein.*

Das dritte Programm im Bunde, Keynote, ist ein Präsentationsprogramm, das bereits in seiner ersten Version langjährige Nutzer anderer Präsentationsprogramme zum Staunen gebracht hat. Mit Keynote werden aus trockenen Präsentationen sehenswerte Shows. Das liegt nicht allein an den Effekten für Objekte und Folienübergänge, die in Keynote sehr viel schöner sind als bei anderen Programmen, sondern vor allem an den geschmackvollen Vorlagen, der Flexibilität, die Keynote bei der Gestaltung der Inhalte und bei der deutlich einfacheren und logischeren Bedienung sowohl bei der Zusammenstellung als auch bei der Steuerung der Präsentation bietet. Wer beispielsweise einmal versucht hat, einen Film in PowerPoint einzubinden, der wird Keynote lieben.

Alle drei Programme haben eines gemeinsam: die konsequent einheitliche Oberfläche. Die Bedienung der einzelnen Programme ist trotz ihrer jeweiligen spezifischen Ausrichtung nahezu gleich. Die wesentlichen Bedienelemente zur Gestaltung der Inhalte sind über alle drei Programme und unabhängig von der ausführenden Plattform (OS X, iOS, Web) hinweg die gleichen (siehe Abbildung 11.5). Diese konsequente Bedienlogik macht Pages, Numbers und Keynote leicht erlernbar. Nachdem Sie sich in eines der drei Programme eingearbeitet haben, beherrschen Sie sofort und intuitiv auch die anderen beiden. Die ohnehin schon flache Lernkurve bei Programmen aus dem Hause Apple wird so noch weiter reduziert.

Abbildung 11.5 *Konsequent einheitliche Programm-oberflächen und Bedienkonzepte machen Pages, Numbers und Keynote programmübergreifend einfach zu bedienen.*

In der Praxis heißt das für Sie, dass Sie schon eine Stunde nach dem Start beispielsweise die bereits erwähnte Einladung zur Elternsprechstunde fertig erstellt und verschickt haben können.

Bevor Sie sich die Programme im Einzelnen ansehen, werfen wir einen kurzen Blick auf ein paar typische Fenster und Funktionen, die in jedem der drei Programme zur Verfügung stehen und so auch für die einheitliche Bedienung mitverantwortlich sind.

INFO

Pages, Numbers und Keynote für OS X Yosemite, iOS und iCloud

Da dieses Buch ein Buch über OS X Yosemite ist, wird auch in diesem Kapitel der Fokus vor allem auf den Programmversionen der drei Anwendungen für OS X liegen, und gegebenenfalls auftretende Abweichungen unter iOS und im Web werden an entsprechender Stelle besprochen. Interessieren Sie sich noch mehr für die systemübergreifende Arbeit mit den drei Programmen auf allen Plattformen, empfehle ich Ihnen, einen Blick in mein bald erscheinendes Buch zu den Programmen zu werfen: »Pages, Keynote und Numbers. Das Handbuch zur Software«, ISBN 978-3-8421-0148-7.

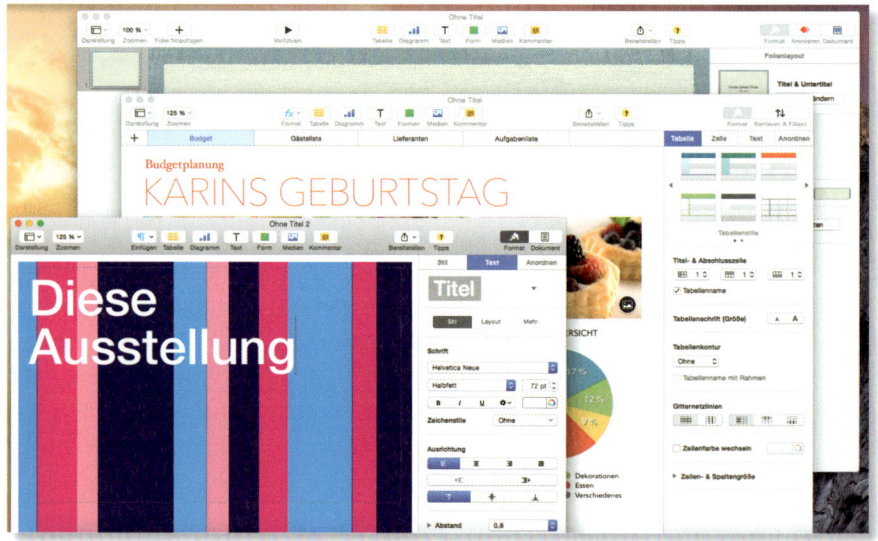

Abbildung 11.6 *Trotz unterschiedlicher Programmschwerpunkte werden Keynote, Numbers und Pages (von hinten nach vorn) sehr ähnlich bedient. Das ist gerade für Einsteiger ein enormer Vorteil.*

Das Farbwahlfenster ist Bestandteil des Systems, und Sie kennen es bereits aus anderen Programmen. Natürlich steht es auch in iWork zur Verfügung.

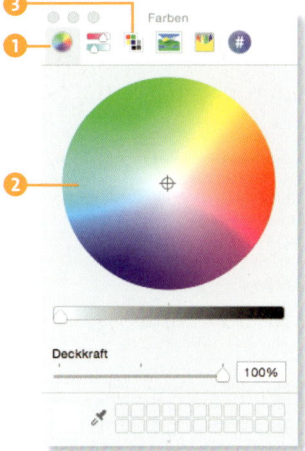

∧ **Abbildung 11.7** *Das Farbwahlfenster unter OS X*

Über die Symbolleiste ❶ bestimmen Sie die Art und Weise, wie die Farben ausgewählt werden. Besonders intuitiv ist dabei die Arbeit mit dem Farbkreis ❷ ganz links. Suchen Sie nach einer Standardfarbe wie beispielsweise Magenta, eignen sich die Farbpaletten, die Sie über das dritte Symbol erreichen, oder die Farbstifte (fünftes Symbol) besser. Über den Zahnrad-Button, der Ihnen im Tab **Websichere Farben** ❸ angeboten wird, können Sie weitere Paletten hinzuladen, eigene Paletten speichern und wieder entfernen.

∧ **Abbildung 11.8** *Das Farbwahlfenster unter iOS*

Prinzipbedingt sieht die Farbwahl (und das eine oder andere Element der Bedienoberfläche) unter iOS und im Web etwas anders aus. Sosehr Apple sich auch bemüht, die Programme auf allen Plattformen auf die gleiche Weise bedienbar zu machen, bringt dennoch jede Plattform die eine oder andere Eigenheit mit, die sich nicht ausgleichen oder umbiegen lässt. Das ist jedoch in der Regel kein Problem, und man kann feststellen, dass Apple bei dem Bemühen, alle Bedienkonzepte auf allen Plattformen zu vereinheitlichen, gut 95 % erreicht hat. Davon können sich andere Softwarehersteller eine dicke Scheibe abschneiden.

∧ **Abbildung 11.9** *Das Farbwahlfenster im Web*

TIPP

Spectrum

Wenn Sie sich des Öfteren professionell mit Farben beschäftigen, werden Sie ein Programm wie Spectrum (im Mac App Store erhältlich) zu schätzen wissen. Spectrum ist mit 17,99 € zwar kein Schnäppchen, aber schon nach der ersten Benutzung ein unersetzliches Werkzeug, sodass sich der Preis auf jeden Fall lohnt.

< **Abbildung 11.10**
Spectrum in Aktion

Die Medienübersicht steht, wie die Farbwahl, systemweit zur Verfügung. Das Fenster ist aufgeteilt in drei Tabs: **Fotos**, **Musik** und **Filme**. Hier greifen Sie bequem auf Ihre Musik aus iTunes und GarageBand, auf Ihre Filme aus iMovie und auf Ihre Fotos aus iPhoto zu.

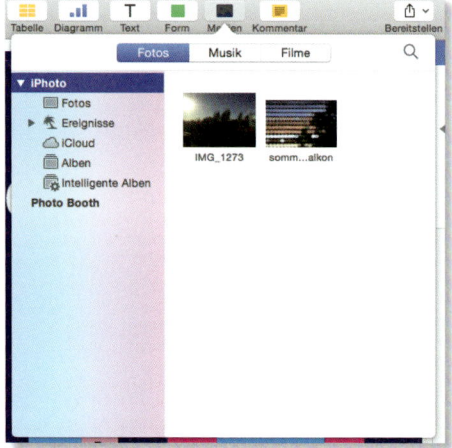

^ **Abbildung 11.11** *Die Medienübersicht unter OS X*

In der Medienübersicht lassen sich die entsprechenden Medien leicht finden und durch Anklicken zum Dokument hinzufügen. Alternativ können Sie Medien natürlich auch per Drag & Drop zum jeweiligen Dokument hinzufügen.

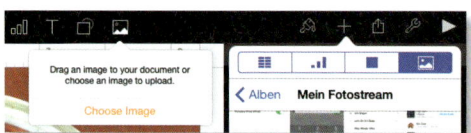

^ **Abbildung 11.12** *Medien auswählen im Web (links) und unter iOS (rechts)*

Das Fenster **Dokumentwarnungen** zeigt beim Öffnen von Dateien alle potenziellen und realen Probleme mit der Datei an. Das ist besonders dann, wenn Sie von jemandem eine Datei erhalten, die Sie weiterbearbeiten sollen, hilfreich, um bereits beim Öffnen der Datei eventuell auftretende Fragen klären zu können.

Auch wenn sich *Dokumentwarnungen* zunächst nach großen Problemen anhört, ist der Name für die tägliche Praxis etwas irreführend. Denn schätzungsweise

90% aller *Probleme* bestehen darin, dass ein Font (Schrifttyp) fehlt, der in der Ihnen zugesandten Datei verwendet wird. Dieses Problem beheben Sie mit zwei Mausklicks und einem kurzen Hinweis an den Absender oder durch nachträgliches Installieren der fehlenden Schrift. In solchen Fällen wird Ihnen außerdem von dem jeweiligen Programm eine möglichst passende Ersatzschrift angeboten.

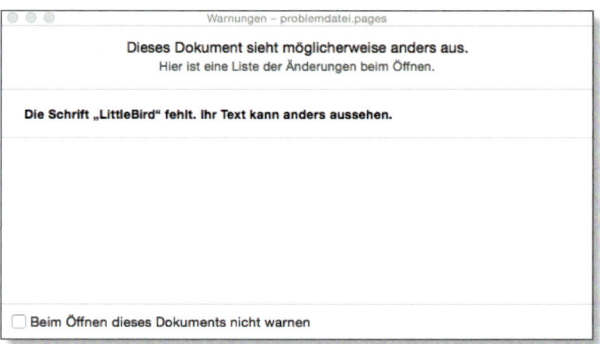

^ **Abbildung 11.13** *Trotz dieser Warnung sieht das Dokument in Pages gut aus.*

Im Fenster **Bildeinstellungen** nehmen Sie schnell und unmittelbar kleinere Bildkorrekturen vor, ohne das aktuell verwendete Bild erst extra in einem Bildbearbeitungsprogramm öffnen zu müssen.

< **Abbildung 11.14** *Praktisch, weil zeitsparend: die Bildeinstellungen*

Auch bei der integrierten Bildbearbeitung bieten iOS und die Webversion natürlich einen etwas geringeren Funktionsumfang, dennoch sind auch mit ihrer Hilfe passable Ergebnisse möglich.

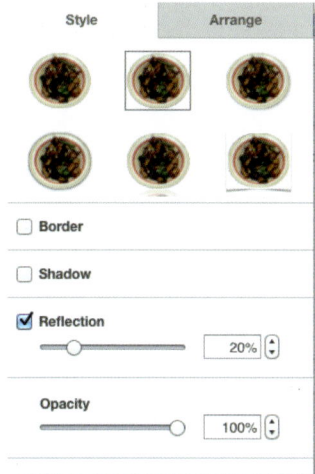

∧ Abbildung 11.15 *Die Bildbearbeitungsmöglichkeiten im Web*

Das wichtigste Element der Bedienoberfläche aller drei Programme ist die Seitenleiste am rechten Fensterrand (unter OS X und im Web, unter iOS erhalten Sie die gleichen Möglichkeiten, die Ihnen die Seitenleiste bietet, durch Tippen auf den Pinsel in der Symbolleiste). Hier sehen Sie immer kontextabhängig vom jeweils ausgewählten Element alle verfügbaren Einstellungs- und Veränderungsmöglichkeiten und können diese unmittelbar nutzen.

∧ Abbildung 11.16 *Ist nichts ausgewählt, zeigt die (kontextabhängige!) Seitenleiste auch nichts an.*

Wenn Sie also Text, eine Tabelle oder einen Effekt bearbeiten, sind die entsprechenden Formatierungswerkzeuge unmittelbar griffbereit.

∧ Abbildung 11.17 *Das wichtigste Werkzeug zur Bearbeitung Ihrer Dokumente und Präsentationen: die kontextabhängige Seitenleiste*

So weit also ein kurzer allgemeiner Überblick über die wichtigsten Werkzeuge von Pages, Numbers und Keynote. Bevor wir uns in den folgenden Abschnitten die einzelnen Programme im Detail ansehen, an dieser Stelle noch kurz ein paar Worte zur Plattformunabhängigkeit. Apple ist es mit den aktuellen Versionen von Pages, Numbers und Keynote gelungen, die Programme nicht nur dort zur Verfügung zu stellen, wo man sie erwartet, nämlich am Mac und unter iOS, sondern auch als Webanwendungen. Daraus resultieren ein paar Besonderheiten. Die Webversion wird von Apple nach wie vor als »beta« gekennzeichnet, obwohl sie schon erstaunlich gut funktioniert. Wenn also Dinge in der Webversion mal nicht ganz so funktionieren, wie Sie es erwarten, dann bedenken Sie bitte, dass es sich offiziell noch um Betasoftware handelt. Das betrifft auch die Übersetzung. Die Webversionen der Programme sind derzeit nur auf Englisch benutzbar. Das wird sich voraussichtlich erst dann ändern, wenn der

Betastatus verlassen wird. Wenn Sie Hilfe brauchen oder Probleme mit der Webversion melden wollen, können Sie das über das Fragezeichensymbol rechts oben in der Symbolleiste machen, oder Sie rufen die entsprechende Support-Seite unter *http://www.apple.com/support/iwork-for-icloud/* auf.

∧ **Abbildung 11.18** *Feedback an Apple senden*

Sie haben in den vorangegangenen Abschnitten bereits gelesen, dass sich die Versionen auf den drei Plattformen trotz aller Bemühungen eben doch in Kleinigkeiten unterscheiden. Das ist ein Umstand, der in Anbetracht der Tatsache, dass sich Ihnen durch diese Annäherung und vor allem durch die nahtlose Integration in iCloud dafür ganz andere Möglichkeiten ergeben, durchaus zu verschmerzen ist. So können Sie beispielsweise gemeinsam gleichzeitig an einem Dokument arbeiten. Für diesen Fall müssen nicht mal alle Teilnehmer einen iCloud-Account besitzen oder gar einen Mac bzw. ein iOS-Gerät. Eine Einladung zur gemeinsamen Arbeit an einem Dokument und ein entsprechend moderner Webbrowser sind dazu vollkommen ausreichend. Wir werden uns, nachdem wir uns die einzelnen Programme näher angesehen haben, mit der Integration in iCloud und der Möglichkeit der gemeinsamen Bearbeitung im weiteren Verlauf des Kapitels ausführlich beschäftigen.

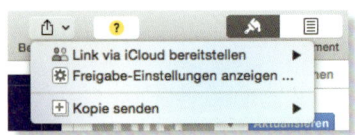

∧ **Abbildung 11.19** *Dank iCloud gemeinsam gleichzeitig an einem Dokument arbeiten*

Pages, Numbers und Keynote sind nun schon seit einigen Jahren verfügbar, und der Funktionsumfang ist, wie bei jeder Software, über die Jahre kontinuierlich gewachsen. Wenn Software allerdings so radikal von Grund auf neu entwickelt wird, wie es hier geschehen ist, dann bleiben unter Umständen manche lieb gewonnenen Funktionen auf der Strecke. Zumindest zunächst. Nach der Veröffentlichung der aktuellen Versionen ging ein Aufschrei durch viele Nutzerforen im Internet mit dem Tenor, dass Apple Pages, Numbers und Keynote *verkrüppelt* habe. Das ging so weit, dass Apple sich genötigt sah, eine Pressemeldung mit der Ankündigung herauszugeben, dass die meisten der derzeit vermissten Funktionen nach und nach wiederhergestellt würden. An sich ist das keine Überraschung, da Programmversionen ohnehin in regelmäßigen Abständen überarbeitet und Funktionen nachträglich hinzugefügt werden. Zumal, und das ist wirklich bemerkenswert, diese erste Version der überarbeiteten Programme sich in Bezug auf den bereits enthaltenen Funktionsumfang ohnehin nicht nur nicht zu verstecken braucht, sondern regelrecht beeindruckt. Wenn Sie also die drei Programme noch nicht auf Ihrem Mac oder Ihrem iPad vorinstalliert haben, besuchen Sie den App Store, und laden Sie sich Pages, Numbers und Keynote herunter. Alternativ können Sie natürlich auch im Web loslegen. Melden Sie sich dazu mit Ihrer Apple-ID unter *iCloud.com* an, und erstellen Sie ein erstes Dokument. Dieses steht Ihnen anschließend, dank iCloud, natürlich auch auf den anderen Geräten sofort zur Verfügung.

∧ **Abbildung 11.20** *Im App Store erhältlich: Pages, Numbers und Keynote*

11.1 Pages – Texte schreiben und gestalten

Pages ist nicht nur ein Schreibprogramm wie Microsoft Word oder TextEdit, sondern auch ein einfaches DTP-Programm (DTP = Desktop Publishing), bei dem gestalterische Funktionen eine größere Rolle spielen. Mit Pages lassen sich zwar keine druckreifen Bücher setzen, aber die Gestaltung alltäglicher Dokumente ist mit Pages nicht nur einfach, auch die Ergebnisse können sich sehen lassen. Dank seiner Flexibilität lässt sich mit Pages also sowohl die Geschäftspost erledigen als auch die Einladung zum Kindergeburtstag gestalten.

Pages starten

Wenn Sie Pages zum ersten Mal starten, sehen Sie zunächst den Startbildschirm, der eigentlich nur dazu dient, Sie darauf hinzuweisen, dass Sie den Softwarelizenzvertrag von Pages akzeptieren, wenn Sie auf den Button **Fortfahren** klicken.

∧ **Abbildung 11.21** Der Startbildschirm von Pages

Dieser Startbildschirm wird nur beim ersten Start von Pages angezeigt. Nachdem Sie auf **Fortfahren** geklickt haben, zeigt Pages einen weiteren Bildschirm an, der darüber informiert, welche Möglichkeiten sich Ihnen mit dem Programm bieten. Auch dieser Bildschirm wird nur einmalig angezeigt. Um zu dem wirklich interessanten Bildschirm beim Start von Pages zu kom-

men, der Vorlagenauswahl, klicken Sie im Startbildschirm auf den Button **Dokument erstellen**.

∧ **Abbildung 11.22** Der Infobildschirm, der Sie darüber informiert, was bei Pages neu ist

Die Vorlagenauswahl

Nach dem Startbildschirm bzw. nach dem Start von Pages sehen Sie den Dialog zum Öffnen von Dateien, mit dem Sie sowohl Dateien aufrufen, die auf Ihrem Mac liegen, als auch solche, die sich in Ihrem iCloud Drive befinden (**iCloud**).

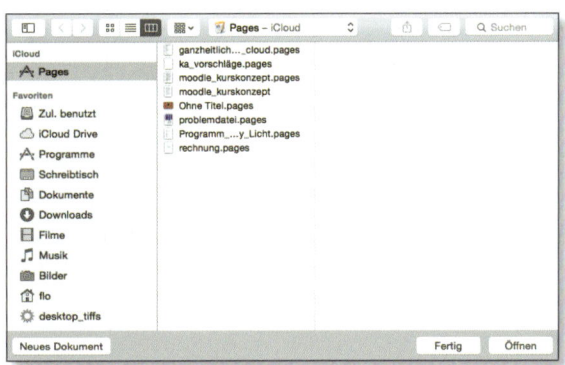

∧ **Abbildung 11.23** Dateien öffnen – egal, wo sie sich befinden, ob auf Ihrem Mac oder in iCloud Drive

Mit Klick auf den Button **Neues Dokument** kommen Sie zur Vorlagenauswahl von Pages (siehe Abbildung 11.24). Sie sehen, dass die Liste der Vorlagen in der Seitenleiste nach Themenbereichen aufgeteilt ist.

<Abbildung 11.24 *In der Vorlagenaus-wahl von Pages haben Sie die Qual der Wahl.*

Sehen wir uns zunächst an, welche Vorlagenkategorien Pages zu bieten hat:

- **Einfach:** Bietet leere Seiten, jeweils im Hoch- und Querformat, sowie eine Vorlage für Notizen.

- **Berichte:** Bei den Berichten haben Sie die Auswahl aus sieben recht verschiedenen Vorlagen. Das reicht vom Essay über die Semesterarbeit bis zum Projektvorschlag.

- **Briefpapier:** Die umfangreichste Vorlagenkategorie bietet verschieden gestaltete Vorlagen für Briefe, Lebensläufe, Umschläge und Visitenkarten. Mit den Vorlagen für Briefe finden Sie hier Vorlagen für jede Stufe der Nähe oder Distanz zum Empfänger – von der förmlichen Korrespondenz bis zum persönlichen Schreiben.

- **Flugblätter und Plakate:** Hier finden Sie Vorlagen für Flugblätter und Plakate.

- **Karten:** Hier finden Sie Vorlagen für Gruß- und Dankeskarten sowie eine Umzugsnotiz.

- **Diverses:** Hier finden Sie Vorlagen für eine Rechnung sowie eine gefaltete dreispaltige Broschüre.

- **Newsletter:** In dieser Kategorie finden Sie ansprechend gestaltete Vorlagen für Newsletter.

- **Meine Vorlagen:** Wenn Sie ein Dokument in Pages zur weiteren Verwendung als Vorlage speichern, z. B. Ihre persönliche Briefvorlage, wird es dieser Kategorie hinzugefügt. Solange Sie keine eigene Vorlage gespeichert haben, wird Ihnen die Kategorie nicht angezeigt.

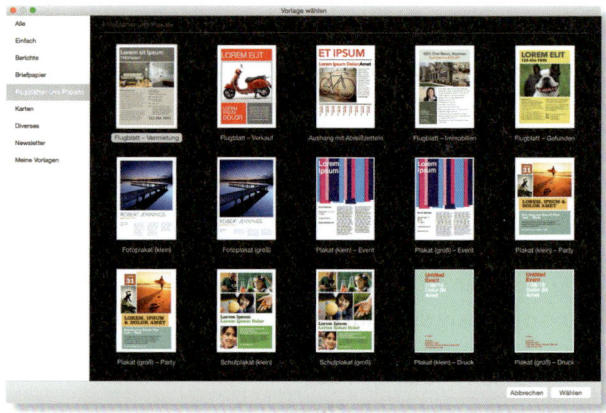

∧ Abbildung 11.25 *Die Vorlagenkategorie »Flugblätter und Plakate«*

Qualität und Quantität der verfügbaren Vorlagen machen deutlich, dass es sich bei Pages um ein Programm handelt, das alle Ihre täglichen Korrespondenzanforderungen problemlos abdeckt und weitere Schreibprogramme – zumindest für den alltäglichen Bedarf – überflüssig macht.

Textverarbeitung oder Seitenlayout

In früheren Versionen von Pages hat die Wahl der Vorlage darüber entschieden, wie sich Pages *verhalten* hat. Wie eingangs erwähnt, lassen sich mit Pages eben nicht nur Texte verfassen, sondern Pages bietet auch Gestaltungsmöglichkeiten, die eher im Bereich Layout (DTP) angesiedelt sind. Dieses unterschiedliche Verhalten zwischen reiner Textverarbeitung und Textgestaltung wurde mit der neuen Version aufgehoben, sodass Sie sich nicht an ein anderes Verhalten von Pages – abhängig davon, ob Sie nur etwas schreiben oder auch gestalten wollen – gewöhnen müssen.

Das führt zu einer weiteren Vereinfachung bei der Bedienung des Programms und somit zu einer noch flacheren Lernkurve, sodass Sie noch schneller ans Ziel gelangen. Auch wenn Pages diese Trennung nicht mehr macht, sehen wir uns nachfolgend dennoch zwei verschiedene Vorlagen mit unterschiedlichen Schwerpunkten an. Bei dem ersten Dokument geht es vor allem um formal korrektes Aussehen (Rechnung). Bei dem zweiten Dokument (Broschüre) steht die ansprechende Gestaltung im Vordergrund.

11.2 Textdokumente erstellen

Im folgenden Beispiel erstellen wir anhand einer Vorlage eine individuell gestaltete Rechnung und sehen uns an, wie sie sich nutzen lässt.

Klicken Sie zunächst in der Vorlagenauswahl in der Kategorie **Diverses** auf **Rechnung**. Pages öffnet daraufhin die ausgewählte Vorlage mit entsprechenden Platzhaltern für Ihre eigenen Inhalte.

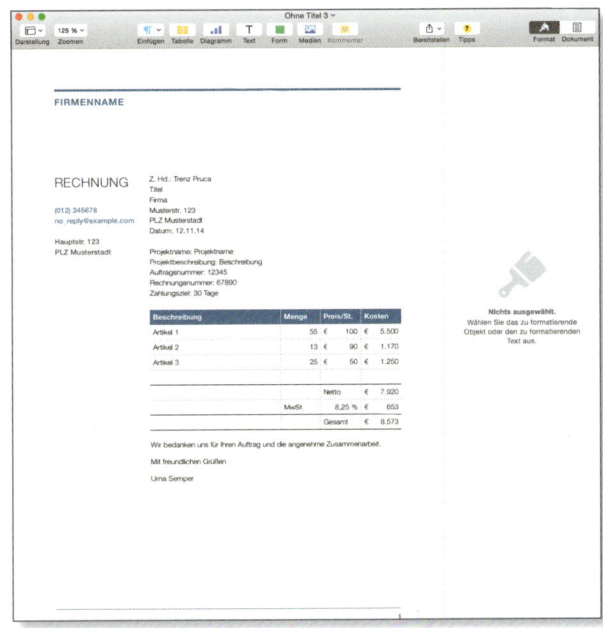

⌃ Abbildung 11.26 *Muss nur noch angepasst werden: die ausgewählte Vorlage*

Elemente anpassen

Die Vorlage müssen Sie zunächst einmal natürlich an Ihre eigenen Bedürfnisse anpassen. Bei der Vorlage ist das u. a. bei den eigenen Adressdaten der Fall.

1 Um gegebenenfalls einzelne Abschnitte besser erkennen zu können, vergrößern Sie die Ansicht durch Klick auf das Auswahlmenü **Zoomen** in der Symbolleiste. Wählen Sie in dem sich öffnenden Menü die gewünschte prozentuale Darstellung, oder passen Sie die Darstellung an die Fensterbreite bzw. -größe an.

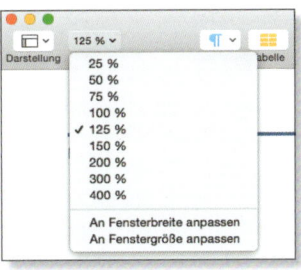

⌃ Abbildung 11.27 *Passen Sie die Darstellung an Ihre Bedürfnisse an.*

2 Klicken Sie auf den Platzhalter für die Adresse am linken Rand des Dokuments. Pages zeigt nun durch einen Rahmen an, dass es sich bei dem angeklickten Element um ein Textfeld handelt.

Im Beispiel umschließt das Textfeld die Überschrift **Rechnung** sowie die Absenderadresse und Kontaktinformationen. In diesem aktivierten Zustand lässt sich der Rahmen des Textfelds verändern. Sie können das Textfeld nun beispielsweise verschieben oder über die Anfasspunkte in der Größe verändern. Da aber Position und Größe für unsere Zwecke gut sind, befassen wir uns im Beispiel nur mit der Änderung der Inhalte.

3 Klicken Sie doppelt in das Textfeld. Der Cursor steht nun im Textfeld, und Sie können die Inhalte nach Ihrem Bedarf anpassen.

^ **Abbildung 11.28** *Der Platzhalter wurde durch die eigene Adresse getauscht und die Reihenfolge der Inhalte angepasst.*

Sicher hat es Ihnen keine Schwierigkeiten bereitet, die vorgegebenen Inhalte durch Ihre eigenen auszutauschen. Dabei ist Ihnen vielleicht aufgefallen, dass die Änderungen sich nur auf die Inhalte beziehen. Die Formatierung wird dadurch nicht geändert.

Einige Anpassungen auf der Rechnung müssen Sie in jedem Fall noch vornehmen: Zum Beispiel muss auf einer Rechnung die Steuernummer oder die Umsatzsteuer-Identifikationsnummer des Rechnungsstellers stehen. Für diese fehlt jedoch der Platzhalter in der Vorlage.

4 Ergänzen Sie daher den Inhalt des Textfelds um den Eintrag »Ust-ID: DE12345678«.

^ **Abbildung 11.29** *Die markierte Zeile ist an der falschen Stelle.*

Jetzt ist zwar der Inhalt ergänzt, allerdings sieht es unordentlich aus, wenn die Adress- und Kontaktinformationen von der Steuernummer unterbrochen werden. Die Zeile muss also an eine andere Stelle wandern.

5 Markieren Sie die Zeile, und klicken Sie auf **Bearbeiten > Ausschneiden**, oder nutzen Sie den Tastaturbefehl `cmd` + `X`, um den markierten Text auszuschneiden.

6 Positionieren Sie den Cursor an der gewünschten Einfügeposition. Klicken Sie auf **Bearbeiten > Einsetzen**, oder drücken Sie `cmd` + `V`. Alternativ ziehen Sie den markierten Text per Drag & Drop an die gewünschte Stelle.

^ **Abbildung 11.30** *Markierten Text per Drag & Drop bewegen*

Sie sehen, dass auch beim Ausschneiden und Einsetzen von Text die Formatierung des Textes erhalten bleibt. Für unser Beispiel soll sich aber die Umsatzsteuer-ID optisch vom restlichen Text absetzen. Es ist also nötig, der Zeile ein anderes Format zuzuweisen.

7 Markieren Sie die Zeile. In der rechten Seitenleiste werden Ihnen daraufhin verschiedene Formatierungsmöglichkeiten für den markierten Text angeboten. Es stehen Ihnen in der Seitenleiste drei Tabs für Anpassungen zur Verfügung: **Stil**, **Text** und **Anordnen** (siehe dazu auch den Infokasten »Die Tabs der Seitenleiste«). Für unser Beispiel ist vor allem der Tab **Text** interessant, da er Ihnen eine ganze Menge an Textveränderungsmöglichkeiten anbietet. Hier können Sie bereits aus einer Menge vorgefertigter Stile auswählen **1**. Das Einfachste wäre natürlich, einen fertigen Stil zu wählen, aber so einfach machen wir es uns an dieser Stelle nicht. Später sollen Sie das sogar, denn das spart eine Menge Zeit und Arbeit, aber jetzt geht es zunächst ums Kennenlernen der Möglichkeiten.

Abbildung 11.31 *Reichlich Möglichkeiten, Text anzupassen*

8 Nehmen Sie eine beliebige Textveränderung durch Klick auf das jeweilige Icon vor. Unterstreichen **2** Sie beispielsweise Ihren Text.

INFO

Die Tabs der Seitenleiste
Über den Tab **Stil** können Sie den Stil eines Textes ganz einfach anpassen und einen fertigen Stil festlegen. Dabei werden die Veränderungen nicht nur auf markierten Text, sondern auf den gesamten Text im Textfeld übertragen. Im Tab **Text** können Sie markierte Textstellen bearbeiten und Formatänderungen vornehmen. Der Tab **Anordnen** dient dazu, Änderungen am Textfeld vorzunehmen und z. B. die Position im Dokument festzulegen.

9 Da Sie die Zeile zuvor neu hinzugefügt haben, hat sie automatisch einen bestimmten Absatzstil zugewiesen bekommen, im Beispiel den Stil **Kontaktinformationen** (Dieser wird auch im Bereich der Stilauswahl angezeigt.). Nachdem Sie die Änderung vorgenommen haben, bietet Pages automatisch an, den entsprechenden Stil zu aktualisieren **3**. Möchten Sie diese Änderung regelmäßig vornehmen, können Sie also den Stil aktualisieren, sodass Sie die Änderung nicht jedes Mal von Hand einfügen müssen, sondern einfach über den Stil auswählen können. Da wir uns den Stilen im Abschnitt »Arbeiten mit Stilen« auf Seite 387 ohnehin noch genauer widmen, belassen wir es an dieser Stelle bei dem Hinweis. Beachten Sie, dass dieses Feature nur in der OS-X-Version zur Verfügung steht.

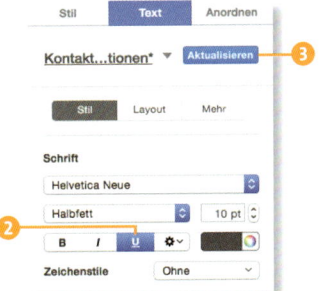

Abbildung 11.32 *Praktische Funktion: Stil aktualisieren*

Probieren Sie nun weitere Textänderungen aus. Pages bietet eine Menge Möglichkeiten, und je neugieriger Sie bei einem Testdokument wie diesem sind, umso souveräner nutzen Sie später die vorhandenen Möglichkeiten.

Vorlagenbilder austauschen und bearbeiten

Viele Vorlagen von Pages enthalten ein Bild, manchmal sogar mehrere Bilder. Die Rechnungsvorlage aus unserem Beispiel gehört jedoch nicht dazu, daher fügen wir auf eigene Faust noch ein Firmenlogo zur Absenderadresse hinzu.

1 Ziehen Sie die gewünschte Bilddatei aus dem Finder per Drag & Drop unter das Textfeld von Pages. Die Arbeit mit Bildern aus der Medienübersicht sehen wir uns im Abschnitt »Arbeiten mit Bildern« auf Seite 392 an.

∧ **Abbildung 11.33** Ein Bild per Drag & Drop zu Pages hinzufügen

TIPP

Rückgängig machen
Wenn Sie eine Aktion oder einen Arbeitsschritt rückgängig machen wollen, nutzen Sie den Tastaturbefehl `cmd` + `Z`, oder klicken Sie auf **Bearbeiten > Widerrufen**. Im Web und unter iOS finden Sie jeweils einen entsprechenden Button **Widerrufen** in der Symbolleiste.

Nachdem Sie das Bild losgelassen haben, zeigt Pages zunächst einen Rahmen um das Bild an, mit dessen Hilfe Sie bereits die Bildgröße und die Bildposition über die Anfasspunkte anpassen können. Pages bietet diese Funktionen aber auch noch etwas komfortabler an.

2 Doppelklicken Sie auf das Bild. Die von Pages daraufhin eingeblendeten Bildbearbeitungsmöglichkeiten erlauben Ihnen, die Bildgröße durch Klick auf die Bildschaltfläche ❶ und Verändern des angezeigten Rahmens proportional anzupassen. Sie können aber auch mithilfe der **Zuschneiden**-Schaltfläche ❷ das Bild auf eine bestimmte Größe zuschneiden. Über den Schieberegler ❸ passen Sie bequem die Bildgröße proportional an.

∧ **Abbildung 11.34** So soll es nicht bleiben.

3 Nehmen Sie die gewünschten Änderungen am Bild vor. Denken Sie daran, ruhig alles auszuprobieren, denn die Funktion **Widerrufen** steht Ihnen immer zur Verfügung (**Bearbeiten > Widerrufen**). Haben Sie alle Bildänderungen vorgenommen, klicken Sie auf **Fertig**.

4 Bewegen Sie zu guter Letzt das Bild unter das Text-feld mit der Absenderadresse, denn da soll es ja hin.

Abbildung 11.35 *Schon fast perfekt!*

5 Falls das Bild nicht ohnehin noch markiert ist, markieren Sie es durch einen einfachen Klick darauf erneut, sodass es das aktive Element im Dokument wird. Es werden daraufhin in der Seitenleiste, wie schon zuvor beim Text, Anpassungs- und Veränderungsmöglichkeiten für das Bild angezeigt.

6 Klicken Sie in der Seitenleiste auf den Tab **Stil**.

∧ **Abbildung 11.36** *Das Bild sitzt an der richtigen Stelle und ist dezent angepasst – alles ist in Ordnung.*

7 Nehmen Sie die gewünschten Änderungen vor, beispielsweise eine Reduzierung der Deckkraft, um dem Bild etwas an Dominanz zu nehmen und es eher wie ein Wasserzeichen wirken zu lassen. Ziehen Sie dazu den Schieberegler im Bereich **Deckkraft** nach links, bis die Abbildung Ihren Vorstellungen entspricht. Alternativ können Sie auch einen Prozentwert in das Feld rechts eintragen.

Mit den bis jetzt gewonnenen Kenntnissen sollte es für Sie kein Problem sein, die übrigen Elemente des Dokuments nach Ihren Bedürfnissen anzupassen und den Platzhaltertext durch eigenen Text zu ersetzen. Die Vorlage enthält jedoch ein Element, das in Pages etwas genauerer Betrachtung bedarf, und zwar die eingebettete Tabelle, in der Sie die Rechnungsposten auflisten.

Tabellen in Pages

Tabellen werden uns zwar im Abschnitt »Numbers – Tabellenkalkulation am Mac« noch sehr viel genauer beschäftigen, dennoch ist es sinnvoll, an dieser Stelle bereits einen Blick auf die Tabelle zu werfen, denn eine eingebettete Tabelle in Pages ist auch nicht ganz das Gleiche wie eine eigenständige Tabelle in Numbers.

Beschreibung	Menge	Preis/St.	Kosten
Artikel 1	55	€ 100	€ 5.500
Artikel 2	13	€ 90	€ 1.170
Artikel 3	25	€ 50	€ 1.250
		Netto	€ 7.920
	MwSt.	8,25 %	€ 653
		Gesamt	€ 8.573

∧ **Abbildung 11.37** *Die eingebettete Tabelle soll angepasst werden.*

Ein erster Blick auf die eingebettete Tabelle zeigt, dass man darin ganz übersichtlich die einzelnen Rechnungsposten aufnehmen kann. Jeder Rechnungsposten enthält eine Spalte für Beschreibung, Menge, Stückpreis und Kosten (pro Posten). Dieser erste Blick verrät es bereits: Es fehlt eine Spalte zur Nummerierung der Posten.

1 Klicken Sie auf die Tabelle, und aktivieren Sie so die Bearbeitung der Tabelle in Pages.

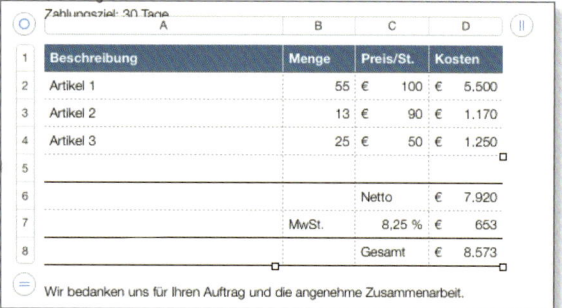

^ **Abbildung 11.38** *Die Tabelle lässt sich jetzt bearbeiten.*

2 Fahren Sie mit dem Mauszeiger über die Spaltenbeschriftung. Am rechten Rand der Spalte wird daraufhin ein kleines, leicht zu übersehende Dreieck **❶** eingeblendet, über das Sie ein hilfreiches Kontextmenü aufrufen. Klicken Sie darauf.

3 Im Kontextmenü wählen Sie den Punkt **Spalte links hinzufügen** aus. Es wird nun eine weitere Spalte links von der ausgewählten Spalte hinzugefügt.

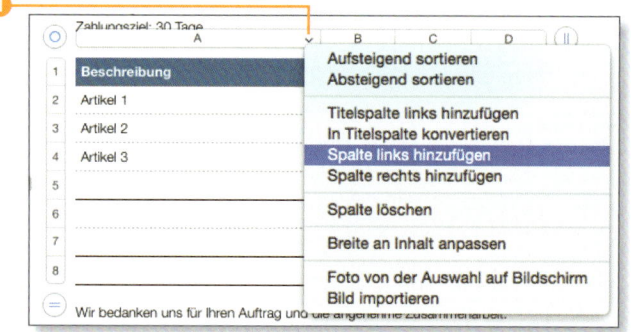

^ **Abbildung 11.39** *Eine Spalte zur Tabelle hinzufügen*

4 Doppelklicken Sie in die farblich unterlegte Titelzelle, und geben Sie den gewünschten Text ein, beispielsweise »Nr.«.

Jetzt haben wir zwar die erwünschte zusätzliche Spalte erstellt. Sie ist aber leider noch zu breit und behindert die anderen Spalten.

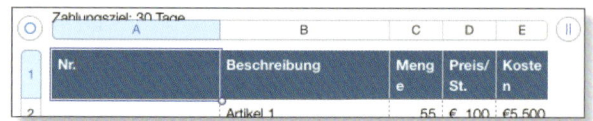

^ **Abbildung 11.40** *Text in die Kopfzelle der neu hinzugefügten Spalte eingeben*

5 Um die Größe der Spalte anzupassen, fahren Sie mit dem Mauszeiger an die Trennlinie zwischen Spalte A und Spalte B. Der Mauszeiger wird, sobald er sich genau auf der Trennlinie befindet, als Doppelpfeil angezeigt.

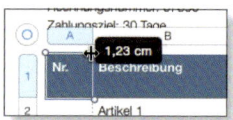

^ **Abbildung 11.41** *Mit dem Doppelpfeil lässt sich die Breite der Spalten von Hand anpassen.*

6 Klicken Sie mit der Maus, bzw. tippen Sie auf dem Trackpad, und ziehen Sie gleichzeitig die Spalten auf die gewünschte Größe. Wiederholen Sie diesen Vorgang mit allen Spalten, bis die Platzverhältnisse in der Tabelle wieder ausgewogen sind.

^ **Abbildung 11.42** *Und schon sieht alles wieder gut aus.*

Auf diese Art können Sie natürlich nicht nur neue Spalten, sondern gegebenenfalls auch neue Zeilen zu Ihrer Tabelle hinzufügen für den Fall, dass Ihre Rechnung mehr Posten hat, als die Vorlage vorsieht. Nehmen wir uns also nun die nächste Besonderheit von Tabellen vor: Formeln.

Formeln einfügen

Wenn Sie das Beispiel auf den vorangegangenen Seiten nachvollzogen haben, sind Sie bereits mitten in der Bearbeitung der Tabelle der Rechnungsvorlage. Sollte das nicht der Fall sein, öffnen Sie einfach ein neues Dokument aus der Vorlagenauswahl, basierend auf der Vorlage **Rechnung**.

Die Abrechnung ist der wichtigste Teil einer Rechnung. Dafür ist eine Tabelle in die Vorlage integriert; schließlich lassen sich mehrere Rechnungspositionen am besten tabellarisch erfassen. Wie bereits zuvor erwähnt, können Sie auch die Inhalte von Tabellenfeldern per Doppelklick auf das entsprechende Feld ändern. Handelt es sich bei dem Inhalt um Text, bearbeiten Sie ihn wie gewohnt. Handelt es sich bei dem Inhalt jedoch beispielsweise um eine Formel, wird der Formeleditor in einem kleinen schwebenden Fenster eingeblendet.

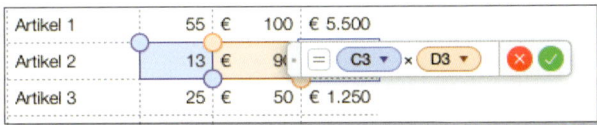

△ Abbildung 11.43 *Nach einem Doppelklick auf eine Tabellenzelle, die eine Formel enthält, wird die zugrunde liegende Formel angezeigt.*

Da es in dieser Vorlage bei den Formeln nichts zu ändern gibt und uns Formeln in Tabellen ohnehin im Abschnitt »Numbers – Tabellenkalkulation am Mac« ab Seite 402 noch ausführlich beschäftigen werden, sehen wir uns an dieser Stelle kurz an, wie Sie Formeln prinzipiell auch in eingebetteten Tabellen in Pages erstellen und bearbeiten können.

1 Doppelklicken Sie auf eine Tabellenzelle, und löschen Sie den kompletten Inhalt des Formeleditors. Das können Sie genauso machen, wie Sie auch Text löschen würden: Sie markieren ihn und entfernen ihn dann mit der Taste ⌫.

2 Drücken Sie danach die Taste ↵, oder klicken Sie im Formeleditor auf den Button mit dem grünen Häkchen. Sie sehen nun, dass in der Tabellenzelle kein Wert mehr enthalten ist – weder ein manuell eingegebener noch das Ergebnis einer Formel.

Artikel 1	55	€	100	€ 5.500
Artikel 2	13	€	90	
Artikel 3	25	€	50	€ 1.250

△ Abbildung 11.44 *Die Formel wurde entfernt.*

3 Geben Sie die Formel also erneut ein. Klicken Sie dazu in die gewünschte Tabellenzelle, in der das Ergebnis der Formel erscheinen soll, und geben Sie über Ihre Tastatur das Gleichheitszeichen ein. In der Tabellenzelle erscheint daraufhin sofort der Formeleditor.

Artikel 1	55	€	100	€ 5.500
Artikel 2	13	€	90	=
Artikel 3	25	€	50	€ 1.250

△ Abbildung 11.45 *Die Eingabe des Gleichheitszeichens aktiviert den Formeleditor.*

4 Klicken Sie auf die gewünschte Tabellenzelle oder Spalte, die der erste Teil der Berechnung sein soll.

5 Im nächsten Schritt müssen Sie der Formel mitteilen, was berechnet werden soll. Geben Sie dazu das gewünschte Rechensymbol ein, in unserem Fall einen Stern (Sie erzeugen diesen mit der Tastenkombination ⇧ + +) für die Multiplikation.

6 Wählen Sie anschließend das zweite Element der Berechnung aus.

7 Drücken Sie die Taste ↵, oder klicken Sie im Formeleditor auf den Button mit dem grünen Häkchen. Die Tabellenzelle zeigt nun wieder das Ergebnis der Formel.

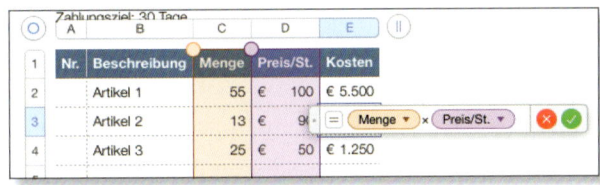

△ Abbildung 11.46 *Eine Formel ist schnell zusammengeklickt und kann auch für ganze Spalten erstellt werden.*

Dieses kleine Beispiel zur Verwendung von Formeln in Textdokumenten gibt Ihnen bereits einen kleinen Vorgeschmack darauf, was mit Numbers, dem Tabellenkalkulationsprogramm von Apple, möglich ist. Nachdem wir nun die Rechnung fertig erstellt haben, sollten wir das Sichern aber nicht vergessen.

Pages-Dokumente sichern

Das Speichern von Dateien ist Ihnen sicher bereits bekannt, und auch in Pages unterscheidet sich dieser Vorgang nicht wesentlich von anderen Programmen:

1 Klicken Sie auf **Ablage > Sichern**, oder nutzen Sie den Tastaturbefehl `cmd` + `S`.

2 Geben Sie der Datei im folgenden Sicherungsdialog einen Namen, und fügen Sie optional noch Tags hinzu.

3 Navigieren Sie zum gewünschten Speicherort, und klicken Sie auf den Button **Sichern**. Die Rechnung ist nun mit der Endung *.pages* gesichert.

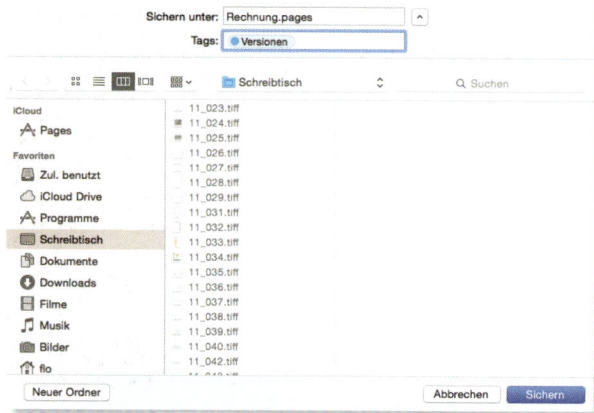

⌃ **Abbildung 11.47** *Eine Datei sichern*

Als PDF-Datei sichern

Für die Zusendung einer Rechnung an einen Kunden eignet sich das PAGES-Dateiformat nicht, da das Format bearbeitbar ist. Drucken Sie die Datei also aus, und versenden Sie sie per Post (kleiner Scherz … über derartige Anachronismen sollten wir heutzutage hinweg sein), oder sichern Sie Ihre Rechnung als PDF-Datei, und schicken Sie diese Ihrem Kunden per E-Mail.

1 Klicken Sie auf **Ablage > Exportieren > PDF**. (Alternativ können Sie hier natürlich auch ein anderes Dateiformat auswählen, der Vorgang bleibt dabei prinzipiell gleich.)

2 Im folgenden Exportdialog ist nun automatisch der Tab mit dem zuvor im Menü ausgewählten Dateiformat aktiviert **❶**.

⌃ **Abbildung 11.48** *Der Exportdialog. Viele Formate sind möglich.*

3 Da es sich bei diesem Dokument um eine Rechnung handelt, wollen wir es besonders schützen. Setzen Sie daher das Häkchen bei **Zum Öffnen Kennwort anfordern ❷**. Sie müssen dann allerdings auch daran denken, dem Empfänger das Kennwort zukommen zu lassen.

4 Geben Sie in den entsprechenden Feldern ein Kennwort ein. Nur wer über das Kennwort verfügt, kann später die Datei öffnen.

5 Klicken Sie auf den Button **Weiter**. Geben Sie im folgenden Sicherungsdialog einen Namen für das PDF ein.

6 Klicken Sie abschließend auf den Button **Exportieren**. Pages exportiert und sichert nun die Datei wie angegeben.

Nachdem Sie den prinzipiellen Ablauf bei der Erstellung und Nutzung von Dateien und Vorlagen kennengelernt haben, widmen wir uns jetzt einigen Details, die die Arbeit mit Pages als Schreibprogramm wesentlich erleichtern. Dazu gehört, eine Datei als Vorlage sichern zu können.

Ein Dokument als Vorlage sichern

Es gibt zwei Möglichkeiten, aus einer Datei eine Vorlage zu machen. Die eine Methode ist die, die Sie bereits im Abschnitt »Dateien duplizieren und vor Bearbeitung schützen« in Kapitel 3, »Dateiverwaltung mit dem Finder«, kennengelernt haben: nämlich die Datei im Informationsfenster zum Formularblock zu machen. Die andere Methode, zumindest für Dateien, die mit iWork erstellt wurden, besteht darin, die Datei einfach aus dem Programm heraus als Vorlage zu sichern.

1 Klicken Sie (in Pages und Numbers) auf **Ablage > Als Vorlage sichern**. In Keynote heißt der Menübefehl entsprechend **Ablage > Thema sichern**.

2 Wählen Sie im folgenden Dialog aus, ob Sie die Datei an einem beliebigen Ablageort sichern oder **Zur Vorlagenauswahl hinzufügen** wollen.

^ **Abbildung 11.49** Der Vorlagensicherungsdialog

3 Die Vorlage wird nun zur Vorlagenübersicht im Abschnitt **Meine Vorlagen** hinzugefügt, und Sie können der Vorlage einen griffigen Namen geben.

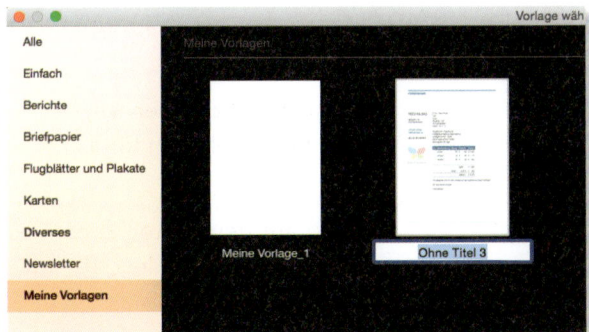

^ **Abbildung 11.50** Die Datei wird zu den persönlichen Vorlagen hinzugefügt.

Die Vorlage steht nun in der Vorlagenauswahl beim Start von Pages im Abschnitt **Meine Vorlagen** unter dem angegebenen Namen zur Verfügung.

Ein neues Dokument aus einer eigenen Vorlage erstellen

Haben Sie Ihre eigene Vorlage gesichert, können Sie sie nun ganz einfach als Basis für ein eigenes Dokument nutzen. Im Folgenden soll die Rechnungsvorlage, die wir weiter oben erstellt haben, als Ausgangspunkt für eine richtige Rechnung dienen.

1 Klicken Sie auf **Ablage > Neu**. Pages blendet daraufhin die bekannte Vorlagenauswahl ein.

2 Klicken Sie in der Vorlagenauswahl auf **Meine Vorlagen**, und doppelklicken Sie auf die zuvor angelegte Rechnungsvorlage. Pages erstellt nun ein Dokument, basierend auf dieser Vorlage – ganz so wie auch bei einer vorgefertigten Vorlage des Programms.

Da wir zuvor alle gleichbleibenden Elemente der Rechnung bereits angepasst haben, können wir uns nun ganz auf die konkreten Inhalte konzentrieren. Von oben nach unten müssen also als Erstes die Empfängeradresse und dann das Datum angepasst werden.

3 Klicken Sie auf das Datum. Passen Sie im folgenden schwebenden Fenster das Datum an. Pages übernimmt Ihre Veränderungen sofort.

^ **Abbildung 11.51** Das Datum der Rechnung anpassen

Haben Sie alle weiteren Eingaben vorgenommen, sichern Sie abschließend die Rechnung als neues Dokument (**Ablage > Sichern**), sodass Sie bei der nächsten Rechnung wieder auf Ihre Rechnungsvorlage zurückgreifen können.

11.3 Darstellung und Organisation von Dokumenten

Pages bietet u. a. im Menü **Darstellung** hilfreiche Befehle, um die Arbeitsoberfläche des Programms ideal an die eigenen Bedürfnisse anzupassen. Damit Sie bei mehrseitigen Dokumenten den Überblick behalten, kann Pages am linken Fensterrand eine Übersicht über die Seiten einblenden.

Klicken Sie in der Menüleiste auf **Darstellung > Miniaturen einblenden**, oder nutzen Sie den Tastaturbefehl `alt` + `cmd` + `P`. Pages zeigt nun die Seiten des aktuellen Dokuments als Miniaturen an. Diese können Sie anklicken, um schnell zwischen den einzelnen Seiten zu navigieren.

∧ **Abbildung 11.52** *Sorgen für Übersicht: die Miniaturen*

11.4 Texte bearbeiten und formatieren

Haben Sie mit Pages einen längeren Text erstellt, müssen Sie diesen sicherlich an einem bestimmten Punkt auch noch einmal bearbeiten. Damit Sie sich dann schnell im Dokument zurechtfinden, bietet Pages einige nützliche Funktionen.

Die Suchfunktion nutzen

Eine hilfreiche Funktion ist das Suchfeld und mit ihm die Möglichkeit, Fundstellen im Dokument anzeigen zu lassen. Besonders dann, wenn Sie häufig Texte redigieren und nach bestimmten Wörtern oder Ausdrücken suchen, ist das Suchfeld sehr nützlich. Rufen Sie zusätzlich das schwebende Suchfenster auf, mit dem Sie einfach Textersetzungen durchführen können, und Sie arbeiten sich schnell durch jeden Text. Klicken Sie auf **Bearbeiten > Suchen > Suchen**, oder drücken Sie `cmd` + `F`.

Wollen Sie dagegen nach bestimmten Wörtern suchen, um diese zu ersetzen, benötigen Sie eine andere Suchfunktion. Klicken Sie dafür im schwebenden Suchfenster auf das Zahnradsymbol, und wählen Sie aus dem Auswahlmenü **Suchen & Ersetzen** aus.

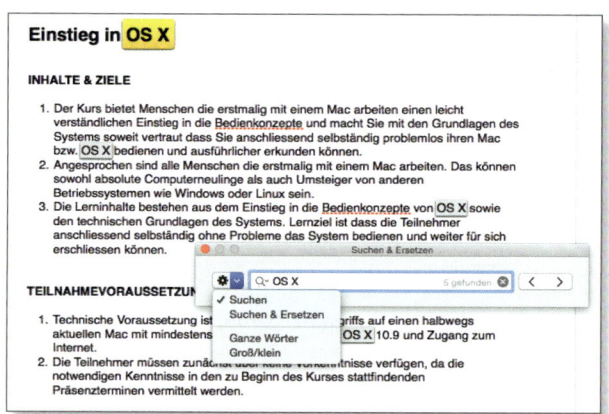

∧ **Abbildung 11.53** *Das schwebende Suchfeld und markierte Fundstellen in Pages*

Leider bietet die Funktion **Suchen & Ersetzen** von Pages nicht den Funktionsumfang, den TextEdit aufweist. Speziell die Suche nach Mustern bleibt TextEdit vorbehalten (siehe Seite 228).

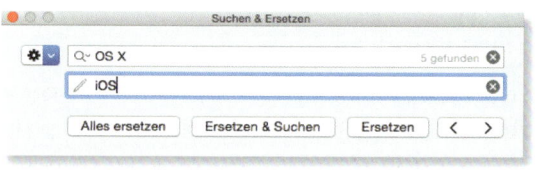

∧ **Abbildung 11.54** *Suchen und Ersetzen*

Textstellen kommentieren

Eine weitere hilfreiche Funktion – nicht nur beim Redigieren, sondern auch beim Schreiben von Texten – ist die Kommentarfunktion. Damit legen Sie an beliebigen Stellen eines Dokuments Kommentare an – sei es, um sich selbst eine Erinnerung zu schreiben, sei es, um einer anderen Person, die das Dokument zu einem späteren Zeitpunkt bearbeiten wird, eine Notiz zu hinterlassen.

1 Markieren Sie den Text, zu dem Sie einen Kommentar hinterlassen wollen.

2 Klicken Sie auf **Einfügen > Kommentar**, oder drücken Sie ⇧ + cmd + K . Der markierte Text wird dem neu angelegten Kommentar zugeordnet. Ein neu angelegter Kommentar trägt automatisch Ihren Namen und das aktuelle Datum mit Uhrzeit.

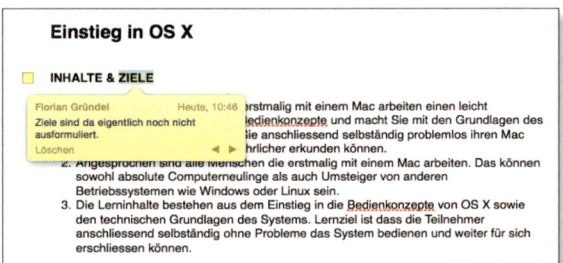

∧ **Abbildung 11.55** So werden Kommentare in Pages dargestellt.

3 Geben Sie in das Kommentarfeld Ihre Anmerkungen ein.

4 Klicken Sie an eine beliebige Stelle außerhalb des Kommentars, um die Kommentareingabe zu beenden.

5 Kommentare lassen sich jederzeit ändern. Es reicht, einen Kommentar anzuklicken, um darin schreiben zu können. Um einen Kommentar zu löschen, klicken Sie auf **Löschen**.

6 Wenn Sie Kommentare zwar nutzen, aber die Kommentare vorübergehend ausblenden wollen, klicken Sie auf **Darstellung > Kommentieren/Ändern > Kommentare ausblenden**.

Arbeiten mit Stilen

Stile sind eines der meistverwendeten Elemente beim Schreiben. Stile strukturieren den Text, geben ihm Kontext und Bedeutung. Der Einsatz von Stilen ist also nicht nur eine Frage des Aussehens, sondern beeinflusst auch ganz entscheidend, wie gut ein Text zu verstehen ist.

> **INFO**
>
> **Für Umsteiger von Microsoft Word**
> Umsteiger von Word kennen Stile bereits, nur heißen sie dort nicht Stile, sondern *Formatvorlagen*.

Pages bietet eine einfache und effiziente Verwaltung und Nutzung von Stilen. Legen wir zunächst einen eigenen Stil an, um uns klarzumachen, was zu einem Stil gehört und was ihn ausmacht.

∧ **Abbildung 11.56** Immerhin: Der Text hat zumindest Struktur, aber so soll es nicht bleiben, denn selbst dann, wenn der Leser den Inhalt versteht, tut er sich dennoch unnötig schwer beim Erfassen.

1 Markieren Sie einen beliebigen Text.

2 Passen Sie in der Seitenleiste den Text an. Da es hier ja nur um ein Beispiel geht, können Sie ruhig kreativ sein. Wählen Sie eine exotische Schrift, eine absurde Textgröße, eine ungewöhnliche Textfarbe etc.

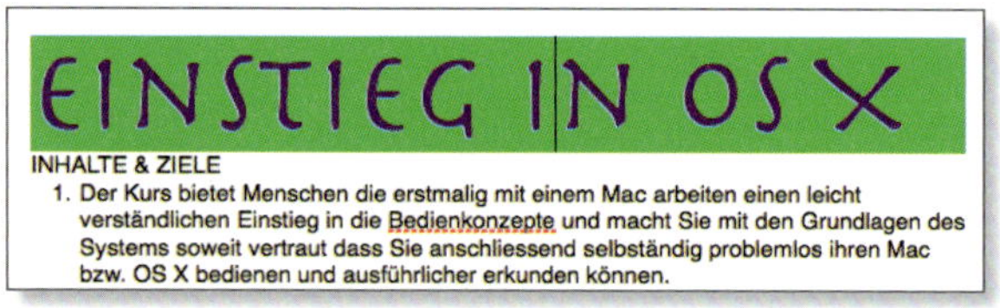

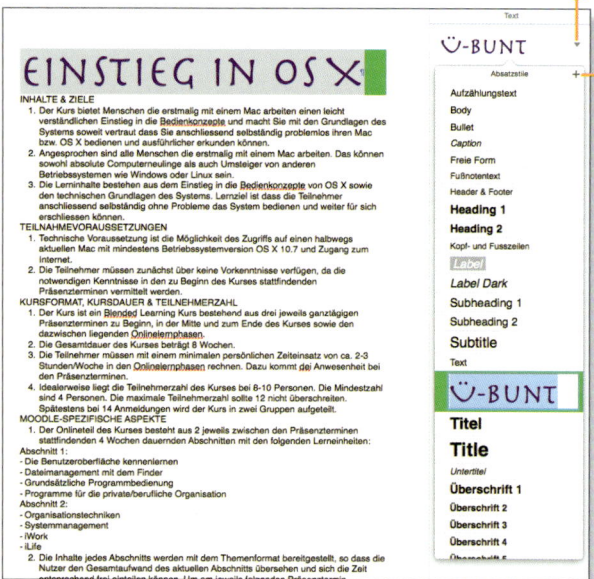

Abbildung 11.57 *Nicht schön, aber selten: Der ausgewählte Text wird deutlich in seinem Aussehen verändert.*

3 Klicken Sie in der Stilübersicht in der Seitenleiste auf das Dreieck ❶ und im folgenden Auswahlmenü auf das Pluszeichen ❷ oben rechts. Pages fügt den Stil zur Liste der verfügbaren Stile hinzu.

Abbildung 11.58 *Der neu erstellte Stil steht sofort zur Verfügung.*

4 Probieren wir also aus, ob der eigene Stil sich wie erwartet verwenden lässt. Markieren Sie einen beliebigen Text, und klicken Sie in der Stilübersicht auf den selbst erstellten Stil.

Sie werden sehen, der ausgewählte Text wird Ihnen sofort im entsprechenden Stil angezeigt.

Stile verwalten

Nachdem sich also der eigene Stil wie erwartet verwenden lässt, ist es an der Zeit, sich dem Management der Stile zu widmen.

Wenn Sie mit dem Mauszeiger über einen Stil in der Liste fahren, zeigt Pages einen Pfeil ❸. Ein Klick darauf öffnet ein Kontextmenü, mit dem Sie den Stil umbenennen oder löschen können.

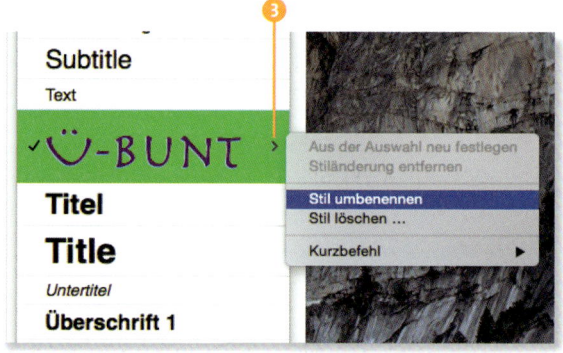

Abbildung 11.59 *Das Kontextmenü eines Stils*

Im Abschnitt »Elemente anpassen« ab Seite 377 haben wir bereits gesehen, dass Pages bei Änderungen von Text, der einem Stil zugeordnet ist (und das ist ja jeder Text), in der Stilauswahl einen Button einblendet, der Ihnen die Möglichkeit bietet, den Stil zu aktualisieren. So können Sie jederzeit einen Stil anpassen und verändern.

1 Markieren Sie Text, dem der zuvor erstellte Stil zugewiesen ist.

2 Nehmen Sie Änderungen am Stil vor, beispielsweise in Bezug auf Farbe oder Textgröße. Pages blendet nun den Button **Aktualisieren** ❹ in der Stilauswahl ein. Solange Sie den Stil noch nicht aktualisiert haben, wirkt sich die Änderung nur auf den markierten Text aus. Wenn Sie also eine individuelle Änderung vornehmen wollen, können Sie es dabei belassen.

Für unser Beispiel wollen wir aber natürlich sehen, wie sich die Aktualisierung eines Stils auswirkt.

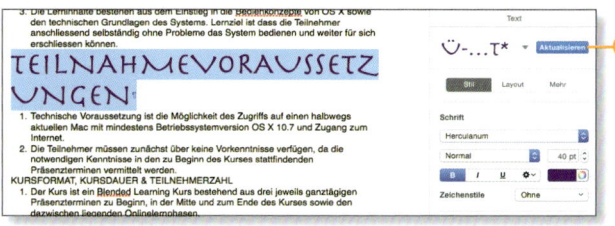

Abbildung 11.60 *Am Stil wurden Änderungen vorgenommen, aber noch nicht aktualisiert.*

3 Klicken Sie auf den Button **Aktualisieren**. Daraufhin wird der Stil sofort und ohne weitere Rückfrage aktualisiert. Die zuvor vorgenommenen Änderungen am Stil werden nun dauerhaft in den Stil aufgenommen.

Die Stiländerung wirkt sich nun nicht mehr nur auf den markierten Text Ihres Dokuments aus, sondern auf alle Texte, denen derselbe Stil zugeordnet ist. So lässt sich schnell und einfach ein Dokument an mehreren Stellen anpassen, ohne dafür großen Aufwand treiben zu müssen. Ein Klick auf einen automatisch angebotenen Button reicht. Als nächsten sinnvollen Schritt würde es sich nun anbieten, den Stil, wie zuvor beschrieben, umzubenennen.

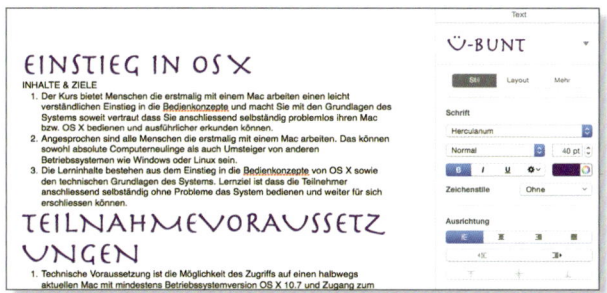

Abbildung 11.61 *Die Auswirkung der Stiländerung macht sich sofort deutlich bemerkbar.*

Genauso, wie Sie Absatzstile erstellen, verändern und nutzen können, können Sie auch Zeichenstile verwenden. Diese sind jedoch in der Seitenleiste ein wenig versteckt, und Sie müssen erst auf das Auswahlmenü

Zeichenstile klicken, um eine Auswahl der Stile angezeigt zu bekommen. Was jedoch die Handhabung und Bearbeitung der Zeichenstile betrifft, entspricht diese den Absatzstilen, die Sie im Verlauf des Abschnitts kennengelernt haben.

Abbildung 11.62 *Zeichenstile lassen sich genauso nutzen wie Absatzstile.*

Bleibt zu guter Letzt noch zu klären, worin denn eigentlich der Unterschied zwischen den Stilen besteht, wenn doch beide letztlich die Darstellung von Text beeinflussen. Ganz einfach: Ein Absatzstil, den Sie auswählen, gilt für alle Zeichen des Absatzes, in dem sich der Cursor befindet. Wenn Sie jedoch *kleinteiligen* Text verändern wollen, beispielsweise nur ein einzelnes Wort unterstreichen möchten, dann verwenden Sie Zeichenstile.

TIPP

Einsetzen und Stil anpassen
Wenn Sie Text aus einem anderen Programm kopieren, kopieren Sie auch den Stil des Textes mit. Die Wahrscheinlichkeit, dass der Stil des kopierten Textes zum Stil Ihres Dokuments passt, ist gering. Nutzen Sie daher, wenn Sie Text aus anderen Anwendungen einfügen, den Befehl **Bearbeiten > Einsetzen und Stil anpassen** oder den Tastaturbefehl alt + ⇧ + cmd + V.

Nachdem Sie nun die wichtigsten Funktionen und Elemente für die Arbeit mit Pages als Schreibprogramm kennen, widmen wir uns in den folgenden Abschnitten den Möglichkeiten, die Ihnen Pages als Layoutprogramm bietet.

11.5 Layoutdokumente anlegen und bearbeiten

Bereits zu Beginn des Kapitels haben Sie erfahren, dass Pages Sie bei der Bedienung des Programms nicht dazu nötigt, umzulernen, nur weil das eine Dokument vielleicht etwas layoutlastiger ist und das andere etwas textlastiger. Mit diesem Grundwissen nehmen wir uns nun eine layoutlastigere Vorlage vor und sehen uns an dieser Vorlage an, wie Pages damit umgeht.

1 Öffnen Sie also eine layoutlastige Vorlage. Für die folgenden Beispiele verwenden wir die Vorlage **Broschüre – Museum** aus der Kategorie **Diverses**.

Nachdem Pages die Vorlage geöffnet hat, ist es zunächst sinnvoll, die Miniaturansicht zu aktivieren, um einen besseren Überblick über das gesamte Dokument zu haben.

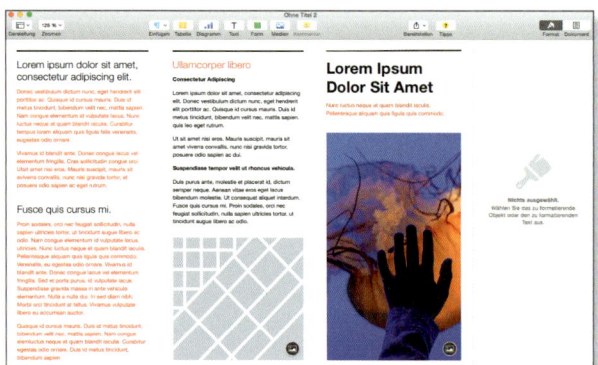

∧ **Abbildung 11.63** *Die Vorlage nach dem Öffnen*

2 Klicken Sie dazu in der Symbolleiste auf den Button **Darstellung**.

3 Wählen Sie im folgenden Auswahlmenü **Miniaturen einblenden**.

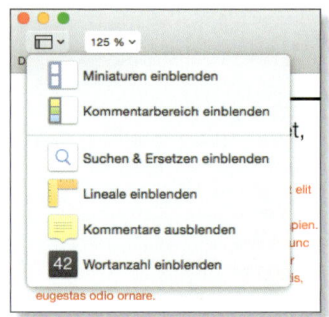

∧ **Abbildung 11.64** *Hilfreiches Menü: »Darstellung«*

4 Pages blendet daraufhin links eine Seitenleiste mit der Miniaturansicht aller Seiten des Dokuments ein. So lässt sich auch gleich erkennen, dass das Dokument zwei Seiten hat. Mit einem Klick auf eine Miniatur springen Sie direkt zur entsprechenden Seite des Dokuments.

Diese Ansicht bietet sich eigentlich immer an, wenn man ein Dokument mit mehr als einer Seite bearbeitet. Sie haben dadurch eine bessere Übersicht über die Seiten eines Dokuments und können bequem zwischen den einzelnen Seiten wechseln, indem Sie auf die entsprechende Miniatur klicken.

∧ **Abbildung 11.65** *Mehr Übersicht mit Miniaturen*

Seiten hinzufügen

Die Vorlage bietet zunächst zwei Seiten. Für unser Beispiel ist das auch völlig ausreichend. Falls Sie jedoch weitere Seiten hinzufügen möchten, klicken Sie auf **Einfügen > Seite**. Pages fügt nun automatisch am Ende des Dokuments eine neue leere Seite hinzu.

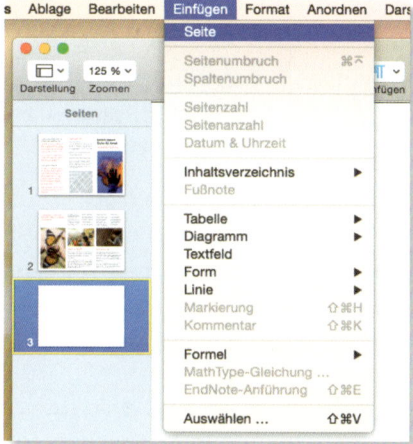

▲ Abbildung 11.66 *Eine weitere Seite wird am Ende des Dokuments hinzugefügt.*

Wenn Sie die neu hinzugefügte Seite nicht am Ende des Dokuments haben wollen, können Sie sie natürlich jederzeit per Drag & Drop in der Miniaturansicht umsortieren.

Elemente markieren, bewegen, gruppieren und schützen

Um Inhalte des Dokuments leichter bewegen zu können, ist es hilfreich, sie zu gruppieren. Am besten, Sie probieren das jetzt mal aus.

1 Klicken Sie in den Miniaturen auf Seite 2.

2 Ziehen Sie mit dem Mauszeiger einen Rahmen auf, der die beiden Textblöcke auf Seite 2 einschließt. Dadurch werden beide Textblöcke markiert.

3 Klicken Sie, falls die rechte Seitenleiste nicht zu sehen sein sollte, in der Symbolleiste auf **Format**.

▲ Abbildung 11.67 *Zwei Elemente auf Seite 2 werden markiert.*

4 Klicken Sie in der rechten Seitenleiste auf den Tab **Anordnen**.

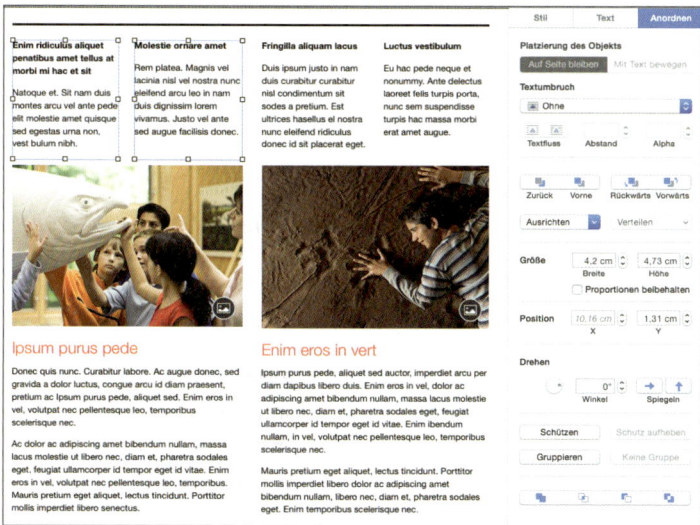

◂ Abbildung 11.68 *Hilfreiche Funktionen: »Gruppieren« und »Schützen«*

5 Besonders hilfreich sind nun die vier Buttons ganz unten, mit denen sich Kontexte zwischen den Elementen und ihren Bearbeitungsmöglichkeiten herstellen bzw. aufheben lassen.

Der erste Blick auf die Buttons verrät, dass die ausgewählten Elemente weder gruppiert noch geschützt sind. Ein Blick auf Abbildung 11.68 bestätigt das.

6 Klicken Sie auf den Button **Gruppieren**, um die Elemente zusammenzufassen. So haben Sie es beim Bewegen der Elemente nicht mit vielen einzelnen zu tun, sondern nur mit einer Gruppe, die sich aus mehreren Elementen zusammensetzt. Pages zeigt die Veränderung durch die Gruppierung ganz deutlich, und auch die Verfügbarkeit der Buttons ändert sich.

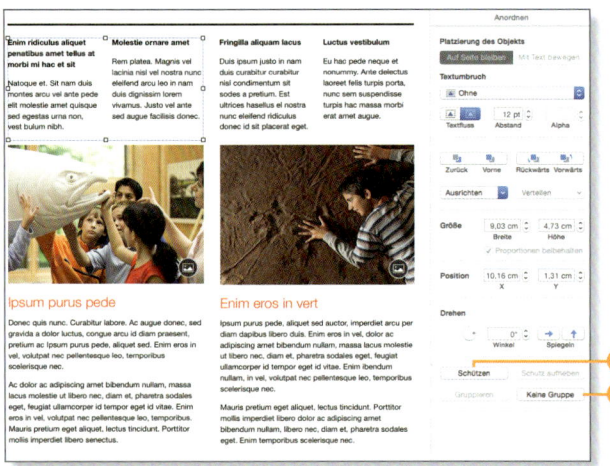

∧ **Abbildung 11.69** *Durch zwei Mausklicks hat sich viel zum Positiven verändert.*

7 Bewegen Sie nun ganz bequem den markierten Textblock, den Sie durch die Gruppierung erhalten haben, beispielsweise von Seite 2 zu Seite 3.

8 Verfahren Sie auf die gleiche Weise mit den beiden Textblöcken von Seite 3 des Flyers.

9 Heben Sie, nachdem Sie die Inhalte neu positioniert haben, die Gruppierung durch Klick auf den Button **Keine Gruppe** ❶ wieder auf.

10 Wenn Sie mit der Position der Elemente zufrieden sind und verhindern wollen, dass die Position geändert wird, klicken Sie auf den Button **Schützen** ❷. Geschützte Elemente sind quasi »immun« gegen Veränderungen.

Geschützte Elemente erkennen Sie an der veränderten Darstellung des Rahmens, sobald Sie ein Element markieren. Dort, wo Sie sonst die Anfasser vorfinden, um beispielsweise die Größe des Rahmens anzupassen, befinden sich nun kleine **x** ❸.

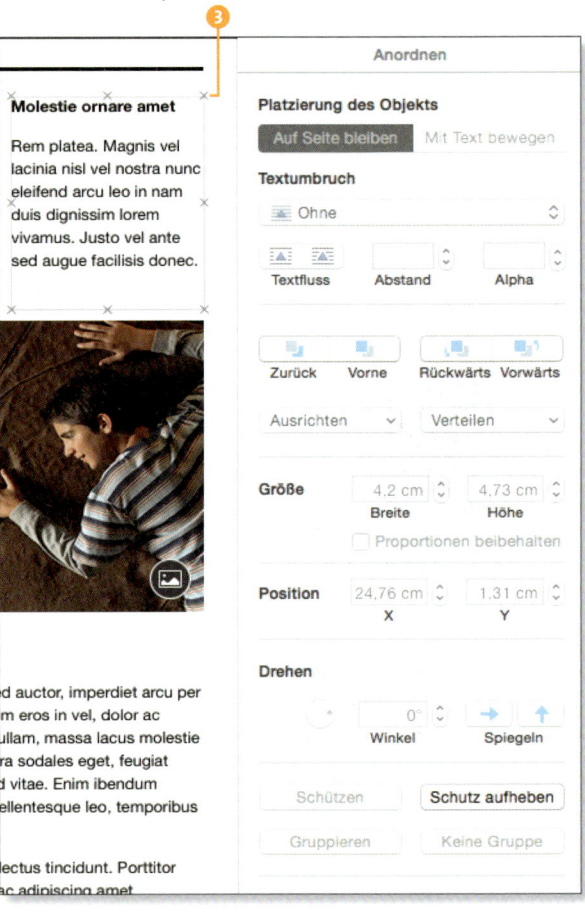

∧ **Abbildung 11.70** *Ein geschütztes Element*

Arbeiten mit Bildern

In den folgenden Schritten soll aus der Vorlage »Museum« ein Flyer für ein Schulungsangebot werden.

Dazu müssen alle Inhalte nach und nach ausgetauscht werden. Beginnen wir zunächst mit den Bildern.

1 Ziehen Sie das Bild, das Sie für die Titelseite verwenden wollen, aus dem Finder (oder aus iPhoto oder einer anderen Anwendung) auf das Platzhalterbild. Oder Sie klicken im Platzhalterbild rechts unten auf das Fotosymbol **4** und wählen ein Bild aus der Medienübersicht aus.

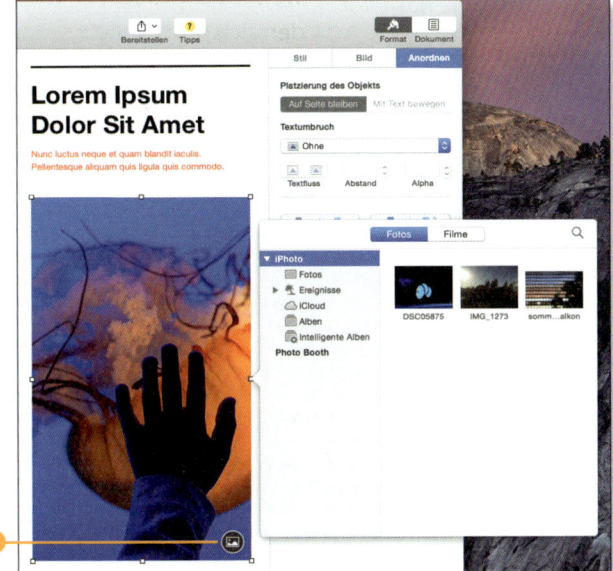

△ Abbildung 11.72 *Ein Foto aus der Medienübersicht in Pages auswählen*

2 Das Foto muss nun gegebenenfalls noch passend positioniert und ein wenig bearbeitet werden. Die Positionierung ist denkbar einfach: Ziehen Sie das Foto per Drag & Drop an die gewünschte Stelle, beispielsweise in die Seitenmitte.

Während Sie das Foto oder jedes andere Element des Dokuments bewegen, blendet Pages automatisch Hilfslinien ein, die die Position des Elements auf der Seite bzw. die Verhältnisse der Abstände zu anderen Elementen anzeigen. Auf diese Weise müssen Sie sich keine Gedanken um ausgewogene Proportionen Ihrer Inhalte machen, sondern können sich dazu einfach an den Hilfslinien orientieren.

TIPP

Darstellungsgröße verkleinern hilft beim Verschieben

Wenn Sie die Seiten in der Ansicht so weit verkleinern, dass Sie mehrere Seiten auf einmal sehen, tun Sie sich leichter beim Bewegen von Elementen über Seiten hinweg. Nutzen Sie dafür das Menü **Zoomen** in der Symbolleiste.

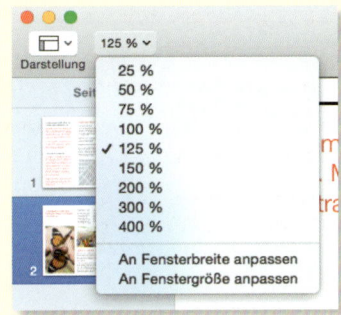

△ Abbildung 11.71
Hilft beim Bewegen von Elementen zwischen Seiten: Ansicht verkleinern

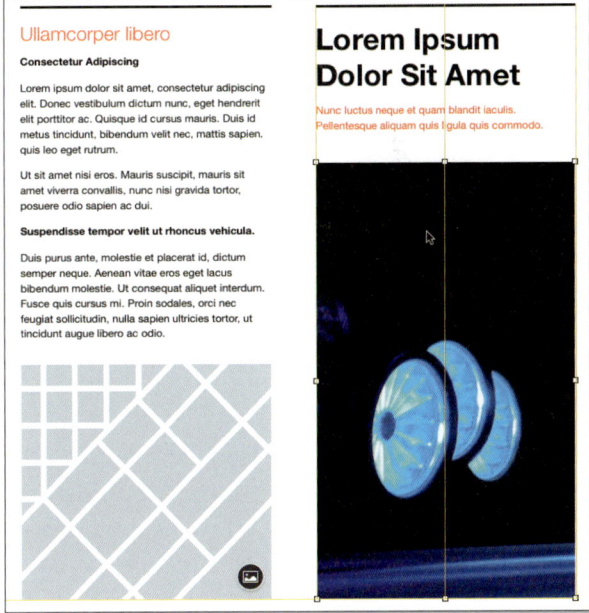

△ Abbildung 11.73 *Pages blendet beim Bewegen von Elementen automatisch Hilfslinien ein.*

3 Jetzt soll das Bild selbst noch ein wenig bearbeitet werden. Dankenswerterweise bringt Pages dafür alles Nötige bereits mit, sodass Sie dazu nicht extra ein Bildbearbeitungsprogramm bemühen müssen. Stellen Sie also sicher, dass das Bild nach wie vor das markierte Element ist. Falls nicht, markieren Sie es erneut.

4 Klicken Sie in der rechten Seitenleiste auf den Tab **Bild**.

5 Klicken Sie auf den Button **Transparenz**.

6 Pages blendet daraufhin ein kleines schwebendes Fenster mit einem Hinweis zur Bedienung der Funktion ein. Bewegen Sie den Mauszeiger in das Bild.

7 Pages blendet daraufhin eine Art Lupe ein, mit der Sie festlegen können, welche Farbe des Bildes durch Transparenz ersetzt werden soll.

Funktion herum. Sie werden schnell merken, was möglich ist und was nicht, und vor allem, welche Bilder sich besser für Freistellungen eignen. Viele Bilder lassen sich auch nicht auf einen Schlag passend transparent machen. In so einem Fall lässt sich der Vorgang wiederholen. Klicken Sie auf die Stellen, die im ersten Durchgang nicht erwischt wurden, und wiederholen Sie die Markierung. Grundsätzlich gilt natürlich: Je kleiner der Radius ist, den Sie aufziehen, desto sicherer ist das Ergebnis.

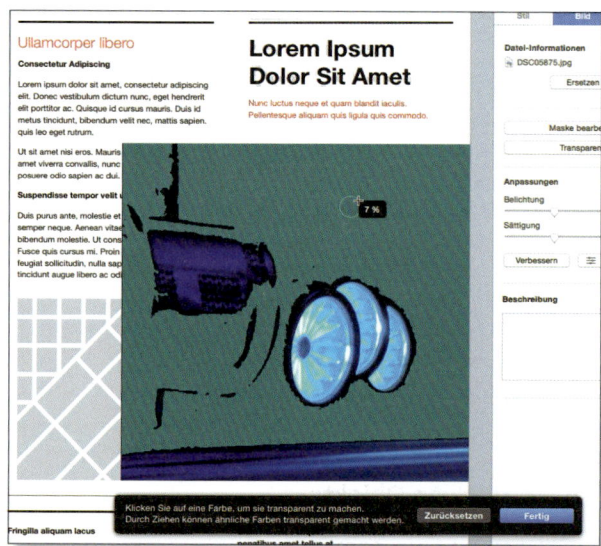

▲ **Abbildung 11.75** *Instant Alpha in Aktion*

10 Wenn Sie mit dem Ergebnis zufrieden sind, klicken Sie im schwebenden Infofenster auf den Button **Fertig**.

Das Ergebnis ist ein professionell aussehendes freigestelltes Bild. Transparenz ist eine der hilfreichsten Funktionen in Pages, weil damit recht einfach möglich wird, was man früher mühsam mit professionellen Bildbearbeitungsprogrammen erledigen musste.

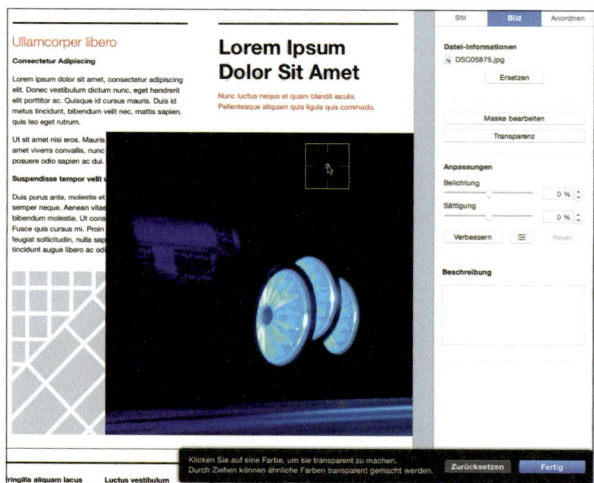

▲ **Abbildung 11.74** *»Transparenz« ist schon aktiv, aber noch nicht im Einsatz.*

8 Ziehen Sie nun den Mauszeiger auf. Pages zeigt die Bereiche, die zukünftig transparent sein werden, zunächst grün unterlegt an. Sobald Sie aufhören zu ziehen, werden die Bereiche, die später transparent sein sollen, halb transparent weiß angezeigt.

9 Ziehen Sie den Mauszeiger weiter auf und, falls nötig, auch wieder zu. Probieren Sie ein wenig mit der

Da Sie ja bereits im Abschnitt »Vorlagenbilder austauschen und bearbeiten« ab Seite 380 erfahren haben, wo und wie sich Bilder anpassen lassen, sollten Ihnen weitere Anpassungen wie etwa eine kleine Drehung und das Hinzufügen einer **Spiegelung** nicht schwerfallen.

△ **Abbildung 11.76** *Das fertig bearbeitete Bild*

Platzierung von Objekten

Bevor wir uns nun dem Text widmen, sehen wir uns ein grundlegendes Arbeitsprinzip von Pages an (und von Keynote, natürlich auch von Numbers, aber da ist es für gewöhnlich weniger relevant). Dazu fügen wir einen farbigen Hintergrund hinzu, der zunächst so gar nicht im Hintergrund sein will.

1 Klicken Sie in der Symbolleiste auf den Button **Form**.

2 Wählen Sie im folgenden Auswahlfenster das Viereck aus. Daraufhin wird das Viereck zum Dokument hinzugefügt, und es wird der bereits bekannte Rahmen um das Element angezeigt.

3 Passen Sie zunächst die Füllfarbe der Form an. Klicken Sie dazu in der rechten Seitenleiste im Tab **Stil** auf das kleine Dreieck ❶ im Bereich **Füllen**, um weitere Optionen dieser Funktion angezeigt zu bekommen.

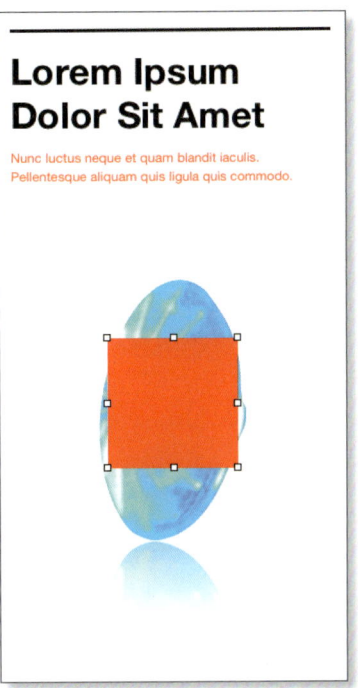

△ **Abbildung 11.77** *Schön sieht das nicht aus, aber so soll es ja nicht bleiben.*

4 Klicken Sie auf den kleinen Farbkreis ❷, um das Farbwahlfenster aufzurufen.

5 Klicken Sie im Farbwahlfenster auf eine geeignete Farbe, die als Hintergrundfarbe für die ganze Titelseite dienen soll. Nachdem nun die Farbe passt, wird es Zeit, die Form des in Schritt 2 eingefügten Vierecks anzupassen.

△ **Abbildung 11.78** *Die Form erhält die gewünschte Farbe.*

6 Ziehen Sie die Form mithilfe des Rahmens auf Seitengröße auf, sodass außer der farbigen Fläche nur noch die Textfelder am oberen Rand zu sehen sind.

7 Klicken Sie in der rechten Seitenleiste auf den Tab **Anordnen**.

8 Klicken Sie auf den Button **Zurück** 1.

Pages verschiebt damit die Form, die gerade eben noch die ganze Seite bedeckt und damit auch das schöne Bild verdeckt hat, in den Hintergrund und somit genau dahin, wo wir sie haben wollen.

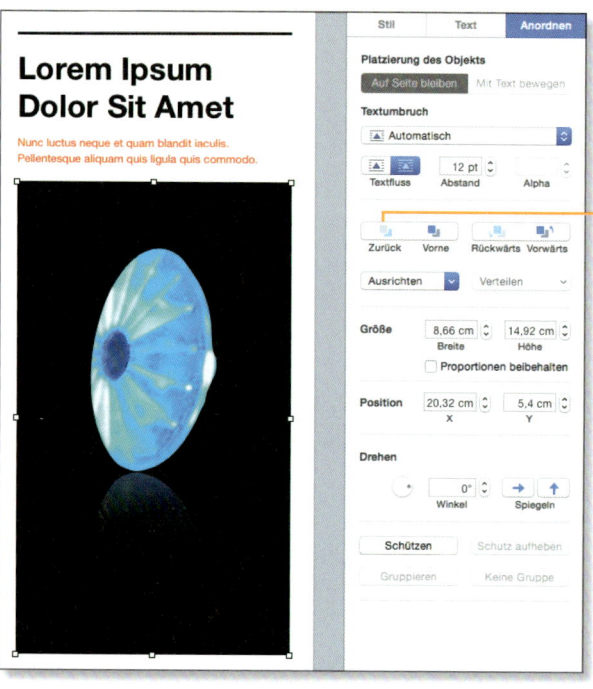

⌃ Abbildung 11.79 Pages arbeitet mit Ebenen.

Offensichtlich ist es also möglich, dass nicht alle Elemente einer Seite auf derselben Ebene liegen. Das ist eine Erkenntnis, die Ihnen immer wieder von Nutzen sein wird.

Text formatieren

Nachdem nun das Bild bearbeitet und richtig platziert ist, gestalten wir in diesem Abschnitt die Überschrift der Flyer-Titelseite.

1 Markieren Sie die Überschrift mit dem Platzhaltertext auf der Titelseite.

2 Geben Sie eine neue Überschrift für Ihren Flyer und gegebenenfalls weiteren Text ein.

3 Ändern Sie die Schriftart, Schriftgröße und Schriftfarbe. Bei Änderungen der Schriftgröße merken Sie schnell, dass unter Umständen eine weitere Änderung des Textrahmens nötig ist, damit der Text auch vollständig angezeigt werden kann. Sollte einmal zu viel Text eingefügt sein, wird Ihnen das von Pages ganz deutlich durch ein kleines Pluszeichen am Rahmen des Textfelds angezeigt.

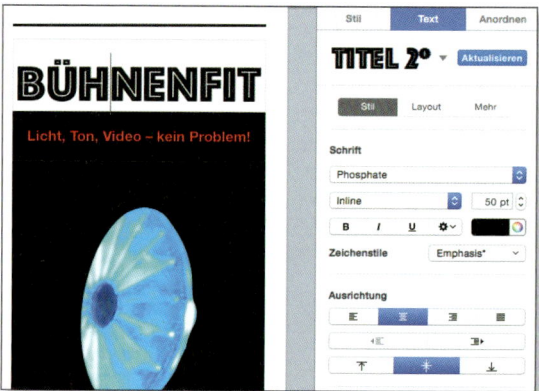

⌃ Abbildung 11.80 Den Text anpassen mithilfe der Optionen in der Seitenleiste

INFO

Nicht lateinische Zeichen eingeben
Sie können mit Pages (wie mit jedem anderen Programm auf Ihrem Mac) auch nicht lateinische Zeichen eingeben. Fügen Sie dazu in den Systemeinstellungen nach einem Klick auf **Tastatur** im Tab **Eingabequellen** die gewünschte Sprache hinzu, und setzen Sie das Häkchen bei **Eingabequellen in der Menüleiste anzeigen**. So haben Sie die Eingabemöglichkeiten für nicht lateinische Zeichen (beispielsweise chinesische) systemweit jederzeit in der Menüleiste durch einen Klick auf das Fähnchen griffbereit. (Mehr zum Thema Tastatur finden Sie ab Seite 576.)

Achten Sie bei der Auswahl der Schrift darauf, dass auf anderen Plattformen wie unter iOS oder im Web die von Ihnen am Mac ausgewählte Schrift möglicherweise nicht verfügbar ist, was dann unter Umständen zu unschönen Effekten führen kann, da die Schrift in diesem Fall automatisch durch eine andere ersetzt wird. Wenn die plattformübergreifende Bearbeitung von Dokumenten für Sie kein Thema ist, können Sie diesen Aspekt natürlich außer Acht lassen.

Abbildung 11.82 Ein Objekt überlagert ein anderes.

Das überlagernde Objekt hat also bislang nur insoweit Einfluss auf den Textfluss des anderen Objekts, als dass es durch seine Überlagerung eben stört, weil der Text darunter nicht mehr ordentlich lesbar ist. Werfen wir jedoch an dieser Stelle einen Blick auf die rechte Seitenleiste und dort auf den Tab **Anordnen**.

3 Klicken Sie im Bereich **Textumbruch** auf das Auswahlmenü, und wählen Sie **Automatisch** aus. Der Text wird nun nicht mehr von dem anderen Element überlagert, sondern umfließt das andere Element. Und sofort sieht alles ganz anders aus. Noch nicht direkt schön, aber es deutet sich an, dass sich hier ganz interessante Gestaltungsmöglichkeiten bieten.

4 Klicken Sie auf den Button **Rückwärts** ❶ (siehe Abbildung 11.83). Das Bild wird daraufhin in eine tiefer liegende Ebene verschoben. Dadurch sind die Verhältnisse von zuvor quasi umgekehrt, denn jetzt überlagert der Text das Bild, ohne dass sich beide ansonsten beeinflussen.

5 Holen Sie durch Klick auf den Button **Vorwärts** ❷ das Bild zurück nach vorne in die oberste Ebene.

Sehen wir uns nun noch die zwei möglichen Arten des Textflusses um ein Element herum an.

6 Klicken Sie in der rechten Seitenleiste im Bereich **Textfluss** den linken ❸ der beiden Buttons an. Dadurch folgt der Textumbruch dem rechteckigen Bild-

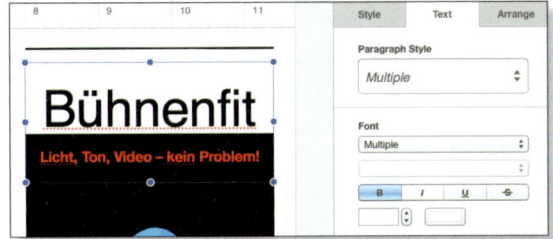

Abbildung 11.81 Dieselbe Datei im Web mit Pages in iCloud. Hier steht die am Mac ausgewählte Schrift nicht zur Verfügung.

Textfluss gestalten

Bislang war alles noch recht überschaubar. Wir haben es zwar mit verschiedenen Elementen zu tun gehabt, aber die waren bislang alle immer ordentlich platziert, alles hatte seinen definierten Platz auf der Seite. Mal hat sich etwas überlagert, aber das war auch leicht zu lösen. Bisher hatten wir es jedoch noch nicht mit dem Thema Textfluss zu tun, daher widmen wir uns in diesem Abschnitt diesem Thema. Die Möglichkeit, Textfluss gezielt in Abhängigkeit von anderen Elementen zu gestalten, bietet spannende Gestaltungsmöglichkeiten.

1 Ersetzen Sie auf Seite 2 der gewählten Flyervorlage das Foto durch ein anderes, wie Sie das bereits auf Seite 1 des Flyers getan haben (Lesen Sie mehr dazu im Abschnitt »Arbeiten mit Bildern« ab Seite 392.).

2 Ziehen Sie das Foto nach oben auf den Text.

Wie Sie sehen, passiert zunächst nur, was zu erwarten war: Ein Element überlagert ein anderes.

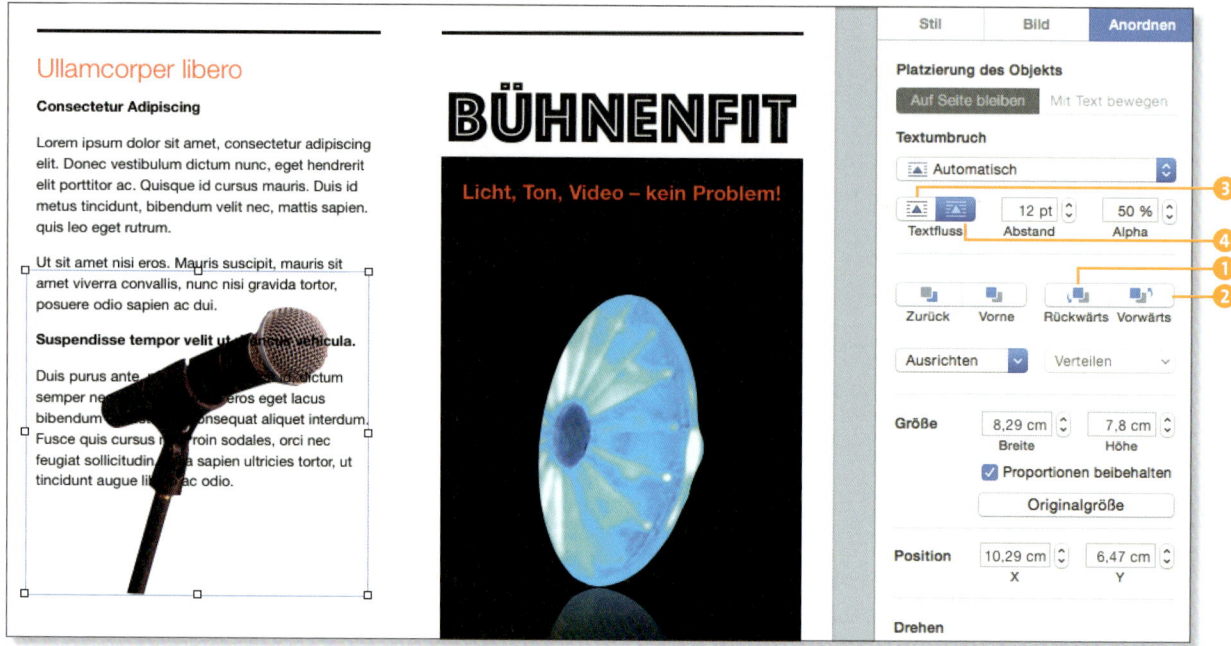

^ **Abbildung 11.83** *Verkehrte Welt: Jetzt überlagert der Text das Bild.*

rahmen, und es wird ein bestimmter Abstand zum Bild eingehalten. Bewegen Sie das Foto langsam auf und ab, oder ändern Sie die Größe des Rahmens. Sie sehen, wie sich der umfließende Text verhält und stets versucht, einen relativ ordentlichen Textfluss mit einem festen Abstand zu erzeugen.

7 Klicken Sie nun in der rechten Seitenleiste im Bereich **Textfluss** auf den rechten ❹ der beiden Buttons. Der Textfluss passt sich dadurch nicht mehr dem Rahmen des Bildes, sondern dem Inhalt des Bildes an, was ganz interessante Textflüsse möglich macht.

8 Bewegen Sie erneut das Foto langsam auf und ab, um den Effekt nachzuvollziehen.

Probieren Sie außerdem in beiden Modi jeweils Veränderungen der Parameter **Abstand** und **Alpha** aus. Mit der Funktion **Abstand** passen Sie den Raum zwischen dem Text und dem eingefügten Bild Ihren Vorstellungen an. Mit der Funktion **Alpha** beeinflussen Sie die Transparenz des Textumbruchs.

^ **Abbildung 11.84** *Passen Sie den Textumbruch an.*

Damit haben Sie die wirklich hilfreiche und spannende Funktion **Textumbruch** zur Gestaltung Ihrer Layoutdokumente kennengelernt.

Formen hinzufügen

Eine weitere Gestaltungsmöglichkeit für Ihre Dokumente sind Formen. Mit Ihnen lassen sich Inhalte noch weiter aufpeppen.

1 Klicken Sie in der Symbolleiste auf den Button **Form**.

2 Wählen Sie aus dem Auswahlmenü die gewünschte Form, beispielsweise den Stern, aus. Daraufhin wird die gewünschte Form unmittelbar in die Seite eingefügt.

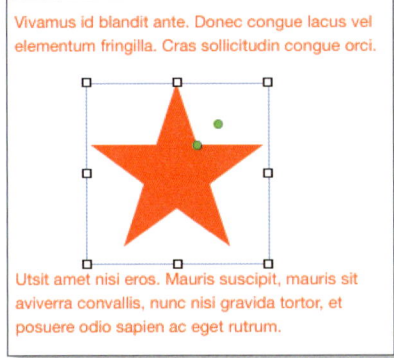

▲ **Abbildung 11.85** Eine Form in die Seite einfügen

3 Größe, Proportionen und Position passen natürlich nicht unbedingt auf Anhieb. Ziehen Sie daher, wenn nötig, den Rahmen um die Form auf die gewünschte Größe.

In unserem Beispiel sieht das auf den ersten Blick schon ganz gut aus, und wir müssen zumindest an Form und Größe nicht mehr viel ändern. Dennoch lohnt es sich, mal einen genaueren Blick auf die Form zu werfen, denn Pages hält für jede Form eigene Einstellungen bereit und bettet diese auch jeweils direkt in die Form ein. Im Beispiel unseres Sterns sind das die beiden kleinen grünen Punkte, die man zunächst für Fehler der Grafikkarte halten könnte. Tatsächlich verbirgt sich jedoch hinter jedem dieser kleinen Punkte eine jeweils für die Form wichtige Einstellungsmöglichkeit. Da das, wie gesagt, je nach Form variiert und wir uns hier exemplarisch nur den Stern ansehen, ist es sinnvoll, wenn Sie sich auf eigene Faust mit den anderen Formen ebenfalls vertraut machen.

4 Klicken Sie auf den inneren der beiden kleinen grünen Punkte, und ziehen Sie ihn nach innen bzw. außen. Das *Volumen* des Sterns, die Einblendung neben dem Mauszeiger benutzt dafür den Begriff **Radius**, wird auf diese Weise angepasst.

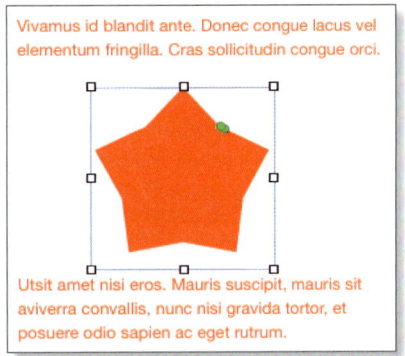

▲ **Abbildung 11.86** Ein massereicher Stern

5 Klicken Sie nun auf den äußeren der beiden kleinen grünen Punkte, und ziehen Sie im bzw. entgegen dem Uhrzeigersinn. Pages verändert daraufhin die Anzahl der Arme des Sterns von nur drei auf bis zu zwanzig, abhängig davon, an welcher Stelle Sie wieder loslassen.

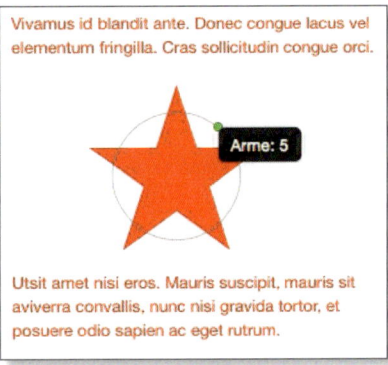

▲ **Abbildung 11.87** Die Anzahl der Arme des Sterns anpassen

Sie sehen, eine Form können Sie nach dem Einfügen ganz nach Ihren Vorstellungen anpassen. Für die weiteren Beispiele bleiben wir jedoch bei unserem Standardstern. Machen Sie also gegebenenfalls die letzten Schritte rückgängig, bis Sie wieder einen *normalen* Stern in Ihrem Dokument haben.

Das entscheidende Detail, mit dem wir den Stern gleich richtig gut aussehen lassen, fehlt jedoch noch: die Füllung. Die Farbe soll durch ein Foto ersetzt werden.

1 Stellen Sie sicher, dass der Stern markiert ist, und klicken Sie in der rechten Seitenleiste im Tab **Stil** auf das kleine Dreieck bei **Füllen,** um mehr Anpassungsmöglichkeiten zum Thema zu sehen.

⌃ **Abbildung 11.88** *Die Füllung des Sterns ändern*

2 Klicken Sie im Auswahlmenü auf **Bild**.

3 Klicken Sie auf den daraufhin neu hinzugekommenen Button **Auswählen**.

4 Wählen Sie im folgenden Dialogfenster das gewünschte Bild aus, und klicken Sie auf den Button **Öffnen**. Das ausgewählte Bild wird nun als Füllung in den Stern eingefügt.

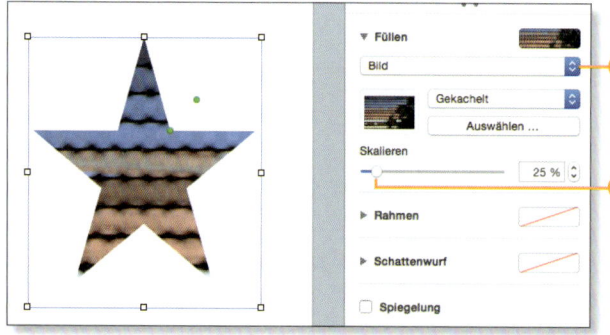

⌃ **Abbildung 11.89** *Mit dem richtigen Hintergrundbild sieht der Stern gleich viel besser aus.*

Je nach Voreinstellung und Motiv passt die Füllung nicht auf Anhieb. Mit dem ebenfalls neu hinzugekommenen Auswahlmenü ❶ über dem Button **Auswählen** und dem Schieberegler ❷ lassen sich die notwendigen Änderungen vornehmen.

Linieneffekte für Formen

Bevor wir uns im nächsten Abschnitt ansehen, wie man Tabellen in Pages nutzen kann, setzen wir noch ein kleines optisches Highlight:

1 Markieren Sie den Stern, und klicken Sie in der rechten Seitenleiste auf den Tab **Stil**.

2 Wählen Sie im Bereich **Rahmen** aus dem Auswahlmenü **Linie** aus.

3 Wählen Sie aus dem darunterliegenden Auswahlmenü ❸ den Linienstil aus.

4 Wählen Sie danach noch die passende Farbe und die gewünschte Dicke der Linie aus.

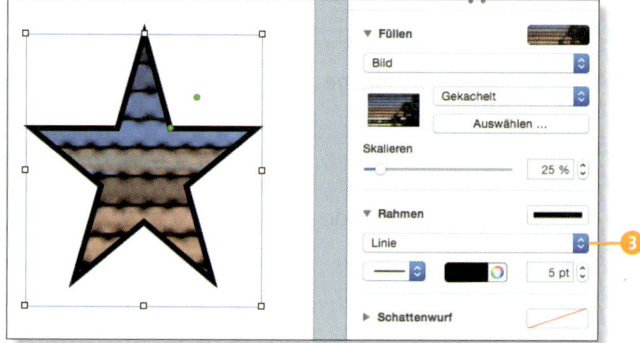

⌃ **Abbildung 11.90** *Sieht richtig gut aus: Stern mit Rahmenlinie*

Alle Änderungen werden, wie bereits gewohnt, sofort in Ihr Dokument übernommen.

Mit Tabellen arbeiten

Im letzten Abschnitt über Pages sehen wir uns an, wie sich Tabellen in Ihren Textdokumenten nutzen und individuell anpassen lassen. Wir hatten ja zu Beginn im Abschnitt »Tabellen in Pages« ab Seite 381 bereits kurz mit einer eingebetteten Tabelle zu tun, und auch in diesem Abschnitt stehen Tabellen erneut im Mittelpunkt, bevor wir uns mit Numbers im nächsten Abschnitt dem eigentlich für Tabellen zuständigen Programm widmen.

1 Um Platz für eine Tabelle zu schaffen, markieren Sie auf einer Seite alle Elemente des Dokuments, die Sie nicht mehr brauchen, und drücken die Taste ⌫, um sie zu löschen.

^ **Abbildung 11.91** *Platz geschaffen für eine Tabelle*

2 Klicken Sie in der Symbolleiste auf den Button **Tabelle**. Pages zeigt daraufhin ein Fenster mit schematischen Darstellungen der verschiedenen Tabellenstile.

3 Klicken Sie in diesem Fenster auf einen der Tabellenstile, um eine Tabelle auszuwählen und in das Dokument einzufügen. Für welchen Stil Sie sich entscheiden, ist für unser Beispiel eigentlich egal, denn wir ändern die Tabelle ohnehin. Im Alltag ist es jedoch sinnvoll, eine Tabellenvorlage zu wählen, die möglichst passend zu Ihren Bedürfnissen ist, um so möglichst wenig Arbeit mit etwaigen Änderungen zu haben.

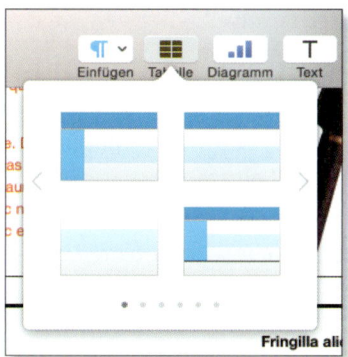

^ **Abbildung 11.92** *Einen Tabellenstil auswählen*

4 Bewegen Sie die Tabelle per Drag & Drop an die gewünschte Position im Dokument. Die Tabelle hat zunächst standardmäßig fünf Zeilen und vier Spalten, kann aber jederzeit bei Bedarf erweitert werden.

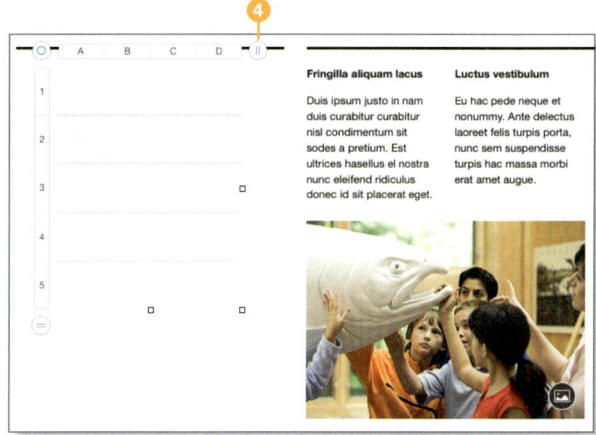

^ **Abbildung 11.93** *Die frisch eingefügte Tabelle*

5 Klicken Sie auf den kleinen Doppelstrich ❹ am rechten Rand der Tabelle. Sie sehen daraufhin ein kleines Fenster, mit dem sich die Anzahl der Spalten ändern lässt.

Das gleiche Symbol mit der entsprechenden Funktion für Zeilen finden Sie am linken unteren Rand der Tabelle.

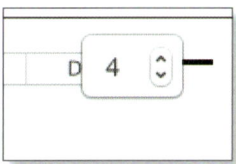

^ **Abbildung 11.94** *Die Anzahl der Spalten ändern*

6 Klicken Sie in die Tabelle. Pages zeigt daraufhin den bereits wohlbekannten Rahmen um die Tabelle mit den Eckanfassern an.

7 Ziehen Sie die Tabelle auf die gewünschte Größe auf.

8 Passen Sie die Breite der Spalten und die Höhe der Zeilen an.

9 Füllen Sie die Zellen mit den gewünschten Inhalten.

⌃ Abbildung 11.95 *Die fertige Tabelle*

Damit ist das Beispieldokument so gut wie fertig. Alle weiteren Elemente in diesem Dokument haben Sie bereits in den vorangegangenen Abschnitten kennengelernt und können diese mittlerweile ganz locker jederzeit an Ihre Bedürfnisse anpassen.

In Pages dienen Tabellen vor allem der tabellarischen Darstellung feststehender Inhalte, sind also vor allem ein Element, um Struktur zu erzeugen. Daher reicht es in Pages meistens, Tabellen anzulegen, zu erweitern und vor allem zu formatieren. Wenn Sie Tabellen vor allem für Berechnungen und zur Organisation nutzen wollen, eignen sich Tabellen in Pages eher weniger. Dazu ist ein richtiges Tabellenkalkulationsprogramm die bessere Wahl. Am Mac heißt dieses Programm Numbers.

11.6 Numbers – Tabellenkalkulation am Mac

Numbers ist ein Tabellenkalkulationsprogramm. Mit Numbers können Sie komplexe Berechnungen über mehrere Tabellenblätter hinweg vornehmen – und allerlei Dinge in Tabellen organisieren.

Numbers starten

Wenn Sie Numbers erstmalig starten, sehen Sie den Startbildschirm.

⌃ Abbildung 11.96 *Der Startbildschirm von Numbers*

Nachdem Sie auf **Fortfahren** geklickt haben, zeigt Numbers einen weiteren Bildschirm an, der Sie darüber informiert, was mit Numbers alles möglich ist. Auch dieser Bildschirm wird nur einmal angezeigt.

Die Vorlagenauswahl

Ab dem zweiten Start von Numbers sehen Sie, wie bereits zuvor bei Pages, zunächst den Dialog zum Öffnen bereits vorhandener Dateien. Auch hier erreichen Sie die Vorlagenauswahl von Numbers (siehe Abbildung 11.97), indem Sie unten links auf den Button **Neues Dokument** klicken. Die Liste der Themenbereiche für die Vorlagen enthält fünf Kategorien. Zu jeder Kategorie bietet Numbers entsprechende Vorlagen an:

- **Einfach:** Enthält vier Vorlagen: eine leere Tabelle, eine Tabelle als Checkliste, das Gleiche noch mal mit Summenfunktion und eine Tabelle mit einfachen Diagrammen.

- **Persönliche Finanzen:** Bietet hilfreiche Vorlagen für die persönliche Finanzverwaltung, angefangen bei einer persönlichen Budgetübersicht über Rentenersparnisse bis hin zu einer Hypothekenberechnung.

- **Privat:** Die Vorlagen aus dem organisatorischen Bereich helfen Ihnen beispielsweise beim Erstellen von Protokollen oder Planungsvorlagen. Hier finden Sie einige hilfreiche Vorlagen sowohl zur Organisation des Alltags als auch zur Planung von besonderen Anlässen.

- **Geschäftlich:** Bietet u. a. Vorlagen für einen Mitarbeiterplan, eine Rechnungsvorlage und eine Rentabilitätsanalyse.

- **Bildung:** In diesen Projektvorlagen finden Sie u. a. eine Anwesenheitsliste und eine Notenübersicht.

Die inhaltliche Ausrichtung und die Menge der verfügbaren Vorlagen machen deutlich, dass Numbers perfekt für den Bedarf von Privatleuten und kleinen und mittleren Unternehmen ist. Numbers ist ideal, weil es sich vor dem Platzhirsch Microsoft Excel nicht zu verstecken braucht und zugleich einige Funktionen bietet, die Excel nicht oder zumindest nicht so einfach bietet, speziell im Bereich Medienintegration.

INFO

iCloud mit Versionsverwaltung

Wenn Sie eine Datei aus iCloud öffnen, sorgt iCloud für gewöhnlich dafür, dass Sie stets mit der aktuellen Version des Dokuments arbeiten, unabhängig davon, auf welchem Gerät Sie das Dokument öffnen. In seltenen Fällen entsteht ein Versionskonflikt. Dann zeigt Ihnen iCloud alle verfügbaren Versionen, und Sie können auswählen, mit welcher Version Sie arbeiten möchten. Dies betrifft jedoch nur die in iCloud gesicherten Versionen und hat nichts mit dem gleichnamigen lokalen Feature zu tun.

Das Bedienkonzept von Numbers

Für Umsteiger von anderen Tabellenkalkulationsprogrammen ist vermutlich der größte und gewöhnungsbedürftigste Unterschied, dass Numbers nicht die

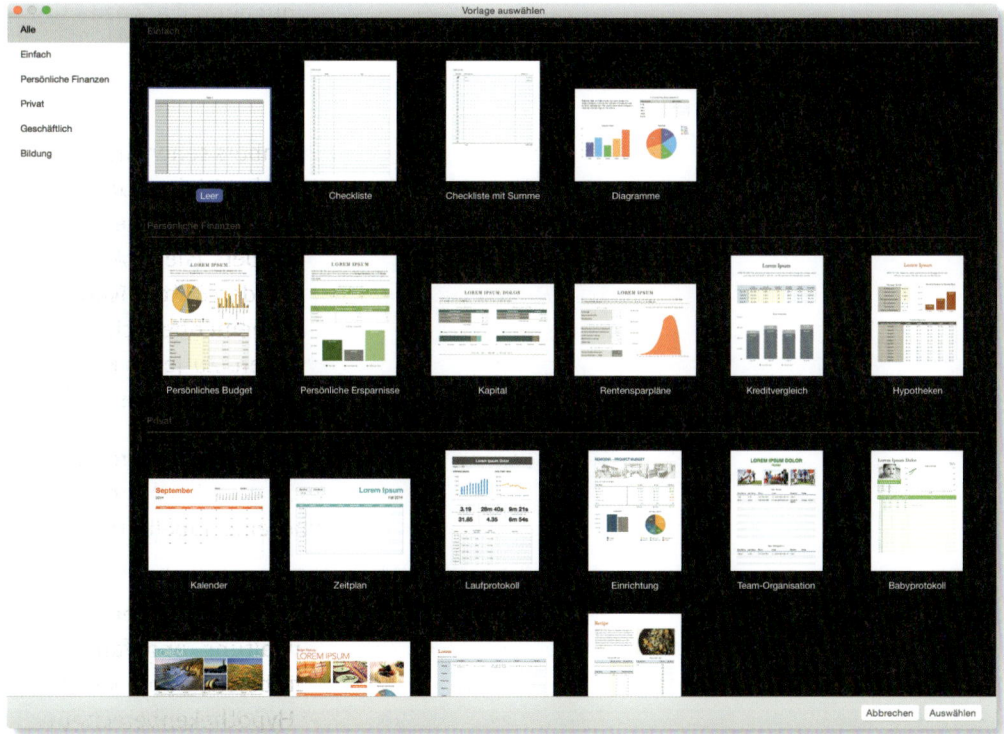

◁ **Abbildung 11.97**
Die Vorlagenübersicht von Numbers

ganze Seite bzw. das Arbeitsblatt mit Zellen füllt, sondern dass Tabellen gleichberechtigte Elemente sind, ähnlich, wie Sie es bereits in Pages kennengelernt haben. Tabellen in Numbers sind also nicht immer zwingend seitenfüllend groß, sondern nur so groß, wie Sie die Tabelle brauchen. Diese spezielle Bedienlogik von Numbers macht thematische Tabellenzusammenstellungen wie beispielsweise eine Partyplanung erst übersichtlich und effektiv (siehe Abbildung 11.97). Zumal der Verwendungszweck von Numbers dadurch nicht ausschließlich auf rechnerische *oder* organisatorische Einsatzzwecke beschränkt ist, sondern so lässt sich das ganze Fest planen *und* organisieren, und zwar auch die Dinge, für die nicht zwingend eine Tabelle gebraucht würde (wie Fotos von der Deko usw.).

∧ **Abbildung 11.98** *Partyplanung mit Numbers*

Numbers bietet also wegen seiner Flexibilität eine sehr viel größere Freiheit bei der optischen und inhaltlichen Gestaltung als andere Tabellenkalkulationsprogramme. Wie wichtig die gute visuelle Aufbereitung von Inhalten ist, haben Sie bereits bei Pages gesehen. Dieses Thema wird uns in den nächsten Abschnitten mit Numbers beschäftigen, und es ist das zentrale Thema des dritten Programms im Bunde: Keynote. Diese Gestaltungsfreiheit ist für langjährige Nutzer eines Macs eine Selbstverständlichkeit, die sie von ihren Programmen auch erwarten. Für Neulinge ist das mitunter gewöhnungsbedürftig, aber wenn Sie sich

einmal daran gewöhnt haben, werden Sie sich fragen, warum Sie es sich früher so viel schwerer gemacht haben und sich mit Software herumgequält haben, die die Aufnahme von Informationen erschwert, anstatt sie zu erleichtern.

Mit Vorlagen arbeiten

Bleiben wir beim Beispiel der Partyplanung und sehen uns die Vorlage zur Partyplanung genauer an:

1 Klicken Sie in der Vorlagenauswahl auf den Abschnitt **Privat**.

2 Öffnen Sie die Vorlage **Partyplaner** durch einen Doppelklick.

Um tatsächlich ein Fest auszurichten, können Sie die Vorlage sofort nutzen. Wann immer Ihnen auffällt, dass etwas geändert werden soll, können Sie das jederzeit machen. Der Vorteil besteht darin, nicht erst die Tabelle(n) planen zu müssen, um damit ein Fest organisieren zu können. Sie können mit Numbers sofort produktiv werden. Sehen wir uns also zunächst die einzelnen Elemente der Vorlage und ihre Verwendung an.

Tabellen anpassen

Die gewählte Vorlage passt vielleicht grob zu Ihren Vorstellungen, aber Sie möchten vielleicht noch weitere Anpassungen vornehmen, sodass sie genau zum Einsatzzweck passt. Sehen wir uns daher zunächst an, wie Sie die Tabelle bequem anpassen können.

1 Klicken Sie unter der Symbolleiste in der Übersicht über die Blätter des Dokuments auf **Gästeliste** ❶ und dort auf die Tabelle. Numbers blendet daraufhin den Tabellenrahmen ein, den Sie vermutlich bereits von Pages kennen.

Mit diesem Rahmen verändern Sie die Größe der gesamten Tabelle. Alle Elemente der Tabelle werden entsprechend proportional ebenfalls in der Größe verändert. Diese Veränderung bewirkt jedoch keine

Veränderung an der Tabelle selbst. Der Tabellenrahmen funktioniert wie die bereits aus Pages bekannten Rahmen.

Abbildung 11.99 *Die Tabelle »Gästeliste« wurde markiert.*

2 Numbers zeigt nun Bearbeitungselemente und Anfasser an den Enden der Tabellenachsen an. Wenn Sie auf den Anfasser rechts oben **2** klicken, wird die Tabelle um eine Spalte erweitert; klicken Sie links unten den Anfasser **3** an, wird die Tabelle um eine Zeile erweitert. Beide Anfasser lassen sich auch ziehen, um damit mehrere Spalten/Zeilen auf einmal hinzuzufügen. Um eine Tabelle gleichzeitig um Spalten und Zeilen zu erweitern, ziehen Sie das Ecksymbol **4** rechts unten nach außen und unten.

3 Bewegen Sie den Mauszeiger auf eine Kopfzelle einer Zeile oder einer Spalte. Numbers blendet daraufhin einen kleinen Pfeil **5** ein. Ein Klick darauf öffnet ein Kontextmenü mit Aktionen zu den ausgewählten Elementen.

Abbildung 11.100 *Das Kontextmenü erreichen Sie per Klick auf den kleinen Pfeil.*

Über dieses Kontextmenü haben Sie u. a. die Möglichkeit, Spalten und Zeilen gezielt an einer bestimmten Position einzufügen, Zeilen also beispielsweise oberhalb oder unterhalb der aktuellen Zeile, Spalten links oder rechts der aktuellen Spalte.

Inhalte filtern

Aber das Kontextmenü einer Zeile beziehungsweise Spalte bietet noch mehr Funktionen, speziell bei Spalten. Hier haben Sie nämlich die Möglichkeit, die Inhalte der Tabelle schnell und einfach nach bestimmten Kriterien zu sortieren.

1 Rufen Sie das Kontextmenü einer Spalte auf, z. B. der Spalte **Notizen**.

2 Klicken Sie im Kontextmenü auf **Tabelle filtern**, um ein Untermenü mit den verfügbaren Filterkriterien zu sehen.

3 Klicken Sie im Untermenü auf den Inhalt, nach dem gefiltert werden soll, beispielsweise **Vegetarier**.

Abbildung 11.101 *Tabellen schnell und einfach nach bestimmten Inhalten filtern*

Numbers zeigt daraufhin in der Tabelle nur noch die Inhalte an, die dem Suchfilter entsprechen. Alle anderen Inhalte werden ausgeblendet.

Dass die Tabelle aktuell gefiltert ist, können Sie in der folgenden Abbildung ganz gut daran erkennen, dass in der Zeilenübersicht am linken Rand Zeile 14 direkt auf Zeile 2 folgt. Offenbar werden hier also gerade die dazwischenliegenden Zeilen ausgeblendet.

Abbildung 11.102 *Gefilterte Inhalte*

Das erkennen Sie aber nicht nur daran, sondern natürlich auch an der kontextabhängigen rechten Seitenleiste, die uns bereits in Pages viele gute Dienste geleistet hat und auch in Numbers zentraler Dreh- und Angelpunkt fast aller Änderungsmöglichkeiten, die Ihnen für Ihre Tabellendokumente zur Verfügung stehen. Hier lassen sich Filter anlegen, anpassen und wieder deaktivieren. In der Symbolleiste finden Sie ganz rechts über der Seitenleiste auch die entsprechenden Buttons **Format** und **Sortieren & Filtern**, um die Anzeige der Seitenleiste schnell zwischen optisch und inhaltlich umschalten zu können.

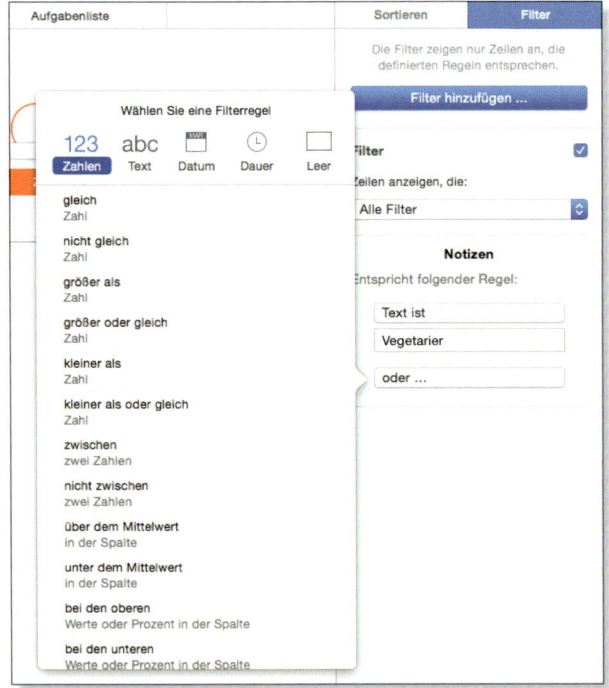

Abbildung 11.103 *Numbers bietet eine Fülle von Filterungsmöglichkeiten.*

Bedingungen und Formeln

Bedingungen sind ein grundlegendes Verfahren, um komplexe Abfragen zu ermöglichen. Es ist also wichtig, dass Sie Bedingungen erkennen und verstehen, um sie auch selbst effektiv einsetzen zu können. Wie kommt also Numbers auf die korrekte Anzahl von Gästen? Dazu sehen wir uns zunächst die Formel an, die Numbers nutzt, um das Ergebnis der Gästeliste in der Vorlage **Partyplaner** zu ermitteln.

1 Doppelklicken Sie auf die Zelle, die die Summe der Gäste anzeigt. Numbers zeigt den Inhalt der Zelle nun editierbar an, und es lässt sich ganz einfach erkennen, dass es sich hier um eine Funktion handelt – und zwar um eine recht simple Summenfunktion, die schlicht und ergreifend sämtliche Zahlen der Spalte addiert. Das ist zwar sehr praktisch, aber nicht sehr aufregend.

Abbildung 11.104 *Eine einfache Summenfunktion zählt die eingeladenen Gäste zusammen.*

Das lässt sich mit ein paar kleinen Änderungen und dem Einbau einer Bedingung wesentlich raffinierter, und vor allem praxistauglicher, gestalten.

2 Fügen Sie rechts der Spalte **Zusagen** eine neue Spalte ein.

3 Doppelklicken Sie in die Zelle **Zusagen**, und ändern Sie den Text in »Gäste«.

4 Klicken Sie ganz oben auf dem Tabellenrahmen die neu hinzugefügte Spalte an. Daraufhin wird automatisch die gesamte Spalte markiert.

5 Wählen Sie in der rechten Seitenleiste im Tab **Zelle** (Falls nötig, klicken Sie zuvor in der Symbolleiste auf **Format**.) aus dem Auswahlmenü **Datenformat** den Eintrag **Markierungsfeld** aus.

Mit dem Datenformat **Markierungsfeld** lassen sich ganz einfach Checks realisieren. Klicken Sie auf eine derart formatierte Zelle, setzt bzw. entfernt Numbers ein Häkchen. Das lässt sich *neutral* beispielsweise für eine Packliste für den Wanderrucksack nutzen. Das kann jedoch auch, da die Zelle ja nur zwei Zustände hat, nämlich Häkchen gesetzt oder eben nicht gesetzt, als Bedingung genutzt werden. Und das machen wir uns gleich zunutze.

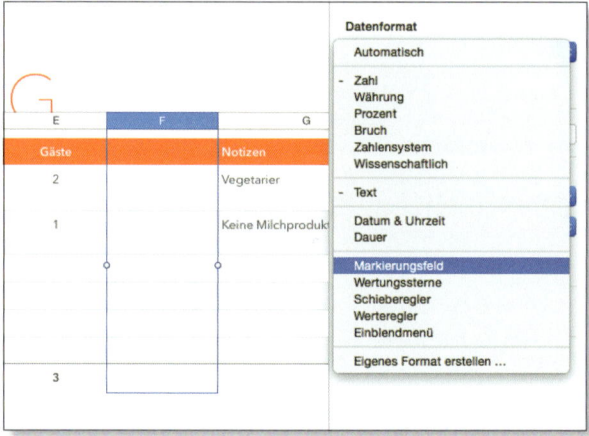

Abbildung 11.105 *Markierungsfelder hinzufügen*

6 Klicken Sie auf die rot gefüllte Zelle in der Kopfzeile der Spalte, und ändern Sie das Datenformat zu **Text**.

7 Doppelklicken Sie in die Zelle, und geben Sie als Spaltentitel »Zusage« ein.

Damit sind die notwendigen Änderungen zum Einbau einer Summenfunktion mit Bedingung auch schon abgeschlossen. Die entscheidenden Spalten der Tabelle sollten nun wie in Abbildung 11.106 aussehen.

Abbildung 11.106 *So lässt sich die Summenfunktion um eine Bedingung erweitern.*

Die Bedingung, die wir nun ins Spiel bringen wollen, sind die Häkchen in der Spalte **Zusage**. Dazu muss die Summenformel aber natürlich erst mal erfahren, dass sie diese Spalte für ihre Berechnungen berücksichtigen soll.

Derzeit zählt Numbers ja nur die Anzahl der Gäste aus der Spalte **Gäste** zusammen. Der Haken an der jetzigen Lösung ist, dass sie die Realität nicht berücksichtigt, denn die Wahrscheinlichkeit, dass sich an Teilnehmerrückmeldungen im Laufe der Vorbereitung etwas ändert, ist nicht eben gering (was jeder bestätigen kann, der schon einmal versucht hat, für nur fünf Personen einen Termin zum Essen zu finden). Ziel ist es also, die Berechnung der Summe der Teilnehmer flexibler und somit realitätsnäher zu machen.

Dazu werfen wir einen Blick darauf, wie diese Bedingung technisch formuliert aussieht.

1 Doppelklicken Sie in die Zelle, die die Gesamtzahl der Gäste anzeigt.

2 Numbers zeigt daraufhin die Formel an, die die Zelle verwendet, um das Ergebnis zu ermitteln.

Wie bereits zuvor entdeckt, ist das (noch) eine einfache Summenberechnung.

3 Löschen Sie die Formel in der Zelle, und drücken Sie ⏎. Numbers zeigt nun eine leere Zelle an.

^ **Abbildung 11.107** *Erst mal die alte Formel loswerden*

4 Doppelklicken Sie erneut auf die Zelle, und geben Sie nun ein Gleichheitszeichen ein. Numbers startet daraufhin automatisch den Formeleditor, der Sie bei der Erstellung der Berechnungsformel unterstützt.

Aber nicht nur der in der Zelle eingeblendete Formeleditor unterstützt Sie, sondern auch – wieder einmal und vermutlich nicht mehr überraschend für Sie – die rechte Seitenleiste, die jetzt kontextabhängig eine Übersicht über die verfügbaren Funktionen anzeigt.

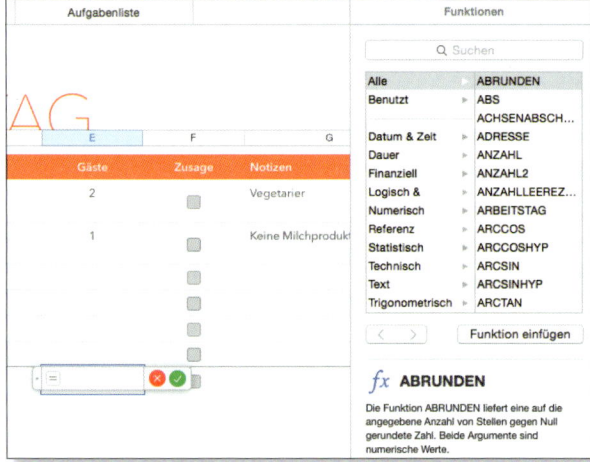

^ **Abbildung 11.108** *Eine passende Funktion über die Seitenleiste suchen*

Nachdem das Feld zuvor die Funktion **SUMME** nutzte und wir ja wieder eine Summenfunktion, aber eben eine, die etwas mehr kann, haben wollen, ist es am einfachsten, in das Suchfeld in der Seitenleiste »SUMME« einzugeben und zu sehen, was Numbers so anbietet.

5 Geben Sie in das Suchfeld »SUMME« ein. Numbers bietet daraufhin u. a. die Funktion **SUMMEWENN** an, und das klingt schon so, als würde es sich für unsere Zwecke eignen, denn schließlich wollen wir ja

eine Bedingung, also ein »WENN« in unsere Funktion einbauen.

6 Klicken Sie in der Liste der Fundstellen auf die Funktion **SUMMEWENN**. Numbers zeigt daraufhin im unteren Bereich der Seitenleiste weitere Detailinformationen und Anwendungsmöglichkeiten zur ausgewählten Funktion an.

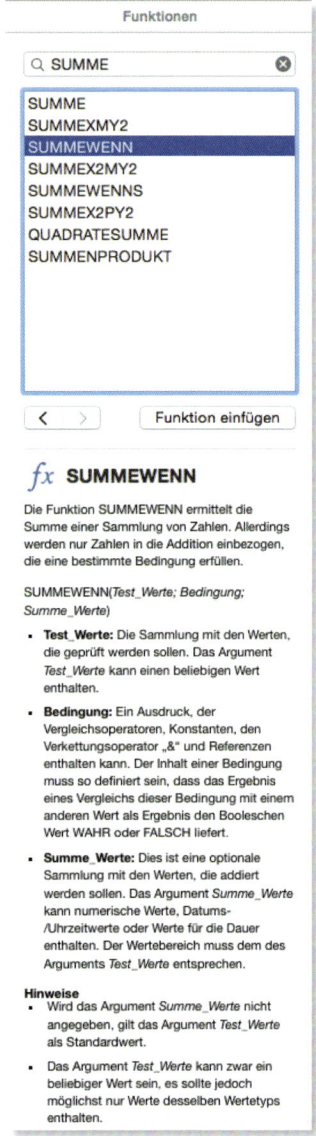

^ **Abbildung 11.109** *Numbers informiert ausführlich, wie sich eine Funktion nutzen lässt.*

7 Klicken Sie auf den Button **Funktion einfügen**. Numbers fügt nun automatisch die Formel für die Funktion inklusive entsprechender Platzhalter in die Zelle ein. Sie müssen nur noch die Platzhalter austauschen.

↗ **Abbildung 11.110** *Ganz einfach: nur noch Platzhalter tauschen und fertig!*

Nur noch die Platzhalter tauschen ist zwar schön einfach, dennoch muss man zuvor verstanden haben, was da überhaupt auszutauschen ist. Möglicherweise erschließt sich ja die Formel nicht auf den ersten Blick. Sehen wir sie uns deshalb etwas genauer an:

SUMMEWENN klingt logisch. Dahinter befindet sich in Klammern eine Formel. Um die Formel zu verstehen, müssen wir uns in Erinnerung rufen, dass Computer prinzipiell dumm sind und nur zwei Zustände kennen und verstehen: AN oder AUS bzw. WAHR oder FALSCH bzw. 0 oder 1. Nehmen wir also an, dass ein gesetztes Häkchen nichts anderes bedeutet, als den Wert aus der vorherigen Spalte zu übernehmen, also mit 1 zu multiplizieren. Ist ein Häkchen nicht gesetzt, wäre das so, als würde der Wert der vorherigen Spalte mit 0 multipliziert. Und 0 bleibt auch bei mehrfachem Multiplizieren immer noch 0. Um es uns im alltäglichen Umgang mit Numbers etwas einfacher zu machen, gibt es stattdessen die Checkboxen, die das ausgewählte Datenformat **Markierungsfeld** einfügt. Sie geben einer Formel automatisch den Wert **WAHR** oder **FALSCH** zurück, je nachdem, ob das Häkchen gesetzt ist oder nicht. Das lässt sich leicht überprüfen.

8 Klicken Sie im Formeleditor auf das grüne Häkchen. Damit beenden Sie die Formelbearbeitung, die Formel bleibt erhalten, besteht aber nach wie vor nur aus Platzhaltern, was Numbers nun mit einer entsprechenden Meldung in der Zelle quittiert. Das ist uns zunächst egal.

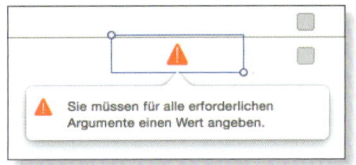

↗ **Abbildung 11.111** *Numbers zeigt es deutlich an, wenn eine Funktion nicht ordentlich abgearbeitet werden kann.*

9 Klicken Sie eine beliebige Zelle mit Checkbox an.

10 Wählen Sie in der Seitenleiste im Tab **Zelle** aus dem Auswahlmenü bei **Datenformat Text** aus.

In der Zelle steht nun anstelle der Checkbox der entsprechende Wert, den die Checkbox zuvor hatte, also entweder **WAHR** oder **FALSCH**. Würden Sie nun den Wert entsprechend ändern, würde diese Änderung wieder mit dem korrespondierenden Zustand der Checkbox angezeigt werden, sobald Sie das Datenformat der Zelle erneut auf **Markierungsfeld** setzen.

↗ **Abbildung 11.112** *Wörter statt Häkchen*

11 Wählen Sie in der rechten Seitenleiste im Tab **Zelle** aus dem Auswahlmenü bei **Datenformat Markierungsfeld** aus.

Die Spalte sollte nun wieder in allen Zellen den Originalzustand haben. Ob Sie also nun das entsprechende Schlüsselwort eingeben oder ein Häkchen setzen, bleibt für die Berechnung gleich. Aber ein Häkchen zu setzen ist eben im Alltag praktischer. Widmen wir uns also nun erneut der Bearbeitung der Formel.

12 Doppelklicken Sie die Zelle mit der neu eingefügten Summenformel an, in der Numbers aktuell die Warnmeldung einblendet.

13 Klicken Sie in der Formel auf das Element **Test_Werte**.

14 Klicken Sie auf den Spaltenkopf der Spalte, die die Testwerte enthält. In unserem Fall ist das die Spalte **Zusage** mit den Checkboxen. Im Formeleditor wird daraufhin aus dem grauen Button **Test_Werte** ein blauer Button **Zusage**.

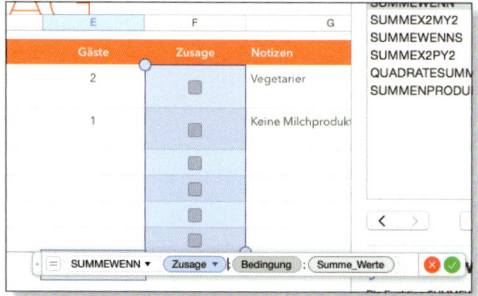

⌃ **Abbildung 11.113** Die Formel bearbeiten

15 Klicken Sie auf den Button **Bedingung**. Geben Sie als Bedingung »WAHR« ein.

16 Klicken Sie auf den Button **Summe_Werte**. Klicken Sie auf den Spaltenkopf der Spalte, die die Summenwerte enthält, in unserem Fall also die Spalte **Gäste**. Im Formeleditor wird daraufhin aus dem grauen Button **Summe_Werte** ein orangefarbener Button **Gäste**.

17 Klicken Sie auf das grüne Häkchen im Formeleditor, um die Bearbeitung zu beenden.

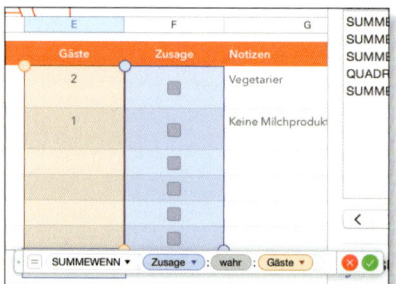

⌃ **Abbildung 11.114** Die fertige Formel

Anschließend zeigt die Zelle mit der Gästezahl wieder die Summe der Gäste an, diesmal aber wahrheitsgetreu nur die Summe der Gäste, die auch zugesagt haben.

⌃ **Abbildung 11.115** Jetzt entspricht die Gästezahl stets aktuell der Realität.

Nachdem Ihnen also die Tabelle **Gästeliste** bereits einen interessanten Einblick in die Grundzüge der Formelerstellung geboten hat, sehen wir uns die nächste Tabelle namens **Budget** und mit ihr die Erstellung und Bearbeitung von Diagrammen an.

11.7 Diagramme anpassen und erstellen

Das Blatt **Budget** aus der Vorlage **Partyplaner** soll als Beispiel für Diagramme in Numbers dienen. Es enthält – der Name lässt es bereits vermuten – einen Überblick über die Kosten für das Fest. Um das mit der Tabelle verbundene Tortendiagramm besser zu verstehen, müssen wir die Tabelle zunächst etwas genauer unter die Lupe nehmen: Die Tabelle enthält die einzelnen Positionen und ihren Preis bzw. ihre Preise, denn manche Positionen haben einen Festpreis, manche haben einen variablen Preis, und sogar ein kombinierter Preis aus fixem Grundpreis zuzüglich variablem Preis ist in den Formeln der Tabelle bereits berücksichtigt, wie wir gleich sehen werden. Diese unterschiedlichen Anforderungen lassen sich durch die entsprechende Tabellenstruktur und die passenden Formeln ganz gut darstellen.

Klicken Sie in der Tabelle **Budget** in eine Zelle in der Spalte **Gesamtkosten**. Numbers zeigt daraufhin andere Spalten farbig markiert an. So lässt sich schnell erkennen, dass der Wert in der markierten Zelle nicht absolut ist, sondern das Ergebnis einer Formel, die Numbers im Übrigen automatisch in der Fußleiste anzeigt, sobald Sie eine Zelle mit Formel markieren. So müssen Sie nicht gleich doppelklicken und den Formeleditor bemühen, um einen Einblick in die zugrunde liegende Formel zu bekommen.

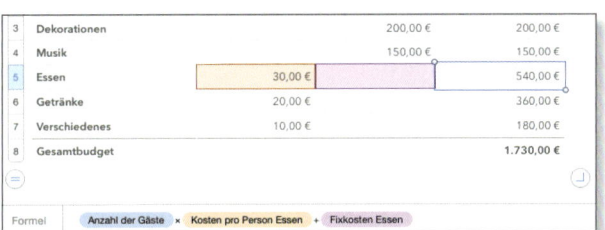

△ **Abbildung 11.116** *Die farbigen Zellen zeigen, dass sie Teil der Formel der ausgewählten Zelle sind.*

Dass in Zellen in der Spalte **Gesamtkosten** eine Funktion steht, ist ja keine wirkliche Überraschung. Sehen wir uns dennoch bei dieser Funktion kurz an, wie sie zusammengesetzt ist, denn in der Tabelle ist nirgends der Wert **Anzahl der Gäste** zu finden, auf den sich die Formel bezieht, und es wäre doch interessant zu wissen, wo dieser Wert herkommt. Doppelklicken Sie dazu auf die Zelle. Numbers zeigt daraufhin wieder den Formeleditor an.

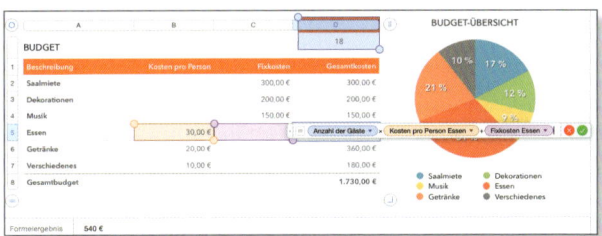

△ **Abbildung 11.117** *Formeln können aus Werten aus mehreren Tabellen bestehen.*

Die Gesamtsumme setzt sich also offenbar aus drei Elementen zusammen. Zwei der Elemente sind klar, denn sie sind ja in derselben Tabelle zu finden: der

Festpreis und der variable Preis. Das dritte Element ist der Multiplikator für den variablen Preis, denn der gilt ja pro Person. Das dritte Element ist also die Summe der Gäste respektive der Wert aus der Zelle der Gästezahl aus der kleinen Tabelle **Anzahl der Gäste**, die sich auf derselben Seite über der Tabelle **Budget** befindet.

Formeln sind also nicht auf eine Tabelle beschränkt, sondern können sich über Tabellen und sogar über Blätter hinweg erstrecken. Und mit diesem Wissen stellen wir zunächst mal die Formel auf vernünftige Füße, denn diese Wunschzahl aus der kleinen Tabelle bringt für eine seriöse Kostenberechnung nichts. Da ist es besser, mit Zahlen zu arbeiten, die auch die tatsächliche Gästezahl widerspiegeln, und die haben wir ja in der Tabelle vom Blatt **Gästeliste**.

1 Doppelklicken Sie in die Zelle **Gesamtkosten Saalmiete**, um den Formeleditor aufzurufen.

2 Markieren Sie in der Formel den Wert **Anzahl der Gäste**.

3 Klicken Sie in der Blätter-Übersicht auf **Gästeliste**. Sie sehen, wie der offene Formeleditor auf das entsprechende Blatt folgt.

4 Klicken Sie in der Tabelle **Gästeliste** auf die Zelle mit der Summe der Gäste ❶. Deutlich ist zu erkennen, wie der Formeleditor die Referenz des Werts verändert.

5 Klicken Sie auf das grüne Häkchen, um den Formeleditor zu beenden und die vorgenommenen Änderungen dabei zu bestätigen.

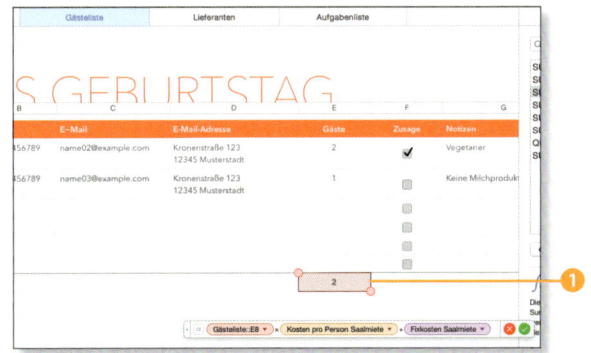

△ **Abbildung 11.118** *Die Formel wird angepasst.*

Numbers springt automatisch zurück auf das letzte Blatt.

Es ist natürlich sinnvoll, diese Anpassung der Werte nicht nur in der einen Zeile vorzunehmen, sondern in allen. Da die Formel ja prinzipiell immer die gleiche ist, lässt sich das ganz einfach mit Copy & Paste lösen.

6 Markieren und kopieren Sie die Zelle **Gesamtkosten Saalmiete** und damit auch die darin enthaltene Formel.

7 Fügen Sie die kopierte Formel eine Zeile tiefer in die Zelle **Gesamtkosten Dekorationen** ein. Numbers zeigt nun erneut die Warnmeldung, die Sie bereits von Seite 409 kennen.

Eigentlich wäre ja zu erwarten gewesen, dass sich die Formel bequem kopieren lässt, und ein Blick auf die beanstandete Formel zeigt auch, dass die Werte aus den Spalten derselben Tabelle problemlos angepasst wurden. Aber mit dem Wert aus der anderen Tabelle gibt es ein Problem. Jedoch nicht in der Zeile darüber, in der wir die Formel von Hand geändert haben.

8 Beenden Sie daher zunächst die Bearbeitung der Formel in Zeile 2. Gehen wir also wieder eine Zeile nach oben und sehen uns die Formel in Zeile 1 noch einmal genau an.

9 Doppelklicken Sie in die Zelle **Gesamtkosten Saalmiete**, um den Formeleditor aufzurufen.

Hier zeigt Numbers nach wie vor die korrekte Referenz zu der Zelle auf dem Blatt **Gästeliste**.

Sie sehen jedoch, dass die einzelnen Elemente der Formel jeweils ein kleines Dreieck zeigen.

10 Klicken Sie auf das kleine Dreieck am Element **Gästeliste**.

Numbers springt automatisch wieder auf das Blatt, das die angeklickte Referenzzelle enthält, und blendet ein kleines Fenster ein, das die Möglichkeit bietet, Häkchen zu setzen, um Zeile und Spalte der ausgewählten Zelle in der Formel zu fixieren.

11 Setzen Sie die Häkchen bei **Zeile beibehalten** und **Spalte beibehalten**.

Numbers ergänzt nun die Werte, die die Spalte und die Zeile der Zelle definieren (E8) jeweils mit einem $-Zeichen, um zu verdeutlichen, dass die Referenz zu dem Wert sich nun absolut auf die ausgewählte Zelle in Spalte E, Zeile 8 bezieht.

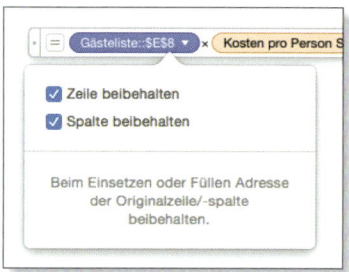

∧ **Abbildung 11.120** *Referenzen zu Zellen können relativ oder absolut sein.*

12 Klicken Sie auf das grüne Häkchen, um den Formeleditor zu beenden und die vorgenommenen Änderungen dabei zu bestätigen.

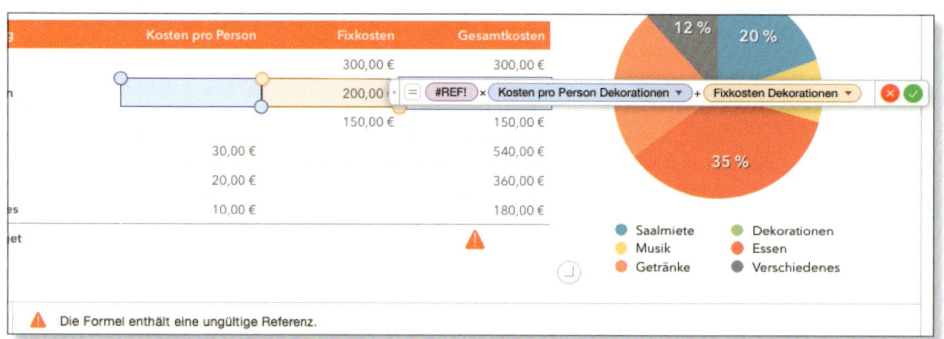

< **Abbildung 11.119** *Hier passt etwas nicht.*

Numbers springt automatisch zurück auf das Blatt **Budget**. Probieren wir es nun noch mal mit Copy & Paste.

13 Markieren und kopieren Sie die Formel der Zelle **Gesamtkosten Saalmiete**.

14 Fügen Sie die kopierte Formel eine Zeile tiefer in die Zelle **Gesamtkosten Dekorationen** ein.

Nachdem Numbers jetzt die Formel akzeptiert hat, fügen Sie sie auch in die anderen Zeilen ein, damit wir uns nun endlich den Diagrammen widmen können. Sie können bei der Gelegenheit auch noch die kleine Tabelle **Anzahl der Gäste** ersatzlos löschen, denn die wird ja jetzt nicht mehr gebraucht.

Diagramme aus Vorlagen erweitern

Interessant an der Tabelle **Budget** ist vor allem die Darstellung der Tabelleninhalte als Diagramm. Das Diagramm der Vorlage stellt die Daten der Tabelle **Budget** in Kuchenform dar (oft auch *Tortendiagramm* genannt). Prinzipiell haben Diagramme, zumindest, wenn sie vernünftig aufbereitet sind, den Vorteil, dass Daten sehr viel leichter zugänglich und verständlicher sind als dieselben Daten als Zahlenwüste in einer Tabelle. Die Verständlichkeit entsteht aber vor allem auch durch die Auswahl der Inhalte der Tabelle und die Art der Präsentation im Diagramm. Nicht jeder Darstellungstyp eignet sich für jedes Zahlenmaterial. Bei der Auswahl des Diagrammtyps lässt sich also auch Schindluder treiben, denn in dem Moment, in dem Daten nicht mehr für sich selbst stehen, sondern visualisiert werden, werden sie auch schon interpretiert. In einem Fall wie unserem Beispiel ist das zwar nicht relevant, aber dennoch sinnvoll, dieses Wissen zu haben, denn es kann durchaus passieren, dass man ein Diagramm erstellt, das das Publikum bzw. die Leser nicht verstehen. Achten Sie also bei der Wahl der Darstellung von Daten darauf, den richtigen Diagrammtyp für Ihre Daten auszuwählen. In unserem Beispiel liegen wir mit dem Tortendiagramm der Vorlage schon ganz richtig.

⌃ Abbildung 11.121 *Diagramm mit korrespondierender Tabelle*

Ein Blick auf das Diagramm in unserem Beispiel verrät, dass offenbar alle Zeilen der Tabelle als Referenz für das Diagramm verwendet wurden. Mal sehen, ob das stimmt.

1 Klicken Sie auf das Diagramm. Numbers zeigt daraufhin den bekannten Aufziehrahmen um das Diagramm, mit dem Sie das Diagramm in der Größe verändern und auf der Seite verschieben können.

Aber Numbers zeigt nicht nur den bekannten Rahmen und natürlich entsprechende Bearbeitungsmöglichkeiten in der rechten Seitenleiste, sondern blendet zudem noch den Button **Datenreferenzen bearbeiten** ein, mit dem sich das Diagramm leicht bearbeiten lässt.

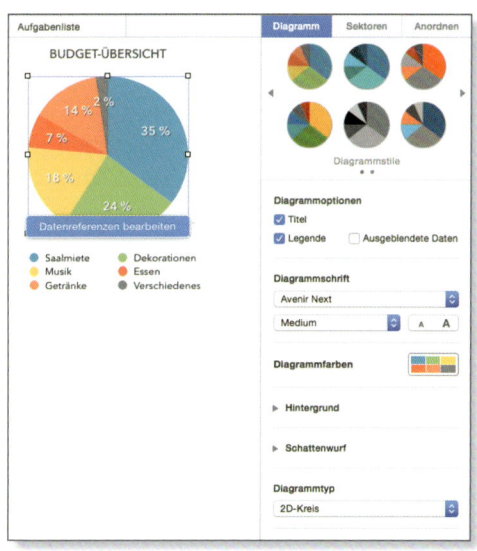

⌃ Abbildung 11.122 *Datenreferenzen des Diagramms bearbeiten*

2 Klicken Sie auf den Button **Datenreferenzen bearbeiten**.

Numbers zeigt daraufhin die Zeilen oder Spalten (In unserem Beispiel sind es Zeilen.) an, die als Referenz für das Diagramm dienen.

⌃ Abbildung 11.123 *Datenreferenzen werden im Bearbeitungsmodus ganz deutlich.*

Eine erste einfache Veränderung des Diagramms wäre also beispielsweise, nicht alle Zeilen als Referenz zu benutzen, sondern nur die mit den Fixkosten.

INFO

Zeilen oder Spalten als Datenreferenz nutzen
Ob Sie Zeilen oder Spalten als Referenz nutzen, können Sie, je nach Gestalt Ihrer Datenquelle, in dem Auswahlmenü ❶ ganz links in der Fußleiste von Numbers festlegen.

3 Klicken Sie den Rahmen, den Numbers um die Spalte **Gesamtkosten** bildet, rechts unten an, und ziehen Sie ihn nach oben, sodass er nur noch Zeilen enthält, die Fixkosten ausweisen. Sie sehen, dass Numbers sofort jede Veränderung der Referenz in der Tabelle entsprechend im Diagramm anzeigt.

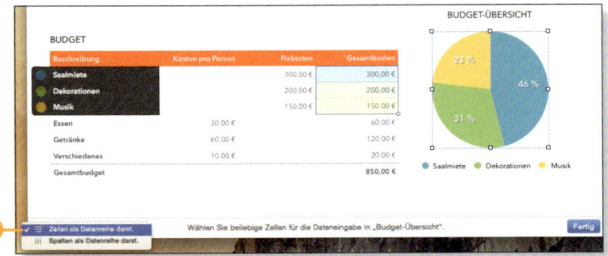

⌃ Abbildung 11.124 *Jede Referenzänderung wirkt sich sofort »live« auf das Diagramm aus.*

4 Ziehen Sie den Rahmen wieder auf, bis er alle Zeilen der Tabelle enthält.

5 Klicken Sie auf den Button **Fertig**, um die Bearbeitung der Datenreferenz zu beenden.

Wie Sie etwas markieren, haben Sie ja bereits ganz zu Beginn des Buches in Kapitel 2, »Die Benutzeroberfläche kennenlernen«, erfahren. Nichts anderes gilt hier für die Auswahl der Datenreferenzen.

Für unser Beispieldiagramm ist es durchaus sinnvoll, alle Zeilen der Tabelle im Diagramm als Datenreferenz zu nutzen. Dennoch wäre es schön, im Diagramm die Unterschiede zwischen variablen Kosten und Fixkosten deutlich machen zu können. Auch das lässt sich schnell lösen.

1 Klicken Sie auf das Diagramm, um es zu markieren. Daraufhin wird der bekannte Bearbeitungsrahmen angezeigt.

2 Sobald Sie nun auf ein Tortenstück des Diagramms doppelklicken, verschwindet der Bearbeitungsrahmen, und im Diagramm wird das entsprechende Tortenstück markiert.

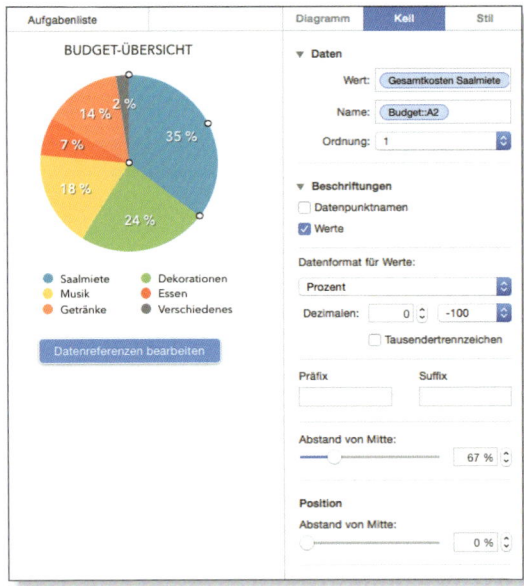

⌃ Abbildung 11.125 *Bearbeiten Sie die einzelnen Diagrammelemente.*

3 Wie Sie sehen, lassen sich also die einzelnen Teile des Diagramms ebenfalls markieren und somit natürlich auch verändern. In der rechten Seitenleiste können Sie nun über den Tab **Keil** Anpassungen an dem ausgewählten Tortenstück vornehmen, z. B. die Position innerhalb des Diagramms anpassen.

Eine optische Veränderung, die sich nun also anbietet, um die Unterschiede zwischen variablen und fixen Kosten zu verdeutlichen, ist, die Tortenstücke für die variablen Kosten etwas aus der Torte herauszuziehen.

4 Markieren Sie also zunächst die gewünschten Tortenstücke, in unserem Beispiel also die Stücke, die die variablen Kosten darstellen.

5 Ziehen Sie die markierten Tortenstücke per Drag & Drop ein wenig nach außen, oder nutzen Sie die Einstellungsmöglichkeiten, die sich in der rechten Seitenleiste im Tab **Keil** im Bereich **Position** anbieten. Sie können hier die Position des ausgewählten Tortenstücks per Schieberegler oder durch Eingabe eines Werts in das Feld verändern.

Ein Diagramm einfügen

Ein vorhandenes Diagramm anzupassen ist also nicht schwer. Machen wir die Probe aufs Exempel, und legen wir selbst ein Diagramm an. Dafür nutzen wir wieder die Vorlage **Partyplaner** und dort das Blatt **Gästeliste** mit der entsprechenden Tabelle. Ziel dabei soll sein, auf einen Blick erkennen zu können, wer die größte Besuchergruppe stellt.

1 Klicken Sie auf die Tabelle **Gästeliste**. Da wir ja die größte Besuchergruppe visualisieren wollen, müssen die Daten für unser Diagramm also aus der Spalte **Gäste** kommen.

2 Klicken Sie in der Spalte **Gäste** in die oberste Zelle.

3 Klicken Sie in der Symbolleiste auf den Button **Diagramm**.

4 Klicken Sie im folgenden Menü auf den gewünschten Diagrammtyp.

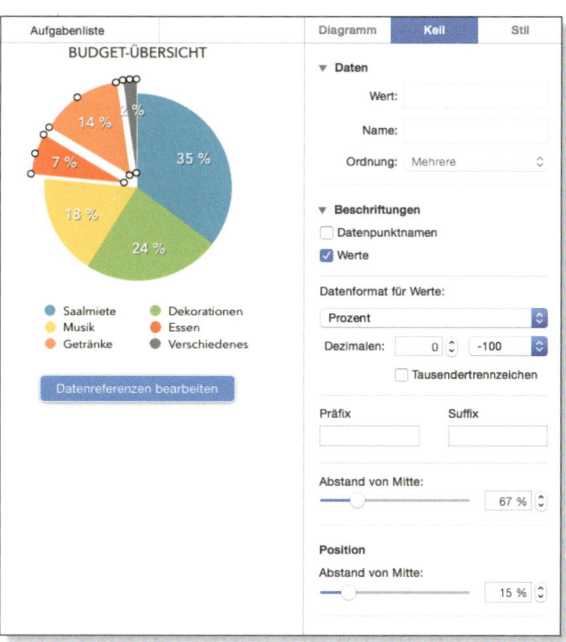

> ∧ **Abbildung 11.126** 15 % reichen, um einzelne Tortenstücke deutlich abzuheben.

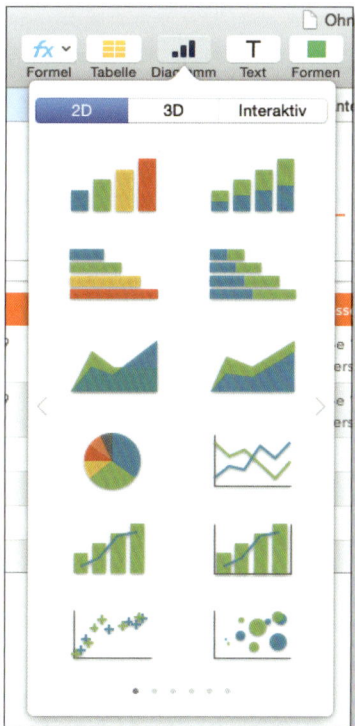

> ∧ **Abbildung 11.127** Das Diagrammmenü bietet verschiedene Diagrammarten an.

Für das Beispiel nutzen wir zunächst das bereits vertraute Tortendiagramm. Numbers legt nun ein Diagramm mit den ausgewählten Daten an. Da unsere Datenquelle ja zunächst nur aus einer markierten Zelle besteht, sieht das Diagramm noch nicht sehr aussagekräftig aus.

Bevor wir weitere Datenquellen hinzufügen, beschriften wir das Diagramm.

5 Doppelklicken Sie auf das Diagramm, um wie zuvor ein einzelnes Tortenstück zu markieren. Dass die Torte derzeit nur aus einem Stück besteht, ist dabei unerheblich.

6 Klicken Sie dazu in der rechten Seitenleiste auf den Tab **Keil**.

Sie sehen im Abschnitt **Daten**, dass die Zellreferenz für **Wert** ❶ automatisch übernommen wurde, aber wir wollen ja auch die Beschriftung passend referenzieren.

^ **Abbildung 11.128** *Zellreferenzen vornehmen*

7 Klicken Sie auf die Zellreferenz bei **Name** ❷, und wählen Sie die gewünschte Zelle aus.

8 Klicken Sie auf das grüne Häkchen ❸, um die Referenz zu bestätigen.

^ **Abbildung 11.129** *Hat Ähnlichkeit mit dem Formeleditor: Zellreferenz auswählen*

9 Klicken Sie auf den Button **Datenreferenzen bearbeiten** ❹ unterhalb des Diagramms, um weitere Tortenstücke hinzuzufügen.

10 Ändern Sie zunächst in der Fußleiste im Auswahlmenü die Zuordnung von Spalten zu Zeilen.

^ **Abbildung 11.130** *Zuordnung der Daten ändern*

Dadurch geht zwar unsere gerade eben vorgenommene Beschriftung verloren, wir können aber leichter weitere Tortenstücke hinzufügen.

11 Ziehen Sie die Markierung auf alle Zeilen auf.

12 Klicken Sie auf den Button **Fertig**.

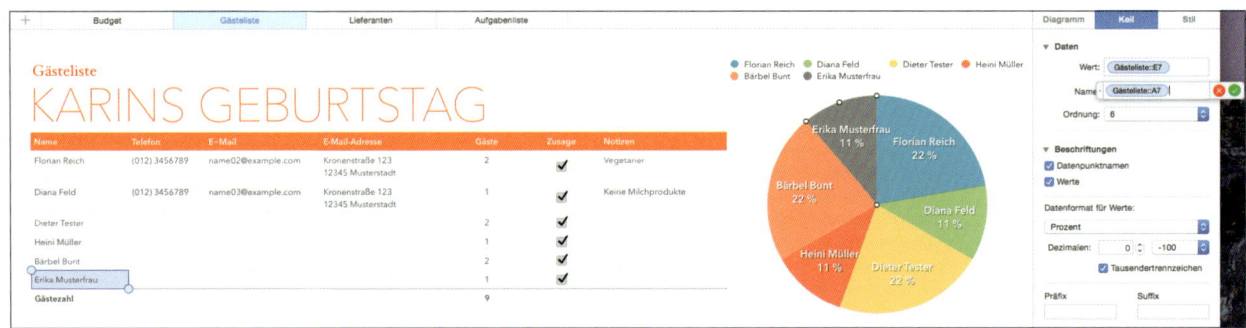

^ **Abbildung 11.131** *Beschriftungen anpassen*

Damit haben wir alle Werte hinzugefügt, und das Diagramm hat sich gleich entsprechend bevölkert, nur die Zuordnung für die korrekte Beschriftung muss noch mal angepasst werden, aber wie das geht, wissen Sie ja bereits.

Den Diagrammtyp ändern

Um das Diagramm aus Abbildung 11.131 nun noch zu verbessern, ändern wir die Diagrammart. Das Kuchendiagramm war zwar für den Anfang ganz brauchbar, weil vertraut, aber für die Daten, die wir darstellen wollen, ist es zu unpräzise. Bei der Besucherzahl ist es weniger interessant, in welchem Verhältnis die Besucherzahlen zueinander stehen, sondern wir wollen auf einen Blick erkennen, welche Gruppe die größte ist und aus wie vielen Gästen sie besteht. Ändern wir also deswegen den Diagrammtyp in ein Balkendiagramm:

1 Klicken Sie auf das Diagramm.

2 Wählen Sie in der rechten Seitenleiste im Tab **Diagramm** aus dem Auswahlmenü **Diagrammtyp** eine andere Diagrammart, beispielsweise das einfache Balkendiagramm **2D-Balken**, aus.

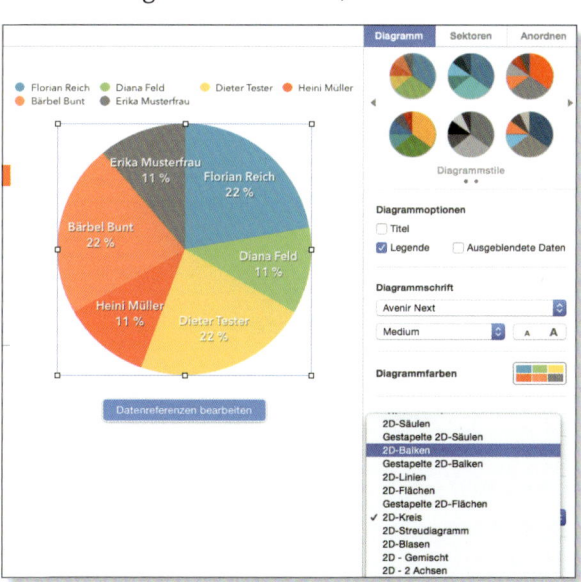

^ **Abbildung 11.132** Einen anderen Diagrammtyp auswählen

Numbers stellt daraufhin das Aussehen des Diagramms sofort vom Kuchendiagramm zum Balkendiagramm um. Auch bei diesem Diagrammtyp stehen Ihnen natürlich wieder die verschiedenen Anpassungsmöglichkeiten zur Verfügung.

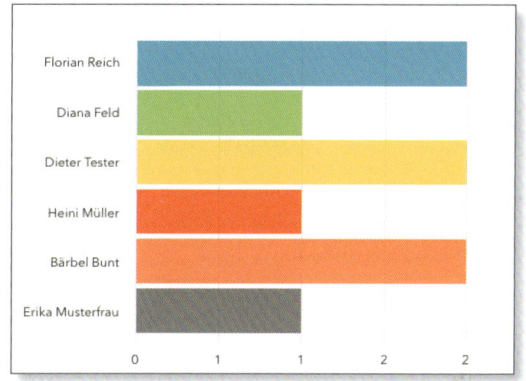

^ **Abbildung 11.133** Gleiche Daten, anderes Aussehen

Automatische Anpassung

Machen wir die Probe aufs Exempel: Sehen wir uns an, ob das neue Diagramm automatisch der Tabelle angepasst wird, wenn wir ihr eine weitere Zeile innerhalb der für das Diagramm relevanten Zeilen hinzufügen:

1 Fügen Sie in der Tabelle eine neue Zeile zwischen zwei bereits gefüllten Zeilen ein, und fügen Sie Daten entsprechend der Balkenbeschriftung ein.

2 Geben Sie eine deutlich höhere Gästezahl als bei den anderen Zeilen ein. Numbers stellt auch diese Änderung sofort entsprechend im Diagramm dar.

> **HINWEIS**
>
> **Automatische Aktualisierung von Diagrammen**
> Achten Sie beim Hinzufügen von Daten zu einer Tabelle, deren Inhalte mit einem Diagramm verknüpft sind, darauf, dass Sie die Daten innerhalb des Datenraums hinzufügen, der auch wirklich mit dem Diagramm verknüpft ist. Nur dann wird das Diagramm automatisch aktualisiert, andernfalls müssen Sie von Hand nacharbeiten.

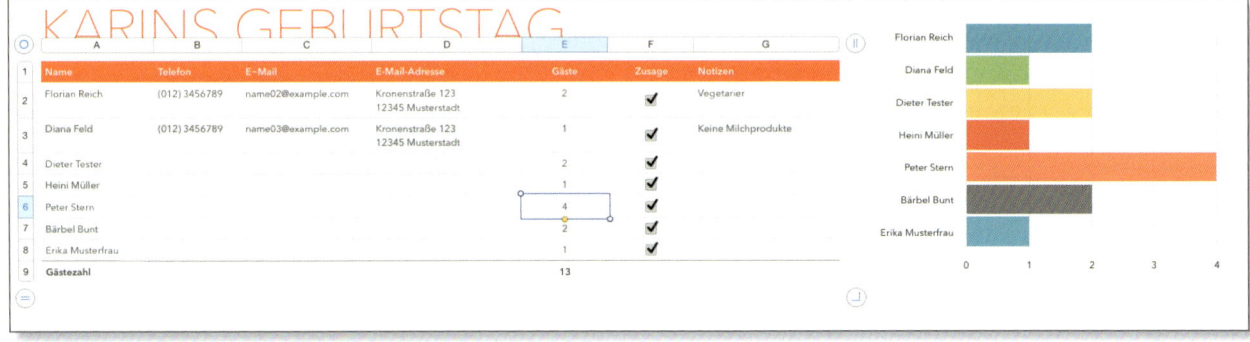

▲ **Abbildung 11.134** *Neue Gäste*

Mit diesem Einblick in die Erstellung und Anpassung von Diagrammen haben Sie die Vorlage **Partyplaner** und damit auch den Großteil der Möglichkeiten von Numbers kennengelernt.

11.8 Sofortige Berechnungen

In den vorangegangenen Abschnitten ging es viel um das Erstellen und Bearbeiten von Formeln. Und auch jetzt lässt uns das Thema noch nicht ganz los, aber schließlich geht es bei einem Tabellenkalkulationsprogramm, wie es der Begriff schon verrät, eben vorrangig um Kalkulationen, also Berechnungen, und damit auch um Formeln. Numbers stellt da natürlich keine Ausnahme dar.

Numbers bietet einen schnellen Zugang zu den am häufigsten genutzten Formeln. Diese Formeln erreichen Sie, wenn Sie in einer Zelle, die eine Formel enthalten soll, nicht erst den Formeleditor öffnen, sondern die passende Formel ganz einfach aus dem Menü **Formel** in der Symbolleiste auswählen. Hier stehen Ihnen immer die folgenden meistgenutzten Funktionen sofort zur Verfügung:

- Summe
- Mittelwert
- Minimum
- Maximum

- Anzahl
- Produkt

Und natürlich bietet das Menü auch einen Eintrag **Formel erstellen** bzw. **Formel bearbeiten**. So können Sie schnell und einfach Formeln erstellen.

1 Legen Sie eine Tabelle an, und geben Sie in mehrere Zellen derselben Spalte Werte ein.

2 Markieren Sie danach eine Zelle unter den Zellen, in die Sie Werte eingegeben haben.

3 Klicken Sie in der Symbolleiste auf den Button **Formel**.

4 Wählen Sie aus dem Auswahlmenü eine Funktion aus. Numbers fügt in die markierte Zelle nun automatisch die ausgewählte Funktion ein und nutzt alle darüberliegenden Zellen derselben Spalte als Werte für die Funktion.

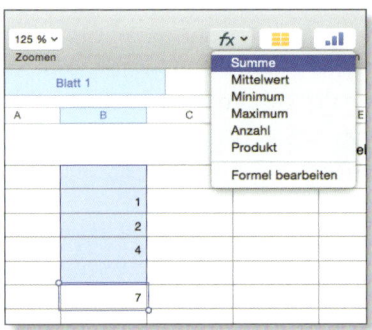

▲ **Abbildung 11.135** *Fügen Sie einer Zelle schnell eine Berechnung hinzu.*

Die neu hinzugefügte Funktion können Sie natürlich jederzeit durch Doppelklick mit dem Formeleditor bearbeiten. So dienen einfache Berechnungen als Ausgangsbasis auch für komplexe Berechnungen.

11.9 Zellen formatieren

Die besten Berechnungen sind nutzlos, wenn die errechneten Ergebnisse nicht ansprechend präsentiert werden. Ihr Mac – er ist ja letztlich *nur* ein Computer – kann auch mit großen Zahlenhaufen umgehen, die nur aus Nullen und Einsen bestehen. Aber Menschen sind darauf angewiesen, dass Inhalte verständlich aufbereitet werden, um sie erfassen zu können. Das ist dann umso wichtiger, wenn Komplexität und Umfang der Daten zunehmen.

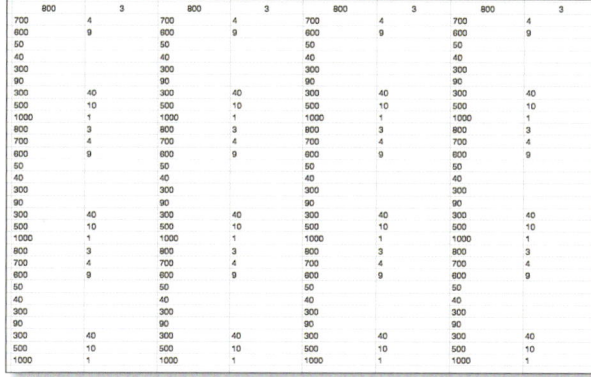

∧ **Abbildung 11.136** *Sie können schon solche Zahlenwüsten produzieren, dürfen sich aber nicht wundern, wenn sie niemanden interessieren.*

Um also Zahlenwüsten zu vermeiden, bietet Numbers die Möglichkeit, die Inhalte zu formatieren. Dabei gibt es zwei unterschiedliche Arten von Formaten: Zellenformate und Layoutformate.

Zellenformate dienen ganz wesentlich dazu, Daten zu typisieren, damit mit ihnen auf eine bestimmte Weise umgegangen werden kann. Wenn beispielsweise die Zahlen einer Zelle nicht wissen, dass sie ein Datum darstellen sollen, ist ihr Inhalt nichtig. Er lässt

sich ohne korrektes Format weder erkennen noch weiterverarbeiten – erst recht nicht von automatisierten Verarbeitungsmöglichkeiten wie Funktionen. Das Format einer Zelle, also die Bestimmung des Datentyps, ist eine wesentliche Grundlage für die solide Berechnung und Darstellung von Daten.

Layoutformate dienen dazu, Daten optisch so aufzubereiten, dass sie schnell und einfach erfasst werden können. Das Layoutformat bestimmt also durch seine Struktur auch den Inhalt. Denn der gleiche Inhalt kann von unterschiedlichen Betrachtern völlig unterschiedlich interpretiert werden, wenn er unterschiedlich dargestellt wird.

Zellenformate im Detail

Sie haben in den vorangegangenen Abschnitten bei den Bedingungen bereits kurz Zellenformate kennengelernt.

Erstellen Sie eine neue leere Tabelle, am besten mit der Vorlage **Leer**. Klicken Sie eine Zelle an, und geben Sie eine beliebige Zahl ein. Klicken Sie in der rechten Seitenleiste auf den Tab **Zelle**. Im Auswahlmenü **Datenformat** können Sie das gewünschte Format für die markierte Zelle(n) jederzeit ändern.

∧ **Abbildung 11.137** *Das Zellenformat anpassen*

Zunächst erhalten Zellen das Format **Automatisch**. Numbers kann in den meisten Fällen damit umgehen und erkennt auch, wenn Sie z. B. anstelle eines reinen Werts einen Währungswert inklusive Währungssymbol oder einen Datumswert eingeben. In den meisten Fällen müssen Sie also das Format einer Zelle erst einmal nicht vergeben, da Numbers es ohnehin korrekt erkennt. Dennoch ist es wichtig, die Daten korrekt zu typisieren, wenn Sie auf Nummer sicher gehen wollen, dass sie korrekt verarbeitet werden.

Viele Formate, wie beispielsweise **Währung**, bieten zusätzliche Auswahlmenüs, mit denen Sie die Darstellung der Inhalte anpassen können.

∧ **Abbildung 11.138** *Erweiterte Einstellungsmöglichkeiten, abhängig vom ausgewählten Format*

Zusätzlich zu den Formaten, die die Werte in den Zellen typisieren, bietet Numbers Formate zur Auswahl von Werten. Das Format **Markierungsfeld** haben Sie bereits kennengelernt. Mit diesem Format ist es möglich, eine anklickbare Checkbox anzuzeigen (siehe dazu Abschnitt »Bedingungen und Formeln« auf Seite 406). Durch eine derart formatierte Zelle entsteht immer ein Wert, denn die Zelle kann nicht einfach leer sein. Numbers bietet neben dem Markierungsfeld weitere Auswahlmöglichkeiten.

Ist eine Zelle beispielsweise als **Werteregler** formatiert, blendet Numbers neben der Zelle einen Doppelpfeil ➊ zur Änderung der Werte ein.

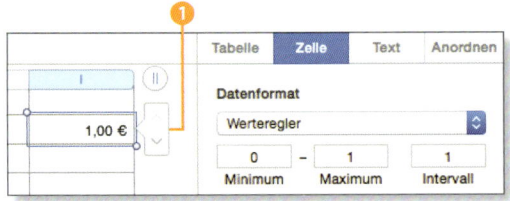

∧ **Abbildung 11.139** *»Werteregler« zeigen einen Doppelpfeil zur Auswahl von Werten neben der Zelle an.*

Ist eine Zelle als **Schieberegler** formatiert, blendet Numbers neben oder unter der Zelle einen Schieberegler ➋ zur Änderung der Werte ein.

∧ **Abbildung 11.140** *»Schieberegler« zur Auswahl von Werten*

Ist eine Zelle als **Einblendmenü** formatiert, blendet Numbers neben der Zelle einen kleinen Pfeil ➌ ein. Ein Klick darauf zeigt das Auswahlmenü mit den zuvor festgelegten Einträgen an. Diese Einträge können Sie in der Seitenleiste festlegen.

∧ **Abbildung 11.141** *Das »Einblendmenü« macht es Ihnen leicht, Werte auszuwählen.*

Zellen mit Layoutformaten optisch formatieren

Nachdem Sie Formate für Daten kennengelernt haben, ist es an der Zeit, einen Blick auf das optische Format von Tabellen und Zellen zu werfen. Dabei dürften Ihnen die meisten Formatierungsmöglichkeiten bereits aus Pages bekannt vorkommen, denn Inhalte in Tabellen unterscheiden sich nicht von den Inhalten textlastiger Programme. Sie dürften also keine Probleme haben, auch in Numbers effektiven Gebrauch von den Formatierungsmöglichkeiten zu machen. Dennoch gibt es in Numbers prinzipbedingt einige Besonderheiten, die Sie kennen sollten und die wir uns daher ansehen wollen.

Dabei kommt es zunächst gar nicht auf das Programm oder die Technik an, sondern es geht um grundlegende

Fragen der Aufbereitung von Daten. Nehmen wir z. B. an, wir haben eine Tabelle vor uns, die als Ergebnis sicherheitsrelevanter Berechnungen anzeigt, ob eine Last sicher, am Limit oder zu groß ist. In so einem Fall ist es sinnvoll, die Ergebnisse nicht nur optisch ansprechend zu präsentieren, sondern sie auch dem Verständnis dienend darzustellen. Naheliegend wäre also beispielsweise eine Kennzeichnung der Werte durch Signalfarben wie Rot, Orange und Grün. Das ist logisch, und es ist auch kein Problem, das umzusetzen.

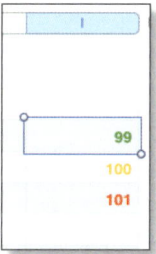

Abbildung 11.142 *Sinnvolle Formatierung trägt zum Verständnis bei.*

Für solche Fälle bietet Numbers, ähnlich wie zuvor bei den Zellenformaten auch, für die optische Formatierung bedingte Formate an. Die Seitenleiste enthält dazu im Tab **Zelle** einen eigenen Abschnitt **Bedingte Markierung**.

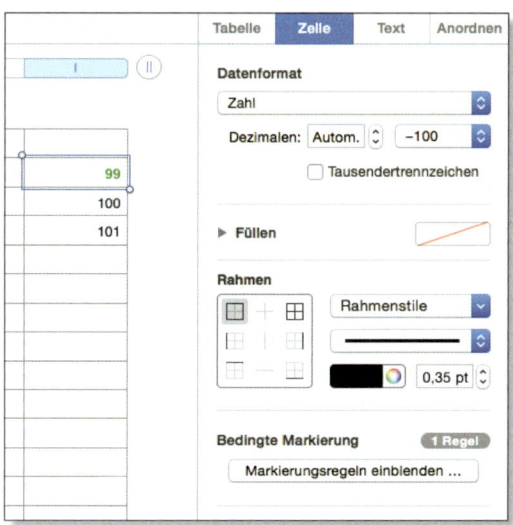

Abbildung 11.143 *Bedingte Formate folgen Bedingungen.*

Wie zuvor bei den Zellenformaten müssen Sie also auch bei den optischen Formaten zunächst Bedingungen formulieren. Diese müssen dann erfüllt werden, damit ein Format verwendet wird.

1 Markieren Sie dazu zunächst die gewünschten Zellen einer Tabelle.

2 Klicken Sie in der rechten Seitenleiste auf den Tab **Zelle**. Klicken Sie nun auf den Button **Bedingte Markierung**.

3 Klicken Sie anschließend auf den Button **Regel hinzufügen**.

Abbildung 11.144 *Regeln hinzufügen*

4 Wählen Sie aus dem folgenden Fenster eine geeignete Bedingung aus.

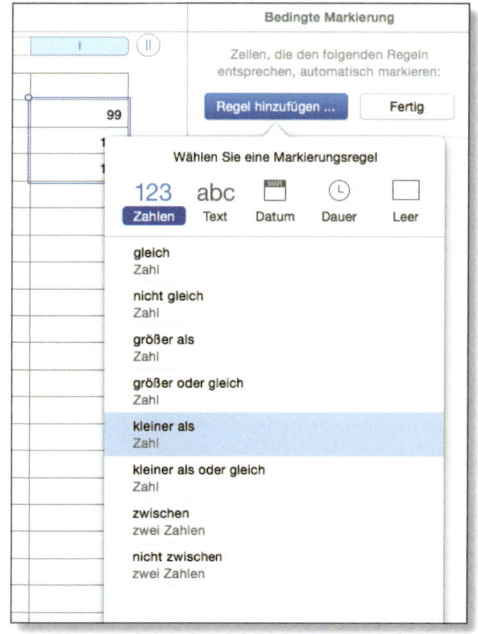

Abbildung 11.145 *Eine Bedingung für die Regel wählen*

5 Geben Sie in das folgende Feld den entsprechenden Wert ein, oder wählen Sie eine Zelle als Referenz. In unserem Beispiel wählen wir aus dem Auswahlmenü für Zahlen den Eintrag **kleiner als** und geben als Wert »100« ein.

6 Wählen Sie aus dem darunterliegenden Auswahlmenü eine Darstellungsoption für Werte, die kleiner als 100 sind. In unserem Beispiel wählen wir eine grüne Textfarbe und machen den Text fett.

7 Wiederholen Sie die Schritte 3 bis 5. Dabei soll sich lediglich jeweils der Farbwert unterscheiden.

8 Klicken Sie auf den Button **Fertig**. Die Formatierung wird sofort angewandt. Alle markierten Zellen werden nun sofort auf Plausibilität gemäß den Regeln geprüft und entsprechend formatiert.

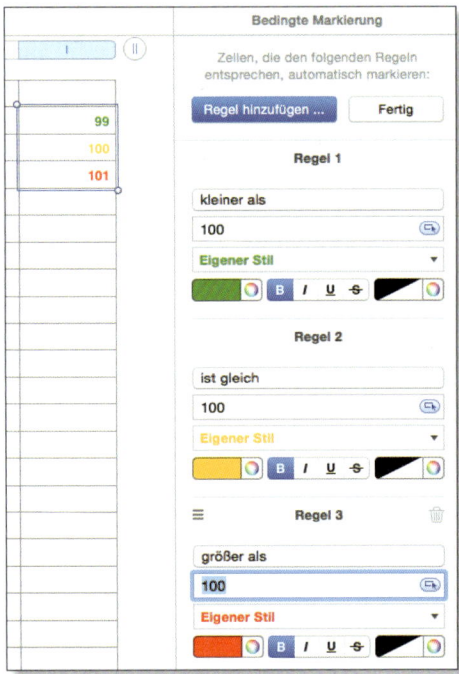

⌃ **Abbildung 11.146** *Ein bedingtes Format anlegen*

Tabellen mit Stilen optisch aufbereiten

Neben der Formatierung von Zellinhalten trägt es ebenfalls zur besseren Übersicht bei, wenn Tabellen insgesamt ansprechend gestaltet sind. Numbers bietet dafür in der rechten Seitenleiste im Tab **Tabelle** bereits einige Vorlagen an, sodass Sie sich nicht bei jeder neuen Tabelle erneut Arbeit machen müssen.

1 Klicken Sie in eine Tabelle.

2 Klicken Sie in der rechten Seitenleiste im Tab **Tabelle** auf einen Stil. Die aktive Tabelle übernimmt sofort den ausgewählten Tabellenstil.

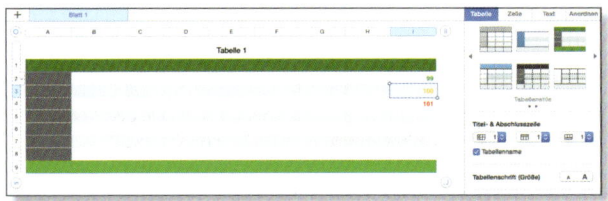

⌃ **Abbildung 11.147** *Numbers hält verschiedene Stile griffbereit.*

Probieren Sie einige Stile aus, um ein Gefühl dafür zu bekommen, welche Art Tabellenstil zu welchen Inhalten passt.

11.10 Keynote – Präsentationen gestalten

Keynote ist ein Präsentationsprogramm, mit dem Sie die Inhalte, die Sie vermitteln wollen, in der bereits von Pages und Numbers bekannten Art aufbereiten können. Dabei bietet Keynote die ebenfalls von Pages und Numbers bereits bekannten Möglichkeiten zur eleganten Präsentation Ihrer Daten. Dank der geschmackvollen Vorlagen müssen Sie auch bei Keynote nur kleine Anpassungen vornehmen, um zu einer individuellen und vor allem gelungenen Präsentation zu kommen.

Keynote starten

Auch beim ersten Start von Keynote sehen Sie zunächst den Startbildschirm, der dem von Pages und Numbers ähnelt und auch hier eigentlich nur dazu dient, Sie darauf hinzuweisen, dass Sie den Softwarelizenzvertrag von Keynote akzeptieren, wenn Sie auf den Button **Fort-**

fahren klicken. Dieser Startbildschirm wird nur beim ersten Start von Keynote angezeigt. Nachdem Sie auf **Fortfahren** geklickt haben, zeigt Keynote einen weiteren Bildschirm an, der Sie darüber informiert, welche Möglichkeiten sich Ihnen mit Keynote bieten. Auch dieser Bildschirm wird nur einmal angezeigt.

▲ Abbildung 11.148 *Der Startbildschirm von Keynote*

Um zu dem wirklich interessanten Bildschirm beim Start von Keynote zu kommen, der Vorlagenauswahl, klicken Sie auf den Button **Präsentation erstellen**.

▲ Abbildung 11.149 *Der Infobildschirm informiert Sie darüber, was bei Keynote neu ist.*

Die Themenauswahl

Anders als Pages und Numbers bietet Keynote keine Vorlagenauswahl, sondern eine Themenauswahl. Da

die Folien, die Sie mit Keynote erstellen, der Struktur und der Reihenfolge Ihrer ganz persönlichen Präsentation folgen, bietet Keynote keine festgelegten inhaltlichen Vorlagen an, sondern Themen. Jedes Thema hat ein bestimmtes Design, und die Folien, die Sie erstellen – gleich, welche Struktur die Folien haben –, erscheinen im ausgewählten Design.

Vorlagen in Keynote enthalten typische Folienstrukturen, die wir uns im Verlauf der folgenden Abschnitte noch genauer ansehen.

▲ Abbildung 11.150 *Die Themenauswahl von Keynote*

Ebenfalls anders als bei Pages und Numbers ist, dass es bei Keynote auch keine Unterteilung der Themen in bestimmte Kategorien gibt. Sie wählen das Thema basierend auf Ihrem Geschmack und Ihrem Gefühl dafür aus, welches sich am besten für die geplante Präsentation eignet. Wenn Sie also beispielsweise fachlich und nüchtern über etwas berichten, werden Sie möglicherweise das Thema **Weiß** verwenden.

Anders sieht es aus, wenn Sie ein Thema eher von der emotionalen Seite angehen, da dürfte z. B. das Thema **Editorial** oder **Schiefertafel** hilfreicher sein. Ganz anders wiederum wird Ihre Wahl des Themas ausfallen, wenn Sie eine eher private Rede auf einen Jubilar mit ein paar launigen Folien unterstützen wollen.

Sie können bei der Wahl des Themas in der Themenauswahl eigentlich sowieso nichts falsch machen,

423

denn wenn Ihnen das aktuell ausgewählte Thema nach ein paar erstellten Folien doch ungeeignet erscheinen sollte, können Sie es später jederzeit ändern.

> **INFO**
>
> **Welche Foliengröße?**
>
> Wenn Sie sich nicht sicher sind, welche Foliengröße Sie verwenden sollen (Manche Unternehmen geben die Foliengröße vor.), dann erkundigen Sie sich nach der nativen Auflösung des Ausgabegeräts, und nehmen Sie diese Auflösung für Ihre Präsentation. Sie sollten die Auflösung aber generell nicht zu hoch wählen, da die Inhalte sonst aus der Ferne nur noch schwer erkennbar sind. Im Zweifel entscheiden Sie sich für eine etwas geringere Auflösung. Das sieht zwar dann unter Umständen aus der Nähe weniger schön aus, bleibt aber auch aus der Distanz noch lesbar. Keynote macht es bei der Auswahl ohnehin einfach, da Sie bei den Vorlagen zunächst nur auswählen können, ob Sie Standard (4:3) oder Breitbild (16:9) verwenden möchten.

Eine neue Präsentation erstellen

Für Ihre Präsentation können Sie aus zahlreichen Themen wählen. Wollen Sie alles selbst gestalten, wählen Sie einfach die Vorlage **Weiß**. Andernfalls wählen Sie in der Themenauswahl aus der Übersicht das gewünschte Thema der Präsentation aus, das Ihren Vorstellungen am nächsten kommt.

Klicken Sie auf den Button **Auswählen**. Keynote legt nun eine neue Präsentation an und fügt automatisch eine erste Folie mit Titel und Untertitel hinzu.

Titel und Untertitel befinden sich jeweils in einem eigenen Textfeld. Die Bearbeitung von Textfeldern unterscheidet sich in Keynote in keiner Weise von Pages und Numbers. Auch das Hinzufügen und Formatieren von Formen und Fotos funktioniert in Keynote wie in Pages und Numbers. Lediglich der Umgang mit Diagrammen ist einen gesonderten Blick wert, denn er unterscheidet sich in Keynote etwas von Numbers.

⌃ **Abbildung 11.151** *Eine neu angelegte Präsentation mit der Vorlage »Weiß«*

Diagramme hinzufügen

Wenn Sie in Keynote ein Diagramm anlegen, dann kann es (noch) auf keine ihm zugrunde liegende Tabelle zurückgreifen, aus der es Daten zur Anzeige beziehen kann. Die Daten, die das Diagramm anzeigen soll, müssen Sie also selbst eingeben.

1 Klicken Sie in der Symbolleiste auf den Button **Diagramm**.

2 Klicken Sie die gewünschte Diagrammform an. Für unser Beispiel nehmen wir das bereits aus Numbers bekannte Tortendiagramm. Keynote fügt daraufhin die gewählte Diagrammart zur ausgewählten Folie hinzu.

3 Klicken Sie auf den Button **Diagrammdaten**, den Keynote unter dem Diagramm einblendet. Daraufhin wird ein schwebendes Fenster geöffnet, der *Daten-Editor für Diagramme*.

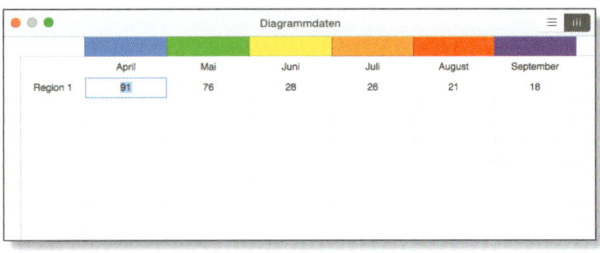

⌃ **Abbildung 11.152** *Der Daten-Editor für Diagramme ist letztlich eine spontan erstellte Tabelle als Referenz für das Diagramm.*

4 Geben Sie im Daten-Editor die gewünschten Daten an.

5 Wenn Sie Zeilen als Datenquelle für das Diagramm nutzen wollen, klicken Sie oben rechts auf den Button ❶ für die Zuordnung der Datenquelle. Keynote verwendet nun für das Diagramm die Inhalte der Zeilen.

6 Wenn Sie dagegen Spalten als Datenquelle nutzen wollen, klicken Sie den Button ❷ für die Zuordnung dieser Datenquelle an. Keynote verwendet nun für das Diagramm die Inhalte der Spalten aus Zeile 1.

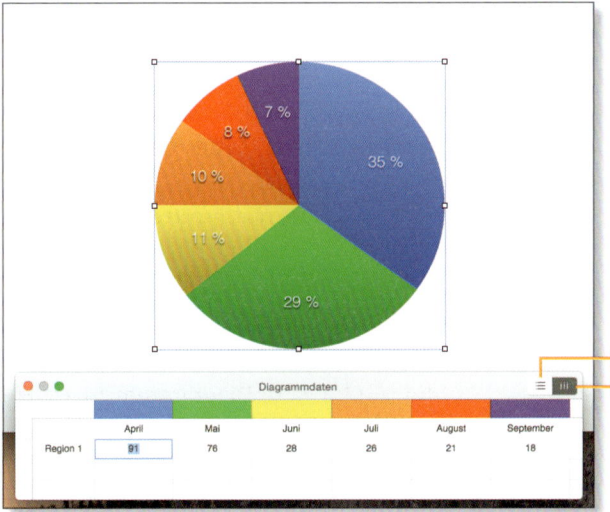

▲ Abbildung 11.153 *Daten-Editor und zugehöriges Diagramm*

Mit dem Daten-Editor »füttern« Sie also Diagramme schnell mit Daten.

Diagramme aus Numbers übernehmen

Sie müssen Diagramme jedoch nicht unbedingt in Keynote anlegen und dort mit Daten füllen. Diagramme lassen sich auch bequem aus Numbers in ein Keynote-Dokument kopieren.

1 Öffnen Sie eine Datei in Numbers, deren Diagramm Sie in Keynote verwenden wollen.

2 Markieren Sie in Numbers das gewünschte Diagramm, und klicken Sie in der Menüleiste auf **Bearbeiten > Kopieren**, oder nutzen Sie den Tastaturbefehl cmd + C.

3 Wechseln Sie zu Keynote. Markieren Sie hier die gewünschte Folie, in die das Diagramm eingefügt werden soll.

4 Klicken Sie auf **Bearbeiten > Einsetzen**, oder nutzen Sie den Tastaturbefehl cmd + V.

Das ausgewählte Diagramm wird daraufhin in Keynote eingesetzt. Diagramme aus Numbers zu kopieren und in Keynote einzufügen ist also auf jeden Fall einfacher und bequemer (falls die Daten ohnehin in Numbers vorliegen), als sie in Keynote (erneut) einzugeben. So viel zur Handhabung von Diagrammen in Keynote. Insgesamt lässt sich sagen, dass Keynote – zumindest zunächst – scheinbar nichts anderes als ein layoutlastiges Pages ist. Sehen wir uns also die spezifischen Besonderheiten von Keynote an, die es zu einem waschechten Präsentationsprogramm machen und es letztlich doch deutlich von Pages unterscheiden. Vor allem sind das die Vorlagen, denn in der Konzeptionsphase Ihrer Präsentation werden Sie die Vorlagen am meisten brauchen.

Weitere Folien hinzufügen

Eine neue Folie ist schnell hinzugefügt, interessant ist jedoch, dass Sie hier Zugriff auf verschiedene Vorlagen haben.

1 Klicken Sie in der Symbolleiste auf den Button **Folie hinzufügen**, oder drücken Sie ⇧ + cmd + N. Keynote fügt mit dem Tastaturbefehl Ihrer Präsentation jedoch nur eine leere neue Folie hinzu, während ein Klick auf den Plus-Button eine Auswahl von Folienvorlagen einblendet.

2 Klicken Sie auf die gewünschte Vorlage. Keynote fügt Ihrer Präsentation eine neue Folie mit der ausgewählten Struktur hinzu.

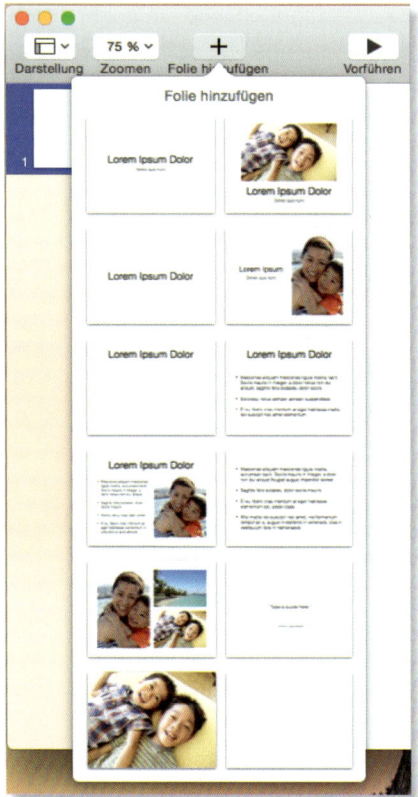

Abbildung 11.154 *Folienvorlagen in Keynote*

Legen Sie nun weitere Folien an, und fügen Sie Ihren Folien die gewünschten Inhalte hinzu. Sie können die ausgewählte Struktur einer Folie im Übrigen später jederzeit ändern und das sogar für mehrere Folien gleichzeitig.

1 Markieren Sie in der linken Seitenleiste (dem Navigator) die Folien, deren Erscheinungsbild Sie ändern wollen.

2 Klicken Sie danach in der Symbolleiste auf den Button **Format**.

3 Klicken Sie in der rechten Seitenleiste auf den Button **Vorlage ändern**, um sich eine Auswahl an Layouts anzeigen zu lassen. Wählen Sie eine Vorlage aus.

Keynote weist daraufhin allen ausgewählten Folien das neue Layout zu.

Abbildung 11.155 *Folienlayouts lassen sich jederzeit ändern, auch für mehrere Folien gleichzeitig.*

11.11   Folien-Effekte und -Übergänge

Was ein Präsentationsprogramm ganz wesentlich von einem Textverarbeitungsprogramm unterscheidet, ist der Kontext der Zeit. Wenn Sie ein Dokument in Pages erstellen, bereiten Sie den Inhalt für eine zeitgleiche Wahrnehmung auf. Text, Bilder und Formen werden unmittelbar wahrgenommen und vom Empfänger in dessen Tempo verarbeitet. Bei einer Präsentation teilen Sie die Informationen, die Sie mitteilen wollen, zeitlich in Häppchen auf. Idealerweise folgt Ihre Präsentation dabei einer stringenten Ablauflogik, ja möglicherweise sogar einer gewissen Dramaturgie. Die Informationen bauen aufeinander auf und vervollständigen sich für den Zuhörer nach und nach zu einem Bild. Bei der Konzeption des Ablaufs unterstützt Keynote Sie durch die Themenauswahl und die Vorlagen. Bei der Visualisierung der Inhalte hilft Keynote Ihnen mit Effekten und Übergängen.

Für die folgenden Abschnitte zu den in Keynote verfügbaren Effekten und Übergängen gehen wir davon aus, dass Sie bereits ein paar Folien mit Inhalten wie Text, Listen, Fotos und Formen angelegt haben.

Effekte und Übergänge sind ein mächtiges Werkzeug, und man ist leicht versucht, Effekte und Übergänge viel zu intensiv einzusetzen – speziell dann, wenn noch alles neu ist und es einen unglaublichen Spaß macht, alle Objekte durch die Gegend fliegen, rotieren und sich auflösen zu lassen.

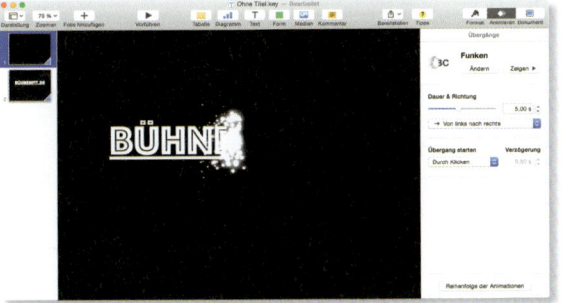

∧ **Abbildung 11.156** *Spektakulär: die »Funken«-Animation*

Am besten machen Sie das einmal ein Wochenende lang ausgiebig im stillen Kämmerlein und setzen anschließend in Präsentationen vor Publikum die Effekte und Übergänge so ein, wie sie am wirkungsvollsten sind: sparsam und ausschließlich den Inhalt Ihrer Präsentation unterstützend. Im folgenden Beispiel sehen wir uns an, wie Sie Elemente in Keynote animieren.

Objekte animieren

Nehmen wir an, Ihre Präsentation enthält eine Liste, deren Erscheinen und Verschwinden Sie jeweils animieren wollen.

1 Markieren Sie die Liste. Keynote zeigt den bekannten Markierungsrahmen um die Liste an.

2 Klicken Sie in der Symbolleiste auf den Button **Animieren**.

3 Klicken Sie in der rechten Seitenleiste auf den Tab **Aufbau**.

4 Klicken Sie auf den Button **Effekt hinzufügen** ❶.

5 Fahren Sie im folgenden Auswahlmenü mit dem Mauszeiger über den gewünschten Effekt. Es wird daraufhin bei dem aktuellen Effekt am rechten Rand der Button **Zeigen** eingeblendet. Ein Klick auf **Zeigen** führt die ausgewählte Animation vor, sodass Sie den Effekt vor dem Einfügen ausprobieren können.

6 Um einen Effekt in Ihrer Präsentation zu nutzen, beispielsweise **Trace**, klicken Sie auf den Namen des Effekts. Je nach ausgewähltem Effekt bietet Keynote Ihnen daraufhin in der Seitenleiste weitere Einstellungsmöglichkeiten an.

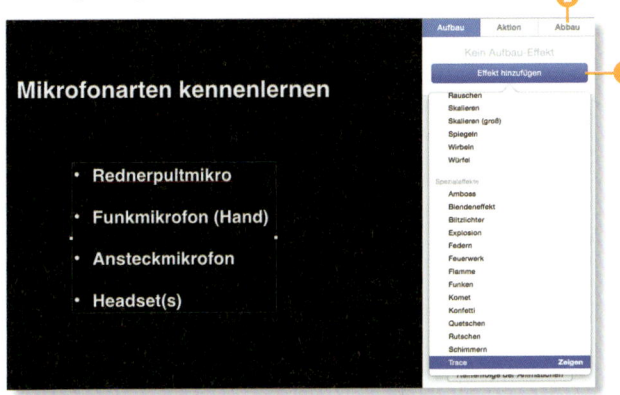

∧ **Abbildung 11.157** *Einen Effekt auswählen*

7 Klicken Sie in den Effekteinstellungen auf den Tab **Abbau** ❷. Hier legen Sie fest, wie die Liste wieder verschwinden soll.

8 Wählen Sie einen anderen Effekt als zuvor beim Aufbau, und passen Sie die Einstellungen zum ausgewählten Effekt an.

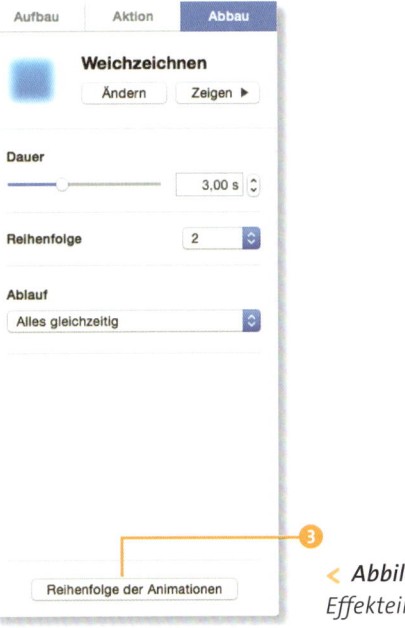

∨ **Abbildung 11.158**
Effekteinstellungen

Nachdem Sie also nun die Liste sowohl mit einem Effekt für das Erscheinen als auch mit einem Effekt für das Verschwinden versehen haben, legen Sie fest, was der Auslöser für die Effekte sein soll.

9 Klicken Sie in der rechten Seitenleiste ganz unten auf den Button **Reihenfolge der Animationen** ❸ (siehe Abbildung 11.158). Keynote blendet daraufhin ein gleichnamiges Fenster mit der Liste der Animationen für das ausgewählte Objekt ein. Legen Sie im Auswahlmenü **Start** ❶ für den jeweils markierten Effekt fest, wodurch er ausgelöst werden soll. Für automatisch ablaufende Effekte können Sie außerdem festlegen, wie lang die **Verzögerung** ❷ zwischen auslösendem Ereignis und Beginn des Effekts sein soll.

Die Liste ist zeitlich sortiert und lässt sich per Drag & Drop umsortieren, was mit zunehmender Zahl an Animationen besonders hilfreich und einfacher, weil übersichtlicher, ist. Außerdem können Sie sich über den Button **Zeigen** eine Vorschau der verwendeten Effekte mit den gewählten Einstellungen anzeigen lassen.

Animation bei Mausklick

Zusätzlich – oder alternativ – lässt sich ein Objekt auch ohne Erscheinen oder Verschwinden mit einem Effekt versehen.

1 Klicken Sie dafür in der rechten Seitenleiste auf den Tab **Aktion**.

2 Wählen Sie, wie zuvor bei **Aufbau** und **Abbau**, einen Effekt, und passen Sie gegebenenfalls weitere Einstellungen an.

3 Anders als bei **Aufbau** und **Abbau**, die ja jeweils nur einmal stattfinden können, können Sie einem Objekt mehrere Aktionen zuordnen.

4 Klicken Sie auf den Button **Aktion hinzufügen**, um dem ausgewählten Objekt eine weitere Animation hinzuzufügen. Das schwebende Fenster mit der Übersicht über die Animationen füllt sich mit jeder hinzugefügten Aktion.

5 Im Fenster **Reihenfolge der Animationen** können Sie nun unter **Start** für jede Animation festlegen, wodurch sie ausgelöst werden soll, z. B. **Durch Klicken**.

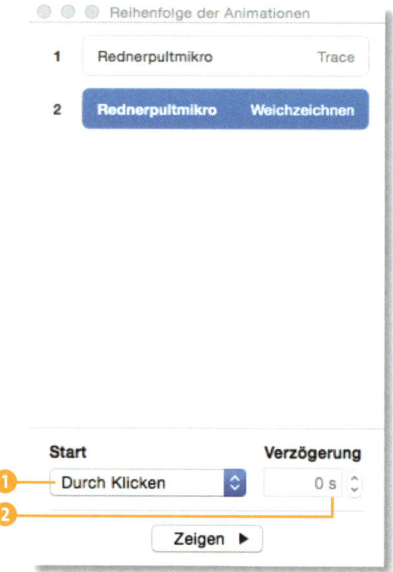

∧ **Abbildung 11.159** Hier legen Sie Auslöser und Verzögerung des Effekts fest.

∧ **Abbildung 11.160** Auf jeden Fall zu viel des Guten, aber technisch steht dem nichts im Weg: viele Aktionen für wenig Inhalt.

Mit zunehmender Zahl an Animationen ist die Übersicht im Fenster **Reihenfolge der Animationen** besonders hilfreich. Hier können Sie eine markierte Animation durch Drücken der Taste ⌫ auch wieder entfernen.

Individuelle Animationen mit dem Bewegen-Effekt

Die Einstellungen der meisten Effekte sind eindeutig und selbsterklärend. Bei einem Effekt lohnt sich jedoch eine genauere Betrachtung: beim Effekt **Bewegen**.

Speziell bei der Animation **Bewegen** bietet es sich an, sie mehrfach hintereinander zu verwenden, da so nicht nur optisch interessante Effekte möglich werden, sondern sich diese einzelnen Schritte durchaus, abhängig vom animierten Objekt, auch für eine interessante Erzählstruktur eignen. Manche Effekte in Keynote, wie beispielsweise **Bewegen**, bieten die Möglichkeit, direkt eine Anschlussanimation auszuwählen. So ist es gerade in Kombination mit **Bewegen** unter Umständen ganz nützlich, gleich die Animation **Deckkraft** hinzuzufügen, um nach oder sogar während der letzten Bewegung das Objekt auszublenden.

1 Fügen Sie also zunächst einem Objekt eine Aktion hinzu, und wählen Sie als Effekt **Bewegen**. Keynote zeigt das ausgewählte Objekt daraufhin zweimal an: zum einen das Originalobjekt und zum anderen eine Kopie davon, die bereits mit einem Auswahlrahmen markiert und deutlich blasser als das Original ist. Bei der Kopie des Objekts handelt es sich jedoch nicht um eine tatsächliche Kopie, sondern um dasselbe Objekt am Endpunkt der Bewegung. Das Original stellt den Anfangspunkt der Bewegung dar. Beide Objekte verbindet ein roter Pfad.

2 Bewegen Sie Original und Kopie an den jeweils gewünschten Start- bzw. Endpunkt. Abhängig vom gewählten Start- und Endpunkt, die übrigens beide nicht im sichtbaren Bereich der Folie liegen müssen, passt Keynote den Pfad an.

3 Klicken Sie auf das kleine Pluszeichen ❶, das Keynote unter dem Rahmen des animierten Objekts anzeigt.

4 Wählen Sie aus dem folgenden Kontextmenü eine Anschlussanimation aus, beispielsweise die zuvor genannte Animation **Deckkraft**, welche dann unmittelbar auf den Effekt **Bewegen** folgen wird.

∧ **Abbildung 11.161**
Anfangs- und Endpunkt einer Bewegungsanimation

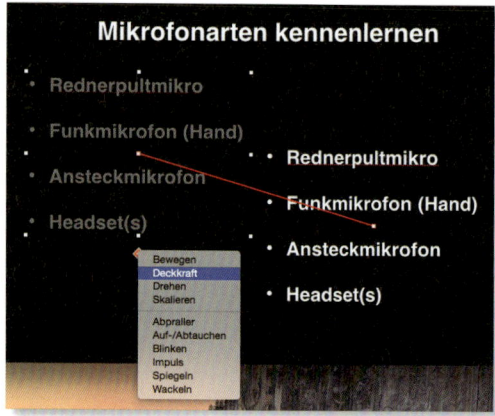

△ **Abbildung 11.162** *Eine Anschlussanimation auswählen*

5 Passen Sie die Animation gegebenenfalls im schwebenden Fenster noch an.

So erstellen Sie ganz schnell und einfach durch die passende Kombination mehrerer Effekte gute Animationen, die Sie bei der Präsentation Ihres Inhalts unterstützen. Das Geheimnis einer guten Animation ist, dass sie, auch wenn sie noch so komplex ist, immer einfach aussieht und ihre Wirkung subtil ist. Denn das Schlimmste, was Ihnen passieren kann, ist, dass niemand Ihre Inhalte versteht, weil Sie es mit den Effekten und Animationen übertrieben haben.

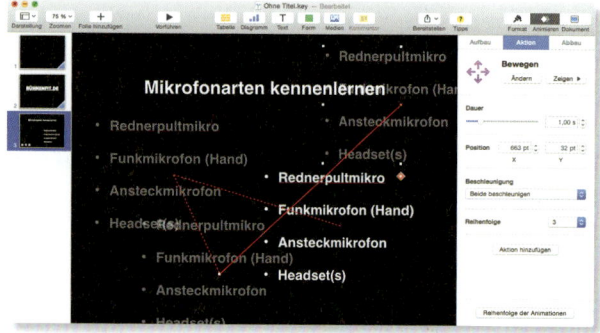

△ **Abbildung 11.163** *Zu viel des Guten*

Folienübergänge auswählen und anpassen

Mit Keynote können Sie nicht nur Text und Objekte animieren, sondern auch die Übergänge von einer Fo-lie zur nächsten. Dabei gilt natürlich auch hier wieder: Weniger ist mehr. Andererseits braucht es manchmal einen wirklich sehenswerten Effekt. Speziell bei längeren Vorträgen ist so etwas ganz hilfreich, um die Teilnehmer bei der Stange zu halten.

1 Klicken Sie zunächst in der linken Seitenleiste auf die gewünschte Folie Ihrer Präsentation.

2 Klicken Sie in der Symbolleiste auf den Button **Animieren**.

3 Klicken Sie auf den Button **Effekt hinzufügen**.

4 Wählen Sie im folgenden Auswahlmenü den gewünschten Effekt für den Übergang zur nächsten Folie aus. Wie zuvor bei den Effekten für Objekte stehen Ihnen auch hier je nach ausgewählter Animation weitere Auswahlmenüs, Schieberegler und Felder zur Anpassung des Effekts zur Verfügung.

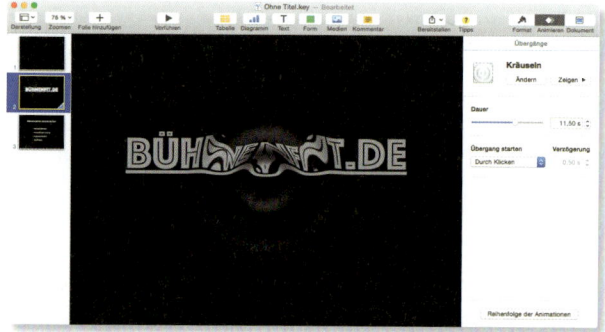

△ **Abbildung 11.164** *»Kräuseln«-Effekt beim Übergang zwischen zwei Folien*

Übergang mit »Zauberei«-Effekt

Manche Effekte, wie beispielsweise **Zauberei**, stehen nur unter bestimmten Voraussetzungen zur Verfügung bzw. wirken nur unter bestimmten Voraussetzungen. Bei **Zauberei** verschiebt Keynote Objekte auf der aktuellen Folie an eine andere Position auf der nächsten Folie (siehe Abbildung 11.165). Ideale Ergebnisse erzielen Sie mit **Zauberei** also nur dann, wenn mindestens ein Objekt auf der jetzigen und der nächsten Folie vorkommt, dieses Objekt in beiden Folien

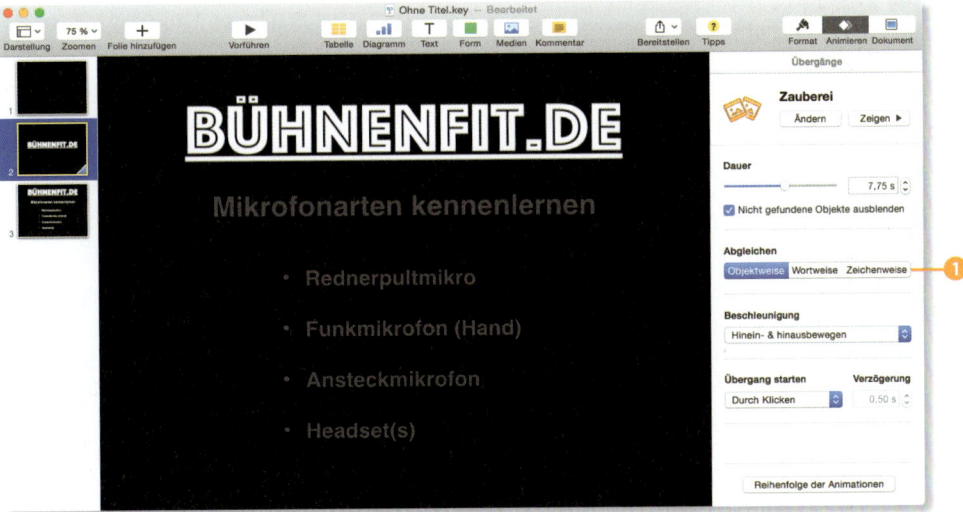

^ **Abbildung 11.165** *Gute Voraussetzung für Zauberei. Die Überschrift bleibt erhalten, ändert aber beim Folienwechsel die Position.*

nicht an derselben Stelle ist und sich idealerweise der Hintergrund nicht ändert. Dann besteht die Zauberei darin, dass der Folienübergang nicht zu erkennen ist, und die Bewegung des Objekts bzw. der Objekte wirkt so, als handele es sich um einen Effekt innerhalb einer Folie.

Theoretisch ließe sich auch eine komplette Präsentation auf einer Folie unterbringen, da sich ja alle Objekte mithilfe von Animationen anzeigen und verbergen lassen. Aber nicht alles, was technisch möglich ist, ist auch sinnvoll. Die Wahrscheinlichkeit, dass Sie bei der Koordination der vielen Elemente auf nur einer einzigen Folie einen Nervenzusammenbruch bekommen, ist recht hoch.

Übergang mit »Anagramm«-Effekt

In den früheren Versionen von Keynote gab es den sensationellen Effekt *Anagramm* (Buchstabenumstellung). Dieser schmerzlich vermisste Effekt lässt sich glücklicherweise mit dem Effekt **Zauberei** rekonstruieren. Die besten Ergebnisse erzielen Sie in diesem Fall, wenn Sie tatsächlich Anagramme verwenden. Sehen wir uns ein Beispiel an.

1 Erstellen Sie zwei Folien. Achten Sie darauf, dass die Folien hintereinander sortiert sind.

2 Fügen Sie jeder Folie mit einem Klick auf den Button **Text** ein Textfeld hinzu.

3 Geben Sie in das Textfeld der ersten Folie zunächst »KLAUS« ein.

4 Geben Sie in das Textfeld der zweiten Folie anschließend »LUKAS« ein.

5 Markieren Sie per Mausklick die erste Folie links im Navigator.

6 Wählen Sie **Zauberei** als Effekt für den Folienübergang.

7 Klicken Sie bei den Effekteinstellungen im Abschnitt **Abgleichen** auf den Button **Zeichenweise ❶**, denn nur damit lässt sich der Anagrammeffekt überzeugend darstellen.

8 Setzen Sie bei **Dauer** die Zeit des Übergangs zwischen den beiden Folien nicht zu knapp an, denn sonst wirkt der Effekt nicht. Keynote tauscht daraufhin die Buchstaben während des Übergangs von der einen zur anderen Folie aus.

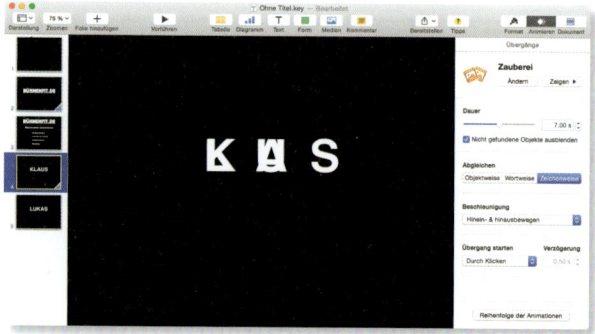

Abbildung 11.166 »Anagramm«-Zauberei in Aktion. Die Animation ist hier etwa bei der Hälfte.

Es ist natürlich nicht nötig, tatsächlich Anagramme zu verwenden, aber um die Wirkung des Effekts zu verstehen, eignen sie sich eben am besten. In der Praxis ist der Effekt auch für jeden anderen Folienübergang zwischen zwei textlastigen Folien geeignet.

Egal, für welchen Übergang zwischen zwei Folien Sie sich entscheiden und wie Sie ihn konfigurieren, Keynote zeigt Folien, denen ein Übergang zur folgenden Folie zugewiesen ist, in der linken Seitenleiste mit einem kleinen blauen Dreieck ❶ an. So erkennen Sie auf einen Blick, ob eine Folie einen Übergang hat oder nicht. Das Gleiche gilt für animierte Objekte. Enthält eine Folie animierte Objekte, zeigt Keynote das durch drei kleine Punkte ❷ entsprechend an.

Abbildung 11.167 Keynote zeigt auf einen Blick den Animationsstatus der Folien an.

11.12 Unterstützung bei der Präsentation

Keynote bietet nicht nur die Möglichkeit, schöne Präsentationen zu erstellen, sondern unterstützt Sie auch auf verschiedene Weisen bei Ihrem Vortrag. Legen Sie z. B. Notizen und Kommentare zu den Folien an. Außerdem gibt es den Moderatormonitor, den Sie sich während der Präsentation anzeigen lassen können, und nicht zuletzt auch die Möglichkeit, Präsentationen mit iOS-Geräten wie iPhone, iPad oder iPod touch nicht nur fernzusteuern, sondern auch damit zu halten.

Notizen hinzufügen

Klicken Sie auf **Darstellung > Moderatornotizen einblenden**. Keynote teilt daraufhin den Arbeitsbereich des Fensters und zeigt oben die aktuelle Folie und darunter den Bereich für die Notizen zu dieser Folie.

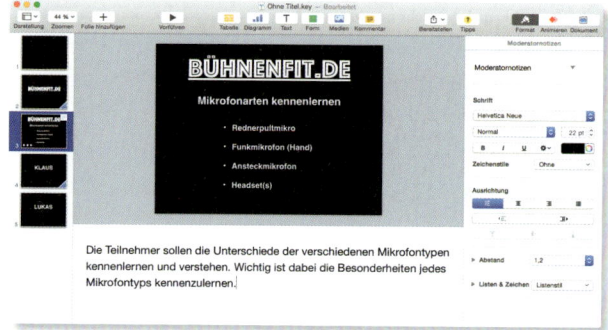

Abbildung 11.168 Moderatornotizen

Sie können nun zu jeder Folie Notizen eingeben, um sie beispielsweise später im Moderatormonitor zu nutzen. Aber nicht nur Notizen lassen sich zu jeder Folie anlegen, sondern auch Kommentare.

Kommentare hinzufügen

Kommentare zeigt Keynote in einem kleinen schwebenden Fenster an, das entfernt an einen gelben Notizzettel erinnert. Je nachdem, wie wichtig eine Notiz für Sie ist, geben Sie sie entweder als Moderatornotiz oder als Kommentar ein. Kommentare eignen sich eher für Gedanken und Erinnerungen während der Erstellung der Präsentation. Da Kommentare aber, anders als die Moderatornotizen, nicht im Moderatormonitor während der Präsentation angezeigt werden, eignen sich Moderatornotizen besser für ganz wichtige Hinweise, die Sie auch während der Präsentation parat haben wollen.

1 Klicken Sie auf **Einfügen > Kommentar**. Keynote fügt nun der ausgewählten Folie einen Kommentar hinzu und aktiviert den Cursor auf dem Kommentar, sodass Sie sofort losschreiben können.

2 Um einen Kommentar wieder zu löschen, klicken Sie auf **Löschen ❸** links unten im Kommentar.

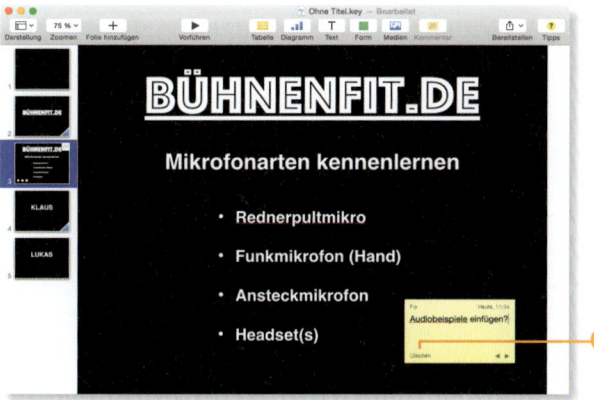

▲ **Abbildung 11.169** Folie mit Kommentar

Im folgenden Abschnitt werfen wir einen genauen Blick auf den zuvor erwähnten Moderatormonitor.

Der Moderatormonitor

Der in den letzten Zeilen oft erwähnte Moderatormonitor ist die größte Hilfe, die Keynote während der Präsentation anbietet. Er wird nur als Hilfestellung für Sie auf Ihrem Monitor angezeigt, jedoch nicht auf dem Beamer, wo weiterhin nur die Präsentation zu sehen ist. Im Moderatormonitor haben Sie den Überblick über die aktuelle und die nächste Folie und Ihr Timing. Sie können ihn Ihren Bedürfnissen entsprechend anpassen.

Klicken Sie auf **Vorführen > Präsentation testen**. Keynote zeigt nun bildschirmfüllend die Präsentation an. Drücken Sie die Taste ⌧, um den Moderatormonitor so zu sehen, wie er auch während der Präsentation angezeigt wird (siehe Abbildung 11.170).

Klicken Sie am oberen Fensterrand der Präsentationsvorschau auf den Button zur Anpassung des Moderatormonitors ❹. Keynote blendet nun ein kleines Einstellungsfenster ein, in dem Sie auswählen können, welches der verfügbaren Elemente Sie im Moderatormonitor sehen möchten.

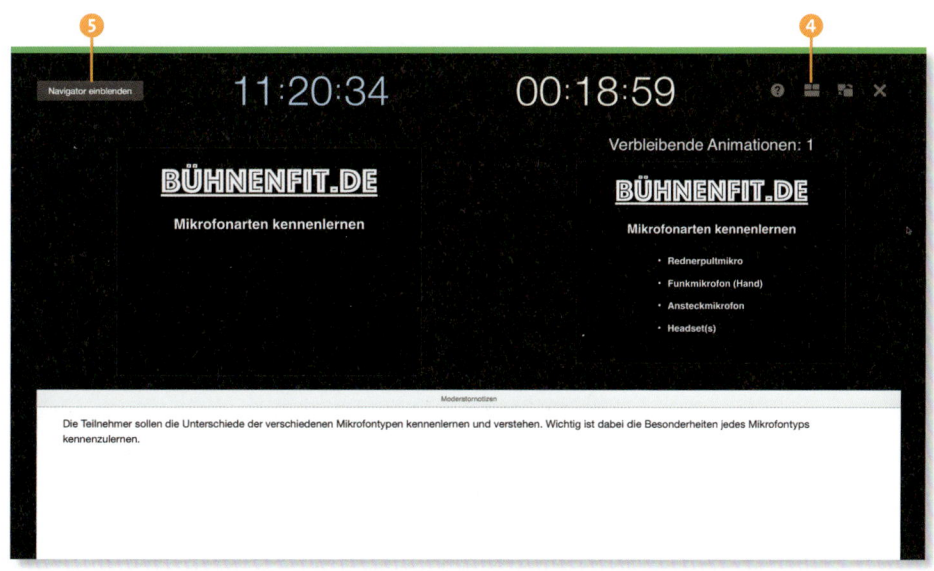

◄ **Abbildung 11.170** Der Moderatormonitor in Aktion

^ **Abbildung 11.171** *Den Moderatormonitor anpassen*

Ein besonders hilfreiches Element ist der **Timer**, durch den Sie die Möglichkeit haben, entweder die bereits verstrichene Zeit ab Start der Präsentation anzeigen zu lassen oder den Timer zu Beginn der Präsentation die eingegebene bzw. geplante Dauer der Präsentation herunterzählen zu lassen. So haben Sie Ihre Redezeit stets im Blick. Manche Redner fühlen sich, speziell durch die herunterzählende Zeit, unter Druck gesetzt. Gewöhnen Sie sich am besten so früh wie möglich daran, mit einem herunterzählenden Timer zu arbeiten. Mit etwas Gewöhnung fühlen Sie sich nicht mehr unter Druck gesetzt, und man wird Sie gerne wieder für Präsentationen anfragen, wenn Sie »in der Zeit« bleiben.

Wenn Sie während der Präsentation gezielt zu einer Folie springen wollen, klicken Sie im Moderatormonitor auf den Button **Navigator einblenden** ❺ (siehe Abbildung 11.170) und anschließend auf die gewünschte Folie. Keynote tut daraufhin, was der Button verheißt.

INFO

Referententools

So mancher Umsteiger von PowerPoint wird es sich auf den letzten Seiten schon gedacht haben: Der Moderatormonitor in Keynote ist das, was bei PowerPoint die Referententools sind.

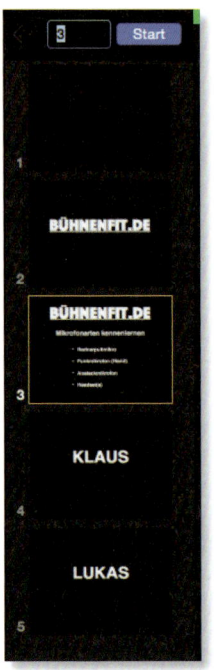

^ **Abbildung 11.172** *Der Navigator im Moderatormonitor*

Der Moderatormonitor bietet außerdem eine besondere Hilfe, nämlich einen schnellen Überblick über alle verfügbaren Tastaturkürzel während der Präsentation. Klicken Sie auf das Fragezeichensymbol ❶. Keynote blendet daraufhin alle Tastaturkürzel, die während der Präsentation hilfreich sind, ein.

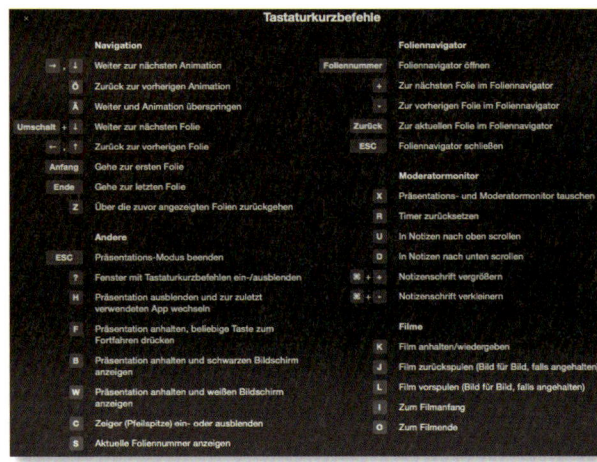

^ **Abbildung 11.173** *Die Tastaturkürzel-Übersicht verbirgt sich hinter dem Fragezeichen.*

Die Präsentation überprüfen und vorführen

Nachdem Sie also nun eine Präsentation erstellt, mit Effekten und Übergängen versehen und den Moderatormonitor angepasst haben, wird es Zeit, die Präsentation zu üben. Schließen Sie dazu zunächst Ihren Mac an einen Videobeamer oder einen zweiten Monitor an. Prüfen Sie in den Systemeinstellungen im Abschnitt **Monitore** und dort im Tab **Anordnen**, welcher der beiden angeschlossenen Monitore Ihr Hauptmonitor (der mit der Menüleiste) ist. Auf dem Hauptmonitor wird dann der Moderatormonitor angezeigt. Die Präsentation wird auf dem externen Bildschirm ausgegeben.

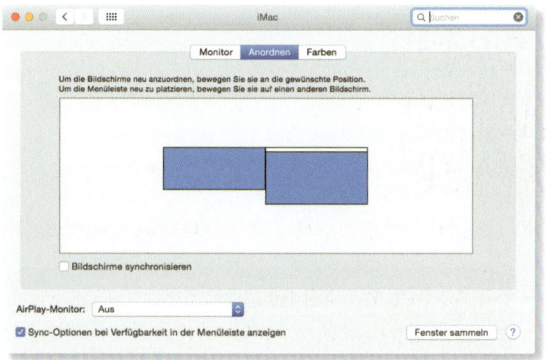

^ **Abbildung 11.174** *Prüfen Sie in den Systemeinstellungen, welcher Monitor der Hauptmonitor ist.*

Prüfen Sie ebenfalls Ihre Vorgaben für die Präsentation in den Einstellungen von Keynote im Tab **Präsentation** sowie die Einstellungen für Mitteilungen in den Systemeinstellungen. Hier sollte die Option **„Nicht stören" beim Spiegeln auf TVs und Projektoren** aktiviert sein, damit Ihre Präsentation nicht von (möglicherweise sogar kompromittierenden) Mitteilungen gestört wird.

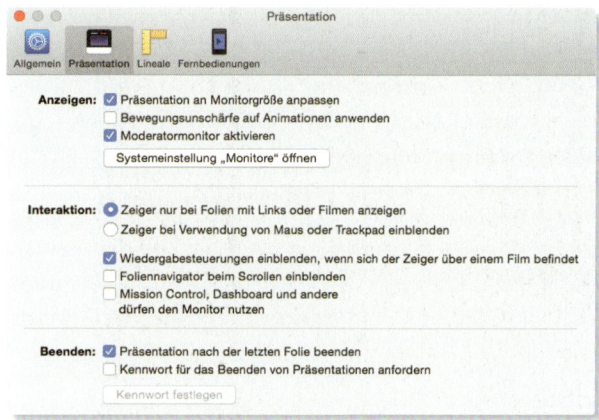

^ **Abbildung 11.175** *Ohne gewissenhafte Kontrolle der Einstellungen ist keine professionelle Präsentation möglich.*

> **TIPP**
>
> **Schnell Monitore tauschen**
> Falls nach dem Start der Präsentation der Moderatormonitor versehentlich auf dem Beamer statt auf dem internen Monitor Ihres Macs angezeigt wird, drücken Sie einmal auf die Taste X.

Sehen wir uns nun die Präsentation im Präsentationsmodus an, um sie zu prüfen. Klicken Sie dazu auf **Vorführen > Präsentation vorführen**, oder klicken Sie in der Symbolleiste auf den Button **Vorführen**, oder nutzen Sie den Tastaturbefehl alt + cmd + P.

Keynote blendet nun die bekannte Oberfläche vollständig aus und zeigt gemäß Ihren Einstellungen auf dem Videobeamer die Folien und auf Ihrem Monitor den Moderatormonitor an (siehe Abbildung 11.176).

< **Abbildung 11.176** *Die beiden Monitore während der Präsentation: Links sehen Sie den Moderatormonitor, rechts wird der Präsentationsmonitor mit den Folien angezeigt.*

Bewegen Sie sich nun von Folie zu Folie. Je nach eingesetzter Lösung haben Sie dazu verschiedene Möglichkeiten. Wenn Sie in Reichweite Ihres Macs sind, nutzen Sie die Leertaste, die Taste ⏎ oder die Taste ▶, um schrittweise vorwärts durch die Präsentation zu gehen.

Wenn Sie während der Präsentation (nur folienweise, nicht schrittweise) zurückgehen möchten, drücken Sie dafür die Taste ◀, oder nutzen Sie die Folienübersicht, die Sie aus dem Kontextmenü des Moderatormonitors aufrufen, und springen Sie gezielt zu einer bestimmten Folie.

Oder Sie bedienen die Präsentation durch Klick auf die Maus oder das Trackpad. Außer den Möglichkeiten der direkten Bedienung gibt es noch eine Reihe von Fernsteuerungsmöglichkeiten, die dem Vortragenden mehr Bewegungsfreiheit verschaffen. Eine dieser Möglichkeiten sehen wir uns im Abschnitt »Folienwechsel per Fernsteuerung« auf Seite 438 an.

Sehen Sie sich nun genau alle Folien und den jeweiligen Moderatormonitor mit den Moderatornotizen an. Prüfen Sie auch, ob alle Effekte und Übergänge korrekt dargestellt werden. Dabei hilft Ihnen die Darstellung im Moderatormonitor. Er zeigt am oberen Bildschirmrand einen roten Balken an, solange Effekte laufen.

11:39:47

˄ **Abbildung 11.177** *Der Moderatormonitor zeigt laufende Aktionen mit einem roten Balken an.*

Nun können Sie die Präsentation zeigen. Wenn Sie am Ende der Präsentation angekommen sind, beenden Sie sie durch Drücken der Taste ⎋, und Keynote zeigt anschließend wieder die Bearbeitungsoberfläche.

Präsentationen drahtlos übertragen

Mit OS X 10.8 wurde eine der praktischsten Neuerungen, die ein Betriebssystem bieten kann, eingeführt: die Möglichkeit, den Bildschirm des eigenen Macs drahtlos an ein Apple TV zu übertragen. Dazu müssen

Sie lediglich AirPlay Mirroring aktivieren. Das ist im Alltag schon schön, richtig nützlich wird es aber erst im Zusammenspiel mit Keynote. So müssen Sie sich keine Gedanken mehr über Auflösungen, Formate und die Konfigurationen eines Videobeamers machen, sondern übertragen einfach Ihren kompletten Präsentationsmonitor.

INFO

Präsentation pausieren
Es kann vorkommen, dass man während einer Präsentation einen Methoden- bzw. Medienwechsel vornehmen möchte, beispielsweise durch Nutzung eines Flipcharts. Da stört es, wenn die Präsentation am Beamer die zuletzt besprochene Folie zeigt. Mit den Tasten B bzw. W können Sie die Präsentation jederzeit bequem pausieren. Auf der Leinwand wird dann nur ein schwarzer bzw. weißer Bildschirm angezeigt.

˄ **Abbildung 11.178** *Besonders effektiv mit Keynote: AirPlay Mirroring (Foto: © Apple)*

Viel mehr gibt es an dieser Stelle zur eigentlichen Präsentation nicht zu sagen, außer dass Sie Ihren Zuhörern mit Sicherheit eine interessante und gute Präsentation zeigen, wenn Sie entsprechend gut vorbereitet sind und souverän sowohl mit der Technik als auch mit den Inhalten umgehen. Die wichtigste Voraussetzung, neben entsprechenden Workshops, diese Souveränität zu erreichen, ist Übung. Aber auch beim Üben ist Keynote behilflich.

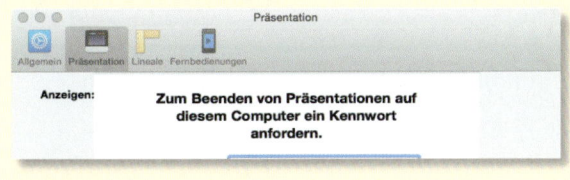
Präsentationen aufzeichnen

Um Ihre Präsentation besser beurteilen zu können und sie zu üben, können Sie sie aufzeichnen.

1 Klicken Sie dazu in der Symbolleiste auf den Button **Dokument**.

2 Wählen Sie in der rechten Seitenleiste den Tab **Audio** (siehe Abbildung 11.182).

3 Klicken Sie im Abschnitt **Präsentation aufzeichnen** auf den Button **Aufzeichnen**. Keynote wechselt daraufhin in den Präsentationsmodus, beginnend bei der aktuell ausgewählten Folie, und aktiviert das Mikrofon Ihres Macs.

4 Klicken Sie auf den **Aufnahme**-Button ❶ links unten. Keynote zeigt daraufhin einen Countdown an und beginnt anschließend die Aufnahme.

∧ **Abbildung 11.180** *Der Countdown zur Aufnahme*

5 Gehen Sie nun die Folien durch wie bei der geplanten Präsentation. Sprechen Sie dabei so, wie Sie später die Präsentation vortragen möchten.

∧ **Abbildung 11.181** *Der Moderatormonitor zeigt an, dass die Präsentation mit Ton aufgezeichnet wird.*

6 Beenden Sie die Aufnahme durch erneuten Klick auf den Aufnahme-Button.

7 Beenden Sie die Präsentation.

8 Die rechte Seitenleiste zeigt im Tab **Audio** nun im Abschnitt **Präsentation aufzeichnen**, dass der Präsentation eine Sprachaufzeichnung ❷ hinzugefügt worden ist.

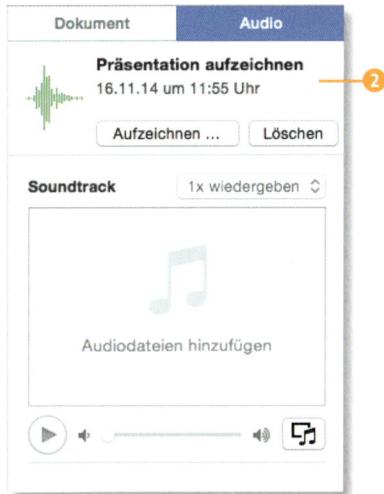

∧ **Abbildung 11.182** *Der Präsentation ist eine Audiospur mit Ihrem Vortrag zugeordnet.*

Starten Sie die Präsentation nun, werden die Folien und Ihre begleitenden Anmerkungen automatisch abgespielt, denn diese Funktion ist eigentlich dafür gedacht, automatisch ablaufende Präsentationen mit gesprochenem Begleittext zu erstellen. Da sich diese Funktion aber so hervorragend für das Training des Vortrags eignet, sollten Sie die Präsentation unbedingt wiederholt einsprechen und sich anhören. Sie werden

437

sehen, dass die Ergebnisse von Mal zu Mal besser werden, wenn erst die Anlaufschwierigkeiten überwunden sind (Es ist zunächst irritierend, sich selbst sprechen zu hören, aber daran kann man sich gewöhnen.).

Wenn Sie erneut eine Aufnahme starten, wird die alte automatisch überschrieben, da der Präsentation nur eine Audiospur mit Anmerkungen zugeordnet sein kann.

Möchten Sie die Aufnahmefunktion nur zu Trainingszwecken nutzen, ist das kein Problem. Sollten Sie die Funktion jedoch tatsächlich einmal wie geplant einsetzen, soll die beste Aufnahme natürlich erhalten bleiben. Damit Sie für so einen Fall nicht die komplette Präsentation auf einmal perfekt einsprechen müssen, drücken Sie während der Aufnahme die Pause-Taste, um die Aufnahme zu unterbrechen. Ein erneuter Klick auf die Pause-Taste genügt, und Keynote setzt die Aufnahme fort.

Folienwechsel per Fernsteuerung

Nachdem Sie die Präsentation also inhaltlich geübt haben, geht es ans Üben der Technik. Für eine wirklich souveräne und interessante Präsentation werden Sie sich nicht hinter Ihrem Mac verschanzen wollen, sondern sind dankbar für jede Bewegungsfreiheit, die Ihnen der ohnehin meist nicht sehr üppig dimensionierte Bereich zwischen Leinwand und erster Reihe bietet. Wenn Sie sich frei bewegen können, sprechen Sie entspannter. Dafür ist es dann allerdings notwendig, eine Fernsteuerungslösung zu haben, die es Ihnen ermöglicht, die Folien zu wechseln. Es gibt viele Fernsteuerungslösungen von Drittanbietern. Als besonders praxistauglich haben sich dabei die Modelle der Firma Logitech (*http://www.logitech.com/de-de/mice-pointers/presenter*) erwiesen, die ich Ihnen wirklich aus Überzeugung empfehle. Die Lösung, die wir uns nun ansehen, stammt jedoch aus dem Hause Apple. Dabei handelt es sich um eine App für iOS-Geräte, mit der Sie Keynote fernsteuern, wenn sich beide Geräte im selben lokalen Netzwerk befinden.

HINWEIS

Keynote Remote nicht verfügbar?
Seit dem Update von Keynote im Januar 2014 ist die App Keynote Remote nicht mehr im App Store verfügbar. Haben Sie diese App noch auf Ihrem iOS-Gerät installiert, können Sie sie weiterhin problemlos verwenden, allerdings hat Apple offiziell den Support eingestellt. In die neue iOS-App Keynote ist jedoch eine Fernbedienung integriert, sodass Sie auch weiterhin Ihre Präsentationen auf dem Mac mit Ihrem iOS-Gerät steuern können. Das Koppelungsverfahren gleicht dabei dem im Folgenden beschriebenen Verfahren.

1 Laden Sie auf Ihrem iPhone, iPad oder iPod touch Keynote aus dem App Store.

2 Öffnen Sie, während die App geladen und installiert wird, auf Ihrem Mac die Einstellungen von Keynote.

3 Klicken Sie auf den Tab **Fernbedienungen**, und setzen Sie das Häkchen bei **Aktivieren**.

4 Zurück zu iOS: Wurde Keynote erfolgreich installiert, starten Sie nun die App. Tippen Sie im Startbildschirm auf den Button mit dem iPhone und dem Playsymbol **1**.

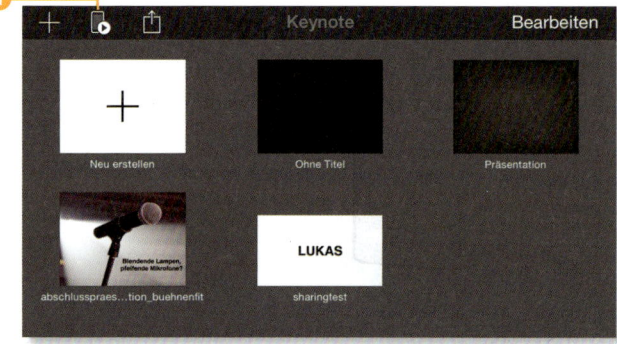

Abbildung 11.183 *Keynote Remote auf dem iPhone starten*

5 Tippen Sie im folgenden Fenster auf den Button **Fortfahren**. Die App akzeptiert nun eingehende Anfragen.

6 In den Einstellungen von Keynote auf Ihrem Mac wird daraufhin Ihr iOS-Gerät in der Liste der verfügbaren Fernbedienungen angezeigt. Klicken Sie dort auf den Button **Verknüpfen**.

7 Keynote zeigt nun einen Code an. Wenn auf dem iOS-Gerät derselbe Code angezeigt wird, klicken Sie auf den Button **Bestätigen**.

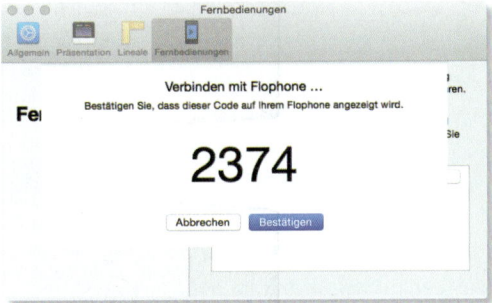

^ **Abbildung 11.184** *Die Verbindung zwischen Mac und iOS-Gerät herstellen*

Durch die Eingabe dieses Codes wird sichergestellt, dass sich wirklich nur Sie selbst oder von Ihnen autorisierte Personen mit Ihrem Mac verbinden. Für eine erfolgreiche Verbindung müssen beide Geräte im gleichen lokalen Netzwerk sein. Keynote zeigt anschließend an, dass die Verknüpfung erfolgreich war, der Button **Verknüpfen** ändert sich in **Trennen**.

8 Tippen Sie in der App auf den Button **Start**. Keynote wechselt daraufhin in den Präsentationsmodus, und Sie können mit Ihrem Vortrag beginnen. Achten Sie an dieser Stelle darauf, dass das derzeit aktive Dokument die korrekte Präsentation ist, sonst startet das iPhone möglicherweise die falsche Präsentation.

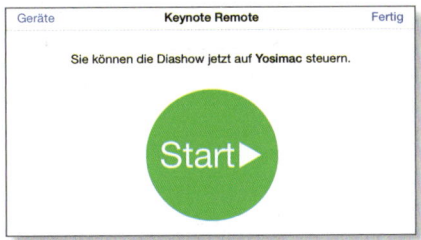

^ **Abbildung 11.185** *Vom iOS-Gerät aus starten Sie jetzt die aktuell in Keynote auf dem Mac geöffnete Präsentation.*

Die App auf Ihrem iOS-Gerät zeigt nun, abhängig von Ihren Einstellungen, einen Moderatormonitor an, den Sie wie den Moderatormonitor auf Ihrem Mac anpassen und bedienen können.

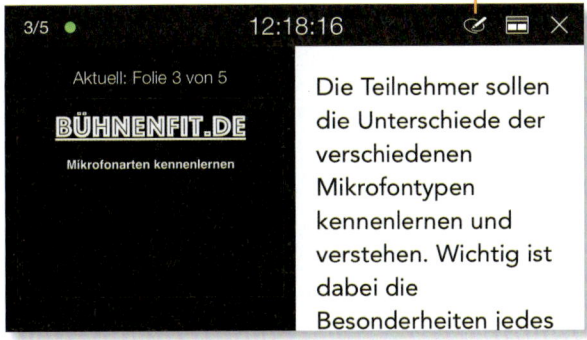

^ **Abbildung 11.186** *Die App Keynote im Modus Remote (mit Moderatornotizen)*

9 Um nun schrittweise bzw. folienweise durch die Präsentation zu navigieren, wischen Sie auf dem iOS-Gerät nach links (vorwärts) oder rechts (rückwärts).

Machen Sie sich intensiv mit der Fernbedienung per App vertraut. Die App ist zwar intuitiv, und auch die Navigation ist wirklich problemlos intuitiv zu erfassen, dennoch ist es unabdingbar, wirklich mit der Fernbedienung *verschmolzen* zu sein, um problemlos und souverän durch die Präsentation zu kommen. Man kann das am ehesten mit dem Autofahren vergleichen: Wenn Sie den Führerschein bestanden haben, heißt das nur, dass Sie gut genug Auto fahren, um keine akute Gefahr für sich und andere darzustellen. Wirkliches Können stellt sich erst mit der Zeit und der Erfahrung ein. So verhält es sich auch mit Präsentationen und den dabei eingesetzten technischen Hilfsmitteln.

> **TIPP**
>
> **Marker und Laserpointer eingebaut**
> Probieren Sie im Moderatormonitor beim Üben Ihrer Präsentation mal den Button mit dem Kreis- und Stiftsymbol ➋ aus. Sie werden überrascht und begeistert sein.

Was die Nutzung von iOS bei Präsentationen betrifft, ist es bedeutend sinnvoller, die Präsentation gleich (am besten mit einem iPad mini oder iPhone 6 Plus) vorzuführen, statt mit einem iPhone einen Mac fernzusteuern. Die zuvor erwähnte Technologie AirPlay steht unter iOS ebenfalls zur Verfügung – ebenso wie Keynote für iOS. Keynote auf dem Mac ist jedoch, auch wenn die Präsentation selbst bequemer auf einem iPad gehalten ist, nicht überflüssig. Planung und Aufbereitung einer Präsentation können durchaus langwierig und aufwendig sein, und das ist bequemer an einem Mac mit einem großen Monitor erledigt. Dank iCloud Drive lässt sich ganz bequem die auf dem Mac angefertigte Präsentation jederzeit auf anderen Geräten aufrufen und vorführen.

^ **Abbildung 11.187** *Die beste Möglichkeit, Präsentationen zu halten: Keynote auf einem iPad mini*

Präsentationen exportieren

Beim Export haben Sie die Möglichkeit, Ihre Präsentationen in Formate zu überführen, die auf selbstständiges Erarbeiten der Inhalte ausgelegt sind. Über **Ablage > Exportieren zu** erreichen Sie ein Untermenü, in dem Sie das gewünschte Exportformat auswählen können. Der folgende Exportdialog bietet dann je nach ausgewähltem Format verschiedene Exportoptionen an.

^ **Abbildung 11.188** *Die Exportoptionen in Keynote*

Mit der Option **QuickTime** erstellen Sie einen Film der Präsentation. Dabei können Sie aus dem Auswahlmenü **Wiedergabe** zwischen **Selbstablaufend** und **Präsentationsaufzeichnung** wählen. Bei **Selbstablaufend** wechseln Animationen und Folien nach vorgegebenen Intervallen, bei **Präsentationsaufzeichnung** wird Ihre Präsentation so abgespielt, wie Sie sie zuvor aufgezeichnet haben.

Wählen Sie die Option **PowerPoint**, um die Präsentation in das Format *PowerPoint* zu überführen. PowerPoint ist das Präsentationsprogramm der Microsoft-Office-Suite und sowohl für OS X als auch für Windows verfügbar.

Wählen Sie die Option **PDF**, wenn Sie die Präsentation in ein allgemein kompatibles Format überführen wollen. Das ist vor allem dann besonders nützlich, wenn Sie die Präsentation als interaktive Präsentation angelegt haben, durch die sich der Benutzer selbst durchklicken kann. Links bleiben im Format **PDF** erhalten, und so ist dieses Format wegen seiner vielseitigen Verwendbarkeit und vor allem auch wegen der Sicherheitsoptionen ❶ in den meisten Fällen die beste Exportoption.

Das Exportformat **Bilder** exportiert ähnlich wie das Format **PDF** eine Bilddatei von jeder Folie. Im Gegensatz zu PDFs bieten Bilddateien aber weder Link-Einbettung noch Sicherheitsoptionen.

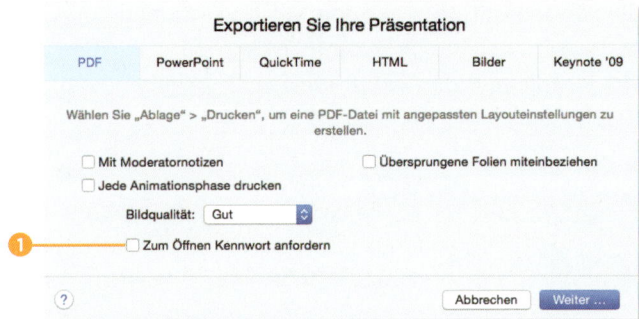

Abbildung 11.189 *Das Exportformat »PDF«*

Das Format **HTML** eignet sich, ähnlich wie **PDF**, für den möglichst kompatiblen Export der Präsentation, speziell wenn es sich um interaktive Präsentationen mit Links handelt. Das Ergebnis dieses Exports sind HTML-Dateien, die Sie beispielsweise auf einen Webserver laden können, um die Präsentation im Internet verfügbar zu machen.

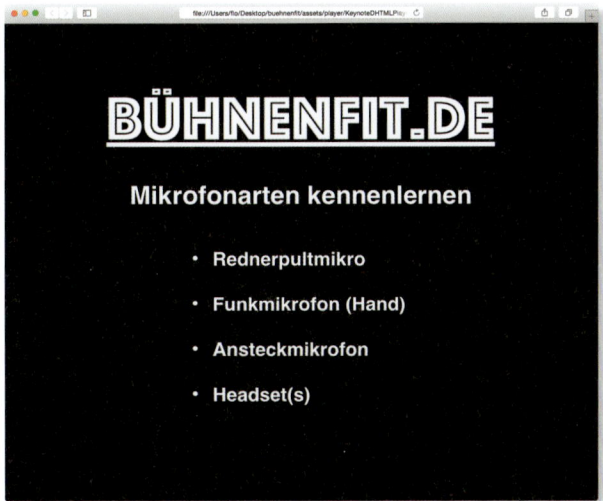

Abbildung 11.190 *Die Präsentation im Webbrowser*

Das Exportformat **Keynote '09** stellt sicher, dass die exportierte Datei mit früheren Versionen von Keynote nutzbar ist. Der Export ist hier nötig, da ältere Versionen von Keynote Dateien, die mit neueren Versionen erstellt wurden, nicht nutzen können.

INFO

Keynote vs. PowerPoint
Beim Import von PowerPoint-Dateien nach Keynote und beim Export von Dateien aus Keynote zu PowerPoint kann es – vor allem bedingt durch die unterschiedlichen Effekte – zu der einen oder anderen kleineren Inkompatibilität kommen. Meist handelt es sich dabei jedoch um Kleinigkeiten, die mit ein bisschen Nacharbeit schnell erledigt sind. Massive Kompatibilitätsprobleme gibt es nicht. Wenn Sie also oft Präsentationen austauschen müssen, achten Sie vor allem bei der Wahl der Effekte darauf, möglichst kompatible Effekte auszuwählen. Oder erzählen Sie Ihren Partnern und Kollegen von der Möglichkeit, Keynote als Web-App nutzen zu können.

11.13 iCloud: Dokumente in der Cloud

Pages, Numbers und Keynote bieten neben den Import- und Exportmöglichkeiten eine weitere programmübergreifende Funktion, um Ihre Arbeit mit anderen zu teilen. Über iCloud können Sie das Internet für Ihre Arbeit nutzen. Dank iCloud Drive haben Sie auf allen Geräten stets die gleichen Dateien zur Verfügung. Im Öffnen-Dialog des jeweiligen Programms haben Sie gesehen, dass sich Dokumente sowohl lokal als auch in iCloud sichern und öffnen lassen.

Dokumente in iCloud Drive

Mit iCloud Drive haben Sie alle Dokumente, mit denen Sie arbeiten, jederzeit und auf allen Geräten griffbereit, vorausgesetzt, das jeweilige Programm unterstützt die Speicherung in iCloud Drive. Dadurch steht ein Dokument, das Sie gerade eben noch mit iWork auf Ihrem Mac bearbeitet haben, nur Sekunden später automatisch auch beispielsweise auf Ihrem iPad zur Verfügung.

Sekunden später im Internet?

Die Aussage, dass Ihre Dateien nur Sekunden später im Internet zur Verfügung stehen, ist einerseits wörtlich zu verstehen, andererseits nicht – und das sogar gleichzeitig. Klingt verwirrend? Dahinter steckt eine Methodik, die Apple für die Sicherung von Dateien in iCloud vorgibt, die sich *Fast metadata, lazy content* nennt. Das bedeutet, dass die Informationen über eine Datei (Name, Erstellungsdatum, Icon etc.) wirklich binnen Sekunden in iCloud verfügbar sind. Die eigentlichen Inhalte der Datei kommen jedoch erst anschließend dazu. Damit wird der Umstand genutzt, dass man meistens nicht unmittelbar dieselbe Datei auf zwei unterschiedlichen Geräten braucht.

In umgekehrter Richtung gilt das natürlich ebenso. Mit iCloud müssen Sie sich also keine Gedanken mehr um Sicherung oder Verfügbarkeit von Dateien machen. Ihre Dateien sind einfach immer da, wo Sie auch sind, solange Sie über Zugang zum Internet verfügen.

1 Öffnen Sie die Systemeinstellungen.

2 Klicken Sie auf **iCloud**.

3 Setzen Sie in den Einstellungen von iCloud das Häkchen bei **iCloud Drive** ❶. Damit ist iCloud nun automatisch für alle Programme aktiviert, die die Sicherung von Daten in iCloud unterstützen (also auch Pages, Numbers und Keynote) und die Sie zuvor mit Klick auf **Optionen** ❷ entsprechend autorisiert haben.

△ **Abbildung 11.191** *iCloud Drive muss in iCloud aktiviert sein, damit Programme Daten aus iCloud nutzen können.*

Sie können mit Klick auf den Button **Optionen** genau festlegen, welches Programm Dokumente in iCloud Drive ablegen darf und welche(s) gegebenenfalls nicht.

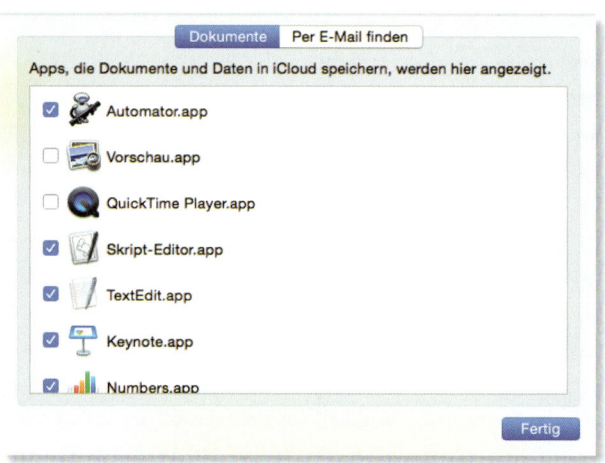

△ **Abbildung 11.192** *Legen Sie fest, welches Programm Dateien und Daten in iCloud ablegen darf.*

Gemeinsam an Dokumenten arbeiten

Aber in iCloud lassen sich Dateien nicht nur speichern, sondern es ist auch möglich, gleichzeitig gemeinsam am selben Dokument zu arbeiten. Das bedeutet: Sie können mit mehreren (!) Personen gleichzeitig am selben Dokument arbeiten. Dabei ist es unerheblich, wo sich die Personen befinden, solange sie jeweils einen Internetzugang haben, denn die Zusammenarbeit findet über *iCloud.com* statt. Auch die verwendete Plattform spielt keine Rolle. Es kann also ein Teilnehmer z. B. an einem Mac sitzen, ein anderer bearbeitet das Dokument mit iOS und ein Dritter im Browser (Das kann jeder halbwegs moderne Browser sein.), also auch unter Windows. Und als wenn das alles noch nicht erstaunlich genug wäre, ist es für die eingeladenen Teilnehmer unerheblich, ob sie selbst einen iCloud-Account haben. Die Freigabe, also die Einladung, an einem Dokument mitzuarbeiten, funktioniert auch für Teilnehmer, die keinen iCloud-Account eingerichtet haben. Mit dieser äußerst praktischen Funktion festigt Apple sich seinen Platz in kleinen und mittelgroßen Büros, da hier die Zusammenarbeit nun in einer Weise erleichtert wird, die sich vor wenigen Jahren noch kaum jemand vorstellen konnte. Wie das genau funktioniert, sehen wir uns auf den folgenden Seiten an.

Angenommen, Sie möchten die Präsentation, die Sie gerade in Keynote bearbeitet haben, gemeinsam mit Kollegen bearbeiten.

1 Klicken Sie in der Symbolleiste auf den Button **Bereitstellen**. Keynote blendet daraufhin ein kleines Kontextmenü ein, mit dem Sie u. a. die Datei bzw. eine Kopie davon auf verschiedene Arten mit anderen teilen können. Alternativ, und das ist die Möglichkeit, die uns im Folgenden beschäftigen wird, können Sie die Datei per Link via iCloud zur Verfügung stellen.

▲ **Abbildung 11.193** *Das Menü »Bereitstellen« bietet Möglichkeiten, die Datei anderen zugänglich zu machen.*

2 Klicken Sie also auf **Link via iCloud bereitstellen** und im folgenden Untermenü auf die Art und Weise, wie Sie den Link den anderen Teilnehmern bekannt geben wollen.

Keynote zeigt einen Hinweis an, wenn Sie erstmalig ein Dokument bereitstellen. Der Hinweis macht darauf aufmerksam, dass theoretisch jeder auf das Dokument zugreifen kann. In der Praxis ist das aber ziemlich egal beziehungsweise unwahrscheinlich, denn der Link ist (wie Sie gleich sehen werden) derart lang und kryptisch, dass niemand versehentlich darauf kommen und sich ungefragt an Ihrem Dokument beteiligen kann.

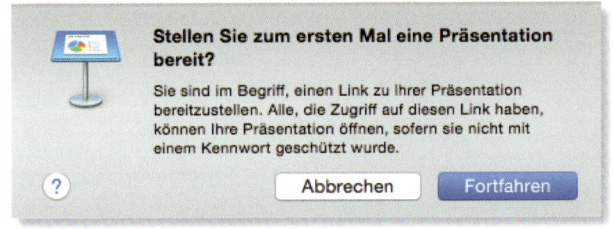

▲ **Abbildung 11.194** *Hinweis bei der ersten Verwendung von »Link via iCloud bereitstellen«*

3 Klicken Sie auf den Button **Fortfahren**.

4 Sichern Sie im folgenden Schritt die Datei in iCloud Drive. Das ist notwendig, damit auf die Datei gemeinsam zugegriffen werden kann. Das ginge nicht, wenn die Datei nur lokal auf Ihrem Mac liegen würde.

5 Anschließend können Sie den Link zur Datei den potenziellen Teilnehmern auf dem Weg übermitteln, den Sie zuvor ausgewählt haben. In unserem Beispiel also per E-Mail.

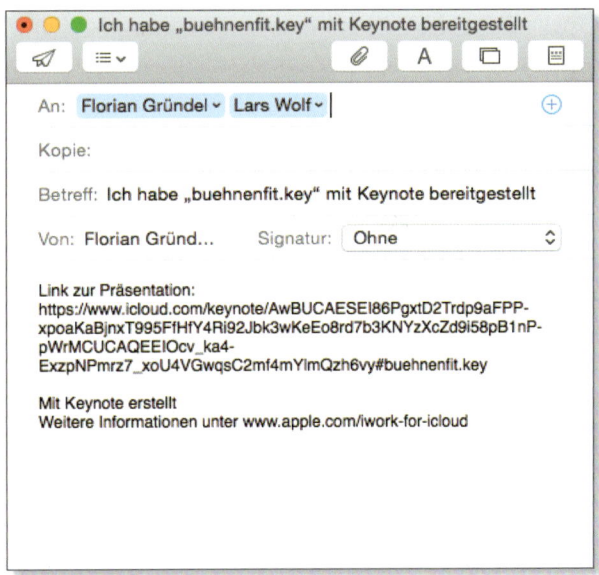

▲ **Abbildung 11.195** *Eine Einladung zur gemeinsamen Dokumentbearbeitung*

Wie Sie an der Mail erkennen können, ist der Link zur Datei wirklich derart kryptisch, dass sich niemand zufällig in Ihr Dokument verirren kann. Passen Sie den Einladungstext gegebenenfalls noch an, und senden Sie die Mail an Ihre Teilnehmer.

6 Zurück in Keynote sehen Sie, dass sich das Symbol des **Bereitstellen**-Buttons in der Symbolleiste geändert hat und nun deutlich repräsentiert, dass an dieser Datei gemeinsam gearbeitet werden kann.

7 Wenn Sie erneut das Menü **Bereitstellen** öffnen und dort den Punkt **Freigabeeinstellungen anzeigen** wählen, können Sie das Bereitstellen der Datei stoppen, abermals den Link zur Datei versenden oder einfach nur den Link ansehen bzw. kopieren, falls Sie ihn anderweitig verwenden wollen.

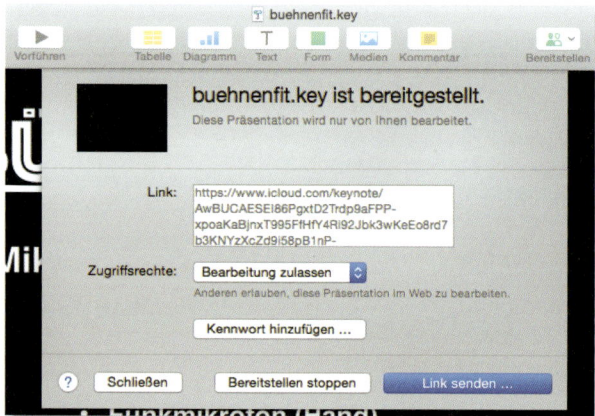

∧ **Abbildung 11.196** *Die Link-Einstellungen*

Zwischenzeitlich haben die anderen Teilnehmer Ihre Einladungsmail mit dem Link zum Dokument erhalten und sich entschieden, teilzunehmen. Bei den Teilnehmern wird nach einem Klick auf den Link der Browser gestartet und die Webversion von Keynote inklusive der freigegebenen Datei geladen. Vorausgesetzt natürlich, der Browser ist nicht zu alt. Sonst kommt nur eine Fehlermeldung.

Wenn alles geklappt hat, zeigt das Menü **Bereitstellen** in der Webversion von Keynote ein kleines Fenster, das den Teilnehmer um seinen Namen bittet, damit die

von ihm vorgenommenen Änderungen und Beiträge im Dokument auch erkennbar zuzuordnen sind.

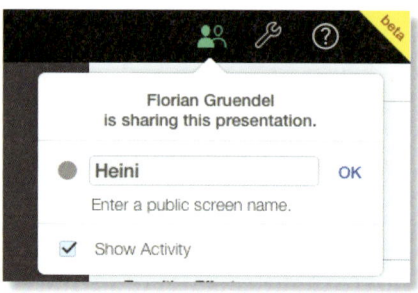

∧ **Abbildung 11.197** *Die eingeladenen Teilnehmer melden sich an.*

Ab sofort kann jeder Teilnehmer an dem Dokument arbeiten, als wäre es sein eigenes. Jede Änderung, die ein Teilnehmer vornimmt, wird automatisch bei den anderen Teilnehmern ebenfalls sichtbar. Bei OS X und iOS geschieht das ganz automatisch, bei der Webversion des jeweiligen Programms blendet der Webbrowser ein entsprechendes Hinweisfenster ein. Bestätigen Sie dieses mit einem Klick auf **OK**, wird das Dokument daraufhin mit den eingefügten Änderungen neu geladen.

∧ **Abbildung 11.198** *Hinweis auf Änderungen in der Webversion*

Da das gleichzeitige autonome Arbeiten mehrerer Teilnehmer am selben Dokument unter Umständen ziemlich kontraproduktiv werden kann, ist es notwendig, sich ganz klare gemeinsame Regeln zu geben bzw. sich parallel dazu per Chat oder Telefon zu verständigen.

Kapitel 12
iTunes und iBooks: Musik und Bücher genießen

iTunes hat sich in den letzten zehn Jahren vom einfachen Programm zum Abspielen von Musik zu einem eigenen Kosmos entwickelt, umgeben von einer Infrastruktur aus Mobilgeräten und Einkaufsmöglichkeiten. iBooks ist unter iOS ein etabliertes Programm und seit Mavericks auch für OS X verfügbar. In diesem Kapitel bekommen Sie einen Einblick in die Möglichkeiten, die iTunes und iBooks Ihnen bieten.

iTunes und der iPod bildeten den Grundstein für den kometenhaften Aufstieg Apples in der vergangenen Dekade. Wohl kaum ein anderes Programm ist dabei für Apple so wichtig wie iTunes. Es ist der Dreh- und Angelpunkt all Ihrer Aktivitäten als Medienkonsument. Das hat für Sie den Vorteil, dass Erwerb und Organisation von Medien ein Kinderspiel sind – besonders dann, wenn Sie nicht nur iTunes verwenden, sondern auch im Besitz einer Apple-ID und Nutzer von iCloud sind. Wenn Sie dann noch iTunes Match nutzen, müssen Sie sich zukünftig gar keine Gedanken mehr über Ihre Medienorganisation machen, denn mit iTu-

nes Match lagern Sie Ihre Musiksammlung (maximal 25.000 Lieder zuzüglich der Einkäufe aus dem iTunes Store) in iCloud aus. Auf diese Weise haben Sie stets auf allen Geräten, auf denen Sie iTunes Match nutzen, Ihre komplette Musiksammlung online verfügbar.

Sie nutzen Ihre Medien also nicht nur am heimischen Mac, sondern auch unterwegs. Auch die Verwendung von Medien abseits Ihres Macs wäre so nicht ohne Weiteres ohne iTunes möglich. Und iTunes ist schon lange nicht mehr exklusiv für den Mac. Auch unter Windows ist iTunes zum Synonym für Medienmana-

< Abbildung 12.1 Ihre private Medienzentrale: iTunes

gement geworden, und es dürfte vermutlich nicht selten der Auslöser für so manchen Wechsel vom PC zum Mac gewesen sein. Ehrlicherweise muss man aber auch eingestehen, dass es vermutlich kein Programm am Mac gibt, das Anwender, speziell Umsteiger, so sehr hassen wie iTunes. Manchmal beschleicht mich in meinem Alltag als Trainer und Supporter der Eindruck, dass sich an iTunes die Geister scheiden: Die einen finden es genial, dass einem iTunes eine einfache Logik vorgibt und viel Arbeit abnimmt, die anderen kommen auch nach Jahren noch nicht mit iTunes klar und benutzen es mehr oder minder widerwillig. Meist nur, um damit ihre Mobilgeräte zu synchronisieren. Mein Tipp: Gehen Sie unbelastet und ohne konkrete Erwartungen an iTunes heran, und lassen Sie sich überraschen, wie hilfreich iTunes sein kann, wenn man sich auf die Logik des Programms einlässt.

12.1 Musik importieren

Die meisten Medien, die heute gekauft werden, sind wohl Downloads, und am häufigsten stammen diese vermutlich aus dem iTunes Store. Dennoch haben viele Leute nach wie vor einige CDs zu Hause, die sie vielleicht gerne auch auf ihrem Computer oder unterwegs auf ihrem iPod oder iPhone hören würden. iTunes bietet die Möglichkeit, CDs auf Ihren Computer zu importieren, was vor allem im Hinblick auf die mobile Nutzung Ihrer Musik sehr hilfreich ist.

HINWEIS

Macs ohne optisches Laufwerk nicht außen vor
In diesem Kapitel haben wir es immer wieder mit optischen Laufwerken zu tun. Alles hier Geschriebene gilt auch für Macs ohne eingebautes optisches Laufwerk. Wenn Sie Zugriff auf ein Laufwerk über die CD-/DVD-Freigabe eines anderen Macs haben oder ein externes Laufwerk anschließen, gelten die folgenden Informationen ohne Abstriche.

Importeinstellungen festlegen

Bevor Sie eine CD importieren, sollten Sie sich Gedanken über das Format machen. Natürlich werden Sie einen guten Klang haben wollen, aber die entstehende Datei sollte auch nicht zu groß werden, denn schließlich werden noch viele weitere hinzukommen, und auch wenn Festplatten heutzutage wirklich erschwinglich geworden sind, will man sich doch nicht die ganze Festplatte ausschließlich mit Musik füllen. Egal, wofür Sie sich entscheiden – ob für Qualität, für Größe oder für eine Zwischenlösung –, Sie müssen iTunes entsprechend einstellen, damit zum Import Ihrer Musik das gewünschte Format verwendet wird.

1 Öffnen Sie die Einstellungen von iTunes.

2 Klicken Sie im Tab **Allgemein** auf den Button **Importeinstellungen**.

3 Wählen Sie im folgenden Fenster aus den Auswahlmenüs die gewünschten Einstellungen aus, und klicken Sie auf den Button **OK**.

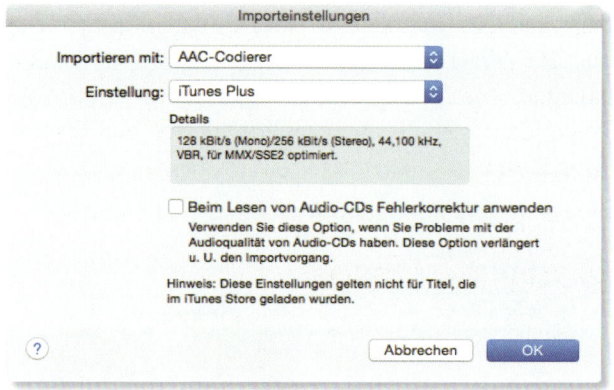

^ **Abbildung 12.2** *Ein Audioformat auswählen*

Die Frage nach dem geeigneten Audioformat muss Sie an dieser Stelle nicht allzu ausgiebig beschäftigen, da Sie Lieder später jederzeit von einem Format in ein anderes umwandeln können. Wenn Sie also eine gute Qualität haben wollen und ohnehin einen iPod oder ein iPhone nutzen, sind Sie mit AAC (der Standardeinstellung) gut beraten. Wenn Sie die Musik auch auf anderen Geräten nutzen wollen, die möglicherweise mit dem Format AAC nichts anfangen können, sind Sie mit MP3 besser beraten, müssen dann aber (bei vergleichbaren Datenraten) einen leichten Qualitätsverlust in Kauf nehmen.

Wenn Sie planen, viele CDs zu importieren, werfen Sie im Bereich **Allgemein** einen Blick auf das Auswahlmenü **Beim Einlegen einer CD**. Wählen Sie hier beispielsweise **CD importieren und auswerfen** aus, wenn Sie viele CDs importieren wollen. Sie müssen dann nichts mehr tun, außer eine CD nach der anderen einzulegen. Alles Weitere übernimmt iTunes für Sie. Im folgenden Beispiel gehen wir von der Standardeinstellung **Zum Importieren der CD auffordern** aus.

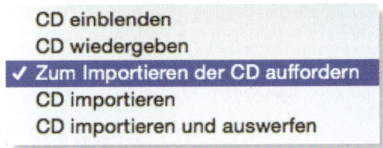

∧ **Abbildung 12.3** *Hier stellen Sie ein, was iTunes tun soll, nachdem eine Musik-CD eingelegt wurde.*

CDs importieren

Nachdem Sie das Importformat festgelegt haben, steht dem Import Ihrer Musiksammlung nichts mehr im Wege.

1 Legen Sie eine CD ein. iTunes fragt daraufhin eine CD-Datenbank im Internet ab, um die Titel und wei-

tere Informationen zu der CD oder den einzelnen Liedern zu erhalten. So sparen Sie sich lästige Tipperei. Diese Abfrage ist standardmäßig aktiviert. Wenn Sie das nicht möchten, dann deaktivieren Sie in den Einstellungen von iTunes im Tab **Allgemein** das Häkchen bei **CD-Titelnamen automatisch vom Internet abrufen**.

2 Sind die Ergebnisse der Datenbankabfrage nicht eindeutig, blendet iTunes ein Fenster mit möglichen Treffern ein, aus denen Sie dann das richtige Album auswählen können.

Ist die CD auch in der Trefferliste nicht aufgeführt, ist sie möglicherweise (noch) nicht in der Datenbank. Das kann ein Indiz für eine sehr neue CD, eine sehr alte CD oder für einen besonders exquisiten Musikgeschmack sein. Klicken Sie in einem solchen Fall auf **Abbrechen**. In den meisten Fällen werden Sie jedoch überrascht sein, wie umfangreich die Datenbank ist, und die meisten Ihrer CDs dürften auf Anhieb korrekt erkannt werden.

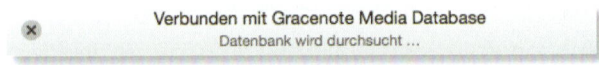

∧ **Abbildung 12.4** *Die CD wird abgefragt.*

3 Wurde die CD dennoch einmal nicht erkannt, haben Sie natürlich auch die Möglichkeit, die Daten für die CD vor dem Import selbst einzugeben (oder nach dem Import, die Vorgehensweise bleibt die gleiche). Ansonsten würden die importierten Titel nur **Titel 01** bis **Titel x** heißen.

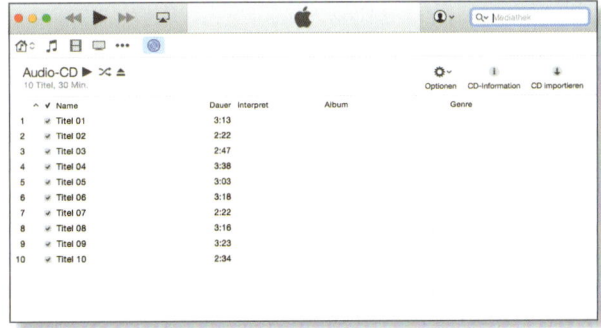

∧ **Abbildung 12.5** *Eine CD mit unbekannten Titeln*

4 Markieren Sie dazu das unbekannte Lied, und klicken Sie auf **Ablage > Informationen**, oder nutzen Sie den Tastaturbefehl `cmd` + `I`.

5 Geben Sie im Tab **Details** in die Felder die gewünschten Informationen ein, soweit Sie darüber verfügen. Die wichtigsten Informationen sind hier der **Titelname** ❶, der **Interpret** ❷ und das **Album** ❸.

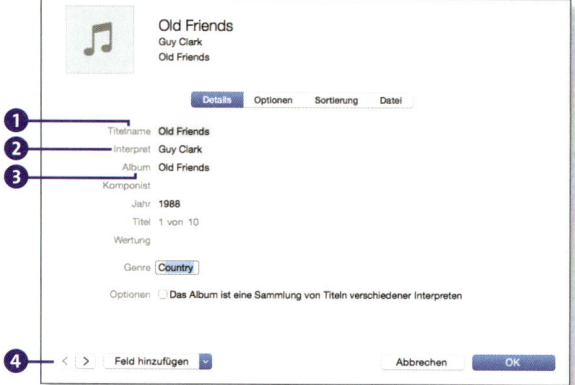

▲ **Abbildung 12.6** Im Infofenster geben Sie Titelinformationen ein und ändern sie.

6 Klicken Sie auf den Button **OK**. Wenn Sie die Informationen zu weiteren Liedern angeben wollen, klicken Sie auf den Pfeil-Button ❹.

TIPP

Nicht alles importieren
iTunes importiert stets alle Lieder einer CD, wenn Sie nicht vorher eine entsprechend andere Wahl getroffen haben. Um ein Lied vom Import auszunehmen, entfernen Sie das Häkchen vor dem Namen des Liedes.

7 Das weitere Vorgehen hängt nun von Ihren Einstellungen zum Verhalten von iTunes, wenn eine CD eingelegt wird, ab. Haben Sie beispielsweise **CD einblenden** ausgewählt, zeigt iTunes die CD an und wird weiter nicht aktiv. Sie können nun den Import selbst durch Klick auf den Button **CD importieren** veranlassen. Und auch auf die eingangs erwähnten Einstellungen haben Sie hier direkten Zugriff.

Haben Sie zuvor ausgewählt, dass iTunes die CD importieren und anschließend auswerfen soll, müssen Sie gar nichts machen, und iTunes importiert gerade vermutlich bereits das zweite oder dritte Lied. Wir haben für unser Beispiel ausgewählt, dass iTunes eine Aufforderung zum Import der CD anzeigen soll – und die erscheint auch nach dem Einlegen der CD und der Datenbankabfrage.

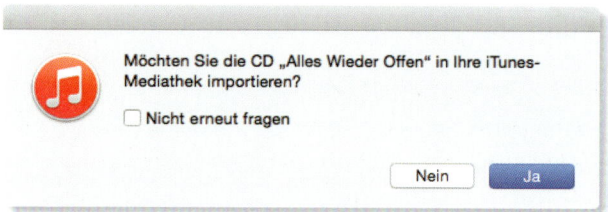

▲ **Abbildung 12.7** iTunes fragt hier, ob eine eingelegte CD importiert werden soll.

8 Klicken Sie im Dialogfenster, das Sie fragt, ob die CD importiert werden soll, auf den Button **Ja**. iTunes importiert anschließend die CD und wandelt die Lieder in Musikdateien im zuvor eingestellten Audioformat um.

▲ **Abbildung 12.8** Eine CD wird importiert.

Nach Abschluss des Imports sucht iTunes im iTunes Store nach dem Cover, das zur CD gehört, und fügt es automatisch hinzu. Auch hier kommt es wie zuvor bei der Titelabfrage in seltenen Fällen dazu, dass kein Cover geladen werden kann – etwa wenn Sie (noch) nicht im iTunes Store angemeldet sind. Aber selbst wenn Sie angemeldet sind, wird hin und wieder kein Cover oder ein falsches Cover gefunden. Auch in diesem Fall können Sie sich selbst helfen, im nächsten Abschnitt erfahren Sie, wie.

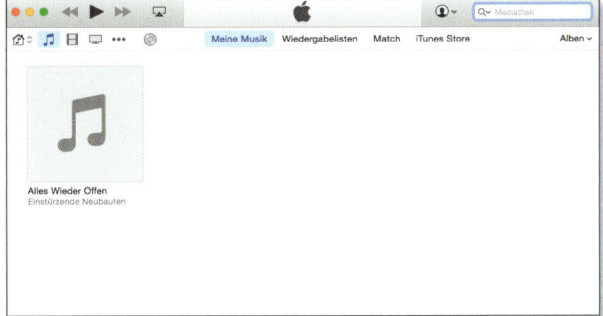

▲ Abbildung 12.9 *Das Album ist importiert, es wurde aber kein Cover gefunden.*

Titelinformationen senden
Nachdem Sie eine noch nicht erkannte CD benannt haben, können Sie, wenn Sie möchten, die Informationen an die CD-Datenbank im Internet übermitteln. Da diese Datenbank größtenteils von Freiwilligen »gefüttert« wird, werden Sie bei vielen zu importierenden CDs von der Arbeit anderer profitieren. Übermitteln Sie Ihre Informationen ebenfalls an die Datenbank. Jemand anderes wird sich freuen und es Ihnen danken. Klicken Sie auf den Button **Optionen**, und wählen Sie im Auswahlmenü den Eintrag **CD-Titelnamen senden**. Die Daten werden nun an die Datenbank übermittelt.

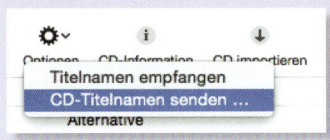

▲ Abbildung 12.10 *Wenn jeder ein bisschen hilft, ist allen viel geholfen.*

CD-Cover manuell hinzufügen

Auch wenn heruntergeladene Musik nicht per se ein Cover bräuchte, ist es doch schön, zur Musik auch ein Bild zu haben.

1 Markieren Sie die gewünschten Lieder.

2 Öffnen Sie die Informationen über **Ablage > Informationen**. Unter Umständen fragt iTunes in einer Meldung, ob Sie wirklich mehrere Titel gleichzeitig bearbeiten wollen.

3 Ziehen Sie im Tab **Details** eine Bilddatei per Drag & Drop in das Cover-Feld **5**.

4 Klicken Sie auf den Button **OK**. Das Cover ist nun den importierten Liedern zugeordnet.

▲ Abbildung 12.11 *Jetzt mit Cover. Viel schöner.*

TIPP

Lieder in ein anderes Format umwandeln
Wenn Sie Lieder beispielsweise aus dem MP3-Format in AAC umwandeln wollen, wählen Sie zunächst das gewünschte Format – in dem Fall AAC – in den Importeinstellungen von iTunes aus.

Klicken Sie anschließend mit der rechten Maustaste auf das Lied, das umgewandelt werden soll. Im folgenden Kontextmenü wählen Sie dann **AAC-Version erstellen**.

Nachdem Sie ein paar CDs importiert haben, wird es Zeit, die Musik zu organisieren und die Programmoberfläche von iTunes genauer kennenzulernen. Denn mit zunehmender Größe der Musiksammlung wird es in der Mediathek immer unübersichtlicher. Um Abhilfe zu schaffen, bietet iTunes viele Möglichkeiten, die Mediathek zu organisieren.

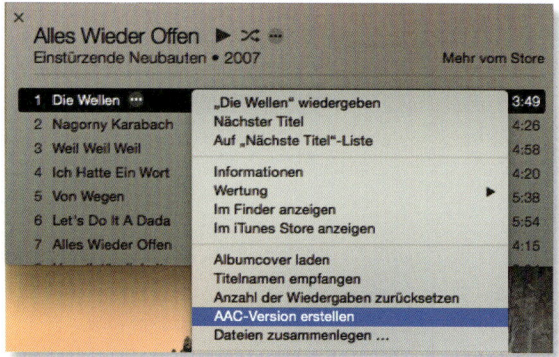

▲ **Abbildung 12.12** *Ein Lied in ein anderes Format umwandeln*

12.2 Die Programmoberfläche von iTunes

Nachdem Sie also ein paar Lieder importiert haben, können Sie das Potenzial von iTunes richtig ausschöpfen. Sehen wir uns dazu zunächst einmal die Oberfläche von iTunes an. In der Symbolleiste von iTunes finden Sie die Abspielsteuerung. Sie besteht aus Buttons, um vor- bzw. zurückzuspringen, und dazwischen sitzt der Play-Button, der während der Wiedergabe zu einem Pause-Button wird. Daneben befindet sich ein Slider, um die Lautstärke zu regeln. Die Lautstärke ist natürlich von der Gesamtlautstärke Ihres Macs abhängig, die Sie in der Menüleiste durch einen Klick auf den kleinen Lautsprecher anpassen. Wenn also die Musik sehr leise ist, obwohl Sie die Lautstärke in iTunes auf Maximum gestellt haben, ist vermutlich die Systemlautstärke ziemlich niedrig eingestellt. Rechts neben dem Lautstärkeregler befindet sich das Icon für AirPlay. Dieses Icon wird jedoch nur angezeigt, wenn entsprechende AirPlay-Empfänger verfügbar sind. Ansonsten wird das Icon ausgeblendet.

▲ **Abbildung 12.13** *Die Abspielsteuerung in der Symbolleiste von iTunes*

Das zentrale Element in der Symbolleiste ist das Display, das die Informationen zum gespielten Lied anzeigt.

▲ **Abbildung 12.14** *Das Display in der Symbolleiste zeigt weitere Informationen an.*

Rechts davon finden Sie in der Symbolleiste ein Feld zur Anmeldung beim iTunes Store, ein Suchfeld und einen Button, der die Downloads anzeigt. Allerdings wird auch dieser Button nur dann angezeigt, wenn Downloads verfügbar sind bzw. gerade stattfinden.

▲ **Abbildung 12.15** *Elemente rechts vom »Display«*

Unter der Symbolleiste finden Sie den wichtigsten Bereich zur Organisation und Navigation in iTunes. Im Gegensatz zu früheren iTunes-Versionen werden viele Elemente der Benutzeroberfläche nur kontextabhängig angezeigt, sodass ein allgemeingültiger »Rundgang« durch die Oberfläche hier wenig zielführend wäre.

▲ **Abbildung 12.16** *Zentrales Element zur Organisation von Inhalten: die Navigationsleiste*

Mithilfe der Navigationsleiste organisieren Sie iTunes, wie es für Sie am besten passt.

Der erste Button in der Navigationsleiste wird Ihnen nur angezeigt, wenn sich aktuell eine freigegebene Mediathek eines anderen Rechners oder iOS-Geräts in Ihrem lokalen Netzwerk befindet (Lesen Sie dazu den Abschnitt »Freigaben für die Nutzung im Netzwerk« ab Seite 469.), ansonsten wird auch dieser ausgeblendet. Nach einem Klick auf das Haussymbol ❶ können Sie im folgenden Menü wählen, ob Sie die Musik oder andere Inhalte der Mediathek Ihres Macs verwenden wollen oder ob Sie eine im Netzwerk freigegebene Mediathek nutzen wollen.

▲ **Abbildung 12.17** *Die eigene Mediathek oder eine im lokalen Netzwerk freigegebene Mediathek auswählen*

Mit einem Klick auf einen der folgenden drei Buttons, von Apple vorausgewählt, **Musik ❷**, **Filme ❸** oder **TV-Sendungen ❹**, gelangen Sie in den entsprechenden Bereich Ihrer Mediathek. Wirklich interessant ist aber erst der folgende Button **Mehr ❺**, der durch drei Punkte symbolisiert wird. Ein Klick auf diesen Button zeigt ein Menü, in dem Sie durch Klick auf die gewünschte Medienart in den entsprechenden Bereich der Mediathek wechseln. Das entsprechende Symbol wird dann für die Dauer des Aufrufs der Navigationsleiste hinzugefügt. Wollen Sie einen Button aus der Navigationsleiste, den Sie nicht brauchen, loswerden bzw. dauerhafte Anpassungen vornehmen, klicken Sie am Ende des Menüs auf **Bearbeiten**, und entfernen oder setzen Sie die Häkchen nach Ihrer Präferenz. Wenn Sie die Einstellungen wie gewünscht angepasst haben, klicken Sie auf **Fertig ❻**.

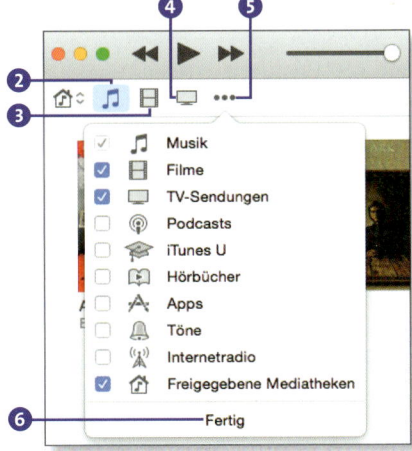

▲ **Abbildung 12.18** *Die Medienquellen nach den eigenen Bedürfnissen anpassen*

Abhängig von der gerade ausgewählten Medienart verändern sich die weiteren Auswahlmöglichkeiten in der Navigationsleiste. Im Falle von Musik sehen Sie in der Mitte dieser Liste die Kategorien **Meine Musik ❼**, **Wiedergabelisten ❽**, **Match ❾** und **iTunes Store ❿**. Am rechten Fensterrand sehen Sie den Button **Alben ⓫**. Klicken Sie darauf, können Sie in einem Auswahlmenü die Darstellung der aktuellen Kategorie anpassen.

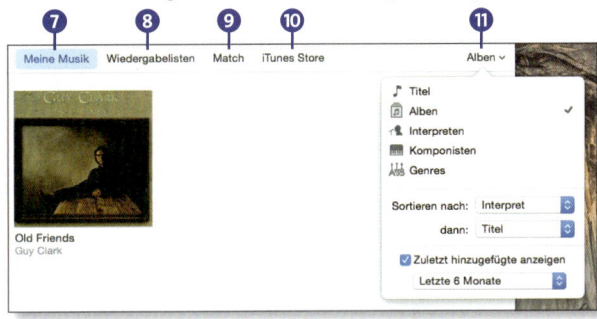

▲ **Abbildung 12.19** *Anpassungen bei der aktuellen Kategorie vornehmen*

Je nach den Einstellungen, die Sie hier vornehmen, ändert sich die Darstellung der Inhalte. Das ganze Fenster von iTunes kann dann beispielsweise wie in Abbildung 12.21 aussehen.

Eine hilfreiche Ergänzung, die Ihnen weitere Informationen zu den jeweils ausgewählten Inhalten bietet, ist die Statusleiste am unteren Rand des Fensters. Zum Anzeigen der Leiste klicken Sie auf **Darstellung** > **Statusleiste einblenden** oder verwenden den Tastaturbefehl cmd + ß .

▲ **Abbildung 12.20** *Praktisch: die Statusleiste am unteren Fensterrand*

< *Abbildung 12.21* Die Programmoberfläche von iTunes

12.3 Musik verwalten

Nun wollen Sie natürlich nicht immer nur einen Titel oder eine komplette CD anhören, sondern sicher auch mal einen Mix verschiedener Alben und Interpreten. Dazu eignen sich die Wiedergabelisten.

Eine Wiedergabeliste anlegen

In iTunes können Sie Wiedergabelisten erstellen und diesen Listen Lieder manuell hinzufügen. So erstellen Sie quasi das digitale Pendant zum Mixtape.

1 Klicken Sie in der Navigationsleiste auf die Kategorie **Wiedergabelisten**. In dieser Ansicht begegnet uns ein u. a. aus dem Finder bekanntes Fensteraufteilungskonzept zur Strukturierung von Inhalten erneut: die Seitenleiste.

2 Klicken Sie auf den Plus-Button ❶ unter der Seitenleiste.

3 Wählen Sie aus dem folgenden Auswahlmenü **Neue Wiedergabeliste** aus. iTunes legt daraufhin eine neue Wiedergabeliste an.

4 Geben Sie nach einem Klick in das Eingabefeld der Wiedergabeliste einen Namen ❷.

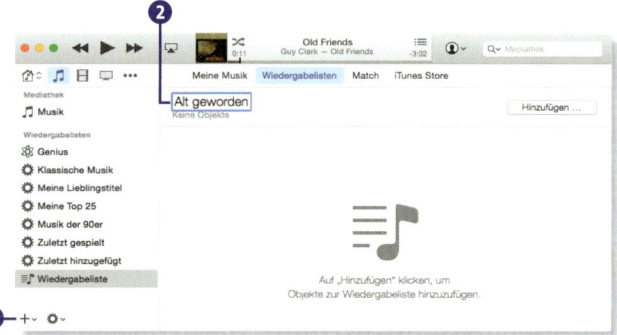

^ *Abbildung 12.22* Eine neue Wiedergabeliste wird angelegt.

Im Hauptteil des Fensters sehen Sie zunächst nichts, denn Ihre Wiedergabeliste muss ja erst mal mit Liedern gefüllt werden.

5 Klicken Sie auf den Button **Hinzufügen**, und wählen Sie die gewünschten Lieder aus. Ziehen Sie die Lieder per Drag & Drop in die Wiedergabeliste in der rechten Seitenleiste.

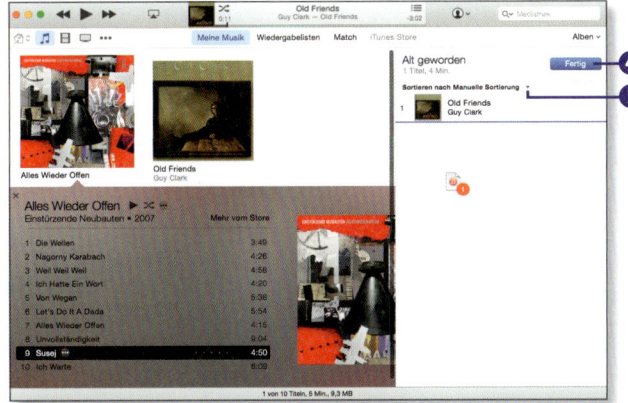

▲ **Abbildung 12.23** *Das zweite Lied wird der Wiedergabeliste »Alt geworden« hinzugefügt.*

Sie können der Wiedergabeliste beliebig viele Titel hinzufügen und die Reihenfolge der Titel in der Wiedergabeliste mithilfe des Sortiermenüs ❸ umsortieren. Wenn Sie hier die Option **Manuelle Sortierung** ausgewählt haben, bringen Sie die Titel per Drag & Drop in die richtige Reihenfolge.

❻ Wenn Sie mit der Wiedergabeliste zufrieden sind, klicken Sie auf den Button **Fertig** ❹.

▲ **Abbildung 12.24** *Eine (noch nicht sehr üppig) gefüllte Wiedergabeliste*

INFO

Titel bleiben in der Mediathek

Mit dem Hinzufügen eines Titels zu einer Wiedergabeliste verschieben Sie nicht den Titel in die Wiedergabeliste, sondern erstellen quasi nur eine logische Zuordnung. Einzelne Titel können daher in mehreren Wiedergabelisten vertreten sein.

So schön eine individuelle Wiedergabeliste auch ist – das ideale *Werkzeug* für Ordnung und Überblick in einer sich stetig vergrößernden Mediathek ist sie nicht. Ähnlich wie im Finder gibt es auch in iTunes von Haus aus reichlich Möglichkeiten, die Darstellung und Sortierung der Inhalte anzupassen und so für Übersicht zu sorgen. Sicher haben Sie bereits die entsprechenden Buttons für die verschiedenen Ansichten entdeckt; und auch der Spaltenbrowser ❺, den Sie mit einem Klick auf **Darstellung > Spaltenbrowser > Spaltenbrowser einblenden** aktivieren und anpassen, ist eine Hilfe.

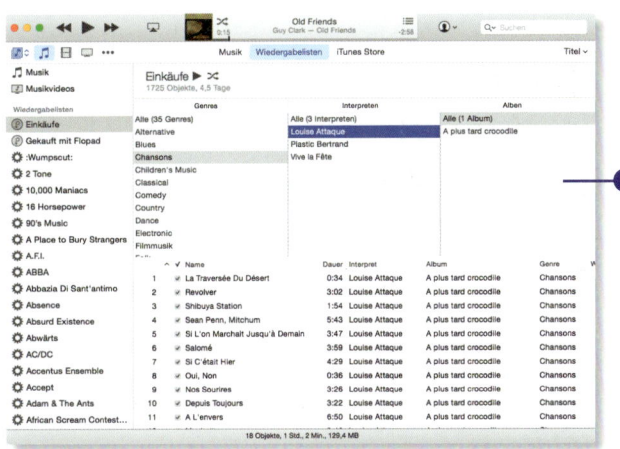

▲ **Abbildung 12.25** *Der Spaltenbrowser hilft bei der Übersicht.*

Die flexibelste – und vor allem die am besten an Ihre Bedürfnisse anpassbare – Lösung, um für Übersicht zu sorgen, dürften jedoch intelligente Wiedergabelisten sein.

Eine intelligente Wiedergabeliste anlegen

Ähnlich, wie Sie es schon vom Finder und den intelligenten Suchen oder von Mail mit intelligenten Postfächern her kennen, lassen sich in iTunes intelligente Wiedergabelisten anlegen, die Ihnen eine Menge Arbeit abnehmen.

Klicken Sie auf **Ablage > Neu > Intelligente Wiedergabeliste**, oder drücken Sie [alt] + [cmd] + [N]. Im folgenden Fenster stellen Sie die Kriterien für die intelligente Wiedergabeliste zusammen.

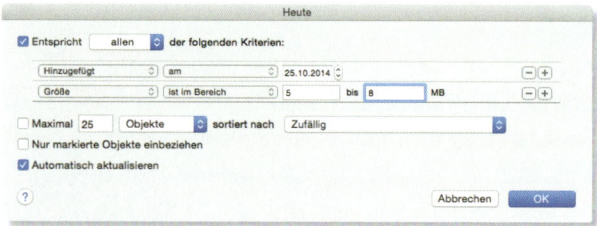

^ **Abbildung 12.26** *Parameter für eine intelligente Wiedergabeliste zusammenstellen*

Auch bei intelligenten Playlisten steht Ihnen eine Vielzahl beliebig kombinierbarer Suchparameter zur Verfügung. Ebenso wie bei den intelligenten Ordnern im Finder fügen Sie auch bei den intelligenten Playlists durch Drücken der Taste ⌥alt bei gleichzeitigem Klicken auf den Plus-Button neue Parameter mit Bedingungen ❶ hinzu.

^ **Abbildung 12.27** *Komplexe Suchabfragen mit mehreren Bedingungen*

Wiedergabelisten auf CD brennen

Nachdem Sie nun einfache und intelligente Wiedergabelisten kennengelernt haben, stellt sich die Frage nach der Verwendung von Wiedergabelisten. Bei den intelligenten Wiedergabelisten ist das relativ eindeutig: Diese eignen sich vor allem dafür, für Struktur und Überblick zu sorgen. Anders sieht es bei liebevoll von Hand zusammengestellten Wiedergabelisten aus. Die erstellt man ja für gewöhnlich nicht zum Selbstzweck, sondern aus idealerweise guten Gründen. Schließlich steckt ja auch Mühe darin, und eine gute Musikzusam-

menstellung ist alles andere als trivial. Wer mehr über die »Wissenschaft« eines guten Mixtapes und dessen essenziellen Wert erfahren möchte, dem sei an dieser Stelle der Film (und das Buch) High Fidelity empfohlen.

^ **Abbildung 12.28** *Eine Wiedergabeliste soll auf CD gebrannt werden.*

Eine gelungene Wiedergabeliste schreit also förmlich nach weiterer Verwendung. Die naheliegendste Verwendung ist, die Wiedergabeliste auf CD zu brennen, um diese an Freunde zu verschenken – so wie früher die Mixtapes.

1 Markieren Sie in der Seitenleiste die gewünschte Wiedergabeliste.

2 Klicken Sie auf **Ablage > Wiedergabeliste auf Medium brennen**.

3 Wählen Sie im folgenden Dialogfenster die gewünschten Brenneinstellungen aus. **Audio-CD** erstellt eine Musik-CD, die in jedem handelsüblichen CD-Player abgespielt werden kann. Entscheiden Sie sich für die Option **MP3-CD**, wenn Sie die CD beispielsweise in einem MP3-fähigen CD-Player im Auto abspielen wollen. Mit **Daten-CD oder -DVD** wird eine CD oder DVD erstellt, auf der die Dateien als Dateien und nicht als Musikstücke vorhanden sind. In einfachen CD-Playern ist diese CD meist nicht zu verwenden.

4 Klicken Sie auf den Button **Brennen**. Anschließend startet iTunes den Brennvorgang. Dazu müssen Sie bereits eine beschreibbare CD eingelegt haben. Je nach Länge der Wiedergabeliste und Ihren Einstellungen im Brenndialog findet die Wiedergabeliste auf einer einzigen CD möglicherweise nicht genügend Platz. iTunes bietet in so einem Fall an, die Wiedergabeliste auf mehrere CDs aufzuteilen.

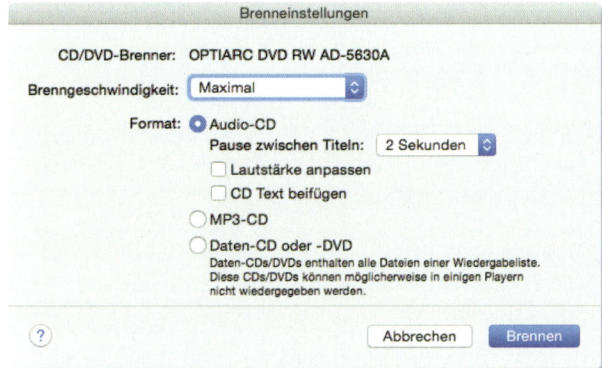

▲ **Abbildung 12.29** *Der Brenndialog von iTunes*

Während des Brennvorgangs zeigt iTunes den aktuellen Status im »Display« in der Symbolleiste an.

▲ **Abbildung 12.30** *Der aktuelle Status des Brennvorgangs wird in der Anzeige in der Symbolleiste angezeigt.*

Nach Abschluss des Brennvorgangs zeigt iTunes die CD in der Navigationsleiste an. Bevor Sie die CD auswerfen, sollten Sie kurz ein paar Hörstichproben machen, um sicherzugehen, dass auch alles gut geklappt hat (auch wenn iTunes andernfalls eine Meldung angezeigt hätte) und die CD ordnungsgemäß abgespielt wird.

CD-Cover ausdrucken

Jetzt haben Sie zwar eine schöne, persönliche CD, aber was wäre eine CD (gerade wenn es sich um ein sehr persönliches Geschenk handelt) ohne ein schönes CD-Cover?

1 Markieren Sie die gewünschte Wiedergabeliste in der Seitenleiste.

2 Klicken Sie auf **Ablage > Drucken**, oder verwenden Sie den Tastaturbefehl ⌘cmd⌘ + ⌘P⌘.

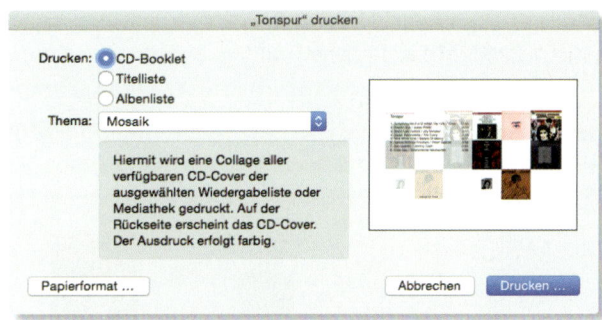

▲ **Abbildung 12.31** *Die Druckoptionen in iTunes*

3 Wählen Sie im folgenden Fenster das gewünschte Aussehen des Covers aus. Um einen kompletten CD-Einleger zu drucken, wählen Sie bei **Drucken** die Option **CD-Booklet**. Unter **Thema** stehen Ihnen dann verschiedene Designs zur Verfügung.

INFO

Remote
Remote ist eine kostenlose App für iOS-Geräte wie iPhone, iPod touch oder iPad, mit der sich iTunes fernsteuern lässt. Dazu ist es lediglich nötig, in iTunes die Privatfreigabe im Menü **Ablage > Privatfreigabe** zu aktivieren, die App auf dem iPhone zu starten und den Anweisungen zu folgen. Anschließend lässt sich iTunes auf Ihrem Mac bequem vom iPhone oder iPad aus fernsteuern.

◄ **Abbildung 12.32**
iTunes auf dem Mac von iOS aus fernsteuern

4 Klicken Sie auf den Button **Drucken**. Anschließend druckt iTunes das Cover aus. Zusätzlich zum Cover druckt iTunes an den Rändern Schnitt- und Falzmarken, damit Sie das Cover auf die perfekte Größe und Form bringen können.

⌃ **Abbildung 12.33** Das ausgedruckte Cover mit Schnitt- und Falzmarken

Nächste Titel

Eine weitere praktische Funktion ist die Wiedergabeliste **Nächste Titel**. Diese besondere Wiedergabeliste macht ihrem Namen alle Ehre, denn sie »kümmert« sich nur um die unmittelbar folgenden Lieder. Eine weitere Besonderheit ist, dass Sie diese Wiedergabeliste nicht in der Übersicht **Wiedergabelisten** finden, sondern rechts in der Statusanzeige der Symbolleiste. Dort allerdings versteckt sie sich hinter einem unscheinbaren Listensymbol ❶.

⌃ **Abbildung 12.34** Wirkt zunächst unscheinbar, ist aber sehr praktisch: »Nächste Titel«

Um zu verstehen, in welchem Kontext diese Wiedergabeliste nützlich sein kann, stellen Sie sich vor, Sie wollen beispielsweise drei oder vier Lieder nacheinander hören, aber dafür nicht extra eine neue Wiedergabeliste anlegen. Hier bietet es sich an, diese Lieder ein-

fach der Wiedergabeliste **Nächste Titel** hinzuzufügen, denn diese Wiedergabeliste steht immer zur Verfügung.

1 Klicken Sie mit rechts auf das Lied, das Sie der Wiedergabeliste **Nächste Titel** hinzufügen wollen, um das Kontextmenü aufzurufen. Alternativ reicht es, den Button **Mehr** (mit den drei Punkten) anzuklicken, der beim Überfahren eines Liedes mit dem Mauszeiger sichtbar wird.

Klicken Sie im folgenden Kontextmenü auf **Auf „Nächste Titel"-Liste**. Das Lied wird nun der Liste hinzugefügt.

⌃ **Abbildung 12.35** Musiktitel der »Nächste Titel«-Liste hinzufügen

2 Fügen Sie auf die gleiche Weise weitere Titel zur Liste hinzu. Jeder neue Titel wird nun jeweils am Ende der Liste hinzugefügt. Sie haben jedoch die Möglichkeit, auch Titel am Anfang der Liste hinzuzufügen.

3 Klicken Sie dazu im Kontextmenü eines Liedes auf **Nächster Titel**. Das ausgewählte Lied wird nun nicht am Ende, sondern am Beginn der Liste hinzugefügt.

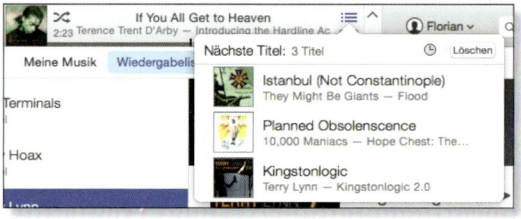

⌃ **Abbildung 12.36** »Nächste Titel« füllt sich.

Das Besondere an dieser Wiedergabeliste ist also, dass sie eigentlich niemals fertig wird, weil Sie jederzeit weitere Lieder sowohl am Anfang als auch am Ende der Liste hinzufügen können. Dabei hat die Liste auch noch einen praktischen Nebeneffekt, denn sie dient auch als Historie. Ein Klick auf das Uhrensymbol ❷ in der eingeblendeten Liste wechselt von der Ansicht der aktuellen Liste zur Verlaufsansicht **Zuletzt Gespieltes**.

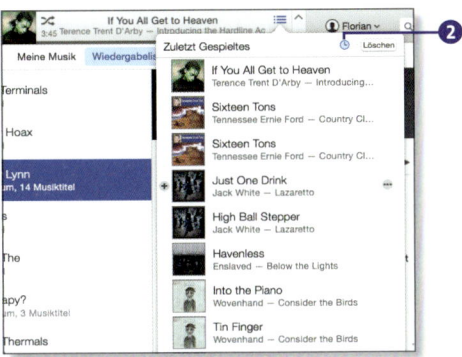

^ **Abbildung 12.37** Zuletzt gespielte Lieder

Einen Stream mit iTunes anhören

Sollten Sie einmal genug von Ihrer eigenen Musiksammlung haben, können Sie sich die Zeit auch ein wenig mit Radiohören zerstreuen.

1 Klicken Sie in der Navigationsleiste auf die drei Punkte, und wählen Sie aus dem Menü den Bereich **Internetradio** aus. iTunes zeigt nun eine Liste verfügbarer Webradios. Zur besseren Orientierung sind die Radiostationen in Kategorien wie z. B. **Blues** und **Classic Rock** einsortiert. Deutsche Sender sind allerdings Mangelware.

^ **Abbildung 12.38** Reichlich Auswahl: Internetradiostationen

2 Wählen Sie die gewünschte Radiostation durch einen Doppelklick aus. Nach wenigen Sekunden beginnt der Stream, und Sie hören die ausgewählte Radiostation.

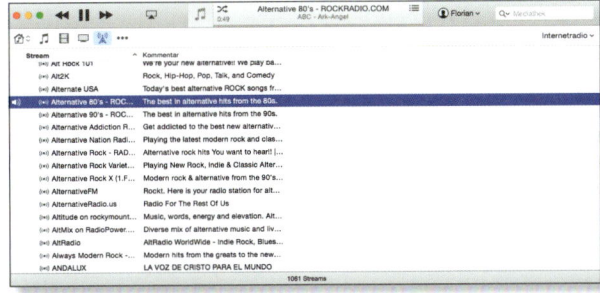

^ **Abbildung 12.39** Eine Internetradiostation

Da es sich bei vielen Internetradiostationen um ein Hobby des Betreibers handelt, ist es nicht unwahrscheinlich, dass Sie nach der Auswahl einer Radiostation nichts zu hören bekommen. Der ausgewählte Sender ist dann eben derzeit nicht verfügbar.

Haben Sie eine Radiostation gefunden, die Ihnen besonders gut gefällt, können Sie sie per Drag & Drop zu einer Wiedergabeliste hinzufügen.

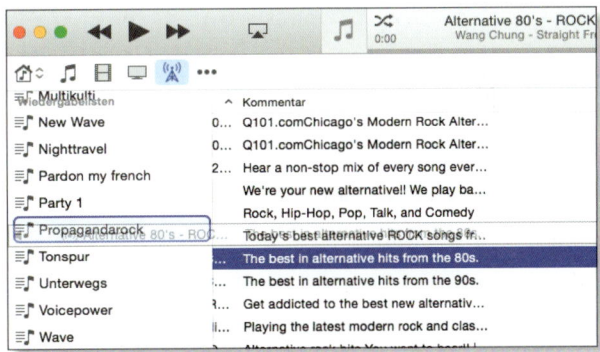

^ **Abbildung 12.40** Fügen Sie Ihre Lieblingsradiostationen für den schnellen Zugriff einer Wiedergabeliste hinzu.

Zusätzlich zu der Riesenauswahl bereits verfügbarer Radiostationen können Sie weitere Livestreams selbst hinzufügen.

1 Klicken Sie auf **Ablage > Stream öffnen**, oder nutzen Sie den Tastaturbefehl ⌘ + U.

2 Geben Sie die URL des gewünschten Webradios ein, und klicken Sie auf den Button **OK**. Anschließend fügt iTunes den angegebenen Stream zu Ihrer Musik hinzu.

^ **Abbildung 12.41** *Eine Radiostation hinzufügen*

Da die Liste der Radiostationen nicht geändert werden kann, werden neu hinzugefügte Webradios nicht zum Punkt **Radio**, sondern allgemein zu Ihrer Mediathek hinzugefügt.

INFO

Internetradio ist nicht iTunes Radio
Apple bietet auch einen Dienst namens iTunes Radio (*http://www.apple.com/itunes/itunes-radio*) an, der es ermöglicht, sich quasi eigene Radiostationen zusammenzustellen. Bis zur Drucklegung dieses Buches war dieser Musik-Streaming-Dienst jedoch nur in den USA verfügbar. Dieser Apple-eigene Radiodienst hat nichts mit den Internetradiostationen des vorangegangenen Abschnitts zu tun. Es handelt sich hier sowohl inhaltlich als auch technologisch um unterschiedliche Angebote.

12.4 Der iTunes Store

In diesem Abschnitt wollen wir uns den iTunes Store genauer ansehen. Mithilfe des iTunes Stores kom-

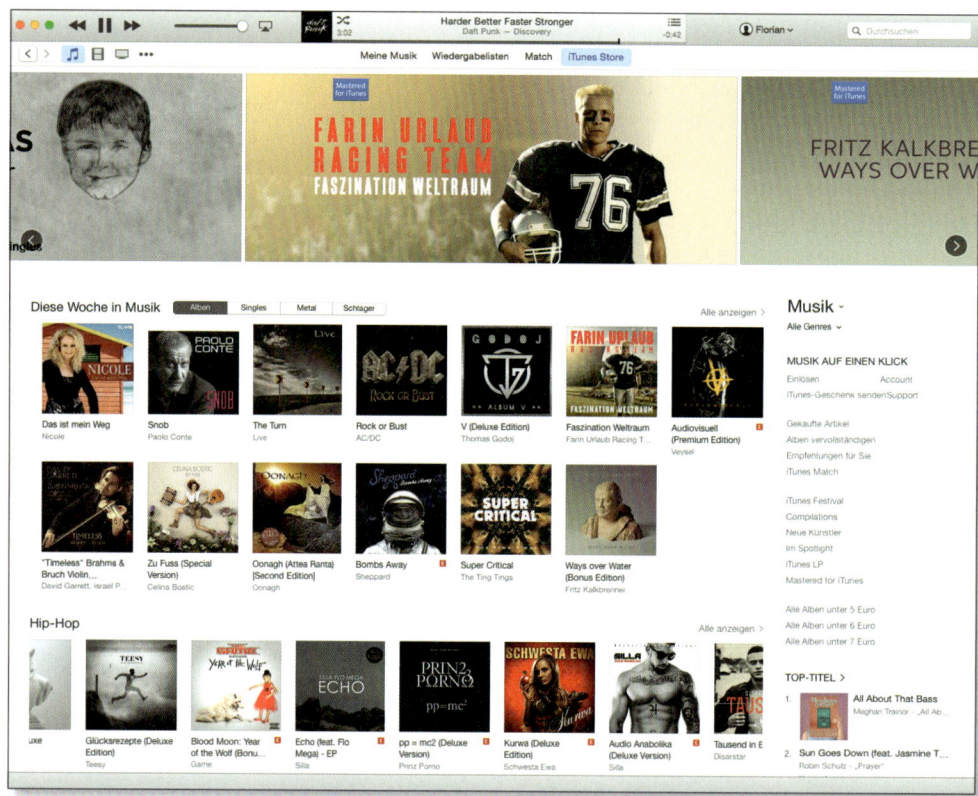

< **Abbildung 12.42**
Die Startseite des iTunes Stores

men Sie einfach und bequem an digitale Inhalte. Seine nahtlose Integration in iTunes macht ihn einfach und intuitiv benutzbar, und die erstaunliche Vielfalt des Angebots macht wirklich nur noch in seltenen Fällen den Weg zum CD-Geschäft nötig. Der iTunes Store ist nicht nur ein clever in iTunes integrierter, aber ansonsten *gewöhnlicher* Online Store, er bietet sehr viel mehr, als *nur* Medien zu kaufen.

Sie können sich zwar auf den reinen Einkauf beschränken, wenn Sie möchten. Dann verzichten Sie aber auf einigen Komfort, der durch die enge Verzahnung von iTunes, dem iTunes Store und den weiteren Geräten des *iTunes-Ökosystems* entsteht. Die Nutzung der gekauften Dateien auf mehreren Geräten und im lokalen Netzwerk, die Integration von iCloud und nicht zuletzt iTunes Match machen aus iTunes und dem iTunes Store eben mehr als nur einen *Online Store für digitale Medien* – sie machen iTunes in Gänze zur zentralen Drehscheibe des digitalen Lebensstils.

Außerdem haben Sie über den iTunes Store Zugriff auf zahlreiche kostenlose Podcasts sowie iTunes U, über das mediale Lerninhalte von Universitäten aus der ganzen Welt zugänglich sind. Schauen wir uns daher zunächst an, wie Sie Podcasts und iTunes U im iTunes Store finden und abonnieren. Ab Seite 462 lesen Sie dann, wie Sie im iTunes Store Musik einkaufen.

Podcasts im iTunes Store

Podcasts sind Audio- und Videodateien, ähnlich wie Radio- und Fernsehsendungen. Podcasts erstellen kann allerdings jeder, und es gibt daher eine Fülle an Podcasts für alle Interessengebiete. Mit iTunes können Sie ein riesiges Podcast-Verzeichnis nach Ihren Interessen durchsuchen und die gewünschten Podcasts kostenfrei abonnieren.

1 Klicken Sie dazu in der Navigationsleiste auf den Button **Mehr** ❶, und wählen Sie im folgenden Menü **Podcasts**.

∧ **Abbildung 12.43** Podcasts auswählen

2 Da Sie hier vermutlich noch keine Inhalte geladen haben, klicken Sie in der Mitte der Navigationsleiste auf die Kategorie **iTunes Store**. iTunes lädt nun im Store gleich den relevanten Bereich **Podcasts**.

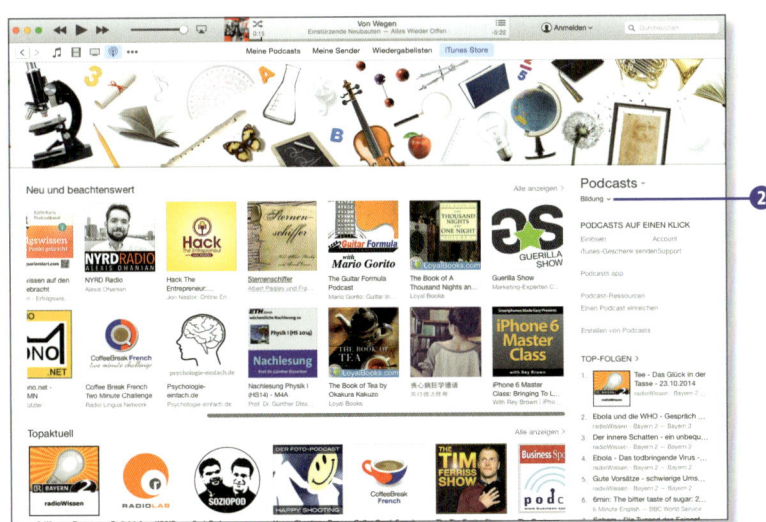

< **Abbildung 12.44** Die Übersicht zeigt Podcasts an.

3 Im iTunes Store sehen Sie nun eine Übersicht über die verfügbaren Podcasts (siehe Abbildung 12.44). Die Auswahl ist, wie gesagt, riesig, und Sie werden vermutlich eine Weile stöbern. Viele Medienunternehmen und Rundfunkanstalten veröffentlichen ihre Sendungen hier als Podcasts. Nutzen Sie vor allem die Navigationselemente am rechten Rand wie z. B. das Auswahlmenü für die Kategorien ❷ (siehe Abbildung 12.44), um einen ausführlichen Überblick über die verfügbaren Podcasts zu bekommen beziehungsweise bestimmte Themenschwerpunkte aufzurufen.

Um weitere Informationen zu einem Podcast zu erhalten, klicken Sie auf den Namen oder das Cover des Podcasts. Sie erhalten dann meist eine Beschreibung des Podcasts sowie eine Übersicht über die verfügbaren Folgen.

Einen Podcast abonnieren

Um den Podcast aus dem iTunes Store auf Ihren Mac zu laden, haben Sie zwei Möglichkeiten: Laden Sie gezielt eine einzelne Folge herunter, oder abonnieren Sie gleich den gesamten Podcast. Beim Abonnement wird die aktuellste Folge heruntergeladen, und iTunes lädt zukünftig automatisch neue Folgen nach, wenn sie verfügbar sind.

1 Um gezielt eine einzelne Folge herunterzuladen, klicken Sie auf die Preisangabe der Folge. Im Fall von Podcasts ist das meist der Button **Laden** ❶. iTunes lädt nun sofort die gewählte Folge herunter. Sie steht nach Abschluss des Downloads in iTunes in der Mediathek unter **Podcasts** zur Verfügung. Klicken Sie in der Navigationsleiste z. B. auf die Kategorie **Meine Podcasts**, um sich Ihre geladenen Folgen aufzurufen.

2 Um einen Podcast dauerhaft zu abonnieren, klicken Sie auf den Button **Abonnieren** ❷. iTunes blendet daraufhin ein Dialogfenster mit einer Rückfrage ein.

▲ **Abbildung 12.45** Die Informationen zum ausgewählten Podcast

3 Klicken Sie erneut auf den Button **Abonnieren**, um das Abonnement zu bestätigen.

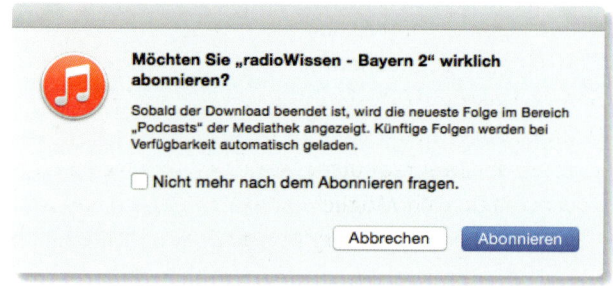

▲ **Abbildung 12.46** Die Rückfrage vor dem Abonnement

Abonnieren Sie weitere Podcasts, die Sie interessieren. Das Limit ist hier eigentlich nur die Zeit, die Sie aufbringen können, um sich alle Podcasts anzuhören bzw. anzusehen.

Podcasts verwalten

Nachdem Sie also nun einige Podcasts abonniert haben, wird es Zeit, sich um die Organisation der abonnierten Podcasts in Ihrer iTunes Mediathek zu kümmern. Klicken Sie dazu in der Navigationsleiste auf **Meine Podcasts** ❸. iTunes zeigt Ihnen nun alle abonnierten Podcasts an.

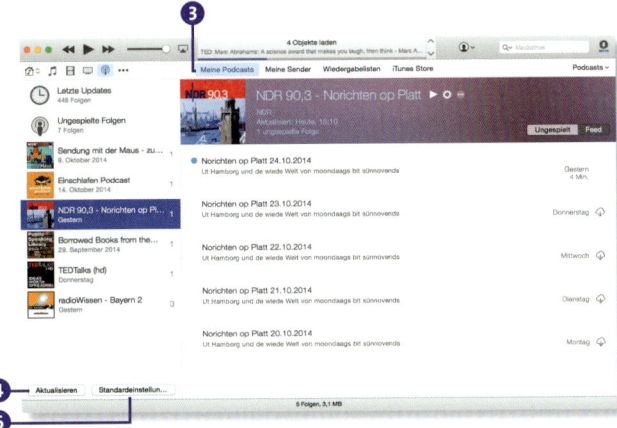

^ **Abbildung 12.47** *Die Übersicht über die abonnierten Podcasts*

Unter der Liste der abonnierten Podcasts sehen Sie einen Button, mit dem Sie die abonnierten Podcasts aktualisieren können ❹. iTunes prüft daraufhin, ob neue Folgen verfügbar sind, und zeigt diese dann an bzw. lädt sie gegebenenfalls herunter. Klicken Sie einen Podcast in der Liste an, sehen Sie rechts die Detailinfos zum ausgewählten Podcast. Dabei bietet besonders der Zahnradbutton ❺ neben dem Namen des Podcasts reichlich Möglichkeiten, die Folgen des ausgewählten Podcasts zu organisieren.

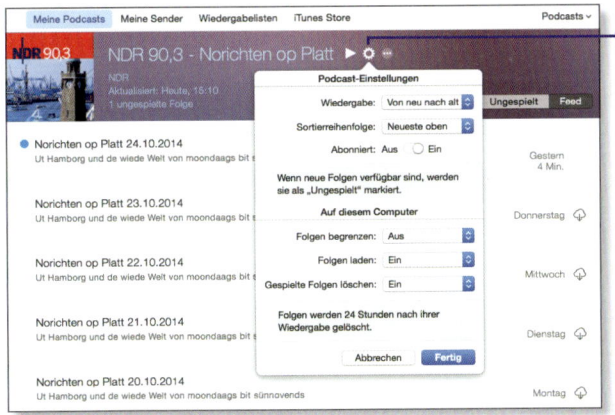

^ **Abbildung 12.48** *Podcasts organisieren*

Darüber hinaus können Sie nach einem Klick auf den Button **Standardeinstellungen** ❻ auch alle vorhandenen und zukünftigen Podcasts organisieren. Getreu

dem Motto »Nichts ist so alt wie die Zeitung von gestern« haben auch Podcasts meist eine Art *Verfallsdatum*. Ihre Inhalte sind in vielen Fällen nicht unbegrenzt interessant, und so dürfte es auch nur für Historiker erstrebenswert sein, alle Folgen eines Podcasts aufzuheben. In den Einstellungen können Sie festlegen, wie die Aktualisierung erfolgen soll und wie viele Folgen Sie behalten wollen.

^ **Abbildung 12.49** *Nach diesen Vorgaben richtet sich iTunes bei der automatischen Organisation von Podcasts.*

Wenn Sie einen Podcast zukünftig nicht mehr nutzen wollen, entfernen Sie das Häkchen bei **Abonniert** in den Einstellungen des Podcasts, oder klicken Sie mit rechts auf den gewünschten Podcast in der Liste der Podcasts, und wählen Sie aus dem Kontextmenü **Podcast-Abo beenden**. Sie erhalten dann zukünftig keine weiteren Folgen dieses Podcasts mehr. Die einzelnen Folgen lassen sich wie gewöhnliche Musiktitel durch Drücken der Taste ← löschen.

^ **Abbildung 12.50** *Ein Podcast-Abo beenden*

iTunes U

Ein technisch ganz ähnliches Angebot wie Podcasts ist iTunes U. Das U steht für *University*. Tatsächlich funktioniert iTunes U auch ganz ähnlich wie Podcasts. Der wesentliche Unterschied ist, dass Podcasts tendenziell eher der Unterhaltung dienen, während die Inhalte von iTunes U aus dem Bildungsbereich stammen. iTunes U ist quasi eine weltumspannende Fernuniversität. Apple hat mit der Vertriebsplattform iTunes ein ideales Werkzeug für die Distribution von medialen Lerninhalten geschaffen, und im Rahmen von iTunes U machen auch viele Universitäten und andere Bildungseinrichtungen davon Gebrauch.

△ **Abbildung 12.51** *iTunes U: Wissen aus der ganzen Welt*

Klicken Sie sich durch das Verzeichnis von iTunes U. Es gibt viele interessante Themen zu entdecken. Über Art und Umfang der veröffentlichten Informationen entscheiden die Universitäten. Die Handhabung der Inhalte von iTunes U unterscheidet sich nicht von der Handhabung von Podcasts. Allerdings sind die Inhalte von iTunes U im Gegensatz zu Podcasts nicht auf Audio und Video beschränkt, sondern in vielen Fällen enthalten die Vorlesungen auch PDF-Dateien und Präsentationen. Jedoch werden Sie recht schnell mitunter gewaltige Unterschiede in Bezug auf Qualität und Darstellungsform der angebotenen Inhalte feststellen, da das Angebot der jeweiligen Universität bei iTunes U häufig stark von den finanziellen Möglichkeiten oder der Haltung gegenüber iTunes U abhängt.

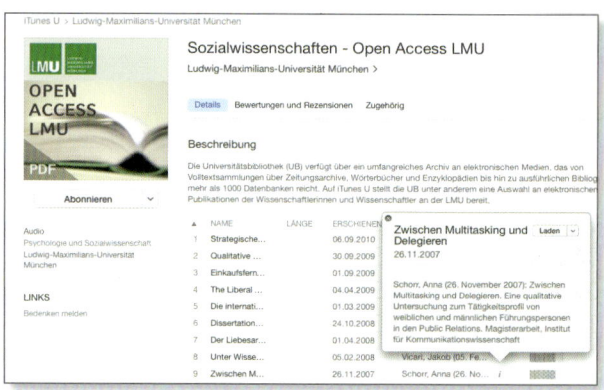

△ **Abbildung 12.52** *Nicht zufällig eine Exzellenzuni: Die LMU bietet Topinhalte auf iTunes U.*

Im iTunes Store einkaufen

Um am digitalen Lebensstil teilzunehmen, benötigen Sie lediglich eine Apple-ID, mit der Sie sich beim iTunes Store anmelden und über die (bzw. über die hinterlegten Kreditkarteninformationen) die von Ihnen gekauften Inhalte abgerechnet werden können. Falls Sie noch keine Apple-ID besitzen, lesen Sie auf Seite 185 nach, wie Sie eine einrichten.

Ebenso wie bereits zuvor beim Podcast-Verzeichnis und beim Verzeichnis von iTunes U ist die Fülle des Angebots im iTunes Store zu groß, um es voll erfassen zu können. Um dennoch schnell interessante Inhalte zu finden, hilft vor allem die Suchfunktion.

1 Geben Sie in das Suchfeld beispielsweise eine bestimmte Musikrichtung oder den Namen einer Band ein. Noch während der Eingabe macht iTunes entsprechende Vorschläge.

2 Ist der gesuchte Eintrag dabei, wählen Sie ihn aus, und iTunes fügt ihn als Suchstichwort ins Suchfeld ein.

iTunes sucht anschließend im kompletten Sortiment nach dem Suchwort. Da das Sortiment riesig ist und mehrere Medienarten umfasst, können Sie die angezeigten Suchergebnisse nach Medienart filtern.

▲ **Abbildung 12.53** *Die Suche im iTunes Store*

3 Klicken Sie rechts in der Seitenleiste z. B. auf **Alben**.

▲ **Abbildung 12.54** *Suchergebnisse nach Medienart filtern*

Jetzt wird es langsam etwas übersichtlicher. Nun zeigt iTunes jeweils alle ausgewählten Inhalte. In unserem Beispiel sind das Alben, es könnten aber auch Titel, Musikvideos, Podcasts oder Hörbücher sein. Wie gesagt, die Auswahl im iTunes Store ist riesig.

Nehmen wir an, Sie sind, nachdem Sie das Angebot gemütlich durchstöbert haben, fündig geworden und möchten ein Lied kaufen.

1 Klicken Sie, ähnlich wie zuvor bei den Podcasts und den Inhalten von iTunes U, hinter dem Lied auf den Button **[Preis]**. Anschließend zeigt iTunes ein Fenster zur Anmeldung am iTunes-Store.

2 Geben Sie in diesem Fenster Ihre Apple-ID und Ihr Passwort ein.

▲ **Abbildung 12.55** *Der Anmeldedialog beim iTunes Store*

3 Klicken Sie auf den Button **Kaufen**. iTunes lädt das gewünschte Lied aus dem iTunes Store auf Ihren Mac herunter. Nach Abschluss des Downloads steht das Lied dann in Ihrer Mediathek bzw. in der automatisch angelegten Wiedergabeliste **Einkäufe** zur Verfügung.

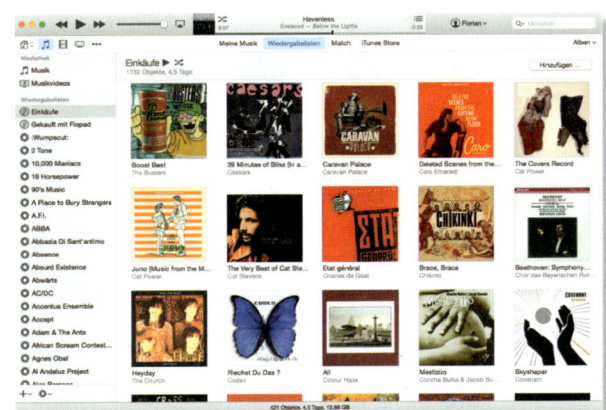

▲ **Abbildung 12.56** *Einkäufe aus dem iTunes Store*

INFO

Passwort-Cache im iTunes Store
Nachdem Sie einen Einkauf im iTunes Store getätigt, sich also mit Ihrer Apple-ID und Ihrem Passwort beim iTunes Store angemeldet haben, bleibt Ihr Passwort für 15 Minuten aktiv. In dieser Zeit können Sie weitere Einkäufe tätigen, ohne sich erneut anmelden zu müssen. Nach Ablauf der 15 Minuten müssen Sie sich erneut anmelden. Klicken Sie auf **Passwort merken**, wenn das Passwort im Schlüsselbund gespeichert werden soll.

Sicher ist Ihnen beim Stöbern in den Bereichen **Musik**, **Podcast** und **iTunes U** des iTunes Stores bereits aufgefallen, dass für ein Lied oder eine Episode einige Kontextmenüs zur Verfügung stehen. So wird aus der Titelnummer, wenn Sie den Mauszeiger darüberbewegen, eine Abspielanzeige. Mit dieser Abspielanzeige können Sie sich einen Ausschnitt des ausgewählten Liedes anhören.

Am rechten Ende der Zeile, neben dem Preis, sehen Sie einen kleinen Pfeil. Ein Klick darauf zeigt ein Kontextmenü an, über das Sie beispielsweise ein Lied Ihrer Wunschliste hinzufügen oder das Lied Freunden empfehlen können.

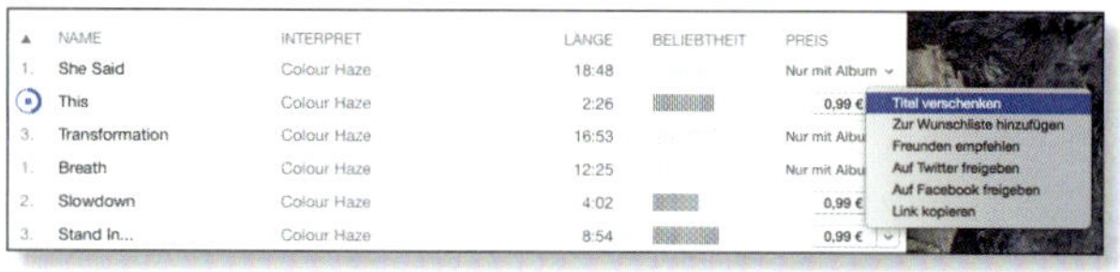

△ Abbildung 12.57 *Kontextmenüs im iTunes Store*

Aber nicht nur die Lieder im Store, auch die Lieder in Ihrer Mediathek bieten ein Kontextmenü. Wenn ein Titel markiert ist, sehen Sie rechts neben dem Namen den Button **Mehr ❶**. Ein Klick darauf bietet ein Kontextmenü. Über dieses Kontextmenü können Sie ebenfalls aus Ihrer Mediathek auf den Store zugreifen. Sie gelangen dann direkt zu dem Album im Store, das den ausgewählten Titel enthält. Zusätzlich zu der Verbindung zum Store bietet dieses Kontextmenü einige weitere interessante Punkte. Mein Tipp: Probieren Sie es aus!

△ Abbildung 12.58 *Das Kontextmenü von Liedern in der Mediathek*

Eine Genius-Wiedergabeliste anlegen

Genius ist eine »intelligente« Funktion, die Ihnen an vielen Stellen in iTunes begegnet. Am interessantesten dürfte die Funktion *Genius-Wiedergabeliste* sein. Bei einer durch Genius zusammengestellten Wiedergabeliste lässt sich ganz leicht feststellen, ob ein Algorithmus tatsächlich wenigstens auch nur ansatzweise in der Lage ist, mit den Erfahrungen und den Gefühlen einer im Plattenladen verbrachten Teenagerzeit mithalten zu können.

1 Klicken Sie in der Navigationsleiste auf die Kategorie **Wiedergabelisten ❷**.

2 Wählen Sie in der Seitenleiste **Genius ❸**.

3 Klicken Sie unten rechts auf den Button **Genius aktivieren ❹**.

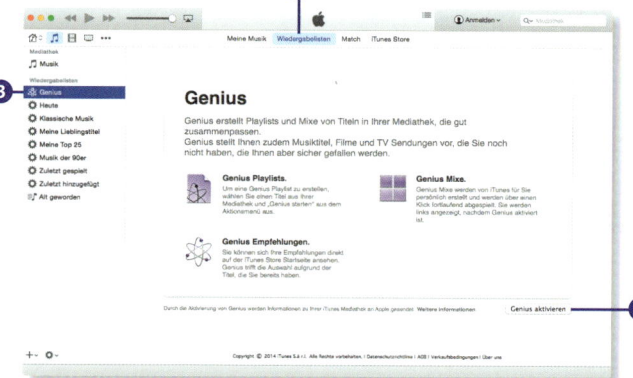

△ Abbildung 12.59 *Sie müssen Genius zunächst aktivieren.*

Anschließend überprüft das »Wunder von Algorithmus« Ihre Musikbibliothek, und es wird Ihnen eine entsprechende Nachricht angezeigt, sobald der Vorgang abgeschlossen ist. Nun können Sie sich »geniale« Vorschläge machen lassen.

1 Markieren Sie ein Lied, das Sie als Ausgangsbasis für eine Wiedergabeliste verwenden wollen. Fairerweise müssten Sie jetzt, bevor Sie Genius beauftragen, eine Wiedergabeliste auf Basis dieses Liedes zu erstellen, selbst eine Wiedergabeliste (mit dem gleichen Song als Aufhänger) erstellen, um später eine Vergleichsbasis zu haben.

2 Klicken Sie im Kontextmenü eines Liedes auf **Genius-Vorschläge**.

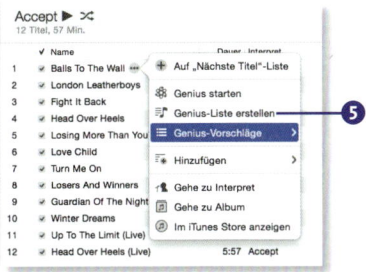

△ **Abbildung 12.60** *Genius-Vorschläge zu einem Musiktitel laden*

iTunes zeigt Ihnen daraufhin eine entsprechende Liste mit Musiktiteln, von denen die Genius-Funktion glaubt, dass sie gut zum ausgewählten Lied passen würden. Wenn iTunes jedoch insgesamt nicht genug Vergleichsmaterial in Ihrer Mediathek findet, sehen Sie unter Umständen nur den Hinweis **Keine Genius-Vorschläge**. Wir gehen aber mal davon aus, dass Genius Vorschläge macht. Die entsprechende Liste angebotener Lieder können Sie als Wiedergabeliste sichern, oder Sie lassen sich gleich von Genius eine **Genius-Liste erstellen 5**. Den entsprechenden Menübefehl finden Sie ebenfalls im Kontextmenü.

3 Wenn Ihnen die Wiedergabeliste nicht zusagt, klicken Sie auf den Button **Aktualisieren 6**.

△ **Abbildung 12.61** *Eine von Genius zusammengestellte Wiedergabeliste*

Von Genius angelegte Wiedergabelisten werden automatisch nach dem Lied benannt, auf dem sie basieren, und in der Seitenleiste angezeigt.

Sie werden feststellen, dass Genius im Großen und Ganzen recht ordentliche Zusammenstellungen vorschlägt. Was Genius jedoch nicht leistet, denn so clever kann kein Algorithmus jemals sein, das sind echte Überraschungen, speziell genreübergreifend. Davon lebt jedoch eine gute Party: von einem guten DJ! Auch der cleverste Algorithmus ist nicht in der Lage, Erfahrung und Gefühle auch nur ansatzweise aufzuwiegen. Genius ist eine praktische Erweiterung von iTunes, mit der sich ganz gut meist recht ähnliche Musik (Das wird auf Dauer langweilig!) entdecken lässt, aber überlassen Sie Ihre Partygäste bitte nicht einer Genius-Wiedergabeliste. Nutzen Sie also Genius lieber dafür, was es gut kann: Empfehlungen aussprechen.

Eine iTunes-Geschenkkarte einlösen

Nachdem Sie nun den Store und seine Dienste kennengelernt haben, kommen wir noch einmal kurz auf das Einkaufen im Store zurück. Nicht jeder Mensch ist im Besitz einer Kreditkarte. Für so einen Fall sind iTunes-Geschenkkarten die ideale Lösung.

Das Prinzip dieser Karten ist das gleiche wie bei Prepaid-Mobiltelefonen. Sie kaufen die Karte im Laden zu einem bestimmten Preis. Auf der Karte ist ein Gutscheincode, der beim Kauf zunächst durch einen Aufkleber verdeckt ist. Dieser Code berechtigt nun zum Einkauf im iTunes Store für die Summe, die auf der Karte aufgedruckt ist. Auf diese Weise benötigen Sie keine Kreditkarte, um in den Genuss zu kommen, im iTunes Store einzukaufen.

1 Klicken Sie in der Navigationsleiste auf **iTunes Store** oder, falls Sie sich bereits im iTunes Store angemeldet haben, auf Ihren Namen in der Symbolleiste.

2 Egal, welchen Weg Sie in Schritt 1 genommen haben, klicken Sie nun auf **Einlösen 1** (siehe Abbildung 12.62). Im Store finden Sie den Link im Bereich **[Medienart] auf einen Klick**.

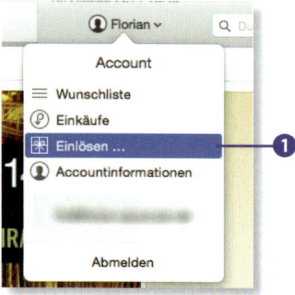

▲ Abbildung 12.62 *Praktisch: die wichtigsten Infos zum iTunes Store jederzeit sofort griffbereit*

3 Geben Sie im folgenden Fenster den Code von der iTunes-Karte ein, und klicken Sie auf den Button **Einlösen**. Alternativ können Sie den Code auch von der Kamera Ihres Macs erkennen lassen. Klicken Sie dazu auf den Button **Kamera verwenden**.

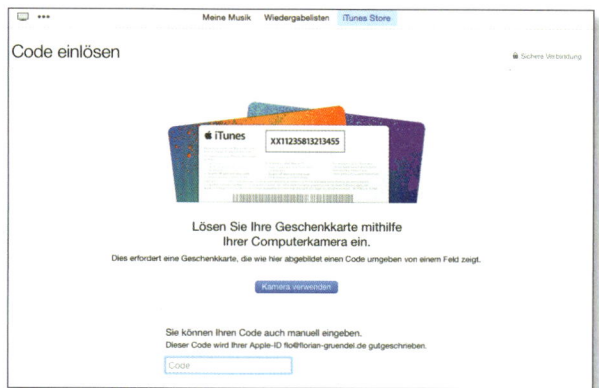

▲ Abbildung 12.63 *Den Code von einer iTunes-Karte einlösen*

Der Betrag der Karte steht Ihnen nun für Downloads zur Verfügung. In der Navigationsleiste des iTunes Stores sehen Sie am rechten Fensterrand jeweils den aktuellen Stand Ihres Guthabens.

iTunes-Karten eignen sich auch hervorragend als Geschenk. Aber nicht nur Karten lassen sich mit iTunes verschenken. Ein Klick auf den Link **iTunes-Geschenk senden** ❷ im Bereich [Medienart] auf einen Klick öffnet eine neue Seite im iTunes Store mit einer Übersicht über die Möglichkeiten, Medien mithilfe des iTunes Stores zu verschenken.

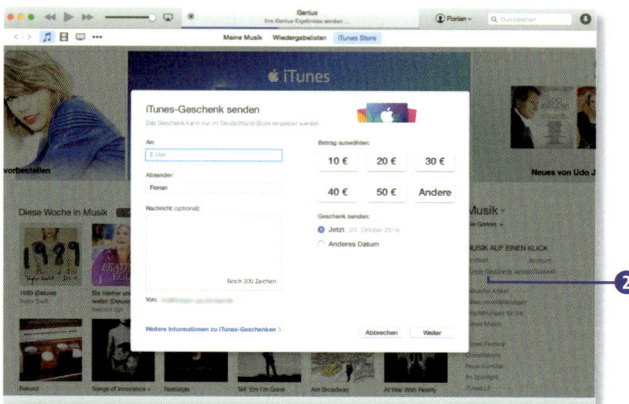

▲ Abbildung 12.64 *Anderen eine Freude machen*

TIPP

Sonderangebote

Viele Läden, speziell die großen Elektronikdiscounter, bieten von Zeit zu Zeit ziemlich gute Rabatte für iTunes-Karten. Da kann man durchaus auch mal richtig Glück haben und eine Karte im Wert von 50 € für 35 € erstehen. Da die Karten kein Verfallsdatum haben, lohnt es sich, bei solchen Angeboten auf Vorrat zu kaufen.

---

iTunes und iCloud

iCloud ist auch in iTunes integriert. iCloud in iTunes stellt Ihnen Musik, Bücher und Apps, die Sie auf Ihrem Mac oder einem anderen Gerät (wie beispielsweise einem iPad) gekauft haben, jeweils auf all Ihren Geräten automatisch zur Verfügung. Das gilt nicht nur für die aktuellen Einkäufe, sondern auch für Ihre zurückliegenden Einkäufe. Sobald Sie sich mit Ihrer Apple-ID, die Sie auch für iCloud verwenden, am iTunes Store angemeldet haben, sind Ihre bisherigen Einkäufe dort verfügbar.

Klicken Sie in der Symbolleiste auf Ihren Namen, und klicken Sie im folgenden Menü auf **Einkäufe**. Haben Sie die Familienfreigabe in den iCloud-Einstellungen aktiviert (siehe dazu den Abschnitt »Familienfreigabe« auf Seite 593), ändert sich dieser Menüpunkt in **Familieneinkäufe**.

Auf der folgenden Seite sehen Sie alle Artikel, die Sie bisher gekauft haben, nach Medienarten sortiert. Bei aktiver Familienfreigabe können Sie über das Auswahlmenü neben der Überschrift **Gekaufte Artikel** zwischen den Einkäufen der Familienmitglieder wechseln.

▲ **Abbildung 12.65** *Die Übersicht über Ihre bisher gekauften (aber noch nicht auf diesen Mac heruntergeladenen) Artikel*

Um einen gekauften Artikel herunterzuladen, klicken Sie auf das Wolkensymbol ❸ neben dem Artikel. Wenn Sie zukünftig automatisch alle Einkäufe auf Ihren Geräten synchron halten wollen, aktivieren Sie die entsprechenden Einstellungen in iTunes. Öffnen Sie dazu die Einstellungen von iTunes, und klicken Sie auf den Tab **Store**. Hier setzen Sie die Häkchen bei den Medienarten, die Sie automatisch synchron halten wollen.

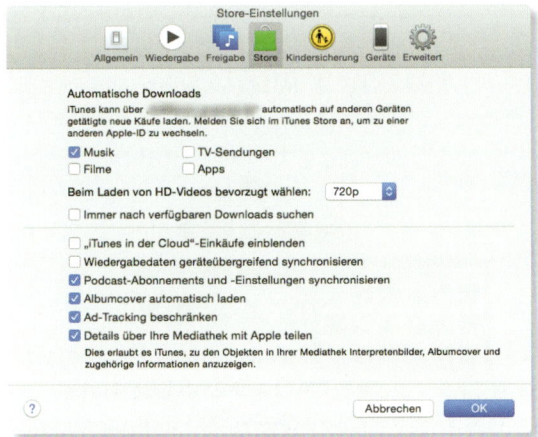

▲ **Abbildung 12.66** *Sie können dank iCloud die gewünschten Medienarten auf allen Geräten stets synchron halten.*

Haben Sie hier z. B. **Musik** aktiviert, werden automatisch alle neu gekauften Lieder auf Ihren Mac geladen, selbst wenn Sie die Lieder gar nicht über Ihren Mac, sondern beispielsweise unterwegs über Ihr iPhone erworben haben.

iCloud synchronisiert jedoch nicht nur Ihre Einkäufe, sondern auch die Titel, die Sie vorgehört, und solche, die Sie zur Wunschliste hinzugefügt haben. Diese Titelübersicht finden Sie in der Symbolleiste nach einem Klick auf Ihren Namen ganz oben im Menü ❹.

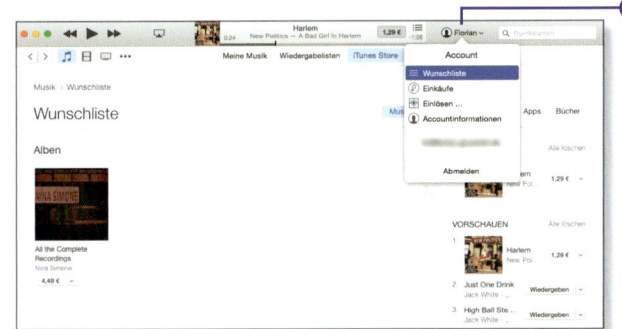

▲ **Abbildung 12.67** *Wunschliste und vorgehörte Titel stets griffbereit*

Diese Funktion ist vor allem dann hilfreich, wenn Sie unterwegs beispielsweise ein interessantes Lied gehört haben und auf Ihrem iPhone nachsehen wollen, ob das Lied im Store verfügbar ist, es aber eventuell erst später zu Hause auf Ihrem Mac kaufen möchten. Dank der Synchronisierung mit iCloud sehen Sie dann am Mac zu Hause, was Sie zuvor auf dem iPhone vorgehört haben.

◄ **Abbildung 12.68** *Dank Synchronisierung mittels iCloud sieht die Liste auf allen Geräten (hier einem iPhone) gleich aus.*

iTunes Match

Mit dem iCloud-Dienst iTunes Match haben Sie Ihre komplette Musiksammlung stets bei sich. iTunes Match ist ein kostenpflichtiger Zusatzdienst, mit dem Ihnen Ihre Musiksammlung auf allen Ihren Geräten zur Verfügung steht.

Abbildung 12.69 Auf dieser Übersichtsseite wird Ihnen iTunes Match vorgestellt.

Um iTunes Match zu nutzen, müssen Sie es über iTunes abonnieren. Da es sich quasi um eine Art Musikabo handelt, entstehen Ihnen für diesen Dienst jährliche Kosten in Höhe von 24,99 €. Dafür haben Sie die Musik aus iTunes Match auf bis zu zehn Geräten verfügbar. Ihre Musiksammlung darf dabei bis zu 25.000 Songs enthalten, die Sie nicht im iTunes Store gekauft, sondern z. B. von Ihrem Mac zu iTunes Match hochgeladen haben.

> **HINWEIS**
>
> **Kosten je nach Land unterschiedlich**
> Die zuvor angegebenen Kosten für iTunes Match gelten für Deutschland. In anderen Ländern weichen die Kosten für iTunes Match gegebenenfalls ab.

Sie aktivieren den Dienst folgendermaßen:

1 Klicken Sie in der Navigationsleiste auf die Kategorie **Match**. Diese steht Ihnen nur im Bereich **Musik** zur Verfügung.

iTunes zeigt Ihnen nun eine Infoseite zu iTunes Match an.

2 Klicken Sie auf den Button **Für 24,99 € pro Jahr abonnieren**. Daraufhin sehen Sie nun die Datenschutzerklärung, der Sie zustimmen müssen, um Match nutzen zu können, und anschließend ein Dialogfester, in dem Sie sich mit Klick auf den Button **Abonnieren** mit Ihrer Apple-ID am iTunes Store anmelden.

Abbildung 12.70 iTunes Match abonnieren

3 Folgen Sie anschließend den nächsten Schritten, um Ihr iTunes-Match-Abo abzuschließen.

Haben Sie bereits iTunes Match aktiviert und sind Sie im iTunes Store angemeldet, dann entfällt der vorangegangene Schritt, und Sie können Ihren Mac direkt für iTunes Match aktivieren. Klicken Sie dazu auf den Button **Diesen Computer hinzufügen**. Ihr Mac wird nun für iTunes Match aktiviert.

Abbildung 12.71 Einen Mac zu einem iTunes-Match-Abonnement hinzufügen

Nachdem Ihr Mac für iTunes Match aktiviert ist, gleicht iTunes Ihre Mediathek mit den verfügbaren Titeln im iTunes Store ab, und meist nur wenige Minuten später stehen Ihnen alle im iTunes Store verfügbaren Titel Ihrer Mediathek auf allen Ihren Geräten zur Verfügung.

▲ **Abbildung 12.72** *Ihre Mediathek wird abgeglichen.*

Dabei spielt es keine Rolle, ob Sie die im iTunes Store verfügbaren Titel auch dort erworben haben. Alle Lieder Ihrer Mediathek, die nicht im iTunes Store verfügbar sind, werden anschließend sukzessive in Ihren iCloud-Account hochgeladen; so steht anschließend Ihre komplette Mediathek – inklusive aller von Ihnen angelegten Wiedergabelisten – online auf allen Geräten, die Sie zu iTunes Match hinzugefügt haben, zur Verfügung. Der dafür benötigte Speicherplatz hat nichts mit Ihrem übrigen Speicherplatz bei iCloud zu tun.

▲ **Abbildung 12.73** *iTunes Match steht nun auch auf diesem Mac zur Verfügung.*

12.5 Das »Ökosystem« iTunes

iCloud zeigt ganz deutlich, dass iTunes nicht einfach nur ein Programm zum Abspielen und Kaufen von Medieninhalten ist, sondern quasi das Zentrum eines eigenen »Ökosystems«. Zu diesem Ökosystem gehört es auch, Medieninhalte im lokalen Netzwerk und auf anderen Geräten nutzen zu können.

Freigaben für die Nutzung im Netzwerk

Wenn sich mehrere Computer in Ihrem lokalen Netzwerk befinden, ist die einfachste Möglichkeit, Ihre Medieninhalte netzwerkweit zu nutzen, die Inhalte in iTunes freizugeben. Dabei spielt es keine Rolle, ob es sich bei den Computern in Ihrem Netzwerk um Macs oder Windows-PCs oder beliebige Kombinationen von beiden handelt, solange sich auf den Computern iTunes befindet und in der jeweiligen Mediathek auch Inhalte zum Freigeben vorhanden sind.

1 Öffnen Sie die Einstellungen von iTunes.

2 Klicken Sie auf den Tab **Freigabe**.

3 Setzen Sie das Häkchen bei **Meine Mediathek im lokalen Netzwerk freigeben**.

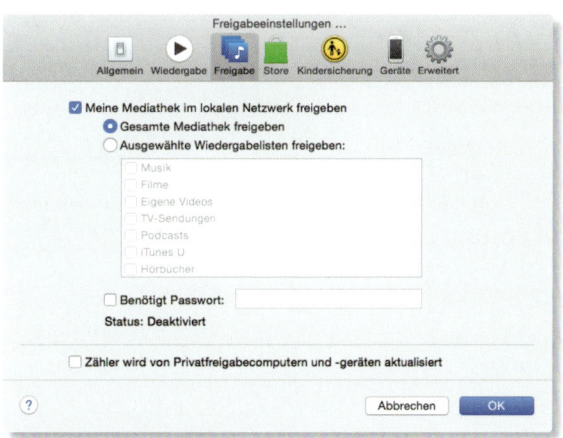

▲ **Abbildung 12.74** *Die eigene Mediathek im lokalen Netzwerk freigeben*

4 Nehmen Sie gegebenenfalls weitere Einstellungen vor. Sie können z. B. festlegen, ob die gesamte Mediathek oder nur bestimmte Bereiche freigegeben werden sollen. Außerdem können Sie ein Passwort vergeben.

5 Klicken Sie auf den Button **OK**. Ihre Mediathek ist nun freigegeben und kann von anderen Computern aus genutzt werden. Ihre Bibliothek wird auf anderen Computern durch Klick auf das Haussymbol in der Navigationsleiste zur Auswahl angezeigt. Den Namen, mit dem Ihre Mediathek angezeigt wird, legen Sie übrigens in den iTunes-Einstellungen im Abschnitt **Allgemein** fest.

^ **Abbildung 12.75** *Eine freigegebene Mediathek*

6 Klicken Sie auf den Namen einer freigegebenen Mediathek. iTunes lädt nun die Mediathek und zeigt sie nach Medienarten und Playlists sortiert an – also genauso strukturiert wie eine lokale Mediathek. Sie können die Inhalte der anderen Mediathek so über das Netzwerk abspielen, als befänden diese sich auf Ihrem Mac. Den Unterschied erkennen Sie nur daran, dass das Haussymbol bei Nutzung einer anderen Mediathek blau eingefärbt wird.

^ **Abbildung 12.76** *Eine freigegebene Mediathek wird über das lokale Netzwerk geladen.*

Wie bei so vielen anderen Diensten, die Sie bereits kennengelernt haben, ist auch hier Ihre Apple-ID der Schlüssel zu diesem Dienst. Wenn Sie nun eine freigegebene Mediathek nutzen, haben Sie nicht nur die Möglichkeit, sich die Inhalte von dem anderen Computer anzuhören, sondern diese auch auf Ihren Mac zu kopieren. Die Privatfreigabe ist also quasi im lokalen Netzwerk das, was iCloud im Großen ist.

^ **Abbildung 12.77** *Einstellungen für die Privatfreigabe am unteren Fensterrand*

Genau genommen, ist die Privatfreigabe, außer für die Steuerung von iTunes von iOS aus mittels der App Remote, dank iCloud und iTunes Match nicht mehr nötig. Da aber möglicherweise nicht jeder iCloud nutzt oder iTunes Match abonniert hat, ist die Privatfreigabe hilfreich, um die Mediatheken auf den heimischen Computern synchron zu halten. iTunes zeigt bei freigegebenen Mediatheken am unteren Fensterrand Buttons zum Management der Dateien im Netzwerk. Mit dem Auswahlmenü **Anzeigen** ❶ legen Sie fest, ob von der geladenen Mediathek alle Inhalte angezeigt werden sollen oder nur diejenigen, die nicht auch auf Ihrem Mac sind. Diese Einstellung ist beim Abgleichen der Schnittmengen extrem hilfreich, weil Sie auf diese Weise sicher sein können, dass alle angezeigten Inhalte nicht auf Ihrem Mac verfügbar sind.

Um einen Titel aus der anderen Mediathek nun auf Ihren Mac zu kopieren, markieren Sie ihn und klicken anschließend auf den Button **Importieren** ❷. iTunes kopiert die markierten Titel von der freigegebenen Mediathek in Ihre Mediathek.

⌃ **Abbildung 12.78** Dateien werden von einer Mediathek zu einer anderen kopiert.

Wenn Sie die Kopiervorgänge in Zukunft automatisieren wollen, klicken Sie auf den Button **Einstellungen** ❸ und wählen die Medienarten, die zukünftig automatisch zwischen Ihren Mediatheken synchronisiert werden sollen.

AirPlay: entfernte Lautsprecher nutzen

So, wie Sie mit Freigaben auf andere Mediatheken zugreifen können, greifen Sie mit AirPlay auf andere, entfernte Lautsprecher zu. AirPlay ist eine in iTunes integrierte Technologie, die es ermöglicht, das Signal, das normalerweise auf Ihrem Mac ausgegeben wird, an ein anderes Gerät zu schicken. Das kann ein Apple TV, eine AirPort-Express-Basisstation oder jedes andere Gerät mit integrierter AirPlay-Technologie sein. Ähn-

lich wie Bonjour ist auch AirPlay konfigurationsfrei: Sie müssen nichts einrichten. Sobald sich ein AirPlay-fähiges Gerät im Netzwerk befindet, zeigt iTunes das durch einen entsprechenden Button ❹ neben dem Lautstärkeregler in der Symbolleiste an. Ein Klick auf diesen Button blendet ein Menü mit den verfügbaren AirPlay-Lautsprechern in Ihrem lokalen Netzwerk ein.

⌃ **Abbildung 12.79** Über AirPlay verfügbare Lautsprecher

Klicken Sie auf den Namen des gewünschten Lautsprechers, um das Signal nun auf diesem Lautsprecher anstatt auf Ihrem Mac auszugeben. Dabei wird die Datei nicht pausiert, die Wiedergabe geht einfach weiter. Sie müssen sich auch keine Gedanken machen, ob das aktuelle Signal auf dem jeweiligen Lautsprecher wiedergegeben werden kann. iTunes zeigt nur diejenigen entfernten Lautsprecher an, die das aktuelle Signal wiedergeben können. Wenn Sie also beispielsweise gerade einen Film sehen und zu einem anderen Wiedergabegerät wechseln möchten, zeigt Ihnen iTunes im Lautsprecher-Auswahlmenü nur die Geräte an, die den Film abspielen können. Die Zahl der angezeigten Lautsprecher kann also je nach verfügbaren Geräten und aktuell wiedergegebener Medienart variieren.

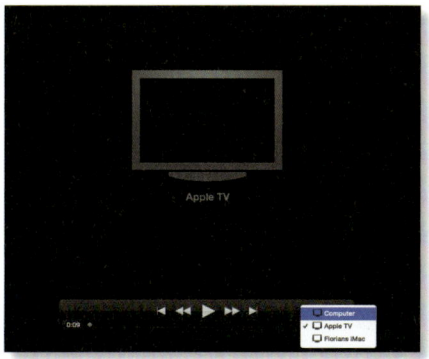

⌃ **Abbildung 12.80** Ein Film wird auf einem Apple TV wiedergegeben.

Sie können das aktuelle Signal auch auf mehreren Lautsprechern gleichzeitig ausgeben lassen, was bei Partys besonders nützlich ist.

1 Klicken Sie auf das AirPlay-Menü, und wählen Sie **Mehrere ❶**.

▲ **Abbildung 12.81** *Ein Signal via AirPlay auf mehreren Lautsprechern gleichzeitig ausgeben*

2 Setzen Sie im folgenden Fenster die Häkchen bei den Lautsprechern, die Sie nutzen möchten, und stellen Sie für jeden Lautsprecher eine individuelle Lautstärke ein.

3 Das Signal wird nun auf allen ausgewählten Lautsprechern gleichzeitig ausgegeben.

Manche AirPlay-Geräte bieten die Möglichkeit eines Kennwortschutzes. Wenn Sie ein solches Gerät auswählen, zeigt iTunes ein Fenster mit der Kennwortabfrage an. AirPlay-Geräte (wie z. B. eine AirPort-Express-Basisstation) bieten sogar Feedback, ob tatsächlich Lautsprecher angeschlossen sind.

AirPlay ist jedoch nicht nur auf dem Mac, sondern auch auf Windows-PCs und Mobilgeräten wie iPhone und iPad verfügbar. Diese Geräte und ihr Zusammenspiel mit iTunes sehen wir uns daher im folgenden Abschnitt an.

Synchronisierung mit iPod, iPhone und iPad

AirPlay war bereits ein Vorgeschmack auf das Thema dieses Abschnitts: das Zusammenspiel und Management zwischen externen Geräten und iTunes. iTunes ist nicht nur die Medienzentrale auf Ihrem Mac oder sogar in Ihrem Netzwerk. iTunes ist auch hilfreich bei Aktivierung, Synchronisierung, Updates und Backups Ihrer Mobilgeräte wie iPods, iPhones und iPads.

INFO

iOS ab Version 5 macht Mobilgeräte autark
Die folgenden Beschreibungen gelten zwar nach wie vor für den Fall, dass Sie Ihre Mobilgeräte mit iTunes synchronisieren möchten. Jedoch ist das seit iOS 5 nicht mehr unbedingt nötig, da die Geräte beim ersten Start mithilfe des Setupassistenten direkt via WLAN oder sogar via Mobilfunk aktiviert werden und Backups in iCloud ablegen können. Sie müssen also iTunes gar nicht mehr unbedingt mit dem Management von Mobilgeräten »belästigen«, zumindest, sofern auf diesen mindestens iOS 5 läuft.

1 Verbinden Sie Ihr Mobilgerät mit Ihrem Mac. Es wird nun mit dem entsprechenden Icon in der Navigationsleiste angezeigt. Bei neuen Geräten, die noch nicht eingerichtet sind, startet automatisch ein entsprechender Assistent. Hier für das Beispiel nutzen wir einen iPod. Bei der ersten Verbindung können Sie Ihren iPod konfigurieren.

2 Geben Sie dem iPod einen Namen. Unter diesem Namen wird er in Zukunft in der Navigationsleiste von iTunes sowie auf der Geräteseite angezeigt.

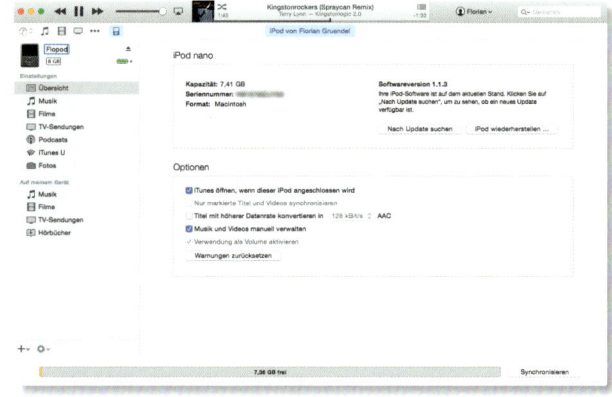

▲ **Abbildung 12.82** *Die Ersteinrichtung eines neuen iPods*

Die weiteren Einstellungen variieren je nach Gerät, sind aber alle selbsterklärend, sodass Sie keine Schwierigkeiten beim Ausfüllen haben sollten.

△ **Abbildung 12.83** *Der iPod in der Navigationsleiste*

Hier können Sie nun je nach Medienart detailliert festlegen, welche Medien zwischen Mac und iPod synchronisiert werden sollen.

Um für die einzelnen Medienarten Einstellungen vorzunehmen, klicken Sie in der Seitenleiste auf den jeweiligen Medientyp. Im folgenden Beispiel gehen wir davon aus, dass Sie Ihren iPod vor allem für Podcasts und Inhalte aus iTunes U verwenden wollen, um den täglichen Weg zur Arbeit sinnvoll zu nutzen.

1 Verbinden Sie zunächst Ihren iPod per USB-Kabel mit Ihrem Mac.

2 Klicken Sie in der Navigationsleiste am linken Fensterrand auf den iPod.

3 Klicken Sie in der Seitenleiste der Geräteseite auf **Podcasts ❷**.

4 Setzen Sie das Häkchen bei **Podcasts synchronisieren ❸**, und legen Sie weitere Einstellungen gemäß Ihren Präferenzen fest. iTunes zeigt Ihnen am unteren Fensterrand ❹ ständig aktualisiert an, wie sich die jeweiligen Einstellungen auf den verfügbaren Speicher Ihres iPods auswirken.

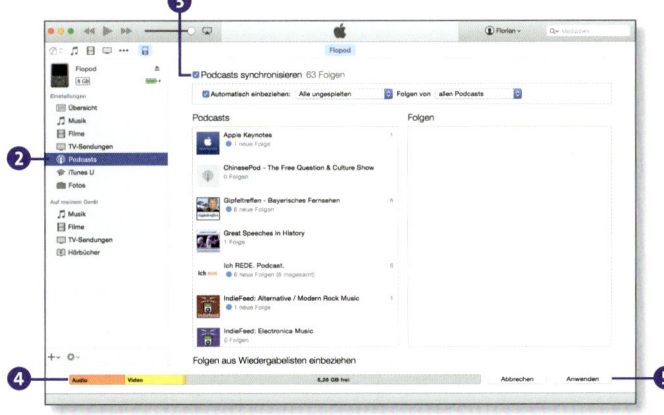

△ **Abbildung 12.84** *Die Einstellungen für die Synchronisierung von Podcasts mit dem ausgewählten iPod*

5 Klicken Sie auf den Button **Anwenden ❺**. iTunes synchronisiert nun sofort Ihren iPod entsprechend den eben festgelegten Einstellungen. Während und nach Abschluss der Synchronisierung sehen Sie Statusinformationen im Display in der Symbolleiste.

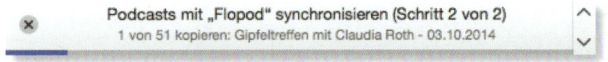

△ **Abbildung 12.85** *Der Synchronisierungsstatus im Display*

Wenn Sie die Einstellungen für die Synchronisierung einmal angelegt haben, müssen Sie zukünftig nicht mehr auswählen, was synchronisiert werden soll, sondern Sie starten einfach die Synchronisierung mit einem Klick auf den Button **Synchronisieren**.

TIPP

Musik und Videos manuell verwalten
Musik und Videos können Sie – anders als die anderen Inhalte – auch manuell verwalten und nicht nur synchronisieren. Setzen Sie dafür in der Übersicht im Abschnitt **Optionen** das Häkchen bei **Musik und Videos manuell verwalten**.

Apps auf dem Mac und iOS-Geräten synchronisieren

Bei aktuelleren Geräten als dem etwas älteren iPod, den wir in den vorangegangenen Beispielen verwendet haben, kommt ein weiterer Punkt bei den Medienarten hinzu: Apps.

1 Verbinden Sie einen iPod touch, ein iPhone oder ein iPad mit Ihrem Mac. Das Gerät wird, wie zuvor der iPod, in der Navigationsleiste angezeigt.

Wenn auf dem Mobilgerät mindestens iOS 7 läuft und Sie das Gerät erstmalig an Ihren Mac anstecken, sehen Sie zunächst einen Authentifizierungsdialog, mit dem Sie dem Gerät mitteilen, dass es sich bei Ihrem Mac um einen vertrauenswürdigen Computer handelt.

Abbildung 12.86 *Ein Vertrauensverhältnis zwischen Mobilgerät und Mac herstellen*

2 Klicken Sie in der Navigationsleiste auf das Icon des Geräts. Die folgende Übersicht unterscheidet sich zunächst nicht grundlegend von der bereits vom iPod bekannten Übersicht.

Anders ist jedoch, dass Sie nun einen weiteren Medientyp konfigurieren können: Apps. Apps sind Programme, die auf iOS-Geräten laufen. Welche Programme Sie auf Ihrem Gerät verwenden wollen und wie die Programme auf die Screens des Geräts verteilt werden, legen Sie hier ganz bequem mit iTunes fest.

3 Legen Sie in der Liste der verfügbaren Apps diejenigen fest, die Sie mit Ihrem Mobilgerät synchronisieren wollen.

4 Bewegen Sie rechts in der Ansicht des Geräts die Apps und Ordner per Drag & Drop an die gewünschte Position.

5 Klicken Sie auf den Button **Synchronisieren**.

iTunes synchronisiert anschließend Ihr Gerät, und es werden alle in iTunes vorgenommenen Änderungen übernommen.

Dateien auf dem Mac und iOS-Geräten synchronisieren

Nun arbeiten Sie auf Ihrem iOS-Gerät mit den Apps und erstellen Dateien unterwegs oder würden viel-

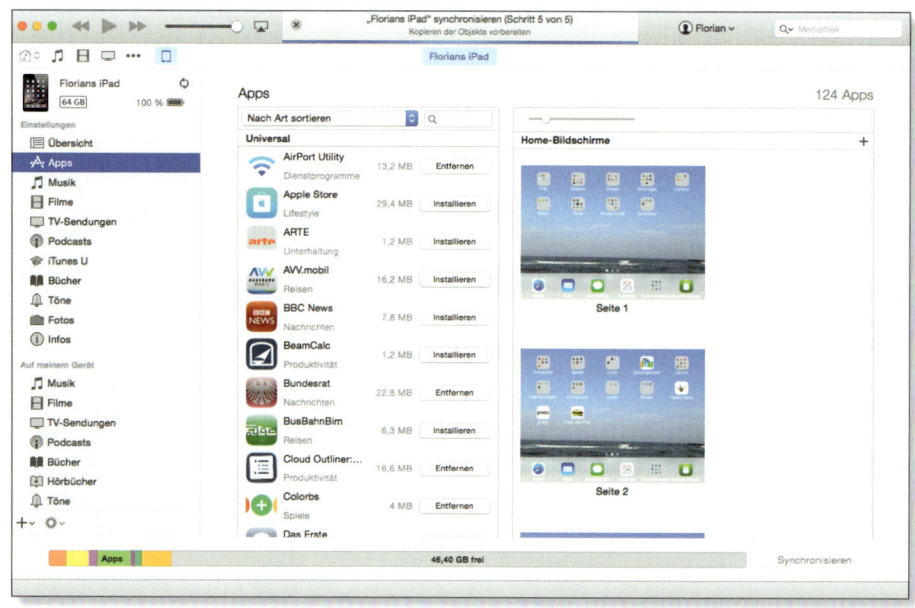

Abbildung 12.87 *Die Apps-Übersicht*

leicht gerne Dateien auf Ihrem Gerät bearbeiten, die Sie zuvor auf Ihrem Mac erstellt haben. Dafür steht Ihnen bei den Apps-Einstellungen die Möglichkeit zur Verfügung, Dateien zwischen Mac und Mobilgerät auszutauschen.

1 Scrollen Sie in der Ansicht **Apps** ganz nach unten, bis Sie den Bereich **Dateifreigabe** sehen.

2 Klicken Sie im Bereich **Dateifreigabe** in der Liste der Apps auf den Namen einer App. In der nebenstehenden Liste sehen Sie alle auf dem Mobilgerät verfügbaren Dateien dieser App.

3 Markieren Sie eine Datei. Klicken Sie auf den Button **Sichern unter**, um die Datei auf Ihrem Mac zu sichern.

4 Klicken Sie auf den Button **Hinzufügen**, um eine Datei von Ihrem Mac auf das Mobilgerät zu kopieren, die Sie dann mit derjenigen App bearbeiten können, der Sie sie hier zuordnen. Sie müssen also bereits hier in iTunes überlegen, welche Datei Sie welcher App zuordnen wollen, da Dateien einer App nicht von einer anderen genutzt bzw. zu dieser weitergereicht werden können – selbst wenn Sie mehrere Apps auf Ihrem Mobilgerät installiert haben, die mit dem Dateityp der Datei zurechtkämen.

▲ **Abbildung 12.88** Dateien zwischen Mac und Mobilgerät austauschen

Dieses lästige Prozedere können Sie sich mit der Nutzung von iCloud ersparen.

iPod, iPad & Co. updaten

iTunes ist nicht nur beim ersten Anstecken eines Mobilgeräts behilflich, sondern auch bei der späteren Verwaltung des Geräts, beispielsweise bei Updates.

1 Verbinden Sie Mobilgerät und Mac. Wenn ein Software-Update für das Mobilgerät verfügbar ist, macht iTunes Sie mit einem Dialogfenster darauf aufmerksam.

2 Klicken Sie auf den Button **Laden und aktualisieren**. Sollte Ihr Gerät, wie in der folgenden Abbildung zu sehen, bereits auf dem aktuellsten Stand sein, wird Ihnen ein entsprechendes Dialogfenster angezeigt. Bestätigen Sie in diesem Fall mit **OK**.

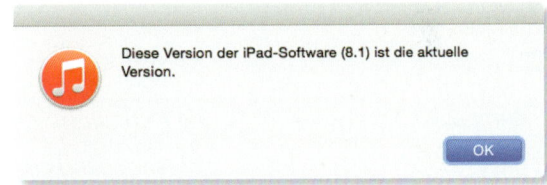

▲ **Abbildung 12.89** Das iPad ist bereits auf dem neuesten Stand.

3 Anschließend kontaktiert iTunes den Software-Update-Server, um die entsprechenden Software-Updates zu laden, und zeigt Informationen zu dem Update in einem Fenster an. Klicken Sie auf den Button **Weiter**.

4 Im nächsten Fenster sehen Sie den Lizenzvertrag. Um mit dem Software-Update fortzufahren, klicken Sie auf den Button **Akzeptieren**.

iTunes lädt nun das Update aus dem Internet und beginnt anschließend mit der Installation. Wie bereits bei anderen Aktionen zuvor zeigt iTunes auch hier den aktuellen Fortschritt im Display in der Symbolleiste an.

iTunes legt zu Beginn des Update-Prozesses eine Sicherungskopie der Inhalte des Mobilgeräts auf Ihrem Mac an. Anschließend wird das Update installiert und das Gerät neu gestartet. Nachdem das Gerät erfolgreich aktualisiert und neu gestartet wurde, erscheint es wie gewohnt in der Navigationsleiste.

Geräte auf die Werkseinstellungen zurücksetzen

In seltenen Fällen ist es nötig, ein Gerät auf die Werkseinstellungen zurückzusetzen. Dafür kann es verschiedene Gründe geben, iTunes meldet sich in diesen Fällen beim Anschluss meist direkt mit dem Vorschlag, das Gerät wiederherzustellen.

1 Verbinden Sie Ihr Gerät mit Ihrem Mac.

2 Klicken Sie in der Übersicht auf den Button **[Gerätename] wiederherstellen**. iTunes setzt das Gerät anschließend nach erneuter Rückfrage auf die Werkseinstellungen zurück.

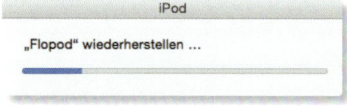

⌃ **Abbildung 12.90** *Ein Gerät wird auf die Werkseinstellungen zurückgesetzt.*

Auch Apple-TV-Geräte stellen Sie im Bedarfsfall mit iTunes wieder her, auch wenn das gewöhnlich nicht nötig ist. Beim Anschluss eines Apple TV müssen Sie darauf achten, dass Sie ein passendes USB-Kabel oder einen passenden Adapter zur Hand haben, da das Apple TV nur einen Micro-USB-Anschluss hat.

Beim Wiederherstellen werden alle Daten von Ihrem Gerät gelöscht, Sie sollten daher regelmäßig Ihre Daten sichern. Nach der Wiederherstellung befindet sich Ihr Gerät im Auslieferungszustand, und Sie müssen alle Einstellungen erneut vornehmen.

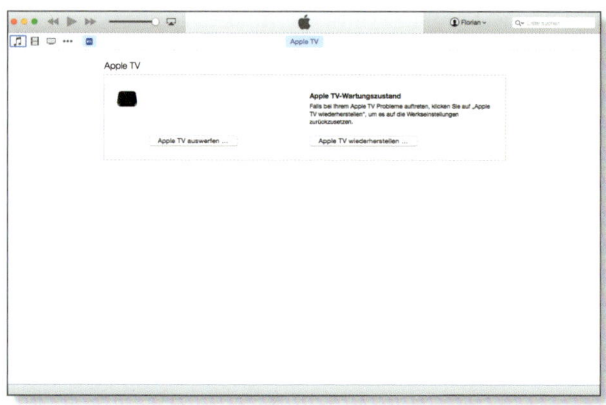

⌃ **Abbildung 12.91** *iTunes macht im Notfall auch das Apple TV wieder fit.*

12.6 iBooks

Auf Mobilgeräten mit iOS ist iBooks ein bereits bekanntes Programm, speziell auf dem iPad, das sich wegen seiner Displaygröße gut als E-Book-Reader eignet. Mit OS X Mavericks hielt iBooks auch auf dem Mac Einzug. In Verbindung mit iCloud bietet iBooks ungeahnten Lesekomfort und Menschen, die mit Büchern arbeiten, hervorragende Werkzeuge für die Arbeit mit Texten bzw. ganz allgemein mit Inhalten.

Nach dem ersten Start von iBooks begrüßt Sie der Startbildschirm. Klicken Sie in dieser Ansicht auf den Button **Beginnen**, um iBooks zu nutzen.

⌃ **Abbildung 12.92** *Ein alter Bekannter von iOS ist nun auf dem Mac: iBooks.*

Im folgenden Fenster haben Sie die Möglichkeit, sich mit Ihrer Apple-ID bei iBooks anzumelden. Das ist vor allem dann besonders nützlich, falls Sie bereits auf einem Ihrer Mobilgeräte mit iOS Bücher gekauft und Sammlungen angelegt haben, da Ihnen dank iCloud unter OS X alle Inhalte in gleicher Weise wie unter iOS zur Verfügung stehen.

▲ **Abbildung 12.93** *Dank iCloud stets auf allen Geräten synchron: Büchersammlungen (links OS X, rechts iOS)*

Dabei synchronisiert iCloud nicht nur Ihre Einkäufe, sondern darüber hinaus auch den jeweiligen Zustand der Bücher, also beispielsweise, ob das Buch ungelesen ist oder auf welcher Seite Sie aufgehört haben zu lesen. Auch die Lesezeichen, Notizen und Markierungen stehen Ihnen auf allen Geräten gleichermaßen zur Verfügung. So können Sie Bücher, völlig unabhängig vom jeweils verwendeten Gerät, stets auf die gleiche Weise nutzen.

Bücher kaufen

Um die eigene Bibliothek entstehen zu lassen, ist es erst mal notwendig, Bücher, die man lesen möchte, herunterzuladen. Dazu ist in iBooks, genauso wie in iTunes, ein entsprechender Store integriert, aus dem Sie z. B. Klassiker der Weltliteratur gratis laden oder aktuelle Werke kaufen können. Den Store erreichen Sie ganz leicht durch Klick auf den Button **iBooks Store** ❶ in der Symbolleiste.

Anschließend sehen Sie die Inhalte des iBooks Stores, und der Button in der Symbolleiste zeigt nun die Aufschrift **Bibliothek** ❷, um Ihnen einen Weg zurück zu Ihren bereits erworbenen Büchern in Ihrer Mediathek zu ermöglichen.

▲ **Abbildung 12.94** *Der iBooks Store*

Wenn Sie bereits zuvor im iTunes Store gestöbert und/oder dort beispielsweise Musik gekauft haben, sollten Sie im iBooks Store bei der Handhabung des Stores keine Überraschungen erleben. Auch hier stehen Ihnen verschiedene redaktionell aufbereitete Übersichten wie etwa Neuerscheinungen oder Bestsellerautoren zur Verfügung, Sie können Kategorien durchstöbern, nachdem Sie die gewünschte Kategorie rechts im Auswahlmenü ausgewählt haben, und natürlich auch die Suchfunktion nutzen.

◀ **Abbildung 12.95** *Die Kategorien im iBooks Store*

Auch im iBooks Store gilt, was für den iTunes Store gilt: Ein Klick auf einen Artikel zeigt Ihnen weitere Informationen zum Artikel an. Einziger Unterschied: Um vorab einen Eindruck vom Buch zu bekommen, müssen Sie sich, anders als beim Streamen des Musikbeispiels, eine Leseprobe über den Button **Auszug laden** ❶ herunterladen.

▲ **Abbildung 12.96** *Detailinformationen zum ausgewählten Buch*

Sie finden diesen Auszug anschließend entsprechend deutlich markiert zwischen Ihren Büchern in der Bibliothek. Wie umfangreich der Auszug dabei ausfällt, ist vom Verlag und dem jeweiligen Titel abhängig. Meist besteht er aus dem Inhaltsverzeichnis und einem Probekapitel.

▲ **Abbildung 12.97** *Am Ende des Auszugs haben Sie direkt die Möglichkeit, das Buch zu kaufen, und können so quasi unmittelbar weiterlesen.*

Sie sehen also, dass es kaum Unterschiede zwischen dem iBooks Store und dem iTunes Store gibt. Wenn Sie den einen kennen, bedienen Sie den anderen ebenso selbstverständlich.

Sammlungen anlegen

Nachdem Sie vermutlich bereits ein paar Bücher oder zumindest Auszüge Ihrer Bibliothek hinzugefügt haben, sehen wir uns im folgenden Abschnitt an, wie Sie Bücher so organisieren, dass Sie den Überblick über Ihre Bibliothek behalten, denn die wächst vermutlich schneller, als Sie das zunächst annehmen würden. Da ist es beispielsweise sehr hilfreich, die Bibliothek in Sammlungen aufteilen zu können. Eine Sammlung in iBooks ist dabei vergleichbar mit einer Playlist in iTunes.

1 Klicken Sie in der Symbolleiste auf den Button **Sammlungen**.

2 Klicken Sie auf den Plus-Button unterhalb der Seitenleiste, um eine neue Sammlung zu erstellen.

3 Geben Sie der neuen Sammlung einen Namen.

4 Fügen Sie die gewünschten Bücher per Drag & Drop der jeweiligen Sammlung in der Seitenleiste hinzu.

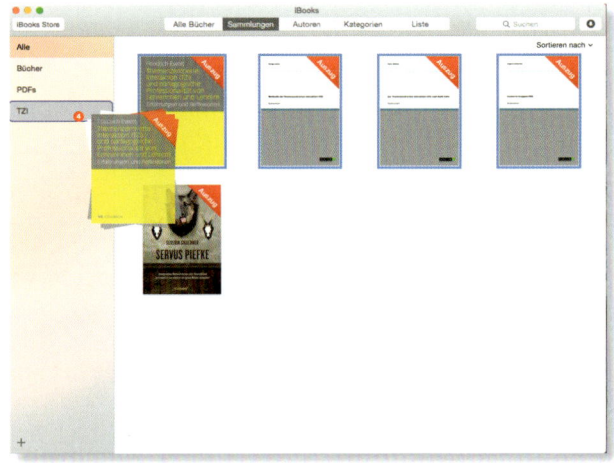

▲ **Abbildung 12.98** *Bücher per Drag & Drop einer Sammlung hinzufügen*

Bücher lesen

Nachdem Sie also nun wissen, wie Sie an Bücher kommen und wie Sie sie organisieren, sehen wir uns an, wie Sie Bücher mit iBooks auf Ihrem Mac lesen können.

Um ein Buch aufzuschlagen, doppelklicken Sie in Ihrer Bibliothek auf das Cover des entsprechenden Buches. iBooks blendet daraufhin die Bibliothek aus und zeigt die zuletzt aufgeschlagene Seite des ausgewählten Buches an, sodass Sie sich nie Gedanken machen müssen, an welcher Stelle Sie zuletzt aufgehört haben zu lesen. Beim erstmaligen Aufschlagen eines Buches öffnet es sich selbstverständlich auf Seite 1.

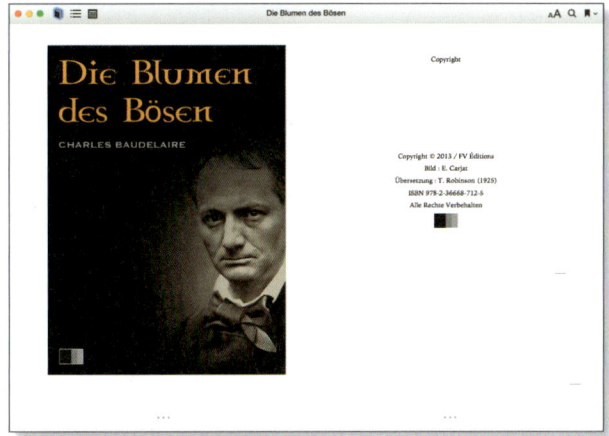

△ **Abbildung 12.99** Ein frisch aufgeschlagenes Buch

Zum Umblättern der Seiten fahren Sie entweder mit dem Mauszeiger an ein Seitenende, woraufhin iBooks einen Verweis ❶ auf die verbleibenden Seiten zeigt und einen entsprechenden Pfeil ❷ am Seitenrand einblendet. Klicken Sie darauf, alternativ können Sie, wenn Sie ein Trackpad oder eine Apple Magic Mouse benutzen, mit zwei Fingern jeweils nach rechts bzw. links wischen, um vor- bzw. zurückzublättern.

Sie können dazu aber auch den Scrollbalken ❶ (siehe Abbildung 12.101) am unteren Fensterrand nutzen. Diese Navigationsmethode hat dank der Kapitelanzeige den Vorteil, dass sich ganz einfach gezielt eine bestimmte (Doppel-)Seite eines Buches aufrufen lässt.

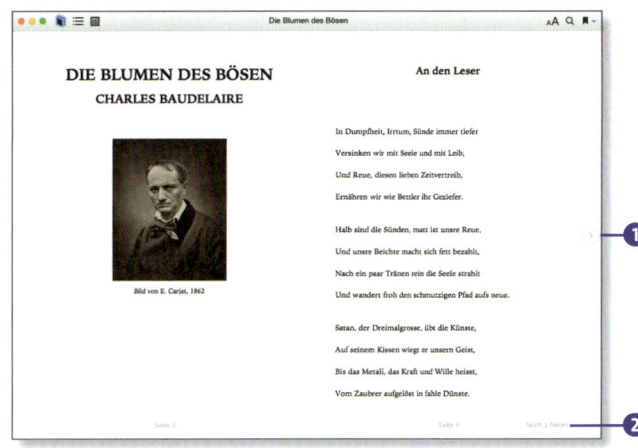

△ **Abbildung 12.100** Seiten lassen sich am bequemsten per Wischen umblättern.

> **TIPP**
>
> **Ansichtsoptionen**
> Machen Sie sich mit den Optionen, die Ihnen das Menü **Darstellung** bietet, vertraut, denn sie erleichtern das Lesen zum Teil sehr deutlich. Dazu gehört beispielsweise die Möglichkeit, von der standardmäßig aktiven Doppelseitendarstellung auf Einzelseitendarstellung umstellen zu können.

Ebenfalls am unteren Fensterrand sehen Sie die Seitenübersicht, die Ihnen ganz links anzeigt, von welcher Seite Sie zur aktuellen Seite gekommen sind, und Sie mit einem Klick darauf natürlich wieder zurück auf die vorangegangene Seite bringt. Ganz rechts in der Seitenübersicht wird Ihnen die verbleibende Seitenzahl im aktuellen Kapitel angezeigt.

Um ein Buch störungsfrei lesen zu können, empfiehlt es sich, den Vollbildmodus zu nutzen, den Sie bereits in Kapitel 2, »Die Benutzeroberfläche kennenlernen«, auf Seite 93 kennengelernt haben und den iBooks ebenfalls bietet. Klicken Sie dazu auf den bekannten grünen Button in der Symbolleiste.

Um das Lesen am Monitor angenehmer zu gestalten, bietet Ihnen iBooks einige Einstellungsmöglichkeiten, mit denen Sie das Erscheinungsbild des Textes verän-

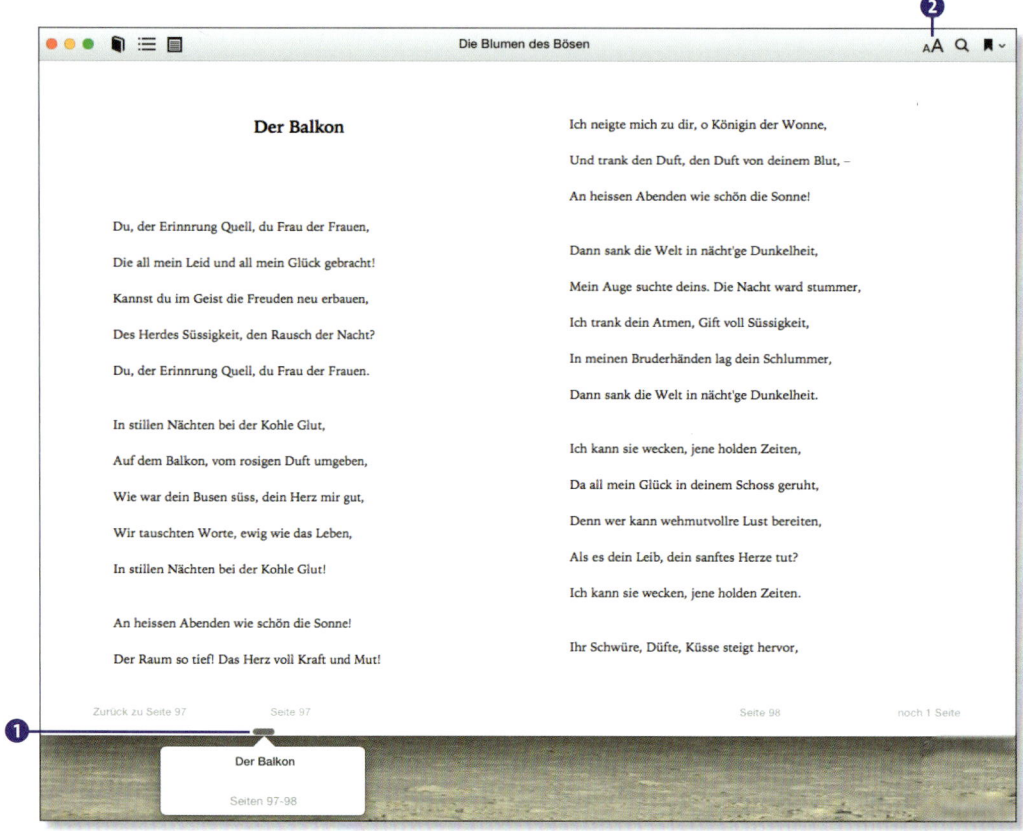

< **Abbildung 12.101**
*Hilft bei Navigation
und Übersicht: der
untere Fensterrand*

dern und an Ihre Lesebedürfnisse anpassen können.
So lassen sich z. B. die Schriftart und die Schriftgröße
über den Button **Erscheinungsbild** ❷ anpassen. Im
Menü des Buttons können Sie außerdem ein Thema
für iBooks wählen, bei dem die Hintergrund- und Textfarbe angepasst werden und so angenehmer für die
Augen sind und das Lesen am Monitor entsprechend
weniger anstrengend ist – also lauter notwendige Einstellungen, um E-Books vernünftig lesen zu können,
die Ihnen bei einem gedruckten Buch erspart bleiben.

Wie im Kasten »Ansichtsoptionen« auf Seite 479 beschrieben, sollten Sie hier alle Möglichkeiten, die
iBooks Ihnen bietet, um das Lesen angenehmer zu gestalten, auch nutzen. Probieren Sie verschiedene Einstellungen aus, um zu sehen, welche die richtige für
Sie ist. Ob Bücher am Monitor zu lesen also wirklich
eine Freude ist, überlasse ich Ihnen, liebe Leser, und Ihrer Urteilskraft.

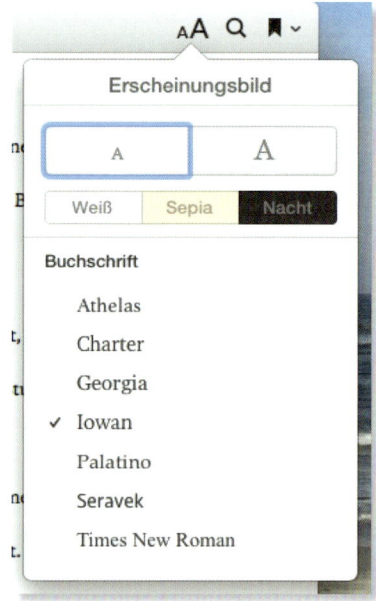

∧ **Abbildung 12.102** *Die Ansichtsoptionen von iBooks*

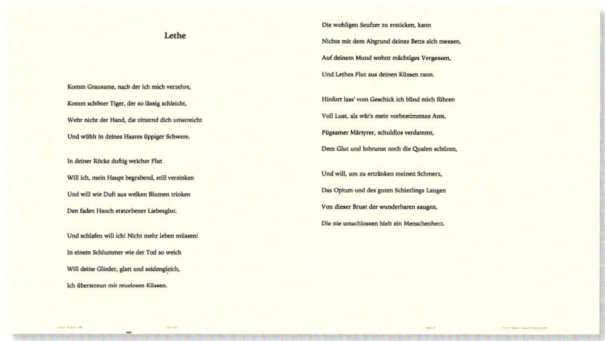

⌃ Abbildung 12.103 *Ein Buch im Vollbildmodus mit aktivem Thema »Sepia«*

Es gibt jedoch Bereiche, in denen E-Books und speziell solche, die Sie am Mac mit iBooks lesen können, nicht nur ihre Berechtigung, sondern gegenüber gedruckten Büchern einen entscheidenden Vorteil haben. Der signifikanteste dieser Bereiche ist der Bildungsbereich, den Apple auch bei der Präsentation von iBooks stets in den Vordergrund rückt. Warum iBooks sich insbesondere für den Bildungsbereich eignet, sehen wir uns im folgenden Abschnitt an.

Mit Büchern arbeiten

Computer sind trotz aller Bequemlichkeit, die sie mittlerweile bieten, vor allem Geräte zur Datenverarbeitung, und der Fokus liegt in Bezug auf iBooks insbesondere auf *Bearbeitung*. Das heißt, dass Sie mit Büchern in iBooks sehr viel mehr machen können, als sie *nur* zu lesen. Das ist natürlich besonders interessant für diejenigen, für die ein Buch vor allem auch ein Arbeitsmittel ist, beispielsweise Schüler und Studenten (die dank E-Books auch weniger zu schleppen haben als frühere Generationen).

iBooks bietet für die Arbeit mit Büchern zum einen ein eigenes Dateiformat, mit dem es Autoren möglich ist, ihre Bücher multimedial zu erweitern und z. B. Videos einzufügen, zum anderen ist es mit iBooks, unabhängig vom Dateiformat des Buches, möglich, in einem Buch Anmerkungen und Markierungen zu machen sowie Lesezeichen zu setzen.

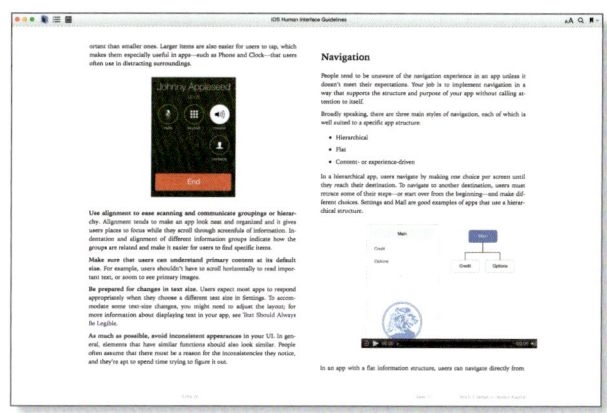

⌃ Abbildung 12.104 *Mit iBooks lassen sich auch Bücher nutzen, die sehr viel mehr sind als nur ein einfaches Buch.*

Mithilfe von iCloud werden außerdem automatisch alle von Ihnen angelegten Markierungen, Anmerkungen und Lesezeichen in einem Buch synchronisiert, sodass Ihre Bücher stets denselben Bearbeitungszustand haben, egal, auf welchem Gerät Sie gerade mit dem Buch arbeiten.

Da die verschiedenen multimedialen und interaktiven Möglichkeiten, die ein Buch in iBooks bieten kann, sich von Buch zu Buch sehr unterscheiden und vor allem davon abhängig sind, welche Elemente der Autor jeweils eingefügt hat, sei hier nur erwähnt, dass Sie in einem entsprechend aufgemachten Buch beispielsweise eingebetteten Videos und Bildergalerien begegnen können, aber auch ein Quiz im Multiple-Choice-Format durchaus denkbar ist. Die Möglichkeiten, die den Autoren hier zur Verfügung stehen, werden ständig von den Entwicklern erweitert.

> **TIPP**
>
> **iBooks Author**
> Wenn Sie sich selbst ein Bild davon machen wollen, was alles möglich ist und wie sich spannende Lehrbücher erstellen lassen, nutzen Sie das im Mac App Store gratis erhältliche Programm iBooks Author, das Sie vermutlich stark an Pages (siehe Seite 375) erinnern wird.

Text markieren und Notizen hinzufügen

Sehen wir uns also die Elemente zum Bearbeiten und Kommentieren an, die Ihnen iBooks unabhängig vom ausgewählten Buch immer anbietet. Dazu ist es am sinnvollsten, ein Praxisbeispiel zu nehmen. Angenommen, Sie arbeiten mit einem Buch an der Vorbereitung zu einer Prüfung.

Eine absolute Selbstverständlichkeit bei der Arbeit mit Text ist, Textstellen farbig zu markieren, um sie hervorzuheben. Markieren Sie also zunächst den Text, den Sie farbig hervorheben wollen. Wählen Sie danach aus dem automatisch erscheinenden Kontextmenü die gewünschte Farbe bzw. Art der Markierung. Der markierte Text hat nun die von Ihnen ausgewählte Hervorhebung erhalten.

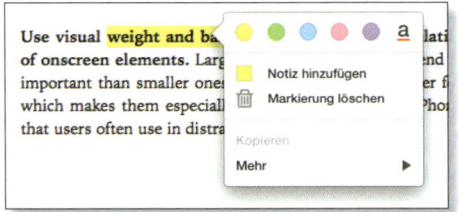

Abbildung 12.105 Das Kontextmenü bietet viele Möglichkeiten für die Arbeit mit Text.

Wie Sie im Kontextmenü sicher schon gesehen haben, lässt sich der ausgewählte Text nicht nur markieren, sondern Sie können z. B. auch der jeweiligen Textstelle eine Notiz hinzufügen.

Auf diese Weise angelegte Markierungen und Kommentare lassen sich auf dem gleichen Weg löschen. Kommentare lassen sich außerdem jederzeit bearbeiten.

Use visual **weight and balance** to show users the relative importance of onscreen elements. Large items catch the eye and tend to appear more important than smaller ones. Larger items are also easier for users to tap, which makes them especially useful in apps—such as Phone and Clock—that users often use in distracting surroundings.

Die Ausgewogenheit ist entscheidend.

Abbildung 12.106 Kommentare lassen sich jederzeit bearbeiten.

Das Kontextmenü bietet jedoch noch mehr als Textmarkierungen und Notizen. Mit einem Klick auf **Mehr** öffnet sich eine weitere Menüebene, die Ihnen Möglichkeiten zur Recherche bzw. zur Veröffentlichung des markierten Textes bietet. Außerdem können Sie sich über **Sprachausgabe starten** den markierten Text vorlesen lassen.

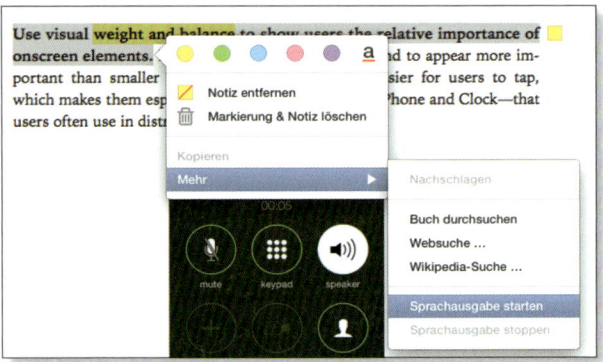

Abbildung 12.107 Weitere Optionen zum markierten Text aufrufen

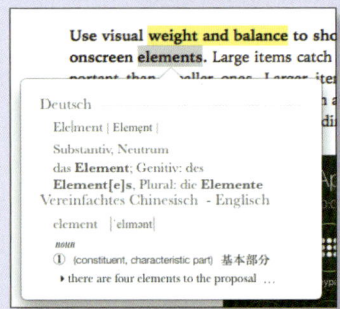

Zusätzlich zu den Markierungen und Notizen, die Sie auf der jeweiligen Seite sehen, bietet iBooks die Möglichkeit, eine Liste aller Anmerkungen im Buch zu sehen und zu durchsuchen.

Klicken Sie in der Symbolleiste links auf den Button **Notizen** ❶. iBooks blendet nun am linken Fensterrand eine Seitenleiste ein, in der Sie eine Liste aller Anmerkungen im aktuellen Buch finden. Diese lassen sich nach einem Klick auf das Lupensymbol ❷ außerdem bequem durchsuchen.

▲ *Abbildung 12.109 Alles schnell griffbereit: Markierungen, Notizen und Lesezeichen*

Lesezeichen

Ein weiteres wichtiges Arbeitsmittel beim Bearbeiten von Texten sind Lesezeichen. Manche Bücher sehen aufgrund der Menge an Lesezeichen, die in ihnen stecken, wie kleine Igel aus. Und natürlich bietet auch iBooks die Möglichkeit, von Lesezeichen reichlich Gebrauch zu machen.

Klicken Sie auf der Seite, die Sie als Lesezeichen setzen wollen, in der Symbolleiste auf das Lesezeichensymbol. Das Symbol verfärbt sich daraufhin, und es wurde ein Lesezeichen für die entsprechende Seite angelegt.

Rechts neben dem Symbol sehen Sie ein kleines nach unten zeigendes Dreieck ❸. Ein Klick darauf blendet Ihnen eine Übersicht über die angelegten Lesezeichen im aktuellen Buch ein, sodass Sie über diese Lesezei-

chenübersicht ganz bequem gezielt einzelne Seiten aufrufen können.

Um ein Lesezeichen zu löschen, fahren Sie in der Übersicht mit dem Mauszeiger über ein Lesezeichen. Rechts neben der Seitenzahl wird dann ein kleines **x** eingeblendet. Ein Klick darauf löscht das Lesezeichen.

▲ *Abbildung 12.110 Alles an einem Platz: Lesezeichen anlegen, nutzen und löschen*

iBooks bietet also insgesamt eine Menge an nützlichen Hilfsmitteln für die Arbeit mit Text. Besonders nützlich ist hier erneut die Integration mit iCloud. So ist es beispielsweise in der Uni sehr viel bequemer, während einer Vorlesung Notizen und Anmerkungen im kursbegleitenden Arbeitsbuch mit iBooks auf einem iPad zu machen als mit einem Computer. Da die Bücher und deren aktueller Bearbeitungszustand dank iCloud aber stets auf allen Geräten synchron sind, lässt es sich später zu Hause am iMac nahtlos weiterarbeiten.

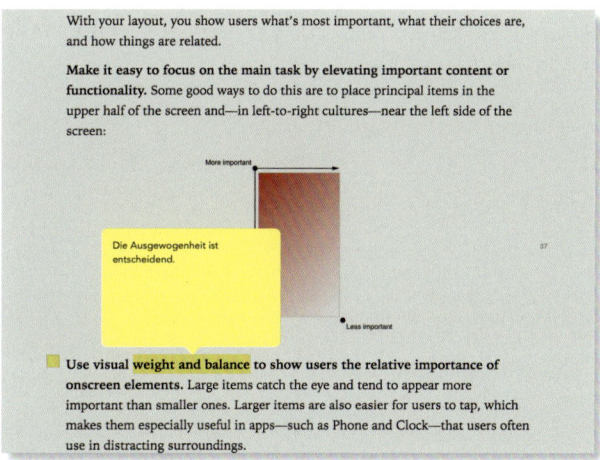

▲ *Abbildung 12.111 Dank iCloud perfekt mit iBooks für OS X verbunden: iBooks auf dem iPad*

Kapitel 13
Kreativ werden mit iMovie, GarageBand und iPhoto

Wie Sie an Ihrem Mac Musik und Bücher genießen, haben Sie im letzten Kapitel erfahren. Nun sehen wir uns an, wie Sie selbst kreativ werden und aus Ihren Urlaubsvideos wahre Hollywoodkracher machen können. Mit GarageBand komponieren Sie die passende Filmmusik, schreiben einen neuen Hit oder erlernen ein Instrument mithilfe berühmter Musiklehrer. Und mit iPhoto sind auch stets alle Ihre Fotos in guten Händen.

Vorbei sind die Zeiten, in denen man verwackelte Urlaubsvideos mit schlechtem Ton direkt aus der Kamera heraus auf dem Fernseher vorführte. Apple bietet mit iMovie ein Programm, mit dem auch Einsteiger nach kurzer Zeit Ergebnisse erzielen, die sich sehen lassen können. Im nächsten Abschnitt lernen Sie die wichtigsten Funktionen von iMovie kennen, damit auch Ihre nächsten Urlaubsvideos ein voller Erfolg werden.

△ **Abbildung 13.1** *Per Klick auf dieses Icon starten Sie iMovie.*

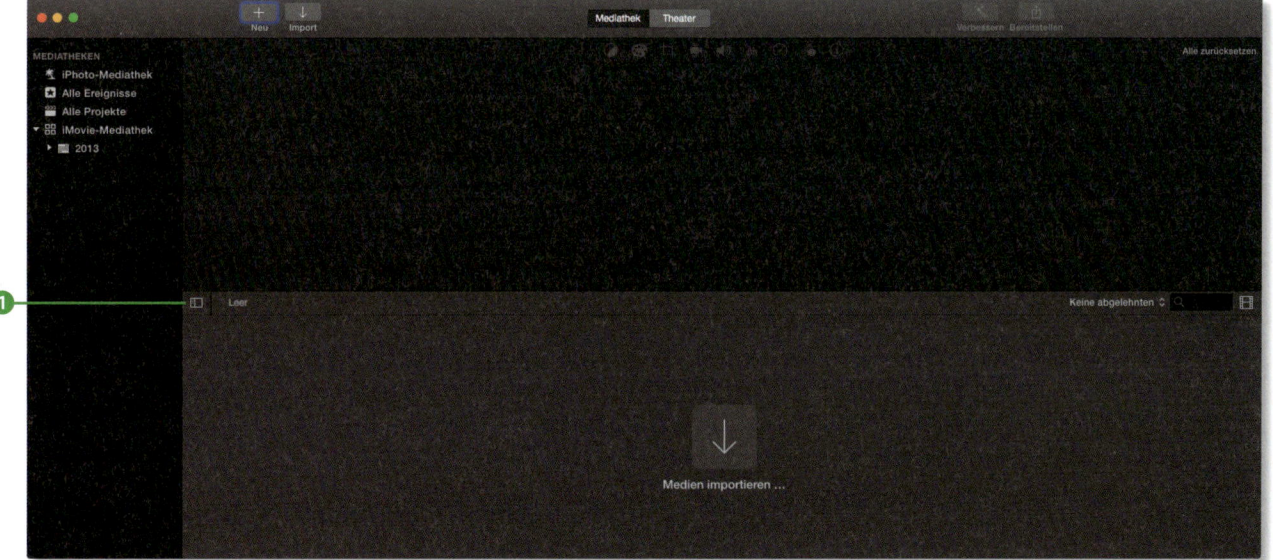

△ **Abbildung 13.2** *Die Programmoberfläche von iMovie*

13.1 So funktioniert iMovie

Ebenso wie bei anderen Programmen machen wir uns zunächst mit der Oberfläche von iMovie vertraut. Die Programmoberfläche von iMovie ist dreigeteilt. In der Mediathekleiste, die Sie bei Bedarf mit Klick auf den Button **Mediathekleiste ein- oder ausblenden ❶** (siehe Abbildung 13.2) auch verbergen können, haben Sie die Übersicht über Quellmaterial und Projekte. Im rechten oberen Teil sehen Sie die aktuelle Vorschau, und rechts unten befindet sich der Hauptarbeitsbereich. Diese beiden Bereiche lassen sich bequem mit dem Menübefehl **Fenster > Projekt und Ereignis vertauschen** umstellen.

Alle weiteren Bedienelemente werden erst bei Bedarf angezeigt. iMovie ist mit der aktuellen Version von Grund auf neu gestaltet und überarbeitet worden. Herausgekommen ist dabei ein radikal minimalistisches Bedienkonzept, das Sie zukünftig voraussichtlich bei vielen Anwendungen aus dem Hause Apple sehen werden. Und es ist durchaus zu erwarten, dass wohl auch viele Drittanbieter auf diesen Zug aufspringen werden. An diesem minimalistischen Trend, dessen deutlichstes Zeichen das *flache* Design von iOS ist, scheiden sich derzeit die Geister. Ganz egal, ob Sie sich als Freund oder Gegner davon verstehen, Fakt ist, dass dieser Trend ein paar Jahre anhalten wird und ganz klar dem Siegeszug von Mobilgeräten wie Smartphones und Tablets geschuldet ist, deren Bedienkonzeption nach derart minimalistischen Oberflächen und kontextuellen Menüs geradezu schreit. Im Ratgeber über Mavericks habe ich bereits die Vermutung angestellt, dass das ganze Betriebssystem in der nächsten Version diesem Designtrend folgen wird, und OS X Yosemite ist tatsächlich ein erster deutlicher Schritt in diese Richtung.

Clips importieren

Um zu einem sehenswerten Ergebnis zu kommen, ist es zunächst nötig, dafür entsprechendes Ausgangsmaterial zu haben. Die Ausgangsbasis der Materialsammlung in iMovie ist die Mediathek. Quellmaterial lässt sich ganz einfach in die Mediathek importieren, etwa durch Klick auf den Menübefehl **Ablage > Medien importieren**. iMovie öffnet daraufhin das Importfenster, das Sie ebenfalls durch Klick auf den unübersehbaren Pfeil im unteren Teil des Fensters oder über den Button **Import** in der Symbolleiste erreichen.

Über das Importfenster holen Sie Aufnahmen direkt aus angeschlossenen Kameras auf Ihren Computer. Dazu gehört natürlich auch die in den meisten Macs verbaute iSight-Kamera, deren Bild das Importfenster standardmäßig anzeigt, wenn keine weitere Kamera an den Mac angeschlossen ist.

1 Wählen Sie zunächst in der Seitenleiste des Importfensters ❶ aus, welche Kamera Sie als Quelle für den Import nutzen wollen.

2 Über das Auswahlmenü ❷ rechts oben entscheiden Sie, ob Sie auf der angeschlossenen Kamera nur Fotos, Videos oder beides angezeigt bekommen möchten.

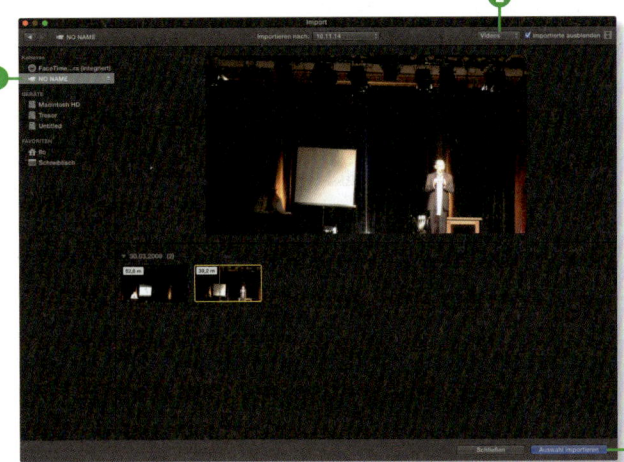

▲ **Abbildung 13.3** Das Importfenster

3 Wählen Sie als Nächstes den bzw. die gewünschten Clips aus.

4 Klicken Sie auf den Button **Auswahl importieren** ❸ bzw. **Alle importieren**, falls Sie keine Auswahl getroffen haben, weil Sie ohnehin alle Dateien von der Kamera importieren wollen.

TIPP

Unterstützt iMovie meine Kamera?
Um herauszufinden, ob Sie auch von Ihrer Kamera Filme direkt in iMovie importieren können, bietet Apple unter *http://help.apple.com/imovie/10/cameras/de/index.html?lang=de_DE* eine Übersicht über die unterstützten Kameramodelle an.

13.2   Videoschnitt mit iMovie

Nachdem Sie also eine in Bezug auf Umfang und Brauchbarkeit gute Auswahl an Clips importiert haben, möchten Sie natürlich aus den vielen einzelnen Clips einen Film zusammenstellen.

Einen Film zusammenstellen

Dazu ist es zunächst nötig, ein Projekt anzulegen. Klicken Sie auf **Ablage > Neuer Film**, oder klicken Sie auf den Button **Neu** in der Symbolleiste und dann im folgenden eingeblendeten Fenster auf **Film**.

∧ **Abbildung 13.4** *Eine Projektart auswählen*

Wählen Sie im nächsten Fenster ein Thema für Ihren Film aus. Um eine Vorschau des Themas zu erhalten, klicken Sie auf den Play-Button ❹, der im Thema eingeblendet wird, sobald Sie mit dem Mauszeiger darüberfahren. Durch die Wahl eines bestimmten Themas können Sie bereits grundlegend das Erscheinungsbild sowie die Stimmung Ihres Films bestimmen. Sie sind

jedoch nicht endgültig festgelegt, denn das Thema lässt sich auch später noch ändern. Dazu rufen Sie den Menübefehl **Fenster > Filmeigenschaften** auf, klicken anschließend über der Vorschau auf den Button **Einstellungen** und können dann ein neues Thema auswählen. Sie sind also auch später stets nur wenige Mausklicks von grundlegenden Einstellungen entfernt.

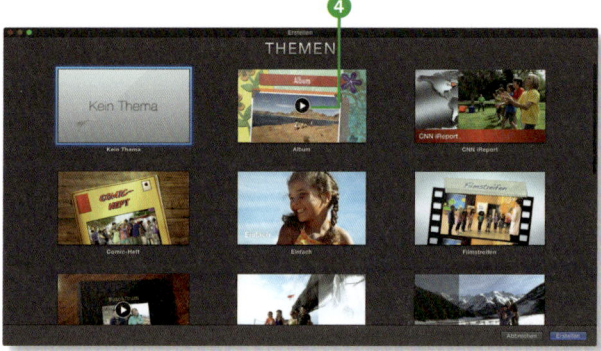

∧ **Abbildung 13.5** *Ein neues Projekt anlegen*

1 Klicken Sie anschließend auf den Button **Erstellen**.

2 Geben Sie im folgenden Dialog einen Namen für Ihren Film ein, und klicken Sie auf den Button **OK**.

3 Sie sehen, wie sich anschließend die Oberfläche von iMovie ändert. Die Clips ❶ (siehe Abbildung 13.6) und die Vorschau ❷ teilen sich nun den oberen Teil des Fensters, und der untere Teil wird zur Timeline ❸, in der Sie aus einzelnen Clips einen vollwertigen Film mit Übergängen und Effekten machen. Außerdem ist unten in der Mediathekleiste der Bereich **Inhaltsmediathek** ❹ mit einer Übersicht über die verfügbaren Übergänge, Titel usw. dazugekommen. Ein Klick auf eines der Elemente blendet alle verfügbaren Übergänge, Titel etc. in der Clipübersicht ein. Nun haben Sie also ein leeres iMovie-Projekt erstellt, das Sie mit Clips aus der Mediathek füllen können.

4 Wählen Sie einen Clip aus der Mediathek aus, und ziehen Sie ihn in den Projektbereich. Ein kleines Pluszeichen ❺ (siehe Abbildung 13.7) neben dem Mauszeiger symbolisiert, dass der Clip dem Projekt hinzugefügt wird.

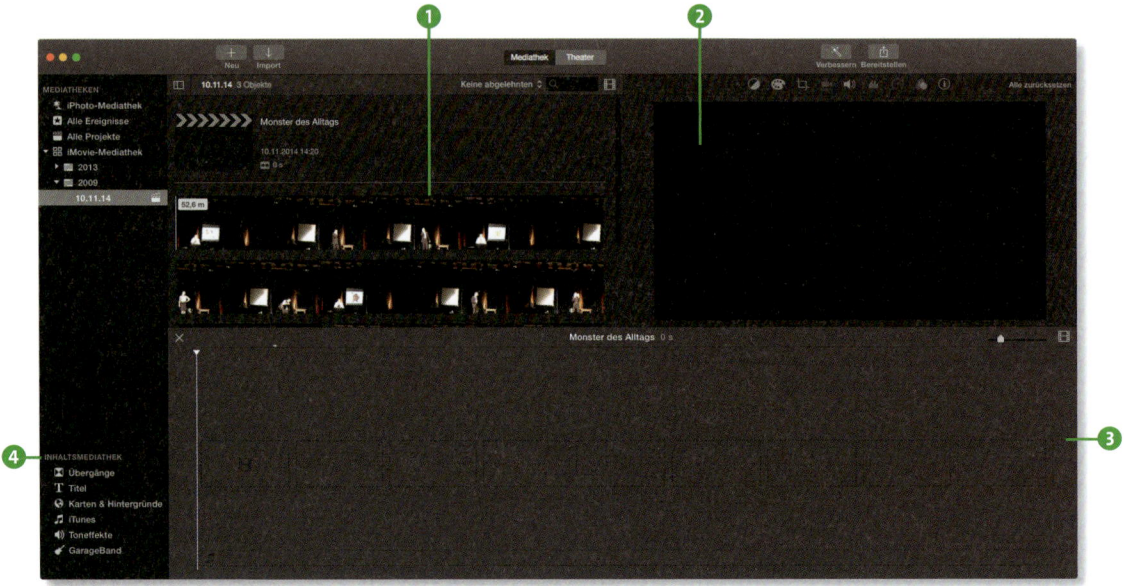

▲ **Abbildung 13.6** *Ein neues leeres Projekt wartet auf Clips.*

Alternativ können Sie an die gewünschte Stelle in einem Clip klicken und anschließend auf das daraufhin erscheinende Pluszeichen. iMovie fügt dann automatisch vier Sekunden des Clips an der Stelle, an die Sie geklickt haben, der Timeline hinzu. Wenn Sie mehr Kontrolle über die Größe des hinzugefügten Clips haben wollen, ziehen Sie in einem Clip einen Rahmen auf und ziehen diesen Rahmen in die Timeline.

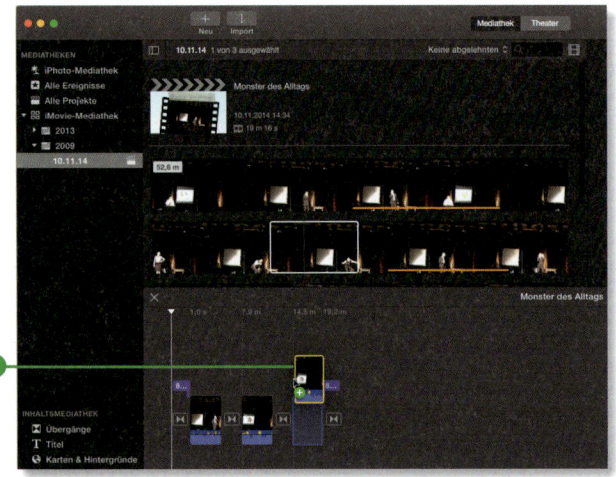

▲ **Abbildung 13.7** *Fügen Sie dem Projekt Clips hinzu.*

TIPP

Vier gewinnt?
Sollte Ihnen die Standardcliplänge von vier Sekunden nicht ausreichen, können Sie die Länge jederzeit unter **Fenster > Filmeigenschaften** bzw. durch Drücken von cmd + J ändern. iMovie zeigt daraufhin über der Vorschau Informationen zum Film an, über die Sie auch die Standardcliplänge festlegen können.

▲ **Abbildung 13.8** *Die Standardcliplänge lässt sich anpassen.*

5 Lassen Sie den Clip an der gewünschten Stelle los. Es ist wichtig, dass Sie verstehen, dass der Clip damit nicht aus der Mediathek entfernt wird, sondern nur eine logische Zuordnung zu dem Projekt erfährt. Er bleibt weiterhin als Rohmaterial zur weiteren Nutzung in der Mediathek erhalten.

6 Fügen Sie dem Projekt weitere Clips hinzu.

7 Clips können Sie innerhalb des Projekts jederzeit bewegen. Nachdem Sie einige Clips hinzugefügt haben, sehen Sie kleine Lücken zwischen den einzelnen Clips. Diese Lücken entsprechen einem harten Schnitt.

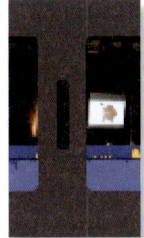

◄ Abbildung 13.9 Lücken zwischen Clips bedeuten harte Schnitte.

8 Die harten Schnitte sehen Sie auch gut in der Vorschau. Positionieren Sie den Abspielmarker (Das ist der Strich, der beim Überfahren der Clips eingeblendet wird und Ihrem Mauszeiger folgt.) kurz vor dem Ende eines Clips.

9 Drücken Sie dann die Leertaste, um die Vorschau zu starten.

◄ Abbildung 13.10 Der Abspielmarker folgt dem Mauszeiger.

Sie sehen den harten Übergang zwischen den Clips. In manchen Fällen ist das als Stilmittel durchaus gewünscht, z. B. bei den Trailern, die uns im nächsten Abschnitt noch ausführlicher beschäftigen werden. Oft möchte man aber eben doch einen etwas sanfteren oder zumindest interessanteren Übergang zwischen zwei Clips haben. Es ist also nötig, einen Übergang zwischen den Clips hinzuzufügen.

Übergänge hinzufügen

Nachdem Sie die Clips, aus denen der Film bestehen soll, dem Projekt hinzugefügt haben und somit zumindest inhaltlich Vollständigkeit herrscht, gehen wir nun daran, das Ganze zu verfeinern. Nutzen Sie dazu z. B. Übergänge und Titel – wie bei einem richtigen Kinofilm. Im Folgenden betrachten wir jede dieser Möglichkeiten genauer, beginnend mit den Übergängen. Übergänge sind die wesentlichsten Gestaltungselemente, um aus mehreren Clips einen einheitlichen Film zu machen. Übergänge definieren, wie der Wechsel der Bilder von einem Filmteil zum nächsten aussehen soll.

iMovie bietet Ihnen zur Gestaltung Ihrer Filme verschiedene Arten von Übergängen an. Eine Übersicht über die verfügbaren Übergänge erhalten Sie, wenn Sie in der Seitenleiste im Bereich **Inhaltsmediathek** auf **Übergänge** klicken.

▲ Abbildung 13.11 Die verfügbaren Übergänge in der Übersicht

Kontextmenüs

Wenn Sie mit der rechten Maustaste auf einen Clip klicken, bietet iMovie Ihnen ein Kontextmenü an. Hier finden Sie mitunter ganz hilfreiche Einstellungen wie beispielsweise die Möglichkeit, den Clip an der Abspielposition zu teilen.

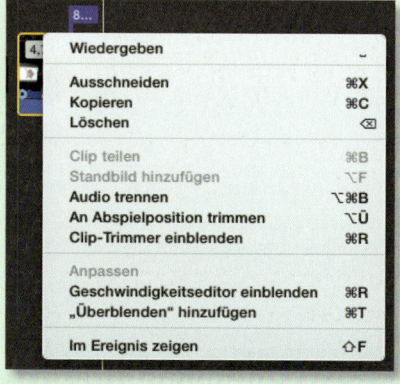

∧ Abbildung 13.12 Das Kontextmenü eines Clips

Neben Standardeffekten wie einfachem Ein- und Ausblenden sowie einfachen Effekten, die bereits viele Kameras eingebaut anbieten (wie z. B. Wischen), bietet iMovie aber auch interessante, bislang seltener gesehene Effekte wie etwa **Würfel** und **Mosaik**. Wenn Sie mit der Maus über einen Übergang fahren, zeigt Ihnen iMovie eine Vorschau an, die den Übergang exemplarisch darstellt. Selbstverständlich können Sie dieses Verhalten später noch beeinflussen, z. B. durch Änderung der Ablaufzeit.

1 Klicken Sie in der Seitenleiste auf **Übergänge**.

∧ Abbildung 13.13 Der angeklickte Übergang in der Vorschau

2 Klicken Sie einen Übergang an. Wenn Sie mit der Maus über den Übergang fahren, sehen Sie den Ablauf des Übergangs.

3 Das Hinzufügen eines Übergangs zu einem Projekt funktioniert genauso wie zuvor das Hinzufügen eines Clips. Markieren Sie den gewünschten Übergang, und ziehen Sie ihn aus der Übersicht in das Projekt. Auch hier zeigt iMovie mit einem kleinen Pluszeichen am Mauszeiger an, dass der Übergang dem Projekt hinzugefügt wird.

4 Positionieren Sie den Übergang zwischen den beiden Clips, die durch den Übergang verbunden werden sollen, und lassen Sie dann los. Der Übergang zwischen den Clips wird symbolisch angezeigt.

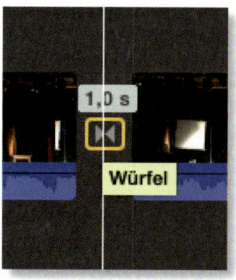

∧ Abbildung 13.14 Ein Übergang zwischen zwei Clips

5 Um zu sehen, wie der Übergang zwischen den beiden Clips wirkt, verfahren Sie wie zuvor: Positionieren Sie den Abspielmarker kurz vor dem Ende eines Clips, und drücken Sie die Leertaste, um die Vorschau zu starten. Sie sehen nun, wie der Übergang zwischen den Clips wirkt.

∧ Abbildung 13.15 Die Übergangsanpassungen

6 Doppelklicken Sie auf den Übergang, können Sie die Dauer des Übergangs anpassen. Möchten Sie die Art des Übergangs ändern, ziehen Sie einen anderen Übergang an die Stelle des aktuellen Übergangs.

Natürlich können Sie so viele unterschiedliche Übergangsarten nutzen, wie Sie möchten. Es empfiehlt sich jedoch, für ein Projekt maximal drei verschiedene Übergangsarten zu verwenden und diese kontextabhängig einzusetzen, also mit einer Bildsprache, die sich durch das ganze Projekt zieht, da zu viel Vielfalt hier schnell chaotisch und willkürlich wirkt.

Titel hinzufügen

Um dem Projekt noch mehr Professionalität zu verleihen, können Sie Texteinblendungen – sogenannte *Titel* – hinzufügen. So wirkt Ihr Film gleich ganz anders, Sie werden den Unterschied merken. Mithilfe von Titeln realisieren Sie ganz einfach einen Vorspann, Abspann, Zwischenüberschriften und sogar Untertitel.

∧ Abbildung 13.16 *Die Titelübersicht*

Das Prinzip ist dabei das gleiche wie bei den Übergängen. Wählen Sie aus der Übersicht, die Sie mit einem Klick auf **Titel** in der Seitenleiste erreichen, das gewünschte Titelformat aus, und ziehen Sie es in Ihrem Projekt an die gewünschte Stelle.

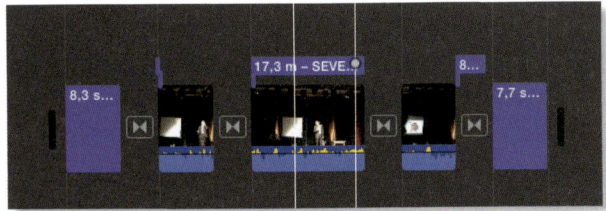

∧ Abbildung 13.17 *Das Projekt enthält nun Vorspann, Untertitel und Abspann.*

Wenn Sie einen Titel am Beginn oder am Ende des Films oder zwischen Clips positionieren, haben Sie die Möglichkeit, in den Einstellungen einen farbigen Hintergrund für den Titel festzulegen. Positionieren Sie den Titel jedoch auf einem Clip, wird der Titel je nach Einstellung zu einer Einblendung oder einem Untertitel.

1 Blenden Sie zunächst die Übersicht über die verfügbaren Titel ein. Klicken Sie dazu in der Seitenleiste auf **Titel**.

2 Um eine exemplarische Vorschau zu erhalten, fahren Sie mit dem Mauszeiger über einen Titel.

3 Das Hinzufügen eines Titels zu einem Projekt funktioniert annähernd genauso wie zuvor das Hinzufügen von Clips und Übergängen: Markieren Sie den gewünschten Titel, und ziehen Sie ihn aus der Übersicht in das Projekt. Wie gewohnt zeigt iMovie mit einem kleinen Pluszeichen am Mauszeiger an, dass der Titel dem Projekt hinzugefügt wird.

4 Positionieren Sie den Titel an der gewünschten Stelle, und lassen Sie ihn dann los.

5 Doppelklicken Sie auf den Titel, um entsprechende Änderungen und Einstellungen am Text und dem Hintergrund vorzunehmen.

Anschließend zeigt iMovie den fertigen Titel wie einen Clip als Teil des Projekts an. Um zu einem späteren Zeitpunkt Dauer und Hintergrund zu ändern, doppelklicken Sie erneut auf den zu ändernden Titel (bzw. Clip oder Übergang).

Titel als Einblendung

Nachdem ein Titel ja nicht unbedingt für sich stehen muss, sondern auch als Einblendung fungieren kann, fügen wir also einen weiteren Titel als Einblendung hinzu.

1 Verfahren Sie zunächst bei der Auswahl des Titels genauso wie zuvor.

2 Positionieren Sie jedoch in diesem Fall den Titel im Projekt nicht vor oder zwischen zwei Clips, sondern an der gewünschten Stelle auf einem Clip.

3 Doppelklicken Sie auf den hinzugefügten Titel, und nehmen Sie die gewünschten Anpassungen vor.

⌃ Abbildung 13.18 Ein Titel als Einblendung

Einen Abspann erstellen

Zu guter Letzt fügen wir noch einen Abspann hinzu. Was wäre ein Film ohne Abspann?

Um dem Projekt einen Abspann hinzuzufügen, wählen Sie die Titelvorlage **Abspann** aus der Übersicht und ziehen sie an das Ende des Projekts. Ändern Sie den Text und bei Bedarf auch Länge und Hintergrund. Sollten

Sie nicht mit einem Abspann auskommen, ziehen Sie einen weiteren ins Projekt und nehmen erneut die nötigen Anpassungen vor.

⌃ Abbildung 13.19 Zwei Titel hintereinander, falls einer für den Abspann nicht reicht

Damit haben Sie die wichtigsten Elemente für einen eigenen Film kennengelernt. Probieren Sie nun nach Herzenslust weiter. Sie werden sehen: Mit jedem neuen Projekt, das Sie anlegen, sieht das Ergebnis professioneller aus.

> **INFO**
>
> **Die fertigen Filme auf DVD brennen**
> In früheren Versionen von OS X war das Programm iDVD enthalten, mit dem man sehr bequem DVDs (mit sehenswerten Menüs) der mit iMovie geschnittenen Filme erstellen konnte. Da Apple sich aber zusehends von optischen Medien verabschiedet hat, ist auch iDVD nicht mehr auf neuen Macs vorinstalliert oder im App Store erhältlich. Falls Sie dennoch DVDs Ihrer Filme brennen möchten, finden Sie im Mac App Store Alternativen, beispielsweise mit den Programmen DVD Creator, Easy DVD Creator oder Smart DVD Creator.

13.3 Einen Trailer mit iMovie erstellen

Nachdem Sie nun einen Film zusammengestellt und mit Titeln und Übergängen versehen haben, ist es an der Zeit, einen professionellen Trailer zu erstellen, der einen Vorgeschmack auf Ihren Film bietet. Dank der Trailervorlagen ist das mit iMovie kein Problem.

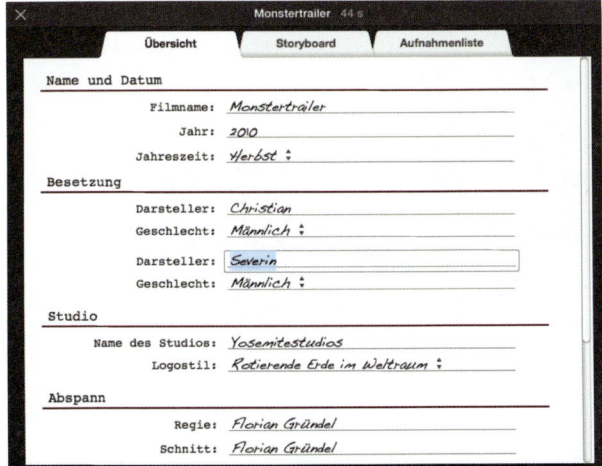

▲ **Abbildung 13.20** *Ein Trailer im Projektbereich: »Übersicht«, »Storyboard« und »Aufnahmenliste«*

Hier müssen Sie eigentlich nur die bereits vorgegebenen Platzhalter für die Informationen in den Bereichen **Übersicht** und **Storyboard** ändern und die Filmclips im Bereich **Storyboard** oder **Aufnahmenliste** durch eigene Filmclips ersetzen, die der Vorgabe entsprechen.

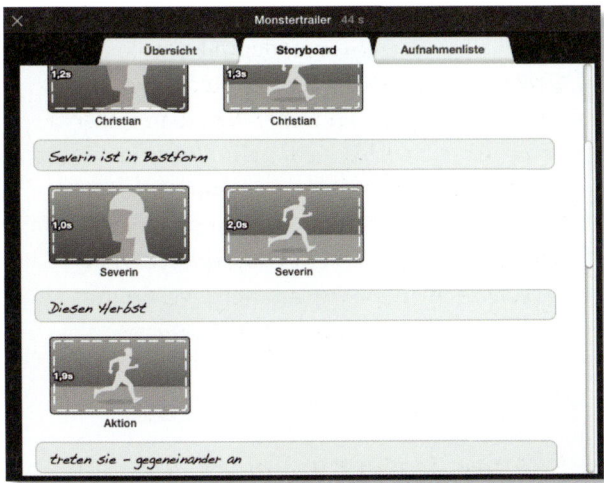

▲ **Abbildung 13.21** *Platzhalter zeigen, welche Clips in den Trailer passen würden.*

Die Platzhalterbilder repräsentieren die gängigsten Kameraeinstellungen und sind daher ideal geeignet für ein Storyboard, wie es der Trailer anzeigt.

> **TIPP**
>
> **Projekt und Ereignis tauschen**
> Sie erinnern sich sicher an die Möglichkeit, Projekt und Ereignis zu vertauschen, die Sie in der Übersicht über die Programmoberfläche kennengelernt haben. Für den Trailer empfiehlt sich das besonders, denn da ist es besser, die Clipauswahl übersichtlich zu haben, während das Storyboard weniger Platz braucht als zuvor die Timeline.

Clips für den Trailer auswählen

Sehen wir uns an, wie einfach Sie Clips für den Trailer auswählen:

1 Klicken Sie auf **Ablage > Neuer Trailer**, und wählen Sie im folgenden Fenster eine Trailervorlage aus. Klicken Sie auf den Button **Erstellen**.

▲ **Abbildung 13.22** *Reichlich Auswahl bei den Trailervorlagen*

2 Im folgenden Fenster präsentiert iMovie Ihnen im Projektbereich drei Registerkarten. Ersetzen Sie im Bereich **Übersicht** die Platzhalter durch Ihre Informationen.

3 Die eigentliche Arbeit findet jedoch im Bereich **Storyboard** statt. Ersetzen Sie die Titelplatzhalter durch Ihren eigenen Text und die vorgegebenen Szenenbilder durch eigene Filmclips mit entsprechendem Aussehen. Der Bereich **Aufnahmenliste** zeigt die Clips thematisch sortiert an.

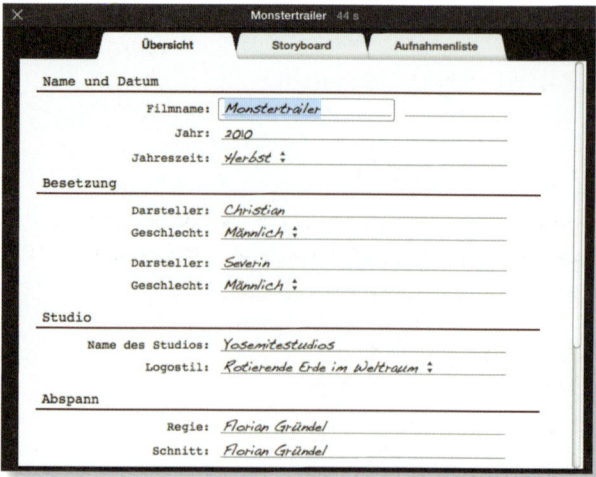

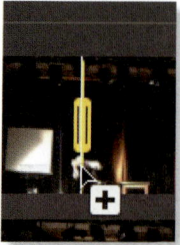

< **Abbildung 13.25** *Der so ausge-wählte Clip wird den ausgewählten Platzhalter ersetzen.*

So stellen Sie mit nur wenigen Mausklicks einen span-nenden Trailer zusammen. An dieser Arbeitsweise wird auch das Potenzial der Platzhalterclips deutlich.

Clips im Trailer bearbeiten

Trotz aller Einfachheit ist aber mitunter dennoch viel-leicht die eine oder andere Kleinigkeit zu ändern. Fah-ren Sie dazu mit dem Mauszeiger über einen bereits ausgetauschten Clip.

iMovie blendet nun drei verschiedene Icons ein:

- Ein durchgestrichenes Lautsprechersymbol links oben zeigt an, dass der Ton des Clips zugunsten des Soundtracks des Trailers ausgeschaltet ist. Durch ei-nen Klick auf das Symbol lässt sich das ändern.

- Das Icon mit dem kreisförmigen Pfeil rechts oben löscht den Clip aus dem Projekt und ersetzt ihn durch den vorherigen Platzhalter.

- Das Icon mit den beiden auseinanderzeigenden Pfei-len links unten führt zur Trimming-Funktion. Ein Klick darauf öffnet über dem Storyboard die Trimming-Funktion, mit der Sie den Clip anpassen können.

∧ **Abbildung 13.23** *Füllen Sie die Platzhalterinformatio-nen mit eigenen Inhalten.*

4 Um die Clipvorgaben durch eigene Clips zu ersetzen, klicken Sie im Bereich **Storyboard** auf einen Platz-halterclip. iMovie bestätigt das durch einen gelben Rahmen um den Clip.

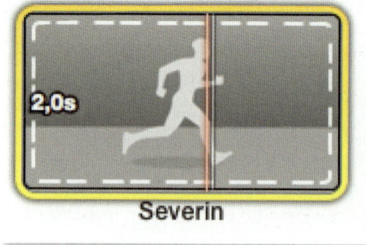

∧ **Abbildung 13.24** *Ein aktivierter Platzhalter*

5 Bewegen Sie den Mauszeiger zurück in die Media-thek. iMovie zeigt nun neben dem Mauszeiger ein Pluszeichen. Klicken Sie auf einen der Clips in der Mediathek.

iMovie tauscht nun im Projektbereich sofort den Platzhalter gegen den ausgewählten Clip aus der Mediathek und markiert im Storyboard den nächs-ten Platzhalterclip, sodass Sie sofort den nächsten geeigneten Clip in der Mediathek anklicken können, ohne ständig zu den Platzhaltern zurückwechseln zu müssen.

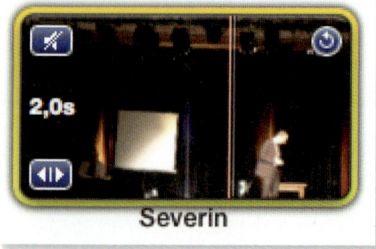

∧ **Abbildung 13.26** *Über die Bearbeitungs-Icons können Sie die Trailerclips weiter anpassen.*

1 Klicken Sie auf das im Clip eingeblendete Trimm-Icon links unten. iMovie öffnet den Clip im Clip-Trimmer über der Vorschau.

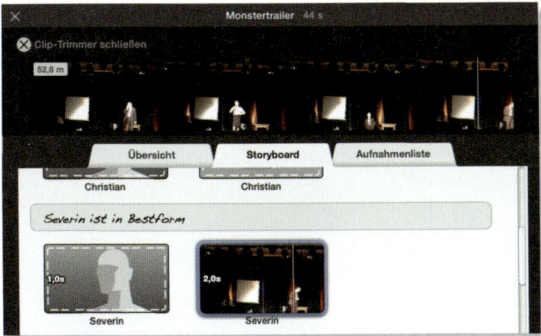

▲ **Abbildung 13.27** *Ermöglicht präzise Auswahl: der Clip-Trimmer*

2 Positionieren Sie den Mauszeiger, der jetzt einen kleinen Filmstreifen anzeigt, an der gewünschten Stelle, um den Anfang des Clips neu zu definieren.

▲ **Abbildung 13.28** *Der Mauszeiger wird zum Filmstreifen, mit dem sich der Clipanfang auswählen lässt.*

3 Klicken Sie anschließend links oben auf den Button **Clip-Trimmer schließen**.

Nachdem Sie also alle Anpassungen vorgenommen haben, sollten Sie den Trailer testweise abspielen und bei Bedarf noch einzelne Clips austauschen, um zum perfekten Ergebnis zu kommen.

13.4 Film veröffentlichen

Wenn Sie Film und Trailer abgeschlossen haben, geht es an die Veröffentlichung. Angenommen, Sie haben sich entschieden, den Film auf DVD zu brennen (siehe Kasten »Die fertigen Filme auf DVD brennen« auf Seite 492), um ihn beispielsweise den Liebsten zu schicken. Vorab möchten Sie sie aber neugierig machen und

den Trailer ins Internet stellen, um sie ein bisschen auf die Folter zu spannen. Im folgenden Abschnitt lesen Sie, wo und wie Sie den Trailer veröffentlichen können.

Projekte bereitstellen

Um einen Film zu veröffentlichen, verwenden Sie das **Bereitstellen**-Menü, das Sie in der Symbolleiste über den Button **Bereitstellen** aufrufen.

▲ **Abbildung 13.29** *Das »Bereitstellen«-Menü in iMovie*

Wie vom **Senden**-Menü aus anderen Programmen gewohnt, finden Sie in iMovie im **Bereitstellen**-Menü verschiedene Exportmöglichkeiten vor, um Ihr Projekt mit der Welt zu teilen, beispielsweise auf YouTube oder Facebook. Im folgenden Beispiel nutzen wir den Upload zu YouTube.

1 Wählen Sie im Menü **Bereitstellen** den gewünschten Eintrag, z. B. **YouTube**, aus.

2 Melden Sie sich mit einem Klick auf den Button **Anmelden** bei Ihrem YouTube-Account an, geben Sie Ihre Benutzerdaten ein, und klicken Sie anschließend auf den Button **OK**.

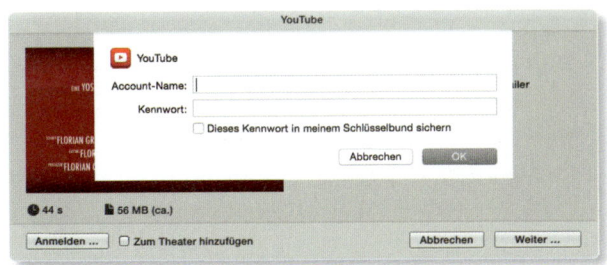

▲ **Abbildung 13.30** *Bei YouTube anmelden*

3 Geben Sie die gewünschten Angaben wie z. B. eine Beschreibung oder ein Genre zum Film ein, deaktivieren Sie an dieser Stelle erst einmal das Häkchen bei **Zum Theater hinzufügen**, denn die Funktion iMovie Theater sehen wir uns im folgenden Abschnitt gesondert an. Wenn alles zu Ihrer Zufriedenheit ist, klicken Sie auf den Button **Weiter**.

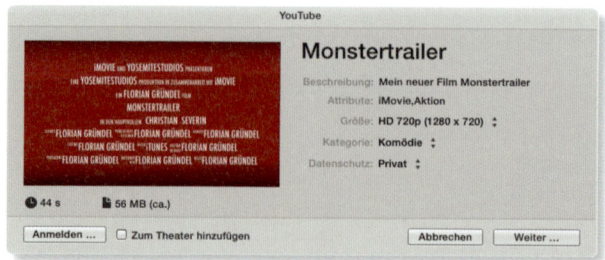

^ **Abbildung 13.31** *Die Veröffentlichungseinstellungen für YouTube*

4 Bestätigen Sie im nächsten Fenster die Nutzungsbedingungen durch Klick auf den Button **Veröffentlichen**. Anschließend bereitet iMovie das Projekt auf und lädt es auf YouTube hoch. Dank des einblendbaren Statusfensters rechts in der Symbolleiste sind Sie stets über den aktuellen Bearbeitungsstand informiert.

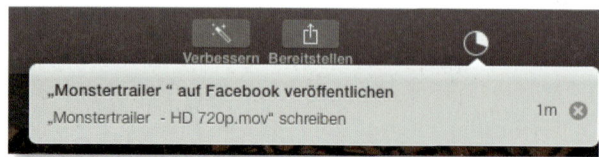

^ **Abbildung 13.32** *Das Projekt wird veröffentlicht.*

Projekt in iMovie Theater veröffentlichen

Sie haben zuvor bei den Veröffentlichungseinstellungen von YouTube bereits gesehen, dass das Projekt gleichzeitig auch für iMovie Theater veröffentlicht werden kann. Um aus iMovie Theater einen Nutzen ziehen zu können, ist es natürlich zunächst nötig, zu klären, was iMovie Theater ist und welche Möglichkeiten es Ihnen bietet.

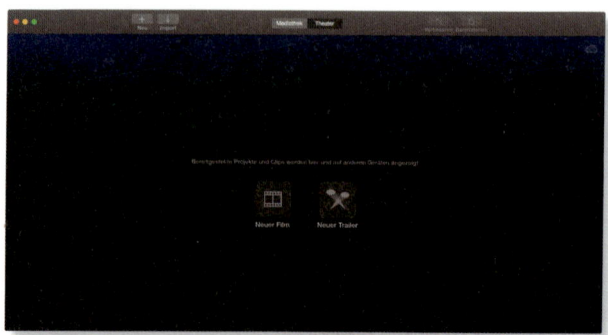

^ **Abbildung 13.33** *iCloud-Integration in iMovie: iMovie Theater*

iMovie Theater nennt sich die Integration von iCloud in iMovie. Sie können also auch aus iMovie Ihre Projekte direkt in Ihrer iCloud veröffentlichen. So haben Sie das Projekt jederzeit auf allen Geräten zur Verfügung. Besonders praktisch ist das in Verbindung mit dem Apple TV, das ebenfalls auf iMovie Theater zugreifen kann. So können Sie z. B. Ihre Filme und Trailer (ohne mühsames Verkabeln des Macs) an einem großen Fernseher oder sogar Videobeamer genießen.

Wählen Sie dazu einfach im Menü **Bereitstellen** den gewünschten Eintrag, in diesem Fall also **Theater**.

^ **Abbildung 13.34** *Denkbar einfach und mit einem Mausklick erledigt: Projekte in iCloud veröffentlichen*

Damit ist auch schon die Arbeit getan. iMovie überträgt nun das ausgewählte Projekt an iCloud. Sobald es fertig hochgeladen ist, steht es Ihnen beispielsweise in iMovie auf Ihrem iPad zur Verfügung.

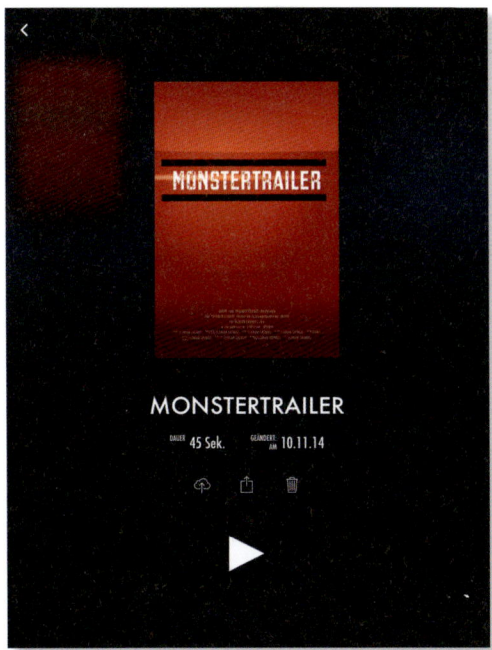

Wenn Sie selbst Musik machen oder Podcasts erstellen wollen, steht Ihnen mit GarageBand ein leistungsfähiges Programm zur Verfügung, mit dem Sie sich ein Mehrspurtonstudio zu sich nach Hause holen. Hier helfen Ihnen die zahlreichen Loops von Apple dabei, per Klick zum fertigen Musikstück zu kommen – auch ohne musikalische Vorbildung. Und selbst wenn Sie kein Instrument spielen, hilft Ihnen GarageBand auch dabei, eines in Grundzügen zu erlernen!

13.5 GarageBand – Musik machen und Podcasts aufzeichnen

Im Kapitel über iTunes haben wir viel Musik gehört. In diesem Kapitel sehen wir uns an, wie Sie mit einem Mac selbst Musik machen. Das Programm, das Sie dafür benötigen, ist auf allen neu gekauften Macs bereits vorinstalliert: GarageBand.

▲ Abbildung 13.36 Per Klick auf dieses Icon starten Sie GarageBand.

13.6 GarageBand starten

Mit GarageBand können Sie ein Instrument lernen, Musik aufnehmen, Klingeltöne und Podcasts erstellen und sogar Filme vertonen. Nach dem Start von GarageBand sehen Sie zunächst den Startbildschirm (siehe Abbildung 13.36). Hier wählen Sie die Art von Projekt aus, die Sie erstellen wollen.

▲ Abbildung 13.37 Der Startbildschirm von GarageBand

Der Startbildschirm zeigt in der Seitenleiste die verschiedenen Aktivitäten, die Sie von hier aus starten können. Das kann ein neues Projekt sein, oder Sie lernen mithilfe von GarageBand ein Instrument. Im Bereich **Store für Übungen** kaufen Sie weitere Übungseinheiten. Mit **Magic GarageBand** erstellen Sie beinahe wie durch Zauberhand Songs. Mit **iPhone-Klingelton** erzeugen Sie Klingeltöne für das iPhone. Unter **Benutzte Projekte** sehen Sie die Übersicht über Ihre bisher erstellten Projekte.

Ein neues Projekt anlegen

Um GarageBand kennenzulernen, sehen wir uns ein wenig in dem Programm um. Dazu wollen wir damit beginnen, ein neues Projekt anzulegen.

1 Klicken Sie in der Seitenleiste auf **Neues Projekt**. Hier stehen nun verschiedene Instrumente und Aufnahmetypen als Ausgangsbasis zur Verfügung.

2 Klicken Sie beispielsweise auf **Loops** und danach auf den Button **Auswählen**.

3 Wählen Sie im folgenden Sicherungsdialog einen Namen für die Datei und den Ort aus, an dem sie gesichert werden soll.

Zusätzlich zum normalen Sicherungsdialog verfügt dieser über weitere Einstellungsmöglichkeiten. Im unteren Teil des Fensters sehen Sie einen Slider, mit dem Sie die Geschwindigkeit des Songs einstellen, sowie mehrere Auswahlmenüs, mit denen Sie **Signatur** und **Tonart** genau festlegen können. Für einen ersten Test können Sie die Standardeinstellungen nutzen.

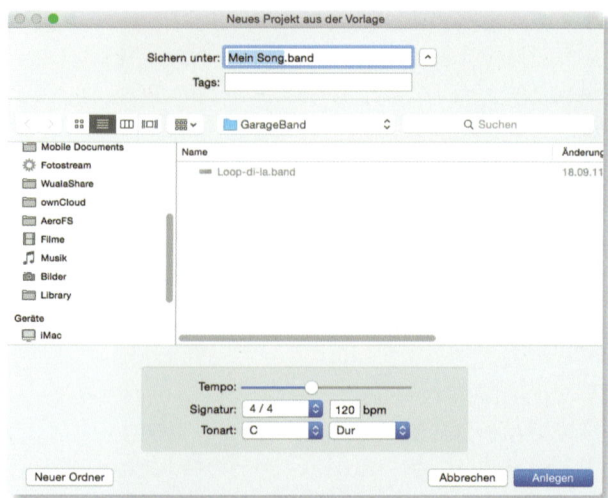

⌃ Abbildung 13.38 *Der Sicherungsdialog von Garage-Band mit Einstellungen zum Projekt*

4 Nachdem Sie im Dialogfenster die gewünschten Angaben gemacht haben, klicken Sie auf den Button **Anlegen**. Anschließend lädt GarageBand die Programmoberfläche.

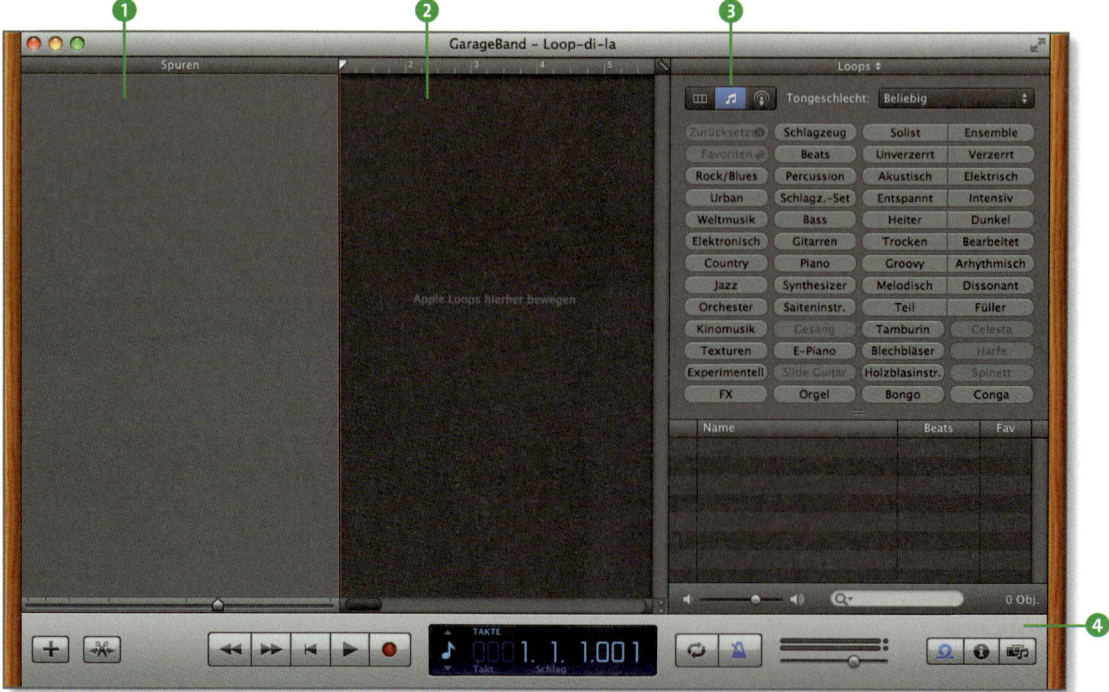

⌃ Abbildung 13.39 *Aufgeräumt: die Oberfläche von GarageBand*

Die Programmoberfläche von GarageBand besteht aus vier Bereichen: der Spurübersicht **1**, der Spuransicht **2** in der Mitte, der Browseransicht **3** und der Symbolleiste **4**.

Im Browser nach Loops suchen

Folgen wir also der angezeigten Aufforderung und bewegen Loops aus dem Browserbereich in die Spursicht.

1 Klicken Sie in der Browseransicht auf eines der Stichwörter, z. B. **Dunkel** **5**. Der untere Teil der Browseransicht, der zuvor noch leer war, zeigt nun die Übersicht über die Loops, die zum ausgewählten Stichwort verfügbar sind.

2 Klicken Sie auf einen der verfügbaren Loops. GarageBand spielt den Loop sofort ab. Um das Abspielen zu stoppen, klicken Sie erneut auf den Loop. Die Auswahl an verfügbaren Loops ist ohnehin schon gigantisch, und es gibt zusätzlich die Möglichkeit, weitere sogenannte *Jam Packs* nachzukaufen.

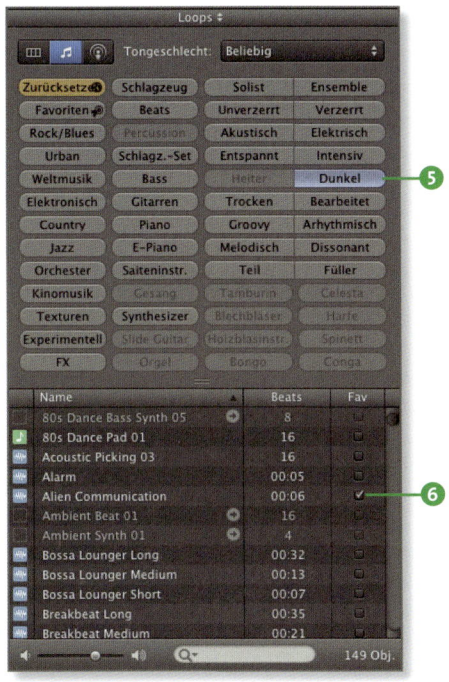

▲ **Abbildung 13.40** *Die Browseransicht in Aktion*

3 Um hier den Überblick nicht zu verlieren, haben Sie die Möglichkeit, Loops als Favoriten zu markieren. Setzen Sie in der Spalte **Fav** das Häkchen **6** beim gewünschten Loop. Anschließend wird in der Stichwortübersicht das Stichwort **Favoriten** aktiviert. Hier finden Sie also auf einen Klick alle Loops, die Sie als Favoriten markiert haben.

4 Die Kategorien der Loops funktionieren wie ein Filter und können genutzt werden, um den passenden Loop für ein Projekt zu finden. Wenn Sie mehrere Kategorien anklicken, reduzieren Sie die Auswahl der Loops im Ausschlussverfahren. So kommen Sie schnell und einfach zur Übersicht über die im Moment relevanten Loops.

Wenn Sie beispielsweise auf **Intensiv** klicken, sehen Sie 212 Loops. Klicken Sie zusätzlich auf **Trocken**, reduziert sich die Zahl auf 62 Loops. Klicken Sie dann noch auf **Bass**, bleiben nur neun Loops übrig. Und die lassen sich leicht durchhören – im Gegensatz zu über 200 Loops.

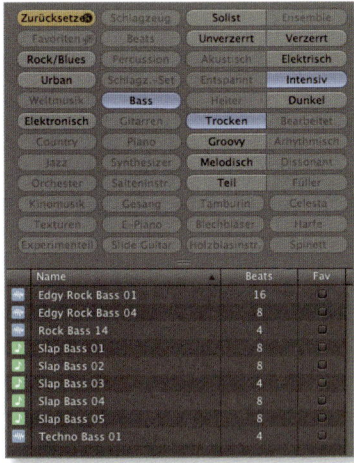

▲ **Abbildung 13.41** *Mit Kategorien filtern Sie die verfügbaren Loops.*

Loops zusammenstellen

Nachdem Sie sich also eine Übersicht über die verfügbaren Loops verschafft haben, wird es Zeit, Loops zu einem Song zusammenzustellen.

1 Ziehen Sie den gewünschten Loop aus dem Browser per Drag & Drop in die Spuransicht. GarageBand fügt nun eine Spur für den Loop ein.

2 Ziehen Sie weitere Loops in die Spuransicht. GarageBand fügt für jeden neuen Loop eine neue Spur ein.

△ **Abbildung 13.44** *Zweimal der gleiche Loop: unten in Originallänge, oben gekürzt*

Damit haben Sie bereits die Grundlage für einen Song gelegt, der nur aus Loops zusammengestellt ist. Die weitere Entwicklung des Songs ist einzig von Ihrer Kreativität abhängig.

△ **Abbildung 13.42** *Die Spurübersicht wird mit der Zeit immer voller.*

3 Klicken Sie auf den Play-Button in der Symbolleiste, oder drücken Sie die Leertaste, um die Spuren abzuspielen.

4 Um nun aus einer Ansammlung von Loops einen Song zu machen, ist es nötig, die Loops weiterzubearbeiten und ihre Länge zu bestimmen beziehungsweise anzupassen. Klicken Sie dazu auf einen Loop, um ihn zu markieren.

5 Fahren Sie mit dem Mauszeiger an den Rand des Loops. Je nach Position des Mauszeigers wird dieser nun zu einem runden Pfeil 🔄 oder zu einer eckigen Klammer ◀▶. Mit dem runden Pfeil ziehen Sie den Loop auseinander. Dabei wird er entsprechend oft wiederholt.

13.7 Loops und Spuren bearbeiten

Mit dem Hinzufügen von Loops ist es meistens leider nicht getan. Eventuell möchten Sie einen Loop verändern oder das Verhältnis der Spuren bearbeiten, damit der Song auch die Form annimmt, die Sie sich vorstellen.

Den Spureditor öffnen

Um einen Loop genau bearbeiten zu können, gibt es in GarageBand den Spureditor. Sie rufen ihn per Doppelklick auf den Loop auf.

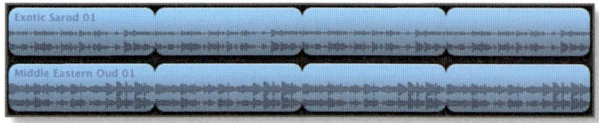

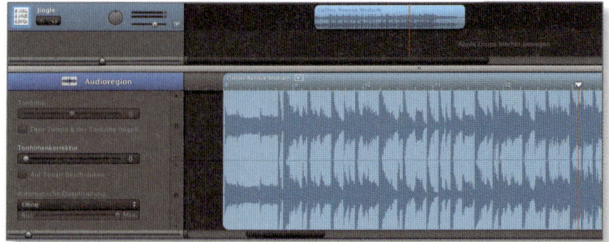

△ **Abbildung 13.43** *Mehrfach wiederholte Loops*

Mit der eckigen Klammer ziehen Sie den Loop auf seine maximal mögliche Länge ohne Wiederholung auf oder kürzen ihn.

△ **Abbildung 13.45** *Oben der Loop in der Spuransicht, unten der Loop detailliert im Spureditor*

Im Spureditor können Sie beispielsweise Tonhöhe und Timing anpassen, aber auch einen Loop teilen, um nur einen Teil davon zu verwenden.

Loops teilen

Wenn Sie z. B. nur ein Fragment eines Loops benötigen, dann schneiden Sie den benötigten Teil aus einem vorhandenen Loop aus. Dazu teilen Sie den Loop an der gewünschten Stelle oder den gewünschten Stellen und löschen dann die nicht benötigten Teile.

1 Positionieren Sie dazu den Abspielmarker (angezeigt durch den roten Strich) an der gewünschten Stelle.

2 Klicken Sie auf **Bearbeiten > Teilen**, oder nutzen Sie den Tastaturbefehl ⌘ + T. GarageBand teilt den ausgewählten Loop nun an der Stelle des Abspielmarkers.

3 Löschen Sie den Teil des Loops, den Sie nicht mehr benötigen, durch Drücken von ←, und positionieren Sie den benötigten Teil des Loops mit Drag & Drop gegebenenfalls neu.

^ **Abbildung 13.46** Ein Loop wird geteilt.

Den so neu erstellten kurzen Loop können Sie durch Klick auf **Bearbeiten > Zur Loop-Bibliothek hinzufügen** auch für andere Projekte nutzen.

Spuren duplizieren

Möglicherweise sollen beide Teile eines geteilten Loops erhalten bleiben, jedoch auf unterschiedlichen Spuren, um z. B. das Panorama oder das Lautstärkeverhältnis zwischen den Spuren anzupassen.

1 Markieren Sie die Spur, die die beiden Teile des soeben aufgeteilten Loops enthält.

2 Klicken Sie auf **Spur > Spur duplizieren**, oder drücken Sie ⌘ + D. GarageBand fügt eine neue Spur ein.

3 Ziehen Sie einen Teil des geteilten Loops in die neue Spur.

^ **Abbildung 13.47** Die untere Spur wurde dupliziert, und ihr wurde ein Teil des in der darüberliegenden Spur geteilten Loops hinzugefügt.

4 Markieren Sie die Spur, in der Sie Lautstärke und Panorama anpassen wollen. Mit dem Panorama bestimmen Sie die Balance der Spur, also die Verteilung auf den linken und rechten Lautsprecher.

5 Das Panorama der Spur passen Sie durch Drehen des Panoramaknopfes ❶ an, die Lautstärke der Spur mithilfe des Lautstärkereglers ❷.

^ **Abbildung 13.48** Mit dem Panoramaknopf und dem Lautstärkeregler passen Sie jede Spur harmonisch an den Gesamteindruck an.

Effekte hinzufügen

Aber eine Spur lässt sich noch weiter anpassen, beispielsweise mit Effekten.

1 Doppelklicken Sie auf die gewünschte Spur vorn im Spurkopf ❸.

^ **Abbildung 13.49** Klicken Sie in einen leeren Bereich vorn im Spurkopf.

GarageBand blendet daraufhin den Loopbrowser aus und zeigt die Spurinformation an. Das Fenster ist zweigeteilt und enthält neben einer Liste der Instrumentenkategorien im Tab **Durchsuchen** auch eine Liste aller möglichen Effekteinstellungen eines Instruments (Tab **Bearbeiten**). In dieser Ansicht lassen sich also der Spur Effekte hinzufügen.

⌃ Abbildung 13.50 *Nach einem Doppelklick auf eine Spur zeigt GarageBand die Spurinformation an.*

2 Klicken Sie auf eines der leeren Felder, um die Spur mit einem Effekt aus der Effektauswahl zu versehen.

3 Wählen Sie aus dem folgenden Einblendmenü den gewünschten Effekt aus.

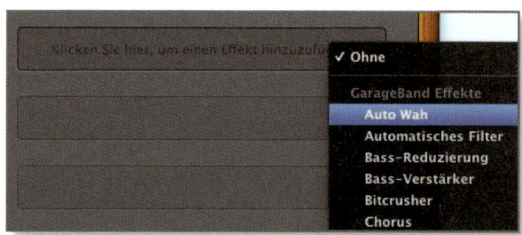

⌃ Abbildung 13.51 *Einer Spur einen Effekt hinzufügen*

Der Effekt wird nun hinzugefügt und automatisch aktiviert, was Sie an dem türkisfarbenen Button ❶

links vom Bild des Effekts erkennen. Ist der Button ausgegraut, ist der Effekt zwar der Spur hinzugefügt, aber nicht aktiv. Effekte aktivieren und deaktivieren Sie durch einfaches Anklicken des Buttons.

Effekte, die nur eine Einstellungsmöglichkeit haben, wie z. B. einen Slider, zeigen diese direkt an. Effekte, die mehrere Einstellungsmöglichkeiten bieten, öffnen nach einem Klick auf das Bild des Effekts ein neues Fenster, in dem Sie die gewünschten Einstellungen vornehmen.

⌃ Abbildung 13.52 *Der obere Effekt ist inaktiv und bietet nur eine Einstellungsmöglichkeit. Der untere ist aktiv und bietet ein eigenes Fenster für Einstellungen.*

Einen Wiederholungsbereich festlegen

Da Effekte oft nur gezielt an einer Stelle als Akzent eingesetzt werden sollen und meist doch einiges Experimentieren nötig ist, bis Sie den gewünschten Sound gefunden haben, bietet die Abspielsteuerung die Möglichkeit, einen ausgewählten Teil der Zeitleiste kontinuierlich zu wiederholen. Dieser Bereich nennt sich *Cycle-Bereich*.

1 Klicken Sie in der Symbolleiste auf den Button mit den zwei Pfeilen ❷ rechts vom Display. GarageBand verdoppelt daraufhin die Zeitachse am oberen Fensterrand und zeigt in der zweiten Zeile einen gelben Balken an.

⌃ Abbildung 13.53 *Hier ❷ aktivieren Sie den Wiederholungsbereich.*

2 Passen Sie die Position des gelben Balkens ❸ per Drag & Drop und seine Länge durch Ziehen und Drücken an.

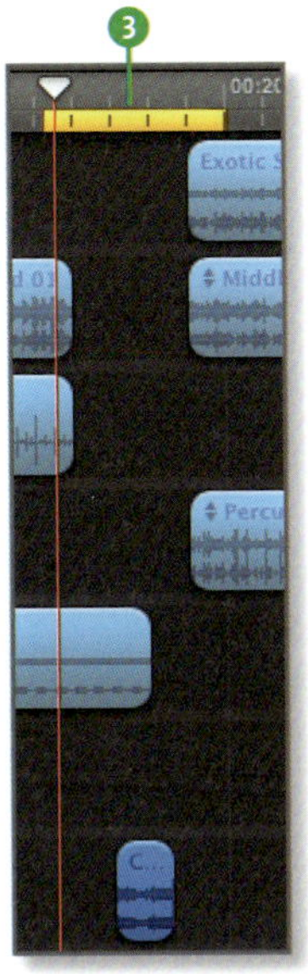

Abbildung 13.54 *Nur der gelb markierte Teil der Zeitleiste wird nun wiedergegeben.*

3 Wenn Sie nun die Zeitleiste abspielen lassen, wird nur der ausgewählte Teil ständig wiederholt. Im Normalfall würden Sie natürlich irgendwann durchdrehen, wenn Sie ständig denselben Ausschnitt hören – in diesem Fall ist es jedoch sehr praktisch, da Sie so beispielsweise verschiedene Effekte bequem ausprobieren und anpassen können, ohne sich zusätzlich um die Abspielsteuerung kümmern zu müssen.

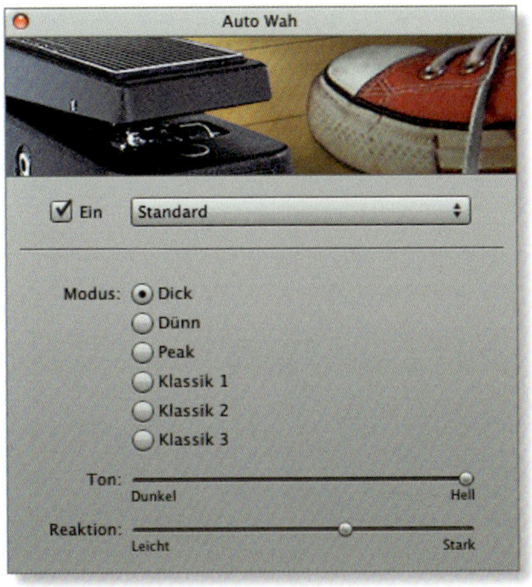

Abbildung 13.55 *Während der ausgewählte Teil der Zeitleiste wiederholt wiedergegeben wird, können Sie Effekte anpassen.*

Eine Spur stumm schalten oder solo anhören

Um einen Effekt in einer Spur gezielt anzupassen, ist es manchmal nötig, nur diese Spur zu hören und nicht alle auf einmal.

1 Klicken Sie in einer Spur auf den Button mit dem durchgestrichenen Lautsprechersymbol. Die Spur bleibt daraufhin zwar erhalten, wird aber nicht abgespielt. So nehmen Sie schnell und einfach eine oder mehrere Spuren vom Abspielen aus.

2 Wenn Sie allerdings nur eine bestimmte Spur hören wollen, klicken Sie in der ausgewählten Spur auf das Kopfhörersymbol neben dem Button zum Stummschalten. GarageBand spielt daraufhin nur noch die ausgewählte Spur ab und schaltet alle anderen Spuren stumm.

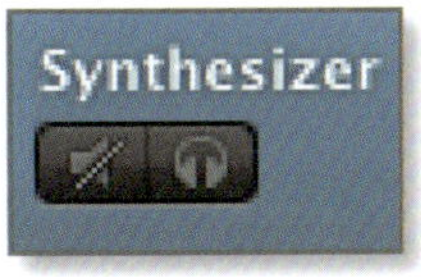

Abbildung 13.56 *Eine Spur stumm bzw. solo schalten, also alle anderen Spuren stumm schalten*

Damit haben Sie nun das nötige Rüstzeug, um einen Song aus Loops zusammenzustellen und anzupassen. Alle weiteren Details würden einerseits an dieser Stelle zu weit führen, andererseits müssen Sie für die Entwicklung eines eigenen Songs ohnehin viel experimentieren. Lassen Sie also Ihrer Kreativität freien Lauf. Wenn der Song dann fertig ist, nutzen Sie die Befehle aus dem Menü **Bereitstellen**, um ihn mit der Welt zu teilen.

13.8 Podcasts erstellen

Mit GarageBand können Sie nicht nur Musik machen. Vielleicht haben Sie ja im Kapitel über iTunes Gefallen an Podcasts gefunden und überlegen nun, selbst einen Podcast zu erstellen. Mit GarageBand ist das ganz einfach. GarageBand bietet eine passende Projektvorlage an, sodass Sie sofort loslegen können.

Ein Podcast-Projekt anlegen

Um einen Podcast zu erstellen, schließen Sie das vorherige Projekt oder starten GarageBand.

1 Wählen Sie in der Seitenleiste **Neues Projekt**.

2 Klicken Sie in der Auswahl der Projekte auf **Podcast**, und bestätigen Sie mit einem Klick auf den Button **Auswählen**.

3 Wählen Sie im folgenden Sicherungsdialog einen Namen für die Datei und den Ort aus, an dem sie gesichert werden soll. GarageBand legt daraufhin einen neuen Podcast an und fügt automatisch die Spuren **Male Voice**, **Female Voice** und **Jingles** sowie die Spur **Podcast-Spur** hinzu, die aber keine Audiospur ist, sondern Informationen zu Ihrem Podcast enthält (siehe Abbildung 13.57).

Audioinhalte aufnehmen

Nehmen Sie also zunächst Ihre Inhalte auf, denn darum geht es ja vorrangig.

1 Markieren Sie als Erstes die Spur, auf der Sie aufnehmen wollen.

2 Klicken Sie in der Symbolleiste auf den Aufnahme-Button ❶ mit dem roten Punkt.

3 Sprechen Sie nun Ihren Podcast ein. Während der gesamten Aufnahme zeigt GarageBand die Spur rot unterlegt an.

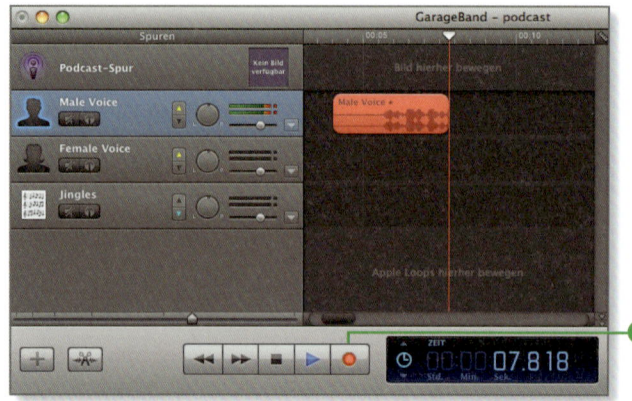

︿ **Abbildung 13.58** *GarageBand während der Aufnahme eines Podcasts*

︿ **Abbildung 13.57** *Ein neuer Podcast wird erstellt.*

4 Um die Aufnahme zu beenden, klicken Sie erneut auf den Aufnahme-Button.

> **TIPP**
>
> **Einen Video-Podcast erstellen**
> Da GarageBand sich zwar für die Nachvertonung, aber nicht für die Aufnahme von Videos eignet, ist der beste Weg, einen Video-Podcast zu erstellen, diesen mit iMovie aufzunehmen und zu schneiden und ihn anschließend in GarageBand akustisch zu bearbeiten. GarageBand stellt dafür eine Videospur zur Verfügung, die Sie über das Menü **Spur > Filmspur einblenden** aufrufen. Importieren Sie anschließend über die Medienauswahl die gewünschte Datei in diese Videospur.

Einen Jingle hinzufügen

Nachdem Ihr Text komplett ist, fügen Sie noch einen Jingle hinzu. Ein Jingle ist eine Erkennungsmelodie. Etwas längere Jingles eignen sich für Anfang und Ende des Podcasts. Kürzere Jingles eignen sich, um bestimmte Rubriken einzuleiten.

1 Wählen Sie im Loopbrowser einen Jingle aus. GarageBand bietet dafür eine eigene Kategorie **Jingles** an. Sollte der Loopbrowser nicht angezeigt werden, aktivieren Sie ihn unten rechts mit einem Klick auf das Icon mit dem Loop ❷.

^ **Abbildung 13.59** Dieser Button blendet den Loopbrowser ein.

2 Ziehen Sie den ausgewählten Jingle in die Spur **Jingles** und dort an die gewünschte Stelle.

3 Passen Sie gegebenenfalls die Spuren im Verhältnis zueinander an.

Bilder und Informationen zum Podcast hinzufügen

Wenn der Podcast inhaltlich fertiggestellt ist, passen Sie ihn noch optisch an und bereiten ihn für die Veröffentlichung auf.

1 Doppelklicken Sie auf die **Podcast-Spur**.

2 Geben Sie in die Felder der Spurinformation die entsprechenden Angaben ein.

^ **Abbildung 13.60** Die Spurinformationen bearbeiten

3 Stellen Sie sicher, dass die Spur **Podcast-Spur** noch markiert ist.

4 Klicken Sie in der Symbolleiste auf den Button für den **Spureditor** ❶ (siehe Abbildung 13.61).

5 Klicken Sie auf den Button **Marker hinzufügen** ❷. GarageBand fügt Ihrem Podcast nun an der aktuellen Abspielposition einen Kapitelmarker hinzu, mit dem Sie Ihren Podcast in mehrere direkt anspringbare Kapitel unterteilen können.

6 Jedem Kapitel können Sie per Drag & Drop ein eigenes Bild und einen Kapiteltitel hinzufügen, die dann in iTunes in der Coveransicht und der Titelanzeige angezeigt werden. Zusätzlich können Sie der ganzen Folge ein Bild zuordnen, das Sie per Drag & Drop auf das Feld **Folgenbild** ❸ setzen.

△ Abbildung 13.61 *So passen Sie Ihren Podcast optisch und organisatorisch an.*

Den Podcast veröffentlichen

Wenn alles fertig eingerichtet ist, können Sie den Podcast veröffentlichen.

1 Klicken Sie auf **Bereitstellen > Podcast an iTunes senden**.

2 Geben Sie im folgenden Dialogfenster die Informationen zu Ihrem Podcast ein.

3 Klicken Sie zum Veröffentlichen abschließend auf den Button **Bereitstellen**. GarageBand erstellt daraufhin den Podcast und übergibt ihn an iTunes, wo er sofort abgespielt wird.

△ Abbildung 13.62 *Einen Podcast aus GarageBand heraus bereitstellen*

Mit GarageBand ist es sehr einfach, einen Podcast zu erstellen. Einen Podcast zu veröffentlichen erfordert schon etwas Planung, und wer langfristig erfolgreich podcasten möchte, für den ist es damit noch lange nicht getan. Wenn Sie das Thema interessiert und Sie tiefer in die Materie einsteigen wollen, finden Sie im Buchhandel mittlerweile eine ganze Menge Bücher zum Thema Podcasting.

13.9 Ein Instrument lernen

Wenn Sie nicht nur Podcasts erstellen, Filme vertonen oder Lieder aus vorgefertigten Loops zusammenstellen wollen, sollten Sie ein Instrument beherrschen, um mit GarageBand auch eigene Lieder aufzunehmen. Für alle, die noch kein Instrument spielen, bietet GarageBand die Möglichkeit, ein Instrument quasi im *Fernstudium* zu lernen. GarageBand bietet Einstiegskurse – aktuell für Klavier und Gitarre – an.

Schritt 1: Lernen

Bei den Kursen handelt es sich um Videos, die Ihnen Schritt für Schritt die Grundlagen des gewählten Instruments beibringen.

1 Starten Sie GarageBand, und klicken Sie im Projektauswahlfenster in der Seitenleiste auf **Instrument lernen** ❹.

2 Klicken Sie in der Übersicht auf einen der Tabs, beispielsweise **Piano-Übungen** ❺.

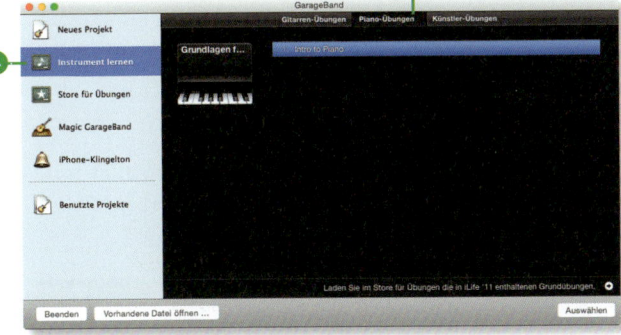

▲ **Abbildung 13.63** Ein Instrument mit GarageBand lernen

3 Wählen Sie eine der vorhandenen Übungen aus.

4 Klicken Sie auf den Button **Auswählen**.

5 Anschließend öffnet GarageBand ein bildschirmfüllendes Fenster, das sowohl den Film mit dem Trainer abspielt als auch Elemente für das Training anzeigt, wie z. B. eine Klaviatur und eine Symbolleiste, mit der Sie u. a. Ihre Lernfortschritte erfassen können.

6 Fahren Sie mit dem Mauszeiger über den Bereich, in dem das Piano und der Lehrer schon zu sehen sind.

7 Es wird ein Fenster eingeblendet. Klicken Sie auf **Learn**, schließlich wollen Sie ja zunächst lernen.

8 Klicken Sie in der Symbolleiste auf den Abspiel-Button ❻. GarageBand startet nun den Lehrfilm, der Sie durch die Inhalte leitet.

Zusätzlich zu den besprochenen Inhalten zeigt GarageBand die korrespondierenden Informationen auf der eingeblendeten Klaviatur an. Mithilfe der eingeblendeten Kapitel ❼ müssen Sie den Lehrfilm nicht in voller Länge ansehen, sondern können direkt zu dem Kapitel springen, das Sie sehen möchten.

◂ **Abbildung 13.64** Der Lehrfilm, die eingeblendete Klaviatur und die Bedienelemente in der Symbolleiste

Schritt 2: Üben

Nachdem Sie sich den Lehrfilm angesehen haben, können Sie selbst Übungen machen und dabei Ihre Lernfortschritte protokollieren.

1 Klicken Sie im Abspielbereich auf **Play**.

2 Klicken Sie in der Symbolleiste auf den Abspiel-Button. Wie zuvor beim Lehrfilm werden Ihnen nun im Film und auf der Klaviatur die Tasten angezeigt, die für die Übung zu spielen sind.

3 Spielen Sie die Übung mit, und wiederholen Sie die Übung so lange, bis Sie glauben, dass es sich lohnt, den Übungserfolg zu testen.

4 Klicken Sie nun, anstelle des Abspiel-Buttons, auf den Aufnahme-Button ❶ mit dem roten Punkt. GarageBand spielt die Übung nun erneut ab. Diesmal jedoch nicht wie zuvor im reinen Abspielmodus, sondern nun registriert GarageBand Ihr Spiel und vergleicht es mit den Vorgaben der Übung. Je besser Sie spielen, desto höher ist die angezeigte Prozentzahl ❷ von richtig gespielten Tönen.

5 Diese Übungen können Sie jederzeit wiederholen und so durch Klick auf den Button **Verlauf** ❸ Ihre Fortschritte nachverfolgen. Nachdem Sie eine Übung erfolgreich absolviert haben, machen Sie mit den nächsten Übungen weiter.

^ **Abbildung 13.65** Der Übungsmodus

Weitere Übungen laden

Haben Sie die ersten Übungen erfolgreich absolviert, bietet Apple natürlich noch etwas mehr: Sie können weitere Übungen aus dem Store für Übungen herunterladen.

1 Klicken Sie in der Seitenleiste auf **Store für Übungen**.

2 GarageBand lädt den Store. Klicken Sie auf das Instrument, das Sie gerade lernen, also beispielsweise auf **Klavierunterricht**.

3 Klicken Sie im folgenden Fenster auf die gewünschten Trainingseinheiten. GarageBand zeigt Ihnen die verfügbaren Episoden für die ausgewählte Trainingseinheit an.

4 Laden Sie die gewünschten Episoden einzeln (oder alle auf einmal) durch Klick auf die Buttons **Herunterladen** bzw. **Alles Laden**.

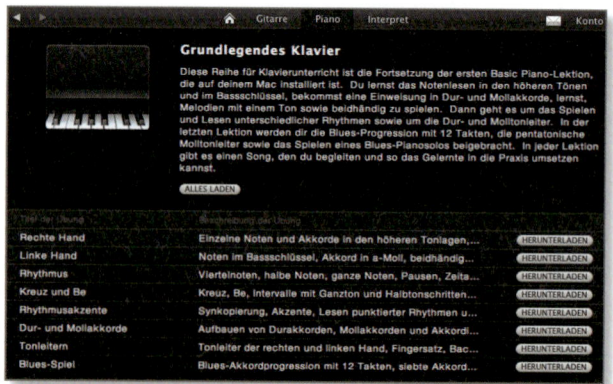

^ **Abbildung 13.66** Weitere Übungen aus dem Store laden

13.10 Magic GarageBand

GarageBand bietet mit Magic GarageBand einen weiteren Modus an, um selbst Musik zu machen. Magic GarageBand ist dabei weniger als Programm zum Musikmachen zu verstehen, wie Sie es bei den Loops kennengelernt haben, und auch nicht als Lernprogramm wie im letzten Abschnitt, sondern quasi als etwas dazwischen.

Mit Magic GarageBand gibt GarageBand das meiste bereits vor, und Ihre Einflussmöglichkeiten auf die gespielte Musik halten sich eher in Grenzen. Dennoch ist der Modus Magic GarageBand nicht sinnlos, auch wenn er auf viele Benutzer im ersten Moment so wirkt. Magic GarageBand eignet sich jedoch hervorragend beispielsweise zur Musikerziehung. Und zwar dann, wenn es weniger um das konkrete Erlernen eines Instruments geht als eher darum, ein grundsätzliches Verständnis für Musik und die verschiedenen Stilrichtungen zu entwickeln. Dank der Eingriffsmöglichkeiten verändern Sie z. B. die Instrumentierung und damit auch den Charakter und die individuellen Eigenheiten des jeweiligen Liedes. Magic GarageBand eignet sich also insbesondere dazu, Musik allgemein und die Eigenheiten der unterschiedlichen Genres verstehen zu lernen.

1 Starten Sie GarageBand, und klicken Sie im Projektauswahlfenster in der Seitenleiste auf die Kategorie **Magic GarageBand**.

2 Wählen Sie ein Genre aus.

3 Klicken Sie auf den Button **Auswählen**. GarageBand öffnet daraufhin ein Fenster mit dem kompletten Instrumentarium des ausgewählten Genres und einem typischen Song.

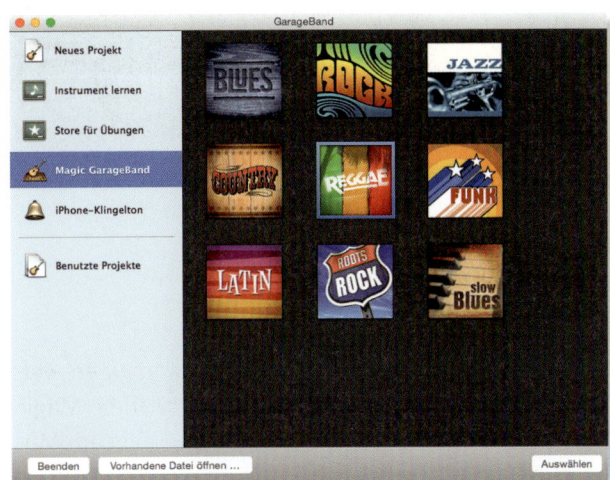

∧ Abbildung 13.67 *Die Genreübersicht in Magic Garage-Band*

Die Anpassung der Instrumente erfolgt spielerisch interaktiv. Sie kann während des laufenden Songs erfolgen und vermittelt ein gutes Gefühl dafür, wie prägend manche Instrumente für eine bestimmte Musikrichtung sind – und wie seltsam oder interessant es sich auf einmal anhört, wenn man dieses Instrument gegen ein anderes austauscht.

∧ Abbildung 13.68 *Magic GarageBand in Aktion*

Wenn Sie an einem Song Interesse gefunden haben und ihn als Ausgangsbasis für Ihre weiteren Experimente nutzen möchten, klicken Sie auf den Button **In GarageBand öffnen**. GarageBand öffnet den Song daraufhin in der bereits von den Loops bekannten Mehrspuransicht, die einfach mehr Anpassungsmöglichkeiten bietet als Magic GarageBand. Nehmen Sie in der Spuransicht nun in der bekannten flexiblen und übersichtlichen Weise Änderungen am Song vor.

13.11 Fotos verwalten und bearbeiten mit iPhoto

Vielleicht haben Sie auch noch die guten alten Fotoalben mit raschelndem Spinnennetzpapier zwischen den Seiten zu Hause? Fotos sind heute jedoch zunächst keine haptische Erfahrung mehr. Ob man dem nachtrauert oder nicht, spielt dabei keine Rolle, denn Fakt ist, dass sich die Nutzung der Fotografie und des Mediums Foto innerhalb von weniger als zwei Jahrzehnten grundlegend verändert hat. Heute ist es möglich, Fotos hochauflösend auf großen Bildschirmen zu betrachten. Wahrlich auch keine schlechte Art, Fotos zu erleben, auch wenn kein Spinnennetzpapier mehr raschelt. Mit Verwendung der Digitalfotografie geht aber nicht nur eine Änderung im Nutzungsverhalten einher, auch das Management von Fotos verlangt heute mehr als eine alte Schuhschachtel, in der Ihre Erinnerungen aufbewahrt werden. Es muss also ein digitales Äquivalent her – ein Programm, das so bequem ist wie die Schuhschachtel, das aber dennoch den Managementanforderungen umfangreicher Mediatheken gerecht wird. Genau so ein Programm ist iPhoto.

^ **Abbildung 13.69** *Per Klick auf dieses Icon starten Sie iPhoto.*

13.12 Die Programmoberfläche von iPhoto

Wie bei allen Programmen ist es auch bei iPhoto sinnvoll, sich zunächst mit der Programmoberfläche vertraut zu machen.

Ähnlich wie die Programmoberfläche von iTunes besteht auch die Programmoberfläche von iPhoto aus einem Quellenbereich ❶, einem Bereich für die Inhalte ❷ sowie einem Navigationsbereich ❸ und kontextabhängigen Buttons im Fußbereich ❹. Im Quellenbereich zeigt iPhoto alle verfügbaren Quellen und Sortieroptionen. Zunächst sind das nur die Einträge in den Bereichen **Mediathek** und **Neu**. Im Laufe der Zeit werden weitere hinzukommen, je mehr Sie sich mit iPhoto beschäftigen.

^ **Abbildung 13.70** *Die Programmoberfläche von iPhoto, hier mit den Bildern eines Ereignisses im Inhaltsbereich*

Abbildung 13.71 *iPhoto sortiert Ihre Bilder in Ereignissen.*

Im Hauptbereich werden, je nach gewählter Quelle, die entsprechenden Bilder angezeigt. Zunächst erscheinen sie jeweils in einer Übersicht, nach Doppelklick auf ein Bild auch einzeln. In der Einzelbilddarstellung können Sie innerhalb der ausgewählten Bilder nicht nur mithilfe der Navigationsleiste navigieren, sondern auch mit der Vorschauleiste ❺ am unteren Fensterrand, die vergrößert wird, wenn Sie mit dem Mauszeiger darüberfahren.

Zusätzlich lässt sich am rechten Rand jederzeit über den **Infos**-Button ❻ in der Symbolleiste eine Informationsleiste einblenden, die kontextabhängig alle verfügbaren Informationen anzeigt. Das sind die in die Fotodatei eingebetteten Exif-Daten ❼, der Dateiname, das Datum ❽, eine Beschreibung und eine Wertung, Gesichter ❾, Schlagwörter (sofern welche vorhanden sind) sowie Orte ❿. Später kommen eventuell weitere Felder hinzu, wie z. B. Freigaben bei Facebook.

Mithilfe der Informationsleiste können Sie Bilder verschlagworten, bewerten, Gesichter und Orte festlegen sowie Notizen hinzufügen.

13.13 Fotos importieren

Beim ersten Start begrüßt Sie iPhoto mit einigen Hilfsangeboten, die Ihnen den Start mit dem Programm erleichtern sollen. Im ersten Dialogfenster werden Sie gefragt, ob iPhoto automatisch starten soll, sobald Sie Ihre Digitalkamera anschließen. Sie müssen sich an dieser Stelle jedoch noch nicht entscheiden und kön-

Abbildung 13.72 *Einzelbilddarstellung mit Informationsleiste*

nen die Antwort daher getrost durch einen Klick auf **Später entscheiden** verschieben.

INFO

Ersteinstellungen nachträglich ändern
Einstellungen, die Sie beim ersten Programmstart festgelegt haben, können Sie später jederzeit unter **iPhoto > Einstellungen** (cmd + .) ändern. Was das Verhalten Ihres Macs beim Anschließen einer Digitalkamera angeht, ist iPhoto hier allerdings wenig hilfreich. Lesen Sie daher bitte die Informationen im Abschnitt »Mehrere Speichermedien souverän managen« auf Seite 514.

Im folgenden Fenster sehen Sie den Willkommensbildschirm von iPhoto. Mit einem Klick auf den gleichnamigen Button schließen Sie dieses Fenster und gelangen zu der Programmoberfläche. Auch diese zeigt Ihnen noch einmal stichpunktartig, wie Sie Ihre Fotos in iPhoto importieren können. Im Wesentlichen haben Sie dazu vier Möglichkeiten, die ich anschließend näher beschreiben werde:

- den manuellen oder automatischen Import von Kameras und Speichermedien wie SD-Karten, CF-Karten, Memory-Sticks etc.

- die Übergabe von Bilddateien von anderen Programmen, wie z. B. Digitale Bilder, und freigegebenen iPhoto-Mediatheken anderer Computer

- Drag & Drop

- den Menüpunkt **Ablage > In die Mediathek importieren**

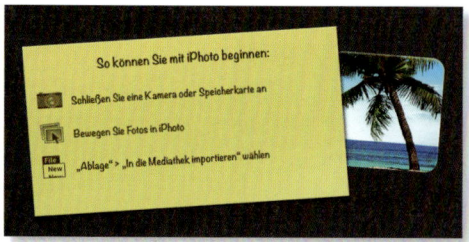

▲ **Abbildung 13.73** *iPhoto bietet Hilfestellung beim ersten Start.*

Egal, für welche Importart Sie sich entschieden haben, die Bilder werden standardmäßig in Ihre iPhoto-Mediathek kopiert. Wenn Sie mit iPhoto die Bilder zwar verwalten wollen, aber nicht möchten, dass iPhoto die Bilder zusätzlich in die Mediathek kopiert, entfernen Sie in den Einstellungen von iPhoto im Tab **Erweitert** das Häkchen bei **Objekte in die iPhoto-Mediathek kopieren**.

Import von Kameras und Speichermedien

Wenn Sie ein Speichermedium an Ihren Mac anschließen, wird dieses in iPhoto im linken Bereich des Programmfensters im Bereich **Geräte** angezeigt. Dieser und andere Bereiche erscheinen nur dann in der Seitenleiste, wenn es auch etwas anzuzeigen gibt, beispielsweise wenn tatsächlich eine Kamera oder Speichermedien angeschlossen sind.

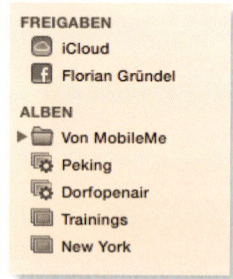

▲ **Abbildung 13.74** *Nicht alle Abschnitte im Quellenbereich werden immer angezeigt, sondern erscheinen nur bei Bedarf.*

INFO

Speichermedien
Wenn im Folgenden von *Speichermedien* die Rede ist, schließt das alle Arten von Speichermedien ein, ganz gleich, ob es sich dabei um Speicherchips in Kameras (wie SD- und CF-Karten) handelt, um USB-Sticks oder externe Laufwerke. Der Einfachheit halber – und um einen angenehmen Lesefluss zu gewährleisten – unterscheide ich hier im Text nicht zwischen einzelnen Medien, es sei denn, es ist notwendig.

Ein Klick auf den Namen des Speichermediums ❶ (Das muss nicht notwendigerweise auch der Name der Kamera sein.) zeigt die darauf befindlichen Dateien an. Ihnen stehen nun verschiedene Importmöglichkeiten zur Verfügung:

- **Alle Fotos importieren** bzw. **[Anzahl Bilder] Fotos importieren:** Wenn Sie alle auf dem Speichermedium befindlichen Dateien importieren möchten, reicht ein Klick auf den Button **Alle Fotos importieren**. Haben Sie vorher schon Bilder von diesem Medium importiert, wird Ihnen der Button **[Anzahl Bilder] Fotos importieren** ❷ angeboten.

- **Auswahl importieren:** Wenn Sie nicht alle auf dem Speichermedium befindlichen Dateien importieren möchten, markieren Sie zunächst nur diejenigen, die importiert werden sollen. Um mehrere nicht zusammenhängende Dateien zu markieren, halten Sie die Taste cmd gedrückt und klicken auf die gewünschten Bilder. Die markierten Bilder erkennen Sie leicht an dem gelben Rahmen, der nach der

Markierung zu sehen ist. Wenn Sie alle zum Import bestimmten Dateien ausgewählt haben, klicken Sie auf den Button **Auswahl importieren** ❸.

Zusätzlich können Sie vor dem Import durch Klick auf die entsprechenden Schaltflächen ❹ festlegen, ob bereits importierte Fotos ausgeblendet werden sollen, um Duplikate zu vermeiden, und ob die importierten Fotos nach Ereignissen geteilt werden sollen.

> **INFO**
>
> **Ereignisse, Orte, Gesichter, Alben etc.**
> iPhoto nutzt zur Strukturierung der Mediathek standardmäßig Ereignisse, Orte und Gesichter. Sie haben darüber hinaus die Möglichkeit, Ihre Mediathek mittels Schlagwörtern und Bewertungen weiter zu organisieren. Außerdem können Sie Fotoalben selbst zusammenstellen oder automatisch nach bestimmten Kriterien erstellen lassen. Weitere Informationen dazu finden Sie in Abschnitt 13.14, »Fotos organisieren«, ab Seite 516.

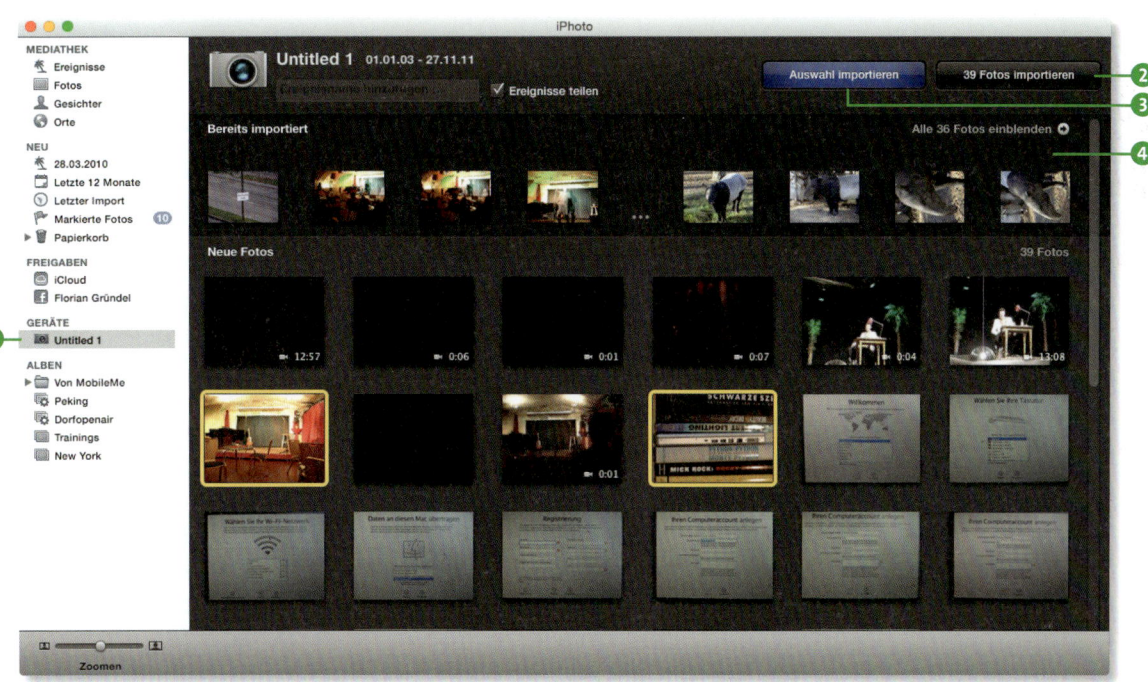

∧ **Abbildung 13.75** Für den Import ausgewählte Bilder auf dem Speichermedium »Untitled 1«

Egal, für welche Importmöglichkeit Sie sich entscheiden, nach dem Klick auf die entsprechende Schaltfläche beginnt iPhoto mit dem Import der Bilder. Während des Imports zeigt iPhoto das jeweils aktuell importierte Bild groß an. Sie können, falls nötig, den Import jederzeit mit einem Klick auf den Button **Importieren stoppen** abbrechen. Nach Abschluss des Imports werden Sie gefragt, ob die importierten Bilder vom Speichermedium gelöscht werden sollen.

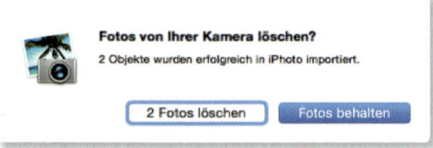

∧ **Abbildung 13.76** *Nach dem Import bietet iPhoto an, die Bilder vom Quellmedium zu löschen.*

Mehrere Speichermedien souverän managen

In den meisten Fällen werden Sie nicht nur ein Speichermedium an Ihren Mac anschließen, sondern im Laufe der Zeit viele verschiedene. Je nach Ihren persönlichen Bedürfnissen und Ihrem Workflow soll sich iPhoto dabei möglicherweise nicht bei jedem Speichermedium dafür verantwortlich fühlen. In iPhoto fallen die Einstellungsmöglichkeiten diesbezüglich leider recht übersichtlich aus, da Sie hier nur einstellen können, ob iPhoto beim Anschluss einer Kamera (ganz allgemein) starten soll oder eben nicht bzw. alternativ das Programm Digitale Bilder.

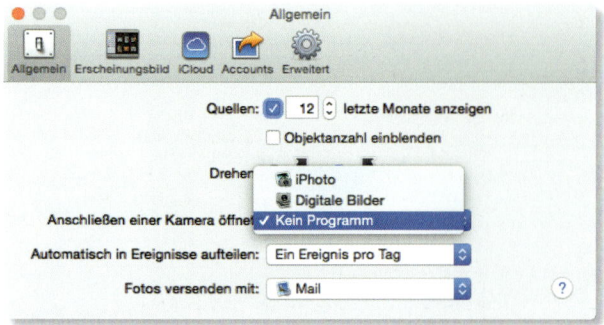

∧ **Abbildung 13.77** *Überschaubar: die Einstellungen, wie iPhoto sich beim Anschluss einer Kamera verhalten soll*

Es empfiehlt sich daher, beim Anschließen eines neuen Speichermediums zunächst einmal das Programm Digitale Bilder zu starten. Damit lässt sich sehr viel genauer einstellen, was beim Anstecken eines bestimmten Speichermediums passieren soll: Soll gar nichts passieren, oder soll ein Programm geöffnet werden und, wenn ja, welches?

∧ **Abbildung 13.78** *Hier können Sie festlegen, was beim Anschluss einer bestimmten (!) Kamera passieren soll.*

Legen Sie so z. B. fest, dass beim Anschließen Ihrer digitalen Spiegelreflexkamera ein entsprechend professionelles Bildbearbeitungsprogramm gestartet wird, bei Ihrer Schnappschusskamera jedoch beispielsweise iPhoto.

Import via Drag & Drop und Menü

Wenn Sie Bilder in iPhoto importieren wollen, die sich bereits auf einem beliebigen Laufwerk Ihres Macs befinden, ist es am einfachsten, sie im Finder zu markieren und in iPhoto hineinzuziehen. Dazu muss iPhoto noch nicht einmal gestartet sein. Es reicht, die Fotos über dem Dock-Icon von iPhoto loszulassen. iPhoto startet daraufhin und importiert die ausgewählten Bilder.

Natürlich können Sie auch in iPhoto den Menübefehl **Ablage > In die Mediathek importieren** aufrufen und im folgenden Dialog den Speicherort der zu importierenden Bilder auswählen.

∧ **Abbildung 13.79** *iPhoto importiert Bilder, die Sie auf dem Icon von iPhoto im Dock ablegen.*

Import aus iCloud

Mein Fotostream ist Teil von iCloud. Haben Sie die Funktion in den Einstellungen von iCloud aktiviert (Aktivieren Sie dazu **Fotos**, und klicken Sie auf den Button **Optionen**, um im nächsten Fenster **Mein Fotostream** zu aktivieren.), steht Ihnen Ihr Speicherplatz in iCloud auch für Fotos zur Verfügung. Dank iCloud haben Sie so auf all Ihren Macs, PCs, iPads und iPhones alle Ihre Bilder jederzeit zur Verfügung. Wenn Sie also z. B. ein Foto mit Ihrem iPhone machen und Sie Fotostream auf beiden Geräten aktiviert haben, finden Sie das Foto automatisch auch in iPhoto auf Ihrem Mac.

Klicken Sie links in der Seitenleiste auf **iCloud** ❶, und markieren Sie die Dateien, die Sie importieren möch-

ten. Dann ziehen Sie sie in Ihre Mediathek ❷. Die Bilder bleiben nach dem Import in Ihrem Fotostream.

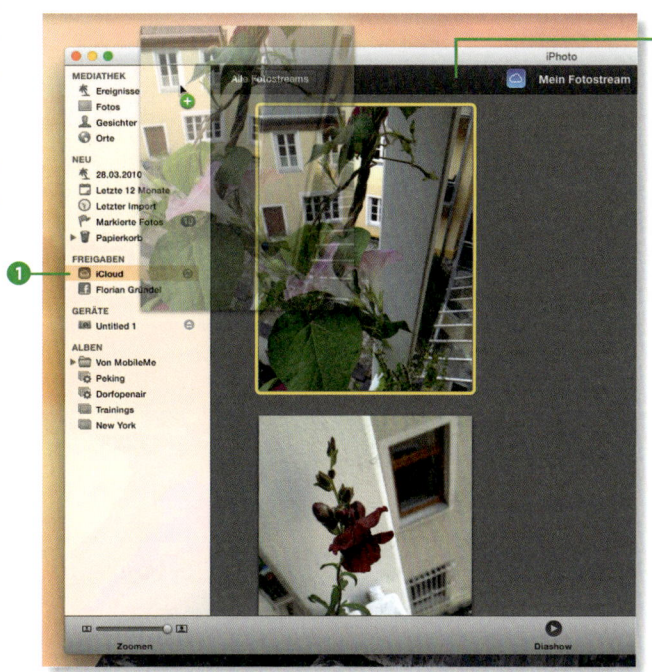

∧ **Abbildung 13.80** *Bilder aus dem Fotostream importieren*

Eigentlich ist dieses manuelle Importieren einzelner Bilder aber gar nicht nötig, denn Sie können in den Einstellungen von iPhoto im Tab **iCloud** die Option **Automatischer Import** aktivieren. Daraufhin erstellt iPhoto automatisch monatsweise Backups Ihrer Fotos aus iCloud.

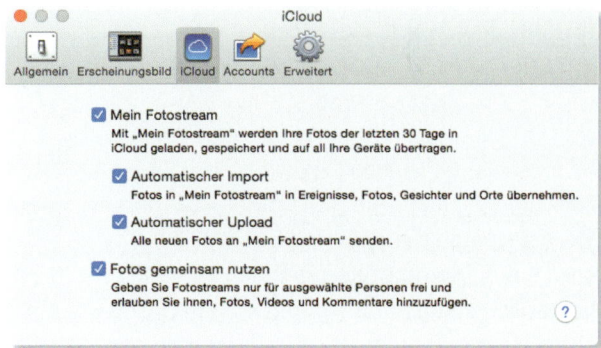

∧ **Abbildung 13.81** *Praktisch: »Automatischer Import«*

Import aus anderen Programmen

Der Import aus anderen Programmen funktioniert meist durch Auswahl von iPhoto als Speicherziel. Angenommen, Sie möchten alte Fotos einscannen und sie mit iPhoto verwalten. Für diesen Fall müssen Sie jedoch z. B. auf das (vorinstallierte) Programm Digitale Bilder ausweichen, da iPhoto selbst leider keine Scanner ansteuern kann. Im Speicherdialog von Digitale Bilder finden Sie die Möglichkeit, das eingescannte Bild direkt an iPhoto ❶ zu übergeben.

^ **Abbildung 13.82** *Digitale Bilder übergibt das einge-scannte Bild direkt an iPhoto.*

So importieren Sie beispielsweise Ihre Bilder aus alten Fotoalben schnell und einfach direkt in iPhoto. Wenn Sie beim Scannen nun noch darauf achten, den Bildern ein eindeutiges Kennzeichen zu geben – z. B. ein bestimmtes Kürzel im Namen –, dann lassen sich die eingescannten Bilder später über dieses Kennzeichen trotz der vergleichsweise wenigen verfügbaren Me-

tadaten (verglichen mit einem Bild von einer Digitalkamera) relativ einfach ebenfalls in intelligente Alben einsortieren.

13.14 Fotos organisieren

Auf den vorangegangenen Seiten haben Sie erfahren, wie einfach es ist, Fotos in iPhoto zu importieren, und wie viele Möglichkeiten sich dafür anbieten. Noch viel mehr Möglichkeiten haben Sie für die Organisation und Verwaltung der Fotos – von der digitalen Entsprechung der Schuhschachtel bis hin zu ausgefeilten automatischen Sortierungsmöglichkeiten, die besonders bei extrem umfangreichen Mediatheken sehr hilfreich sind.

> **TIPP**
>
> **Import von Fotos aus Windows**
> Am einfachsten ist der Import von Fotos aus Windows über ein Netzwerk. Befinden sich der Mac und der Windows-PC im gleichen Netzwerk und sind die entsprechenden Ordner auf dem PC freigegeben, können Sie auf diese bequem mit dem Finder zugreifen, und der weitere Importvorgang unterscheidet sich in keiner Weise vom zuvor beschriebenen.

Organisation in Ereignissen

iPhoto verwendet zur automatischen Organisation Ereignisse. Die Basis für diese Organisation ist letztlich nichts anderes als die in den Exif-Informationen eines Digitalfotos gespeicherten Informationen zu Datum und Uhrzeit der Aufnahme.

Wie genau es iPhoto hier mit der zeitlichen Einteilung nimmt, legen Sie in den Einstellungen von iPhoto im Bereich **Allgemein** fest. Standardmäßig betrachtet iPhoto jeden Tag als ein Ereignis. Befinden sich also auf der Speicherkarte Fotos von fünf verschiedenen Tagen, wird iPhoto beim Import entsprechend fünf Ereignisse anlegen, wobei der Name jedes Ereignisses das entsprechende Datum ist.

Das ist für den Anfang schon recht hilfreich, aber meistens will man den Ereignissen dann doch griffigere Namen geben oder Bilder nach anderen Kriterien bestimmten Ereignissen zuordnen als nach dem starren zeitlichen Raster.

INFO

Exif-Daten

Exif steht für *Exchangeable Image File Format*. Dieser Standard beschreibt das Dateiformat, mit dem Digitalkameras Zusatzinformationen in Bilddateien einbetten. Typische Informationen, die dabei gespeichert werden, sind Datum und Uhrzeit (Daraus generiert iPhoto Ereignisse.), Brennweite, Belichtungszeit, Blendeneinstellungen etc. Neuere Modelle mit entsprechendem Chip speichern z. B. auch GPS-Informationen, die iPhoto für die Funktion **Orte** verwendet. Weitere Informationen finden Sie z. B. in der Wikipedia unter *http://de.wikipedia. org/wiki/Exchangeable_Image_File_Format*.

Ein Ereignis teilen

In vielen Fällen (speziell dann, wenn Fotos auf Reisen entstanden sind) möchten Sie die Bilder eines Tages vielleicht in zwei oder mehrere Ereignisse aufteilen, z. B. nach den besuchten Orten oder wenn ein Teil des Tages geschäftlich und der andere privat genutzt wurde. Um ein Ereignis zu teilen, gibt es mehrere Möglichkeiten:

- **Ereignis erstellen**: Wählen Sie die gewünschten Fotos aus, und klicken Sie auf **Ereignisse > Ereignis erstellen**. iPhoto erstellt nun ein neues Ereignis aus den ausgewählten Fotos und nennt dieses automatisch **Neues Ereignis**.

- Mit der Funktion **Ereignisse > Ereignis aus den markierten Fotos erstellen** lagern Sie nicht die selektierten, also gelb umrandeten, Bilder in ein neues Ereig-

nis aus, sondern die mit einem kleinen Fähnchen in der linken oberen Bildecke markierten Bilder.

- **Ereignisse > Ereignis teilen** bewirkt genau das Gleiche wie **Ereignis erstellen**.

- Eine weitere Möglichkeit ist, ein mehrtägiges Ereignis automatisch teilen zu lassen. Wählen Sie dazu in der Ereignisübersicht das gewünschte Ereignis aus, und klicken Sie auf **Ereignisse > Ausgewählte Ereignisse automatisch teilen**.

TIPP

Markieren vs. Auswählen

Wenn Sie ein Bild anklicken, wird es gelb umrandet dargestellt und ist damit ausgewählt. Sobald Sie beispielsweise in einen leeren Fensterbereich klicken, ist die Auswahl wieder dahin. Oftmals ist es günstiger, Bilder zu markieren. Fahren Sie dazu mit dem Mauszeiger über das Bild. iPhoto blendet dann in der linken oberen Ecke eine kleine farblose Fahne ein. Klicken Sie diese an, wird die Fahne orange dargestellt. Das Bild ist nun dauerhaft markiert, bis Sie durch einen erneuten Klick die Markierung wieder aufheben. Über den Punkt **Markierte Fotos** in der Seitenleiste lassen Sie sich alle derzeit markierten Bilder anzeigen.

⌃ **Abbildung 13.83** *Das Bild links ist ausgewählt, aber nicht markiert. Das Bild rechts wurde markiert* ❷*.*

1 Suchen Sie sich in der Ereignisübersicht ein Ereignis aus, und lassen Sie sich seinen Inhalt durch Doppelklick darauf anzeigen.

2 Wählen Sie die Fotos aus, die ein neues Ereignis ergeben sollen.

3 Klicken Sie auf **Ereignisse > Ereignis erstellen**. iPhoto zeigt Ihnen nun zwei Ereignisse an.

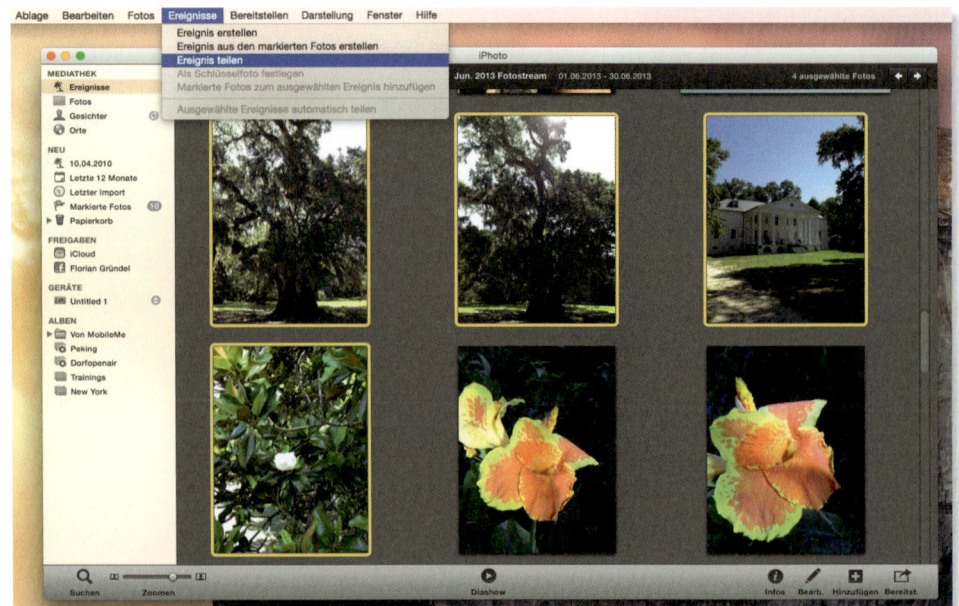

<Abbildung 13.84 Ein
Ereignis wird geteilt.*

Ereignisse verbinden

Umgekehrt kann es natürlich auch sein, dass Ihnen
die automatische Einteilung, die iPhoto vorgenommen hat, zu kleinteilig ist. Um das zu ändern, fügen
Sie mehrere Ereignisse zu einem Ereignis zusammen.

1 Wählen Sie zwei oder mehr Ereignisse in der Ereignisübersicht aus.

2 Klicken Sie auf **Ereignisse > Ereignisse verbinden**.
Das Ergebnis ist ein neues, namenloses Ereignis.

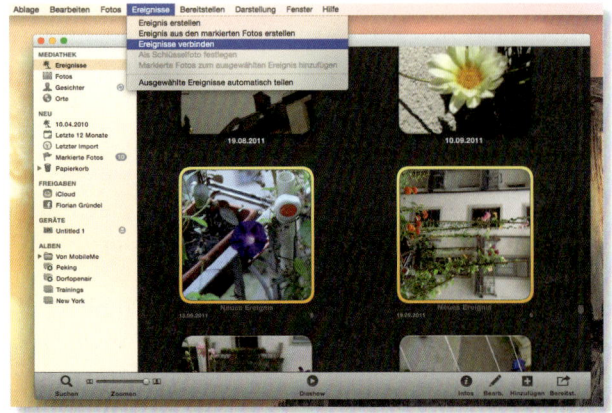

^ **Abbildung 13.85** Ereignisse verbinden

3 Alternativ zum Menübefehl können Sie zum Verbinden von Ereignissen auch Drag & Drop nutzen. Wählen Sie dazu ein oder mehr Ereignisse in der Ereignisübersicht aus.

4 Ziehen Sie die ausgewählten Ereignisse auf das gewünschte Zielereignis. Wenn neben dem Mauszeiger ein Pluszeichen erscheint, können Sie loslassen.

Das Ergebnis ist also – abhängig von der Methode –
nicht ganz das gleiche. Bei der Verwendung des Menübefehls entsteht ein neues namenloses Ereignis, aber
bei der Verwendung von Drag & Drop werden die bewegten Ereignisse dem Zielereignis hinzugefügt.

Personen erkennen: Gesichter

Wenn Sie Bilder organisieren, bietet es sich an, sie in
Ihrer Mediathek nach Personen zu sortieren. Um Ihnen das so einfach wie möglich zu machen, verfügt
iPhoto über eine automatische Gesichtserkennung.
Nachdem Sie bei ein paar Bildern Gesichter einem Namen zugeordnet haben, arbeitet iPhoto nach jedem
Import automatisch alle neuen Bilder ab und ordnet
sie einer gegebenenfalls bereits bekannten Person

zu. Sie können natürlich auch nachträglich jederzeit iPhoto veranlassen, mittels **Fotos > Fehlende Gesichter erkennen** Ihre Mediathek zu durchsuchen. Alle bereits erkannten Personen sind im Quellenbereich im Abschnitt **Gesichter** aufgelistet. Dort zeigt ein Doppelklick auf einen Namen alle Bilder der ausgewählten Person an. In dieser Ansicht bietet iPhoto Ihnen an, weitere Bilder, auf denen die Person zu sehen sein könnte, zu bestätigen.

∧ Abbildung 13.86 *Erkannte Gesichter bestätigen*

Gesichter zuordnen

Damit die automatische Gesichtserkennung funktioniert, müssen Sie iPhoto natürlich zunächst einmal beibringen, wer auf Ihren Fotos zu sehen ist.

1 Wählen Sie ein Bild aus, das ein Gesicht zeigt, das noch nicht erkannt wurde. Rufen Sie dazu durch einen Klick auf den **Infos**-Button in der Fußleiste von iPhoto die Infoleiste auf.

2 Klicken Sie in der Infoleiste im Abschnitt **Gesichter** auf **Gesicht hinzufügen**.

∧ Abbildung 13.87 *In der Informationsleiste können Sie ein Gesicht hinzufügen.*

3 iPhoto setzt einen Auswahlkasten in das Foto, den Sie durch Klicken und Halten positionieren sowie durch Ziehen an den Ecken in der Größe verändern können. Rahmt er das Gesicht gut ein, klicken Sie auf **Zum Benennen klicken** und geben den gewünschten Namen ein. Der Name ist dann dem Gesicht zugeordnet.

∧ Abbildung 13.88 *Gesichter zuordnen*

Befinden sich mehrere Gesichter auf einem Foto, wiederholen Sie die Schritte 2 und 3, bis alle Gesichter auf dem Foto benannt sind.

Sortierung nach Aufnahmeort: Orte

Ebenso sinnvoll ist die Sortierung von Fotos nach Orten, zumal immer mehr Kameras bereits einen eingebauten GPS-Empfänger haben (Das iPhone ist da nur das prominenteste Beispiel.). Dadurch sind dann Geoinformationen in den Exif-Daten der Bilder zu finden, was eine Sortierung nach Orten ja schon beinahe zwingend macht. Die entsprechende Kartenunterstützung ist in iPhoto integriert, und so können Sie Fotos ganz leicht Orten zuweisen und nach Orten sortiert ansehen (siehe Abbildung 13.90).

In der Kartendarstellung können Sie rechts oben zwischen **Standard**-, **Hybrid**- und **Satellit**-Ansicht wechseln. Mit den Aufklappmenüs **Länder**, **Regionen**, **Städte** und **Orte** wählen Sie die markierten Orte aus, mit einem Klick auf die Stecknadel lassen Sie sich die dazugehörigen Fotos anzeigen. Alle Orte erscheinen über das Haussymbol neben diesen Aufklappmenüs.

Aus einer getroffenen Ortsauswahl können Sie auch ein intelligentes Album erstellen (siehe Seite 522). Wählen Sie dazu eine Ortsnadel auf der Karte durch Anklicken aus, und klicken Sie auf **Intelligentes Album** unten rechts in der Symbolleiste.

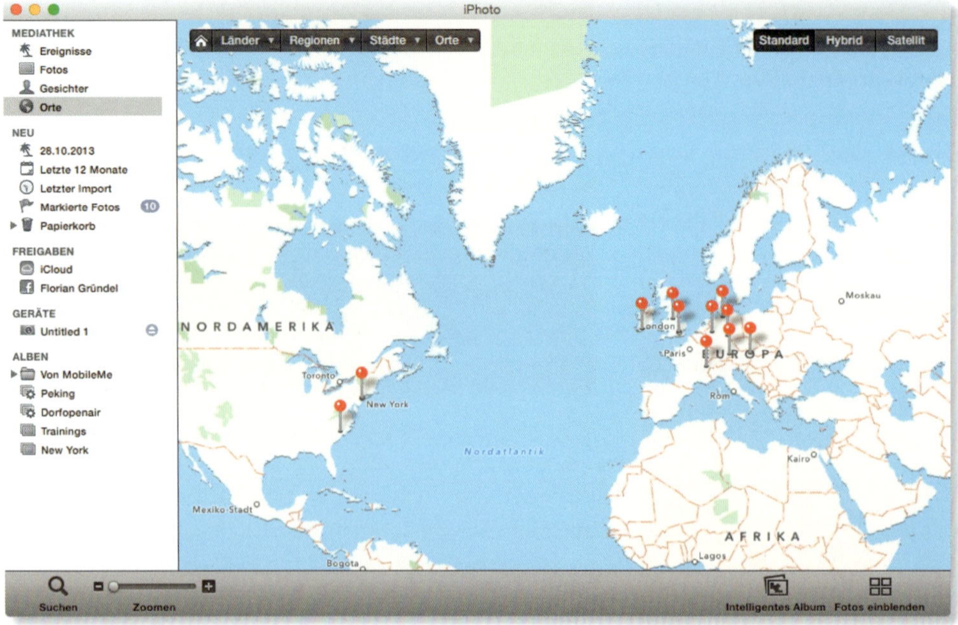

Abbildung 13.89 *Kartenübersicht über die vorhandenen Orte*

Orte zuweisen

Um Fotos die entsprechenden Ortsinformationen zuzuordnen, falls diese nicht bereits automatisch von der Kamera vergeben wurden, geben Sie im Infodialog rechts unten im Abschnitt **Orte** ❶ den Namen des Ortes an.

1 Wählen Sie ein Bild aus, dem noch kein Ort zugeordnet wurde.

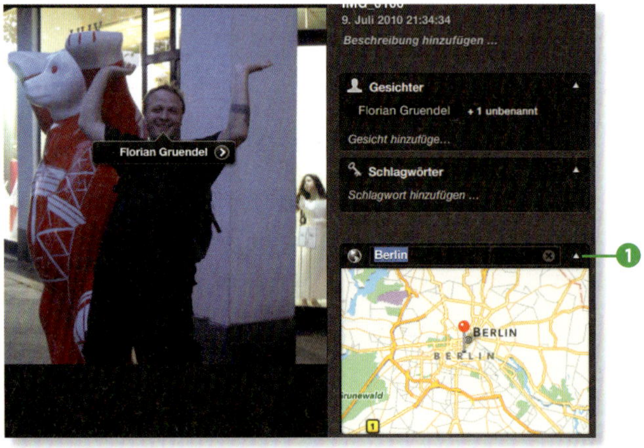

Abbildung 13.90 *Den Ort eines Fotos festlegen*

2 Klicken Sie auf den Button **Infos**, um die Infoleiste anzuzeigen.

3 Klicken Sie im Abschnitt **Orte** neben der Weltkugel auf **Ort zuweisen**, und geben Sie den Namen des Ortes ein.

Gibt es mehrere Orte mit dem eingegebenen Namen, zeigt iPhoto sie in einer Liste zusammen mit weiteren Informationen (wie z. B. Land und Bundesland) an. Wählen Sie in diesem Fall den gewünschten Ort aus der Liste aus.

Zur Kontrolle, ob es sich um den gewünschten Ort handelt, zeigt iPhoto unter dem Namen des Ortes den entsprechenden Kartenausschnitt an.

Orte verwalten

Die zuvor beschriebene Ortszuordnung im Infobereich besticht nicht durch besonders präzise Positionierung auf der Karte und ist eher dafür gedacht, schnell und einfach Bildern bereits bekannte Orte zuzuordnen. Es gibt jedoch eine Möglichkeit, Orte sehr viel präziser zu positionieren und zu benennen. iPhoto hat dazu eine

Verwaltungsmöglichkeit der bereits eingegebenen Orte integriert. Sie finden diese Funktion unter dem Menübefehl **Fenster > Meine Orte verwalten**. Im folgenden Fenster bestimmen Sie alle bereits angelegten Orte präzise auf der Karte und benennen sie gegebenenfalls um oder entfernen sie über einen Klick auf das Löschen-Symbol neben dem Ortsnamen in der Liste **Meine Orte**.

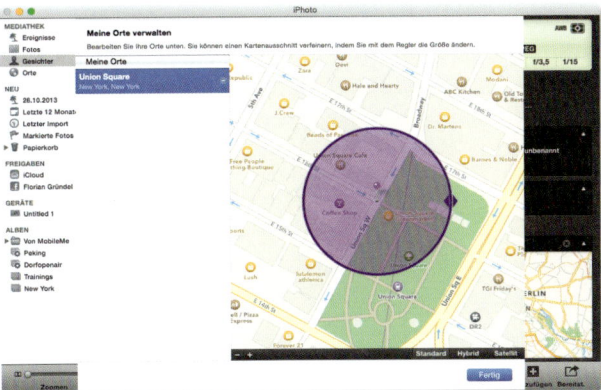

^ **Abbildung 13.91** *Hier können Sie genau steuern, wo der Ort eines Fotos liegen soll.*

Mehr Übersicht durch Alben

Die am weitesten verbreitete Art, Bilder zu sortieren, ist das Album. iPhoto verfügt über zwei verschiedene Arten von Bilderalben zur Organisation Ihrer Fotos. Zum einen bietet es *herkömmliche* Alben, die sich quasi genauso verhalten wie ihre Vorgänger aus Papier. Diese Alben füllen Sie, indem Sie Bilder hineinlegen und diese Bilder innerhalb des Albums in die gewünschte Reihenfolge bringen.

Neben diesen herkömmlichen Alben gibt es in iPhoto auch sogenannte *intelligente Alben*. Ein intelligentes Album besteht im Gegensatz zu einem herkömmlichen nicht nur aus einzeln ausgesuchten Fotos, sondern ist im Prinzip eine gespeicherte Suche nach bestimmten Parametern. Wann immer Sie ein intelligentes Album öffnen und ansehen, enthält es stets alle Bilder, die den ihm zugeordneten Suchparametern entsprechen.

^ **Abbildung 13.92** *Der Abschnitt »Alben« im Quellenbereich von iPhoto. Intelligente Alben erkennen Sie am Zahnrad-Icon.*

Ein Album anlegen und füllen

Alben sind eine einfache Art und Weise, Ihre Bilder unabhängig von den Ereignissen zu sortieren.

1 Sie haben mehrere Möglichkeiten, ein neues Album anzulegen: durch Klick auf **Ablage > Neues Album**, durch Drücken von ⌘ + N oder durch das Ziehen von Bildern oder Ereignissen in den Bereich **Alben**. Egal, auf welche Weise Sie das Album anlegen, Sie haben nun die Möglichkeit, ihm einen Namen zu geben und es per Drag & Drop mit Bildern zu füllen.

2 Ziehen Sie die Bilder, die Sie Ihrem Album hinzufügen wollen, auf den Namen des Albums.

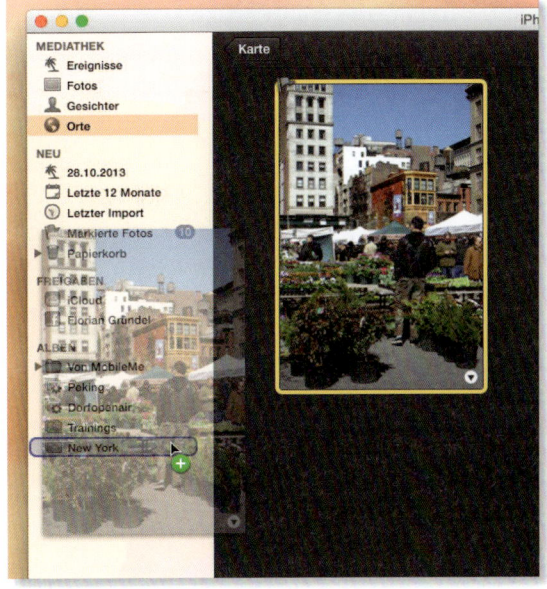

^ **Abbildung 13.93** *Ein Bild einem Album hinzufügen*

Ein intelligentes Album anlegen

Intelligente Alben nehmen Ihnen einiges an Arbeit ab, denn hier legen Sie nur die Kriterien fest, die die Bilder erfüllen müssen. iPhoto stellt das Album dann automatisch zusammen.

1 Klicken Sie auf **Ablage > Neues intelligentes Album**, oder nutzen Sie alternativ dazu den Tastaturbefehl `alt` + `cmd` + `N`.

2 Geben Sie im folgenden Dialogfenster zunächst einen Namen für das intelligente Album ein.

3 Kombinieren Sie anschließend die gewünschten Parameter. Weitere Parameter fügen Sie durch einen Klick auf das Pluszeichen am rechten Zeilenrand hinzu. Achten Sie bei der Vergabe mehr als eines Suchparameters darauf, unter **Erfüllt** auszuwählen, ob das intelligente Album **alle** oder nur **eine** der Bedingungen erfüllen soll. Sollen alle Suchparameter erfüllt sein, dann verknüpfen Sie die ausgewählten Parameter mit der Logik »Und«. Soll nur einer der vergebenen Parameter berücksichtigt werden, verknüpfen Sie diese nicht, sondern bieten quasi eine Auswahl an. Die Logik ist in diesem Fall »Oder«. Solange nur einer der Parameter gültig ist, ist das schon ein Treffer, unabhängig davon, ob weitere Parameter ebenfalls zuträfen.

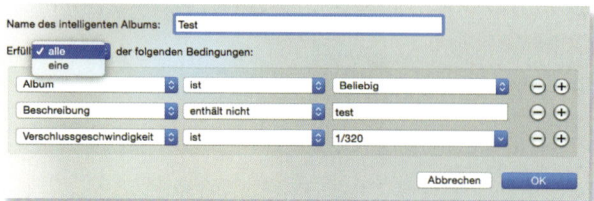

∧ **Abbildung 13.94** *Verknüpfung von Suchparametern*

Im Beispiel in Abbildung 13.95 sind als Suchparameter angegeben: **Kameramodell > ist > Nikon D60** und **Gesicht > enthält > Florian**. Es ist ausgewählt, dass das intelligente Album alle Bedingungen erfüllen soll. Es werden also nur Bilder gefunden, auf denen jemand zu sehen ist, der der Gesichtserkennung zuvor als Florian bekannt gemacht wurde und (!) der mit einer Ka-

mera vom Typ Nikon D60 aufgenommen wurde. Die Suche wird also sehr deutlich eingeschränkt.

Würden Sie nun die Bedingungen von **alle** in **eine** abändern, würden alle Bilder angezeigt, die sowohl einen Florian zeigen als auch mit einer Nikon D60 gemacht wurden. Die Menge der gefundenen Bilder wäre also ungleich höher als bei der einschränkenden Verknüpfung durch **alle**. Im Fall der für dieses Buch verwendeten Mediathek wäre dies ein Verhältnis von 17 zu 1.128 gefundenen Fotos. Der Erfolg der Suche hängt also wesentlich von der Kombination der gewählten Parameter ab.

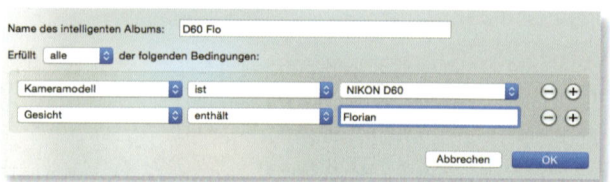

∧ **Abbildung 13.95** *Suchparameter für ein intelligentes Album*

Da ein intelligentes Album ja ohnehin selbst keine Bilder enthält, sondern nur eine gespeicherte Suchanfrage ist, kann Ihren Bildern nichts passieren, wenn Sie mit dieser Funktion ausgiebig experimentieren. Und Experimentieren ist bei den vielfältigen Möglichkeiten, Suchparameter zu kombinieren, absolut notwendig, um die intelligenten Alben möglichst sinnvoll zu nutzen.

Schlagwörter vergeben

Nachdem Sie die zahlreichen Suchkriterien für intelligente Alben kennengelernt haben, befassen wir uns mit einer der Sortiermöglichkeiten genauer: den Schlagwörtern. Sie können in der Infoleiste im Bereich **Schlagwörter** jedem Bild beliebig viele Schlagwörter zuordnen, anhand derer es dann über die Suche zu finden ist. Sollte Ihnen der Bereich **Schlagwörter** nicht angezeigt werden, können Sie ihn über **Darstellung > Schlagwörter** oder mit dem Tastaturbefehl `⇧` + `cmd` + `K` einblenden.

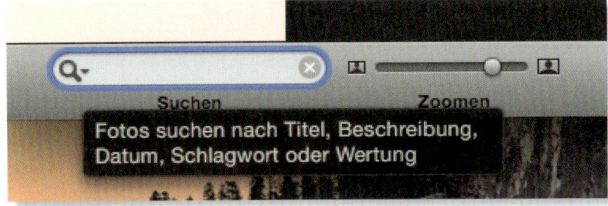

▲ **Abbildung 13.96** *Über das Suchfeld links unten suchen Sie mithilfe von Schlagwörtern nach Fotos.*

Besonders geeignet ist die Verschlagwortung z. B., um bestimmte Motive schnell aufzufinden. Es bietet sich also beispielsweise an, beschreibende Schlagwörter zu vergeben. Im folgenden Bild sind dies z. B. die Schlagwörter »Galerie«, »Kunst« und »Peking«.

▲ **Abbildung 13.97** *Beschreibende Schlagwörter eignen sich für eine spätere Suche am besten.*

Fotos verschlagworten

Bevor Sie auf diese Weise nach Bildern in Ihrer Mediathek suchen können, müssen Sie die Schlagwörter manuell zuweisen.

1 Wählen Sie in der Ereignisübersicht ein Ereignis aus, und lassen Sie sich die Infoleiste anzeigen.

2 Geben Sie in der Infoleiste im Abschnitt **Schlagwörter** ein geeignetes Schlagwort ein, und beenden Sie die Eingabe mit der Taste ⏎.

Da Sie nun ein Schlagwort für ein Ereignis eingegeben haben, wird dieses Schlagwort automatisch auch allen in diesem Ereignis enthaltenen Bildern zugeordnet. Doppelklicken Sie auf das Ereignis, und markieren Sie ein beliebiges Bild. Zu diesem Bild werden Ihnen die soeben für das Ereignis vergebenen Schlagwörter angezeigt.

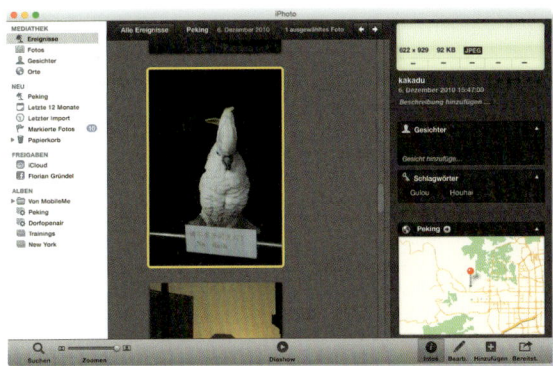

▲ **Abbildung 13.98** *Dem Ereignis »Peking« sind Namen der Viertel als Schlagwörter zugeordnet.*

3 Wenn Sie einem einzelnen Bild ein weiteres Schlagwort hinzufügen möchten, dann wählen Sie das gewünschte Bild aus und geben für dieses Bild ein weiteres Schlagwort ein.

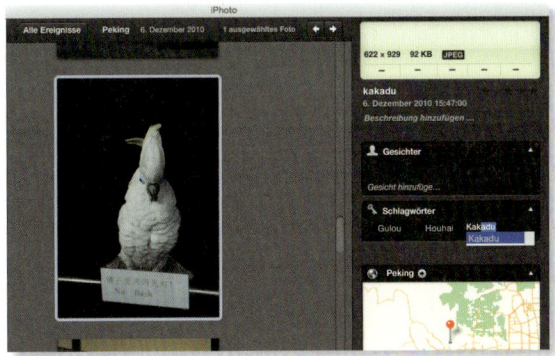

▲ **Abbildung 13.99** *Dem markierten Bild wird ein weiteres Schlagwort hinzugefügt.*

4 Ein Schlagwort zu löschen ist ebenso einfach, wie ein Schlagwort hinzuzufügen. Markieren Sie das gewünschte Schlagwort, und drücken Sie die Taste ⟵.

▲ **Abbildung 13.100** *Das markierte Schlagwort wird gelöscht.*

HINWEIS

Schlagwortübersicht: der kleinste gemeinsame Nenner

Wenn Sie innerhalb eines Ereignisses alle Bilder mit einem Schlagwort versehen haben, zusätzlich jedoch für einzelne Bilder ein weiteres Schlagwort vergeben und nun alle Bilder über ⌘ + A markieren, werden in der Schlagwortübersicht in der Infoleiste nicht alle Schlagwörter angezeigt, die in diesem Ereignis vorkommen, sondern nur diejenigen, die alle ausgewählten Bilder gemeinsam haben. Das kann bis zur Nichtanzeige sämtlicher Schlagwörter in einem Ereignis führen, wenn die im Ereignis enthaltenen Bilder keinerlei gemeinsame Schlagwörter enthalten.

13.15 Fotos bearbeiten

iPhoto ist nicht nur ein reines Bildverwaltungsprogramm, sondern bietet auch die Möglichkeit, einfache Bearbeitungen an Ihren Bildern vorzunehmen. Wie nützlich das sein kann, sehen Sie in den folgenden Beispielen.

Rote Augen entfernen

Auch bei neueren Kameras passiert es immer noch, dass die Menschen auf Ihren Bildern rote Augen haben. iPhoto bietet hier eine schnelle Korrekturmöglichkeit.

1 Suchen Sie aus Ihrer Mediathek ein Bild aus, auf dem eine Person mit roten Augen zu erkennen ist, und das Sie korrigieren wollen.

2 Klicken Sie auf den Button **Bearb.** in der Fußleiste.

↑ **Abbildung 13.101** *Per Klick auf »Bearb.« wechseln Sie in den Bearbeitungsmodus von iPhoto.*

3 Am rechten Fensterrand, wo zuvor die Infoleiste eingeblendet war, zeigt iPhoto nun die Bearbeitungsmöglichkeiten, eingeteilt in drei Tabs:

Einfache Korrekturen: Hier finden Sie u. a. auch den Befehl, um rote Augen zu korrigieren, sowie weitere Befehle, mit denen Sie schnell und einfach Änderungen vornehmen.

Effekte: Hier peppen Sie Bilder mittels der verfügbaren Effekte auf oder verfremden sie sogar massiv.

Anpassen: In diesem Tab nehmen Sie individuelle Änderungen vor. Dies empfiehlt sich, wenn Sie möglichst detailliert selbst die Kontrolle über die Änderungen haben wollen, die Sie vornehmen.

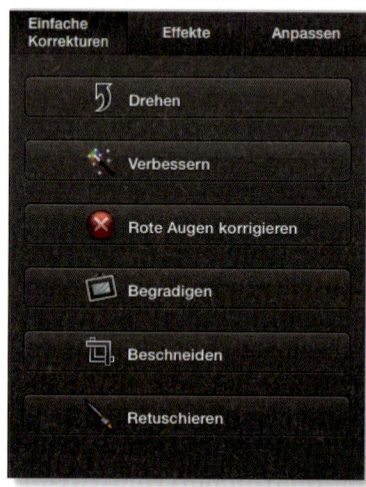

↑ **Abbildung 13.102** *Die Bildbearbeitungsmöglichkeiten von iPhoto*

4 Klicken Sie im Tab **Einfache Korrekturen** auf **Rote Augen korrigieren**. Da die Einstellung **Rote Augen automatisch korrigieren** standardmäßig ohnehin bereits aktiviert ist, müssen Sie idealerweise nichts weiter unternehmen, weil iPhoto zu diesem Zeitpunkt bereits die roten Augen erkannt und korrigiert hat.

5 Möchten Sie lieber selbst Hand anlegen, entfernen Sie das Häkchen bei **Rote Augen automatisch korrigieren ❶**. Der Mauszeiger wird zu einem Fadenkreuz, dessen **Größe** Sie mittels des Schiebereglers verändern können.

∧ Abbildung 13.103 Vorher: Für Halloween wären die roten Augen eigentlich gar nicht so unpassend.

6 Positionieren Sie das Fadenkreuz über den roten Augen, und klicken Sie einmal, um das Auge umzufärben.

∧ Abbildung 13.104 Nachher: weniger gruselig

Bildausrichtung korrigieren

Eine etwas weniger typische Korrekturmöglichkeit ist die Ausrichtungskorrektur. Die Ausrichtungskorrektur ist etwas komplexer als die Korrektur der roten Augen. Leider eignet sich nicht jedes Bild, das es nötig hätte, für eine Bearbeitung der Ausrichtung.

1 Suchen Sie aus Ihrer Mediathek ein Bild aus, das mit einer Korrektur der Ausrichtung besser aussähe, und klicken Sie auf den Button **Bearb.** in der Fußleiste.

∧ Abbildung 13.105 Vorher: die schiefe Upper West Side in New York

2 Klicken Sie im Tab **Einfache Korrekturen** auf den Button **Begradigen**. iPhoto überzieht daraufhin das Bild mit einer Gitternetzlinie, die bei der Orientierung hilft.

3 Verändern Sie den **Winkel**, indem Sie den gleichnamigen Regler verschieben, bis der gewünschte Korrekturwinkel erreicht ist. Klicken Sie auf den Button **Fertig**.

‹ Abbildung 13.106 Nachher: −2,5° genügen in diesem Fall bereits, um die Ausrichtung des Bildes zu korrigieren.

Der Vorteil der Bearbeitung in iPhoto ist, dass sie nicht destruktiv ist. Das Bild selbst wird also nicht verändert, sondern nur entsprechend verändert dargestellt. Daher lassen sich auch sämtliche Änderungen an einem Bild über einen Klick auf **Zurück zum Original** ❷ (siehe Abbildung 13.107) später noch problemlos rückgängig machen.

Erweiterte Bearbeitung mit der »Anpassen«-Palette

Abgesehen von den einfachen Korrekturen, stehen Ihnen im Tab **Anpassen** Möglichkeiten zur Verfügung, ein Bild wirklich detailliert nach Ihren Vorgaben anzupassen. Wenn es Ihnen dabei so geht wie mir, nämlich dass Sie erst einmal von der Vielfalt der Möglichkeiten überfordert sind, dann lassen Sie sich dabei helfen.

△ **Abbildung 13.107** Bietet viele Möglichkeiten: der Tab »Anpassen«

Im Tab **Einfache Korrekturen** gibt es den Punkt **Verbessern**. Ein Klick darauf, und das Bild wird sofort entsprechend verändert angezeigt. In den meisten Fällen liefert dieser *Zauberstab* bereits recht ansehnliche Ergebnisse. Nutzen Sie also **Verbessern** bei einem Bild, und wechseln Sie dann zurück zu **Anpassen**. Sie sehen nun, welche Werte **Verbessern** im Einzelnen geändert hat. Das ist eine sehr viel bessere Ausgangsbasis, um nun selbst weitere Veränderungen zu testen, bevor Sie wahllos die verschiedenen Einstellungen durchprobieren würden.

Und auch hier gilt glücklicherweise, dass alle Änderungen nicht destruktiv sind und Sie jederzeit das Originalbild wiederherstellen können, falls Sie sich einmal total »verfranzt« haben – beispielsweise bei den Effekten, die wir uns im nächsten Abschnitt ansehen.

△ **Abbildung 13.108** Sieht schon viel besser aus: Kleine Änderungen erzielen bereits große Wirkung.

Fotos mit Effekten veredeln

Im Tab **Effekte** haben Sie mit den sechs Buttons im Prinzip die gleichen Möglichkeiten, ein Bild zu ändern, wie im Tab **Anpassen**. Mehrfaches Klicken eines Buttons verstärkt die jeweilige Veränderung. Interessanter sind die folgenden neun Buttons, mit denen Sie dem Bild tatsächlich einen Effekt wie z. B. **Sepia**, **Vignette** oder **Unscharf** zuordnen. Lassen Sie auch hier Ihrer Kreativität freien Lauf; es kann ja nichts passieren.

△ **Abbildung 13.109** Mit Effekten lässt sich einiges erreichen.

13.16 Fotos weiterverwenden

In Zeiten von Internet und Social Media kann man davon ausgehen, dass es niemandem mehr genügt, seine Fotos nur selbst anzusehen. Apple hat diesem Trend Rechnung getragen und in iPhoto entsprechende Möglichkeiten eingebaut, damit Sie Ihre eigenen Fotos bequem und auf vielfältige Weise mit dem Rest der Welt teilen können. Sie können aus iPhoto heraus:

- Abzüge, Karten, Bücher und Kalender drucken lassen

- einzelne Bilder und sogar umfangreiche Bildergalerien im Internet auf Flickr, Facebook und Twitter veröffentlichen

- Bilder per E-Mail versenden

Fotos bei Facebook veröffentlichen

Facebook ist für viele aus dem Alltag nicht mehr wegzudenken. Da ist es nur logisch, dass iPhoto auch dafür eine direkte Exportoption bietet.

1 Wählen Sie Bilder oder Ereignisse aus, die Sie veröffentlichen möchten.

2 Klicken Sie in der Fußleiste auf den Button **Bereitst.** ❶, und wählen Sie im folgenden Einblendmenü den Eintrag **Facebook**.

◄ *Abbildung 13.110* *Ein Foto bei Facebook veröffentlichen*

3 Melden Sie sich im folgenden Dialogfenster an Ihrem Facebook-Account an.

ᐱ *Abbildung 13.111* *iPhoto mit Facebook verknüpfen*

4 Wählen Sie im folgenden Menü, wie Sie die ausgewählten Bilder verwenden möchten. Zur Auswahl stehen **Profilbild**, **Neues Album** und **Timeline**. Sind bereits Alben vorhanden, stehen diese ebenfalls als Auswahlmöglichkeit zur Verfügung, wie hier das Album »Test«:

ᐱ *Abbildung 13.112* *Das gewünschte Facebook-Album auswählen*

5 Klicken Sie die gewünschte Option im Menüfenster an, um das Hochladen des Bildes bzw. der Bilder zu starten. Je nach getroffener Auswahl bietet iPhoto Ihnen im nächsten Schritt an, dem Bild einen Kommentar hinzuzufügen bzw. Einstellungen zur Privatsphäre vorzunehmen.

Möchten Sie dieses Foto in Ihrer Facebook-Timeline veröffentlichen?

Dieses Foto wird im Facebook-Account von Florian Gründel angezeigt. Geben Sie unten einen Kommentar für dieses Foto ein.

Sichtbar für: Freunde

Kommentar: Kommentar zu diesem Bild...

Abbrechen   Veröffentlichen

^ **Abbildung 13.113** *Die Informationen zum Bild anpassen*

Besonders schön an der Facebook-Integration in iPhoto ist, dass iPhoto die Reaktionen der Besucher auf die veröffentlichten Bilder anzeigt. In der Infoleiste zum veröffentlichten Bild finden Sie diese Informationen nach der Veröffentlichung in einem neuen Abschnitt **Kommentare**.

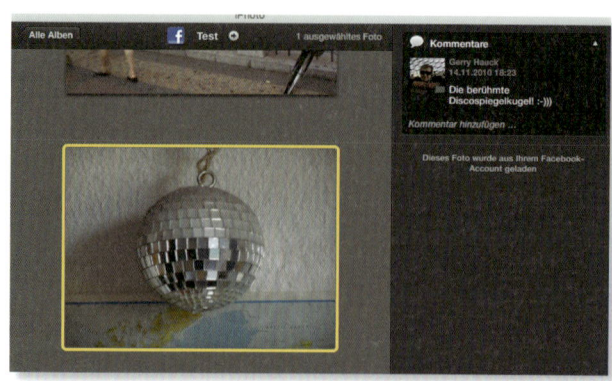

^ **Abbildung 13.114** *Besucherreaktionen auf ein bei Facebook veröffentlichtes Foto*

Ein Fotobuch erstellen

Angenommen, Sie haben auf einem Familienfest oder im Urlaub viele tolle Fotos gemacht und wollen davon

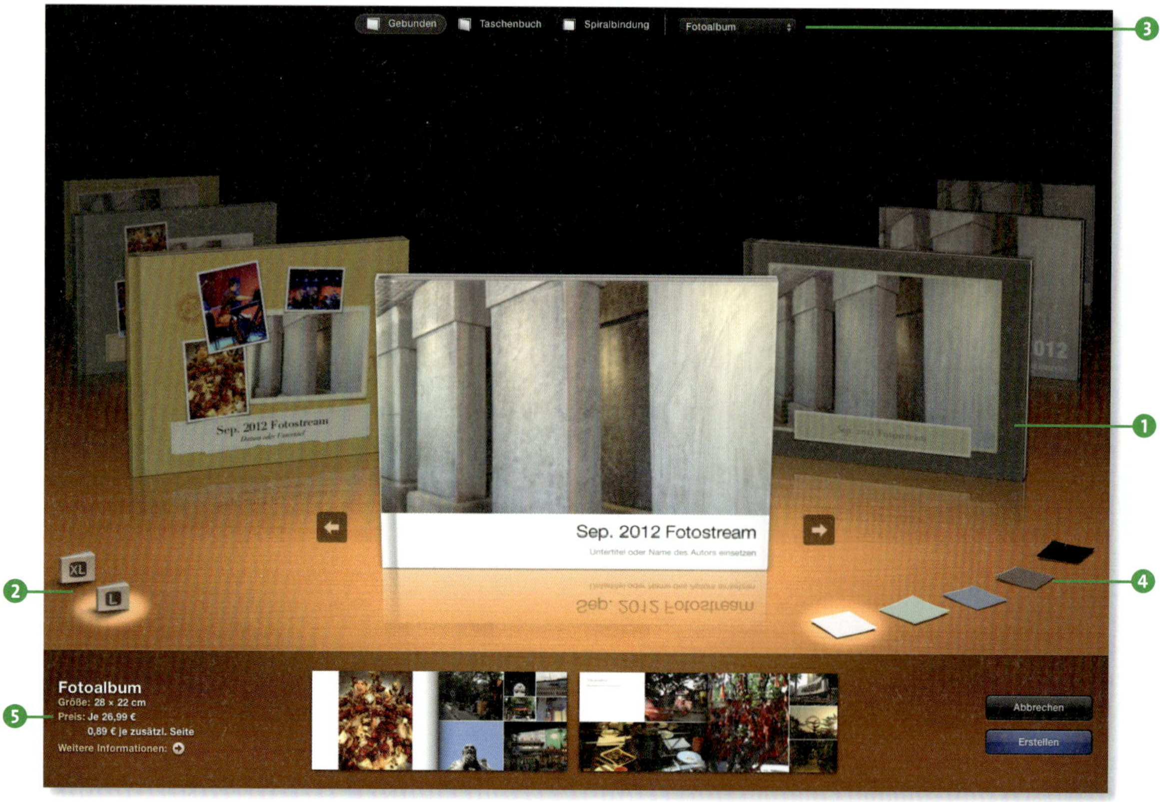

^ **Abbildung 13.115** *Ein Fotobuch erstellen*

ein schönes gedrucktes Album haben, beispielsweise als Erinnerung oder als Geschenk. Kein Problem mit iPhoto.

1 Klicken Sie in der Symbolleiste auf den Button **Bereitst.**, und wählen Sie im folgenden Kontextmenü im Bereich **Erstellen** den Eintrag **Buch**. iPhoto leitet Sie nun durch die notwendigen Schritte.

Im folgenden Fenster sehen Sie eine Übersicht über die verschiedenen Optionen, die Ihnen für das Buch zur Verfügung stehen. Hier wählen Sie das Design **1**, die Größe **2**, die Bindung **3** und das Farbschema **4**. Je nach Auswahl zeigt iPhoto die entsprechenden Informationen, vor allem bezüglich des Preises **5**, an.

2 Wählen Sie die gewünschten Optionen aus, und klicken Sie anschließend auf den Button **Erstellen**. Im nächsten Fenster zeigt iPhoto eine Seitenübersicht des Buches.

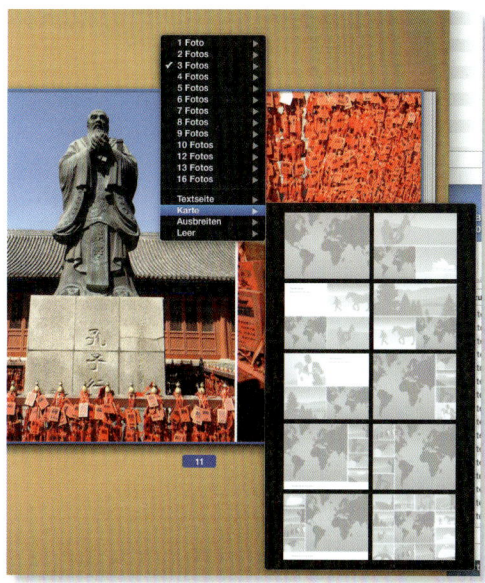

▲ **Abbildung 13.117** Das Layout einer Seite anpassen

5 Klicken Sie auf den Button **Bezahlen**, um das Buch zu bestellen.

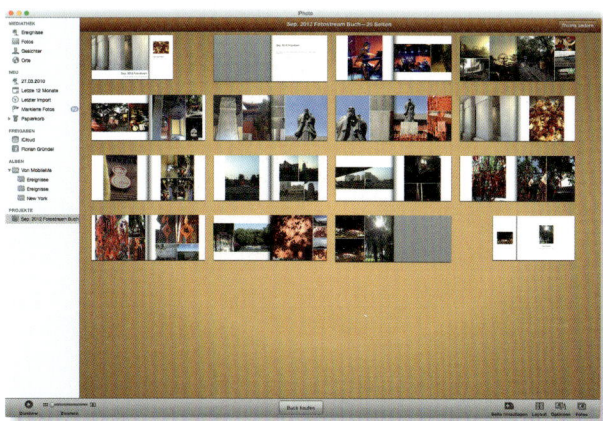

▲ **Abbildung 13.116** Das ganze Buch in der Übersicht

3 Doppelklicken Sie auf eine Seite, um sie zu bearbeiten. Fügen Sie hier Bilder per Drag & Drop hinzu, und passen Sie auf Wunsch das Layout an.

4 Wenn Sie mit dem Buch fertig sind, klicken Sie auf den Button **Buch kaufen**. Im folgenden Fenster sehen Sie eine Zusammenfassung Ihrer Bestellung und den Gesamtbetrag.

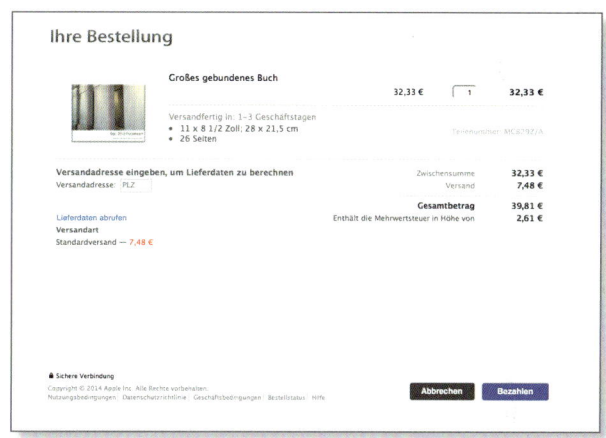

▲ **Abbildung 13.119** Bald bei Ihnen im Briefkasten: ein Fotobuch, das mit iPhoto erstellt wurde

Wenn Sie sich fragen, ob die Qualität der Fotobücher auch gut ist, hilft Ihnen vielleicht der Hinweis, dass eine befreundete Künstlerin ihre Ausstellungskataloge auf diese Weise produzieren lässt und der Qualitätsanspruch hier entsprechend hoch ist.

Kapitel 14
Andere Multimediaprogramme auf dem Mac

OS X bietet Ihnen mit den auf neu gekauften Macs vorinstallierten Program-
men iPhoto, iMovie und GarageBand umfangreiche Möglichkeiten, Ihre Me-
diendateien zu bearbeiten, das Betriebssystem hat jedoch noch weitere Pro-
gramme für den Umgang mit diesen Dateien an Bord. Welche das sind,
sehen wir uns in diesem Kapitel an.

In diesem Kapitel lernen Sie Alternativen bzw. Ergänzungen zu manchem in den letzten Kapiteln besprochenen Programm kennen. In den meisten Fällen wird es vermutlich ohnehin so sein, dass Sie sich gerade einen neuen Mac gekauft haben. Bei dem sind die vorgestellten Programme bereits dabei, und Sie müssen sich über Alternativen keine Gedanken machen. Sollte dies aber, warum auch immer, nicht der Fall sein, gibt Ihnen dieses Kapitel eine Übersicht, was mit dem Betriebssystem auch ohne die im letzten Kapitel vorgestellten Programme multimedial möglich ist.

14.1 Bilder ohne iPhoto

Zwei Programme beschäftigen sich mit dem Import bzw. dem Erstellen von Fotos und auch Videos: Digitale Bilder und Photo Booth. Importierte Fotos und Videos können Sie anstelle von iPhoto auch ganz ordentlich mit dem Finder verwalten, und für kleine Bildänderungen eignet sich auch Vorschau.

Zunächst werfen wir einen Blick auf Digitale Bilder.

Digitale Bilder: Fotos und Videos importieren

Das Programm Digitale Bilder ist uns bereits zuvor im Kapitel über iPhoto begegnet. Dort erschien es jedoch eher am Rande, quasi nur als Helferlein für iPhoto. Digitale Bilder kann man ähnlich wie das Programm Vorschau leicht unterschätzen. Es bietet jedoch sehr viel mehr, als man auf den ersten Blick vermuten würde. Digitale Bilder ist vor allem ein Importwunder. Egal, ob Sie ein externes Medium, eine Kamera oder einen Scanner an Ihren Mac anschließen, Digitale Bilder zeigt Ihnen die angeschlossenen Geräte – mit Namen, Anschlussart und Anzahl der verfügbaren Dateien – in der Liste der verfügbaren Quellen im linken Bereich des Programmfensters an. Darüber hinaus listet Digitale Bilder auch freigegebene Quellen im Netzwerk auf. So lässt sich mit Digitale Bilder z. B. auch netzwerkweit ein Scanner nutzen.

Der größte Vorteil von Digitale Bilder sind die Einstellungsmöglichkeiten für jede Quelle. Nachdem Sie ein externes Speichermedium oder eine Kamera angeschlossen haben, zeigt Digitale Bilder das Medium bzw. die Kamera in der Liste an. Ein Klick darauf zeigt die verfügbaren Bilder und Videos im Inhaltsbereich an.

Wie in iPhoto können Sie auch mit Digitale Bilder entweder alle angezeigten Dateien importieren oder nur diejenigen, die Sie markiert haben. Digitale Bilder bietet dazu am rechten unteren Fensterrand in der Symbolleiste zwei entsprechende Buttons ❶ (siehe Abbil-

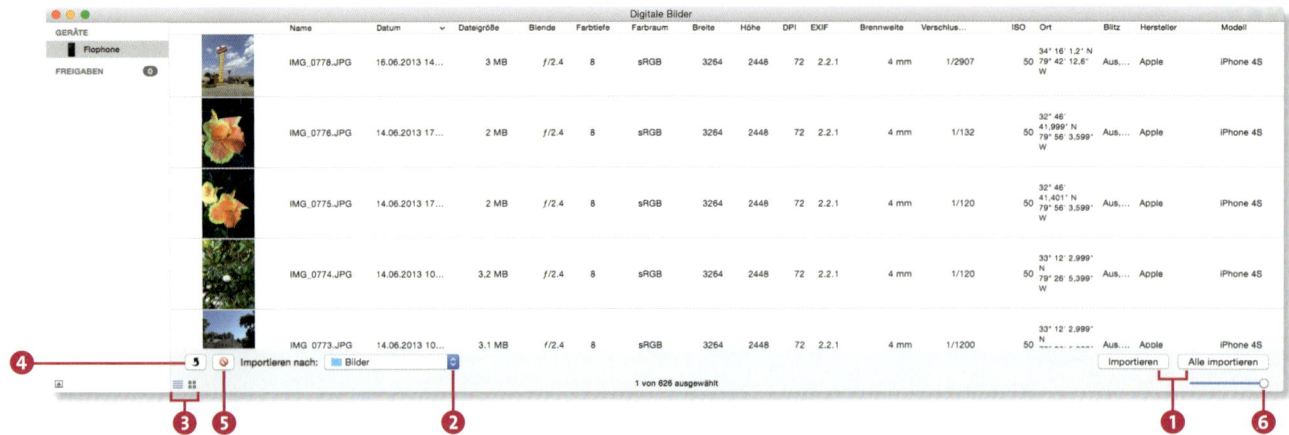

∧ Abbildung 14.1 *Digitale Bilder mit einer angeschlossenen Kamera*

dung 14.1) an. Mit dem Auswahlmenü ❷ links neben den Buttons wählen Sie den gewünschten Speicherort oder ein Programm zur weiteren Verwendung aus.

Außerdem finden Sie in der Symbolleiste Buttons ❸, mit denen Sie die Darstellung zwischen Liste und Vorschaubildern umschalten, Buttons, um Bilder im bzw. entgegen dem Uhrzeigersinn zu drehen ❹, sowie einen Löschen-Button ❺. Um die Größe der Bilder in der Übersicht zu ändern, stellen Sie die passende Größe mit dem Schieberegler ❻ in der Fußleiste ein.

∧ Abbildung 14.2 *Bilder in einen Ordner importieren oder an ein anderes Programm übergeben*

Ein weiteres wichtiges Fensterelement bei angeschlossenen Kameras oder Medien ist der Infobereich am unteren Rand der Quellenübersicht. Hier können Sie für jede Quelle individuell einstellen, welches Programm

nach Anschluss der Quelle gestartet werden soll. Sie können hier auch festlegen, ob Bilder nach dem Import gelöscht werden sollen. Dafür können Sie zwar auch das Auswahlmenü in der Symbolleiste verwenden, aber diesmal gelten die Einstellungen nicht nur für den Moment, sondern bleiben für das ausgewählte Medium dauerhaft gültig.

∧ Abbildung 14.3 *Mit Digitale Bilder lässt sich für jede Quelle ein Standardverhalten festlegen.*

Scannen mit Digitale Bilder

Digitale Bilder ist jedoch nicht nur beim Import von Bildern aus Kameras oder externen Medien eine Hilfe, sondern darüber hinaus eine sehr nützliche Scansoftware für eine Vielzahl von Scannern.

Digitale Bilder enthält bereits Treiber für eine Vielzahl von Scannern, sodass durchaus die Chance besteht, dass Sie Ihren Scanner sofort nach dem Anschließen benutzen können. Je nach Modell fallen der Funktionsumfang und die Einstellungsmöglichkeiten jedoch recht unterschiedlich aus, sodass für Ihren Scanner möglicherweise mehr oder weniger Funktionen zur Verfügung stehen, als hier beschrieben werden. Bei allen ist jedoch die Fensteraufteilung gleich (siehe Abbildung 14.4). Wenn Sie in der Quellenliste im linken Fensterbereich den Scanner auswählen, zeigt Digitale Bilder im mittleren Fensterbereich die zu scannenden Objekte bzw. Dokumente an, die sich im Scanner befinden. Im rechten Fensterbereich sehen Sie die entsprechenden Einstellungsmöglichkeiten.

1 Legen Sie das zu scannende Objekt in Ihren Scanner. Dabei müssen Sie nicht unbedingt auf die passende Orientierung achten, da das Objekt auch in den Einstellungen softwareseitig gedreht werden kann. Der zu scannende Teil muss auf der Glasplatte aufliegen.

2 Klicken Sie auf den Button **Übersicht** ❼. Der Scanner tastet nun das Objekt optisch ab und übergibt diese Informationen an Digitale Bilder, wo das Bild zeilenweise aufgebaut wird.

Digitale Bilder blendet nun einen Rahmen mit Anfassern ein, der den zu scannenden Teil des Objekts einfasst. Es wird also anschließend nur das gescannt und als Bild importiert, was sich innerhalb

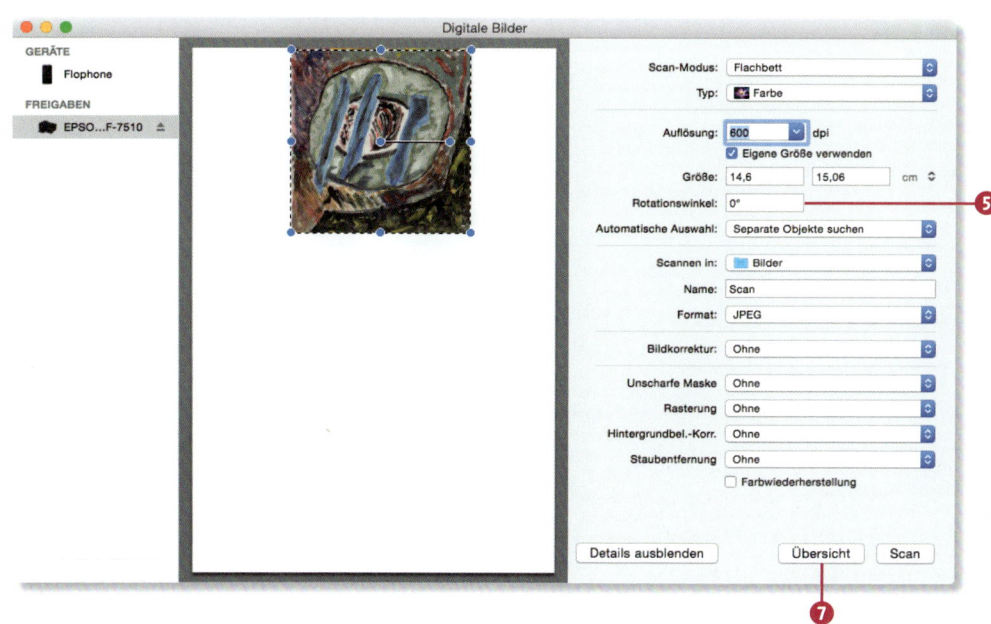

< **Abbildung 14.4** Das Scanfenster von Digitale Bilder

dieses Rahmens bzw. dieser Rahmen (denn es können auch mehrere Rahmen sein) befindet.

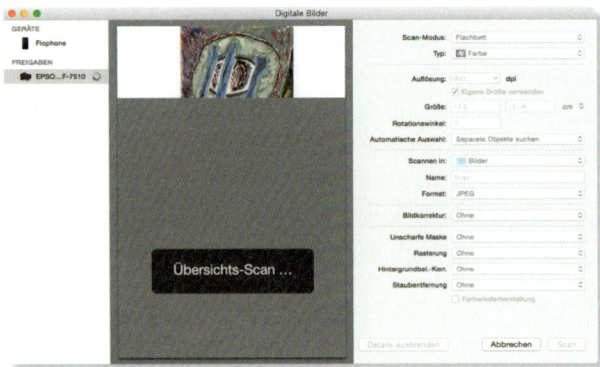

^ **Abbildung 14.5** *Der Übersichts-Scan wird erstellt.*

3 Positionieren Sie den Rahmen am Bild an der gewünschten Stelle, indem Sie ihn nach einem Klick auf den Strich ❶ in der Mitte des Rahmens bewegen.

Mit einem Klick auf die Punkte ❷ an den Rändern passen Sie bei Bedarf die Größe des Rahmens an, um beispielsweise einen Ausschnitt zu bestimmen.

4 Unter Umständen ist es nötig, den Winkel des Rahmens zu verändern, da sich die Vorlage nicht immer hundertprozentig gerade einlegen lässt.

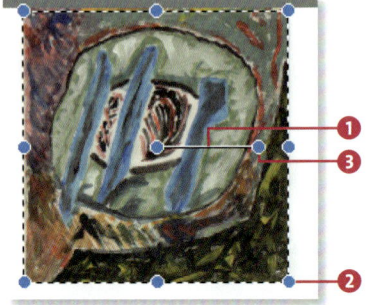

^ **Abbildung 14.6** *Der Rahmen zur Anpassung des Scanbereichs*

5 Klicken Sie dazu auf den rechten Punkt ❸ des Striches innerhalb des Rahmens. Digitale Bilder zeigt daraufhin eine Figur in einem Kreis an.

6 Bewegen Sie den Punkt auf und ab. Der Rahmen wird nun – abhängig davon, wie Sie den Mauszei-

ger bewegen – in seinem Winkel verändert. Analog dazu sehen Sie die Änderung der Winkelangabe in den Einstellungen im Feld **Rotationswinkel** ❺ (Abbildung 14.4).

^ **Abbildung 14.7** *Den Winkel des Rahmens anpassen*

7 Wenn Sie mit der Positionierung des Rahmens bzw. der Rahmen zufrieden sind, legen Sie fest, wo die gescannte Datei gespeichert werden soll, passen die Dateieinstellungen an und nehmen gegebenenfalls gleich noch ein paar Korrekturen vor. Alle diese Einstellungen finden Sie in der rechten Seitenleiste. Danach starten Sie den Scanvorgang mit einem Klick auf den Button **Scan**.

Wir sehen uns exemplarisch ein paar der verfügbaren Einstellungen in der Seitenleiste an. Mit dem Auswahlmenü **Typ** legen Sie fest, ob der Scan nur schwarzweiß (was von Digitale Bilder als **Text** bezeichnet wird), in Graustufen (was von Digitale Bilder wiederum als **Schwarzweiß** bezeichnet wird) oder in **Farbe** erfolgen soll.

HINWEIS

Keine Texterkennung (OCR)

Digitale Bilder verfügt zwar im Auswahlmenü **Typ** über eine Einstellung namens **Text**. Das bedeutet aber nur eine ganz vereinfachte Auflösung. Diese Einstellung hat nichts mit der Scantechnologie OCR zu tun. OCR wird von Digitale Bilder nicht unterstützt. OCR bedeutet *Optical Character Recognition* und ist eine Scantechnik, mit der es möglich ist, Text nicht als Bild zu scannen, sondern als Text, der dann auch als reiner Text weiter nutzbar ist.

Von dieser Auswahl und weiteren Einstellungen hängt die Größe der Bilddatei ab, die aus dem Scan resultiert.

Eine wichtige Einstellung ist die DPI-Zahl im Feld **Auflösung**. Sie sollten Ihren Scan mindestens mit der DPI-Zahl erstellen, die für die weitere Verwendung der Datei nötig ist. Wenn Sie z. B. ein Bild auf Ihrer Website verwenden wollen, reichen für gewöhnlich 72 dpi aus. Da aber beim Bearbeiten und erneuten Speichern, das meist in einem komprimierten Format wie JPEG erfolgt, die Qualität noch einmal sinken kann, wären also 100 dpi für ein Bild zu empfehlen, das im Internet gezeigt werden soll. Anders sieht es aus, wenn das Bild gedruckt werden soll. Je nach Anforderung ist es mitunter nötig, ein Bild möglichst hochauflösend einzuscannen. Erkundigen Sie sich in solchen Fällen, welche Auflösung benötigt wird.

Wenn Sie noch nicht wissen, was Sie später mit Ihrem Scan anfangen wollen, liefern DPI-Zahlen zwischen 300 und 600 in der Regel ganz ordentliche Ergebnisse, die auch eine vernünftige Weiterbearbeitung zulassen. Nachträglich reduzieren geht immer, aber wenn die Qualität zu niedrig ist, lässt sie sich später nicht »aufblasen«.

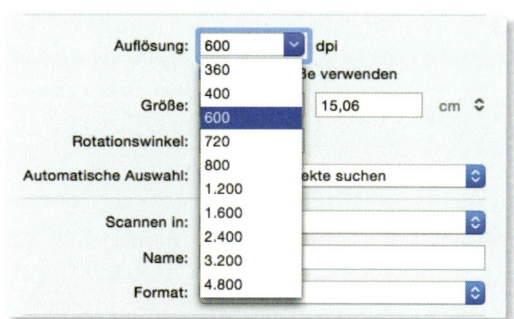

↗ Abbildung 14.8 *Manche Scanner bieten viel Auswahl bei der DPI-Zahl.*

Im Auswahlmenü **Scannen in** legen Sie den Sicherungsort der Datei fest oder wählen das Programm aus, an das die eingescannten Bilddaten zur weiteren Bearbeitung übergeben werden sollen. Im Feld **Name** geben Sie der zu erstellenden Datei einen Namen. Im Auswahlmenü **Format** wählen Sie das gewünschte Da-

teiformat. Auch hier ist, ähnlich wie bei der DPI-Zahl, die geplante weitere Verwendung von Bedeutung. Je nach Verwendungszweck ist es praktischer, die Datei als JPEG oder als PDF zu sichern. Wenn Sie sich nicht sicher sind und möglichst flexibel für eine eventuelle spätere Weiterverarbeitung sein wollen, wählen Sie **TIFF**.

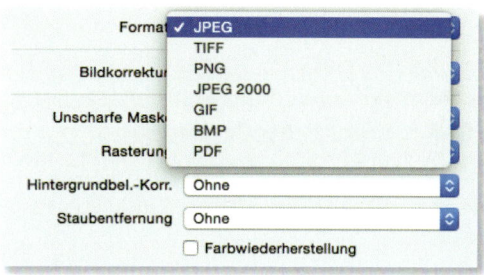

↗ Abbildung 14.9 *Die Formatauswahl der zu scannenden Datei*

Im Auswahlmenü **Bildkorrektur** haben Sie die Wahl zwischen **Ohne** und **Manuell**. Bei **Manuell** zeigt Digitale Bilder Schieberegler an, mit denen Sie das Bild in **Helligkeit**, **Färbung**, **Temperatur** und **Sättigung** anpassen können.

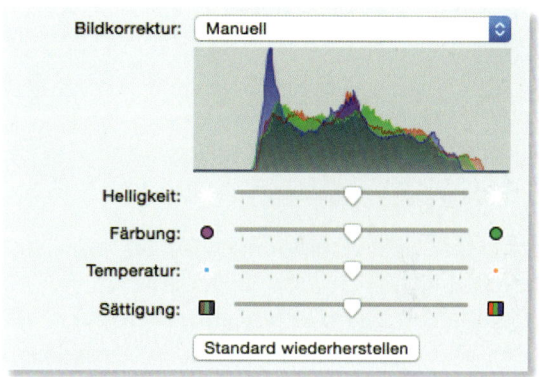

↗ Abbildung 14.10 *Bildkorrekturen vor dem Scan*

Probieren Sie auch die weiteren, eher selten benötigten Einstellungen aus. Wenn Sie alle Einstellungen zu Ihrer Zufriedenheit festgelegt haben, klicken Sie auf den Button **Scan**, um die in den Rahmen ausgewählten Inhalte mit den ausgewählten Einstellungen einzuscannen.

INFO

dpi

dpi ist die Abkürzung für *Dots per Inch*, also Pixel je Zoll. Ein Zoll sind 2,54 cm. Je mehr Pixel Sie auf einer definierten Länge unterbringen, desto kleiner wird das einzelne Pixel, desto höher also die Auflösung – und desto feiner wird der Sinneseindruck. Das geht bei Bilddateien natürlich auch mit einer immer höheren Dateigröße einher. Es ist also stets sinnvoll, abzuwägen und ein vernünftiges Mittelmaß zwischen Auflösung und Dateigröße zu finden.

Digitale Bilder startet nun den Scan. Sobald die Inhalte vollständig übertragen sind, werden sie gemäß Ihren Vorgaben gesichert oder weiterverarbeitet. Die fertigen Scans zeigt Digitale Bilder im Fenster **Scan-Ergebnisse** an, das Sie durch Klick auf **Fenster > Scan-Ergebnisse** oder mit dem Tastaturbefehl alt + cmd + L aufrufen.

⌃ **Abbildung 14.11** *Das Fenster »Scan-Ergebnisse«. Ein Klick auf die Lupe zeigt das eingescannte Bild im Finder.*

Digitale Bilder ist im Zusammenspiel mit dem Finder durchaus eine ernst zu nehmende Alternative zu iPhoto, zumindest wenn es nur um die Organisation der Fotos geht und man sich nicht den Sortierideen von iPhoto fügen möchte. Dank der guten Vorschaumöglichkeiten im Finder und so hilfreicher Technologien wie den Tags und intelligenten Ordnern lassen sich mit Digitale Bilder und dem Finder auch große Mengen Bilder souverän organisieren. Zudem bietet Digitale Bilder bzw. Vorschau, das in diesem Zusammenhang auch sinnvoll eingesetzt werden kann, im Vergleich zu iPhoto auch die Möglichkeit, eben nicht

nur mit bereits vorhandenen Fotos und Videos umzugehen, sondern dank der Scannerintegration auch mit solchen, die das erst werden sollen.

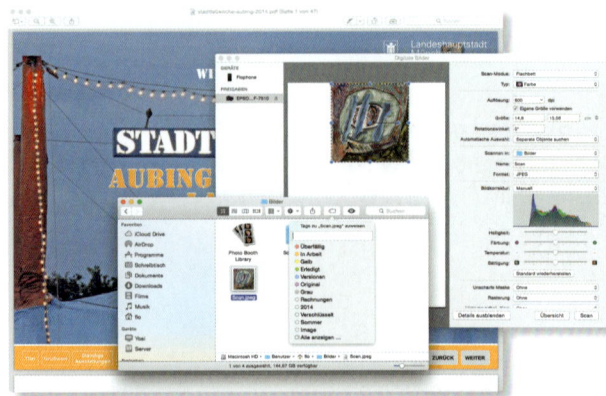

⌃ **Abbildung 14.12** *Spitzenteam zur Organisation von Medien: Vorschau, Digitale Bilder und Finder (von hinten nach vorne)*

Mit Bordmitteln lassen sich also schon sehr praktische Arbeitsabläufe entwickeln, die Sie, abhängig von Ihren Anforderungen, mit Programmen wie Automator oder einer der vielen Skriptsprachen (siehe auch Kapitel 23, »Routineaufgaben automatisieren mit Automator und AppleScript«, ab Seite 787), die OS X beherrscht, nahezu beliebig optimieren können.

Spaß mit Photo Booth

Eine weitere Möglichkeit, Bilder oder Filme zu importieren, ist, sie mit dem Mac selbst zu machen. Das Programm Photo Booth sorgt dafür, dass das nicht nur eine rein technische Sache ist, sondern auch Spaß macht. Wie der Name schon sagt, handelt es sich bei Photo Booth eigentlich um eine Art Passbildautomat – zumindest was die Funktionsweise des Programms betrifft. Ebenso einfach wie die Funktionsweise ist die Oberfläche von Photo Booth.

Im oberen Bereich sehen Sie das Bild, das die in Ihren Mac eingebaute iSight-Kamera einfängt. In den meisten Fällen dürfte es sich dabei um Sie selbst handeln. Darunter befindet sich eine Symbolleiste. Mit den drei

Buttons im linken Bereich wählen Sie aus, ob Sie einzelne Fotos, eine 4er-Fotoserie oder einen Film aufnehmen möchten. Der große rote Button in der Mitte ist der *Auslöser*. Mit dem Button **Effekte** im rechten Bereich können Sie Ihrer Aufnahme Effekte hinzufügen.

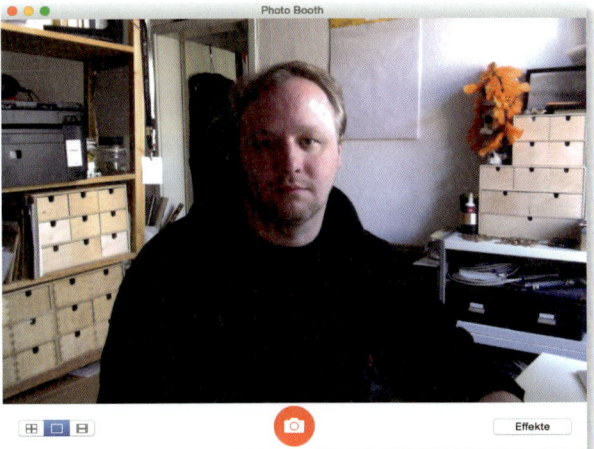

^ **Abbildung 14.13** *Eine aufgeräumte Programmoberfläche: Photo Booth*

Darüber befindet sich der Bereich mit den Aufnahmen. Wenn Sie eine oder mehrere Aufnahmen markieren, ändern sich die verfügbaren Buttons in der Symbolleiste. Sie zeigt Ihnen nun den Button **Senden** mit Möglichkeiten, die ausgewählte Datei weiterzunutzen oder zu teilen. Im Hauptbereich wird Ihnen außerdem das gewählte Bild angezeigt.

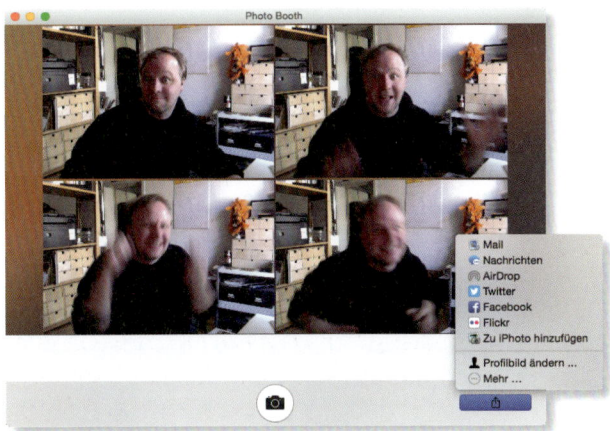

^ **Abbildung 14.14** *Das ausgewählte Bild teilen*

Sie können die Datei per Mail versenden, an iPhoto übergeben oder die Datei als Profilbild für Ihren Benutzeraccount auf dem Mac oder bei einem Internetdienst verwenden. Mit einem Klick auf das Kamerasymbol in der Mitte kommen Sie in den Aufnahmemodus zurück.

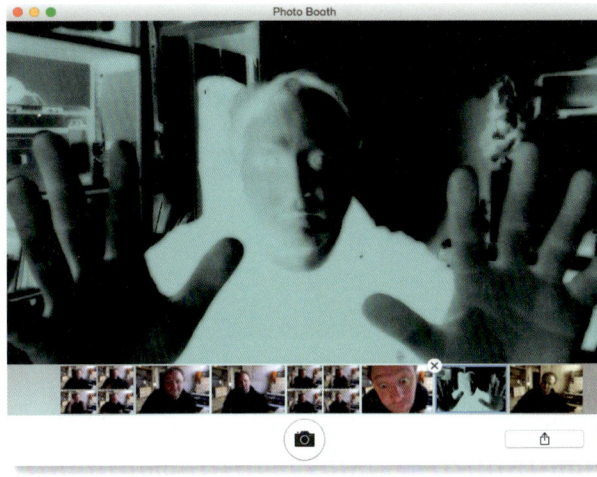

^ **Abbildung 14.15** *Photo Booth mit ausgewählten Bildern*

Ein Bild mit Photo Booth aufnehmen

In der folgenden Schritt-für-Schritt-Anleitung erfahren Sie detailliert, wie Sie ein Bild mit Photo Booth aufnehmen und per E-Mail verschicken können.

1 Positionieren Sie sich vor der Kamera, bis Sie den gewünschten Bildausschnitt sehen.

2 Klicken Sie auf den roten Kamera-Button. Photo Booth zeigt einen Countdown an und schießt nach Ablauf des Countdowns das Bild. Dabei blitzt kurz der Monitor auf. Anschließend wird das Bild über der Symbolleiste in der Bilderübersicht ganz rechts hinzugefügt.

3 Möchten Sie Ihrem Bild etwas mehr Pep verleihen, versehen Sie es vor der Aufnahme mit einem Effekt. Klicken Sie dazu auf den Button **Effekte**. Photo Booth stellt nun das Bild der Kamera in der Mitte in Normalansicht dar und zeigt darum herum acht verschiedene Effekte. Mit den Pfeil-Buttons ❶ oder mit einem Klick auf einen der grauen Buttons ❷ wechseln Sie zwischen den insgesamt fünf Seiten mit Effekten.

^ **Abbildung 14.16** *Effekte in Photo Booth*

Dabei bietet Photo Booth auf den Seiten 1 bis 3 typische Effekte wie Verzerrungen, Einblendungen und Verfremdungen an und auf Seite 4 Hintergrundeffekte. Seite 5 bietet ebenfalls Hintergrundeffekte, allerdings zum Selbsthinzufügen. Diese Möglichkeit nutzen wir für unser Beispielfoto.

TIPP

Hologramm
Wenn Sie sich mal wie Nora Tschirner als analoge Halluzinelle in der ZDF-Serie »Ijon Tichy: Raumpilot« oder wie die Mannschaft der Enterprise beim Beamen sehen wollen, dann sollten Sie unbedingt den wirklich spektakulären Effekt **Hologramm** ausprobieren.

4 Wechseln Sie durch die Effektseiten bis zur Seite 5. Photo Booth zeigt in der Mitte die gewohnte Normalansicht. Die umgebenden acht Effektfelder sind mit **Kulisse 1** bis **8** beschriftet, aber (noch) leer.

5 Ziehen Sie aus dem Finder oder aus iPhoto ein beliebiges Bild, das als Hintergrund für Ihr Porträt dienen soll, auf eines der Effektfelder. Das hinzugefügte Bild wird nun in dem Effektfeld angezeigt.

6 Klicken Sie auf das Effektfeld, dem Sie gerade das Hintergrundbild hinzugefügt haben. Photo Booth wechselt die Ansicht und zeigt das Hintergrundbild nun groß an.

7 Gehen Sie nun, wenn Photo Booth die entsprechende Meldung einblendet, aus dem Bild. Nach ein

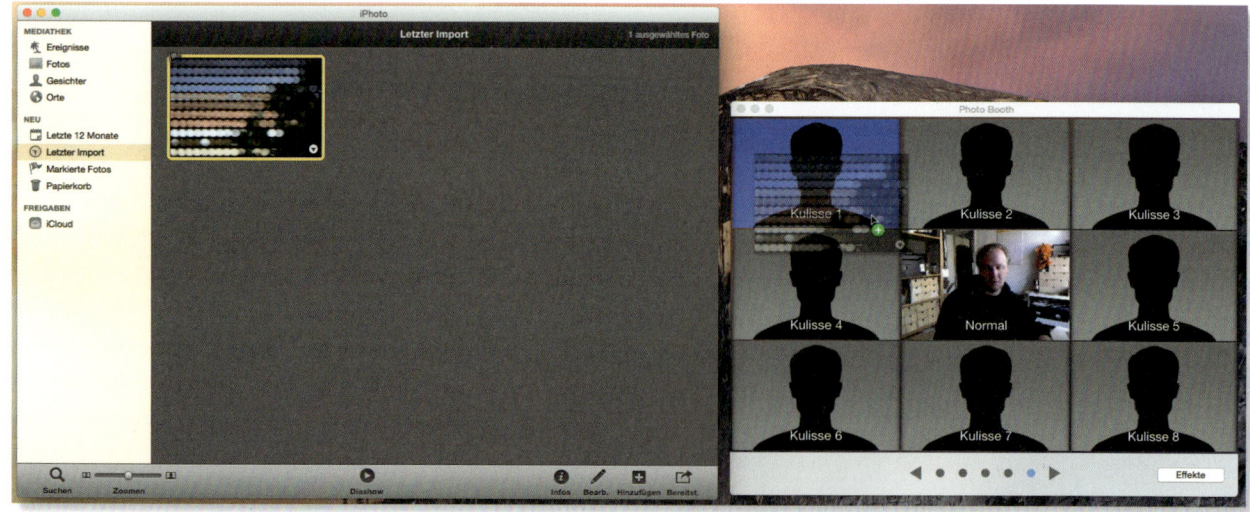

^ **Abbildung 14.17** *Ein eigenes Hintergrundbild für einen Effekt hinzufügen*

paar Sekunden zeigt Photo Booth die Meldung, dass der Hintergrund entdeckt wurde. Offenbar zeigt Photo Booth diese Meldung nicht in allen Fällen an. Sollte die Meldung bei Ihnen ausbleiben, wissen Sie dennoch, was zu tun ist.

8 Gehen Sie daraufhin wieder in das Bild. Sie sehen sich nun vor dem ausgewählten Hintergrund. Klicken Sie nun auf den roten Kamera-Button. Je nach Kombination aus ausgewähltem Hintergrund, realem Bildhintergrund und Ihrer Kleidung und Ihren Haaren variieren die Ergebnisse dabei von brillant bis völlig unbrauchbar. Es ist also etwas Experimentierfreude nötig, um bei diesem Effekt zu einem guten Ergebnis zu kommen. Gelingt dies jedoch, ist der Effekt unschlagbar, da Sie so wirklich den Eindruck vermitteln können, Sie wären am angezeigten Ort.

∧ **Abbildung 14.18** *Da muss ein bisschen experimentiert werden.*

Das Bild mit Photo Booth per E-Mail verschicken

Nachdem Sie also reichlich experimentiert haben, haben Sie ein Foto gemacht, das Sie nun gern weiterverwenden würden – beispielsweise als Anhang einer E-Mail, um den Empfänger zu verblüffen.

1 Klicken Sie in der Fotoübersicht auf das gewünschte Foto.

∧ **Abbildung 14.19** *Das eben erstellte Bild mit dem individuellen Hintergrund verschicken*

2 Klicken Sie in der Symbolleiste auf den bekannten **Senden**-Button.

3 Wählen Sie die gewünschte Versandart aus, z. B. **E-Mail**.

4 Falls Mail noch nicht offen ist, wird es nun gestartet, und es wird direkt eine neue E-Mail angelegt. Das Bild befindet sich im Anhang der Mail. Verändern Sie im Auswahlmenü **Bildgröße** gegebenenfalls noch die **Bildgröße**, um die E-Mail klein zu halten. Dann müssen Sie nur noch Empfänger, Betreff und einen Kommentar eingeben und auf den Button **Senden** klicken.

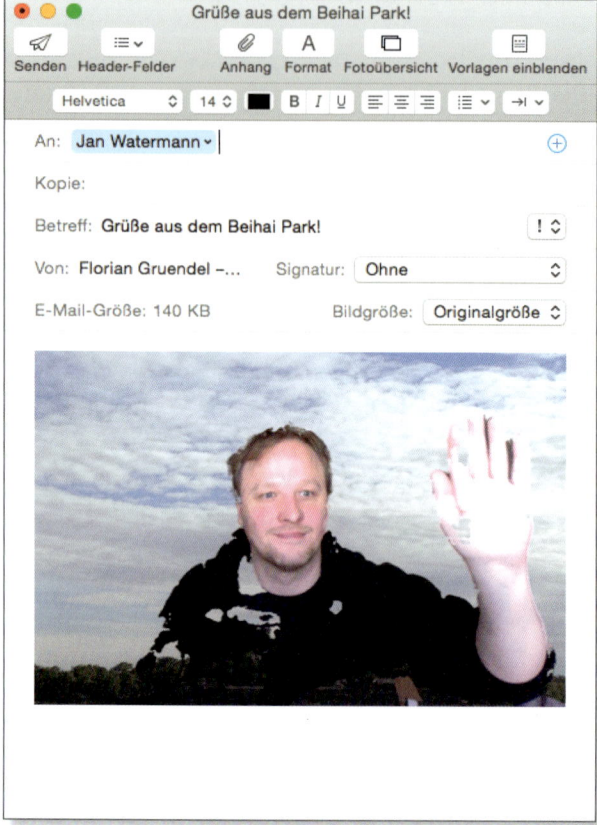

⌃ Abbildung 14.20 *Eine Mail mit dem Bild aus Photo Booth als Anhang*

Sollte die gewünschte Versandart im Menü der Schaltfläche **Senden** einmal nicht vorhanden sein, können Sie die gewünschte Sendeart hinzufügen. Wenn Sie im **Senden**-Menü auf **Mehr** klicken, werden die Systemeinstellungen geöffnet, und Sie können festlegen, welche Sendearten das Kontextmenü systemweit anzeigen soll.

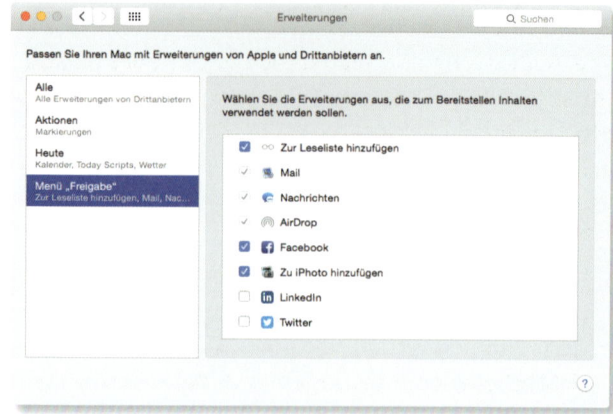

⌃ Abbildung 14.21 *Die Sendeoptionen in den Systemeinstellungen anpassen*

Photo Booth ist ein praktisches Programm, um mal eben schnell ein Bild von sich oder eine kurze Videobotschaft aufzunehmen. Wie Sie so eine Videobotschaft aufnehmen, erfahren Sie im Kasten »Videos mit Photo Booth aufnehmen« in diesem Kapitel (siehe vorherige Seite). Dank der Effekte ist es aber auch ein Riesenspaß, und wer einmal erlebt hat, wie mehrere Erwachsene einen ganzen Abend lang um die Kamera eines Laptops stehen und stundenlang Spaß wie Teenager haben, der wird Photo Booth lieben.

14.2 Audio- und Videoaufnahmen mit QuickTime

Was Bildschirmfoto für Fotos ist, bietet der QuickTime Player für bewegte Bilder. Mit dem QuickTime Player können Sie Video- und Audiodateien nicht nur ansehen, sondern auch aufnehmen.

Die Hauptaufgabe von QuickTime Player ist neben dem Abspielen von Mediendateien die Aufnahme von Audio- und Videodateien sowie die Aufnahme sogenannter *Screencasts*. Das sind Videoaufnahmen vom eigenen Bildschirm bzw. dem Bildschirm eines angeschlossenen Geräts wie einem iPhone oder iPad. Beginnen wir mit einer Audioaufnahme.

Eine Audioaufnahme mit dem QuickTime Player

Eine Audioaufnahme eignet sich z. B. hervorragend, um sich selbst eine kurze Erinnerung aufzusprechen oder um jemandem eine sehr persönliche Nachricht zu übermitteln.

1 Starten Sie den QuickTime Player.

2 Klicken Sie auf **Ablage > Neue Audioaufnahme**, oder drücken Sie `ctrl` + `alt` + `cmd` + `N`. Der QuickTime Player blendet daraufhin ein sehr übersichtliches Fenster ein, dessen zentraler Bestandteil ein Aufnahme-Button ist.

∧ Abbildung 14.22 *Das »Audioaufnahme«-Fenster im QuickTime Player*

3 Bevor Sie die Aufnahme beginnen, prüfen Sie die Einstellungen für die Aufnahme. Klicken Sie dazu auf den nach unten zeigenden kleinen Pfeil ❶ neben dem Aufnahme-Button. In diesem Menü zeigt Ihnen der QuickTime Player die Einstellungen für die Aufnahme an.

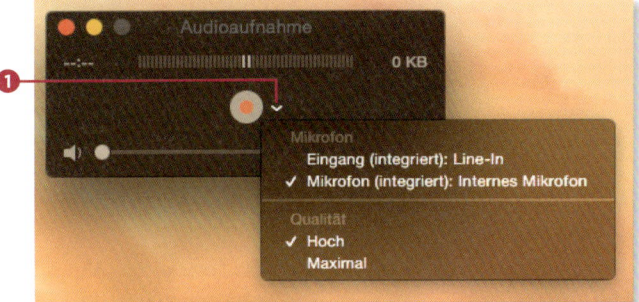

∧ Abbildung 14.23 *Die Aufnahmeeinstellungen*

4 In den meisten Fällen gibt es nichts zu ändern, und Sie können sofort mit der Aufnahme beginnen. Klicken Sie dazu auf den Aufnahme-Button. QuickTime Player startet nun die Aufnahme und zeigt während

der Aufnahme anstelle des Aufnahme-Buttons einen Stopp-Button.

∧ Abbildung 14.24 *Während der Aufnahme*

5 Stoppen Sie die Aufnahme durch Klick auf den Stopp-Button. Anschließend verarbeitet QuickTime Player die Aufnahme und wechselt in den Abspielmodus.

∧ Abbildung 14.25 *Die Aufnahme wird abgespielt. Links sehen Sie die abgelaufene Zeit, rechts die verbleibende Zeit. Dazwischen bewegt sich der Abspielmarker.*

Eine Videoaufnahme mit dem QuickTime Player

Möchten Sie jemandem eine persönliche Videobotschaft schicken, lässt sich auch das schnell und unkompliziert mit dem QuickTime Player erledigen, vorausgesetzt, in Ihrem Mac ist eine Kamera eingebaut (Dies ist jedoch mit Ausnahme des Mac mini bei allen neuen Mac-Modellen der Fall.).

1 Klicken Sie auf **Ablage > Neue Videoaufnahme**, oder drücken Sie `alt` + `cmd` + `N`. Der QuickTime Player blendet daraufhin das bekannte Aufnahmefenster ein, das diesmal auch gleich die eingebaute Kamera aktiviert.

2 Prüfen Sie die Aufnahmeeinstellungen mit einem Klick auf den nach unten zeigenden kleinen Pfeil ❶ neben dem Aufnahme-Button, und nehmen Sie gegebenenfalls Änderungen an der Audioquelle oder der Aufnahmequalität vor.

∧ **Abbildung 14.26** *Eine Videoaufnahme kurz vor dem Start*

3 Starten Sie die Aufnahme mit einem Klick auf den Aufnahme-Button.

QuickTime Player startet nun die Aufnahme und zeigt während der Aufnahme anstelle des Aufnahme-Buttons einen Stopp-Button.

4 Stoppen Sie die Aufnahme durch Klick auf den Stopp-Button.

Wie bereits zuvor bei der Audioaufnahme verarbeitet QuickTime Player nun die Aufnahme und wechselt anschließend in den Abspielmodus.

Aufnahmen bearbeiten

Sie sehen, eine Video- oder Audioaufnahme ist also ganz einfach erstellt, und auch die Bearbeitung ist nicht schwer. Angenommen, Sie möchten die ersten paar Sekunden der Aufnahme entfernen, weil Sie sich da z. B. noch geräuspert haben, während die Aufnahme schon lief.

1 Klicken Sie auf **Bearbeiten > Kürzen**, oder drücken Sie die Tasten cmd + T. QuickTime Player zeigt nun die Aufnahme gelb umrahmt an.

2 Ziehen Sie die Enden des gelben Rahmens, um die Teile am Anfang und am Ende der Aufnahme auszugrenzen, die Sie entfernen wollen. Bearbeiten Sie eine Videoaufnahme, werden Ihnen die Einzelbilder angezeigt, das Prinzip bleibt das gleiche.

∧ **Abbildung 14.27** *Die Aufnahme kürzen*

3 Nachdem Sie den Bereich eingegrenzt haben, der nach dem Beschnitt übrig bleiben soll, klicken Sie auf den Button **Kürzen**. QuickTime Player entfernt daraufhin die Teile der Aufnahme, die außerhalb des gelben Rahmens liegen.

4 Anschließend können Sie die Datei über **Ablage** sichern oder exportieren.

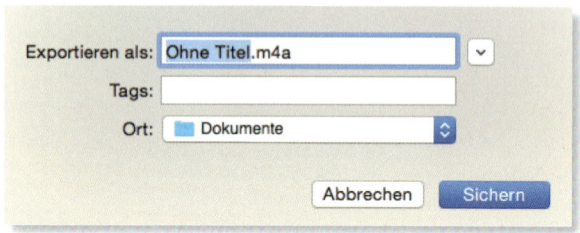

∧ **Abbildung 14.28** *Die Datei exportieren*

Einen Screencast mit dem QuickTime Player aufnehmen

Nachdem Video- und Audioaufnahmen mit dem QuickTime Player also denkbar einfach zu erstellen und zu bearbeiten sind, sehen wir uns nun an, wie Sie mit dem QuickTime Player eine Bildschirmaufnahme erstellen. Dabei wird Ihr Bildschirm und alles, was Sie dort tun, gefilmt.

1 Klicken Sie auf **Ablage > Neue Bildschirmaufnahme**, oder nutzen Sie den Tastaturbefehl ctrl + cmd + N. Beides hat denselben Effekt: QuickTime Player zeigt daraufhin ein Aufnahmefenster, das zunächst (bis auf den Titel) nicht anders aussieht als das Fenster, das Sie bei der Audioaufnahme kennengelernt haben.

2 Klicken Sie auf den Aufnahme-Button. QuickTime Player blendet nun eine Information ein, die Ihnen

Klicken Sie, um den kompletten Bildschirm aufzuzeichnen. Einen Bildschirmausschnitt zeichnen Sie durch Bewegen des Zeigers auf. Sie beenden die Aufzeichnung durch Klicken auf die Stopptaste in der Menüleiste.

∧ **Abbildung 14.29** *QuickTime Player zeigt Informationen, wie Sie eine Bildschirmaufnahme starten.*

erklärt, wie Sie vorgehen müssen, wenn der gesamte Bildschirm oder nur ein Teil des Bildschirms aufgenommen werden soll.

3 Wenn Sie also eine bildschirmfüllende Aufnahme machen wollen, reicht es, einmal irgendwo in den Bildschirm zu klicken.

4 Um nur einen ganz bestimmten Teil des Fensters aufzunehmen, klicken Sie ebenfalls, aber halten Sie dabei die Maustaste gedrückt, und ziehen Sie einen Rahmen um den Bereich auf, den Sie aufnehmen möchten – beispielsweise um ein Fenster eines bestimmten Programms, in dem Sie etwas zeigen möchten.

QuickTime Player zeigt Ihnen anschließend innerhalb des Rahmens einen Button **Aufnahme starten**. Klicken Sie einmal darauf, um mit der Aufnahme zu beginnen.

∧ **Abbildung 14.30** *Im aufgezogenen Rahmen sehen Sie den für die Aufnahme ausgewählten Bereich mit dem Button, um die Aufnahme zu starten.*

Während der Aufnahme wird der gesamte Bildschirm bis auf den ausgewählten Teil verdunkelt. Der ausgewählte Teil wird nun aufgenommen.

5 Um die Aufnahme zu beenden, klicken Sie auf den Stopp-Button in der Menüleiste.

Anschließend können Sie den Film abspielen oder weiterbearbeiten. Das Trimmen funktioniert hier genauso wie zuvor bei der Audioaufnahme.

Bei der Bildschirmaufnahme lohnt sich ein Klick auf die Aufnahmeoptionen neben dem Aufnahme-Button. Hier können Sie auswählen, ob auch Ton mit aufgenommen werden soll. Außerdem können Sie entscheiden, ob auch Mausklicks mit aufgenommen werden sollen. So können Sie ganz leicht beispielsweise eigene Dokumentationen mit Ihrem Mac erstellen.

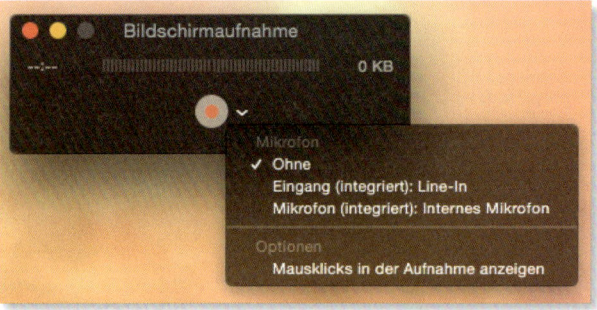

∧ **Abbildung 14.31** *Aufnahmeoptionen beim Screencast*

Einen Screencast von einem angeschlossenen iOS-Gerät aufnehmen

Mit dem QuickTime Player lassen sich praktischerweise auch Bildschirmaufnahmen von angeschlossenen iPhones oder iPads machen. Wählen Sie dazu in den Aufnahmeoptionen des QuickTime Players als Quelle das entsprechende Gerät aus. Damit die Verbindung hergestellt wird und Sie den Bildschirm des Geräts aufzeichnen können, ist es notwendig, das Gerät per USB-Kabel mit dem Mac zu verbinden. Waren die beiden Geräte noch nie verbunden, erscheint auf dem iOS-Gerät nach dem Anstecken ein Hinweis, ob dem verbundenen Computer vertraut werden soll. Bestätigen Sie diese Frage durch Tippen auf **Vertrauen**.

∧ **Abbildung 14.32** Bevor ein iOS-Gerät als Aufnahmequelle genutzt werden kann, muss es dem verbundenen Computer vertrauen.

Anschließend steht Ihr iOS-Gerät als Quelle zur Verfügung. Allerdings nicht, wie man annehmen könnte, über die Option **Neue Bildschirmaufnahme**, sondern über **Ablage > Neue Videoaufnahme**. Wählen Sie in den Aufnahmeoptionen das angeschlossene iOS-Gerät ❶ im Abschnitt **Kamera** aus, und starten Sie wie gewohnt die Aufnahme.

∧ **Abbildung 14.33** Screencast von einem angeschlossenen iPhone erstellen

Aufnahmen mit dem QuickTime Player veröffentlichen

Da Sie so eine Aufnahme vermutlich nicht fürs stille Kämmerlein erstellen, sondern mit anderen teilen wollen, haben Sie die Möglichkeit, die Aufnahme zu exportieren. Im Menü **Senden** finden Sie eine Menge Exportoptionen. Hier können Sie Ihre Aufnahmen direkt zu allen gängigen Videoportalen hochladen. Alternativ steht Ihnen das Menü **Ablage > Exportieren** zur Verfügung. Dort wird eine Datei exportiert und auf Ihrem Mac gesichert. Wir sehen uns nun beispielhaft den Upload zu Facebook an.

1 Klicken Sie auf **Senden > Facebook**. QuickTime Player blendet daraufhin einen Dialog zur Veröffentlichung auf Ihrem Facebook-Konto ein.

Falls Sie Ihr Facebook-Konto noch nicht in den Systemeinstellungen im Bereich **Internetaccounts** eingerichtet haben, sehen Sie zunächst einen entsprechenden Hinweis.

^ **Abbildung 14.34** *Der Veröffentlichungsdialog für den Upload der Datei zu Facebook*

2 Geben Sie im folgenden Dialog Informationen ❷ zu der Aufnahme an, und wählen Sie das gewünschte Publikum ❸ aus. Klicken Sie anschließend auf den Button **Posten**.

^ **Abbildung 14.35** *Hier bestimmen Sie, wie der Film auf YouTube veröffentlicht werden soll.*

3 Anschließend sehen Sie ein kleines schwebendes Fenster, das den Exportstatus der Datei anzeigt Ein Klick auf die Lupe öffnet das Video direkt in Safari.

^ **Abbildung 14.36** *Der Exportstatus*

14.3 DVDs mit dem DVD-Player ansehen

In der Übersicht über die Programme in Kapitel 5, »Programme auf dem Mac«, haben Sie auf Seite 201 bereits einen kurzen Blick auf den DVD-Player werfen können. An dieser Stelle wollen wir uns detaillierter damit beschäftigen, wie Sie auf dem Mac eine DVD ansehen. Zu diesem Zweck gibt es das Programm DVD-Player. Es funktioniert prinzipiell wie ein gewöhnlicher DVD-Player, bietet aber ein paar attraktive Zusatzfunktionen. Vor allem die Möglichkeit, selbst an jeder Stelle einer DVD Lesezeichen hinzuzufügen, bietet ein gewöhnlicher DVD-Player nicht.

Wenn Sie in den Systemeinstellungen unter **CDs & DVDs** keine speziellen Einstellungen vorgenommen haben, startet das Programm DVD-Player nach dem Einlegen einer DVD automatisch, wechselt in den Vollbildmodus und beginnt, die DVD abzuspielen. Bei den meisten DVDs sehen Sie nun zunächst das Startmenü.

^ **Abbildung 14.37** *Das Startmenü einer DVD*

Zusätzlich zum DVD-Menü können Sie natürlich die Menü- und Abspielsteuerung verwenden, die DVD-Player einblendet, wenn Sie den Mauszeiger bewegen.

Mit dieser Steuerung navigieren Sie durch die Inhalte der DVD. Zusätzlich ruft ein Klick auf das Sprechblasensymbol ❶ ein weiteres Menü auf, in dem Sie beispielsweise die Sprache, die Untertitel oder die Kameraposition wechseln können – vorausgesetzt natürlich, die eingelegte DVD bietet die entsprechenden Möglichkeiten an.

▲ Abbildung 14.38 *Die Menü- und Abspielsteuerung im Vollbildmodus*

Wenn Sie mit der Maus an den oberen Bildschirmrand fahren, zeigt DVD-Player eine Übersicht über die Kapitel der DVD und die von Ihnen gesetzten Lesezeichen an. Mit einem Klick auf ein Kapitel oder ein Lesezeichen springen Sie an die entsprechende Stelle auf der DVD.

▲ Abbildung 14.39 *Die Übersicht über die Kapitel und die Lesezeichen*

Lesezeichen setzen

Die Kapitelübersicht erstellt DVD-Player automatisch und fügt jedem Kapitel, das bereits abgespielt wurde, ein Kapitelbild hinzu. Lesezeichen hingegen setzen Sie selbst.

1 Klicken Sie mit rechts auf eine beliebige Stelle innerhalb des Films. DVD-Player blendet daraufhin ein Kontextmenü ein.

2 Klicken Sie im Kontextmenü auf **Lesezeichen hinzufügen**. DVD-Player blendet daraufhin ein Fenster ein, in dem Sie dem Lesezeichen einen Namen geben.

3 Klicken Sie danach auf den Button **Hinzufügen**. Das Lesezeichen steht anschließend in der Lesezeichenübersicht zur Verfügung.

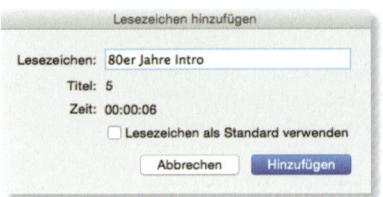

◀ Abbildung 14.40 *Das Lesezeichen benennen*

Lesezeichen sind also besonders praktisch für diejenigen, die oft DVDs schauen und so bestimmte Stellen auf der DVD ohne langes Suchen oder Spulen direkt anwählen können.

Die Timer-Funktion

Eine weitere sehr praktische Funktion von DVD-Player ist der Timer, mit dem Sie festlegen, was nach Ablauf einer bestimmten Zeit oder des aktuellen Titels passieren soll. So veranlassen Sie beispielsweise, dass sich Ihr Mac nach dem Abspielen der DVD selbstständig ausschaltet. Besonders abends ist das eine sehr praktische Option – es soll ja schon vorgekommen sein, dass Leute beim Filmschauen eingeschlafen sind …

Klicken Sie auf **Steuerung > Timer > Timer setzen**, oder nutzen Sie den Tastaturbefehl [cmd] + [T]. DVD-Player zeigt nun ein kleines Dialogfenster mit den Timer-Einstellungen an. Legen Sie die gewünschten Einstellungen fest, und klicken Sie auf den Button **OK**.

◀ Abbildung 14.41 *Timer-Verhalten festlegen*

DVD-Player führt anschließend nach Ablauf des Timers die gewünschte Aktion aus und schaltet z. B. den Mac in den Ruhezustand.

Dass der Mac ein hervorragender Multimediacomputer ist, wissen Sie nun. Im nächsten Teil des Buches beschäftigen wir uns mit Themen, die auf den ersten Blick etwas trockener aussehen als Multimedia. Aber am Mac sind selbst administrative Tätigkeiten weder schwierig noch lästig, sondern können sogar Spaß machen.

Teil V
Die richtigen Einstellungen

Kapitel 15
Systemeinstellungen – den Mac im Griff

Ihr Mac ist sofort nach dem Auspacken einsatzbereit, und Sie müssen sich wirklich kaum mit administrativen Aufgaben beschäftigen. »Kaum« heißt aber auch, dass Sie nicht ganz darum herumkommen werden. Dabei helfen Ihnen die Systemeinstellungen.

Die Systemeinstellungen sind ein eigenes Programm und die zentrale Anlaufstelle für alle wesentlichen programmübergreifenden und systemweiten Einstellungen. Die Verknüpfung zu den Systemeinstellungen finden Sie im Dock. Sie können die Systemeinstellungen aber auch aus dem Ordner *Programme*, dem -Menü oder mit dem Launchpad starten.

⌃ **Abbildung 15.1** *Das Programm-Icon der Systemeinstellungen*

Die Systemeinstellungen präsentieren sich mit einer aufgeräumten Oberfläche, die aus vier bzw. fünf Zeilen, die die jeweils thematisch zusammengehörigen Einstellungen beinhalten, besteht (siehe Abbildung 15.2):

▪ **Zeile 1:** Diese Zeile enthält Einstellungen, die ganz konkret Ihre Arbeitsumgebung und die Art und Weise beeinflussen, wie Sie den Mac nutzen.

▪ **Zeile 2:** Enthält Einstellungen zu allen Bereichen, die mit Hardware zu tun haben.

▪ **Zeile 3:** Die Einstellungen in diesem Bereich betreffen die Konnektivität und die Kommunikation wie beispielsweise Netzwerkzugänge oder Dateifreigaben.

▪ **Zeile 4:** Hier nehmen Sie grundlegende Einstellungen vor. Sie finden hier die Nutzerverwaltung, die Einstellung des Startvolumes, Einstellungen zu Datum, Uhrzeit und Zeitzone usw. – klassische Systemverwaltungsaufgaben also.

▪ **Zeile 5:** Ist nach einer Erstinstallation zunächst nicht zu sehen. Manche Programme oder Geräte, die Sie im Laufe der Zeit installieren oder einsetzen, nutzen diese Zeile, um ihre Einstellungen dort zu platzieren.

Durch Klick auf eines der Icons gelangen Sie zu den Einstellungsmöglichkeiten der jeweiligen Systemeinstellung. Wollen Sie aus einer Systemeinstellung zurück zur Übersicht wechseln, klicken Sie auf den Button **Alle einblenden** ❶ (siehe Abbildung 15.2). Es ist übrigens, bis auf ganz wenige Ausnahmen, nicht notwendig, Änderungen zu bestätigen. Sobald Sie eine Einstellung getroffen haben, wird sie sofort wirksam, und Sie können die Systemeinstellungen schließen.

< **Abbildung 15.2** *Die System-einstellungen in der Übersicht*

15.1 Systemeinstellungen mit Spotlight finden

Die Suchtechnologie Spotlight ist auch in die System-einstellungen integriert. Gerade an dieser Stelle ist Spotlight besonders nützlich, denn oft weiß man zwar, was man einstellen möchte, hat aber keine oder nur eine vage Vorstellung davon, welche der vielen Ein-stellungsmöglichkeiten diejenige ist, die man gerade braucht. Machen Sie sich also in den Systemeinstel-lungen das Spotlight-Suchfeld ❷ in der Symbolleiste zunutze.

Eine weitere Sprache aktivieren

Angenommen, Sie lernen gerade eine Fremdsprache und wollen nun auch eine entsprechende Tastaturbe-legung nutzen oder möglicherweise sogar die System-sprache auf die neue Sprache umstellen.

1 Geben Sie in das Suchfeld den Namen der Sprache ein, beispielsweise »Spanisch«. Spotlight dunkelt daraufhin die Systemeinstellungen ab und zeigt in einem hellen Kreis die Einstellungen an, die pas-sende Treffer für das Suchwort enthalten.

∧ **Abbildung 15.3** *Spotlight hilft bei der Suche nach den passenden Einstellungen.*

2 Zusätzlich blendet Spotlight unter dem Suchfeld eine Liste mit den konkreten Fundstellen ein. Kli-cken Sie die gewünschte Fundstelle an. In unserem Beispiel ist die Fundstelle **Tastaturbelegungen**. Sie sehen nun die entsprechenden Einstellungen. Hier wird der Tab **Eingabequellen** in den Einstellungen zu **Tastatur** geöffnet.

Es ist ziemlich wahrscheinlich, dass die gewünschte Sprache sich noch nicht in der Liste der verfügbaren Sprachen befindet. Sie müssen sie also erst hinzu-fügen.

3 Klicken Sie dazu auf den Plus-Button unterhalb der Liste ❸.

4 Nutzen Sie im folgenden Fenster das Suchfeld ❹ unter der Liste. Geben Sie hier z. B. »Spanisch« ein. Die Auswahl wird daraufhin deutlich überschaubarer.

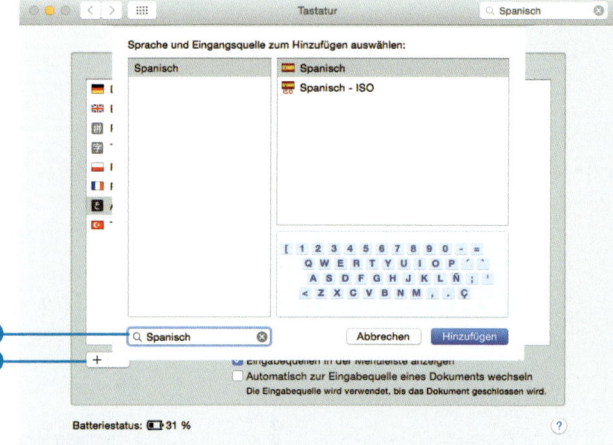

▲ **Abbildung 15.4** *Die Liste der angezeigten Sprachen eingrenzen*

5 Wählen Sie die gewünschte Tastaturbelegung aus, und klicken Sie anschließend auf den Button **Hinzufügen**.

6 Sie haben nun also Spanisch als weitere Eingabequelle aktiviert. Um spanische Texte schreiben zu können, müssen Sie nicht jedes Mal aufs Neue die Systemeinstellungen bemühen.

7 Der Einstellungsbereich bietet weitere hilfreiche Optionen. Um später schnell jederzeit zwischen deutscher und spanischer Tastaturbelegung wechseln zu können, empfiehlt es sich, die verfügbaren Eingabequellen in der Menüleiste anzeigen zu lassen. Setzen Sie dazu das Häkchen bei **Eingabequellen in der Menüleiste anzeigen**.

8 Sie haben nun ein Fähnchen ❺ im rechten Teil der Menüleiste, das die Landesfahne oder ein entsprechendes Icon der aktuell aktiven Tastaturbelegung oder Eingabemethode anzeigt. Ein Klick darauf listet die verfügbaren Tastaturbelegungen und Einga-

bemethoden auf. Klicken Sie auf die gewünschte Belegung oder Methode, um diese für die folgenden Eingaben zu aktivieren.

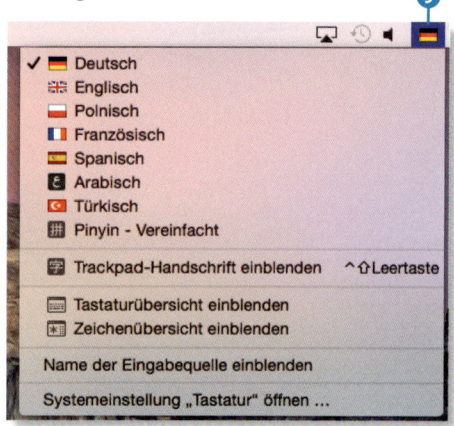

▲ **Abbildung 15.5** *Hier wechseln Sie ganz schnell die Tastaturbelegung.*

Wenn Sie von dieser sehr praktischen Funktion Gebrauch machen, stellen Sie vielleicht relativ bald fest, dass es unter Umständen unpraktisch ist, in allen Programmen die gleiche Tastaturbelegung oder Eingabemethode zu benutzen. Die Einstellungen bieten Ihnen für jedes Tastaturlayout bzw. jede Eingabemethode weitere Optionen (falls verfügbar) an. Ein Klick auf die gewünschte Sprache in der Liste zeigt rechts die jeweils verfügbaren Optionen zur ausgewählten Sprache an.

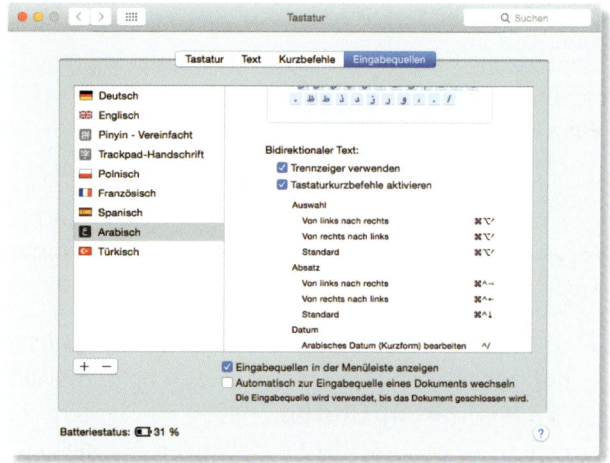

▲ **Abbildung 15.6** *Weitere Einstellungen*

∧ **Abbildung 15.7** *Auch bei vielen Fundstellen lässt sich die richtige meist erahnen.*

Sie sehen, wie schnell und einfach Sie mit Spotlight gleich an die richtigen Einstellungen gelangen, ohne sich Gedanken machen oder gar vorab wissen zu müssen, wo diese zu finden sein könnten. Wenn Sie es beispielsweise von anderen Betriebssystemen gewohnt sind, dass manche Programme nach dem Start automatisch geöffnet werden, werden Sie als Suchwort vielleicht »Start« eingeben. Und auch wenn die verschiedenen Betriebssysteme Dinge unterschiedlich benennen, lässt sich doch mittels der Suchergebnisse schon ganz gut erahnen, wo sich die passende Einstellung verbirgt (siehe Abbildung 15.7). Hier müssten Sie auf **Programme bei der Anmeldung öffnen** klicken und würden im Bereich **Benutzer & Gruppen** landen.

Nach dieser einführenden Hilfe von Spotlight sehen wir uns die einzelnen Einstellungen genauer an.

15.2 Bedienungshilfen

In OS X können Sie Ihre Arbeitsumgebung ganz nach Ihren Bedürfnissen und individuellen Vorstellungen

anpassen. Im besonderen Maße ist das für Nutzer wichtig, die wegen körperlicher Besonderheiten darauf angewiesen sind, dass das Betriebssystem ihnen Hilfsfunktionen zur Bedienung zur Verfügung stellt. Einer der wichtigsten Einstellungsbereiche sind daher die **Bedienungshilfen**. Sie stehen zwar in der letzten Zeile, aber wir werden sie uns an dieser Stelle zuerst ansehen.

∧ **Abbildung 15.8** *Das Icon der »Bedienungshilfen«*

Der Bereich **Bedienungshilfen** ist in vier Bereiche (**Sehen**, **Medien**, **Hören**, **Interaktion**) unterteilt, die nach den spezifischen Anforderungen für Probleme mit dem Sehen, dem Umgang mit Medien, dem Hören und der Motorik geordnet sind.

Abbildung 15.9 *Die Einstellungen der einzelnen Elemente der Bedienungshilfen sind nach Bereichen sortiert.*

Zusätzlich finden Sie am unteren Fensterrand eine Einstellungsmöglichkeit, mit der Sie festlegen können, ob der Status der Bedienungshilfen in der Menüleiste angezeigt werden soll.

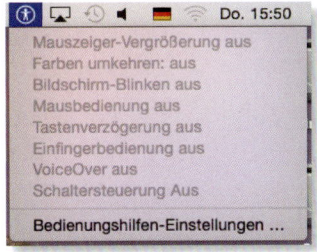

Abbildung 15.10 *In der Menüleiste jederzeit griffbereit: die Bedienungshilfen*

Sehen

Im Bereich **Sehen** finden Sie die Einstellungen zur Anzeige, zum Zoomen und zur Sprachtechnologie VoiceOver, die Sie an dieser Stelle ein- oder ausschalten können. Wenn Sie VoiceOver aktivieren, spricht das Betriebssystem. Es nennt die aktuell markierten Oberflächenelemente, die Objekte in Fenster usw. Ähnliche Technologien wie VoiceOver sind als sogenannte *Screenreader* bekannt. Screenreader dienen schwer Sehbehinderten und Blinden dazu, sich auf der Bedienoberfläche von Betriebssystem und Programmen zu orientieren. Um das System optimal auf die Bedürfnisse eines blinden Anwenders einzustellen, können Sie nicht nur VoiceOver aktivieren, sondern mit dem

Button **VoiceOver-Dienstprogramm öffnen** auch das gleichnamige Dienstprogramm starten.

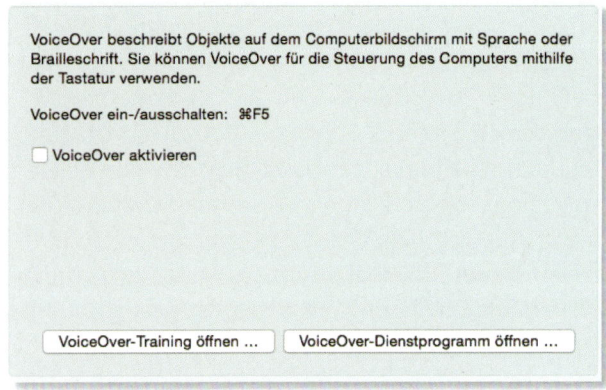

Abbildung 15.11 *VoiceOver aktivieren*

VoiceOver-Dienstprogramm

Die Fülle der Möglichkeiten, das System mithilfe des VoiceOver-Dienstprogramms an die Bedürfnisse eines blinden Benutzers anzupassen, ist einerseits zu umfangreich, um hier ausführlich dargestellt zu werden. Andererseits ist Sehenden bei vielen Einstellungen gar nicht klar, inwieweit sie hilfreich sein können. Die Bedürfnisse fallen vermutlich auch nach Art und Grad der Sehbehinderung recht unterschiedlich aus.

Abbildung 15.12 *Das VoiceOver-Dienstprogramm*

Ich gehe daher hier nicht weiter auf das VoiceOver-Dienstprogramm ein. Wichtig für Sie ist jedoch zu wissen, dass Sie das VoiceOver-Dienstprogramm hier aus den Einstellungen heraus erreichen oder aus dem Ordner *Dienstprogramme* starten können, falls Sie einmal einem sehbehinderten Benutzer bei der Einrichtung assistieren (was eigentlich nicht nötig ist, siehe dazu den Kasten »VoiceOver im Setupmenü«). Zusätzlich zum VoiceOver-Dienstprogramm bieten die Einstellungen zu VoiceOver den Button **VoiceOver-Training öffnen**. Ein Klick auf diesen Button startet einen Trainingsassistenten, der Funktionsweise und Einstellungsmöglichkeiten von VoiceOver erklärt und gleichzeitig Übungen bereitstellt. Ich kann Ihnen nur empfehlen, dieses Training zu öffnen. Es ist wirklich eine interessante Erfahrung, als Sehender dieses Training mit verbundenen Augen durchzuführen. Es zeigt einem, wie hilfreich VoiceOver tatsächlich ist.

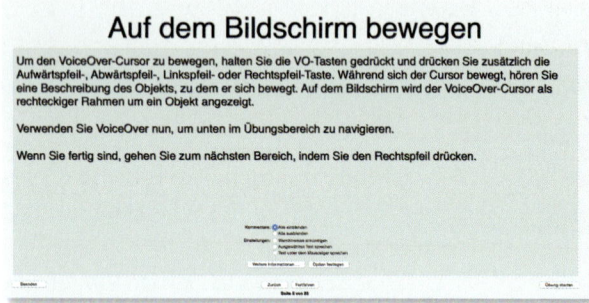

Auf dem Bildschirm bewegen

Um den VoiceOver-Cursor zu bewegen, halten Sie die VO-Tasten gedrückt und drücken Sie zusätzlich die Aufwärtspfeil-, Abwärtspfeil-, Linkspfeil- oder Rechtspfeil-Taste. Während sich der Cursor bewegt, hören Sie eine Beschreibung des Objekts, zu dem er sich bewegt. Auf dem Bildschirm wird der VoiceOver-Cursor als rechteckiger Rahmen um ein Objekt angezeigt.

Verwenden Sie VoiceOver nun, um unten im Übungsbereich zu navigieren.

Wenn Sie fertig sind, gehen Sie zum nächsten Bereich, indem Sie den Rechtspfeil drücken.

⌃ **Abbildung 15.13** *Das VoiceOver-Training*

Wichtig zu wissen ist auch, dass im VoiceOver-Dienstprogramm ebenfalls ein Spotlight-Suchfeld zur Verfügung steht, mit dem Sie auch hier nach gewünschten Begriffen suchen können, um die passende Einstellung zu finden.

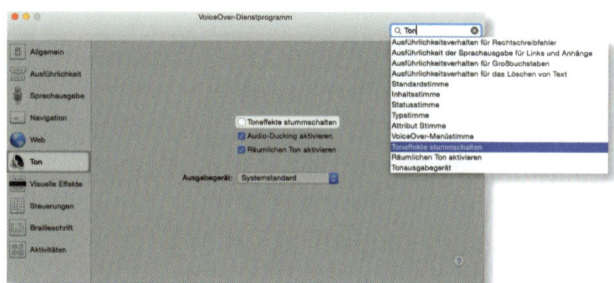

⌃ **Abbildung 15.14** *Spotlight im VoiceOver-Dienstprogramm*

Geeignete zusätzliche Hardware wie beispielsweise Braillezeilen erhalten Sie im Fachhandel, etwa bei *http://www.vertical-technologie.de/*. Weitere Informationen zu Braillezeilen finden Sie auf der Website von Apple unter *http://www.apple.com/de/accessibility/ resources/macosx.html*.

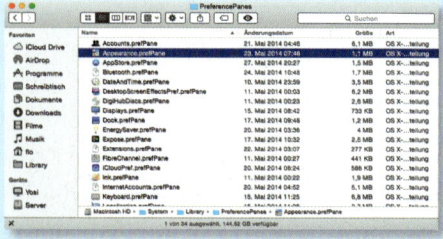

⌃ **Abbildung 15.15** *Angenehmer für die Augen: reduzierte Transparenz und erhöhter Kontrast*

Zoomen und Anzeige

Die Einstellung **Zoomen** betrifft vorrangig Nutzer, die zwar sehen können, deren Sehfähigkeit jedoch stark eingeschränkt ist. Hier können Sie eine Bildschirmlupe ein- und ausschalten. Ein Klick auf den Button **Weitere Optionen** öffnet ein weiteres Fenster mit Detaileinstellungsmöglichkeiten. Eine sehr praktische Einstellung, die auch für gut sehende Menschen von Zeit zu Zeit sehr hilfreich sein kann, ist das Zoomen per Scrollgeste. Aktivieren Sie diese Option, und stellen Sie bei **Zoomstil Bild-in-Bild** ein. Sie haben so jederzeit bei Bedarf eine sehr praktische Lupe direkt unter Ihrem Mauszeiger.

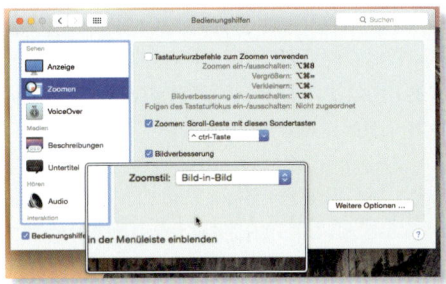

∧ Abbildung 15.16 *Praktisch: Zoomen mit »Bild-in-Bild«*

Die Einstellungen im Bereich **Anzeige** betreffen Farbsehschwächen. So lassen Sie z. B. den Monitor Graustufen anstelle von Farben verwenden, lassen Farben umgekehrt anzeigen und passen den Kontrast an Ihre Bedürfnisse an.

Medien

Im Bereich **Medien** können Sie im Abschnitt **Beschreibungen** Einstellungen zur Medienwiedergabe vornehmen. Verfügen beispielsweise Videodateien über spezielle Tonspuren für Sehbehinderte, können Sie aktivieren, dass diese standardmäßig wiedergegeben werden.

Seit OS X Mavericks haben Sie in den Bedienungshilfen auch die Möglichkeit, Einstellungen zu Untertiteln vorzunehmen. Das hat dann u. a. Auswirkungen auf die Darstellung von Untertiteln beim Abspielen von DVDs oder geladenen Filmen aus dem iTunes Store. Klicken Sie dazu in der linken Spalte auf den Abschnitt **Untertitel**.

∧ Abbildung 15.17 *Bei Sehproblemen manchmal nützlich: Darstellung in Graustufen*

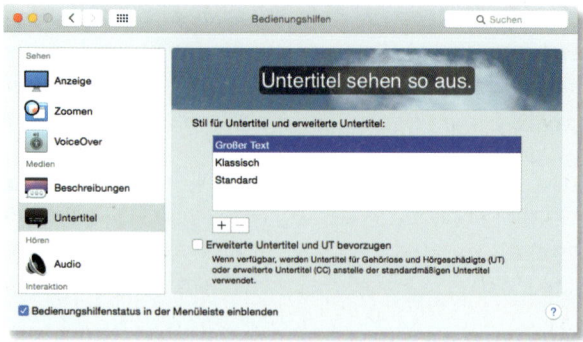

Abbildung 15.18 *Ändern Sie die Darstellungsgröße von Untertiteln.*

Hören

Im Bereich **Hören** können Sie einstellen, dass der Bildschirm blinken soll, wenn der Computer normalerweise Warntöne ausgeben würde. Das ist eine hilfreiche Funktion für Gehörlose. Die zweite Einstellungsmöglichkeit betrifft manche Formen der Schwerhörigkeit, bei der die Betroffenen Probleme haben, Stereo zu hören.

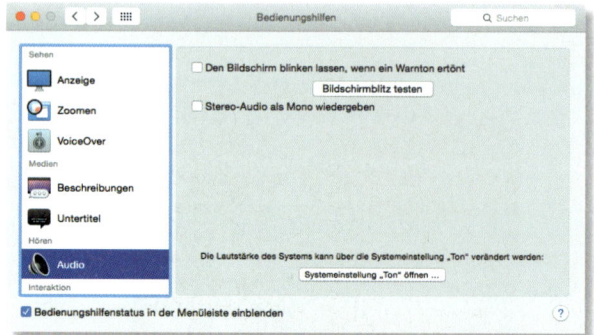

Abbildung 15.19 *Die Einstellungen bei Problemen mit dem Hören*

Interaktion

Der Bereich **Interaktion** enthält Einstellungen, mit denen motorisch eingeschränkte Benutzer die Bedienung von Tastatur, Maus und Trackpad sowie einer Schaltersteuerung an ihre Bedürfnisse anpassen.

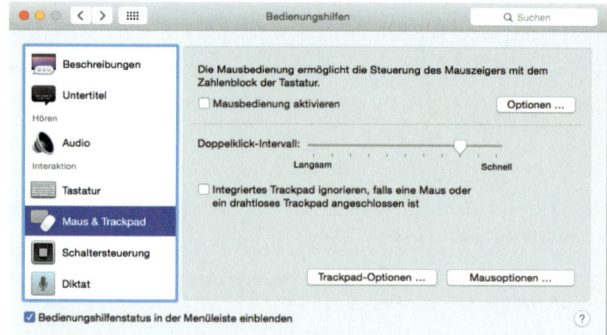

Abbildung 15.20 *Einstellungen zur Anpassung der Bedienung von Maus und Trackpad*

Zusätzlich lässt sich hier mithilfe der Sprachsteuerung **Diktat** festlegen, wie der Mac mit Sprachbefehlen gesteuert werden kann. Die Sprachsteuerung ist für alle eine hilfreiche und praktische Funktion. Sie erfordert jedoch etwas Geduld bei der Eingewöhnung. Wie bei den Einstellungen für Blinde führe ich hier nicht alle Möglichkeiten im Detail auf. Wichtig ist, dass Sie wissen, wo Sie die entsprechenden Einstellungen finden, falls Sie anderen bei der Einrichtung Ihre Unterstützung anbieten wollen.

15.3 Allgemein

Nachdem wir uns die Bedienungshilfen im Detail angeschaut haben, stelle ich Ihnen nun die restlichen Zeilen der Systemeinstellungen in ihrer Reihenfolge vor. Die Einstellungen in Zeile 1 beeinflussen Ihre Arbeitsumgebung maßgeblich, und Sie können diese nach Ihren individuellen Vorstellungen anpassen.

Abbildung 15.21 *Die Einstellungen der ersten Zeile*

In den Einstellungen bei **Allgemein** legen Sie in erster Linie fest, wie die Benutzeroberfläche Ihres Macs aussehen soll.

△ **Abbildung 15.22** *Das Icon von »Allgemein«*

Über das Auswahlmenü **Erscheinungsbild** bestimmen Sie, welchem Farbschema die Elemente der Benutzeroberfläche folgen. Zur Auswahl stehen **Blau** (Standard) und **Graphit**.

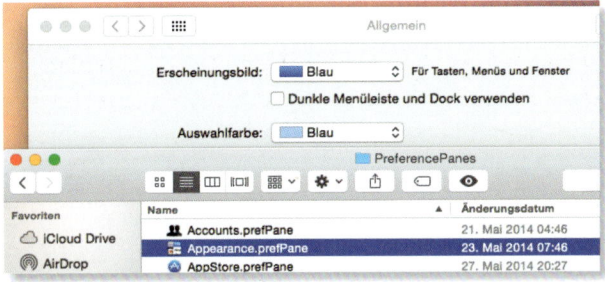

△ **Abbildung 15.23** *Das Standardfarbschema unter »Erscheinungsbild« ist »Blau«.*

An gleicher Stelle können Sie im Menü **Auswahlfarbe** auch die Farbe für markierte Elemente festlegen. Abgesehen von Abbildung 15.24 sind alle Abbildungen in diesem Buch mit den Standardeinstellungen (**Blau**) entstanden. Mit dem Auswahlmenü **Größe der Seitenleistensymbole** verändern Sie die Darstellungsgröße der Symbole in der Seitenleiste des Finders.

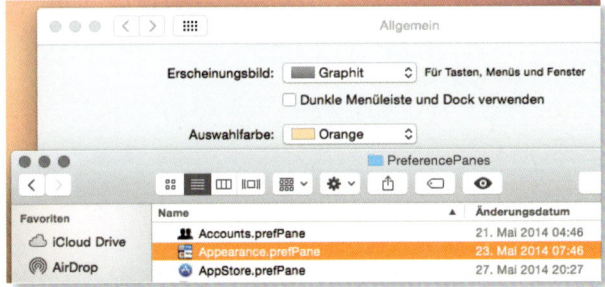

△ **Abbildung 15.24** *Farbschema »Graphit« und Auswahlfarbe »Orange«*

Die folgenden Einstellungen betreffen das Verhalten der Scrollbalken. In Kapitel 2, »Die Benutzeroberfläche kennenlernen«, haben Sie auf Seite 97 bereits über Scrollbalken und deren Handhabung gelesen.

Die beiden folgenden Optionen konfigurieren das Standardverhalten von Programmen beim Schließen von Dateien. Mit dem Auswahlmenü bei **Benutzte Objekte** wählen Sie die Anzahl der Objekte aus, die Sie im -Menü unter **Benutzte Objekte** zur schnellen erneuten Nutzung vorfinden.

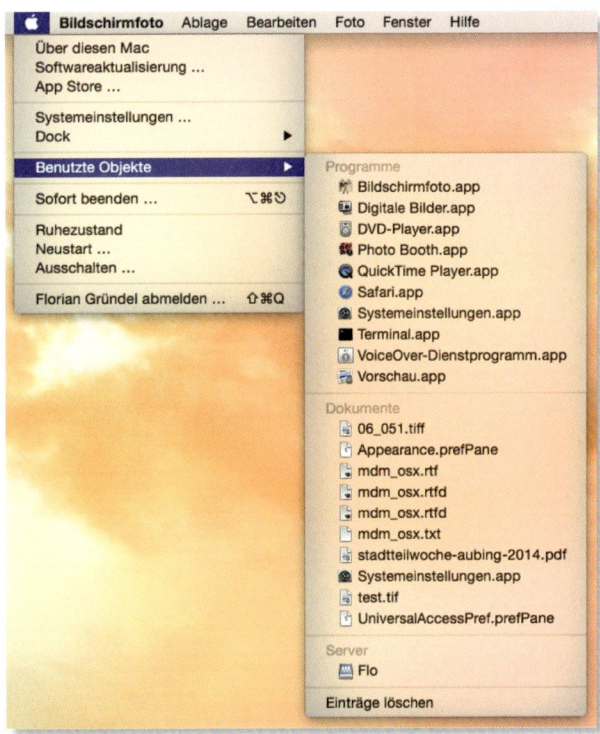

△ **Abbildung 15.25** *»Benutzte Objekte« im -Menü*

Neu hinzugekommen in OS X Yosemite ist die Einstellungsmöglichkeit, Menüleiste und Dock abzudunkeln. Da der Look von OS X Yosemite generell recht hell ist, kann es unter Umständen hilfreich sein, die dunkle Darstellungsweise für Menüleiste und Dock zu nutzen. Um Menüleiste und Dock abzudunkeln, setzen Sie das Häkchen bei **Dunkle Menüleiste und Dock verwenden**.

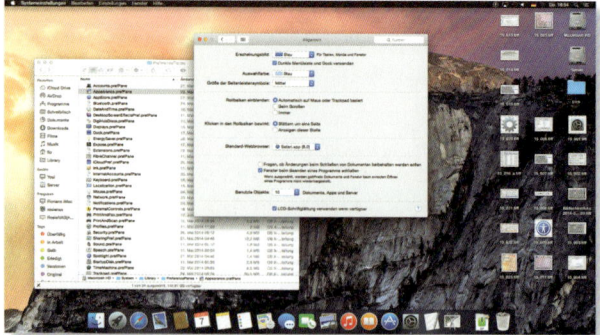

^ **Abbildung 15.26** *Die Oberfläche mit abgedunkelter Menüleiste und Dock*

Mitunter kann es sogar sinnvoll sein, zu verschiedenen Tageszeiten zwischen heller und dunkler Darstellungsweise der Menüleiste und des Docks zu wechseln. Ein praktisches kleines Programm namens *Lights Out* (*http://samturner.github.io/lights-out/*) übernimmt den automatischen Wechsel für Sie, sodass Sie nicht mehr manuell zu bestimmten Zeiten wechseln müssen. Lights Out klinkt sich in die Systemeinstellungen ein, sodass Sie gar nicht lange danach suchen müssen. Es wird Ihnen in der letzten Zeile der Systemeinstellungen angezeigt.

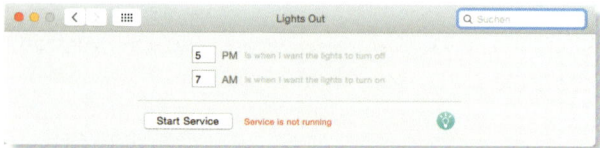

^ **Abbildung 15.27** *Praktische Ergänzung: Lights Out*

15.4 Schreibtisch & Bildschirmschoner

Die Einstellungen zu **Schreibtisch & Bildschirmschoner** haben Sie zu einem Teil bereits in Kapitel 2, »Die Benutzeroberfläche kennenlernen«, ab Seite 63 kennengelernt. Dort haben Sie auch schon das Hintergrundbild für den Schreibtisch geändert (siehe Seite 86). Diese Systemeinstellung bietet Ihnen aber noch weiterführende Anpassungsmöglichkeiten.

^ **Abbildung 15.28** *Das Icon von »Schreibtisch & Bildschirmschoner«*

Werfen wir also an dieser Stelle noch einen Blick auf den Tab **Bildschirmschoner**. In der Liste sehen Sie die verfügbaren Bildschirmschoner in einer abstrahierten Vorschau, rechts davon eine Vorschau des aktuell aus der Liste ausgewählten Bildschirmschoners. Unter der Vorschau finden Sie, abhängig vom ausgewählten Bildschirmschoner, weitere Buttons wie **Bildschirmschoner-Optionen** und **Quelle**, mit denen Sie weitere Einstellungen zum ausgewählten Bildschirmschoner vornehmen. Je nach gewähltem Bildschirmschoner weichen die verfügbaren Optionen zum Teil erheblich voneinander ab.

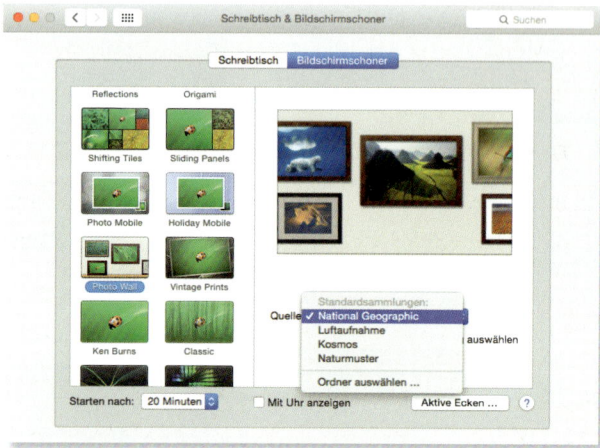

^ **Abbildung 15.29** *Die Einstellungen für den Bildschirmschoner*

So nehmen Sie die Einstellungen vor:

1 Wählen Sie aus der Liste der verfügbaren Bildschirmschoner beispielsweise **Nachricht** aus.

2 Klicken Sie auf den Button **Bildschirmschoner-Optionen**.

3 Geben Sie im folgenden Dialogfenster einen beliebigen Text ein.

4 Klicken Sie auf den Button **OK**.

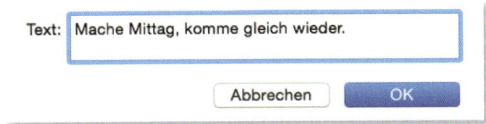

∧ **Abbildung 15.30** *Das gibt einen prima Bildschirmschoner.*

5 Klicken Sie auf den in der kleinen Vorschau eingebetteten Button **Vorschau**. Bewegen Sie den Mauszeiger auf den Vorschaubereich, um diesen Button einzublenden.

∧ **Abbildung 15.31** *Mit Klick auf den Button »Vorschau« testen Sie den ausgewählten Bildschirmschoner.*

Der Bildschirmschoner wird nun aktiviert.

6 Bewegen Sie den Mauszeiger, oder drücken Sie eine beliebige Taste, um den Bildschirmschoner zu beenden.

Der Bildschirmschoner **iTunes-Cover** ist eine Besonderheit. Er wird nicht automatisch beendet, wenn Sie den Mauszeiger bewegen oder eine Taste (außer `esc`) drücken. Stattdessen wird das Cover, über dem sich der Mauszeiger befindet, vergrößert dargestellt und ein Abspielknopf eingeblendet. So spielen Sie das angezeigte Album ab, ohne dafür den Bildschirmschoner beenden zu müssen. Speziell auf Partys ist das eine sehr praktische Funktion, weil so Ihre Privatsphäre geschützt bleibt und trotzdem eine Jukebox zur Verfügung steht. Wollen Sie den Bildschirmschoner doch beenden, klicken Sie auf den Button **Aus**, der in der Ecke rechts unten angezeigt wird, sobald Sie den Mauszeiger bewegen.

∧ **Abbildung 15.32** *Bildschirmschoner mit Partyfunktion*

Der Button **Aktive Ecken** bringt Sie zu den bereits von Mission Control bekannten Einstellungen (siehe Seite 100). Dort können Sie festlegen, dass Sie den Bildschirmschoner auch selbst starten können, wenn Sie mit dem Mauszeiger in eine Ecke Ihres Bildschirms fahren. Ansonsten legen Sie in den Systemeinstellungen mit dem Auswahlmenü **Starten nach** fest, nach wie vielen Minuten der Bildschirmschoner aktiviert werden soll. Über die Option **Mit Uhr anzeigen** können Sie sich außerdem, nachdem Sie sie aktiviert haben, die aktuelle Uhrzeit im Bildschirmschoner anzeigen lassen.

15.5 Dock

Sowohl das Dock als auch seine Einstellungen sollten Ihnen bereits ein Begriff sein. Falls Sie noch einmal nachlesen möchten, finden Sie alles Wichtige zum Dock in Abschnitt 2.4, »Das Dock«, auf Seite 77.

∧ **Abbildung 15.33** *Das Icon von »Dock«*

15.6 Mission Control

Mission Control haben Sie bereits in Kapitel 2, »Die Benutzeroberfläche kennenlernen«, ab Seite 63 kennengelernt. Mission Control ist der zentrale Anlaufpunkt, um einfach und intuitiv auch viele offene Programme und Fenster in den unterschiedlichsten Zuständen zu managen. So etwas muss natürlich gut organisiert sein, und die entsprechenden Einstellungen treffen Sie hier.

▲ **Abbildung 15.34** *Das Icon von »Mission Control«*

Wenn Sie das Häkchen bei **Spaces automatisch anhand der letzten Verwendung ausrichten** setzen, werden die Spaces nicht numerisch sortiert, sondern nach Häufigkeit der Nutzung.

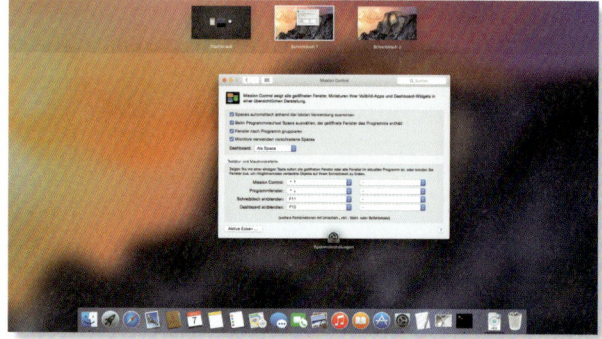

▲ **Abbildung 15.35** *Die Schreibtische von Monitor 1 ...*

Eine hilfreiche Einstellung ist auch die Option **Fenster nach Programm gruppieren**, die dafür sorgt, dass Programme mit vielen Fenstern beim Aufruf von Mission Control aufgeräumter und kompakter angezeigt wer-

den. Mit OS X Mavericks hinzugekommen ist die Einstellung **Monitore verwenden verschiedene Spaces**, mit der Sie festlegen können, ob die Spaces über alle Monitore (falls Sie mehr als einen Monitor nutzen) gleich sein sollen oder ob jeder Monitor seine eigenen Spaces nutzen soll – eine Einstellung, die vor allem von professionellen Anwendern seit der Einführung der Spaces mit OS X 10.5 Leopard immer wieder beinahe schon flehentlich gefordert wurde.

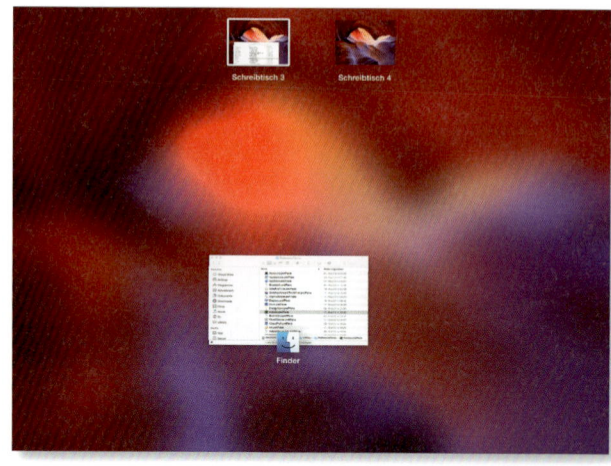

▲ **Abbildung 15.36** *... und die Schreibtische von Monitor 2*

Die Schreibtische lassen sich beliebig zwischen den Monitoren per Drag & Drop hin und her bewegen, und Sie können je Monitor bis zu 16 Schreibtische anlegen. Änderungen an dieser Einstellung erfordern jeweils, dass Sie sich ab- und wieder anmelden, da die Organisation der virtuellen Schreibtische nicht während der laufenden Arbeitssitzung eines angemeldeten Benutzers stattfinden kann.

Wählen Sie im Auswahlmenü **Dashboard** die Option **Als Space**, wenn Sie das Dashboard wie einen der Spaces aufrufen möchten. Ist das Häkchen gesetzt, wird das Dashboard nach Aufruf von Mission Control in der Übersicht über die Spaces angezeigt und ist – bei der Nutzung eines Trackpads – auch mit Wischen zwischen den Spaces erreichbar. Andernfalls gelangen Sie natürlich immer noch per Tastendruck und/oder zugewiesener Maustaste zum Dashboard.

^ **Abbildung 15.37** *Das Dashboard wird standardmäßig als eigener Space angezeigt.*

Im Abschnitt **Tastatur- und Mauskurzbefehle** legen Sie fest, wie sich Mission Control sowie die Exposé-Modi **Programmfenster** und **Schreibtisch einblenden** und das Dashboard aktivieren lassen. Zu jeder der vier Funktionen bietet der Einstellungsbereich zwei Auswahlmenüs, mit denen Sie jeweils eine Tastaturkombination und/oder eine Maustaste zuordnen können, um die gewählte Funktion auszulösen.

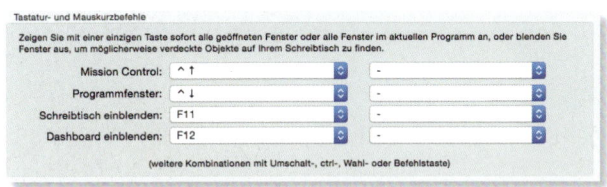

^ **Abbildung 15.38** *Tastatur- und Mauskurzbefehle*

Zu guter Letzt sehen wir uns den Button **Aktive Ecken** an, der sich in der Fußzeile befindet. *Aktive Ecken* bedeutet, dass Sie den vier Ecken des Bildschirms jeweils eine Funktion im Rahmen des Fenstermanagements von Mission Control zuordnen können. Für jede der vier Ecken stellt ein Auswahlmenü Aktionen bereit, die Sie der jeweiligen Ecke zuordnen können.

^ **Abbildung 15.39** *Aktive Ecken und die zugewiesenen Funktionen*

Ist einer Ecke eine Aktion zugeordnet, genügt es, den Mauszeiger in die jeweilige Ecke zu bewegen, um die zugewiesene Aktion zu starten. Das Folgende ist ein

Beispiel aus der Praxis, das zu meinen Standardeinstellungen gehört:

1 Klicken Sie auf das Menü für die Ecke rechts unten.

2 Wählen Sie **Bildschirmschoner ein**.

3 Fahren Sie zum Test mit dem Mauszeiger in die Ecke rechts unten. Sie sehen, wie nach einer kurzen Verzögerung der Bildschirmschoner aktiviert wird.

Speziell in Kombination mit entsprechenden Sicherheitseinstellungen wie der Passwortabfrage zum Beenden des Bildschirmschoners, die Sie im Bereich **Sicherheit** einstellen, ist das eine einfache und schnelle Art, den Mac vor neugierigen Blicken zu schützen, wenn Sie kurz nicht an Ihrem Platz sind.

15.7 Sprache & Region

In diesem Bereich legen Sie fest, welche Sprachen Sie nutzen wollen und mit welcher Priorität.

^ **Abbildung 15.40** *Die Flagge der Vereinten Nationen: das Icon von »Sprache & Region«*

Links im Fenster **Sprache & Region** sehen Sie eine Liste der bevorzugten Sprachen ➊ (siehe Abbildung 15.41). Dies sind die Sprachen, mit denen Sie Ihr System nutzen können (und wollen). Zunächst finden Sie in dieser Liste nur die Sprache, die Sie während des Setupassistenten ausgewählt haben. Dabei muss es aber nicht bleiben, denn Sie können weitere Sprachen hinzufügen und die verfügbaren Sprachen in der Liste per Drag & Drop in die bevorzugte Reihenfolge bringen.

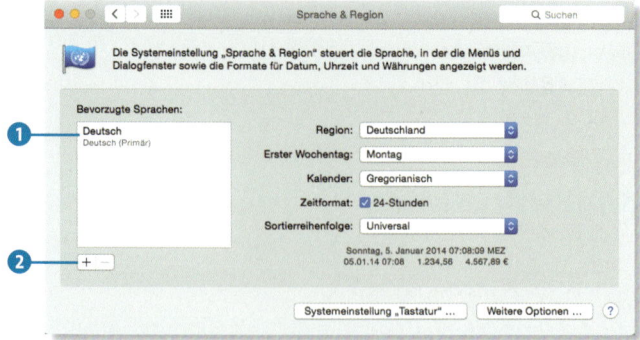

Abbildung 15.41 *Zunächst noch nicht sehr voll: die Liste der bevorzugten Sprachen*

Mit einem Klick auf den Plus-Button ❷ unter der Liste der bevorzugten Sprachen öffnen Sie einen Dialog, mit dem Sie weitere Sprachen hinzufügen können. Analog dazu entfernen Sie die jeweils ausgewählte Sprache aus der Liste durch einen Klick auf den Minus-Button unter der Liste.

1 Klicken Sie auf den Plus-Button unterhalb der Liste, um eine weitere Sprache hinzuzufügen.

2 Wählen Sie im folgenden Fenster die gewünschte(n) Sprache(n) aus, und klicken Sie anschließend auf den Button **Hinzufügen**.

Abbildung 15.42 *OS X beherrscht sehr viele Sprachen. Hier wählen Sie Ihre bevorzugten Sprachen aus.*

Beachten Sie, dass nicht alle Sprachen von OS X vollständig unterstützt werden. Sie erkennen das daran, dass die Liste der Sprachen, die Sie hinzufügen können, zweigeteilt ist. Die Sprachen im oberen Teil

werden von OS X vollständig unterstützt. Die Sprachen im unteren Teil werden nicht vollständig (aber größtenteils) von OS X unterstützt. Wenn Sie eine nur teilweise unterstützte Sprache auswählen, wird Ihnen zusätzlich ein entsprechender Hinweis angezeigt.

Abbildung 15.43 *Nicht alle Sprachen werden vollständig unterstützt.*

3 Nachdem Sie eine weitere Sprache hinzugefügt haben, sehen Sie einen Dialog, der Sie fragt, welche der Sprachen Ihre Primärsprache sein soll. Wählen Sie hier die gewünschte Sprache aus.

Abbildung 15.44 *Die Primärsprache auswählen*

Die Primärsprache ist die Sprache, die in der Liste der bevorzugten Sprachen zuoberst steht und somit für Sie die wichtigste Sprache ist. Das System richtet sich danach, indem es (bei vollständig unterstützten Sprachen) in der ausgewählten Primärsprache und (falls möglich) alle Programme in der Primärsprache startet. Steht in einem Programm die Primärsprache nicht zur Verfügung, versucht das System automatisch, die nächste Sprache in der Liste zu verwenden. Aus diesem Grund ist es sinnvoll, die Liste entsprechend zu sortieren.

4 Bewegen Sie die Sprache, die Sie als Systemsprache nutzen wollen, per Drag & Drop an die oberste Stelle der Liste.

Verfügt eine Sprache, die Sie hinzugefügt haben, über mehrere Tastaturlayouts bzw. Eingabequellen, werden Ihnen diese anschließend in einem weiteren Fenster angezeigt, und Sie können die gewünschte(n) Eingabequelle(n) auswählen.

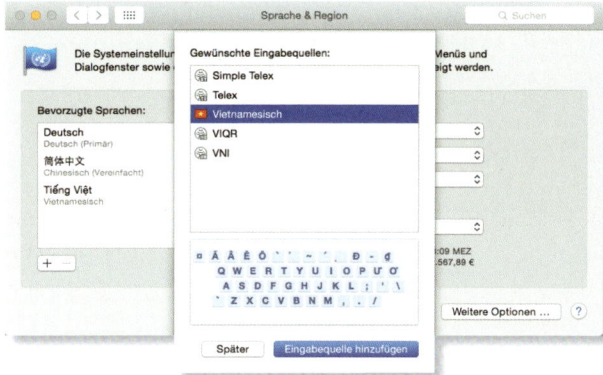

▲ **Abbildung 15.45** Das gewünschte Tastaturlayout für die neu hinzugefügte Sprache auswählen

---

TIPP

Primärsprache gilt sofort
Wenn Sie nur ein bestimmtes Programm mal eben in einer anderen Sprache nutzen wollen, dann ändern Sie die Primärsprache. Diese Änderung wird sofort gültig und bezieht sich auf alle nachfolgenden Aktionen, also auch auf den Start des Programms, das Sie anschließend starten. Denken Sie jedoch vor einem Neustart des Systems daran, die Primärsprache wieder zurückzustellen, denn sonst startet Ihr System in der neu ausgewählten Primärsprache.

Im Gegensatz zu den verschiedenen Tastaturbelegungen, die Sie am Anfang des Kapitels kennengelernt haben und bei denen es durchaus sinnvoll ist, viele zu nutzen, ist es bei den bevorzugten Sprachen nur nötig, diejenigen hinzuzufügen, die Sie auch tatsächlich benötigen (Das müssen nicht einmal unbedingt alle sein, die Sie beherrschen.).

▲ **Abbildung 15.46** Sogar Klingonisch steht zur Verfügung.

Mit den weiteren Auswahlmenüs und mit einem Klick auf den Button **Weitere Optionen** können Sie Einstellungen vornehmen, die die Darstellung von Daten, Einheiten, Zeit und Listen betreffen. Meist müssen Sie hier nichts ändern, da die Einstellungen jeweils für die entsprechende Region bereits passend sind. Weitere sprachliche Einstellungen nehmen Sie in der Systemeinstellung **Tastatur** vor, die Sie ja bereits zu Anfang des Kapitels kennengelernt haben und später in Abschnitt 15.14, »Tastatur«, ab Seite 576 noch genauer kennenlernen werden. Diese Einstellungen erreichen Sie am schnellsten mit einem Klick auf den Button **Systemeinstellung „Tastatur"**.

15.8 Sicherheit

Im Bereich **Sicherheit** sehen Sie zunächst, dass Sie nur eine Einstellung im Tab **Allgemein** ändern können, nämlich ob und ab welchem Zeitpunkt oder Ereignis ein Passwort zum Beenden des Bildschirmschoners abgefragt werden soll. Alle weiteren Einstellungen in diesem und den anderen Tabs sind erst mal ausgegraut und unzugänglich.

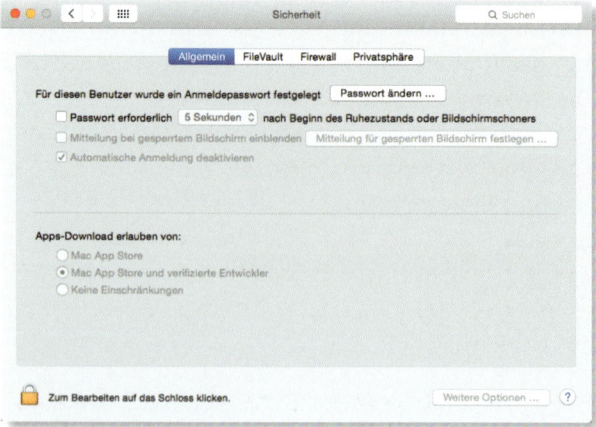

Abbildung 15.47 *Die Einstellungen sind durch das verriegelte Schloss geschützt.*

Die Einstellungen entriegeln

Da es sich hier um sensible sicherheits- und somit auch systemrelevante Einstellungen handelt, ist es nötig, sich zur Änderung der Einstellungen als Administrator zu authentifizieren.

1 Klicken Sie auf das verriegelte Schloss in der Ecke links unten.

2 Geben Sie im folgenden Dialogfenster **Benutzername** und **Passwort** eines Administrators ein. In der Regel sind das Sie selbst, es sei denn, Sie haben mehrere Administratoren auf Ihrem Mac eingerichtet.

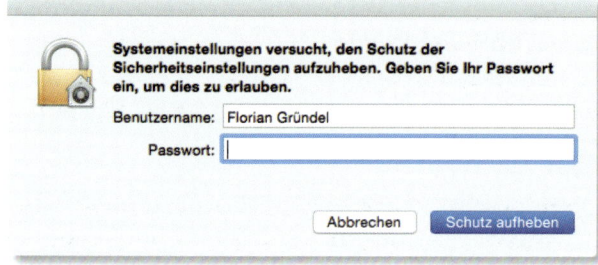

Abbildung 15.48 *Als Administrator authentifizieren*

3 Klicken Sie auf den Button **Schutz aufheben**. Das Schloss wird nun geöffnet angezeigt, und die zuvor ausgegrauten Bereiche sind zugänglich.

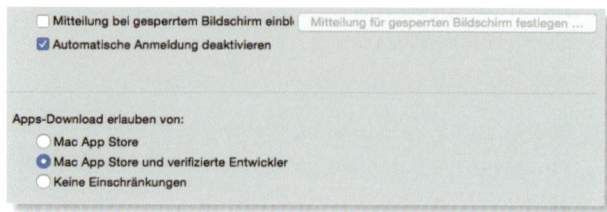

Abbildung 15.49 *Nach der Authentifizierung sind diese Einstellungen zugänglich.*

Die Einstellung **Mitteilung bei gesperrtem Bildschirm einblenden** bewirkt genau das, was sie besagt. Nachdem Sie die Funktion aktiviert haben, können Sie mit einem Klick auf den Button **Mitteilung für gesperrten Bildschirm festlegen** ein Eingabefenster aufrufen und die gewünschte Mitteilung eingeben.

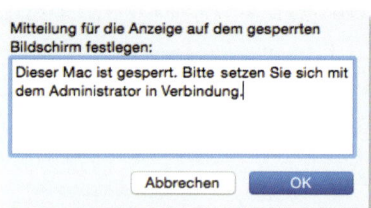

Abbildung 15.50 *Geben Sie die Meldung ein, die auf dem gesperrten Bildschirm angezeigt werden soll.*

Setzen Sie das Häkchen bei **Automatische Anmeldung deaktivieren**, muss sich jeder Benutzer am Anmeldebildschirm anmelden und sein Kennwort eingeben. Damit verhindern Sie, dass ein Benutzer nach dem Starten automatisch angemeldet wird. Mit der Einstellung **Apps-Download erlauben von** legen Sie fest, welche Programme auf Ihrem Mac ausgeführt werden dürfen. Die Programme werden dabei nach Herkunft unterschieden. Diese Sicherheitsfunktion und die Auswirkungen der jeweiligen Einstellung werden ausführlich in Kapitel 20, »Sicher ist sicher – Ihre Daten schützen«, ab Seite 707 beleuchtet. Mit einem Klick auf den Button **Weitere Optionen** erhalten Sie Zugang zu weiteren Einstellungsmöglichkeiten. Hier legen Sie beispielsweise fest, ob und gegebenenfalls nach welchem Zeitraum ein inaktiver Benutzer automatisch abgemeldet werden soll. Besonders interessant ist an dieser Stelle jedoch die Möglichkeit, Infrarotempfänger kontrollieren zu können.

Eine Infrarot-Fernbedienung einrichten

Eine wichtige Einstellung, nicht nur unter Sicherheitsaspekten, ist **Infrarotempfänger für Fernbedienungen deaktivieren**. Ist in einem Mac ein Infrarotempfänger verbaut, lässt sich mit diesem z. B. iTunes mit der Infrarot-Fernbedienung Apple Remote fernsteuern.

▲ **Abbildung 15.51** Die Fernbedienung Apple Remote (Foto: © Apple)

Ist das Häkchen bei dieser Einstellung gesetzt, wird der Infrarotempfänger ausgeschaltet, und der Mac reagiert auf keine Fernbedienung mehr. Ist das Häkchen

nicht gesetzt, reagiert der Mac auf jede passende Fernbedienung. Das führt unter Umständen zu ungewollten Aktionen, wenn beispielsweise im selben Raum ein anderes Gerät (z. B. ein Apple TV) mittels einer Apple Remote ferngesteuert wird. Da die Infrarotsignale meist gut an glatten Oberflächen reflektieren, ist die Wahrscheinlichkeit groß, in so einem Fall nicht nur das Apple TV fernzusteuern, sondern den Mac gleich mit. Es gibt jedoch eine sinnvolle Zwischenlösung: Weisen Sie dem Mac ganz gezielt eine bestimmte Fernbedienung zu, sodass er nur noch auf Befehle dieser Fernbedienung reagiert und alle anderen ignoriert. Dazu ist es nötig, den Mac und die gewünschte Fernbedienung zu koppeln.

1 Entfernen Sie gegebenenfalls das Häkchen bei **Infrarotempfänger für Fernbedienungen deaktivieren**.

2 Klicken Sie auf den Button **Koppeln**. In dem eingeblendeten Hinweis steht, welche Tasten Sie auf der Fernbedienung drücken müssen.

3 Folgen Sie den Anweisungen, und drücken Sie die entsprechenden Tasten. Die erfolgreiche Kopplung wird für ein paar Sekunden deutlich sichtbar eingeblendet.

▲ **Abbildung 15.52** Mac und Fernbedienung sind nun gekoppelt, und der Mac reagiert nur noch auf Befehle der gekoppelten Fernbedienung.

Unter der Einstellung wird auch der jeweilige Status der Funktion angezeigt. Ist bereits eine Fernbedienung mit dem Mac gekoppelt, zeigt der Button nicht mehr **Koppeln**, sondern **Trennen** an.

FileVault

Im nächsten Tab, **FileVault**, haben Sie die Möglichkeit, Ihre komplette Festplatte zu verschlüsseln. Wie das genau funktioniert, erfahren Sie detailliert in Kapitel 20, »Sicher ist sicher – Ihre Daten schützen«, im Abschnitt »Zugriffssicherheit: Schutz vor Diebstahl« ab Seite 707.

Firewall

Im Tab **Firewall** starten Sie die ins Betriebssystem integrierte Firewall. Mit einem Klick auf den Button **Firewall-Optionen** öffnen Sie ein Fenster, in dem Sie das Verhalten der Firewall detailliert anpassen können. Erlauben oder verbieten Sie beispielsweise einzelnen Programmen explizit eingehende Verbindungen.

^ **Abbildung 15.53** *Optionen für die Firewall*

1 Klicken Sie auf den Button mit dem Pluszeichen unter der Liste.

2 Wählen Sie im folgenden Dialog ein Programm aus, für das Sie Vorgaben zu eingehenden Verbindungen machen möchten. Klicken Sie auf den Button **Hinzufügen**. Das ausgewählte Programm befindet sich nun in der Liste.

3 Wählen Sie aus dem Auswahlmenü die gewünschte Aktion für das Programm aus.

> **HINWEIS**
>
> **Tarnmodus**
> Die Einstellung **Tarnmodus aktivieren** ist mit Vorsicht zu genießen, da Sie dann z. B. bei Netzwerkproblemen nicht mehr mit Sicherheit feststellen können, ob ein Softwareproblem oder ein physikalisches Problem vorliegt. Denn dann lässt sich Ihr Mac im Netzwerk nicht mehr auffinden. Wenn Sie den Tarnmodus aktivieren, denken Sie daran, ihn bei der Suche nach Netzwerkproblemen zunächst zu deaktivieren.

Weitere Informationen zur Firewall erhalten Sie in Kapitel 20, »Sicher ist sicher – Ihre Daten schützen«, ab Seite 707.

Privatsphäre

Im Tab **Privatsphäre** legen Sie fest, ob Sie Apple anonymisierte Diagnose- und Nutzungsinformationen zukommen lassen möchten oder lieber nicht und ob Programme Zugriff auf die Ortungsdienste, Kontakte, Kalender, Erinnerungen und Bedienungshilfen haben dürfen. Allen Datenschutzbedenken, die Sie möglicherweise haben, zum Trotz sind die Möglichkeiten, die sich durch die Aktivierung der Ortungsdienste ergeben, ungemein komfortabel.

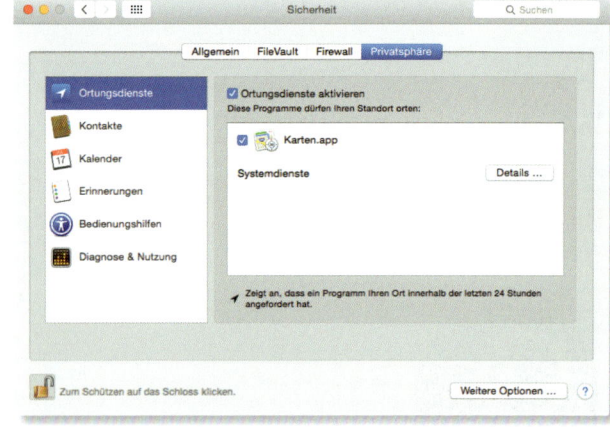

^ **Abbildung 15.54** *Die »Privatsphäre«-Einstellungen*

Im Laufe der Zeit werden Sie möglicherweise erstaunt sein, dass viele Programme, die Sie neu installieren, beim ersten Start um Zugriff auf Ihre Kontakte bitten. Sie wundern sich möglicherweise, warum so viele Programme auf Ihre Kontakte zugreifen wollen, die ansonsten eigentlich nichts mit Kontakten zu tun haben. In den meisten Fällen nutzen die Entwickler die Möglichkeit, auf die Kontaktdaten zuzugreifen, um Ihre Adresse (z. B. für Registrierungsinformationen) vorauszufüllen. In früheren Versionen von Mac OS X geschah das unbemerkt, seit OS X 10.8 jedoch wird jeder Zugriff eines Programms auf Kontaktdaten vom Betriebssystem abgefangen und muss von Ihnen autorisiert werden – egal, um welche Art Zugriff es sich handelt, also auch dann, wenn z. B. Ihre Daten *nur* ausgelesen werden, um Ihnen beim Ausfüllen eines Registrierungsformulars Arbeit abzunehmen.

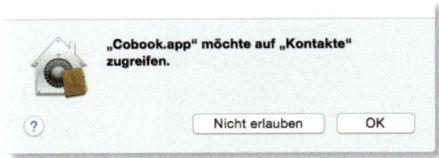

⌃ **Abbildung 15.55** *Suggeriert in vielen Fällen Datendiebstahl, wo gar keiner ist: die Rückfrage des Systems, ob Programme auf Kontakte zugreifen dürfen*

Deswegen trügt der Schein etwas, wenn es so aussieht, als wollte die Mehrheit der Entwickler Ihre Kontaktdaten abgreifen.

15.9 Spotlight

Die Lupe ist nicht nur das Erkennungszeichen von Sherlock Holmes, sondern ziert auch das Icon von Spotlight.

‹ **Abbildung 15.56** *»Spotlight«-Icon*

In den Einstellungen zu Spotlight können Sie im Tab **Suchergebnisse** die Kategorien, die bei den Suchergebnissen angezeigt werden sollen, aktivieren oder deaktivieren und durch Ziehen in die gewünschte Reihenfolge bringen. Im Tab **Privatsphäre** können Sie gezielt Ordner von der Suche ausnehmen.

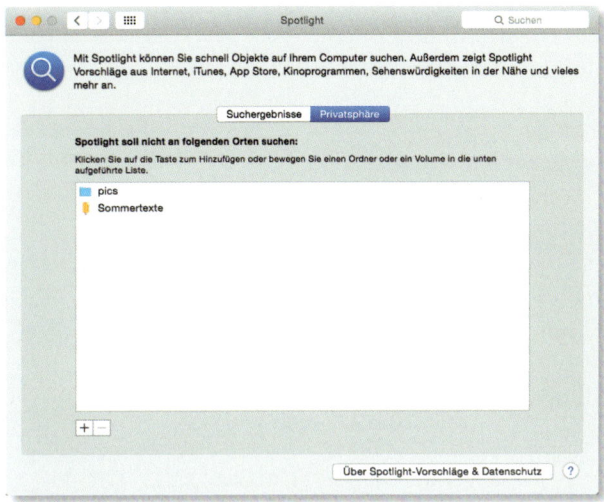

⌃ **Abbildung 15.57** *Sie können gezielt einzelne Ordner von der Indizierung durch Spotlight ausschließen.*

Am unteren Fensterrand wählen Sie unabhängig vom gerade gewählten Tab Tastaturkombinationen, mit denen Sie das Suchfeld in der Menüleiste oder ein Suchfenster aufrufen können.

⌃ **Abbildung 15.58** *Die Tastaturbefehle für Spotlight*

15.10 Mitteilungen

Hier nehmen Sie die Einstellungen zur bereits in Kapitel 2, »Die Benutzeroberfläche kennenlernen«, ab Seite 76 vorgestellten Mitteilungszentrale vor. In der Liste sehen Sie alle Programme ❶ (siehe Abbildung 15.59), die auf die Mitteilungszentrale (zumindest technisch) zugreifen können. Ob die Programme das auch dürfen, liegt bei Ihnen. Sie können hier für jedes Programm festlegen, ob es Hinweise auf dem Schreibtisch einblenden oder nur in der Mitteilungszentrale anzeigen darf und welcher Art die Einblendungen gegebenenfalls sein dürfen. Nehmen wir uns beispielhaft ein Programm vor. Für so ein Beispiel bietet sich natürlich ein Programm an, das ganz besonders von der Mitteilungszentrale profitiert: der Kalender.

1 Klicken Sie in der Liste der Programme auf **Kalender**. Sie sehen nun rechts die Benachrichtigungseinstellungen für Kalender.

∧ Abbildung 15.59 *Die Benachrichtigungseinstellungen von Kalender*

2 Zunächst können Sie einstellen, ob Sie überhaupt Hinweise von Kalender auf dem Schreibtisch eingeblendet haben möchten; falls nein, wählen Sie **Ohne**, falls ja, entscheiden Sie, auf welche Weise (**Banner**, **Hinweise**).

∧ Abbildung 15.60 *Ein eingeblendeter Hinweis*

3 Um die Einträge aus dem Programm Kalender auch in der Mitteilungszentrale angezeigt zu bekommen, vergewissern Sie sich, dass die Einstellung **In Mitteilungszentrale ❷** aktiviert ist.

Ist die Einstellung deaktiviert, wird das Programm im unteren Teil der Liste angezeigt.

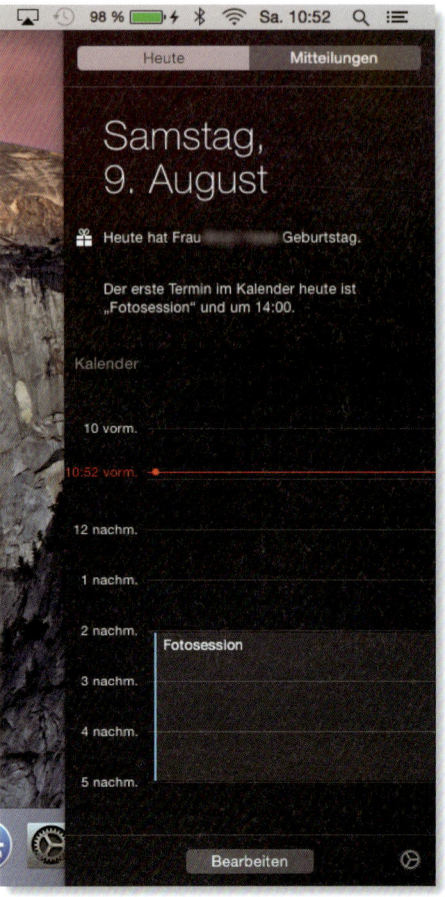

∧ Abbildung 15.61 *Kalendereinträge werden in der Mitteilungszentrale angezeigt.*

In der Mitteilungszentrale selbst haben Sie schnellen Zugriff auf die Benachrichtigungseinstellungen, indem Sie auf das Zahnrad-Icon am rechten unteren Rand klicken, sowie auf die Möglichkeit, alle Benachrichtigungen auf die Schnelle verstummen zu lassen.

Klicken Sie in der Menüleiste das Icon der Mitteilungszentrale mit gedrückter Taste ⌥alt⌥ an. Die Benachrichtigungen werden nun ausgesetzt, was Sie am ausgegrauten Icon der Mitteilungszentrale erkennen.

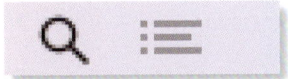

∧ **Abbildung 15.62** *Hier herrscht Ruhe.*

Die Funktion **Nicht stören** lässt sich in den Einstellungen noch detaillierter einrichten. So können Sie im Bereich **Von** ein Zeitfenster einrichten, in dem **Nicht stören** automatisch aktiviert wird. Besonders praktisch ist die Einstellung, dass keine Mitteilungen angezeigt werden, sobald die Option **Beim Spiegeln auf TVs und Projektoren** aktiviert ist. Ist diese Einstellung aktiv, wird die Mitteilungszentrale beim Anschluss beispielsweise eines Videobeamers automatisch in den Modus **Nicht stören** versetzt, was für Leute, die oft Präsentationen halten müssen, eine sehr hilfreiche Einstellung ist und vor unliebsamen Störungen schützt.

∧ **Abbildung 15.63** *»Nicht stören« lässt sich detailliert einstellen.*

15.11 CDs & DVDs

Zeile 2 ist meistens der am seltensten benötigte Bereich in den Systemeinstellungen. Einstellungen, die Sie hier vornehmen, ändern sich meist für lange Zeit nicht mehr.

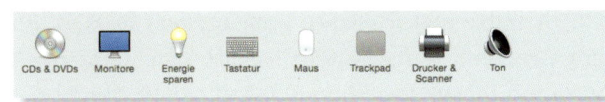

∧ **Abbildung 15.64** *Die Einstellungen für Hardware am Mac*

Ganz links finden Sie den Bereich **CDs & DVDs**. Hier legen Sie fest, was passieren soll, wenn Sie eine CD/DVD eines bestimmten Typs einlegen.

∧ **Abbildung 15.65** *Das Icon von »CDs & DVDs«*

Sie finden für Musik-CDs, Bilder-CDs und Video-DVDs sowie für leere CDs und DVDs jeweils ein eigenes Auswahlmenü vor, aus dem Sie die entsprechende Aktion auswählen.

∧ **Abbildung 15.66** *Einstellungen für »CDs & DVDs«*

Beachten Sie jedoch, dass die Einstellungen für CDs & DVDs nur dann angezeigt werden, wenn ein entsprechendes Laufwerk in Ihrem Mac verbaut bzw. daran angeschlossen ist.

15.12 Monitore

Die Einstellungen für **Monitore** verteilen sich, je nach angeschlossener Hardware, auf mehrere Tabs. Ist nur ein Monitor angeschlossen oder handelt es sich um ein Gerät mit eingebautem Monitor, mit dem keine weiteren Monitore verbunden sind, sehen Sie nur die Tabs **Monitor** und **Farben**.

^ **Abbildung 15.67** *Das Icon von »Monitore«*

Im Tab **Monitor** stellen Sie bequem die optimale Auflösung für das eingebaute oder angeschlossene Display automatisch ein, oder Sie klicken auf den Radiobutton **Skaliert** und wählen anschließend aus der Liste die gewünschte Auflösung aus.

> **TIPP**
>
> **Mehr Auswahl im Bereich »Auflösung«**
> Halten Sie die Taste alt gedrückt, wenn Sie auf den Radiobutton **Skaliert** klicken, dann sehen Sie in der Liste der Auflösungen eine sehr viel größere Auswahl.
>
>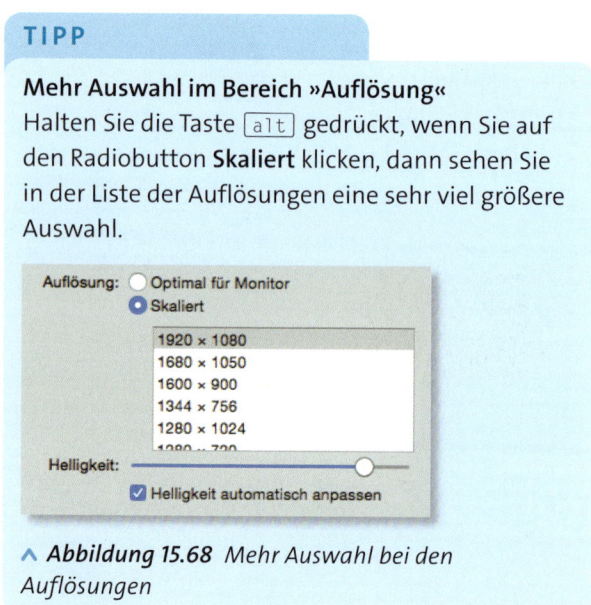
>
> ^ **Abbildung 15.68** *Mehr Auswahl bei den Auflösungen*

Das beste Bild zeigt jeder Monitor, wenn er mit seiner nativen, also mit seiner tatsächlichen physischen Auflösung, betrieben wird. Mitunter gibt es jedoch Gründe dafür, den Monitor mit einer anderen Auflösung zu betreiben. Die Effekte, die dabei entstehen, variieren zwischen grober Auflösung, verzerrter Darstellung oder

einem »Trauerrand«, wenn Sie beispielsweise einen 16:9-Monitor mit einer 4:3-Auflösung betreiben. Wenn das Bild also irgendwie seltsam aussieht, prüfen Sie die eingestellte Auflösung des Monitors.

^ **Abbildung 15.69** *Beim Wechsel von der nativen Auflösung in eine ungünstigere wird die Darstellung möglicherweise verzerrt, und Inhalte werden übereinandergeschoben.*

Mit dem Schieberegler unter der Liste mit den Auflösungen stellen Sie die gewünschte **Helligkeit** ein. Um die Helligkeit zu regeln, müssen Sie jedoch nicht unbedingt in die Systemeinstellungen wechseln. Sie können die Helligkeit des Monitors auf der Tastatur Ihres Macs mit den Tasten F1 und F2 steuern.

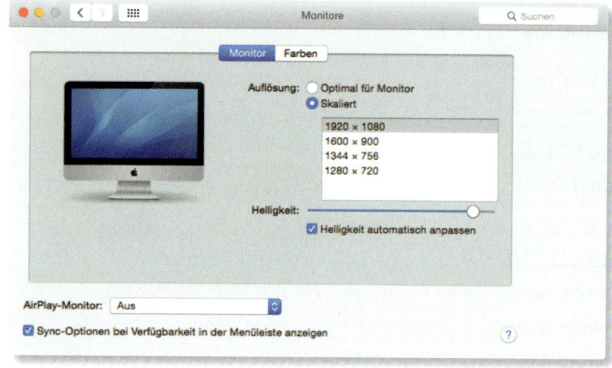

^ **Abbildung 15.70** *Auflösung und Helligkeit einstellen*

Standardmäßig ist die Option **Helligkeit automatisch anpassen** aktiviert, die Helligkeit wird somit automatisch entsprechend der Umgebungshelligkeit angepasst. Das ist in vielen Fällen praktisch, sollte Sie die automatische Helligkeitsanpassung allerdings stören, deaktivieren Sie die Option mit einem Klick auf das Häkchen.

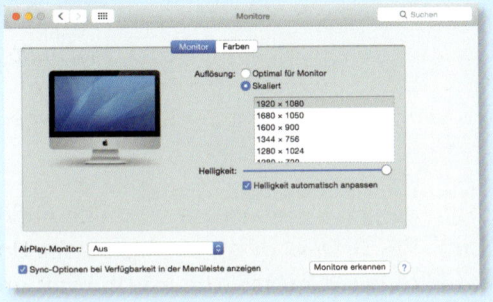
Display-Sync

Unabhängig vom jeweils aktiven Tab befindet sich am unteren Fensterrand die Einstellung **AirPlay-Monitor**. Das bedeutet, dass Sie den Bildschirm Ihres Macs auf einem anderen Monitor — beispielsweise einem Fernseher oder Videobeamer, der an ein Apple TV angeschlossen ist — ausgeben können. Wenn sich in Ihrem Netzwerk ein Apple TV befindet, wird es im **AirPlay-Monitor**-Auswahlmenü und, wenn entsprechend **Sync-Optionen bei Verfügbarkeit in der Menüleiste anzeigen** aktiviert ist, auch in der Menüleiste angezeigt.

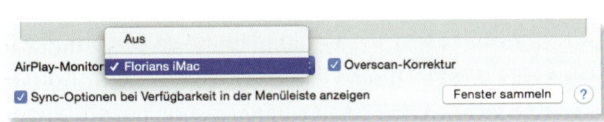

^ **Abbildung 15.72** AirPlay-Monitor in Aktion

Nutzer eines iPhones 4S oder neuer bzw. eines iPads ab der zweiten Generation kennen diese Funktion bereits, und seit OS X 10.8 steht sie auch auf Macs zur Verfügung — zumindest auf ausreichend modernen Macs, da diese Funktion entsprechende Grafikkarten erfordert. Seit OS X 10.9 lässt sich der Schreibtisch nun nicht mehr nur auf den AirPlay-Monitor spiegeln, sondern auch erweitern. Auf diese Weise lassen sich große Monitore, Fernseher und sogar Videobeamer jederzeit bequem per AirPlay als Zweit- oder Drittmonitor nutzen.

^ **Abbildung 15.73** AirPlay-Monitor-Sync-Optionen in der Menüleiste

Je nach Monitormodell können Sie im Tab **Monitor** weitere Einstellungen vornehmen, wie beispielsweise die Drehung des Bildschirms in 90°-Schritten.

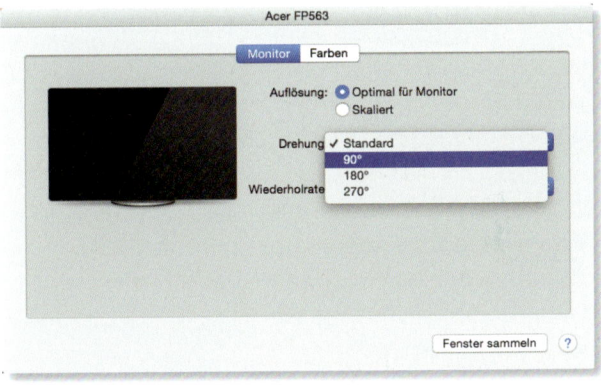

^ **Abbildung 15.74** Je nach Modell bietet der Tab »Monitor« weitere Einstellungsmöglichkeiten wie z. B. »Drehung«.

Den Monitor kalibrieren

Vor allem für Grafiker interessant ist in den Systemeinstellungen **Monitore** der Tab **Farben**. Hier verwalten

Sie Farbprofile und kalibrieren den Monitor. Beim Kalibrieren wird für einen Monitor ein Farbprofil erstellt. Ein Farbprofil ist eine Zusammenstellung von Informationen darüber, wie genau Farben dargestellt werden und wie spezifische technische Werte des Monitors eingestellt sind.

Als normaler Anwender müssen Sie sich darüber keine Gedanken machen, und sehr wahrscheinlich werden Sie diese Stelle der Systemeinstellungen nie wieder bemühen, da OS X meist alles bereits passend einrichtet. Anders sieht es aus für Anwender, die häufig mit Grafikbearbeitung zu tun haben und darauf angewiesen sind, dass Farben im Laufe der gesamten Produktionskette Datei–Monitor–Druck zuverlässig bestimm- und reproduzierbar sind und bleiben. Für Anwender mit solchen Anforderungen empfiehlt es sich ohnehin, mit einem entsprechenden Gerät eine Hardwarekalibrierung des Monitors vorzunehmen oder direkt einen kalibrierbaren Monitor zu verwenden.

Nicht ganz so präzise wie die Hardwarekalibrierung eines Monitors ist die Softwarekalibrierung. OS X bietet Anwendern, die zwar nicht zwingend Hardwarekalibrierung brauchen, aber dennoch ein möglichst einheitliches Farbmanagement in ihrer Produktionskette haben wollen, die Möglichkeit, Monitore softwareseitig zu kalibrieren. Im Tab **Farben** verbirgt sich hinter dem Button **Kalibrieren** ein Kalibrierungsassistent, der Sie durch die nötigen Schritte leitet und daraufhin ein entsprechendes Profil für Ihren Monitor erstellt. Interessant ist die Kalibrierung natürlich auch, wenn Sie mehrere Monitore benutzen und sicherstellen wollen, dass die Farbdarstellung auf allen Monitoren möglichst einheitlich ist.

1 Klicken Sie auf den Button **Kalibrieren**. Daraufhin startet der Kalibrierungsassistent.

2 Folgen Sie dem gut dokumentierten Assistenten Schritt für Schritt.

3 Geben Sie im letzten Schritt dem erstellten Profil einen Namen. Das so erstellte Profil wird automatisch als aktuelles Profil für den Monitor aktiviert.

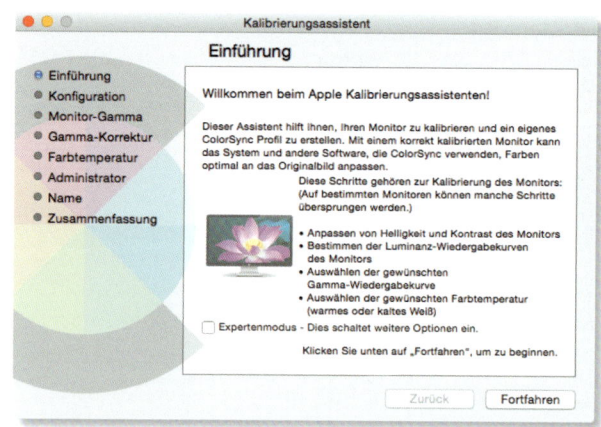

∧ **Abbildung 15.75** *Der Kalibrierungsassistent*

Haben Sie mehrere Monitore angeschlossen, steht Ihnen die Kalibrierung natürlich für jeden Monitor zur Verfügung.

Mehrere Monitore verwalten

Wenn Sie mit mehreren Monitoren arbeiten, kommt ein weiterer Tab hinzu: **Anordnen**. Im Tab **Anordnen** legen Sie die Positionen der Monitore zueinander fest. Wenn Sie die Monitore synchronisieren, was Sie im selben Tab festlegen können, spielt die Anordnung keine Rolle, da Sie dann quasi nach wie vor mit nur einem Monitor arbeiten, dieser aber mehrfach angezeigt wird.

Die Anordnung der Monitore festzulegen ist dann hilfreich, wenn Sie die Monitore nicht synchronisieren, sondern individuell verwenden. So haben Sie auch mehr Platz für Ihre Fenster, und manche Programme, wie beispielsweise Keynote, bieten im Präsentationsmodus sogar spezielle Ansichten für den Betrieb mehrerer Monitore, sodass Sie auf dem einen Monitor die Präsentation sehen und der andere Monitor Ihre Moderatornotizen anzeigt (Wenn Sie möchten, lesen Sie dazu mehr im Abschnitt »Die Präsentation überprüfen und vorführen« ab Seite 435). Um die Anordnung der Monitore festzulegen, ziehen Sie diese an die gewünschte Stelle. Davon hängt es dann auch ab, auf welcher Monitorseite Sie den Mauszeiger vom einen zum anderen Monitor bewegen können.

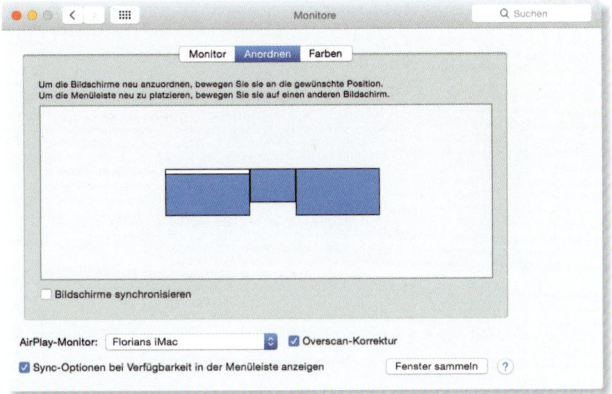

Abbildung 15.76 *Einstellungen für mehrere Monitore*

Zu beachten ist dabei auch – speziell wenn die Monitore signifikant unterschiedlich groß sind –, dass die hier vorgenommene Positionierung auch in der Höhe relevant ist. Wenn Sie z. B. den kleineren Monitor, der nur ungefähr halb so hoch ist wie der andere, ganz oben positionieren, müssen Sie später daran denken, dass Sie den Mauszeiger aus der unteren Hälfte des größeren Monitors nicht in den kleineren Monitor ziehen können. Dazu müssen Sie die Maus erst weiter nach oben bewegen.

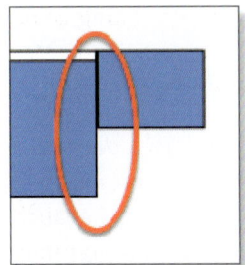

Abbildung 15.77 *Die schematische Darstellung entspricht der Realität: Die Maus kann nur in der oberen Hälfte des größeren Monitors zwischen den Monitoren wechseln.*

Achten Sie beim Bewegen der Monitore darauf, die Monitore mittig anzufassen. Der jeweils in der Darstellung angeklickte Monitor wird, ebenso wie sein reales Pendant, mit einem roten Rand dargestellt. In der schematischen Monitordarstellung wird nur ein Monitor mit Menüleiste angezeigt. Dieser Monitor ist der Hauptmonitor. Auch diese Einstellung ist veränderbar. Fassen Sie die Darstellung der Menüleiste an, und ziehen Sie sie auf den anderen Monitor, um ihn zum Hauptmonitor zu machen. Mit OS X 10.9 stellt sich die Frage nach dem Hauptmonitor eigentlich gar nicht mehr, denn sowohl die Menüleiste als auch das Dock sind nun auf jedem Monitor verfügbar, wobei die Menüleiste nur auf dem jeweils aktiven Monitor, also dem Monitor, an dem gerade aktuell gearbeitet wird, als aktiv dargestellt wird. Auf den anderen Monitoren wird sie leicht durchsichtig dargestellt.

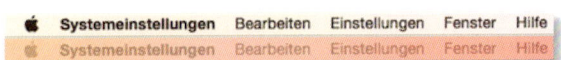

Abbildung 15.78 *Zwei Menüleisten: die des aktiven Monitors (oben) und die des inaktiven (unten)*

Das Dock wiederum folgt, wenn es am unteren Fensterrand platziert ist, jeweils auf den Monitor, auf dem gerade aktiv gearbeitet wird. Ist das Dock jedoch am linken oder rechten Bildschirmrand positioniert, gilt das nicht für den jeweils aktiven Monitor, sondern absolut über alle Monitore hinweg.

Dem Transparenzeffekt der Menüleiste des inaktiven Monitors begegnen Sie erneut bei Programmfenstern, die Sie von einem Monitor zum anderen bewegen. Erschrecken Sie also nicht, wenn plötzlich Fenster halb transparent dargestellt werden. Das ist kein Fehler der Grafikkarte, sondern zeigt den Wechsel vom aktiven zum inaktiven Monitor (und umgekehrt) an.

TIPP

Verschiedene Hintergrundbilder
Ein weiterer Monitor und somit auch erweiterter Schreibtisch bedeutet ja auch ein weiteres Hintergrundbild. Selbstverständlich erkennt auch die Systemeinstellung **Schreibtisch & Bildschirmschoner**, wenn ein weiterer Monitor angeschlossen ist, und zeigt entsprechend ein weiteres Einstellungsfenster an. So können Sie jedem Monitor und sogar jedem einzelnen Schreibtisch ein eigenes Hintergrundbild zuweisen.

^ **Abbildung 15.79** *Transparenz beim Wechsel zwischen Monitoren*

Normalerweise stellen die Systemeinstellungen die Einstellungen für jeden Monitor auf dem jeweiligen Monitor dar. Sie haben jedoch die Möglichkeit, mithilfe des Buttons **Fenster sammeln** die Fenster aller Monitore auf dem Hauptmonitor anzuzeigen, sodass Sie weniger Mausbewegungen durchführen müssen, wenn Sie die Einstellungen der verschiedenen Monitore anpassen möchten.

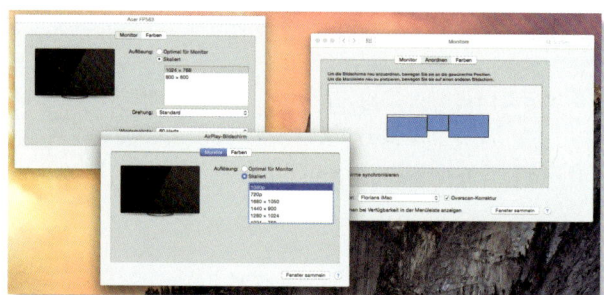

^ **Abbildung 15.80** *Die Fenster von drei Monitoren, gesammelt auf einem*

Besonders hilfreich ist **Fenster sammeln** in Situationen, in denen ein weiterer Monitor zwar vom System erkannt wurde, auf dem Monitor aber noch nichts zu sehen ist. Um dann dennoch Einstellungen für diesen Monitor vornehmen zu können, holen Sie sein Einstellungsfenster einfach zu sich.

15.13 Energie sparen

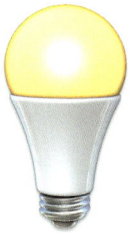

^ **Abbildung 15.81** *Ginge auch als Eistüte mit einer Kugel Vanilleeis durch: das Icon von »Energie sparen«*

Die Energiespareinstellungen dürften für ehemalige Anwender anderer Betriebssysteme die größte Überraschung bieten – nicht wegen der offensichtlichen Einstellungen auf den ersten Blick. So weit lässt sich das Powermanagement zum Teil auch bei anderen Betriebssystemen einstellen.

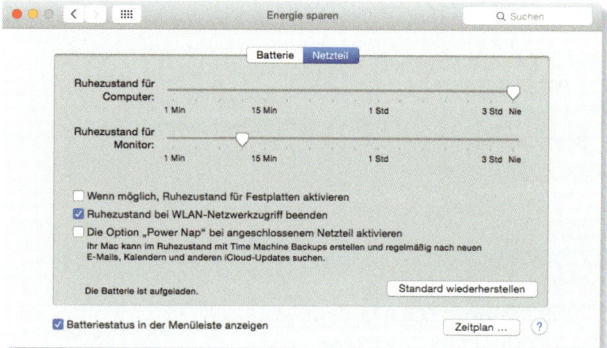

^ **Abbildung 15.82** *Die Energiespareinstellungen. Bei mobilen Macs können Sie unterschiedliche Vorgaben für Netzbetrieb und Batteriebetrieb machen.*

Macs verfügen jedoch im Zusammenspiel mit ihrem Betriebssystem über die Möglichkeit, den Computer automatisch zu definierten Zeiten auszuschalten und vor allem auch wieder selbstständig zu bestimmten Zeiten einzuschalten.

Zeitplan für automatisches Ein- und Ausschalten

Diese spektakuläre Funktion befindet sich hinter dem unscheinbaren Button **Zeitplan**. Ein Klick darauf öffnet das Einstellungsfenster, in dem Sie festlegen, wann der Mac was machen soll.

1 Klicken Sie auf den Button **Zeitplan**.

2 Setzen Sie das Häkchen bei **Starten oder Ruhezustand beenden**.

3 Wählen Sie einen Tag oder eine Tagesstruktur und eine Uhrzeit. Der Mac startet nun an den angegebenen Tagen zur angegebenen Zeit.

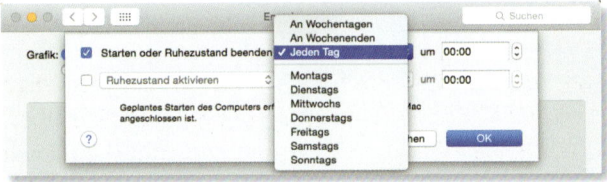

△ **Abbildung 15.83** *Das gewünschte Intervall auswählen*

4 Setzen Sie in der zweiten Zeile ebenfalls das Häkchen, und legen Sie die gewünschte Aktion, den Tag und die Uhrzeit fest. Ich entscheide mich hier für die Aktion **Ausschalten**.

△ **Abbildung 15.84** *Montags geht's um 7 Uhr los, und am Freitagabend ist um 17 Uhr Schluss.*

5 Klicken Sie auf den Button **OK**. Ihr Mac wird nun zu den angegebenen Zeiten die angegebene Aktion ausführen.

Sicher fragen Sie sich nun: »Was passiert mit meiner Arbeit? Mit all den offenen Programmen und möglicherweise ungesicherten Änderungen an Dateien, an denen ich gerade arbeite, wenn sich der Mac selbstständig ausschaltet?« Das ist eine berechtigte Frage. Es ist jedoch kein Problem. Sie erinnern sich sicher, dass Sie gleich im ersten Kapitel beim ersten Ausschalten Ihres Macs ein Fenster angezeigt bekommen haben, bevor er sich ausgeschaltet hat. In diesem Fenster können Sie ein Häkchen für eine Einstellung setzen,

die schon im Alltag ungemein praktisch ist und in Zusammenarbeit mit dem Powermanagement ihre volle Wirkung entfaltet: **Beim nächsten Anmelden alle Fenster wieder öffnen**.

HINWEIS

Strom muss sein

Um das selbstständige Starten eines Macs zu ermöglichen, muss dieser über eine sichere Stromquelle verfügen, also an eine Steckdose angeschlossen sein. Auch mobile Macs starten nicht selbstständig, wenn sie sich im Batteriebetrieb befinden. Die Funktion des selbstständigen Einschaltens wird von einer Pufferbatterie im Mac aufrechterhalten. Sie löst zum gegebenen Zeitpunkt den Einschaltimpuls aus. Wenn der Mac aber dann seinen Strom nicht von einer Steckdose (sichere Quelle) beziehen kann, bleibt der Einschaltimpuls ohne Wirkung.

Sie müssen sich also keine Gedanken über Ihre Arbeit machen, denn wenn dieses Häkchen einmal gesetzt ist, bleibt es auch gesetzt, und dann werden Sie Ihren Mac dank der *Resume* genannten Funktion nach dem Start wieder genauso vorfinden, wie Sie ihn verlassen haben.

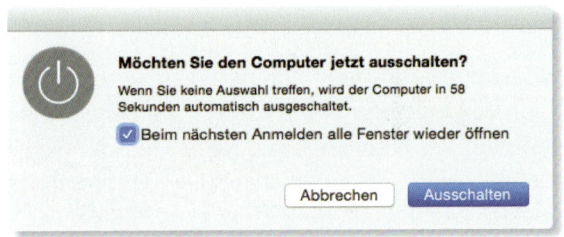

△ **Abbildung 15.85** *Auch wenn sich der Mac selbstständig ausschaltet, bleiben Ihre Daten erhalten.*

Auf den ersten Blick können Sie unter Umständen nicht einmal sagen, ob der Mac zwischenzeitlich tatsächlich aus war. Das ließe sich aber in den Logdateien des Systems auslesen. Das Powermanagement und die Funktion Resume sind wirklich ein starkes Team, das die Arbeit am Mac zur wahren Freude werden lässt.

Das Powermanagement und Programme Dritter

Das Powermanagement ist nicht nur mithilfe der Systemeinstellungen zugänglich, sondern steht auch für Programme Dritter und auch im Direktzugriff auf der Unix-Ebene zur Verfügung und kann entsprechend programmiert werden. Das bedeutet, dass auch Programme Dritter dafür sorgen können, dass der Mac zu bestimmten Zeiten heruntergefahren oder gestartet wird. Das wohl bekannteste Programm, das davon Gebrauch macht, ist EyeTV. Es stellt auf diese Weise sicher, dass programmierte Fernsehaufnahmen auch stattfinden. Mit dem Programm Terminal können Sie mithilfe des Befehls `pmset -g sched` im Powermanagement eingetragene Starttermine des Macs auslesen.

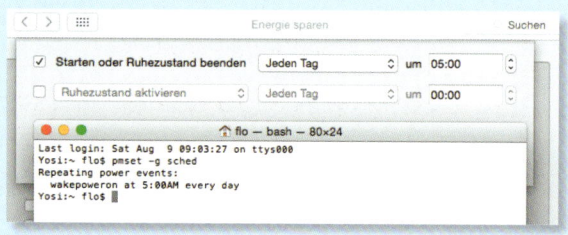

▲ **Abbildung 15.86** Korrespondierende Einträge: oben die Systemeinstellungen, unten die Meldungen des Powermanagements

Bei mobilen Macs können Sie natürlich unterschiedliche Einstellungen für den Batterie- und Netzbetrieb vornehmen. Bei mobilen Macs ist es ebenfalls eine Überlegung wert, inwieweit Sie von der Funktion des selbstständigen Einschaltens Gebrauch machen wollen, da das vorausgewählte Einschalten möglicherweise zu einer Zeit ausgeführt wird, zu der Ihr Mac nur im Batteriebetrieb arbeitet.

Power Nap

Mit OS X 10.8 hat die Funktion *Power Nap* in den Bereich **Energie sparen** Einzug gehalten, die vor allem für mobile Macs interessant ist. Ist Power Nap aktiviert ❶

– und Sie müssen nichts weiter tun, außer Power Nap zu aktivieren –, kann Ihr Mac auch im Ruhezustand beispielsweise Mails holen und Updates herunterladen.

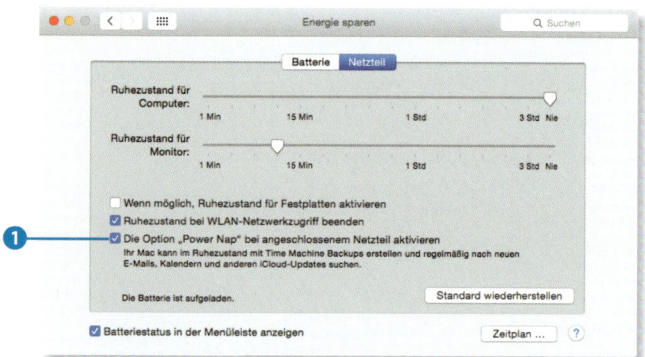

▲ **Abbildung 15.87** Power Nap muss nur aktiviert werden, den Rest macht der Mac automatisch.

Geisterhaftes Einschalten

Leider ist das Powermanagement nicht immer völlig fehlerfrei. In der Vergangenheit hat es immer wieder Betriebssystemversionen gegeben, bei denen sich Fehler ins Powermanagement eingeschlichen hatten. Das führt dann etwa zu einem geisterhaften Einschalten des Macs um 1 Uhr nachts, obwohl keine anstehenden Starttermine aufgelistet werden. In der Regel sind solche Probleme aber mit dem jeweils nächsten Betriebssystem-Update behoben.

15.14 Tastatur

In den Systemeinstellungen zur **Tastatur** können Sie im Tab **Tastatur** vor allem hardwarebezogene Einstellungen vornehmen. Hier legen Sie u. a. fest, wie schnell ein Zeichen bei dauerhaft gedrückter Taste wiederholt wird oder mit welcher Funktion die Sondertasten belegt werden. Die voreingestellten Werte sind hier meist gut zu gebrauchen. Eine sehr hilfreiche Einstellung ist **Tastatur- und Zeichenübersichten in der Menü-leiste anzeigen**. Ist diese aktiviert, stehen Ihnen in der Menüleiste nicht nur die von Ihnen möglicherweise aktivierten Tastaturlayouts und Eingabemethoden zur Verfügung, sondern auch die Tastatur- und Zeichen-übersicht, die Sie im Abschnitt »Eingabequellen« auf Seite 580 noch genauer kennenlernen werden.

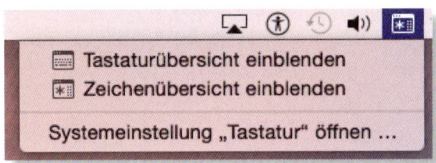

⌃ Abbildung 15.88 *Tastatur- und Zeichenübersicht in der Menüleiste*

Automatische Textersetzung

Die sehr viel interessanteren Einstellungen befinden sich jedoch im Tab **Text**. Hier sehen Sie eine zweispaltige Liste. In der linken Spalte (**Ersetzen**) sehen Sie Tastaturkürzel, in der rechten Spalte (**Durch**) sehen Sie Textbausteine. Mithilfe dieser Funktion können Sie beliebige Textkürzel und den entsprechend durch das Kürzel zu ersetzenden Text hinzufügen. Anschließend genügt es, wenn Sie in einem Programm das Kürzel eingeben. OS X macht automatisch aus dem Kürzel den gewünschten Text und setzt diesen anstelle des Kürzels ein. Im Tab **Text** finden Sie neben den Einstellungen zur Textersetzung auch Einstellungen für die systemweite Rechtschreibprüfung. Wir wollen uns jedoch die Textersetzung noch etwas genauer ansehen. In der Liste finden Sie die bereits vorab angelegten Ersetzungen. Sie können aber auch selbst weitere Ersetzungen anlegen.

1 Klicken Sie auf den Plus-Button unter der Liste. In der Liste wird ein neuer Eintrag angelegt und aktiviert. In der Spalte **Ersetzen** wird ein Cursor zur Texteingabe angezeigt.

2 Geben Sie die Zeichenfolge ein, die später ersetzt werden soll, beispielsweise »,sg«. Diese Zeichenfolge ist der Auslöser für die Textersetzung. Wann

immer die Funktion auf diese Zeichenfolge trifft, wird sie durch die Zeichenfolge ersetzt, die Sie in das nächste Feld eingeben.

3 Drücken Sie die Taste [⇥], oder klicken Sie in das nächste Feld in der Spalte **Durch**.

4 Geben Sie die Zeichenfolge an, die später die zuvor angegebene Zeichenfolge ersetzen soll – z. B. »Sehr geehrte Damen und Herren,«.

5 Probieren Sie aus, ob die angegebene Ersetzung auch funktioniert: Erstellen Sie mit TextEdit ein neues leeres Dokument, und geben Sie die zu ersetzende Zeichenfolge ein.

> **HINWEIS**
>
> **Programm bei Bedarf neu starten**
> Neu hinzugefügte Kürzel stehen unter Umständen erst nach einem Neustart des entsprechenden Programms zur Verfügung.

6 Drücken Sie die Taste [↵]. Sie sehen, wie die zuvor eingegebene Zeichenfolge durch die festgelegte andere Zeichenfolge ersetzt wird. Die Ersetzungsfunktion ist besonders bei häufig verwendeten Floskeln oder langen Fachwörtern sehr hilfreich – oder auch bei Zeichen, die sonst nur über die Zeichenübersicht erreichbar sind.

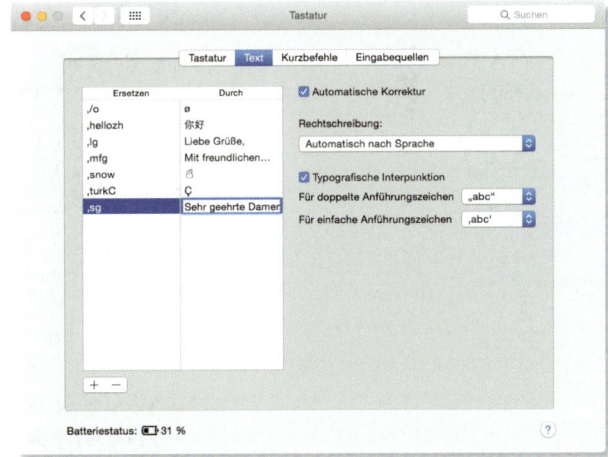

⌃ Abbildung 15.89 *Eine eigene Textersetzung anlegen*

TIPP

Clevere Zeichenfolgen

Nutzen Sie als Auslöser für die Ersetzung unbedingt Zeichenfolgen, die so in keinem Text vorkommen. Stellen Sie beispielsweise dem Kürzel ein Satzzeichen voran. So können Sie sichergehen, dass die Zeichenfolge nicht versehentlich Teil eines Wortes ist oder von der Rechtschreibkorrektur eliminiert wird, bevor sie ihre Wirkung entfalten kann.

Tastaturbefehle anpassen

Im Tab **Kurzbefehle** sehen Sie eine Liste mit gängigen Systemfunktionen, wie z. B. **Spotlight**, **Launchpad & Dock** und **Dienste**. Im Feld rechts wird zur jeweils ausgewählten Funktion eine Übersicht über die verfügbaren Tastaturkommandos angezeigt.

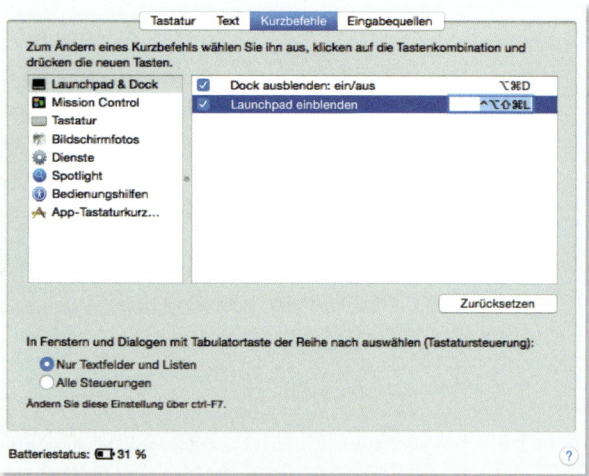

⌃ *Abbildung 15.90 Tastaturbefehle anpassen*

Natürlich können Sie diese Befehle auch ändern. Doppelklicken Sie dazu auf den bereits angezeigten Tastaturbefehl, und geben Sie anschließend den gewünschten neuen Tastaturbefehl ein. Das geht jedoch nur bei aktiven Kurzbefehlen, ein Doppelklick auf einen Kurzbefehl, dem kein Häkchen vorangestellt ist, bewirkt nichts. Ich rate Ihnen jedoch dazu, von der hier gebotenen Freiheit nicht allzu heftig Gebrauch zu machen, da Sie sich hier möglicherweise schnell das ganze System »umstricken« und dann die einzige Person sind, die noch damit klarkommt. Es ist meist besser, sich die bereits vergebenen Tastaturkommandos anzueignen und nur in begrenzten Sonderfällen selbst einzugreifen. Solche Sonderfälle sind beispielsweise Menübefehle, denen noch kein Tastaturbefehl zugeordnet ist, oder z. B. ein mit Automator selbst erstellter Dienst, für den – weil er ja neu erstellt wurde – noch kein Tastaturbefehl vergeben ist.

Um also nun einen Tastaturbefehl hinzuzufügen oder zu ändern, müssen Sie zunächst natürlich wissen, welchen Befehl in welchem Programm Sie ändern oder erstmalig mit einem Tastaturkurzbefehl ausstatten möchten. In der Praxis ist das kein Thema, für das Beispiel hier musste ich erst einen passenden Befehl finden. Im Finder gibt es z. B. einen Befehl, der ab und zu ganz nützlich ist, dem aber kein Tastaturkurzbefehl zugeordnet ist: **Bearbeiten > Zwischenablage einblenden**.

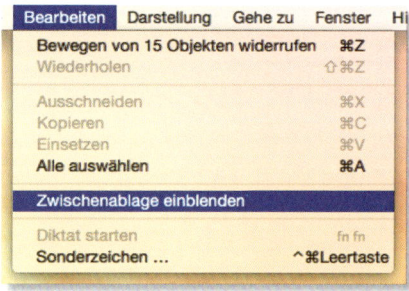

⌃ *Abbildung 15.91 Hier fehlt leider ein Tastaturkurzbefehl.*

1 Klicken Sie in der Liste auf **App-Tastaturkurzbefehle**.

2 Klicken Sie auf den Plus-Button unterhalb der rechten Liste. Im folgenden Fenster machen Sie nun die notwendigen Angaben.

3 Wählen Sie aus dem Auswahlmenü **Programm** das Programm aus, für das Sie den Tastaturkurzbefehl festlegen möchten.

4 Geben Sie in das Eingabefeld **Menü** den Namen des Menübefehls ein.

^ **Abbildung 15.92** *Einem Befehl soll ein Tastaturkurzbefehl zugewiesen werden.*

5 Geben Sie in das Eingabefeld **Tastaturkurzbefehl** die gewünschte Tastaturkombination ein, die später den Befehl auslösen soll, beispielsweise `ctrl` + `alt` + `⇧` + `cmd` + `Z`.

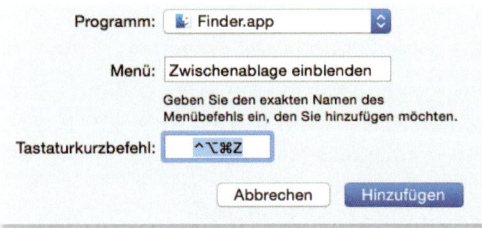

^ **Abbildung 15.93** *Ganz einfach: einen individuellen Tastaturbefehl vergeben*

6 Klicken Sie auf den Button **Hinzufügen**. Der neu eingegebene Befehl wird nun in der nach Programmen sortierten Liste angezeigt. Selbstverständlich sehen Sie den Befehl jetzt auch im Finder-Menü.

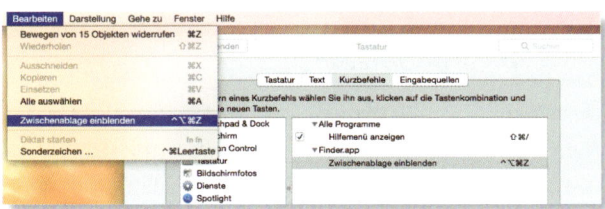

^ **Abbildung 15.94** *Ein selbst zugewiesener Tastaturkurzbefehl*

HINWEIS

Stolpersteine bei der Bezeichnung von Befehlen
Achten Sie darauf, den Namen exakt so einzugeben, wie er Ihnen im Menü angezeigt wird. Viele Befehle heißen z. B. nicht nur **Anpassen**, sondern **Anpassen ...**; das Leerzeichen und die drei folgenden Punkte gehören also zum korrekten Namen dazu! Weitere potenzielle Stolpersteine sind Befehle, die nur durch Drücken der Taste `alt` angezeigt bzw. dadurch verändert werden. Hier müssen Sie natürlich den Namen des Befehls eingeben, der zu sehen ist, wenn `alt` gedrückt ist, und nicht den Namen des Befehls, der zuerst angezeigt wird.

Mit der Tabulatortaste navigieren

Unterhalb der Liste befindet sich eine weitere Einstellungsmöglichkeit, die bei der praktischen Nutzung der Tastatur systemweit von großer Tragweite ist. Hier können Sie einstellen, ob es möglich ist, mit der Tabulatortaste nur innerhalb von Textfeldern und Listen zu navigieren, oder ob alle Oberflächenelemente angesteuert werden. Wenn Sie gerne mit der Tastatur arbeiten, sollten Sie auf jeden Fall **Alle Steuerungen** aktivieren.

Eine Besonderheit gibt es in diesem Zusammenhang: Ist ein Element ausgewählt, was Sie an dem blauen Rahmen erkennen, wird es nicht – wie man intuitiv vermuten könnte – mit `↵` ausgelöst, sondern mit der Leertaste. `↵` löst die Standardaktion aus, die durch eine durchgehend blaue Markierung gekennzeichnet ist.

^ **Abbildung 15.95** *Der umrahmte Button wird mit der Leertaste ausgelöst, der vollständig gefärbte mit der Taste* `↵`.

Der am unteren Fensterrand angezeigte Batteriestatus zeigt den Batteriezustand einer eventuell verbundenen Bluetooth-Tastatur an.

Dienste konfigurieren

Im Tab **Kurzbefehle** lassen sich auch die Dienste konfigurieren, die jedes Programm (meist automatisch) zur Verfügung stellt. Sie haben die Dienste bereits in Abschnitt 5.2, »Dienste – Zusammenarbeit verschiedener Programme«, auf Seite 183 kennengelernt. Nicht immer werden Sie diese Dienste aber wirklich nutzen wollen – und das ohnehin schon unübersichtliche **Dienste**-Menü wird unnötigerweise noch voller. Hier können Sie diese Dienste aktivieren, deaktivieren und mit Tastaturkurzbefehlen versehen.

1 Entscheiden Sie sich zunächst, welche Dienste aus welchem Abschnitt nicht mehr im **Dienste**-Menü eines bestimmten Programms auftauchen sollen.

^ **Abbildung 15.96** *Der Eintrag »Als gesprochenen Titel zu iTunes hinzufügen« soll weg.*

2 Klicken Sie in der Liste der Tastaturkurzbefehle auf den Eintrag **Dienste**.

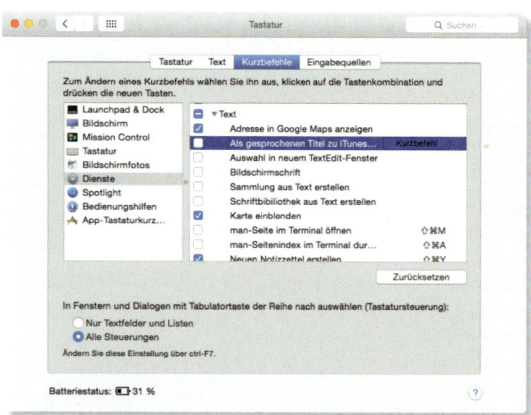

^ **Abbildung 15.97** *Einen Dienst deaktivieren durch Entfernen des Häkchens*

3 Suchen Sie im Abschnitt **Text** den fraglichen Eintrag.

4 Entfernen Sie die entsprechenden Häkchen. Die Einträge werden nun nicht mehr im **Dienste**-Menü angezeigt. Setzen Sie die Häkchen bei den Diensten erneut, damit diese wieder im Menü angezeigt werden.

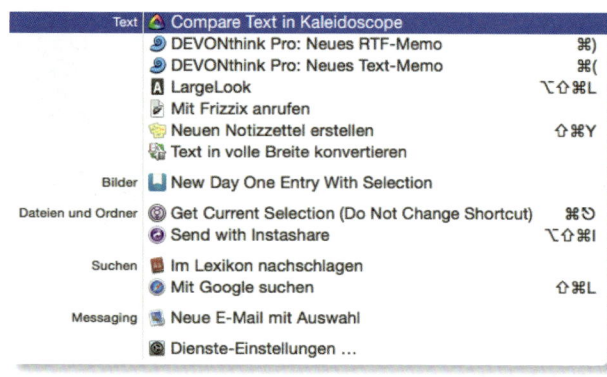

^ **Abbildung 15.98** *Ein bereinigtes »Dienste«-Menü*

Eingabequellen

Den Tab **Eingabequellen** haben Sie bereits zu Beginn des Kapitels kennengelernt. Wir wollen dennoch erneut kurz einen Blick darauf werfen bzw. auf die Auswirkungen der Einstellungen, die Sie dort vornehmen (siehe Abbildung 15.99).

Die Anzeige der verfügbaren Eingabequellen in der Menüleiste ist bei der täglichen Arbeit ein derart praktischer Helfer, dass ich hier wieder auf sie zurückkomme. Wir wollen uns deshalb zwei Aspekte näher ansehen: die Tastatur- und Zeichenübersicht und die Eingabemenüs für nicht lateinische Zeichen. Ist das Häkchen bei **Eingabequellen in der Menüleiste anzeigen** ❶ gesetzt, zeigt die Menüleiste das bereits bekannte Fähnchen ❷ an. Stellen Sie sicher, dass Sie neben den gewünschten Sprachen auch im Tab **Tastatur** das Häkchen bei **Tastatur- und Zeichenübersicht in der Menüleiste anzeigen** gesetzt haben. Es steht Ihnen damit nicht nur der schnelle Wechsel der Eingabequelle in der Menüleiste zur Verfügung, sondern Sie haben auch stets die Sonderzeichen im Griff ❸.

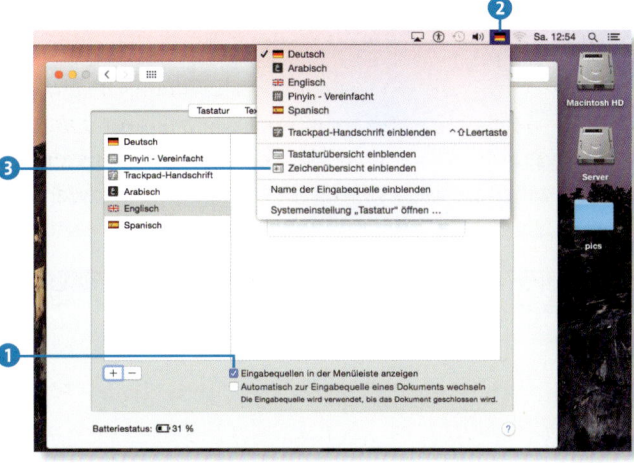

△ **Abbildung 15.99** Die Auswahl der Eingabequellen und ihre Anzeige in der Menüleiste

Die Tastaturübersicht einblenden

Ein Beispiel aus der Praxis: Im Buch verwenden wir, um Menüs deutlich voneinander zu trennen, einen Pfeil. Dieser Pfeil entsteht aber erst, wenn das Buch gesetzt wird. Im Manuskript habe ich dafür einen Punkt (·) verwendet. Diesen Punkt habe ich zuvor tatsächlich noch nie gebraucht. Natürlich muss er sich durch irgendeine Tastenkombination erzeugen lassen, aber durch welche? Um das – vor allem schnell – herauszufinden, ist die Tastaturübersicht eine riesige Hilfe.

1 Rufen Sie die Tastaturübersicht aus dem Eingabequellenmenü in der Menüleiste über den Befehl **Tastaturübersicht einblenden** auf. Sie sehen die Belegung Ihrer Tastatur gemäß der aktuell ausgewählten Eingabequelle. Diese wird auch in der Titelleiste angezeigt. Im Beispiel ist es **Deutsch**.

2 Drücken Sie eine Taste, mit der Sie bekanntermaßen Modifikationen am Text vornehmen können, beispielsweise die Taste `⇧`. Sie sehen nun die verfügbaren Zeichen in Kombination mit der `⇧`-Taste.

3 Drücken Sie eine andere Taste für Textmodifikationen, z. B. `alt`. Sie sehen nun die verfügbaren Zeichen in Kombination mit `alt`.

△ **Abbildung 15.100** Die Tastaturbelegung mit der Modifikatortaste `alt`

Es ist deutlich zu erkennen, dass die verfügbaren Zeichen alle vorhanden sind. Die Frage ist eben nur: Durch welche Modifikatortaste komme ich an das gewünschte Zeichen? Die Modifikatortasten lassen sich natürlich auch kombinieren. So finden Sie beispielsweise auf der Taste `+`, je nach Modifikator, auch die Zeichen *, ± und das Apple-Logo.

Der zu Beginn des Beispiels erwähnte Punkt befindet sich auf der Taste `Ü`, wenn Sie gleichzeitig `alt` als Modifikator nehmen. Wenn Sie also auf der Suche nach einem bestimmten Zeichen sind, rufen Sie die Tastaturübersicht auf. Nur Sekunden später haben Sie das gewünschte Zeichen gefunden. Beflügelt durch das Erfolgserlebnis, werden Sie auch ziemlich sicher nach diesem Zeichen zukünftig nicht mehr suchen müssen, denn ab sofort kennen Sie bzw. Ihre Finger die entsprechende Tastaturkombination.

INFO

Tastaturübersicht zeigt tatsächlich angeschlossene Tastatur

Die Tastaturübersicht zeigt Ihnen nicht irgendeine generische Tastatur, sondern die tatsächlich an Ihren Mac angeschlossene bzw. darin verbaute Tastatur.

△ **Abbildung 15.101** Die Tastaturübersicht zeigt die tatsächlich angeschlossene Tastatur an.

Manchmal gibt es jedoch Zeichen, die auch auf der Tastatur nicht zu finden sind. Diese Zeichen finden Sie in der Zeichenübersicht, die Sie ebenfalls aus dem Eingabequellenmenü in der Menüleiste aufrufen können.

Sonderzeichen eingeben

Angenommen, Sie sind ein passionierter Drohbriefschreiber und möchten Ihren Schreiben etwas mehr Pep verleihen, können Sie dazu passende Sonderzeichen in Ihren Text einfügen. Diese finden Sie in der Zeichenübersicht.

1 Rufen Sie diese über den Befehl **Zeichenübersicht einblenden** aus dem Eingabequellenmenü in der Menüleiste auf.

2 Klicken Sie in der Liste auf **Emoji**. Emoji sind Symbole, die sich in Text einfügen lassen.

3 Klicken Sie in der **Emoji**-Übersicht auf **Objekte**.

4 Wählen Sie das Symbol **Bomb** aus.

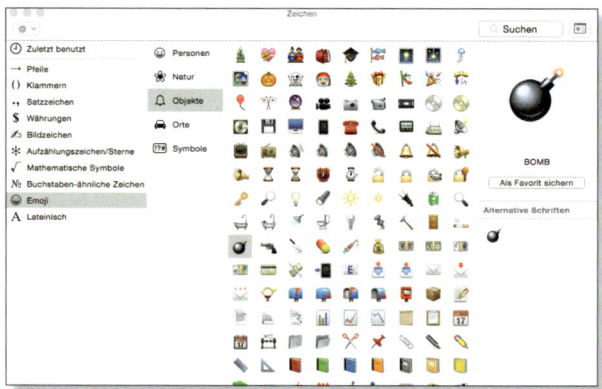

^ *Abbildung 15.102* *Die Zeichenübersicht*

5 Um die Bombe zu verwenden, lassen Sie die Zeichenübersicht geöffnet und erstellen z. B. ein neues leeres Dokument mit TextEdit.

6 Doppelklicken Sie auf das Bombensymbol in der Zeichenübersicht (Drag & Drop geht selbstverständlich auch). Sie sehen, wie TextEdit (oder jedes andere Programm, das sich im Vordergrund befindet

und Text verarbeiten kann) das Zeichen übernimmt, auf das Sie in der Zeichenübersicht doppelt geklickt haben.

Wenn Sie also nur ganz selten mal ein spezielles Symbol brauchen, reicht es völlig, das Symbol per Doppelklick in die aktive Anwendung zu übernehmen. Benötigen Sie ein Symbol öfter, bietet es sich an, für dieses Symbol ein Textersetzungskürzel anzulegen (siehe Seite 577).

Aber der schnelle Zugriff auf die Tastatur- und Zeichenübersicht ist noch nicht alles, wobei das Eingabequellenmenü wertvolle Dienste leistet. Speziell dann, wenn Sie auch Sprachen mit nicht lateinischen Zeichen verwenden, sind Sie ganz besonders darauf angewiesen, schnell und einfach Ihre jeweilige Eingabemethode aktivieren und nutzen zu können.

Eingabemethoden und Trackpad-Handschrift für nicht lateinische Zeichen

Angenommen, eine der Sprachen, die Sie nutzen, ist Chinesisch. Um chinesische Zeichen zu schreiben, gibt es viele verschiedene Eingabemethoden. Mitunter muss oder möchte man auch nicht nur eine Eingabemethode nutzen. Jede Eingabemethode ist jedoch so komplex, dass es nötig ist, sie entsprechend einstellen zu können. Da das einen enormen Aufwand nach sich zöge, wenn Sie dafür jedes Mal die Systemeinstellungen bemühen müssten, empfiehlt sich der schnelle Zugriff auf die Eingabemethoden und ihre Einstellungen über das Eingabequellenmenü.

1 Aktivieren Sie im Eingabequellenmenü beispielsweise die Eingabemethode **Pinyin – Vereinfacht**. Sie sehen, wie die Anzeige des Menüs von der deutschen Flagge auf ein chinesisches Schriftzeichen wechselt.

2 Klicken Sie erneut auf das Menü. Sie sehen, wie sich das Menü von der vorherigen Ansicht unterscheidet. Es zeigt nun die verschiedenen Einstellungsmöglichkeiten für die ausgewählte Eingabemethode an.

Deutsch
Arabisch
Englisch
✓ Pinyin - Vereinfacht   ^⇧P
Spanisch

Trackpad-Handschrift einblenden   ^⇧Leertaste

Chinesisch - Vereinfacht
     Facemarks und Interpunktion einblenden   ⌥⇧B

     Strukturkandidaten einblenden   ⇧Leertaste
     Sortiermodus für nächsten Kandidaten auswählen   →|
     Sortiermodus für vorherigen Kandidaten auswählen   ⇧|←
     Nächsten Ton auswählen   ⌥→|
     Vorherigen Ton auswählen   ⌥⇧|←

     Ausgewähltes Wort ignorieren   ⇧⌫

     Eingabecode suchen   ⌥⇧L
     Strichfolge eingeben

     Hilfe   ⌥⇧E

Textersetzungen bearbeiten ...

Tastaturübersicht einblenden
Zeichenübersicht einblenden

Name der Eingabequelle einblenden

Pinyin - Vereinfacht-Einstellungen öffnen ...

∧ **Abbildung 15.103** *Einstellungsmöglichkeiten für die ausgewählte Eingabemethode*

3 Erstellen Sie ein neues leeres Dokument mit dem Programm TextEdit.

4 Geben Sie eine Silbe ein, z. B. »ni«. Sie sehen, wie Ihnen nun die Pinyin-Eingabemethode ein schwebendes Fenster mit den verfügbaren Zeichen einblendet.

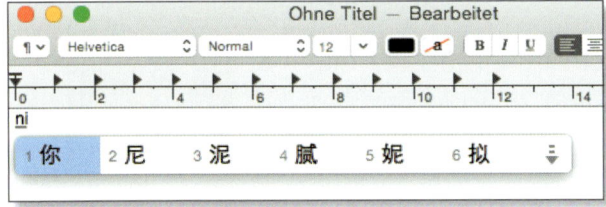

∧ **Abbildung 15.104** *Die Eingabemethode »Pinyin« in Aktion*

Dieses Fenster lässt sich mit einem Klick auf den Pfeil ganz rechts vergrößern und dann auch nach bestimmten Kriterien sortieren.

∧ **Abbildung 15.105** *Ein Klick auf den Pfeil öffnet neue Ansichten.*

5 Doppelklicken Sie auf das gewünschte Zeichen, oder schreiben Sie die Silbe und die gewünschte Nummer, um es aus der Übersicht in den Text einzufügen.

6 Alternativ zur Eingabe mit der Tastatur erlauben es multitouch-fähige Trackpads neuerer Macs auch, Zeichen direkt zu zeichnen. Rufen Sie aus dem Eingabequellenmenü **Trackpad-Handschrift einblenden** (Alternativ können Sie dazu auch die Tastenkombination ⌃ + ⇧ + Leertaste verwenden.) auf.

7 Beim ersten Aufruf dieser Funktion zeigt OS X einen Begrüßungsdialog. Anschließend blendet OS X ein schwebendes Fenster ein, dessen gesamte Größe nun dem Trackpad Ihres Macs entspricht. In diesem Modus dient Ihr Trackpad nicht mehr der Mauszeigersteuerung, sondern allein der Zeicheneingabe. Sie können nun in der Mitte des Trackpads die Zeichen tatsächlich *zeichnen*.

∧ **Abbildung 15.106** *Trackpad-Handschrift*

8 Sobald rechts das passende Zeichen angezeigt wird, können Sie es mit einem einfachen Fingertippen in das im Vordergrund befindliche Programm übernehmen. Wenn Sie mit den Zeichen vertraut sind, ist das eine sehr einfache und schnelle Art der Zeicheneingabe.

9 Um das Trackpad wieder wie gewohnt nutzen zu können, drücken Sie auf der Tastatur erneut ⌃ + ⇧ + Leertaste.

TIPP

Eingabequellen aktivieren

Ein kleiner Tipp aus der Praxis: Aktivieren Sie mindestens alle europäischen Sprachen/Eingabemethoden. Wir leben in einem vereinten Europa, und jede Sprache hat ihre Eigentümlichkeiten, denen Sie mit einer einsprachigen Tastaturbelegung nicht begegnen können. Es zeugt von Höflichkeit gegenüber den Empfängern Ihrer Korrespondenz, wenn Sie ihre Namen korrekt schreiben, speziell wenn darin Buchstaben enthalten sind, die mit einer deutschen Tastaturbelegung nicht ohne Weiteres zu erreichen sind, wie beispielsweise das polnische ł und das türkische ç.

15.15 Maus

Die Einstellungen im Bereich **Maus** hängen stark von der verwendeten Hardware ab – wie viele andere Einstellungen, die Sie bereits kennengelernt haben. Je nach Modell variieren die Einstellungen deutlich. Allen gemeinsam ist jedoch ein Mindestmaß an Einstellungen, mit denen Sie die Bewegungsgeschwindigkeit und meist auch die Doppelklick-Geschwindigkeit regeln.

◁ **Abbildung 15.107** Das Icon von »Maus«

Sie sollten den Umstieg auf OS X dazu nutzen, Ihre Maus in Rente zu schicken und auf ein Trackpad umzusteigen, da sich OS X 10.10, wie auch schon der Vorgänger OS X 10.9, nur mit einem Trackpad wirklich optimal bedienen lässt. Die Zeit der Mäuse ist – ähnlich wie die Zeit der optischen Medien – zwar noch nicht ganz vorbei, aber die zunehmende Verbreitung von Trackpads unterstreicht diese Entwicklung sehr deutlich. Wie Sie ein Trackpad konfigurieren, sehen wir uns im folgenden Abschnitt an.

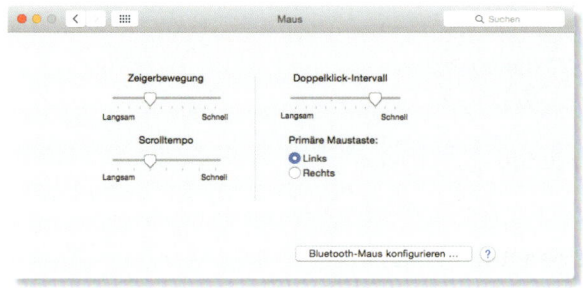

∧ **Abbildung 15.108** Die Einstellungen einer einfachen USB-Maus

Wer kein Trackpad an seinem Mac verwendet, der kommt allerdings auch mit einer Magic Mouse von Apple in den Genuss verschiedener *Wischer* und *Gesten*. Ganz so viele wie am Trackpad sind es aber dennoch nicht. Haben Sie die Magic Mouse verbunden, werden Ihnen die entsprechenden Systemeinstellungen im Bereich **Maus** angezeigt.

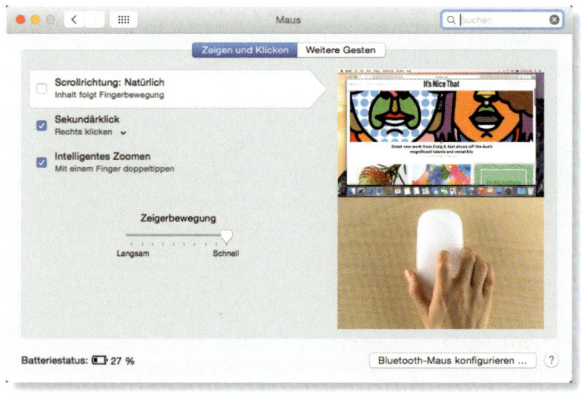

∧ **Abbildung 15.109** So sehen die Einstellungen einer aktuellen Apple-Maus aus.

15.16 Trackpad

Die Einstellungen von **Trackpad** sind in drei Tabs unterteilt: **Zeigen und Klicken**, **Scrollen und Zoomen** und **Weitere Gesten**. Zu allen Einstellungen sehen Sie jeweils ein kurzes Beispielvideo, wenn Sie mit dem Mauszeiger darüberfahren, weil die Einstellungen nur durch die Beschreibung oft nicht deutlich genug vermitteln, was sich damit machen lässt.

∧ **Abbildung 15.110** *Das Icon von »Trackpad«*

Zeigen und Klicken

Im Tab **Zeigen und Klicken** stellen Sie ein, ob Tippen auf das Trackpad einem Klick entspricht (Häkchen gesetzt) oder ob das Trackpad tatsächlich physisch geklickt werden muss (Häkchen nicht gesetzt), denn das ganze Trackpad ist im Prinzip eine einzige große Taste. Hier konfigurieren Sie auch die Art, wie Sie rechtsklicken (**Sekundärklick**) wollen.

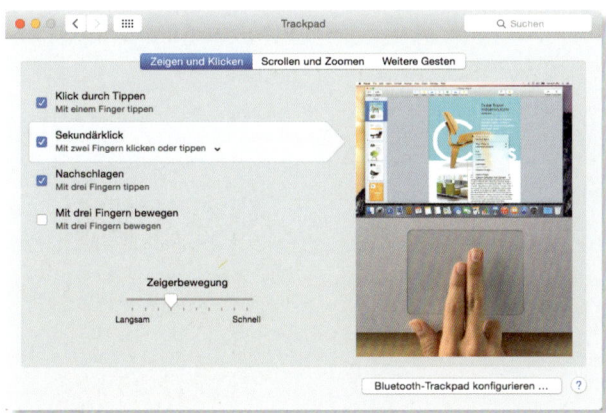

∧ **Abbildung 15.111** *Die Einstellungen im Tab »Zeigen und Klicken«*

Hinter der Einstellung **Nachschlagen** verbirgt sich die Möglichkeit, ein ausgewähltes Wort durch doppeltes

Tippen mit drei Fingern im systemweit zur Verfügung stehenden Lexikon nachzuschlagen.

Wenn Sie **Mit drei Fingern bewegen** aktivieren, können Sie Fenster mit drei Fingern bewegen. Auf diese Option kann man jedoch relativ gut verzichten, da dann andere, wichtigere Aktionen (wie beispielsweise Mission Control) mit drei Fingern nicht mehr zur Verfügung stehen, sondern mit vier Fingern ausgeführt werden müssen. Bewegen lassen sich Fenster ja ohnehin mit zwei Fingern, wenn einer der Finger die Taste des Trackpads gedrückt hält.

Scrollen und Zoomen

Im Tab **Scrollen und Zoomen** ist die erste Einstellung gleich die wichtigste, zumindest für die Benutzer, die schon länger einen Computer verwenden, egal, ob Mac oder PC. Seit Mac OS X 10.7 ist die Scrollrichtung standardmäßig umgekehrt, als Computernutzer das bislang gewohnt waren. Das ist eine Einstellung, die von der Bedienung des iPhones und iPads auf OS X übertragen wurde. Apple nennt die neue Scrollrichtung **Natürlich**. Wenn Sie das Häkchen bei **Scrollrichtung: Natürlich** entfernen, scrollen Sie wieder wie gewohnt.

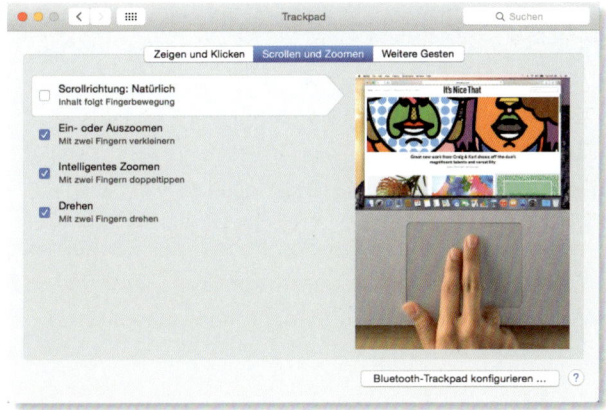

∧ **Abbildung 15.112** *Im Tab »Scrollen und Zoomen« finden Sie die wichtigste Scrolleinstellung.*

Abgesehen von dieser wirklich grundlegenden Option, finden Sie im Tab **Scrollen und Zoomen** die entsprechenden Einstellungen, um mit zwei Fingern zu zoomen und Elemente zu drehen.

Weitere Gesten

Im Tab **Weitere Gesten** finden Sie Einstellungen für Gesten, mit denen Sie bestimmte Aktionen ausführen können – wie das Starten von Mission Control und des Launchpads oder die Navigation zwischen Programmen im Vollbildmodus. Die Einstellungen der Gesten von Mission Control und App Exposé hängen dabei nicht nur von der Einstellung **Mit drei Fingern bewegen** im Tab **Zeigen und Klicken** ab, sondern jeweils auch voneinander.

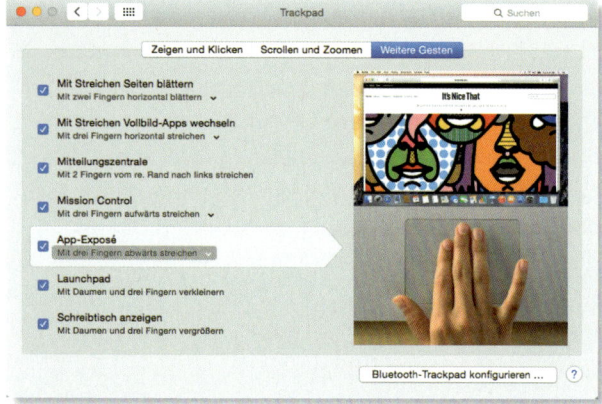

∧ **Abbildung 15.113** *Die Einstellungen im Tab »Weitere Gesten«*

15.17 Drucker & Scanner

In den Einstellungen **Drucker & Scanner** können Sie, wie der Name bereits vermuten lässt, Drucker und Scanner zum System hinzufügen und verwalten.

‹ **Abbildung 15.114** *Das Icon von »Drucker & Scanner«*

Wenn Sie bereits einen Drucker oder Scanner mit Ihrem Mac verbunden haben und das Gerät eingeschaltet ist, ist die Wahrscheinlichkeit groß, dass es bereits erkannt wurde und nun in der Liste der verfügbaren Geräte angezeigt wird.

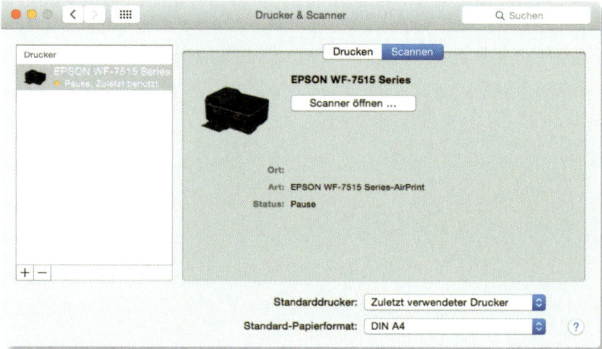

∧ **Abbildung 15.115** *Die Systemeinstellung »Drucker & Scanner« mit bereits automatisch erkanntem Scanner*

Außer der Geräteliste und der Detailansicht finden Sie hier zwei weitere Einstellungen. Im Auswahlmenü **Standarddrucker** legen Sie fest, welcher Drucker der automatisch verwendete sein soll, wenn Sie im Druckdialog nicht explizit einen bestimmten Drucker auswählen. Die Voreinstellung ist **Zuletzt verwendeter Drucker**. Sie können aber auch ein bestimmtes Modell angeben.

Die nächste Einstellung bezieht sich auf das **Standard-Papierformat**. Hier ist dasjenige bereits vorausgewählt, das den Landeseinstellungen entspricht.

Einen neuen Drucker einrichten

Mit den Plus- und Minus-Buttons unter der Liste der verfügbaren Geräte fügen Sie Drucker und Scanner hinzu oder löschen sie.

1 Klicken Sie auf den Plus-Button.

2 Wählen Sie im folgenden Fenster **Hinzufügen** aus einem der Bereiche eines der gelisteten Geräte aus.

3 Klicken Sie auf den Button **Hinzufügen**. Das gewählte Gerät wird nun in der Liste der eingerichteten Geräte angezeigt.

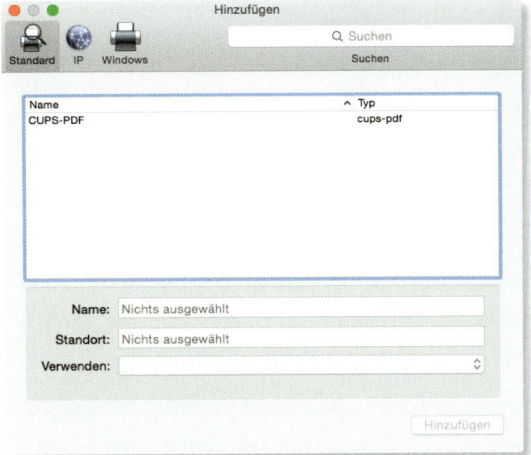

Abbildung 15.116 *Verfügbare Geräte in Reichweite*

Da OS X für die meisten Drucker und Scanner bereits passende Treiber bereithält, müssen Sie meistens an dieser Stelle nichts weiter tun. Sollten Sie ein Modell erwischt haben, bei dem das nicht der Fall ist, laden Sie sich die aktuelle Software für Ihr Gerät von der Website des Herstellers, installieren Sie sie, und wiederholen Sie gegebenenfalls anschließend die Druckererkennung.

Drucker im Netzwerk freigeben

Um ein Gerät für andere Macs im Netzwerk zur Verfügung zu stellen, müssen Sie es freigeben. Wählen Sie einen Drucker aus der Liste aus, und setzen Sie das Häkchen bei **Diesen Drucker im Netzwerk freigeben**. Andere Macs im gleichen Netzwerk können nun über Ihren freigegebenen Drucker drucken.

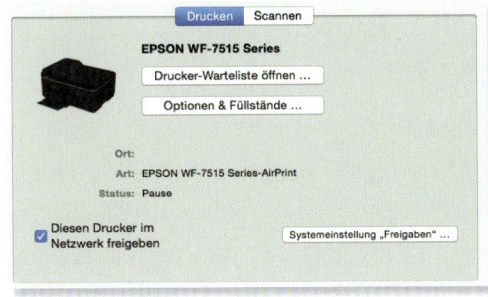

Abbildung 15.117 *Ein freigegebener Drucker*

INFO

AirPrint

Immer mehr Drucker unterstützen eine Technologie von Apple namens *AirPrint*. Mit AirPrint ist es möglich, Drucker ohne jede Installation oder Konfiguration nutzen zu können. Derzeit wird AirPrint nur von Mobilgeräten mit iOS wie iPad und iPhone unterstützt. Es ist jedoch nicht unwahrscheinlich, dass auch OS X früher oder später von AirPrint Gebrauch machen könnte.

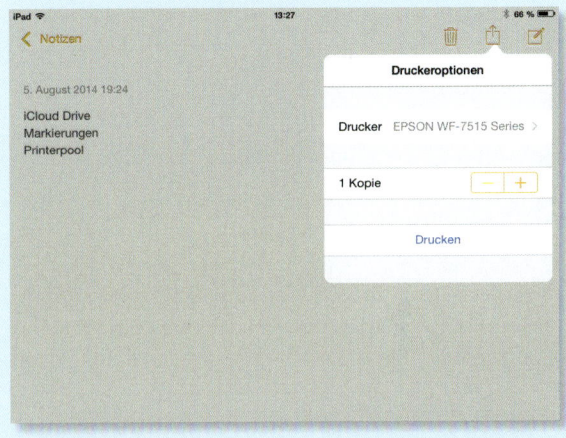

Abbildung 15.118 *AirPrint auf dem iPad. Vielleicht auch eines Tages auf dem Mac?*

Einen Drucker-Pool einrichten

Wie auch andere Unix-Systeme verwendet OS X das Drucksystem CUPS (Common Unix Printing System) und bietet daher auch eine Funktion von CUPS, die auf den ersten Blick nicht sofort sichtbar ist. Dabei ist diese Funktion speziell in Büroumgebungen, in denen sehr viel gedruckt wird und entsprechend viele Drucker zur Verfügung stehen, äußerst hilfreich. Mehrere Drucker lassen sich zu sogenannten *Drucker-Pools* zusammenfassen. Schickt man einen Druckauftrag an einen Drucker-Pool anstatt an einen einzelnen Drucker, wird der Auftrag auf dem nächsten verfügbaren Drucker ausgegeben. Dank der Pooling-Möglichkeit sind die Drucker im Büro idealerweise stets optimal ausgelastet. Ein Drucker-Pool ist ganz einfach angelegt.

1 Markieren Sie in der Liste der verfügbaren Drucker diejenigen Drucker, die zusammen (sinnvollerweise!) einen Drucker-Pool ergeben sollen.

Schon nach dem zweiten markierten Drucker sehen Sie im rechten Bereich den Button **Drucker-Pool erstellen ...**.

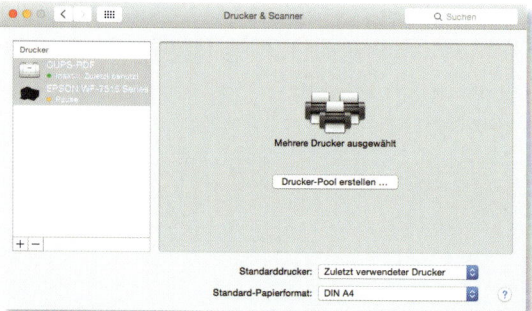

^ **Abbildung 15.119** *Verblüffend einfach, aber nicht auf den ersten Blick zu finden: einen Drucker-Pool erstellen*

2 Klicken Sie auf den Button **Drucker-Pool erstellen ...**, und geben Sie im folgenden Dialog einen Namen für den Pool an.

3 Klicken Sie abschließend auf den Button **OK**.

Der Drucker-Pool ist nun wie ein ganz normaler Drucker nutzbar. Über den Button **Einstellungen** in der Drucker-Warteliste des Drucker-Pools können Sie im Tab **Drucker** nachsehen, welche Drucker hier zum ausgewählten Pool zusammengestellt sind.

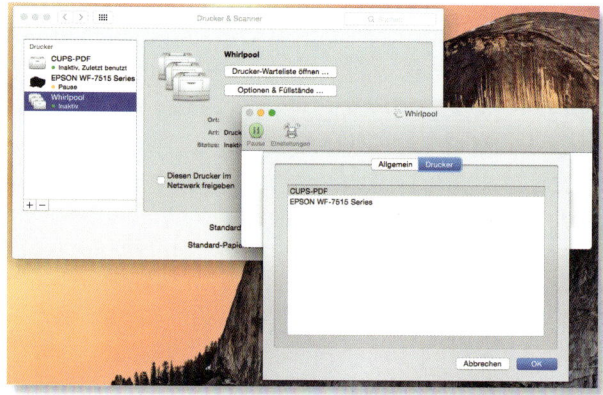

^ **Abbildung 15.120** *Welche Drucker gehören zum ausgewählten Drucker-Pool?*

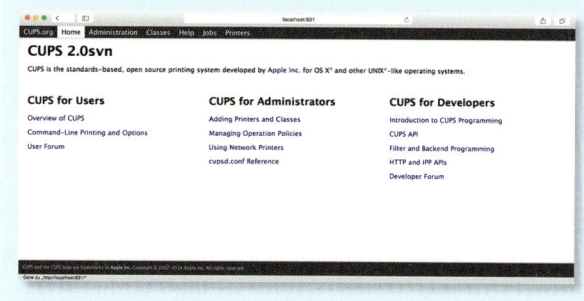

^ **Abbildung 15.121** *CUPS bietet auch ein Web Interface.*

Drucksystem zurücksetzen

Sollten mal Dinge beim Drucken überhaupt nicht mehr so funktionieren, wie Sie es erwarten, ist es zunächst sinnvoll, den betroffenen Drucker aus der Liste der verfügbaren Drucker zu löschen und neu anzulegen. In den meisten Fällen hilft das schon. Wenn das als Maßnahme nicht reicht, haben Sie die Möglichkeit, das ganze Drucksystem zurückzusetzen. Sie müssen zwar anschließend die Drucker neu hinzufügen und auch gegebenenfalls Drucker-Pools neu anlegen, aber der Aufwand dafür hält sich glücklicherweise meistens in überschaubarem Rahmen.

1 Klicken Sie mit der rechten Maustaste in die Liste der Drucker.

2 Klicken Sie im Kontextmenü auf **Drucksystem zurücksetzen ...**, und bestätigen Sie die Rückfrage im folgenden Dialog mit Klick auf den Button **Zurücksetzen**.

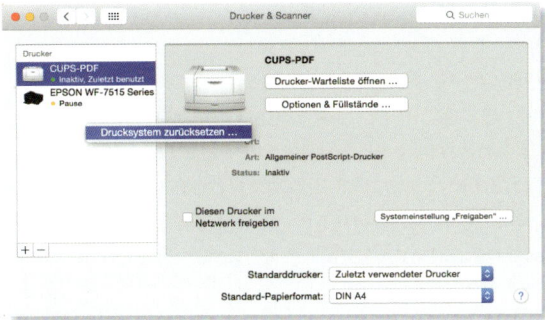

△ Abbildung 15.122 *Das Drucksystem lässt sich zurücksetzen.*

3 Legen Sie die Drucker erneut an, und prüfen Sie nach jedem neu hinzugefügten Drucker, ob das Problem behoben ist oder nach dem Hinzufügen eines bestimmten Druckers erneut auftritt.

Meistens sind derartige Probleme auf schlechte Druckertreiber zurückzuführen. Wenn Sie stets die von Apple über die Softwareaktualisierung zur Verfügung gestellten Druckertreiber benutzen, haben Sie in der Regel keine Probleme beim Drucken.

15.18 Ton

In den Systemeinstellungen zu **Ton** sehen Sie im Tab **Toneffekte** eine Liste mit Warntönen. Markieren Sie hier einen Ton aus der Liste, um ihn anzuhören. Der jeweils zuletzt markierte Ton ist dann automatisch der vom System benutzte Warnton.

◁ Abbildung 15.123 *Das Icon von »Ton«*

Haben Sie möglicherweise zusätzlich zur internen Soundkarte noch weitere Soundkarten angeschlossen, haben Sie im Auswahlmenü **Toneffekte abspielen über** die Wahl, auf welcher Soundkarte Warntöne ausgege-

ben werden sollen. Speziell dann, wenn Sie beispielsweise Aufnahmen machen, werden Sie nicht wollen, dass die Warntöne auf der Soundkarte ausgegeben werden, die Sie gerade für eine Aufnahme nutzen.

In den Tabs **Ausgabe** und **Eingabe** finden Sie Einstellungen zur Eingabe und Ausgabe von Audiosignalen. In der Regel gibt es hier nichts einzustellen, wenn Sie nur die eingebaute Soundkarte verwenden. Erst bei der Benutzung mehrerer Soundkarten wird es nötig, hier Einstellungen vorzunehmen.

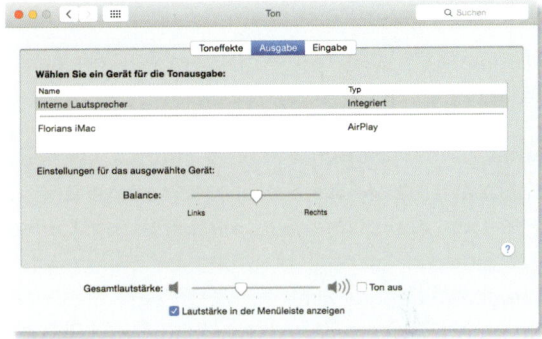

△ Abbildung 15.124 *Die Einstellungen für die Tonausgabe*

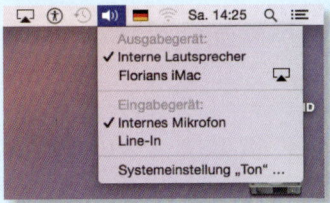

15.19 iCloud

Zeile 3 der Systemeinstellungen werden Sie erfahrungsgemäß vergleichsweise häufig nutzen, da sie sämtliche Einstellungen zum Thema Konnektivität und Kommunikation versammelt. Ein Computer ist ja heutzutage nicht mehr nur ein größerer Rechenschieber und eine bessere Schreibmaschine, sondern vor allem auch ein Kommunikationsgerät.

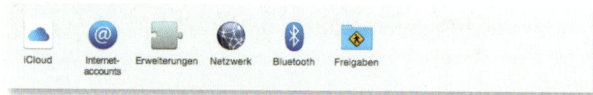

▲ Abbildung 15.126 *Alles, was mit Netzwerken und Kommunikation zu tun hat, findet sich hier.*

Den Anfang macht iCloud: iCloud ist ein (für die meisten Funktionen, bis auf wenige Extras) kostenloser Onlinedienst von Apple, der viele hilfreiche Funktionen anbietet, die an vielen Stellen optimal ins System integriert sind, und der das Betriebssystem weit über den eigenen Mac hinaus erweitert – vor allem durch die Integration der Dienste auf Geräten wie iPhone und iPad.

Der Schlüssel zu iCloud ist eine Apple-ID. Falls Sie bereits über eine solche verfügen, ist das bereits die halbe Miete. Falls Sie noch keine Apple-ID haben, müssen Sie für die Nutzung von iCloud zunächst eine Apple-ID erstellen.

◄ Abbildung 15.127 *Das Icon von »iCloud«*

Abhängig von den Angaben, die Sie bei der Installation im Setupassistenten gemacht haben, sehen Sie in den Einstellungen von iCloud gleich die Einstellungsmöglichkeiten (siehe Abbildung 15.131) – oder zunächst das Login-Fenster. Im Folgenden gehen wir davon aus, dass Sie bereits eine Apple-ID besitzen und diese für iCloud nutzen.

▲ Abbildung 15.128 *Sie müssen sich bei iCloud anmelden, um die Einstellungen zu sehen.*

Nach der Anmeldung (de-)aktivieren Sie in den Einstellungen von iCloud einzeln die von iCloud bereitgestellten Dienste durch Setzen der jeweiligen Häkchen. Wenn Sie einen Dienst aktivieren, wird automatisch das davon betroffene Programm entsprechend konfiguriert, sodass Sie, um einen Dienst nutzen zu können, ihn tatsächlich nur aktivieren müssen.

▲ Abbildung 15.129 *iCloud richtet alle Programme automatisch passend ein.*

iCloud bietet Ihnen folgende Dienste:

- **iCloud Drive:** Aus der einfachen Speichermöglichkeit von Dokumenten in der Cloud wurde nun der Dienst iCloud Drive, mit dem sich die Dateien noch flexibler und einfacher nutzen lassen. In OS X ist iCloud Drive nach der Aktivierung direkt in den Finder integriert. Programme, die die Sicherung von Dateien auf iCloud unterstützen, sind darauf angewiesen, dass Sie diesen Punkt in den Einstellungen aktivieren. Nur so können Sie die synchronisierte Nutzung Ihrer Dateien auf mehreren Geräten mithilfe von iCloud verwenden.

■ **Fotos:** Mit Fotos bietet iCloud Ihnen die Möglichkeit, Ihre Fotos auf allen Geräten verfügbar zu haben. Fotostream, das nahtlos in iPhoto integriert ist, ist letztlich, wie die meisten anderen iCloud-Dienste, auch »nur« ein Synchronisierungsdienst, der aber so einfach funktioniert und dabei in der Praxis so spektakulär ist, dass man es mit eigenen Augen gesehen haben muss. Mit der Veröffentlichung von iOS 7 wurde Fotostream deutlich verbessert. Davon profitieren Sie nicht nur unter iOS, sondern auch am Mac bzw. ganz allgemein als Nutzer von iCloud. Fotostream ist jetzt nicht mehr nur Ihr eigener Fotospeicher, sondern Sie können auch Bilder für andere Personen freigeben.

Dabei müssen die Personen, denen Sie einen sogenannten *geteilten Fotostream* freigeben, noch nicht mal selbst iCloud nutzen, denn in so einem Fall sind die Bilder über einen geheimen Link (den Sie der eingeladenen Person natürlich zukommen lassen sollten) erreichbar. Ist die eingeladene Person selbst Nutzer von iCloud, wird der von Ihnen freigegebene Fotostream direkt in der Übersicht über die in iCloud verfügbaren Fotostreams der eingeladenen Person angezeigt. Doch damit nicht genug, die eingeladene Person kann ebenfalls Bilder zu dem geteilten Fotostream hinzufügen und natürlich auch Bilder kommentieren. Freigegebene Fotostreams sind also eine einfache und schöne Möglichkeit, gemeinsame Onlinefotoalben mit Freunden und Verwandten zu führen. Mehr über Fotostream erfahren Sie in Kapitel 13, »Kreativ werden mit iMovie, GarageBand und iPhoto«, ab Seite 485.

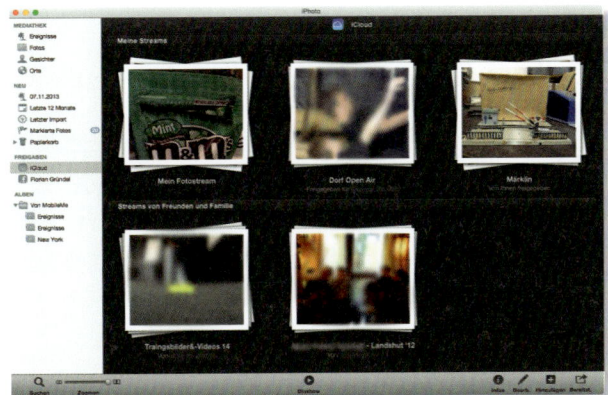

⌃ **Abbildung 15.130** *Fotostream: Allein dafür lohnt sich iCloud.*

■ **Mail:** In iCloud inbegriffen ist eine E-Mail-Adresse mit der Endung *@icloud.com*, die Sie bei der Anmeldung zu iCloud angelegt haben. Diese E-Mail-Adresse wird auf einem IMAP-Mailserver gehostet, und die Mails werden gepusht, also aktiv an Ihr Gerät gesendet, auf dem Sie den Account eingerichtet haben, sodass Sie stets alle Ihre Mails auf allen Geräten sofort zur Verfügung haben.

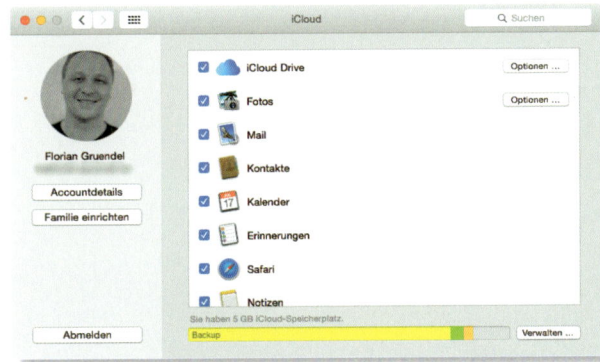

⌃ **Abbildung 15.131** *Die Dienste von iCloud im Überblick*

■ **Kontakte:** Mit iCloud halten Sie Ihre Kontakte ebenfalls auf allen Geräten stets synchron.

■ **Kalender:** Ihre Kalender halten Sie mit iCloud nicht nur synchron, sondern Sie können einzelne Kalender auch zur gemeinsamen Nutzung mit anderen freigeben.

- **Erinnerungen**: Bietet die gleichen Möglichkeiten wie Kalender, aber eben nicht für Termine, sondern für Erinnerungen.

- **Safari:** iCloud hält Ihre Favoriten, Ihre Leseliste und alle aktuell geöffneten Tabs auf all Ihren Geräten synchron.

- **Notizen:** Ebenso wie die Erinnerungen werden auch Ihre Notizen dank iCloud stets auf allen Geräten aktuell gehalten.

- **Schlüsselbund:** Der Schlüsselbund in iCloud hält geräteübergreifend Kennwörter und auf Wunsch auch Kreditkartendaten für Sie bereit.

- **Zugang zu meinem Mac:** Diese Funktion gab es bereits beim mittlerweile eingestellten Onlinedienst MobileMe. Ist **Zugang zu meinem Mac** aktiv, haben Sie von überall Zugriff auf Ihren Mac zu Hause.

  Allerdings müssen für **Zugang zu meinem Mac** ein paar Voraussetzungen erfüllt sein. Ausführliche Informationen dazu bietet die Website von Apple unter *http://support.apple.com/kb/HT1109?viewlocale=de_DE* .

- **Meinen Mac suchen:** Ist diese Funktion von iCloud aktiviert, können Sie Ihren Mac lokalisieren, falls Sie ihn irgendwo liegengelassen haben oder er gestohlen wurde. Auf Seite 655 finden Sie dazu eine genaue Anleitung.

INFO

iCloud auch auf dem PC und online nutzbar
Mit iCloud synchronisieren Sie nicht nur Ihre Daten zwischen Ihren Apple-Geräten, sondern dank eines kleinen für Windows erhältlichen Programms steht Ihnen iCloud auch auf dem PC zur Verfügung. Weitere Informationen dazu erhalten Sie unter *http://www.apple.com/de/icloud/setup/pc.html*. Online haben Sie Zugriff auf Ihre iCloud unter *https://www.icloud.com*.

▲ **Abbildung 15.133** *Auch im Browser verfügbar: iCloud*

In den Einstellungen von iCloud finden sich unter Ihrem Benutzerbild zwei weitere hilfreiche Buttons: **Accountdetails** und **Familie einrichten**.

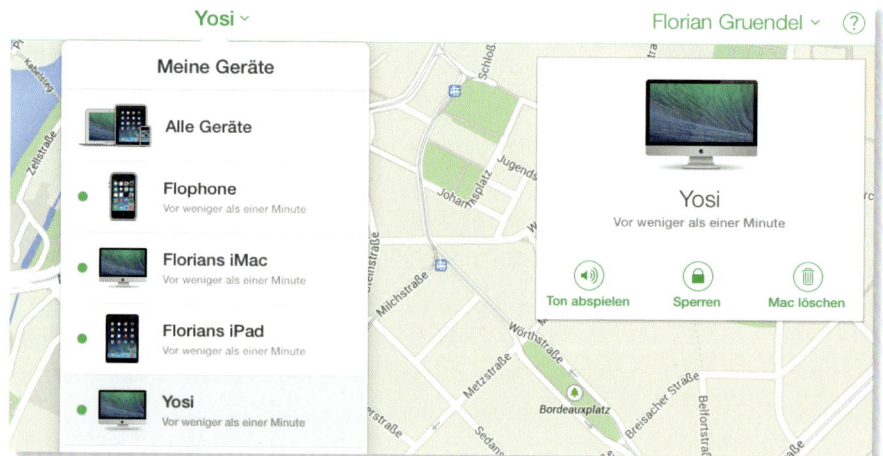

◄ **Abbildung 15.132** *»Meinen Mac suchen« hilft Ihnen, Ihren Mac wiederzufinden, wenn er verloren gegangen sein sollte.*

Accountdetails

Ein Klick auf **Accountdetails** öffnet einen Dialog, der Sie um die Eingabe Ihres Passworts für iCloud bittet, um Ihnen die gewünschten Detaileinstellungen zu den hinterlegten Zahlungs- und Sicherheitsinformationen anzuzeigen. Nachdem Sie Ihr Passwort eingegeben haben, sehen Sie ein kleines Fenster mit den Tabs **Allgemein**, **Kontakt**, **Sicherheit** und **Zahlung**. Jeder Tab bietet entsprechende Informationen zu Ihrem iCloud-Account, und Sie können Änderungen in den einzelnen Bereichen vornehmen.

^ **Abbildung 15.134** *iCloud-Accountdetails ansehen*

Familienfreigabe

Mit dem Button **Familie einrichten** haben Sie die Möglichkeit, mehrere Apple-IDs als eine »Familie« zu definieren. Das hat den Vorteil, dass Sie Einkäufe wie Musik, Bücher oder Apps aus den diversen Online Stores von Apple gemeinsam nutzen können. Im Detail lassen sich noch sehr viel mehr Inhalte miteinander teilen, wie beispielsweise Fotos und Kalender. Zusätzlich lässt sich damit eine Kindersicherung aktivieren, sodass jüngere Familienmitglieder vor einem Kauf eine Freigabe der Erziehungsberechtigten einholen müssen.

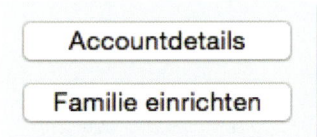

^ **Abbildung 15.135** *Praktische Buttons: »Accountdetails« und »Familie einrichten«*

Nach Apples Vorstellung besteht eine Familie aus maximal sechs Personen. Details zu den Möglichkeiten, die Ihnen die Familienfreigabe bietet, finden Sie unter *http://www.apple.com/de/icloud/family-sharing/*.

Wir sehen uns an dieser Stelle an, wie Sie eine Familie einrichten.

1 Klicken Sie auf den Button **Familie einrichten**.

Sie sehen nun ein Fenster, in dem Ihnen die Möglichkeiten der Familienfreigabe zusammengefasst dargestellt werden. Hier gibt es noch nichts einzurichten, klicken Sie daher auf den Button **Fortfahren**.

2 Jede Familie braucht einen, der sie organisiert. Da Sie die Einrichtung nun mit Ihrer Apple-ID gestartet haben, werden Sie im folgenden Schritt gefragt, ob Sie der Organisator sein wollen. Bestätigen Sie dies durch Klick auf den Button **Fortfahren**.

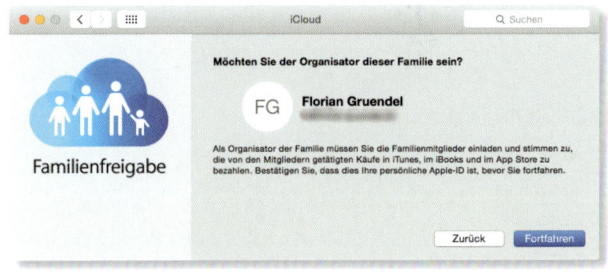

^ **Abbildung 15.136** *Jede Familie braucht einen Organisator (auf dessen Kreditkarte anschließend die ganze Familie einkauft).*

3 Im nächsten Schritt können Sie die Apple-ID, die Sie verwenden wollen, durch Klick auf den Button **Einen anderen Account verwenden** ändern. Wenn Sie das nicht möchten, klicken Sie auf den Button **Fortfahren**.

4 Im nächsten Schritt sehen Sie einen Hinweis auf die von Ihnen verwendete Kreditkarte, verbunden mit dem Hinweis, dass alle Einkäufe von allen Familienmitgliedern ab sofort über Ihre Kreditkarte abgewickelt werden. Detaillierte Informationen dazu erhalten Sie nach Klick auf den Button **Weitere In-**

formationen zu **Familieneinkäufen**. Um die Anmeldung weiter durchzuführen, klicken Sie auch hier auf den Button **Fortfahren**.

Kreditkarte erforderlich

Die Familienfreigabe ist nur möglich, wenn der Familienorganisator über eine hinterlegte Kreditkarte verfügt. Die Akzeptanz von Kreditkarten in Deutschland ist nach wie vor nicht flächendeckend, und ohne Kreditkarte ist man von dieser sehr nützlichen Funktion abgeschnitten. Als Alternative bietet sich in solchen Fällen der Einsatz einer »Prepaid-Kreditkarte« an, wie sie immer mehr Kreditkartenunternehmen anbieten.

5 Im nächsten Schritt werden Sie gefragt, ob Sie Ihren Standort für Familienmitglieder freigeben wollen. Egal, wofür Sie sich jetzt entscheiden, Sie können diese Einstellungen später jederzeit in den Systemeinstellungen von iCloud ändern. Treffen Sie Ihre Auswahl, und klicken Sie dann auf den bekannten Button **Fortfahren**.

6 Im nächsten Schritt ändert sich die Ansicht des Fensters, und Sie haben jetzt endlich die Möglichkeit, weitere Mitglieder zu Ihrer Familie hinzuzufügen. Klicken Sie dazu entweder auf den Plus-Button ❶ unter der Liste oder auf den Button **Familienmitglied hinzufügen** ❷.

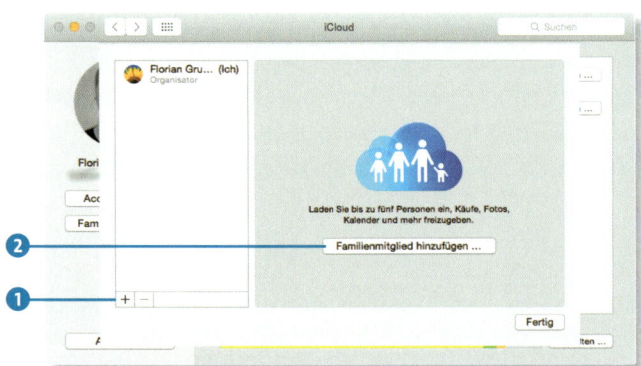

▲ **Abbildung 15.137** *Mitglieder zu einer Familie hinzufügen*

7 Im folgenden Dialog können Sie ein Familienmitglied, das bereits über eine Apple-ID verfügt, einladen oder eine Apple-ID für ein Kind anlegen. Treffen Sie Ihre Auswahl (Für unser Beispiel laden wir eine Person ein, die bereits eine Apple-ID hat.), und klicken Sie anschließend auf den Button **Fortfahren**.

Kinderschutz

Wenn Sie einen Account für ein Kind anlegen bzw. hinzufügen, haben Sie in den Einstellungen dieses Accounts die Möglichkeit, Käufe des Kindes von einer Zustimmung eines Erziehungsberechtigten abhängig zu machen. Wenn ein Kind also einen Kauf tätigen will, bekommen Sie als Erziehungsberechtigter zunächst einen entsprechenden Hinweis, und nur, wenn Sie diesen mit **Weiter** autorisieren, kann das Kind den Kauf durchführen.

▲ **Abbildung 15.138** *Man kann einen Kauf auch mal getrost unterbinden.*

8 Gegebenenfalls müssen Sie im nächsten Schritt bestätigen, dass Sie der Organisator der Familie sind, und entsprechend den Sicherheitscode Ihrer Kreditkarte eingeben. Klicken Sie auf den Button **Fortfahren**.

9 Geben Sie im nächsten Dialogfenster das Passwort Ihrer Apple-ID ein, um die Änderungen an Ihrem Account zuzulassen, und klicken Sie abermals auf den Button **Fortfahren**.

Anschließend sehen Sie einen Hinweis zum Status Ihrer Anfrage an das Familienmitglied.

10 Sie können nun weitere Familienmitglieder hinzufügen oder die Einstellungen mit einem Klick auf den Button **Fertig** verlassen.

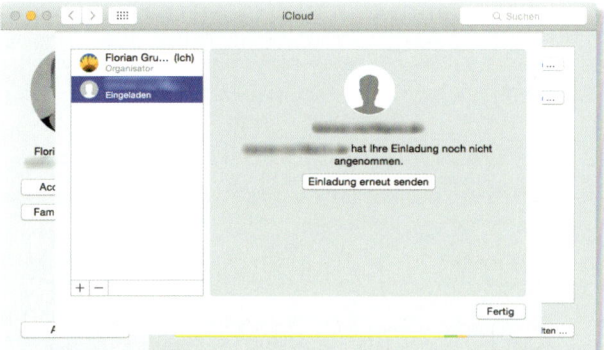

▲ **Abbildung 15.139** Der Status der Einladung an Ihre Familienmitglieder

Die von Ihnen eingeladenen Personen erhalten nun eine Einladung per E-Mail und können dieser mit einem Klick auf **Einladung anzeigen** in der E-Mail folgen. Daraufhin werden die iCloud-Einstellungen in den Systemeinstellungen geöffnet, und die eingeladene Person kann Teil der Familie werden.

▲ **Abbildung 15.140** Eine Einladung zur Teilnahme an einer Familie

Nach dem Versand der ersten Einladung an ein Familienmitglied wird aus dem Button **Familie einrichten** in den iCloud-Systemeinstellungen der Button **Familie verwalten**.

Sie fragen sich vielleicht, wie sich das »Teil der Familie sein« nun konkret auf die einzelnen Familienmitglieder auswirkt. Das ist je nach Programm unterschiedlich: im iTunes Store steht Ihnen beispielsweise die Musik der anderen Familienmitglieder zur Verfügung, als wäre es Ihre eigene.

▲ **Abbildung 15.141** Im iTunes Store stehen Ihnen nicht mehr nur die eigenen Einkäufe, sondern auch die der anderen Familienmitglieder zur Verfügung.

In Kalender wird ein neuer iCloud-Kalender namens **Family** hinzugefügt, in dem alle Familienmitglieder lesen und schreiben dürfen. Als Familienorganisator werden Sie über Änderungen bestehender Termine oder Terminergänzungen anderer Familienmitglieder außerdem entsprechend informiert.

▲ **Abbildung 15.142** Als Organisator sind Sie stets über Termine der ganzen Familie informiert.

Alles in allem ist die Familienfreigabe eine der besten Ergänzungen zu iCloud seit Langem, denn sie macht endlich mit digitalen Inhalten zumindest im Ansatz das möglich, was mit physischen Medien selbstverständlich ist: die gemeinsame legale Nutzung in einem privaten Rahmen.

15.20 Internetaccounts

Der mit Mac OS X 10.7 neu eingeführte Bereich **Mail, Kontakte & Kalender** in den Systemeinstellungen heißt seit OS X 10.9 **Internetaccounts** und zollt der Tatsache Respekt, dass immer mehr Daten im Alltag nicht unbedingt auf dem eigenen Computer verfügbar sind, sondern über entsprechende Zugangskonten aus anderen Quellen kommen.

Meist handelt es sich dabei um Kalender-, Kontakt-, Social-Media- und E-Mail-Daten. Um die vielen möglichen Abonnements zentral zu verwalten, geben Sie sie hier ein. Die entsprechenden Programme, wie z. B. Kalender und Kontakte, greifen dann bei Bedarf auf diese Daten zu.

⌃ Abbildung 15.143 *Das Icon von »Internetaccounts«*

Natürlich können Sie die Konten nach wie vor auch in den Einstellungen der jeweiligen Programme anlegen, und sie werden dann in diesen Bereich übernommen. Unabhängig davon ist es aber auch ganz praktisch, alle relevanten Accounts, die man auf seinem Mac benutzt, an einer zentralen Stelle griffbereit zu haben. Für viele Accounttypen sehen Sie in der Liste rechts bereits eine Auswahl, sodass Sie nur noch auf den entsprechenden Typ klicken und Ihre Angaben machen müssen. Prinzipiell gehen Sie dazu so vor:

1 Wenn Sie über ein Konto bei einem der aufgeführten Dienste verfügen, klicken Sie den entsprechenden Dienst an. Ansonsten klicken Sie auf **Anderen Account hinzufügen**, um z. B. einen E-Mail-Account anzulegen.

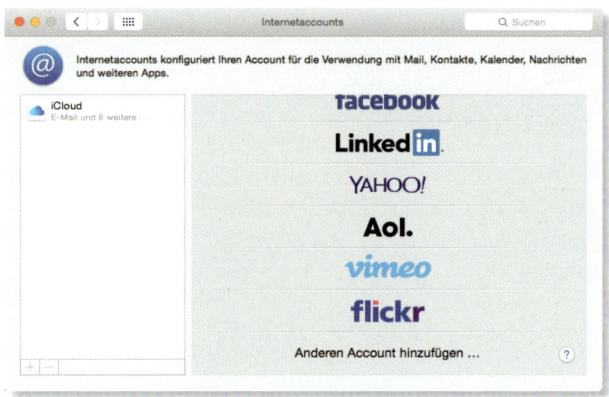

⌃ Abbildung 15.144 *Einen E-Mail-Account bei einem nicht aufgelisteten Anbieter anlegen*

2 Wählen Sie im folgenden Fenster den passenden Account aus, und klicken Sie auf den Button **Erstellen**.

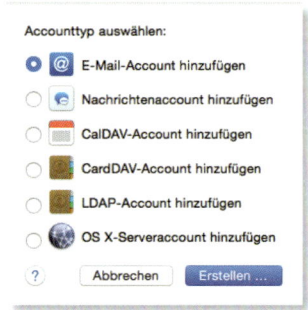

⌃ Abbildung 15.145 *Accounttyp wählen*

3 Geben Sie dann Ihre Zugangsdaten an, und klicken Sie auf den Button **Erstellen**. Anschließend wird der Server kontaktiert, die angegebenen Informationen werden verifiziert, und die Accountzusammenfassung wird angezeigt. Danach können Sie den Account sofort in Mail nutzen.

INFO

Chinesische Accounts?
Möglicherweise wundern Sie sich über chinesische Accounts, die Sie hier anlegen könnten. Diese sehen Sie nur dann, wenn Sie einmal Chinesisch als Eingabemethode benutzt haben, denn dann werden anschließend diese Accounts eingeblendet.

^ **Abbildung 15.146** *Ein erfolgreich angelegter Account*

Für eine ausführlichere Anleitung zur Einrichtung eines E-Mail-Accounts schlagen Sie in Kapitel 8, »Mail, Kontakte, Karten, Kalender und Erinnerungen«, auf Seite 300 nach. Besonders positiv ist, dass OS X nun auch Accounts des Business-Netzwerks LinkedIn unterstützt. Dank dieses Vorteils ist ein solches Business-Netzwerk tief im System integriert, und Sie haben beispielsweise stets alle Ihre Kontakte aus LinkedIn zur Verfügung und sehen in Safari interessante Links, die andere Mitglieder gepostet haben. Leider ist auch in OS X 10.10 das Business-Netzwerk XING immer noch nicht verfügbar.

^ **Abbildung 15.147** *Ein Schritt zu besserer geschäftlicher Nutzbarkeit von Macs: Integration von LinkedIn in OS X*

Ebenfalls neu mit OS X 10.9 eingeführt wurde die Möglichkeit, aus der Mitteilungszentrale heraus Nachrich-

ten an die hier angelegten Internetaccounts absetzen zu können. So können Sie jederzeit eine Nachricht an die entsprechenden Empfänger versenden.

^ **Abbildung 15.148** *Nachrichten in verschiedene Kanäle direkt aus der Mitteilungszentrale heraus versenden*

15.21 Netzwerk

Die Einstellungen im Bereich **Netzwerk** werden ausführlich in Abschnitt 7.6, »Ein Netzwerk einrichten«, auf Seite 275 besprochen.

^ **Abbildung 15.149** *Das Icon von »Netzwerk«*

15.22 Bluetooth

Bluetooth ist eine Nahfunktechnologie, mit der sich entsprechend ausgestattete Geräte im Umkreis von ca. zehn Metern finden und miteinander verbinden lassen. Die häufigsten Einsatzzwecke für Bluetooth sind Verbindungen zu Tastaturen und Mäusen oder Trackpads sowie Verbindungen zu Headsets und Mobiltelefonen.

^ **Abbildung 15.150** *Das Icon von »Bluetooth«*

Da es hier nicht viel mehr zu tun gibt, verbinden wir direkt ein Bluetooth-Gerät mit dem Mac.

Ein Bluetooth-Gerät mit dem Mac verbinden

Da die **Bluetooth**-Systemeinstellungen, wenn Bluetooth aktiviert ist, sowieso in ständiger Kontaktbereitschaft sind, genügt es, Bluetooth am anderen Gerät zu aktivieren (Manche Geräte müssen zusätzlich noch in eine Art *Erkennungsmodus* versetzt werden.) und in Reichweite zu kommen. Sind diese Voraussetzungen alle gegeben, zeigt die Liste der Bluetooth-Geräte im unteren Teil die erkannten, aber noch nicht gekoppelten Geräte an.

^ **Abbildung 15.151** *Die Übersicht über die bereits bekannten (oben) und verfügbaren (unten) Geräte*

Um das erkannte Gerät zu koppeln, klicken Sie auf den Button **Verbinden**. Die Verbindung zwischen den Geräten wird nun aufgebaut. Anschließend wird ein Code

angezeigt, den Sie eingeben (oder je nach Gerät zumindest bestätigen) müssen, um die Geräte miteinander zu verbinden.

^ **Abbildung 15.152** *Zur Kopplung der Geräte müssen Sie einen Code eingeben.*

Daraufhin werden die Geräte gekoppelt und sind füreinander nutzbar. Gekoppelte Geräte werden in der Übersicht als **Verbunden** angezeigt. Mit einem Klick auf das **x**-Icon, das beim Überfahren mit der Maus angezeigt wird, lässt sich ein Gerät aus der Liste entfernen.

^ **Abbildung 15.153** *Ein bekanntes Gerät wieder entfernen*

15.23 Freigaben

Im Bereich **Freigaben** geben Sie Netzwerkdienste, die auf Ihrem Mac laufen, zur weiteren Nutzung für andere Benutzer im lokalen Netzwerk frei.

◄ **Abbildung 15.154** *Das Icon der »Freigaben«*

Eine detaillierte Übersicht und Anleitung zu den verschiedenen Freigaben finden Sie in Kapitel 18, »Daten und Aufgaben teilen – lokale Netzwerke und Freigaben«, ab Seite 659.

15.24 Benutzer & Gruppen

In Zeile 4 der Systemeinstellungen finden Sie recht unterschiedliche Einstellungen, die in einer der vorangegangenen Kategorien nicht oder nur bedingt sinnvoll untergebracht gewesen wären. Den Anfang macht die Einstellung **Benutzer & Gruppen**, die ausführlich in Kapitel 17, »Benutzer und Gruppen anlegen und verwalten«, ab Seite 637 besprochen wird.

▲ **Abbildung 15.155** *Die Einstellungen aus Zeile 4*

15.25 Kindersicherung

Die Einstellungen zur Kindersicherung werden ausführlich ebenfalls in Kapitel 17 erläutert. Lesen Sie dazu ab Seite 649 nach.

◄ **Abbildung 15.156** *Das Icon der »Kindersicherung«*

15.26 App Store

Hier legen Sie fest, wie das System mit Software-Updates aus dem App Store umgehen soll. So können Sie hier beispielsweise einstellen, dass Software-Updates automatisch im Hintergrund geladen und auch installiert werden.

▲ **Abbildung 15.157** *Hier legen Sie fest, wie das System mit Updates umgehen soll.*

15.27 Diktat & Sprache

In den Einstellungen zu **Diktat & Sprache** finden Sie nicht weitere landesspezifische Einstellungen, sondern Einstellungen zur Sprachsteuerung und Sprachausgabe des Macs. OS X kann auf gesprochene Befehle reagieren und seinerseits wiederum Sprache ausgeben. Es nutzt dazu die gleiche Sprachsynthese-Technik wie für die Funktion VoiceOver.

◄ **Abbildung 15.158** *Das Icon von »Diktat & Sprache«*

Im Tab **Diktat** schalten Sie die Diktatfunktion ein und aus. Mit den beiden folgenden Auswahlmenüs legen Sie den Kurzbefehl zur Aktivierung der Diktatfunktion sowie die für Diktate verwendete Sprache fest. Da die

Diktatfunktion zunächst nur funktioniert, wenn Sie online sind, sollten Sie sich die Hinweise zur Privatsphäre durchlesen, bevor Sie die Diktatfunktion nutzen. Klicken Sie dazu auf den Button **Über Diktate und Datenschutz**.

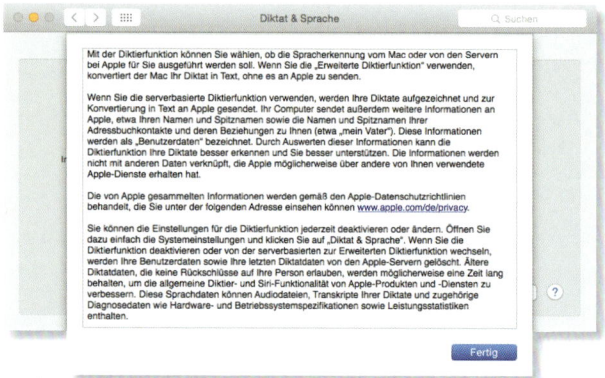

^ **Abbildung 15.159** *Hinweise zur Privatsphäre der Diktatfunktion*

INFO

Alles verstummt beim Diktat, um Ihren Worten zu lauschen
OS X deaktiviert alle für die Spracherkennung störenden Nebengeräusche, sobald Sie die Diktierfunktion in einer Anwendung durch entsprechenden Tastendruck aktiviert haben. Das bedeutet, dass iTunes die laufende Musik pausiert und dass sogar eventuell laufende Lüfter kurzzeitig angehalten werden.

Seit OS X 10.9 können Sie die Diktatfunktion auch offline nutzen. Setzen Sie das Häkchen bei **Erweiterte Diktierfunktion verwenden**, um nun auch offline diktieren zu können. Anschließend lädt das System noch für die Offlinefunktion benötigte Software herunter. Nachdem diese installiert ist, können Sie nun überall dort, wo Text eingegeben werden kann, kontinuierlich diktieren. Sie müssen nicht wie bei der reinen Onlinefunktion alle paar Sekunden eine Pause machen und warten, bis der Text generiert ist. Das hat den Vorteil, dass Sie auch schon während des Diktats sehen, was

von der Diktatfunktion erkannt wird. Mit OS X 10.10 wurde die Spracherkennung nochmals deutlich verbessert, sodass flüssiges Diktieren überhaupt kein Problem ist. Wer halbwegs ordentliches Hochdeutsch spricht und nicht nuschelt, wird sensationelle Ergebnisse erzielen und kaum nacharbeiten müssen.

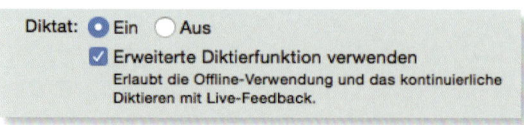

^ **Abbildung 15.160** *Das Offlinediktieren ist sehr praktisch.*

Im Tab **Sprachausgabe** geht es im Gegensatz zur Spracherkennung nicht darum, dass der Mac Sie versteht, sondern darum, dass Sie Ihren Mac verstehen. Das ist besonders für sehbehinderte Menschen hilfreich, die in den Bedienungshilfen die Funktion Voice-Over aktiviert haben.

Sie können hier im Auswahlmenü **Systemstimme** eine Stimme auswählen, die Sie als Standardstimme verwenden möchten.

Mit dem Befehl **Anpassen** öffnen Sie ein Menü, mit dem Sie weitere Stimmen in verschiedenen Sprachen und Dialekten hinzufügen können. Mit einem Klick auf den Button **Wiedergabe** hören Sie eine kurze Begrüßung der jeweils markierten Stimme. Möchten Sie eine Stimme verwenden, setzen Sie das entsprechende Häkchen.

^ **Abbildung 15.161** *Ausgewählte Stimmen, die installiert werden sollen*

Unter der Liste der Stimmen wird die Meldung angezeigt, dass die Stimme automatisch geladen wird. Nach einem Klick auf den Button **OK** wird die ausgewählte Stimme mithilfe der Softwareaktualisierung nachgeladen und steht anschließend zur Verfügung.

Abbildung 15.162 *Die ausgewählten Stimmen werden nachgeladen.*

15.28 Datum & Uhrzeit

Die Einstellungen zu **Datum & Uhrzeit** nehmen Sie entweder im Tab **Datum & Uhrzeit** manuell vor, oder Sie aktivieren die automatische Einstellung durch Abgleich mit einem Zeitserver.

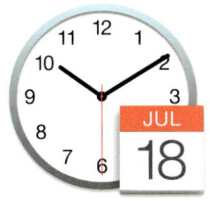

Abbildung 15.163 *Das Icon von »Datum & Uhrzeit«*

Im Tab **Zeitzone** stellen Sie ebenfalls Ihre Zeitzone manuell ein oder lassen die Zeitzone automatisch feststellen. Dazu setzen Sie das Häkchen bei **Zeitzone automatisch anhand des Standorts einstellen**.

Die manuelle Eingabe der Zeitzone ist am einfachsten, wenn Sie in das Feld **Nächste Stadt** Ihren Wohnort oder eine nahe gelegene Stadt eingeben. Alternativ können Sie sich auch im *Zielklicken* versuchen und probieren, ob Sie auf der Karte so genau wie nötig die nächste Stadt anklicken können.

Abbildung 15.164 *Die Zeitzone automatisch einstellen lassen*

Im Tab **Uhr** können Sie die Darstellung der Uhr in der Menüleiste anpassen. Bestimmen Sie, ob Datum und Uhrzeit überhaupt angezeigt werden sollen, und wählen Sie dann u. a. zwischen einer analogen und digitalen Darstellung sowie Einstellungen zur Datumsanzeige.

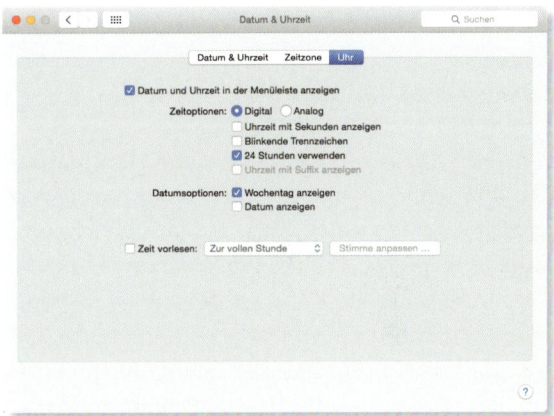

Abbildung 15.165 *Das Erscheinungsbild der Uhr in der Menüleiste beeinflussen*

15.29 Startvolume

In den gleichnamigen Einstellungen legen Sie fest, welches Ihr **Startvolume** ist. Im Normalfall müssen Sie hier nie etwas ändern. Die Systemeinstellung zeigt eine Liste der verfügbaren Volumes mit einem startbaren System an. Anhand der angezeigten Informationen wie Icon, Name des Volumes und Betriebssystemversion erkennen Sie leicht, von welchem Volume Sie starten möchten.

< Abbildung 15.166 *Das Icon von »Startvolume«*

Wählen Sie das gewünschte Volume aus, und klicken Sie auf den Button **Neustart**, um den Mac vom ausgewählten Volume zu starten.

^ Abbildung 15.167 *Das Startvolume auswählen*

Hier lässt sich auch der Start im **FireWire-Festplattenmodus** (oft auch *schnittstellenneutraler Target-Modus* genannt) durch einen Klick auf den gleichnamigen Button aktivieren. Der FireWire-Festplattenmodus trägt einen verwirrenden Namen, denn er ist nicht auf FireWire-Festplatten beschränkt, sondern auch über die Thunderbolt-Schnittstelle verfügbar. Sind an einen Mac in diesem Modus Kabel beider Schnittstellen angeschlossen, zeigt die Firmware auch beide Symbole gleichzeitig an, um kenntlich zu machen, auf welche Arten Sie den Mac verbinden können.

^ Abbildung 15.168 *Target-Modus mit beiden Schnittstellen: Thunderbolt und FireWire*

15.30 Time Machine

In den Systemeinstellungen zu **Time Machine** können Sie Time Machine ein- und ausschalten. Time Machine wird ausführlich in Kapitel 20, »Sicher ist sicher – Ihre Daten schützen«, ab Seite 707 beschrieben, daher hier nur ein kurzer Einblick.

^ Abbildung 15.169 *Das Icon von »Time Machine«*

Ein Klick auf den Button **Backup-Volume auswählen** öffnet eine Liste mit Volumes, die sich als Medium für Time-Machine-Backups anbieten. Wählen Sie das gewünschte Volume aus, setzen Sie gegebenenfalls das Häkchen bei **Backups verschlüsseln**, wenn Sie das ausgewählte Backup-Volume verschlüsseln möchten, und klicken Sie auf den Button **Volume verwenden**.

^ Abbildung 15.170 *Gefundene Volumes*

Mit dem Button **Optionen** öffnen Sie ein Menü, in dem Sie bestimmte Ordner von der Sicherung ausschließen können, beispielsweise den *Downloads*-Ordner, da dieser ja ohnehin nur als »Durchgangsstation« dient.

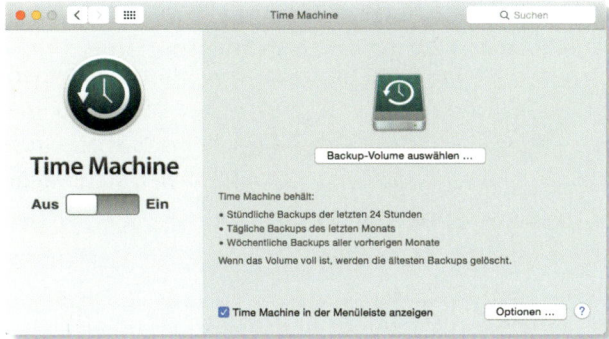

▲ **Abbildung 15.171** *Die Übersicht von »Time Machine«*

15.31 Bedienungshilfen

Die Bedienungshilfen haben Sie bereits zu Beginn dieses Kapitels ab Seite 552 kennengelernt.

15.32 Sonstige

Es kann eine weitere Zeile in den Systemeinstellungen geben, wenn Sie Systemeinstellungen von Drittanbietern installieren. Oft handelt es sich dabei um Gerätetreiber. Nachdem Sie also z. B. ein Grafiktablett installiert haben, sehen Sie in der hinzugekommenen Zeile einen neuen Eintrag. Im Beispiel aus Abbildung 15.173 heißt dieser Eintrag **Bamboo**.

▲ **Abbildung 15.172** *Einstellungen von Drittanbietern*

Je nach Gerät und Hersteller oder einzustellender Funktion weichen das Aussehen und die Einstellungsmöglichkeiten der hier installierten Systemeinstellungen deutlich voneinander ab. Immerhin wird aber der Wildwuchs, im Gegensatz zu anderen Betriebssystemen, dadurch im Zaum gehalten, dass Apple Drittan-

bietern mit der Möglichkeit, eigene Einstellungen in die Systemeinstellungen zu integrieren, eine standardisierte Lösung für Einstellungsmöglichkeiten an einem zentralen Ort anbietet.

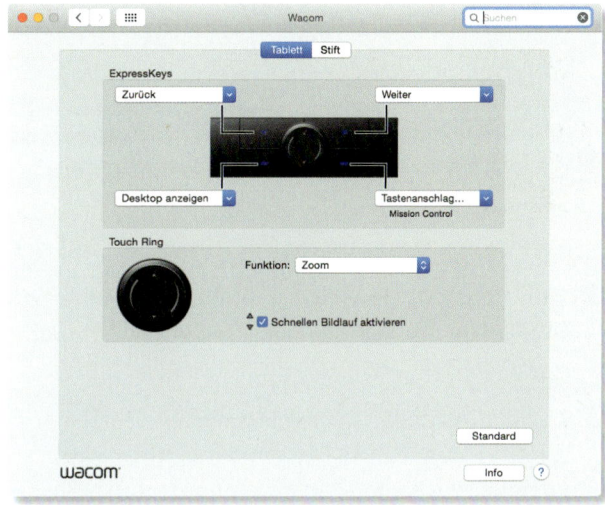

▲ **Abbildung 15.173** *Einstellungen für ein Grafiktablett*

Beim Beispiel des Grafiktabletts kommt zusätzlich eine neue Einstellung in der Zeile mit der verwendeten Hardware am Mac, also in Zeile 2, hinzu. Sie heißt **Ink**. Ink ist eine Handschriftenerkennung. Mit Ink können Sie per Hand bzw. mit einem speziellen Stift auf ein Grafiktablett schreiben, anstatt die Tastatur zu benutzen.

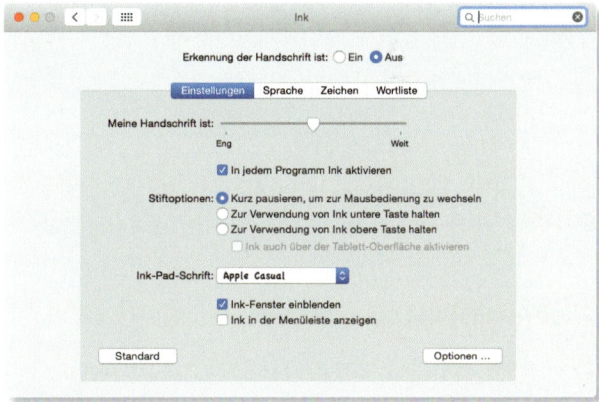

▲ **Abbildung 15.174** *Die Systemeinstellung »Ink« ist nur bei einem angeschlossenen Grafiktablett verfügbar.*

Eine Systemeinstellung installieren

Viele Erweiterungen der Systemeinstellungen erhalten Sie als Datei mit der Endung *.prefPane. Die Installation so einer Erweiterung ist denkbar einfach.

1 Doppelklicken Sie im Finder auf die Datei mit der Endung *.prefPane. Im Beispiel handelt es sich um die Datei lights-out.prefPane. Daraufhin öffnen sich die Systemeinstellungen und zeigen ein Dialogfenster an, in dem Sie auswählen, ob Sie die zu installierenden Einstellungen nur selbst nutzen oder allen Benutzern zugänglich machen möchten.

2 Wählen Sie die gewünschte Nutzungsart aus, beispielsweise **Für alle Benutzer an diesem Computer installieren**.

3 Klicken Sie auf den Button **Installieren**. Je nach Auswahl werden Sie gegebenenfalls aufgefordert, im folgenden Dialogfenster Ihr Administratorkennwort einzugeben.

∧ **Abbildung 15.175** Eine Systemeinstellung installieren

Zu der gerade installierten Erweiterung Lights Out lesen Sie mehr in Abschnitt 15.3, »Allgemein«, ab Seite 558.

Systemeinstellungen entfernen

1 Ebenso einfach wie die Installation ist es auch, eine installierte Systemeinstellung zu entfernen. Klicken Sie mit rechts auf eine nachträglich installierte Systemeinstellung.

2 Klicken Sie im folgenden Kontextmenü auf **Systemeinstellung [Name der Einstellung] entfernen**.

∧ **Abbildung 15.176** Eine nachträglich installierte Systemeinstellung wieder entfernen

3 Geben Sie im folgenden Dialogfenster Ihr Administratorkennwort ein, und klicken Sie auf den Button **OK**.

Die Systemeinstellung ist damit entfernt. Was aber tun Sie, wenn Sie eine Systemeinstellung loswerden wollen, die zum System gehört und sich nicht löschen lässt? Systemseitige Einstellungen lassen sich immerhin ausblenden, und zwar wie folgt:

1 Klicken Sie auf **Einstellungen > Anpassen**. Die Ansicht der Systemeinstellungen zeigt nun rechts unten an jedem Einstellungssymbol ein Häkchen.

2 Deaktivieren Sie das Häkchen der Einstellung, die Sie aus der Übersicht ausblenden wollen.

3 Klicken Sie in der Symbolleiste auf den Button **Fertig**.

∧ **Abbildung 15.177** Systemeinstellungen ausblenden

Anschließend ist die ausgewählte Systemeinstellung deaktiviert und wird nicht mehr angezeigt.

Kapitel 16
Dienstprogramme – nützliche Helfer

Damit Sie auch nicht alltägliche administrative Aufgaben einfach und problemlos erledigen können, gibt es bei OS X eine spezielle Kategorie Programme: die Dienstprogramme.

Die Dienstprogramme finden Sie in einem gleichnamigen Unterordner **1** im Ordner *Programme*. Viele dieser Programme werden Sie vermutlich nie brauchen, es sind aber auch einige kleine *Helferlein* dabei, die Sie immer wieder mal brauchen können, und dann auch nicht mehr missen möchten. Wir wollen uns in diesem Kapitel mit den wichtigsten Dienstprogrammen vertraut machen und uns typische Aufgaben ansehen, die Sie mit den Dienstprogrammen erledigen können.

Abbildung 16.1 *Der Ordner »Dienstprogramme«*

16.1 Das AirPort-Dienstprogramm

Das AirPort-Dienstprogramm dient zur Einrichtung von AirPort-Geräten, wie beispielsweise AirPort Extreme, AirPort Express oder AirPort Time Capsule. AirPort-Geräte werden meist als Router oder WLAN-Access-Points eingesetzt und gehören damit zu einer Sorte von Geräten, die Sie für Ihren Internetzugang benötigen. Ähnliche Geräte von anderen Herstellern sind z. B. die Geräte der Fritz!Box-Produktlinie.

< **Abbildung 16.2** *Das Programm-Icon des AirPort-Dienstprogramms*

Setup von Zusatzfunktionen in AirPort-Geräten

Das Setup der Router-Funktion dieser Geräte haben Sie ja bereits in Kapitel 7, »Internet und Netzwerk«, auf Seite 243 kennengelernt. An dieser Stelle widmen wir uns den Zusatzfunktionen, die die meisten der Geräte neben ihrer Router-Funktion anbieten, und sehen uns an, wie Sie diese Funktionen mit dem AirPort-Dienstprogramm konfigurieren. Mit dem AirPort-Dienstprogramm können Sie Geräte nicht nur als Router oder Access Point konfigurieren, sondern haben außerdem die folgenden Konfigurationsmöglichkeiten:

- gerätespezifische Sonderfunktionen, wie z. B. die netzwerkweit für Backups verfügbare Festplatte einer AirPort Time Capsule

- eine AirPort-Express-Basisstation als entfernten Lautsprecher einzurichten

- die bei allen AirPort-Geräten gebotene Möglichkeit, einen Drucker anzuschließen, um diesen für alle Computer im Netzwerk zugänglich zu machen

Die beiden letzteren Funktionen werden in den folgenden Schritt-für-Schritt-Anleitungen genau beschrieben. Die Konfiguration einer AirPort Time Capsule als netzwerkweite Backup-Festplatte für Time Machine wird in Abschnitt 20.4, »Datensicherheit: Schutz vor Datenverlust mit Time Machine«, ab Seite 719 erläutert.

AirPlay aktivieren

Sehen wir uns zunächst die Einstellungen für die Verwendung einer AirPort-Express-Basisstation als entfernter Lautsprecher via AirPlay an:

1 Öffnen Sie das AirPort-Dienstprogramm. Das Programm sucht nun automatisch nach AirPort-Geräten, die sich in Reichweite Ihres Macs befinden, und listet sie anschließend auf.

2 Wählen Sie aus den verfügbaren Geräten **AirPort Express** aus. Das Airport-Dienstprogramm zeigt Ihnen nun Informationen zum ausgewählten Gerät an.

3 Klicken Sie auf den Button **Bearbeiten**.

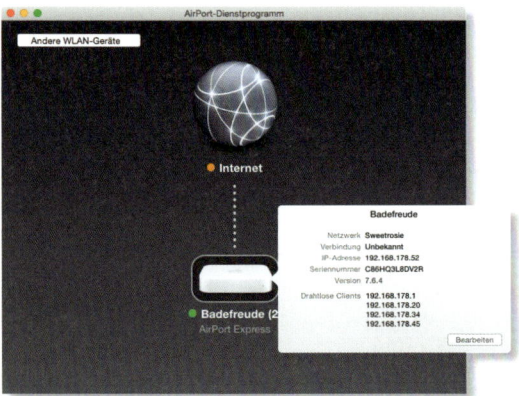

⌃ **Abbildung 16.3** Das Airport-Dienstprogramm zeigt die vorhandenen Geräte in Ihrer Netzwerkstruktur an. Ein Klick auf ein Gerät zeigt Statusinformationen an und bietet Zugang zu den Einstellungen.

4 Klicken Sie auf den Tab **AirPlay**. Setzen Sie das Häkchen bei **AirPlay aktivieren**. Der in iTunes angezeigte Name für den entfernten Lautsprecher entspricht dem Namen, den Sie zuvor für die AirPort Express vergeben haben. Sie können ihn jedoch bei Bedarf hier jederzeit ändern.

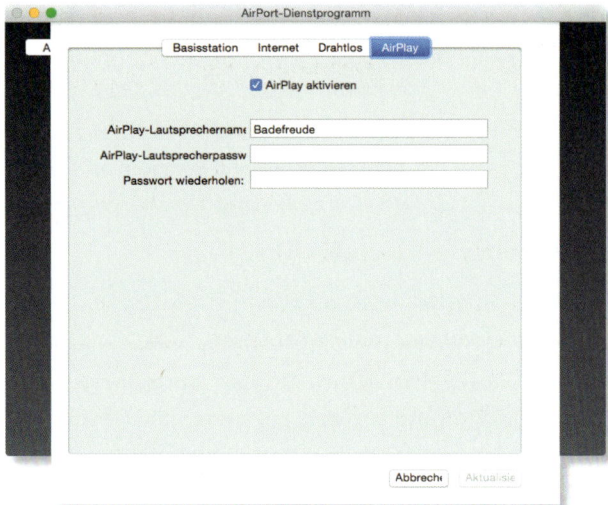

⌃ **Abbildung 16.4** AirPlay aktivieren und einrichten

INFO

Entfernte Lautsprecher/AirPlay

Vielleicht haben Sie sich beim Lesen der letzten Zeilen gefragt, was entfernte Lautsprecher sind bzw. was AirPlay ist. *AirPlay* ist eine Technologie von Apple, mit der Sie Medieninhalte (also Musik, Bilder, Videos) von einem Gerät zu einem anderen streamen können. So lassen Sie die Inhalte von einem Gerät auf einem anderen, entfernten Gerät anzeigen. Diese Technologie ist nicht auf OS X beschränkt. Sie steht auch auf Geräten mit iOS zur Verfügung, und daher dürfte auch der bekannteste Anwendungsfall kommen: Inhalte vom iPad auf ein Apple TV streamen. Die AirPort Express ist also nur eines von vielen Geräten, das AirPlay beherrscht.

5 Geben Sie, wenn Sie möchten, ein Kennwort für die Nutzung als entfernter Lautsprecher ein. Benutzer können dann in iTunes Musik an diese AirPort Express streamen. Dazu müssen sie nur das korrekte Kennwort eingeben.

⌃ Abbildung 16.5 *Entfernte Lautsprecher in Aktion (iTunes)*

Einen Netzwerkdrucker einrichten

Ein recht praktischer Zusatznutzen aller AirPort-Geräte ist die Möglichkeit, einen Drucker anzuschließen, sodass dieser netzwerkweit zur Verfügung steht. Dazu müssen Sie kaum etwas tun.

Schalten Sie Ihren Drucker ein, und verbinden Sie ihn mit Ihrem AirPort-Gerät. Anschließend steht der Drucker jedem Computer im Netzwerk zur Verfügung und kann im Bereich **Drucker & Scanner** in den Systemeinstellungen hinzugefügt werden.

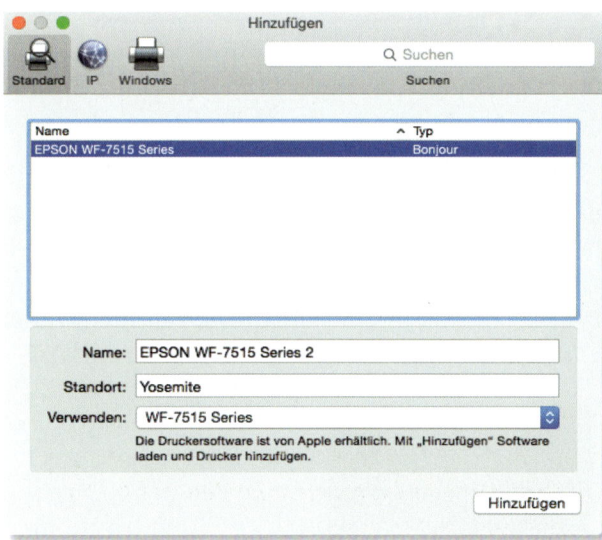

⌃ Abbildung 16.6 *Der Drucker ist nun von jedem Computer im Netzwerk aus erreichbar.*

Netzwerkdrucker vs. Drucker im Netzwerk freigeben
Spätestens in Kapitel 18, »Daten und Aufgaben teilen – lokale Netzwerke und Freigaben«, ab Seite 659 werden Sie darauf stoßen, aber wahrscheinlich haben Sie es bereits an anderer Stelle gelesen, dass Sie auch Drucker, die an den eigenen Mac angeschlossen sind, im Netzwerk freigeben können. Der Unterschied zwischen dieser Freigabe und einem an ein AirPort-Gerät angeschlossenen Drucker ist der, dass das AirPort-Gerät in der Regel als Router fungiert und daher immer eingeschaltet ist. Das bedeutet, dass der daran angeschlossene Drucker ebenfalls immer verfügbar ist. Ein an Ihren Mac angeschlossener und freigegebener Drucker ist nur dann verfügbar, wenn auch Ihr Mac in Betrieb ist.

Firmware-Updates

So, wie es Software-Updates für Ihren Mac gibt, steht ab und zu auch für AirPort-Geräte neue Software, die sogenannte *Firmware*, zur Verfügung. Um neue Firmware auf die Geräte aufzuspielen, nutzen Sie ebenfalls das AirPort-Dienstprogramm.

1 Starten Sie das AirPort-Dienstprogramm.

2 Falls für ein Gerät eine neue Firmware verfügbar ist oder eine Einstellung geprüft werden muss, wird Ihnen das durch die kleine rote Hinweiszahl rechts neben dem Gerätenamen angezeigt.

⌃ Abbildung 16.7 *Ein AirPort-Gerät mit Hinweis*

3 Klicken Sie auf das Gerät mit der Anzeige. Das Air-Port-Dienstprogramm zeigt im folgenden schwebenden Fenster weitere Informationen zu dem Hinweis an.

4 Ist eine neue Firmware-Version verfügbar, sollten Sie das Update durchführen, da durch die Installation von Firmware-Updates meist potenzielle Sicherheitslücken geschlossen und/oder neue Funktionen hinzugefügt bzw. bereits vorhandene Funktionen verbessert werden. Klicken Sie dazu auf den Button **Aktualisieren ❶**.

∧ **Abbildung 16.8** Eine neue Firmware ist verfügbar.

5 Das AirPort-Dienstprogramm zeigt daraufhin ein Dialogfenster mit dem Hinweis, dass die vom Gerät bereitgestellten Netzwerkdienste während der Firmware-Aktualisierung vorübergehend nicht erreichbar sein werden. Klicken Sie auf den Button **Fortfahren**. Wenn Sie möchten, können Sie diesen Hinweis mit einem Klick auf **Warnung nicht erneut anzeigen** zukünftig unterdrücken.

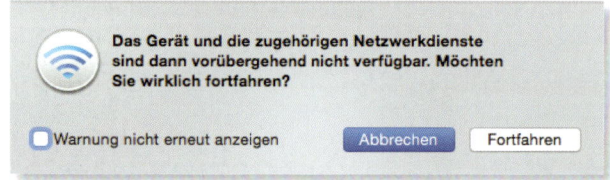

∧ **Abbildung 16.9** Ein Hinweis vor dem Firmware-Update

Anschließend sucht das AirPort-Dienstprogramm nach der verfügbaren Firmware und lädt sie auf das AirPort-Gerät.

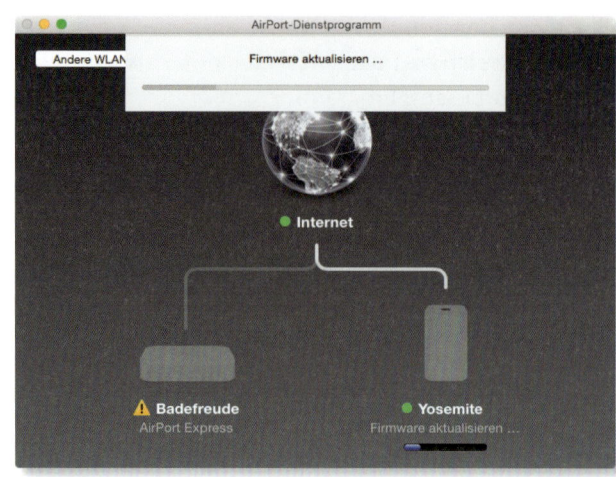

∧ **Abbildung 16.10** Die neue Firmware wird aufgespielt.

Nachdem die Firmware komplett aufgespielt wurde, wird das Gerät neu gestartet. Je nach Funktion, die es in Ihrem Netzwerk hat, sehen Sie, während das Gerät neu startet, eventuell auch andere Geräte im Netzwerk nicht mehr aufgelistet.

16.2 Die Aktivitätsanzeige

Die Aktivitätsanzeige ist von unschätzbarem Wert, wenn sich das System seltsam verhält. Hier können Sie Prozesse entdecken, die Probleme verursachen, und gegebenenfalls beenden – notfalls mit Gewalt.

Die Aktivitätsanzeige listet die ausgewählten Prozesse dynamisch, entsprechend der vorgenommenen Sortierung, auf. So erkennen Sie schnell und leicht, ob ein Programm oder Prozess ein Problem verursacht und, falls ja, um welches Programm oder welchen Prozess es sich dabei handelt.

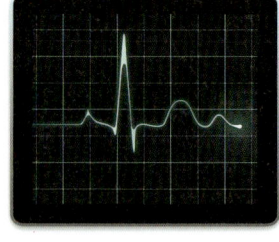

< **Abbildung 16.11** Das Programm-Icon der Aktivitätsanzeige

Bevor wir uns konkrete Anwendungsbeispiele ansehen, möchte ich kurz die Bezeichnung *Prozess* erklären. Sie kennen bislang Programme, Dienste und Arbeitsabläufe, und möglicherweise ist Ihnen vielleicht sogar schon ein *Agent* oder ein *Daemon* begegnet. Sie alle zusammen sind Prozesse. Für das Betriebssystem ist überhaupt alles, was auf bzw. in dem Mac stattfindet, jeweils nur ein Prozess. Ob Spotlight im Hintergrund Ihre Festplatte indiziert, um stets gute Suchergebnisse zu liefern, ob Sie mit einem Programm arbeiten oder ob Daten über das Netzwerk bewegt werden – für das System ist all das jeweils ein Prozess: etwas, das es zu organisieren und zu regeln gilt. Das System ist also permanent damit beschäftigt, Prozesse und die damit verbundenen Ressourcen zu verwalten. Denn so ein Prozess existiert ja nicht im luftleeren Raum, sondern findet im Kontext der verfügbaren Ressourcen und anderer Prozesse statt.

> Spalten ▶
> Symbol im Dock ▶
> Darstellung aktualisieren ▶
>
> ✓ Alle Prozesse
> Alle Prozesse, hierarchisch
> Meine Prozesse
> Systemprozesse
> Prozesse anderer Benutzer
> Aktive Prozesse
> Inaktive Prozesse
> Prozesse mit Fenstern
> Ausgewählte Prozesse
> Programme in den letzten 8 Stunden
>
> Prozesse filtern ⌥⌘F
> Prozessinformationen ⌘I
> Prozess analysieren ⌥⌘S
> Spindump ausführen ⌃⌥⌘S
> Systemdiagnosen ausführen …
> Prozess beenden ⌥⌘Q
> Signal an Prozess senden
> Deltas für Prozess einblenden ⌥⌘J
>
> Verlauf der CPU-Auslastung löschen ⌘K

⌃ **Abbildung 16.12** *Für die Aktivitätsanzeige gibt es nur Prozesse.*

Vielleicht stellen Sie sich das ein bisschen wie Verkehr vor: Die Straßen sind in dem Fall die verfügbaren Hardwareressourcen (wie Prozessoren, Arbeitsspeicher, Festplattenspeicher, Schnittstellen etc.), und das Betriebssystem ist die Verkehrsleitzentrale. Sie regelt und

koordiniert alle Verkehrsteilnehmer mit ihren unterschiedlichen Bedürfnissen. Das fängt mit dem Platzbedarf beim Arbeitsspeicher an: Ein großer Prozess (wie beispielsweise ein Videoschnittprogramm) entspricht einem Lkw, während ein kleiner Prozess (wie der *launchdaemon*) kaum Ressourcen benötigt. Er entspricht quasi einem Fahrrad oder Rollschuhen.

INFO

»launchdaemon«
launchdaemon ist ein Prozess, der andere Prozesse bei Bedarf startet. *launchdaemon* hat seit OS X 10.4 das bis dahin auf Unix-Systemen übliche *cron* zur Prozessüberwachung und zum bedarfsweisen Start von Programmen abgelöst. Vereinfacht gesagt, kümmert sich *launchdaemon* darum, dass bestimmte Prozesse dann gestartet werden, wenn sie benötigt werden.

Da all diese Vorgänge – gleichgültig, ob es sich dabei um ein großes Programm oder um einen kleinen Dienst handelt – vom Betriebssystem koordiniert werden müssen, betrachtet das System alles als Prozess. Die Bezeichnung *Prozess* erlaubt einen neutralen Blick auf die Vorgänge. Denn nur weil ein Prozess möglicherweise sehr viele Ressourcen benötigt, lässt das nicht unbedingt Rückschlüsse auf seine Wichtigkeit zu. Wundern Sie sich also nicht, wenn im Folgenden nicht mehr zwischen Programmen, Diensten, Daemons etc. unterschieden wird, sondern nur noch von Prozessen die Rede ist.

Prozesse beenden

Das Programm Aktivitätsanzeige führt auf den meisten Macs ein zu Unrecht etwas unglückliches Dasein. Es ist eines der Programme, die die meisten Benutzer, wenn überhaupt, nur dann zu sehen bekommen, wenn Dinge nicht rundlaufen, also irgendein Problem vorliegt. In den meisten Fällen ist das Problem ein einzelner Prozess, der entweder gar nichts mehr macht oder »Amok läuft«. Beide Zustände möchte man nicht haben, und sie sind glücklicherweise selten. In solchen Fällen hilft es meist nur, den betroffenen Prozess zu beenden. Speziell bei hängenden Prozessen ist es oft mit einem normalen Beenden des Programms nicht mehr getan, da das Programm gar nicht mehr reagiert. Dadurch bekommt es auch den Befehl, sich zu beenden, gar nicht mit. In solchen Fällen ist es möglich, Programme auch quasi »gewaltsam« zu beenden. In den meisten Fällen werden Sie zum »Abschießen« von Programmen das Fenster **Sofort beenden** verwenden, das Sie über das -Menü und **Sofort beenden** oder mit dem Tastaturbefehl alt + cmd + esc erreichen. Meistens ist das Problem damit gelöst. Andernfalls hilft in seltenen Fällen nur noch ein Neustart.

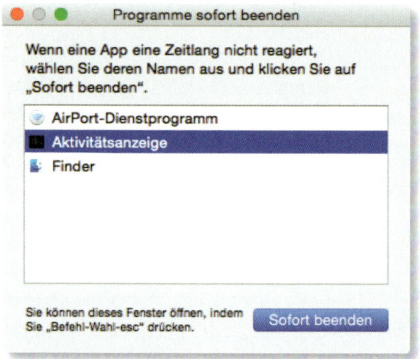

∧ **Abbildung 16.13** *Um ein Programm sofort zu beenden, muss nicht unbedingt die Aktivitätsanzeige bemüht werden.*

Nur um einen Prozess »abzuschießen«, müssen Sie eigentlich nicht die Aktivitätsanzeige bemühen, auch wenn wir uns gleich ansehen, wie das funktioniert. Mit der Aktivitätsanzeige lassen sich Prozesse aber nicht nur beenden, sondern auch analysieren, und Sie können mit ihr Systeminformationen überwachen.

Wichtig ist jeweils die richtige Ansicht: Wollen Sie ein Programm »abschießen«, sollten Sie die Prozesse über **Darstellung > Meine Prozesse** filtern. Die Liste der Prozesse zeigt jetzt nur noch die Prozesse im System an, die mit Ihnen zu tun haben, also von Ihnen gestartet wurden. Das bedeutet nicht, dass Sie tatsächlich jeden dieser Prozesse persönlich gestartet haben, sondern dass die hier aufgelisteten Prozesse Ihrem Benutzeraccount im System zugeordnet sind.

Sie sehen anhand der Wahlmöglichkeiten im Auswahlmenü in der Symbolleiste sowie an der Anzahl der verfügbaren Spalten im Menü **Darstellung > Spalten**, wie mannigfaltig Sie die Ansichten über die laufenden Prozesse anpassen können. Die Ansichtsvielfalt mag für normale Anwender übertrieben erscheinen, aber Administratoren und Programmierer sind oft darauf angewiesen.

1 Starten Sie ein Programm, das Sie für die nächsten Schritte »opfern« möchten, beispielsweise TextEdit.

2 Vergewissern Sie sich, dass in TextEdit keine Dokumente geöffnet sind, die für Sie wichtig sind, sondern nur eine Testdatei. Erstellen Sie gegebenenfalls eine neue Textdatei, und geben Sie ein paar Zeilen beliebigen Text ein.

3 Starten Sie das Dienstprogramm Aktivitätsanzeige aus dem Ordner *Dienstprogramme*.

4 Wählen Sie aus dem Auswahlmenü **Darstellung** in der Symbolleiste die Filterung nach **Meine Prozesse** ❶. Nachdem Sie die Ansicht passend gefiltert haben, sehen Sie TextEdit in der Liste der laufenden Prozesse.

5 Markieren Sie den Prozess **TextEdit**. Je nach gewählter Sortierung wird die Anzeige eventuell sehr häufig aktualisiert. Es ist also unter Umständen schwierig, den gewünschten Prozess anzuklicken, um ihn zu markieren. Wählen Sie also eine Sortierung, bei der die Anzeige nicht so häufig aktualisiert wird, beispielsweise die Sortierung nach **Prozessname**. Klicken Sie dazu auf die gleichnamige Spalte.

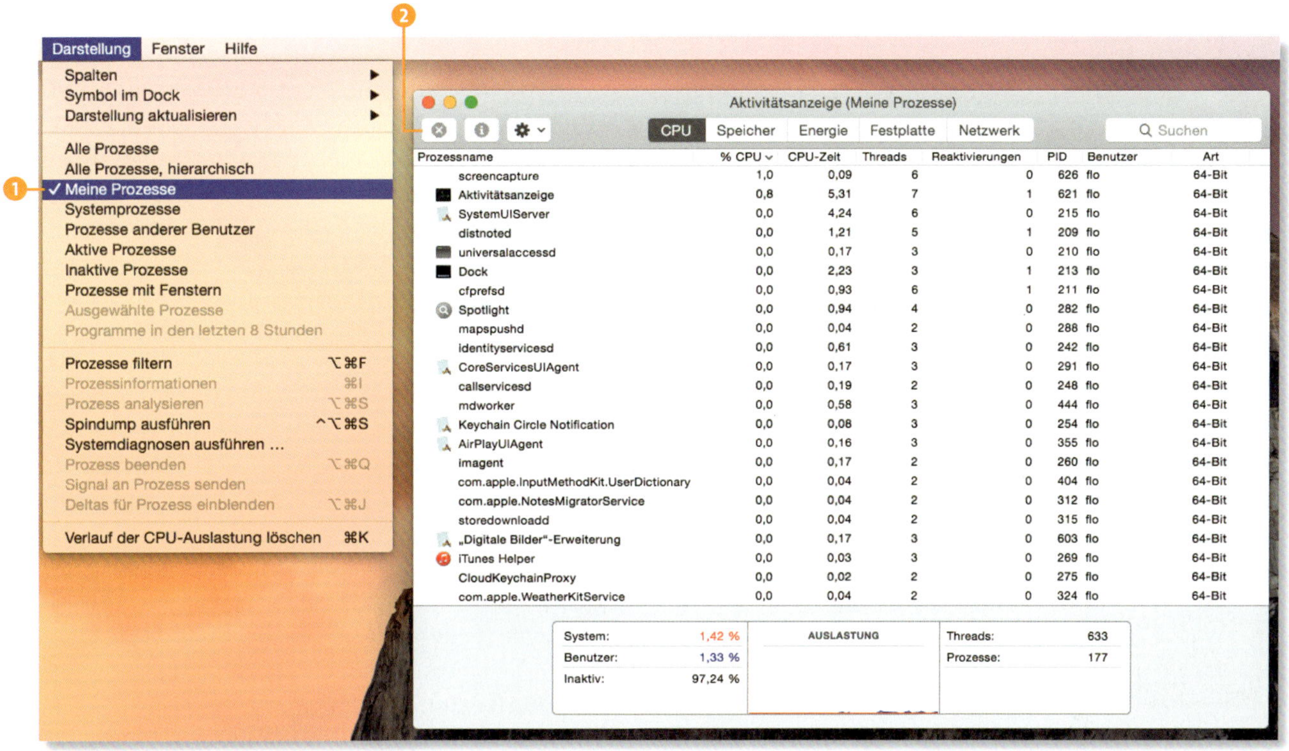

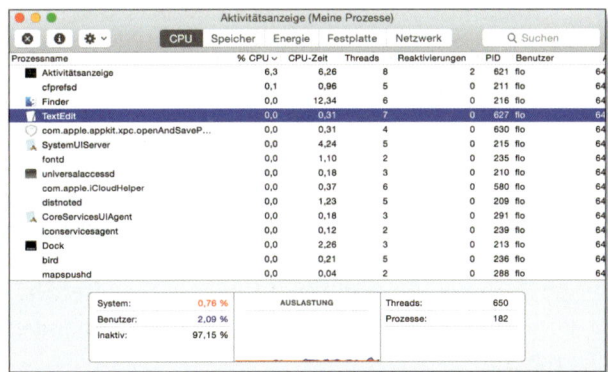

Abbildung 16.14 *Meine Prozesse*

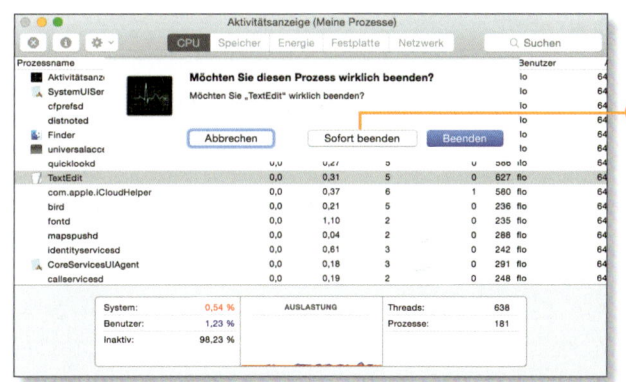

Abbildung 16.15 *Der Prozess »TextEdit« soll beendet werden.*

Abbildung 16.16 *Rückfrage, ob der Prozess beendet werden soll*

6 Klicken Sie auf den Button **Prozess beenden** ❷ in der Symbolleiste.

7 Bestätigen Sie die Rückfrage im folgenden Dialogfenster mit einem Klick auf den Button **Sofort beenden** ❸.

Der Prozess wird nun vom System sofort gestoppt. Dabei können nicht gesicherte Änderungen an gerade geöffneten Dokumenten verloren gehen. Anschließend wird der Prozess auch nicht mehr in der Liste der aktiven Prozesse angezeigt.

Das System überwachen

Außer dem Prozessmanagement bietet die Aktivitätsanzeige weitere Informationen zur Systemüberwachung. So informieren Sie die Anzeigen im unteren Fensterbereich, abhängig vom in der Symbolleiste ausgewählten Tab, schnell und einfach über die Auslastung der CPU, des Speichers, der Festplatte(n), den Datenverkehr ins Netzwerk und seit Mavericks auch über den Energiebedarf Ihres Systems, was ganz besonders für Nutzer mobiler Macs eine große Hilfe ist, da sie so immer im Blick haben, welche Prozesse besonders zu Lasten der Akkuleistung gehen.

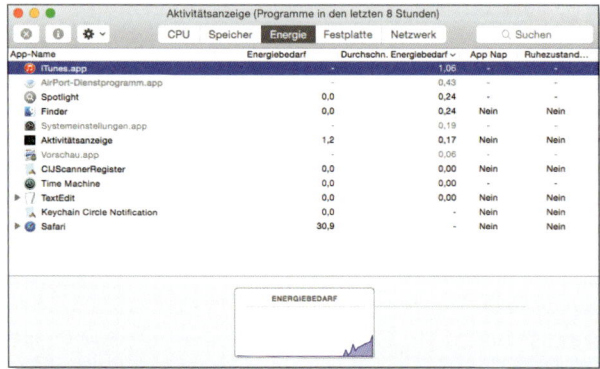

^ **Abbildung 16.17** *Besonders für Nutzer mobiler Macs hilfreich: Die Aktivitätsanzeige bietet Informationen zum Energiebedarf der laufenden Prozesse.*

Apple legt seit OS X 10.9 bei den zu optimierenden Technologien einen Schwerpunkt auf Energienutzung. So sehen Sie jetzt beispielsweise ganz bequem aus dem Menü der Batterieanzeige in der Menüleiste, welche laufenden Programme gerade besonders viel Energie verbrauchen.

^ **Abbildung 16.18** *Die Batterieanzeige informiert, welche Anwendungen viel Energie benötigen.*

Die Stromspartechnologien von OS X wirken unter anderem auf Anwendungen, deren Fenster nicht im Vordergrund sind und dann gegebenenfalls in eine Art Ruhezustand (App Nap) versetzt werden können, damit sie weniger Energie verbrauchen. Dabei wägt das System jedoch genau ab, bevor es Anwendungen drosselt, damit nicht z. B. ein im Hintergrund laufender Rendering-Prozess gestoppt werden würde. Ebenso wurde die bei Apple ohnehin ungeliebte Technologie Flash dahingehend weiter in ihre Schranken verwiesen, dass Flash-Animationen nun nicht mehr selbstständig ablaufen, sondern vom Benutzer explizit per Klick darauf gestartet werden müssen, was die nervige Werbung auf Websites schon mal sehr viel erträglicher macht, da es nun nicht ständig um einen herum blinkt oder sich Elemente bewegen.

Als besonderes Highlight, mit dem Sie allerdings mehr Bewunderung bei unerfahrenen Freunden als wirklich brauchbare Informationen erhalten, kann die Aktivitätsanzeige anstelle des eigenen Programm-Icons im Dock entsprechende Informationen darstellen, wie z. B. die aktuelle CPU-Auslastung oder die Netzwerkauslastung. Klicken Sie dazu mit rechts auf das Icon im Dock, und wählen Sie im Kontextmenü den gleichnamigen Befehl aus. Im Folgemenü können Sie dann wählen, welcher Status anstelle des Programm-Icons angezeigt werden soll.

^ **Abbildung 16.19** *Das Programm-Icon von Aktivitätsanzeige kann seine Gestalt verändern.*

Um diese Funktion sinnvoll nutzen zu können, ist die Anzeige im Dock aber leider nicht präzise genug. Da ist es zweckdienlicher, sich die CPU-Auslastung in einem eigenen Fenster durch einen Klick auf **Fenster > Aktuelle CPU-Auslastung** anzeigen zu lassen.

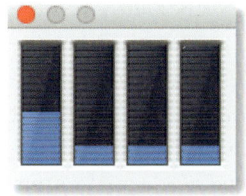

< **Abbildung 16.20** *Die Anzeige der CPU-Auslastung in einem eigenen Fenster*

INFO

Prozesshierarchie und »kernel_task«

Jedem Prozess ist eine *PID*, also eine Prozess-ID, zugeordnet. Prozesse sind hierarchisch strukturiert, und jeder Prozess, außer dem Prozess *kernel_task* (denn der ist der Ursprung aller weiteren Prozesse und hat deswegen die PID 0), hat einen übergeordneten Prozess. Da Prozesse zum Teil zu einem sehr frühen Zeitpunkt während des Systemstarts gestartet werden, haben besonders wichtige Prozesse eine entsprechend niedrige PID, denn die PIDs werden kontinuierlich vergeben. Für gewöhnlich benötigen diese Prozesse sehr wenige Systemressourcen. Wenn ein Prozess mit einer niedrigen PID auf einmal dauerhaft sehr viel CPU-Leistung benötigt, ist das ein Hinweis darauf, dass mit Ihrem System etwas nicht in Ordnung ist.

16.3 Audio-MIDI-Setup

Das Dienstprogramm Audio-MIDI-Setup hilft Ihnen bei der Einrichtung externer Soundkarten. Mit diesem Programm können Sie MIDI-Geräte, wie z. B. Keyboards, mit Ihrem Mac verbinden und einrichten. Wenn Sie nicht beruflich mit Musik zu tun haben, werden Sie dieses Dienstprogramm vermutlich nicht brauchen.

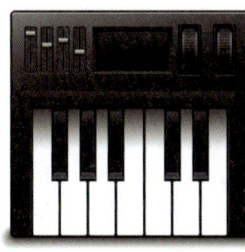

< **Abbildung 16.21** *Das Programm-Icon von Audio-MIDI-Setup*

16.4 Bildschirmfoto

Bildschirmfoto ist eine Anwendung, bei der sich etwas erfahrenere Anwender fragen, wozu man dafür ein Programm braucht, schließlich lassen sich Bildschirmfotos – sogenannte *Screenshots* – jederzeit problemlos per Tastaturbefehl erstellen (siehe folgende Seite). Dennoch bietet Ihnen Bildschirmfoto als Programm noch ein bisschen mehr Flexibilität, als einfach nur ein Foto Ihres Bildschirms zu machen.

∧ **Abbildung 16.22** *Das Programm-Icon von Bildschirmfoto*

Auf Bildschirmfotos, die per Tastenkürzel erstellt wurden, ist normalerweise keine Maus zu sehen. Es gibt aber Situationen (beispielsweise wenn man ein Buch über OS X schreibt), in denen man möchte, dass der Mauszeiger zu sehen ist. Idealerweise soll er sogar in Aktion zu sehen sein, was sich dann meistens nicht mit den zuvor erwähnten Tastaturbefehlen verträgt. Im einfachsten Fall scheitert es schon daran, dass man einfach keine dritte und vierte Hand zur Verfügung hat. Bildschirmfoto bietet dazu in vielen (leider nicht in allen Fällen) die Lösung: ein zeitgesteuertes Bildschirmfoto.

1 Starten Sie Bildschirmfoto. Das Programm irritiert nach dem Start zunächst etwas, weil es keine Fenster öffnet. Um zu erkennen, dass Bildschirmfoto geöffnet ist, müssen Sie einen Blick auf die Menüleiste bzw. das Dock werfen.

2 Öffnen Sie die Einstellungen von Bildschirmfoto, und wählen Sie den gewünschten Zeigertyp aus, der später auf dem Foto zu sehen sein soll.

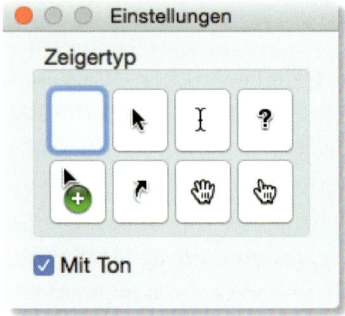

Abbildung 16.23 *Den gewünschten Zeigertyp in den Einstellungen von Bildschirmfoto auswählen*

3 Klicken Sie im Auswahlmenü auf **Foto > Selbstauslöser**, oder nutzen Sie den Tastaturbefehl ⇧ + cmd + Z.

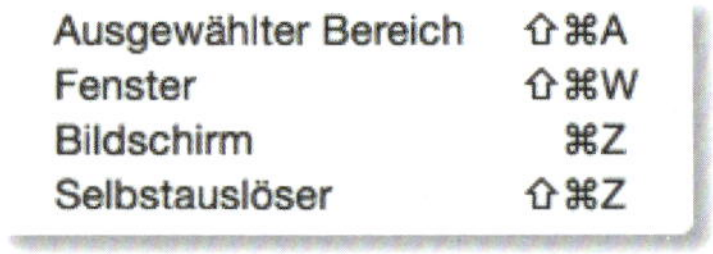

Ausgewählter Bereich	⇧⌘A
Fenster	⇧⌘W
Bildschirm	⌘Z
Selbstauslöser	⇧⌘Z

Abbildung 16.24 *Verfügbare Fotoarten in Bildschirmfoto*

4 Bildschirmfoto blendet nun nach Auswahl der Option **Selbstauslöser** ein Dailogfenster mit einem Hinweis ein, dass nach Ablauf des zehnsekündigen Countdowns ein Foto des gesamten Bildschirms gemacht wird – mit Ausnahme dieses Hinweisfensters.

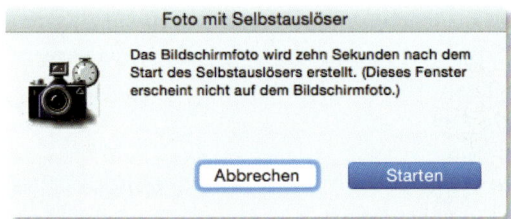

Abbildung 16.25 *Das Selbstauslöser-Fenster*

5 Klicken Sie auf den Button **Starten**. Das Fenster zeigt nun neben der Kamera einen Countdown an und gibt drei Sekunden vor dem Auslösen einen Ton aus. Beim Auslösen hören Sie einen Ton, der wie ein Kameraverschluss klingt.

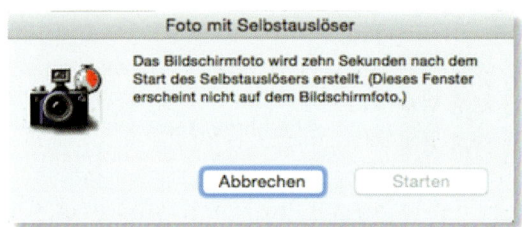

Abbildung 16.26 *Der Countdown zählt herunter, und der rote Bereich in der Stoppuhr wird immer voller.*

Anschließend zeigt Bildschirmfoto das erstellte Foto an, und Sie können es sichern.

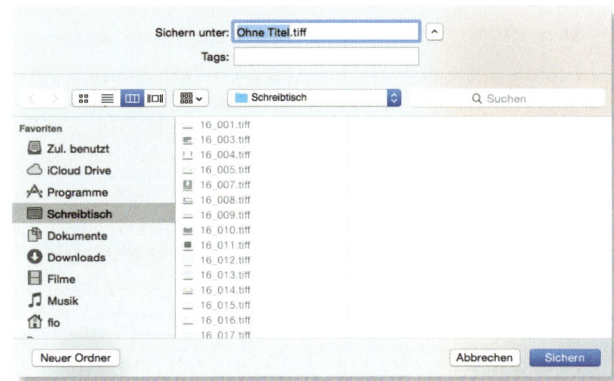

Abbildung 16.27 *Das erstellte Bildschirmfoto wird gesichert.*

Außer der Selbstauslöserfunktion lassen sich alle Bildschirmfotos zu jeder Zeit mithilfe von Tastaturbefehlen aufrufen. Das Programm Bildschirmfoto müssen Sie dazu nicht starten. Die wichtigsten Kommandos für Bildschirmaufnahmen sind:

- ⇧ + cmd + 3: Erstellt einen Screenshot des ganzen Bildschirms bzw. der Bildschirme, falls mehrere Bildschirme angeschlossen sind. Die so erstellten Dateien werden auf dem Schreibtisch abgelegt und erhalten den Zeitstempel als Namen. Zusätzliche Monitore erhalten eine eigene Datei, die so heißt wie die erste, der aber eine Nummer in Klammern hinzugefügt ist. So heißen die Dateien bei zwei Bildschirmen beispielsweise *Bildschirmfoto 2015-01-09 um 13.21.32.png* und *Bildschirmfoto 2015-01-09 um 13.21.32 (2).png*.

- ⬆ + ⌘ + 4 : Erstellt zunächst keinen Screenshot, sondern positioniert an der Stelle des Mauszeigers ein Fadenkreuz und zeigt daneben die aktuellen Koordinaten auf dem Bildschirm in Pixeln, ausgehend von links oben, an. Bewegen Sie das Fadenkreuz an die gewünschte Stelle, und ziehen Sie dort mit gedrückter Maustaste einen Rahmen um den Bereich auf, der fotografiert werden soll. In dem Moment, in dem Sie den Bereich loslassen, drücken Sie den *Auslöser* ohne erneute Nachfrage, und der ausgewählte Bereich wird als Bildschirmfoto nach dem bekannten Schema auf dem Schreibtisch gespeichert.

- ⬆ + ⌘ + 4 + Leertaste: Wählen Sie diesen Tastaturbefehl, und drücken Sie anschließend, wenn das Fadenkreuz angezeigt wird, die Leertaste. Aus dem Fadenkreuz wird nun ein Kamerasymbol. Die Kamera erstellt Bildschirmfotos von ganzen Fenstern, was sehr viel präziser ist, als wenn Sie versuchen, mit dem Fadenkreuz das Fenster möglichst genau zu erwischen. Sobald Sie die Kamera über ein beliebiges Fenster auf Ihrem Bildschirm bewegen, wird es blau überlagert angezeigt. Klicken Sie einfach mit der Maus oder dem Trackpad, wird ein Bildschirmfoto des ausgewählten Fensters aufgenommen (Die blaue Überlagerung ist im späteren Foto nicht zu sehen.).

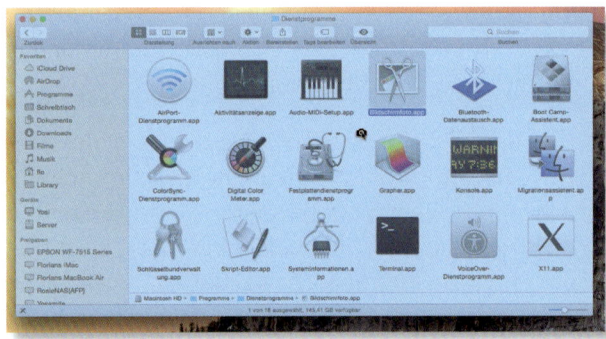

Abbildung 16.28 *Die Kamera, um komplette Fenster zu fotografieren. Das ist viel genauer, als das Fenster selbst auszuschneiden.*

16.5 Bluetooth-Firmware-Aktualisierung

Die Bluetooth-Firmware-Aktualisierung ist ein kleines Dienstprogramm, das einen Assistenten startet, der Sie durch die Schritte leitet, die zur Aktualisierung nötig sind.

Abbildung 16.29 *Das Programm-Icon der Bluetooth-Firmware-Aktualisierung*

Wenn Ihre Bluetooth-Firmware nicht aktualisiert werden muss, gibt der Assistent eine entsprechende Information aus.

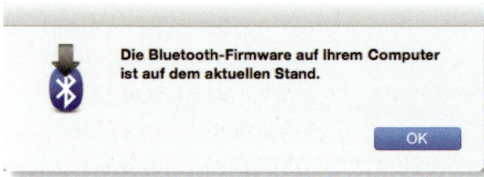

∧ **Abbildung 16.30** *Hier gibt es nichts zu aktualisieren. Sie müssen lediglich das Dialogfeld wieder schließen.*

16.6 Bluetooth-Datenaustausch

Bluetooth-Datenaustausch ist ein einfaches, kleines Programm, das in zwei einfachen Schritten genau das macht, was sein Name verspricht: Daten per Bluetooth an ein anderes Bluetooth-Gerät senden.

‹ **Abbildung 16.31** *Das Programm-Icon von Bluetooth-Datenaustausch*

1 Starten Sie das Dienstprogramm Bluetooth-Datenaustausch. Lassen Sie sich nicht von der fehlenden Programmoberfläche irritieren. Da das Programm keine Programmoberfläche braucht, hat es konsequenterweise auch keine, sondern zeigt nach dem Start ein Auswahlfenster.

∧ **Abbildung 16.32** *Wählen Sie eine Datei aus, die per Bluetooth übermittelt werden soll.*

2 Wählen Sie eine Datei aus, und klicken Sie auf den Button **Senden**.

3 Im folgenden Fenster werden alle in Reichweite verfügbaren Bluetooth-Geräte angezeigt. Wählen Sie das Gerät, an das die Datei gesendet werden soll, und klicken Sie auf den Button **Senden**. Anschließend wird die Datei an das ausgewählte Gerät gesendet.

∧ **Abbildung 16.33** *Die Datei wird an das ausgewählte Gerät gesendet.*

Gegebenenfalls zeigt Ihnen das Fenster eine Meldung an, die besagt, dass Sie die Bluetooth-Freigabe im Bereich **Freigaben** in den Systemeinstellungen aktivieren müssen, um die Funktion zu nutzen. Was aus dieser Meldung leider nicht eindeutig hervorgeht, ist, ob sich diese Einstellung auf den sendenden oder den empfangenden Mac bezieht. Stellen Sie also sicher, dass die Freigabe auf beiden Macs aktiviert ist. In unserem Beispiel ist der empfangende Mac gemeint. Ihr Mac schickt nun eine Verbindungsanfrage an den ausgewählten Empfänger, die dieser bestätigen muss.

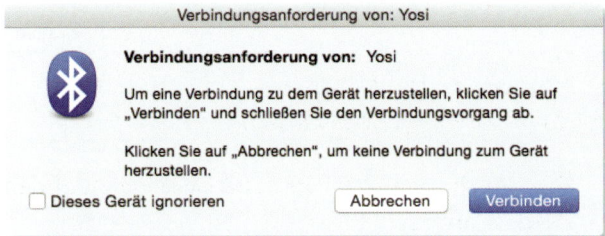

^ **Abbildung 16.34** *Die Verbindungsanfrage muss auf dem empfangenden Mac bestätigt werden.*

4 Anschließend wird dem Empfänger angezeigt, dass Sie eine Datei senden wollen.

^ **Abbildung 16.35** *Eine Datei annehmen*

5 Sobald der Empfänger den Empfang der Datei zulässt, beginnt die Übertragung der Datei.

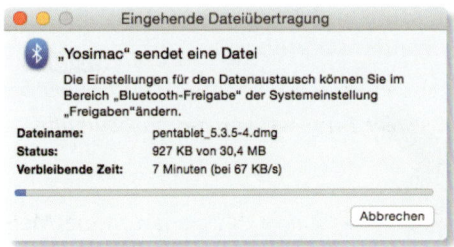

^ **Abbildung 16.36** *Nachdem der Empfänger akzeptiert hat, wird die Datei übertragen.*

TIPP

Instashare hilft
Mit AirDrop hat Apple auf Macs eine tolle Möglichkeit zum unkomplizierten Dateiaustausch etabliert. Geräte mit iOS können das untereinander ebenfalls. Nur die Verbindungssituation zwischen Mac/PC und Mobilgeräten ist nach wie vor ziemlich unbefriedigend, wenn es sich dabei nicht um Geräte mit der allerneuesten Hardware und mindestens OS X Yosemite und iOS 8.1 handelt, zumal auch der zuvor vorgestellte Bluetooth-Datenaustausch hier nur sehr bedingt Abhilfe schaffen kann. Dankenswerterweise gibt es findige Entwickler, die diese Lücke schließen, wie beispielsweise das im Mac App Store erhältliche Instashare für Mac und iOS *(http://instashareapp.com)*.

^ **Abbildung 16.38** *Ein Segen: Instashare*

Der Dateiaustausch per Bluetooth, das können Sie an Abbildung 16.36 erkennen, eignet sich nicht für große Dateien und häufigen Dateiaustausch, sondern eher für sporadischen Datenaustausch, sofern keine anderen Übertragungswege zur Verfügung stehen.

Die schnellste und einfachste Möglichkeit, den Bluetooth-Datenaustausch zu starten, ist, auf das Bluetooth-Icon in der Menüleiste zu klicken und im folgenden Menü **Datei an Gerät senden** oder **Dateien auf dem Gerät durchsuchen** auszuwählen. Leider funktioniert das nur mit Geräten, deren Bluetooth-Profile das auch jeweils zulassen, und das iPhone gehört ärgerlicherweise nicht dazu.

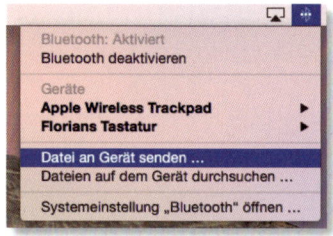

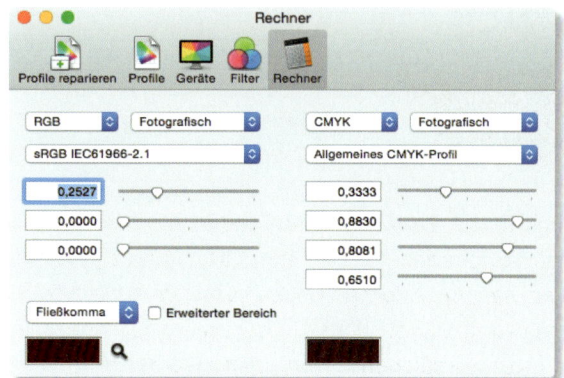

^ Abbildung 16.37 *Der Bluetooth-Datenaustausch ist schnell und einfach erreichbar.*

seltenen Fällen einsetzen. Wir werfen aber dennoch zumindest einen kurzen Blick darauf, denn das Programm bietet zwei ganz hilfreiche Tabs: **Profile reparieren** und **Rechner**.

Im Tab **Profile reparieren** haben Sie die Möglichkeit, die Farbprofile auf Ihrem Mac zu überprüfen und gegebenenfalls zu reparieren. Im Tab **Rechner** finden vor allem Grafiker Hilfe zur exakten Farbbestimmung und Umrechnung zwischen Farbräumen und Profilen, beispielsweise zwischen RGB und CMYK.

16.7 Der Boot-Camp-Assistent

Der Boot-Camp-Assistent unterstützt Sie bei der Vorbereitung Ihres Macs, um Windows als Zweitbetriebssystem zu installieren. Alle Aspekte rund um Windows auf dem Mac werden ausführlich in Kapitel 19, »Windows auf dem Mac«, ab Seite 689 beschrieben.

‹ Abbildung 16.39 *Das Programm-Icon des Boot-Camp-Assistenten*

^ Abbildung 16.41 *Mit dem »Rechner« im ColorSync-Dienstprogramm rechnen Sie Farbräume und Profile um und finden exakte Farbwerte.*

16.8 Das ColorSync-Dienstprogramm

ColorSync ist ein Dienstprogramm, das Sie als normaler Anwender nie benötigen, denn damit werden Farbprofile angepasst und repariert.

‹ Abbildung 16.40 *Das Programm-Icon des ColorSync-Dienstprogramms*

Solche Farbprofile werden im professionellen Grafik- und Druckgewerbe benötigt. Arbeiten Sie nicht in diesem Metier, werden Sie ColorSync nur in äußerst

16.9 Der DigitalColor-Farbmesser

Der DigitalColor-Farbmesser ist ein simples Programm, das die Farbwerte eines Bereichs anzeigt. Vermutlich werden Sie dieses Progrämmchen nie benötigen, denn in Situationen, in denen man einen Farbwert kennen muss, ist meist ohnehin bereits ein Grafikprogramm geöffnet, das diese Funktion ebenfalls anbietet.

‹ Abbildung 16.42 *Das Programm-Icon des DigitalColor-Farbmessers*

16.10 Das Festplattendienstprogramm

Das Festplattendienstprogramm ist vermutlich das am häufigsten verwendete Dienstprogramm. Die beiden wichtigsten Funktionen haben Sie bereits in Kapitel 4, »Externe Medien – USB-Sticks, DVDs & Co.«, kennengelernt (siehe Seite 154): Mit ihnen überprüfen und reparieren Sie die Zugriffsrechte und die Dateisystemstruktur.

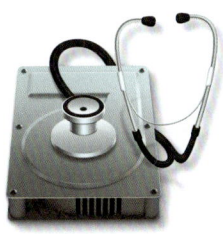

< **Abbildung 16.43** *Das Programm-Icon des Festplattendienstprogramms*

Probleme mit Zugriffsrechten lassen sich meist relativ leicht beheben, und die Reparatur ist für gewöhnlich erfolgreich. Anders sieht es bei Problemen mit der Dateisystemstruktur aus. Schäden im Dateisystem sind in unglücklichen Fällen so schwerwiegend, dass auch die Erste Hilfe sie nicht reparieren kann. Da in solchen Fällen durchaus auch ein Hardwareproblem die Ursache sein kann, sollten Sie in Situationen, in denen die Erste Hilfe nichts mehr nützt, möglichst schnell ein Backup Ihrer Daten machen, falls das noch möglich ist, und den Apple-Support kontaktieren. Mehr zum

Thema Apple-Support erfahren Sie in Kapitel 21, »Rat und Tat bei Problemen«, ab Seite 739.

ʌ **Abbildung 16.44** *Die Erste Hilfe überprüft und repariert Zugriffsrechte und die Dateisystemstruktur.*

16.11 Grapher

Grapher ist ein mathematisches Programm, das Graphen darstellt. Wer ein Programm dieser Art für Schule oder Arbeit braucht, der sollte sich Grapher auf jeden Fall einmal ansehen.

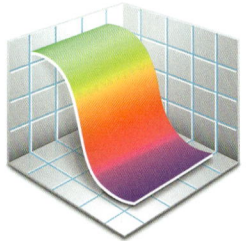

< **Abbildung 16.45** *Das Programm-Icon von Grapher*

1 Starten Sie Grapher.

2 Wählen Sie die gewünschte Graphenart, und klicken Sie auf den Button **Auswählen**.

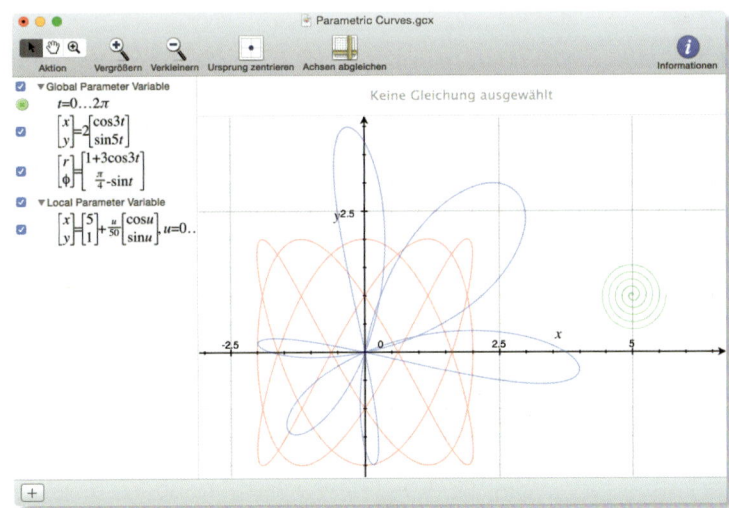

< **Abbildung 16.46** *So sieht Grapher in Aktion aus.*

3 Geben Sie eine Gleichung ein, und drücken Sie die Taste ⏎. Der Graph zur Gleichung wird nun im Raster angezeigt.

16.12 Konsole

Konsole ist ein Programm zur Anzeige von Systemmeldungen, die in sogenannte *Log-Dateien* geschrieben werden. Log-Dateien werden ständig erstellt. Das System protokolliert permanent alle relevanten Vorgänge und Ereignisse. Zusätzlich zu den Systemdiensten gibt es auch einige Programme, die ebenfalls Log-Dateien anlegen.

Drei Stufen

Diese Log-Dateien fallen, je nach Voreinstellung, unterschiedlich detailliert aus. Typischerweise gibt es mindestens drei Detailstufen.

- **Niedrig:** Die einfachste Stufe ist *niedrig*. Es werden nur die wichtigsten Ereignisse notiert.

- **Detailliert:** Die nächste Stufe ist meist etwas ausführlicher und heißt oft auch einfach nur *detailliert*. Es werden alle Meldungen aufgezeichnet, also einfache Meldungen, Hinweise und Warnungen.

- **Umfassend:** In der ausführlichsten Stufe wird meist jeder Vorgang eines Prozesses *umfassend* protokolliert.

< Abbildung 16.47 Das Programm-Icon von Konsole

Um Log-Dateien müssen Sie sich als normaler Anwender nicht kümmern. Programmierer, Administratoren und Tester in der Qualitätssicherung sind jedoch froh, dass sich Vorgänge im System protokollieren lassen, denn so sind Fehler und Schwachstellen leichter zu erkennen. Im Normalfall wird die Ausführlichkeit auch

eher niedrig liegen, da sich sonst innerhalb kürzester Zeit eine Unmenge von Daten ansammelt. Ausführlich protokolliert werden muss eigentlich nur bei der konkreten Suche nach einem bestimmten Problem.

Da also Log-Dateien schnell sowohl zahl- als auch umfangreich werden können, braucht man ein Programm, mit dem sich die Log-Dateien nicht nur ansehen (Dafür würde jeder Texteditor wie z. B. TextEdit ausreichen.), sondern auch gezielt filtern und durchsuchen lassen. Auch wenn Konsole als Programm zur Ansicht und Analyse von Log-Dateien also vor allem für Administratoren hilfreich ist, werfen wir dennoch einen Blick darauf.

Log-Dateien filtern und sichern

Sie kommen im Laufe der Jahre möglicherweise einmal in die Situation, dass jemand Sie bittet, Ihnen zur Verbesserung seines Programms beispielsweise ein Crash-Log zukommen zu lassen. Nehmen wir zunächst an, Sie haben ein Problem mit Bluetooth, und ein Servicetechniker bittet Sie um die Kernel-Meldungen bezüglich Bluetooth.

1 Starten Sie Konsole und wählen Sie in der Seitenleiste **system.log**.

2 Sortieren Sie nun die Meldungen so, dass Sie nur noch die Meldungen angezeigt bekommen, die Bluetooth betreffen. Geben Sie dazu in das Suchfeld in der Symbolleiste »Bluetooth« als Suchwort ein. Es werden nun nur noch die Einträge des Systems angezeigt, die sich auf Bluetooth beziehen.

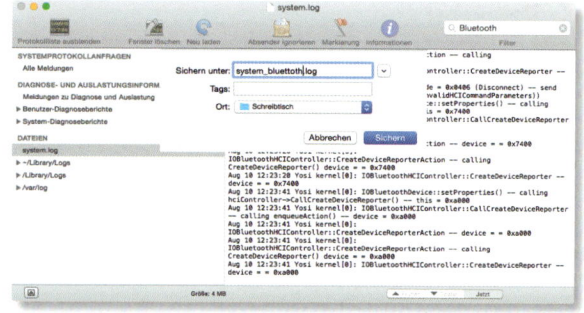

⌃ Abbildung 16.48 Ausgewählte und gefilterte Meldungen sichern

3 Markieren Sie alle nun angezeigten Einträge, und klicken Sie im Menü auf **Ablage > Auswahl sichern unter**.

4 Geben Sie im folgenden Sicherungsdialog einen Namen für die Datei an, und legen Sie den Ort für die Datei fest.

5 Klicken Sie auf den Button **Sichern**.

Die so erstellte Datei können Sie nun z. B. per E-Mail versenden.

16.13 Der Migrationsassistent

Der Migrationsassistent wird zwar nicht oft gebraucht, aber wenn, dann spart er Ihnen sehr viel Handarbeit bei der Übertragung von Benutzerdaten von einem oder auf einen anderen Mac oder PC. Den Migrationsassistenten haben Sie bereits in Kapitel 1, »Herzlich willkommen am Mac«, als Teil des Setupassistenten kennengelernt. Wenn Sie den Migrationsassistenten hier als eigenständiges Programm aufrufen, unterscheidet sich seine Funktionsweise nicht von der dort bereits beschriebenen, wo er in den Setupassistenten eingebettet ist.

< *Abbildung 16.49* Das Programm-Icon des Migrationsassistenten

16.14 Das Netzwerkdienstprogramm

Das Netzwerkdienstprogramm ist ein zuverlässiger Helfer bei Netzwerkanalysen. Es ist in acht Tabs unterteilt, von denen jeder eine bestimmte Aufgabe erfüllt. Erfahrene Nutzer, die auch mit der Kommandozeile vertraut sind, dürften das Netzwerkdienstprogramm ver-

mutlich belächeln, da es eine Sammlung von grafisch aufbereiteten, sonst für die Kommandozeile typischen Netzwerkanalysewerkzeugen ist, die im Administrationsalltag täglich benutzt werden. Aber gerade die grafische Aufbereitung macht dieses Dienstprogramm so wertvoll, denn damit kann auch ein normaler Anwender in den seltenen Fällen, in denen es nötig sein sollte (Mit etwas Glück ist es nie nötig.), hilfreiche Informationen gewinnen und so mögliche Netzwerkprobleme erkennen und beheben. Dass es so selten benötigt wird, ist möglicherweise der Grund dafür, warum das Netzwerkdienstprogramm seit OS X 10.9 nicht mehr bei den anderen Dienstprogrammen zu finden ist, sondern nur über Umwege aufgerufen werden kann (Ein vietnamesisches Sprichwort, das hier sinngemäß durchaus passend ist, lautet »Umwege erhöhen die Ortskenntnis.«). Einer dieser Umwege führt über das Dienstprogramm Systeminformationen, das Sie ab Seite 633 kennenlernen werden. In diesem Dienstprogramm finden Sie im Menü **Fenster** den Eintrag **Netzwerkdienstprogramm**. Eine andere Möglichkeit, das Netzwerkdienstprogramm zu starten, ist, es im Finder zu öffnen. Sie finden es unter */System/Library/CoreServices/Applications*. Kleiner Tipp an dieser Stelle: Schlagen Sie in Kapitel 3, »Dateiverwaltung mit dem Finder«, auf Seite 140 noch mal nach, wie das mit den Aliassen war, und legen Sie sich mithilfe eines Alias das Netzwerkdienstprogramm wieder in den passenden Ordner zu den anderen Dienstprogrammen.

∧ *Abbildung 16.50* Dank Alias wieder an gewohnter Stelle: das Netzwerkdienstprogramm

Informationen

Informationen ist der Name des ersten Tabs des Netzwerkdienstprogramms. Und er macht seinem Namen alle Ehre. Wenn Sie Informationen zu einer Netzwerkschnittstelle benötigen, finden Sie sie hier. Wählen Sie dazu aus dem Auswahlmenü oben links die gewünschte Netzwerkschnittstelle aus. Anschließend sehen Sie in den beiden Feldern darunter Informationen zur Hardware und zur Übertragungsstatistik.

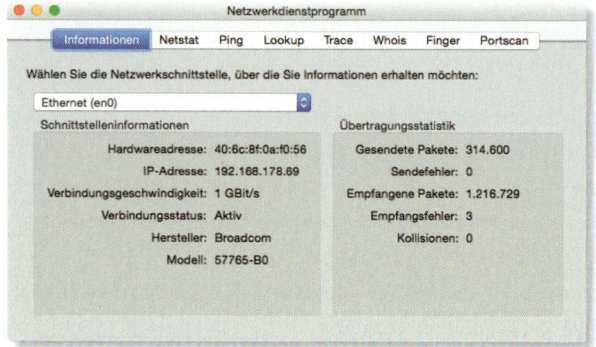

∧ **Abbildung 16.51** *Informationen zu den Netzwerkschnittstellen*

Die Hardwareinformationen sind hilfreich, wenn Sie beispielsweise wissen müssen, welche Verbindungsgeschwindigkeit oder Verbindungsarten eine Schnitt-

stelle bietet. Die Übertragungsstatistik hilft Ihnen vor allem dabei, schnell zu erkennen, ob ein Problem eher bei einem Programm besteht oder bei der Verbindung. Zeigt die Statistik z. B. bei allen Angaben 0 an, wird das Problem vermutlich eher nicht von einem Programm verursacht, sondern von der Verbindung.

Gerade hier ist es bei der Fehlersuche hilfreich, zusätzlich den Bereich **Netzwerk** der Systemeinstellungen zu öffnen, um beide Fenster nebeneinander zu haben (siehe Abbildung 16.52). So lassen sich schnell und einfach Probleme nachverfolgen, wenn die Informationen aus beiden Fenstern (nicht) übereinstimmen.

Ergeben sich z. B. Unstimmigkeiten zwischen den angezeigten Informationen der beiden Fenster, können Sie daraus mindestens schließen, dass das Problem vermutlich eher im Bereich eines Programms oder bestimmter Einstellungen liegt als an der Schnittstelle, denn sonst dürfte nicht eines der beiden Programme Daten von der Schnittstelle erhalten und das andere nicht.

Netstat

Im folgenden Tab, **Netstat**, erhalten Sie ausführliche Statistiken zu den aktuellen Netzwerkverbindungen und den dabei benutzten Protokollen. Das ist vor al-

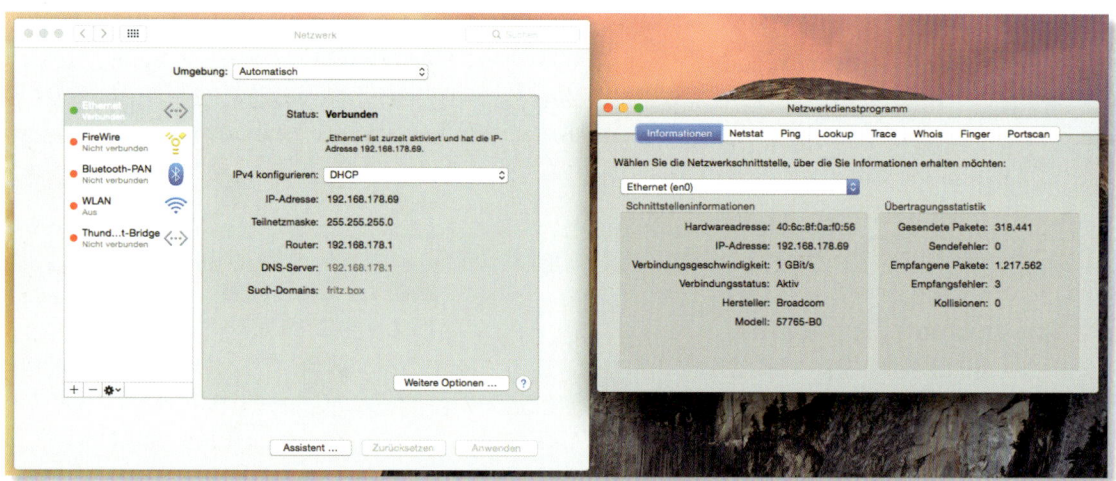

∧ **Abbildung 16.52** *Ein gutes Gespann bei der Lösung von Netzwerkproblemen: das Netzwerkdienstprogramm und die Netzwerkeinstellungen in den Systemeinstellungen*

lem hilfreich, um Informationen zu einer bestimmten Netzwerkverbindung abzurufen. Ein Beispiel aus der Praxis wäre beispielsweise, dass Sie die IP-Adresse einer Serververbindung wissen müssen. Beim Verbinden mit dem Server bekommen Sie nur den Namen angezeigt, nicht jedoch die IP-Adresse. Um sie herauszufinden, rufen Sie Netstat auf. Netstat listet alle aktiven Netzwerkverbindungen auf.

1 Klicken Sie auf den Tab **Netstat**.

2 Wählen Sie bei den angebotenen Anzeigen **Status der aktuellen Socket-Verbindungen anzeigen**.

3 Klicken Sie auf den Button **Netstat**. Anschließend listet Netstat alle aktiven Netzwerkverbindungen auf. So sind zunächst mal die aktuellen Informationen, also der Status quo, festgestellt.

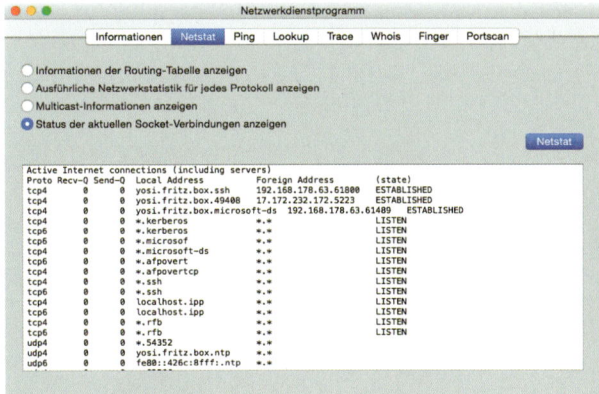

⌃ **Abbildung 16.53** *Die aktuellen Verbindungen*

Um nun die Informationen über die gewünschte Netzwerkverbindung zu erhalten, stellen Sie diese erst jetzt her, nachdem die aktuellen Verbindungen bekannt sind. Für das Beispiel eignet sich die Dateifreigabe im lokalen Netzwerk.

4 Aktivieren Sie an Ihrem Mac die Dateifreigabe, und greifen Sie von einem anderen Computer aus auf Ihren Mac zu.

5 Wechseln Sie zurück zum Netzwerkdienstprogramm, und klicken Sie auf den Button **Netstat**.

Sie sehen, dass die von Netstat aufgelisteten Informationen nun von den vorherigen abweichen. Da die einzige Änderung bei den Netzwerkverbindungen im Vergleich zu vorher nur die Dateifreigabe ist, muss es sich bei den hinzugekommenen Verbindungen also um die von Ihnen aktivierte Dateifreigabe handeln.

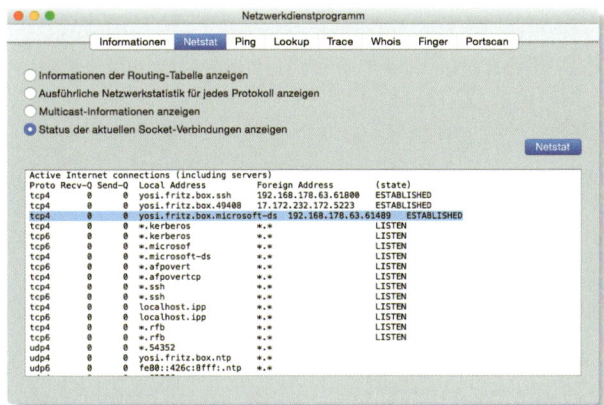

⌃ **Abbildung 16.54** *Ein anderer Computer greift auf die Dateifreigabe zu.*

Ping

Im Tab **Ping** finden Sie eines der simpelsten, aber gerade dadurch aussagekräftigsten Analysewerkzeuge: Ping. Den Begriff *Ping* kennen Sie möglicherweise aus U-Boot-Filmen wie beispielsweise »Jagd auf Roter Oktober«. Da ist ein Ping ein akustisches Signal: ein einzelner definierter Ton, der abgegeben wird, um zu hören, ob es eine Reaktion der anderen Seite gibt. Ping ist also eine Art Echolot.

Und genauso funktioniert auch Ping in Computernetzwerken. Mit dem Werkzeug Ping senden Sie ein kleines Datenpaket an eine bestimmte Adresse und sehen sich an, was zurückkommt. Aus den Informationen, die Sie zurückerhalten (aber auch aus Informationen, die Sie möglicherweise nicht zurückerhalten), können Sie dann entsprechende Schlüsse ziehen, um Netzwerkprobleme einzugrenzen und zu lösen.

Ping ist stets die erste Wahl, wenn es darum geht, festzustellen, ob ein physisches (Hardware) oder ein logisches (Software) Netzwerkproblem vorliegt.

Verbindungsprobleme lösen mit Ping

Ein alltägliches Problem ist z. B. ein defektes Netzwerkkabel. Generell ist es sinnvoll, bei der Fehlersuche strukturiert vorzugehen und zunächst die einfachste Konstellation herzustellen und zu prüfen. Ist dann alles in Ordnung, nehmen Sie Schritt für Schritt weitere Geräte hinzu. Nehmen wir an, Sie haben in Ihrem Netzwerk einen Router, der die Verbindung der Computer in Ihrem lokalen Netzwerk zum Internet herstellt. Nehmen wir außerdem an, Ihre Verkabelung sieht so aus, dass an der Stelle, an der sich der Router befindet, kein Computer in unmittelbarer Nähe ist, z. B. im Keller. Sie gehen also mit einem Netzwerkkabel aus dem Router in ein anderes Stockwerk, wo dann ein Netzwerk-Switch steht, an den drei Computer angeschlossen sind. Bekommt nun einer der drei Computer keine Verbindung mehr zum Internet, ist es sehr wahrscheinlich, dass das Problem entweder am betroffenen Computer selbst liegt oder an der Leitung vom Computer zum Switch. Schließlich besteht das Problem bei den anderen Computern nicht.

Angenommen, es bekommen aber jetzt alle Computer keine Verbindung mehr zum Internet. Es kann sich also um ein Problem mit der Internetverbindung Ihres Anbieters, der Router-Konfiguration oder um ein Hardwareproblem im Netzwerk handeln. Um jetzt Schritt für Schritt beteiligte Geräte als Fehlerquelle auszuschließen, prüfen Sie systematisch alle Stellen im Netzwerk:

- Direktverbindung zum Router
- Kabel zwischen Router und Switch
- Switch

Verbinden Sie also zunächst Ihren Mac direkt mit dem Router. Ersetzen Sie dafür die Kabelverbindung vom Router zum Switch durch eine direkte Verbindung zwischen dem Router und Ihrem Mac. Idealerweise verwenden Sie dafür nicht das Kabel, das sonst Router und Switch verbindet, sondern ein anderes, das sicher funktioniert, z. B. ein neu gekauftes.

Testen Sie zunächst, ob physisch zwischen den Geräten alles in Ordnung ist. Hier kommt Ping ins Spiel:

1 Verbinden Sie Mac und Router.

2 Starten Sie das Netzwerkdienstprogramm, und wechseln Sie zum Tab **Ping**.

3 Geben Sie in das obere Feld die Netzwerkadresse Ihres Routers ein, beispielsweise »192.168.178.1«.

4 Setzen Sie die Anzahl der zu sendenden Pings auf »3«.

5 Klicken Sie auf den Button **Ping**.

Angenommen, die Ausgabe zeigt nun Folgendes an: `3 packets transmitted`, `3 packets received`, `0,0% packet loss` ❶, dann können Sie sicher sein, dass die Verbindung der beiden Geräte einwandfrei ist. Sie können sich immer am `packet loss` orientieren. Hier liegt er bei `0,0%`. Hätte die Ausgabe `100,0% packet loss` angezeigt, wäre klar gewesen, dass die physische Verbindung zwischen den beiden Geräten nicht zustande gekommen ist. Bei krummen Werten bei `packet loss` können Sie mit Sicherheit von einem physischen Problem, etwa einem defekten Kabel, ausgehen.

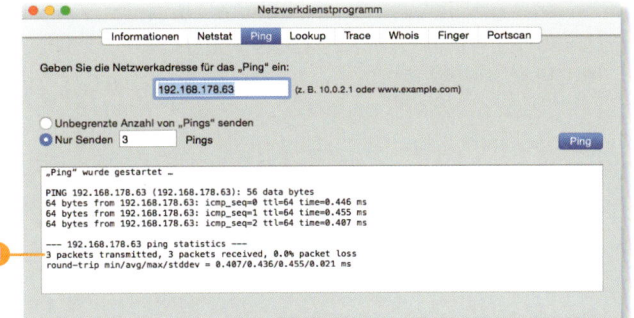

Abbildung 16.55 *Eine physisch einwandfreie Verbindung*

Ein kleiner Mutmacher am Rande für solche Situationen: Das ist das Beruhigende an Softwareproblemen, dass die Funktionalität – anders als z. B. bei einem defekten Kabel, wo noch ein bisschen was funktioniert – entweder ganz gegeben ist oder eben gar nicht.

Erst jetzt lohnt es sich zu testen, ob eine Internetverbindung zustande kommt. Wir gehen in diesem Beispiel davon aus, dass der Test positiv ausfällt. Das Problem ist also nicht die Internetverbindung Ihres Anbieters und auch nicht der Router. Das reduziert die Fehlersuche immerhin auf die verwendeten Komponenten, also auf den Switch und die Netzwerkkabel.

Stecken Sie das Kabel, das Router und Switch verbindet, wieder in den Router. Stecken Sie das andere Ende allerdings nicht wie gewohnt in den Switch, sondern an Ihren Mac, und wiederholen Sie den Ping. Bringt auch diese Aktion ein positives Ergebnis, können Sie als potenzielle Problemverursacher sowohl den Router als auch das Kabel zwischen Router und Switch ausschließen.

Das nächste Gerät in der Kette ist der Switch. Um sicherzugehen, nicht einem harmlosen, aber umso ärgerlicheren Fehler aufzusitzen, prüfen Sie zunächst, ob der Switch an die Stromversorgung angeschlossen und eingeschaltet ist. Ist das der Fall, verbinden Sie Router und Switch wie gehabt und verbinden dann Ihren Mac mit dem Switch. Pingen Sie erneut wie zuvor den Router an. Nehmen wir an, diesmal meldet Ping `100,0%` `packet loss`. Das bedeutet, dass der Switch offenbar Datenpakete nicht mehr weiterleitet, also vermutlich

defekt ist. Da Sie somit den Switch als Quelle des Problems identifiziert hätten, wäre es leicht, das Problem zu beheben.

Ping leistet also bei der Fehlersuche gute Dienste. Das Wichtigste bei der Fehlersuche ist jedoch systematisches und besonnenes Vorgehen.

HINWEIS

Tarnmodus

Vorweg zur Beruhigung und Vereinfachung der Problemsuche: Die folgende Information ist eher akademisch, weil sie in der Praxis (gerade bei Heimnetzwerken) kaum Anwendung findet. Es gibt aber dennoch einen Umstand, der jegliche Bemühungen um eine erfolgreiche Fehlersuche mittels Ping zunichtemachen kann: der *Tarnmodus* (auch *Stealth Mode* genannt). Tarnmodus bedeutet, dass Geräte nicht auf Ping-Anfragen antworten, was dann so aussieht, als käme keine physische Verbindung zustande, da die Ausgabe von Ping `100,0% packet loss` anzeigt, wenn ein Gerät angepingt wird, das sich im Tarnmodus befindet. Stellen Sie also im Zweifelsfall zunächst bei den Geräten, bei denen Sie Einfluss auf die Einstellungen nehmen können, sicher, dass sie sich nicht im Tarnmodus befinden. Macs versetzen Sie beispielsweise in den Systemeinstellungen im Bereich **Sicherheit** im Tab **Firewall** unter **Firewall-Optionen** in den Tarnmodus, indem Sie das Häkchen bei **Tarnmodus aktivieren** setzen.

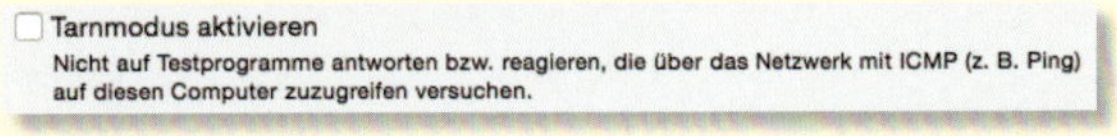

☐ Tarnmodus aktivieren
Nicht auf Testprogramme antworten bzw. reagieren, die über das Netzwerk mit ICMP (z. B. Ping) auf diesen Computer zuzugreifen versuchen.

Abbildung 16.56 *Der Tarnmodus kann alle Bemühungen zunichtemachen.*

Lookup

Mit dem Werkzeug des nächsten Tabs, **Lookup**, fragen Sie Serverinformationen zu einer bestimmten Internetadresse ab. Um einen Server unter seinem Namen

(z. B. *vierfarben.de*) zu erreichen, gibt es andere Server, die dafür sorgen, dass Ihre Anfrage auch bei dem richtigen Server landet. Denn tatsächlich heißt der Server nicht *vierfarben.de,* sondern 46.235.24.142. Weil sich aber niemand diese Zahlenkombinationen merken kann, gibt es eben nette Server, die diese *Namensauflösung* übernehmen. Diese Server heißen *DNS-Server* und sind das Rückgrat des Internets. Jeder Serverbetreiber hat einen für ihn zuständigen DNS-Server. Ohne einen entsprechenden Eintrag bei einem DNS-Server ist eine Website also nicht unter ihrem Namen zu erreichen.

Genauso verhält es sich mit E-Mails und anderen Diensten. Um also Informationen über die für die Domain zuständigen Server zu erhalten, machen Sie eine entsprechende Abfrage mit Lookup.

Geben Sie in das Eingabefeld eine Webadresse ein, z. B. »vierfarben.de«. Klicken Sie auf den Button **Lookup**. Der zurückgegebene Wert verrät, dass *vierfarben.de* die numerische Adresse 46.235.24.142 hat. Dort landen Sie also *wirklich*, wenn Sie in die Adresszeile von Safari »vierfarben.de« eingeben.

Je nach Auskunftsfreudigkeit des angefragten Servers können hier noch weitere Informationen stehen, wie z. B., welcher der zuständige Mailserver für die angefragte Domain ist.

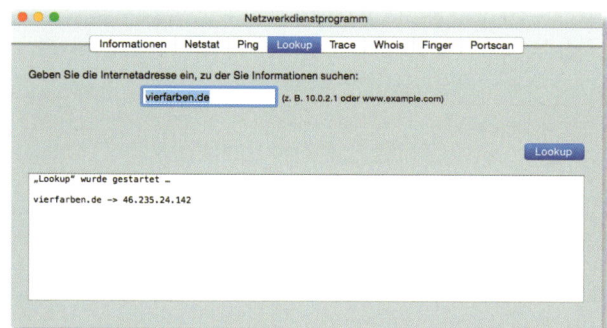

∧ **Abbildung 16.57** *Der für »vierfarben.de« zuständige DNS-Server hält sich mit Informationen bedeckt.*

INFO

Domain Name System
Die Abkürzung DNS hat in diesem Fall nichts mit Genetik zu tun, sondern steht für *Domain Name System*. DNS ist die Technologie, die die Zuordnung von IP-Adressen (also absoluten, eindeutigen, aber wenig benutzerfreundlichen numerischen Adressen) zu einem menschenfreundlichen Format mit natürlichen Namen vornimmt.

Trace

Im Tab **Trace** finden Sie das Werkzeug Traceroute. Traceroute verfolgt den Weg eines Datenpakets und listet alle Zwischenstationen auf. Wo Ping also nur die Information ausgibt, ob ein Computer erreichbar ist, zeigt Trace auch an, welchen Weg das Datenpaket auf dem Weg zum Zielrechner genommen hat.

Für den normalen Anwender sind die Informationen, die Traceroute ausgibt, meist eher uninteressant. Solange Sie die Websites, die Sie besuchen wollen, auch erreichen, macht es für Sie vermutlich kaum einen Unterschied, welchen Weg die Datenpakete dabei gehen. Das heißt aber nicht, dass es nicht wichtig sein kann, diesen Weg zu kennen. Mithilfe von Traceroute-Informationen vollziehen Sie z. B. nach, wo im Internet aktuell mögliche Engpässe bestehen. Gerade beim Datenverkehr zu anderen Kontinenten gibt es z. B. nicht sehr viele Übergabepunkte. Wenn also einer dieser Übergabepunkte ausfällt, macht sich das unter Umständen in der Verbindungsgeschwindigkeit zu bestimmten Websites bemerkbar, da nun weniger Übergabepunkte den Datenverkehr bewältigen müssen. Es ist vergleichbar mit dem Verkehr auf Autobahnen: Wenn eine Autobahn wegen Totalsperrung ausfällt, wird die Verkehrsbelastung auf anderen Strecken entsprechend steigen. Bei steigendem Aufkommen wird der Verkehr entsprechend langsamer. Solche Informationen und Indizien, die bestimmte Rückschlüsse zulassen, finden Sie mit Trace heraus.

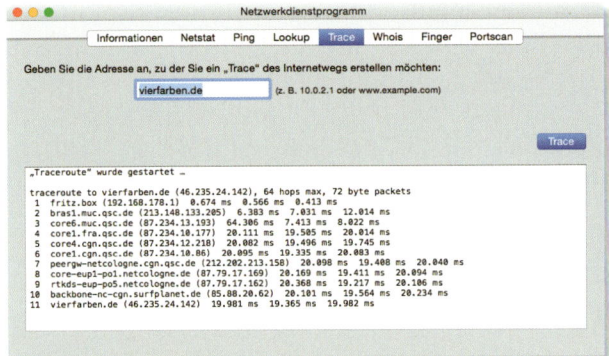

Abbildung 16.58 Die Ausgabe von Traceroute zeigt, welchen Weg Datenpakete nehmen und wie lange sie dafür brauchen.

Traceroute ist aber nicht nur ein hilfreiches Analysewerkzeug, sondern auch eines der wenigen Dienstprogramme, das Sie möglicherweise ab und zu ohne Not starten werden: aus reiner Neugier, um zu sehen, wo der Datenverkehr langgeht.

Whois

Im Tab **Whois** finden Sie das gleichnamige Werkzeug zur Abfrage von administrativen Informationen zu einer Website bzw. Domain. Wer Inhaber einer Domain ist, ist beim jeweiligen Registrar erfasst. Whois ist also eine Art Telefonbuch. Diese Informationen können Sie abfragen. Dafür gibt es mehrere Wege. Leider ist der im Netzwerkdienstprogramm etwas unglücklich gelöst. Eine Erklärung, warum das so ist, ginge hier zu sehr in

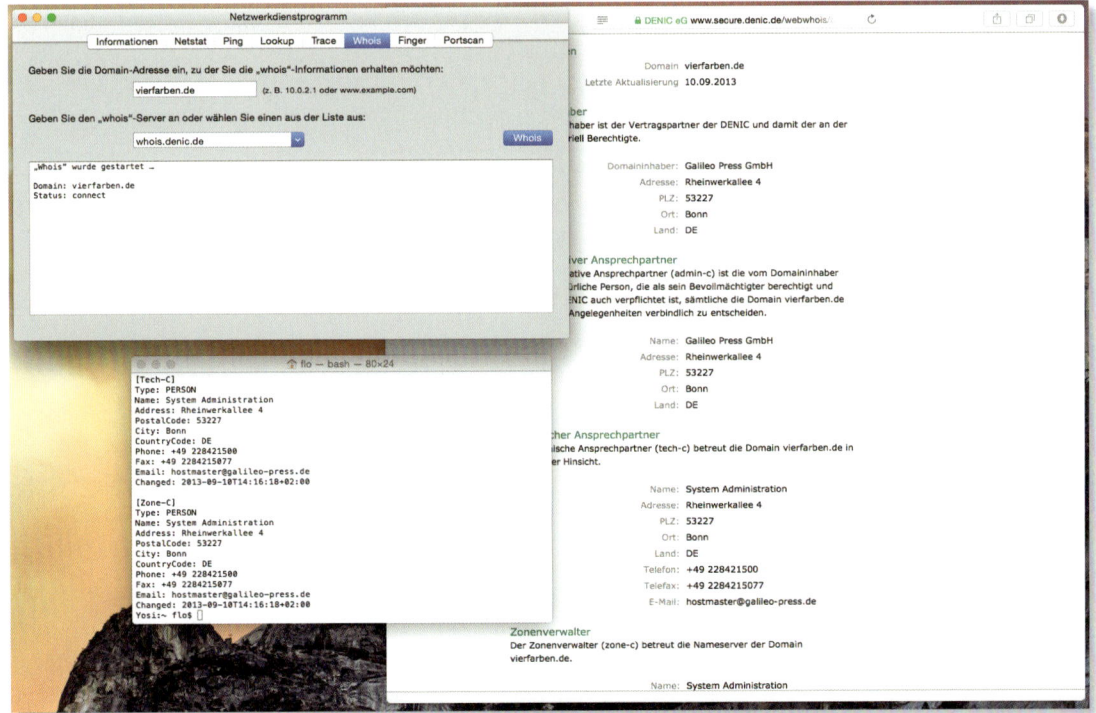

Abbildung 16.59 So unterschiedlich können die Informationen, je nach Abfragemethode, auf die gleiche Abfrage ausfallen.

technische und rechtliche Details. Wenn Sie also eine Whois-Abfrage starten wollen (In vielen Fällen sind die gewonnenen Informationen sehr hilfreich, beispielsweise wenn ein Websitebetreiber seiner Impressumspflicht nur unzureichend nachkommt.), sind leider alle anderen Wege besser als über das Netzwerkdienstprogramm. Das Prinzip einer Whois-Abfrage ist ganz einfach: Sie geben den Domainnamen als Suchwort ein und erhalten die beim Registrar hinterlegten administrativen Informationen zu der Domain als Antwort (siehe Abbildung 16.59).

Um auf Nummer sicher zu gehen und umfangreiche Daten zu erhalten, ist es sinnvoll, die Abfrage auf den Websites des jeweiligen Registrars vorzunehmen. Für *.de-Domains ist das die DENIC, deren Whois-Service Sie unter *http://www.denic.de/de/whois/index.jsp* erreichen.

Finger

Im Tab **Finger** finden Sie das gleichnamige Werkzeug. Finger dient zur Abfrage von Benutzerinformationen auf Servern. Da Finger aber heutzutage von den meisten Servern nicht mehr unterstützt wird, geht der Erkenntnisgewinn durch Finger bei den meisten Abfragen gegen null.

Portscan

Den letzten Tab, **Portscan**, sollten Sie mit Vorsicht genießen. Portscan kann ein sehr unfreundliches Werkzeug sein, denn es fragt einen angegebenen Server auf offene Ports – also auf verfügbare Dienste – hin ab. Das bedeutet, der angefragte Server listet alle Dienste sowie die zugehörigen Ports auf, die er zur Verfügung stellt. Da natürlich jeder laufende Dienst wie jedes Programm potenziell eine Schwachstelle enthalten kann, ist es ohnehin schon bei verantwortungsvollen Administratoren Usus, nur die Dienste auf einem Server laufen zu lassen, die auch zwingend benötigt werden. Unter Umständen wird aber nun bei diesen Diensten eine Softwareversion eingesetzt, die mit einem be-

stimmten Angriff unter Kontrolle gebracht werden kann. Das bedeutet also, dass die Information, welche Dienste ein Server anbietet, per se schon hilfreich ist, um einen Angriff auszuführen, da der Angreifer so nicht alle möglichen Angriffsmethoden ausprobieren muss, sondern sich gezielt auf verfügbare Dienste für seinen Angriff konzentrieren kann. Natürlich lässt sich der Spieß auch umdrehen, und man kann gezielt Desinformation streuen, sodass ein Server einen verwundbaren Eindruck macht, es aber tatsächlich gar nicht ist. Derartige Konstrukte nennen sich *Honeypots* und sind ein nicht seltenes und sehr probates Mittel zur Angreiferanalyse.

Hier zu sehr ins Detail zu gehen würde zu weit führen. Es reicht, wenn Sie aus den vorangegangenen Sätzen erkennen, warum ein solcher Scan eines fremden Computers vom dort zuständigen Administrator mindestens als *unfreundlicher Akt* empfunden wird.

Portscans sollten Sie als normaler Anwender nie benötigen und als gewissenhafter Administrator nur zu Analysezwecken auf Computern durchführen, für die Sie selbst verantwortlich sind. Sollte Sie trotzdem die Neugier packen, nehmen Sie einen Portscan auf dem eigenen Computer vor.

1 Geben Sie in das Adressfeld die interne IP-Adresse Ihres Macs ein: »127.0.0.1«.

2 Klicken Sie auf den Button **Portscan**.

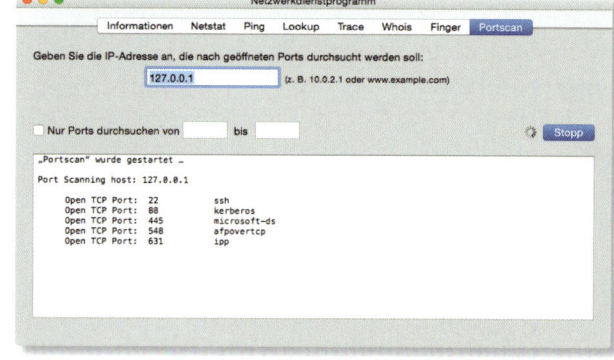

^ Abbildung 16.60 *Portscan in Aktion: Hier werden die Dienste Ihres eigenen Computers aufgelistet.*

Portscan beginnt daraufhin, einen Port nach dem anderen auf Ihrem Mac auf verfügbare Dienste hin abzufragen. Sie sehen im Infofeld, wie die Liste nach und nach erweitert wird. Es ist unter Umständen hilfreich, im eigenen Netzwerk in unregelmäßigen Abständen Portscans durchzuführen, um den einen oder anderen Computer auf typische Filesharing-Ports, beispielsweise von 6881 bis 6887, hin abzufragen. Das ist sicher eine Maßnahme, die manche Diskussion in der Familie nach sich ziehen dürfte, aber das dürfte immer noch angenehmer sein als Besuch von der Staatsanwaltschaft.

INFO

127.0.0.1

Möglicherweise haben Sie sich gefragt, was das für eine seltsame IP-Adresse ist, mit der Sie den eigenen Mac portscannen können. Diese IP-Adresse hat nichts speziell mit Portscan zu tun, sondern ist generell auf jedem Computer die interne IP-Adresse. Sie ist die sogenannte *Loopback-Adresse*, die stets auf den eigenen Computer (*localhost*) verweist. Sie ist zusammen mit ein paar anderen Adressen im Netzwerkprotokoll TCP/IP für bestimmte Aufgaben reserviert.

16.15 Schlüsselbundverwaltung

Mit der Schlüsselbundverwaltung sammeln und verwalten Sie Kennwörter, Schlüssel und Zertifikate. Immer wenn Sie in einem Dialogfenster ein Passwort eingeben, haben Sie die Möglichkeit, das Häkchen bei **Passwort im Schlüsselbund sichern** zu setzen. Das Passwort ist dann im Schlüsselbund gespeichert.

◄ **Abbildung 16.61** Das Programm-Icon der Schlüsselbundverwaltung

Wenn Sie z. B. ein Passwort vergessen haben und es wieder nachschlagen müssen, können Sie das mit der Schlüsselbundverwaltung tun. Aber auch Informationen, die Sie sicher hinterlegt wissen wollen, können Sie hier unterbringen.

▲ **Abbildung 16.62** Passwörter lassen sich im Schlüsselbund sichern. Auch andere Informationen sind hier sicher.

Passwörter mit der Schlüsselbundverwaltung nachschlagen

Ein Passwort, das leicht einmal vergessen ist, ist das Passwort für die Konfiguration der AirPort-Basisstation. Die richten Sie ein, und dann müssen Sie über Wochen und Monate nichts mehr damit machen. Wenn Sie das AirPort-Dienstprogramm starten, sich mit der gewünschten Basisstation verbinden und das Passwort im Schlüsselbund gespeichert ist, brauchen Sie es sich auch nicht zu merken, denn das AirPort-Dienstprogramm greift auf das im Schlüsselbund gespeicherte Passwort zu.

So weit ist alles in bester Ordnung. Nehmen wir aber an, Sie möchten das Passwort einem Familienmitglied geben, damit auch von einem anderen Mac aus auf die Basisstation zugegriffen werden kann.

1 Starten Sie das Dienstprogramm Schlüsselbundverwaltung.

2 Markieren Sie den Schlüsselbund **Anmeldung** ❶, und geben Sie in das Suchfeld ❷ »Airport« ein.

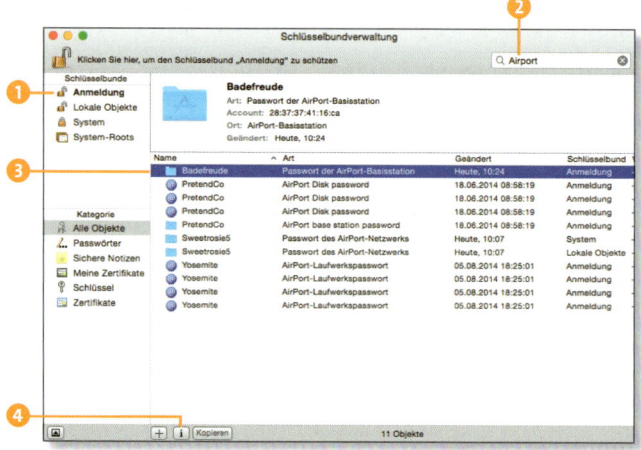

Abbildung 16.63 *Das Passwort der Basisstation wird gesucht.*

Die Liste zeigt nun nur noch Einträge an, die mit Air-Port zu tun haben, wie beispielsweise Netzwerke, in die der Mac eingeloggt war. Sie zeigt aber eben auch das Passwort der Basisstation.

3 Markieren Sie den gewünschten Eintrag **3**, und klicken Sie auf den Button **i** **4**. Im folgenden Infofenster sehen Sie Informationen zu diesem Passwort, können es ändern sowie die Zugriffskontrolle regeln. Lediglich das Passwort selbst wird zunächst nicht angezeigt (was auch eine Sicherheitslücke wäre).

4 Setzen Sie das Häkchen bei **Passwort einblenden**.

5 Geben Sie im folgenden Dialogfenster Ihr Administratorpasswort ein.

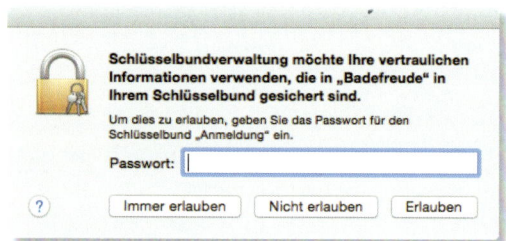

▲ **Abbildung 16.64** *Die Preisgabe eines Passworts benötigt Administratorrechte.*

6 Klicken Sie auf den Button **Erlauben**. Anschließend wird das Passwort angezeigt und kann gegebenenfalls auch geändert werden.

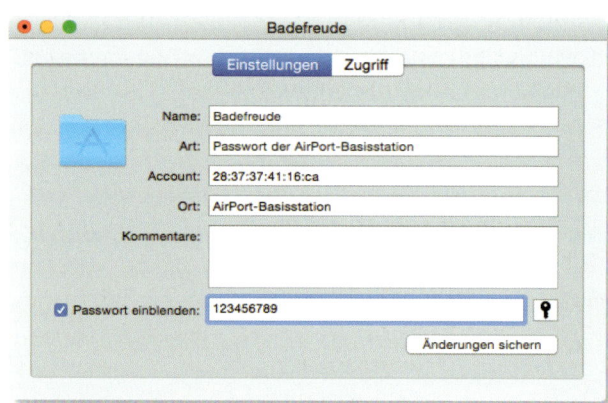

▲ **Abbildung 16.65** *Das Passwort der Basisstation anzeigen*

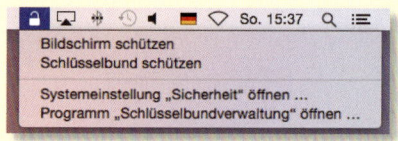
Verschlüsselte Notizen anlegen

Die Schlüsselbundverwaltung ist aber nicht nur ein Verwaltungsprogramm, sondern auch eine Art kleiner Safe. Legen Sie hier beispielsweise verschlüsselte Notizen ab.

1 Klicken Sie im Bereich **Kategorie** auf den Eintrag **Sichere Notizen** **5**. Rechts sehen Sie eine Liste der bereits vorhandenen sicheren Notizen. Da Sie vermutlich gerade die erste sichere Notiz anlegen, ist die Liste wahrscheinlich noch leer.

2 Klicken Sie unter der Liste auf den Plus-Button **6**, und geben Sie im folgenden Dialogfenster einen Namen **7** für die Notiz und die Notiz **8** selbst ein.

3 Klicken Sie auf den Button **Hinzufügen**. Die sichere Notiz wird nun hinzugefügt.

Um die Notiz später zu lesen, gehen Sie wie zuvor bei der Passwortanzeige vor.

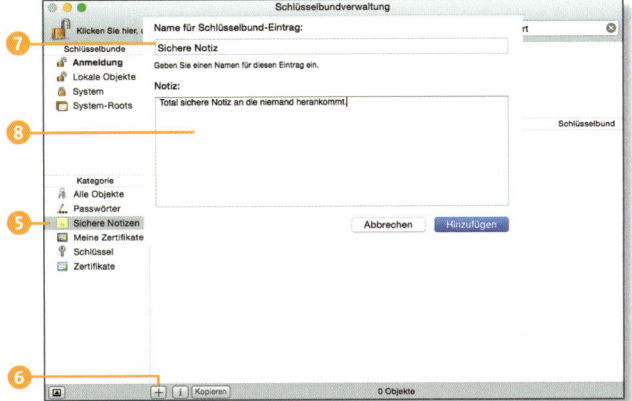

⌃ **Abbildung 16.67** *Eine neue gesicherte Notiz wird in der Schlüsselbundverwaltung angelegt.*

iCloud-Schlüsselbund

Seit OS X 10.9 Mavericks können Sie einen Schlüsselbund in iCloud nutzen, um die darin gesicherten Kennwörter und Notizen stets auf allen Geräten, auf denen Sie iCloud nutzen, verfügbar zu haben.

Dieser iCloud-Schlüsselbund ist aus praktischen Erwägungen eine nützliche Sache, da Sie sich nicht mehr für jedes Login das Passwort merken müssen. Darüber hinaus können Sie auch Ihre Kreditkarteninformationen im iCloud-Schlüsselbund sichern. Da der Schlüsselbund in Ihrer iCloud integriert ist, bedeutet das, dass Sie Ihre Login-Daten und Kreditkarteninformationen stets zur Verfügung haben, solange Sie auf dem Gerät, das Sie gerade benutzen, bei iCloud mit den entsprechenden Login-Daten angemeldet sind.

Apple hat ein aufwendiges Sicherheitsprozedere in den Aktivierungsprozess eingebaut, das zusätzlich zu

dem Passwort Ihrer Apple-ID ein weiteres Passwort für den Schlüsselbund und eine Rückversicherung per SMS auf Ihr iPhone vorsieht. Dennoch scheint mir der Erfolg dieses Features, zumindest in Zentraleuropa, fraglich zu sein.

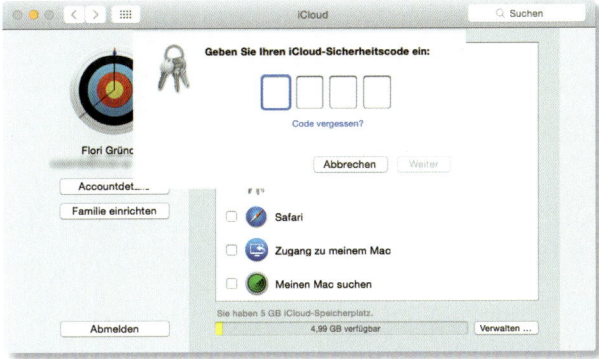

⌃ **Abbildung 16.68** *Apple hat ein mehrstufiges Prozedere eingebaut, um den iCloud-Schlüsselbund möglichst sicher zu machen.*

Bevor Sie jedoch den iCloud-Schlüsselbund aktivieren, sehen Sie sich erst mal den Schlüsselbund **Lokale Objekte** bzw., falls der (noch) nicht auf Ihrem System existiert, den Schlüsselbund **Anmeldung** an. Wenn Sie bereit sind, für ein bisschen Komfort geschätzte zwei Drittel der dortigen Informationen in Ihre iCloud zu verlagern, dann profitieren Sie von einem praktischen Feature. Sind Sie das nicht, dann profitieren Sie von ein klein wenig (zumindest gefühlter) Autonomie über Ihre Daten.

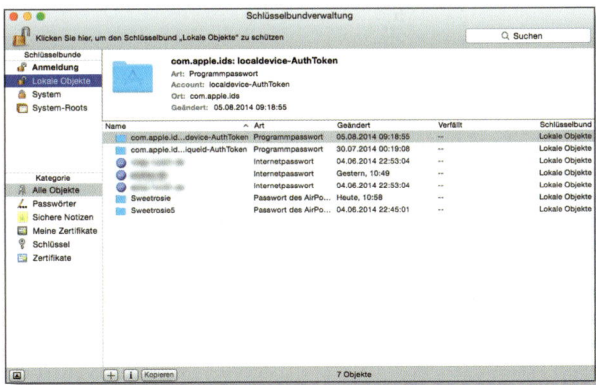

⌃ **Abbildung 16.69** *Das ist ein Teil der Informationen, die Sie in den iCloud-Schlüsselbund geben, wenn Sie ihn nutzen.*

Haben Sie sich entschieden, den iCloud-Schlüsselbund ausprobieren zu wollen, müssen Sie ihn zunächst aktivieren. Setzen Sie dazu in den Systemeinstellungen bei **iCloud** das entsprechende Häkchen, und gehen Sie das zuvor erwähnte Sicherheitsprozedere durch. Als ersten erkennbaren Schritt werden Sie anschließend im Dienstprogramm Schlüsselbundverwaltung sehen können, dass der Schlüsselbund **Lokale Objekte**, der typischerweise Kennwörter Ihrer E-Mail-Accounts und/oder Login-Daten von Websites speichert, nun **iCloud** heißt.

16.16 Skript-Editor

Der Skript-Editor hieß in früheren Betriebssystemversionen AppleScript-Editor und ist ein Programm zum Erstellen und Testen von Skripten in der Skriptsprache AppleScript. Nachdem der Skript-Editor seit OS X 10.10 Yosemite nicht nur AppleScript beherrscht, sondern auch JavaScript, wurde er entsprechend sprachneutral umbenannt. Für dieses Buch beschränken wir uns jedoch auf die »native« Skriptsprache AppleScript.

< **Abbildung 16.70** Das Programm-Icon des Skript-Editors

AppleScript ist eine recht leicht zu lernende Skriptsprache, da sie im Vergleich zu anderen Skriptsprachen nicht auf mathematische Abstraktion setzt, sondern wie eine natürliche Sprache – Englisch – funktioniert. Schon ein kleiner Dreizeiler wie der folgende kann eine sichtbare Aktion auslösen:

```
tell application "Finder"
make new Finder window
end tell
```

^ **Listing 16.1** Mit diesem Dreizeiler öffnet der Finder ein neues Fenster.

Und selbst das lässt sich noch vereinfachen und in einer Zeile zusammenfassen:

```
tell application "Finder" to make new
Finder window
```

^ **Listing 16.2** Aus dem Dreizeiler ist ein Einzeiler geworden.

Durch diese *Natürlichkeit* ist AppleScript sehr leicht zu erlernen. AppleScript ist optimal in das System integriert, und Arbeitsabläufe, bei denen verschiedene Programme untereinander mit gemeinsamen Daten arbeiten sollen, erstellen Sie so recht leicht selbst. Auch wenn Sie sich möglicherweise in den ersten Tagen und Wochen mit Ihrem Mac nicht im Entferntesten vorstellen können, so etwas einmal selbst auszuprobieren, rate ich Ihnen dennoch, es nicht gänzlich auszuschließen. Sind Sie nach einiger Zeit erst einmal etwas vertrauter mit dem Mac, steigt mit Sicherheit auch die Experimentierlust.

In Kapitel 23, »Routineaufgaben automatisieren mit Automator und AppleScript«, beschäftigen wir uns ab Seite 787 etwas ausführlicher mit der Skriptsprache AppleScript, daher sehen wir uns an dieser Stelle nur kurz die Programmoberfläche an. In der Symbolleiste finden Sie den Button **Ausführen**. Ein Klick darauf bewirkt, dass der eingegebene Code übersetzt und ausgeführt wird.

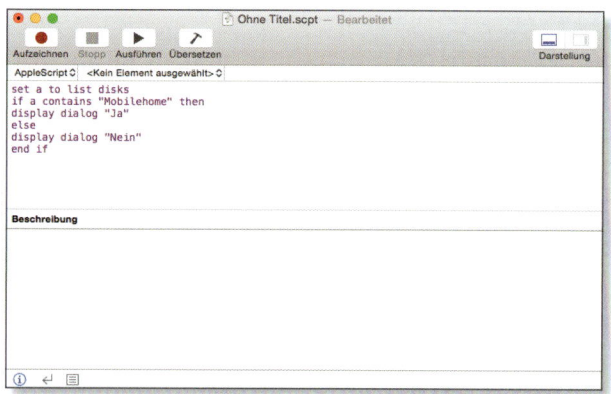

^ **Abbildung 16.71** Code nach der Eingabe – noch nicht übersetzt oder ausgeführt

Übersetzt bedeutet, dass der Code auf Plausibilität und Ausführbarkeit geprüft und anschließend entsprechend der Syntax im Editor formatiert dargestellt wird.

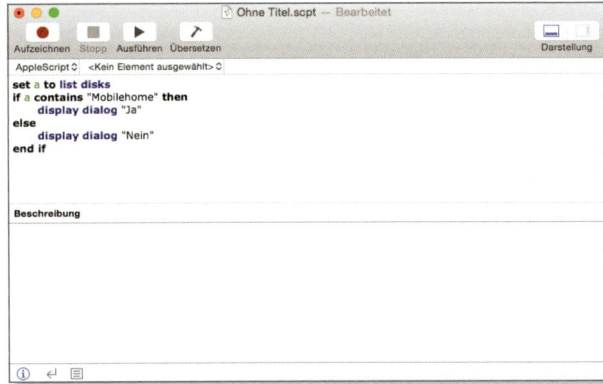

∧ **Abbildung 16.72** *Der gleiche Code wie zuvor, jedoch nach der Übersetzung formatiert dargestellt*

Damit Sie ein besseres Verständnis dafür bekommen, was passiert, wenn Code ausgeführt wird, bietet der Skript-Editor Ihnen im unteren Fensterbereich weitere Informationen zu den ausgeführten Befehlen. Zusätzlich werden Ihnen vier Buttons angezeigt: **Ergebnis**, **Nachrichten**, **Events** und **Antworten**. Am hilfreichsten sind dabei die letzten beiden Buttons. **Events** (deutsch: Vorgänge) zeigt Ihnen an, was tatsächlich passiert ist, ausgehend von den oben gegebenen Anweisungen. **Antworten** blendet Ihnen zusätzlich die Informationen ein, die die angesprochenen Prozesse auf die Befehle hin zurückgemeldet haben.

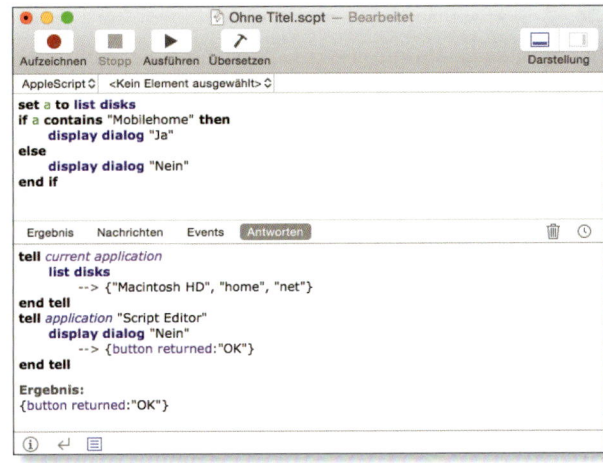

∧ **Abbildung 16.73** *Unten im Fenster sehen Sie Vorgänge und Antworten auf die Ausführung des Codes oben im Fenster.*

So weit eine kurze Übersicht über den AppleScript-Editor. Wenn Sie jetzt neugierig geworden sind, erfahren Sie mehr über AppleScript in Kapitel 23, »Routineaufgaben automatisieren mit Automator und AppleScript«, ab Seite 787.

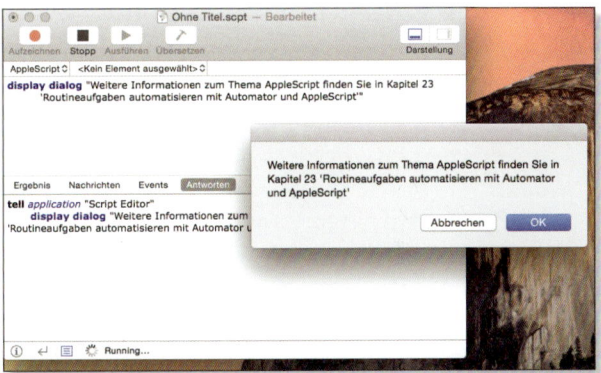

∧ **Abbildung 16.74** *Einfacher Code, sehenswertes Ergebnis*

16.17 Systeminformationen

Systeminformationen ist der Ort, an dem Sie die ausführlichsten Informationen zu Ihrem Mac finden. Sie können diese Informationen auch sichern und die

Datei beispielsweise für Servicezwecke versenden. Systeminformationen ist ein Programm, mit dem man wenig machen kann. Es dient vor allem zur Anzeige von Informationen.

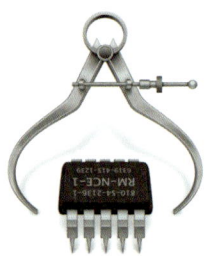

^ Abbildung 16.75 *Das Programm-Icon von Systeminformationen*

Alle Informationen zu Hardware, Schnittstellen, angeschlossenen Geräten (nach Anschlussart) und Software finden Sie hier übersichtlich strukturiert.

Wenn Sie in der Liste den gewünschten Bereich anklicken, werden rechts die entsprechenden Informationen angezeigt. Diese Informationen lassen sich durch einen

Klick auf **Ablage > Sichern** in eine Datei speichern und dann beispielsweise per E-Mail versenden. So kann etwa ein Servicetechniker sich mithilfe der Datei ein genaues Bild von Ihrem Mac machen, ohne sich in Reichweite des Geräts zu befinden. Für eine erste Analyse bei Problemen ist das meist sehr hilfreich. Aus den Informationen, die Sie in Abbildung 16.76 sehen, lässt sich etwa herauslesen, dass der Mac das Handoff-Feature von OS X Yosemite nicht unterstützt (Mehr über Handoff lesen Sie ab Seite 349.). Deutlich wird das durch das **Nein** in der Zeile **Bluetooth Low Energy wird unterstützt** ①.

16.18 Terminal

Terminal ist der Zugang zum Unix-Unterbau von OS X. Terminal stellt Ihnen eine Kommandozeileneingabe zur Verfügung. Benutzer, die mit anderen Unix-Varianten oder Linux vertraut sind, werden sich auch hier schnell zurechtfinden. Detaillierte Informationen zum Terminal finden Sie in Kapitel 22, »Ein Blick unter die Haube – Unix«, ab Seite 757.

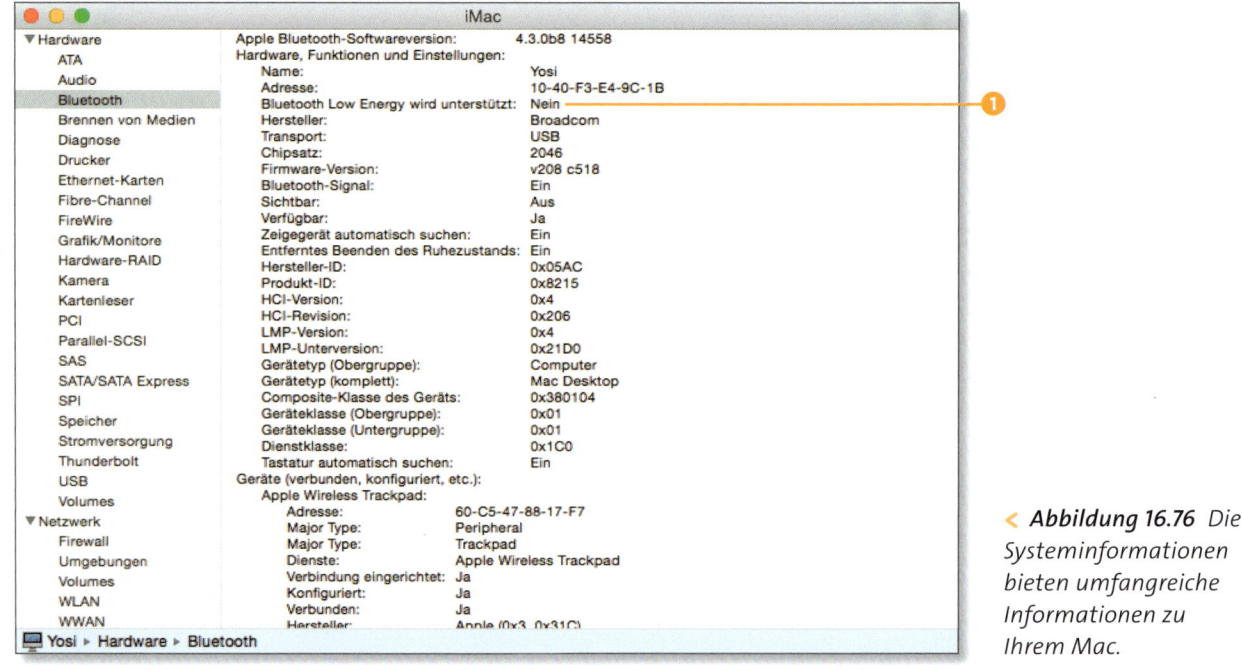

< Abbildung 16.76 *Die Systeminformationen bieten umfangreiche Informationen zu Ihrem Mac.*

Abbildung 16.77 *Das Programm-Icon von Terminal*

16.19 Das VoiceOver-Dienstprogramm

Das VoiceOver-Dienstprogramm wird in Abschnitt 15.2, »Bedienungshilfen«, auf Seite 552 genauer beschrieben. Es dient dazu, die Technologie VoiceOver an die persönlichen Bedürfnisse anzupassen.

Abbildung 16.78 *Das Programm-Icon des VoiceOver-Dienstprogramms*

16.20 Der Fenstermanager X11

X11 ist – sehr vereinfacht gesagt – ein Fenstermanager. Vielleicht fragen Sie sich: »Wozu ein Fenstermanager? Schließlich kann OS X ja gut mit Fenstern umgehen.« Das stimmt auch. Das gilt aber nur für Programme, die auch nativ mit der Programmiersprache Cocoa für OS X geschrieben wurden. X11 ist ein Fenstermanager, der aus der Unix-Welt kommt. Dort laufen grafische Programme, wie beispielsweise GIMP, unter X11. Damit diese Programme auch unter OS X nutzbar sind, gibt es X11 auch für OS X.

Abbildung 16.79 *Das Icon von X11*

So können Sie mit OS X nicht nur native Mac-Programme nutzen, sondern auch X11-Programme. Eine gute Auswahl verfügbarer X11-Software finden Sie unter *http://osx.hyperjeff.net/Apps/apps?sub=100&t=101*. Beim ersten Start sehen Sie jedoch zunächst die Meldung, dass X11 erst installiert werden muss. Wenn Sie X11 nutzen wollen, klicken Sie im Hinweisfenster auf den Button **Fortfahren**, um weitere Informationen zum Download von X11 zu erhalten.

Abbildung 16.80 *X11 muss erst heruntergeladen werden.*

Kapitel 17
Benutzer und Gruppen anlegen und verwalten

Als Administrator haben Sie uneingeschränkte Macht auf Ihrem Mac. Das bedeutet aber auch viel Verantwortung. Wie Sie Benutzer, Gruppen und Privilegien problemlos im Griff haben, ohne zum »Sonnenkönig« zu werden, erfahren Sie in diesem Kapitel.

Wenn Sie nicht gerade in einem Einpersonenhaushalt leben, ist die Chance, dass Sie Ihren Mac ausschließlich selbst nutzen, äußerst gering. Gerade stationäre Macs wie Mac mini, iMac und Mac Pro werden schnell zu Familiengeräten. Die Benutzereinstellungen helfen Ihnen, die Hoheit über Ihren Mac zu behalten, auch wenn Sie ihn mit anderen teilen (müssen). Hier legen Sie Benutzer an und vergeben individuelle Privilegien.

17.1 Benutzerübersicht in den Systemeinstellungen

Die Einstellungen zu **Benutzer & Gruppen** haben Sie schon verwendet, bevor es Ihnen überhaupt bewusst war. Beim ersten Start Ihres Macs haben Sie mithilfe des Setupassistenten bereits einen ersten Nutzer – sich selbst – angelegt.

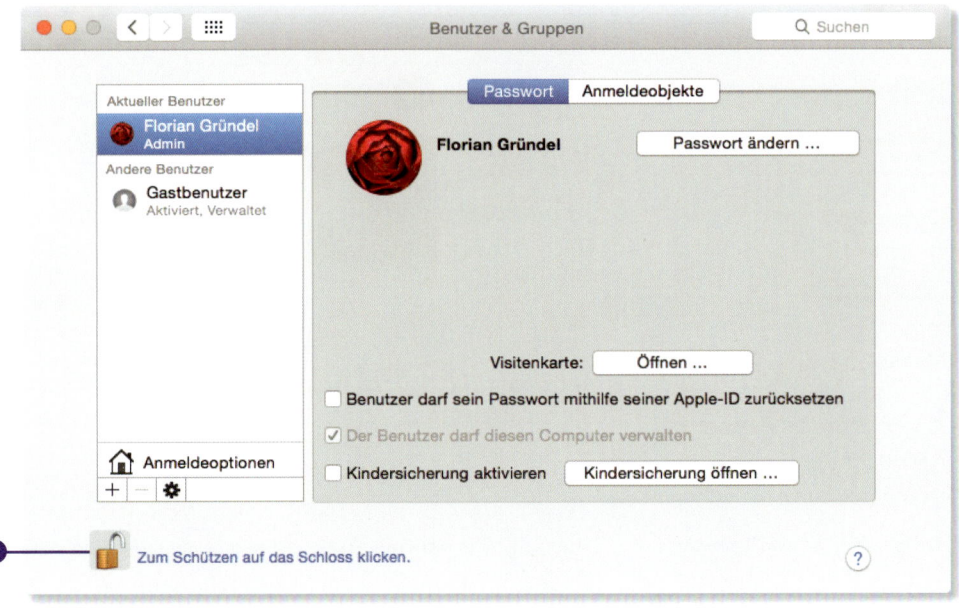

< Abbildung 17.1 *Hier sehen Sie Details zu einem Benutzer, in diesem Fall zum Administrator.*

Als erster Nutzer des Systems sind Sie automatisch Administrator und können den Computer verwalten, also auch weitere Nutzer und Gruppen anlegen. In den Systemeinstellungen unter **Benutzer & Gruppen** rufen Sie die Liste aller vorhandenen Benutzer auf. Daneben finden Sie Detailinformationen zum ausgewählten Benutzer. Nach einer Standardinstallation ist diese Liste noch nicht sehr lang, da sie nur aus Ihnen und dem Gastbenutzeraccount besteht.

Benutzereinstellungen

Die Benutzerinformationen des ausgewählten Nutzers sind jeweils in zwei Tabs unterteilt: **Passwort** und **Anmeldeobjekte**. Im Tab **Passwort** sehen Sie zunächst das dem Benutzer zugeordnete Bild. Ein Benutzerbild können Sie natürlich ändern, und zwar mindestens ebenso einfach wie das Hintergrundbild des Schreibtischs. Es genügt also, beispielsweise ein anderes Bild auf das aktuelle zu ziehen, und schon wird es ersetzt. Es geht aber auch anders:

1 Klicken Sie auf das Schloss ❶ (siehe Abbildung 17.1), um die Einstellungen freizugeben.

2 Geben Sie im folgenden Dialog Ihr Administratorpasswort ein, und klicken Sie auf den Button **Schutz aufheben**.

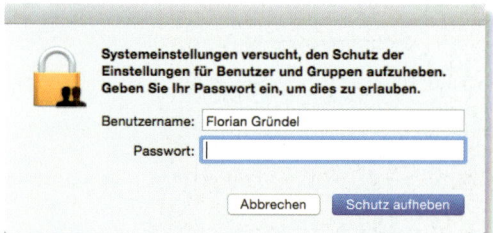

^ **Abbildung 17.2** Der Passwortdialog

3 Fahren Sie mit dem Mauszeiger über das Benutzerbild. Wenn Sie sich mit dem Mauszeiger darüber befinden, wird der Link **Bearb.** eingeblendet.

4 Klicken Sie auf **Bearb.**. Im folgenden Menü können Sie eines der Standardbilder auswählen oder ein eigenes aufnehmen.

^ **Abbildung 17.3** Die »Standard«-Benutzerbilder

5 Sie haben nun mehrere Möglichkeiten: die Kategorie **Standard** ❶ bietet Ihnen eine Auswahl von Standardbildern. Wählen Sie aus der Liste **Letzte** ein bereits zuvor benutztes aus. Lassen Sie die Gesichtserkennung und den Fotostream von iPhoto für sich arbeiten, und wählen Sie nach Klick auf **Mein Fotostream** oder **Gesichter** ein passendes Bild aus. Mit **Kamera** machen Sie ein neues Foto mit der eingebauten iSight-Kamera.

6 Für dieses Beispiel erstellen wir ein neues Foto mit der eingebauten Kamera. Klicken Sie auf **Kamera**. Das Fenster aktiviert nun die Kamera.

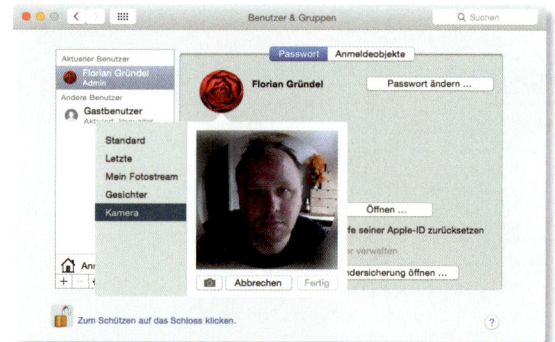

^ **Abbildung 17.4** Mit der eingebauten Kamera halten Sie Ihr Benutzerbild stets aktuell. Ungünstige Beleuchtung ist dabei jedoch nicht von Vorteil.

7 Klicken Sie auf die Schaltfläche mit dem Kamerasymbol. Sie sehen und hören daraufhin einen Countdown von ca. drei Sekunden, dann wird das Bild aufgenommen.

↗ Abbildung 17.5 *Der Countdown*

Dabei blitzt kurz der ganze Bildschirm weiß auf, wodurch auch ungünstige Beleuchtung meist ausreichend kompensiert werden kann. Wiederholen Sie bei Bedarf durch erneuten Klick auf das Kamerasymbol diese Prozedur so oft, bis Sie mit dem Ergebnis zufrieden sind. Anschließend können Sie noch Größe und Maske des Bildes anpassen.

8 Bewegen Sie den Schieberegler ❷ nach rechts, bis ein schwarzer Rahmen eingeblendet wird. Sind Sie mit der Größe zufrieden, klicken Sie in das Bild, und bewegen Sie es an die gewünschte Position, beispielsweise um das Gesicht möglichst mittig zu positionieren.

Kleiner Tipp an dieser Stelle: Probieren Sie mal den kleinen Button rechts vom Slider aus. Über diesen können Sie verschiedene Effekte auf Ihr Foto anwenden.

9 Klicken Sie auf den Button **Fertig**. Ihr neues Benutzerbild ist nun festgelegt.

↗ Abbildung 17.6 *Das Bild in Größe und Position anpassen*

Die weiteren Einstellungen sind weitestgehend selbsterklärend: Sie können das Passwort ändern, einstellen, ob ein Benutzer sein Passwort mithilfe seiner Apple-ID zurücksetzen darf, oder beispielsweise die Kindersicherung für einen Benutzer aktivieren.

Besonders interessant ist hier ein Blick auf die praktischen Auswirkungen der Einstellung **Benutzer darf sein Passwort mithilfe seiner Apple-ID zurücksetzen**.

Passwort mithilfe der Apple-ID zurücksetzen

Haben Sie zuvor in den Einstellungen die Option **Benutzer darf sein Passwort mithilfe seiner Apple-ID zurücksetzen** aktiviert, können Sie sich helfen, wenn Sie den Login-Bildschirm sehen, aber Ihr Passwort nicht mehr wissen:

1 Klicken Sie auf den Namen des Benutzers, um den Passwortdialog anzuzeigen.

2 Nachdem das Passwort mehrfach falsch eingegeben wurde, blendet OS X ein Fenster ein ❸, das Ihnen Ihre Merkhilfe zeigt, sofern Sie eine angelegt haben. Es bietet Ihnen aber auch an, das Passwort mithilfe der Apple-ID zurückzusetzen. Diese Option wird nur dann angezeigt, wenn für Sie in den Systemeinstellungen eine Apple-ID eingetragen und die Möglichkeit des Rücksetzens aktiviert ist.

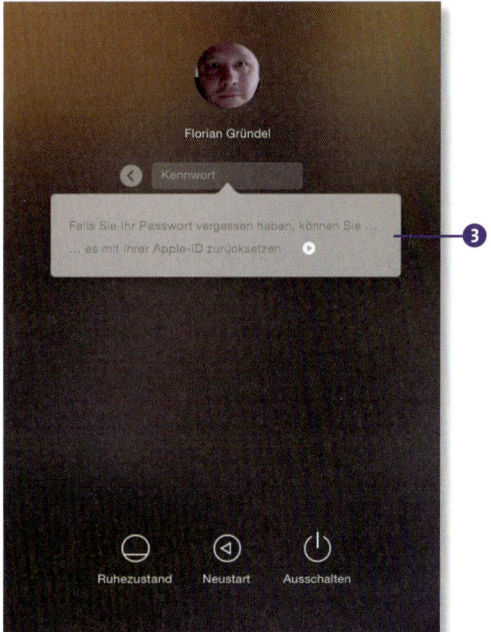

↗ Abbildung 17.7 *Wenn, wie hier, auch die Merkhilfe nicht hilft, müssen Sie das Passwort zurücksetzen.*

3 Klicken Sie auf den Pfeil, und geben Sie im folgenden Fenster Ihre **Apple-ID** und Ihr **Passwort** ein. Das Passwort für die Apple-ID sollten Sie also nicht auch noch vergessen haben. Nicht nur deswegen ist es ratsam, hier verschiedene Passwörter zu nutzen (siehe auch Seite 629).

4 Klicken Sie auf den Button **Passwort zurücksetzen**. Das Passwort wird nun zurückgesetzt.

∧ **Abbildung 17.8** Die Apple-ID eingeben

5 Geben Sie im folgenden Fenster ein neues Passwort ein, bestätigen Sie es, und vergeben Sie bei Bedarf eine neue Merkhilfe.

6 Klicken Sie auf den Button **Passwort zurücksetzen**.

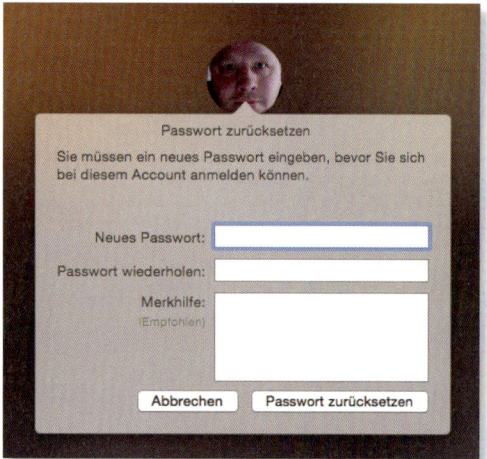

∧ **Abbildung 17.9** Ein neues Passwort eingeben

Anschließend werden Sie sofort angemeldet und sehen Ihre gewohnte Arbeitsumgebung.

TIPP

Sie haben das Passwort Ihrer Apple-ID vergessen?
Sollten Sie dennoch tatsächlich auch das Passwort Ihrer Apple-ID vergessen haben, können Sie es nach Beantwortung einiger Sicherheitsfragen zurücksetzen. Öffnen Sie dazu in Ihrem Webbrowser die Website *iforgot.apple.com*, und folgen Sie den Anweisungen.

Anmeldeobjekte

Im Tab **Anmeldeobjekte** sehen Sie eine Liste mit allen Objekten des aktuellen Benutzers, die jeweils nach der Anmeldung des Benutzers automatisch gestartet werden. Mithilfe der Plus- und Minus-Buttons unter der Liste können Sie beliebige Objekte hinzufügen bzw. entfernen. Alternativ ist natürlich auch Drag & Drop möglich.

Vor allem werden Sie in den Anmeldeobjekten natürlich Programme unterbringen wollen, die nach dem Login automatisch starten sollen. Aber beispielsweise auch Verbindungen zu Servern, die Sie immer benötigen, bringen Sie hier bequem unter, sodass die Verbindung zu dem Servervolume automatisch hergestellt wird und Sie sich nicht darum kümmern müssen. Ein Beispiel:

1 Öffnen Sie ein Finder-Fenster, und klicken Sie in der Seitenleiste des Finders eine Freigabe ❶ an. Nun klicken Sie auf den Button **Verbinden als** ❷.

∧ **Abbildung 17.10** Ihren Mac mit einem Servervolume verbinden

2 Geben Sie im folgenden Passwortdialog Ihren Namen und Ihr Passwort an, und setzen Sie das Häkchen bei **Passwort im Schlüsselbund sichern**. Anschließend klicken Sie auf den Button **Verbinden**.

∧ **Abbildung 17.11** Der Passwortdialog beim Kontakt mit dem Server

3 Nachdem die Verbindung zum Server etabliert ist, werden Ihnen alle verfügbaren Volumes angezeigt. Klicken Sie das gewünschte Volume des Servers an, um es zu mounten.

4 Ziehen Sie das Symbol des gemounteten Volumes vom Schreibtisch in die Liste der Anmeldeobjekte in den Systemeinstellungen im Bereich **Benutzer & Gruppen**. Voraussetzung dafür ist natürlich, dass Volumes auf Ihrem Schreibtisch auch angezeigt werden. Sollte das nicht der Fall sein, holen Sie das in den Einstellungen des Finders nach (siehe Abschnitt 3.1, »Der Aufbau des Finders«, ab Seite 108).

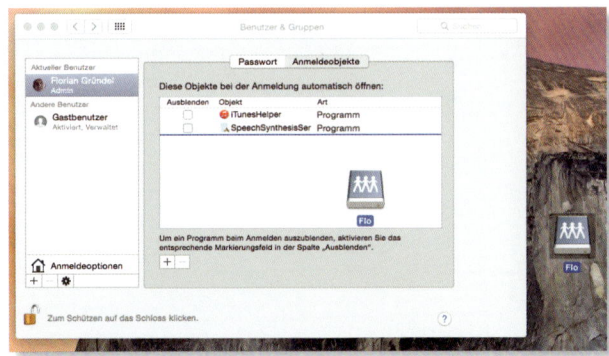

∧ **Abbildung 17.12** Ein Volume per Drag & Drop zu den Anmeldeobjekten hinzufügen

Sie sehen, wie das Volume nun ein Eintrag in Ihren Anmeldeobjekten ist. Bei zukünftigen Starts Ihres Macs wird das Volume automatisch gemountet. Sollte das Volume beim Start Ihres Macs nicht verfügbar sein, ist das kein Problem. Sie erhalten lediglich einen entsprechenden Hinweis mit möglichen Ursachen.

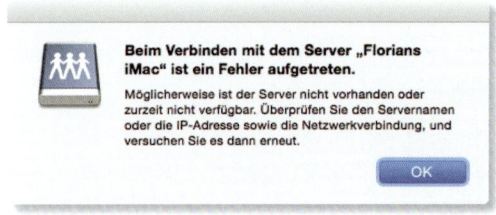

∧ **Abbildung 17.13** Es ist kein Problem, wenn ein Anmeldeobjekt mal nicht verfügbar ist.

Programme automatisch starten

Die meisten Anmeldeobjekte, zumindest wenn es sich um Programme handelt, müssen Sie jedoch nicht jedes Mal vergleichsweise umständlich hier in den Einstellungen hinzufügen. Bei vielen Programmen – speziell solchen, die als *Helferlein* typischerweise in der Menüleiste sitzen – können Sie in den Einstellungen festlegen, dass sie bei der Anmeldung automatisch gestartet werden sollen ❸. Das bedeutet nichts anderes, als dass das Programm zur Liste der Anmeldeobjekte hinzugefügt wird.

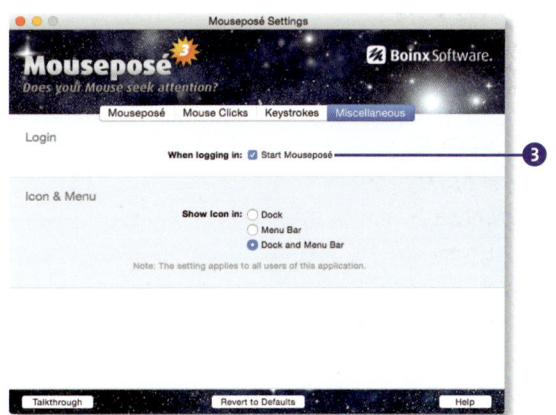

∧ **Abbildung 17.14** Sie können viele Programme über ihre Einstellungen zu den Anmeldeobjekten hinzufügen.

Es geht aber in vielen Fällen noch einfacher, zumal ja auch nicht alle Programme diese Einstellung bieten. Angenommen, Sie schreiben regelmäßig auf Ihrem Mac Briefe in TextEdit und haben daher das Programm sowieso immer geöffnet. Was liegt da also näher, als TextEdit automatisch nach dem Login starten zu lassen?

1 Stellen Sie sicher, dass das gewünschte Programm derzeit im Dock angezeigt wird.

2 Klicken Sie mit rechts auf das Icon des gewünschten Programms im Dock. Bewegen Sie den Mauszeiger im folgenden Kontextmenü über **Optionen**. Das Kontextmenü wird daraufhin erweitert.

3 Klicken Sie auf den Eintrag **Bei der Anmeldung öffnen**.

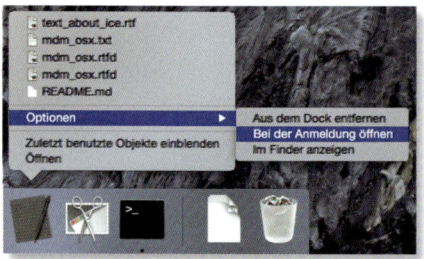

⌃ **Abbildung 17.15** Ein Programm mithilfe des Docks schnell zu den Anmeldeobjekten hinzufügen

Das Programm wird nun ebenfalls zur Liste der Objekte hinzugefügt, die bei der Anmeldung geöffnet werden. Das ist die schnellste und einfachste Möglichkeit, Anmeldeobjekte hinzuzufügen.

Der Gastbenutzer

Nach der Erstinstallation finden Sie in der Liste in den Systemeinstellungen zunächst zwei Benutzer: sich selbst und den Gastbenutzer.

Der Gastbenutzer ist ein spezieller Benutzeraccount, der nur sehr wenige Rechte hat und dessen Benutzerordner nach jeder Abmeldung erneut in den Ursprungszustand versetzt wird. Das bedeutet, dass alles, was der Benutzer während der Arbeit in seinem Benutzerordner gespeichert hat, unwiederbringlich verloren ist. Es empfiehlt sich daher, von einem Gastbenutzer erstellte Dokumente und Dateien vor der Abmeldung auf ein externes Volume zu sichern.

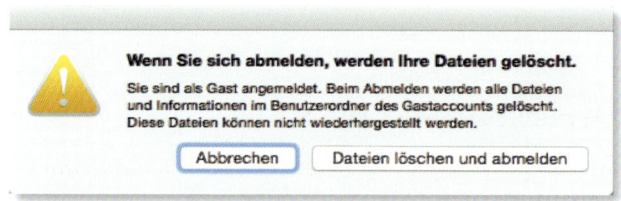

⌃ **Abbildung 17.16** Der Benutzerordner des Gastaccounts wird nach dem Abmelden in den Ursprungszustand zurückversetzt.

Damit der Gastbenutzer dazu allerdings überhaupt in der Lage ist, müssen Sie die Standardeinstellung ändern. Wie immer müssen Sie dazu zunächst das Schloss entriegeln. Um dann solch einen lokalen Gastbenutzer zuzulassen, setzen Sie das Häkchen bei **Gästen erlauben, sich an diesem Computer anzumelden**.

Standardmäßig ist der Gastbenutzer allerdings nur als reiner Freigabe-Account angelegt: Dadurch kann man sich mit dem Gastaccount zwar über das Netzwerk für die Dateifreigabe, nicht jedoch direkt auf dem Computer anmelden. Um den Gastbenutzer für die Nutzung von Freigaben zu aktivieren, setzen Sie das Häkchen bei der Option **Gästen den Zugriff auf freigegebene Ordner erlauben**.

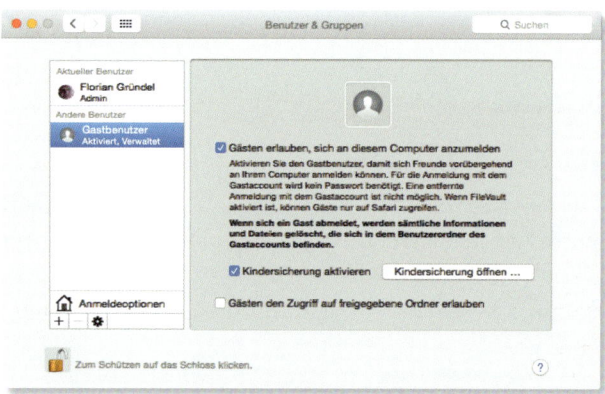

⌃ **Abbildung 17.17** Wie sich der Gastbenutzer auf Ihrem Mac anmeldet, legen Sie hier fest.

Bei Gastbenutzern ist es sinnvoll, die Option Kindersicherung zu aktivieren, um so die Möglichkeiten des Gastes konkret steuern zu können. Was es genau mit der Kindersicherung auf sich hat, erfahren Sie im weiteren Verlauf dieses Kapitels im Abschnitt »Rechte mithilfe der Kindersicherung einschränken« ab Seite 649.

Anmeldeoptionen einstellen

Unter der Liste der Benutzer befinden sich die **Anmeldeoptionen** ❶. Hier legen Sie allgemeine Einstellungen für das Anmeldefenster fest. Im Auswahlmenü **Automatische Anmeldung** können Sie einen Benutzer festlegen, der nach dem Start des Computers automatisch angemeldet wird. Diese Funktion bietet sich nur für sehr spezielle Einsatzzwecke wie beispielsweise Kiosksysteme an oder wenn Sie einen Computer allein nutzen. In allen anderen Fällen ist die Aktivierung dieser Einstellung aus Sicherheitsgründen eher nicht zu empfehlen.

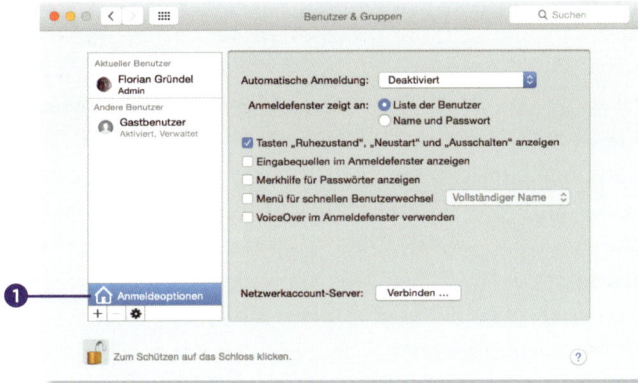

^ **Abbildung 17.18** Die Anmeldeoptionen

Die Einstellung **Anmeldefenster zeigt an** hängt vom Sicherheitskontext ab, in dem der Computer eingesetzt wird. Benutzen Sie einen gemeinsamen Computer für die ganze Familie, ist es sicher netter und einfacher, wenn jeder bei der Anmeldung sein Bild zu sehen bekommt.

^ **Abbildung 17.19**
Jeder Benutzer wird im Anmeldefenster angezeigt, hier mit Bild.

Wird der Computer jedoch beispielsweise in einer Firma verwendet, wo Sie es Unbefugten zumindest nicht allzu leicht machen sollten, sich einen Überblick zu verschaffen, ist es besser, leere Eingabefelder für Name und Passwort im Anmeldefenster anzuzeigen.

^ **Abbildung 17.20** Eingabefelder im Anmeldefenster

Ebenso sicherheitsrelevant sind die Einstellungen bei **Tasten „Ruhezustand", „Neustart" und „Ausschalten" anzeigen** und **Merkhilfe für Passwörter anzeigen**.

^ **Abbildung 17.21** Diese Buttons im Anmeldefenster lassen sich gegebenenfalls ausblenden.

Hilfreich, speziell wenn sich Benutzer mit unterschiedlichen Tastaturbelegungen den Computer teilen, ist die Aktivierung von **Eingabequellen im Anmeldefenster anzeigen**. So kann sich auch ein Nutzer, dessen Benutzername und/oder Passwort anderssprachige Zeichen enthält, mit dem gewünschten Namen und Passwort anmelden.

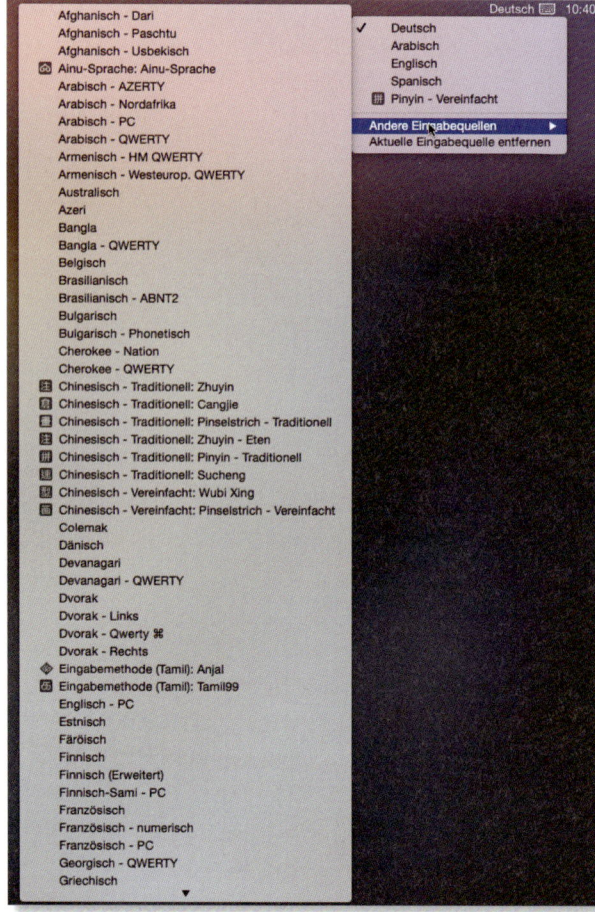

Die Einstellung **Menü für schnellen Benutzerwechsel** bestimmt, wie der schnelle Benutzerwechsel in der Menüleiste angezeigt werden soll.

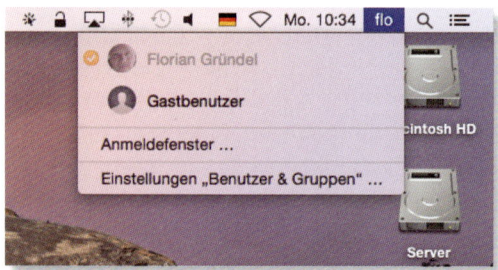

Abbildung 17.23 Der schnelle Benutzerwechsel in der Menüleiste

Der schnelle Benutzerwechsel ist eine Möglichkeit, mehreren Benutzern die Nutzung des Macs zu ermöglichen, ohne dass sich der jeweils andere Benutzer dafür vollständig abmelden müsste. Anstatt sich also via -Menü abzumelden, wählt er via Benutzerwechsel-Menü in der Symbolleiste einfach einen anderen Benutzer aus. Das System blendet ein Fenster zur Passwortabfrage ein, und nach erfolgreicher Passworteingabe wechselt die Ansicht mit einem schicken 3-D-Effekt zum anderen Benutzer.

Beide Benutzer können so ihre aktuelle Arbeitsumgebung so lassen, wie sie ist. Es muss nichts geschlossen oder geändert werden, um schnell von einem Benutzer zum anderen zu wechseln.

Abbildung 17.24 Die Passwortabfrage beim schnellen Benutzerwechsel

Die Option **VoiceOver im Anmeldefenster verwenden** sollten Sie aktivieren, wenn Sie Einstellungen zu VoiceOver vorgenommen haben. VoiceOver hilft systemweit sehbehinderten und blinden Nutzern bei der Bedienung des Macs – also natürlich auch im Anmeldefenster.

Unter **Netzwerkaccount-Server** können Sie durch einen Klick auf den Button **Verbinden** ein Dialogfenster aufrufen, um sich mit einem im Netzwerk verfügbaren Account-Server zu verbinden, der Benutzeraccounts im Netzwerk zentral zur Verfügung stellt. Sehr wahrscheinlich werden Sie die Funktion nie brauchen, wenn Sie Ihren Mac nur privat einsetzen. Setzen Sie ihn jedoch auch beruflich ein, sollten Sie zumindest den entsprechenden Einstellungsdialog einmal gesehen haben, denn eine zentrale serverbasierte Nutzerverwaltung ist in großen Netzwerken eigentlich eine Selbstverständlichkeit.

1 Klicken Sie auf den Button **Verbinden**, und geben Sie im folgenden Dialogfenster die Adresse des Servers ein, oder wählen Sie einen Server aus dem Auswahlmenü. Klicken Sie auf den Button **OK**.

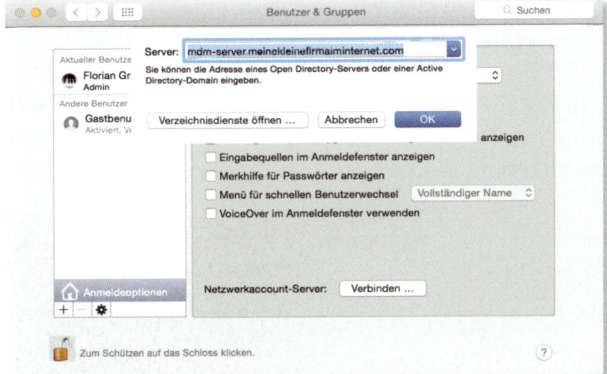

▲ **Abbildung 17.25** Netzwerkaccount-Server auswählen

2 Daraufhin wird in den Einstellungen der ausgewählte Server angezeigt. Ein grüner Button signalisiert, dass er erreichbar ist. Außerdem sehen Sie den neuen Eintrag **Benutzern im Netzwerk die Anmeldung im Anmeldefenster erlauben** zusammen mit einem dazugehörigen Button **Optionen**. Setzen Sie das Häkchen vor diesen Eintrag.

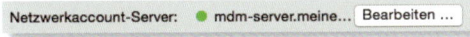

▲ **Abbildung 17.26** Der Mac ist nun erfolgreich mit einem Netzwerkaccount-Server verbunden.

Nun können sich auf diesem Mac also nicht nur Benutzer anmelden, die dort angelegt wurden, sondern auch solche, die über einen Netzwerkaccount bei dem assoziierten Netzwerkaccount-Server verfügen. Dabei spielt es keine Rolle, ob es sich bei dem Netzwerkaccount-Server um einen OS X Server mit einer Open-Directory-Infrastruktur oder einen Windows-Server, der eine Active-Directory-Infrastruktur bereitstellt, handelt. Der Mac kann sich mit beiden, in bestimmten

Netzwerkkonfigurationen sogar gleichzeitig, verbinden. Entgegen der landläufigen Meinung vieler halb informierter IT-Administratoren lassen sich Macs also problemlos auch in Windows-Netzwerke integrieren.

▲ **Abbildung 17.27** Hier können sich nicht nur lokale Benutzer anmelden.

Um sich nun als Netzwerkaccount-Nutzer anmelden zu können, klicken Sie im Login-Fenster auf den Button **Andere** und geben anschließend Ihren Nutzernamen und Ihr Passwort ein. Wenn das Login-Fenster keine Benutzerübersicht anzeigt, können Sie sich gleich mit Ihrem Nutzernamen und Ihrem Passwort anmelden. OS X prüft dabei zunächst immer, ob der eingegebene Nutzername lokal existiert, und wird im Zweifelsfall (bei übereinstimmendem Passwort) diesen lokalen Nutzer anmelden. Erst wenn dieser nicht existiert, prüft OS X, ob der Nutzername auf dem verbundenen Netzwerkaccount-Server existiert. Es empfiehlt sich also für Netzwerkaccount-Nutzer, speziell für solche in Windows-Netzwerken, sich mit vorangestellter Domainkennung anzumelden, da dann gewährleistet ist, dass der gewünschte Domainnutzer und nicht ein gleichlautender lokaler Benutzer angemeldet wird.

Das Anmeldefenster weiter anpassen

Der Anmeldebildschirm von OS X bietet einige weitere Besonderheiten, die Sie jedoch nicht in den Anmeldeoptionen, sondern in den Systemeinstellungen unter **Sicherheit** regeln. Sie können hier eine Nachricht einblenden, und der Anmeldebildschirm bietet in Zusammenarbeit mit iCloud eine Sicherheitsfunktion, falls Ihr Mac einmal abhandenkommen sollte. In früheren Versionen von OS X war der Anmeldebildschirm sehr viel anpassbarer, als das seit Mac OS X 10.7 möglich ist. So zeigte er früher beispielsweise Netzwerkinformationen, Zeitinformationen und Systeminformationen an. Zusätzlich ließ sich eine beliebige Nachricht anzeigen. Diese Informationen gibt es im aktuellen Anmeldebildschirm nicht mehr bzw. nicht ohne Umwege (siehe dazu den nächsten Abschnitt). Aber die Möglichkeit, einen persönlichen Text einzugeben, ist einfacher geworden.

1 Öffnen Sie die Systemeinstellungen, und klicken Sie auf **Sicherheit**.

2 Klicken Sie auf das Schloss, und authentifizieren Sie sich als Administrator.

3 Setzen Sie im Tab **Allgemein** das Häkchen bei **Mitteilung bei gesperrtem Bildschirm einblenden**, und klicken Sie auf den Button **Mitteilung für gesperrten Bildschirm festlegen**.

4 Geben Sie den gewünschten Text ein.

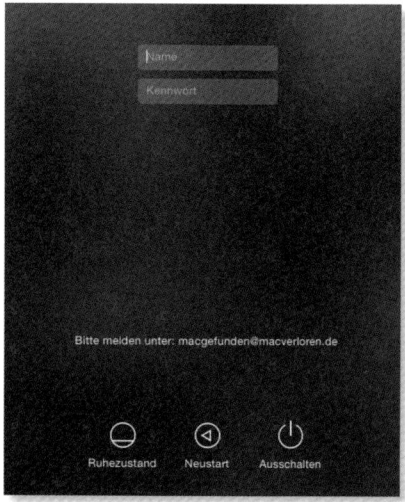

∧ *Abbildung 17.28* *Eine individuelle Information auf dem Anmeldebildschirm*

Leider bietet das Textfeld nicht allzu viel Platz, aber für eine Adressinformation sollte es reichen. Ihren Ideen, was Sie an dieser Stelle sagen möchten, sind (bis auf den Platz) keine Grenzen gesetzt. Bei privat genutzten Macs – speziell wenn es sich um mobile Macs handelt – ist es unter Umständen sinnvoll, einen Hinweis oder eine Kontaktmöglichkeit zu nennen. So erhöhen

Sie die Chancen, Ihren Mac wiederzusehen, sollten Sie ihn einmal liegengelassen haben oder falls er gestohlen wurde.

Im beruflichen Umfeld bietet es sich an, kurze Informationen für Kollegen zu hinterlegen, z. B. wenn Sie gerade Mittag machen und die Info hinterlassen wollen, wann Sie wieder zurück sind.

Systeminformationen im Anmeldebildschirm anzeigen

Wie zuvor erwähnt, ist es nicht mehr so einfach wie in früheren Versionen, im Anmeldebildschirm Systeminformationen zu sehen zu bekommen. Aber es gibt eine Möglichkeit, zumindest ein paar der Informationen, insbesondere Hostname, IP-Adresse, Versions- und Buildnummer, wieder abrufen zu können.

1 Öffnen Sie ein Terminal-Fenster.

2 Geben Sie folgenden Befehl ein:

```
sudo defaults write /Library/Preferences/
com.apple.loginwindow AdminHostInfo
HostName
```

3 Bestätigen Sie den Befehl mit ⏎.

4 Geben Sie Ihr Administratorpasswort ein (die Eingabe ist nicht zu sehen).

5 Bestätigen Sie mit ⏎.

Anschließend stehen Ihnen nach einem Neustart Ihres Macs die genannten Informationen im Anmeldefenster zur Verfügung. Aber Apple hat diese Information gut versteckt. Um die Infos eine Minute lang angezeigt zu bekommen, müssen Sie auf die Uhrzeit in der Menüleiste klicken. Der erste Klick zeigt den Hostnamen, der zweite Klick die Versions- und Buildnummer und der dritte Klick die IP-Adresse ❶.

∧ *Abbildung 17.29* *Gut versteckt und nicht ohne Weiteres zugänglich: Systeminformationen im Anmeldebildschirm*

17.2 Benutzer anlegen und verwalten

Die Benutzerübersicht in den Systemeinstellungen kennen Sie nun. Aber mit Übersicht allein ist es nicht getan; Benutzer und Gruppen wollen angelegt, verwaltet und ab und an auch mal gelöscht werden. Sehen wir uns also als Nächstes diese Themenbereiche an.

Benutzer hinzufügen

Wenn Sie einen neuen Benutzer an Ihrem Mac hinzufügen wollen, beispielsweise für ein Familienmitglied, erledigen Sie auch das in den Systemeinstellungen über **Benutzer & Gruppen**.

1 Entriegeln Sie zunächst unten links in der Ecke das Schloss, und geben Sie Ihr Passwort ein. Jetzt können Sie die Einstellungen anpassen und einen neuen Nutzer anlegen.

2 Klicken Sie dazu auf den Plus-Button unter der Liste der Benutzer, und geben Sie im folgenden Fenster die Details zum neuen Benutzer ein.

∧ **Abbildung 17.30** Ein neuer Benutzer wird angelegt.

3 Wählen Sie im Auswahlmenü **Neuer Account** den Accounttyp des neuen Benutzers. In der Regel wird das ein **Standard**-Account sein. Was es genau mit diesem Account auf sich hat und welche Möglichkeiten die anderen Accounttypen bieten, erfahren Sie auf der folgenden Seite.

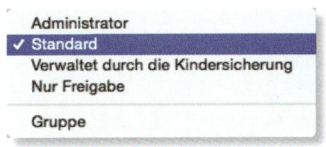

∧ **Abbildung 17.31** Den Accounttyp festlegen

4 Geben Sie in die folgenden Felder den vollständigen Namen des neuen Benutzers sowie den Accountnamen ein.

Der Accountname wird ausgehend vom vollständigen Namen automatisch vorgeschlagen. Sie können ihn jedoch jetzt und hier problemlos ändern. Dies ist der Name, der auch später neben dem Häuschen des Benutzers im Finder angezeigt wird. Eine spätere Änderung dieses Accountnamens ist nicht ohne größere Komplikationen möglich.

5 Wählen Sie nun aus, ob ein separates Passwort für den Benutzer eingegeben werden soll oder ob für die Anmeldung das Passwort der iCloud-ID des Nutzers verwendet werden soll. Je nachdem, was Sie hier auswählen, müssen Sie anschließend entweder die iCloud-ID des Nutzers eingeben oder ein Passwort. Wenn Sie sich gegen das Passwort der iCloud-ID entscheiden und auf **Separates Passwort verwenden** klicken, sehen Sie anschließend zwei neue Felder zur Passworteingabe. Geben Sie also in die folgenden beiden Felder das Passwort ein. Nutzen Sie gegebenenfalls den Passwortassistenten, den Sie durch einen Klick auf das Schlüsselsymbol erreichen.

Mit Merksätzen erreichen Sie stets einen relativ guten Kompromiss zwischen Sicherheit und Merkbarkeit. Zum Beispiel könnte der Merksatz »Ich schreibe ein Buch für den Verlag Vierfarben« zu folgendem Passwort von guter Qualität werden: »IseBfüde4/C«. Das Passwort enthält Groß- und Kleinschreibung, Umlaute, Sonderzeichen und Zahlen. In der Kombination sind das Merkmale für ein gutes Passwort. Auch der Passwortassistent gibt dafür grünes Licht.

Geben Sie, falls es nötig und mit den Sicherheitsrichtlinien Ihrer Arbeitsumgebung vereinbar ist, im letzten Feld eine Merkhilfe für das Passwort ein.

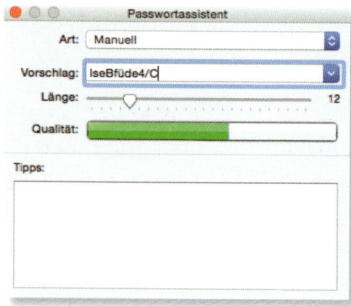

^ **Abbildung 17.32** *Ein passables Passwort: Die Qualität ist »im grünen Bereich«.*

6 Haben Sie alle Einstellungen vorgenommen, klicken Sie abschließend auf den Button **Benutzer erstellen**.

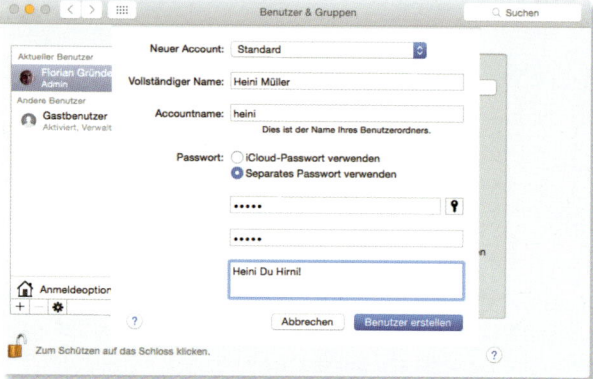

^ **Abbildung 17.33** *Ein neu angelegter Benutzer*

TIPP

Sichere Passwörter

Der Passwortassistent ist ein kleines, aber sehr praktisches Werkzeug, das sichere Passwörter generiert oder Ihre eigenen Passwörter auf Sicherheit prüft. Sie haben die Möglichkeit, aus verschiedenen Arten von Passwortvorgaben auszuwählen, diese in Länge, Komplexität und Sicherheit zu verändern und sich aus den angebotenen Vorschlägen ein Passwort auszusuchen. Zu jedem Passwort wird die **Qualität** unter Sicherheitsaspekten angezeigt. Haben Sie sich für ein Passwort entschieden, klicken Sie es an. Es wird dann automatisch in den Passwortdialog übernommen.

Der »Standard«-Account

Der erste Benutzer, der während der Installation angelegt wird, ist auf dem Mac zunächst einmal der Chef, denn dieser Benutzer hat automatisch einen **Administrator**-Account. Dieser Administrator kann dann weitere Benutzer anlegen. Die meisten werden **Standard**-Accounts sein, die sich im Alltag kaum von einem Administrator unterscheiden. Lediglich dann, wenn es beispielsweise um die Installation von Programmen geht oder andere administrative Tätigkeiten erledigt werden müssen, ist ein **Administrator**-Account mit besonderen Privilegien nötig.

Ein Administrator muss übrigens nicht allein die ganze Verantwortung auf sich nehmen. Sie können problemlos nicht nur weitere **Standard**-Accounts, sondern auch weitere Administratoren hinzufügen und natürlich auch z. B. mithilfe des schnellen Benutzerwechsels anmelden.

Benutzer in Gruppen verwalten

Haben Sie mehrere Benutzer eingerichtet, kann es sinnvoll sein, bestimmte Benutzer in Gruppen zu organisieren. Im konkreten Beispiel sollen die Standardnutzer eine Gruppe bilden:

1 Entriegeln Sie die Systemeinstellungen durch einen Klick auf das Schloss und die Eingabe Ihres Passworts. Danach klicken Sie auf den Plus-Button unter der Liste der Benutzer.

2 Wählen Sie im folgenden Fenster im Auswahlmenü **Neuer Account** als Accounttyp **Gruppe** aus. Geben Sie einen Namen für die Gruppe ein, etwa »Standards«.

3 Klicken Sie auf den Button **Gruppe erstellen**. Die Liste der Benutzer enthält nun einen neuen Eintrag mit dem Namen der Gruppe. Rechts sehen Sie eine Übersicht über die verfügbaren Benutzer, die Mitglied der Gruppe werden können.

4 Setzen Sie die Häkchen bei den Benutzern, die Mitglieder der Gruppe werden sollen. Sie haben nun eine Gruppe erstellt und Benutzer zur Gruppe hinzugefügt.

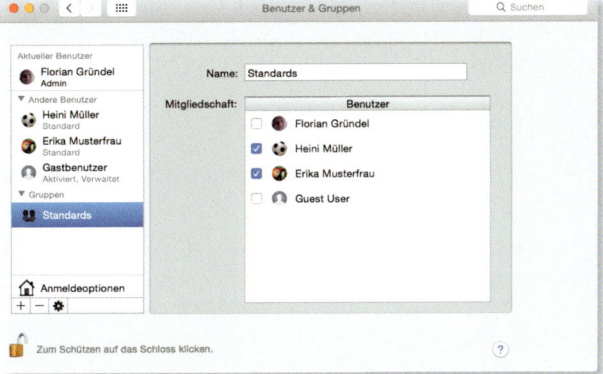

Abbildung 17.34 *Eine neue Gruppe, bestehend aus »Erika Musterfrau« und »Heini Müller«*

Rechte mithilfe der Kindersicherung einschränken

Angenommen, die eben angelegten Benutzer **Erika** und **Heini** sind Kinder und sollen möglicherweise nicht ohne Weiteres alles machen oder sehen dürfen. Um die Möglichkeiten eines Benutzers gezielt einzuschränken, gibt es die Kindersicherung, mit der Sie nicht volljährige Benutzer verwalten können. Fügen Sie die Kindersicherung entweder nachträglich einem **Standard**-Account hinzu, oder legen Sie den neuen Nutzer direkt als **Verwaltet durch die Kindersicherung** an. Hier sehen wir uns den ersten Weg an; die Einstellungen, die Sie vornehmen, sind aber jeweils dieselben.

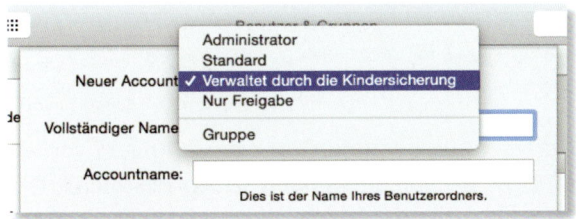

Abbildung 17.35 *Ein neuer, durch die Kindersicherung verwalteter Account*

Um einen **Standard**-Account nachträglich mit der Apple-Kindersicherung zu versehen, gehen Sie wie folgt vor:

1 Markieren Sie den Benutzer, für den Sie Einschränkungen festlegen wollen.

2 Setzen Sie dann rechts das Häkchen bei der Option **Kindersicherung aktivieren**. Nun wird der Benutzer durch die Kindersicherung verwaltet, und die dort festgelegten Einschränkungen finden Anwendung.

3 Die gewünschten Einschränkungen legen Sie über einen Klick auf den Button **Kindersicherung öffnen** fest.

Abbildung 17.36 *Die Kindersicherung ist aktiviert.*

Die Kindersicherung anpassen

Wenn Sie einen Account mit Kindersicherung anlegen oder sie nachträglich hinzugefügt haben, wechseln die Systemeinstellungen nun zum Bereich **Kindersicherung**.

Sie sehen links eine Liste mit den verfügbaren Benutzern. Rechts befinden sich die jeweiligen Einstellungen. Diese sind in fünf Tabs unterteilt:

- **Apps:** Mit diesen Einstellungen schränken Sie die Nutzung von Programmen und des Finders ein.

- **Web:** In diesem Bereich reglementieren Sie den Zugriff auf Websites.

- **Personen:** Hiermit begrenzen Sie den Personenkreis, mit dem der Benutzer Kontakt aufnehmen kann.

- **Zugriffszeiten:** Mithilfe dieser Einstellungen legen Sie Nutzungsdauer und Nutzungszeiten des Macs fest.

- **Andere:** Hier finden sich weitere Einschränkungsmöglichkeiten. Zum Beispiel können Sie das Brennen von CDs/DVDs verbieten.

Aktivieren Sie in den jeweiligen Tabs die gewünschten Einschränkungen, beispielsweise bei den Zugriffszeiten:

1 Setzen Sie das Häkchen bei **An Werktagen**, und ziehen Sie den Slider auf die gewünschte Stundenzahl, sagen wir, eineinhalb Stunden.

2 Setzen Sie das Häkchen bei **Am Wochenende**, und ziehen Sie den Slider auf zwei Stunden.

3 Legen Sie im letzten Abschnitt noch die Nachtruhe fest. Setzen Sie das Häkchen bei **Nächte vor Schultagen**, und legen Sie die gewünschten Zeiten fest, z. B. 19 Uhr und 7 Uhr.

4 Setzen Sie das Häkchen bei **Wochenende**, und legen Sie die gewünschten Zeiten fest, z. B. 20 Uhr und 10 Uhr.

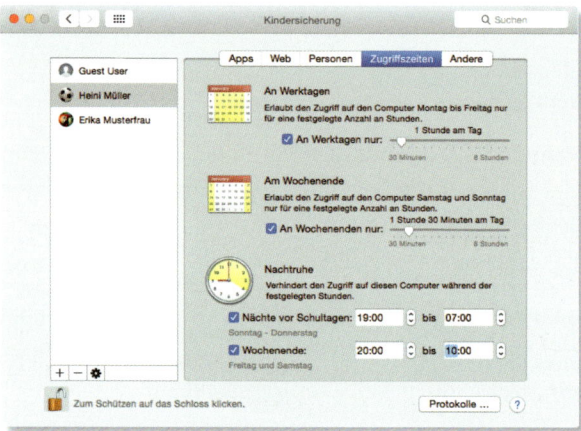

⌃ **Abbildung 17.37** *Die eingeschränkten Nutzungszeiten für den ausgewählten Benutzer*

5 Setzen Sie noch eine weitere Einschränkung, die Ihnen vor allem als Administrator Arbeit erspart. Wechseln Sie dazu in den Tab **Andere**.

6 Hier setzen Sie das Häkchen bei **Druckerverwaltung beschränken**. So kann der Nutzer zwar Drucker verwenden, aber keine Druckereinstellungen verändern.

Die Kindersicherung bietet noch weitere Einstellungen. So können Sie z. B. im Tab **Apps** Programme einschränken. Je nachdem, wie restriktiv Sie die Einstellungen vornehmen, lässt sich möglicherweise nur noch ein einziges Programm starten. Auch der Finder lässt sich in einer vereinfachten Darstellung anzeigen.

Legen Sie im Tab **Web** z. B. fest, auf welche Websites der Benutzer zugreifen darf. Die Kindersicherung bietet also umfangreiche Möglichkeiten, die Privilegien des Benutzers fein granuliert anzupassen. Da die Restriktionsmechanismen am Mac vom System bereitgestellt werden, können sie sehr viel zuverlässiger, sicherer und somit effektiver sein als ein Programm eines Drittanbieters – und eben auch günstiger.

Benutzereinstellungen übertragen

Die so festgelegten Einschränkungen gelten nun für den ausgewählten Benutzer. Möglicherweise möchten Sie die gleichen Einschränkungen für einen weiteren Benutzer verwenden. Sie müssen dazu nicht alles erneut einstellen.

1 Klicken Sie auf das Zahnrad unter der Liste der Benutzer, und wählen Sie im folgenden Menü **Einstellungen für „[Name]" kopieren**.

2 Markieren Sie in der Liste den nächsten noch nicht eingeschränkten Benutzer, und klicken Sie im Bereich rechts auf **Kindersicherung aktivieren**.

3 Anstatt nun die Optionen alle neu zu setzen, klicken Sie noch einmal auf das Zahnrad. Hier wählen Sie im nun folgenden Menü **Einstellungen für „[Name]" einsetzen**.

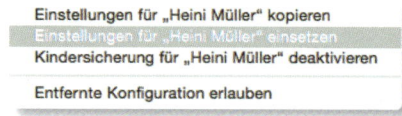

⌃ **Abbildung 17.38** *Spart Arbeit: Einstellungen eines Benutzers für weitere Benutzer verwenden*

So kopieren Sie bequem Grundeinstellungen von einem Benutzer und verwenden sie für weitere Benutzer. Das ist oftmals leichter, als alle Einstellungen zur Kindersicherung von Grund auf neu einzutragen. Anschließend nehmen Sie gegebenenfalls noch individuelle Änderungen bei einzelnen Nutzern vor.

Zusätzlich zu den Einstellungen, die Sie nun direkt auf dem betroffenen Mac vorgenommen haben, können

Sie die Einschränkungen der Kindersicherung auch von einem anderen Mac aus über das lokale Netzwerk festlegen.

Wenn Sie auf einem anderen Mac die Systemeinstellungen **Kindersicherung** öffnen, sehen Sie alle im Netz verfügbaren Macs, bei denen die Kindersicherung via Netzwerk freigegeben ist. Diese Freigabe erreichen Sie, indem Sie im Zahnradmenü auf **Entfernte Konfiguration erlauben** klicken.

1 Klicken Sie in der Seitenleiste den gewünschten Mac an.

2 Geben Sie im folgenden Passwortdialog den Namen und das Passwort eines Administrators an.

3 Klicken Sie auf den Button **OK**. Anschließend können Sie Einstellungen so vornehmen, als säßen Sie direkt vor dem betroffenen Mac. Sie müssen so nicht in die Nähe des Macs der Kinder und vermeiden dadurch Diskussionen.

∧ **Abbildung 17.39** *Einstellungen von einem anderen Mac aus vornehmen*

Auch wenn die Kindersicherung auf den ersten Blick wie eine attraktive Lösung für gestresste Eltern aussieht, kann ich sie aus der täglichen Praxis nicht uneingeschränkt empfehlen. Kinder werden immer einen Weg finden, technische Repressionen zu umgehen,

und die Wahrscheinlichkeit, dass Kinder ohnehin Ihr Administratorpasswort kennen oder erraten, ist größer als jeder potenzielle Nutzen einer technisch noch so raffinierten Kindersicherung. Unabhängig davon ist Kindern Medienkompetenz nicht durch Restriktionen zu vermitteln. Mein Tipp daher: Nutzen Sie im Tab **Andere** die Einschränkungen bezüglich des Druckermanagements, um sich das Leben zu erleichtern, und legen Sie im Einverständnis mit Ihren Kindern die Nutzungszeiten fest. Alle anderen angebotenen Einschränkungen sind letztlich nur eine mehr schlechte als rechte Gewissensberuhigung. Speziell die Möglichkeit, die Einstellungen via Netzwerk – und somit hinter dem Rücken der Betroffenen – vorzunehmen, verstehen Kinder zu Recht nicht als vertrauensbildende Maßnahme.

Benutzer löschen

Im privaten Bereich ist es meist nicht nötig, aber im professionellen Umfeld ist es manchmal unvermeidlich, einen Benutzer zu löschen.

1 Falls Sie sich in den Systemeinstellungen noch im Bereich **Kindersicherung** befinden, wechseln Sie zurück zu **Benutzer & Gruppen**.

2 Markieren Sie den zu löschenden Benutzer in der Liste.

3 Klicken Sie auf den Minus-Button unter der Liste der Benutzer. Im folgenden Dialog legen Sie fest, was mit dem Benutzerordner des zu löschenden Benutzers passieren soll:

Im professionellen Umfeld ist **Benutzerordner als Image sichern** die beste Wahl, da so die Rechte des ehemaligen Benutzers nicht berührt werden, aber dennoch für den Fall der Fälle mögliches Beweismaterial verfügbar ist. Im privaten Bereich ist das glücklicherweise nicht von Bedeutung, und so können Sie beispielsweise auch **Benutzerordner löschen** auswählen. Die Daten des gelöschten Benutzers werden damit ebenfalls unwiederbringlich gelöscht. Wollen Sie die Daten des Benutzers behalten, nutzen Sie die Option **Benutzerordner nicht ändern**. Dann wird zwar der Benutzer gelöscht, die Daten bleiben jedoch zur weiteren Verfügung erhalten.

△ **Abbildung 17.40** *Optionen beim Löschen eines Benutzers*

4 Wählen Sie **Benutzerordner löschen**, und klicken Sie auf den Button **OK**. Der ausgewählte Benutzer und sein Benutzerordner sind damit gelöscht.

17.3 Besonderheiten beim Benutzermanagement

Sie haben zuvor bereits kurz den Gastaccount kennengelernt – und den Unterschied, dass der Gastaccount lokal zur Verfügung stehen kann (also mit vollständigem Benutzerordner) oder nur quasi virtuell für Freigaben. Diesen virtuellen Benutzeraccount für Freigaben gibt es nicht nur auf Gästeebene, sondern Sie können ihn auch gezielt für bestimmte Benutzer einrichten.

»Nur Freigabe«-Account anlegen

Wenn Sie einen neuen Benutzer anlegen, ist es unter bestimmten Umständen sinnvoll, ihn als **Nur Freigabe**-Account anzulegen. Ein solcher Benutzer kann sich nicht lokal anmelden, kann aber über das Netzwerk auf Dateien zugreifen. Ist weiter nichts eingestellt, bekommt der Benutzer nur die ohnehin freigegebenen Ordner, also die **Öffentlich**-Ordner, der lokalen Benut-

zer zu sehen. Dafür müsste man keinen speziellen Benutzer anlegen, da würde ein Zugriff als Gast genügen.

Sie müssen also nach dem Anlegen des **Nur Freigabe**-Benutzers noch weitere Ordner freigeben.

1 Um einen solchen Benutzer anzulegen, gehen Sie zunächst genauso vor wie bei einem **Standard**-Nutzer. Rufen Sie also die Systemeinstellungen auf, entriegeln Sie das Schloss, und klicken Sie dann auf den Plus-Button unter der Liste der Benutzer.

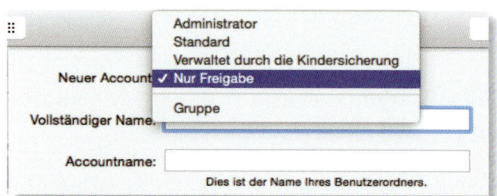

△ **Abbildung 17.41** *Einen neuen Benutzer als »Nur Freigabe« anlegen*

2 Wählen Sie im folgenden Fenster aus dem Auswahlmenü **Neuer Account** den Eintrag **Nur Freigabe**, und geben Sie die weiteren Informationen an. Noch unterscheidet sich hier nichts vom Anlegen eines gewöhnlichen lokalen Benutzeraccounts.

3 Klicken Sie auf den Button **Benutzer erstellen**. Jetzt gibt es auf Ihrem Mac einen neuen Benutzer, der sich nicht lokal anmelden, aber über das Netzwerk auf Dateien zugreifen darf.

△ **Abbildung 17.42** *Dieser Benutzer darf nur über das Netzwerk auf Dateien zugreifen.*

Einen Ordner freigeben

Möglicherweise haben Sie ab und zu einen Gast, der etwas mehr darf als ein völlig Unbekannter und mit dem Sie bestimmte Dateien austauschen wollen. Im professionellen Umfeld sind das beispielsweise Freelancer, mit denen Sie oft zusammenarbeiten, die aber eben nicht regelmäßig im Büro sind.

Nehmen wir an, Sie möchten für diese Freelancer einen speziellen Ordner freigeben. Am schnellsten und einfachsten geht das im Finder:

1 Legen Sie im Finder einen neuen Ordner an. Markieren Sie diesen, und rufen Sie z. B. über cmd + I das Infofenster auf.

2 Setzen Sie im Abschnitt **Allgemein** das Häkchen bei **Freigegebener Ordner** ❶.

3 Klicken Sie im Abschnitt **Freigabe & Zugriffsrechte** auf das Schloss ❷, und authentifizieren Sie sich als Administrator.

4 Klicken Sie anschließend auf den Plus-Button ❸, und wählen Sie aus der Benutzerliste den zuvor erstellten **Nur Freigabe**-Benutzer aus. Mit einem Klick auf den Button **Auswählen** ist der ausgewählte Benutzer dann zu den Berechtigten für den Ordner hinzugefügt worden.

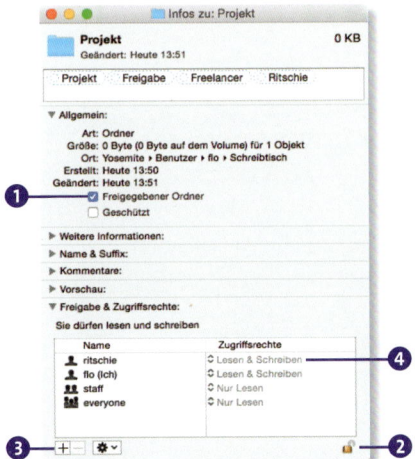

∧ Abbildung 17.43 *Im Infofenster Ordner im Netzwerk freigeben*

5 Nun sollten Sie noch die Zugriffsrechte ❹ für den Benutzer anpassen, damit er in dem freigegebenen Ordner wirklich nur das tut, was Sie ihm erlauben. Das klären wir im nächsten Abschnitt.

Wenn sich der Benutzer nun mit Ihrem Mac verbindet, hat er Zugriff auf den für ihn freigegebenen Ordner.

Zugriffsrechte anpassen

Mit Objekten (Jede Datei, jeder Ordner ist letztlich nur ein *Objekt*.) am Computer lassen sich jeweils drei Dinge tun: erstellen, bearbeiten, löschen. Es muss also für das System eine Handhabe her, die einerseits klärt, wie die Eigentumsrechte an einem Objekt sind, und andererseits festlegt, wer was damit machen darf. Das klingt recht einfach, ist in der Praxis – je nachdem, wie das jeweilige Betriebssystem diese Aufgabe konzeptionell angeht – aber manchmal durchaus anstrengend und schwierig. Diese Anstrengungen bleiben Ihnen als einfacher Nutzer von OS X in der Regel erspart. Meist treten Schwierigkeiten mit Dateirechten, wenn überhaupt, in Zusammenhang mit externen oder entfernten Volumes auf. Sollte eine Datei dennoch wider Erwarten einmal Probleme machen, prüfen Sie, ob Sie über ausreichende Rechte an der Datei verfügen.

INFO

Rechtemanagement

OS X übernimmt beim Rechtemanagement die Prinzipien des Unix-Unterbaus: Jeder Benutzer eines Computers hat ein Recht auf die Privatsphäre seiner eigenen Dateien. Ein Austausch mit anderen ist nur möglich, wenn der Benutzer das ausdrücklich veranlasst. Die Benutzer sind gegeneinander abgeschottet. Es gibt jedoch gemeinsame Bereiche aller Benutzer eines Systems und sogar solche, die jeder sehen kann. Speziell im Zusammenspiel mit anderen ist Rechtemanagement kein Luxusgut, sondern Notwendigkeit, denn nur so verhindern Sie, dass jemand ohne Ihr Einverständnis Ihre Dateien einsieht, verändert oder sogar löscht.

Als Administrator können Sie die Eigentums- und Rechteverhältnisse von Objekten ändern:

1 Markieren Sie im Finder eine Datei, deren Zugriffsrechte Sie anpassen wollen.

2 Rufen Sie das Infofenster auf, z. B. über das Tastenkürzel `cmd` + `I`.

3 Klicken Sie auf das Schloss unten rechts, und geben Sie im folgenden Dialogfenster Ihr Administratorpasswort ein. Änderungen an den Eigentums- und Zugriffsrechten erfordern stets die Autorität eines Administrators. Deswegen sind diese Einstellungen mit einem Schloss gesichert.

4 Nehmen Sie die gewünschte Änderung vor. Setzen Sie beispielsweise die Zugriffsrechte des Benutzers **everyone** im Auswahlmenü auf **Keine Rechte**. Damit wäre die Datei komplett geschützt: Niemand, auch nicht der Administrator, könnte sie noch verändern oder gar löschen (Es sei denn natürlich, er ändert die Rechte wieder.).

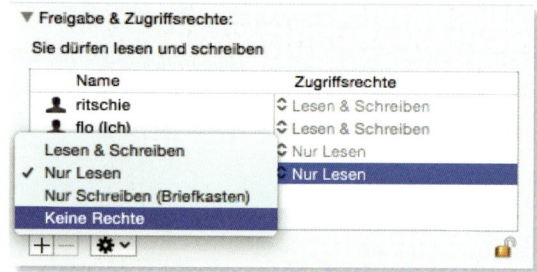

▲ **Abbildung 17.44** Die Rechte an einer Datei ändern

5 Klicken Sie, wenn Sie keine weiteren Änderungen mehr vornehmen wollen, auf das Schloss, um die Einstellungen vor dem Zugriff Unbefugter zu schützen.

Idealerweise werden Sie nie in die Verlegenheit kommen, hier etwas ändern zu müssen. Falls es doch nötig wird, sollten Sie sich folgende Fragen stellen, um die passenden Einstellungen zu finden:

- WER soll EIGENTÜMER der Datei sein?

- WER soll WAS mit der Datei MACHEN dürfen?

Wenn Sie unsicher sind, welche Einstellung im Bereich **Zugriffsrechte** die richtige ist sehen Sie sich die entsprechenden Einstellungen einer vergleichbaren Datei an, und passen Sie sie gegebenenfalls an. Prinzipiell gibt es im Rechtemanagement von Unix nur drei Arten von Personen (Eigentümer, Gruppe, Rest der Welt), und jede hat jeweils nur drei Möglichkeiten, Dinge zu tun (lesen, schreiben, ausführen). Wenn Sie sich diese einfachen Regeln bei der Anpassung von Rechten ins Gedächtnis rufen, ist es einfach, die passenden Einstellungen zu finden. Das betrifft übrigens nur den Umgang mit Dateien und Ordnern auf Ihrem Mac und in Ihrem lokalen Netzwerk. Wenn Sie z. B. jemandem eine Datei per E-Mail senden, müssen Sie deswegen nicht zuvor die Rechte der Datei anpassen.

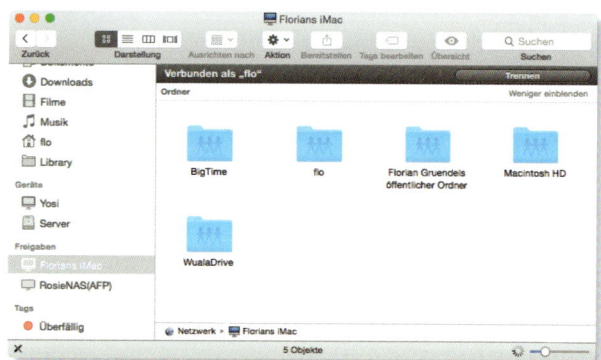

▲ **Abbildung 17.45** Gezielt Ordner für bestimmte Personen freigeben

---

INFO

Zu zweit gleichzeitig auf einem Mac arbeiten
Seit Mac OS X 10.7 ist es möglich, gleichzeitig mit zwei Benutzern an einem Mac zu arbeiten. Einer sitzt dabei physisch tatsächlich am Mac, der andere Benutzer verbindet sich mittels Bildschirmfreigabe mit dem Mac und kann diesen dann bis auf ein paar prinzipbedingte Einschränkungen ebenfalls nutzen. Wie das praktisch aussieht, lesen Sie detailliert in Kapitel 18, »Daten und Aufgaben teilen – lokale Netzwerke und Freigaben«, auf Seite 659.

Meinen Mac suchen: Wenn der Mac verschwunden ist

Der Gastaccount kann eine ganz entscheidende Rolle spielen, sollte Ihnen Ihr Mac einmal abhandenkommen. iCloud bietet Ihnen mit der Funktion **Meinen Mac suchen** eine Möglichkeit, den aktuellen Standort Ihres Macs herauszufinden und gegebenenfalls eine Nachricht (optisch und akustisch) darauf anzuzeigen oder den Inhalt der Festplatte aus der Ferne zu löschen.

Damit der Dienst funktioniert, ist es nötig, dass Ihr Mac eine Verbindung ins Internet herstellt, idealerweise per WLAN, denn dann lässt sich Ihr Mac auch orten. Wie funktioniert das technisch? Ganz einfach: Die Standorte der meisten Drahtlosnetzwerke sind bekannt (speziell dann, wenn es sich um öffentliche Drahtlosnetzwerke handelt). Befindet sich Ihr Mac also in einem bekannten Drahtlosnetzwerk, dann lässt sich auch der Aufenthaltsort zumindest auf den Bereich des Drahtlosnetzwerks eingrenzen. Unter bestimmten Bedingungen ist es zum Teil sogar noch genauer möglich. **Meinen Mac suchen** macht also letztlich nichts anderes, als iCloud die Position Ihres Macs mitzuteilen. Die Position Ihres Macs können Sie dann von überall mittels einer App auf dem iPhone und iPad oder mithilfe eines Webbrowsers abfragen.

Damit die Wahrscheinlichkeit steigt, dass Ihr verschwundener Mac online geht, ist es also wesentlich, dass er sich per WLAN mit dem Internet verbindet. Sollten Sie zufällig bereits einen Gastaccount eingerichtet haben, ist alles bestens: Denn wer auch immer Ihren Mac nun in Besitz hat, kann über diesen Account auch online gehen. Anders sieht es aus, wenn Sie keinen Gastaccount eingerichtet haben.

Um es der Person (dem Finder bzw. dem Dieb, das ist für die Funktion zunächst egal) nun dennoch zu ermöglichen, online zu gehen, fügt OS X dem Anmeldebildschirm einen Gastaccount hinzu, sobald Sie sich bei iCloud angemeldet und die Funktion **Meinen Mac suchen** aktiviert haben.

∧ **Abbildung 17.46** Steht nur unter bestimmten Bedingungen zur Verfügung: »Neustart« in Safari

Klickt die andere Person auf diesen Gastaccount, wird sie entweder normal als Gast angemeldet und kann den Mac als Gast nutzen, oder Safari startet in einem speziellen Modus, sodass derjenige, der an Ihrem Mac sitzt, außer Safari nichts nutzen kann. Das ist jedoch nur dann der Fall, wenn Sie zuvor FileVault aktiviert haben.

∧ **Abbildung 17.47** Sie können Ihren Mac aus der Ferne mit einem Sicherheitscode sperren.

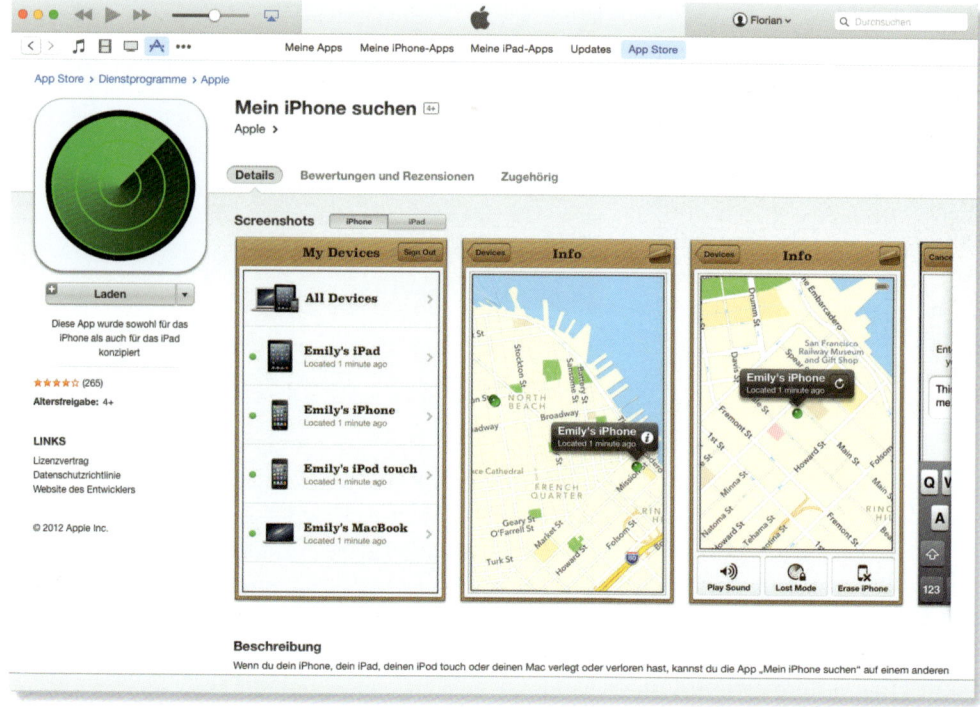

^ **Abbildung 17.48** Die App »Mein iPhone suchen« findet auch iPads und Macs.

Sehen wir uns die Möglichkeiten, Ihren Mac ausfindig zu machen, im Detail an. Wenn Sie ein iPhone oder iPad besitzen, dann laden Sie sich aus dem App Store die kostenlose App Mein iPhone suchen herunter.

Der Name ist etwas irreführend, da die App nicht nur iPhones findet, sondern auch iPads und Macs bzw. alle Geräte, die von dem Dienst Gebrauch machen.

1 Starten Sie die App.

2 Geben Sie Ihre Apple-ID und Ihr Passwort ein.

3 Die App zeigt Ihnen in einer Liste Ihre Geräte und deren jeweiligen Status an.

4 Tippen Sie ein Gerät an, um seinen Standort auf der Karte zu sehen.

5 Tippen Sie das Gerät in der Karte an, um am unteren Bildschirmrand eine Menüleiste mit Details zu dem Gerät angezeigt zu bekommen, und wählen Sie die gewünschte Aktion aus.

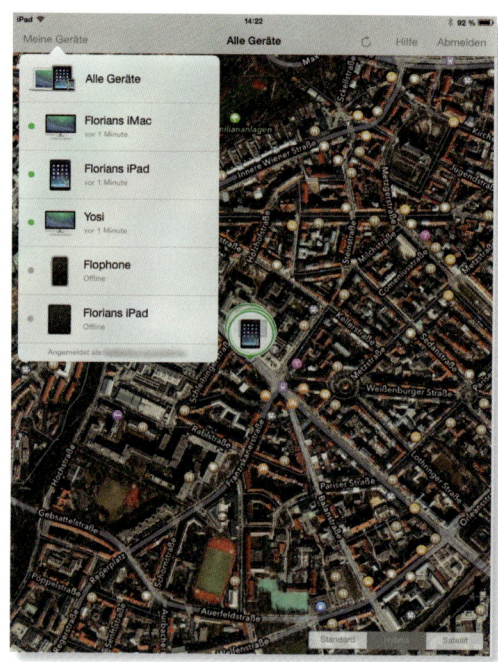

^ **Abbildung 17.49** Die Liste der gesuchten Geräte

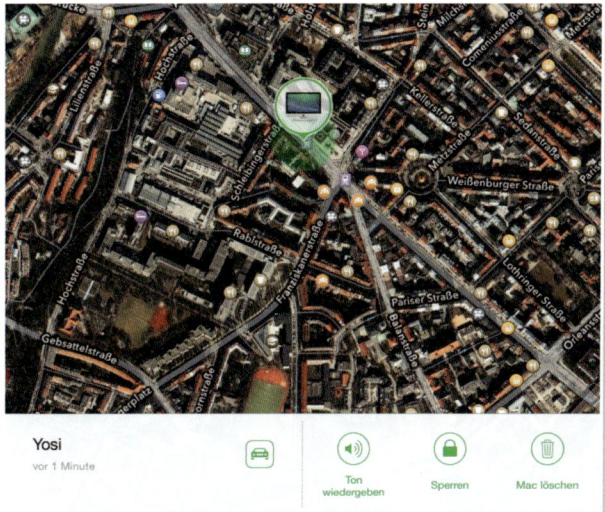

^ **Abbildung 17.50** *Das Gerät wird auf der Karte ange-zeigt. Sie können nun eine Aktion auswählen.*

So können Sie beispielsweise das gewählte Gerät über den Button **Sperren** aus der Ferne verriegeln. Geben Sie dazu den vierstelligen Code ein, den Sie bei der Aktivierung festgelegt haben.

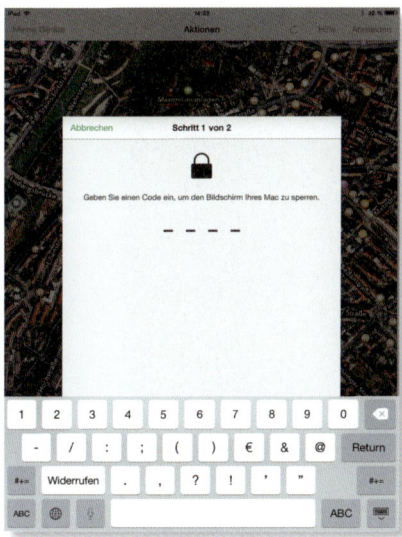

^ **Abbildung 17.51** *Einen Mac aus der Ferne sperren*

Es dauert mitunter eine Weile, bis Sie ein Feedback auf Ihre Aktion bekommen, und es ist auch nicht unwahrscheinlich, dass Sie nie eine Rückmeldung erhalten.

Aber im Gegensatz zu früher, als ein Computer oder ein Telefon einfach weg war, besteht heute mit iCloud wenigstens eine leise Hoffnung – und man hört immer wieder von Fällen, wo es geklappt hat, dass ein Computer oder Handy zurückgegeben wurde.

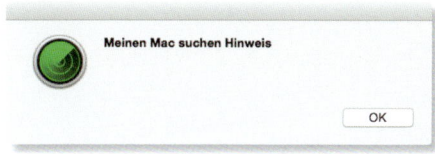

^ **Abbildung 17.52** *Auf dem gesuchten Mac wird ein Ton abgespielt.*

Haben Sie die Benachrichtigung über die Ausführung per E-Mail angefordert, informiert iCloud Sie, sobald eine Aktion ausgeführt wurde. So haben Sie zumindest die Gewissheit, dass es einen realistischen Versuch gegeben hat, mit der Person, die gerade im Besitz Ihres Geräts ist, Kontakt aufzunehmen.

^ **Abbildung 17.53** *iCloud schickt Ihnen eine Bestätigung, wenn die angegebene Aktion ausgeführt wurde.*

Alternativ zur App haben Sie die Möglichkeit, die Geräte im Browser zu suchen:

Öffnen Sie *https://www.icloud.com/#find* in einem Browserfenster. Wie in der App werden Ihre Geräte in einem Fenster angezeigt. Ein Klick auf ein Gerät zeigt dieses auf der Karte an. Ein Klick auf den Standort zeigt rechts oben im Fenster Aktionen an, die Sie auslösen können.

Kapitel 18
Daten und Aufgaben teilen – lokale Netzwerke und Freigaben

Macs sind »anschlussfreudige« Computer, mit denen Sie problemlos »netzwerken« können und einfach Kontakt zu anderen Macs und PCs finden. So tauschen Sie mit anderen Computern einfach Dateien aus und nutzen Dienste gemeinsam. Wie das funktioniert, erfahren Sie in diesem Kapitel.

Wie Sie ja bereits in Kapitel 7, »Internet und Netzwerk«, ab Seite 243 gelesen haben, ist heutzutage ein Netzwerk in den heimischen vier Wänden keine Seltenheit mehr. Sogar spontan lassen sich problemlos Netzwerke erstellen – zumindest Peer-to-Peer-Netzwerke, also einfache Rechner-zu-Rechner-Verbindungen. Die Teilnahme an Netzwerken ist also ein ganz selbstverständlicher Teil des Alltags am Computer. Welche Dienste ein Mac im Netzwerk anbieten und es auf diese Weise bereichern kann, sehen wir uns in diesem Kapitel an.

18.1 Dienste in lokalen Netzen nutzen

Befindet sich Ihr Mac in einem bereits bestehenden Netz, haben Sie meist nichts mit der Infrastruktur zu tun und müssen auch keine Dienste bereitstellen. Sie nehmen einfach am Netz teil. In den meisten Fällen wird es sich dabei ohnehin um Netze für den Internetzugang wie in Hotels und Lounges handeln. Sie müssen also keine Daten oder Dienste im Netzwerk bereitstellen – im Gegenteil: Sie nehmen Dienste wie beispielsweise den netzwerkweiten Internetzugang in Anspruch.

Auch im Netzwerk im Büro werden Sie aller Voraussicht nach keine Dienste oder Daten bereitstel-

len müssen, sondern nur in Anspruch nehmen. Dabei dürfte es sich in den meisten Fällen mindestens um Internetzugang, Dateiaustausch, Druckmöglichkeit und möglicherweise um Verzeichnisdienste handeln. Eine reine Teilnahme an bestehenden Netzen ist also ohnehin kein Problem für einen Mac.

| Netzwerkaccount-Server: | ● mdm-server.meine... | Bearbeiten ... |

∧ **Abbildung 18.1** *Macs sind kooperative Netzwerkteilnehmer.*

INFO

Nicht verwechseln: »Netzwerkdienste« und »Dienste«
Die Dienste, die ich Ihnen in Kapitel 5, »Programme auf dem Mac«, auf Seite 183 vorgestellt habe, haben nichts mit Netzwerkdiensten zu tun. *Dienste* werden von Programmen zur gegenseitigen Nutzung innerhalb von OS X verwendet. *Netzwerkdienste* sind z. B. Datei- oder Druckerfreigaben innerhalb eines Netzwerks. In größeren Netzwerken sind es vor allem Verzeichnisdienste wie etwa LDAP oder Open Directory. Alles, was also in einem Netzwerk zur gemeinsamen Nutzung bereitgestellt wird, ist ein Netzwerkdienst.

Aber auch das Bereitstellen von Netzwerkdiensten ist am Mac ganz einfach, und Sie müssen kein ausgebildeter Administrator sein, um zumindest im heimischen Netzwerk bequem Dateien austauschen und einen Drucker gemeinsam nutzen zu können. Wir werfen auf den folgenden Seiten einen Blick auf die wichtigsten Dienste im Netzwerk und beantworten die folgenden Fragen:

- Wie stellen Sie Netzwerkdienste bereit, und wie nutzen Sie sie?

- Welche Netzwerkdienste eignen sich für den heimischen Gebrauch, und welche sind für den professionellen Einsatz gedacht?

Da in Zeiten von DSL, Flatrate und WLAN-Routern ohnehin die meisten Computernutzer bereits ein Netzwerk zu Hause haben, gehe ich in den folgenden Beispielen von so einem Minimalnetzwerk für den Hausgebrauch aus, in dem sich mindestens zwei Computer befinden.

Es ist dabei prinzipiell unerheblich, ob die anderen Computer ebenfalls Macs oder PCs sind. Wie so ein kleines Heimnetzwerk einzurichten ist, um zumindest einen gemeinsamen Internetzugang für alle Computer bereitzustellen, haben Sie bereits in Kapitel 7, »Internet und Netzwerk«, ab Seite 243 erfahren.

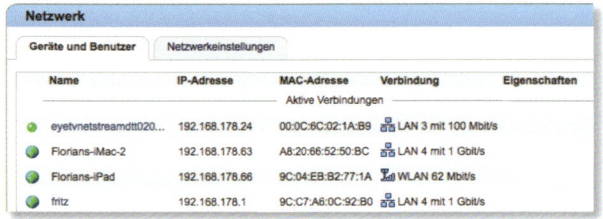

▲ **Abbildung 18.2** *Wer über einen Router ins Internet geht, verfügt auch über ein lokales Heimnetzwerk.*

An dieser Stelle beschäftigen wir uns also nicht mit dem Internetzugang, sondern mit Diensten innerhalb Ihres lokalen Netzwerks. Die verwendete Infrastruktur ist dabei dieselbe. Wenn Sie also mit jedem verfügbaren Computer über Ihren Router ins Internet gelangen, dann verfügen Sie bereits über die nötige Infrastruktur. Alles Weitere regeln Sie in den Systemeinstellungen im Bereich **Freigaben**.

HINWEIS

Sicherheitsgedanken zu Freigaben

Es ist unter Sicherheitsaspekten guter Brauch, ausschließlich die Netzwerkdienste zu aktivieren, die man wirklich braucht. Alles andere sollte nicht aktiv sein, um die Angriffssicherheit des Systems zu erhöhen. Das heißt nicht, dass Sie nicht mal einen Dienst ausprobieren können, um Ihren Mac besser kennenzulernen. Sie sollten nur daran denken, den Dienst nach einem Test wieder zu deaktivieren, wenn Sie ihn nicht wirklich dauerhaft brauchen. Jeder aktive Dienst ist ein offener Kommunikationskanal und könnte entsprechend auch *unkorrekt* genutzt werden.

Ressourcen finden und nutzen

Wie erfahren Sie also von nutzbaren Ressourcen in Ihrem Netzwerk? Zunächst dadurch, dass Ihnen ein anderer Netzwerkteilnehmer davon erzählt. Das ist im heimischen Netzwerk am wahrscheinlichsten. Im Büro erfahren Sie prinzipiell genauso von nutzbaren Diensten, nur ist da der Informationsfluss vermutlich etwas formalisierter. Da unterrichtet Sie die IT-Abteilung, welche Dienste zur Verfügung stehen und wie darauf zugegriffen werden kann und soll. Viele Dienste, speziell am Mac, stehen oft ohne oder mit nur sehr geringem Konfigurationsaufwand zur Verfügung – wie beispielsweise ein gemeinsamer Internetzugang oder ein freigegebener Drucker.

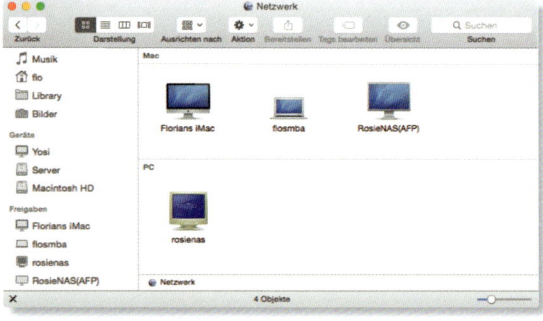

▲ **Abbildung 18.3** *Die meisten Netzwerkdienste müssen Sie am Mac nicht suchen, sie stehen einfach zur Verfügung.*

Befindet sich z. B. ein freigegebener Drucker im Netzwerk und klicken Sie in den Systemeinstellungen auf **Drucker hinzufügen**, dann wird dieser Drucker aufgelistet. Sie müssen sich also in vielen Fällen keine Gedanken darüber machen, wie Sie einen bestimmten Dienst erreichen, sondern er steht Ihnen zur Verfügung, wo es nötig ist.

Dass derjenige, der Dienste im Netzwerk freigibt, einige wenige Einstellungen vornehmen muss, lässt sich leider auch am Mac nicht gänzlich verhindern. Der Aufwand ist jedoch so gering, dass er sich in den meisten Fällen darauf beschränkt, einen Dienst ein- oder auszuschalten.

Zumindest für den Dateiaustausch gibt es jedoch eine Möglichkeit, die völlig ohne Konfigurationsaufwand funktioniert und – entsprechend aktuelle Hardware vorausgesetzt – jederzeit zur Verfügung steht: AirDrop.

Dateien mit AirDrop austauschen

AirDrop ist die einfachste Art, Dateien auszutauschen. Um per AirDrop Dateien zu empfangen, müssen Sie nichts weiter machen, als im Finder in der Seitenleiste **AirDrop** anzuklicken.

∧ Abbildung 18.4 »AirDrop« in der Seitenleiste aktivieren, um Dateien empfangen zu können

Befinden sich andere Nutzer in der Nähe, deren Mac oder iPhone bzw. iPad über ausreichend aktuelle WLAN-Hardware und mindestens über Mac OS X 10.7 bzw. iOS 8 verfügt, können Ihnen diese Dateien per AirDrop schicken.

Um selbst Dateien per AirDrop zu verschicken, nutzen Sie das **Senden**-Menü, das Sie im Finder und in beinahe jedem anderen Programm finden.

∧ Abbildung 18.5 Anderen Dateien per AirDrop senden

Wählen Sie in der folgenden Einblendung den gewünschten Empfänger aus. Dem Empfänger wird nun angezeigt, dass Sie eine Datei per AirDrop schicken möchten, und er kann diese entweder annehmen oder ablehnen.

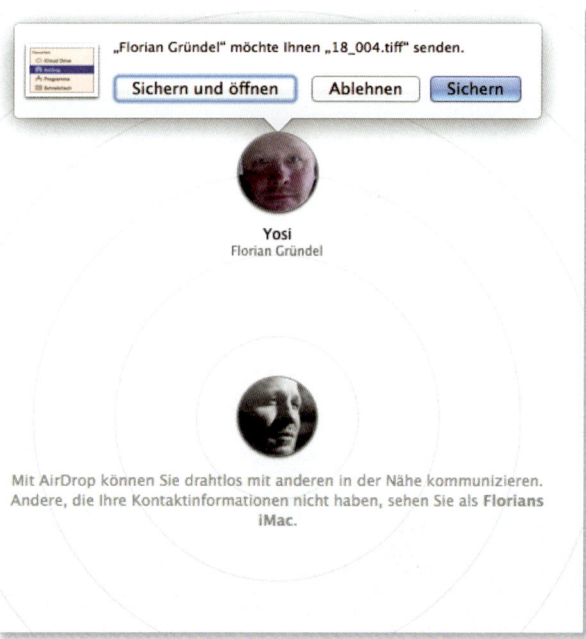

∧ Abbildung 18.6 Dateien per AirDrop empfangen

Hat sich die Gegenseite entschieden, wird die Datei also entweder übertragen, oder Sie erhalten eine entsprechende Meldung. Um das Sendefenster wieder zu schließen, klicken Sie auf den Button **Fertig**.

Wenn Sie Empfänger einer Datei sind, finden Sie diese auch nach erfolgter Übertragung per AirDrop im Ordner *Downloads*.

▲ Abbildung 18.7 *Auf die Entscheidung des Empfängers warten …*

Zusätzlich zu der Möglichkeit, AirDrop mithilfe des Menüs **Senden** zu nutzen, können Sie AirDrop auch ausschließlich über das AirDrop-Finder-Fenster nutzen. Klicken Sie auf **AirDrop** in der Seitenleiste des Finders. Sie sehen nun alle anderen erreichbaren Nutzer in der Nähe Ihres Macs. Die anderen Nutzer stehen Ihnen nun als Empfänger von Dateien zur Verfügung, sodass Sie Dateien lediglich per Drag & Drop auf den gewünschten Empfänger ziehen müssen.

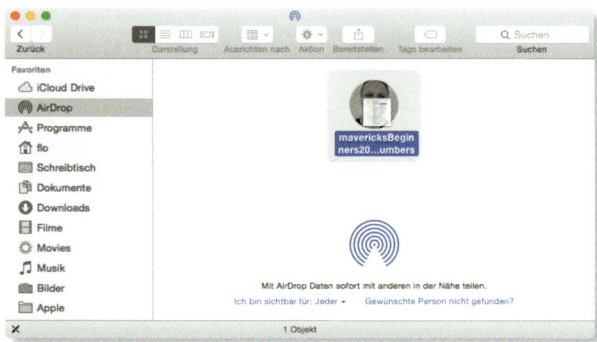

▲ Abbildung 18.8 *Per Drag & Drop Dateien versenden*

Netzwerke und Freigaben

AirDrop ist zwar die einfachste Methode, Objekte zu übertragen, aber leider funktioniert AirDrop nur zwischen Macs, die über ausreichend neue Hardware und mindestens über Mac OS X 10.7 verfügen, bzw. mit iPhone und iPad mit aktueller Hardware und iOS 8. Das schränkt die Zahl der potenziellen Tauschpartner

ein wenig ein. AirDrop ist aber nicht die einzige Methode, mit OS X Dateien auszutauschen. Und auch die anderen Methoden verlangen weder Netzwerkkenntnisse noch Aufwand. OS X sucht von sich aus nach verfügbaren Freigaben von Macs und PCs im Netzwerk und zeigt diese im Finder in der Seitenleiste im Bereich **Freigaben** mit ihrem Namen an.

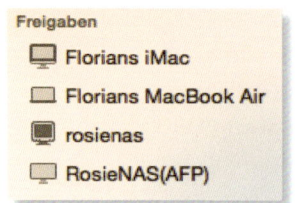

▲ Abbildung 18.9 *Im Netzwerk verfügbare Freigaben, aufgelistet in der Seitenleiste des Finders*

Jetzt müssen Sie nur noch die gewünschte Freigabe anklicken. Der Finder verbindet sich nun automatisch als **Gast** mit der Freigabe.

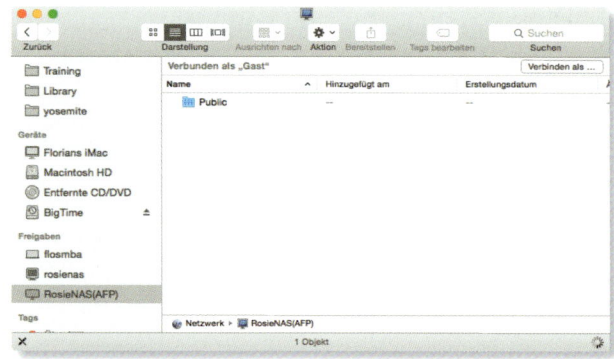

▲ Abbildung 18.10 *Eine Verbindung als Gast*

Da Gastverbindungen meist sehr eingeschränkten Zugriff haben, sehen Sie bei Verbindungen zwischen Macs nur die öffentlichen Ordner der Benutzer. Bei Verbindungen zu anderen Betriebssystemen kann die Anzeige davon abweichen. So oder so hängt es vor allem von der Konfiguration des entfernten Computers ab, was Sie als Gast zu sehen bekommen.

▲ Abbildung 18.11 *Eine Freigabe nicht nur als Gast nutzen*

Da eine Gastverbindung wegen der geringen Auswahl meist nicht die gewünschte Verbindungsart ist, haben Sie die Möglichkeit, durch Klick auf den Button **Verbinden als** im Finder-Fenster ein Dialogfenster aufzurufen, in dem Sie Ihren Namen und Ihr Kennwort eingeben, um sich als legitimer Nutzer bei der ausgewählten Netzwerkressource anzumelden. Nun stehen Ihnen alle Objekte des Nutzers zur Verfügung, als der Sie angemeldet sind.

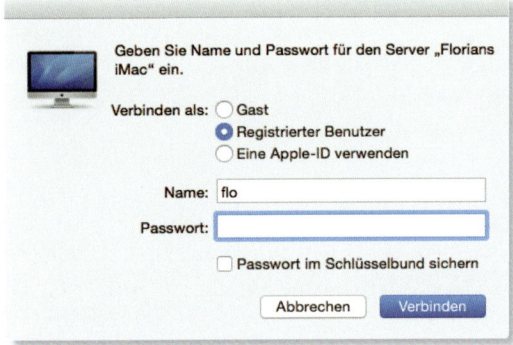

^ **Abbildung 18.12** Der Anmeldedialog, um sich als registrierter Nutzer anzumelden

Verbindung mit Gastaccount zum öffentlichen Ordner

Da die Verbindung mit einer Freigabe im Netzwerk zunächst automatisch als Gastaccount zustande kommt, ist es natürlich am einfachsten, die Dateien, die Sie bereitstellen wollen, für den Gastaccount freizugeben.

Sie finden in Ihrem Benutzerordner bereits einen Ordner, der für Gäste zugänglich ist: den Ordner *Öffentlich* ❶ (siehe Abbildung 18.13). Alles, was Sie im öffentlichen Ordner ablegen, ist für jeden anderen im Netzwerk, der sich mit Ihrem Mac verbindet, zu sehen. Wenn Sie sich die Freigabe- und Zugriffsrechte des öffentlichen Ordners ansehen, stellen Sie fest, dass Sie natürlich alles dürfen, dass aber die anderen Benutzer des Macs (also die Mitglieder der Gruppen **staff** und **everyone**) nur lesen dürfen. Das heißt, außer Ihnen kann niemand den Ordner verändern, also Dateien aus dem Ordner bearbeiten oder löschen ❷. Allerdings kann jeder Dateien aus diesem Ordner auf den eigenen Computer kopieren. Dafür ist die Freigabe ja schließlich gedacht.

Was geschieht aber, wenn Ihnen jemand Dateien zukommen lassen möchte, aber eben nichts in dem öffentlichen Ordner hinzufügen darf? Dafür gibt es im öffentlichen Ordner einen Unterordner namens *Briefkasten* ❸. Die Freigabe- und Zugriffsrechte des Briefkastens sind so gesetzt, dass Sie natürlich wieder alles damit machen dürfen, aber die Gruppe und der Rest der Welt dürfen nur schreiben. Das bedeutet, andere können Ihnen Dateien in diesem Ordner hinterlassen, haben aber selbst nicht einmal die Möglichkeit, zu se-

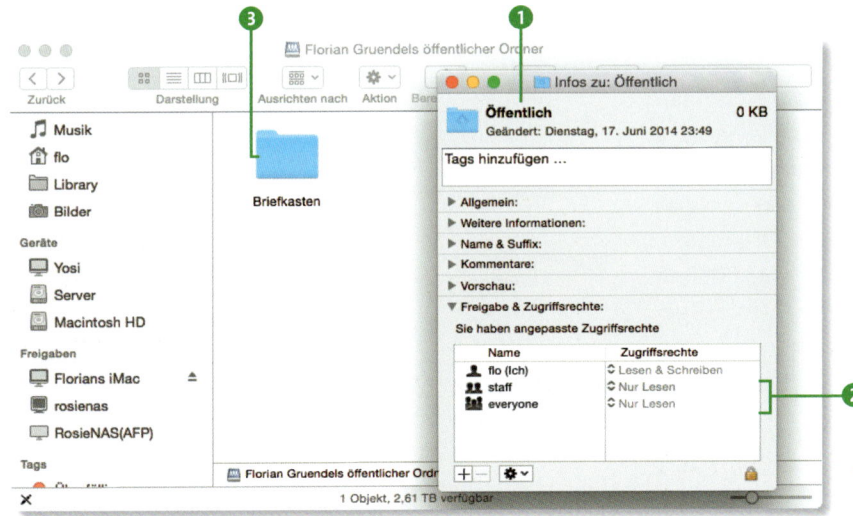

< **Abbildung 18.13** Freigaben für Gäste im Ordner »Öffentlich«

hen, was sich sonst noch so in diesem Ordner befindet, da ihnen die Leserechte dafür fehlen. Der Name *Briefkasten* ist also sehr treffend, da jeder etwas für Sie einwerfen kann, es aber niemanden etwas angeht, was sich bereits darin befindet.

»Dateifreigaben einrichten« auf Seite 671. Zunächst beschäftigen wir uns jedoch mit der Systemeinstellung **Freigaben**, in der Sie alle Freigaben (auch die für Dateien und Ordner) einstellen und verwalten.

18.2 Freigaben

Leider funktioniert nicht jeder Netzwerkdienst so einfach wie AirDrop. Dennoch sollten Ihnen auch die anderen Dienste keine Schwierigkeiten bereiten, und das ist auch gut so, denn weitaus häufiger als AirDrop dürfte die Verwendung so ziemlich jeder anderen Form von Netzwerkdienst sein.

HINWEIS

Gastzugriff aktiviert?
Sie haben die Dateifreigaben aktiviert, aber bekommen nicht einmal die für Gastzugriffe freigegebenen Ordner zu sehen? Aktivieren Sie in den Systemeinstellungen unter **Benutzer & Gruppen** bei **Gastbenutzer** den Zugriff, indem Sie ein Häkchen bei **Gästen den Zugriff auf freigegebene Ordner erlauben** setzen.

Gerätenamen anzeigen und ändern

Damit die im Netzwerk beteiligten Geräte voneinander zu unterscheiden sind, ist es sinnvoll, zumindest den Geräten, auf die Sie Zugriff haben, einen eindeutigen Namen zu geben, damit jeder Teilnehmer im Netzwerk erkennen kann, um welche Ressource es sich handelt. Ihr Mac hat automatisch einen Namen nach dem Schema *Benutzernames Gerätebezeichnung*, also beispielsweise **Florian Gründels MacBook Pro**. Dieses Schema ist eine gute Ausgangsbasis, und bei rein privater Nutzung werden Sie in den meisten Fällen nichts daran ändern müssen. Sollten Sie den Namen Ihres Macs jedoch ändern wollen, können Sie dies in den Systemeinstellungen im Bereich **Freigaben** machen. Dort finden Sie über der Liste der Freigaben das Feld **Gerätename**. Dort können Sie sehen, wie Ihr Mac aktuell heißt, und den Namen auch ändern. Dabei ist es etwas trickreich, dass Ihr Mac zwei Namen haben kann.

Ordner freigeben

Die Lösung mit dem öffentlichen Ordner ist zwar recht praktisch, bedeutet aber, dass Sie alles, was Sie freigeben möchten, zusätzlich im öffentlichen Ordner vorhalten, also dorthin kopieren müssen. Je nach Menge und Größe der Objekte, die Sie freigeben möchten, verschwenden Sie also unter Umständen Festplattenplatz, denn warum sollten Sie Objekte doppelt auf der Festplatte haben? Der öffentliche Ordner eignet sich also eher für den Gelegenheitsaustausch und dann, wenn es nicht allzu viele Objekte sind.

Vielleicht drängt sich Ihnen jetzt die Idee auf, das Problem mit Aliassen zu lösen? »Lassen wir die Originaldateien, wo sie sind, und legen wir nur die Aliasse dazu in den öffentlichen Ordner!« Diese Idee klingt zwar zunächst bestechend, scheitert aber daran, dass der Alias den Wunsch, auf die ihm zugeordnete Originaldatei zuzugreifen, ja zu einem Speicherort weiterleiten müsste – der aber eben möglicherweise nicht freigegeben ist. Sie erhalten also eine entsprechende Fehlermeldung, und die Idee mit dem Alias scheidet aus.

Am einfachsten ist es also, gleich den Ordner freizugeben, der die Objekte enthält, die Sie mit anderen teilen möchten. Wie das funktioniert, lesen Sie im Abschnitt

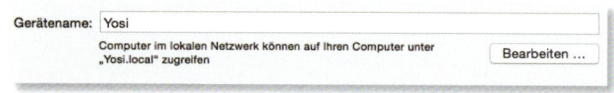

∧ **Abbildung 18.14** *Der Mac »hört« sowohl auf »Yosi« als auch auf »Yosi.local«.*

Der Name, der im Feld **Gerätename** steht, ist der Bonjour-Name, unter dem Ihr Mac auch automatisch im

Finder der anderen Macs im gleichen Netzwerk auftaucht. Der andere Name, der nur nach einem Klick auf den Button **Bearbeiten** zu sehen ist, ist der lokale Hostname. Das ist der Netzwerkname, unter dem Ihr Mac ebenfalls erreichbar ist. Normalerweise sind beide Namen gleich. Bei Bedarf lassen sie sich aber unabhängig voneinander ändern.

1 Um den Gerätenamen zu ändern, geben Sie in den Systemeinstellungen im Bereich **Freigaben** in das Feld **Gerätename** einen anderen Namen ein. Unter diesem neuen Namen wird Ihr Mac nun den anderen Macs in Ihrem Netzwerk angezeigt.

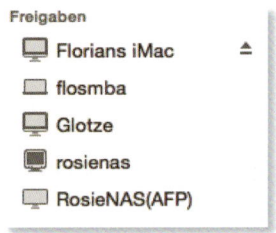

∧ **Abbildung 18.15** *Andere Netzwerkteilnehmer werden im Finder mit ihren Bonjour-Namen bzw. Gerätenamen angezeigt.*

2 Um den lokalen Hostnamen zu ändern, klicken Sie auf den Button **Bearbeiten**. Geben Sie in das Feld **Lokaler Hostname** einen anderen als den bisherigen Namen und einen anderen Namen als den Gerätenamen ein.

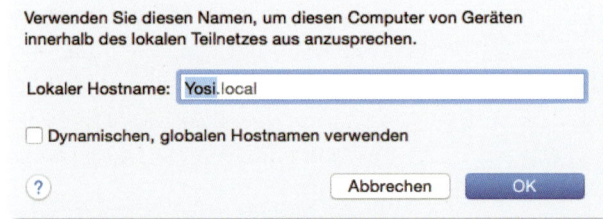

∧ **Abbildung 18.16** *Mit dem lokalen Hostnamen ist der Mac ebenfalls im Netzwerk erreichbar.*

3 Ihr Mac ist nun im Netzwerk sowohl unter seinem Gerätenamen als auch unter dem lokalen Hostnamen zu erreichen.

∧ **Abbildung 18.17** *Auch unter dem lokalen Hostnamen im Netzwerk zu finden (auch mit älteren Betriebssystemversionen)*

INFO

Bonjour
Bonjour ist eine von Apple entwickelte Technologie zum Bekanntmachen und Finden von Diensten im Netzwerk. Unter dem Namen *Zeroconf* ist die Bonjour-Technologie auch auf anderen Betriebssystemen verfügbar. Bonjour findet immer dort Anwendung, wo in lokalen Netzwerken Dienste ohne Aufwand genutzt werden sollen – beispielsweise in iTunes, bei der Freigabe von Mediatheken im lokalen Netzwerk. Weitere Informationen zu Bonjour finden Sie auf der Website von Apple unter *http://www.apple.com/de/support/bonjour/*.

∧ **Abbildung 18.18** *Das Bonjour-Logo*

Nachdem also sichergestellt ist, dass auf jeden Fall eine Verbindung zwischen den beteiligten Computern zustande kommen kann, sehen wir uns die verfügbaren Dienste im Einzelnen an. Zu jedem Dienst zeigt die

Systemeinstellung eine kurze Beschreibung, wie und was im Netzwerk freigegeben wird und wie andere gegebenenfalls darauf zugreifen können. Außerdem wird zu jedem Dienst deutlich angezeigt, ob er aktiv ist oder nicht ❶.

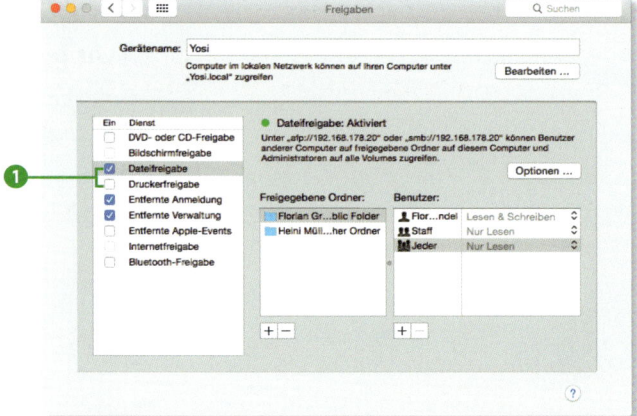

Abbildung 18.19 *Informationen zur jeweiligen Freigabe in den Systemeinstellungen*

Die DVD- oder CD-Freigabe

Bei der DVD- oder CD-Freigabe geben Sie das optische Laufwerk Ihres Macs (Falls Ihr Mac über ein optisches Laufwerk verfügt.) im Netzwerk frei. Andere Macs können dann auf das Laufwerk bzw. auf das darin befindliche Medium zugreifen. Das ist besonders hilfreich, wenn ein Mac im Netzwerk über kein eigenes optisches Laufwerk verfügt, wie das bei den meisten neueren Mac-Modellen der Fall ist.

So aktivieren Sie die Freigabe:

1 Setzen Sie in den Systemeinstellungen im Bereich **Freigaben** das Häkchen bei **DVD- oder CD-Freigabe**. Es kann nun jeder andere Mac auf Ihr Laufwerk bzw. auf das darin befindliche Medium zugreifen. Sie wollen aber die Kontrolle darüber behalten, wer auf das Laufwerk zugreift.

2 Setzen Sie auch das Häkchen bei **Nachfragen, bevor andere mein DVD-Laufwerk verwenden können**. Wenn nun andere auf Ihr Laufwerk zugreifen wol-

len, erhalten Sie eine Meldung und können die Anfrage bestätigen oder ablehnen.

Abbildung 18.20 *Die aktivierte CD-/DVD-Freigabe*

3 So nutzen Sie die Freigabe: Öffnen Sie ein Finder-Fenster, und klicken Sie in der Seitenleiste auf **Entfernte CD/DVD**. Sie sehen nun eine Übersicht über alle Macs im Netzwerk, deren Laufwerk zur Nutzung durch andere freigegeben ist.

Abbildung 18.21 *Die Übersicht über die Macs mit freigegebenem Laufwerk*

4 Wählen Sie aus den angezeigten Macs den gewünschten aus. Klicken Sie gegebenenfalls auf den Button **Zugriffserlaubnis** ❷, um Zugriff auf das optische Laufwerk zu erhalten.

Abbildung 18.22 *Ist der Zugriff eingeschränkt, muss erst um Erlaubnis gebeten werden.*

5 Am freigebenden Mac wird ein Dialog mit der Zugriffsanfrage angezeigt. Dort müssen Sie auf den Button **Annehmen** klicken, um den Zugriff zu ermöglichen.

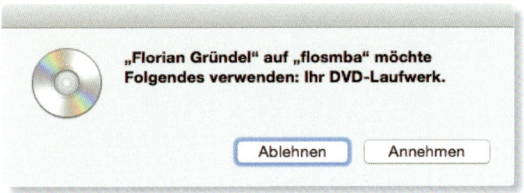

▲ Abbildung 18.23 *Die Zugriffsanfrage*

6 Nach erfolgreicher Verbindung sehen Sie das Medium, das im freigegebenen Laufwerk eingelegt ist, und können es so nutzen, als befände es sich in Ihrem Mac.

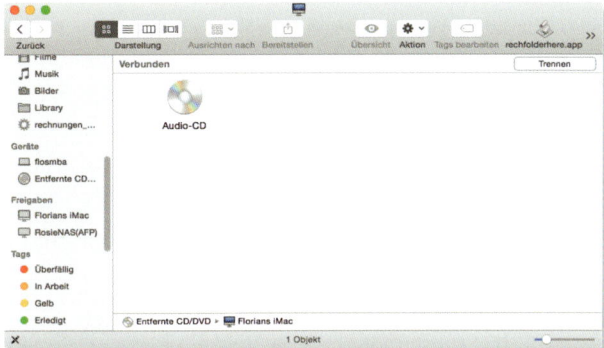

▲ Abbildung 18.24 *Das eingelegte Medium im freigegebenen Laufwerk steht jetzt zur Verfügung.*

7 Wenn Sie das Medium nicht mehr benötigen, klicken Sie auf den Button **Trennen**.

Nachdem die Trennung erfolgt ist, steht das Laufwerk wieder anderen im Netzwerk bzw. Ihnen lokal zur Verfügung.

Die Bildschirmfreigabe

Mit der Bildschirmfreigabe ermöglichen Sie anderen im Netzwerk, auf Ihren Mac zuzugreifen, als säßen sie direkt davor. Das heißt, der Inhalt Ihres Bildschirms wird auf den anderen Computer übertragen, und der andere Computer kann Ihren Mac steuern. Diese Technologie ist nicht auf Macs beschränkt. Andere Betriebssysteme kennen die Technologie als *VNC (Virtual Network Computing)*. Da diese Technologie also betriebssystemübergreifend verfügbar ist, können Sie

mit Ihrem Mac Computer mit anderen Betriebssystemen fernsteuern, Ihr Mac kann aber auch von Computern mit anderen Betriebssystemen ferngesteuert werden.

1 Setzen Sie in den Systemeinstellungen im Bereich **Freigaben** das Häkchen bei **Bildschirmfreigabe**.

2 Klicken Sie auf den Button **Computereinstellungen**. Im folgenden Dialogfenster setzen Sie die entsprechenden Häkchen und vergeben gegebenenfalls ein Kennwort für die Nutzung.

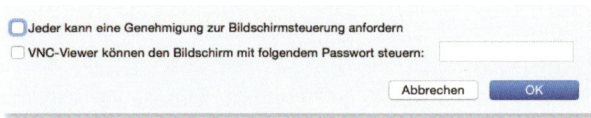

▲ Abbildung 18.25 *Sie legen fest, wer wie auf Ihren Bildschirm zugreifen kann.*

3 Legen Sie im Bereich **Zugriff erlauben für** fest, wer Zugriff auf Ihren Mac erhalten bzw. danach fragen darf.

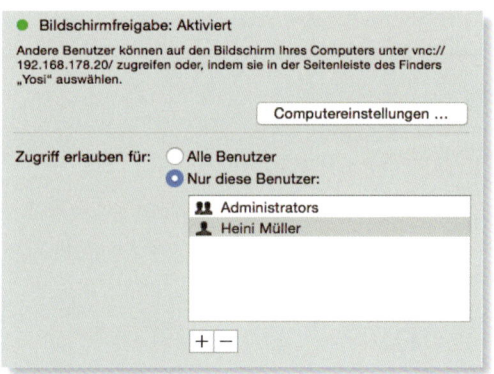

▲ Abbildung 18.26 *Die Einstellungen für die Bildschirmfreigabe*

Die Bildschirmfreigabe ist ein mächtiges Werkzeug, denn der zugreifende Nutzer greift auf Ihren Mac mit allen Rechten zu, die der Nutzer hat, den Sie für den Zugriff ausgewählt haben. Handelt es sich dabei beispielsweise um jemanden mit Administratorrechten, kann derjenige mittels Bildschirmfreigabe alles auf Ihrem Mac machen, was auch ein Administrator machen könnte, der direkt an dem Mac sitzt. Die Bildschirmfreigabe setzt also ein hohes Maß an Vertrauen voraus, und Sie sollten entsprechend restriktiv mit der Freigabe umgehen.

Die Bildschirmfreigabe eignet sich in kleinen lokalen Netzwerken vor allem für Administratoren. So kann sich ein Einzelner bei Kleinigkeiten schnell um die Macs anderer kümmern. Als professionelle Remote-Management-Lösung eignet sie sich jedoch nicht, da sie ab einer gewissen Menge von zu betreuenden Macs nicht genug Effizienz und Managementfunktionen bietet. In Netzen, wo Macs z. B. per *Apple Remote Desktop* zentral gemanagt werden, können Sie die Bildschirmfreigabe gar nicht nutzen, da sich der Administrator mittels Apple Remote Desktop und der Freigabe **Entfernte Verwaltung** darum kümmert. Der Dienst Entfernte Verwaltung wird ab Seite 675 genauer erklärt.

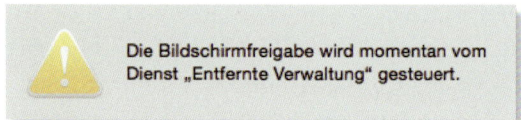

△ Abbildung 18.27 *Die Bildschirmfreigabe lässt sich nicht aktivieren, wenn der Mac mittels Apple Remote Desktop gemanagt wird.*

Und so nutzen Sie die Freigabe:

1 Öffnen Sie ein Finder-Fenster, und wählen Sie unter **Freigaben** den Computer aus, den Sie beobachten oder steuern möchten.

2 Klicken Sie auf den Button **Bildschirmfreigabe**.

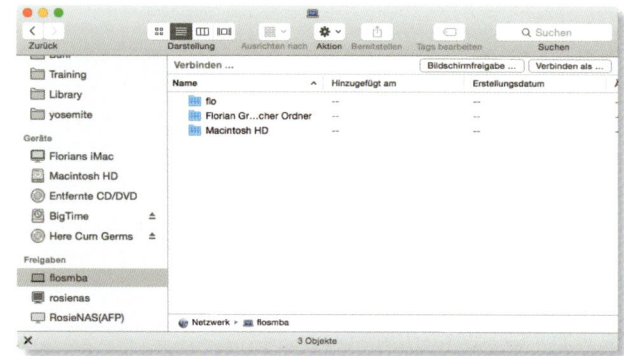

△ Abbildung 18.28 *Zugriff auf einen anderen Bildschirm anfragen*

3 Wurde zuvor festgelegt, dass nur bestimmte Nutzer auf den Bildschirm zugreifen können, müssen Sie im folgenden Dialog den Namen und das Passwort eines zur Steuerung berechtigten Nutzers eingeben.

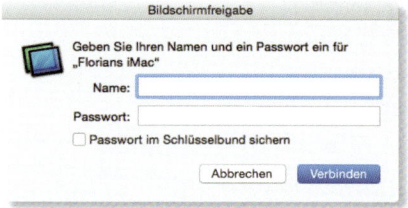

△ Abbildung 18.29 *Mit einem anderen Mac verbinden*

4 Klicken Sie auf den Button **Verbinden**. Anschließend startet das Programm Bildschirmfreigabe (siehe Abbildung 18.30). Genau genommen, startet das Programm schon früher, denn die Passwortabfrage gehört bereits dazu.

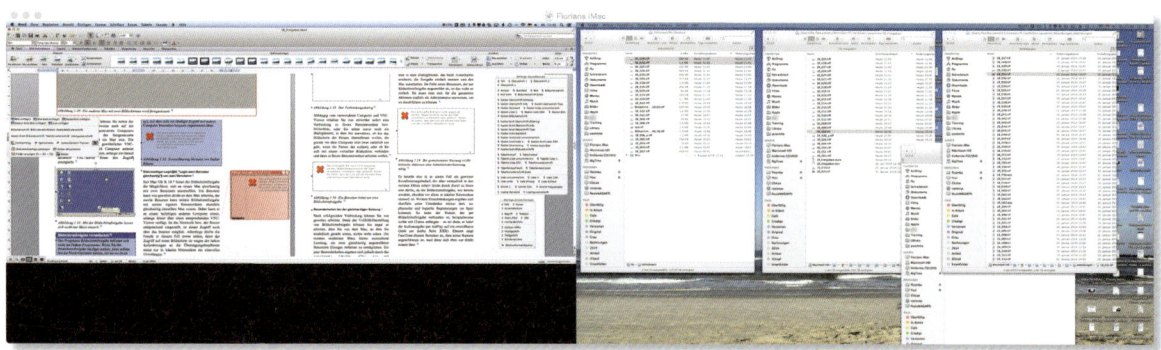

△ Abbildung 18.30 *Ein anderer Mac mit zwei Bildschirmen wird ferngesteuert.*

Mit der Bildschirmfreigabe können Sie neben der reinen Steuerung beispielsweise auch auf die Zwischenablage des ferngesteuerten Computers zugreifen. Dabei muss der ferngesteuerte Computer nicht unbedingt ein Mac sein. Die Bildschirmfreigabe ist ein gewöhnlicher VNC-Viewer, mit dem Sie auch Computer anderer Plattformen fernsteuern können, solange ein darauf laufender VNC-Server Ihnen den Zugriff ermöglicht.

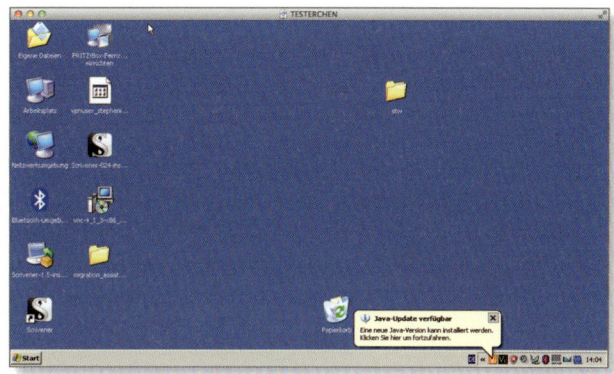

▲ **Abbildung 18.31** *Mit der Bildschirmfreigabe lassen sich nicht nur Macs steuern.*

TIPP

Bildschirmfreigabe vereinfachen
Das Programm Bildschirmfreigabe befindet sich nicht im Ordner *Programme*. Wenn Sie die Bildschirmfreigabe häufiger nutzen, dann sollten Sie die Dock-Optionen nutzen, um sie im Dock und somit stets griffbereit zu halten. Oder verwenden Sie das hervorragende kleine Helferlein Screen-Sharing Menulet (*http://www.klieme.com/Screen-SharingMenulet.html*), mit dem sich ein häufiger Zugriff auf andere Computer besonders bequem organisieren lässt.

◀ **Abbildung 18.32** *ScreenSharing Menulet von Stefan Klieme*

Gleichzeitiger Login von zwei Benutzern

Seit Mac OS X 10.7 bietet die Bildschirmfreigabe die Möglichkeit, sich an einem Mac gleichzeitig mit zwei Benutzern anzumelden. Ein Benutzer kann wie gewohnt direkt an dem Mac arbeiten, der zweite Benutzer kann mittels Bildschirmfreigabe mit seinen eigenen Benutzerdaten ebenfalls gleichzeitig denselben Mac nutzen. Dabei kann er an einem beliebigen anderen Computer sitzen, solange dieser über einen entsprechenden VNC-Viewer verfügt. Ist das Netzwerk bzw. der Router entsprechend eingestellt, ist dieser Zugriff auch über das Internet möglich. Allerdings dürfte die Freude in diesem Fall etwas leiden, denn der Zugriff auf einen Bildschirm ist wegen der hohen Anforderungen an die Übertragungsbandbreite meist nur in lokalen Netzwerken ein sinnvolles Unterfangen.

Initiieren Sie also zunächst eine Verbindung, wie im vorherigen Abschnitt »Die Bildschirmfreigabe« beschrieben. Geben Sie anschließend Ihren Benutzernamen und Ihr Kennwort ein.

▲ **Abbildung 18.33** *Der Verbindungsdialog*

Abhängig vom verwendeten Computer und VNC-Viewer erhalten Sie nun entweder sofort eine Verbindung zu Ihrem Benutzerordner bzw. Bildschirm, oder Sie sehen zuvor noch ein Dialogfenster, in dem Sie auswählen, ob Sie den Bildschirm der Person übernehmen wollen, die gerade vor dem Computer sitzt (was natürlich nur geht, wenn die Person das zulässt), oder ob Sie sich als seperater Benutzer mit einem virtuellen Bildschirm verbinden und dann in Ihrem Benutzerordner arbeiten wollen.

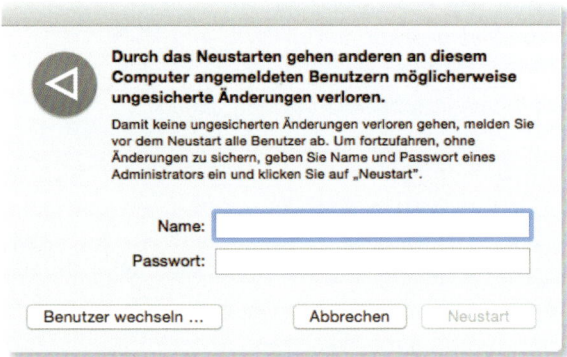

^ **Abbildung 18.34** *Ein Benutzer bittet um eine Bildschirmfreigabe.*

Besonderheiten bei der gleichzeitigen Nutzung

Nach erfolgreicher Verbindung können Sie wie gewohnt arbeiten. Dank der Vollbild-Darstellung von Bildschirmfreigabe können Sie sogar so arbeiten, dass Sie von dem Mac, an dem Sie tatsächlich gerade sitzen, nichts mehr sehen. Die meisten modernen Macs bieten ausreichend Leistung, um zwei gleichzeitig angemeldeten Benutzern flüssiges Arbeiten zu ermöglichen. Ein paar Besonderheiten ergeben sich jedoch durch das gemeinsame Arbeiten. Alles, was mit Powermanagement zu tun hat (also Ruhezustand, Ausschalten, Neustart), ist nun nicht mehr einfach so möglich. Im Gegensatz zu Benutzern, die nur eine Dateifreigabe verwenden, hat ein Benutzer, der per Bildschirmfreigabe auf dem Mac angemeldet ist, jedoch gewisse Rechte.

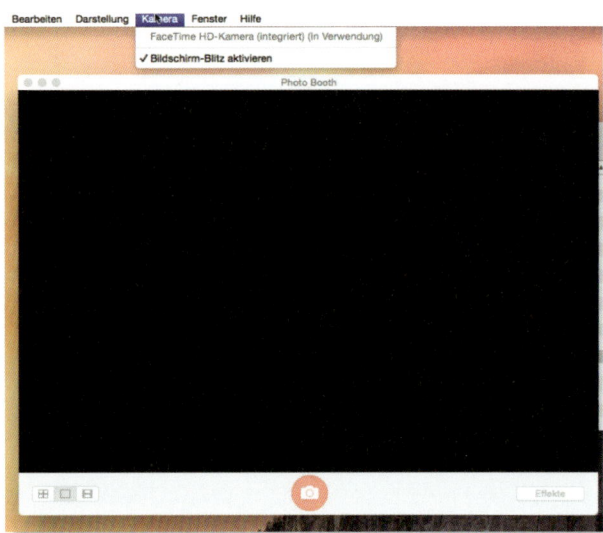

^ **Abbildung 18.35** *Bei gemeinsamer Nutzung ist für kritische Aktionen eine Administratorkennung nötig.*

Ist beispielsweise ein Benutzer beim Ausschalten des Macs per Dateifreigabe verbunden, kann man in dem

Dialogfenster, das beim Ausschalten erscheint, die Freigabe einfach trennen und den Mac ausschalten. Im Falle eines Benutzers, der per Bildschirmfreigabe angemeldet ist, ist das nicht so einfach. Da muss man sich für die genannten Aktionen explizit als Administrator ausweisen, um sie durchführen zu können.

Es besteht also in so einem Fall ein gewisser Koordinierungsbedarf, der aber vermutlich in den meisten Fällen relativ leicht durch Zuruf zu lösen sein dürfte, da die Bildschirmfreigabe, wie bereits erwähnt, ohnehin vor allem in lokalen Netzwerken sinnvoll ist. Weitere Einschränkungen ergeben sich ebenfalls unter Umständen immer dort, wo physische und logische Begrenzungen ins Spiel kommen. So kann der Nutzer, der per Bildschirmfreigabe verbunden ist, z. B. nichts mit iTunes anfangen — es sei denn, er leitet die Audioausgabe per AirPlay auf ein erreichbares Gerät um (siehe Seite 471). Ebenso zeigt FaceTime diesem Benutzer an, dass keine Kamera angeschlossen ist, weil diese sich eben nur direkt nutzen lässt.

^ **Abbildung 18.36** *Hardwarezugriff ist bei gemeinsamer Nutzung nur bedingt möglich.*

Unter Umständen kann auch nicht gleichzeitig auf eingelegte CDs zugegriffen werden etc. Wenn man also z. B. in einem Büro aus betriebswirtschaftlichen Gründen überlegt, jeden Mac von zwei Personen gleichzeitig nutzen zu lassen, ist es nötig, zuvor die technischen Klippen herauszufinden, um sie gegebenenfalls zu umschiffen.

Dateifreigaben einrichten

Um selbst Objekte für andere Nutzer im Netzwerk freigeben zu können, müssen Sie zunächst die Dateifreigabe in den Systemeinstellungen im Bereich **Freigaben** aktivieren.

1 Öffnen Sie die Systemeinstellungen, und klicken Sie auf **Freigaben**.

2 Setzen Sie in der Liste der Freigaben das Häkchen bei **Dateifreigabe ❶**. Damit können nun bereits Nutzer anderer Macs auf die freigegebenen Ordner auf Ihrem Mac zugreifen.

3 Klicken Sie auf den Plus-Button ❷ unter der Liste der freigegebenen Ordner. Wählen Sie im folgenden Dialogfenster den Ordner aus, der freigegeben werden soll.

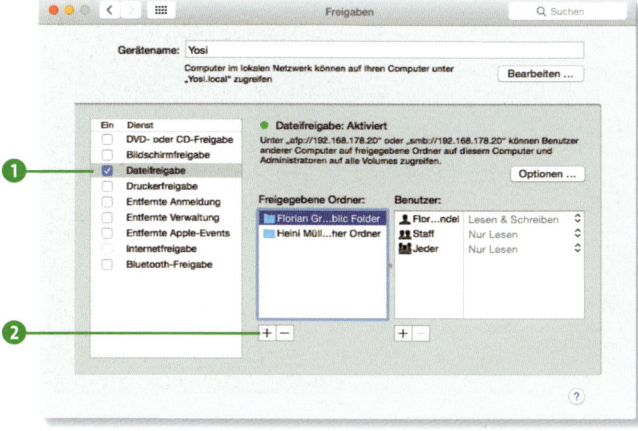

△ **Abbildung 18.37** Dateifreigabe aktivieren

4 Fügen Sie der Liste der Benutzer gegebenenfalls weitere hinzu, und passen Sie die Zugriffsrechte an. Nun können die hier ausgewählten Benutzer mit den angegebenen Rechten auf die hier freigegebenen Ordner zugreifen.

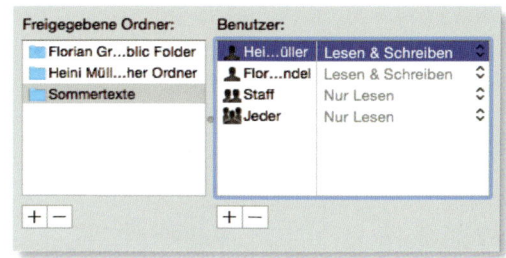

△ **Abbildung 18.38** Einen Ordner freigeben und Benutzer aktivieren

5 Für die Dateifreigabe benutzt OS X seit 10.9 als Standardprotokoll SMB, sodass Ihre Daten sofort und ohne weiteres Zutun für Mac- und Windows-Nutzer gleichermaßen freigegeben und entsprechend erreichbar sind. Für den Fall, dass Sie Ihre Daten im Netzwerk auch für Nutzer älterer Windows-Versionen zugänglich machen wollen, klicken Sie auf den Button **Optionen ❸**.

6 Setzen Sie im folgenden Fenster das Häkchen bei **Dateien und Ordner über SMB freigeben ❹**. Setzen Sie Häkchen bei den Nutzern, die auf Ihre Daten zugreifen dürfen. Klicken Sie auf den Button **Fertig**.

△ **Abbildung 18.39** Einstellungen, um Nutzern älterer Windows-Versionen die Daten ebenfalls zugänglich zu machen

Nun kann auch mit älteren Windows-Version auf Ihre Freigaben zugegriffen werden. Wie das geht, sehen wir uns im nächsten Abschnitt an.

Dateifreigaben für Windows

Wenn Sie, wie zuvor beschrieben, die Dateifreigaben auch für Windows aktiviert haben, taucht nun die Freigabe, je nach Windows-Konfiguration, auch in der Netzwerkumgebung von Windows auf und kann als Netzlaufwerk verbunden werden.

Da das aber nicht unbedingt so sein muss, weil Dinge unter Windows nicht immer so funktionieren, wie man es erwartet, gibt es einen Weg, auf jeden Fall eine Verbindung zu den freigegebenen Daten zu bekommen:

1 Klicken Sie unter Windows auf den nötigen Befehl, um ein Netzlaufwerk zu verbinden. Im folgenden Dialog haben Sie die Möglichkeit, einen Laufwerksbuchstaben ❶ auszuwählen und die Adresse ❷ zur Freigabe anzugeben. Da diese ja zuvor nicht gefunden wurde, ist es nötig, hier die Informationen selbst einzugeben.

Um wortwörtlich auf Nummer sicher zu gehen, ist es sinnvoll, hier anstelle des Hostnamens die IP-Adresse Ihres Macs einzugeben. Die IP-Adresse Ihres

Macs finden Sie in den Systemeinstellungen durch einen Klick auf **Netzwerk**. Dort wählen Sie den aktiven (grünen) Netzwerkanschluss aus und bekommen die (derzeitige) IP-Adresse des Anschlusses angezeigt.

2 Geben Sie als Freigabeadresse unter Windows also die IP-Adresse Ihres Macs und den Namen der Freigabe an, beispielsweise »\\192.168.178.29\flo«. Der Name der Freigabe ist, falls Sie nicht extra eine Freigabe angelegt haben, der Name Ihres Benutzerordners.

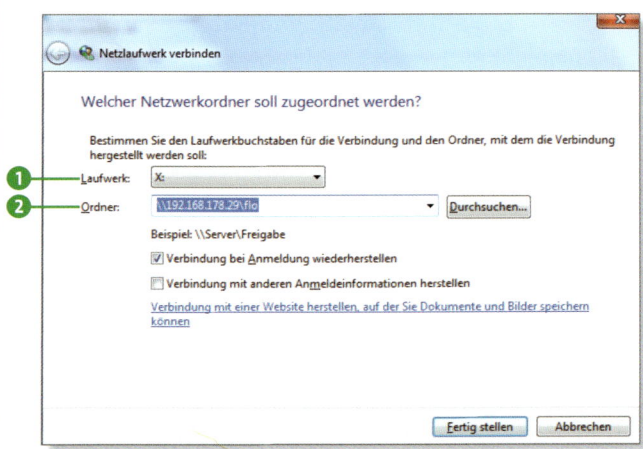

⌃ **Abbildung 18.40** *Ein Netzlaufwerk verbinden*

3 Klicken Sie auf den Button **Fertig stellen**. Geben Sie im folgenden Dialogfenster Ihren Benutzernamen und Ihr Kennwort ein.

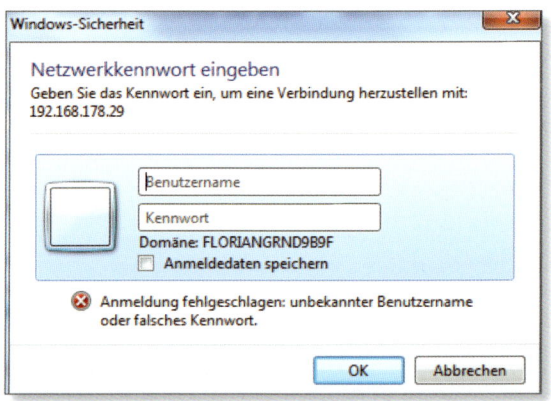

⌃ **Abbildung 18.41** *Der Authentifizierungsdialog*

Anschließend können Sie die freigegebenen Daten unter dem neuen Laufwerksbuchstaben nutzen.

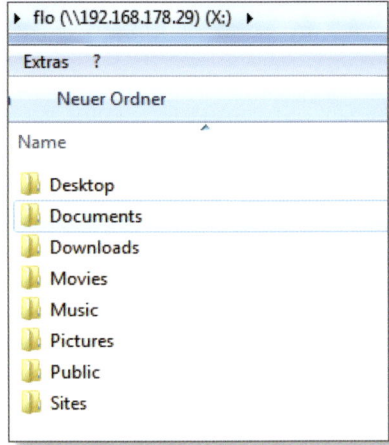

HINWEIS

Auf Servern gibt es keinen Papierkorb
Denken Sie daran, dass es bei Netzwerkverbindungen keinen Papierkorb gibt. Eine Datei, die Sie auf einem anderen Computer löschen, ist sofort gelöscht. Sie lässt sich *nicht* bei Bedarf zurückholen!

Andere Netzwerkprotokolle

OS X beherrscht nicht nur die Netzwerkprotokolle AFP und SMB für den Zugriff zwischen Macs und Windows, die Sie bereits kennengelernt haben. Da diese beiden aber am häufigsten gebraucht werden, zeigt OS X mithilfe der Netzwerktechnik Bonjour automatisch die entsprechenden Freigaben in der Seitenleiste des Finders, sodass Sie dafür keine Einstellungen vornehmen müssen. Möchten Sie sich jedoch mit einer Ressource mithilfe eines anderen Protokolls verbinden, ist ein wenig Handarbeit nötig.

1 Klicken Sie in der Menüleiste des Finders auf **Gehe zu** > **Mit Server verbinden**, oder nutzen Sie den Tastaturbefehl ⌘ cmd + K .

2 Geben Sie in das Feld **Serveradresse** die Adresse der gewünschten Ressource ein. Dabei gilt stets folgende Syntax: *Protokoll://Adresse*. Optional können bzw. müssen Sie die Adresse noch um die Portnummer und/oder einen Pfad ergänzen.

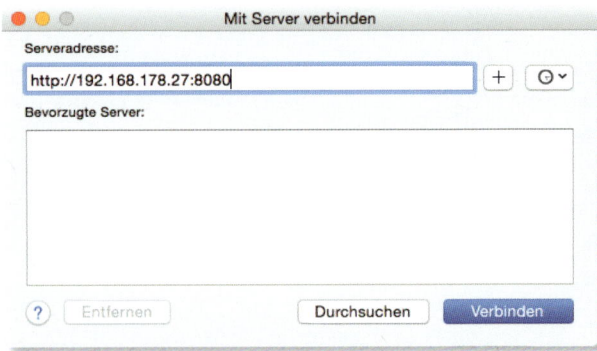

▲ **Abbildung 18.43** *Eine Verbindung zu einem WebDAV-Server mit Angabe der Portnummer*

Da Sie solche Verbindungen vermutlich eher selten benötigen, sollten Sie bezüglich der Details der einzugebenden Adresse die Person fragen, die Ihnen die Serververbindung anbietet. OS X unterstützt außer AFP und SMB die Protokolle NFS, WebDAV und FTP – FTP jedoch nur lesend. Wenn Sie Schreibzugriff auf einen FTP-Server brauchen, müssen Sie ein entsprechendes FTP-Programm installieren.

TIPP

FTP-Programm für den Mac
Ein hervorragendes FTP-Programm für den Mac ist Transmit von der Softwareschmiede Panic, Inc. Transmit ist im App Store erhältlich.

Die Druckerfreigabe

Die Druckerfreigabe ermöglicht es Ihnen, Drucker, die an Ihren Mac angeschlossen sind, für alle anderen Macs im Netzwerk verfügbar zu machen. Alternativ dazu gibt es die Möglichkeit, einen Drucker im Netzwerk zur Verfügung zu stellen, indem Sie den Drucker an eine AirPort-Basisstation anschließen. Das hat den

Vorteil, dass der Drucker immer erreichbar ist. An Ihren Mac angeschlossene Drucker, die Sie freigeben, sind nur dann für andere im Netzwerk erreichbar, wenn Ihr Mac eingeschaltet und aktiv ist und der Drucker ebenfalls eingeschaltet ist.

Auch wenn ein Drucker im Netzwerk zuverlässiger verfügbar ist, wenn er an eine AirPort-Basisstation angeschlossen ist, hat doch die Druckerfreigabe ihre Berechtigung. Nutzen Sie sie beispielsweise, um an einem Mac einen bestimmten Drucker zu betreiben, der seltener und nur für bestimmte Druckaufträge gebraucht wird oder möglicherweise sogar gar nicht permanent verfügbar sein soll:

1 Setzen Sie in den Systemeinstellungen im Bereich **Freigaben** das Häkchen in der Liste der Dienste bei **Druckerfreigabe** ❶.

2 Setzen Sie das Häkchen ❷ bei den Druckern, die Sie freigeben wollen.

3 Entfernen Sie Benutzer, oder fügen Sie gegebenenfalls Benutzer hinzu, und legen Sie deren Privilegien fest.

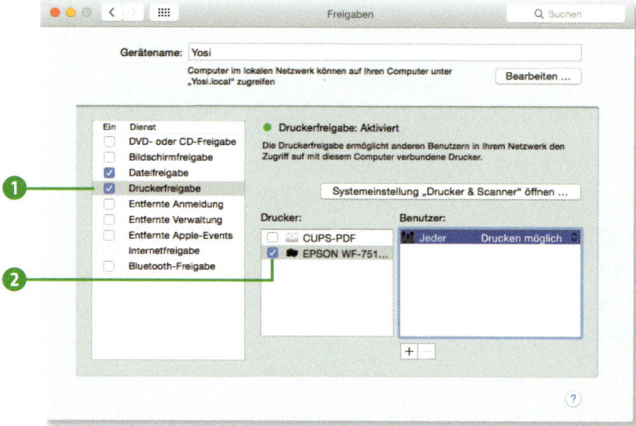

∧ Abbildung 18.44 *Die Druckerfreigabe konfigurieren*

4 Um den freigegebenen Drucker anschließend von einem anderen Mac aus zu nutzen, wechseln Sie an dem entsprechenden Mac in den Systemeinstellungen zu **Drucker & Scanner**.

5 Klicken Sie auf den Plus-Button unter der Liste der verfügbaren Drucker, um die Druckererkennung zu starten.

6 Die Druckererkennung fragt nun die lokalen Schnittstellen wie USB ab und durchsucht das lokale Netzwerk nach freigegebenen Druckern. Dabei wird dann automatisch auch der an Ihrem Mac freigegebene Drucker gefunden und aufgelistet. Sie können ihn nun auswählen und als Netzwerkdrucker hinzufügen.

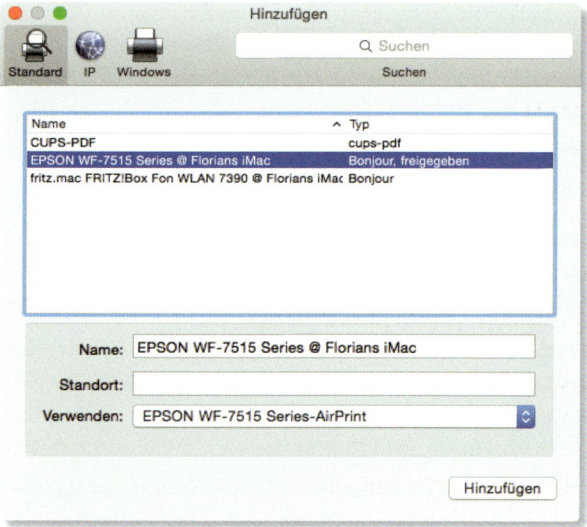

∧ Abbildung 18.45 *Freigegebene Drucker hinzufügen*

HINWEIS

Webfreigabe
Erfahrene Mac-Nutzer werden sich vielleicht fragen, wo denn die Webfreigabe geblieben ist. Apple hat diese Freigabe in OS X 10.8 entfernt. Wenn Sie Ihren Mac dennoch auch als Webserver einsetzen wollen, nutzen Sie die Möglichkeit, Ihren Mac mithilfe des Programms OS X Server aus dem Mac App Store zu einem Server zu machen, auf dem Sie dann unter anderem einen Webserver starten können. Die Möglichkeit, aus einem Mac einen Server zu machen, sehen wir uns in Kapitel 24, »Den Mac als Server betreiben«, ab Seite 809 genauer an.

Entfernte Anmeldung

Entfernte Anmeldung ist die Bezeichnung von OS X für eine Methode, sich mit einem Computer zu verbinden, die aus der Unix-Welt stammt und durch den Unix-Unterbau von OS X nun auch hier zur Verfügung steht. Es handelt sich dabei um eine Verbindung mithilfe des SSH-Protokolls. *SSH* ist die Abkürzung für *Secure Shell*. Damit lässt sich eine verschlüsselte und authentifizierte Verbindung zwischen zwei Computern herstellen. Ist die Entfernte Anmeldung, also SSH, in den Systemeinstellungen auf Ihrem Mac aktiviert, können Sie und andere nun plattformunabhängig mit einem beliebigen SSH-Client auf Ihren Mac zugreifen und diesen per SSH fernsteuern. Das entspricht ungefähr den Möglichkeiten, die Sie haben, wenn Sie auf Ihrem Mac das Programm Terminal öffnen.

Abhängig davon, mit welchen Rechten ein Benutzer via SSH auf Ihrem Mac angemeldet ist, hat er unter Umständen noch umfangreichere Möglichkeiten, Ihren Mac zu kontrollieren, als mit der Bildschirmfreigabe, die Sie im Abschnitt »Die Bildschirmfreigabe« ab Seite 667 bereits kennengelernt haben. Wenn Sie nicht einen wirklich guten Grund haben, für jemanden, dem Sie absolut vertrauen, die Entfernte Anmeldung zu aktivieren, sollten Sie sie lieber nicht aktivieren. Hier ist eine Anleitung, wie es geht:

1 Setzen Sie in den Systemeinstellungen im Bereich **Freigaben** das Häkchen bei der Option **Entfernte Anmeldung**.

2 Wählen Sie aus, welchen Benutzern der Zugriff mittels SSH erlaubt sein soll.

> ● Entfernte Anmeldung: Aktiviert
> Wenn Sie sich entfernt bei diesem Computer anmelden möchten, geben Sie „ssh flo@192.168.178.20" ein.

⌃ **Abbildung 18.46** *Entfernte Anmeldung (SSH) ist aktiviert.*

3 Und so nutzen Sie dann die Freigabe: Starten Sie auf einem beliebigen Computer im lokalen Netzwerk ei-

nen beliebigen SSH-Client. Am schnellsten geht das beispielsweise mit dem Dienstprogramm Terminal und dem Befehl `ssh`.

4 Stellen Sie eine Verbindung mit den Anmeldedaten eines erlaubten Benutzers her.

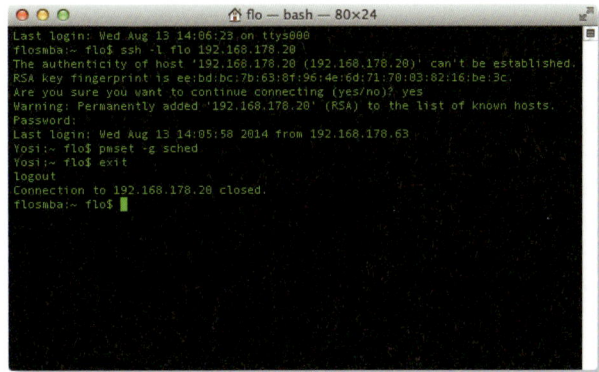

⌃ **Abbildung 18.47** *Eine SSH-Verbindung*

Damit ist die Verbindung bereits hergestellt. Was Sie dann damit anfangen und wie Sie die Steuerung eines entfernten Computers mithilfe der Kommandozeile nutzen, kann an dieser Stelle jedoch nicht thematisiert werden, da es den Rahmen dieses Buches sprengen würde.

Entfernte Verwaltung

Die Entfernte Verwaltung muss aktiviert sein, wenn Ihr Mac von der IT-Abteilung zentral mittels Apple Remote Desktop (ARD) administriert wird. Handelt es sich um Ihren privaten Mac und nutzen Sie ihn nicht in großen Unternehmen, wo die IT-Abteilung entsprechende Vorgaben macht, dann dürfte die Entfernte Verwaltung für Sie irrelevant sein. Handelt es sich um Ihren privaten Mac, den Sie aber auch z. B. in zuvor genanntem Kontext nutzen (im IT-Bereich wird so etwas *BYOD, Bring Your Own Device*, genannt), sollten Sie mit der IT-Abteilung ganz klare Spielregeln vereinbaren, was der Administrator auf Ihrem Mac machen darf und was nicht, und das entsprechend in den Einstellungen von Entfernte Verwaltung festlegen.

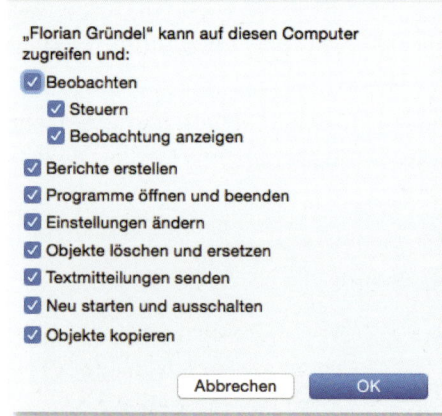

∧ Abbildung 18.48 *Mit der Entfernten Verwaltung lässt sich quasi alles auf einem entfernten Mac machen.*

Entfernte Verwaltung ermöglicht es Administratoren, mit einem mächtigen Werkzeug wie ARD auf Ihren Mac zuzugreifen, und gibt, je nach Einstellung, dem Zugreifenden die absolute Kontrolle über Ihren Mac. Entfernte Verwaltung ist quasi eine Kombination aus Bildschirmfreigabe und Entfernte Anmeldung. Handelt es sich um einen Mac, den Ihnen das Unternehmen zur Verfügung stellt, dann können Sie ab einer bestimmten Unternehmensgröße mit Sicherheit davon ausgehen, dass er zentral administriert wird. Setzt das Unternehmen dafür Apple Remote Desktop ein, muss entsprechend die Entfernte Verwaltung aktiviert sein. Auch in diesem Kontext sollten Sie ganz klare Spielregeln mit den Verantwortlichen in der IT-Abteilung festlegen, denn ARD kann theoretisch auch ohne Ihr Wissen zur Kontrolle Ihres Tuns eingesetzt werden. Andererseits ist ab einer bestimmten Anzahl von Macs ein vernünftiges Management ohne eine Software wie beispielsweise ARD nicht mehr möglich.

Sie sollten also immer in den Optionen so wenig Zugriffsmöglichkeiten wie möglich und nötig freigeben. Speziell datenschutzkritische und Persönlichkeitsrechte betreffende Zugriffsmöglichkeiten wie **Beobachten**, **Steuern**, **Objekte löschen und ersetzen** und **Objekte kopieren** sollten Sie nur nach Absprache in klar definierten Fällen für klar umrissene Zeiträume erlauben.

Die Entfernte Verwaltung im Blick
Sie sollten unbedingt in den **Computereinstellungen** die Statusanzeige in der Menüleiste aktivieren. So haben Sie einerseits die Kontrolle darüber, ob gerade jemand *auf* Ihrem Mac ist. Andererseits bietet das Menü der Statusanzeige die praktische Möglichkeit, den Administrator direkt zu kontaktieren.

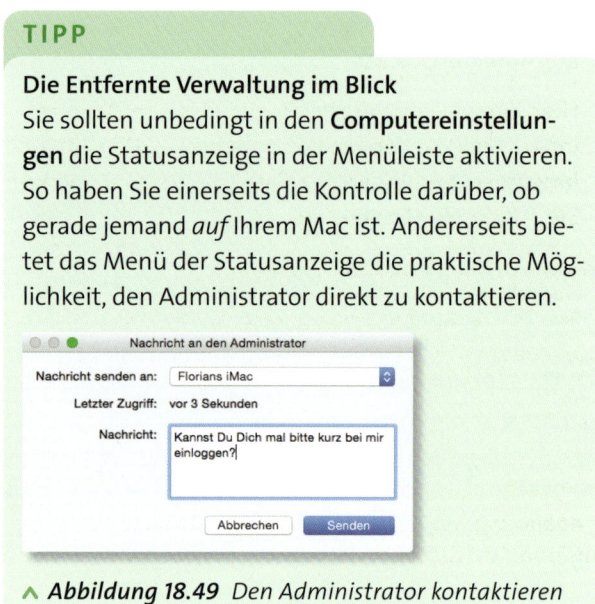

∧ Abbildung 18.49 *Den Administrator kontaktieren*

Der Punkt **Berichte erstellen** gehört nur bedingt zu den kritischen Zugriffsmöglichkeiten, da die zu erstellenden Berichte eher technischer Natur sind, auch wenn indirekt zumindest in Teilen Rückschlüsse auf Ihr Nutzungsverhalten möglich sind.

Auch wenn sich das auf den ersten Blick alles eher furchtbar liest und ARD wie das ultimative Spionagewerkzeug aussehen lässt, ist ARD aber vor allem eine praktische Art, eine Vielzahl von Macs zu managen. Aber nicht nur IT-Abteilungen hilft ARD, auch Bildungseinrichtungen nutzen es, um z. B. Macs in Klassenzimmern effektiv einzusetzen. So hat der Lehrer die Computer der Schüler im Blick, um gegebenenfalls helfend eingreifen zu können, falls es nötig sein sollte. Auch die Verteilung von Dateien (wie etwa Hausaufgaben) auf mehrere Macs gleichzeitig geht nur mit einer Managementsoftware wie ARD. So aktivieren Sie die Freigabe:

1 Setzen Sie in den Systemeinstellungen im Bereich **Freigaben** das Häkchen bei **Entfernte Verwaltung**.

2 Legen Sie im Bereich **Zugriff erlauben für** fest, wer Zugriff auf Ihren Mac erhalten soll. Dazu klicken Sie auf einen Benutzer in der Liste und anschließend auf den Button **Optionen**. Es erscheint das Fenster aus Abbildung 18.50.

3 Hier legen Sie nun die Privilegien des Benutzers fest, indem Sie Häkchen bei den entsprechenden Einstellungen setzen. Wenn Sie damit fertig sind, klicken Sie auf den Button **OK**.

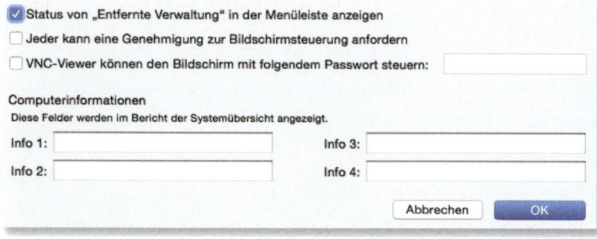

⌃ Abbildung 18.50 *Die Computereinstellungen für die Entfernte Verwaltung*

4 Zurück im Hauptfenster klicken Sie nun auch noch auf den Button **Computereinstellungen**. Hier setzen Sie das Häkchen bei **Status von „Entfernte Verwaltung" in der Menüleiste anzeigen** und nehmen gegebenenfalls weitere Einstellungen vor.

Die Entfernte Verwaltung lässt sich ausschließlich mit dem Programm Apple Remote Desktop nutzen (siehe Abbildung 18.51). Mit ARD (oder ähnlichen Programmen von Drittanbietern) ist es möglich, mehrere Macs zentral und aus der Ferne zu managen und bei Bedarf auch fernzusteuern.

Entfernte Apple-Events

Sie haben in Kapitel 16, »Dienstprogramme – nützliche Helfer«, bereits kurz AppleScript kennengelernt und werden in Kapitel 23, »Routineaufgaben automatisieren mit Automator und AppleScript«, noch einmal ausführlicher damit in Kontakt kommen. An dieser Stelle ist es lediglich wichtig zu wissen, dass sich mit AppleScript auch andere Macs im lokalen Netzwerk ansprechen lassen. Dies geschieht mit sogenannten *Apple-Events*. Nimmt Ihr Mac Apple-Events an, weil Sie das Häkchen bei **Entfernte Apple-Events** gesetzt haben, dann kann ein Skript von einem anderen Mac aus via AppleScript auf Ihren Mac zugreifen. Ist das Häkchen nicht gesetzt, laufen die vom entfernten Skript

‹ Abbildung 18.51 *Alle Macs im Netzwerk im Griff mit Apple Remote Desktop*

gesendeten Apple-Events ins Leere, und das Skript wird nicht ordentlich ausgeführt.

Wenn Sie sich einmal mit AppleScript beschäftigt haben, werden Sie sich eventuell an einem Skript versuchen wollen, das auch einen entfernten Mac anspricht. Bis dahin sind Sie aber bereits zu so einem Mac-Spezialisten geworden, dass Sie dieses Buch nicht mehr brauchen werden. Sie sollten dann nur daran denken, auf dem Mac, der Befehle empfangen soll, **Entfernte Apple-Events** zu aktivieren.

1 Setzen Sie in den Systemeinstellungen im Bereich **Freigaben** das Häkchen bei **Entfernte Apple-Events**.

2 Schränken Sie den Zugriff gegebenenfalls auf bestimmte Benutzer ein.

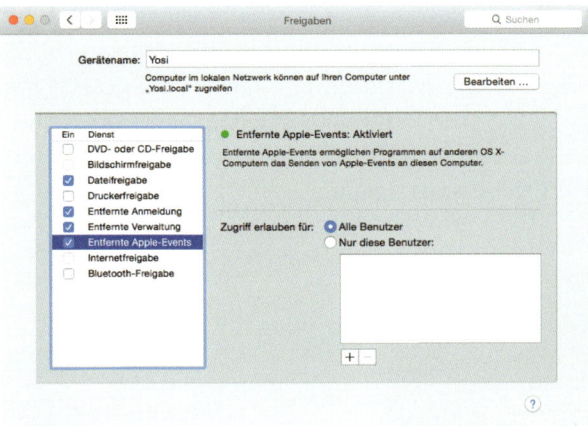

△ **Abbildung 18.52** *Ihr Mac nimmt nun entfernte Apple-Events an.*

Um die Freigabe zu nutzen, erstellen Sie ein Skript, in dem Sie den entfernten Mac ansprechen. Die Befehle werden dann auf dem entfernten Mac abgearbeitet. Ein Beispielskript könnte so aussehen:

```
set remMachine to "eppc://Benutzername:
    Kennwort@192.168.178.26"
using terms from application "iTunes"
    try

tell application "iTunes" of machine
```

```
remMachine

        set a to get name of current playlist
    end tell
  end try
end using terms from
using terms from application "Quicksilver"
  try


tell application "Quicksilver" of machine
remMachine


show large type "Aktuelle Playliste: " & a


    end tell
  end try
end using terms from
```

△ **Listing 22.1** *Ein Skript, das auf dem entfernten Mac den laufenden Song in iTunes abfragt und mit dem Programm Quicksilver bildschirmfüllend anzeigt*

△ **Abbildung 18.53** *Das Skript in Aktion*

Detailliertere Informationen zum Thema AppleScript und wie Sie es im Alltag verwenden können, finden Sie in Kapitel 23, »Routineaufgaben automatisieren mit Automator und AppleScript«, ab Seite 787.

Die Internetfreigabe

Mit der Internetfreigabe teilen Sie Ihre Internetverbindung mit anderen Computern im gleichen lokalen

Netzwerk. Ihr Mac wird damit für die anderen Computer, die an Ihrer Internetverbindung teilhaben, zum Router. So aktivieren Sie die Freigabe:

1 Klicken Sie in der Systemeinstellung **Freigaben** zunächst auf den Eintrag **Internetfreigabe**. Im Gegensatz zu den anderen Einträgen wird hier nicht direkt ein Häkchen gesetzt.

2 Nun wählen Sie aus dem Auswahlmenü **Verbindung freigeben** die Internetverbindung aus, die Sie zur gemeinsamen Nutzung anbieten wollen.

3 Setzen Sie bei **Mit Computern über** das Häkchen bei der gewünschten Schnittstelle. Falls Sie WLAN als Schnittstelle für andere anbieten, klicken Sie auf den Button **WLAN-Optionen** und nehmen die gewünschten Einstellungen vor.

4 Erst jetzt können Sie das Häkchen bei **Internetfreigabe** setzen.

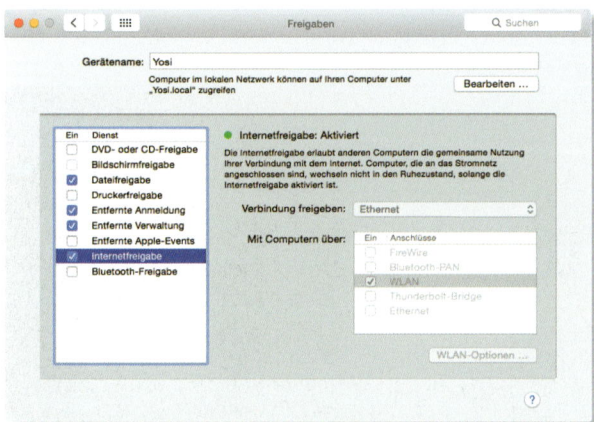

⌃ Abbildung 18.54 *Die Internetfreigabe ist aktiviert.*

TIPP

Konfigurationsprobleme vermeiden
Als Eselsbrücke, um Konfigurationsverwirrungen auszuschließen, sollten Sie sich merken, dass die Auswahl derselben Schnittstelle in beiden Einstellungen (also in Ihren Interneteinstellungen und in den Freigabeeinstellungen) mit größter Wahrscheinlichkeit nicht zum gewünschten Ergebnis führt.

Um die Freigabe zu nutzen, legen Sie eine Internetverbindung mit der gewünschten Schnittstelle an. Das Einrichten einer Internetverbindung wird detailliert in Abschnitt 7.1, »Mit dem Internet verbinden«, ab Seite 243 beschrieben.

Die Bluetooth-Freigabe

Mit der Bluetooth-Freigabe regeln Sie, wie der Datenaustausch per Bluetooth zwischen Ihrem Mac und anderen Bluetooth-Geräten erfolgen soll. Dazu setzen Sie in den Systemeinstellungen im Bereich **Freigaben** das Häkchen bei **Bluetooth-Freigabe**. In den Auswahlmenüs wählen Sie das jeweils gewünschte Verhalten und die gewünschten Ordner aus.

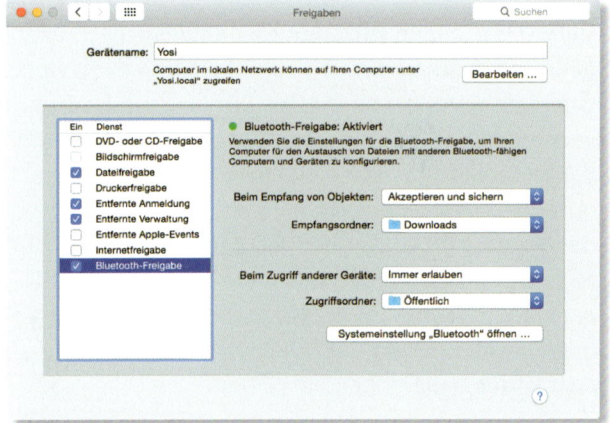

⌃ Abbildung 18.55 *Sie bestimmen, wie mit Bluetooth-Geräten umgegangen werden soll.*

Der Datenaustausch findet dann über das Dienstprogramm Bluetooth-Datenaustausch statt. Eine detaillierte Beschreibung dieses Dienstprogramms finden Sie in Kapitel 16, »Dienstprogramme – nützliche Helfer«, auf Seite 605.

Weitere Freigaben

Nicht alle Freigaben werden hier in den Systemeinstellungen eingestellt. Viele Programme, speziell aus dem Medienbereich, bieten ebenfalls Freigaben. So können Sie in iTunes und iPhoto jeweils die eigene Mediathek im lokalen Netzwerk freigeben oder die Mediatheken von anderen einbinden. Programme wie EyeTV, mit dem man auf dem Mac fernsehen kann, geben Aufnahmen und zum Teil sogar das Livesignal im Netzwerk frei. Mit spezialisierten Programmen wie beispielsweise dem Texteditor SubEthaEdit und den Programmen Pages, Numbers und Keynote ist es sogar möglich, gemeinsam gleichzeitig am selben Dokument zu arbeiten. Freigaben sind also etwas Alltägliches und begegnen Ihnen nicht nur hier in den Systemeinstellungen, sondern in vielen Programmen.

18.3 Aus dem Internet auf Dienste im eigenen Netzwerk zugreifen

Unter Umständen möchten Sie auf manche Dienste oder Programme auch von außerhalb Ihres Netzwerks zugreifen. Eines der häufigsten Beispiele ist der Zugriff von außen auf die Fernsehsoftware EyeTV, sodass Sie das TV-Signal Ihres Macs zu Hause beispielsweise auch unterwegs mit Ihrem iPhone sehen können. Das bedeutet, dass Ihr Router, der den Zugang von und in Ihr Netzwerk regelt, wissen muss, dass bestimmte Anfragen an bestimmte Computer in Ihrem Netz weitergeleitet werden sollen. Diese Weiterleitung nennt man *Port-Forwarding*.

Jeder Dienst in einem Netzwerk hat bestimmte Ports, die er dafür nutzt. Sie können sich Netzwerkdienste und Ports wie einen Gang auf einem Amt vorstellen. Hinter jeder Tür ist eine andere Dienstleistung erhältlich (Pässe, Genehmigungen etc.). So ähnlich ist es auch auf Ihrem Mac. Er stellt Dienste zur Verfügung, und nur wenn Sie durch die richtige Tür (Port) eintreten, erhalten Sie die gewünschte Dienstleistung (Websites, Dateien, Drucken etc.). Jeder Dienst im Netzwerk hat also einen oder mehrere numerische Ports, unter denen er erreichbar ist. Die meisten Ports sind standardisiert oder zumindest etabliert, was in der Computerwelt keinen großen Unterschied macht. Wenn Sie also etwa eine Website in Ihrem Browser aufrufen, dann passiert das gewöhnlich auf Port 80 des Ser-

vers, der Ihnen die Website zur Anzeige in Ihrem Browser liefert. In den meisten Fällen müssen Sie sich um die Ports nicht kümmern, das übernehmen die Programme, die mit dem jeweiligen Dienst zu tun haben, für Sie.

Nun haben wir aber die Situation, dass Sie in dem Moment, in dem Sie versuchen, von außerhalb Ihres Netzwerks auf einen Dienst innerhalb Ihres Netzwerks zuzugreifen, theoretisch wissen müssten, welcher Computer in Ihrem Netzwerk welchen Dienst zur Verfügung stellt und welchen Port er dafür benutzt. Selbst Profis kommen da langsam in Schwierigkeiten. Um dieses Problem zu umgehen, bieten die meisten Router die Möglichkeit des Port-Forwardings. Dabei passiert Folgendes: Zunächst schicken Sie von außen eine Anfrage an Ihren Router, z. B. »Ich möchte eine Website öffnen«. Der Router nimmt die Anfrage entgegen und sieht in einer Tabelle nach, welcher Computer im internen Netzwerk Websites zur Verfügung stellt. Ihre Anfrage wird also vom Router an den entsprechenden Computer weitergeleitet.

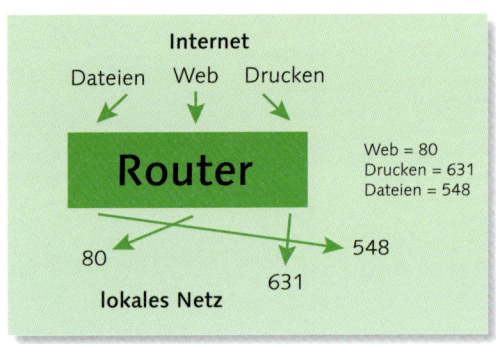

▲ **Abbildung 18.56** *Port-Forwarding schematisch*

Sie müssen also nicht im Voraus wissen, welcher Computer im Inneren Ihres Netzwerks dafür zuständig ist, sondern richten Ihre Anfrage einfach von außen an Ihren Router.

Eine Freigabe einrichten und Ports weiterleiten

Sehen wir uns exemplarisch an einer Fritz!Box an, wie man so eine Weiterleitung anlegt.

1 Melden Sie sich auf der Konfigurationsoberfläche Ihres Routers an. Sie erreichen sie bei den meisten Routern per Webbrowser. Öffnen Sie also den Webbrowser Safari, und geben Sie in die Adresszeile die Adresse Ihres Routers ein. In unserem Beispiel ist das die URL *fritz.box*.

^ **Abbildung 18.57** *Am Router anmelden*

2 Klicken Sie sich anschließend zu den Freigaben durch. Beim Beispiel-Router erfordert das Klicks auf **Internet > Freigaben > Portfreigaben**.

^ **Abbildung 18.58** *Das Menü »Internet«*

3 Legen Sie nun eine neue Portfreigabe an – beim Beispiel-Router durch einen Klick auf einen Button **Neue Portfreigabe**. Im folgenden Fenster machen Sie die nötigen Angaben. Diese sind mindestens: eine Bezeichnung, ein Port bzw. die Ports, die angefragt werden, der Zielcomputer im internen Netzwerk respektive dessen IP-Adresse und der Port bzw. die Ports des Zielcomputers.

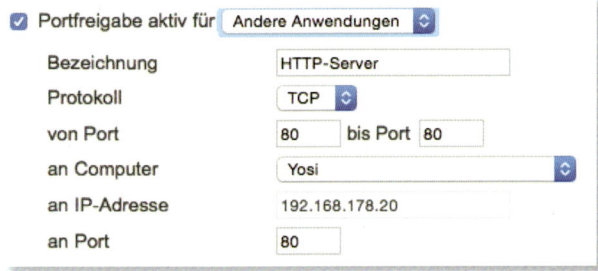

^ **Abbildung 18.59** *Eine neue Freigabe anlegen*

Gegebenenfalls kommt noch der Protokolltyp hinzu. Wenn Sie beim Protokolltyp unschlüssig sind, probieren Sie zunächst TCP. Wenn das nicht zum Erfolg führt, versuchen Sie es mit UDP. Andere Protokolle sind eher selten.

Die meisten Router zeigen anschließend eine Übersicht über die eingerichteten Weiterleitungen.

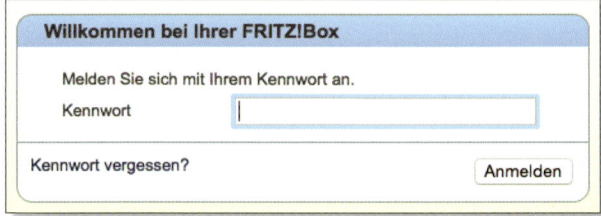

Aktiv	Bezeichnung	Protokoll	Port
☐	EyeTV	TCP	2170
☐	CalDAV	TCP	8008
☐	CalDAV	TCP	8443
☐	VNC	TCP	5900
☐	ssh	TCP	22
☐	Server Remote App	TCP	625
☐	smb	TCP	445
☐	Server Remote App	TCP	311
☐	afp	TCP	548
☐	smb	TCP	139
☐	smb	UDP	137-138
☑	WebDAV	TCP	80
☑	HTTP-Server	TCP	88

^ **Abbildung 18.60** *Die Liste der Portfreigaben. Auf dieser Grundlage entscheidet der Router, was weitergeleitet wird und wohin.*

Dynamische IP-Adressen, intern

Auch wenn es zunächst verwirrend und kompliziert wirkt, ist Port-Forwarding eigentlich kein Hexenwerk. Zwei kleine Unwägbarkeiten kommen allerdings noch bei den meisten privaten Netzwerken dazu: dynamische IP-Adressen in Ihrem lokalen Netzwerk und dynamische IP-Adressen bei Ihrer Internetverbindung.

Wieso sind dynamische IP-Adressen ein Problem? Dazu müssen wir ein kleines bisschen ausholen. Dass jedem Computer im lokalen Netzwerk eine IP-Adresse zugeordnet ist, ist bekannt. Diese IP-Adresse bekommt er während des Starts vom Router, der für die Verteilung dieser Adressen im lokalen Netzwerk zuständig ist. In den meisten Fällen vergibt der Router auch für dieselben Geräte immer wieder dieselben Adressen – er will sich schließlich auch nicht unnötig Arbeit machen. Leider gibt es aber keine Garantie dafür, dass dasselbe Gerät immer dieselbe Adresse bekommt. Manche Router, wie der zuvor benutzte Beispiel-Router, bieten die Möglichkeit, einem Gerät stets dieselbe IP-Adresse zukommen zu lassen. Das ist die komfortabelste Lösung, da Sie so nur noch einmal klicken müssen, und das Problem ist gelöst.

⌃ Abbildung 18.61 *Der ausgewählte Computer erhält vom Router zukünftig immer dieselbe IP-Adresse.*

Bietet der Router so eine Funktion aber nicht, müssen Sie sich selbst helfen, aber auch das ist schnell in den Netzwerkeinstellungen Ihres Macs geschehen.

1 Öffnen Sie die Systemeinstellungen, und klicken Sie auf **Netzwerk**.

2 Wählen Sie im linken Bereich der Einstellungen Ihre Netzwerkverbindung aus.

3 Wählen Sie aus dem Auswahlmenü **IPv4 konfigurieren** den Eintrag **Manuell**, und geben Sie eine gültige IP-Adresse ein. Am sichersten fahren Sie, wenn Sie an dieser Stelle von Hand die IP-Adresse eingeben, die der Router dem Mac zuvor zugewiesen hatte.

4 Potenzielle Nebenwirkungen sind höchstens, dass der Router einem anderen Computer die nun manuell fest vergebene Adresse zuteilen will (Da sie ja aus seinem Adress-Pool stammt.) und merkt, dass das nicht geht, und dann eben auf eine andere Adresse ausweichen muss. Tut uns leid, lieber Router!

5 Geben Sie, falls nötig, die Teilnetzmaske und die Adresse des Routers ein.

6 Klicken Sie auf den Button **Anwenden**, um die manuelle Zuweisung abzuschließen. Jetzt haben Sie Ihrem Mac eine feste IP-Adresse zugewiesen.

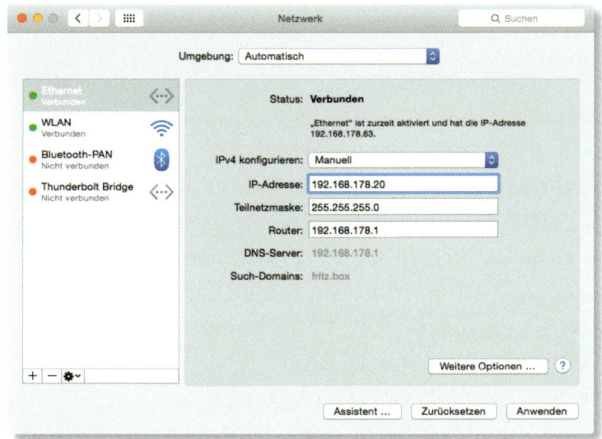

⌃ Abbildung 18.62 *Dem Mac eine feste IP-Adresse im lokalen Netzwerk zuweisen*

Warum ist also eine feste IP-Adresse gut und eine dynamische schlecht, wenn es um das Port-Forwarding geht? Auf dem Zielcomputer wird ein Dienst im Netzwerk angeboten, und der soll ja erreichbar sein. Wenn sich die Adresse ändert, ist das natürlich kontraproduktiv. Daher ist es sinnvoll, den Computern eine feste Adresse zu geben, die einen Netzwerkdienst anbieten, der von außen erreichbar sein soll. Geht es um Dienste nur im lokalen Netzwerk, ist eine feste Adresszuordnung dank der bereits früher in diesem Kapitel erwähnten Technologie Bonjour nicht nötig. In gewissen Grenzen ist Bonjour jedoch sogar aus dem lokalen Netzwerk nach außen nutzbar. Dazu muss man aber erst einmal von außen ins lokale Netzwerk gelangen, denn hier haben wir das zweite Problem mit dynamischen IP-Adressen, das es zu lösen gilt.

Dynamische IP-Adressen, extern

Die Frage, die sich stellt, lautet: »Wie komme ich aus dem Internet zu meinem lokalen Netzwerk respektive zu meinem Router, der dann die jeweilige Weiterleitung besorgt?« Wie Sie beispielsweise eine Website erreichen, wissen Sie. Sie geben den Domainnamen der Site ein, und diese Domain antwortet Ihnen dann, indem sie die Website anzeigt. Aber auch diese Anfrage muss ja irgendwie ihr Ziel erreichen. Verantwortlich dafür sind viele Internetserver, die sich gegenseitig darüber Auskunft geben, wo und wie eine bestimmte Domain erreichbar ist.

Offenbar müssen Sie also eine Domain haben, und andere müssen wissen, wie sie diese erreichen. Die Domain an sich wäre schon da. Sobald Sie (bzw. Ihr Router über Ihren Internetprovider) mit dem Internet verbunden sind, existiert eine Domain, unter der Sie theoretisch erreichbar sind. Meistens ist die Domain nicht sehr ansehnlich, aber das muss sie auch nicht sein, denn für gewöhnlich sind Sie ja nur Nutzer im Internet und nicht Anbieter. Diese Domain ist die IP-Adresse, die Ihnen Ihr Internetprovider für die Dauer der aktuellen Einwahl zuweist. In manchen Fällen haben Sie eventuell eine feste IP-Adresse. Ob das bei Ihnen so ist, lesen Sie in den Unterlagen Ihres Providers, und Sie können es bei ihm erfragen. Das macht das Leben jedenfalls leichter, weil Sie dann einfach die feste IP-Adresse nutzen können, um Ihren Router bzw. die Computer dahinter anzusprechen.

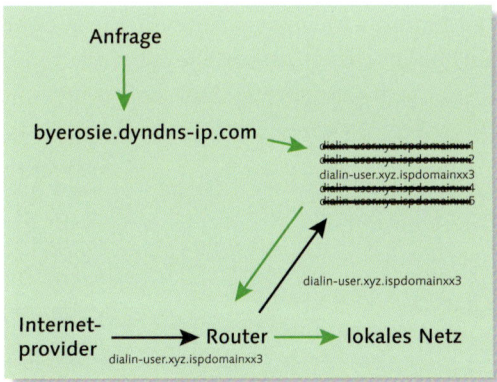

^ **Abbildung 18.63** *Dynamisches DNS, schematisch*

Die Wenigsten jedoch haben eine feste IP-Adresse, also muss eine Lösung her, wie Sie aus dem Internet eine Verbindung zu Ihrem lokalen Netz bekommen. Es muss also auch für Ihren Internetanschluss jeweils andere Computer im Internet geben, die Auskunft darüber erteilen können, wie Ihr Netz gerade erreichbar ist. So etwas gibt es. Diesen Dienst nennt man *dynamisches DNS*, und er wird von den meisten Routern unterstützt.

In der Praxis funktioniert das folgendermaßen: Bei einem Anbieter von dynamischem DNS gibt es Tabellen, die so ähnlich funktionieren wie die Port-Forwarding-Tabellen Ihres Routers. In diesen Tabellen steht zum einen ein Domainname. Unter diesem Domainnamen sind Sie bzw. Ihr Router und somit Ihr lokales Netzwerk zukünftig erreichbar. Diesem Domainnamen ist die aktuelle kryptisch anmutende Domain zugeordnet, die der Router bei der Interneteinwahl von Ihrem Provider erhalten hat. Sobald der Router die Info erhält, teilt er dem dynamischen DNS-Service diese Domain mit. Der Service aktualisiert daraufhin die Zuordnung in der Tabelle. So ist gewährleistet, dass Ihr Netz immer unter demselben Namen erreichbar ist, auch wenn sich immer wieder etwas ändert. Auch hier sehen wir uns die Konfiguration eines solchen Dienstes mit dem Beispiel-Router an.

1 Melden Sie sich auf der Konfigurationsoberfläche Ihres Routers an.

2 Klicken Sie sich zu dem dynamischen DNS durch. Beim Beispiel-Router erfordert das Klicks auf **Internet > Freigaben > Dynamic DNS**.

3 Falls Sie noch keinen Account bei einem Anbieter eines dynamischen DNS-Services haben, sollten Sie zunächst einen anlegen. Sie benötigen diesen Account, um zu einer griffigen Domain zu kommen. Bekanntester Anbieter solcher Lösungen ist derzeit *dyndns.org*. Der Beispiel-Router bietet zum Glück eine Menge Dienste zur Auswahl an — sowie die Möglichkeit, beim ausgewählten Dienst einen Account zu erstellen.

▲ **Abbildung 18.64** *Einen Account bei einem Anbieter von dynamischem DNS erstellen*

4 Nachdem Sie einen Account erstellt haben, aktivieren Sie das dynamische DNS. Geben Sie die Daten zu dem erstellten Account ein, und sichern Sie die Einstellungen. Je nach Router-Modell müssen Sie den Router unter Umständen neu starten.

Jetzt ist es also Zeit für die Probe aufs Exempel. Wir rekapitulieren noch einmal in Stichpunkten, was wir eingestellt haben:

- Auf einem Mac mit OS X Server haben wir beispielsweise den Webserver aktiviert. Webserver »lauschen« auf Port 80 auf Anfragen.

- Dem Mac haben wir eine feste interne IP-Adresse zugewiesen.

- Auf dem Router haben wir eine Portfreigabe eingerichtet: Anfragen aus dem Internet an Port 80 werden auf die interne *IP-Adresse:Port 80* des zuvor eingerichteten Macs weitergeleitet.

- Auf dem Router haben wir einen Account für dynamisches DNS eingerichtet.

Wenn also nun von außerhalb des lokalen Netzwerks über das Internet z. B. die Domain *byerosie.dyndns-ip. com* aufgerufen wird, müsste die Website zu sehen sein, die auf dem zuvor eingerichteten Mac bereitgestellt (gehostet) wird.

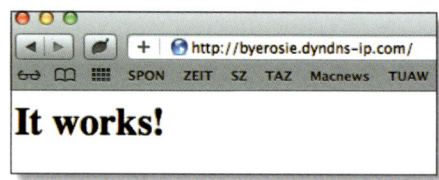

▲ **Abbildung 18.65** *Hier wurde alles richtig gemacht.*

Das Beispiel der Website ist natürlich, um Port-Forwarding zu erklären, recht einfach, weil Sie sofort ein visuelles Feedback bekommen, ob Sie alles richtig gemacht haben oder nicht. Aber es zeigt auch, dass es prinzipiell nicht schwer ist, Dienste über das lokale Netzwerk hinaus verfügbar zu machen. Wenn Sie das Prinzip verinnerlicht haben, fällt es Ihnen nicht schwer, weitere Dienste ebenfalls zu nutzen. Die Portnummern für den jeweiligen Dienst finden Sie durch etwas Recherche im Internet leicht heraus.

> **INFO**
>
> **Portrecherche**
> Eine gute erste Anlaufstelle, um die gängigsten Ports nachzuschlagen, ist Wikipedia. Dort finden Sie unter *http://en.wikipedia.org/wiki/List_of_TCP_and_UDP_port_numbers* eine umfangreiche Liste bekannter Ports.

Einen Portscan durchführen

Um die Portnummer eines Dienstes herauszufinden, gibt es unter Unix das Programm Portscan. Portscan fragt einen Computer auf *offene* Ports, also aktive Dienste, ab. Die Informationen, die Portscan bietet, zeichnen also ein klares Bild davon, welche Dienste ein Computer bereitstellt. Diese Information können Sie aber nicht nur dazu nutzen, wie in unserem Beispiel herauszufinden, welcher Port am Router weitergeleitet werden muss, um einen Dienst im eigenen Netzwerk von außerhalb erreichen zu können. Diese Informationen zeigen auch, wo potenzielle Schwachstellen bestehen, um in ein Computersystem eindringen und es kompromittieren zu können.

Ein Portscan auf einen fremden Computer wird also vom betroffenen Administrator mit Sicherheit als unfreundlicher Akt gewertet. Verwenden Sie Portscan daher nicht gegen andere, sondern nur zur eigenen Sicherheit und Informationsgewinnung, denn um die soll es jetzt ja gehen. Portscan zeigt also die offenen Ports eines Computers an, und so finden Sie heraus, welcher Port für eine potenzielle Weiterleitung genutzt werden muss.

1 Starten Sie das Netzwerkdienstprogramm (siehe dazu auch Seite 621 in Kapitel 16, »Dienstprogramme – nützliche Helfer«).

2 Klicken Sie auf den Tab **Portscan**. Geben Sie die IP-Adresse des zu scannenden Computers in Ihrem lokalen Netzwerk ein. Möchten Sie die Dienste des Computers scannen, an dem Sie gerade sitzen, geben Sie als Adresse »127.0.0.1« ein.

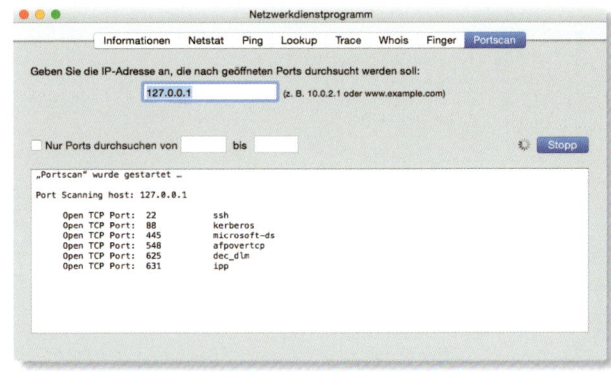

∧ **Abbildung 18.66** *Erkenntnisgewinn durch Portscan*

INFO

Home, sweet 127.0.0.1
Die Überschrift verrät es schon fast. 127.0.0.1 ist die Adresse des digitalen Zuhauses, also von *localhost*. Jeder Computer verfügt über diese Netzwerkadresse, die sogenannte *Loopback-Adresse*. Sie bezeichnet den eigenen Computer. 127.0.0.1 ist daher ein beliebtes Motiv auf Fußmatten (*http://www. getdigital.de/products/127.0.0.1_Fussmatte*) vor Wohnungen von Menschen, die viel mit Computern zu tun haben.

---

3 Klicken Sie auf den Button **Portscan**. Portscan arbeitet nun jeden verfügbaren Port ab und berichtet, ob eine Antwort erfolgte. Falls ja, listet es die Protokollart, die Portnummer und – falls verfügbar – den zugehörigen Dienst bzw. das zugehörige Programm auf.

4 Auf diese Weise finden Sie die Portnummer eines Dienstes heraus – im Zweifel durch das Ausschlussverfahren. Deaktivieren Sie dazu in den **Freigaben** in den Systemeinstellungen alle Freigaben.

5 Führen Sie anschließend einen Portscan durch. Sie werden immer noch einige offene Ports finden. Nun wissen Sie, welche Ports aktuell ohnehin aktiv sind.

6 Aktivieren Sie anschließend in den **Freigaben** den gewünschten Dienst.

7 Führen Sie erneut einen Portscan durch. Es sollte im Vergleich zum vorherigen Portscan nur ein neuer Dienst hinzugekommen sein. Das ist der Port des Dienstes, den Sie soeben aktiviert haben.

Für mehr Informationen zum Thema Portscan schlagen Sie bitte in Kapitel 16, »Dienstprogramme – nützliche Helfer«, auf Seite 605 nach.

Teil VI
Der Mac für Power-User

Kapitel 19
Windows auf dem Mac

Natürlich ist OS X das Betriebssystem, das sich für Ihren Mac am besten eignet. Aber der Mac ist ein kooperativer Computer und gibt gerne (?) auch ein Plätzchen auf seiner Festplatte für Windows frei. So können Sie sowohl OS X als auch Windows mit Ihrem Mac nutzen.

Der Mac bietet die Möglichkeit, Windows als Zweitbetriebssystem zu installieren. Sie können dann beim Start Ihres Macs auswählen, ob Sie ihn mit Windows oder doch lieber mit OS X starten wollen. Falls Ihnen – verständlicherweise – eine vollwertige Windows-Installation auf Ihrem Mac eine Spur zu viel Entgegenkommen ist, Sie aber für bestimmte Programme auf Windows angewiesen sind, bietet sich alternativ zu einer vollwertigen Windows-Installation mittels Boot Camp eine Virtualisierungslösung an.

> **INFO**
>
> **Boot Camp: Apple hat Humor**
> Ein *Boot Camp* ist das Ausbildungslager für Rekruten der US-Armee, also ein Ort, an dem Drill herrscht. In den letzten Jahren hat sich eine zweite Bedeutung des Wortes etabliert, und auch Erziehungslager werden Boot Camp genannt. Allerdings heißt auch der Start von Computern *Bootvorgang*. Man könnte Apple also Humor bei der Namensgebung für eine Technologie unterstellen, die es möglich macht, auch Windows auf einem Mac zu starten.

Virtualisierung bedeutet, dass ein Programm eine Hardware- und/oder Softwareumgebung imitiert, in der sich dann Windows oder ein anderes Betriebssystem installieren lässt. Die verschiedenen Virtualisierungslösungen sehen wir uns am Ende des Kapitels an. Zunächst widmen wir uns aber Boot Camp, der mit OS X mitgelieferten Lösung, um Windows als Zweitbetriebssystem zusätzlich auf Ihrem Mac zu nutzen.

19.1 Boot Camp

Um Windows als Zweitbetriebssystem installieren zu können, müssen ein paar Voraussetzungen gegeben sein. Zuallererst muss natürlich genug Speicherplatz auf der Festplatte zur Verfügung stehen, um davon einen vernünftig dimensionierten Teil an Windows abgeben zu können. Dann muss die Festplatte entsprechend aufgeteilt werden und über ein geeignetes Partitionsschema verfügen, damit sowohl OS X als auch Windows davon starten können. Und zu guter Letzt brauchen Sie natürlich auch noch eine Windows-Installations-DVD.

Sie müssen sich allerdings nur darum kümmern, dass genügend Platz auf der Festplatte, ein USB-Stick verfügbar und die Installations-DVD griffbereit ist – alles andere erledigt der Boot Camp-Assistent.

Systemvoraussetzungen

Bevor Sie loslegen, sollten Sie sich jedoch vergewissern, dass Sie über eine entsprechende Windows-Installations-DVD verfügen und dass Sie eine Windows-Version verwenden, die für Ihren Mac geeignet ist. Nähere Informationen finden Sie bei Apple unter *http://support.apple.com/de-de/ HT5634*.

Der Boot Camp-Assistent

Um Boot Camp zu installieren, starten Sie den Boot Camp-Assistenten aus dem Ordner *Dienstprogramme*. Im Einführungsfenster begrüßt der Assistent Sie und erinnert Sie unter anderem daran, sicherheitshalber ein Backup zu machen, bevor Sie fortfahren. Die nächsten Schritte enthalten unter anderem die Partitionierung der Festplatte im laufenden Betrieb, was zwar meist problemlos funktioniert, aber dennoch nicht völlig risikofrei ist. Deshalb ist es sinnvoll, ein aktuelles Backup zu haben. Falls nicht, beenden Sie den Boot Camp-Assistenten an dieser Stelle und erstellen erst mal ein Backup. Wie Sie das am besten machen, lesen Sie in Abschnitt 20.4, »Datensicherheit: Schutz vor Datenverlust mit Time Machine«, ab Seite 719.

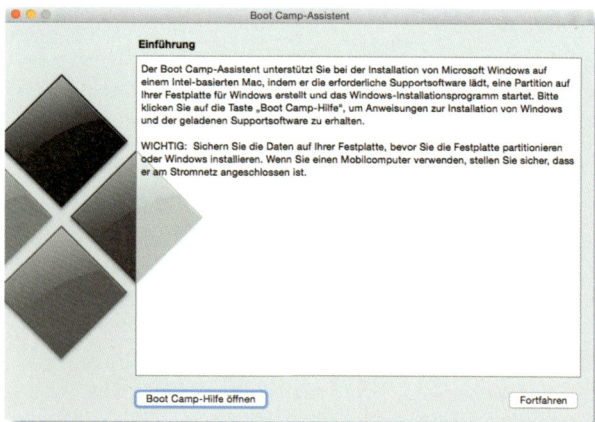

^ **Abbildung 19.1** *Der Begrüßungsbildschirm des Boot Camp-Assistenten*

1 Wir gehen an dieser Stelle davon aus, dass Sie bereits über ein aktuelles Backup verfügen. Klicken Sie daher im Begrüßungsbildschirm auf den Button **Fortfahren**.

2 Damit später die Hardware Ihres Macs unter Windows verwendet werden kann, benötigen Sie die passenden Hardwaretreiber. In diesem Schritt fragt der Boot Camp-Assistent, ob Sie die Treiber nun herunterladen wollen oder ob Sie bereits über Treiber verfügen. Sollten Sie bereits Treiber von einem anderen Mac geladen haben, müssen Sie die Treiber dennoch erneut herunterladen, da Sie die Treiber für das spezifische Modell Ihres Macs benötigen. Falls Sie die Treiber für Ihren Mac bereits zuvor geladen haben, können Sie das Häkchen beim Punkt **Neueste Software zur Unterstützung von Windows bei Apple laden** entfernen und direkt mit der Installation fortfahren. Wenn Sie aber an dieser Stelle erstmalig die Treiber herunterladen, entfernen Sie zunächst das Häkchen bei **Windows 7 oder neuere Version installieren**.

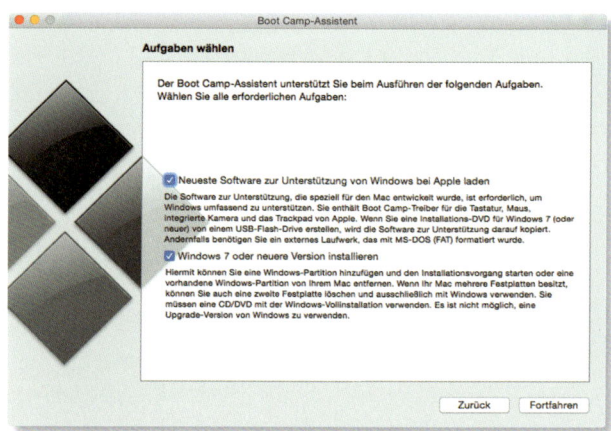

^ **Abbildung 19.2** *Laden Sie die für Ihren Mac angepassten Treiber herunter.*

3 Anschließend klicken Sie auf den Button **Fortfahren**. Wenn Sie alle Arbeitsschritte in einem Durchgang erledigen wollen, ohne den Boot Camp-Assistenten zwischenzeitlich zu beenden und erneut zu starten, setzen Sie bei beiden Optionen ein Häkchen.

4 Im folgenden Fenster wählen Sie aus, auf welches externe Medium Sie die Treiber sichern wollen. Nachdem Sie Ihre Wahl getroffen haben, klicken Sie auf den Button **Fortfahren**.

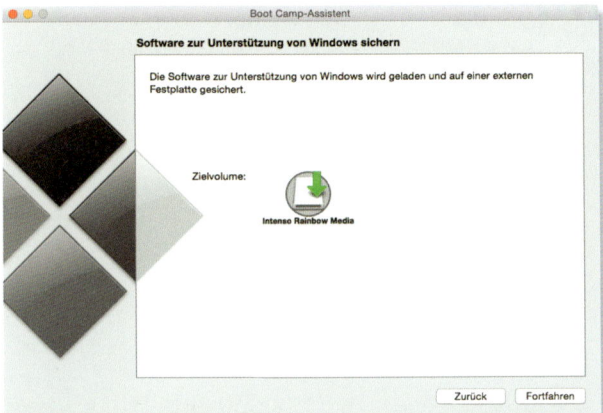

^ **Abbildung 19.3** *Auswahl des Mediums, auf dem die Treiber gesichert werden sollen*

5 Anschließend beginnt sofort der Download, und der Boot Camp-Assistent lädt die passenden Treiber für Ihren Mac herunter. Das dauert je nach Modell und Internetverbindung einige Minuten und endet mit der Abfrage des Administratorpassworts.

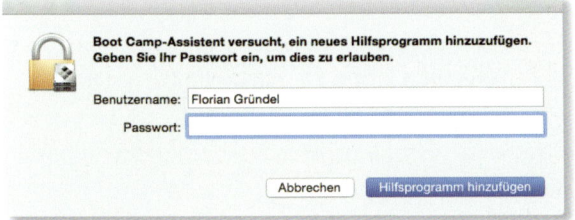

^ **Abbildung 19.4** *Passwortabfrage nach Abschluss des Treiberdownloads*

Danach ist die Installation von Windows an der Reihe. Setzen Sie im zuvor kennengelernten Fenster **Aufgaben wählen** das Häkchen bei **Windows 7 oder neuere Version installieren**, und klicken Sie auf den Button **Fortfahren**. Daraufhin bittet der Boot Camp-Assistent um das Installationsmedium für Windows, und die Installationsvorbereitung geht mit der Partitionierung der Festplatte weiter. Dabei wird die Festplatte in zwei Teile aufgeteilt: einen für Windows und einen für OS X. Der Boot Camp-Assistent macht automatisch einen Vorschlag für die Aufteilung. Sie haben jedoch die Möglichkeit, diese zu ändern:

■ Entweder klicken Sie dazu auf den Button **Gleichmäßig teilen** ❶. Die Festplatte wird dabei in zwei gleich große Teile aufgeteilt. Beiden Betriebssystemen steht anschließend gleich viel Platz zur Verfügung.

■ Oder Sie verschieben den kleinen Punkt ❷ zwischen den beiden Partitionen und stellen so die Größe der Partitionen ein. Seien Sie nicht zu kleinlich bei der Auswahl der Größe, wenn es nicht nötig ist.

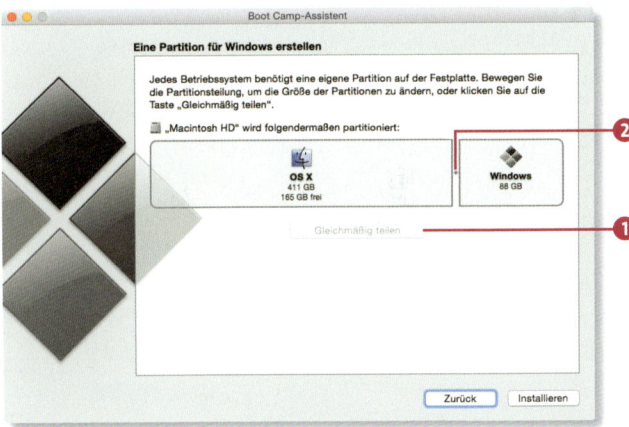

^ **Abbildung 19.5** *Den verfügbaren Festplattenplatz nach Bedarf aufteilen*

Wählen Sie also das gewünschte Größenverhältnis aus, und klicken Sie auf den Button **Installieren**.

INFO

Macs ohne optisches Laufwerk
Wenn Sie einen Mac ohne optisches, also *echtes*, Laufwerk haben, wie das bei fast allen neuen Mac-Modellen der Fall ist, können Sie die optischen Laufwerke anderer Computer benutzen. Weitere Informationen dazu finden Sie auf den Support-Seiten von Apple unter *http://support.apple.com/de-de/HT5287*.

Der Boot Camp-Assistent nimmt nun die Partitionierung gemäß der zuvor getroffenen Auswahl vor.

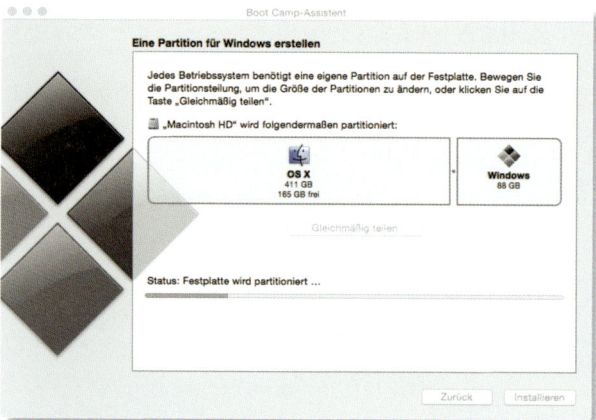

^ **Abbildung 19.6** *Die Festplatte wird aufgeteilt.*

Die Festplatte, die zuvor nur das Volume für OS X – mit dem Namen **Macintosh HD**, falls Sie es seit der Installation nicht umbenannt haben – enthielt, wurde geteilt und enthält nun zwei Volumes. Zusätzlich zum bisherigen Volume, das entsprechend verkleinert wurde, kommt das Volume **BOOTCAMP** hinzu. Der Name kann jedoch gegebenenfalls abweichen, speziell wenn Sie in späteren Schritten, etwa während der Installation von Windows, das Laufwerk umformatieren bzw. umbenennen.

Wenn Sie sich an die Informationen aus Kapitel 4, »Externe Medien – USB-Sticks, DVDs & Co.«, auf Seite 151 erinnern, werden Sie vermutlich etwas irritiert sein, dass hier der Boot Camp-Assistent die Festplatte partitioniert, denn beim Partitionieren gehen ja normalerweise die Daten auf der Festplatte verloren. Der Boot Camp-Assistent verwendet eine nicht destruktive Partitionierungsmethode. Dies kann jedoch nur funktionieren, solange auf der Festplatte genug freier Platz zur Verfügung steht. Ist dies nicht der Fall, erhalten Sie eine entsprechende Meldung, dass die Teilung nicht vorgenommen werden kann. Diese Partitionierungsmethode steht außer beim Boot Camp-Assistenten auch auf der Kommandozeile mit dem Programm Terminal zur Verfügung.

Damit ist die Arbeit des Boot Camp-Assistenten auch schon erledigt. Der Mac wird nun neu gestartet und die Windows-Installation eingeleitet.

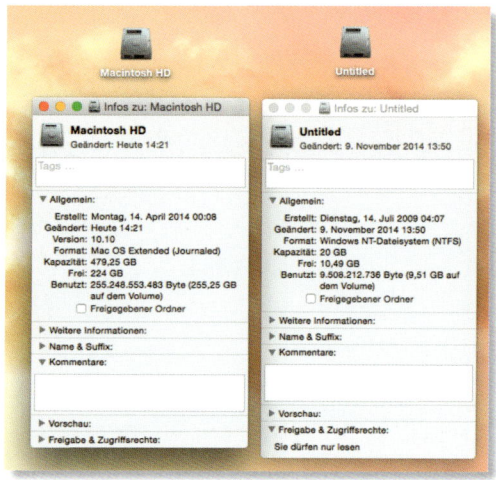

^ **Abbildung 19.7** *Aus eins mach zwei.*

HINWEIS

Kein Bluetooth während der Windows-Installation verfügbar

Während der Windows-Installation sind möglicherweise noch keine Bluetooth-Treiber geladen. Sie können dann nicht, wie von OS X gewohnt, Ihre Bluetooth-Peripheriegeräte (wie Tastatur, Maus und Trackpad) während der Installation nutzen. Um Windows also erfolgreich installieren zu können, kann es nötig sein, dass Sie Keyboard und Maus per USB mit Ihrem Mac verbinden. Bei mobilen Macs, bei denen Tastatur und Trackpad bereits eingebaut sind, stellt sich das Problem natürlich nicht, sondern nur bei Desktop-Geräten wie iMac, Mac Pro und Mac mini.

Windows installieren

Nachdem Sie die Installation mit dem Boot Camp-Assistenten angestoßen haben, startet Ihr Mac anschließend von der Windows-Installations-DVD, und die Windows-Installation läuft entsprechend der gewählten Windows-Version ab. Für Sie sieht hier fast alles so aus wie eine gewöhnliche Windows-Installation auf einem PC.

1 Wählen Sie im ersten Fenster die entsprechenden Einstellungen bezüglich Sprache, Tastatur usw. aus, und klicken Sie dann auf den Button **Weiter**.

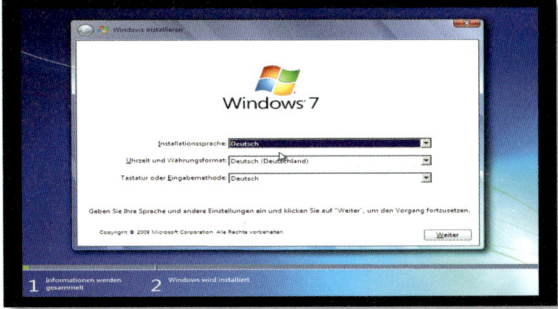

⌃ **Abbildung 19.8** *Sprache, Uhrzeit und Tastaturlayout wählen*

Folgen Sie anschließend den Anweisungen auf dem Bildschirm, die Sie durch den weiteren Installationsprozess leiten. Wenn Sie zum Fenster mit der Auswahl des Installationsorts kommen, wählen Sie unbedingt den Datenträger mit der Bezeichnung **BOOTCAMP** aus. Jede andere Wahl kann dazu führen, dass Sie Ihre OS-X-Installation beschädigen oder sogar löschen. Unter Umständen zeigt das Installationsfenster nach der Auswahl von **BOOTCAMP** an, dass Windows nicht auf diesem Datenträger installiert werden kann, weil der Datenträger nicht NTFS-formatiert ist.

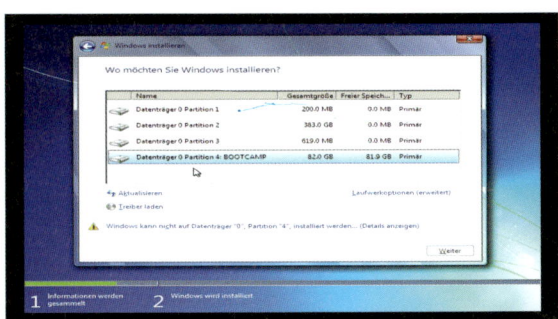

⌃ **Abbildung 19.9** *Die Festplatte muss »passend gemacht« werden.*

Ist das der Fall, klicken Sie auf den Link **Laufwerkoptionen (erweitert)**. Vergewissern Sie sich, dass das Laufwerk **BOOTCAMP** ausgewählt ist, und notieren Sie sich die Datenträgernummer und die Partitionsnummer.

2 Klicken Sie in den erweiterten Laufwerksoptionen auf den Link **Formatieren**.

3 Klicken Sie im folgenden Hinweisfenster auf den Button **OK**. Durch das Formatieren wird die Datenträgerbezeichnung **BOOTCAMP** gelöscht. Datenträgernummer und Partitionsnummer bleiben jedoch gleich, und die Auswahl bleibt gewöhnlich ebenfalls erhalten. Unter OS X heißt das Volume nach wie vor **BOOTCAMP**.

4 Wenn Sie sich also sicher sind, dass es sich bei der ausgewählten Partition immer noch um die richtige handelt, klicken Sie auf den Button **Weiter**, um mit der Installation auf dieser Partition fortzufahren. Anschließend läuft die Windows-Installation weitestgehend automatisch ab.

Bei manchen Macs (Bislang ist das Problem nur von iMacs bekannt.) kann es im weiteren Verlauf zu einem Problem mit der Grafikkarte kommen, und der Bildschirm bleibt schwarz. Wenn Sie davon nicht betroffen sind, springen Sie gleich zum Abschnitt »Die Installation beenden« auf Seite 695. Andernfalls lesen Sie im nächsten Abschnitt weiter; das Problem ist nicht schwer zu lösen.

Besonderheiten bei manchen iMacs

Am Ende der Installation von Windows per Boot Camp kann es bei manchen Mac-Modellen, vor allem bei iMacs, zu einem schwarzen Bildschirm kommen. Der Mac hat sich dann aber nicht aufgehängt oder zeigt eine allergische Reaktion auf Windows (was man ihm ja grundsätzlich nicht verübeln könnte), sondern es handelt sich dabei ganz einfach um einen fehlerhaften Grafiktreiber. Mit den folgenden Schritten beheben Sie das Problem und bringen die Installation erfolgreich zu Ende.

1 Halten Sie den Ausschaltknopf Ihres Macs mehrere Sekunden gedrückt, bis Sie deutlich hören, dass er keine Geräusche mehr von sich gibt. Das ist zwar nicht ganz die feine Art, einen Mac auszuschalten, aber in diesem Fall leider nicht anders machbar.

2 Drücken Sie die Taste ⌥, schalten Sie Ihren Mac wieder ein, und halten Sie ⌥ gedrückt, bis Sie die Auswahl der bootbaren Volumes sehen.

Hier haben Sie also einen praktischen Einsatz eines der vielen Tastaturbefehle, die Sie in Kapitel 1, »Herzlich willkommen am Mac«, auf Seite 60 kennengelernt haben.

3 Wählen Sie mit den Pfeiltasten das Windows-Installationsmedium aus, und bestätigen Sie die Auswahl durch Drücken von ↵. Der Mac startet nun also erneut von der Windows-Installations-DVD.

4 Wählen Sie, wie bei der Erstinstallation, im ersten Fenster die entsprechenden Einstellungen für Sprache, Tastatur usw. aus, und fahren Sie durch Klick auf den Button **Weiter** fort.

5 Klicken Sie im folgenden Fenster auf den Link **Computerreparaturoptionen**.

6 Wählen Sie im folgenden Fenster die gewünschte Windows-Installation (Es sollte dort nur eine zu sehen sein.) aus, und klicken Sie anschließend auf den Button **Weiter**.

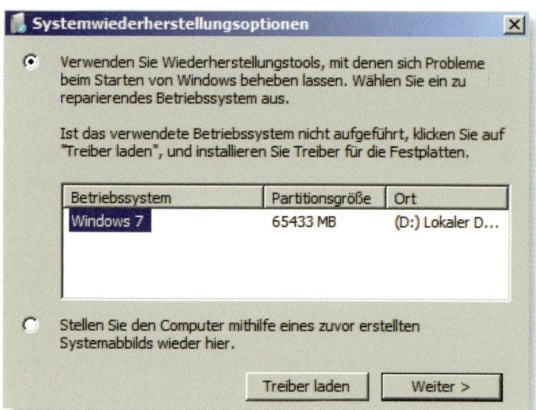

▲ **Abbildung 19.10** Die gewünschte Installation auswählen

7 Klicken Sie im folgenden Fenster auf den Link **Eingabeaufforderung**. Daraufhin öffnet sich ein Fenster mit der Kommandozeileneingabe. Geben Sie dort den folgenden Befehl ein:

`C:`

8 Drücken Sie anschließend die Taste ↵.

9 Geben Sie nun den folgenden Befehl ein:

`DEL C:\WINDOWS\SYSTEM32\DRIVERS\ATI*.SYS`

Um das Zeichen ∖, den Backslash, einzugeben, können Sie sich an dieser Stelle leider nicht wie sonst in OS X auf die Tastaturübersicht verlassen, sondern müssen die Tastenkombination ⌃ + ⌥ + ⌘ + ß benutzen.

10 Drücken Sie anschließend die Taste ↵. Wundern Sie sich nicht über mangelnde Rückmeldung. Im Gegenteil: Wenn Sie keine Fehlermeldung erhalten (Meist sind es nur Tippfehler.), zeigt das Fenster anschließend nur in einer neuen Zeile die Zeichen C:\>, was bedeutet, dass der Befehl fehlerfrei ausgeführt wurde.

▲ **Abbildung 19.11** So werden Sie defekte Treiber los. In der ersten Zeile sehen Sie ein Beispiel für einen Tipp- bzw. Syntaxfehler (»C:\«).

Mit dem Ausführen dieses Befehls werden die fehlerhaften Grafiktreiber gelöscht, die den schwarzen Bildschirm verursachen, und Windows verwendet beim nächsten Start einen Standardgrafiktreiber.

Dieser bietet zwar nur eine geringe Auflösung, aber der Zustand ist ja nicht von langer Dauer. Schließlich installieren Sie gleich anschließend die zuvor mithilfe des Boot Camp-Assistenten heruntergeladenen Treiber, und dann kann auch Windows die volle Pracht Ihres Monitors nutzen.

11 Schließen Sie das Fenster für die Kommandozeileneingabe durch Klick auf den Button mit dem × oben rechts.

12 Klicken Sie auf den Button **Neu starten**.

13 Halten Sie anschließend wieder die Taste ⌈alt⌉ gedrückt, bis Sie erneut die Liste der bootbaren Volumes sehen.

14 Wählen Sie das Volume **Windows** mit dem Festplattensymbol aus, und drücken Sie die Taste ⌈↵⌉.

Die Installation beenden

Der Mac startet nun das zuvor installierte Windows mit einer relativ groben Bildschirmauflösung, da die Standardtreiber meist nicht die recht hohe Auflösung von Macs unterstützen. Besonders extrem ist das im Fall von iMacs, die das im letzten Abschnitt gelöste Problem hatten. Vervollständigen Sie nun die Installation, indem Sie die Schritte Benutzer anlegen, Product Key eingeben, Sicherheitseinstellungen vornehmen, Überprüfen von Zeit- und Datumseinstellungen, gegebenenfalls Drahtlosnetzwerk beitreten und Standortauswahl durchlaufen.

^ **Abbildung 19.12** *Eines der vielen Fenster während der Windows-Installation*

Die Boot-Camp-Treiber installieren

Nachdem die Windows-Installation nun also endlich abgeschlossen ist, installieren Sie die zuvor heruntergeladenen Treiber, damit Windows auf dem Mac auch befriedigend funktioniert (Mehr ist von Windows ohnehin nicht zu erwarten.). Beachten Sie, dass diese Beispielanleitung die Installation von Windows 7 per Boot Camp vorstellt. Installieren Sie eine andere Windows-Version, können die nachfolgenden Schritte unter Umständen leicht abweichen.

1 Klicken Sie auf das Windows-Logo unten links in der Taskleiste, und klicken Sie im folgenden Menü auf den Button **Computer**.

2 Im Abschnitt **Geräte mit Wechselmedien** sehen Sie im DVD-Laufwerk noch die Installations-DVD. Der Auswurfknopf auf der Mac-Tastatur funktioniert zwar zum jetzigen Zeitpunkt noch nicht, aber es geht auch anders:

3 Klicken Sie mit der rechten Maustaste auf das DVD-Laufwerk, und wählen Sie im folgenden Menü **Auswerfen**.

4 Doppelklicken Sie auf das Laufwerk, das die Treiber enthält, um Zugriff auf die dort gespeicherten Treiberdateien zu bekommen.

5 Ein Windows-Explorer-Fenster öffnet sich. Doppelklicken Sie darin auf den Ordner *BootCamp* und dann auf die Datei *setup.exe*.

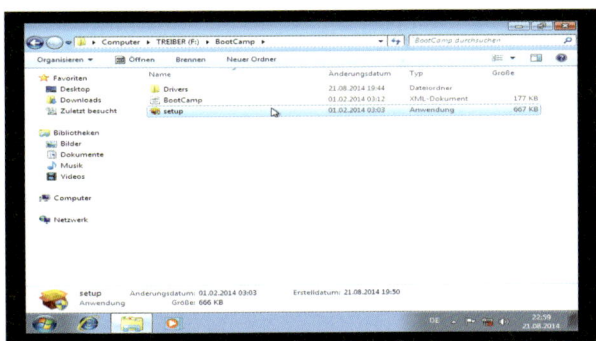

^ **Abbildung 19.13** *Die passenden Hardwaretreiber für Ihren Mac installieren*

6 Bestätigen Sie den folgenden Dialog durch Klick auf den Button **Ja**. Die Installationsroutine startet nun und zeigt einen Willkommensbildschirm. Klicken Sie auf den Button **Weiter**.

7 Klicken Sie im folgenden Fenster auf **Ich akzeptiere die Bestimmungen der Lizenzvereinbarung**. Klicken Sie auf den Button **Weiter**.

8 Setzen Sie im folgenden Fenster das Häkchen bei **Apple Software Update für Windows**. Klicken Sie auf den Button **Installieren**. Die passenden Windows-Treiber für Ihren Mac werden nun installiert.

9 Klicken Sie im letzten Fenster auf den Button **Fertigstellen**. Wählen Sie im folgenden Dialog **Ja**, um Windows neu zu starten.

Anschließend wird Windows heruntergefahren und neu gestartet. Sie können Windows nun wie gewohnt nutzen.

Dual Boot: Windows verwenden

Bei der Nutzung von Windows auf einem Mac gibt es ein paar Besonderheiten, die für das reibungslose Hin und Her zwischen den Betriebssystemen sorgen:

- ▪ alt-Taste: Wie Sie bereits zuvor gelesen haben, kommen Sie beim Start des Macs mit gedrückter Taste alt stets zum Auswahlmenü der verfügbaren Betriebssysteme. Wenn Sie den Mac einfach nur einschalten, startet er automatisch das zuletzt benutzte Betriebssystem.

- ▪ Boot Camp-Systemsteuerung: Unter Windows finden Sie unten rechts eine kleine schwarze Raute, das Symbol für die Boot Camp-Systemsteuerung.

> ⌃ **Abbildung 19.14** Hinter der Raute verbirgt sich die Boot Camp-Systemsteuerung.

Die Boot Camp-Systemsteuerung bietet Einstellungsmöglichkeiten, wie beispielsweise die Wahl des Start-

volumes, also des Betriebssystems, mit dem der Mac beim nächsten Start hochfahren soll. So initiieren Sie z. B. einen direkten Neustart von Windows zu OS X.

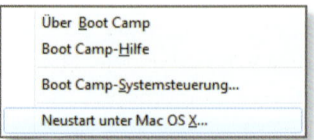

> ⌃ **Abbildung 19.15** Schnell von Windows zurück zu OS X

Und umgekehrt geht es mithilfe der Systemsteuerung natürlich auch. Details dazu finden Sie in Abschnitt 15.29, »Startvolume«, auf Seite 601.

> ⌃ **Abbildung 19.16** Von OS X direkt zu Windows mithilfe der Systemeinstellungen

So viel zur Installation von Windows und zu den Besonderheiten beim Start des Macs, wenn zwei Betriebssysteme installiert sind.

Wir beschäftigen uns im weiteren Verlauf dieses Kapitels damit, eine Boot Camp-Installation wieder rückgängig zu machen, und sehen uns die anderen Möglichkeiten an, Windows bzw. einzelne Windows-Programme auf dem Mac zum Laufen zu bringen.

Windows-Partition löschen

Der Boot Camp-Assistent leistet nicht nur bei der Einrichtung von Windows gute Dienste, sondern auch dann, wenn Sie Windows wieder löschen und aus der geteilten Festplatte wieder eine große Festplatte machen wollen, auf der sich dann wieder ausschließlich OS X befindet.

1 Starten Sie den Boot Camp-Assistenten aus dem Ordner *Dienstprogramme*.

2 Klicken Sie im ersten Fenster auf den Button **Fortfahren**.

3 Setzen Sie im folgenden Fenster das Häkchen bei **Windows 7 oder neuere Version entfernen**.

4 Klicken Sie auf den Button **Fortfahren**.

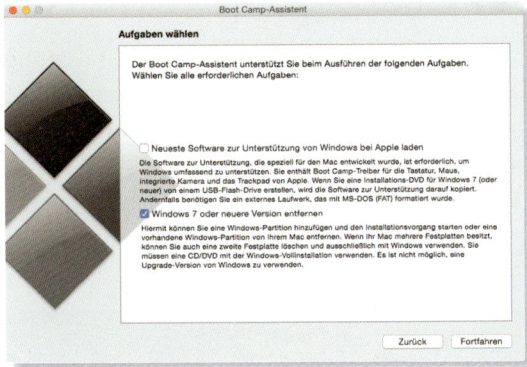

∧ **Abbildung 19.17** *Der Windows-Partition geht es jetzt an den Kragen.*

5 Im folgenden Fenster zeigt der Boot Camp-Assistent an, wie die Festplatte partitioniert sein wird, nachdem die Boot-Camp-Partition entfernt worden ist.

6 Klicken Sie auf den Button **Wiederherstellen**, und geben Sie im anschließenden Dialogfenster Ihr Administratorpasswort ein. Ein Klick auf den Button **OK** startet den Löschvorgang.

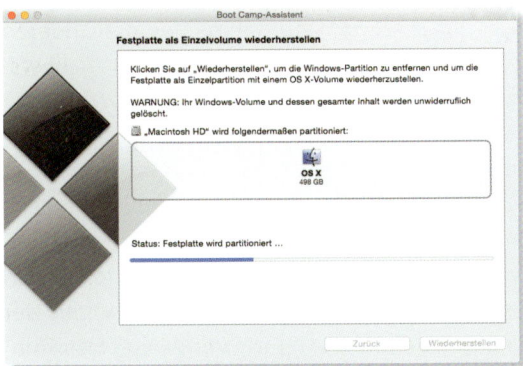

∧ **Abbildung 19.18** *Die Festplatte wird wieder als eine partitioniert.*

Nach erfolgreicher Partitionierung, verbunden mit dem Löschen der Boot-Camp-Partition, zeigt der Boot Camp-Assistent eine entsprechende Meldung an, und Sie können ihn durch Klick auf den Button **Beenden** schließen.

19.2 Virtualisierung

Wenn Ihnen die Methode Boot Camp – also die Aufteilung der Festplatte und die parallele Installation von zwei Betriebssystemen – zu radikal ist oder Sie nur gelegentlich Windows brauchen (möglicherweise sogar nur ein bestimmtes Programm), dann sind Sie meist mit einer Virtualisierungslösung besser beraten.

Je nach verwendeter Virtualisierungslösung gaukeln diese der Windows-Installations-DVD bzw. einzelnen Programmen vor, dass ein vollwertiger PC und ein installiertes Windows vorhanden sind. Wir werfen einen Blick auf die gängigste Lösung: Parallels Desktop.

Parallels Desktop

Parallels gehört neben VMware zu den bekanntesten Anbietern von Virtualisierungslösungen. Im Gegensatz zum Mitbewerber VMware, der stärker im Business-Bereich aktiv ist, brachte Parallels die erste professionelle Virtualisierungslösung für OS X auf den Markt und hat sein Parallels Desktop quasi als Standardvirtualisierungslösung für Endanwender etabliert. Parallels Desktop gehört zu den Virtualisierungslösungen, die dem Gastbetriebssystem einen vollwertigen Computer vorgaukeln. Auf diese Weise lässt sich nicht nur Windows in einer virtuellen Maschine installieren, sondern nahezu fast alle PC-Betriebssysteme.

Wirts- und Gastsystem

Bei Virtualisierungslösungen haben Sie es immer wieder mit den Begriffen *Wirtssystem* und *Gastsystem* zu tun. Da ein simulierter Computer ja zwangsläufig über keine eigene Hardware verfügt, muss das Virtualisierungsprogramm die Hardware des Computers für das Betriebssystem nutzbar machen, das in der virtuellen Maschine läuft. Der Mac stellt dem Betriebssystem in der virtuellen Maschine seine Hardware zur Verfügung. Man spricht daher bei dem Computer, der die Hardware zur Verfügung stellt und unter dem das Virtualisierungsprogramm läuft, vom Wirtssystem. Das Wirtssystem stellt dem Mittler (d. h. dem Virtualisierungsprogramm) die Ressourcen bereit, die das in der virtuellen Maschine laufende Betriebssystem – das Gastsystem – benötigt.

So lassen sich z. B. – ein entsprechend leistungsfähiges Gastsystem vorausgesetzt – viele verschiedene virtuelle Maschinen gleichzeitig auf einem einzigen Computer betreiben. Diese Technologie birgt ab einer gewissen Größenordnung auch messbares Einsparpotenzial und bietet einen hohen Grad an Flexibilität. Virtualisierung ist also keine Verlegenheitslösung, sondern in den meisten Fällen eine durchaus professionelle und brauchbare Alternative zu Boot Camp.

INFO

Versionsnummer
Die folgenden Abschnitte wurden unter Verwendung von Parallels Desktop 10 erzeugt. Wenn zwischenzeitlich eine neuere Version von Parallels veröffentlicht wurde, kann die Beschreibung gegebenenfalls stellenweise abweichen. Das Grundprinzip der Virtualisierung bleibt davon jedoch unberührt.

Windows als virtuelle Maschine anlegen

Wie Sie am Mac ein Programm installieren, müssen wir an dieser Stelle sicher nicht erneut behandeln. Schlagen Sie gegebenenfalls auf Seite 184 nach, falls Sie hier noch unsicher sind. In den folgenden Schritten gehen wir also davon aus, dass Sie Parallels erfolgreich installiert haben.

1 Starten Sie Parallels aus dem Ordner *Programme*. Beim ersten Start sehen Sie das Begrüßungsfenster

von Parallels, das Sie schließen können, da wir uns Parallels gleich genauer ansehen.

2 Klicken Sie auf **Fenster > Kontrollcenter**. Wenn bereits virtuelle Maschinen angelegt sind, wird das entsprechende Fenster geöffnet. Sehr wahrscheinlich haben Sie jedoch zu diesem Zeitpunkt noch keine virtuellen Maschinen erstellt. In diesem Fall öffnet Parallels automatisch den Assistenten zum Anlegen einer neuen virtuellen Maschine, den Sie später jederzeit erneut mit **Datei > Neu** aufrufen können.

3 Wählen Sie die gewünschte Option aus. In unserem Beispiel ist es die oben links vorausgewählte Option **Windows oder ein anderes OS von DVD oder Imagedatei installieren**.

4 Klicken Sie auf den Button **Fortfahren**.

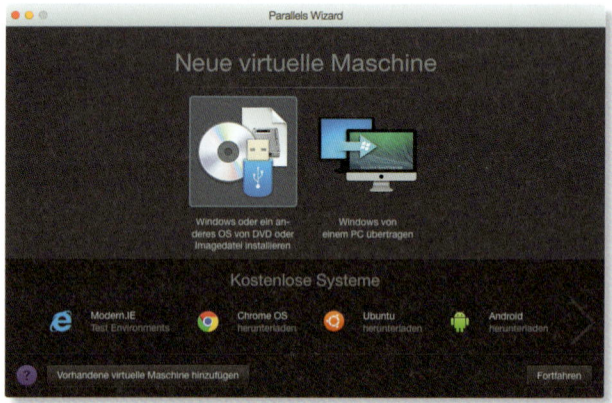

∧ **Abbildung 19.19** *Der Assistent hilft beim Erstellen einer virtuellen Maschine.*

5 Im nächsten Schritt wählen Sie aus dem Auswahlmenü den Ort aus, an dem die Installationsdateien für das Gastbetriebssystem liegen. In den meisten Fällen wird dies das optische Laufwerk sein. Es ist in der Regel auch vorausgewählt. Neben dem optischen Laufwerk lassen sich jedoch noch andere Orte auswählen, beispielsweise eine bereits vorhandene Boot-Camp-Installation oder CD-Images, wie sie z. B. für Linux-Installationen häufig verwendet werden.

Falls Sie Windows von CD/DVD installieren, stellen Sie sicher, dass die entsprechende CD/DVD mit dem

Betriebssystem auch in das Laufwerk Ihres Macs eingelegt ist.

Abbildung 19.20 *Installationsmedium auswählen*

6 Klicken Sie auf den Button **Fortfahren**. Parallels versucht nun, anhand der Inhalte der CD/DVD bzw. des Images zu erkennen, welches Betriebssystem installiert werden soll, und bietet den Modus **Express-Installation** an (Falls er für das ausgewählte Betriebssystem verfügbar ist.). Ist das der Fall, müssen Sie für eine Windows-Installation z. B. nur den Windows-Produktschlüssel sowie Benutzernamen und Passwort angeben. Alles Weitere übernimmt der Installationsassistent von Parallels. Ist die Express-Installation nicht möglich oder möchten Sie mehr Eingriffsmöglichkeiten haben, deaktivieren Sie das Häkchen im folgenden Fenster. Im Beispiel nutzen wir die Möglichkeit der Express-Installation.

TIPP

Express-Installation installiert Parallels Tools

Die Express-Installation bietet den Vorteil, dass die Parallels Tools, die für den Betrieb des *Coherence-Modus* nötig sind, gleich mitinstalliert werden. Andernfalls können Sie die Parallels Tools aber auch später jederzeit problemlos nachinstallieren. Der Coherence-Modus ist ein spezieller Anzeigemodus der virtuellen Maschine, mit dem wir uns im nächsten Abschnitt auf Seite 701 genauer beschäftigen.

---

7 Setzen Sie also per Mausklick das Häkchen bei **Express-Installation ❶**, und geben Sie den Windows-Produktschlüssel ❷ ein. Anschließend klicken Sie auf den Button **Fortfahren ❸**.

Abbildung 19.21 *Die Möglichkeit der Express-Installation spart Ihnen viel Arbeit und Geklicke.*

8 Parallels fragt daraufhin ab, wie Sie den virtuellen PC vorrangig nutzen wollen. Je nach Auswahl, die Sie hier treffen, werden von Parallels entsprechende Optimierungen an der virtuellen Maschine vorgenommen. Klicken Sie auf den Button **Fortfahren**.

9 Im folgenden Fenster können Sie Einstellungen zu Name ❶ (siehe Abbildung 19.22) und Speicherort der zu erstellenden virtuellen Maschine treffen. Parallels vergibt zunächst automatisch den Namen des Betriebssystems als Namen für die virtuelle Maschine.

Je nach Speicherort kann die virtuelle Maschine entweder nur von Ihnen oder von allen Benutzern des Macs genutzt werden. Da virtuelle Maschinen ja letztlich nur Dateien sind (allerdings Dateien, die eine beträchtliche Größe von mehreren Gigabyte annehmen können), bietet es sich an, falls es die sicherheitsrelevanten Aspekte Ihrer Umgebung zulassen, virtuelle Maschinen stets gemeinsam zu nutzen, da Sie so Festplattenplatz sparen, wenn sich mehrere Benutzer eine virtuelle Maschine teilen. Setzen Sie daher das Häkchen bei **Für andere Benutzer dieses Mac freigeben ❷**.

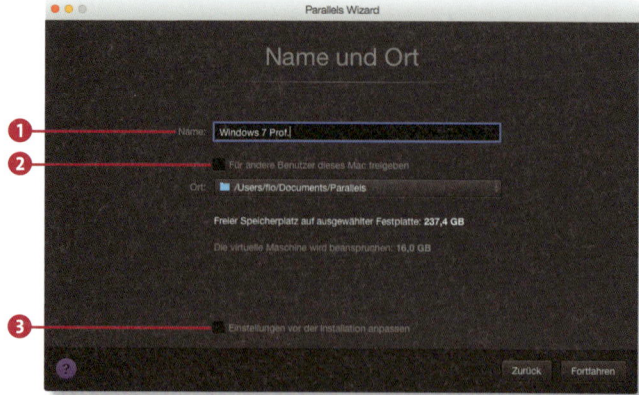

▲ Abbildung 19.22 *Die Einstellungen zum Speicherort der virtuellen Maschine*

10 Das Häkchen bei **Einstellungen vor der Installation anpassen** ❸ setzen Sie, wenn Sie noch vor der Installation (vor allem hardwarespezifische) Einstellungen machen wollen. Diese Einstellungen lassen sich jedoch auch jederzeit nachträglich ändern, zum Teil sogar im laufenden Betrieb einer virtuellen Maschine. In den meisten Fällen können Sie vermutlich ohnehin alle Einstellungen so übernehmen, wie sie von Parallels automatisch angelegt werden. Nur in Fällen, in denen Sie besondere Anforderungen haben, werden Sie die Standardvorgaben für die virtuelle Maschine ändern müssen.

11 Haben Sie alle Einstellungen vorgenommen, klicken Sie auf den Button **Fortfahren**.

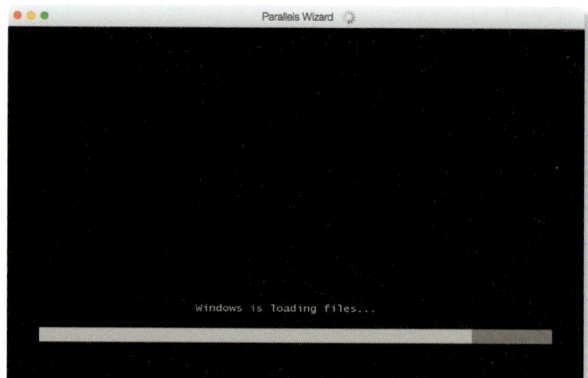

▲ Abbildung 19.23 *Die virtuelle Maschine unmittelbar nach dem Start*

Parallels erstellt nun die virtuelle Maschine, in der das Betriebssystem installiert werden soll, und beginnt anschließend sofort mit dem Installationsprozess.

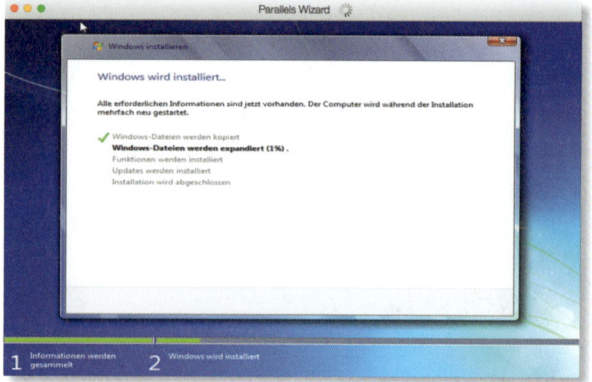

▲ Abbildung 19.24 *Windows wird installiert.*

Je nach ausgewähltem Installationsmedium und Betriebssystem verläuft der Installationsprozess nun unterschiedlich. Im Falle einer Express-Installation von Windows 7 – wie in unserem Beispiel – geht zunächst die Installation voran und endet mit Windows in einer virtuellen Maschine.

▲ Abbildung 19.25 *Windows läuft nun auf Ihrem Mac in einem eigenen Fenster.*

Je nach zuvor ausgewähltem Betriebsmodus und Anzeigeart können Sie nun Windows wie einen zweiten Computer bedienen oder so nahtlos in OS X integrieren, dass Sie schon fast nicht mehr merken, dass Sie es mit Windows zu tun haben. Wie das im Einzelnen aussieht, sehen wir uns im folgenden Abschnitt an.

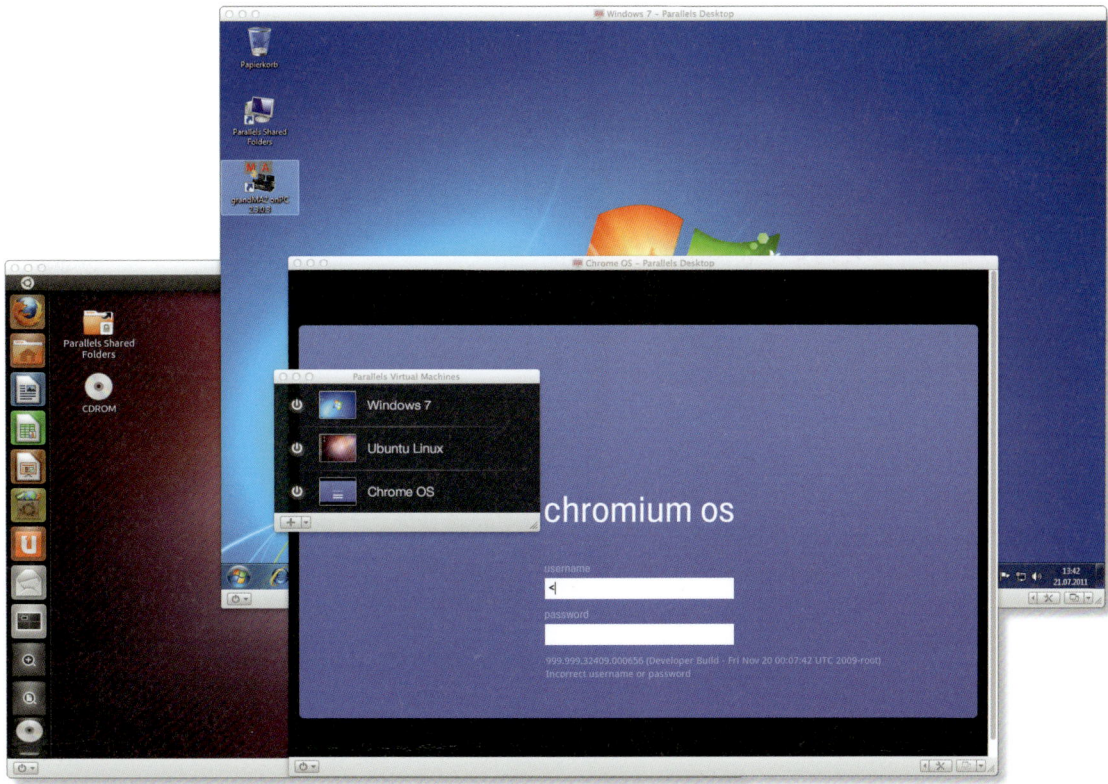

Abbildung 19.26 *Mit Parallels können Sie mehrere virtuelle Maschinen gleichzeitig nutzen.*

Virtuelle Maschinen nutzen

Mit einem Programm wie Parallels können Sie verschiedene virtuelle Maschinen anlegen, nicht nur für Windows, sondern auch für eine Vielzahl weiterer Betriebssysteme, sodass Sie mit Parallels beispielsweise gleichzeitig Windows, Linux, Serverversionen von OS X und – seit Version 7 von Parallels – OS X ab 10.7 Lion und neuer auf Ihrem Mac in virtuellen Maschinen ausführen können.

Mit einem Klick auf **Fenster > Kontrollcenter** lassen Sie sich ein Fenster mit einer Übersicht über die verfügbaren virtuellen Maschinen anzeigen. Von hier aus starten und stoppen Sie (durch einen Klick auf den Power-Button neben dem Namen der virtuellen Maschine) virtuelle Maschinen, und Sie behalten den Überblick über gerade laufende virtuelle Maschinen.

Abbildung 19.27 *Die Liste der virtuellen Maschinen*

Sie haben bereits zuvor etwas über den Grad der Integration zwischen Wirts- und Gastbetriebssystem gelesen. Für gewöhnlich läuft das Wirtsbetriebssystem in einem eigenen Fenster, so als wäre es ein Programm wie jedes andere auch. Die Benutzung gemeinsamer Ordner und der Zwischenablage ist auch eine Selbstverständlichkeit, die Sie nur entsprechend Ihren persönlichen Präferenzen in den Einstellungen der jeweiligen virtuellen Maschine einstellen müssen. So weit, so selbstverständlich. Richtig interessant wird es, wenn die Integration so weit geht, dass von Windows kaum noch was zu sehen ist. Schließlich möchten Sie ja als Nutzer von OS X meist nicht Windows um Windows willen benutzen, sondern haben es installiert, weil es ein paar Programme, die Sie dringend brauchen, nur unter Windows gibt.

Jede Form der Integration, die Windows in den Hintergrund rückt, ist also willkommen. Parallels bietet dafür den sogenannten *Coherence-Modus*. Dabei wird quasi alles, was Windows ist – bis auf die Fenster der aktiven Programme natürlich –, ausgeblendet, sodass Sie einzelne Windows-Programme in der gewohnten Umgebung von OS X nutzen. Sie starten den Coherence-Modus durch Klick auf **Darstellung > In Coherence wechseln**. Und damit es nicht ganz so befremdlich aussieht, wenn auf einem OS-X-System plötzlich ein Fenster aussieht wie ein Windows-Programm, bietet Parallels zusätzlich unter **Darstellung > MacLook verwenden** die Möglichkeit, das Aussehen von Windows ein wenig dem Aussehen von OS X anzupassen.

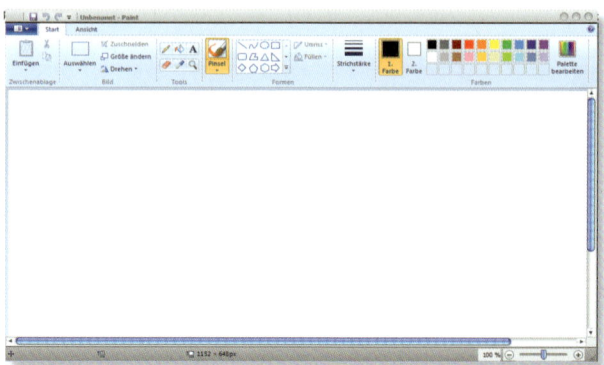

⌃ Abbildung 19.28 *Windows-Programme sind selbst mit MacLook nur schwer zu ertragen.*

Um im Coherence-Modus weiterhin Zugriff auf das Startmenü von Windows zu haben, stellt Parallels das Menü durch einen Klick auf das eigene Icon im Dock zur Verfügung.

⌃ Abbildung 19.29 *Das Windows-Startmenü im Dock*

Ebenso verhält es sich mit den kleinen Icons, die sich in Windows rechts unten befinden. Diese werden von Parallels im Coherence-Modus in der Menüleiste angezeigt. Um den Coherence-Modus wieder zu beenden, klicken Sie auf **Darstellung > Fenstermodus**. Anschließend breitet sich Windows wieder, wie gewohnt, im sicheren Rahmen des Programmfensters von Parallels aus.

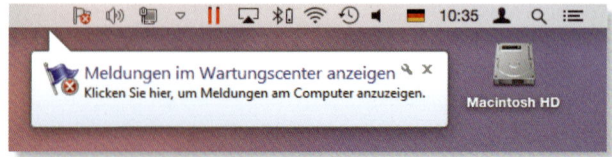

⌃ Abbildung 19.30 *Im Coherence-Modus von Parallels stehen Windows- und Mac-Icons einträchtig nebeneinander in der Menüleiste.*

Virtuelle Maschinen entfernen

Das Schöne an virtuellen Maschinen ist, dass sie Ihnen die Möglichkeit bieten, andere Betriebssysteme zunächst weitestgehend ungefährdet auszuprobieren. Wenn Sie dann nach einer Weile feststellen, dass Sie mit dem getesteten Betriebssystem nicht weiterarbeiten wollen, löschen Sie es ganz einfach, wodurch wieder eine ganze Menge Platz auf der Festplatte frei wird.

1 Öffnen Sie das Fenster mit der Liste der verfügbaren virtuellen Maschinen durch Klick auf **Fenster > Liste mit den virtuellen Maschinen**.

2 Klicken Sie mit rechts auf die virtuelle Maschine, die Sie entfernen möchten, und wählen Sie im folgenden Kontextmenü **Entfernen ❶**.

⌃ **Abbildung 19.31** *Eine virtuelle Maschine löschen*

3 Im nächsten Dialog fragt Parallels, ob Sie die zur virtuellen Maschine gehörenden Dateien ebenfalls löschen bzw. in den Papierkorb bewegen möchten. Wenn Sie an dieser Stelle auf **Dateien behalten** klicken, wird lediglich die virtuelle Maschine aus der Liste der verfügbaren virtuellen Maschinen entfernt. Sie bleibt aber erhalten und kann jederzeit wieder genutzt werden.

4 Wenn Sie die virtuelle Maschine nicht nur aus der Liste der verfügbaren virtuellen Maschinen entfernen, sondern löschen wollen, dann klicken Sie auf **In den Papierkorb**.

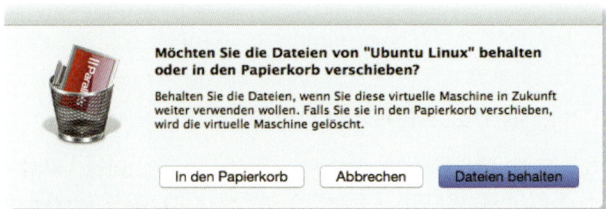

⌃ **Abbildung 19.32** *Sie entscheiden, was mit den Dateien passieren soll.*

Wine und CrossOver

Das Konzept, das Parallels mit dem Coherence-Modus verfolgt – also nur das benötigte Windows-Programm bestmöglich integriert unter OS X zur Verfügung zu stellen –, ist so interessant, dass ich hier noch zwei weitere Lösungen kurz vorstellen möchte. Das Open-Source-Projekt Wine und das darauf aufbauende kommerzielle Programm CrossOver (*http://www.codeweavers.com/products*) verfolgen dieses Konzept so bzw. noch etwas radikaler bereits seit längerer Zeit. Die Idee dieses Ansatzes ist es, vollständig auf eine Windows-Installation und somit auch auf eine virtuelle Maschine zu verzichten. Das bedeutet weniger Aufwand, da weder eine virtuelle Maschine noch ein komplettes Betriebssystem in der virtuellen Maschine installiert werden müssen, und weniger Kosten, da die Lizenz für das Gastbetriebssystem entfällt. Wine und CrossOver stellen dabei einzelnen Windows-Programmen lediglich die benötigten Dateien, Bibliotheken und Frameworks zur Verfügung bzw. simulieren diese. Dabei wird dem Windows-Programm quasi vorgegaukelt, es befände sich in einem vollständigen Windows-System.

Prinzipbedingt stellt ein gewisser Prozentsatz von Programmen zu komplexe Anforderungen an diesen minimalistischen Ansatz und ist deswegen mit Wine oder CrossOver nicht lauffähig. Läuft ein Programm jedoch mit Wine oder CrossOver, dann ist das die ressourcenschonendste, am besten integrierte und kostengünstigste, also die eleganteste Methode, Windows-Programme am Mac zu nutzen.

Ob die Programme, die Sie benötigen, mit Wine oder CrossOver laufen, können Sie bequem ausprobieren, denn Wine ist ohnehin Open-Source-Software; und CrossOver bietet Ihnen an, das Programm 14 Tage zu testen. In dieser Zeit sollten Sie problemlos herausfinden können, ob Sie mit CrossOver ausreichend versorgt sind oder ob Sie eine vollwertige virtuelle Maschine nutzen müssen. In den folgenden Schritten installieren wir Windows-Programme mit der Testversion von CrossOver. Auch hier gehen wir davon aus, dass Sie CrossOver bereits erfolgreich installiert haben.

1 Starten Sie CrossOver aus dem Ordner *Programme*.

2 Klicken Sie im Begrüßungsfenster auf den Button **Windows-Software installieren**.

3 Im folgenden Fenster sehen Sie unter anderem eine Liste von Programmen, die von CrossOver unterstützt werden. Wenn das Programm, das Sie installieren wollen, dabei ist, wählen Sie es aus der Liste aus und klicken dann auf den Button **Fortfahren**.

4 In unserem Beispiel gehen wir davon aus, dass die Software, die wir installieren wollen, nicht aufgelistet ist. Das bedeutet aber nicht automatisch, dass sie sich nicht installieren lässt!

Wählen Sie daher aus der Liste im Abschnitt **Nicht unterstützte Anwendungen** den Eintrag **Andere Anwendung** aus und klicken Sie danach auf den Button **Fortfahren**.

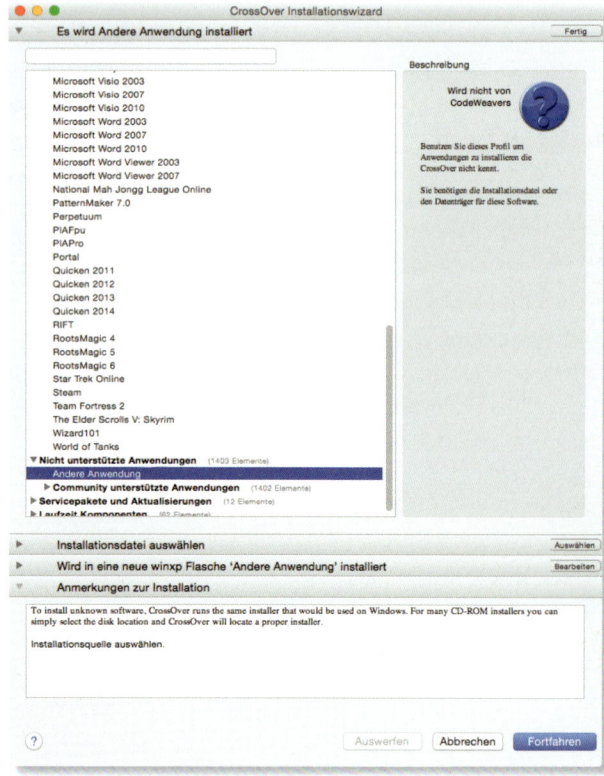

Abbildung 19.33 *Ein CrossOver noch unbekanntes Programm soll installiert werden.*

5 Klicken Sie im folgenden Fenster auf **Installationsdatei auswählen**, und wählen Sie im folgenden Dateidialog die gewünschte Installationsdatei aus. Klicken Sie dort auf den Button **Nutzen Sie dieses Installationsprogramm**.

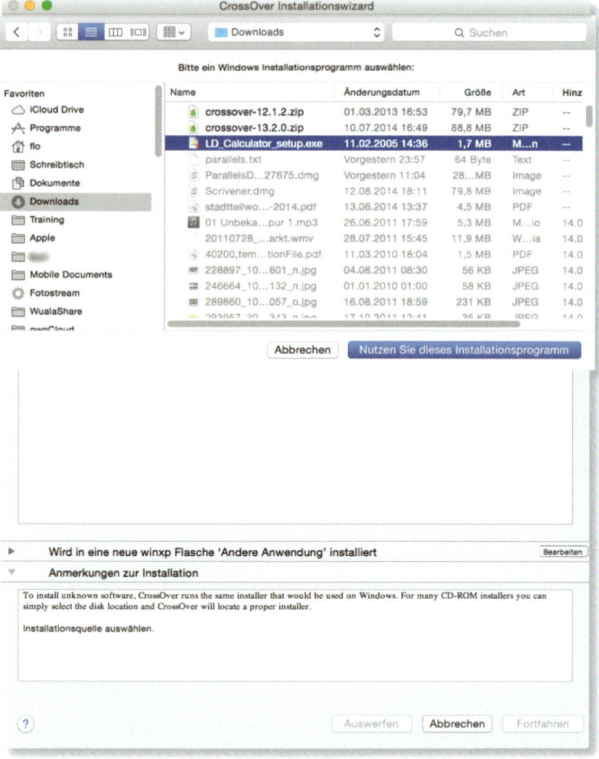

Abbildung 19.34 *Eine Installationsdatei auswählen*

6 CrossOver wählt nun automatisch die für die ausgewählte Installationsdatei am besten geeignete Umgebung aus. CrossOver bezeichnet diese Umgebungen als *Flasche*. Die Flaschen in CrossOver sind ungefähr vergleichbar mit der virtuellen Maschine in Parallels. Dies ist der Teil, der dem Windows-Programm die Funktionalität vorgaukelt, die es zum Laufen benötigt. Installieren Sie das Programm nun durch Klick auf den Button **Installieren**.

CrossOver startet nun die Installationsdatei. Folgen Sie dem Installationsprozess so, als befänden Sie sich unter Windows.

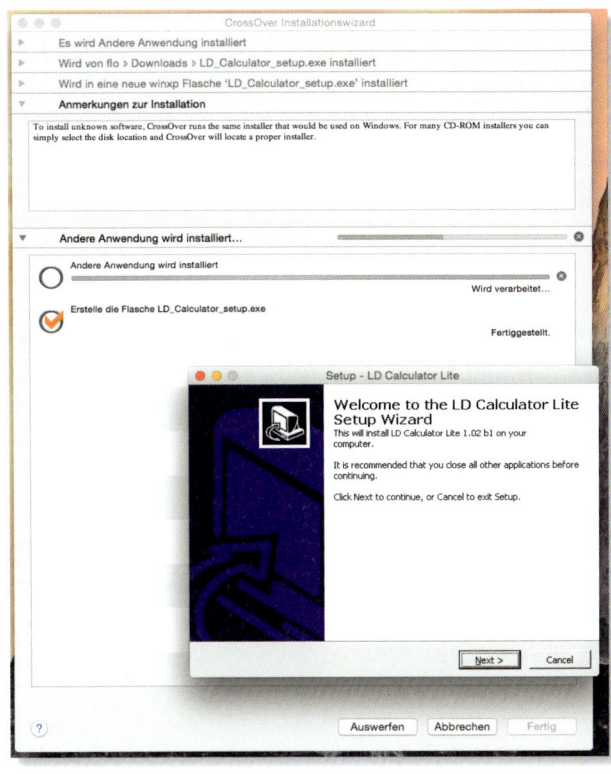

7 Wenn die Installation problemlos durchläuft und beendet wird, klicken Sie im CrossOver-Fenster auf den Button **Fertig**.

8 Im Ordner *Programme* in Ihrem Benutzerverzeichnis finden Sie nun einen neuen Unterordner namens *Crossover*. Hierhin wurde das Programm installiert, und Sie können es von hier wie ein normales Mac-Programm aufrufen, ins Dock legen, kurzum benutzen, und, falls nötig, auf die gleiche Weise wie Mac-Programme wieder löschen.

Leider ist eine erfolgreiche Installation nicht in jedem Fall auch eine Garantie dafür, dass das Programm sich später einwandfrei verwenden lässt. Daher ist die Möglichkeit, CrossOver 14 Tage zu testen, sehr hilfreich.

19.3 Boot Camp oder Virtualisierung?

Windows bzw. Windows-Programme unter OS X zu benutzen ist also problemlos möglich. Zumal die Menge an verfügbaren Virtualisierungslösungen steigt. Da

∧ **Abbildung 19.35** *Die Installation wird gestartet.*

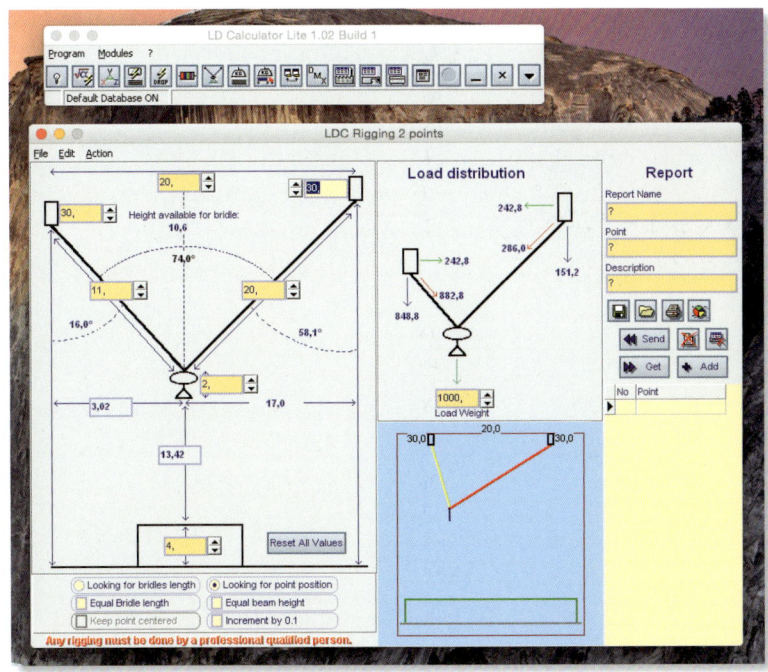

‹ **Abbildung 19.36** *Ein Windows-Programm läuft dank CrossOver direkt unter OS X.*

aber die meisten dieser Lösungen bereits etwas mehr Vorwissen voraussetzen, habe ich mich hier im Buch auf die beiden gängigsten und am leichtesten bedienbaren Lösungen Parallels und CrossOver beschränkt. Die Frage, die sich für Sie stellt, ist die nach der geeigneten Lösung: Boot Camp oder Virtualisierung? Und falls Virtualisierung, welche Art von Virtualisierung?

Es gibt wie so oft keine allgemeingültige Patentlösung, aber Sie finden die für Sie am besten geeignete Lösung, wenn Sie sich ein paar Fragen zur Entscheidungsfindung stellen:

- Wie oft benutze ich Windows?

  Wenn Sie Windows nur gelegentlich benutzen, sind Sie meist mit einer Virtualisierungslösung besser beraten.

- Benutze ich Windows meist nur kurz oder über einen längeren Zeitraum (mehrere Stunden)?

  Wenn Sie Windows regelmäßig über längere Zeiträume nutzen und nicht zeitgleich auf Programme am Mac angewiesen sind, ist Boot Camp die bessere, weil einfachere Lösung.

- Bin ich auf eine native Installation angewiesen?

- Benötigt Software, mit der ich arbeite, direkten Hardwarezugriff?

  Benötigt die Software, die Sie unter Windows nutzen, keinen direkten Hardwarezugriff oder handelt es sich um Hardwarezugriffe, die sich in der Regel

problemlos an das Wirtssystem weiterleiten lassen (wie beispielsweise der Zugriff auf USB-Sticks), dann ist Virtualisierung auf jeden Fall eine Überlegung wert.

- Brauche ich nur ein einziges, spezielles Programm unter Windows?

In so einem Fall bietet es sich an, die Überlegungen von der kleinsten zur größten Lösung zu machen: Wenn also die Virtualisierungslösung mit dem geringsten Einfluss (Wine/CrossOver) auf das Wirtssystem ausreicht, verwenden Sie diese. Reicht das nicht, sind aber die Bedingungen für eine Virtualisierung prinzipiell gegeben, dann sollten Sie über eine Lösung mittels virtueller Maschine (Parallels) nachdenken. Ist eine Virtualisierung nicht möglich, bleibt als Lösung ohnehin nur Boot Camp. So oder so, der Mac ist der einzige Computer, mit dem sich derart problemlos mehrere Betriebssysteme (je nach gewählter Lösung sogar gleichzeitig) betreiben lassen. Speziell für Menschen, die viel unterwegs sind und verschiedene Betriebssysteme brauchen, ist das ein echter Segen, da sie so nur einen einzigen Computer mitnehmen müssen. Das spart Schlepperei und ist außerdem ein nicht zu unterschätzender geldwerter Vorteil. Ich erlebe als Berater bei der Entwicklung von Software für OS X immer wieder Situationen, in denen ich mindestens drei Computer bräuchte, um eine Präsentation zu halten. Dank Virtualisierung reicht dafür ein (gut ausgestattetes) MacBook Pro, und selbst komplexe Netzwerkszenarien lassen sich so bequem präsentieren.

Kapitel 20
Sicher ist sicher – Ihre Daten schützen

Mit dem Kauf eines Macs haben Sie bereits einen großen Schritt getan, um von Würmern, Viren und Trojanern verschont zu bleiben. Wenn Sie außerdem ein paar grundlegende Verhaltensweisen beachten, werden Sie voraussichtlich nie ernsthafte Sicherheitsprobleme haben.

Macs sind ziemlich sicher. Das gilt zwar als allgemein anerkannt, sagt aber noch nicht viel aus. Daraus lässt sich weder ableiten, um welche Form von Sicherheit es sich handelt, noch um welchen Grad an Sicherheit. Denn Sicherheit ist nicht gleich Sicherheit. Sicherheit lässt sich grob in vier Hauptbereiche aufteilen:

- Zugriffssicherheit
- Betriebssicherheit
- Angriffssicherheit
- Datensicherheit

Nur wenn Sie jeden der Bereiche ernst nehmen, können Sie von einem sicheren System sprechen. Wenn Sie einen Bereich deutlich weniger ernst nehmen als die anderen, können Sie es sich eigentlich auch sparen, Ihre Aufmerksamkeit den anderen Bereichen zu widmen. Sicherheit ist nichts, was per se gegeben ist und was Sie (mit dem Mac) erwerben können, auch wenn ein Mac eine gute Ausgangsbasis für ein sicheres System ist. Sicherheit ist immer ein Gesamtkonzept, in dem jeder Teil die entsprechende Aufmerksamkeit verdient. Sicherheit entsteht also weniger durch Technologie (Diese dient nur als Mittel zum Zweck.), sondern durch Verhalten. Sie selbst definieren mit Ihrem Sicherheitsbewusstsein und Ihrem Verhalten, wie wichtig Ihnen Ihre Hardware, aber vor allem Ihre Daten

sind. Hardware können Sie notfalls austauschen, verlorene Daten nicht.

20.1 Zugriffssicherheit: Schutz vor Diebstahl

Zunächst einmal ist ein Mac ja ein Gegenstand, den Sie anfassen und bewegen können, speziell wenn es sich um einen mobilen Mac handelt. Wie jeder andere Gegenstand können auch Macs gestohlen werden. Zugriffssicherheit fängt also ganz grundlegend damit an, dass Sie dafür sorgen, dass Ihr Mac nicht ohne Weiteres entwendet werden kann. Wir dürfen uns nichts vormachen: Wenn es jemand unbedingt darauf anlegt, Ihres Macs habhaft zu werden, dann wird diese Person auch entsprechende Mittel und Wege finden. Allerdings sollte man realistisch bleiben. Die wenigsten Menschen werden auf ihren Macs Daten haben, die eines James Bond würdig wären. Die Wahrscheinlichkeit, dass also jemand gezielt Ihren Mac entwenden will, ist vergleichsweise gering – im Gegensatz zur Wahrscheinlichkeit, dass jemand Ihren Mac stiehlt, weil sich eine günstige Gelegenheit ergeben hat. Um aber zumindest diese günstigen Gelegenheiten weitestgehend zu eliminieren, sollten Sie beispielsweise Ihren Mac »an die Leine nehmen«.

Kensington Lock

Mittlerweile verfügen leider nicht mehr alle Macs über einen sogenannten *Kensington-Anschluss*. Das ist ein kleines Loch im Gehäuse des Macs, an das sich Kensington-Schlösser anschließen lassen.

^ **Abbildung 20.1** *Kensington Lock neben dem DVD-Laufwerk*

So können Sie Ihren Mac z. B. im Büro oder unterwegs sicher mit einem festen Gegenstand verbinden, um zumindest die Gefahr eines »Mitnahmediebstahls« deutlich zu verringern. Bei Geräten, die über kein Kensington Lock verfügen (wie dem MacBook Air, MacBook Pro mit Retina-Display oder dem iPad), müssen Sie alternative Lösungen finden. Die können z. B. darin bestehen, das Gerät ständig bei sich zu haben oder, wo es möglich ist, wegzuschließen oder über eine Nachrüstmöglichkeit eines Drittanbieters, wie sie beispielsweise bei *http://www.maclocks.com* zu haben ist, nachzudenken.

Mit dem Einschränken der Gelegenheiten, Ihren Mac zu stehlen, ist das Thema Zugriffssicherheit aber noch nicht abgeschlossen. Sie sollten im Zuge der Überlegungen zur Zugriffssicherheit auch überlegen, nicht nur die Hardware vor unbefugtem Zugriff zu schützen, sondern auch Ihre Daten.

Die Festplatte verschlüsseln mit FileVault

Angenommen, Sie arbeiten in einem sicherheitsrelevanten Bereich und haben entsprechend sensible Daten auf Ihrem Mac, die nicht in die Hände von Unbefugten gelangen sollen. Nehmen wir außerdem an, dass trotz adäquater Sicherheitsvorkehrungen Ihr Mac entwendet wurde. Das ist zunächst eine ärgerliche Situation, denn sie bedeutet den Verlust wertvoller Hardware und Aufwand, um einen neuen Mac auf den aktuellen Stand zu bringen. Datenverlust sollte es

nicht – oder nur in sehr geringem Maße – bedeuten, wenn Sie regelmäßig Backups machen. Ebenso sollte es nicht bedeuten, dass nun sensible Informationen in falsche Hände geraten sind. OS X bietet nämlich die Möglichkeit, die Festplatte komplett zu verschlüsseln. Gelangt also ein Unbefugter an Ihren Mac oder auch nur an die Festplatte Ihres Macs, kann er damit nichts anfangen, wenn er nicht ebenfalls über eines der folgenden Kennwörter verfügt:

- das Kennwort eines Benutzers auf diesem Mac

- das Hauptkennwort

- den Wiederherstellungsschlüssel der Festplatte

- das Kennwort Ihrer Apple-ID für den Fall, dass Sie den Wiederherstellungsschlüssel bei Apple hinterlegt haben

Das Beispiel zeigt recht deutlich, dass Sicherheit nicht mit dem Verschlüsseln der Festplatte aufhört, sondern dass Sie auch Ihre Kennwörter vor Unbefugten schützen müssen und dass diese Kennwörter nicht leicht zu erraten sein dürfen. Die Verschlüsselung der Festplatte ist jedoch ein erster guter Schritt.

1 Öffnen Sie dazu die Systemeinstellungen, und klicken Sie auf **Sicherheit**.

2 Wechseln Sie hier in den Tab **FileVault**.

3 Klicken Sie links unten auf das Schloss, und geben Sie im folgenden Dialog Ihr Administratorkennwort ein.

4 Danach klicken Sie auf den Button **FileVault aktivieren**.

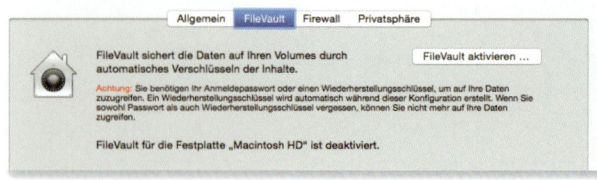

^ **Abbildung 20.2** *Die Festplattenverschlüsselung FileVault aktivieren*

5 Im folgenden Schritt können Sie sich entscheiden, ob Sie Ihren iCloud-Account oder einen Wiederherstellungsschlüssel zum Entsperren der Verschlüsselung nutzen wollen. Die sicherere Variante ist, einen Wiederherstellungsschlüssel zu nutzen. Klicken Sie auf den Button **Fortfahren**.

6 Wenn Sie sich im letzten Schritt für den Wiederherstellungsschlüssel entschieden haben, wird Ihnen dieser nun angezeigt. Sie sollten den Schlüssel nun notieren und sicher verwahren. Beachten Sie bitte unbedingt: Einen Screenshot des Dialogfensters zu erstellen ist keine (!) sichere Verwahrung! Klicken Sie anschließend auf den Button **Fortfahren**.

▲ **Abbildung 20.3** Der Wiederherstellungsschlüssel

7 Geben Sie nun die Kennwörter der weiteren Benutzer des Macs an. Klicken Sie dazu bei jedem Benutzer auf den Button **Benutzer aktivieren**, und geben Sie anschließend das Passwort des Benutzers ein. Nur Benutzer, deren Passwort eingegeben wurde, sind in der Lage, die Verschlüsselung der Festplatte aufzuheben und sich somit am Mac anmelden zu können. Haben Sie das für die gewünschten Benutzer erledigt, klicken Sie auf den Button **Fortfahren**.

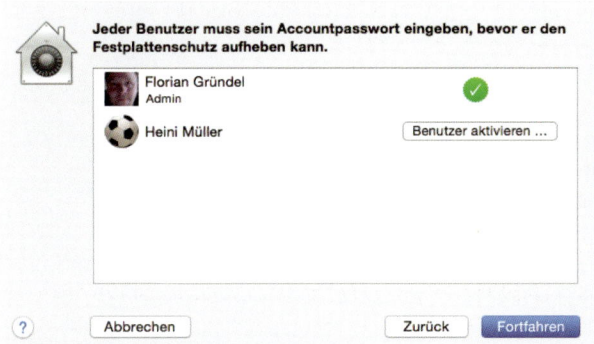

▲ **Abbildung 20.4** Nur aktivierte Benutzer können sich am verschlüsselten Mac anmelden.

8 Um die Verschlüsselung der Festplatte zu beginnen, müssen Sie den Mac neu starten. Klicken Sie daher im folgenden Dialogfenster auf den Button **Neustart**.

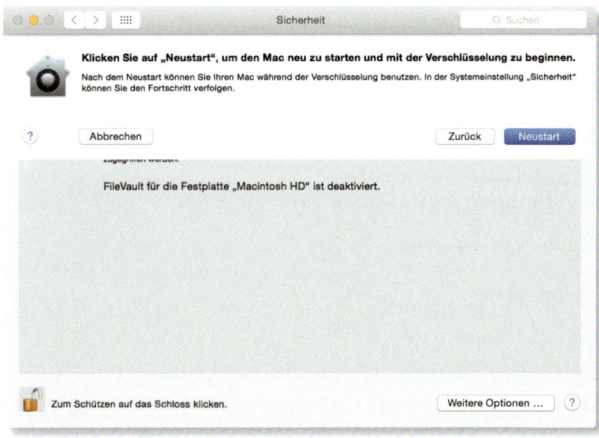

▲ **Abbildung 20.5** Nach dem Neustart beginnt die Festplattenverschlüsselung.

9 Anschließend startet Ihr Mac neu, und Sie werden unmittelbar nach dem Start des Macs auf EFI-Ebene mit dem Anmeldebildschirm begrüßt. Melden Sie sich wie gewohnt an.

Danach wird die Festplatte verschlüsselt. Den Fortgang der Verschlüsselung zeigt die Systemeinstellung an. Sie können während der Verschlüsselung Ihrer Festplatte (und gegebenenfalls auch während einer späteren Entschlüsselung) wie gewohnt mit Ihrem Mac weiterarbeiten. Die Ver-/Entschlüsselung wird währenddessen im Hintergrund durchgeführt.

> **INFO**
>
> **EFI**
>
> Das *Extensible Firmware Interface* (EFI) wird nach dem Start geladen. Es entspricht ungefähr dem BIOS bei PCs. Weitere Informationen zum EFI finden Sie im Abschnitt »Tastaturkommandos beim Einschalten« in Kapitel 1, »Herzlich willkommen am Mac«, auf Seite 60.

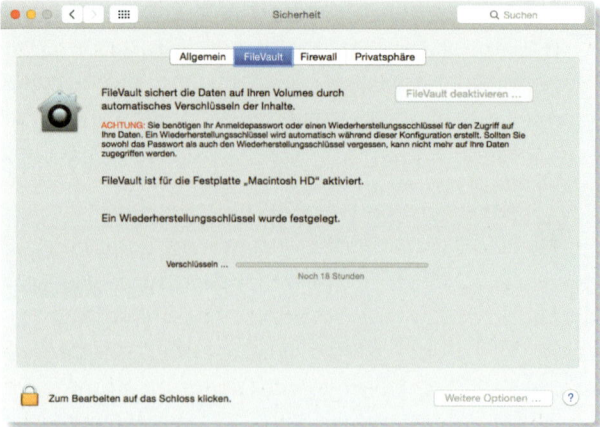

^ **Abbildung 20.6** *Die Festplatte wird verschlüsselt.*

Zukünftig müssen Sie sich stets, wie gerade eben, unmittelbar nach dem Start anmelden, da durch Ihre Anmeldung die Festplatte entschlüsselt wird und das Betriebssystem erst dann starten kann.

Ein sicheres Passwort nutzen

Wie Sie ein grundsätzlich sicheres Passwort anlegen, haben Sie ja bereits im Abschnitt »Benutzer hinzufügen« auf Seite 647 in Kapitel 17 erfahren. Dort ist Ihnen auch der Passwortassistent begegnet, der gute Passwörter generiert und vorhandene Passwörter auf ihre Sicherheit überprüft. Eine weitere Möglichkeit, ein sicheres Passwort anzulegen, besteht darin, ungewöhnliche Zeichen zu verwenden. Dank des Eingabemenüs in der Menüleiste stehen Ihnen jederzeit weitere Sprachen als Eingabemöglichkeit zur Verfügung. Das können Sie auch zur Sicherung des Passworts nutzen.

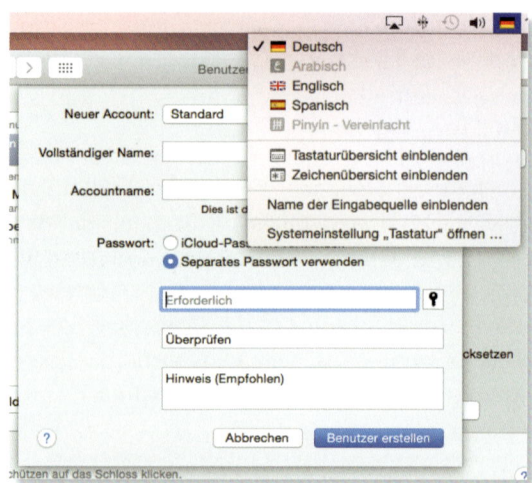

^ **Abbildung 20.7** *Das Eingabemenü in der Menüleiste beim Anlegen eines Benutzerpassworts*

Wechseln Sie beispielsweise, wenn Sie ein Passwort anlegen, die Sprache, und nutzen Sie Zeichen, die in Ihrer eigenen Sprache nicht verfügbar sind, z. B. das spanische Ausrufezeichen: ¡. Da Sie die Sprache Zeichen für Zeichen ändern können, entsteht so ein Passwort, das nicht leicht zu erraten ist.

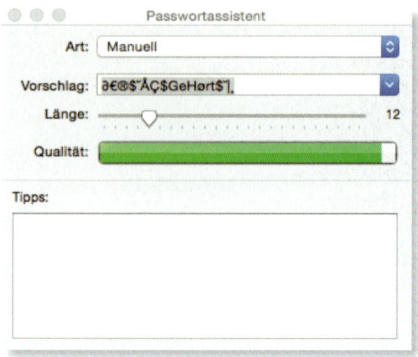

^ **Abbildung 20.8** *Ein sicheres Passwort, das eigentlich nur »Der Mac gehört mir« heißt und also gar nicht schwer zu merken ist*

Dabei spielt es überhaupt keine Rolle, ob Sie eine der ausgewählten Sprachen beherrschen, solange Sie sich die verwendeten Tasten merken. Leider ist die Eingabe von Sonderzeichen in Kennwörtern nicht ohne Einschränkung möglich, denn so ließe sich die Komplexität noch einmal erhöhen. Aber auch mit den Standardzeichen lässt sich natürlich schon ein ziemlich komplexes Passwort generieren.

Damit Sie das zuvor gewählte Passwort am Anmeldefenster auch eingeben können, setzen Sie in den Systemeinstellungen unter **Benutzer & Gruppen** bei den **Anmeldeoptionen** das Häkchen bei **Eingabequellen im Anmeldefenster anzeigen**. Ist diese Option aktiviert, bietet sie nicht nur im Anmeldefenster den Zugriff auf die verschiedenen Sprachen, damit Sie Ihr Passwort eingeben können, sondern bietet außerdem auch Nutzern, die das System sonst mit nicht lateinischen Zeichen verwenden, die Möglichkeit, ein auf lateinischen Zeichen basierendes Passwort einzugeben. Die Option, die Eingabequellen im Anmeldefenster anzuzeigen, erfüllt also zwei Funktionen: Zugänglichkeit und Sicherheit.

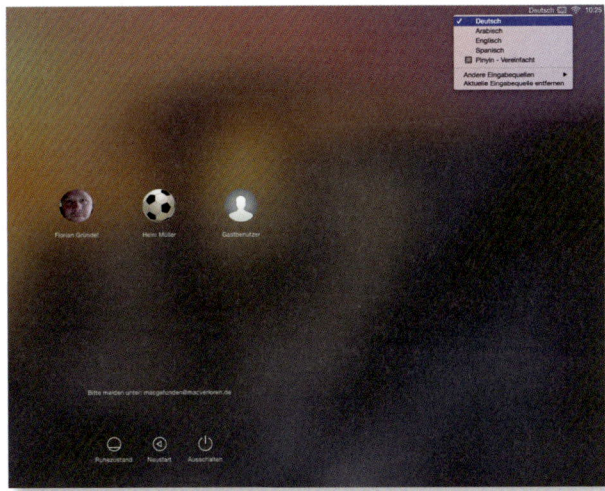

Abbildung 20.9 *Hilfreich: verschiedene Eingabequellen im Anmeldefenster*

Ein sicheres Anmeldefenster

Das Anmeldefenster selbst sollten Sie ebenfalls als Teil Ihrer Strategie bei der Zugriffssicherheit berücksichtigen. Zunächst sollten Sie das Anmeldefenster auf jeden Fall verwenden. Die Option, im Bereich **Benutzer & Gruppen** der Systemeinstellungen einen Benutzer nach dem Start automatisch anzumelden, ist

zwar recht bequem, aber eben auch überhaupt nicht sicher. Sie sollten also unter Sicherheitsaspekten (die prinzipbedingt nahezu immer der Bequemlichkeit entgegenstehen) auf jeden Fall davon absehen, die automatische Anmeldung zu nutzen, und stattdessen das Anmeldefenster beim Start anzeigen lassen.

Im Anmeldefenster selbst sind weitere Sicherheitsaspekte zu beachten. Das Anmeldefenster sollte nicht die Liste der Benutzer anzeigen, sondern lediglich die Felder für Namen und Passwort. In Anbetracht der Tatsache, dass Angreifer die meisten Informationen, die sie für Angriffe nutzen können, nicht durch technische Methoden, sondern durch cleveres Nutzen von Hilfsbereitschaft, Informationslücken und anderen Tricks, dem sogenannten *Social Engineering*, erlangen, ist es nur sinnvoll, potenziellen Angreifern im Anmeldebildschirm nicht die Liste der verfügbaren Benutzer auf dem Präsentierteller zu zeigen.

Abbildung 20.10 *Keine gute Idee: Liste der Benutzer im Anmeldefenster anzeigen*

INFO

Social Engineering

Social Engineering nennt sich die Form der zwischenmenschlichen Beeinflussung, bei der z. B. durch geschicktes Nachfragen sicherheitsrelevante Informationen erschlichen werden. Dabei wird der Umstand ausgenutzt, dass Menschen soziale Wesen sind, die vertrauen und helfen wollen. In vielen Fällen wird auch einfach nur Arglosigkeit ausgenutzt. Alle technischen Gefahren sind im Vergleich zu Social Engineering letztlich harmlos, denn die größte Schwachstelle in jedem Sicherheitskonzept ist der Mensch.

Paranoiker empfehlen, die Anzeige der Tasten **Ruhezustand**, **Neustart** und **Ausschalten** ebenfalls zu unterbinden. Das ist unter bestimmten Umständen zwar richtig, bedeutet aber auch, dass es ein grundsätzliches Sicherheitsproblem gibt, das nicht von den drei Buttons ausgeht. Ein Beispiel: Angenommen, Sie haben die Funktion aktiviert, dass ein Benutzer automatisch angemeldet wird, haben sich aber kurz abgemeldet, weil Sie beispielsweise gerade Mittag machen. Nach Ihrer Abmeldung wird der Anmeldebildschirm angezeigt.

So weit, so gut. Wenn es aber jemand auf Ihre Daten abgesehen hat, dann bedient sich der Angreifer in Ihrer Abwesenheit einfach des Buttons **Neustart**. Denn nach dem Neustart wird ja automatisch Ihr Benutzer angemeldet. Die Sicherheitslücke entsteht streng genommen also nicht nur durch die Anzeige der drei Buttons, sondern vor allem auch durch die Nutzung der – vorhin schon als komfortabel, aber unsicher eingestuften – Funktion, einen Benutzer automatisch nach dem Start anzumelden.

Wünschenswert wäre, wenn Apple bei aktivierter automatischer Anmeldung generell verhindern würde, dass die Buttons zum Ruhezustand, Neustart und Ausschalten im Anmeldefenster angezeigt werden. Genau genommen, sind die Buttons noch nicht einmal nötig, denn der Mac lässt sich ja auch mit Gewalt ausschalten, indem Sie den Power-Knopf für mindestens fünf Sekunden gedrückt halten.

Zu guter Letzt sollten Sie die Merkhilfe für Kennwörter überdenken. Die mag zwar für vergessliche Benutzer hilfreich sein, bietet aber Angreifern ähnlich brauchbare Informationen wie die Liste der Benutzer. Idealerweise können Sie die Merkhilfe jedoch so nutzen, dass Sie damit zwei Fliegen mit einer Klappe schlagen: Einerseits Verwirrung stiften, indem Sie potenziellen Angreifern in der Merkhilfe Informationen zeigen, die in eine völlig falsche Richtung führen, andererseits führt diese Fehlinformation dazu, legitimen, aber vergesslichen Benutzern eine gute Eselsbrücke zu bauen, sodass die Merkhilfe keinen konkreten Hinweis auf das

Passwort gibt. Sehen wir uns die erwähnten Einstellungen dort an, wo sie aktiviert werden.

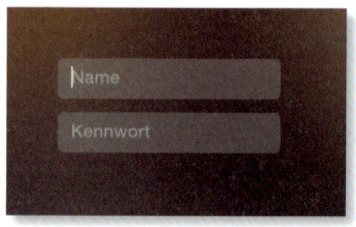

▲ **Abbildung 20.11** *So sieht ein sicherer Anmeldebildschirm aus.*

1 Öffnen Sie die Systemeinstellungen, und klicken Sie auf **Benutzer & Gruppen**.

2 Klicken Sie unter der Liste der Benutzer auf **Anmeldeoptionen**, und entriegeln Sie das Schloss, damit Sie hier Änderungen vornehmen können.

3 Wählen Sie im Auswahlfeld **Automatische Anmeldung** den Eintrag **Deaktiviert** aus.

4 Wählen Sie bei **Anmeldefenster zeigt an** die Option **Name und Passwort** aus.

5 Entfernen Sie optional – vor allem wenn die **Automatische Anmeldung** aktiviert ist – das Häkchen bei Tasten „Ruhezustand", „Neustart" und „Ausschalten" anzeigen.

6 Entfernen Sie das Häkchen bei **Merkhilfe für Passwörter anzeigen**.

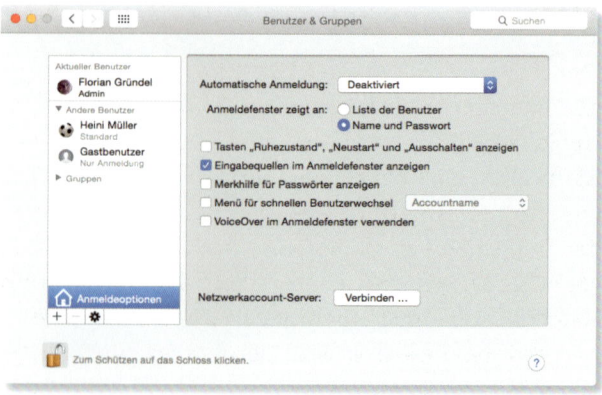

▲ **Abbildung 20.12** *Sichere Einstellungen für das Anmeldefenster*

»Meinen Mac suchen«

Sollte der Mac tatsächlich irgendwann abhandenkommen, gehört zur Zugriffssicherheit auch der Versuch, entweder des Macs wieder habhaft zu werden oder – trotz hoffentlich aktiver Festplattenverschlüsselung per FileVault – die Daten zu vernichten. Mit etwas Glück lässt sich sogar der Dieb feststellen. Diese letzten Handlungsmöglichkeiten bietet der iCloud-Dienst **Meinen Mac suchen**. Damit orten Sie einen entwendeten Mac, geben Nachrichten und Töne auf dem Mac aus, sperren den Mac aus der Ferne oder löschen ihn sogar. Der Haken dabei ist, dass der gestohlene Mac mit dem Internet verbunden sein muss. Sie müssen also entweder hoffen, dass der Dieb mit Ihrem Mac ins Internet geht, oder ihn sogar förmlich auffordern, das zu tun.

Der Trick ist, einen mit der Kindersicherung gemanagten Benutzer zu erstellen, der kein Passwort hat und auf jeden Fall den Safari-Browser benutzen darf. So besteht also eine Chance, dass der Dieb mit Ihrem Mac ins Internet geht. Ist das der Fall, lässt sich Ihr Mac orten und entsprechend fernsteuern. Diese Möglichkeit, den Dieb zu verleiten, ins Internet zu gehen, verstößt jedoch unter Umständen gegen andere Sicherheitsvorschriften. Sie sollten also, wenn es sich nicht um Ihren privaten oder ausschließlich privat genutzten Mac handelt, eine Sicherheitsstrategie mit Ihrem zuständigen Administrator überlegen. Um **Meinen Mac suchen**

zu aktivieren, müssen Sie lediglich die Funktion in den Einstellungen zu iCloud einschalten.

1 Starten Sie die Systemeinstellungen, und klicken Sie auf **iCloud**.

2 Setzen Sie in den Einstellungen Ihres iCloud-Accounts das Häkchen bei **Meinen Mac suchen**.

⌃ **Abbildung 20.13** »Meinen Mac suchen« in den iCloud-Einstellungen aktivieren

Alle Geräte, die Sie für die Funktion freigeschaltet haben, werden nun aufgelistet, wenn Sie im Web unter *https://www.icloud.com/#find* oder mit der entsprechenden iOS-App danach suchen. Wird ein Gerät angezeigt, können Sie entsprechende Aktionen vornehmen, wie das Senden einer Nachricht, Fernsperren oder sogar Fernlöschen. Detaillierte Informationen zu **Meinen Mac suchen** finden Sie in Kapitel 17, »Benutzer und Gruppen anlegen und verwalten«, auf Seite 655.

Abbrechen   Florians iMac

Diesen Mac sperren?

Möchten Sie diesen Mac wirklich sperren? Er kann dann nicht mehr gelöscht werden.

Mac sperren …

^ Abbildung 20.14 *Per iOS-App können Sie entwendete Macs kontrollieren.*

20.2   Betriebssicherheit: Stromausfall und Überspannungsschutz

Im Gegensatz zur unter Umständen äußerst kritischen Zugriffssicherheit erscheint das Thema Betriebssicherheit zunächst etwas weniger dramatisch. Tatsächlich hängt die Bedeutung von Betriebssicherheit sehr vom jeweiligen Einsatzgebiet ab. In den meisten Privat- und Büroumgebungen dürfte es kein größeres Problem darstellen, wenn Sie einmal ein paar Minuten nicht arbeiten können, weil Ihr Mac beispielsweise wegen eines Stromausfalls nicht zur Verfügung steht. In anderen Szenarien ist ein Ausfall zwar unter Umständen nicht lebensbedrohlich, aber es kann doch zu ernsthaften Konsequenzen führen, wenn z. B. bei einer Konferenz die Technik wegen eines Stromausfalls versagt. Ganz besonders schlimm sind Ausfälle in Bereichen, wo Betriebssicherheit mehr oder minder direkt mit der Unversehrtheit von Menschenleben zu tun hat, wie bei Krankenhäusern oder Kraftwerken. Jeder Unfall in einem Atomkraftwerk ist ein ziemlich drastisches Bei-

spiel für die Probleme, die entstehen können, wenn die Betriebssicherheit nicht gewährleistet ist.

Sie sehen also, dass Betriebssicherheit prinzipiell ein wichtiges Thema ist, das allerdings in unterschiedlichen Stufen unterschiedlich schwerwiegend ist. Dennoch gibt es auch im privaten Bereich oder im Büro ein paar Überlegungen, die Sie zum Thema Betriebssicherheit anstellen sollten. Betriebssicherheit ist schließlich auch Investitionsschutz! Dazu gehört z. B. der Überspannungsschutz für Steckdosen und unter Umständen auch ein Batteriepuffer für Computer, die keine Batterien eingebaut haben, um sie zumindest ordentlich ausschalten zu können, solange der Batteriepuffer die Stromversorgung noch aufrechterhält. Speziell wenn Sie einen Server betreiben, ist ein begleitender Batteriepuffer beinahe schon obligatorisch.

^ Abbildung 20.15 *Batteriepuffer: So bleibt bei einem Stromausfall wenigstens Zeit, die Arbeit zu sichern und den Mac auszuschalten. (Foto: © APC)*

Während der Batteriepuffer vor allem akut hilft, sorgt Überspannungsschutz in Steckdosen auch für Investitionssicherheit, da sich so Beschädigungen durch Spannungsspitzen vermeiden lassen.

Zur Betriebssicherheit gehört ebenso, gegebenenfalls bestimmte Komponenten oder Geräte mehrfach vorzuhalten, um im Bedarfsfall schnell Ersatz zu haben. Zur Betriebssicherheit gehört aber auch, sich gegen Angriffe zu schützen und Datenverlusten vorzubeugen.

20.3 Angriffssicherheit: Viren, Trojaner und Würmer

Mit dem Thema Angriffssicherheit sind wir nun bei dem Bereich angelangt, den die meisten Menschen sofort mit Sicherheit und Computern assoziieren: bei Viren, Trojanern und Würmern. Das ist der Bereich, in dem OS X (wie die meisten anderen Unix-basierten Betriebssysteme) speziell gegenüber Windows brilliert. Auch wenn in den einschlägigen Medien immer wieder etwas vom gestiegenen Gefahrenpotenzial und dem ersten *Virus für den Mac* zu hören ist, sind diese Meldungen doch vor allem hysterische Reaktionen übersensibler, zweifelhaft informierter und oft auch gelangweilter Redakteure und Blogger.

Seien Sie wachsam!

Tatsächlich lassen sich auch für OS X Schadroutinen entwickeln. Diese sind aber in der Regel eher akademischer Natur, denn sie kranken alle am gleichen Umstand: Sie brauchen die aktive Interaktion eines Benutzers, der an der einen oder anderen Stelle sein Passwort eingeben muss, damit die Schadroutine ihre Wirkung entfalten kann. Solcherlei Schädlinge kann man getrost nicht als Viren bezeichnen, denn es fehlt ihnen die Möglichkeit, selbstständig aktiv zu werden. Natürlich darf man nicht übersehen, dass offenbar immer wieder einmal ein Angriff versucht wird. Da in den meisten Fällen die Schwachstelle der Benutzer selbst ist, versuchen die meisten Schädlinge, sich so clever zu tarnen, dass Sie annehmen sollen, es handele sich um eine legitime Interaktion Ihres Macs, was Sie wiederum zur Eingabe Ihres Passworts bewegen soll.

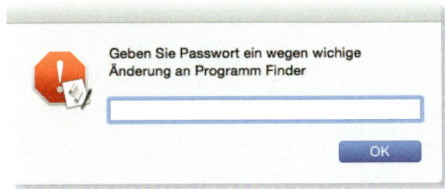

▲ **Abbildung 20.16** *Bei solchen Meldungen sollten Sie skeptisch sein und Ihr Passwort nicht eingeben!*

Handelt es sich dabei um ein Administratorpasswort, öffnen Sie damit die Büchse der Pandora. Aber auch hier sind Ruhe, Vernunft und Besonnenheit der beste Schutz. Sehen Sie sich unerwartete Dialoge genau an, und installieren Sie nur Software, über die Sie sich vorab informiert haben und die aus vertrauenswürdigen oder zumindest nachvollziehbaren Quellen stammt. Wer seinen gesunden Menschenverstand einsetzt und ein bisschen skeptisch ist, der hat mehr als nur eine gute Chance, den ohnehin nicht sehr zahlreichen Angriffen aus dem Weg zu gehen.

In diesem Zusammenhang rate ich auch von Antivirensoftware für den Mac ab. Sie ist schlicht unnötig. Da der potenzielle Schutz meist in keinem Verhältnis zur Reduzierung der Systemleistung durch die derzeit erhältlichen Antivirenprogramme steht, können Sie getrost darauf verzichten.

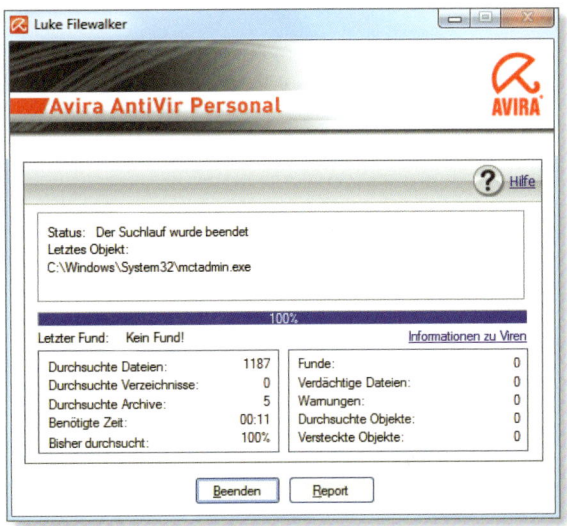

▲ **Abbildung 20.17** *Virensuche: So etwas bleibt Ihnen mit OS X erspart.*

Anders sieht es natürlich aus, wenn Sie auf Ihrem Mac auch Windows nutzen – mithilfe von Boot Camp (siehe Seite 689) oder mit einer Virtualisierungslösung (siehe Seite 697). Windows-Viren, die Windows befallen, können da natürlich ihre gewünschte Wirkung erzielen. Dabei spielt es keine Rolle, ob Windows auf einem PC, einem Mac (mittels Boot Camp) oder in einer virtuellen Maschine läuft. Das Beruhigende daran ist jedoch, dass das Virus *nur* Windows befällt. Sie können also für den Fall, dass eine Windows-Installation auf Ihrem Mac befallen wurde, einfach Windows löschen oder innerhalb von Windows gegebenenfalls geeignete Gegenmaßnahmen treffen. So oder so wird das Virus auf Windows beschränkt bleiben.

Ein Windows-Virus kann auf dem Mac keinerlei Wirkung entfalten. Im Gegenteil, es kann sogar äußerst unterhaltsam sein, einem Windows-Virus dabei zuzusehen, wie es unter OS X vergebens versucht, seine Schadroutinen zu starten, aber schon daran scheitert, dass die Anknüpfungspunkte, die es dafür nutzen möchte, gar nicht existieren.

> **TIPP**
>
> **EICAR**
>
> Sollten Sie dennoch einen Virenscanner einsetzen bzw. wenn Sie mal den Virenscanner, den Sie unter Windows nutzen, testen wollen, empfehle ich Ihnen den Besuch der Website *eicar.org* und ganz speziell der Seite *http://www.eicar.org/86-0-Intended-use.html*. Sollte der Virenscanner mit der Eicar-Testdatei nichts anfangen können, sollten Sie Ihr Geld zurückverlangen und auf die weitere »Hilfe« dieser Software verzichten.

Dateien aus dem Internet

Technisch bietet sich bezüglich Angriffssicherheit eine Einstellung in Safari als sinnvoll an. In den Einstellungen von Safari sollten Sie festlegen, dass nicht jede heruntergeladene Datei jedes bekannten Formats sofort ohne Rückfrage geöffnet wird.

1 Starten Sie Safari, und öffnen Sie z. B. über die Tastenkombination ⌘ + ⎡,⎤ die Einstellungen.

2 Klicken Sie auf den Tab **Allgemein**, und entfernen Sie das Häkchen bei „Sichere" Dateien nach dem Laden öffnen.

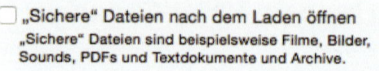

▲ **Abbildung 20.18** *Auch vermeintlich sichere Dateien sollten Sie nicht blindlings automatisch öffnen lassen.*

Firewall aktivieren

Eine Firewall schützt Sie vor unerlaubten Netzwerkzugriffen. In den Einstellungen zur **Sicherheit** in den Systemeinstellungen können Sie im Tab **Firewall** die ins Betriebssystem integrierte Firewall starten. Nachdem die Firewall durch Klick auf den Button **Firewall aktivieren** gestartet ist, wird all denjenigen Programmen die Annahme von eingehenden Verbindungen verweigert, denen es gemäß der Einstellungen, die Sie in den nächsten Schritten für die Firewall vornehmen werden, nicht explizit erlaubt ist, eingehende Verbindungen anzunehmen.

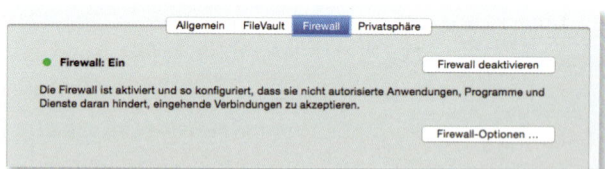

▲ **Abbildung 20.19** *Die Firewall ist aktiv und schützt vor unerlaubten Zugriffen.*

Ein Klick auf den Button **Firewall-Optionen** öffnet ein Fenster, in dem Sie das Verhalten der Firewall detailliert anpassen können.

▲ **Abbildung 20.20** *Die Einstellungen für die Firewall*

Wenn Sie sich nicht allzu lange mit den Einstellungen aufhalten wollen, gibt es eine einfache Möglichkeit, zumindest schon einmal alle vertrauenswürdigen Programme auf einen Schlag zuzulassen:

1 Setzen Sie das Häkchen bei **Signierter Software automatisch erlauben, eingehende Verbindungen zu empfangen**.

Das bedeutet, dass Programme, die *signiert* (und somit vom Betriebssystem auf ihre Quelle hin überprüfbar) sind, automatisch so viel Vertrauen genießen, dass eingehende Netzwerkverbindungen zu diesen Programmen automatisch freigegeben werden.

2 Zusätzlich können Sie selbst einzelnen Programmen eingehende Netzwerkverbindungen erlauben. Klicken Sie auf den Plus-Button unter der Liste, um diese Programme auszuwählen.

3 Wählen Sie im folgenden Dialog ein Programm aus, für das Sie Vorgaben machen möchten, und klicken Sie auf **Hinzufügen**. Das ausgewählte Programm befindet sich nun in der Liste.

4 Wählen Sie aus dem Auswahlmenü die gewünschte Aktion für das Programm aus.

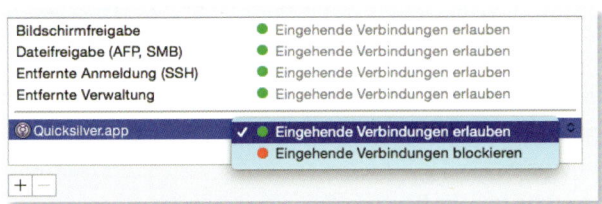

∧ **Abbildung 20.21** *Vorgaben für ein Programm machen*

5 Wiederholen Sie die Einstellungen für jedes Programm, für das Sie Vorgaben machen möchten.

6 Klicken Sie anschließend auf den Button **OK**, um die Einstellungen wirksam werden zu lassen. Diese Einstellungen können Sie natürlich jederzeit erneut anpassen.

Sie können es sich jedoch noch einfacher machen: Nachdem Sie die Firewall aktiviert und die signierten

Programme automatisch zugelassen haben, verlassen Sie die Einstellungen wieder. Wenn nun während der Nutzung des Macs ein Programm Zugriff erbittet, gewähren oder verbieten Sie dem Programm die eingehenden Verbindungen durch Klick auf den entsprechenden Button im Dialogfeld. Diese Entscheidung wird dann automatisch zu den Firewall-Einstellungen hinzugefügt.

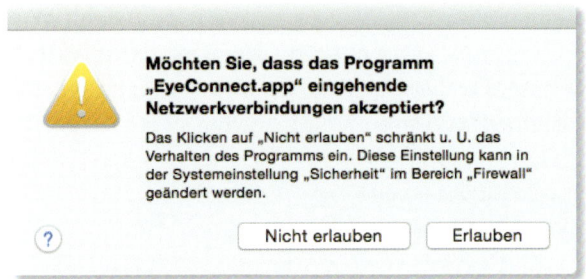

∧ **Abbildung 20.22** *Ein Programm beim Start zu den Firewall-Regeln hinzufügen*

Sichere Programme dank Sandboxing, Privilege Separation und Gatekeeper

Apple trägt einen großen Teil dazu bei, dass Angriffe weitestgehend ausbleiben oder, falls sie doch vorkommen, möglichst folgenlos bleiben. Zu diesem Sicherheitskonzept gehört auch, dass Programme in einer sogenannten *Sandbox* laufen. Das bedeutet, dass Programme einen definierten Raum haben, in dem sie agieren können. Dieser Raum definiert sich durch möglichst enge Grenzen. Das bedeutet unter anderem: Es ist festgelegt, dass Programme nicht beliebig auf Dateien anderer Programme und Systemressourcen zugreifen können.

Zugleich kommt eine weitere Technologie zum Einsatz: *Privilege Separation*, die sich auf Deutsch übersetzt *Privilegienseparation* nennt. Das bedeutet: Wenn ein Programm ein Privileg anfordert, wird dieses Privileg nicht generell dem ganzen Programm zugestanden, sondern einem kleinen Unterprogramm, das nur dazu ausgeführt wird, eine bestimmte Aufgabe mit diesem Privileg zu erledigen. Mit dieser einfachen Verfahrensweise lässt sich verhindern, dass Programme quasi *pauschal* mehr Privilegien erhalten als nötig, was eine Sicherheitslücke darstellen würde.

Mit OS X 10.8 hat Apple eine weitere Technologie eingeführt, die die Sicherheit Ihres Macs erhöht: *Gatekeeper*. Gatekeeper kontrolliert, aus welcher Quelle Programme stammen, und weist ihnen einen entsprechenden Grad an Vertrauenswürdigkeit und damit verbunden auch Privilegien zu. Nach der Installation ist Gatekeeper automatisch so eingestellt, dass Programme aus dem App Store und von *bekannten* Entwicklern als vertrauenswürdig gelten.

> **Apps-Download erlauben von:**
> ○ Mac App Store
> ● Mac App Store und verifizierte Entwickler
> ○ Keine Einschränkungen

⌃ Abbildung 20.23 *Die Standardeinstellungen im Bereich »Sicherheit« in den Systemeinstellungen*

Diese bekannten Entwickler sind Entwickler, die über eine spezielle Kennung bei Apple verfügen und diese in ihre Programme einbauen, sodass OS X erkennt, dass es sich um ein Programm eines bekannten und somit vertrauenswürdigen Entwicklers handelt.

INFO

Vertrauenswürdig auch ohne Kennung
Wenn Sie ein Update auf OS X 10.10 gemacht haben und bereits zuvor Programme von Entwicklern installiert hatten, die nicht über eine entsprechende Kennung verfügen, können Sie die Programme dennoch weiterbenutzen, denn OS X geht nach einem Update davon aus, dass alle bereits vorhandenen Programme von vertrauenswürdigen Entwicklern stammen, und stuft diese Programme entsprechend ein.

Programme aus dem Mac App Store werden ohnehin als vertrauenswürdig behandelt, da Apple jedes Programm prüft, bevor es überhaupt im Store zugelassen

wird. Die nächststrengere Einstellung wäre also, nur Programme aus dem Mac App Store zuzulassen. Falls Sie die Einstellungen jedoch etwas »aufweichen« wollen, indem Sie die Einschränkungen aufheben, warnt ein entsprechender Hinweisdialog Sie deutlich, und Sie müssen im folgenden Dialogfenster explizit anklicken, dass Sie keine Einschränkungen möchten.

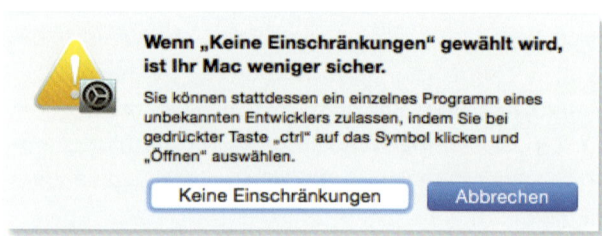

⌃ Abbildung 20.24 *Warnung beim Aufheben der Standardeinstellung*

In den meisten Fällen sollten Sie mit der Standardeinstellung gut beraten sein, da diese die ideale Balance zwischen Sicherheit und Bequemlichkeit bietet.

Aber Apple lässt es auch damit noch nicht bewenden und nutzt weitere Technologien, die vor allem im Hintergrund für Sicherheit sorgen. Eine davon ist die sogenannte *Kernel Address Space Layout Randomization* (ASLR). Um eine Vorstellung davon zu bekommen, worum es sich dabei handelt, stellen Sie sich folgendes Beispiel vor: Auf einem Parkplatz parken dieselben Mitarbeiter stets auf demselben Stellplatz. Angenommen, jemand plant einen Anschlag auf einen bestimmten Mitarbeiter, weiß der Angreifer, er muss nur auf einem bestimmten Parkplatz warten, um auf sein Opfer zu treffen. Wie viel sicherer wäre es doch, wenn alle Mitarbeiter jeden Tag auf einem anderen Stellplatz parken würden. Ungefähr so verhält sich die erwähnte Kernel ASLR. Meist ist es so, dass bestimmte Programme bestimmte Ressourcen – speziell bestimmte Adressräume im Arbeitsspeicher – beanspruchen. Dank Kernel ASLR werden jedoch nicht immer die typischen Adressräume genutzt, sondern es wird *wild* gewechselt. Dieses Wechseln wird dabei vom Betriebssystem genau gemanagt, sodass es wild genug ist, um die Angriffssicherheit durch diese Maßnahme zu erhöhen, jedoch nicht so wild, dass dadurch die Stabilität, also die Betriebssicherheit, des Systems leiden würde.

20.4 Datensicherheit: Schutz vor Datenverlust mit Time Machine

Datensicherheit bedeutet, sich so gut wie möglich gegen Datenverlust zu schützen. Absolute Sicherheit wird es auch bei Daten nie geben, da man ja immer nur versucht, sich mit einer Technologie vor Verlusten durch eine andere zu schützen. Man wettet quasi auf die Zuverlässigkeit eines Geräts gegenüber einem anderen. Sie können also nur die Wahrscheinlichkeit eines Verlusts durch geeignete Maßnahmen stetig verringern. Wie paranoid Sie dabei zu Werke gehen wollen, hängt vor allem davon ab, wie hoch Sie die Betriebssicherheit bewerten, denn ein Datenverlust bedeutet automatisch Betriebsstillstand – mindestens vorübergehend, schlimmstenfalls dauerhaft. Zumindest aber bietet Ihnen Ihr Mac mit Time Machine ein probates Mittel.

Backups mit Time Machine

Es liegt also bei Ihnen, ob Sie beispielsweise Backups nur auf einer oder auf mehreren externen Festplatten machen und eventuell zusätzlich auf einem USB-Stick und/oder einem Netzlaufwerk auf einem Server oder einem RAID-System. Gehen wir jedoch realistischerweise wieder vom einfachsten Fall aus: Sie nutzen Ihren Mac privat und möchten einfach nur nicht ganz ohne Sicherheitsnetz sein. Sie haben sich also eine externe Festplatte zugelegt, um diese für Backups zu nutzen. Nun haben Sie mehrere Möglichkeiten, Ihre Daten zu sichern:

- **Manuelle Sicherung:** Sie können Ihre Daten zwar von Hand sichern, es ist aber die denkbar schlechteste Methode. Backups sind immer nur so gut wie die Zeit, die zwischen dem letzten Backup und dem Datenverlust vergangen ist. Je kürzer diese Zeit-

spanne ist, desto besser. Daher ist es sinnvoll, regelmäßig Sicherungen vorzunehmen. Backups selbst anzulegen erfordert also unglaubliche Disziplin. Besser ist es, das Backup automatisch vornehmen zu lassen. OS X bringt dafür eine Technologie und ein gleichnamiges Programm mit, das bei anderen Betriebssystemen seinesgleichen sucht.

- **Time Machine:** Mit Time Machine erstellt Ihr Mac automatisch stündlich, täglich und wöchentlich Backups des kompletten Systems. Dabei wird aber nicht jedes Mal das ganze System gesichert, sondern nur die Veränderungen zum vorherigen Backup. So haben Sie für die Wiederherstellung alle Daten zur Verfügung, ohne dass Daten doppelt vorgehalten werden müssen, was nur unnötig Festplattenplatz kosten würde. Time Machine ist dank der Integration in OS X genauso einfach zu handhaben wie alles andere am Mac auch.

1 Stellen Sie sicher, dass die externe Festplatte, die Sie für Time Machine nutzen wollen, mit dem Mac verbunden und gemountet ist.

2 Starten Sie die Systemeinstellungen, und klicken Sie auf **Time Machine**.

3 Hier klicken Sie auf den Button **Backup-Volume auswählen**.

4 Wählen Sie das gewünschte Volume aus der Liste der verfügbaren Volumes aus, und klicken Sie auf den Button **Volume verwenden**.

▲ **Abbildung 20.25** *Ein Volume für Time-Machine-Backups auswählen*

Verschlüsselung

Backup-Festplatten lassen sich auch verschlüsseln. Das ist eine feine Sache, die allerdings etwas Vorausplanung erfordert: Bedenken Sie bei der angebotenen Verschlüsselung, dass im Fall einer verschlüsselten Backup-Festplatte nur Macs ab der Betriebssystemversion 10.7 und höher auf die verschlüsselte Backup-Festplatte zugreifen können. Mit älteren Betriebssystemversionen ist das nicht möglich. Bedenken Sie außerdem, dass die Backup-Festplatte, falls sie bereits Daten enthält, je nach angelegtem Partitionsschema unter Umständen gelöscht wird, bevor Sie sie verschlüsselt nutzen können. Eventuell bereits enthaltene Daten wären damit unwiederbringlich verloren.

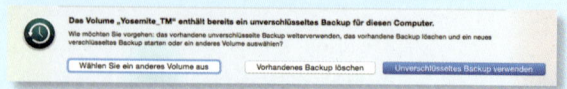

▲ **Abbildung 20.26** *Nachfrage von Time Machine zur gewünschten Verschlüsselung*

5 Haben Sie die Festplatte bestimmt, auf der Time Machine Ihre Daten sichern soll, klicken Sie auf den Button **Optionen**.

6 Hier fügen Sie einer Ausnahmeliste gegebenenfalls Ordner hinzu, von denen Sie nicht möchten, dass sie gesichert werden: beispielsweise solche mit hoher Fluktuation wie der Ordner *Downloads*.

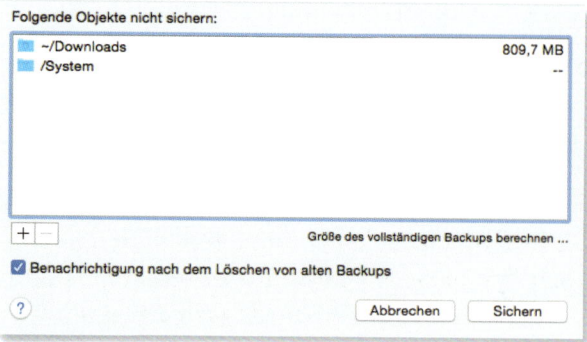

▲ **Abbildung 20.27** *Ausnahmen von der Sicherung festlegen*

Systemdaten von Backup ausnehmen

Wenn Sie den Ordner *System* zu den Ausnahmen hinzufügen, fragt OS X, ob Sie nur den Ordner *System* ausnehmen möchten oder den gesamten Unix-Unterbau.

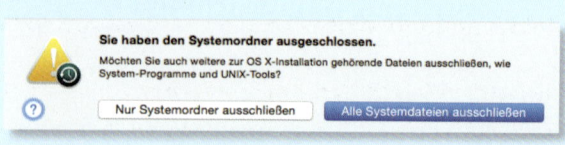

▲ **Abbildung 20.28** *Den Unix-Unterbau vom Backup ausnehmen*

7 Setzen Sie das Häkchen bei **Benachrichtigung nach dem Löschen von alten Backups**. Time Machine informiert Sie, falls ein altes Backup gelöscht werden musste, um Platz für ein aktuelles zu machen. Das passiert, wenn die Backup-Festplatte so voll ist, dass ein neues Backup nicht mehr vollständig auf die Platte passen würde. In diesem Fall setzen Sie Ihre Backups mit einer weiteren externen Festplatte fort, oder Sie akzeptieren eine schleichende Erneuerung Ihrer Backups.

8 Klicken Sie auf den Button **Sichern**.

9 Setzen Sie das Häkchen bei **Time Machine in der Menüleiste anzeigen**. So haben Sie stets einen guten Überblick, wann das letzte Update stattfand, und können über das Icon in der Menüleiste selbst Backups anstoßen.

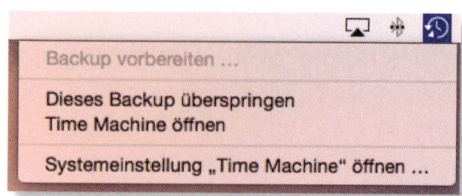

▲ **Abbildung 20.29** *Das Menü »Time Machine« in der Menüleiste*

Ab OS X 10.8 hat Apple Time Machine um einen entscheidenden Punkt verbessert: Es ist nun möglich, Backups auf mehr als ein Volume zu machen. Sie können in den Einstellungen von Time Machine jederzeit weitere Volumes auswählen.

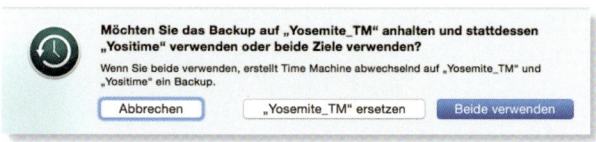

⌃ Abbildung 20.30 *Weitere Volumes für Backups nutzen*

Time Machine nutzt dann zukünftig abwechselnd die angegebenen Volumes zur Datensicherung. Auf diese Weise lässt sich das Risiko von potenziellem Datenverlust deutlich minimieren.

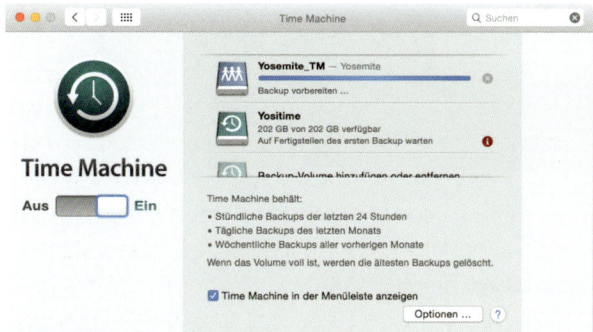

⌃ Abbildung 20.31 *Time Machine zeigt alle Volumes und das Datum des aktuellsten Backups auf dem jeweiligen Volume an.*

Es gibt für OS X alternativ zu Time Machine einige ganz gute Backup-Programme, die aber im Vergleich mit Time Machine alle den Kürzeren ziehen, weil sie prinzipbedingt nicht so nahtlos in das System integriert sein können, wie Time Machine es ist. Das zeigt sich besonders beim Wiederherstellen von Daten, was üblicherweise der schwierigere Teil der Übung ist und wobei viele Backup-Programme sich dann von einer wenig intuitiven und kaum nutzerfreundlichen Seite zeigen.

Daten wiederherstellen

Neben der Technologie Time Machine gibt es das gleichnamige Programm, mit dem Sie einfach und in-

tuitiv sowohl einzelne Dateien als auch ganze Ordnerstrukturen mit wenigen Klicks wiederherstellen.

⌃ Abbildung 20.32 *Das Programm-Icon von Time Machine*

Nach dem Start des Programms Time Machine wird die gewohnte Benutzeroberfläche ausgeblendet (siehe Abbildung 20.33). Im Vordergrund ❶ sehen Sie ein Finder-Fenster, das den aktuellen Datenbestand, also das Jetzt, anzeigt. Sie haben nun mehrere Möglichkeiten, »in die Vergangenheit« zu reisen:

- Klicken Sie ein weiter ❷ hinten befindliches Finder-Fenster an.

- Klicken Sie auf den Navigationspfeil ❸, um jeweils einen Schritt weiter in die Vergangenheit zu gehen.

- Nutzen Sie den Zeitstrahl ❹ am rechten Rand, um gezielt vergangene Daten anzuspringen.

1 Um eine Datei wiederherzustellen, gehen Sie zu einem früheren Zeitpunkt.

2 Markieren Sie eine Datei, die im aktuellen Datenbestand nicht mehr vorhanden ist, und klicken Sie auf die Schaltfläche **Wiederherstellen** ❺. Die Datei wird vom früheren Zeitpunkt zum aktuellen Datenbestand an der gleichen Stelle im Dateisystem kopiert, und Time Machine wird anschließend beendet. Ist eine gleichnamige Datei im Hier und Jetzt bereits vorhanden, sehen Sie den Standarddialog des Finders mit der Rückfrage, wie mit den Dateien verfahren werden soll.

▲ **Abbildung 20.33** *Time Machine in Aktion*

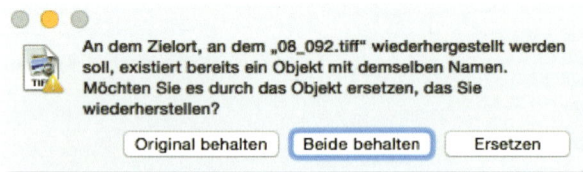

▲ **Abbildung 20.34** *Der Finder-Dialog bei gleichlauten-*
den Dateinamen. Wählen Sie »Beide behalten«, erhält die
ältere Datei den Namenszusatz »(original)«.

Auf diese Weise stellen Sie leicht einzelne Dateien, ganze Ordner und sogar Ordnerstrukturen wieder her. Zusätzlich besteht die Möglichkeit, bei einer Neuinstallation des Betriebssystems dieses komplett aus einem vorhandenen Time-Machine-Backup wiederherzustellen. Auf diese Weise können Sie beispielsweise ohne Aufwand ein System von einem Mac auf einen anderen »umziehen«, ohne Datenverlust befürchten zu müssen. Wie die komplette Systemwiederherstellung aus einem Time-Machine-Backup funktioniert, erfahren Sie auf Seite 740.

Time Machine mit Mail

Manche Programme sind deutlich besser in Time Machine integriert als andere. Ein Programm, das besonders gut in Time Machine integriert ist, ist Mail. Beim Start von Time Machine wird nicht die Oberfläche des Finders geladen, wie das sonst der Fall ist, sondern Time Machine ist in die Oberfläche von Mail integriert.

Starten Sie Mail und dann Time Machine. Sie sehen, wie Time Machine innerhalb der Oberfläche von Mail startet.

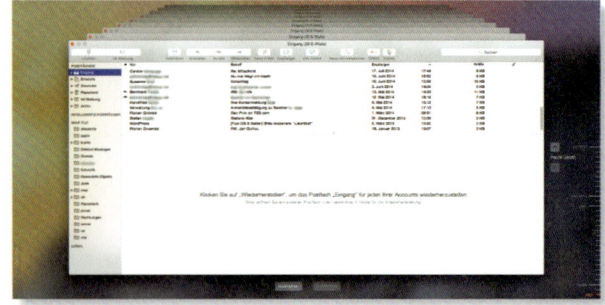

▲ **Abbildung 20.35** *Mail in Time Machine*

Das Zurückholen von Mails funktioniert ansonsten genauso wie zuvor das Zurückholen von Dateien.

Eine ähnliche Funktion wie Time Machine für das ganze System ist *Versionen* für einzelne Dateien. Versionen sichert in regelmäßigen Abständen die offenen Dateien. Versionen haben Sie bereits in Kapitel 6, »Mit Dateien arbeiten«, ausführlich kennengelernt (siehe Seite 233).

AirPort Time Capsule zur Nutzung mit Time Machine einrichten

Time Machine bietet, wie Sie in den vorangegangenen Abschnitten gesehen haben, eine genial einfache Möglichkeit, Backups zu machen (und diese im Notfall auch wieder auf Ihren Mac zurückzuspielen). Der letzte bestehende Haken dabei ist die Verfügbarkeit des Backup-Volumes. Ich beobachte immer wieder, dass Leute Time Machine derart nutzen, dass sie nur alle paar Wochen oder Monate die Backup-Festplatte anstecken und dann manuell ein Backup anstoßen. Das ist nicht Sinn der Sache und widerspricht der Funktionsweise von Time Machine. Wenn Sie die vorangegangenen Abschnitte davon überzeugt haben, Datensicherung als abgestuftes System zu betrachten und die entsprechenden Maßnahmen zu ergreifen, dann werden Sie es nützlich finden, Backups zentral an einer Stelle vornehmen zu können. Das kann in einer professionellen Umgebung ein OS X Server sein, der netzwerkweit für Time-Machine-Backups zur Verfügung steht (siehe Seite 821), das kann aber im privaten Umfeld auch beispielsweise eine AirPort Time Capsule sein (siehe Seite 723). Werfen wir also erneut einen kurzen Blick auf das AirPort-Dienstprogramm und sehen uns an, wie sich Time-Machine-Backups im heimischen Netzwerk nutzen lassen.

1 Starten Sie das AirPort-Dienstprogramm.

2 Klicken Sie auf **AirPort Time Capsule** und anschließend auf den Button **Bearbeiten**.

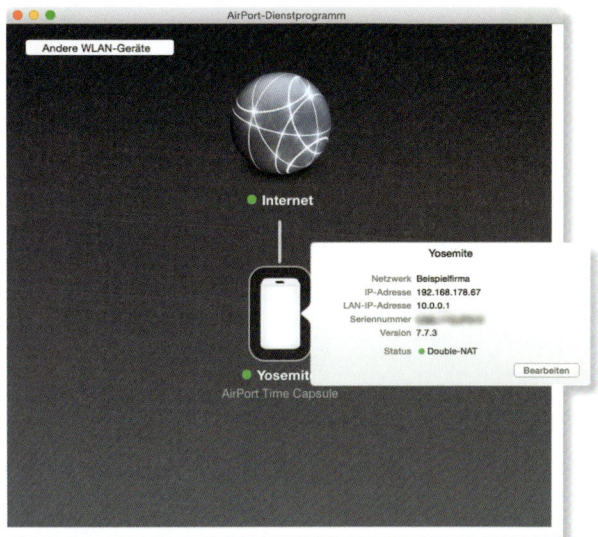

▲ **Abbildung 20.36** *Einstellungen an Time Capsule vornehmen*

3 Klicken Sie auf den Tab **Laufwerke**. Sie sehen im Bereich **Partitionen** eine Liste der verfügbaren Laufwerke, meist wird es sich nur um eines mit dem Namen **Data** handeln, denn das entspricht dem Auslieferungszustand.

4 Sie haben hier die Möglichkeit, mit Klick auf den Button **Laufwerk löschen** den Laufwerksnamen zu ändern und die Sicherheit der Löschmethode einzustellen. Mit Klick auf den Button **Laufwerk archivieren** können Sie das von AirPort Time Capsule verwendete interne Laufwerk auf eine an AirPort Time Capsule per USB angeschlossene externe Festplatte archivieren. Dabei wird die interne Festplatte quasi geklont, sodass Sie die externe Festplatte z. B. andernorts als weiteres Backup sicher aufbewahren können. Diese Möglichkeit zeigt auch, wie wichtig es ist, den Zugang zu Time Capsule mit einem entsprechend sicheren Kennwort zu schützen, da sonst jeder, der Zugang zu Ihrer AirPort Time Capsule (physisch und per Dienstprogramm) hat und über eine USB-Festplatte verfügt, eine Kopie Ihrer Backups machen kann.

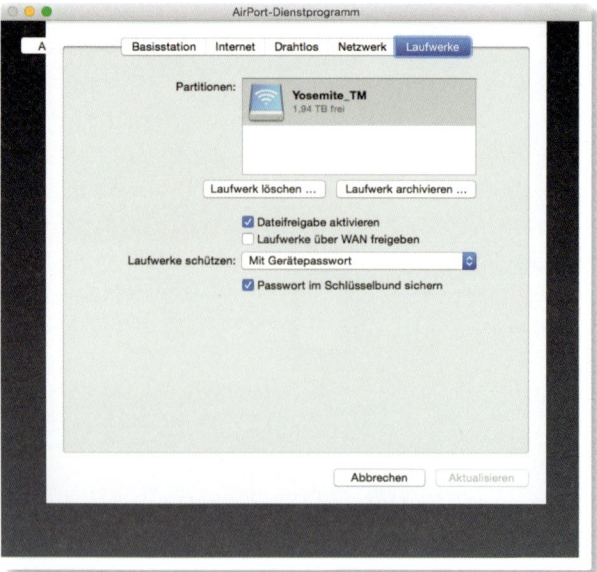

Abbildung 20.37 *Einstellungen für das Backup-Laufwerk vornehmen*

5 Nachdem Sie alle Einstellungen wie gewünscht vorgenommen haben, klicken Sie auf den Button **Aktualisieren**. Daraufhin steht Ihnen das Laufwerk der AirPort Time Capsule netzwerkweit auf jedem Mac als Zielvolume für Ihre Datensicherung mit Time Machine zur Verfügung.

Abbildung 20.38 *Sichern Sie Ihr Backup auf einem Netzwerklaufwerk, ist die externe Festplatte am Mac unnötig.*

Die Nutzung von Time Machine mit einer externen Festplatte, die direkt an den eigenen Mac angeschlossen ist, oder mit AirPort Time Capsule, die netzwerk-

weit zur Verfügung steht, unterscheidet sich für Sie als Anwender zunächst kaum. Die Verwendung der AirPort Time Capsule hat jedoch einen entscheidenden Vorteil: Sie müssen sich keine Gedanken mehr über angeschlossene Festplatten oder (im Zweifelsfall vergessene) Backup-Intervalle machen. Bei der Nutzung einer AirPort Time Capsule werden die Backups automatisch über das lokale Netzwerk vorgenommen und sind zentral gesichert.

20.5 Digitale Selbstverteidigung

Leider ist es aus aktuellem und sehr ärgerlichem Anlass nötig geworden, dieses Kapitel zum Thema Sicherheit um den Bereich digitale Selbstverteidigung zu erweitern. Es wird vor allem um Software gehen, die Ihnen zumindest ansatzweise so etwas wie einen selbstbestimmten Umgang mit den eigenen Daten gewährt. Dass es nötig ist, dieses Kapitel derart zu erweitern, liegt nicht allein an den völlig ausufernden Schnüffelaktionen der NSA und ihrer Amtskollegen weltweit, sondern auch an scheinbar desinteressierten und sichtlich unfähigen Regierenden, denen dieser beispiellose Angriff auf die informationelle Selbstbestimmung beinahe jedes Internetnutzers offenbar schlicht und ergreifend egal, möglicherweise sogar willkommen ist. Leider lässt sich, in meinen Augen als Fachautor, das Verhalten der verantwortlichen Politiker in den letzten Monaten nicht anders bewerten. Wenn Sie gar nicht mit mir übereinstimmen, überspringen Sie diesen Abschnitt und fahren mit dem nächsten Kapitel fort, in dem wir uns wieder mit systemnahen Themen beschäftigen. Wenn Sie aber auch nur ansatzweise mit mir übereinstimmen, lesen Sie diesen Abschnitt zu Ende, und ziehen Sie die für Ihre persönliche Situation relevanten Schlüsse daraus.

Kommen wir daher nun zurück zur Praxis. Im folgenden Abschnitt wird es zunächst um die Anonymisierung Ihres Verhaltens im Internet gehen, bevor dann im weiteren Verlauf Programme und Technologien zur Verschlüsselung Ihrer Dateien und E-Mails vorgestellt werden.

Tor

Die derzeit effektivste Art, Ihr Verhalten im Internet zu verschleiern, ist die Nutzung des sogenannten *Tor-Netzwerks*.

▲ **Abbildung 20.39** *Die Website des Tor-Projekts*

Dazu ist für Sie als einzelnen Privatanwender nicht mehr nötig, als den entsprechenden Tor-Browser von der Tor-Website *www.torproject.org* herunterzuladen, auf Ihrem Mac zu installieren und fortan für das Surfen im Internet zu nutzen. Damit haben Sie bereits ein gewisses Maß an Anonymität zurückgewonnen.

Wie Sie auf der Website des Tor-Projekts sehen können, ist das Logo von Tor eine Zwiebel. Anhand dieses Bildes lässt sich die Funktionsweise des Tor-Netzwerks ganz gut nachvollziehen: Ihre direkte Verbindung von Ihrem Mac zu einem anderen Computer im Internet, beispielsweise einer Website, wird dabei auf viele Zwischenschritte aufgeteilt. Die Zwischenschritte stehen dabei jeweils für eine Lage der Zwiebelschale. Die Wege des Datenverkehrs sind für Dritte daher nur noch mit extrem hohem Aufwand nachvollziehbar, da die Verbindungswege durch die vielfache Aufteilung äußerst komplex geworden sind. Sie können sich zur Veranschaulichung das Tor-Netzwerk auch wie ein Spiegellabyrinth auf dem Jahrmarkt vorstellen. In so

einem Spiegellabyrinth sieht man Sie (und die anderen Leute) zwar herumirren, es ist aber kaum möglich, ausmachen zu können, ob und wie Sie gegebenenfalls miteinander interagieren. Es bleibt außerdem unklar, zumindest für Beobachter, wie Sie bzw. über welchen Weg Sie es zu guter Letzt doch aus dem Labyrinth herausgeschafft haben. Etwas technischer formuliert können Sie die Funktionsweise in der Dokumentation von Tor unter *https://www.torproject.org/about/overview.html.en#thesolution* nachlesen.

1 Haben Sie den Tor-Browser erfolgreich heruntergeladen, installieren Sie ihn durch Doppelklick auf die ZIP-Datei und verschieben die entpackte Datei *Torbrowser.app* in den Ordner *Programme*. Die ZIP-Datei dient nur dem Transport, und Sie können sie nun löschen.

2 Wechseln Sie im Finder in den Ordner *Programme*, drücken Sie die Taste ctrl, und doppelklicken Sie mit gedrückter Taste auf den Tor-Browser.

3 Bestätigen Sie im folgenden Fenster durch Klick auf den Button **Öffnen**, dass Sie das Programm öffnen möchten, obwohl es nicht von einem verifizierten Entwickler stammt.

▲ **Abbildung 20.40** *Tor-Browser erstmalig starten*

Nach dem ersten Start fragt Tor, auf welche Weise Ihr Mac mit dem Internet verbunden ist. In den meisten Fällen reicht es, wenn Sie auf den Button **Connect** klicken. Anschließend dauert es ein paar Sekunden, bis Tor auf Ihrem System eingerichtet und konfiguriert ist (Die Einrichtung erfolgt von ganz allein, Sie müssen sich um nichts kümmern.). Daraufhin startet der

Tor-Browser, mit dem Sie nun anonym surfen können. In Abbildung 20.41 können Sie ganz deutlich den Unterschied erkennen, links sehen Sie den Tor-Browser, rechts Safari. Beide stellen auf demselben Mac gleichzeitig eine Verbindung zum Internet her. Der Tor-Browser geht dabei durch das Tor-Netzwerk, das den Datenstrom anonymisiert. Safari hat wie gewohnt eine direkte Verbindung ins Internet.

INFO

Programme starten mit (ctrl)

Sie haben auf Seite 717 die Sicherheitseinstellungen der Programme, die ohne Weiteres auf Ihrem Mac ausgeführt werden dürfen, kennengelernt. Möchten Sie jetzt, aus gutem Grund, eine Ausnahme machen, müssten Sie eigentlich die entsprechenden Systemeinstellungen im Bereich **Sicherheit** ändern. Mit dem Öffnen eines Programms mit gedrückter ctrl -Taste setzen Sie sich, nach Rückfrage, individuell über diese Einstellung hinweg, ohne sie jedoch grundlegend ändern zu müssen. Praktischer Nebeneffekt: Das System merkt sich Ihre Entscheidung und behandelt das Programm fortan als autorisiert, sodass Sie es zukünftig wie gewohnt bequem starten können.

Den Tor-Browser können Sie wie jeden anderen Browser bedienen. Grundsätzlich sollten Sie durch die Nutzung von Tor, abgesehen von einer kleinen Geschwindigkeitseinbuße beim Start von Tor sowie beim Surfen, nichts bemerken. Langfristig werden Sie aber feststellen, dass es doch sehr viel angenehmer ist, zu wissen, dass die entstehenden Verbindungsdaten für Schnüffler keinen Wert haben, da sie dank Tor entsprechend entwertet wurden. Bei jedem Start des Tor-Browsers wird eine neue Verbindung ins Tor-Netzwerk angelegt, die nur für Ihre aktuelle Sitzung gilt. Möchten Sie eine neue Verbindung ins Tor-Netzwerk erzwingen, ohne den Tor-Browser extra dafür neu starten zu müssen, klicken Sie auf das kleine Zwiebelsymbol ❶ in der Menüleiste des Browsers und wählen aus dem Menü den Eintrag **New Identity** aus.

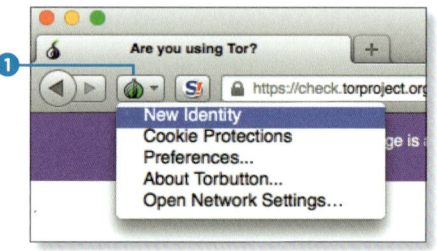

^ **Abbildung 20.42** Erzwingen Sie eine neue Einwahl ins Tor-Netzwerk.

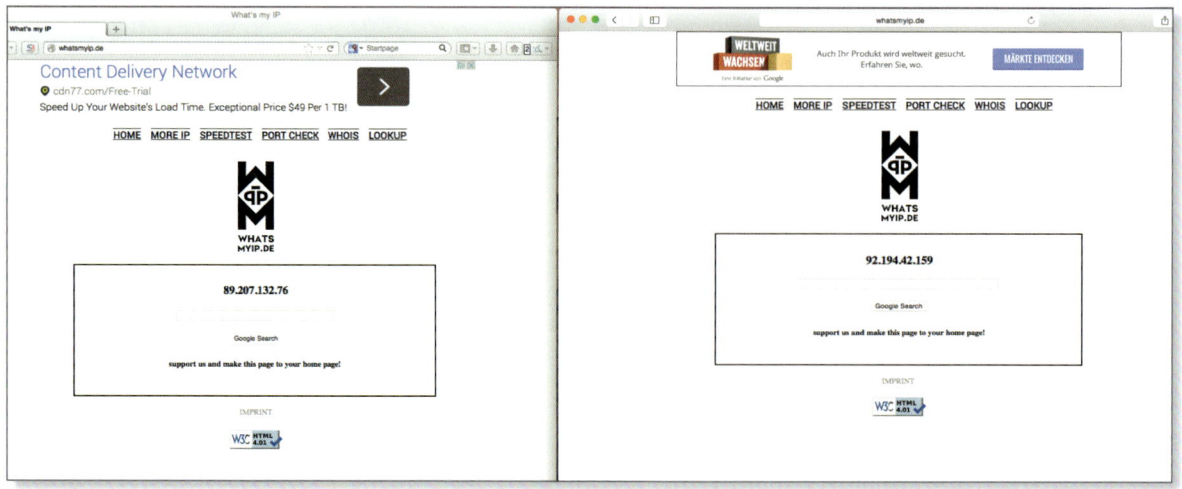

^ **Abbildung 20.41** Ein kurzer Check auf whatsmyip.de zeigt: ein Anschluss, zwei unterschiedliche IP-Adressen, einmal mit aktivem Tor, einmal ohne.

Dateien verschlüsseln mit Boxcryptor

Sie haben zuvor erfahren, dass Sie mithilfe von File-Vault die gesamte Festplatte verschlüsseln können. Solange Ihre Daten also auf Ihrem Mac bleiben, ist alles in Ordnung.

Aber wie sieht es aus, wenn Sie beispielsweise Cloud-Speicher wie Dropbox nutzen? Bei den meisten Cloud-Anbietern haben Sie keine Kontrolle darüber, wie mit Ihren Daten umgegangen wird. Erschwerend kommt hinzu, dass je nach Cloud-Anbieter speziell festgelegte Ordner von Ihrer Festplatte in die Cloud synchronisiert werden. Diese Ordner sind quasi ein Einfallstor für potenziellen Datenverlust.

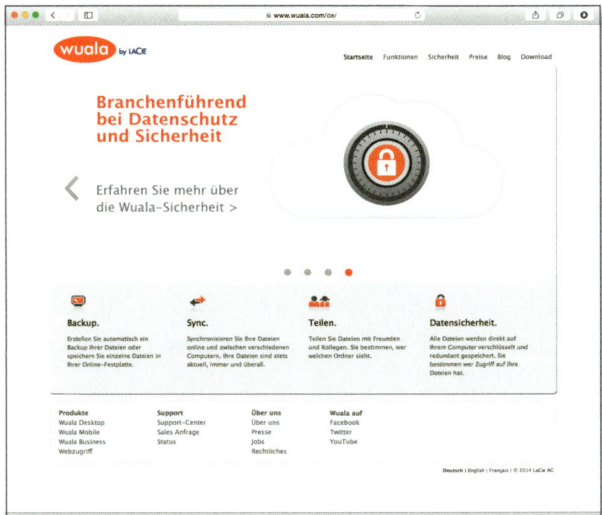

▲ **Abbildung 20.43** *Ein erster Schritt zu sicherer Cloud-Nutzung: Wuala*

Diese potenzielle Sicherheitslücke, die durch die Nutzung eines Cloud-Speichers entsteht, können Sie beispielsweise durch die Verwendung eines Cloud-Anbieters wie Wuala schließen. Wuala legt, im Gegensatz zu vielen anderen Anbietern, Ihre Dateien verschlüsselt in einer Cloud ab, deren Server ausschließlich auf dem europäischen Festland stehen. Das ist schon mal ein guter Anfang. Es setzt aber nach wie vor Vertrauen in den Anbieter voraus, da Sie selbst kaum eine Mög-

lichkeit der Kontrolle darüber haben, ob der angebotene Dienst auch tatsächlich das bietet, was versprochen wird.

Wenn Sie aber sicher sein wollen, dass Ihre Daten verschlüsselt gespeichert werden, dann sollten Sie ein Programm verwenden, mit dem Sie Ihre Daten nachvollziehbar selbst verschlüsseln können. Es bietet sich z. B. der Einsatz einer Software wie Boxcryptor an.

> **INFO**
>
> **Verfügbare Sprachen in Boxcryptor**
> Die aktuelle Version von Boxcryptor war bis zur Drucklegung dieses Buches leider nur in Englisch verfügbar. Dies dürfte jedoch mit einem der nächsten Updates behoben werden, sodass Sie auch dann diese Programmversion auf Deutsch nutzen können.

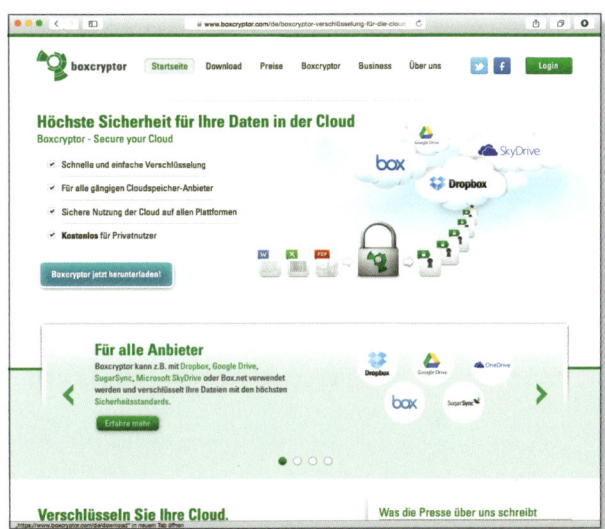

▲ **Abbildung 20.44** *Kontrollierbare Verschlüsselung für die Cloud: Boxcryptor*

1 Laden Sie von *https://www.boxcryptor.com* zunächst das Programm Boxcryptor für OS X herunter.

2 Öffnen Sie die heruntergeladene DMG-Datei mit einem Doppelklick.

3 Verschieben Sie die Datei *Boxcryptor* per Drag & Drop in den Ordner *Programme*, um das Programm zu installieren.

^ **Abbildung 20.45** *Boxcryptor installieren*

4 Starten Sie Boxcryptor.

5 Daraufhin werden Sie aufgefordert, OSXFUSE herunterzuladen und zu installieren. *FUSE (Filesystem im USErspace)* ist eine Technologie, mit der sich unter OS X Dateisysteme, die vom System normalerweise nicht unterstützt würden, nutzen lassen. Boxcryptor benötigt diese Technologie im Hintergrund, um funktionieren zu können. Bei der Version Boxcryptor Classic kam die Verschlüsselung durch das Cryptodateisystem *encfs* zustande, das normalerweise nicht von OS X unterstützt wird. Bei der aktuellen Version von Boxcryptor wird jedoch eine Eigenentwicklung verwendet, die zu Boxcryptor Classic nicht kompatibel ist. Da Boxcryptor mit allen Macs ab Version 10.7.5 verwendet werden kann, ist die Classic-Version eigentlich kaum noch relevant.

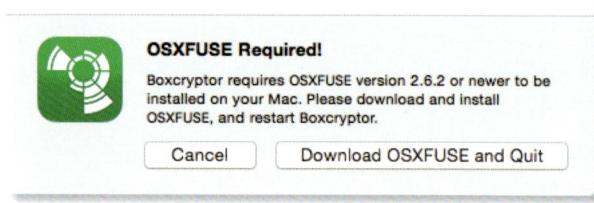

^ **Abbildung 20.46** *OSXFUSE wird benötigt.*

Nach erfolgreichem Download und Installation von OSXFUSE finden Sie in der letzten Zeile der Systemeinstellungen den neuen Eintrag **FUSE for OS X**.

6 Nachdem Boxcryptor damit vollständig installiert ist, wird es Zeit, Boxcryptor erneut zu starten. Beim Start müssen Sie sich zunächst bei Boxcryptor anmelden. Geben Sie dazu Ihre Accountdaten ein, und klicken Sie auf den Button **Sign In**.

^ **Abbildung 20.47** *Bei Boxcryptor anmelden*

Wenn Sie nie zuvor Boxcryptor genutzt haben, klicken Sie auf den Button **Sign Up**. Geben Sie im nächsten Schritt die Daten ein, die Sie für Ihren Account verwenden wollen, und klicken Sie auf den Button **Next**. Bestätigen Sie im folgenden Fenster den Hinweis, dass Ihre Daten unwiederbringlich verloren sind, wenn Sie Ihr Passwort für die Verschlüsselung vergessen, und klicken Sie auf den Button **Create Account**.

Boxcryptor schickt Ihnen nun eine Mail zur Verifizierung des gerade angelegten Accounts. Klicken Sie in der Mail den Link zur Aktivierung des Accounts an, um Boxcryptor gleich nutzen zu können.

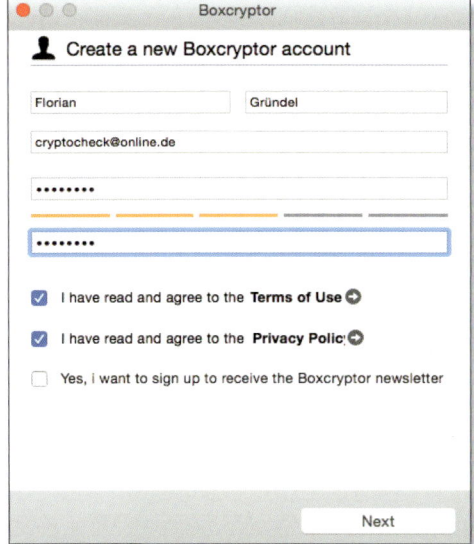

Abbildung 20.48 *Einen Account erstellen*

7 Im nächsten Schritt wählen Sie die gewünschte Lizenzart aus und klicken anschließend auf den Button **Next**. Für unser Beispiel nutzen wir die Gratislizenz. Sie können später jederzeit in den Einstellungen von Boxcryptor zu einer anderen, kostenpflichtigen Lizenz mit größerem Funktionsumfang wechseln.

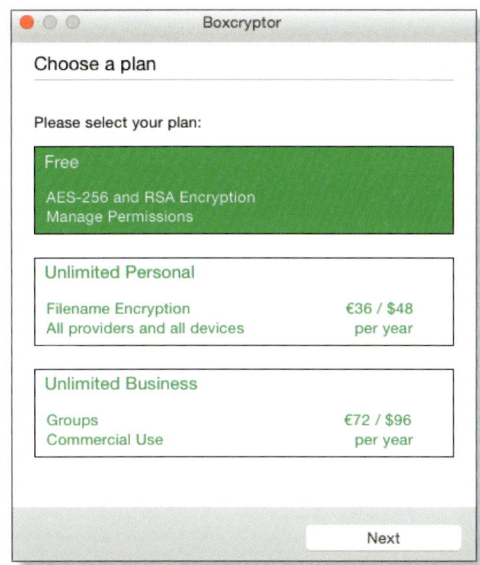

Abbildung 20.49 *Die gewünschte Lizenzart auswählen*

8 Das nächste Fenster zeigt Ihnen einige Links zu weiterführenden Informationen. Über den QR-Code können Sie sich außerdem die Boxcryptor-App für Ihr iOS- oder Android-Smartphone herunterladen. Klicken Sie abschließend auf den Button **Finish**, um die Anmeldung Ihres Benutzerkontos abzuschließen.

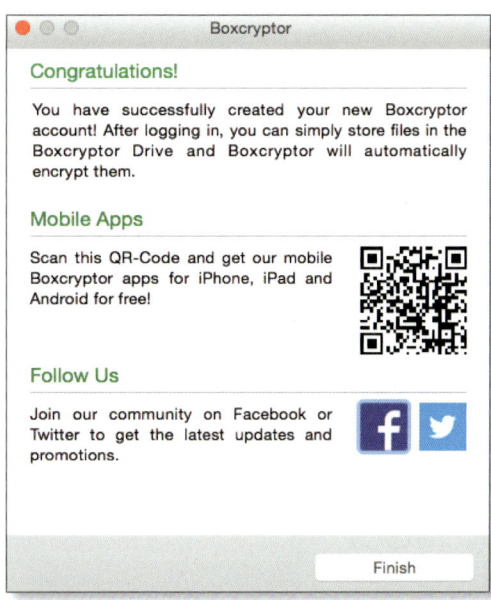

Abbildung 20.50 *Setup beenden*

Anschließend sehen Sie erneut das Anmeldefenster.

9 Melden Sie sich mit den soeben angelegten Benutzerdaten bei Boxcryptor an.

Nach dem ersten Login werden Sie vom Betriebssystem eventuell aufgefordert, Ihr Administratorpasswort einzugeben, da Boxcryptor an dieser Stelle weitere Softwarekomponenten installieren muss.

10 Nach diesem ersten Start und der Anmeldung bzw. Registrierung begrüßt Sie ein Infoassistent, der Ihnen die Funktionsweise von Boxcryptor erklärt. Klicken Sie auf den Button **Next**, um die Einführung fortzusetzen.

^ **Abbildung 20.51** *Der Infoassistent beim ersten Start*

11 Im folgenden Schritt informiert Sie der Assistent darüber, dass die Ordner, die Sie zur Synchronisierung mit Ihrer Cloud verwenden, nun von Boxcryptor verwaltet werden. Klicken Sie auch hier auf den Button **Next**.

^ **Abbildung 20.52** *Boxcryptor kümmert sich um Cloud-Ordner.*

12 Im folgenden Schritt weist Boxcryptor darauf hin, dass die Einstellungen von Boxcryptor jederzeit über das entsprechende Icon in der Menüleiste verfügbar sind. Klicken Sie abermals auf den Button **Next**.

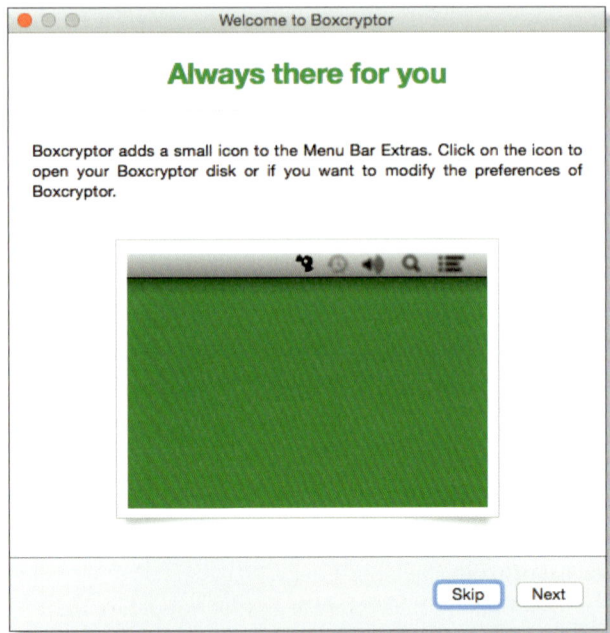

^ **Abbildung 20.53** *Die Einstellungen sind jederzeit leicht über die Menüleiste erreichbar.*

13 Das folgende Fenster erklärt, dass Dateien und Ordner, die Sie in das von Boxcryptor erstellte virtuelle Laufwerk (das Ihnen mittlerweile auch im Finder angezeigt wird) bewegen oder kopieren, nach Rückfrage verschlüsselt werden. Die verschlüsselten Daten und Ordner werden daraufhin entsprechend durch eine grüne Markierung hervorgehoben.

Bei Ordnern, die so konfiguriert sind, dass alle Inhalte verschlüsselt werden sollen, entfällt die Nachfrage beim Hinzufügen weiterer Dateien. Klicken Sie erneut auf den Button **Next**, um fortzufahren.

15 Rufen Sie die Einstellungen von Boxcryptor auf, um nun von der angebotenen Verschlüsselung auch profitieren zu können. Klicken Sie dazu in der Menüleiste auf das Icon von Boxcryptor und im folgenden Auswahlmenü auf den Eintrag **Preferences**.

< **Abbildung 20.56** Die Einstellungen von Boxcryptor aufrufen

∧ **Abbildung 20.54** Die Funktionsweise von Boxcryptor wird erklärt.

14 Das letzte Fenster der Tour kennen Sie bereits von der Ersteinrichtung. Es zeigt Ihnen einige Links zu weiterführenden Informationen. Über den QR-Code können Sie sich außerdem die Boxcryptor-App für Ihr Smartphone herunterladen. Klicken Sie abschließend auf den Button **Done.**

16 Der erste Tab in den Einstellungen heißt **Locations** und ist für Ihre Arbeit der wichtigste, denn damit legen Sie fest, welche Ordner Sie für die Verschlüsselung nutzen möchten.

Wenn Sie iCloud Drive nutzen, finden Sie das entsprechend voreingestellt und aktiviert. Das ist zwar nett gemeint, aber die automatische Aktivierung ist übergriffig. Hier sollte der Hersteller etwas mehr Feingefühl zeigen. Wenn Sie das so nutzen wollen, müssen Sie nichts weiter tun. Wollen Sie einen anderen Ordner verschlüsseln, folgen Sie den nächsten Schritten.

17 Klicken Sie auf den kleinen Button mit dem Pluszeichen ❶, um einen neuen verschlüsselten Ordner anzulegen.

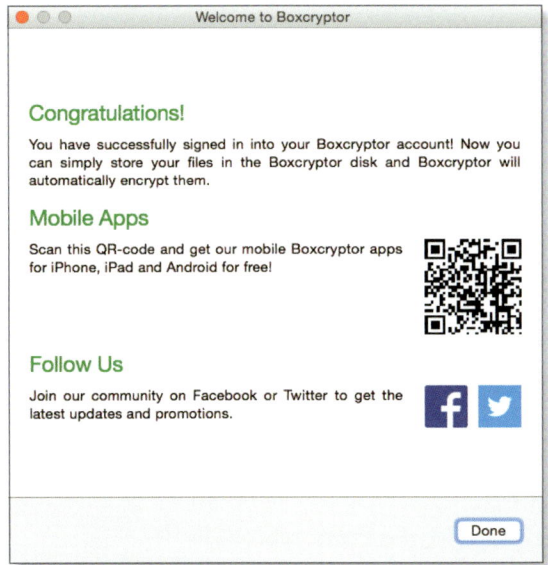

∧ **Abbildung 20.57** Noch befindet sich kein eigener verschlüsselter Ordner in der Übersicht.

∧ **Abbildung 20.55** Die Infotour ist zu Ende.

18 Wählen Sie im folgenden Fenster den gewünschten Ordner aus, und klicken Sie auf den Button **Open**.

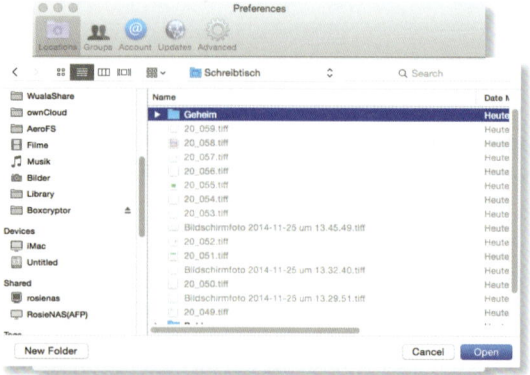

^ **Abbildung 20.58** *Einen neuen Ordner für verschlüsselte Dateien anlegen*

Bei der Wahl des Speicherorts für verschlüsselte Dateien bietet sich beispielsweise an, den Ordner zu wählen, der für die Synchronisierung mit einem Cloud-Anbieter genutzt wird, damit die in der Cloud abgelegten Dateien verschlüsselt werden. Sie können jedoch auch jeden beliebigen Ordner auf Ihrem Mac wählen, der Daten enthält, die für Sie wertvoll und nicht für die Augen Dritter bestimmt sind. In der Übersicht über die Speicherorte sehen Sie jeweils den vollständigen Pfad der von Ihnen ausgewählten Ordner.

^ **Abbildung 20.59** *Die verschlüsselten Ordner in der Übersicht*

Damit haben Sie bereits alles Notwendige zur Einrichtung erledigt, und die Gratisversion bietet Ihnen ohnehin nicht mehr Funktionen. Aber Sie fragen sich sicherlich, wie nun die praktische Nutzung des zuvor ausgewählten und verschlüsselten Ordners aussieht? Boxcryptor legt auf dem eigenen virtuellen Laufwerk einen Ordner an, der so heißt wie der zuvor ausgewählte Ordner. Dieser *Schattenordner* erledigt die Ver- und Entschlüsselung Ihrer Daten. Das bedeutet aber, dass Dateien auch *durch* diesen Ordner bewegt werden müssen, um von der Verschlüsselung zu profitieren. Das wird am einfachsten an einem Beispiel deutlich.

1 Öffnen Sie zunächst zwei Finder-Fenster, wie in Abbildung 20.60 dargestellt, also einmal den Originalordner (oben) und einmal den Schattenordner im virtuellen Laufwerk von Boxcryptor (unten). Wählen Sie außerdem eine Testdatei, die Sie probehalber verschlüsseln möchten.

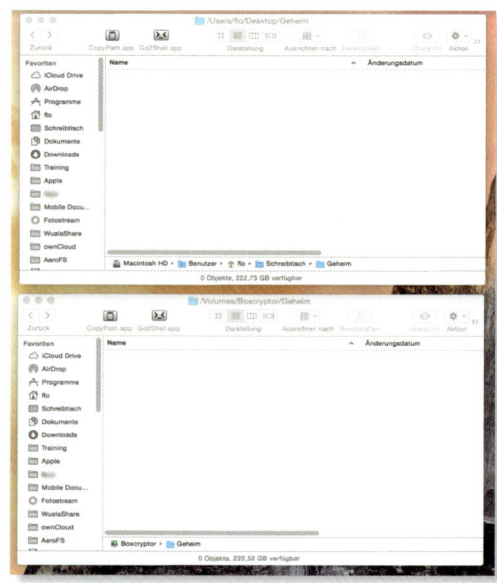

^ **Abbildung 20.60** *Das Testsetup*

2 Bewegen Sie die Testdatei zunächst in den Originalordner, hier im Beispiel *Geheim* im oberen Fenster.

Daraufhin ist die Datei sowohl im Originalordner als auch im Schattenordner zu sehen. Abgesehen davon, dass die Datei verschoben wurde und also in beiden Finder-Fenstern *im Klartext* zu erkennen ist, ist jedoch nichts passiert. Das war zu erwarten, denn wie zuvor erwähnt, müssen Dateien *durch* den Schattenordner kommen, um ver- bzw. entschlüsselt zu werden. Die Icon-Vorschau der Datei verdeutlicht dies, denn verschlüsselte Dateien werden nicht mit der Inhaltsvorschau, sondern mit einem generischen Icon angezeigt.

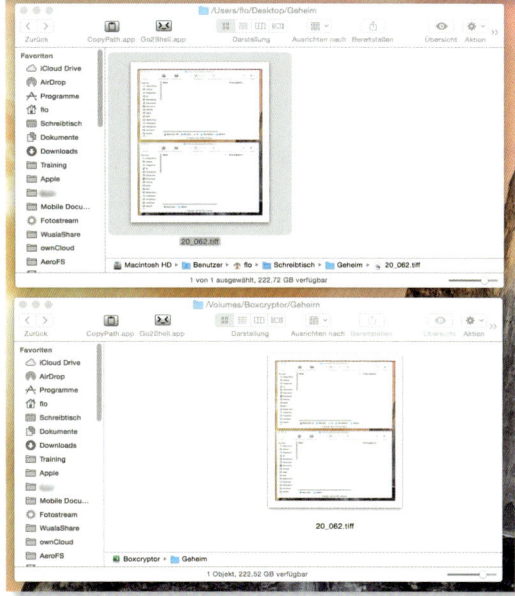

⌃ Abbildung 20.61 *Im ersten Test ist (wie gewünscht und erwartet) nichts passiert.*

3 Bewegen Sie die Datei also zurück auf den Schreibtisch.

4 Ziehen Sie die Datei nun in den Schattenordner auf dem virtuellen Laufwerk von Boxcryptor, im Beispiel im unteren Finder-Fenster. Zwei Dinge werden Ihnen auffallen:

■ Die Datei wird nicht bewegt, sondern kopiert, da ja in dem Moment eine Volume-Grenze überschritten wird. Wenn Sie die Datei dennoch nur bewegen, aber nicht kopieren wollen, halten Sie beim Bewegen die Taste cmd gedrückt.

■ Boxcryptor blendet einen Dialog mit der Frage ein, ob die Datei verschlüsselt werden soll.

5 Bestätigen Sie die Frage des Dialogs mit Klick auf den Button **Yes**, um die Datei zu verschlüsseln.

⌃ Abbildung 20.62 *Soll die Datei verschlüsselt werden?*

6 Die Datei wird daraufhin verschlüsselt im Originalordner gespeichert. Sie bleibt dabei im Schattenordner zwar nach wie vor lesbar, wird aber mit dem grünen Tag als verschlüsselt gekennzeichnet. Dieses Verfahren nennt sich *transparente Verschlüsselung*, d. h., die Datei ist zwar verschlüsselt, wird dem Nutzer aber im Schattenordner unverschlüsselt angezeigt, solange das virtuelle Boxcryptor-Laufwerk gemountet ist. Im Originalordner hingegen wird die Datei verschlüsselt angezeigt, und man kann nicht mit Sicherheit sagen, ob es sich überhaupt noch um eine Datei handelt oder beispielsweise um einen ganzen Ordner.

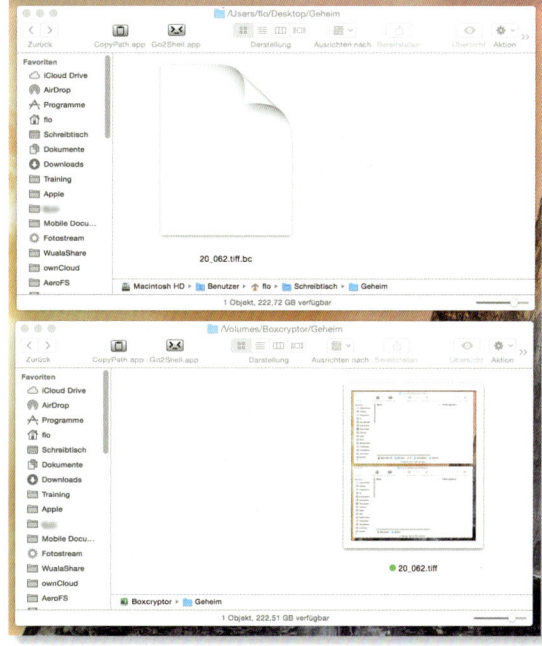

⌃ Abbildung 20.63 *Boxcryptor in Aktion: Es handelt sich in beiden Finder-Fenstern um dieselbe (!) Datei, jedoch aus unterschiedlichen »Blickwinkeln«.*

Dass die Datei im Schattenordner nutzbar ist, liegt daran, dass Boxcryptor mithilfe des bei der Installation erforderlichen FUSE ein Cryptodateisystem auf dem virtuellen Laufwerk nutzt, mit dem Dateien *on the fly* ver- bzw. entschlüsselt werden können. Das ist auch der Grund, warum die Installation von FUSE zwingend notwendig war. Ohne FUSE würde Boxcryptor unter OS X nicht funktionieren, da bei OS X, anders als im Vergleich dazu bei Windows, die Treiber für das Cryptodateisystem nicht in den Kern des Betriebssystems integriert werden können, sondern als eigener Prozess (im Userspace) laufen müssen.

Das Raffinierte an Boxcryptor ist also, dass Sie kaum etwas vom Verschlüsselungsprozess mitbekommen, wenn Sie sich erst mal an den Speicherablauf über den Schattenordner gewöhnt haben, was zugegebenermaßen ein klein wenig dauern kann, aber das sollte Ihnen Ihre Privatsphäre wert sein. Genau genommen, müssen Sie sich ja auch nicht an ein neues Programm gewöhnen, sondern lediglich den Speichervorgang anpassen. Dann können Sie Dateien ganz bequem im Finder verschlüsseln, indem Sie sie im Schattenordner ablegen.

▲ **Abbildung 20.64** *Ein Wunderding: Das Boxcryptor-Laufwerk übernimmt für Sie die Verschlüsselung und zeigt Ihnen dennoch die verschlüsselten Dateien lesbar an.*

Boxcryptor ist wohl die einfachste Art, Dateien speziell im Zusammenspiel mit Cloud-Ordnern zu verschlüsseln. Nun haben Sie also bereits ein Werkzeug für das Surfen im Internet und eins, um Ihre Daten sicher in der Cloud zu speichern, kennengelernt. Der folgende Abschnitt wird Ihnen die GPG-Tools vorstellen, die unter anderem auch Dateiverschlüsselung ermöglichen

(allerdings mit einem etwas anderen Bedienkonzept als Boxcryptor), aber vor allem für die damit erreichbare E-Mail-Verschlüsselung bekannt sind.

E-Mails verschlüsseln mit GPG-Mail

Wie bei den vorherigen Programmen müssen Sie auch die GPG-Tools zunächst herunterladen und installieren. Wie das funktioniert, sollte für Sie mittlerweile eine Selbstverständlichkeit sein, daher hier nur der Link zur Website: *https://gpgtools.org*.

Nachdem Sie also die GPG-Tools heruntergeladen und installiert haben, sehen wir uns an, wie Sie sie speziell im Hinblick auf die Verschlüsselung von E-Mails nutzen können.

Am Ende der Installation passieren nun mehrere Dinge gleichzeitig: Safari öffnet einerseits eine Website, die Ihnen bei den ersten Schritten mit den GPG-Tools hilft, und eines der neu installierten Programme, der GPG-Schlüsselbund, startet mit einem Assistenten zur Erstellung eines neuen Schlüsselpaares. Da man über GPG ein eigenes Buch schreiben könnte, sehen wir uns an dieser Stelle lediglich die unbedingt notwendigen Schritte an, um zu verschlüsselter E-Mail-Kommunikation zu kommen.

Ignorieren Sie daher zunächst Safari, wir widmen uns erst mal der Schlüsselerstellung mit dem GPG-Schlüsselbund.

1 Geben Sie im Assistenten zur Schlüsselgenerierung Ihren Namen ❶ und die E-Mail-Adresse ❷ ein, mit der Sie später verschlüsselt kommunizieren wollen.

2 Setzen Sie außerdem das Häkchen bei **Upload key after generation** ❸ (Da hat wohl jemand vergessen zu übersetzen.), um Ihren Public Key auffindbar zu machen. Sie können gegebenenfalls weitere Informationen durch Klick auf den Erweiterungspfeil bei **Erweiterte Optionen** angeben. Das ist jedoch nicht notwendig.

3 Klicken Sie auf den Button **Schlüssel erstellen**.

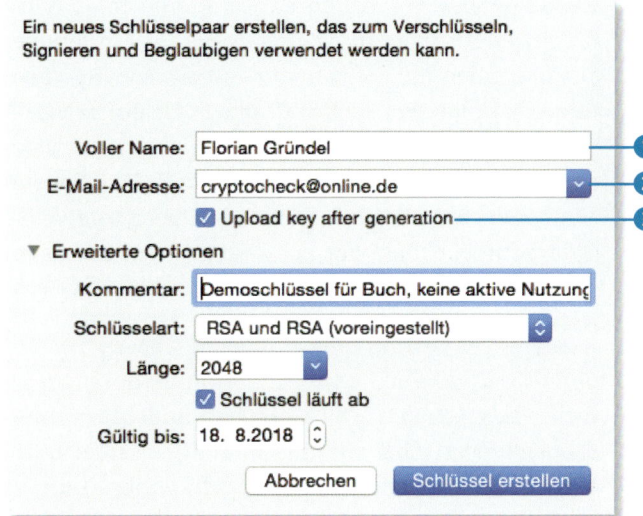

△ **Abbildung 20.65** *Die Schlüsselgenerierung*

4 Geben Sie im folgenden Fenster ein Kennwort ein, mit dem Sie Ihre Schlüssel schützen wollen, und bestätigen Sie im darauffolgenden Fenster das Kennwort durch erneute Eingabe. Für das Kennwort gilt hier, was zuvor auch schon für das Kennwort bei Boxcryptor galt und was generell für alle Kennwörter gilt: Je komplexer, desto sicherer, aber Sie sollten es sich auch gut merken können, denn mit Verschlüsselung ist nicht zu spaßen.

Nachdem Sie das Kennwort eingegeben haben, ist die Schlüsselgenerierung abgeschlossen, und Sie sehen einen entsprechenden Eintrag für Ihren Schlüssel im GPG-Schlüsselbund.

△ **Abbildung 20.66** *Ihr so eben generierter Schlüssel im GPG-Schlüsselbund*

Genau genommen, wurde nicht nur ein Schlüssel für Sie generiert, sondern ein Schlüsselpaar. Ein privater Schlüssel, den nur Sie kennen, und ein korrespondierender öffentlicher Schlüssel, der auch auf entsprechenden Schlüsselservern verfügbar ist. Das Hochladen Ihres öffentlichen Schlüssels und die Abfrage von Schlüsseln anderer Nutzer passiert normalerweise automatisch, sodass Sie sich darum nicht kümmern müssen.

Verschlüsselte Kommunikation kann also immer nur dann funktionieren, wenn Sender und Empfänger jeweils einen privaten Schlüssel haben und ihre öffentlichen Schlüssel (über öffentliche Schlüsselserver, quasi eine Art Telefonbuch) austauschen können. Dies ist natürlich eine vereinfachte und knappe Beschreibung, verdeutlicht aber das Grundprinzip verschlüsselter Kommunikation.

Nachdem also mit der Generierung des Schlüsselpaares mit dem GPG-Schlüsselbund die Voraussetzungen für verschlüsselte Mails erfüllt sind, sehen wir uns an, wie Sie nun Ihre E-Mail-Verkehr mit Mail verschlüsseln können.

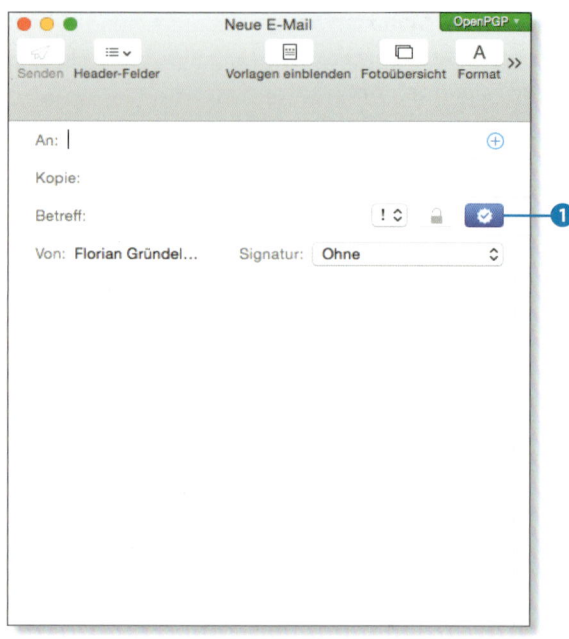

Abbildung 20.67 *Das etwas veränderte Editorfenster von Mail nach erfolgreicher Installation der GPG-Tools*

> **INFO**
>
> **GPG-Einstellungen**
> Nach der Installation finden Sie in den Systemeinstellungen einen neuen Punkt **GPGPreferences**. Hier können Sie unter anderem festlegen, falls Sie über mehrere Schlüssel verfügen, welcher Schlüssel Ihr Standardschlüssel sein soll.

Starten Sie zunächst Mail. Erstellen Sie eine neue E-Mail. Sie sehen nun bereits, dass sich das Editorfenster von Mail etwas von dem unterscheidet, das Sie kennen. Der Unterschied besteht zwar optisch scheinbar nur aus Kleinigkeiten, diese kleinen Veränderungen erlauben Ihnen jedoch, zukünftig verschlüsselt zu kommunizieren.

Die wichtigsten Änderungen für Sie sind die beiden von GPG hinzugefügten Buttons ❶ rechts in der Betreffzeile.

Mit einem Klick auf den linken Button verschlüsseln Sie die Mail, an der Sie gerade schreiben. Dieser Button wird jedoch erst aktiv, nachdem Sie mindestens einen Empfänger eingegeben haben, der auch verschlüsselte Mails empfangen kann. Der zweite Button, der standardmäßig aktiv ist und den Sie also gegebenenfalls nur zum *Ausschalten* benötigen, ist die Signierung. Da der Knopf standardmäßig aktiv ist, senden Sie ab sofort alle Ihre Mails mindestens signiert, sodass die Empfänger Ihrer Mail wissen, dass Sie PGP (die Abkürzung für das von GPG verwendete Verschlüsselungssystem *Pretty Good Privacy*) nutzen. Oben rechts im Editorfenster befindet sich noch die Möglichkeit, die Verschlüsselungstechnologie zu verändern. Sie sollten hier das standardmäßig aktivierte **OpenPGP** aktiviert lassen. Im Normalfall müssen Sie hier also keine Veränderungen vornehmen.

Ihre alltägliche Nutzung von Mail verändert sich also zunächst erst mal nicht grundlegend. Beim Absenden Ihrer E-Mail werden Sie allerdings von nun an nach Ihrem Kennwort für Ihren zuvor angelegten Schlüssel gefragt, um die Mail korrekt signieren zu können. Wie so eine signierte Mail beim Empfänger aussieht, sehen Sie in der folgenden Abbildung.

Florian Gründel
An: cryptocheck@online.de
Test
Sicherheit: ✪ Signiert

So sieht eine signierte Mail beim Empfänger aus.

Liebe Grüße,
Flo

⌃ Abbildung 20.68 *Eine signierte Mail beim Empfänger*

Interessant wird es also erst, wenn es ans Verschlüsseln geht. Und hier wird Sie voraussichtlich sehr schnell Ernüchterung und Enttäuschung treffen, denn nachdem Sie einen Empfänger und Inhalte in Ihre Mail eingegeben haben, werden Sie vermutlich in den meisten Fällen feststellen, dass sich die Mail nicht verschlüsseln lässt. GPG prüft, nachdem Sie den Empfänger eingegeben haben, ob für die E-Mail-Adresse, an die Sie die Mail schicken wollen, ein öffentlicher Schlüssel existiert.

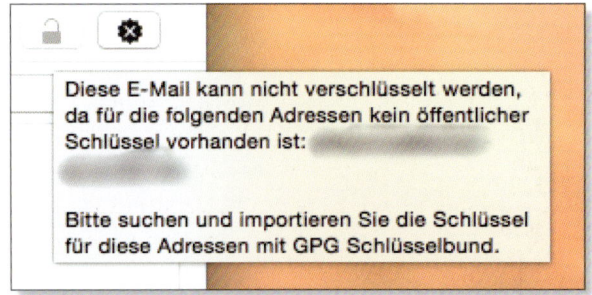

Diese E-Mail kann nicht verschlüsselt werden, da für die folgenden Adressen kein öffentlicher Schlüssel vorhanden ist:

Bitte suchen und importieren Sie die Schlüssel für diese Adressen mit GPG Schlüsselbund.

⌃ Abbildung 20.69 *Diese Meldung wird Ihnen leider des Öfteren begegnen.*

Ist das der Fall, können Sie die Mail durch Klick auf den Button verschlüsseln. Ist das nicht der Fall, und davon sollten Sie zunächst erst mal ausgehen, dann bleibt der Button ausgegraut, und die Mail lässt sich nur wie zuvor unverschlüsselt senden. Dieses Verhalten von

GPG hat den Vorteil, dass Sie niemandem versehentlich verschlüsselte Inhalte senden können, ohne dass der Empfänger damit etwas anfangen kann (Wie das in früheren Versionen der Fall war, sehen Sie in folgender Abbildung).

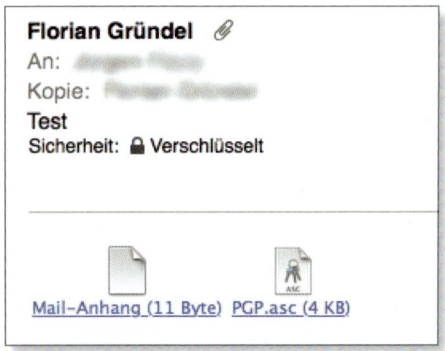

Florian Gründel 📎
An:
Kopie:
Test
Sicherheit: 🔒 Verschlüsselt

📄   📄
Mail-Anhang (11 Byte) PGP.asc (4 KB)

⌃ Abbildung 20.70 *Nur Datenmüll: eine verschlüsselte Mail bei einem Empfänger, der sie nicht entschlüsseln kann*

Es hat jedoch den Nachteil, dass Ihnen erst mal sehr direkt bewusst gemacht wird, wie wenig Erfahrung die meisten Ihrer Kontakte mit verschlüsseltem E-Mail-Verkehr und damit einhergehender ungestörter Kommunikation haben. Senden Sie ab sofort jede Mail zumindest signiert, könnte das jedoch idealerweise den positiven Effekt haben, dass sich zumindest der eine oder andere Kontakt mit der Thematik auseinandersetzt und Sie so möglicherweise wieder einen Kontakt mehr haben werden, mit dem Sie zukünftig verschlüsselt kommunizieren können.

Um also eine Mail verschlüsselt zu senden, klicken Sie (wenn die Voraussetzungen gegeben sind und der Empfänger ebenfalls GPG-Nutzer ist) einfach auf den Button mit dem Schloss und geben Ihr Kennwort ein. Ihre E-Mail wird daraufhin verschlüsselt versendet. Im Großen und Ganzen ist verschlüsselte Kommunikation per E-Mail mit so einem geringen Aufwand verbunden, dass die Vorteile tonnenschwer überwiegen und es umso unverständlicher ist, warum so wenig Mitmenschen von dieser Form der digitalen Selbstverteidigung Gebrauch machen.

Florian Gründel
An: cryptocheck@online.de
Cryptotest
Sicherheit: 🔒 Verschlüsselt, ✔ Signiert

So sieht also eine verschlüsselte Mail aus

⌃ **Abbildung 20.71** *Eine verschlüsselte Mail beim Emp-fänger*

Obwohl die Inhalte des vorangegangenen Abschnitts nicht unmittelbar mit OS X zu tun hatten, hoffe ich, dass Sie Nutzen aus ihnen ziehen können und ich Ihnen das Thema und die Bedeutung der digitalen Selbstverteidigung näherbringen konnte. Setzen Sie die erwähnten Technologien in Kombination ein, haben Sie bereits eine ganze Menge Autonomie zurückgewonnen. Wenn man sich vor Augen hält, dass es einige Staaten auf der Welt gibt, in denen der Einsatz von Mitteln wie den zuvor beschriebenen verboten ist, dann heißt das nicht im Umkehrschluss, dass wir es noch »ganz gut« erwischt haben. Man sollte im Gegenteil bei jeder (noch so geringen) Einschränkung bürgerlicher Freiheit äußerst sensibel sein und laut und deutlich mit allen Mitteln dagegen vorgehen. Ein Zitat des österreichischen Kabarettisten und Musikers Willi Resetarits (alias Dr. Kurt Ostbahn) bringt es auf den Punkt: *»Sad's vuasichtig und losst's eich nix gfoin!«*

Kapitel 21
Rat und Tat bei Problemen

Selbst Probleme sind mit einem Mac meist kein totales Desaster, sondern oft nur lästig. Wie und wo Sie Hilfe finden und wie Sie notfalls das Betriebssystem neu installieren, erfahren Sie in diesem Kapitel.

Bei vielen Problemen hilft die *Recovery HD*. Dabei handelt es sich um einen kleinen Teil der Festplatte, der ohne Weiteres weder im Finder noch im Festplattendienstprogramm zu sehen ist. Es gibt nur einen Weg dorthin, und wenn beispielsweise die Festplatte physisch beschädigt ist, ist auch der versperrt – denn in dem Fall ist natürlich auch die Recovery-Partition nicht mehr erreichbar. Dann hilft Ihnen ohnehin der Apple-Support, der später in diesem Kapitel ab Seite 754 vorgestellt wird. In den meisten anderen Fällen hilft zunächst die Recovery HD.

21.1   Die Recovery HD aufrufen

Die Recovery HD hilft bei der Wiederherstellung des Systems von einem Time-Machine-Backup oder bei der Neuinstallation des Betriebssystems. Außerdem bietet die Recovery HD Zugang zu verschiedenen Dienstprogrammen wie dem Festplattendienstprogramm, dem Netzwerkdienstprogramm, dem Terminal und dem Firmware-Passwort. Zu guter Letzt findet sich hier auch Safari, was sehr nützlich ist, um im Internet Hilfe und Informationen zu erhalten.

Sehen wir uns also zunächst an, wie sich die Recovery HD aufrufen lässt. Wenn Sie von einem anderen Volume als von Macintosh HD starten wollen, gehen Sie normalerweise wie folgt vor: Sie rufen die Systemeinstellungen auf, klicken auf **Startvolume**, wählen aus der Liste der verfügbaren Volumes das gewünschte aus und klicken auf den Button **Neustart**, um vom ausgewählten Volume zu starten.

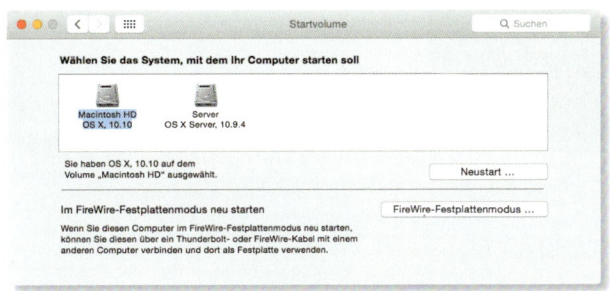

⌃ **Abbildung 21.1** *Keine Recovery HD in Sicht*

So geht das mit der Recovery HD nicht – sie ist nur unmittelbar nach dem Start verfügbar.

1 Schalten Sie Ihren Mac aus.

2 Drücken Sie die Taste ⌥alt, und halten Sie sie gedrückt.

3 Schalten Sie Ihren Mac ein.

4 Wenn Sie das Menü sehen, das Ihnen die verfügbaren Startvolumes anzeigt, lassen Sie ⌥alt los.

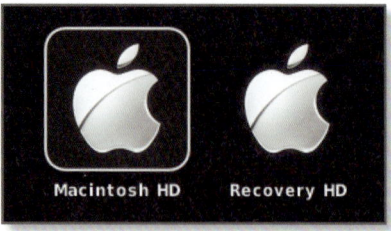

▲ **Abbildung 21.2** *Hier wählen Sie »Recovery HD« aus.*

5 Bewegen Sie mit den Pfeiltasten auf Ihrer Tastatur den Rahmen um das Volume **Recovery HD**.

6 Drücken Sie ⏎. Ihr Mac startet nun von der Recovery HD in einen speziellen Modus, in dem Sie die zuvor erwähnten Dienstprogramme nutzen können.

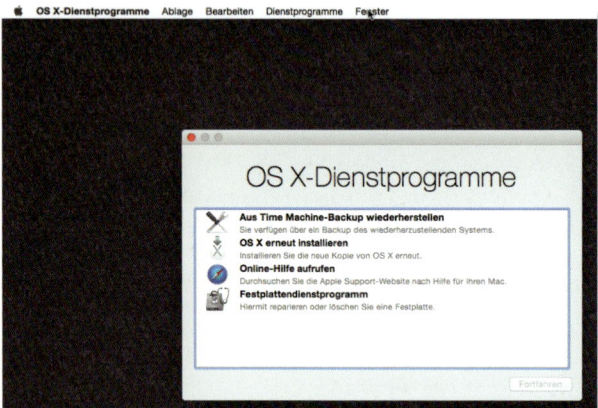

▲ **Abbildung 21.3** *Die Übersicht von Recovery HD*

Bevor wir hier nun in medias res gehen, sehen wir uns zunächst an, wie Sie die Recovery HD wieder verlassen:

1 Klicken Sie im -Menü auf den Eintrag **Startvolume**. Anschließend startet die Auswahl des Startvolumes, wie Sie sie bereits aus den Systemeinstellungen kennen.

2 Wählen Sie das gewünschte Startvolume – also wenn alles in Ordnung ist, beispielsweise die interne Festplatte **Macintosh HD**.

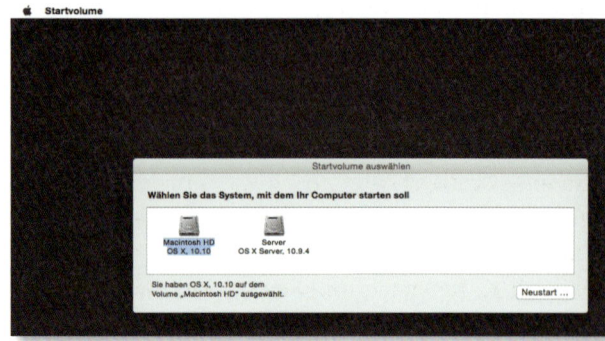

▲ **Abbildung 21.4** *Das Startvolume auswählen; dieser Mac hat nur ein Startvolume.*

3 Klicken Sie auf den Button **Neustart**. Der Mac startet nun wieder wie gewohnt. Die Auswahl des Startvolumes ist vor allem dann hilfreich, wenn Sie tatsächlich die Auswahl haben. Wollen Sie ohnehin nur wie gewohnt von der internen Festplatte starten, genügt im -Menü auch ein Klick auf **Neustart** oder **Ausschalten**.

21.2 Das System aus einem Time-Machine-Backup wiederherstellen

Angenommen, Sie möchten – oder müssen – Ihr System aus einem Time-Machine-Backup wiederherstellen. Ein typischer, wenn auch glücklicherweise nicht sehr häufiger Fall für so eine Situation ist ein Betriebssystem-Update, z. B. nachdem ein Programm, das Sie dringend brauchen, nicht mehr wie gewohnt oder gar nicht mehr funktioniert. Bis also der Entwickler des Programms nachgearbeitet hat, damit sein Programm auch mit der neueren Betriebssystemversion funktioniert, müssen Sie zum letzten Stand zurückkehren (von dem Sie natürlich ein Time-Machine-Backup haben müssen). Der einfachste und sicherste Weg ist, das mithilfe der Recovery HD zu machen.

1 Starten Sie Ihren Mac, wie zuvor beschrieben, von der Recovery HD.

2 Klicken Sie im Fenster **OS X-Dienstprogramme** auf **Aus Time Machine-Backup wiederherstellen**.

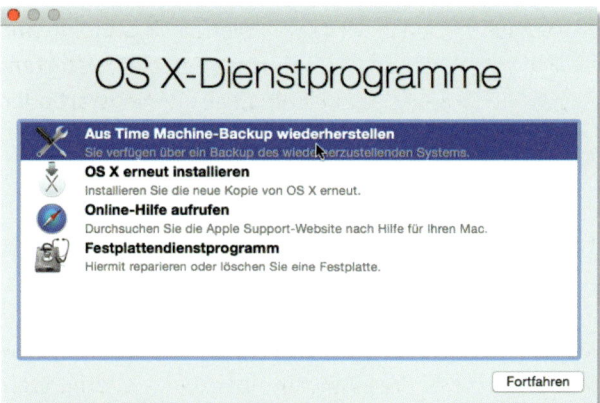

▲ **Abbildung 21.5** *Das komplette System aus einem Time-Machine-Backup wiederherstellen*

3 Klicken Sie auf den Button **Fortfahren**. Im folgenden Fenster sehen Sie Hinweise zur Verwendung der Wiederherstellung aus einem Time-Machine-Backup.

4 Klicken Sie auf den Button **Fortfahren**. Wählen Sie im folgenden Fenster die gewünschte Backup-Quelle aus, in unserem Fall die Festplatte, auf der Ihr Time-Machine-Backup liegt.

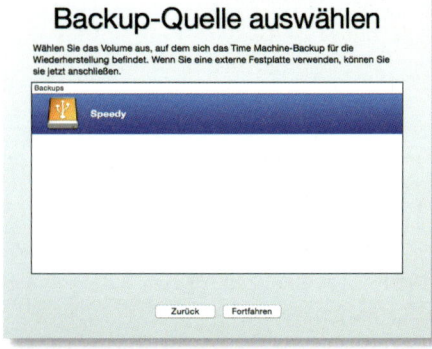

▲ **Abbildung 21.6** *Die gewünschte Backup-Quelle auswählen*

5 Klicken Sie auf den Button **Fortfahren**. Im folgenden Fenster sehen Sie alle verfügbaren Backups mit Datum, Uhrzeit und Betriebssystemversion aufgelistet.

6 Wenn sich auf der Time-Machine-Festplatte nicht nur Backups Ihres Macs befinden, sondern auch von anderen Macs, wählen Sie zunächst aus dem gegebenenfalls angezeigten Auswahlmenü **Wiederherstellen von ❶** Ihren Mac aus.

7 Wählen Sie nun das Backup, das wiederhergestellt werden soll, aus.

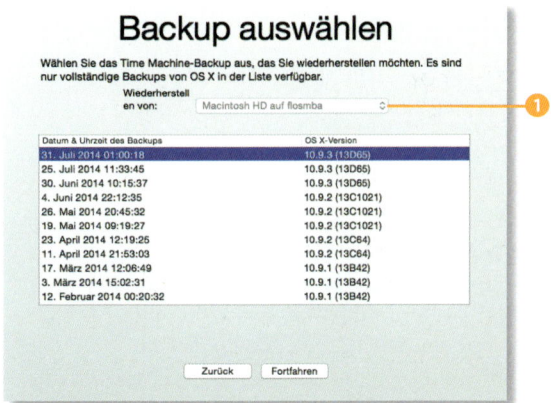

▲ **Abbildung 21.7** *Auf diesem Backup-Volume befinden sich nur Backups eines Macs.*

8 Klicken Sie auf den Button **Fortfahren**. Im folgenden Fenster sehen Sie eine Liste der verfügbaren Volumes, auf denen das Backup wiederhergestellt werden kann.

9 Wählen Sie das gewünschte Volume aus, auf den Sie das Backup installieren wollen, und klicken Sie auf den Button **Wiederherstellen**.

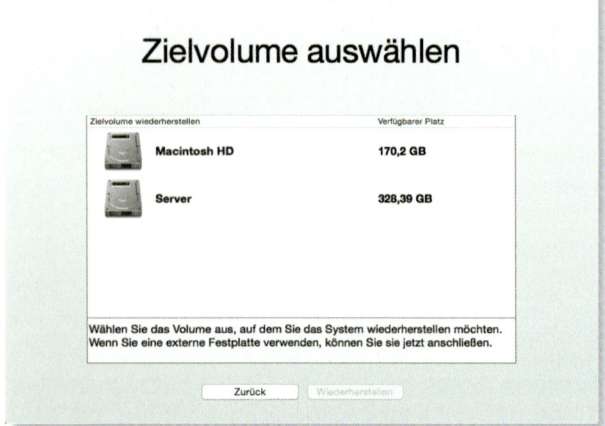

^ **Abbildung 21.8** *Wählen Sie das Volume aus, auf dem das Backup wiederhergestellt werden soll.*

10 Bestätigen Sie den folgenden Warnhinweis mit einem Klick auf den Button **Fortfahren**. Anschließend startet der Wiederherstellungsvorgang.

Je nach Größe dauert die Wiederherstellung aus einem Backup zwischen ein paar Minuten und ein paar Stunden. Nach Abschluss des Wiederherstellungsvorgangs startet Ihr Mac neu auf dem Stand, den Sie gerade eben wiederhergestellt haben – als wäre nie etwas gewesen.

21.3 OS X erneut installieren

In seltenen Fällen, beispielsweise wenn Sie Ihren Mac gebraucht verkaufen und ihn dafür auf die Werkseinstellungen zurücksetzen wollen, ist es nötig, das System komplett neu zu installieren. Auch dabei hilft die Recovery HD.

INFO

Lion, Mountain Lion und Mavericks
Die folgenden Schritte zur Neuinstallation gelten sinngemäß ebenso für die Neuinstallation von allen älteren Versionen von OS X ab 10.7 Lion, da Macs seit Mac OS X 10.7 nicht mehr mit physischen Installationsmedien ausgeliefert werden.

1 Starten Sie Ihren Mac, wie zuvor beschrieben, von der Recovery HD (siehe Seite 739).

2 Klicken Sie im Fenster **OS X-Dienstprogramme** auf **OS X erneut installieren**, und klicken Sie anschließend auf den Button **Fortfahren**.

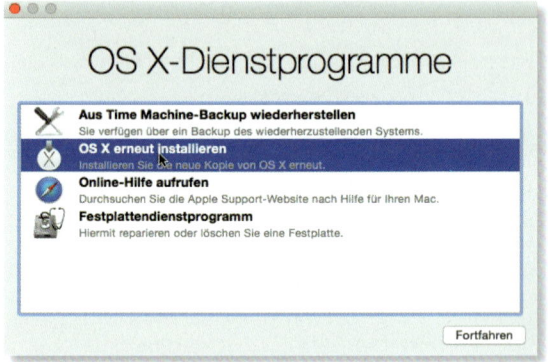

^ **Abbildung 21.9** *Das System komplett neu installieren*

3 Im folgenden Fenster sehen Sie den Startbildschirm der Installation. Klicken Sie auch hier auf **Fortfahren**.

^ **Abbildung 21.10** *Der Startbildschirm der Installation*

Keine Neuinstallation ohne Internet
Da sich die Dateien für die Betriebssysteminstal-
lation nicht auf der Recovery HD befinden, ist für
die Installation unbedingt eine Internetverbindung notwendig, da die Installationsdateien aus
dem App Store geladen werden. Sie sollten dafür
über eine ausreichend schnelle Internetverbindung mit einer Flatrate verfügen, da beträchtliche
Datenmengen von mehreren Gigabyte übertragen
werden.

4 Im folgenden Dialogfenster sehen Sie einen Hinweis, dass Apple Ihre Ansprüche auf die Wiederherstellung des Betriebssystems überprüft. Klicken
Sie wieder auf **Fortfahren**, damit die erwähnten Ansprüche geprüft werden können.

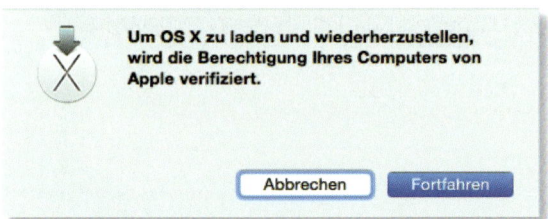

∧ **Abbildung 21.11** Ihre Ansprüche auf die Wiederherstellung von OS X werden überprüft.

5 Im folgenden Fenster sehen Sie den Softwarelizenzvertrag. Klicken Sie auf **Akzeptieren**. Es erscheint ein
weiteres Dialogfenster, in dem Sie über einen Klick
auf den Button **Akzeptieren** noch einmal Ihr Einverständnis geben müssen.

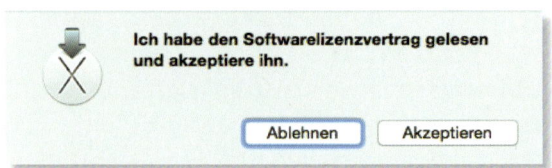

∧ **Abbildung 21.12** Den Softwarelizenzvertrag akzeptieren

6 Wählen Sie in der folgenden Liste das gewünschte
Volume aus, auf dem OS X installiert werden soll,
und klicken Sie auf **Installieren**.

∧ **Abbildung 21.13** Die Auswahl des gewünschten Ziel-
volumes

7 Das Installationsprogramm stellt nun eine Verbindung zum App Store her. Geben Sie im folgenden
Anmeldefenster Ihre Apple-ID und Ihr Passwort ein,
und klicken Sie auf den Button **Anmelden**.

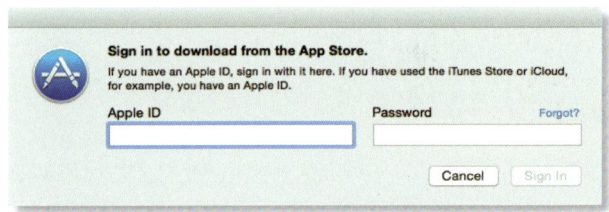

∧ **Abbildung 21.14** Die Anmeldung beim App Store

Nach der Anmeldung werden weitere für die Installation notwendige Komponenten aus dem App
Store nachgeladen.

∧ **Abbildung 21.15** Die Installationsdateien werden aus
dem App Store geladen. Je nach Geschwindigkeit Ihrer
Internetverbindung kann das eine Weile dauern.

Im Anschluss daran startet der Mac neu und führt die Installation des Betriebssystems durch. Nach Abschluss der Installation startet der bereits aus Kapitel 1, »Herzlich willkommen am Mac«, bekannte Setupassistent und leitet Sie durch die Einrichtung des Systems (siehe Seite 50).

Bestens informiert
Da Sie während der Installation (speziell während des Downloads zu Beginn) unter Umständen über Stunden nur das gleiche Fenster zu sehen bekommen und sich möglicherweise nicht sicher sind, ob sich überhaupt etwas tut, können Sie sich mit einem Klick auf den Menübefehl **Fenster > Installationsprotokoll** das Installationsprotokoll in einem separaten Fenster anzeigen lassen. Wenn Sie im Auswahlmenü **Details** den Eintrag **Alle Meldungen zeigen** wählen, sehen Sie im Installationsprotokoll, was gerade vor sich geht. Steht hier beispielsweise **Retrieving 2 packages (3.75 GB)**, bedeutet das, dass gerade zwei Dateien mit einer Gesamtgröße von 3,75 Gigabyte übertragen werden, was natürlich seine Zeit dauert – und so lange gibt es auch keine Veränderungen zu sehen.

∧ **Abbildung 21.16** Das Installationsprotokoll

21.4 Dienstprogramme auf der Recovery HD

Mit Recovery HD können Sie also entweder das System aus einem Time-Machine-Backup wiederherstellen oder von Grund auf neu installieren. Aber die Recovery HD hält weitere hilfreiche Dienstprogramme bereit, die Ihnen im Falle eines Falles Hilfe zur Selbsthilfe auf Ihrem Mac bieten.

Safari

Das erste, sofort sichtbare Programm ist eigentlich kein Dienstprogramm, wie Sie es im Ordner *Dienstprogramme* fänden, sondern der Webbrowser Safari. In der Recovery HD wird Safari aber allein schon dadurch zum Hilfsprogramm, dass es auf diese Weise möglich ist, Informationen aus dem Internet nachzuschlagen.

Starten Sie Ihren Mac, wie zuvor beschrieben, von der Recovery HD (siehe Seite 739). Klicken Sie im Fenster **OS X-Dienstprogramme** auf **Online-Hilfe aufrufen**, und klicken Sie auf den Button **Fortfahren**.

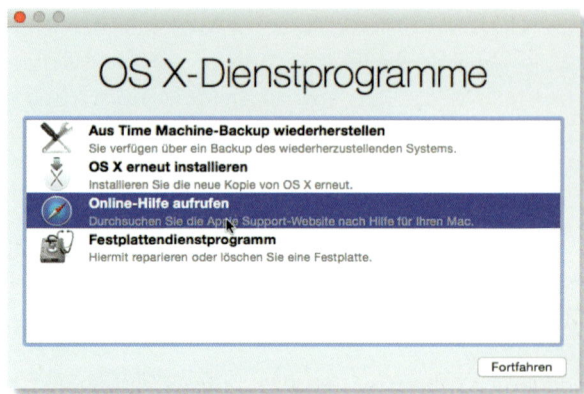

∧ **Abbildung 21.17** Die Online-Hilfe aufrufen

Natürliches Scrollen in der Recovery HD
Bei Safari wird Ihnen vermutlich erstmalig auffallen, dass in der Recovery HD die Scrollrichtung automatisch auf **Natürlich** gesetzt ist, was sich leider auch nicht ändern lässt. Wenn Sie ohnehin die Scrollrichtung **Natürlich** verwenden, ist das für Sie kein Thema. Nutzer, die das sonst nicht so eingestellt haben, müssen sich (zumindest kurzzeitig) umgewöhnen (siehe dazu auch den Abschnitt »Scrollen und Zoomen« in Kapitel 15, »Systemeinstellungen – den Mac im Griff«, auf Seite 585).

Anschließend startet Safari und lädt eine Webseite von der Recovery HD, auf der die wichtigsten Hilfen zur Recovery HD kurz und knapp zusammengefasst sind.

Sie müssen sich jedoch nicht auf diese Informationen beschränken, sondern können weitere Hilferessourcen im Internet nutzen. Dazu müssen Sie aber zunächst eine Internetverbindung herstellen. Das tun Sie entweder per Kabel (Dann steht die Internetverbindung ohnehin zur Verfügung.) oder per WLAN. Die Anleitung zur Verbindung per WLAN ist in Safari gleich zu Beginn ❶ beschrieben.

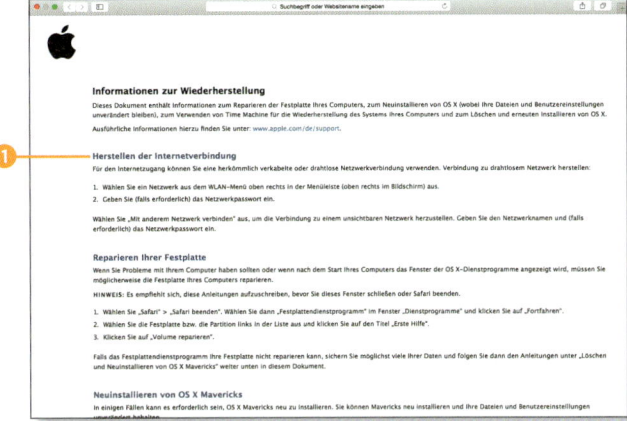

∧ **Abbildung 21.18** Die Startseite von Safari

Nachdem Sie also über eine Internetverbindung verfügen, können Sie nun weitere Hilfsressourcen im Internet durchsuchen. Ihr erster Anlaufpunkt ist vermutlich in den meisten Fällen der Support-Bereich ❷ der Website von Apple. Mehr zum Support von Apple erfahren Sie ab Seite 754.

> **TIPP**
>
> **Surfen im Recovery-Modus**
> Es lassen sich auch alle anderen Websites aufrufen, und so ist die Möglichkeit, Safari in der Recovery HD zu nutzen, nicht nur eine Hilfe auf der Suche nach Hilfe, sondern auch eine praktische Alternative zum Hochfahren des kompletten Systems, wenn Sie eventuell nur mal kurz beispielsweise eine Zugverbindung nachschlagen wollen. Es lohnt sich unter Umständen also, sich hier in Safari entsprechende Lesezeichen einzurichten.

∧ **Abbildung 21.19** Der Support-Bereich der Apple-Website

Das Festplattendienstprogramm

Das Festplattendienstprogramm kennen Sie bereits aus Kapitel 4, »Externe Medien, USB-Sticks, DVDs & Co.«. In der Recovery HD ist es vor allem dafür da, Partitionen, auf denen OS X installiert werden soll, entsprechend vorzubereiten. Aber es lässt sich auch noch weitaus mehr damit machen. In Abschnitt 21.6, »Zwei OS-Versionen auf einem Mac – Dual Boot einrichten«, auf Seite 750 sehen wir uns ein typisches Beispiel an.

Firmware-Passwort

Neben den Dienstprogrammen, die direkt im Fenster **OS X-Dienstprogramme** aufgelistet sind, finden sich in der Menüleiste im Menü **Dienstprogramme** einige weitere nützliche Helfer: **Firmware-Passwort**, **Netzwerkdienstprogramm**, **Terminal** und **Passwort zurücksetzen**.

∧ **Abbildung 21.20** Im Menü »Dienstprogramme« finden Sie weitere Programme.

Den Anfang macht das Dienstprogramm Firmware-Passwort. Wenn Sie verhindern möchten, dass jemand Ihren Mac von einem optischen Medium oder einer externen Festplatte startet, dann vergeben Sie mit diesem Programm ein Firmware-Passwort. Ist ein Firmware-Passwort gesetzt, startet der Mac stets ganz normal. Versucht jemand beim Start des Macs, z. B. durch Drücken der Taste ⌐alt⌐, die Auswahl des Startvolumes aufzurufen, blendet die Firmware eine Passwortabfrage ein. Nur wenn dann das korrekte Passwort eingegeben wird, wird der Startvorgang fortgesetzt.

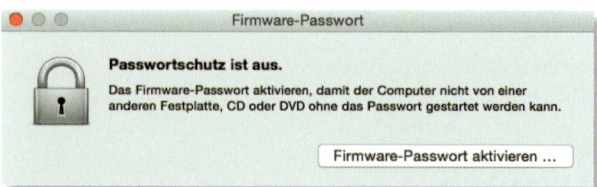

∧ **Abbildung 21.21** *Mit aktiviertem Firmware-Passwort lässt sich der Mac nicht mehr ohne Weiteres von einem externen Medium starten.*

Mit einem gesetzten Firmware-Passwort ist es also für Unbefugte beispielsweise unmöglich, den Mac von einem externen Volume zu starten – es sei denn, Sie haben ein dermaßen leicht zu erratendes Passwort gewählt, dass der Schutz, den das Passwort eigentlich bieten sollte, lediglich zur Erheiterung des Angreifers dient.

1 Starten Sie Ihren Mac, wie zuvor beschrieben (siehe Seite 739), von der Recovery HD.

2 Um das Firmware-Passwort zu setzen, wählen Sie im Menü **Dienstprogramme > Firmware-Passwort**.

3 Klicken Sie im folgenden Fenster auf den Button **Firmware-Passwort aktivieren**.

4 Im folgenden Dialogfenster legen Sie nun das Passwort fest. Bestätigen Sie das Passwort durch erneute Eingabe, und klicken Sie auf den Button **Passwort festlegen**. Im nächsten Fenster sehen Sie die Meldung, dass der Passwortschutz nun aktiviert ist. Sie werden im Alltag gar nichts davon merken, aber probieren Sie doch einmal, von einer externen Fest-

platte zu starten: Dann wird Ihnen Abbildung 21.21 begegnen.

5 Wenn Sie den Passwortschutz wieder aufheben wollen, starten Sie erneut in der Recovery HD das Dienstprogramm **Firmware-Passwort**.

6 Klicken Sie auf den Button **Firmware-Passwort deaktivieren**.

7 Geben Sie im folgenden Dialog das Passwort ein, und klicken Sie auf den Button **Passwort deaktivieren**.

8 Klicken Sie auf den Button **Firmware-Passwort beenden**. Der Mac lässt sich nun auch ohne Eingabe des Firmware-Passworts wieder von externen Medien starten.

> **HINWEIS**
>
> **Firmware-Passwort ändern**
> Das Firmware-Passwort lässt sich hier nicht nur deaktivieren, sondern auch ändern. Klicken Sie auf den Button **Passwort ändern**, und geben Sie zunächst das alte Passwort und dann zweimal das neue Passwort ein. Klicken Sie anschließend auf den Button **Passwort ändern**.

Netzwerkdienstprogramm

Das Netzwerkdienstprogramm haben Sie in Kapitel 16, »Dienstprogramme – nützliche Helfer«, bereits kennengelernt (siehe Seite 621). Es steht Ihnen in der Recovery HD unter **Dienstprogramme > Netzwerkdienstprogramm** ebenfalls zur Verfügung. Es kann durchaus dabei helfen, Netzwerkprobleme ohne den »Betriebssystemballast« zu lösen.

Wenn Sie also auf der Suche nach der Lösung eines Netzwerkproblems feststellen, dass die Testergebnisse, die Sie zuvor mit dem Netzwerkdienstprogramm im normalen Betrieb erhalten haben, deutlich von denen abweichen, die Sie mit dem Netzwerkdienstprogramm in der Recovery HD erzielen, spricht einiges für ein Softwareproblem. Sind die Ergebnisse jedoch gleich, ist das auf jeden Fall eine Bestätigung der Tests, die Sie im Normalbetrieb gemacht haben, und vermutlich auch der Schlüsse, die Sie daraus gezogen haben.

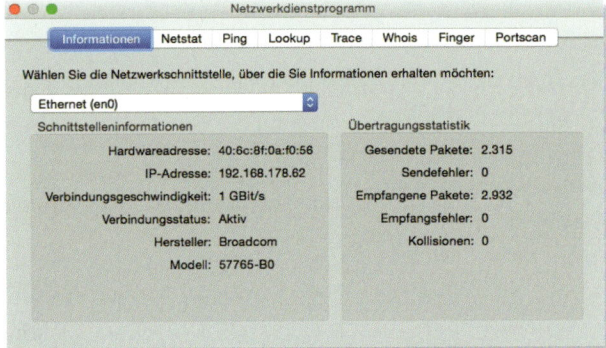

Abbildung 21.22 *Das Netzwerkdienstprogramm*

Terminal

Das Programm Terminal werden Sie andernorts, im Kapitel über Unix, genau kennenlernen (siehe Seite 757). Terminal steht auch in der Recovery HD zur Verfügung. Das Wichtigste dazu wird in Kapitel 22 beschrieben, daher gehe ich hier nicht weiter darauf ein. Eine Besonderheit besteht aber dennoch für die Recovery HD, denn mit dem Terminal in der Recovery HD können Sie ein weiteres Dienstprogramm starten: das Dienstprogramm Passwörter zurücksetzen. Sie rufen es auf, indem Sie mit dem Terminal den Befehl `resetpassword` eingeben.

Abbildung 21.23 *Das Terminal beim Aufruf des Dienstprogramms »resetpassword«*

Passwörter zurücksetzen

Mit Passwörter zurücksetzen haben Sie die Möglichkeit, die Passwörter aller Benutzer zurückzusetzen.

1 Wählen Sie das Volume, auf dem der Benutzer angelegt ist, dessen Passwort Sie zurücksetzen wollen.

2 Wählen Sie aus dem Auswahlmenü den gewünschten Benutzer aus.

3 Legen Sie das neue Passwort für den ausgewählten Benutzer fest.

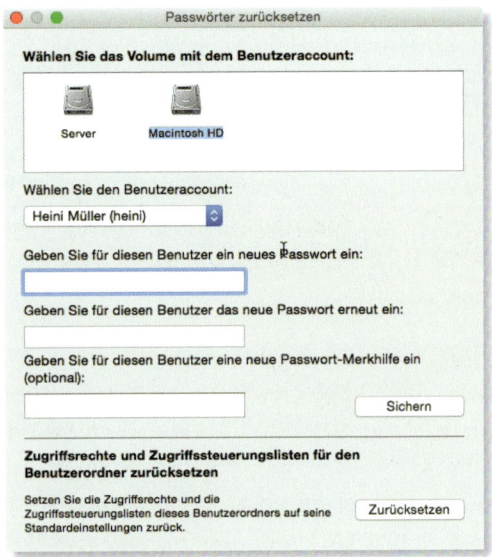

Abbildung 21.24 *Das Dienstprogramm Passwörter zurücksetzen*

HINWEIS

Warnung!
Apple hat das Programm Passwörter zurücksetzen aus gutem Grund sehr schwer zugänglich gemacht, denn damit können Sie den Superuser *root* aktivieren. Und das ist keine gute Idee, denn es gibt im Alltag nicht den geringsten Grund, ihn zu aktivieren. Hier wird *root* in der Liste der Nutzer im Auswahlmenü mit aufgeführt. Tun Sie sich also einen großen Gefallen, und ignorieren Sie den Benutzer *root*.

Außerdem können Sie an dieser Stelle mit einem Klick auf den Button **Zurücksetzen** die Rechte des Benutzerordners des ausgewählten Benutzers auf die Standardeinstellungen zurücksetzen.

21.5 Ein Installationsmedium erstellen

So praktisch die Recovery HD ist, sie hat einen logischen Pferdefuß: Sie befindet sich auf derselben physischen Festplatte wie Ihr System-Volume, gewöhnlich **Macintosh HD** genannt. Ist diese Festplatte physisch beschädigt, nutzt Ihnen leider auch die Recovery HD nichts mehr. Außerdem wäre es ohne ein Installationsmedium auch nicht möglich, auf Ihrem Mac zwei Betriebssystemversionen zu installieren. Es ist also durchaus sinnvoll, sich vorab ein Installationsmedium anzulegen. In diesem Abschnitt sehen wir uns an, wie das funktioniert. Dabei werden zwei Dinge vorausgesetzt:

- Sie verfügen über das aus dem App Store heruntergeladene Installationsprogramm OS X Yosemite installieren, das Sie nach dem Download aus dem App Store im Ordner *Programme* finden.

- Sie verfügen über ein externes Medium, beispielsweise einen USB-Stick mit mindestens 8 GByte Größe, auf dem sich keine weiteren Daten befinden.

> **INFO**
>
> **Flüchtiges Installationsprogramm**
> Das Programm OS X Yosemite installieren steht Ihnen nur nach dem Download aus dem App Store zur Verfügung. Haben Sie es gestartet und installiert, wird es nach der Installation automatisch gelöscht, und Sie müssen es gegebenenfalls erneut aus dem App Store herunterladen.

Die folgenden Schritte können Sie wie gewohnt ganz normal mit dem Betriebssystem erledigen, Sie müssen dazu nicht in der Recovery HD sein.

1 Starten Sie das Programm Terminal aus dem Ordner *Dienstprogramme*, und geben Sie Folgendes ein:

```
sudo
```

2 Wechseln Sie zum Finder, öffnen Sie den Ordner *Programme*, und markieren Sie das Programm **OS X Yosemite installieren**.

3 Klicken Sie mit der rechten Maustaste auf das Programm, und wählen Sie im folgenden Kontextmenü **Paketinhalt zeigen**.

∧ **Abbildung 21.25** *Das Kontextmenü des Installationsprogramms*

4 Der Finder zeigt nun einen Ordner namens *Contents*, den Sie per Doppelklick öffnen. Öffnen Sie auch den Unterordner *Resources*.

5 Sie sehen nun eine Menge Dateien, von denen aber nur eine interessant ist, und zwar die Datei *createinstallmedia*.

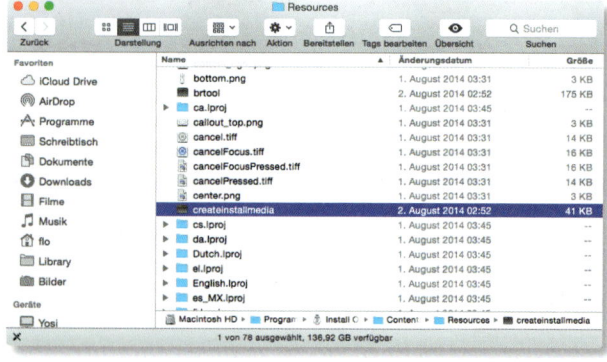

∧ **Abbildung 21.26** *Der Inhalt des Ordners »Resources«*

6 Ziehen Sie die Datei *createinstallmedia* in das offene Fenster von Terminal. Dadurch wird der Pfad zur Datei automatisch eingefügt und ergibt den ersten Teil des Befehls. Es sollte also Folgendes im Terminal-Fenster stehen:

```
sudo /Applications/Install\ OS\ X\
Yosemite.app/Contents/Resources/
createinstallmedia
```

7 Fügen Sie nun nach dem Pfad ein Leerzeichen ein, falls Terminal das nicht ohnehin automatisch gemacht hat, und ergänzen Sie den Befehl um folgenden Zusatz:

```
--volume
```

8 Falls noch nicht geschehen, stecken Sie den USB-Stick, den Sie nutzen wollen, an Ihren Mac, und ziehen Sie das Laufwerkssymbol des Sticks ebenfalls in das Terminal-Fenster. Auch in diesem Fall wird der Pfad zum USB-Stick eingefügt, praktischerweise als Ergänzung des Befehls, sodass der insgesamt jetzt so aussieht:

```
sudo /Applications/Install\ OS\ X\
Yosemite.app/Contents/Resources/
createinstallmedia --volume /Volumes/USB-
Stick
```

9 Fügen Sie erneut ein Leerzeichen ein, falls Terminal das nicht ohnehin automatisch gemacht hat, und ergänzen Sie den Befehl um Folgendes:

```
--applicationpath
```

10 Ziehen Sie nun das Programm-Icon OS X Yosemite installieren in das Terminal-Fenster. Der Befehl sollte nun insgesamt so aussehen:

```
sudo /Applications/Install\ OS\ X\
Yosemite.app/Contents/Resources/
createinstallmedia --volume /Volumes/USB-
Stick --applicationpath /Applications/
Install\ OS\ X\ Yosemite.app
```

11 Nun folgt noch eine letzte Ergänzung, und der Pfad zum Erstellen des Installationsmediums ist fertig. Fügen Sie erneut ein Leerzeichen ein, falls Terminal das nicht ohnehin automatisch gemacht hat, und ergänzen Sie den Befehl um Folgendes:

```
--nointeraction
```

Der gesamte Befehl sollte also nun wie folgt aussehen:

```
sudo /Applications/Install\ OS\ X\
Yosemite.app/Contents/Resources/
createinstallmedia --volume /Volumes/
USB-Stick --applicationpath /
Applications/Install\ OS\ X\ Yosemite.
app --nointeraction
```

In Ihrem Fall darf sich nur der Teil nach

```
/Volumes/
```

unterscheiden, denn dort sollte der Name des von Ihnen verwendeten USB-Sticks stehen. Jetzt wird es Zeit, zur Tat zu schreiten.

12 Drücken Sie die Taste ⏎, um den Befehl auszuführen.

13 Geben Sie in die nächste Zeile Ihr Administratorpasswort ein, und drücken Sie auf ⏎. Wundern Sie sich nicht, das Passwort wird im Terminal nicht angezeigt.

14 Anschließend werkelt das Installer-Skript vor sich hin, und Sie sehen (recht übersichtliche) Meldungen. Das Ganze dauert in der Regel nicht länger als 10 bis 20 Minuten, und wenn der USB-Stick mit neuem Namen im Finder auftaucht und das Terminal-Fenster wieder eine Eingabeaufforderung anzeigt, ist alles erledigt.

Sie haben nun einen USB-Stick, mit dem Sie OS X Yosemite ganz bequem installieren können, ohne online sein zu müssen.

```
● ● ●                    ⌂ flo — createinstallmed — 215×24
iMac:~ flo$ sudo /Users/flo/Desktop/Install\ OS\ X\ Yosemite.app/Contents/Resources/createinstallmedia --volume
/Volumes/USB-Stick/ --applicationpath /Users/flo/Desktop/Install\ OS\ X\ Yosemite.app --nointeraction

WARNING: Improper use of the sudo command could lead to data loss
or the deletion of important system files. Please double-check your
typing when using sudo. Type "man sudo" for more information.

To proceed, enter your password, or type Ctrl-C to abort.

Password:
Erasing Disk: 0%... 10%... 20%... 30%...100%...
Copying installer files to disk...
```

< **Abbildung 21.27** *Das Skript in Aktion: So entsteht ein Installationsmedium.*

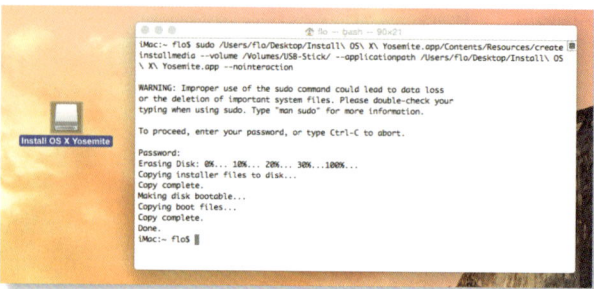

∧ **Abbildung 21.28** *Der fertige Installations-USB-Stick im Finder*

Von diesem Volume lässt sich nun ein Mac starten und OS X Yosemite installieren. Und auf diesem Installations-Volume befindet sich nun ebenfalls eine Recovery HD, und diese Recovery HD hilft bei den Schritten des nächsten Beispiels: dem Einrichten eines Dual-Boot-Macs.

21.6 Zwei OS-Versionen auf einem Mac: Dual Boot einrichten

Angenommen, Sie haben auf Ihrem Mac noch eine ältere Betriebssystemversion, beispielsweise 10.8 Mountain Lion oder 10.9 Mavericks, und nun wollen oder müssen Sie aber Ihren Mac auch auf OS X 10.10 Yosemite aktualisieren.

Kein Problem. Machen Sie aus Ihrem Mac einen Dual-Boot-Mac – vorausgesetzt natürlich, die Festplatte Ihres Macs ist groß genug, um zwei Betriebssysteme zu

beherbergen. Bei einem iMac mit einer Festplatte mit 1 TByte ist das meist kein Thema. Bei einem MacBook Air mit 128 GByte Festplattenplatz will das dagegen wohlüberlegt sein. Haben Sie sich für Dual Boot entschieden, können Sie später beim Start des Macs festlegen, welche Betriebssystemversion Sie nutzen wollen.

Ein Image des alten Systems anlegen

Die wichtigste Voraussetzung für die Dual-Boot-Lösung ist, dass Sie von Ihrem jetzigen System ein aktuelles Time-Machine-Backup oder ein Image des Systems haben. Ein Time-Machine-Backup ist ja kein Hexenwerk, und ein Image des Systems anzulegen ist auch nicht schwer.

1 Starten Sie Ihren Mac von der Recovery HD des USB-Sticks, den Sie im vorangegangenen Abschnitt angelegt haben.

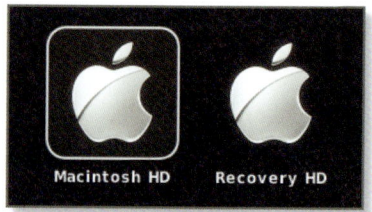

∧ **Abbildung 21.29** *Die Auswahl der Bootvolumes: Wählen Sie »Recovery HD«.*

2 Im Recovery-Modus wählen Sie im Fenster **OS X-Dienstprogramme** den Eintrag **Festplattendienstprogramm** und klicken auf den Button **Fortfahren**.

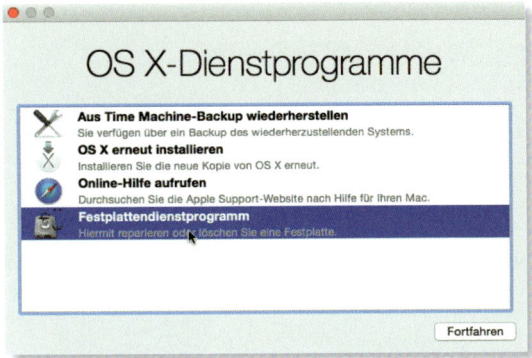

Abbildung 21.30 *Ein flexibler Helfer: das Festplatten-dienstprogramm*

Anschließend startet das Festplattendienstpro-gramm. Wie Sie prinzipiell ein Image anlegen, ha-ben Sie ja bereits in Abschnitt 4.3, »Disk Images – virtuelle Laufwerke«, auf Seite 159 erfahren. Ein Image von einem System-Volume unterscheidet sich da nicht von einem Image eines Ordners.

3 Schließen Sie eine weitere externe Festplatte an, auf der Sie das Image sichern können, das Sie gleich von Ihrer Macintosh HD erstellen.

4 Markieren Sie in der Liste der Volumes Ihre Festplatte, von der Sie normalerweise starten. Wenn Sie sie nicht umbenannt haben, dann ist das **Macintosh HD**.

5 Klicken Sie auf **Ablage > Neu > Image von „Macin-tosh HD"**, und wählen Sie im folgenden Dialogfens-ter die externe Festplatte als Sicherungsmedium für das Image aus.

6 Klicken Sie auf den Button **Sichern**. Anschließend wird das Image erstellt.

> **TIPP**
>
> **Einen eindeutigen Namen vergeben**
> Standardmäßig heißt das Image wie das Volume, das als Vorlage dient. Da Sie aber gleich mit zwei verschiedenen Betriebssystemversionen zu tun ha-ben, ist es sinnvoll, das Image nach der Betriebssys-temversion zu benennen, also beispielsweise »Ma-vericks«. Dann wissen Sie gleich, was drinsteckt.

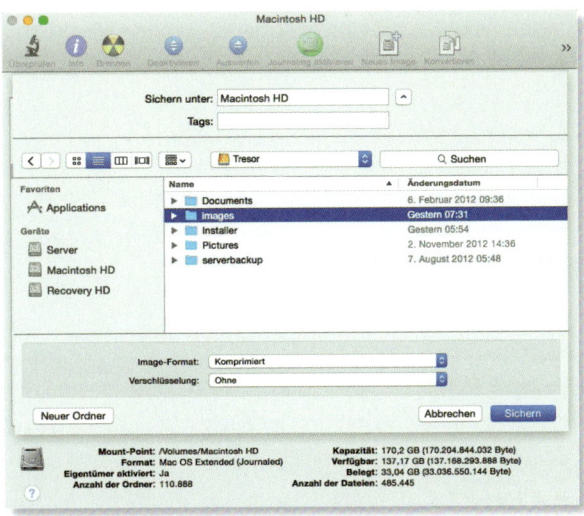

Abbildung 21.31 *Ein Image auf eine externe Festplatte sichern*

Die Festplatte teilen

Damit ist also nun erfolgreich die Ausgangssituation des zuvor beschriebenen Szenarios hergestellt. Sie verfügen über ein Image Ihres Systems oder alterna-tiv über ein aktuelles Time-Machine-Backup. Nun geht es darum, die Festplatte zu teilen. Hier folgt eine kurze Anleitung; für mehr Details schlagen Sie bitte auf Seite 154 nach.

> **HINWEIS**
>
> **Warnung vor Datenverlust**
> Die folgende Partitionierung der Festplatte hat den Totalverlust aller darauf befindlichen Daten zur Folge. Stellen Sie sicher, dass Sie auf jeden Fall über ein aktuelles Backup oder Image Ihres Systems verfügen, da die Daten sonst unwieder-bringlich verloren sind.

1 Markieren Sie die Festplatte ❶ (siehe Abbil-dung 21.32), auf der sich Macintosh HD befindet. (Wenn Sie den Eintrag **Macintosh HD** direkt dar-unter markieren, ist das falsch; die übergeordnete physische Einheit muss markiert werden.)

^ **Abbildung 21.32** *Markieren Sie die Festplatte im Fest-plattendienstprogramm.*

2 Klicken Sie auf den Tab **Partition** ❷.

3 Legen Sie **2 Partitionen** ❸ an, und benennen Sie eine nach Ihrem aktuellen System, also z. B. »Mavericks«, und die andere »Yosemite«.

4 Passen Sie die Größen der beiden Partitionen an, und klicken Sie auf den Button **Anwenden** ❹. Bestätigen Sie die Rückfrage mit einem Klick auf den Button **Partitionieren**. Die Festplatte wird nun partitioniert.

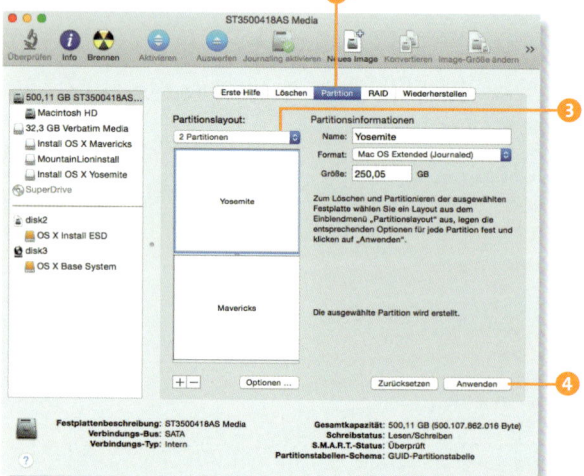

^ **Abbildung 21.33** *Die Festplatte wird partitioniert. Anschließend wird es anstelle einer Partition »Macintosh HD« zwei Partitionen namens »Mavericks« und »Yose-mite« geben.*

5 Stellen Sie nun auf beiden Partitionen (im Beispiel heißen sie **Mavericks** und **Yosemite**) das zuvor gesicherte Image (das mit dem griffigen Namen) Ihrer Festplatte wieder her. Wie Sie ein Image wiederherstellen, sollte Ihnen mittlerweile bekannt sein.

Im Zweifelsfall lesen Sie im vorangegangenen Abschnitt 21.5, »Ein Installationsmedium erstellen«, auf Seite 748 noch einmal nach.

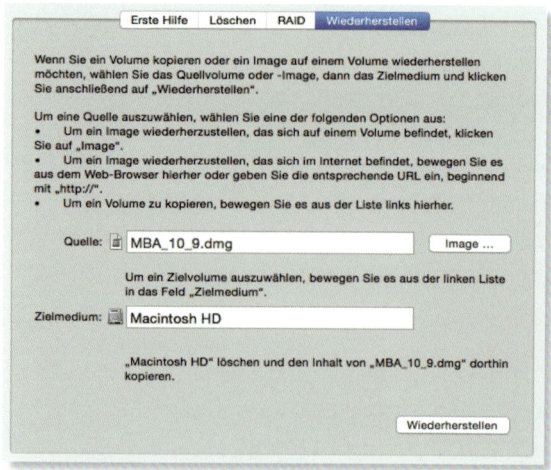

^ **Abbildung 21.34** *Das Image (nacheinander) auf den ausgewählten Partitionen wiederherstellen*

Sicher fragen Sie sich, warum Sie nun auf beiden Partitionen das gleiche Image (von Mavericks) wiederherstellen sollen. Ganz einfach: Auf der einen Partition wollen Sie Mavericks ja ohnehin wiederherstellen, und auf der anderen Partition nutzen wir die Gelegenheit, uns im nächsten Abschnitt anzusehen, wie Sie ein Update von Mavericks auf Yosemite machen.

21.7 Auf OS X Yosemite updaten

Dieser Abschnitt gehört eigentlich nicht direkt zum Thema Recovery HD, denn nun geht es um das Update von älteren OS-X-Versionen wie Mountain Lion (10.8) oder Mavericks (10.9) auf Yosemite (10.10). Das Schöne ist, dass Sie das aus der laufenden Version heraus machen können.

Wir gehen also in diesem Abschnitt davon aus, dass Sie (noch) einen Mac mit OS X 10.8 oder OS X 10.9 haben und diesen auf OS X 10.10 aktualisieren wollen. Dazu ist, wie immer natürlich, ein aktuelles Backup zwar nicht zwingend nötig, aber doch zumindest sinnvoll. Wirklich nötig ist nur das Installationsprogramm von Yosemite, das Sie aus dem App Store herunterladen müssen, falls Sie das noch nicht getan haben.

1 Nach Abschluss des Downloads aus dem App Store startet das Installationsprogramm von Yosemite automatisch. Wenn Sie, wie in Abschnitt 21.5, »Ein Installationsmedium erstellen«, auf Seite 748 beschrieben, ein Installationsmedium erstellen wollen, dann beenden Sie die Installation an dieser Stelle, ansonsten klicken Sie auf **Fortfahren**.

Abbildung 21.35 Das Installationsprogramm von Yosemite

2 Im nächsten Fenster sehen Sie den Lizenzvertrag. Klicken Sie hier und im folgenden Dialogfenster auf **Akzeptieren**.

Abbildung 21.36 Den Lizenzvertrag müssen Sie akzeptieren, sonst ist an dieser Stelle Schluss.

3 Nachdem Sie ja die bestehende OS-X-Version auf Yosemite aktualisieren wollen, können Sie sich die Wahl des Volumes sparen und klicken im nächsten Fenster gleich auf **Installieren**.

Abbildung 21.37 Jetzt geht's los.

4 Geben Sie im folgenden Fenster Ihr Administratorpasswort ein, und klicken Sie auf den Button **OK**.

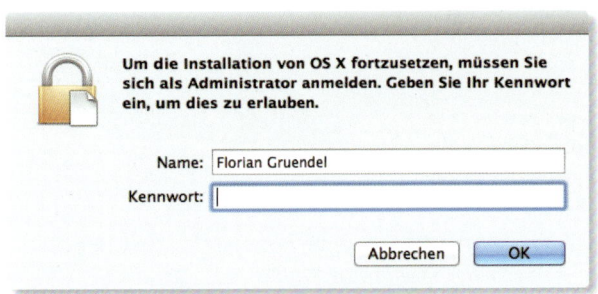

Abbildung 21.38 Für die Installation müssen Sie Ihr Administratorpasswort eingeben.

Anschließend lädt das Installationsprogramm weitere Dateien, startet danach den Mac neu und beginnt die eigentliche Installation, während der Sie nichts tun müssen. Je nach Mac dauert die Installation unterschiedlich lang, aber eine Zeit von 20 bis 30 Minuten ist durchaus normal. Nach Abschluss der Installation startet der Setupassistent, den Sie bereits in Kapitel 1, »Herzlich willkommen am Mac«, kennengelernt haben.

Sollten Sie die Anleitung aus Abschnitt 21.6, »Zwei OS-Versionen auf einem Mac: Dual Boot einrichten«, auf Seite 750 nachvollzogen haben, haben Sie nun einen Mac mit zwei verschiedenen Betriebssystemversionen. Hier wird nun, wenn Sie den Mac einschalten, automatisch die zuletzt benutzte Version gestartet. Wenn Sie von der anderen Partition starten wollen, drücken Sie beim Start des Macs die Taste [alt] und wählen anschließend die gewünschte Betriebssystemversion aus.

Alternativ legen Sie, bevor Sie Ihren Mac ausschalten, in den Systemeinstellungen nach einem Klick auf **Startvolume** fest, mit welchem System der Mac starten soll. Beide Lösungen sind eher etwas für Benutzer, die nur gelegentlich die jeweils andere Systemversion nutzen. Für Dauerwechsler empfiehlt sich da beispielsweise das Hilfsprogramm QuickBoot, das unter *http://buttered-cat.com/products/QuickBoot* verfügbar ist. Über ein Icon in der Menüleiste wechseln Sie dann bequem zwischen den beiden Betriebssystemen auf Ihrem Mac.

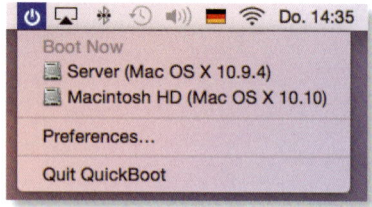

∧ Abbildung 21.39 *Ein empfehlenswertes kleines, aber sehr nützliches Programm: QuickBoot*

21.8 Apple-Support

Nicht alle Probleme, die auf Ihrem Mac auftreten können, lassen sich womöglich allein lösen, deshalb sehen wir uns an dieser Stelle an, wie Sie den Support von Apple nutzen können, um Hilfe bei Problemen zu erhalten. Sie erreichen ihn unter anderem über die Website von Apple unter dem Link **Support** ❶.

∧ Abbildung 21.40 *Die Support-Seiten auf der Website von Apple*

Support-Informationen

Auf den Support-Seiten finden Sie eine Vielzahl von Informationen wie Videoeinführungen, Handbücher, Downloads, Informationen zu Austauschprogrammen und natürlich auch Kontaktinformationen zum persönlichen telefonischen Support. Außerdem können Sie hier Apple-Care-Verträge registrieren und mithilfe des Online-Service-Assistenten Ihre Support-Optionen prüfen und wahrnehmen.

1 Klicken Sie auf der Apple-Webseite im Bereich **Service und Support** auf den Link **Anspruch auf Service und Support prüfen**.

2 Geben Sie auf der folgenden Seite die Seriennummer Ihres Macs ein. Wie Sie sie herausfinden, erfahren Sie im nächsten Abschnitt.

∧ Abbildung 21.41 *Durch die Eingabe der Seriennummer erfahren Sie Ihre Support-Optionen.*

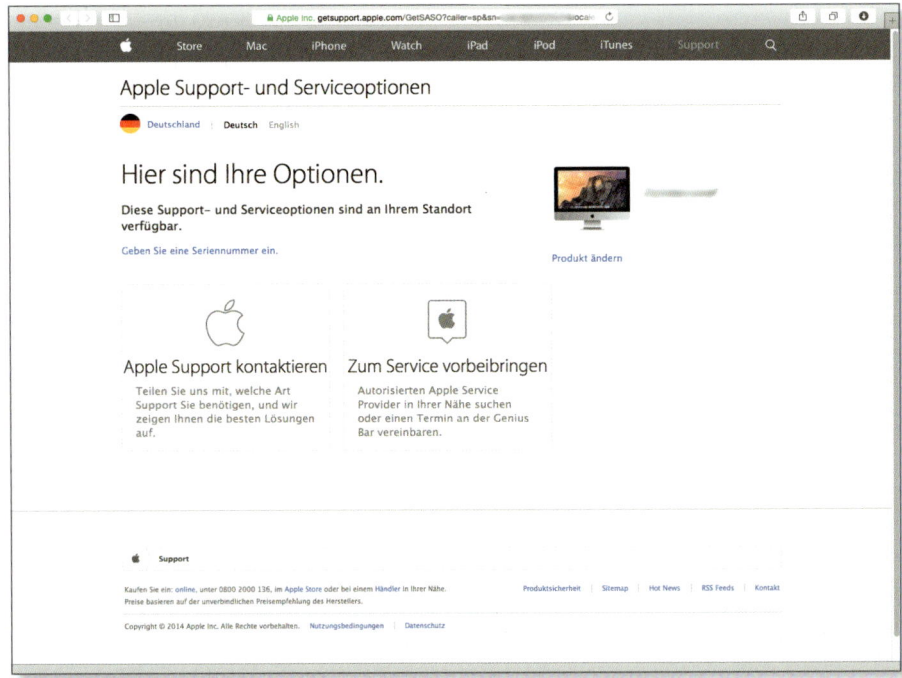

∧ Abbildung 21.42 *Die zur Verfügung stehenden Support-Optionen für den abgefragten Mac*

Nach Prüfung der Seriennummer sehen Sie auf der folgenden Seite Ihre Support-Optionen. Folgen Sie den jeweiligen Links, um eine der angebotenen Support-Optionen wahrzunehmen (siehe Abbildung 21.42).

Wie Sie Ihre Support-Optionen noch bequemer abfragen als über die Website, erfahren Sie im übernächsten Abschnitt »Über diesen Mac«.

Die Seriennummer des Macs finden

Die Seriennummer Ihres Macs können Sie im Fenster **Über diesen Mac** nachschauen. Um es aufzurufen, klicken Sie im -Menü auf den gleichnamigen Menüpunkt. Im folgenden Fenster sehen Sie eine Kurzübersicht über die wesentlichen Informationen zu Ihrem Mac, und es wird Ihnen die Seriennummer ❷ des Macs angezeigt.

∧ Abbildung 21.43 *Die Seriennummer Ihres Macs*

Über diesen Mac

Das Fenster **Über diesen Mac** ist aufgeteilt in die Tabs **Übersicht**, **Monitore**, **Festplatten**, **Speicher**, **Support** und **Service**. Im Tab **Speicher** finden Sie beispielsweise einen Link zu einer Anleitung für ein Speicher-Upgrade oder im Tab **Festplatten** einen Button, der das Festplattendienstprogramm öffnet.

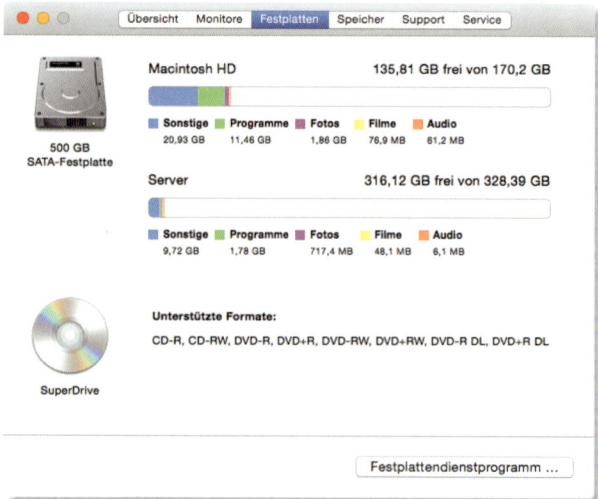

^ **Abbildung 21.44** *Das Fenster »Über diesen Mac« bietet ausführliche und gut aufbereitete Informationen.*

Die Tabs **Support** und **Service** bieten viele der Informationen, die Sie zuvor bereits auf der Website kennengelernt haben. Im Tab **Service** finden Sie durch einen Klick auf **Meinen Anspruch auf Service und Support prüfen** ❶ heraus, welche Support-Optionen Sie für Ihren Mac haben.

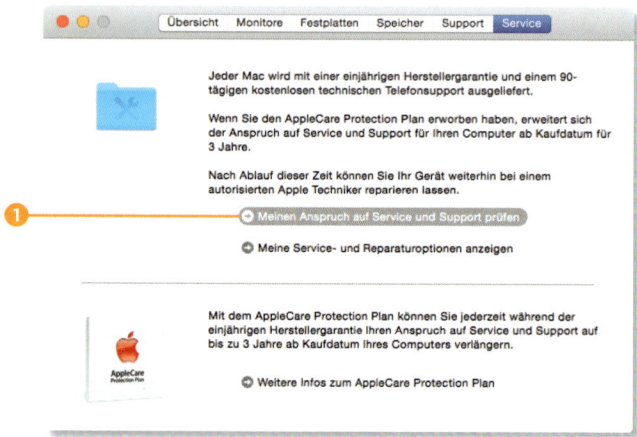

^ **Abbildung 21.45** *Die Serviceoptionen prüfen*

Dabei wird die Seriennummer des Macs an Apple gesendet, da die verfügbaren Optionen sich aus der Seriennummer ermitteln lassen. Anschließend öffnet Safari ein Fenster, das die verfügbaren Optionen anzeigt (siehe Abbildung 21.46).

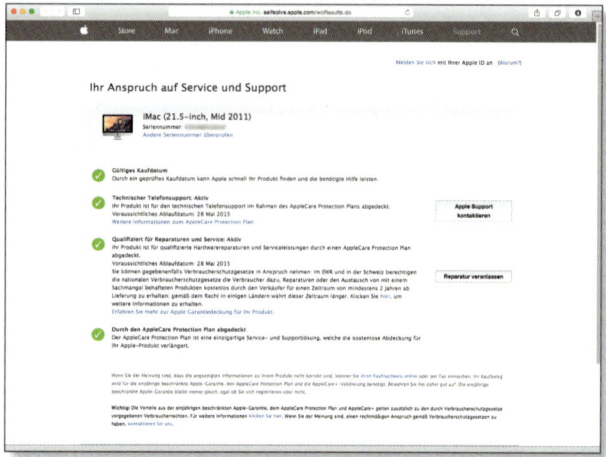

^ **Abbildung 21.46** *Anspruch auf Service und Support*

So müssen Sie weder eine Website aufrufen noch mühsam Ihre Seriennummer abtippen und sind mit einem Klick bestens informiert.

Sollten Sie tatsächlich eines Tages in die bedauerliche Lage kommen, den Support persönlich kontaktieren zu müssen, machen Sie sich keine Sorgen. Aus eigener Erfahrung kann ich Ihnen versichern, dass die Support-Mitarbeiter von Apple kompetent und freundlich sind und Ihnen geduldig bei den notwendigen Diagnoseschritten helfen.

Kapitel 22
Ein Blick unter die Haube – Unix

OS X ist nicht nur eines der einfachsten Betriebssysteme, sondern auch ein vollwertiges Unix-System. Wieso es das ist, was das bedeutet und welche Vorteile sich daraus für Sie ergeben, sehen wir uns in diesem Kapitel an.

Mit Unix-Betriebssystemen assoziiert man für gewöhnlich unglaublich komplexe Computer und Netzwerkszenarien, die nur von ein paar *Eingeweihten* adäquat bedient werden können. Unix kann also auf gar keinen Fall für den Massenmarkt geeignet sein – allein schon deswegen, weil es schwierig und wenig benutzerfreundlich ist. So weit die Vorurteile.

Natürlich lässt sich ein Unix-System nicht so ohne Weiteres so intuitiv bedienen wie OS X. Und hier beginnen schon die Klischees zu bröckeln. Denn OS X lässt sich ja einfach und intuitiv bedienen. OS X ist aber auch ein Unix-System. Wie passt das zusammen? Durch den vermutlich genialsten Geniestreich der jüngeren Computergeschichte: Apple hat es geschafft, die einfache und intuitive Bedienoberfläche des klassischen Mac OS auf einem für seine Stabilität, Sicherheit und Zuverlässigkeit bekannten Unix-Kern aufzusetzen und die beiden zu einem neuen Betriebssystem, OS X, zu verbinden.

Auf diese Weise ist mit OS X ein Betriebssystem entstanden, das sowohl die Vorteile von Unix als auch die von Mac OS verbindet und damit deutlich mehr ist als die Summe seiner Teile. OS X hat dadurch quasi aus dem Stand das erreicht, was die Linux-Gemeinde seit Ende der 90er-Jahre vergeblich versucht hat: ein Unix-System – oder zumindest ein Unix-artiges System – für den Anwender so einfach bedienbar zu machen, dass er auch ohne Vorkenntnisse problemlos damit zurechtkommt. Man muss der Linux-Gemeinde fairerweise zu Gute halten, dass auch Linux-Distributionen längst von Anwendern problemlos installiert und bedient werden können, die ansonsten mit Computern nichts am Hut haben. Aber Linux als Desktop-System zu etablieren, das eine ernsthafte Konkurrenz zu Windows ist, ist leider bislang nicht gelungen. Und das liegt nicht an der Technik, sondern an Problemfeldern wie mangelnder Stringenz beim Thema Benutzeroberflächen und den persönlichen Befindlichkeiten so mancher Entwickler. Aber zurück zu OS X.

△ **Abbildung 22.1** OS X ist ein vollwertiges, zertifiziertes Unix-System.

22.1 Kontakt zum Kern

Unix ist also die Basis von OS X. Im Alltag bekommen Sie als Anwender davon meist nichts mit, weil Sie für gewöhnlich nur mit der grafischen Oberfläche zu tun haben, also mit Programmen, die genau für diese grafische Oberfläche programmiert wurden. Dabei ist der Unix-Kern nie weit entfernt, und Sie können jederzeit schnell darauf zugreifen. So lassen sich viele Aufgaben, wenn Sie schon ein bisschen erfahrener sind, wesentlich leichter und schneller lösen als mit der grafischen Oberfläche. Prinzipiell gibt es wenige Aufgaben, für die Sie auf die Kommandozeile *müssen*, aber auch solchen Aufgaben begegnen wir in diesem Kapitel. Sie haben ja bereits in den vorangegangenen Kapiteln immer wieder Tipps und Hinweise gelesen, wie sich bestimmte Einstellungen auf der Kommandozeile vornehmen lassen, die anders nicht erreichbar sind, oder haben gesehen, wie einfach sich mit einem Befehl ein Installationsmedium erstellen lässt.

Die Interaktion mit der Unix-Ebene erfolgt über sogenannte *Command Line Interfaces*, kurz CLI. Das sind Programme, die es Ihnen erlauben, geschriebene Befehle auf einer Kommandozeile an das System zu übergeben.

Terminal

Ein solches CLI liefert OS X bereits mit. Es heißt *Terminal* und steht im Ordner *Dienstprogramme* zur Verfügung.

Starten Sie Terminal. Nach dem Start sehen Sie ein recht einfaches Fenster, das aber bereits einige interessante Informationen anzeigt.

In der Titelleiste sehen Sie das Symbol und den Namen des aktuellen Arbeitsverzeichnisses ❶, den Namen der verwendeten Shell ❷ sowie die Größe des Fensters ❸ in Zeichen pro Zeile × Anzahl der Zeilen.

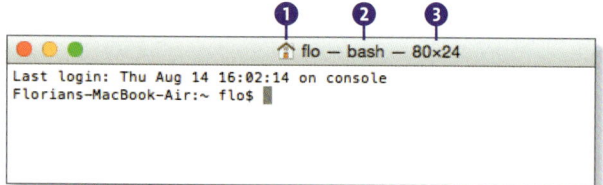

▲ *Abbildung 22.2* *Ein Terminal-Fenster nach dem Start*

Ziehen Sie das Fenster auf eine andere Größe. Sie sehen, wie die Anzeige in der Titelleiste sich entsprechend verändert.

Das aktuelle Arbeitsverzeichnis ist eine wichtige Information, denn so wissen Sie, wo im Dateisystem Sie sich gerade befinden und auf welches Verzeichnis eine unmittelbare Aktion ohne weitere Bedingungen Auswirkungen hätte. Das ist nichts anderes, als wenn Sie ein Finder-Fenster öffnen.

Der Ordner, in dem Sie sich gerade befinden, ist Ihr Arbeitsverzeichnis. Wenn Sie nun im Finder einen neuen Ordner anlegen, wird er als Unterordner des Ordners angelegt, in dem Sie sich gerade befinden bzw. dessen Inhalt das Finder-Fenster anzeigt. Auch im Finder wird das aktuelle Arbeitsverzeichnis stets in der Titelleiste angezeigt. Genauso verhält es sich mit Terminal. Wenn Sie im Terminal einen neuen Ordner bzw. ein neues Verzeichnis anlegen, ist das ein Unterverzeichnis Ihres aktuellen Arbeitsverzeichnisses. Sie können sich Terminal also als eine Art textbasierten Finder vorstellen.

> **INFO**
>
> **Im Terminal ist alles auf Englisch**
> Im Terminal sehen Sie alles auf Englisch: die Befehlsnamen, die Rückmeldungen der Befehle, die Befehlsdokumentation und sogar die Namen der Ordner. Sie können das nicht ändern, da Terminal bzw. die Befehle nur auf Englisch verfügbar sind und auch die Ordner nicht lokalisiert angezeigt werden. Ein Beispiel: Der Ordner *Musik* in Ihrem Benutzerordner heißt eigentlich *Music*. Er wird Ihnen im Finder nur entsprechend lokalisiert als Ordner *Musik* angezeigt.

Dabei hat Terminal im Gegensatz zum Finder jedoch einen bedeutenden Vorteil: Wenn Sie im Finder einen Ordner anlegen wollen, müssen Sie in den Ordner wechseln, in dem Sie den neuen Ordner anlegen wollen. Wenn Sie also beispielsweise einen neuen Unterordner im Ordner *Dokumente* anlegen wollen, müssen Sie im Finder zunächst in den Ordner *Dokumente* wechseln, um dann dort einen neuen Ordner anzulegen. Sie müssen also explizit den Ordner, in dem Sie den neuen Ordner anlegen wollen, zum aktuellen Arbeitsverzeichnis machen. Im Terminal ist das nicht nötig. Im Terminal können Sie ein neues Unterverzeichnis im Ordner *Dokumente* anlegen, obwohl das aktuelle Arbeitsverzeichnis möglicherweise gerade nicht *Dokumente* ist. Wir sehen uns diese Möglichkeit, einen »langen Arm« zu machen, später noch im Detail an.

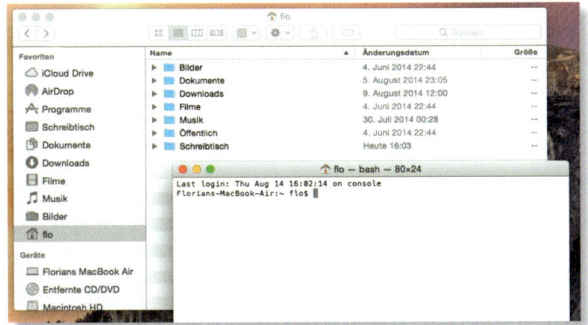

∧ **Abbildung 22.3** *Das gleiche Arbeitsverzeichnis als Finder-Fenster und im Terminal*

Die zweite wichtige Information in der Titelzeile neben dem Arbeitsverzeichnis ist die verwendete Shell. Die Shell ist das eigentliche Programm, das Ihnen die Kommandozeile zur Verfügung stellt und mit dem Sie dann mit dem System interagieren können. Aber was ist dann Terminal? Ganz einfach: Terminal zeigt die

Shell an, denn die stünde Ihnen ohne Terminal nicht zur Verfügung.

Standardmäßig lädt Terminal nach dem Start die Shell *bash*, was auch in der Titelzeile so angezeigt wird. Wenn Sie jedoch lieber eine andere Shell verwenden, rufen Sie mithilfe des entsprechenden Befehls eine andere Shell auf. In den Einstellungen von Terminal lässt sich das dauerhaft ändern, sodass Terminal grundsätzlich Ihre bevorzugte Shell lädt.

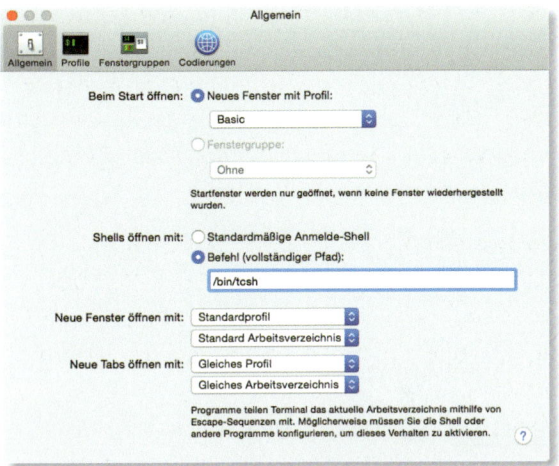

∧ **Abbildung 22.4** *Terminal startet zukünftig automatisch Ihre persönliche Lieblingsshell.*

In der Annahme, dass Sie aber vorher noch nichts mit Terminal oder Shells zu tun hatten, begnügen wir uns in diesem Kapitel mit der Shell *bash*, die von Terminal automatisch aufgerufen wird.

Nach den Informationen in der Titelzeile sehen wir uns die Informationen an, die die Shell bereithält. In der obersten Zeile sehen Sie zunächst die Zeit des letzten Logins und das verwendete Terminal. *Terminal* bedeutet dabei nicht das Programm Terminal, das Sie gerade vor sich sehen, sondern bezeichnet das Gerät, von dem aus auf die Shell zugegriffen wurde. Diese Terminals werden intern mit Bezeichnungen wie beispielsweise *ttys001* versehen.

Viel interessanter ist die Information, die die zweite Zeile bereithält: Dort steht ganz links der Name des Computers, gefolgt von einem Doppelpunkt und einer Tilde. Diese Information sagt Ihnen, auf welchem Computer Sie gerade arbeiten (links vom Doppelpunkt) und in welchem Arbeitsverzeichnis Sie sich dabei befinden (rechts vom Doppelpunkt).

HINWEIS

Home, sweet ~
Die Tilde ist die verkürzte Darstellung des vollständigen Pfads zu Ihrem Benutzerordner bzw. Home-Verzeichnis. Was also tatsächlich ausgeschrieben z. B. der Pfad */Users/flo/* wäre, lässt sich bequem durch ~ abkürzen. *~/Music/* ist also nichts anderes als */Users/flo/Music/*. Das gilt jedoch immer nur für den jeweils angemeldeten Benutzer, also Sie selbst. Mit ~ kommen Sie nicht zum Home-Verzeichnis eines anderen Benutzers.

Anschließend folgen ein Leerzeichen und der Kurzname des angemeldeten Benutzers sowie der sogenannte *Kommandoprompt*. Im Falle der Shell *bash* ist das das Zeichen $. Der Prompt ist das Zeichen, das in der Kommandozeile den Informationsteil vom Befehlsteil trennt. Andere Shells verwenden unter Umständen andere Zeichen. Danach kommt noch ein grauer viereckiger Block, der Cursor. Diese ganze Zeile ist die Kommandozeile.

∧ Abbildung 22.5 *Die Kommandozeile, bestehend aus »Computername:Arbeitsverzeichnis Benutzername$« und Cursor*

Hier in der Kommandozeile geben Sie Kommandos ein. Nachdem Sie ein Kommando eingegeben haben, erfolgt stets eine Reaktion in der nächsten Zeile oder den nächsten Zeilen. In den einfachsten Fällen ist die Reaktion nur die, dass das Kommando fehlerfrei ausgeführt wurde, was dann nur zur Anzeige einer neuen Kommandozeile führt, in der Sie das nächste Kommando ausführen können. Andere Reaktionen können Fehlermeldungen oder Hinweise sein. Manche Programme erwarten sogar Interaktion. Achten Sie also, nachdem Sie ein Kommando abgesetzt haben, jeweils auf die Information in der nächsten Zeile.

∧ Abbildung 22.6 *Eine Fehlermeldung*

Im Beispiel aus Abbildung 22.7 sehen Sie also, dass in der obersten Zeile, der Kommandozeile, der Befehl `screencapture` abgesetzt wurde. In der folgenden Zeile gibt der aufgerufene Befehl `screencapture` eine Meldung aus. Damit ist der Befehl automatisch wieder beendet, da er nicht erfolgreich ausgeführt werden konnte. Die dritte Zeile ist nun die neue Kommandozeile. Der Inhalt des Fensters »wächst« also mit jeder Aktion nach unten.

Nachdem Sie einige Befehle eingegeben haben, möchten Sie eventuell einen bereits zuvor eingegebenen Befehl erneut nutzen. Damit Sie den Befehl nicht erneut komplett eintippen müssen, merkt sich die Shell Ihre Eingaben. Mithilfe der Tasten ▲ und ▼ blättern Sie bequem durch Ihre Befehlshistorie und nutzen so bereits verwendete Befehle ohne Tippaufwand erneut. Die Shell bietet noch weitere Möglichkeiten, sich Tipperei zu ersparen, die Sie im weiteren Verlauf dieses Kapitels noch kennenlernen werden. Sehen wir uns zunächst an, wie Sie einen Befehl eingeben und ausführen.

Ein Kommando eingeben

Shell-Kommandos bestehen prinzipiell immer aus denselben Elementen: Befehl, Optionen und Parameter. Die Shell erwartet also den Namen eines Befehls. Das ist das absolute Minimum, das Sie benötigen, um einen Befehl auszuführen. Erwartet der Befehl ansonsten keine weiteren Angaben, wird er auch sofort ausgeführt, nachdem Sie ihn durch Drücken der Taste ⏎ abgeschickt haben. Viele Befehle erwarten zwar weitere Angaben, führen jedoch, wenn keine Angaben übergeben werden, bestimmte Standardprozeduren aus. Sehen wir uns als Beispiel einen der am häufigsten gebrauchten Befehle an.

1 Öffnen Sie ein Terminal-Fenster, und vergewissern Sie sich, dass das Arbeitsverzeichnis Ihr Home-Verzeichnis ist.

2 Geben Sie den folgenden Befehl ein:

`ls`

3 Drücken Sie die Taste ⏎. Die *Antwort* der Shell ist eine Auflistung der Elemente in Ihrem Home-Verzeichnis. `ls` steht für das englische *list*.

▲ **Abbildung 22.7** *»ls« listet die Inhalte eines Verzeichnisses auf.*

Natürlich werden Ihnen die aufgelisteten Elemente bekannt vorkommen. Es handelt sich dabei schließlich um die Ordner in Ihrem Home-Verzeichnis. Im Beispiel in Abbildung 22.7 hat sich – deutlich an der Dateiendung erkennbar – eine Datei ❶ zwischen die Ordner geschummelt. Außer an der Dateiendung wäre jedoch kein Unterschied zwischen einer Datei und einem Verzeichnis zu bemerken. Das wäre natürlich besonders schwierig, wenn die Datei keine Dateiendung hätte,

denn das muss sie für OS X ja nicht haben. Dann hätte das Ergebnis so ausgesehen wie in Abbildung 22.8.

▲ **Abbildung 22.8** *»ls« unterscheidet nicht zwischen Verzeichnissen und Dateien.*

Kommandos mit Optionen erweitern

Hier wäre also nicht zu erkennen, welches der Elemente ein Verzeichnis und welches eine Datei ist. Um das sehen zu können, müssen wir `ls` mit einer Option aufrufen. Eine Option bei einem Befehl bedeutet immer, dass der Befehl auf eine bestimmte Weise ausgeführt werden soll. Geben wir also `ls` nun erneut ein und hängen eine Option an, die es uns ermöglicht, die Elemente besser zu unterscheiden.

1 Geben Sie in der Kommandozeile `ls -F` ein. Anstatt hier den Befehl komplett von Hand einzutippen, hätten Sie mit den Pfeiltasten den Befehl auch aus der Befehlshistorie holen können. Sie hätten ihn dann nur noch um das Leerzeichen und die entsprechende Option ergänzen müssen.

2 Drücken Sie die Taste ⏎. Sie sehen nun erneut die Ergebnisse von `ls`, diesmal jedoch anders aufbereitet. Dank der Option `-F` werden nun alle Verzeichnisse mit einem abschließenden / dargestellt.

So erkennen Sie schon bedeutend besser, welches Element ein Ordner und welches eine Datei ist: Hinter Ordnern steht immer ein Schrägstrich, hinter Dateien nicht.

▲ **Abbildung 22.9** *»ls« unterscheidet jetzt zwischen Verzeichnissen und Dateien.*

Optionen verändern also Befehle. Mit Optionen passen Sie Befehle so an, dass sie mit möglichst geringem Aufwand den maximalen Nutzen bieten. Die Arbeit auf der Kommandozeile ist also sehr effizient und schreit geradezu nach Automation, was wir später in diesem Kapitel und im nächsten Kapitel noch feststellen werden.

Kommandos mit Optionen und Parametern

Zusätzlich können Sie einer Option einen Parameter übergeben. Sehen wir uns auch dazu ein Beispiel an:

1 Geben Sie in der Kommandozeile ein:

`pmset`

2 Drücken Sie die Taste ⏎. `pmset` weist darauf hin, dass es nichts tun kann, wenn es nicht mit Optionen aufgerufen wird.

3 Geben Sie in der Kommandozeile `pmset -g` ein. Dem Befehl `pmset` wurde also nun die Option `-g` hinzugefügt.

4 Drücken Sie die Taste ⏎. `pmset` gibt nun Informationen zum Powermanagement aus.

```
● ● ●                  ⬆ flo — bash — 80×24
Last login: Thu Aug 14 16:22:49 on ttys000
Florians-Air:~ flo$ pmset -g
Active Profiles:
Battery Power         -1
AC Power              -1*
Currently in use:
 standbydelay        4200
 standby             1
 womp                1
 halfdim             1
 hibernatefile       /var/vm/sleepimage
 darkwakes           0
 networkoversleep    0
 disksleep           0
 sleep               0 (sleep prevented by AddressBookSour, UserEventAgent)
 hibernatemode       3
 ttyskeepawake       1
 displaysleep        10
 acwake              0
 lidwake             1
Florians-Air:~ flo$ ▮
```

∧ **Abbildung 22.10** *»pmset -g« zeigt Informationen zum Powermanagement an.*

Das sind aber beispielsweise nicht die Informationen, die Sie interessieren. Sie wollen stattdessen wissen, ob das Powermanagement Einträge zum automati-

schen Start des Macs verzeichnet – und wenn ja, welche (siehe Seite XX in Kapitel 15, »Systemeinstellungen – den Mac im Griff«). Sie müssen die Option `-g` also um einen Parameter ergänzen. Für den Beispielfall nehmen wir den Parameter `sched`.

5 Geben Sie also den vollständigen Befehl inklusive Option und Parameter ein, also: `pmset -g sched`.

6 Drücken Sie die Taste ⏎. `pmset` gibt nun in der nächsten Zeile kurz und knapp das Ergebnis des Befehls aus, nämlich, dass der Mac jeden Tag um 5 Uhr morgens gestartet wird: `wakepoweron at 5:00AM every day`.

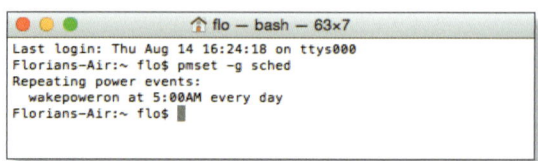

```
● ● ●                  ⬆ flo — bash — 63×7
Last login: Thu Aug 14 16:24:18 on ttys000
Florians-Air:~ flo$ pmset -g sched
Repeating power events:
  wakepoweron at 5:00AM every day
Florians-Air:~ flo$ ▮
```

∧ **Abbildung 22.11** *Das Ergebnis von »pmset -g sched«*

Sie sehen also, dass ein Befehl allein noch nicht unbedingt viel bringt. Erst in Kombination mit den gewünschten Optionen und Parametern wird aus einem simplen Befehl ein mächtiges Werkzeug. Dabei können Befehle später sehr komplex aussehen. Das Prinzip ist aber immer das gleiche: Befehl – Option – Parameter. Natürlich sieht es komplex aus (Und es kann auch komplex werden!), wenn Sie einem Befehl nicht nur eine Option übergeben, sondern mehrere; das ist nämlich möglich. Wenn Sie dann noch zu der einen oder anderen Option zusätzlich einen entsprechenden Parameter übergeben, dann kann die Anweisung natürlich auf den ersten Blick unübersichtlich erscheinen. Aber auch hier gilt das simple Grundprinzip: Befehl – Option – Parameter. Wenn Sie sich das bewusst machen, verlieren auch Befehle, die auf den ersten Blick sehr komplex aussehen, ihre Bedrohlichkeit.

Ob ein Befehl Optionen und Parameter braucht oder nicht, hängt sehr vom jeweiligen Befehl ab. Wie Sie herausbekommen, ob ein Befehl Optionen braucht oder akzeptiert (und welche das gegebenenfalls sind), sehen wir uns im nächsten Abschnitt an.

Groß- und Kleinschreibung

Optionen sind kontextsensitiv. Das heißt, der Befehl, an den sie angehängt werden, unterscheidet zwischen Groß- und Kleinschreibung. Es ist also ein Unterschied, ob Sie beispielsweise `ls -f` oder `ls -F` aufrufen.

22.2 Den richtigen Befehl finden

Wie finden Sie also heraus, welche Befehle Sie brauchen? Und wie finden Sie heraus, welche Optionen und Parameter zur Verfügung stehen? Welche Befehle es gibt, lässt sich nur lernen oder nachschlagen (Zumal immer wieder neue Befehle hinzukommen.). Eine kleine Auswahl der wichtigsten Befehle können Sie hier im Buch nachlesen. Im Internet finden sich ebenfalls einige hilfreiche Websites, wie z. B. *http://ss64.com/osx/*. Theoretisch können Sie natürlich auch die Verzeichnisse */bin*, */sbin*, */usr/bin* und */usr/sbin* nach einem passenden Befehl durchsuchen. In diesen Verzeichnissen finden Sie die meisten Befehle. Leider ist das keine besonders hilfreiche Methode, denn viele Befehle lassen von ihrem Namen nicht unbedingt auf die Nutzung schließen. Wenn Sie also wissen, welche Befehle Sie brauchen, fällt es etwas leichter, herauszufinden, welche Optionen und Parameter für den Befehl verfügbar sind. Die Befehle `apropos` und `whatis`, die weiter unten ausführlicher beschrieben werden, helfen Ihnen dabei.

Hilfe mit »-help«

Der einfachste Weg, um herauszufinden, wie ein Befehl funktioniert, besteht darin, den Befehl erst einmal ohne weitere Optionen aufzurufen und zu sehen, was passiert. Das haben Sie bereits zuvor mit `pmset` gemacht. `pmset` hat daraufhin die Meldung ausgegeben, dass die Nutzung Optionen erfordert. Viele Programme bieten eine Übersicht über die verfügbaren Optionen und darüber, wie man sie nutzt, wenn Sie `-h`,

`-help` oder `--help` eingeben (siehe Abbildung 22.13). Wesentlich hilfreicher, als auf ein paar Brocken Hilfe zu hoffen, die ohnehin nicht jeder Befehl zur Verfügung stellt, ist es aber, die Manpages zu bemühen.

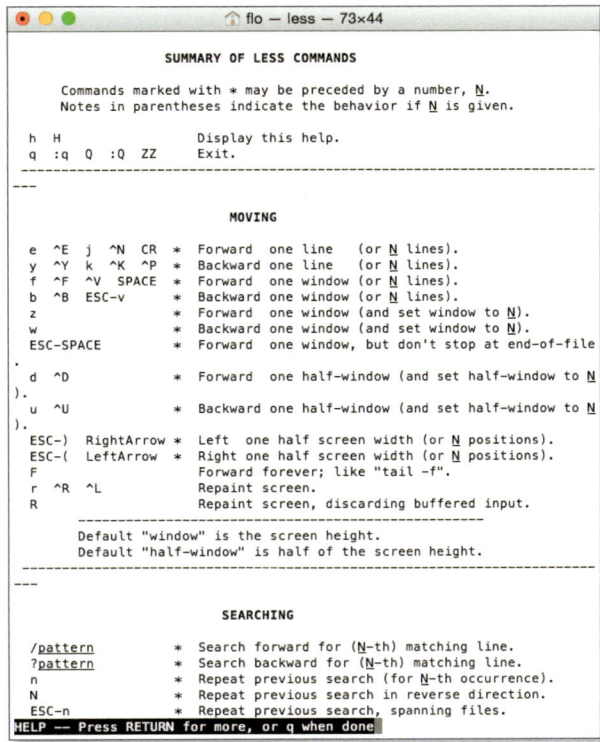

▲ **Abbildung 22.12** *Die Hilfe des Befehls »less«, aufgerufen mit »less --help«*

Die Manpages

Zu beinahe jedem Befehl gibt es entsprechende *Manpages*. Diese Manpages sind nichts anderes als Bedienungsanleitungen. *Man* steht hier als Abkürzung für das englische *manual*, also die *Bedienungsanleitung*. Wenn Sie beispielsweise die Bedienungsanleitung – oder korrekter: die Manpages – des Befehls `ls` sehen wollen, geben Sie in der Kommandozeile `man ls` ein. `man` ist in diesem Fall der Befehl, denn Sie wollen ja Manpages sehen, und `ls` – sonst ein eigener Befehl – ist nun die Option, denn sonst wüsste `man` ja nicht, welche Manpages es anzeigen soll.

Geben Sie in der Kommandozeile ein:

```
man ls
```

Drücken Sie die Taste ⏎. man zeigt daraufhin die Manpages von ls an.

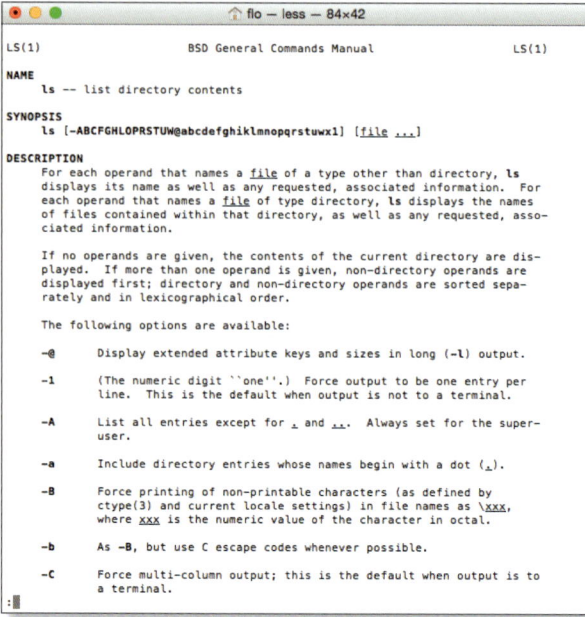

⌃ Abbildung 22.13 *In den Manpages erfahren Sie in der Regel alles Wissenswerte zum gewünschten Befehl, oft sogar mit Beispielkommandos.*

Manpages machen meist mehr als eine Seite aus, werden also nicht auf einmal vollständig im Terminal-Fenster dargestellt. Um von einer Seite zur nächsten zu blättern, drücken Sie die Taste ⏎. Um man zu verlassen und wieder zurück zur Kommandozeile zu kommen, drücken Sie die Taste Q. Idealerweise öffnen Sie sich ein zweites Terminal-Fenster, sodass Sie in einem Fenster die Manpages lesen und im anderen Fenster das Gelesene ausprobieren können. Oder Sie nutzen den folgenden Tipp.

»whatis« und »apropos«

Die Befehle whatis und apropos helfen jeweils mit einer kurzen Information zu einem Befehl, wenn Sie den Befehl (oder ein beliebiges Suchwort) als Option übergeben. Nach den bisher gewonnenen Informationen sollten Sie also bereits mithilfe von whatis oder apropos herausfinden können, was beispielsweise der Befehl mkdir macht.

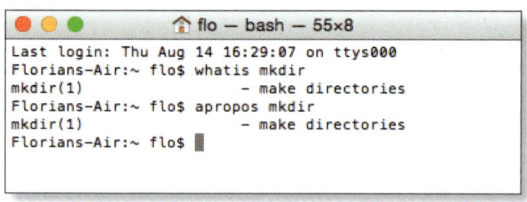

⌃ Abbildung 22.14 *»whatis« und »apropos« informieren jeweils über einen Befehl.*

whatis sucht dabei nur im Namen von Befehlen nach Ihrem Suchwort. apropos sucht zusätzlich in der Beschreibung von Befehlen nach dem von Ihnen eingegebenen Suchwort. Die Ergebnisse mit apropos können also umfangreicher ausfallen.

Nachdem Sie nun wissen, wie Sie Befehle prinzipiell nutzen und wo Sie gegebenenfalls Hilfe und weitere Informationen zu Befehlen finden, sehen wir uns im nächsten Abschnitt ein paar der gängigsten Befehle an. Sie lernen dabei gleich etwas über Dateipfade, z. B. wie Sie im Dateisystem navigieren.

22.3 Dateimanagement mit Terminal

Sie haben im vorangegangenen Abschnitt gelesen, dass es sich bei Terminal um eine Art textbasierten Finder handelt. Nach allem, was Sie danach noch erfahren haben, können Sie sagen, dass das so zwar nicht ganz falsch ist, aber auch nicht korrekt. Einerseits, weil Terminal damit eigentlich nichts zu tun hat, denn tatsächlich nutzen Sie die Shell. Andererseits haben Sie bereits den einen oder anderen Befehl kennengelernt, der einen Hinweis darauf gibt, dass mit der Shell wohl noch mehr zu machen ist als *nur* Dateimanagement. Allerdings ist das Dateimanagement eben ein häufiger Anwendungsfall, und so sehen wir uns in den folgenden Abschnitten an, wie Sie mit der Shell Dateien und Ordner organisieren.

Befehlsergänzung nutzen

Nach dem ersten Öffnen eines Terminal-Fensters haben Sie gesehen, dass sowohl die Titelleiste von Terminal als auch die Shell in der Kommandozeile jeweils anzeigen, wo (im Dateisystem) Sie sich gerade befinden. Zusätzlich gibt Ihnen der Befehl pwd (*print working directory*) diese Information aus. pwd ohne weitere Optionen gibt den Pfad zum aktuellen Arbeitsverzeichnis als absoluten Pfad aus. Bewegen Sie sich in ein anderes Verzeichnis. Nur in welches? Sehen Sie sich also zunächst mithilfe von ls an, was in der unmittelbaren Nähe so zur Verfügung steht.

1 Geben Sie in der Kommandozeile ein:

ls

2 Drücken Sie die Taste ⏎. Als Ergebnis erhalten Sie, wie bereits zuvor, die Liste der Elemente in Ihrem Home-Verzeichnis.

Wechseln Sie z. B. in das Verzeichnis *Documents*. Einen Wechsel von einem Verzeichnis zu einem anderen erreichen Sie mit dem Befehl cd. cd steht für *change directory*.

3 Geben Sie in der Kommandozeile cd Documents/ ein, oder nutzen Sie gegebenenfalls die Befehlshistorie: Sie haben bereits zuvor gelernt, dass es in der Shell sehr effizient zugeht und Sie sich hier nicht mit lästiger Tipperei aufhalten müssen. So, wie Sie also mit den Pfeiltasten durch Ihre Befehlshistorie blättern, können Sie in der Kommandozeile Eingaben ergänzen lassen und sich dadurch Tipperei sparen.

4 Drücken Sie die Taste ←, bis anstelle von Documents/ nur noch Doc zu sehen ist.

5 Drücken Sie die Taste →. Die Shell ergänzt nun automatisch den Rest. So wird aus Doc + → dann Documents/.

6 Probieren Sie die Ergänzung erneut. Drücken Sie die Taste ←, bis anstelle von Documents/ nur noch Do zu sehen ist.

7 Drücken Sie die Taste →. Diesmal hören Sie nur einen Fehlerton, und die Ergänzung hat nicht stattgefunden.

Das liegt daran, dass die Ergänzung nur in eindeutigen Situationen funktioniert. Wenn Sie nur Do eingeben, weiß die Shell nicht, ob Sie zu Downloads/ oder Documents/ vervollständigen wollen. Das ist auch der Fall, wenn sich beispielsweise zwei gleichnamige Dateien mit unterschiedlichen Dateiformaten im selben Verzeichnis befinden. In so einem Fall würde die Shell automatisch bis zum Punkt der Dateiendung ergänzen, weil sie von da ab nicht wissen kann, welche Datei Sie nutzen möchten.

In ein anderes Verzeichnis wechseln

Nach diesem kurzen Exkurs in die Befehlsergänzung gehen wir nun davon aus, dass in der Kommandozeile cd Documents/ steht.

1 Drücken Sie die Taste ⏎. Sie sind nun in das Verzeichnis *Documents* gewechselt. Das erkennen Sie deutlich am Titel des Terminal-Fensters und in der Kommandozeile. In der Kommandozeile steht jedoch nur, dass das aktuelle Arbeitsverzeichnis *Documents* heißt. Es gibt leider keinen Hinweis darauf, wo im Dateisystem sich dieses Verzeichnis befindet. Hier hilft der bereits zuvor erwähnte Befehl `pwd`.

2 Geben Sie in der Kommandozeile `pwd` ein, und drücken Sie die Taste ⏎. `pwd` zeigt nun den vollständigen absoluten Pfad zum aktuellen Arbeitsverzeichnis an.

```
● ● ●       📁 Dokumente — bash — 51×7
Last login: Thu Aug 14 16:30:38 on ttys000
Florians-Air:~ flo$ cd Documents/
Florians-Air:Documents flo$ pwd
/Users/flo/Documents
Florians-Air:Documents flo$ ▮
```

∧ **Abbildung 22.15** *»pwd« zeigt den vollständigen Pfad zum aktuellen Arbeitsverzeichnis.*

3 Im Verzeichnis *Documents* angekommen, wollen Sie sich auch hier zunächst einen Überblick mithilfe von `ls` verschaffen. Geben Sie in der Kommandozeile `ls` ein. Drücken Sie die Taste ⏎.

Angenommen, der Ordner *Documents* ist schon recht gut gefüllt. `ls` allein sorgt hier also nicht für Übersicht.

```
Last login: Wed Sep 21 14:40:03 on ttys
flomac:~ flo$ cd Documents/
flomac:Documents flo$ pwd
/Users/flo/Documents
flomac:Documents flo$ ls
04-apk.pdf
08_wowereit.pdf
09_cleese.pdf
14_geissler.pdf
155063_054schwerp.pdf
Apple_Identity_Guides_04-05.pdf
Badefreude.baseconfig
Bild(04).jpg
Bild(06)#1.jpg
Bild(06).jpg
Bild(07).jpg
Bild(11).jpg
Bild(12).jpg
Dashboard_Tutorial.pdf
Dimdemo.pdf
ESTA-Antrag.pdf
EyeTV Archive
Freelancer_Gruendel.doc
Freelancer_Gruendel.rtf
Fundstücke
Hallo_meine_Lieben.doc
Job
Korrespondenz
```

∧ **Abbildung 22.16** *Recht unübersichtlich: die Inhalte von »Documents/« nach Aufruf von »ls«*

4 Geben Sie in der Kommandozeile `ls -1F` ein, und drücken Sie die Taste ⏎.

`ls` stellt die Inhalte nun schon sehr viel übersichtlicher dar dank der bereits bekannten Option `-F` mit einem Schrägstrich / nach dem Ordnernamen. Die Option `-1` bewirkt, dass weitere Informationen angezeigt werden.

```
flomac:Documents flo$ ls -1F
total 124544
-rw-r--r--    1 flo   staff    907586 30 Jan  2007 04-apk.pdf
-rw-r--r--    1 flo   staff   1738218  3 Feb  2007 08_wowereit.pdf
-rw-r--r--    1 flo   staff   1598621  3 Feb  2007 09_cleese.pdf
-rw-r--r--    1 flo   staff   1959271  3 Feb  2007 14_geissler.pdf
-rw-r--r--    1 flo   staff   1290465 12 Jan  2007 155063_054schwerp.pdf
-rw-r--r--@   1 flo   staff   5179896 12 Apr  2006 Apple_Identity_Guides_04-05.pdf
-rw-r--r--    1 flo   staff     11078  3 Okt  2009 Badefreude.baseconfig
-rw-r--r--@   1 flo   staff     40608 14 Okt  2006 Bild(04).jpg
-rw-r--r--@   1 flo   staff     54351 14 Okt  2006 Bild(06)#1.jpg
-rw-r--r--@   1 flo   staff     30724 14 Okt  2006 Bild(06).jpg
-rw-r--r--@   1 flo   staff     30148 14 Okt  2006 Bild(07).jpg
-rw-r--r--    1 flo   staff     61213 18 Aug  2007 Bild(11).jpg
-rw-r--r--    1 flo   staff     59559 18 Aug  2007 Bild(12).jpg
-rw-r--r--    1 flo   staff   1977052 22 Mai  2005 Dashboard_Tutorial.pdf
-rwxr-xr-x    1 flo   staff    196551  4 Dez  2005 Dimdemo.pdf*
-rw-r--r--    1 flo   staff    116577 16 Feb  2010 ESTA-Antrag.pdf
drwxr-xr-x   13 flo   staff       442 16 Sep 21:09 EyeTV Archive/
-rw-r--r--@   1 flo   staff    659968  4 Nov  2008 Freelancer_Gruendel.doc
-rw-r--r--    1 flo   staff       386 16 Sep 16:13 Freelancer_Gruendel.rtf
drwxr-xr-x   27 flo   staff       918 12 Jan  2010 Fundstücke/
-rw-r--r--    1 flo   staff     23040 18 Mai  2004 Hallo_meine_Lieben.doc
drwxr-xr-x@  28 flo   staff       952 19 Mär  2011 Job/
drwxr-xr-x   98 flo   staff      3332 24 Jun 21:25 Korrespondenz/
```

∧ **Abbildung 22.17** *Die Inhalte von »Documents/« – dank der Optionen »-lF« deutlich übersichtlicher als zuvor*

Wenn Sie mit weiteren Darstellungsoptionen von `ls` experimentieren wollen, rufen Sie die Manpages von `ls` auf. Dort sind alle verfügbaren Optionen aufgelistet und erklärt.

TIPP

Optionen bündeln
Um einem Befehl mehrere Optionen auf einmal zu übergeben, ist es nicht nötig, jede Option einzeln anzugeben. Sie können also z. B. anstelle von `ls -a -l -F` auch `ls -alF` schreiben. Das spart erneut Tipperei. Und wie Sie ja bereits gesehen haben, gibt es reichlich Möglichkeiten, bloß keinen Tastendruck zu viel zu machen.

Nehmen wir an, Sie wollen nicht im Verzeichnis *Documents* bleiben, sondern zurück zum übergeordneten Verzeichnis, also Ihrem Home-Verzeichnis. Der Befehl dazu ist wieder `cd`. Das ist klar. Es gibt jedoch mehrere Möglichkeiten, mit `cd` zurück in Ihr Home-Verzeichnis zu kommen. Da Sie in diesem Fall ja nur eine Verzeichnisebene zurück – also in ein höher gelegenes Verzeichnis – wollen, können Sie folgenden Befehl eingeben:

- `cd ..`

  Auch hier wird mit `cd` das Verzeichnis gewechselt. Die zwei Punkte stehen synonym für das jeweils übergeordnete Verzeichnis. Mit `cd ..` gelangen Sie immer um jeweils eine Ordnerebene nach oben. Das geht so lange, bis Sie bei `/` angekommen sind.

Angenommen, Sie wollen in Ihr Home-Verzeichnis, sind aber nicht nur eine Ebene davon entfernt, sondern an ganz anderer Stelle im Dateisystem.

- Der schnellste Weg *nach Hause* ist stets:

  `cd ~`

  Sie haben bereits zu Beginn des Kapitels gelesen, dass die Tilde synonym für Ihr Home-Verzeichnis steht. So kommen Sie immer schnell zum eigenen Home-Verzeichnis, egal, an welcher Stelle des Dateisystems Sie sich gerade befinden.

- Im Zweifelsfall können Sie natürlich immer den vollständigen Pfad des Verzeichnisses angeben, zu dem Sie wollen. Im Beispiel wäre das:

  `cd /Users/flo/`

Sie sollten sich jetzt also problemlos im Dateisystem bewegen und zu den gewünschten Verzeichnissen Informationen bekommen können. Im nächsten Abschnitt sehen wir uns Managementfunktionen für Ordner und Dateien an.

Ordner und Dateien verwalten

So, wie Sie mit dem Finder Ordner anlegen, verschieben und löschen können, können Sie all das natürlich auch im Terminal machen. Wechseln Sie für die folgenden Beispiele in ein Verzeichnis, in dem sich keine Daten befinden, die Sie noch brauchen, da die folgenden Beispiele zum Teil mit dem Löschen von Dateien und Verzeichnissen verbunden sind. Am besten legen Sie ein entsprechendes Verzeichnis an.

Nach dem vorangegangenen Beispiel sollten Sie sich in Ihrem Home-Verzeichnis befinden. Das Testverzeichnis soll jedoch nicht direkt in Ihrem Home-Verzeichnis angelegt werden, sondern auf dem Schreibtisch. Zu Beginn des Kapitels haben Sie gelesen, dass Sie mit Terminal (anders als mit dem Finder) nicht in dem Verzeichnis sein müssen, in dem Sie einen neuen Unterordner anlegen wollen. Das gilt natürlich nicht nur für das Anlegen von Ordnern, sondern auch für jede andere Aktion. Vergewissern Sie sich, dass Sie sich in Ihrem Home-Verzeichnis befinden.

Geben Sie in der Kommandozeile ein:

`pwd`

Drücken Sie die Taste ↵. Nachdem sichergestellt ist, dass Ihr Home-Verzeichnis das aktuelle Arbeitsverzeichnis ist, legen Sie nun ein neues Verzeichnis außerhalb Ihres aktuellen Arbeitsverzeichnisses an.

Verzeichnisse erstellen mit »mkdir«

Der Befehl, um ein Verzeichnis anzulegen, lautet `mkdir`, was *make directory* bedeutet. `mkdir` erwartet als Option eine Pfadangabe und den Namen des zu erstellenden Verzeichnisses. Entfällt die Angabe eines Pfades, erstellt `mkdir` das Verzeichnis im aktuellen Arbeitsverzeichnis. Das Einzige, was also nötig ist, um ein neues Verzeichnis außerhalb des aktuellen Arbeitsverzeichnisses zu erstellen, ist die Angabe eines Pfades.

HINWEIS

Pfade beachten

In den folgenden Beispielen sehen Sie immer wieder den Pfad zum Schreibtisch, in Terminal also */Users/flo/Desktop*. Bitte bedenken Sie, dass der Teil zwischen */Users* und */Desktop* bei Ihnen entsprechend anders lautet, falls Ihr Home-Verzeichnis nicht zufällig ebenfalls *flo* lautet.

767

1 Geben Sie in der Kommandozeile `mkdir Desktop/Terminalexperimente` ein.

2 Drücken Sie die Taste [↵]. Im Verzeichnis *Desktop* wurde nun ein neues leeres Verzeichnis mit dem Namen *Terminalexperimente* angelegt. Genauso zeigt es auch der Finder, nur eben mit anderen Bezeichnungen. Hier sehen Sie nun auf dem Schreibtisch einen neuen Ordner mit dem Namen *Terminalexperimente*.

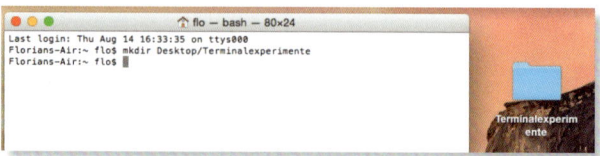

▲ Abbildung 22.18 *Auf dem Schreibtisch wurde der neue Ordner angelegt.*

3 Dieses Verzeichnis *Terminalexperimente* dient als Ausgangspunkt für die weiteren Befehle. Wechseln Sie also zunächst dorthin, damit es zum Arbeitsverzeichnis wird.

Geben Sie dazu in der Kommandozeile `cd Desktop/Terminalexperimente` ein, und drücken Sie die Taste [↵]. Das aktuelle Arbeitsverzeichnis ist nun *Terminalexperimente*.

4 Wechseln Sie zum Finder.

5 Doppelklicken Sie auf dem Schreibtisch auf den Ordner *Terminalexperimente*, und stellen Sie die Listenansicht für den Ordner ein.

6 Positionieren Sie das Finder-Fenster und das Terminal-Fenster nebeneinander. So haben Sie beide Fenster im Blick, und das Finder-Fenster dient als Kontrollinstanz, da sich dort alles mitverfolgen lässt, was Sie im Terminal machen.

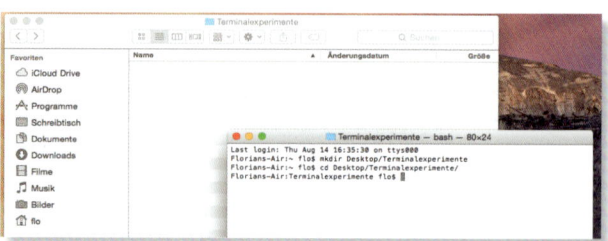

▲ Abbildung 22.19 *Das Finder-Fenster dient für die folgenden Beispiele als Kontrollfenster.*

7 Legen Sie zunächst ein neues Unterverzeichnis an. Geben Sie dazu in der Kommandozeile `mkdir Verzeichnis1` ein, und drücken Sie zur Bestätigung die Taste [↵].

8 Legen Sie zwei weitere Verzeichnisse mit den Namen *Verzeichnis2* und *Verzeichnis3* an. Nutzen Sie die Befehlshistorie, und Sie können die beiden Verzeichnisse in weniger als fünf Sekunden hinzufügen.

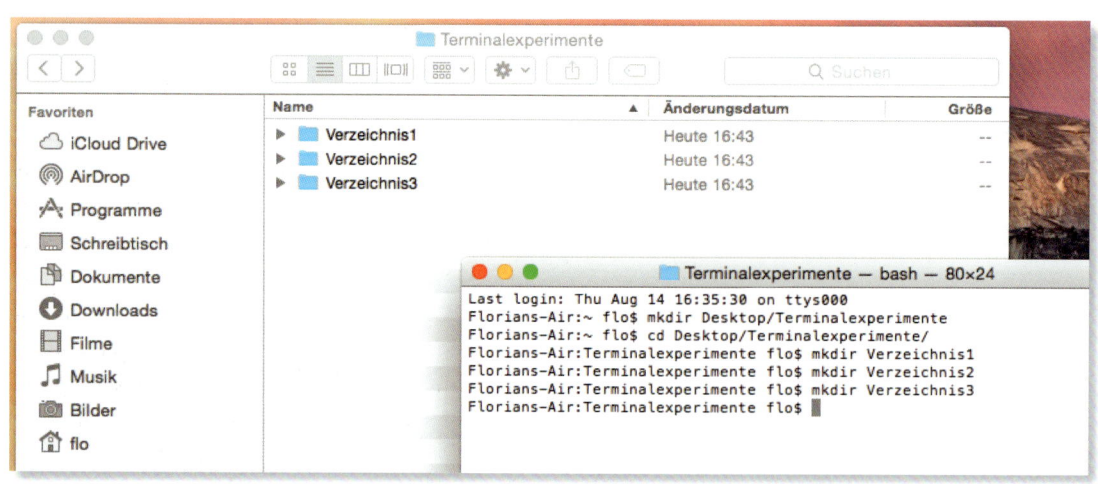

▲ Abbildung 22.20 *Drei Verzeichnisse sind angelegt und im Finder gut zu sehen.*

9 Klicken Sie im Finder auf die kleinen Dreiecke links von den Ordnern, um sie jeweils auszuklappen. So sehen Sie in der Listenansicht gleich die Inhalte der Ordner.

10 Füllen Sie nun die Verzeichnisse mit Dateien. Um schnell zu nennenswerten Mengen an Inhalten zu kommen, bedienen Sie sich des Tricks von zuvor, und überführen Sie die Manpages eines Befehls in eine Textdatei. Geben Sie dazu in der Kommandozeile `man ls > Verzeichnis1/Datei1.txt` ein.

11 Drücken Sie die Taste ⏎. Sie sehen im Finder sofort den Erfolg der Aktion.

Nachdem die Inhalte der Testdateien keine Rolle spielen, nutzen Sie diesen Befehl quasi als Vorlage, um – derselben Logik folgend – zwei weitere Dateien zu erstellen:

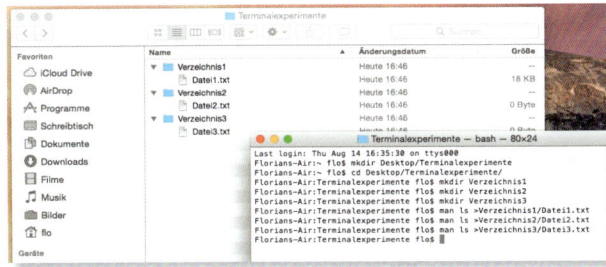

∧ Abbildung 22.21 *In jedem Verzeichnis befindet sich nun jeweils eine Textdatei, die aus den Manpages des Befehls »ls« generiert wurde.*

Dateien ansehen mit »head«, »tail« und »cat«

Angenommen, Sie wollen jetzt einen Blick auf eine der Dateien werfen. Dafür haben Sie mehrere Möglichkeiten. Um beispielsweise einen schnellen Blick auf den Anfang oder das Ende der Datei zu werfen, gibt es die Befehle `head` bzw. `tail`. Oft erkennen Sie bereits an den ersten oder letzten Zeilen einer Datei, ob es sich um die Datei handelt, die Sie suchen. `head` und `tail` helfen dabei. Ohne Optionen aufgerufen, zeigen `head` und `tail` jeweils die ersten bzw. die letzten zehn Zeilen der angegebenen Datei an.

∧ Abbildung 22.22 *»head« zeigt die ersten zehn Zeilen einer Datei an.*

`head` und `tail` eignen sich also gut, um einen schnellen Blick auf Anfang und Ende einer Datei zu werfen. Wenn Sie die Datei in voller Länge lesen wollen, nutzen Sie z. B. den Befehl `cat` (engl.: *concatenate* für *verbinden*), obwohl `cat` eigentlich dafür gedacht ist, zwei Dateien miteinander zu verbinden.

Geben Sie in der Kommandozeile den folgenden Befehl ein:

```
cat Verzeichnis1/Datei1.txt
```

Drücken Sie die Taste ⏎. Die ausgewählte Datei wird nun vollständig angezeigt.

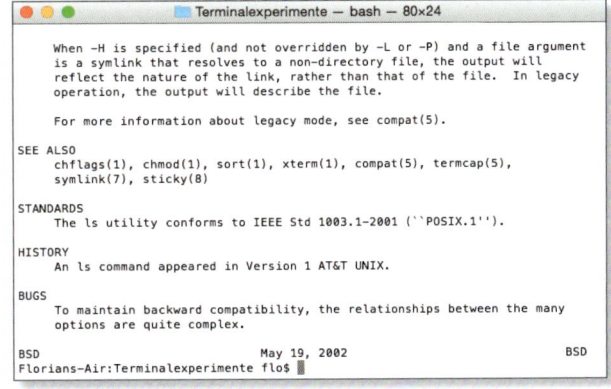

∧ Abbildung 22.23 *Die angezeigte Datei ist viel zu lang für einen vollständigen Screenshot.*

Dateien zusammenfügen mit »cat«

cat kann Dateien nicht nur anzeigen, sondern auch zusammenfügen. Mit cat können Sie also aus zwei Dateien eine Datei machen.

1 Geben Sie in der Kommandozeile cat und ein anschließendes Leerzeichen ein.

Bei dieser Gelegenheit lernen Sie einen weiteren Trick kennen, der Ihnen viel lästige Tipperei spart und zugleich ganz gut zeigt, wie nahtlos die Interaktion zwischen der modernen Oberfläche von OS X und seinem Unix-Unterbau sein kann. Um mit cat aus zwei Dateien eine Datei zu machen, erwartet cat folgende Syntax für den Befehl:

```
cat Datei1 Datei2 > Neue Datei
```

Um sich also die Tipperei für die beiden Quelldateien zu sparen, ziehen Sie die gewünschten Dateien einfach aus dem Finder in das Terminal-Fenster. Wenn Sie eine Datei in ein Terminal-Fenster ziehen, wird automatisch der komplette Pfad zur Datei eingefügt.

2 Ziehen Sie die erste der beiden Quelldateien, beispielsweise *Datei1.txt* aus *Verzeichnis1*, in das Terminal-Fenster.

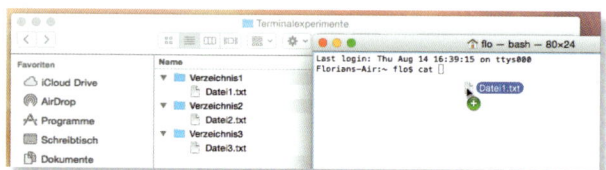

▲ **Abbildung 22.24** *Einen Pfad durch Drag & Drop zur Kommandozeile hinzufügen*

Terminal fügt daraufhin automatisch den vollständigen Pfad zur entsprechenden Datei in die Kommandozeile ein.

3 Stellen Sie sicher, dass in der Kommandozeile nach dem soeben eingefügten Pfad der ersten Datei ein Leerzeichen steht. Geben Sie gegebenenfalls ein Leerzeichen ein.

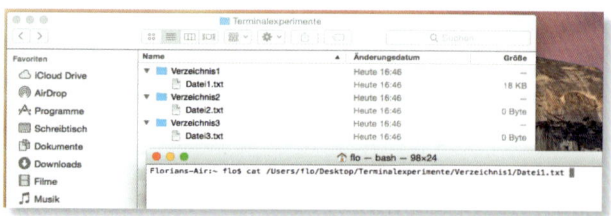

▲ **Abbildung 22.25** *Der eingefügte Pfad*

4 Verfahren Sie dann mit der zweiten Datei wie bereits mit der ersten Datei.

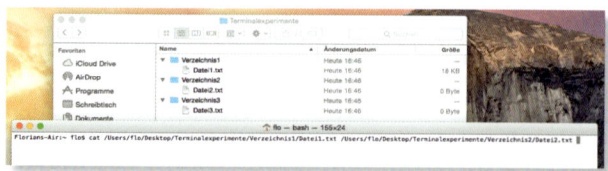

▲ **Abbildung 22.26** *Der Befehl wird langsam grenzwertig lang für einen Screenshot.*

5 Stellen Sie erneut sicher, dass in der Kommandozeile nach dem Pfad der zweiten Datei ein Leerzeichen steht. Geben Sie gegebenenfalls ein Leerzeichen ein.

6 Geben Sie > und erneut ein Leerzeichen ein.

7 Geben Sie den Pfad und den Namen der neuen Datei ein. Den Pfad zur neuen Datei können Sie abermals per Drag & Drop erstellen, indem Sie einen Ordner aus dem Finder in die Kommandozeile ziehen. So müssen Sie nur noch den Namen der Datei ergänzen.

Insgesamt sollte der Befehl dann so aussehen:

```
cat /Users/flo/Desktop/
Terminalexperimente/Verzeichnis1/Datei1.
txt /Users/flo/
Desktop/Terminalexperimente/
Verzeichnis2/Datei2.txt > /Users/flo/
Desktop/Terminalexperimente/Datei4.txt
```

Natürlich steht der gesamte Befehl in einer Zeile des Terminals – und mit entsprechend anderen Namen bei Ihnen.

8 Drücken Sie die Taste ⏎. Das Ergebnis von cat sehen Sie nun im Finder.

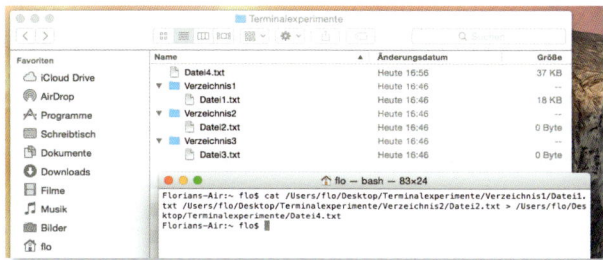

⌃ **Abbildung 22.27** Das Ergebnis des Befehls »cat« im Finder

Dateien mit »open« öffnen

Ein weiteres Beispiel für die nahtlose Interaktion zwischen OS-X-Oberfläche und Unix-Unterbau ist der folgende Befehl, mit dem Sie Dateien aus Terminal heraus mit dem jeweils der Datei zugeordneten Standardprogramm öffnen. Bezeichnenderweise nennt sich der Befehl open und erwartet als Option eigentlich nur, dass Sie ihm mitteilen, welche Datei oder welches Verzeichnis Sie öffnen wollen. open bietet jedoch noch einiges mehr, sodass es sich auf jeden Fall lohnt, auch einmal einen Blick auf die Manpages von open zu werfen.

Geben Sie in der Kommandozeile Folgendes ein:

```
open /Users/flo/Desktop/
Terminalexperimente/Datei4.txt
```

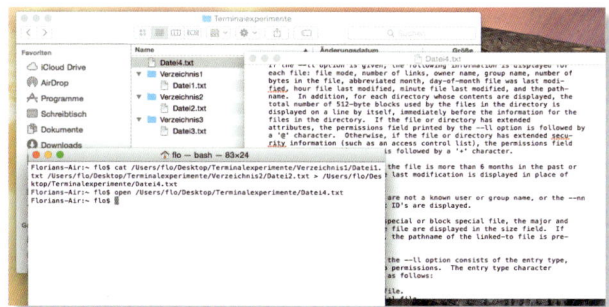

⌃ **Abbildung 22.28** Das Ergebnis von »open«: Die ausgewählte Datei wird mit dem standardmäßig zugewiesenen Programm geöffnet.

Drücken Sie die Taste ⏎. Anschließend öffnet TextEdit die zuvor von cat erstellte und nun vom Befehl open ausgewählte Datei.

Dateien managen mit »mv«

Beenden Sie TextEdit wieder, denn die Datei benötigen wir im nächsten Beispiel. Wir wollen sie nun umbenennen, unsichtbar machen und in ein anderes Verzeichnis verschieben. All das lässt sich mit nur einem einzigen Befehl erledigen, entweder nach und nach oder sogar auf einmal. Dieses Funktionswunder eines Befehls hört auf den knappen Namen mv (*move*).

Geben Sie in der Kommandozeile ein:

```
mv /Users/flo/Desktop/Terminalexperimente/
Datei4.txt /Users/flo/Desktop/
Terminalexperimente/Verzeichnis3/Datei5.txt
```

Drücken Sie die Taste ⏎. Auf diese Weise ist mit nur einem Befehl die Datei *Datei4.txt* aus dem Verzeichnis *Terminalexperimente* in das Verzeichnis *Terminalexperimente/Verzeichnis3/* verschoben und gleichzeitig in *Datei5.txt* umbenannt worden.

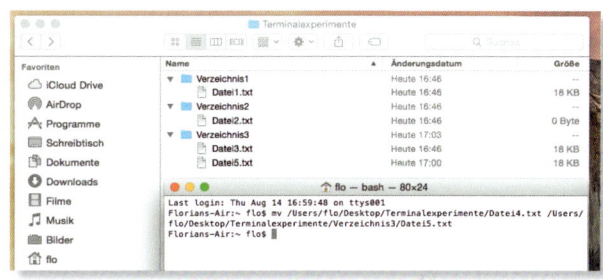

⌃ **Abbildung 22.29** Im Finder wird sehr gut deutlich, was im Terminal mit einem einzigen Befehl erreichbar ist.

Hätten wir dem Dateinamen einen Punkt vorangestellt, wäre die Datei auch gleich noch unsichtbar geworden. Machen Sie die Probe aufs Exempel:

1 Geben Sie in der Kommandozeile ein:

```
mv /Users/flo/Desktop/
Terminalexperimente/Verzeichnis3/
```

```
Datei5.txt /Users/flo/Desktop/
Terminalexperimente/Verzeichnis3/.
Datei5.txt
```

2 Drücken Sie die Taste ↵. Das Ergebnis zum einge-gebenen Befehl ist vor allem im Finder wieder ganz deutlich zu sehen.

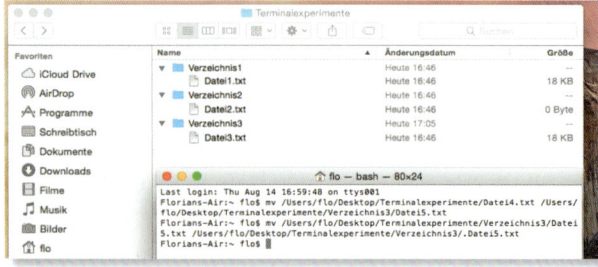

^ **Abbildung 22.30** *Das Ergebnis des Unsichtbarmachens im Finder*

3 Tatsächlich ist die Datei aber noch da, wie der folgende Befehl im Terminal beweist. Geben Sie in der Kommandozeile `ls -a /Users/flo/Desktop/Terminalexperimente/Verzeichnis3/` ein.

4 Drücken Sie die Taste ↵.

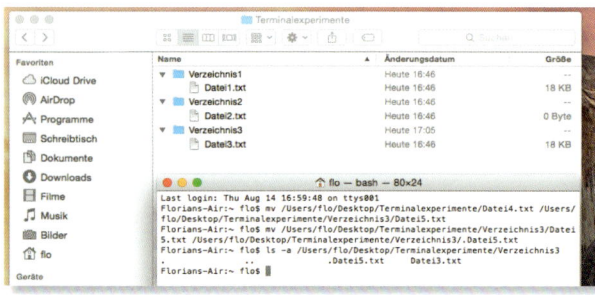

^ **Abbildung 22.31** *Mit dem passenden Befehl im Terminal sehen Sie auch die unsichtbare Datei.*

Die Datei ist nach wie vor voll nutzbar. Sie lässt sich sogar wie gehabt mit `open` einem anderen Programm übergeben, in dem sie dann geöffnet wird. Sie wird einfach nur nicht mehr im Finder angezeigt. Wenn die Datei schon nicht mehr angezeigt wird, kann man sie eigentlich auch löschen – zumindest für das Beispiel hier.

Dateien löschen mit »rm«

Für das Löschen ist der Befehl `rm` (*remove*) zuständig. `rm` erledigt seine Arbeit kurz und schmerzlos. Es gibt auf der Kommandozeile keinen Papierkorb. Haben Sie einen Löschbefehl abgesetzt, ist es um die betreffenden Dateien oder Verzeichnisse unwiederbringlich geschehen.

1 Machen Sie also die Datei zunächst wieder sichtbar, indem Sie den Befehl von vorhin in umgekehrter Reihenfolge wiederholen. Die Datei wird nun wieder im Finder angezeigt.

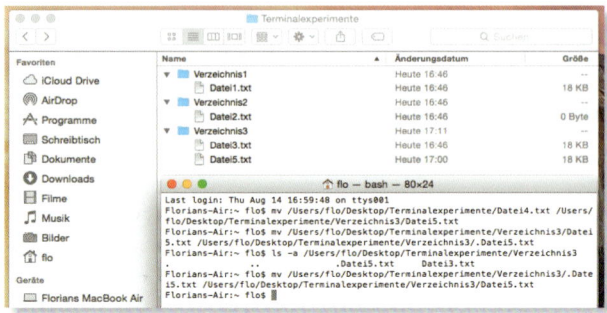

^ **Abbildung 22.32** *Die Datei ist wieder sichtbar.*

2 Kaum ist die Datei wieder sichtbar, soll sie auch schon gelöscht werden. Geben Sie in der Kommandozeile den folgenden Befehl ein:

```
rm /Users/flo/Desktop/
Terminalexperimente/Verzeichnis3/
Datei5.txt
```

3 Drücken Sie die Taste ↵. Im Finder ist deutlich zu sehen, wie die Datei verschwindet.

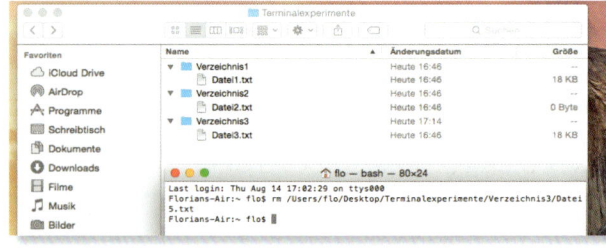

^ **Abbildung 22.33** *Die Datei wurde gelöscht.*

Dateien erstellen mit »touch«

Anders als im Finder lassen sich mit Terminal Dateien auch erstellen. Sie könnten also nun an derselben Stelle erneut eine Datei mit dem gleichen Namen anlegen. Irgendwann würde jedoch auffallen, dass es sich bei der neuen Datei – im Gegensatz zur zuvor gelöschten Datei – um eine recht leere Datei handelt. Wenn Sie mit Terminal also eine neue Datei erstellen, dann gibt es zwar anschließend die Datei, aber nur vom Erstellen hat die Datei noch keinen Inhalt bekommen. Probieren Sie es aus. Der Befehl zum Erstellen einer neuen Datei lautet touch.

Geben Sie in der Kommandozeile ein:

```
touch /Users/flo/Desktop/
Terminalexperimente/Verzeichnis3/Datei5.txt
```

Drücken Sie die Taste ⏎. Das Finder-Fenster zeigt deutlich eine neue Datei an. Sie sehen aber ebenso deutlich, dass die neue Datei bei der angegebenen Dateigröße nicht viel Inhalt haben kann.

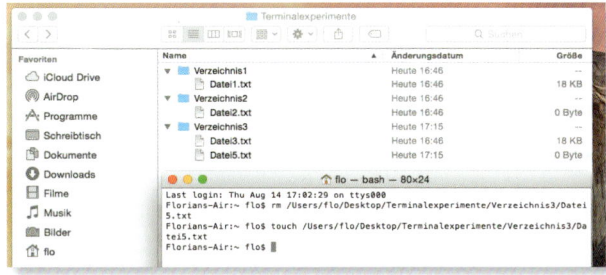

▲ **Abbildung 22.34** Die neu angelegte, aber leere Datei

Verzeichnisse löschen

Nachdem Sie im vorangegangenen Abschnitt erfahren haben, wie Sie Dateien löschen, sehen wir uns nun an, wie Sie Verzeichnisse löschen, da sich das Verhalten hier ein wenig unterscheidet. Der Befehl rm ist zwar der gleiche wie zuvor. Allerdings müssen Sie ihm zum Löschen von Verzeichnissen eine bestimmte Option übergeben. Probieren Sie zunächst aus, was passieren würde, wenn Sie versuchen, ein Verzeichnis auf dieselbe Weise zu löschen wie eine Datei.

Geben Sie in der Kommandozeile ein:

```
rm /Users/flo/Desktop/Terminalexperimente
```

Drücken Sie die Taste ⏎. Die Shell gibt in diesem Fall nur eine Meldung aus, die besagt, dass es sich bei dem ausgewählten Element um ein Verzeichnis handelt.

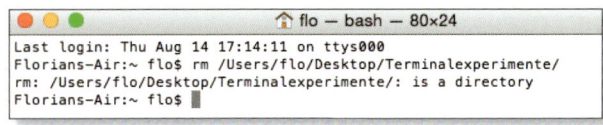

▲ **Abbildung 22.35** Die Meldung, dass es sich bei dem zu löschenden Element um ein Verzeichnis handelt

Die Meldung gibt bereits einen Hinweis auf die Lösung. In diesem Fall müssen Sie wissen, dass rm nur einzelne Elemente löschen kann. Solange sich also noch Dateien oder weitere Unterverzeichnisse in einem Verzeichnis befinden, kann es nicht gelöscht werden. Leeren Sie also ein Verzeichnis, und probieren Sie anschließend, ob es sich dann so einfach wie zuvor löschen lässt.

Ein Verzeichnis, das beispielsweise recht leicht zu leeren ist, ist *Verzeichnis1*. Wenn Sie darin die Datei *Datei1.txt* löschen, ist das Verzeichnis anschließend leer.

1 Geben Sie in der Kommandozeile ein:

```
rm /Users/flo/Desktop/Terminalexperiment/
Verzeichnis1/Datei1.txt
```

2 Drücken Sie die Taste ⏎. Das Verzeichnis *Verzeichnis1* ist nun leer und sollte sich also jetzt problemlos löschen lassen.

3 Geben Sie in der Kommandozeile ein:

```
rm /Users/flo/Desktop/Terminalexperiment/
Verzeichnis1/
```

4 Drücken Sie die Taste ⏎. Erneut erscheint nur die Meldung, dass es sich um ein Verzeichnis handelt.

Nun ist es also Zeit für einen Blick in die Manpages von rm. Dort steht, dass die Option -d dem Befehl hinzugefügt werden muss, um Verzeichnisse zu löschen. Machen Sie also die Probe aufs Exempel:

Geben Sie in der Kommandozeile ein:

```
rm -d /Users/flo/Desktop/
Terminalexperiment/Verzeichnis1/
```

Drücken Sie die Taste ⏎. Wieder ist das Ergebnis nur eine Meldung. Aber diesmal eine andere als zuvor.

Diesmal lautet die Meldung nicht, dass es sich um ein Verzeichnis handelt, sondern dass das Verzeichnis nicht leer ist. Das erscheint in Anbetracht der Tatsache, dass Sie zuvor die einzig sichtbare Datei gelöscht haben, eigenartig, denn der Finder zeigt den Ordner ja als leer an. Wie Sie aber ebenfalls zuvor gelesen haben, können Dateien unsichtbar sein, und eine kurze Kontrolle mit ls -a bringt es ans Tageslicht, dass sich in dem ausgewählten Verzeichnis tatsächlich noch eine Datei namens *.DS_Store* verbirgt. Diese unsichtbaren *DS_Store*-Dateien sind eine Besonderheit von OS X.

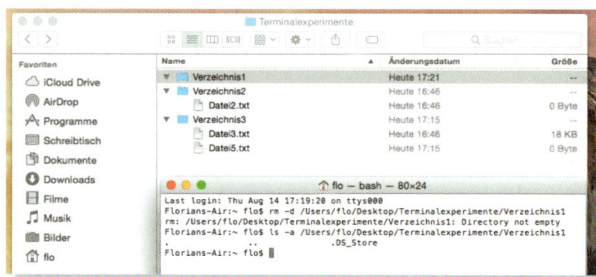

^ **Abbildung 22.36** *Das Verzeichnis ist leider nicht so leer, wie es der Finder vermuten lässt.*

Der Sinn und Zweck der letzten Schritte war, Ihnen zu zeigen, dass es nicht so einfach ist, ein Verzeichnis zu löschen, weil quasi ständig etwas dazwischenkommt. Es ist also einfach lästig. Folglich muss zum Löschen von Verzeichnissen eine radikalere Methode her. Und die gibt es. Sie verbirgt sich hinter der Option -R. -R steht für *rekursiv* und bedeutet, dass, ausgehend von dem Verzeichnis, das Sie als zu löschendes Verzeich-

nis im Befehl angeben, alle Inhalte dieses Verzeichnisses (also alle Unterverzeichnisse und Dateien) einzeln nacheinander gelöscht werden. Das Löschen dauert deswegen nicht länger, und für Sie ändert sich dabei praktisch auch nichts, sodass Sie sich möglicherweise fragen, warum das dann so kompliziert sein muss, wenn doch andere Dinge in der Shell so praktisch sind. Es ist eben so, und wenn man den passenden Befehl mit der richtigen Option kennt, ist es ja auch kein Problem. Machen Sie also nun kurzen Prozess mit dem Testverzeichnis, das Sie zuvor auf dem Schreibtisch angelegt haben.

Geben Sie in der Kommandozeile den folgenden Befehl ein:

```
rm -R /Users/flo/Desktop/Terminalexperiment
```

Drücken Sie die Taste ⏎. Sie sehen, dass dieser Befehl nun sofortige und durchschlagende Wirkung gezeigt hat. Der Ordner *Terminalexperimente* sowie alle darin enthaltenen Unterordner und Dateien sind schlagartig aus dem Finder verschwunden.

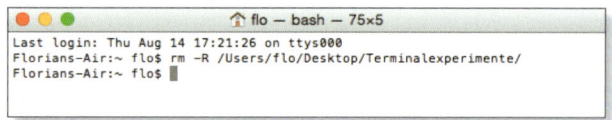

^ **Abbildung 22.37** *Wirkt äußerst effektiv und ist daher mit größter Vorsicht zu genießen: »rm -R«*

HINWEIS

Ohne Netz und doppelten Boden
Wie Sie bereits in den Abschnitten über das Datei- und Verzeichnismanagement gesehen haben, bedeutet die Arbeit mit der Shell, ohne Netz und doppelten Boden zu arbeiten. Hier gibt es keine Rückfragen und keinen Papierkorb. Seien Sie also hier besonders vorsichtig bei allem, was Sie tun. Auch die Befehle der nächsten Abschnitte haben verheerendes Potenzial, können aber eben auch sehr hilfreich sein, wie Sie sehen werden.

22.4 Systemmanagement im Terminal

In den vorangegangenen Abschnitten haben Sie Befehle für das Datei- und Verzeichnismanagement kennengelernt. In den folgenden Abschnitten befassen wir uns mit dem Systemmanagement mithilfe von Terminal bzw. der Shell.

Speichermedien managen mit »diskutil«

`diskutil` ist quasi die textbasierte Variante des Festplattendienstprogramms. Allerdings bietet `diskutil` noch ein bisschen mehr als das Festplattendienstprogramm, wenn auch nicht mit einer komfortablen grafischen Oberfläche. Für die folgenden Beispiele empfiehlt es sich, ein Speichermedium zu nutzen, auf dem sich entweder noch keine Daten befinden oder nur solche Dateien, um die es nicht schade ist, denn einige der folgenden Beispiele nehmen keine Rücksicht auf vorhandene Dateien und den möglichen Verlust dieser Daten.

> **TIPP**
>
> **Sicherheit dank Backup**
> Wenn Sie sich unsicher sind, ob Sie nicht vielleicht doch einen Datenverlust erleiden könnten, dann sichern Sie zuvor Ihr System mit Time Machine, und werfen Sie das Time-Machine-Backup-Medium anschließend aus. So ist sichergestellt, dass Sie ein aktuelles Backup Ihres Systems auf einem Datenträger haben, der von den folgenden Beispielen nicht betroffen sein kann, weil er nicht mit Ihrem Mac verbunden ist.

Für die Beispiele im Buch habe ich einen USB-Stick verwendet, der sowieso ständig gelöscht und formatiert wird. In den folgenden Beispielen gehe ich davon aus, dass Sie ebenfalls über einen USB-Stick für solche Tests verfügen.

1 Stecken Sie den USB-Stick an Ihren Mac.

2 Öffnen Sie Terminal.

3 Geben Sie in der Kommandozeile `diskutil` ein.

4 Drücken Sie die Taste ⏎. `diskutil` informiert Sie zunächst einmal über die Möglichkeiten, die Ihnen mit diesem Befehl in Kombination mit weiteren Kommandos aus der Liste zur Verfügung stehen.

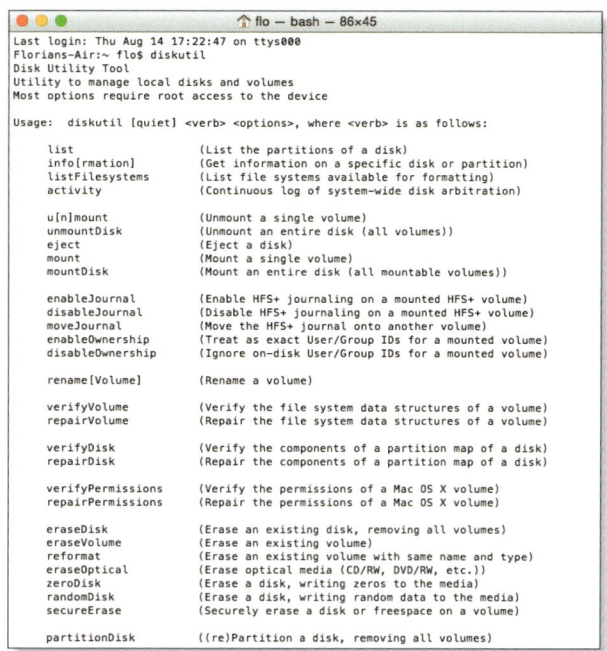

▲ **Abbildung 22.38** »diskutil« informiert Sie über die verfügbaren Optionen.

Angenommen, der USB-Stick soll zunächst einen neuen Namen erhalten. Dafür haben Sie in der Liste der Optionen sicher bereits die Option `rename` entdeckt. Zunächst ist es jedoch nötig, zu wissen, welches der verfügbaren Volumes denn der USB-Stick ist, den Sie umbenennen wollen, und wie Sie ihn ansprechen. Sehen Sie sich also erst mal eine Liste der verfügbaren Volumes an.

Geben Sie in der Kommandozeile dazu zunächst den Befehl `diskutil list` ein. Drücken Sie die Taste ⏎. `diskutil` listet nun alle derzeit an den Mac angeschlossenen Speichermedien sowie die Volumes auf, die sich darauf befinden.

⌃ Abbildung 22.39 *Die Informationen von »diskutil list«*

Anhand der Informationen, dass da ein Volume DOS-formatiert ist und einen Namen trägt, der nach einem Standardnamen des Herstellers klingt, erkennen Sie, dass es sich um den USB-Stick handelt. Dem Dateisystem ist der Stick als */dev/disk3* ❶ bekannt. Nachdem also nun klar ist, dass das Volume verfügbar ist und Informationen darüber bekannt sind, können wir damit auch etwas anfangen.

Speichermedien formatieren

Mit einem simplen Umbenennen des Sticks wollen Sie sich jetzt aber nicht mehr aufhalten, denn er soll auch neu formatiert werden, und im Festplattendienstprogramm können Sie schließlich einem Medium beim Formatieren ebenfalls einen neuen Namen geben. Sehen Sie sich also an, welche Angaben diskutil für das Formatieren erwartet. In der ersten Übersicht stand, dass diskutil weitere Informationen für die jeweilige Option anzeigt, wenn Sie sie ohne weitere Parameter aufrufen. Diese Informationen sind nun für die Option eraseDisk nötig.

1 Geben Sie in der Kommandozeile ein:

```
diskutil eraseDisk
```

2 Drücken Sie die Taste ⏎. diskutil zeigt nun Informationen zur Option eraseDisk an.

⌃ Abbildung 22.40 *Informationen zur Option »erase-Disk«*

Das Beispiel in der letzten Zeile ❷ ist sehr hilfreich zur Orientierung. Der Stick soll mit *JHFS+* (*Journaled HFS+*) formatiert werden wie in dem Beispiel. Er soll nur einen anderen Namen erhalten. Der komplette Befehl, der für das Beispiel nötig ist, wirft also keine Fragen auf.

3 Geben Sie in der Kommandozeile ein:

```
diskutil eraseDisk JHFS+ Experimente
disk3
```

4 Drücken Sie die Taste ⏎. Nachdem die Syntax des Befehls offenbar korrekt war, fängt diskutil sofort mit der Arbeit an. Andernfalls wäre eine Meldung ausgegeben worden.

⌃ Abbildung 22.41 *»diskutil« löscht das ausgewählte Speichermedium.*

Sobald die Formatierung abgeschlossen ist, zeigt Terminal wieder die Kommandozeile, und das nun neue Speichermedium wird auch im Finder entsprechend angezeigt.

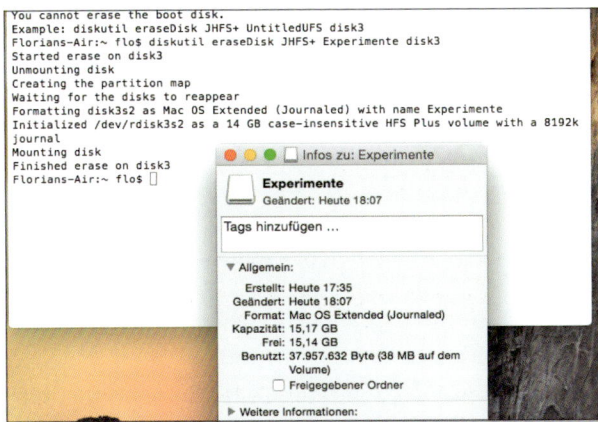

Abbildung 22.42 Korrespondierende Informationen zum gelöschten Speichermedium in Finder und Terminal

Ein Speichermedium passwortgeschützt verschlüsseln

HINWEIS

Es geht auch einfacher
Vorweg sei erwähnt, dass Sie sich für das folgende Beispiel seit OS X 10.8 nicht mehr die Mühe machen müssen, die Kommandozeile zu verwenden, denn mittlerweile lassen sich beliebige externe Volumes bequem im Finder mithilfe eines Befehls aus dem Kontextmenü verschlüsseln. Dennoch ist das folgende Beispiel gut geeignet, ein wenig Vertrauen in die Kommandozeile zu bekommen.

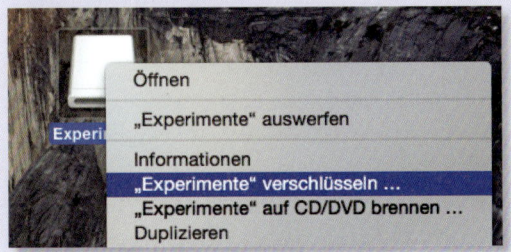

Abbildung 22.43 Externe Volumes lassen sich auch bequem mit dem Finder verschlüsseln.

So weit, so gut. `diskutil` bietet aber noch mehr. Zum Beispiel ist es mit OS X möglich, Speichermedien voll-

ständig zu verschlüsseln. Die interne Festplatte können Sie in den Systemeinstellungen so einstellen, dass OS X gar nicht erst startet, wenn die Festplatte nicht direkt nach dem Start entschlüsselt wird. Auch externe Speichermedien, die Sie für Time-Machine-Backups nutzen, können Sie in den Einstellungen von Time Machine verschlüsseln; ebenso beispielsweise einen USB-Stick, sodass er nur nach Eingabe des entsprechenden Passworts benutzbar wird. Die Verschlüsselung können Sie mit dem Festplattendienstprogramm, im Finder (siehe Kasten) sowie mit Terminal vornehmen. Die dafür nötige Option in `diskutil` heißt `coreStorage`. Und wieder ist es empfehlenswert, sich von `diskutil` zunächst zeigen zu lassen, wie Sie mit der Option idealerweise umgehen:

1 Geben Sie in der Kommandozeile ein:

`diskutil coreStorage`

2 Drücken Sie die Taste ↵. `diskutil` zeigt daraufhin Informationen zu `coreStorage`.

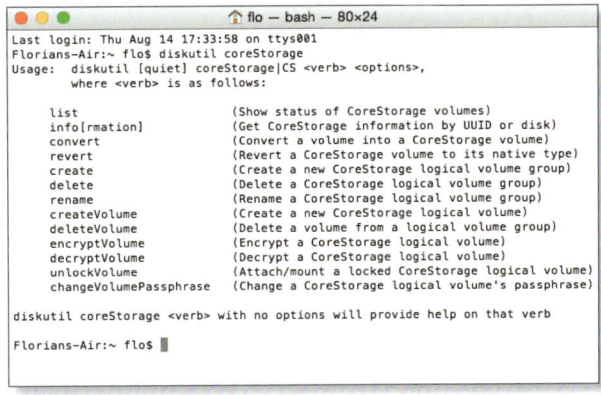

Abbildung 22.44 Die Informationen zu »coreStorage«

3 Verschaffen Sie sich zunächst einen Überblick, ob `coreStorage` bereits von einem der angeschlossenen Speichermedien genutzt wird. Geben Sie dazu in der Kommandozeile `diskutil coreStorage list` ein.

4 Drücken Sie die Taste ↵. In vielen Fällen dürfte die Antwort wie in Abbildung 22.45 ausfallen.

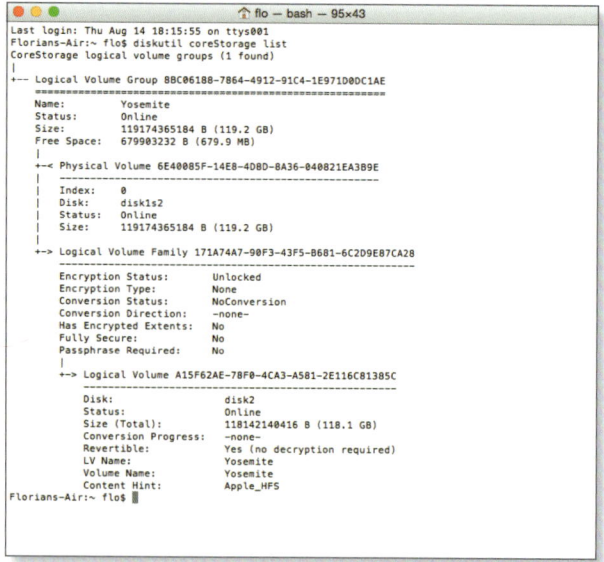

```
● ● ●                    ⬆ flo — bash — 95×43
Last login: Thu Aug 14 18:15:55 on ttys001
Florians-Air:~ flo$ diskutil coreStorage list
CoreStorage logical volume groups (1 found)
|
+-- Logical Volume Group 8BC06188-7864-4912-91C4-1E971D0DC1AE
|   =========================================================
|   Name:          Yosemite
|   Status:        Online
|   Size:          119174365184 B (119.2 GB)
|   Free Space:    679903232 B (679.9 MB)
|   |
|   +-< Physical Volume 6E40085F-14E8-4D8D-8A36-040821EA3B9E
|   |   ----------------------------------------------------
|   |   Index:     0
|   |   Disk:      disk1s2
|   |   Status:    Online
|   |   Size:      119174365184 B (119.2 GB)
|   |
|   +-> Logical Volume Family 171A74A7-90F3-43F5-B681-6C2D9E87CA28
|       ------------------------------------------------------
|       Encryption Status:       Unlocked
|       Encryption Type:         None
|       Conversion Status:       NoConversion
|       Conversion Direction:    -none-
|       Has Encrypted Extents:   No
|       Fully Secure:            No
|       Passphrase Required:     No
|       |
|       +-> Logical Volume A15F62AE-78F0-4CA3-A581-2E116C81385C
|           ---------------------------------------------------
|           Disk:                disk2
|           Status:              Online
|           Size (Total):        118142140416 B (118.1 GB)
|           Conversion Progress: -none-
|           Revertible:          Yes (no decryption required)
|           LV Name:             Yosemite
|           Volume Name:         Yosemite
|           Content Hint:        Apple_HFS
Florians-Air:~ flo$ █
```

∧ **Abbildung 22.45** »coreStorage« ist schon auf einem Laufwerk aktiv.

Um ein Speichermedium zu verschlüsseln, muss es von einem normalen Volume in ein coreStorage-Volume umgewandelt werden. convert scheint also die passende Option zu sein. Holen Sie sich auch dazu sicherheitshalber erst einmal Informationen.

5 Geben Sie dazu in der Kommandozeile diskutil coreStorage convert ein, und drücken Sie die Taste ⏎. Auch hier informiert diskutil Sie über die weiteren Vorgehensmöglichkeiten.

```
● ● ●                    ⬆ flo — bash — 80×24
Last login: Thu Aug 14 18:15:59 on ttys000
Florians-Air:~ flo$ diskutil coreStorage convert
Usage:  diskutil coreStorage convert
        MountPoint|DiskIdentifier|DeviceNode
        [-stdinpassphrase | -passphrase [passphrase]]
Convert a regular JHFS+ partition into a CoreStorage logical volume.
The file system must be mounted and resizable (i.e. Journaled HFS+).
Ownership of the affected disk is required.
Florians-Air:~ flo$ █
```

∧ **Abbildung 22.46** Informationen darüber, wie Sie aus einem normalen Volume ein verschlüsseltes Volume machen

Jetzt wird es also Zeit, den für die Tests ausgewählten USB-Stick zu verschlüsseln und mit einem Passwort

zu schützen. Da coreStorage nun ein Volume als Angabe erwartet, können Sie nicht wie zuvor bei der Formatierung als Gerät z. B. nur disk3 eingeben, sondern Sie müssen diesmal das Volume angeben, das umgewandelt werden soll. Prüfen Sie also gegebenenfalls noch einmal mithilfe von diskutil list, welches Volume Sie umwandeln wollen.

Suchen Sie in den Ergebnissen von diskutil list nach dem Namen und der Größe des Volumes, um sicherzugehen, dass Sie das richtige Volume gefunden haben. Merken Sie sich anschließend den Identifier des Volumes, denn den benötigen Sie gleich als Angabe für die Umwandlung.

1 Geben Sie in der Kommandozeile diskutil coreStorage convert disk3s2 -passphrase geheim ein. Ersetzen Sie dabei geheim durch das Passwort, das Sie für die Entschlüsselung des Sticks verwenden wollen.

2 Drücken Sie die Taste ⏎. Anschließend beginnt diskutil mit der Umwandlung und zeigt bei Erfolg eine Ausgabe wie in der folgenden Abbildung.

```
● ● ●                    ⬆ flo — bash — 80×24
Last login: Thu Aug 14 18:40:12 on ttys000
Florians-Air:~ flo$ diskutil coreStorage convert disk3s2 -passphrase geheim
Started CoreStorage operation on disk3s2 Experimente
Resizing disk to fit Core Storage headers
Creating Core Storage Logical Volume Group
Attempting to unmount disk3s2
Switching disk3s2 to Core Storage
Waiting for Logical Volume to appear
Mounting Logical Volume
Core Storage LVG UUID: 2E7801E1-BBE1-4A24-86CF-77BD15F46E1D
Core Storage PV UUID: 6C1A0516-6A16-44B9-B88E-F3F10BFD8635
Core Storage LV UUID: BF7C373B-BA66-4773-86E3-50556CC3A7CC
Core Storage disk: disk4
Finished CoreStorage operation on disk3s2 Experimente
Encryption in progress; use `diskutil coreStorage list` for status
Florians-Air:~ flo$ █
```

∧ **Abbildung 22.47** Die Umwandlung hat geklappt.

Der nächste Schritt ist sehr wichtig! Andernfalls haben Sie unter Umständen ein Sicherheitsproblem. Das von Ihnen eingegebene Passwort ist nun, wie alle vorangegangenen Eingaben, in der Befehlshistorie zu sehen. Sie sollten also die Befehlshistorie direkt im Anschluss – also jetzt – löschen.

3 Schließen Sie das Terminal-Fenster, und öffnen Sie ein neues Terminal-Fenster.

4 Geben Sie in der Kommandozeile `rm ~/.bash_history` ein.

5 Drücken Sie die Taste ⏎. Die Befehlshistorie ist damit gelöscht und wird ab dem nächsten eingegebenen Befehl wieder neu aufgebaut.

Probieren Sie nun Ihren verschlüsselten USB-Stick aus.

1 Wechseln Sie in den Finder.

2 Markieren Sie den USB-Stick, und werfen Sie ihn aus.

3 Ziehen Sie den USB-Stick ab, und stecken Sie ihn nach ein paar Sekunden erneut an. Nach dem Anstecken wird nun der USB-Stick nicht wie gewohnt automatisch gemountet, sondern der Finder zeigt einen Dialog an. Wobei man ehrlicherweise sagen muss, dass der Passwortdialog hier klingt, als sei er zu Scherzen aufgelegt, denn die Eingabe *eines* (!) Passworts (Welches Passwort? Ein beliebiges?) hilft Ihnen natürlich nichts, es muss schon *das richtige* Passwort sein.

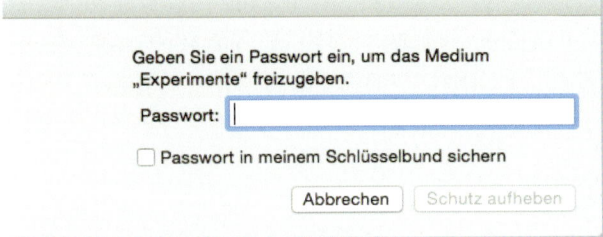

∧ **Abbildung 22.48** Der USB-Stick ist erst nach Eingabe des korrekten Passworts nutzbar.

HINWEIS

Besonderheiten bei verschlüsselten Volumes
Beachten Sie, dass sowohl das Mounten als auch das Auswerfen verschlüsselter Volumes ein kleines bisschen länger dauern kann als bei gewöhnlichen Volumes. Außerdem können ausschließlich Computer ab Mac OS X 10.7 die Verschlüsselung aufheben. Der Stick ist also an allen anderen Computern nicht nutzbar.

4 Geben Sie das Passwort ein, das Sie zuvor vergeben haben.

5 Klicken Sie auf den Button **Schutz aufheben**. Erst jetzt ist der Stick verfügbar, und Sie können darauf zugreifen.

Einstellungen anpassen mit »defaults«

Ein weiterer Befehl, der für das Systemmanagement recht nützlich ist, ist `defaults`. Es werden Ihnen immer wieder im Internet (aber auch an manchen Stellen hier im Buch) Tipps begegnen, wie Sie eine spezielle Einstellung in einem Programm aktivieren, die sich sonst nicht ohne Weiteres einstellen ließe. Alle Tipps beruhen letztlich nur darauf, dass Sie die Einstellungen eines Programms um bestimmte Parameter ergänzen. Um Einstellungen von Programmen zu verändern, gibt es den Befehl `defaults`.

`defaults` kennt mehrere Optionen. Die bekannteste – weil in den erwähnten Tipps immer wieder verwendete – ist `write`. Die meisten der Tipps fangen also mit `defaults write` an. Daran schließt sich meist die Information an, welches Programm die Einstellung betreffen soll, allerdings nicht als herkömmlicher Programmname, sondern in einem speziellen Format, das `defaults` erwartet. Daran schließt sich die eigentliche Option an, und gegebenenfalls folgen weitere Parameter. Sehen wir uns ein Beispiel an:

```
defaults write com.apple.screencapture type tif
```

- `defaults` ist also der Befehl, mit dem Sie Einstellungen bearbeiten.

- Die Option `write` bedeutet, dass `defaults` eine Einstellung schreibt, also zu den Einstellungen eines Programms die folgenden Informationen hinzufügen bzw., falls bereits vorhanden, überschreiben, also ändern, wird.

- `com.apple.screencapture` ist die Einstellungsdatei, in die geschrieben werden soll. Die folgenden Einstellungen betreffen also die Bildschirm-fotofunktion des Systems.

- Die eigentliche Information ist nun `type`. `type` bezeichnet das Dateiformat des Bildschirmfotos. Jetzt fehlt also nur noch die Angabe des Dateiformats. Im Beispiel wurde `tif` vergeben.

Wenn Sie diesen Befehl eingegeben und ausgeführt haben und keine Fehlermeldung bekommen haben, sollten Sie davon ausgehen können, dass die Änderungen auch Wirkung zeigen.

Probieren Sie es aus, und machen Sie einen Screenshot. Sie werden sehen, dass der Screenshot nicht wie erwartet als TIFF-Datei vorliegt, sondern im zuvor eingestellten Format. Änderungen zeigen aber – auch wenn es auf den ersten Blick nicht so aussieht – Wirkung. Zumindest prinzipiell. Aber meist eben nur prinzipiell und nicht immer unmittelbar. Denn diese Einstellungen gelten für ein Programm bzw. einen Prozess. In diesem Fall ist das der Prozess *SystemUIServer*, der sich um die Darstellung der grafischen Oberfläche kümmert. Dieser Prozess wird beim Start des Macs gestartet. Dabei wirft der Prozess einen Blick in seine Einstellungen und verhält sich entsprechend. Was wir in dem Beispiel gemacht haben, war, eine der Einstellungen zu verändern – aber quasi hinter dem Rücken des Prozesses, der dafür zuständig ist. Die vorgenommene Änderung muss also in irgendeiner Form dem Prozess bekannt gemacht werden. Der einfachste Weg wäre, den Mac neu zu starten, aber es gibt im Terminal auch einen passenden Befehl:

```
killall SystemUIServer
```

Mit diesem Befehl wird der Prozess *SystemUIServer* beendet. Da er aber vom System gebraucht wird, wird er sofort erneut gestartet. Und beim erneuten Start liest der Prozess erneut seine Einstellungen ein – und jetzt gilt dann auch die zuvor vorgenommene Veränderung. Gehen Sie im Zweifelsfall stets davon aus, dass ein Prozess oder Programm, dessen Einstellungen Sie mit `defaults` geändert haben, erneut gestartet wer-

den muss, damit die geänderten Einstellungen auch Wirkung zeigen. Nach dieser kleinen Einführung in `defaults` sollte es Ihnen nicht schwerfallen, die Tipps, die Ihnen immer wieder begegnen, zu verstehen und problemlos anzuwenden.

> **TIPP**
>
> **Noch mehr defaults ...**
> ... finden Sie im Internet, beispielsweise unter *https://github.com/mathiasbynens/dotfiles/blob/master/.osx* oder unter *http://www.defaults-write.com*.

22.5 Weitere Befehle im Überblick

In den folgenden Abschnitten lernen Sie einige weitere Befehle kennen.

Dateien und Verzeichnisse kopieren

Für Kopiervorgänge verwenden Sie den Befehl `cp`. `cp` steht für *copy*. Ähnlich wie bei `rm` verwenden Sie für Verzeichnisse die Option `-R`. Die Syntax für `cp` lautet:

```
cp –Optionen Quelldatei/ Zieldatei/
```

Dateiarten erkennen mit »file«

Um Informationen zu einer Datei zu erhalten, nutzen Sie den Befehl `file`. `file` gibt Informationen zur angefragten Datei aus. Die Syntax für `file` lautet `file Pfad/zur/Datei/`.

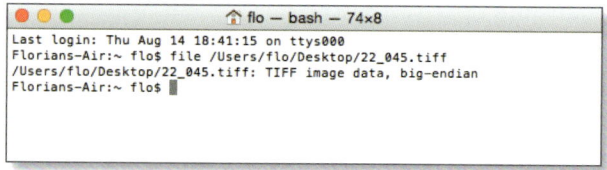

▲ **Abbildung 22.49** *»file« gibt Informationen zu Dateien aus.*

Eine andere Identität annehmen mit »sudo«

Um einen Befehl als ein anderer Benutzer auszuführen, müssen Sie dem auszuführenden Befehl diese Information voranstellen. Dazu nutzen Sie den Befehl sudo. sudo steht für *substitute user do* und bedeutet, dass der Nutzer ersetzt wird.

sudo stellen Sie dem gewünschten Befehl einfach voran. Wenn Sie also beispielsweise eine Datei kopieren oder bewegen wollen, an der Sie normalerweise keine Rechte haben, würde der Vorgang scheitern. Stellen Sie dem eigentlichen Befehl sudo voran, und geben Sie in der folgenden Zeile das korrekte Passwort ein, wird der Befehl trotzdem ausgeführt, denn mittels sudo glaubt der Befehl, dass er von jemandem ausgeführt wird, der die entsprechenden Rechte an der Datei hat. Ein Beispiel: Sie möchten eine Datei von sich in ein Verzeichnis eines anderen Benutzers kopieren. Der Befehl dazu sieht dann z. B. so aus:

```
cp /Users/flo/Desktop/Foto.jpg /Users/
heini/Desktop
```

Damit würde die Datei *Foto.jpg* vom Schreibtisch des Benutzers *flo* auf den Schreibtisch des Benutzers *heini* kopiert. Da der Benutzer *flo* aber keine ausreichenden Zugriffsrechte hat, um auf den Schreibtisch des anderen Benutzers zuzugreifen, wird sudo vorangestellt. Der Befehl wird also dann quasi nicht vom Benutzer *flo*, sondern von einem anderen Benutzer ausgeführt. Welcher das ist, muss nicht angegeben werden. Lediglich das Passwort, das sudo daraufhin abfragt, muss das Passwort eines Benutzers sein, der auf das angegebene Verzeichnis zugreifen darf. Der ganze Ablauf ist wie folgt:

1 Geben Sie in der Kommandozeile sudo cp /Users/flo/Desktop/Foto.jpg /Users/heini/Desktop ein.

2 Drücken Sie die Taste ⏎. Anschließend fragt die Kommandozeile nach einem Passwort.

3 Geben Sie ein Passwort ein. Bei der Passworteingabe wird nichts angezeigt. Sie müssen es also *blind* eingeben.

4 Drücken Sie die Taste ⏎. Der Befehl wird nun mit den Rechten des anderen Benutzers ausgeführt, dessen Passwort Sie eingegeben haben.

Anschließend bleibt dieser Benutzer für fünf Minuten aktiv. Jeder weitere Befehl, dem Sie sudo voranstellen, wird nun also in den nächsten fünf Minuten ohne erneute Passwortabfrage sofort als der zuvor substituierte Benutzer ausgeführt.

Wissen, was los ist, mit »ps«

Um einen Überblick über alle laufenden Prozesse zu erhalten, nutzen Sie den Befehl ps. ps steht für *process status* und zeigt alle laufenden Prozesse an. Bei ps steht eine Fülle von Optionen zur Verfügung. Es ist daher sinnvoll, zuerst die Manpages von ps zu konsultieren.

Für Ruhe sorgen mit »kill«

Wenn Sie einen Prozess oder ein Programm beenden wollen (oder möglicherweise beenden müssen, weil es nicht mehr reagiert), hilft Ihnen der Befehl kill.

kill, der Name lässt es vermuten, beendet Prozesse. ps und kill sind also gute Partner, denn mit ps finden Sie Informationen zu einem Prozess heraus, z. B. seine Prozess-ID (PID), und mit kill können Sie diese Informationen nutzen, um den Prozess zu beenden. Die Syntax von kill ist:

```
kill -Optionen PID
```

22.6 Automation im Terminal

In den vorangegangenen Abschnitten war es schon zu erahnen: Die Art und Weise, mit welcher Effizienz selbst komplexe Befehle zusammengestellt werden können, ist beeindruckend. Mit einer Kommandozeile voller clever kombinierter Befehle können Sie also komplexe Abläufe anstoßen. Eine derartige Effizienz reizt natürlich dazu, Kommandozeilenbefehle für die Automation zu nutzen. Sehen wir uns im Folgenden zwei Beispiele an.

Aktivität mit einem Shell-Skript vorgaukeln

Das erste Beispiel entstand im Zusammenhang mit Beleuchtungsideen für eine Band. Für das Intro im noch dunklen Konzertsaal sollte auf einer Videoleinwand ein Countdown laufen, der einen sehr technischen Eindruck machen sollte. Damit dieser Countdown, im Wechsel mit technisch wirkenden Begriffen, auch von selbst abläuft, nachdem er gestartet wurde, war es sinnvoll, ihn als Shell-Skript zu speichern. Ein *Shell-Skript* ist eine Reihe von Befehlen, die Sie sonst jeweils einzeln in einer Kommandozeile absetzen würden. Diese schreiben Sie nun Zeile für Zeile in das Shell-Skript, und später führen Sie das Skript in der Shell aus. Die Shell arbeitet also eine Zeile des Skripts nach der anderen ab – ganz so, als gäben Sie die jeweilige Zeile gerade selbst ein.

Je nachdem, welche Befehle Sie in dem Skript verwenden, sieht das unter Umständen recht technisch aus, wenn das Skript ausgeführt wird. Um ein Shell-Skript zu schreiben und später erfolgreich automatisch ausführen zu lassen, muss in der ersten Zeile die Anweisung stehen, dass es sich um ein Shell-Skript handelt und dass es als solches von der Shell ausgeführt werden soll. Diese Zeichenkette nennt man *Shebang*. Die Shebang-Zeile muss Folgendes enthalten:

```
#!/bin/sh
```

Anschließend folgen in den nächsten Zeilen die Befehle so, wie Sie sie einzeln in der Kommandozeile ausführen würden. Mehr ist für ein Shell-Skript inhaltlich nicht nötig. Wichtig ist, dass Sie es als Datei mit der Endung *.sh sichern und ausführbar machen. Mit welchem Programm Sie das Skript schreiben, ist für das

Skript ebenfalls egal, solange es sich dabei um reinen Text handelt.

1 Starten Sie das Programm TextEdit, und legen Sie über **Ablage** > **Neu** oder den Tastaturbefehl `cmd` + `N` eine neue Datei an.

2 Klicken Sie auf **Format** > **In reinen Text umwandeln**, oder nutzen Sie den Tastaturbefehl `⇧` + `cmd` + `T`. Sie sehen, wie sich daraufhin auch das Aussehen des Fensters von TextEdit ändert.

3 Geben Sie in der ersten Zeile, der Shebang, die sogenannten *Interpreter-Informationen* ein. Interpreter-Informationen heißt, dass hier die Angabe steht, welches Programm später das Skript ausführen soll. Im Beispiel ist es die Shell, also steht dort `/bin/sh`.

△ Abbildung 22.50 *Die erste Zeile eines Shell-Skripts muss Informationen zum Interpreter enthalten, sonst ist nicht klar, wer das Skript ausführen soll.*

4 Anschließend geben Sie die gewünschten Befehle ein. Im aktuellen Beispiel handelt es sich dabei aber um nichts Konkretes – es sollte auf einer Einblendung ja nur technisch aussehen. Also kam vor allem der Befehl `echo` zum Einsatz, der – der Name lässt es vermuten – einfach den eingegebenen Text ausgibt. Zwischen den `echo`-Befehlen wurde der Befehl `sleep` mit unterschiedlichen Zeitangaben verwendet. Auch `sleep` ist ein Befehl, dessen Funktion Sie leicht erahnen: `sleep` macht nichts, sondern wartet nur ab, bis es nicht mehr gebraucht wird. Steht also zwischen zwei `echo`-Befehlen ein Befehl `sleep`, beispielsweise mit der Option 3, dann bedeutet das, dass zwischen den beiden `echo`-Befehlen drei Sekunden lang nichts passiert, da das Skript mittels `sleep` und der Zeitangabe in Sekunden quasi angehalten wird.

Kombinieren Sie also einige `echo`-Befehle und einige `sleep`-Befehle, dann sieht das später im automatisch ablaufenden Skript so aus, als sähe man Statusmeldungen beim Ablaufen zu.

Nutzen Sie für das Beispiel die folgenden Befehle:

```
echo Starting Showsequence...
sleep 2
echo Checking Systems...
sleep 2
echo Checking Sound...
sleep 1
echo Sound Ready
sleep 2
echo Checking Lights...
sleep 1
echo Lights Ready
sleep 2
echo Start Show
sleep 1
echo ...
sleep 2
echo 10
sleep 1
echo 9
sleep 1
echo 8
sleep 1
echo 7
sleep 1
echo 6
sleep 1
echo 5
sleep 1
echo 4
sleep 1
echo 3
sleep 1
echo 2
sleep 1
echo 1
sleep 1
echo ALL SYSTEMS GO!
```

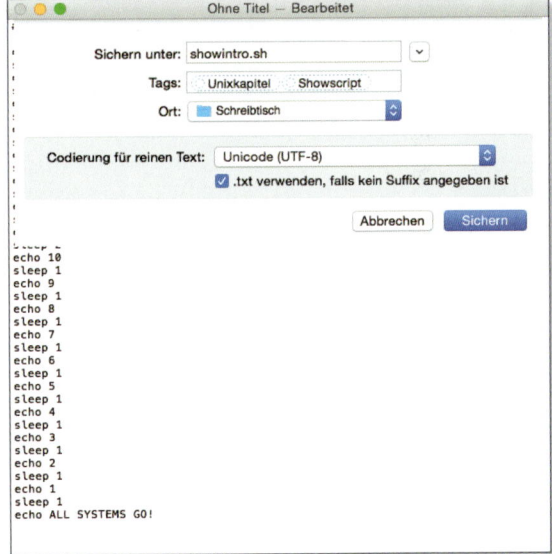

∧ **Abbildung 22.51** *Das fertige Skript*

5 Damit ist das Skript auch schon fertig. Klicken Sie auf **Ablage** > **Sichern**, oder nutzen Sie den Tastaturbefehl ⌘ + S .

6 Geben Sie dem Skript einen Namen, und wählen Sie einen Ort für die Sicherung aus. Achten Sie darauf, dass das Skript die Endung *.sh* trägt.

∧ **Abbildung 22.52** *Das Skript sichern*

Das Shell-Skript ausführen

Anschließend können Sie das Skript nun in Aktion erleben. Wechseln Sie zu Terminal, und geben Sie in der Kommandozeile den folgenden Befehl ein:

```
sh /Pfad/zum/Skript/Dateiname.sh
```

Drücken Sie die Taste ⏎. Anschließend wird das Skript automatisch abgearbeitet.

> **TIPP**
>
> **Skripte ausführbar machen**
> Wenn das Skript nicht ausgeführt wird, geben Sie in der Kommandozeile `sudo chmod u+x /Pfad/zum/Skript/Dateiname.sh` ein. Mit `chmod` ändern Sie den Dateimodus von Dateien. Sie können einstellen, wer die Datei lesen, schreiben und/oder bearbeiten darf.

Aus dem Beleuchtungskonzept für die Band ist damals leider nichts geworden, aber das Skript eignet sich heute noch hervorragend für einen sehr sanften Einstieg ins Shellscripting, weil die Befehle nicht sehr komplex sind, aber das Ergebnis optisch »was hermacht«. Im folgenden Beispiel lernen Sie ein deutlich kürzeres und dabei sehr viel sinnvolleres Skript kennen, das deutlich macht, wo die Stärken von Automation mittels Skripten liegen.

Das aktuelle Datum als Ausgangsbasis für weitere Arbeitsabläufe

Die Fragestellung für das nächste Beispielskript entstand vor Jahren in einem Mac-Nutzer-Forum. Es ging darum, dass der Nutzer für seine Abrechnungen (quasi als Stechuhr) beim Ausschalten des Macs einen Ordner erstellt haben wollte, dessen Name sich aus dem aktuellen Datum und der aktuellen Uhrzeit zusammensetzt.

Der Grundstock des Skripts war dabei ganz einfach. Zu Beginn des Skripts wird eine Variable erstellt, die sich aus den angeforderten Zeitinformationen zusammensetzt. Diese Variable lässt sich dann beliebig weiterverwenden. Eine Variable ist ein Platzhalter für andere Inhalte. Zunächst klärt man, wie die Variable heißt und welche Inhalte sie repräsentiert; später kann sie dann synonym für die Inhalte genutzt werden, die sie repräsentiert. Im konkreten Fall dient sie als Namensgeber für den zu erstellenden Ordner und enthält Datumsinformationen.

1 Starten Sie das Programm TextEdit, und erstellen Sie über **Ablage** > **Neu** oder den Tastaturbefehl cmd + N eine neue Datei. Klicken Sie auf **Format** > **In reinen Text umwandeln**, oder nutzen Sie den Tastaturbefehl ⇧ + cmd + T. Sie sehen, wie sich daraufhin auch das Aussehen des Fensters von TextEdit ändert.

2 Geben Sie in der ersten Zeile, der Shebang, die Interpreter-Informationen ein:

```
#!/bin/sh
```

3 Anschließend wird die Variable festgelegt. Die Variable soll `datum` heißen und sich aus Informationen des Befehls `date` zusammensetzen. Geben Sie daher in der nächsten Zeile folgenden Code ein:

```
datum=`date +%Y-%m-%d-%H-%M`
```

Damit ist die Variable festgelegt. Schon in der nächsten Zeile können Sie sie verwenden.

4 Bei der Ausgangsfragestellung sollte ja ein Ordner erstellt werden, dessen Name der Inhalt der Variablen ist, also Datum und Zeit im Moment des Skriptablaufs. Die nächste Zeile enthält also den Befehl, den Ordner zu erstellen, beispielsweise auf dem Schreibtisch. Geben Sie in der nächsten Zeile `mkdir /Users/flo/Desktop/$datum` ein.

Mit dieser Zeile wird auf dem Schreibtisch ein Ordner mit dem Namen des Inhalts der Variablen `datum` erstellt.

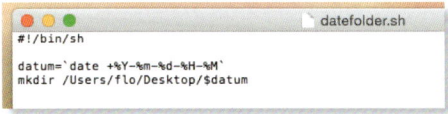

```
#!/bin/sh

datum=`date +%Y-%m-%d-%H-%M`
mkdir /Users/flo/Desktop/$datum
```

▲ **Abbildung 22.53** *Das fertige Skript*

Damit ist das Skript zunächst schon fertig, denn es ging ja darum, dass es einen bestimmten Ordner erstellt, und das tut es. Es ist also an der Zeit, das Skript zu sichern und auszuprobieren.

5 Klicken Sie auf **Ablage** > **Sichern**, oder nutzen Sie den Tastaturbefehl cmd + S. Geben Sie dem Skript einen Namen, z. B. *datefolder.sh,* und wählen Sie einen Ort für die Sicherung aus. Achten Sie darauf, dass das Skript die Endung **.sh* trägt.

6 Testen Sie nun das Skript. Wechseln Sie zu Terminal, und geben Sie in der Kommandozeile sh /Pfad/zum/Skript/datefolder.sh ein.

7 Drücken Sie die Taste ⏎. Anschließend wird das Skript automatisch abgearbeitet. Das erfolgreich abgearbeitete Skript hat auf dem Schreibtisch einen neuen Ordner erstellt, der den Namen des aktuellen Datums und der aktuellen Zeit trägt.

▲ **Abbildung 22.54** *Das Skript in Aktion und ein Ergebnis*

INFO

»date« liefert Datumsinformationen
Der Befehl date liefert vielfältige Datumsinformationen. Dabei lässt sich sogar die jeweilige Zeitzone berücksichtigen. Für eine Übersicht über die äußerst vielfältigen Optionen von date bietet sich ein Blick in die Manpages von date an.

Eine weitere Bedingung der ursprünglichen Problemstellung war, dass der Ordner automatisch beim Ausschalten des Macs erstellt wird. Das bedeutet, dass auch das Skript beim Ausschalten des Macs gestartet werden soll – ohne Skript kein Ordner. Wie aber automatisiert man etwas, das zu einem bestimmten Zeitpunkt abgearbeitet wird, von dem man vorher nicht wissen kann, wann er eintreten wird? Dafür bietet OS X dankenswerterweise eine entsprechende Lösung: die sogenannten *LogoutHooks*. Beim Abmelden der Benutzer sieht OS X in einer Datei nach, ob vor dem Ausschalten bestimmte Dinge abgearbeitet werden müssen. Ist das der Fall, werden diese Dinge zuerst erledigt, und erst anschließend wird der Mac ausgeschaltet. Das soeben erstellte Skript muss also zu den LogoutHooks hinzugefügt werden. Und auch dafür gibt es einen Kommandozeilenbefehl. Genau genommen, sind es zwei Befehle, die Sie beide bereits kennengelernt haben:

1 Geben Sie in der Kommandozeile sudo defaults write com.apple.loginwindow LogoutHook /Pfad/zum/Skript/datefolder.sh ein. Natürlich müssen Sie /Pfad/zum/Skript/ an Ihre Gegebenheiten anpassen.

2 Drücken Sie die Taste ⏎. Damit wurde das Skript als LogoutHook festgelegt und wird also zukünftig jedes Mal ausgeführt, wenn der Mac ausgeschaltet wird. Es kommen jedoch noch weitere Aspekte dazu, die zu bedenken sind. Wenn das Skript ausgeführt wird, wird es nicht von Ihnen – der Sie die notwendigen Rechte zum Ausführen des Skripts haben – ausgeführt, sondern von einem Systemprozess. Also sollte das Skript mit sogenannten *Root-Rechten* laufen, denn sonst wird es nicht laufen. Sie haben bereits beim vorangegangenen Skript den Befehl chmod kennengelernt. chmod hilft auch hier.

3 Geben Sie in der Kommandozeile sudo chmod u+x /Pfad/zum/Skript/datefolder.sh ein.

4 Drücken Sie die Taste ⏎. Anschließend fragt die Kommandozeile nach einem Passwort. Geben Sie ein Administratorpasswort ein. Bei der Eingabe des Passworts sehen Sie nichts. Drücken Sie die Taste ⏎. Leider ist es damit aber immer noch nicht getan.

Jetzt wird zwar das Skript beim Ausschalten ordentlich ausgeführt, aber der Ordner, den das Skript erstellt, wird natürlich mit den Rechten desjenigen erstellt, der das Skript ausführt. Da Sie gerade festgelegt haben, dass das Skript mit Root-Rechten laufen muss, weil es sonst nicht laufen würde, gehört also folglich auch der Ordner, den das Skript erstellt, dem Superuser *root*. Das wiederum bedeutet, dass Sie nach dem nächsten Start den erstellten Ordner nicht nutzen können, da Sie keine Rechte an dem Ordner haben, obwohl er auf Ihrem Schreibtisch liegt.

INFO

»root« und Admin

root ist auf Unix-Systemen der Superuser, der alles darf. Administrative Tätigkeiten werden als Benutzer *root* ausgeführt. *root* unter OS X ist ein bisschen anders als auf anderen Unix-Systemen. Es gibt *root* zwar auch unter OS X, und bestimmte Systemprozesse laufen mit den Rechten von *root*, aber bei der Administration spielt *root* keine Rolle, da Sie als Administrator über ausreichende Rechte verfügen, den Mac zu administrieren, ohne den Benutzer *root* dafür bemühen zu müssen.

Wir müssen dem Skript also einen weiteren Befehl hinzufügen, der die Rechte bzw. die Eigentumsverhältnisse an dem erstellten Ordner wieder ins Lot bringt.

1 Wechseln Sie zu TextEdit.

2 Ergänzen Sie den Befehl `chown flo /Users/flo/Desktop/$datum` in einer neuen Zeile. (Der Benutzerkurzname lautet bei Ihnen höchstwahrscheinlich nicht *flo* und muss natürlich entsprechend angepasst werden.)

Mit dem Befehl `chown` ändern Sie den Eigentümer eines Objekts. Mit dem obigen Befehl wird also der Benutzer *flo* zum Eigentümer des zuvor von *root* erstellten Ordners. Nachdem Sie also nun der Eigentümer des Ordners sind, können Sie auch anschließend mit dem Ordner weiterarbeiten.

Das ganze Skript lautet dann komplett:

```
#!/bin/bash
datum=`date +%Y-%m-%d-%H-%M`
mkdir /Users/flo/Desktop/$datum
chown flo /Users/flo/Desktop/$datum
```

Ein einfacher Vierzeiler – wenn wir die Shebang-Zeile nicht mitzählen, ist es sogar nur ein Dreizeiler. In wenigen Minuten erstellt und angepasst, bietet das Skript anschließend langfristig eine praktische Hilfe. Skripte sind also unschlagbar, weil Sie sich mit ihnen den Alltag vereinfachen. Gerade für lästige Routineaufgaben sind Skripte perfekt geeignet. OS X bietet jedoch nicht nur die Möglichkeit, Shell-Skripte im Terminal zu nutzen, sondern eine ganze Menge weiterer Automationsmöglichkeiten, die wir uns im nächsten Kapitel genauer ansehen werden. Freuen Sie sich nach den Shell-Skripten auf AppleScript und die grafischen Automationsmöglichkeiten mit dem Programm Automator.

TIPP

Fish
Falls Sie jetzt auf den Geschmack gekommen sind und sich weiter mit der Kommandozeilenbedienung des Systems beschäftigen wollen, empfehle ich Ihnen, es einmal mit der Shell *fish* zu versuchen. Auf der Website von *fish* (*http://fishshell.com*) finden Sie weitere Informationen.

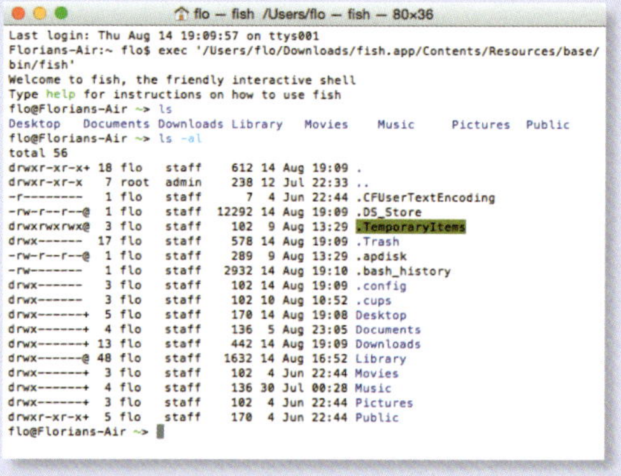

▲ **Abbildung 22.55** Wer es gerne etwas bunter hat, wird an »fish« seine Freude haben.

Kapitel 23
Routineaufgaben automatisieren mit Automator und AppleScript

OS X bietet viele Skriptsprachen, mit denen Sie Aufgaben automatisieren können. Zusätzlich bringt OS X zwei Technologien mit, mit denen auch Einsteiger ohne tiefere Computerkenntnisse einfach und ohne Programmiererfahrung die Automationsmöglichkeiten nutzen können: Automator und AppleScript.

Nachdem Sie im vorangegangenen Kapitel Shell-Skripte kennengelernt und gesehen haben, welche Möglichkeiten sich Ihnen bereits mit einem Dreizeiler bieten, sehen wir uns in diesem Kapitel weitere Automatisierungsmöglichkeiten an. OS X ist ein Betriebssystem, das Automation auf allen Ebenen ermöglicht. Das fängt mit den Shell-Skripten an, geht mit der Apple-eigenen Skriptsprache *AppleScript* und dem Programm *Automator* weiter, mit dem Sie Automation auch ganz ohne Programmierkenntnisse nutzen, und endet noch nicht einmal bei den vor allem für Websites verwendeten Skriptsprachen Python, Perl und PHP, denn OS X unterstützt noch eine ganze Reihe weiterer Skriptsprachen. In diesem Kapitel sehen wir uns vor allem Automator und AppleScript an.

23.1 Automator

Automator haben Sie bereits kurz in Kapitel 5, »Programme auf dem Mac«, auf Seite 197 kennengelernt. Mit Automator erstellen Sie automatisierte Arbeitsabläufe für eine Vielzahl von Anwendungsszenarien. Und das Beste an Automator ist: Sie müssen kein bisschen programmieren können.

Automator begrüßt Sie beim Start mit einem Auswahlfenster (siehe Abbildung 23.2), ähnlich dem der Programme Pages, Keynote und Numbers.

∧ Abbildung 23.1 *Erledigt lästige Routineaufgaben für Sie: Automator*

Hier können Sie zwar nicht wie bei diesen Programmen Vorlagen für Dokumente wählen, aber Vorlagen für verschiedene Arten von Automatismen. Von der Wahl des Automatismus hängt seine spätere Verwendung ab, denn nicht alle Automatismen laufen unter den gleichen Voraussetzungen. Ein **Dienst** ❶ (siehe Abbildung 23.2) erwartet im Gegensatz zu einem **Programm** ❷ beispielsweise stets eine Eingabe, also Daten, mit denen er dann arbeiten kann.

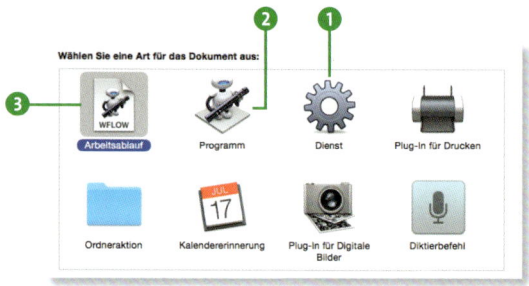

^ Abbildung 23.2 *Die verschiedenen Automatismen*

Idealerweise wissen Sie also bereits, was Sie machen möchten, und wählen den entsprechend geeigneten Automatismus aus. Wenn Sie noch nicht wissen, welche Art von Automatismus für Ihre Zwecke der richtige ist, oder sich einfach erst einmal in den Möglichkeiten, die Automator bietet, umsehen wollen, wählen Sie **Arbeitsablauf** ❸ aus und klicken auf den Button **Auswählen**. Arbeitsabläufe lassen sich zumindest mit Automator jederzeit erneut ausführen und später gegebenenfalls in einen anderen Automatismus umwandeln.

Die Programmoberfläche von Automator

Bevor Sie nun weitermachen, sehen wir uns zunächst die Programmoberfläche von Automator an (siehe Abbildung 23.3).

Links sehen Sie die aus zwei Spalten bestehende Funktionsbibliothek. Klicken Sie in der linken Spalte auf den Namen einer Kategorie oder eines Programms. Die rechte Spalte zeigt dann die verfügbaren Aktionen bzw. Funktionen zu dieser Kategorie oder dem gewählten Programm an. Im weiteren Verlauf verwenden wir überwiegend die Bezeichnung *Aktion*.

Ein Klick auf eine Aktion aus dieser Liste zeigt unter den beiden Spalten in der sogenannten *Funktionsbibliothek* eine Beschreibung und Informationen zur ausgewählten Aktion an.

> **INFO**
>
> **Aktionen und Variablen**
> Die Funktionsbibliothek bietet nicht nur Funktionen, sondern auch Variablen zur Verwendung an. Wenn Sie über der linken Spalte auf den Button **Variablen** klicken, zeigt Automator Ihnen die verfügbaren Variablen an. In Automator verfügbare Aktionen erscheinen automatisch in der Funktionsbibliothek, wenn ein installiertes Programm Automator-Aktionen anbietet.

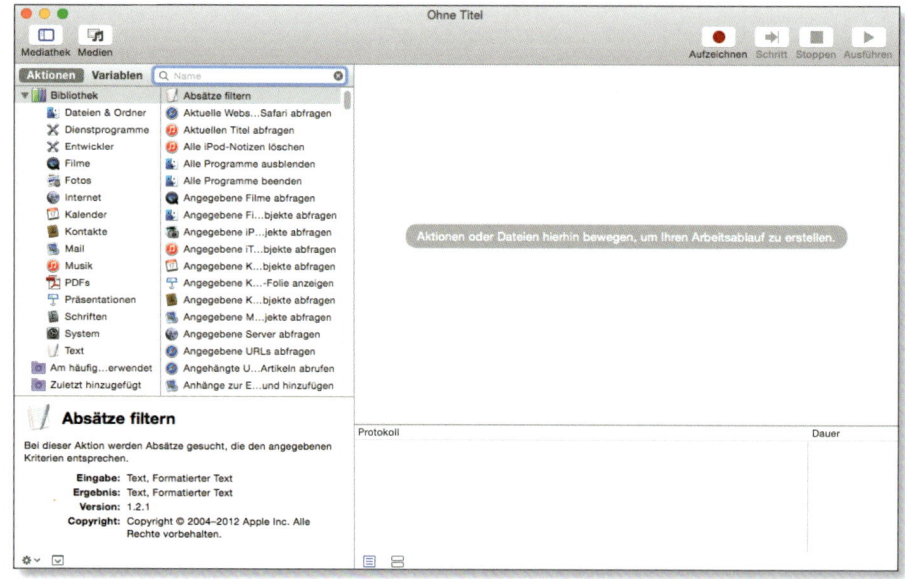

< Abbildung 23.3 *Die Programmoberfläche von Automator nach dem Start*

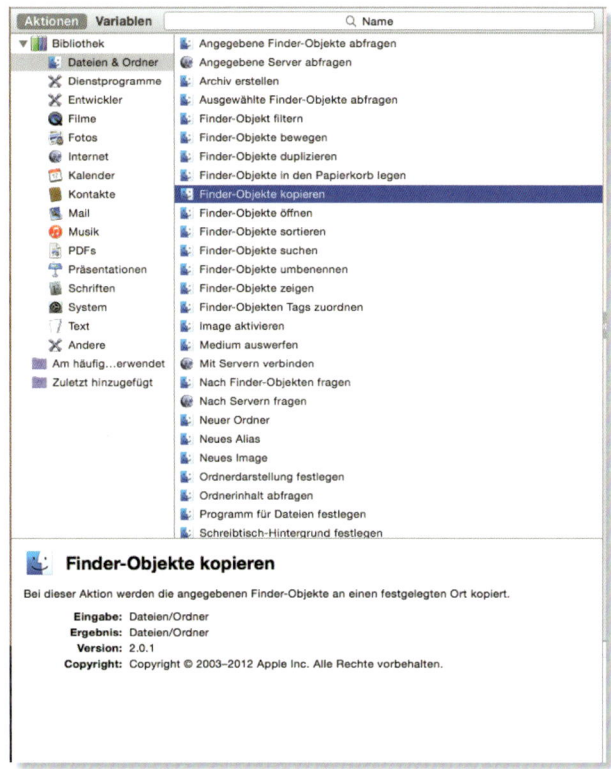

Der rechte Teil des Fensters ist dem Automationsablauf und den damit zusammenhängenden Informationen vorbehalten. Nach dem Start ist der Ablauf erst einmal noch leer. Wenn Sie erst mal anfangen, einen Arbeitsablauf zu erstellen, werden Sie sehen, wie schnell sich der Ablauf mit den einzelnen Schritten füllen wird. Innerhalb eines Schrittes können Sie mit Klick auf **Optionen** weitere Vorgaben für den jeweiligen Schritt machen.

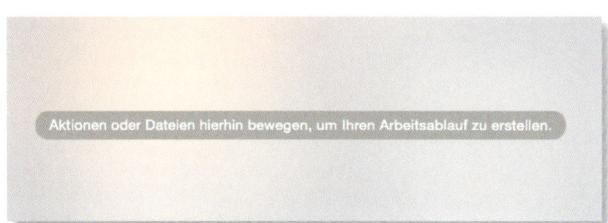

^ **Abbildung 23.5** *Der noch leere Arbeitsablauf*

Einen einfachen Arbeitsablauf erstellen

Sehen wir uns also an, wie Sie einen Arbeitsablauf erstellen. Dabei müssen Sie nicht streng ablauforientiert vorgehen, Sie müssen also nicht vorher bereits in allen Einzelheiten wissen, was geschehen soll, sondern suchen sich möglicherweise erst mal eine Aktion aus, die Ihnen hilfreich erscheint, und überlegen dann, in welchem Kontext sich diese Aktion nutzen lässt. Dieses Vorgehen ist kein Problem, denn Sie können weitere Schritte im Ablauf nicht nur nach einem bereits vorhandenen Schritt hinzufügen, sondern auch davor. So entsteht Ihr Arbeitsablauf ganz *organisch*.

1 Ziehen Sie mit Drag & Drop eine Aktion, beispielsweise von **Mail** die Aktion **Glückwünsche zum Geburtstag senden**, aus der Funktionsbibliothek in den Ablauf.

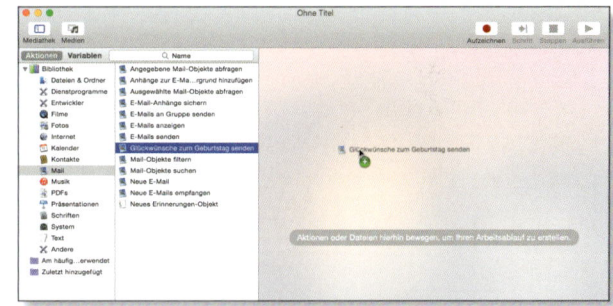

^ **Abbildung 23.6** *Dem Ablauf wird eine Funktion aus der Bibliothek hinzugefügt.*

2 Je nach hinzugefügter Funktion bietet die Funktion weitere Einstellungsmöglichkeiten. Im Fall von **Glückwünsche zum Geburtstag senden** sind die Einstellungen offensichtlich und deutlich zu sehen.

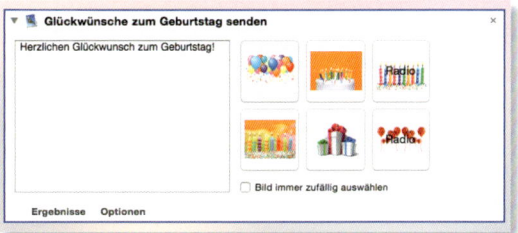

^ **Abbildung 23.7** *Die Funktion »Glückwünsche zum Geburtstag senden« im Ablauf*

3 Geben Sie also einen schönen Glückwunschtext ein, und wählen Sie ein geeignetes Bild aus. Denken Sie daran, diese Einstellungen jedes Jahr ein bisschen zu variieren, denn auch Sie haben sicher Bekannte in Ihrem Umfeld, die Ihre diesjährigen Geburtstagsglückwünsche mit denen vom Vorjahr vergleichen. Nun testen Sie mal, wie die Aktion Ihre Vorgaben umsetzen würde.

4 Klicken Sie rechts in der Aktion auf den Button **Ergebnisse ❶** und dann in der Symbolleiste auf den Button **Ausführen ❷**. So können Sie einfach prüfen, ob die Funktion und die Einstellungen der Funktion auch tatsächlich zu Ergebnissen führen.

Offenbar kann die Aktion mit sich selbst nicht viel anfangen, und die Protokollmeldung ❸ bestätigt diese Vermutung: Diese Aktion benötigt weitere Daten. Leider halten sich diese Meldungen meist relativ bedeckt mit konkreter Hilfe, was denn nun genau fehlt. Das kann speziell bei komplexeren Arbeitsabläufen durchaus zu einem heiteren Rätselraten ausarten. Im konkreten Fall ist es jedoch einfach und logisch zu erschließen. Wenn keine Person angegeben wurde, der gratuliert werden soll, dann kann die Aktion kein Ergebnis liefern.

5 Fügen Sie also einen weiteren Schritt im Ablauf hinzu. Ziehen Sie dazu erneut per Drag & Drop eine Aktion in den Ablauf, beispielsweise von **Kontakte** die Aktion **Anstehende Geburtstage suchen**. Wie in der Einleitung erwähnt, sind Sie bei der Position der Aktionen im Ablauf nicht festgelegt, ziehen Sie sie also in den Ablauf über die bereits vorhandene Aktion.

Automator zeigt nun sehr deutlich an, dass die beiden Aktionen miteinander zu tun haben und dass die zweite Aktion mit den Daten arbeiten wird, die sie von der ersten Aktion übergeben bekommt.

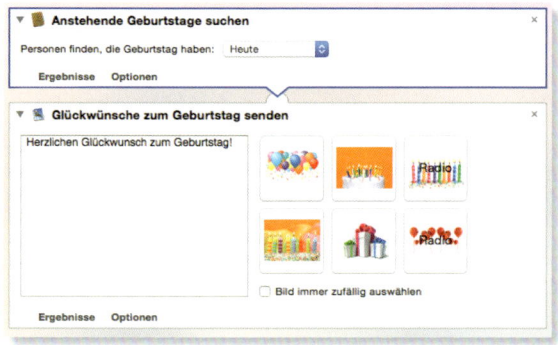

⌃ Abbildung 23.9 *Zwei Aktionen in Automator. Deutlich zu erkennen ist, dass die zweite Aktion die Fortsetzung der ersten Aktion ist.*

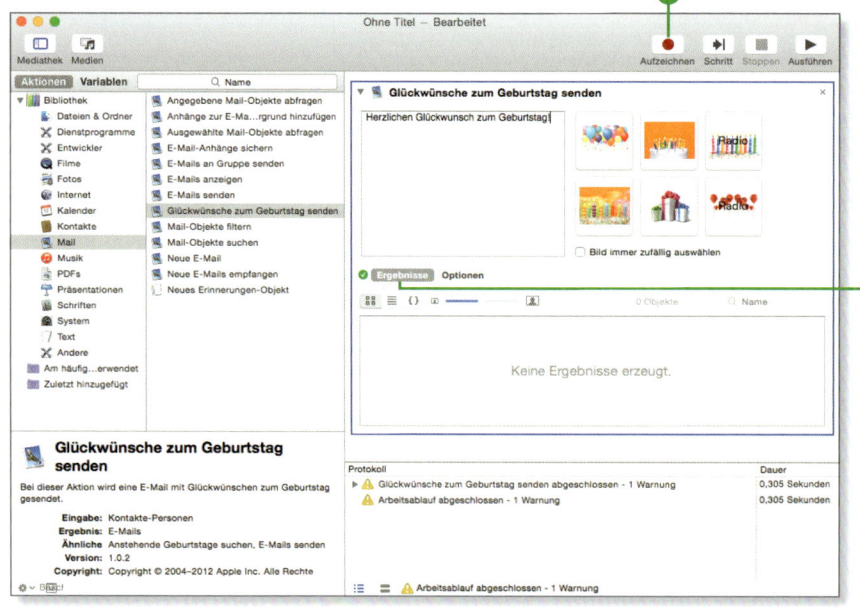

< Abbildung 23.8 *Die Aktion konnte keine Ergebnisse erzeugen.*

Für die neu hinzugefügte Aktion sollten Sie, wie zuvor für die erste Aktion, Einstellungen festlegen. Im konkreten Fall ist die Auswahl da recht übersichtlich.

6 Wählen Sie aus dem Auswahlmenü ein gewünschtes Intervall aus.

7 Klicken Sie nun erneut in der Symbolleiste auf den Button **Ausführen**. Automator führt nun den kompletten Ablauf aus. Abhängig von Ihrer Auswahl in der ersten Aktion kann nun entweder erneut nichts oder möglicherweise sogar recht viel passieren.

Denken Sie daran, dass dieser Ablauf ohnehin nur dann Sinn hat, wenn Sie im Programm Kontakte auch Geburtstagsdaten für Ihre Kontakte eingetragen haben, sonst suchen Sie möglicherweise in Automator bis zum Sankt-Nimmerleins-Tag nach einem Fehler, wo keiner ist, einfach weil die nötigen Ausgangsinformationen fehlen.

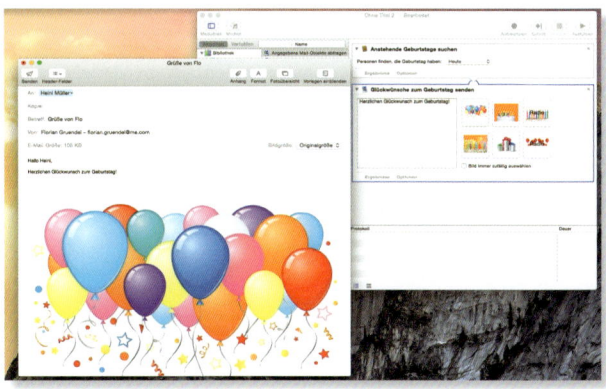

^ **Abbildung 23.10** *Das erfolgreiche Ergebnis des Ablaufs*

Wenn Sie diesen Ablauf nun beispielsweise als Programm sichern und dieses Programm zu den Anmeldeobjekten Ihres Benutzers hinzufügen, verpassen Sie es nie mehr, Geburtstagsgrüße zu senden. Da Mail die Geburtstagsgrüße zunächst nur anlegt, aber nicht sofort verschickt (Auch das könnten Sie grundsätzlich in den Arbeitsablauf mit einbauen.), haben Sie die Möglichkeit, die zu sendende Mail gegebenenfalls vor dem Senden noch individuell anzupassen. Im nächsten Abschnitt sehen wir uns an, wie Sie einen Arbeitsablauf erstellen und dabei Variablen nutzen.

Arbeitsabläufe mit Variablen erstellen

Im vorangegangenen Abschnitt haben Sie die Oberfläche und die prinzipielle Bedienungsweise von Automator kennengelernt. Nun wollen wir uns einem weiteren Ablauf widmen und bei der Gelegenheit die Variablen kennenlernen.

Greifen wir dazu noch einmal die Fragestellung aus dem letzten Abschnitt des letzten Kapitels auf. Dort sollte beim Ausschalten des Macs automatisch ein Ordner mit der aktuellen Uhrzeit erstellt werden. Wir sehen uns hier mit den Mitteln, die Automator zur Verfügung stellt, den Teil der Aufgabe an, der sich mit der Erstellung des Ordners mit dem aktuellen Datum und der aktuellen Uhrzeit beschäftigt.

1 Legen Sie einen neuen Arbeitsablauf an, und ziehen Sie die Aktion **Neuer Ordner** in den Ablauf.

2 Eigentlich war es das theoretisch schon, denn mehr als ein neuer Ordner sollte ja nicht erstellt werden. Die Besonderheit besteht nun darin, das aktuelle Datum und die aktuelle Uhrzeit zum Namen des Ordners zu machen. Im Shell-Skript im letzten Kapitel ließen sich diese Informationen mit dem Befehl `date` abfragen und zur weiteren Verwendung in eine Variable schreiben. Da Automator auch Variablen bietet, lohnt es sich, einen Blick darauf zu werfen; möglicherweise ist ja etwas Passendes dabei.

Klicken Sie auf den Button **Variablen**. Automator zeigt nun die verfügbaren Variablen an, und die Variable **Aktuelle Uhrzeit** springt natürlich sofort ins Auge.

3 Fügen Sie die Variable **Aktuelle Uhrzeit** zum Ablauf hinzu, indem Sie sie per Drag & Drop unter die Aktion **Neuer Ordner** ziehen. Die Variable ist nun der zweite Schritt im Ablauf. Wieder zeigt Automator deutlich an, dass die Ergebnisse der einen Aktion zur nächsten Aktion weitergegeben werden.

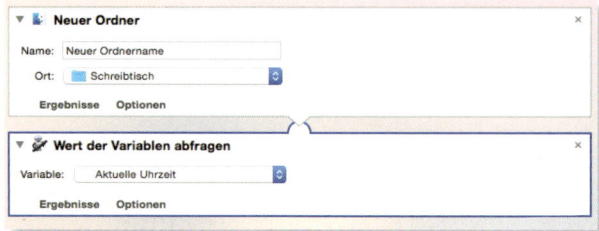

△ Abbildung 23.11 *Die Variable wurde dem Ablauf hinzugefügt.*

Wenn Sie sich ansehen, was wir nun haben, sind das zwar durchaus beides Elemente des gewünschten Ergebnisses, aber etwas stimmt noch nicht: Im Shell-Skript aus dem vorangegangenen Kapitel haben wir erst die Variable ermittelt und sie dann genutzt, um dem Ordner einen Namen zu geben. Hier steht nun die Erstellung des Ordners an erster Stelle. Außerdem ist bislang völlig unklar, wie die Variable Teil des Ordnernamens werden kann. Bringen Sie daher zunächst den Ablauf in eine sinnvollere Reihenfolge.

Ziehen Sie die Variable nach oben. Variable und Aktion haben nun den Platz gewechselt: Der Ablauf fängt mit der Variablen an, und im zweiten Schritt wird der Ordner erstellt.

Diese Reihenfolge wirkt schon sinnvoller. Es stellt sich aber immer noch die Frage, wie die Variable nun Teil des Namens des zu erstellenden Ordners werden kann. Die Elemente im Fenster geben kaum einen Hinweis, und die Optionen sowohl der Variablen als auch der Funktion schweigen sich leider aus. Eines fällt jedoch auf: Nachdem wir die Variable zum Ablauf hinzugefügt haben, wird sie in einer Liste ❶ unter dem Ablauf aufgeführt. So wird angezeigt, dass die Variable Teil des Ablaufs ist und sich in irgendeiner Form nutzen lässt.

Fügen wir also den zweiten Teil des geplanten Ordnernamens, das aktuelle Datum, zum Ablauf hinzu. Ziehen Sie dazu die Variable **Heutiges Datum** an die erste Stelle des Ablaufs. Die Reihenfolge wäre jetzt also klar. **Heutiges Datum** und **Aktuelle Uhrzeit** bilden den Namen des Ordners, der dann von der entsprechenden

Funktion erstellt wird. In der Liste der Variablen sind nun auch beide Variablen aufgeführt.

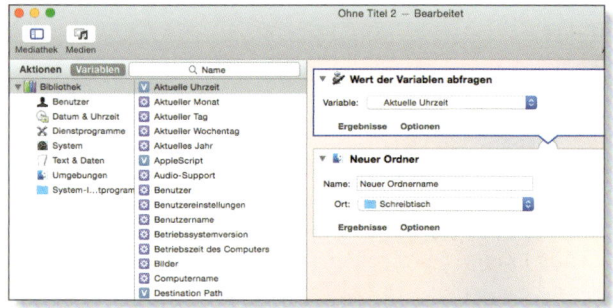

△ Abbildung 23.12 *Die Reihenfolge der Schritte des Arbeitsablaufs in eine sinnvolle Ordnung bringen*

Nachdem in Automator bislang alles per Drag & Drop ging, können Sie auch den Zusammenhang zwischen der Variablen und der Aktion per Drag & Drop herstellen: Ziehen Sie die Variable **Heutiges Datum** aus der Liste der Variablen in das Feld **Name** der Funktion **Neuer Ordner**.

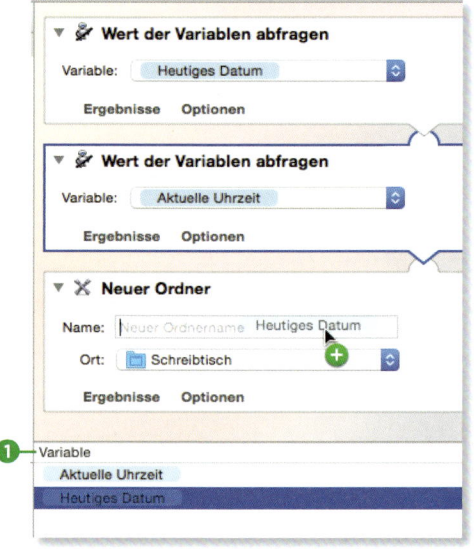

△ Abbildung 23.13 *Variablen als Werte innerhalb einer Aktion nutzen*

Nachdem dieser Versuch von Erfolg gekrönt war, ergänzen Sie nun den Namen mit der zweiten Variablen: Ziehen Sie die Variable **Aktuelle Uhrzeit** aus der Liste der Variablen in das Feld **Name** in der Aktion **Neuer Ordner**. Der Name des Ordners setzt sich nun aus dem heutigen Datum und der aktuellen Uhrzeit zusammen.

▲ **Abbildung 23.14** *Die Variablen bilden nun den Namen des neuen Ordners, der beim Abarbeiten des Arbeitsablaufs erstellt wird.*

Diese Möglichkeit, den Namen des Ordners per Drag & Drop zusammenzustellen, zeigt exemplarisch, wie einfach Dinge mit OS X funktionieren und dass man, wenn etwas unverständlich erscheint, im Zweifelsfall zu kompliziert denkt. Testen Sie den Arbeitsablauf, indem Sie in der Symbolleiste auf den Button **Ausführen** klicken. Automator führt den Ablauf problemlos aus, und Sie sehen das Ergebnis im Finder.

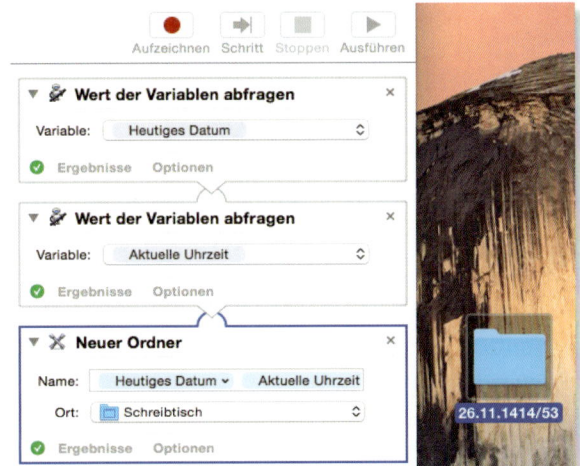

▲ **Abbildung 23.15** *Der Ablauf und sein sichtbares Ergebnis*

Variablen anpassen

Es hat also mit dem Ablauf an sich alles geklappt, aber der Name des Ordners sieht seltsam aus. Die Uhrzeit ist untypisch formatiert. Auch das können Sie natürlich anpassen.

1 Doppelklicken Sie im Ablauf auf die Variable **Aktuelle Uhrzeit**.

2 Wählen Sie im folgenden Dialogfenster im Auswahlmenü **Format** den Eintrag **Eigenes Format** ❷.

3 Geben Sie zunächst in das Feld darunter ❸ ein Zeichen ein, mit dem Sie im Ordnernamen die Uhrzeit vom Datum trennen wollen, beispielsweise einen senkrechten Strich.

4 Ziehen Sie anschließend den Button für **Stunde** in das Feld.

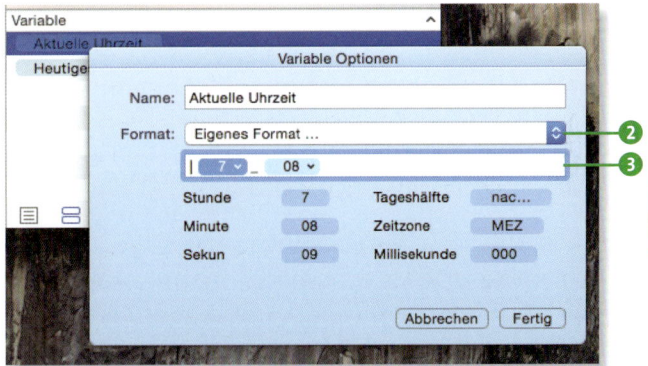

▲ **Abbildung 23.16** *Passen Sie die Formatierung des Datums an.*

5 Geben Sie das gewünschte Trennzeichen zwischen Stunden und Minuten ein; hier nutzen wir einen Unterstrich.

6 Ziehen Sie den Button für **Minute** in das Feld.

7 Klicken Sie auf den Button **Fertig**, und testen Sie den Ablauf erneut.

▲ **Abbildung 23.17** *Jetzt ist die Formatierung des Datums wie gewollt.*

Damit haben wir den ersten Arbeitsablauf bereits fertig erstellt. Was in einem Shell-Skript gerade einmal ein Zweizeiler ist, ist in Automator schon deutlich mehr Geklicke. Allerdings geht der Komfort auch zu Lasten der Flexibilität, wie wir später im Abschnitt über AppleScript feststellen werden. Der große Vorteil von Automator ist eben, dass Sie Abläufe visuell und mehr oder minder intuitiv zusammenstellen können.

Um den zusammengestellten Arbeitsablauf zu nutzen, könnten Sie ihn z. B. als Programm sichern. Wann immer Sie also das Programm aufrufen, wird ein entsprechender Ordner erstellt. Sehen wir uns im nächsten Abschnitt an, wie Sie einen selbst erstellten Ablauf in der Praxis nutzen.

Einen Arbeitsablauf als Programm nutzen

Der Arbeitsablauf, den Sie im vorangegangenen Abschnitt erstellt haben, lässt sich immer dann sinnvoll einsetzen, wenn Sie auf die Schnelle einen Ordner mit dem aktuellen Datum erstellen wollen. Wenn es ans Sichern des Ablaufs geht, stehen Ihnen in Automator zwei Sicherungsoptionen zur Verfügung: Arbeitsablauf und Programm.

⌃ **Abbildung 23.18** *Unter »Dateiformat« wählen Sie zwischen »Arbeitsablauf« und »Programm«.*

Wenn Sie den Arbeitsablauf als ebensolchen speichern, lässt er sich nur mit Automator nutzen. Das ist also keine gute Idee, wenn Sie den Ablauf jederzeit nutzen wollen. Denn es ist einfach zu umständlich, erst Automator zu öffnen und dann den Ablauf auszuführen. Sie sollten den Ablauf dennoch auf jeden Fall

als Arbeitsablauf sichern, denn dann bleibt er weiterhin anpassbar und kann beispielsweise als Ausgangsbasis für weitere Arbeitsabläufe dienen. Sichern Sie den Ablauf zusätzlich als Programm, denn dann können Sie ihn jederzeit bequem aufrufen.

1 Klicken Sie auf **Ablage > Sichern**.

2 Wählen Sie im folgenden Sicherungsdialog einen Ort und einen Namen für den Ablauf aus.

3 Wählen Sie unter **Dateiformat** den Eintrag **Arbeitsablauf** aus.

4 Klicken Sie auf den Button **Sichern**. Jetzt ist der Ablauf zumindest schon einmal als Arbeitsablauf gesichert und kann später weiterverwendet werden.

5 Klicken Sie auf **Ablage > Duplizieren**.

6 Sichern Sie den Ablauf nun erneut mit dem Dateiformat **Programm**.

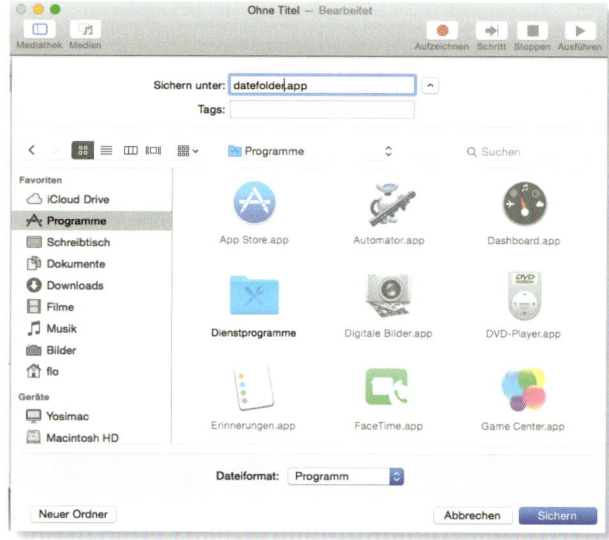

⌃ **Abbildung 23.19** *Der Arbeitsablauf wird als Programm gesichert.*

7 Probieren Sie nun aus, ob das neu erstellte Programm auch ordentlich funktioniert. Öffnen Sie dazu im Finder den Ordner *Programme*, und doppelklicken Sie auf das zuvor erzeugte Programm *datefolder.app* ❶.

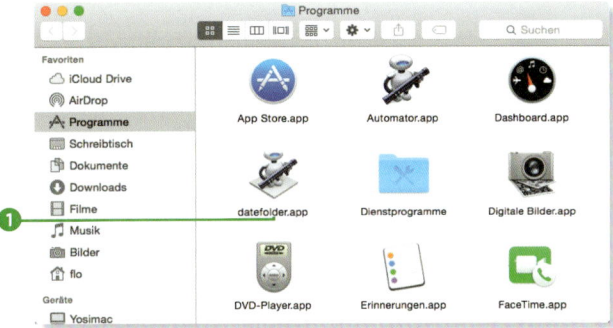

∧ Abbildung 23.20 *Das selbst erstellte Programm in guter Gesellschaft*

Das Programm wird wie zuvor der Arbeitsablauf ausgeführt, und Sie sehen den neuen Ordner auf dem Schreibtisch.

Einen kontextabhängigen Ablauf erstellen und anwenden

Der Startbildschirm von Automator zeigt schon, dass Sie mit Automator nicht nur Arbeitsabläufe und Programme erstellen können, sondern auch kontextabhängige Abläufe, wie z. B. *Ordneraktionen*.

Ordneraktionen sind Arbeitsabläufe, die an einen Ordner quasi angehängt werden: Sobald einem Ordner mit angehängter Ordneraktion Dateien oder Ordner hinzugefügt werden, arbeitet der Ordner die ihm angehängte Aktion ab. Je nach angehängtem Arbeitsablauf können Sie auf diese Weise Ordner zu einer Art Katalysator machen. Sie fügen eine Datei hinzu, die Datei wird entsprechend abgearbeitet, und anschließend »spuckt« der Ordner ein Ergebnis der Bearbeitung aus.

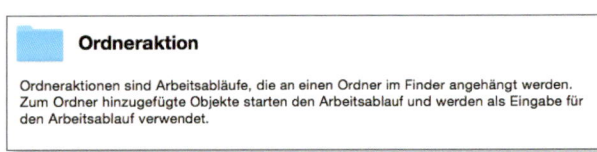

∧ Abbildung 23.21 *Die Beschreibung der Ordneraktion im Startbildschirm von Automator*

1 Legen Sie einen neuen Ablauf an, und wählen Sie als Dokumentart **Ordneraktion** aus. Daraufhin öffnet Automator ein neues Ablauffenster, dem aber diesmal – im Gegensatz zu dem Arbeitsablauf, den Sie zuvor kennengelernt haben – quasi eine Bedingung vorangestellt ist, nämlich die Auswahl, welchem Ordner die folgende Aktion angehängt werden soll.

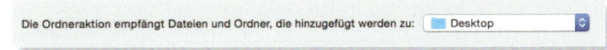

∧ Abbildung 23.22 *Zunächst legen Sie fest, für welchen Ordner die zu erstellende Aktion gelten soll.*

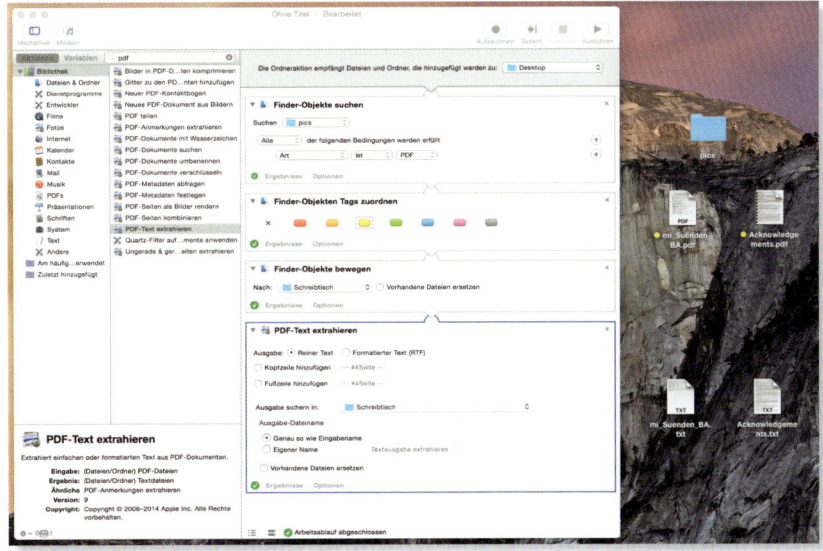

‹ Abbildung 23.23 *Der Ablauf in den einzelnen Schritten und das jeweilige Ergebnis*

2 Klicken Sie auf das Auswahlmenü **Ordner auswäh-len**, und legen Sie im folgenden Dialog fest, welchem Ordner die Aktion angehängt werden soll.

3 Stellen Sie also nun einen Ablauf zusammen, der regelt, was mit Dateien und Ordnern geschehen soll, die zu dem ausgewählten Ordner hinzugefügt werden.

Im Beispiel erstellen wir einen Ablauf, der prüft, ob sich in dem Ordner PDF-Dateien befinden. Falls ja, wird der Text der PDF-Dateien extrahiert und auf dem Schreibtisch eine reine Textdatei davon erstellt. Zusätzlich wird die PDF-Datei gelb etikettiert und ebenfalls auf den Schreibtisch geschoben, sodass nach dem Ablauf der Aktion im Ordner keine Datei zurückbleibt. Er dient also quasi nur als Auslöser, nicht als Aufbewahrungsort.

Wenn Sie diesem Ordner nun weitere Ordneraktionen anhängen – beispielsweise eine, die automatisiert Bilder verarbeitet, oder eine, die Visitenkarten und Kalendertermine verarbeitet –, wird der Ordner zum Allround-Organisator. Fügen Sie diesen Ordner zu den Favoriten in der Seitenleiste des Finders hinzu, haben Sie ihn und somit auch das automatisierte Dateimanagement stets griffbereit. Ein Ordner, der sich hervorragend für solche Weiterverwertungs- und Sortieraufgaben eignet, ist z. B. der Ordner *Downloads*. Darin wird es sehr viel schneller chaotisch und unübersichtlich, als es einem lieb ist. Da ist es doch praktisch, die heruntergeladenen Dateien gleich passend sortieren zu lassen.

Mit Automator erstellen Sie also wunderbar einfach Arbeitsabläufe, die Ihnen viel lästige Routinearbeit abnehmen. Aber die Bequemlichkeit des Zusammenklickens zeigt auch schnell die Grenzen von Automator auf: Es lassen sich kaum Abläufe erstellen, die sich abhängig von Bedingungen auf eine bestimmte Weise verhalten. Automator-Abläufe sind also eine ziemlich lineare Angelegenheit. Mehr Flexibilität erreichen Sie natürlich mit Skriptsprachen, denn dann haben Sie die Ablaufkontrolle selbst im Griff. Im vorangegangenen Kapitel haben Sie bereits ganz kurz in die Welt der

Shell-Skripte hineingeschnuppert. Im nächsten Abschnitt sehen wir uns die *hauseigene* Skriptsprache auf dem Mac an: AppleScript.

> **HINWEIS**
>
> **Sinn und Zweck des »Downloads«-Ordners**
> Der Ordner *Downloads* eignet sich zwar hervorragend für die Automation, aber nicht für jede Art der Automation. Da die Dateien im Ordner *Downloads* meist nicht (anders als in anderen Ordnern) als *Ganzes* ankommen, sondern erst nach einer Weile komplett sind, bietet es sich zwar durchaus an, *Downloads* für Sortieraufgaben zu verwenden, nicht jedoch z. B. für die Weiterverarbeitung mit einem anderen Programm. Denn es könnte passieren, dass *Downloads* einem Programm eine noch unvollständige Datei zur Bearbeitung übergibt, was bestenfalls zur Folge hätte, dass das Programm die Datei nicht öffnen kann, und schlimmstenfalls, dass die Datei dadurch zerstört und unbrauchbar wird.

23.2 AppleScript

AppleScript unterscheidet sich von anderen Skriptsprachen in einem wesentlichen Punkt: der Sprache. Sie werden sich nun vielleicht denken: »Natürlich sind keine zwei Skriptsprachen gleich, also ist es ja nur logisch, dass sie sich unterscheiden.« Aber in diesem Fall ist nicht damit gemeint, dass unterschiedliche Skriptsprachen natürlich eine unterschiedliche Syntax haben und sich die Befehle vermutlich in Namen und Funktion mehr oder minder deutlich unterscheiden. Das wäre tatsächlich eine sehr banale Erkenntnis. Mit *Sprache* ist in diesem Fall tatsächlich die Sprache gemeint. Skriptsprachen, egal welche, bedienen sich für gewöhnlich einer abstrakten Sprachebene, die man zunächst erlernen muss. AppleScript hingegen bedient sich eben nicht – und das macht AppleScript einzigartig – einer abstrakten Sprachebene, sondern einer natürlichen Sprache: Englisch. Das ist das Faszinierende an AppleScript, und das ist auch der Grund, warum AppleScript auch (Mancher gestandene Programmierer würde eher sagen: *nur*.) für *Nichtprogrammierer* leichter zugänglich ist als alle anderen Skriptsprachen. Wenn Sie nur ein bisschen Englisch können, können Sie eigentlich auch schon AppleScript.

Natürlich gibt es dann noch ein paar Dinge zu beachten und ein paar *Vokabeln* zu lernen, aber Sie müssen eben nicht den natürlichen Sprachraum – die natürliche Anwendung von Sprache – verlassen, um eigene Skripte schreiben zu können.

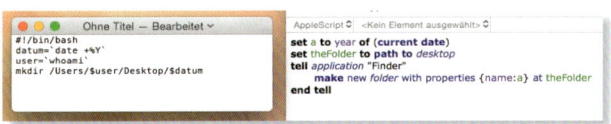

^ **Abbildung 23.24** *Beide Skripte haben das gleiche Ergebnis, aber völlig unterschiedliche Ansätze, es zu erreichen (links ein Shell-Skript, rechts ein AppleScript).*

Genau diese Eigenheit bringt AppleScript von anderer Seite, meist aus Computerfachkreisen, die größte Kritik ein. AppleScript sei gar keine richtige Sprache, sondern ein »Monster« von einer Skriptsprache, dessen Konstruktion so aberwitzig und absurd sei, dass sich damit nicht seriös arbeiten ließe. Die Wahrheit liegt wie so oft in der Mitte. AppleScript ist tatsächlich keine Skriptsprache, die man als seriöse Grundlage für kommerzielle Software (ab einer bestimmten Größe und Komplexität) verwenden wollen würde. Dazu ist AppleScript zu eingeschränkt, zu chaotisch, zu schlecht dokumentiert und insgesamt zu wirr. Aber das ist ja auch nicht der Sinn und Zweck von AppleScript. AppleScript unterstützt Sie in Ihrem Alltag bei Routineaufgaben und bietet eine Interaktionsmöglichkeit zwischen Programmen, die ihresgleichen sucht.

AppleScript ist also die perfekte Ergänzung, um mit Ihrem Mac Routineaufgaben im Alltag einfach zu lösen. Dafür ist AppleScript gedacht, und das beherrscht es perfekt.

Eine Übersicht über AppleScript

Um ein AppleScript zu schreiben, benötigen Sie einen Editor, der AppleScript unterstützt. Von Drittanbietern gibt es nicht viele Editoren, die AppleScript unterstützen. Allzu viel Auswahl ist ohnehin nicht nötig, da OS X einen passenden Editor mit dem bezeichnenden Namen *AppleScript-Editor* bereits mitbringt. Der Skript-Editor befindet sich im Ordner *Dienstprogramme*.

Nach dem Start präsentiert der Skript-Editor eine ziemlich aufgeräumte zweigeteilte Oberfläche (siehe Abbildung 23.25). Im oberen Teil schreiben Sie Ihr Skript, im unteren Teil zeigt der Skript-Editor Ergebnisse und Protokolle der Skriptausführung an. Skripte können jederzeit ausgeführt werden, um beispielsweise ein komplexes Skript während der Entstehung immer wieder zu testen. Das ist ein Vorteil gegenüber Shell-Skripten, die erst gesichert und anschließend aufgerufen werden müssen.

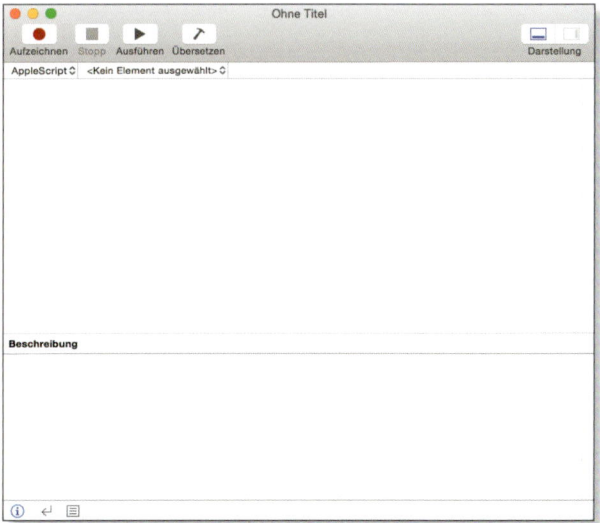

^ **Abbildung 23.25** *Der AppleScript-Editor*

Geben Sie Ihr erstes Skript ein, um sich mit den Besonderheiten von AppleScript vertraut zu machen: Tippen Sie `tell application "Finder" to make new Finder window` oben im Editor ein.

```
tell application "Finder"
make new Finder window
end tell
```

Um nun herauszufinden, ob ein Programm skriptbar ist (Nicht alle Programme unterstützen AppleScript.) – und falls ja, welche Befehle es bereithält –, gibt es die Funktionsverzeichnisse.

Jedes Programm, das AppleScript unterstützt, enthält ein solches Funktionsverzeichnis, in dem aufgelistet ist, welche Befehle das Programm versteht und welche weiteren Angaben Sie einem Befehl hinzufügen können.

Unabhängig vom jeweiligen Programm, auf das Sie Befehle anwenden möchten, gibt es einen Standardsatz von Befehlen, die sich jederzeit nutzen lassen. Hier ist eine Auswahl der wichtigsten Befehle:

- **tell**

    `tell` haben Sie bereits kennengelernt. `tell` leitet einen Befehl ein und beendet ihn wieder mit `end tell`.

- **open**

    Mit `open` öffnen Sie Elemente. Abhängig vom zu öffnenden Element müssen Sie an `open` weitere Optionen übergeben.

    ```
    open file "Macintosh
    HD:Users:flo:Desktop: test.txt"
    ```

    öffnet die Datei *test.txt* auf dem Schreibtisch des Benutzers *flo*.

- **activate**

    Mit `activate` aktivieren Sie Programme.

    `tell application "iPhoto" to activate` startet das Programm iPhoto.

- **quit**

    Mit `quit` beenden Sie Programme.

    `tell application "iTunes" to quit` beendet das Programm iTunes.

Funktionsverzeichnisse öffnen
Um ein Funktionsverzeichnis zu öffnen, klicken Sie auf **Ablage > Funktionsverzeichnis öffnen** oder nutzen den Tastaturbefehl ⇧ + cmd + O. Oder Sie ziehen das Programm per Drag & Drop auf das Icon des Skript-Editors im Dock. Die Methode Drag & Drop öffnet sofort das Funktionsverzeichnis des ausgewählten Programms. Die beiden anderen Methoden zeigen zunächst ein Auswahlfenster, in dem Sie auswählen können, welches Funktionsverzeichnis Sie öffnen möchten.

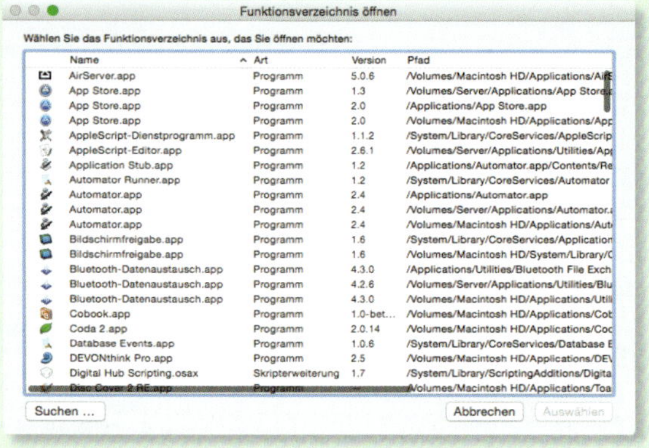

Abbildung 23.26 *Ein Funktionsverzeichnis auswählen*

Hier sehen Sie die erste Besonderheit von AppleScript, den Befehl `tell`. `tell` verwenden Sie immer dann, wenn einem Programm eine Anweisung erteilt werden soll. Mit `tell` sagen Sie also dem Editor, dass er dem genannten Programm die folgenden Befehle erteilen soll. Die Syntax ist also:

```
tell application "Programmname" to Befehl
```

Das `to` benötigen Sie nur dann, wenn sich der komplette Befehl in einem Satz, also einer Zeile, unterbringen lässt. Ist das nicht der Fall, kann das `to` entfallen, da dann in den folgenden Zeilen Anweisungen kommen. Mehrzeilige Anweisungen müssen Sie jedoch immer wieder mit `end tell` beenden. Das Beispiel von zuvor könnten Sie also auch wie folgt schreiben:

- **count**

  Mit `count` ermitteln Sie Zahlenwerte. `count` wird typischerweise eingesetzt, um die Anzahl bestimmter Elemente zu erfahren.

  `get count of (list disks)` zählt die Anzahl der Ergebnisse des Befehls `list disks`.

- **delete**

  Mit `delete` löschen Sie Elemente.

  `tell application "iTunes" to delete playlist "test"` löscht in iTunes die Playlist namens *test*.

- **exists**

  Mit `exists` fragen Sie ab, ob ein Element existiert.

  ```
  tell application "iTunes"
  exists playlist "test"
  end tell
  ```

  fragt das Programm iTunes, ob die Playlist *test* existiert. Das Ergebnis ist die Aussage `true` bzw. `false`.

- **select**

  Mit `select` wählen Sie Elemente aus.

  ```
  tell application "Finder"
  select (every item where name extension
  is "tif") of (folder "Macintosh
  HD:Users: flo:Desktop")
  end tell
  ```

  lässt den Finder alle Dateien auf dem Schreibtisch markieren, die die Endung *.tif* haben.

- **set**

  `set` setzt eine Variable auf einen bestimmten Wert.

  `set a to 2` setzt die Variable `a` und weist ihr den Wert 2 zu.

- **get**

  `get` liest den Wert einer Variablen aus.

  `get a` ermittelt den Wert der Variablen `a`.

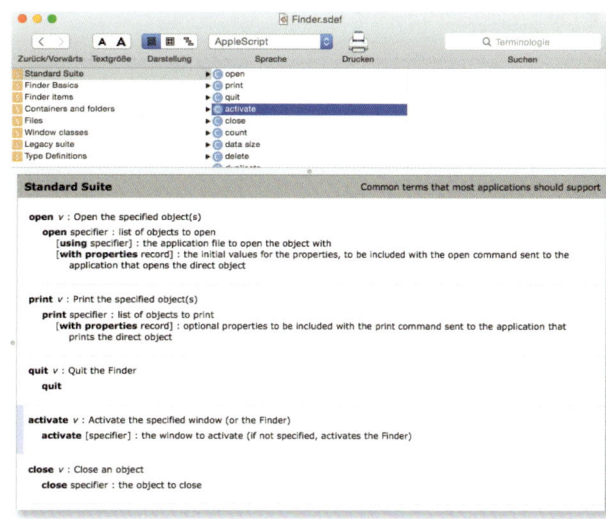

▲ **Abbildung 23.27** *Das Funktionsverzeichnis des Finders*

Mit diesem *Grundwortschatz* sind Sie gut versorgt. Weitere Befehle lernen Sie bei der Verwendung der mitgelieferten Codeschnipsel kennen.

Ein Skript erstellen

Nachdem Sie also nun eine Vorstellung davon haben, wie AppleScript funktioniert, sehen wir uns an, wie Sie ein Skript erstellen.

1 Erstellen Sie ein neues Skript.

2 Geben Sie den Befehl `set a to list disks` ein. Damit führen Sie die Variable `a` ein und legen fest, dass der Wert, den der Befehl `list disks` zurückgibt, in die Variable `a` geschrieben wird. Der Befehl `list disks` listet dabei alle verfügbaren Volumes auf.

Diese Liste der verfügbaren Volumes möchten Sie später eventuell einmal oder möglicherweise öfter wiederverwenden, beispielsweise um den Inhalt auf bestimmte Elemente hin abzufragen. Deshalb soll das Ergebnis von `list disks` in die Variable `a` geschrieben werden. Eine Variable ist also ein Platzhalter, und Sie legen fest, wofür sie stehen soll.

▲ Abbildung 23.28 *Der Befehl »list disks« und das Ergebnis*

3 Um auf Nummer sicher zu gehen, dass die Variable a auch den gewünschten Wert (also das Ergebnis von list disks) erhalten hat, fragen Sie sie mit get ab. Geben Sie dazu den Befehl get a ein.

Das ganze Skript ist also momentan ein Zweizeiler, der so aussieht:

```
set a to list disks
get a
```

4 Klicken Sie in der Symbolleiste auf den Button **Ausführen**. Das Ergebnis ist eine Liste aller aktuell verfügbaren Volumes.

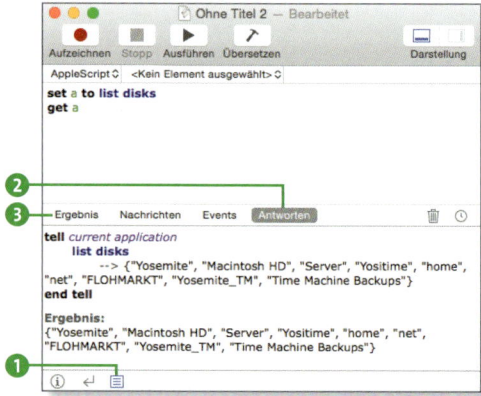

▲ Abbildung 23.29 *Nachdem das Ergebnis von »list disks« in »a« geschrieben wurde, darf die Abfrage nichts anderes anzeigen als »list disks«; sonst wäre etwas falsch gelaufen.*

Bleibt also die Frage, was man mit einer gewonnenen Information, wie etwa der Liste der verfügbaren Volumes, anfängt? Sie könnten z. B. nachsehen, ob die Liste ein bestimmtes Volume enthält, um – ausgehend von dieser Information – weitere Ereignisse anzustoßen, etwa ein bestimmtes Programm zu öffnen.

Fügen Sie einen weiteren Schritt zum Skript hinzu, um herauszufinden, ob ein bestimmtes Volume verfügbar ist, und dann gegebenenfalls weitere Anweisungen zu machen. Kommentieren Sie jedoch zunächst die Zeile get a aus, da wir sie ja nur zu Demonstrationszwecken gebraucht haben. Für das Skript ist diese Zeile nicht von Relevanz. Mit zwei vorangestellten Bindestrichen (--) kommentieren Sie einzelne Zeilen aus, und mit (* Code *) kommentieren Sie ganze Codeblöcke über mehrere Zeilen aus.

```
tell application "iCal"
    tell calendar "Geburtstage"
        -- sichergehen, dass auch jeder Event über einen Alarm verfügt
        set allEvents to every event
        set thecount to count of every event
        repeat with i from 1 to thecount - 1
            set thisEvent to event i
            make new display alarm at the beginning of thisEvent
        end repeat
        (*
        setzen des Wertes für den Alarm für alle Termine
        Negatives Vorzeichen: Alarm findet vor dem Termin statt
        Positives Vorzeichen: Alarm findet nach dem Termin statt
        Zeitangabe in Minuten (1 Tag = 1440 Minuten)
        *)
        set trigger interval of display alarm of every event to -2880
    end tell
end tel
```

▲ Abbildung 23.30 *Kommentare in Aktion*

Das Skript sieht nun so aus:

```
set a to list disks
-- get a ...
```

Mit fertigen Codeschnipseln arbeiten

Fügen Sie nun eine Anweisung hinzu, die dem Skript
sagt, dass es in dem einen Fall etwas tun soll und andernfalls etwas anderes tun soll. Dafür ist eine Anweisung im Format if-then nötig. Sie können die Anweisung natürlich eintippen, aber einfacher und schneller
geht es mit Codeschnipseln.

1 Klicken Sie mit der rechten Maustaste in den Editor.

2 Klicken Sie im folgenden Kontextmenü auf **Condi-
tionals > if-then ... else <selection> end**. So können
Sie sich sicher sein, dass die Syntax korrekt ist, und
müssen nicht nach eigenen Logik- oder Tippfehlern
suchen.

Nun sieht das Skript so aus:

```
set a to list disks
-- get a
If true then
-- insert if actions here
else

end if
```

3 Passen Sie das Konstrukt an. Die Frage nach true ist
in dem Fall nicht relevant; Sie wollen wissen, ob a
ein bestimmtes Volume enthält.

```
set a to list disks
-- get a
If a contains "FLOHMARKT" then
display dialog "JA"
else
display dialog "NEIN"
end if
```

Die Frage nach true wurde also durch die Frage
ausgetauscht, ob das Volume *FLOHMARKT* verfügbar ist. Die festgelegten Aktionen für den Fall JA
bzw. NEIN sind Dialoge, die die entsprechende Meldung ausgeben. Dialoge sind in solchen Fällen eine
gute Methode, schnell und einfach ein Feedback zu
bekommen, ob ein if-then-Konstrukt auch erfolgreich abgearbeitet wird.

^ **Abbildung 23.31** *Dialoge sind praktisch, um »if-then«-
Konstrukte zu testen.*

4 Aber eigentlich geht es ja um Automatisierung und
nicht um die Anzeige eines Dialogs. Es soll also weiterhin etwas automatisch ausgeführt werden. Im
Beispiel geht es darum, dass das abgefragte Volume *FLOHMARKT* immer zusammen mit einem anderen Volume gemountet wird. Es wird aber nicht
gebraucht und soll deswegen gleich wieder vom
Schreibtisch verschwinden. Als weitere Aktion im
Ablauf bietet es sich also an, das Volume auszuwerfen. Das Skript sieht dann so aus:

```
set a to list disks
-- get a
If a contains "FLOHMARKT" then
tell application "Finder"
eject disk "FLOHMARKT"
end tell
else

end if
```

Das Skript sucht also nun mit `set a to list disks` nach den verfügbaren Volumes und schreibt diese in die Variable `a`. Anschließend wird mit `If a contains "FLOHMARKT"` abgefragt, ob ein bestimmtes Volume in `a` enthalten ist. Falls ja, wird der Befehl `tell application "Finder" eject disk "FLOHMARKT" end tell` ausgeführt. In allen anderen Fällen passiert gar nichts, denn dazu ist im Skript nichts angegeben.

Hilfe im Internet

Dieses Beispiel und die hier gezeigte eigentlich haarsträubende, weil völlig unsystematische Herangehensweise an die Skriptsprache zeigen, dass Sie auch ohne Programmierkenntnisse zu Ergebnissen kommen können. Halbwegs passables Englisch und ein bisschen Stöbern in den Funktionsverzeichnissen sind für den Hausgebrauch völlig ausreichend.

Wenn Sie sich weiter mit AppleScript beschäftigen wollen – ich kann es Ihnen nur empfehlen, denn es macht wahnsinnig Spaß, und es ist unglaublich befriedigend, eine eigene Lösung für ein Automatisierungsproblem zu finden und umzusetzen –, dann sollten Sie die Dokumentationen unter *https://developer. apple.com/library/mac/documentation/AppleScript/ Conceptual/AppleScriptX/AppleScriptX.html* und *https:// developer.apple.com/library/mac/documentation/Apple-Script/Conceptual/AppleScriptLangGuide/introduction/ ASLR_intro.html* konsultieren, um ein klein wenig mehr theoretisches Rüstzeug zu bekommen. Die beste deutsche Website zum Thema finden Sie unter *http:// fischer-bayern.de/applescript/index.php*.

Skriptsprachen verbinden

AppleScript ist eine kommunikative Skriptsprache. Mit AppleScript lassen sich auch Befehle (und Ergebnisse) anderer Skriptsprachen verwenden. Dabei handelt es sich letztlich jeweils um Kommandozeilenbefehle. Wenn Sie also einen Befehl auf der Kommandozeile ausführen können, lässt er sich auch mit AppleScript nutzen.

AppleScript kennt dafür den Befehl `do shell script`. So stellen Sie also beispielsweise mit AppleScript einen Kommandozeilenbefehl zusammen und führen ihn dann mit `do shell script` aus. Auf diese Weise nutzen Sie jeweils das Beste aus zwei Welten, und Sie können für jede Teilaufgabe einer Automation jeweils die Sprache verwenden, die Ihnen geeigneter erscheint.

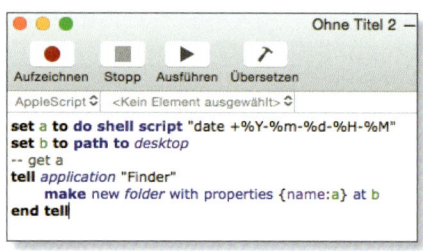

▲ **Abbildung 23.32** *Zwei Sprachen (Shell-Skript und AppleScript) in einem Skript vereint*

Kommunikation vereinfachen mit AppleScript

Wenn Sie das Beispielskript aus diesem Abschnitt parallel miterstellen wollen, legen Sie ein neues Skript an, und öffnen Sie zusätzlich das Funktionsverzeichnis von Mail. So können Sie die verwendeten Befehle von Mail nachschlagen. Das Problem, das dieses Skript löst, war folgende sehr interessante Fragestellung: Es sollte eine Möglichkeit gefunden werden, mehreren Absendern eingegangener E-Mails gemeinsam in einer E-Mail zu antworten. Diese Fragestellung könnte beispielsweise in einem Szenario wie dem folgenden auftauchen: Sie haben eine Zeitungsanzeige aufgegeben, auf die Sie nun Rückmeldungen erhalten. Sie erhalten also viele E-Mails von Leuten, die nicht in Ihrem Adressbuch stehen. Angenommen, Sie haben alle diese Mails anhand des Betreffs in ein Postfach sortiert. Mit einer Person haben Sie weiter Kontakt. Diese E-Mail haben Sie bereits in ein anderes Postfach sortiert. Es bleibt also ein Postfach voll mit E-Mails von Leuten, denen Sie absagen müssen. Jedem einzeln abzusagen wäre zu lästig. Eine Adressbuchgruppe mit Empfängern anzulegen, die Sie fünf Minuten später voraussichtlich nie mehr brauchen, wäre irgendwie absurd. Es muss also eine Lösung her, um allen markierten Mails gleichzeitig zu antworten, da das Skript nicht nur in einem Postfach, sondern in allen Postfächern und über Postfächer hinaus (z. B. in Suchergebnissen) funktionieren soll. Der Indikator für eine Antwortmail ist also, dass die empfangene Mail markiert ist.

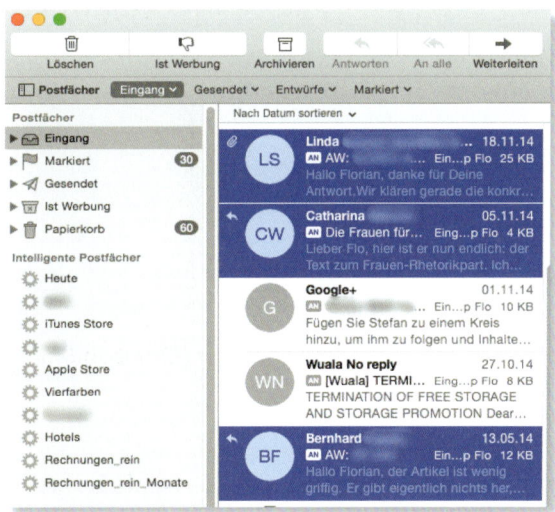

△ Abbildung 23.33 *Verschiedenen Absendern soll gemeinsam geantwortet werden.*

Als Bedingung für das Skript wissen Sie also, dass Sie eine Empfängerliste benötigen und diese Empfängerliste für eine neue E-Mail nutzen wollen. Erstellen Sie also zunächst eine leere Liste, die Sie im weiteren Verlauf des Skripts mit den Empfängern füllen.

```
1:    -- leere Liste der Empfänger erstellen
2:    set theRecipList to {}
3:    set AppleScript's text item delimiters
      to ","
```

Die erste Zeile enthält einen Kommentar mit der Information, was die nächsten Zeilen bewirken. In Zeile 2 wird zwischen den geschweiften Klammern die noch leere Liste angelegt. Dabei wird gleich eine Variable `theRecipList` erstellt, die später stellvertretend für die Liste genutzt werden kann. In Zeile 3 wird festgelegt, wie die Einträge in der Liste voneinander getrennt werden sollen. Der `text item delimiter` ist in diesem Fall ein Komma. So viel zur Liste. Nun geht es darum, in Mail herauszufinden, welche Mails markiert sind.

```
1:    tell application "Mail"
2:    -- markierte Mails herausfinden
3:    set a to get selection
```

In der ersten Zeile steht die Information, dass die folgenden Anweisungen an das Programm Mail gerichtet sind. In der zweiten Zeile informiert wieder ein Kommentar darüber, was für ein Befehl folgt. In der dritten Zeile steht der Befehl, alle markierten E-Mails (`get selection`) als Wert für die Variable a zu verwenden. Der nächste Schritt ist nun, die Anzahl der markierten E-Mails herauszufinden.

```
-- Anzahl der markierten Mails herausfinden
set theCount to (count of a)
```

Da die Variable a ja alle markierten E-Mails repräsentiert, lässt sich aus a natürlich auch deren Anzahl (`count of a`) auslesen und in eine weitere Variable (`theCount`) schreiben. Als Nächstes muss jede der markierten E-Mails in Augenschein genommen werden, um den Absender der E-Mail zu ermitteln und zur Liste der Empfänger hinzuzufügen. Um also eine wiederholte Handlung nicht ewig oft eingeben zu müssen, ist es sinnvoll, die Anweisungen der Handlung anzugeben und dann festzulegen, dass diese Handlung entsprechend oft wiederholt werden soll.

Wie Sie bereits zuvor im Abschnitt über die Codeschnipsel gelesen haben, bietet der AppleScript-Editor für solche Routineaufgaben bereits brauchbare Vorlagen (siehe Seite 801). Für dieses Skript bietet es sich an, die folgende Vorlage anzupassen:

```
repeat with i from 1 to number of items in
set this_item to item i of
-- insert actions here
end repeat
```

Sie müssen die `repeat`-Routine also nicht selbst zusammenstellen, sondern nur noch anpassen, was dann zu folgendem Ergebnis führt:

```
1:    repeat with counter from 1 to theCount
2:    set msg to item counter of a
      end repeat
```

Die `repeat`-Routine ist prinzipiell dieselbe wie zuvor, jetzt aber an die Gegebenheiten des Skripts angepasst. In der ersten Zeile ist `counter` also in jeder Wiederholung das jeweils aktiv bearbeitete Element. Wiederholt wird das Ganze von der ersten markierten E-Mail (`from 1`), bis alle markierten E-Mails (`theCount`) bearbeitet wurden. In der zweiten Zeile wird festgelegt, dass `counter`, also das gerade bearbeitete Element, die markierte E-Mail (`msg`) sein soll. In Zeile 3 wird die Wiederholung beendet, wenn `theCount` erreicht ist, also alle markierten E-Mails abgearbeitet sind.

Jetzt fehlen aber noch wichtige Befehle. In Zeile 2 wurde zwar festgelegt, dass die in der Wiederholung gerade aktive E-Mail jetzt bearbeitet wird, aber es wurde nicht festgelegt, was mit der E-Mail gemacht wird – diese Anweisung muss also noch hinzugefügt werden.

```
1:    -- Sender herausfinden
2:    set theSender to sender of msg
3:    -- Mail-Adresse des Absenders
      herausfinden und in Variable packen
4:    set theNewRecipient to extract address
      from theSender
5:    -- in string umwandeln
6:    set b to theNewRecipient as string
7:    -- in die Liste der Empfänger einfügen
8:    copy b to the end of theRecipList
```

In Zeile 1 wird wieder ordentlich kommentiert. In Zeile 2 wird der Absender der E-Mail ausgelesen und in die Variable `theSender` geschrieben. In Zeile 3 folgt erneut ein Kommentar. In Zeile 4 wird aus dem Absender die Information der E-Mail-Adresse des Absenders ausgelesen (`extract address from theSender`) und in eine Variable (`theNewRecipient`) geschrieben. In Zeile 5 folgt erneut ein Kommentar. In Zeile 6 wird aus der E-Mail-Adresse von `theNewRecipient` ein `string` gemacht, also eine reine Zeichenkette. Dieser String wird in die Variable `b` geschrieben. In Zeile 7 folgt erneut ein Kommentar. In Zeile 8 wird der zuvor erstellte String in der Variablen `b` nun zu der Liste der Empfänger hinzugefügt.

> **INFO**
>
> **Zeichenketten**
> Zeichenketten sind aneinandergefügte Daten. Im Beispiel wird aus der ausgelesenen E-Mail-Adresse ein String (also eine Zeichenkette) gemacht, um sie zur Liste der Empfänger hinzufügen zu können.

Diese Schritte werden also jetzt bei jeder markierten E-Mail abgearbeitet. Das Ergebnis ist eine Liste mit durch Kommata voneinander getrennten E-Mail-Adressen, die sich beispielsweise mit `get theRecipList` auslesen ließe (Vorausgesetzt, man hat den noch offenen `tell`-Befehl von Mail bereits wieder sauber mit `end tell` geschlossen.). Die komplette `repeat`-Routine sieht also so aus:

```
repeat with counter from 1 to theCount
set msg to item counter of a
-- Sender herausfinden
set theSender to sender of msg
-- Mail-Adresse des Absenders herausfinden
   und in Variable packen
set theNewRecipient to extract address
   from theSender
-- in string umwandeln
set b to theNewRecipient as string
-- in die Liste der Empfänger einfügen
```

```
copy b to the end of theRecipList
end repeat
-- get theRecipList
```

Nachdem nach der `repeat`-Routine die Liste mit den Empfängern gefüllt ist, kann die neue E-Mail erstellt werden, die an alle in der Liste aufgeführten Empfänger geschickt werden soll. Zunächst muss aber der Inhalt der Liste wieder in eine Variable geschrieben werden, da als E-Mail-Empfänger keine Liste übergeben werden kann:

```
set d to every item of theRecipList as
string
```

Die Variable `d` steht für den kompletten Inhalt der Empfängerliste `theRecipList`. Mit dem nächsten Befehl wird eine neue ausgehende E-Mail erstellt:

```
1:   -- Neue E-Mail in Mail erstellen,
     bei Bedarf mit weiteren Vorgaben,
     genannt properties
2:   set newMessage to make new outgoing
message -- with properties
{subject:theSubject, content:theContent &
return & return}
```

Zeile 1 ist wieder ein ordentlicher Kommentar, der den folgenden Befehl dokumentiert. Soll die E-Mail mit weiteren Vorgaben erstellt werden, müssen lediglich die beiden Bindestriche in Zeile 2 entfernt und die entsprechenden Werte ergänzt werden.

`theSubject` und `theContent` sind Variablen für die Inhalte der Betreffzeile und für den Inhalt der Mail. Beide Variablen könnten Sie beispielsweise zu einem früheren Zeitpunkt des Skripts mit Inhalten füllen. Nun folgt ein weiterer `tell`-Block, denn nicht nur Programmen können Sie mit `tell` Anweisungen geben, sondern auch Elementen innerhalb von Programmen, also z. B. auch einer neu erstellten E-Mail.

```
1:   tell newMessage
2:   -- Mail sichtbar erstellen
```

```
3:   set visible to true
4:   -- Absenderadresse angeben. Sie könnte
     auch aus einer Variablen kommen.
5:   set sender to "test@rechner.local"
6:   -- Empfänger eintragen. Für eine
     Blindkopie aus recipients einfach bcc
     recipients machen.
7:   make new to recipient at end of to
     recipients with properties {address:d}
8:   -- Bei Bedarf weitere properties
9:   (*
10:   tell content
11:   make new attachment with properties
     {file name:theAttachment} at after
     the last paragraph
12:   end tell
13:   *)
14:   -- Mail in den Vordergrund holen
15:   activate
16:   -- Soll die Nachricht sofort
     automatisch gesendet werden, nächste
     Zeile auskommentieren
17:   -- send newMessage
18:   end tell
```

In Zeile 1 wird die neu erstellte E-Mail mit `tell` angesprochen. In Zeile 3 wird der Mail vorgegeben, sichtbar zu sein. E-Mails lassen sich per AppleScript auch unsichtbar erstellen. In Zeile 5 legen Sie Ihre Absenderadresse fest. Wie Sie im Kommentar von Zeile 4 sehen, ließe sich die Absenderadresse auch aus einer Variablen einlesen. In Zeile 7 werden die Empfänger aus der Variablen `d` dem Empfängerfeld `recipients` der neu erstellten E-Mail zugewiesen. Die Zeilen 8 bis 13 sind optional. Durch Entfernen der Kommentare könnten Sie hier weitere Kennzeichen der E-Mail (wie etwa einen Dateianhang) festlegen. In Zeile 15 wird Mail in den Vordergrund geholt, sodass Sie an der Mail gegebenenfalls noch persönlich Änderungen vornehmen können. In den folgenden Zeilen steht die auskommentierte Möglichkeit, die E-Mail sofort abzuschicken. Diese Möglichkeit ist aber bewusst auskommentiert, da dafür zuvor noch weitere, ebenfalls auskommentierte Bedingungen hätten erfüllt werden müssen. Zu guter Letzt wird der `tell`-Block, der der neu angelegten E-Mail die Vorgaben macht, mit `end tell` wieder beendet. Und weil das Skript damit auch beendet ist, muss nur noch der `tell`-Block von Mail mit `end tell` geschlossen werden. Im Folgenden sehen Sie noch einmal das komplette Skript, jedoch ohne Kommentare und auskommentierte Optionen.

```
set theRecipList to {}
set AppleScript's text item delimiters to
","
tell application "Mail"
set a to get selection
set theCount to (count of a)
repeat with counter from 1 to theCount
set msg to item counter of a
set theSender to sender of msg
set theNewRecipient to extract address from
theSender
set b to theNewRecipient as string
copy b to the end of theRecipList
end repeat
set d to every item of theRecipList as
string
set newMessage to make new outgoing message
tell newMessage
set visible to true
set sender to "test@rechner.local"
make new to recipient at end of to
recipients with properties {address:d}
activate
end tell
end tell
```

> ∧ **Listing 23.1** Das komplette Skript

Mit nur 21 Zeilen erstellen Sie so ein wirklich nützliches Skript. Aber was nützt das nützlichste Skript, wenn es dann nicht gleichzeitig leicht aufzurufen ist? Wie Sie ein nützliches Skript wie dieses stets auch unmittelbar in Reichweite haben, sehen wir uns im nächsten Abschnitt an.

Skripte stets griffbereit in der Menüleiste

Der Skript-Editor bietet die Möglichkeit, ein Skriptmenü in der Menüleiste zu platzieren. So haben Sie stets Zugriff auf Ihre Skripte.

1 Öffnen Sie die Einstellungen des Skript-Editors.

2 Klicken Sie auf den Tab **Allgemein**.

3 Setzen Sie das Häkchen bei **Skriptmenü in der Menüleiste zeigen**. Anschließend sehen Sie in der Menüleiste das Icon des Skript-Editors. Ein Klick darauf zeigt ein Menü mit den verfügbaren Skripten an und bietet Zugriff auf die Skriptordner.

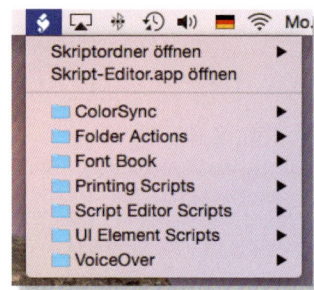

> ∧ **Abbildung 23.34** Das Skriptmenü in der Menüleiste

Skripte im privaten Skriptordner sichern

Um nun auch Ihre Skripte im Skriptmenü stets zur Verfügung zu haben, müssen Sie die Skripte in bestimmten Ordnern sichern. Diese Ordner sind die sogenannten *Skriptordner*, von denen es drei Stück gibt: einen für den Computer, einen für den Finder und Ihren privaten.

Da ist es natürlich naheliegend und sinnvoll, den eigenen, privaten Skriptordner zu nutzen. Aus dem Menü heraus haben Sie auch Zugriff auf diesen Ordner. Leider wird er Ihnen aber im Sicherungsdialog des AppleScript-Editors nicht angezeigt. Das ist richtiggehend ärgerlich, da Sie so Ihre Skripte zunächst andernorts sichern müssen, um sie dann im Finder zu verschieben:

1 Klicken Sie auf **Ablage > Sichern**, oder drücken Sie ⇧ + cmd + S.

2 Sichern Sie ein Skript (beispielsweise das zuvor erstellte Skript) unter **Dateiformat** als **Skript** auf dem Schreibtisch.

Abbildung 23.35 *Ein Skript sichern*

3 Klicken Sie anschließend auf das Skriptmenü in der Menüleiste, und wählen Sie **Skriptordner öffnen > Skriptordner des Benutzers öffnen**.

4 Ziehen Sie das zuvor auf dem Schreibtisch gesicherte Skript in den Skriptordner.

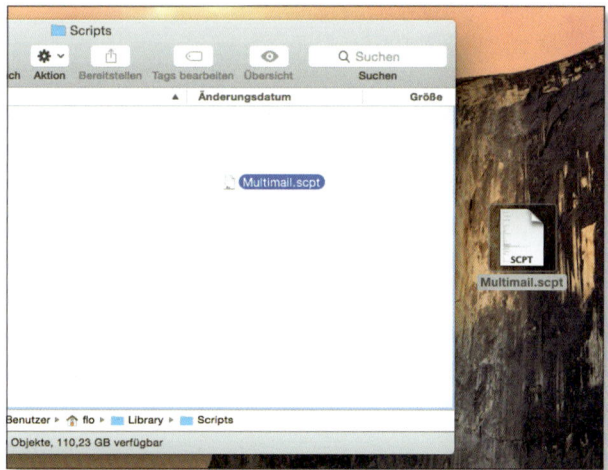

Abbildung 23.36 *Ein Skript in den Skriptordner des Benutzers ziehen*

Das Skript steht Ihnen nach dieser etwas unverständlichen und umständlichen Prozedur nun jederzeit in der Menüleiste zur Verfügung. Um beim letzten Beispielskript zu bleiben, sieht der Einsatz in der Praxis so aus, dass Sie in Mail die gewünschten Mails markieren und dann das Skript aus dem **Skriptmenü** aufrufen. Das Skript wird dann sofort abgearbeitet (Es öffnet sich nicht erst der Skript-Editor.).

So viel also zur Automation mit OS X. Da es sich bei OS X ja um ein vollwertiges Unix handelt, unterstützt OS X ohne Weiteres diverse andere Skriptsprachen wie Perl, Python, PHP und noch einige mehr. So steht mit OS X dank des integrierten Apache-Webservers und der reichhaltigen Skriptsprachenunterstützung eine ideale Entwicklungsumgebung für professionelle Websites zur Verfügung. Aber auch dann, wenn es etwas einfacher sein soll und Sie sich nur den Alltag etwas erleichtern wollen, bietet OS X mit Automator und AppleScript hervorragende Automationsmöglichkeiten.

Ich hoffe, diese kleine Exkursion in die Automationsmöglichkeiten von OS X hat Ihnen gefallen und Sie finden möglicherweise Freude daran, weiter in das Thema einzusteigen. Damit ist das Buch auch beinahe schon zu Ende. In den beiden folgenden Kapiteln sehen wir uns zunächst an, wie Sie OS X als Server verwenden, und anschließend werfen wir einen Blick auf die Hintergründe und Technologien, die OS X einerseits für Sie so einfach, andererseits zu einem der technisch am weitesten fortgeschrittenen Betriebssysteme machen.

Kapitel 24
Den Mac als Server betreiben

Dass OS X ein tolles Desktop-Betriebssystem ist, wissen Sie vermutlich schon. Dass OS X aber auch ein gutes Server-Betriebssystem abgibt, ist vielleicht nicht ganz so offensichtlich, auch wenn der Unix-Unterbau bereits auf die Servertauglichkeit hinweist. In diesem Kapitel erfahren Sie, wie Sie aus Ihrem Mac einen Server machen und was der Mac als Server so alles kann.

Einen guten Server zeichnen vor allem Sicherheit und Zuverlässigkeit aus. OS X bringt diese Eigenschaften von Haus aus mit und eignet sich daher auch zum Betrieb als Server. Besonders attraktiv wird ein Server dann, wenn er sich zusätzlich zu diesen Primärtugenden auch einfach konfigurieren und betreiben lässt. Und diesbezüglich eignet sich OS X geradezu ideal als Server. So ist es kein Zufall, dass es von OS X auch eine Servervariante gibt. Um in den Genuss von OS X Server zu kommen, benötigen Sie nicht mehr als eine aktuelle Installation von OS X und den Download des Programms *OS X Server* aus dem App Store.

⌃ **Abbildung 24.1** *Sieht aus wie eine Erdbebenwarnung: das Icon von OS X Server.*

24.1 Die geeignete Hardware wählen

Bevor wir uns ansehen, wie Sie aus einem *normalen* OS X einen Server machen, sollten Sie zunächst überlegen, ob und wofür Sie einen Server brauchen. Abhängig davon sollten Sie die eingesetzte Hardware und die verwendeten Serverdienste wählen.

Da es heute kein kostspieliges Unterfangen mehr ist, OS X als Server zu betreiben, gehen wir jetzt zunächst als Minimalfall einmal davon aus, dass Sie eigentlich überhaupt keinen Server benötigen, aber eine gesunde Portion Neugier besitzen, um OS X Server auszuprobieren. Für diesen Fall ist die Wahl der Hardware egal, allerdings empfiehlt es sich für solche Tests nicht, den eigenen, für den Alltag genutzten Mac zu verwenden, sondern einen zweiten, oder zumindest OS X Server auf einem externen Volume zu installieren. Reine Neugier dürfte jedoch einer der seltensten Gründe für den Betrieb von OS X Server sein. In der Regel gibt es ja konkreten Bedarf.

In einem kleinen Betrieb könnte der beispielsweise so aussehen, dass Sie gemeinsam auf Dateien, Kalender- und Kontaktdaten zugreifen wollen. Dazu reicht als Hardware meist ein Mac mini, der vor allem dank seiner Bauform, der geringen Geräuschentwicklung und vor allem wegen des niedrigen Energieverbrauchs ein idealer Server für kleine Betriebe ist. Ein Server soll schließlich ständig zur Verfügung stehen, da ist es durchaus sinnvoll, darauf zu achten, dass er nicht zu viel Energie verbraucht. Einmal eingerichtet, begnügt sich der Mac mini mit wenig Stellplatz, er braucht weder Monitor noch Tastatur oder Maus, sondern lediglich Strom und eine Verbindung zum Netzwerk.

▲ Abbildung 24.2 *Ideal als Server für Selbstständige und kleine Betriebe: der Mac mini*

Erst wenn der Server nicht nur ein paar Dienste zur Organisation des gemeinsamen digitalen Alltags, sondern richtige Managementaufgaben im Netz zur Verfügung stellen soll, lohnt es sich, über leistungsfähigere Hardware oder vielleicht sogar über ein RAIS (siehe auch *http://www.precursor.ca/precursor/resources/rais/*) nachzudenken. Dabei kommt es jedoch sehr darauf an, wie groß die zu erwartende Last im Netzwerk sein wird. In vielen Fällen reicht vermutlich bereits ein gut ausgestatteter iMac, ganz sicher gehen Sie jedoch in so einem Fall mit einem für Ihren Bedarf passend konfigurierten Mac Pro. Da es in den Fällen, in denen es »ans Eingemachte« geht – wo der Server also auch Managementaufgaben im Netzwerk übernehmen soll –, ratsam ist, einen Administrator zu engagieren, sehen wir uns nachfolgend ein typisches Nutzungsszenario an, in dem Sie Ihren Server noch relativ bequem selbst einrichten und betreiben können.

24.2 Den Mac auf seine Aufgabe als Server vorbereiten

Wie bereits erwähnt, liegt der Fokus unseres Beispiels auf kleinen Betrieben, wo ein Mac mini als Server aus-

schließlich im lokalen Netzwerk Anwendung findet und sich die verwendeten Serverdienste in einem überschaubaren Rahmen bewegen. Das liegt einerseits am Fokus dieses Buches, denn schließlich sollen Sie auch als Einsteiger von diesem Kapitel profitieren können, andererseits auch daran, dass hier schlicht aus Platzgründen nicht alle Möglichkeiten von OS X Server in voller Breite dargestellt werden können. Bei weiterem Informationsbedarf empfehle ich Ihnen den Kauf eines Buches über OS X Server wie beispielsweise »Apple Pro Training Series: OS X Server Essentials 10.10: Using and Supporting OS X Server on Yosemite« von Arek Dreyer und Ben Greisler, erschienen bei Peachpit. Wenn Sie nur ein bisschen mehr mit dem Server machen wollen, als in diesem Kapitel beschrieben, ohne gleich zu einem Vollblutadministrator werden zu wollen, empfehle ich Ihnen meinen Artikel »Mobile Device Management (MDM) in kleineren Netzwerken: Mobilgeräte einbinden mit OS X Server«, der unter *http://www.akademie. de/wissen/mobile-device-management-mdm-mit-os-x-server* im Internet verfügbar ist und sich mit den Möglichkeiten befasst, den Profilmanager von OS X Server für das Remote Management von Mobilgeräten zu nutzen. Das Thema des Artikels ist der nächste logische Schritt, den Server zu nutzen, wenn Sie die hier beschriebenen Dienste bereits erfolgreich einsetzen.

Im Folgenden gehen wir also davon aus, dass Sie einen Mac in Ihrem Netzwerk haben, der explizit als Server fungieren soll. Wie Sie diesen Mac dazu kriegen und wie das dann im Alltag sowohl serverseitig als auch für die anderen Netzwerkteilnehmer aussieht, behandeln die folgenden Abschnitte.

Zunächst muss also der Mac, der als Server fungieren soll, entsprechend vorbereitet werden. Dazu sollten Sie alle verfügbaren Updates für OS X aufspielen und gegebenenfalls Programme, die auf dem Server sicher nicht gebraucht werden – typische Kandidaten sind medienorientierte Anwendungen wie z. B. iPhoto und GarageBand oder Spiele –, löschen. Anschließend laden Sie das kostenpflichtige Programm *OS X Server* aus dem App Store herunter.

^ **Abbildung 24.3** *OS X Server aus dem App Store laden*

Nachdem der Download beendet ist, geht es an die Installation:

1 Starten Sie das Programm OS X Server aus dem Ordner *Programme*. Im ersten Fenster von OS X Server sehen Sie einen Begrüßungsbildschirm. Sie können gleich mit der Konfiguration Ihres Servers beginnen.

^ **Abbildung 24.4** *Der Startbildschirm des Programms OS X Server*

Das Programm OS X Server bietet jedoch nicht nur die Möglichkeit, einen Mac als Server zu konfigu-

rieren, mit dem Programm können Sie auch andere Server verwalten. Dazu kommen wir später in diesem Kapitel.

Klicken Sie auf **Fortfahren**, um Ihren Server zu konfigurieren.

2 Akzeptieren Sie im folgenden Schritt den Softwarelizenzvertrag durch Klick auf den Button **Akzeptieren**.

3 Um fortzufahren, benötigen Sie Administratorrechte. Geben Sie Ihren Benutzernamen und Ihr Passwort ein, und klicken Sie auf den Button **Erlauben**.

^ **Abbildung 24.5** *Der Server wird automatisch konfiguriert.*

Anschließend konfiguriert das Setup von OS X Server alles Notwendige automatisch. Sobald dieser Vorgang abgeschlossen ist, präsentiert sich das Programm Server mit seiner Oberfläche.

24.3 Den Server managen

Die Oberfläche von Server ist dabei so aufgebaut, dass Sie sich problemlos orientieren können. Die Seitenleiste bietet eine Übersicht, in der Sie alle wichtigen Themen sinnvoll sortiert vorfinden. Mit einem Klick auf das jeweilige Thema sehen Sie die entsprechenden Einstellungsmöglichkeiten in der rechten Fensterhälfte.

^ **Abbildung 24.6** *Die Programmoberfläche von Server*

Benutzer hinzufügen

Zunächst bietet es sich an, Benutzer hinzuzufügen, damit OS X Server weiß, wem die Dienste zur Verfügung gestellt werden sollen. Um Benutzer für die Nutzung der Serverdienste hinzuzufügen, klicken Sie in der Seitenleiste im Bereich **Accounts** auf den Eintrag **Benutzer**.

Im rechten Teil des Fensters sehen Sie dann die bereits angelegten Benutzer. Zunächst ist die Liste relativ leer, und Sie stehen dort allein. Wenn hier dennoch schon Benutzer zu sehen sind, dann sind das Benutzer, die bereits zuvor auf dem Mac existierten und bei der Installation von Server freundlicherweise übernommen wurden.

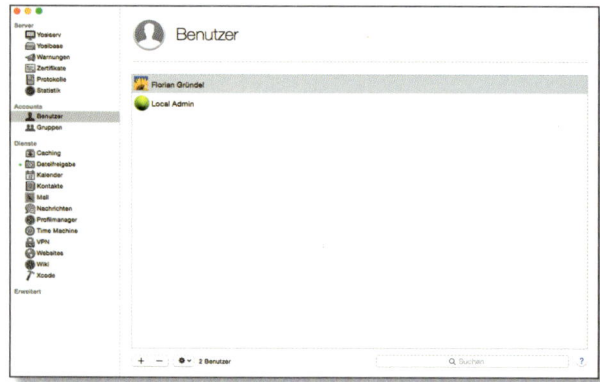

^ **Abbildung 24.7** *Nach dem Setup gibt es meist noch nicht viele Benutzer.*

Wenn Sie diesen Zustand ändern und neue Benutzer hinzufügen möchten, gehen Sie so vor:

1 Klicken Sie auf den Plus-Button unter der Liste der Benutzer, um einen neuen Benutzer hinzuzufügen.

2 Füllen Sie im folgenden Fenster die Felder gemäß der Beschriftung aus.

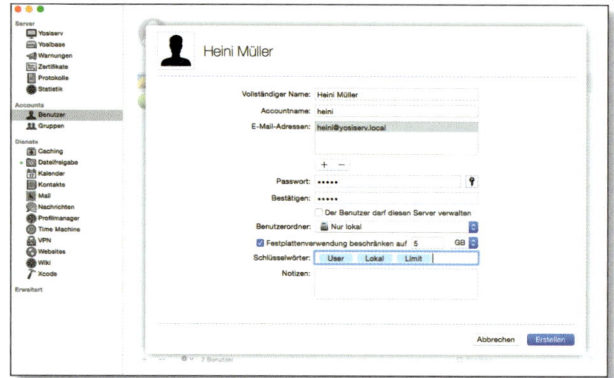

^ **Abbildung 24.8** *Einen neuen Benutzer anlegen*

3 Soll der hinzuzufügende Benutzer den Server verwalten dürfen, dann setzen Sie das entsprechende Häkchen. Wenn Sie dem Benutzer außerdem einen eigenen Benutzerordner auf dem Server einrichten wollen, nehmen Sie die entsprechende Auswahl im Auswahlmenü **Benutzerordner** vor.

4 Haben Sie sich für einen Benutzerordner entschieden, können Sie darunter festlegen, ob der Benutzerordner kontingentiert, also auf eine von Ihnen festzulegende Größe beschränkt sein soll.

Je nachdem, welche Dienste der Server für die angelegten Benutzer bereitstellen soll, ist es unter Umständen gar nicht nötig, dass die Nutzer einen eigenen Benutzerordner auf dem Server haben. Für solche Fälle wählen Sie aus dem Auswahlmenü den Eintrag **Ohne – Nur Dienste** aus. So angelegte Benutzer haben also Zugriff auf die angebotenen Dienste, verfügen aber über keinen persönlichen Speicherplatz auf dem Server.

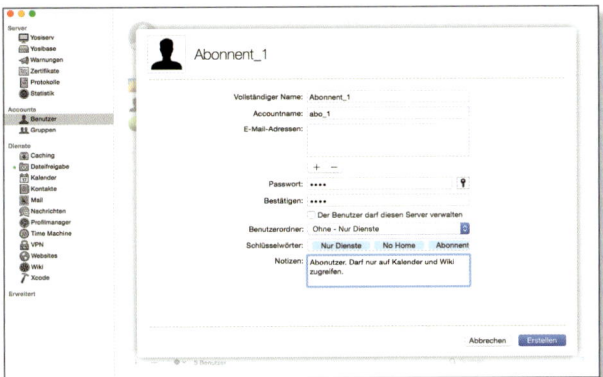

Abbildung 24.9 *Ein neuer Benutzer ohne eigenen Benutzerordner*

5 Nachdem Sie alle Angaben für den neuen Benutzer in die entsprechenden Felder eingetragen haben, klicken Sie auf den Button **Erstellen**.

Der neue Benutzer wird nun angelegt, und Sie sehen abschließend wieder die Liste der Benutzer.

Unter der Liste der Benutzer befinden sich außerdem der Minus-Button, mit dem Sie den ausgewählten Benutzer wieder entfernen, sowie ein Zahnrad-Icon für weitere Benutzeranpassungen.

Abbildung 24.10 *Das Zahnradmenü bietet weitere Optionen für das Benutzermanagement.*

Gruppen hinzufügen

Eine Möglichkeit, Benutzer zu organisieren, ist, sie in Gruppen zusammenzufassen. Wirklich lohnenswert ist das jedoch erst ab einer Menge Benutzer, die weit über das hinausgeht, was Sie in den folgenden Beispielen kennenlernen werden. Wenn es ohnehin nur wenige Benutzer auf einem Server gibt, dürfte der Bedarf, diese in Gruppen zu organisieren, relativ gering sein.

Anders sieht es aus, wenn Sie Hunderte Nutzer verwalten müssen, dann sind Sie heilfroh darum, die Benutzer in sinnvolle Gruppen zusammenfassen zu können. Idealerweise lässt sich so auch die Organisationsstruktur der Einrichtung abbilden, indem Sie Gruppen für Vertrieb, Marketing, Support etc. anlegen. Gruppen erstellen Sie, ähnlich wie Benutzer, durch Klick auf den Eintrag **Gruppen** im Bereich **Accounts** in der Seitenleiste sowie anschließenden Klick auf den Plus-Button unter der Liste der Gruppen.

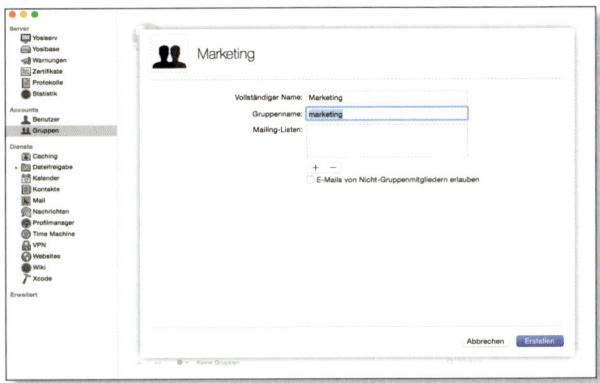

Abbildung 24.11 *Eine neue Gruppe wird angelegt.*

Nachdem eine Gruppe angelegt ist, können Sie sie, wie zuvor die einzelnen Benutzer, durch Klick auf das Zahnrad-Icon und Klick auf den Eintrag **Gruppe bearbeiten** bearbeiten. Hier fügen Sie der Gruppe dann auch entsprechend Mitglieder hinzu.

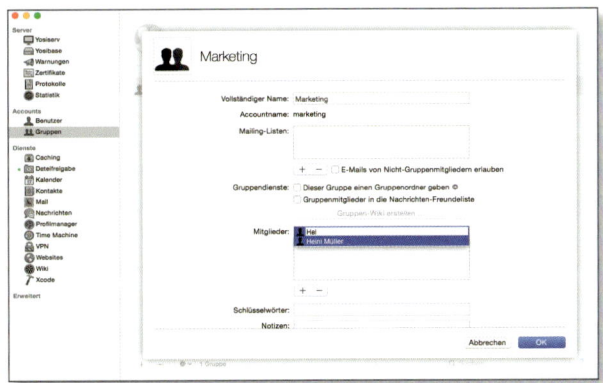

Abbildung 24.12 *Benutzer werden zu einer Gruppe hinzugefügt.*

Dienstzugriff verwalten

Bevor Sie im nächsten Abschnitt damit beginnen, Dienste zu aktivieren, ist es ratsam, festzulegen, auf welche Dienste ein Benutzer oder eine Gruppe überhaupt zugreifen darf. Zunächst haben alle Benutzer/Gruppen Zugriff auf alle Dienste – eine Einstellung, die Sie so möglicherweise (schon aus Sicherheitsgründen) nicht beibehalten wollen. Es ist sicherer, den Zugriff möglichst restriktiv zu handhaben und nur diejenigen Dienste für einen Nutzer oder eine Gruppe freizugeben, die unbedingt benötigt werden.

1 Wählen Sie einen Benutzer oder eine Gruppe in der jeweiligen Liste aus, und klicken Sie im Zahnradmenü unter der Liste auf den Eintrag **Zugriff auf Dienste bearbeiten**.

2 Entfernen Sie nun die Häkchen bei den Diensten, auf die der ausgewählte Benutzer oder die ausgewählte Gruppe keinen Zugriff haben soll.

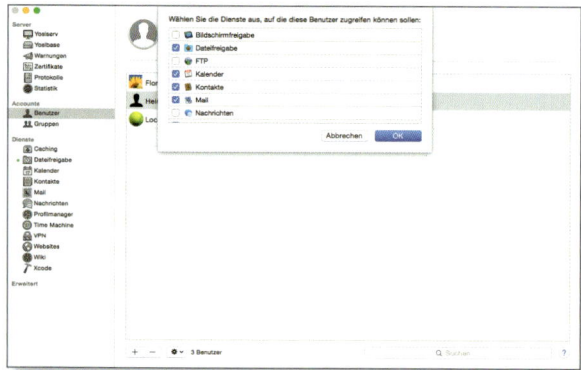

▲ **Abbildung 24.13** *Dienstzugriff für einen Nutzer bzw. eine Gruppe verwalten*

Dienste konfigurieren, starten und stoppen

Nachdem Benutzer und gegebenenfalls auch Gruppen angelegt sind, wird es Zeit, sich um die Dienste zu kümmern, die der Server anbieten soll. Dazu sehen wir uns jedoch zunächst an, welche Dienste überhaupt zur Verfügung stehen. Dabei unterteilt Server die Dienste in zwei verschiedene Abschnitte: den Abschnitt **Dienste**, in dem die gängigsten Dienste aufgelistet sind, und

den Abschnitt **Erweitert**, den Sie erst einblenden müssen, um die darin enthaltenen Dienste, die für die weitergehende Servernutzung interessant sind, zu sehen zu bekommen. Verschaffen wir uns zunächst einen kurzen Überblick über die einzelnen Dienste, um zu erfahren, ob sie für die Nutzung im eigenen Netzwerk sinnvoll und hilfreich sein können.

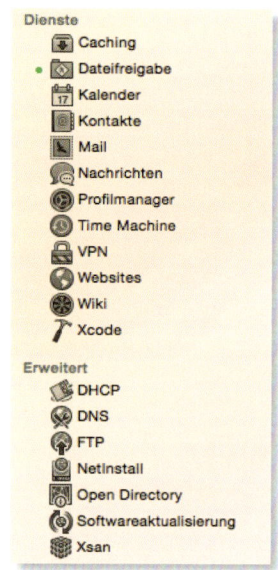

◀ **Abbildung 24.14** *Nicht alle Dienste sind auf Anhieb sichtbar.*

■ Caching

Der *Caching*-Server ist ebenso einfach zu konfigurieren wie hilfreich in der Anwendung. Das Schönste ist, dass er nur aktiviert werden muss und sofort allen Clients mit OS X und iOS im Netzwerk zur Verfügung steht, ohne dass diese extra konfiguriert werden müssten. Aber was macht dieses Wunderding, und wie muss man sich das vorstellen? Der Caching-Server hält Inhalte, die aus Ihrem Netzwerk heraus aus dem App Store geladen wurden (Programme, Software-Updates), bereit. Praktisch bedeutet das beispielsweise bei fünf Nutzern in Ihrem Netzwerk, dass ein Nutzer ein Software-Update aus dem Mac App Store lädt, alle weiteren Nutzer müssen dieses Update dann später nicht mehr langwierig erneut aus dem Mac App Store laden, sondern bekommen es schnell und bequem vom Caching-Server ausgeliefert. Dabei ist der Caching-Server so clever in das Netzwerk integriert, dass die Anwender bei der Nutzung des Mac App Stores gar nicht merken, ob die Inhalte aus dem Store oder vom Caching-Server kommen, außer natürlich bei der Geschwindigkeitssteigerung, die durch den Caching-Server erreicht wird. So macht der Caching-Server also einerseits das Leben der Nutzer im Netzwerk leichter und spart andererseits zugleich Bandbreite (Traffic) Ihrer Internetverbindung, da große Softwarepakete nur einmal aus dem Store geladen werden.

Abbildung 24.15 *Hilfreich im Netzwerk: Caching*

■ Dateifreigabe

Mit der *Dateifreigabe* können die Benutzer freigegebene Ordner und Dateien nutzen. Die Dateifreigabe ist einer der Dienste, die wir uns im Folgenden noch genauer ansehen werden.

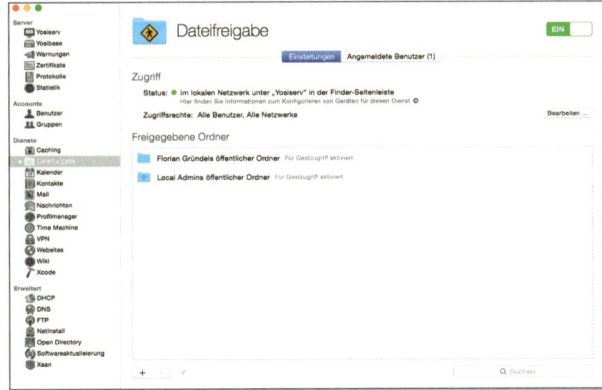

Abbildung 24.16 *Dateifreigabe*

■ Kalender

Mit etwas Understatement nennt Apple hier den Kalender-Server, der das Protokoll CalDAV unterstützt, schlicht *Kalender*. Da gemeinsam genutzte, zentral auf einem Server verfügbare Kalender auch für einen kleinen Betrieb eine sinnvolle und vor allem enorme Produktivitätssteigerung sein können, sehen wir uns Kalender im Verlauf dieses Kapitels noch genauer an.

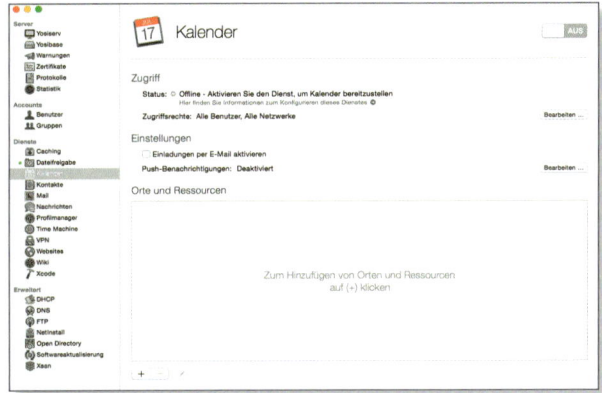

Abbildung 24.17 *Kalender*

■ Kontakte

Was für Kalender gilt, gilt ebenso auch für *Kontakte*. Eben deswegen wird auch Kontakte im weiteren Verlauf dieses Kapitels ein Thema sein, mit dem wir uns ausführlicher befassen.

Abbildung 24.18 *Kontakte*

Mail

Einen eigenen Mailserver zu betreiben lohnt sich meist, wie bei vielen anderen Diensten auch, erst ab einer gewissen Größenordnung, zumal ja der eigene Webhoster in der Regel auch einen Mailserver zur Verfügung stellt. Wozu sollte man sich also unnötig Arbeit machen?

⌃ Abbildung 24.19 *Einen eigenen Mailserver benötigen Sie wohl in den meisten Fällen nicht.*

Nachrichten

Einen eigenen Nachrichtenserver zu betreiben lohnt sich ebenfalls nicht, solange Sie sich im eigenen Netzwerk in einer Größenordnung bewegen, in der Sie am effizientesten durch Zuruf kommunizieren.

⌃ Abbildung 24.20 *Nachrichten*

Profilmanager

Mit dem *Profilmanager* verwalten und organisieren Sie Geräte (Macs und Mobilgeräte mit iOS). Pro-

filmanager ist ein Managementwerkzeug, um Geräte zu organisieren – egal, wo sich diese befinden.

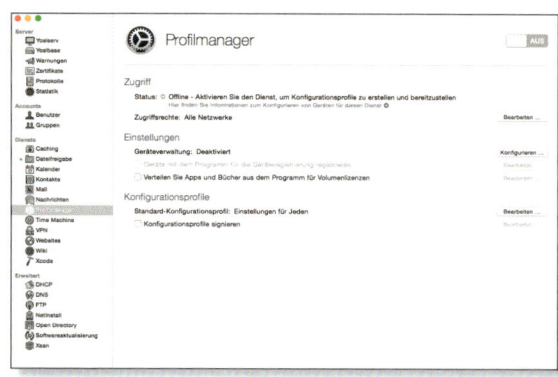

⌃ Abbildung 24.21 *Profilmanager*

Time Machine

Time Machine lohnt sich schon in kleinen Netzwerken. Time Machine macht eigentlich nichts anderes, als Volumes für Time-Machine-Backups aller Netzwerkteilnehmer an einer zentralen Stelle zur Verfügung zu stellen, sodass der Organisationsaufwand von Backups deutlich reduziert wird. Zusammen mit einem entsprechenden Backup-Konzept haben Sie so die größtmögliche Sicherheit bei geringstmöglichem Aufwand.

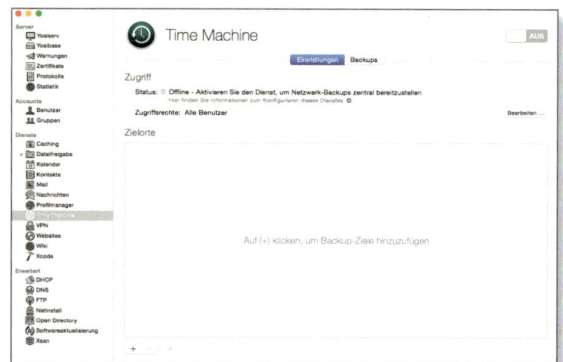

⌃ Abbildung 24.22 *Time Machine*

VPN

VPN steht für *Virtual Private Network*. Mit VPN lässt sich der Zugang vom Internet in das lokale Netzwerk verschlüsseln, und das lokale Netzwerk steht einem von außen zugreifenden Computer dann nahezu wie ein lokales Netzwerk zur Verfügung. Dies ist prinzipiell eine feine Sache, aber auch hier steht der Konfigurationsaufwand für ein kleines Netzwerk mit nur wenigen Teilnehmern in keinem Verhältnis zum möglichen Gewinn. Es ist für diesen Fall meist einfacher, die VPN-Funktion des Routers zu aktivieren, die gute Router in der Regel heutzutage bieten.

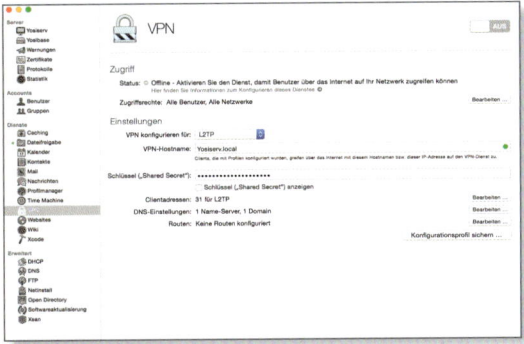

Abbildung 24.23 *Die Einstellungen für VPN*

Websites

Mit *Websites* starten Sie einen Webserver. Wer Websites entwickelt und testet, wird um diese Option nicht herumkommen, für alle anderen ist sie eigentlich nicht notwendig.

Abbildung 24.24 *Ein eigener Webserver lohnt sich vor allem für Webentwickler.*

Wiki

Ähnlich wie Websites aktiviert *Wiki* einen Webserver. In diesem Fall jedoch einen speziellen, bei dem

Sie weiter keine Einstellungen vornehmen müssen. Das bedeutet im Umkehrschluss, dass dieser Server nicht zum Testen von Websites geeignet ist, da er auch nicht die entsprechende Flexibilität mitbringt. Muss er auch nicht, denn er dient ja schließlich nur einem einzigen Zweck, nämlich Wikis bereitzustellen. Wikis sind eine hervorragende Möglichkeit, Wissen zu teilen und Gruppen mit geringer Hierarchie zu organisieren. So eignen sich Wikis unter anderem als Wissensdatenbank im Support oder zur Planung von Projekten.

Abbildung 24.25 *Der Dienst für den Wiki-Server*

Xcode

Xcode heißt die Entwicklungsumgebung von Apple, mit der Programmierer all die wunderbare Software für OS X und für iOS entwickeln. Xcode Server erleichtert Entwicklerteams die Zusammenarbeit sowie das Testen ihres Codes.

Abbildung 24.26 *Xcode Server*

- **DHCP**

DHCP haben Sie bereits in Kapitel 7, »Internet und Netzwerk«, ab Seite 243 als einen Dienst kennengelernt, der wesentlichen Anteil an Ihrer erfolgreichen Verbindung ins Internet hat und von Ihrem Router bereitgestellt wird. Da in Netzwerken immer nur ein DHCP-Dienst laufen sollte, weil es sonst zu massiven Problemen mit allen Netzwerkteilnehmern und allen Netzwerkdiensten kommen kann, sind Sie in den meisten Fällen, speziell wenn es um kleine private oder kleine Büronetzwerke geht, gut beraten, DHCP auch weiterhin von Ihrem Router anbieten zu lassen.

△ Abbildung 24.27 *DHCP: Es kann nur einen geben.*

- **DNS**

DNS steht für *Domain Name System* (siehe auch Seite 280). Mit diesem Dienst können Sie einen eigenen DNS-Server im lokalen Netzwerk betreiben. DNS wird als Grundlage für viele andere Dienste in größeren Netzwerken benötigt. In einem kleinen Netzwerk wie in unserem Beispiel würde ein eigener DNS-Server bedeuten, mit Kanonen auf Spatzen zu schießen. Es sei denn, Sie möchten einen Dienst nutzen, der unbedingt auf DNS angewiesen ist.

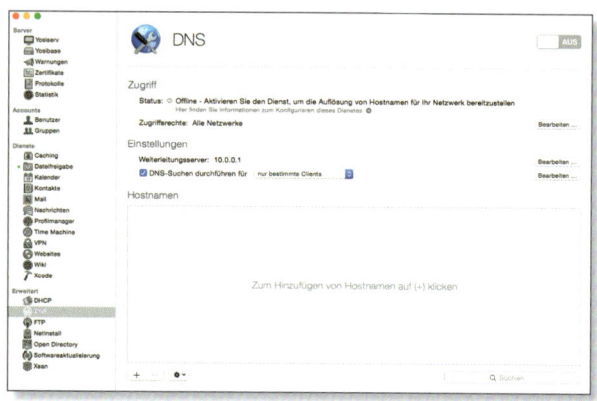

△ Abbildung 24.28 *DNS macht aus kryptischen Zahlenkolonnen für Menschen merkbare »Adressen«.*

- **FTP**

FTP steht für *File Transfer Protocol* und ist das meistverwendete Protokoll, um beispielsweise Dateien auf Webserver zu laden, bzw. für den Austausch von Dateien. Meist ist der Betrieb eines FTP-Servers daher nur in Verbindung mit dem Betrieb eines Webservers sinnvoll – ebenfalls ein deutlich zu fortgeschrittenes Thema für unseren kleinen Beispielbetrieb, zumal FTP langsam, aber sicher zugunsten von WebDAV und Cloud Storage an Bedeutung verliert.

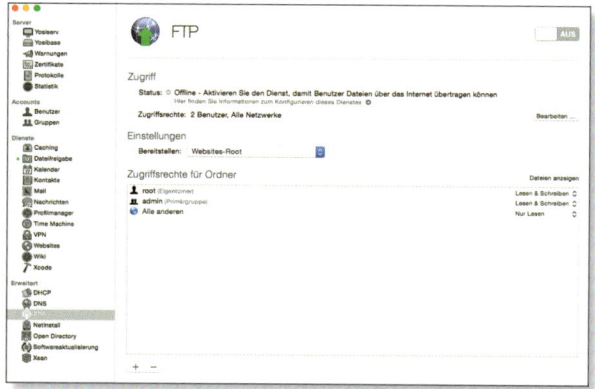

△ Abbildung 24.29 *FTP: alt, aber noch nicht ganz obsolet*

- **NetInstall**

NetInstall bietet die Möglichkeit, Installations-Disk-Images über das Netzwerk bereitzustellen, damit

Netzwerkteilnehmer diese nutzen können, um davon eine Installation über das Netzwerk vorzunehmen. NetInstall ist zwar ungemein praktisch, aber eben auch nur sehr bedingt sinnvoll für kleine Betriebe, die wir in diesem Kapitel im Fokus haben. Hier bietet es sich eher an, für Notfälle ein externes Installationsmedium griffbereit zu haben.

Abbildung 24.30 *NetInstall*

■ **Open Directory**

Open Directory ist ein sogenannter *Verzeichnisdienst*. Verzeichnisdienste machen das Leben in größeren Netzwerken sehr viel einfacher oder gar überhaupt erst möglich. In kleinen Netzwerken steht meist, wie bei vielen anderen Netzwerkdiensten auch, der Gewinn in keinem Verhältnis zum Konfigurationsaufwand.

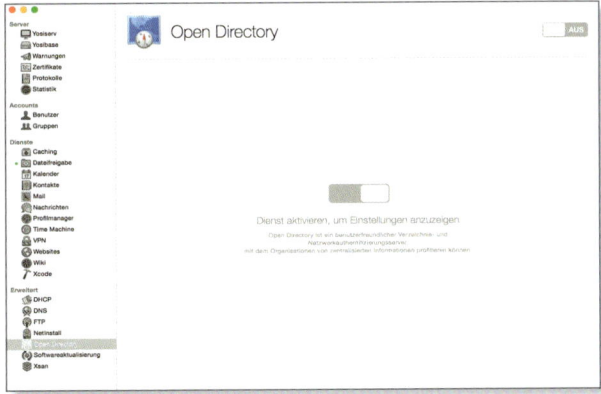

Abbildung 24.31 *Der Verzeichnisdienst Open Directory*

■ **Softwareaktualisierung**

Mit dem Dienst *Softwareaktualisierung* lässt sich die Downloadlast des eigenen Internetzugangs signifikant verbessern. Die Softwareaktualisierung stellt Software-Updates von Apple als eigenen Dienst im lokalen Netzwerk bereit, sodass Updates nur einmal von Apple auf den lokalen Server geladen werden müssen und dort für alle Teilnehmer im lokalen Netzwerk zur Verfügung stehen. Allein bei beispielsweise nur vier Computern im Netzwerk lohnt sich das schon, weil nicht jedes Software-Update vierfach aus dem Internet geladen werden muss. Das klingt ganz ähnlich wie zuvor beim Caching-Server, und das ist es auch. Da von der Softwareaktualisierung vor allem ältere Clients bis maximal OS-X-Version 10.7 profitieren, ist davon auszugehen, dass Softwareaktualisierung in absehbarer Zeit nicht mehr verfügbar sein wird und zukünftig der Caching-Server alle Clients versorgen wird. Für Administratoren ist das sicher eine erfreuliche Nachricht, denn für die Nutzung der Softwareaktualisierung mussten die Clients extra entsprechend vorbereitet werden, beim Caching-Server geht das hingegen alles von allein, was vor allem Zeit und Nerven spart.

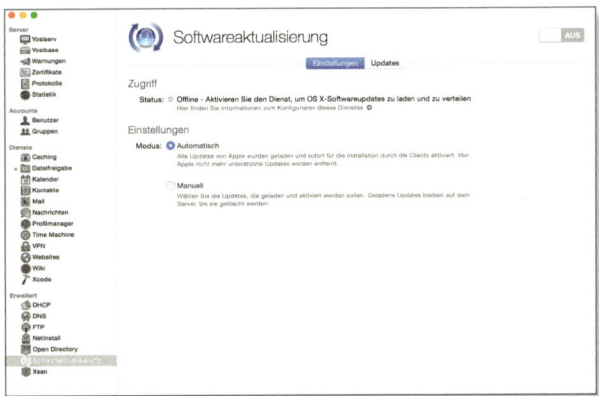

Abbildung 24.32 *Softwareaktualisierung*

■ **Xsan**

Xsan ist ein spezielles Dateisystem für große und sehr große Netzwerkspeicher – ein Thema, das für unser Beispiel gar keine Relevanz hat, da dies nur für große Enterprise-Netzwerkumgebungen interessant ist.

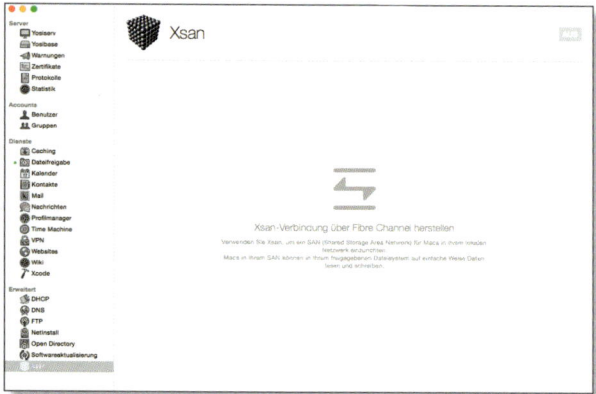

Abbildung 24.33 Xsan

Dateien freigeben

Nach dieser Übersicht über die verfügbaren Dienste konfigurieren wir exemplarisch für das Beispiel eines kleinen Büros mit maximal fünf Netzwerkteilnehmern ein paar der beschriebenen Dienste. Als Erstes bietet sich der offensichtlichste Dienst an: Dateifreigabe.

Da die Dateifreigabe für Gruppenordner und Ordner von Nutzern, denen in ihren Benutzereinstellungen ein eigener Ordner zugestanden wurde, automatisch aktiv ist, reicht es meist, die Dateifreigabe einfach zu aktivieren. Ansonsten können Sie natürlich auch jederzeit in den Einstellungen zur Dateifreigabe im Tab **Freigaben** individuelle Freigaben nach Klick auf den Plus-Button unterhalb der Liste der bereits vorhandenen Freigaben einrichten.

HINWEIS

Erst konfigurieren, dann aktivieren
Es ist generell sinnvoll, Serverdienste zunächst nach den organisatorischen Vorgaben zu konfigurieren und sie erst anschließend zu aktivieren.

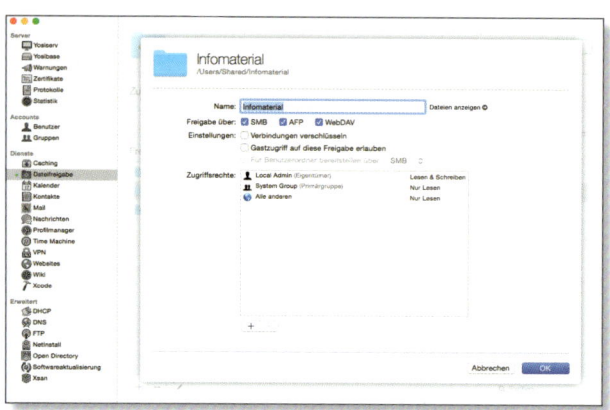

Abbildung 24.34 Eine individuelle Freigabe

Sobald Sie die gewünschten Einstellungen vorgenommen haben, vergessen Sie nicht, den Schalter rechts oben umzulegen und den Dienst einzuschalten.

Nachdem der Dienst aktiviert ist, sehen die Netzwerkbenutzer, die auf den Dienst zugreifen, die angebotenen Freigabe(n) im Finder in der Seitenleiste, können je nach Konfiguration des Dienstes die Freigabe unter Windows als Netzlaufwerk einbinden und mit iOS als WebDAV-Laufwerk nutzen.

Abbildung 24.35 Freigaben werden im Finder angezeigt.

Der Kalender auf dem Server

Ebenso wie bei der Dateifreigabe müssen Sie auch beim Kalender-Server kaum etwas einstellen. Ist ein Benutzer angelegt und die Nutzung des Kalender-

Dienstes für diesen Benutzer auch bereits aktiviert, kann dieser Benutzer sofort nach Start des Kalender-Servers diesen mit seinem bevorzugten Kalenderprogramm nutzen, da der Server nach dem CalDAV-Standard arbeitet, den die meisten Kalenderprogramme unterstützen. So lassen sich Kalender von mehreren Teilnehmern nutzen, unabhängig davon, mit welchem Betriebssystem und Kalenderprogramm die einzelnen Teilnehmer arbeiten.

Nachdem Sie also nur festlegen müssen, ob Sie Einladungen per E-Mail aktivieren wollen, und gegebenenfalls Ressourcen (wie beispielsweise Meetingräume oder Videobeamer), die für die gemeinsame Kalendernutzung/Terminplanung zur Verfügung stehen sollen, hinzufügen, müssen Sie den Kalender-Server nur noch starten.

Nachdem der Kalender-Server gestartet ist, lässt er sich mit jedem CalDAV-fähigen Kalenderprogramm nutzen.

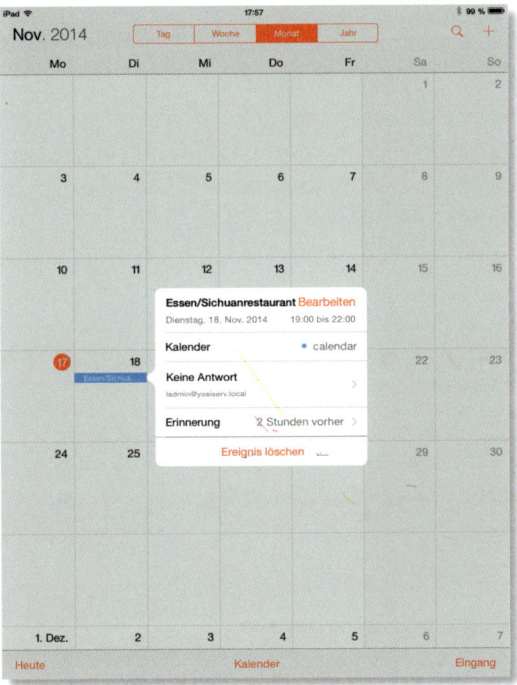

△ **Abbildung 24.36** *Kalender-Server in Aktion: Eine Termineinladung wartet auf Bestätigung.*

> **TIPP**
>
> **Einladungen per E-Mail aktivieren**
> Um von den Einladungen per E-Mail zu profitieren, müssen Sie nicht aufwendig einen Mailserver konfigurieren oder sonstige Einstellungen vornehmen. Setzen Sie einfach das Häkchen bei der Funktion, und ändern Sie bei Bedarf nach Klick auf den Button **Bearbeiten** noch die E-Mail-Adresse, was aber eigentlich nicht nötig ist, da die vorgegebene Standardadresse ohnehin nur serverintern genutzt wird.

Der Kontakte-Server

Den Kontakte-Server zu nutzen ist eine der leichtesten Übungen. Hier müssen Sie wirklich lediglich den Dienst einschalten. Alles andere wird automatisch erledigt, und der Kontakte-Server steht sofort jedem Nutzer zur Verfügung, dem die Nutzung erlaubt ist.

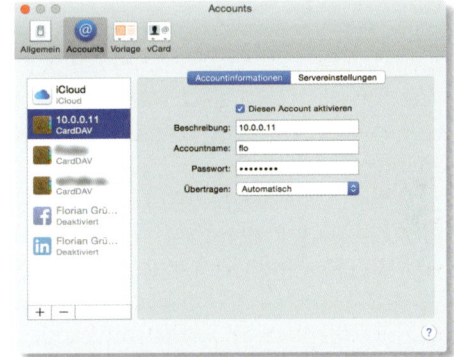

△ **Abbildung 24.37** *Nutzern des Kontakte-Servers stehen nach Eingabe der Accountdaten die Kontakte sofort zur Verfügung.*

Time Machine auf dem Server

Time Machine ist beinahe ebenso einfach zu konfigurieren wie Kontakte. Für Time Machine müssen Sie lediglich das Zielvolume festlegen, und schon können Sie den Dienst aktivieren. Wichtig ist dabei, sich im Klaren darüber zu sein, dass es bei dem Dienst Time Machine darum geht, den Netzwerkteilnehmern ein Volume im

Netzwerk zur Verfügung zu stellen, das sie als Volume für das Time-Machine-Backup ihrer Macs nutzen können. Es geht nicht darum, ein Time-Machine-Backup des Servers zu machen; das müssen Sie wie gewohnt in den Systemeinstellungen einrichten. Generell ist es sinnvoll, Time Machine als Dienst zu aktivieren, da Sie so weniger Aufwand mit dem Management der Backups der Netzwerkteilnehmer haben.

^ **Abbildung 24.38** *Ein Volume auf dem Server für Time-Machine-Backups des eigenen Macs nutzen*

Der Wiki-Server

Zu guter Letzt werfen wir einen Blick auf den Wiki-Server. Wikis sind, konsequent eingesetzt, eine große Hilfe, um Wissen innerhalb von Gruppen zu organisieren und bereitzuhalten. Auch der Wiki-Server muss eigentlich nur aktiviert werden, denn die Standardeinstellungen reichen, gerade in kleinen Gruppen, meist vollkommen aus. Wenn Sie dennoch Änderungen vornehmen wollen, denken Sie daran, diese idealerweise vor dem Start des Servers vorzunehmen.

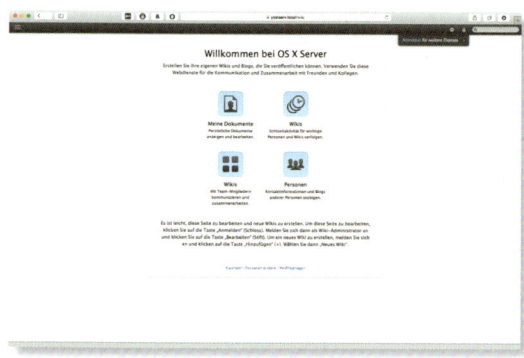

^ **Abbildung 24.39** *Wiki in Aktion*

Servermanagement

Nachdem Sie die geeigneten Dienste für Ihren Anwendungszweck konfiguriert und gestartet haben, läuft der Server, und Sie können ihn getrost laufen lassen. Es muss noch nicht einmal eine Tastatur, eine Maus oder ein Monitor an den Server angeschlossen sein. Er versieht einfach seinen Dienst. Dennoch kommen Sie manchmal in die Situation, am Server Einstellungen ändern oder einzelne Dienste beenden und erneut starten zu müssen – die üblichen Managementaufgaben eben. Dank OS X Server ist das Management kein Fulltime-Job, sondern bequem ab und zu nebenbei erledigt. Auch hier hilft das Programm OS X Server, in diesem Fall als Fernsteuerung. Schließlich wollen Sie ja nicht jedes Mal einen Monitor und entsprechende Peripheriegeräte an den Server anstecken, nur um mal eben eine Kleinigkeit nachzusehen oder zu ändern.

1 Laden Sie also zunächst das Programm OS X Server erneut aus dem App Store herunter, diesmal jedoch auf Ihren Arbeitscomputer.

2 Nach dem Start von Server werden Sie zunächst mit dem bereits bekannten Bildschirm für das Setup des Computers als Server begrüßt. Das wollen Sie in diesem Fall nicht machen. Klicken Sie daher auf **Verwalten > Mit Server verbinden**, oder drücken Sie die Tasten [cmd] + [N], oder klicken Sie auf **Anderer Mac**. Im folgenden Fenster wählen Sie aus, welchen Server Sie managen wollen.

^ **Abbildung 24.40** *Einen zu managenden Mac auswählen*

3 Wählen Sie also den gewünschten Server aus der Liste aus, und klicken Sie auf den Button **Fortfahren**.

Falls der gewünschte Server nicht in der Liste aufgeführt wird, klicken Sie auf **Anderer Mac** und anschließend auf den Button **Fortfahren**, und geben Sie im folgenden Dialog die Informationen zum Kontakt mit dem Server an.

4 Im folgenden Dialog wird das Administratorpasswort abgefragt, und anschließend zeigt das Programm Server den zu verwaltenden Server an, wie Sie es bereits von der Ersteinrichtung gewohnt sind.

Sie können nun alle Einstellungen am Server vornehmen, als säßen Sie direkt davor. Wenn Sie in den Einstellungen von Server das entsprechende Häkchen aktiviert haben, können Sie bei Bedarf den Server nicht nur mittels des Programms OS X Server administrieren, sondern auch den Bildschirm des Servers übernehmen. Das ist praktisch, wenn Sie beispielsweise neue Hardware hinzufügen oder den Server neu starten möchten. Wenn Sie also sichergestellt haben, dass im Server die Einstellung **Bildschirmfreigabe und entfernte Verwaltung aktivieren** aktiv ist, dann können Sie sich mit Klick auf **Werkzeuge > Bildschirmfreigabe**

den Bildschirm des Servers anzeigen lassen und nach Belieben schalten und walten.

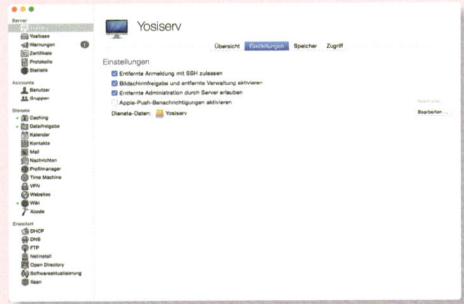
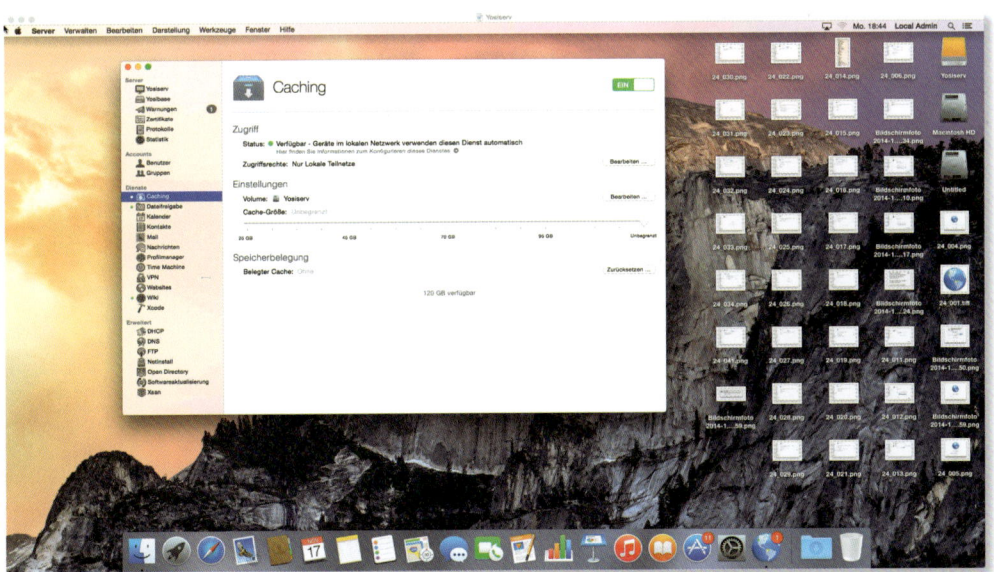

▲ **Abbildung 24.42** *Über die Bildschirmfreigabe des Servers haben Sie volle Kontrolle.*

Kapitel 25
Die Technologien von OS X – eine Übersicht

Nachdem Sie nun fast am Ende des Buches angelangt sind und OS X umfas-
send kennengelernt haben, werfen wir zu guter Letzt einen Blick auf die ein-
zelnen Technologien, die im Hintergrund und Untergrund werkeln, um OS X
zu dem zu machen, was es ist: dem weltbesten Betriebssystem.

Dass das Ganze mehr ist als die Summe seiner Teile, ist eine Binsenweisheit. Auf OS X trifft sie aber in besonderem Maße zu. Denn jede der Technologien, die OS X verwendet, um Oberfläche und Daten-Handling so angenehm und intuitiv wie möglich zu machen, wäre für sich allein schon faszinierend, aber gemeinsam verschaffen sie OS X einen Technologievorsprung, den kein anderes Desktop-Betriebssystem so schnell aufholen wird. Sie als Anwender profitieren davon durch einfache Bedienbarkeit.

25.1 Schicht für Schicht Hochtechnologie

Die Technologien von OS X bauen in mehreren Schichten aufeinander auf. Die unterste (hardwarenahe) Schicht besteht vor allem aus dem *Kernel* und Gerätetreibern. Hier finden sich aber beispielsweise auch die vom System nativ unterstützten Dateisysteme. Die Schicht darüber ist die Schicht *Core OS*. Hier stehen die Technologien zur Verfügung, die Zugriff auf Hardware und Netzwerke erlauben. Rechenintensive Aufgaben,

^ Abbildung 25.1 *Technologien in OS X (Foto: © Apple)*

die den Prozessor oder die Grafikkarte stark beanspruchen, werden von den Technologien dieser Schicht organisiert. Die nächste Schicht enthält die *Core Services*. Das sind die Technologien, die Programmierer in ihren Programmen für Daten-Handling und Datenmanagement verwenden können. Darüber liegt die *Media-Schicht*. Sie enthält die Technologien, die OS X zu einem multimedialen Betriebssystem machen. Die oberste Schicht, genannt *Cocoa*, umfasst die Technologien, die Programmierer nutzen können, um das Aussehen ihres Programms festzulegen und die Nutzereingaben, also Interaktion, zu ermöglichen. Im Folgenden lernen Sie die wichtigsten Technologien der jeweiligen Schichten kurz kennen.

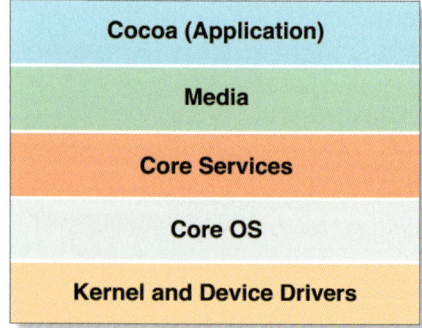

∧ **Abbildung 25.2** *Das Schichtenmodell der Technologien von OS X*

25.2 Die Schicht »Kernel and Device Drivers«

Kernel and Device Drivers ist die niedrigste Schicht von OS X. Hier befinden sich der Kernel des Betriebssystems, Treiber und weitere Teile des Betriebssystems, die auf Open-Source-Technologien aufbauen.

XPC

XPC ist eine Technologie, die sich um die Kommunikation zwischen Prozessen auf Ihrem Mac kümmert. Sie ist unter anderem für das Sandboxing von Programmen zuständig, das Sie in Kapitel 20, »Sicher ist sicher

– Ihre Daten schützen«, kennengelernt haben (siehe Seite 717). Sandboxing sorgt dafür, dass Programme in einer sicheren Umgebung (Sandbox) laufen und nicht beliebig auf die Daten eines anderen Programms zugreifen können.

> **INFO**
>
> **Open Source**
> *Open Source* bezeichnet eine Lizenzierungsform von Technologien. Open Source bedeutet, dass der Quelltext – also der technische Hintergrund einer Technologie – gratis und ohne Einschränkungen frei verfügbar ist und somit jedermann zur Nutzung und Weiterentwicklung zur Verfügung steht. Damit das Wissen, das bei der Beschäftigung mit der Technologie gewonnen wurde, wiederum für die Allgemeinheit nutzbar ist, müssen alle Änderungen an Open-Source-Technologien ebenfalls als Open Source veröffentlicht werden. Betriebssysteme wie etwa Linux bauen vollständig auf Open-Source-Technologien auf. Apple informiert über sein Engagement bei Open-Source-Projekten auf der Website *www.apple.com/opensource*.

Caching API

Eine *API* ist ein *Application Programming Interface*, also eine Programmierschnittstelle, die Programmierer in ihren eigenen Programmen verwenden können, um bestimmte Funktionen zu nutzen, die die Schnittstelle zur Verfügung stellt. Die meisten APIs befinden sich in höheren Schichten. Es handelt sich also bei der *Caching API* um eine sehr grundsätzliche Technologie, der Apple viel Bedeutung beimisst. Speziell im Fall der Caching API zeigt sich deutlich, wie wichtig es für Apple ist, dass sich Programmierer an die Vorgaben von Apple bezüglich Aussehen und (in diesem Fall vor allem) Funktionalität von Programmen halten. Denn nur so lässt sich für den Benutzer – also für Sie – garantieren, dass Sie stets mit intuitiven und leistungsstarken Programmen arbeiten. Und um Leistung geht es bei der Caching API.

⌃ **Abbildung 25.3** *Programme wie Pages, die komplexe Daten zum Teil in großen Mengen – hier durch die »Versionen«-Ansicht verdeutlicht – verwalten, profitieren von der Caching API.*

Ein Programm wird nicht allein dadurch schnell, dass es auf einem schnellen Prozessor läuft. Schnelligkeit hängt von vielen weiteren Faktoren ab, unter anderem von dem schnellen Zugriff auf häufig benötigte Daten. Dieses Management, wie häufig benötigte Daten zwischengespeichert und schnell wieder abgerufen, aber im Bedarfsfall auch aufgegeben werden können, stellt die Caching API zur Verfügung, und die Entwickler sind gehalten, davon Gebrauch zu machen.

Kernel

Der *Kernel* ist der Kern des Betriebssystems. Ohne den Kernel ginge nichts. Er stellt allen anderen Prozessen wesentliche Grundfunktionen zur Verfügung. Dazu gehören unter anderem das Management und der Schutz des Arbeitsspeichers. Management und Schutz des Arbeitsspeichers sind das, was — je nachdem, wie gut das System diese Aufgabe beherrscht — ein System entweder zu einem dauernd crashenden Wackelkandidaten oder zu einem grundsoliden Arbeitsgerät macht. Schadhafte Arbeitsspeichermodule können beispielsweise zu einer sogenannten *Kernel Panic*, also einem Systemabsturz, führen (siehe auch Abschnitt »Programmabstürze vs. Systemabstürze« auf Seite 182).

Neben dem Arbeitsspeichermanagement gehört die Gerätetreiberunterstützung zu den Aufgaben des Kernels. Dank der Gerätetreiberunterstützung können Sie ganz selbstverständlich zusätzliche Hardware an Ihrem Mac nutzen.

⌃ **Abbildung 25.4** *Ohne Gerätetreiber im Kernel wäre der Umgang mit weiteren Geräten nicht so einfach. (Im Bild sehen Sie das Hardwaremanagement von Parallels.)*

Auch das Powermanagement, mit dem sich der Mac nicht nur in den Ruhemodus versetzen, sondern auch automatisiert starten und ausschalten lässt, gehört zu den Aufgaben des Kernels, ebenso wie grundlegende Netzwerkfunktionen. Der Kernel unterstützt alle wichtigen Netzwerkprotokolle. Ihr Mac ist also dank des Kernels auch von Anfang an ein kommunikativer Computer, und die Möglichkeit, OS X per NetBoot über ein Netzwerk zu starten, wäre ebenfalls nicht vorhanden, wenn die entsprechende Funktionalität nicht bereits in den Kernel integriert wäre.

Ein weiterer Teil des Kernels ist die Dateisystemunterstützung. Ohne Dateisystem könnten Sie nicht auf Ordner und Dateien zugreifen oder selbst welche erstellen. Dabei bezieht sich die Dateisystemunterstützung nicht nur auf physisch verbundene Geräte wie Festplatten oder USB-Sticks, sondern auch auf den Dateiaustausch in Netzwerken.

☑ Dateien und Ordner über SMB freigeben
Anzahl verbundener Benutzer: 0
☑ Dateien und Ordner über AFP freigeben
Anzahl verbundener Benutzer: 1

∧ **Abbildung 25.5** *Wäre ohne entsprechende Unterstützung des Kernels nicht möglich: Dateiaustausch mit anderen Computern*

Sicherheit ist ebenfalls ein Thema, das bereits im Kernel verankert ist. Dazu zählen die Interprozesskommunikation, die Sie bereits kennengelernt haben, ebenso wie Dateisystemfunktionen wie Rechtemanagement, aber auch die Möglichkeit, Programme mit einer digitalen Signatur zu versehen, sodass sich das Programm gegenüber dem Betriebssystem ausweisen kann. Auch die Möglichkeit, verdächtige Dateien in eine Art »Quarantäne« zu nehmen, ist eine Sicherheitsfunktion, die bereits im Kernel verfügbar ist. Ebenfalls in den Kernel integriert sind die Scripting-Fähigkeiten der Kommandozeile, die Sie in den Kapiteln zu Unix (Kapitel 22, »Ein Blick unter die Haube – Unix«, siehe Seite 757) und zur Automation (Kapitel 23, »Routineaufgaben auto-

matisieren mit Automator und AppleScript«, siehe Seite 787) bereits kennengelernt haben.

25.3 Die Schicht »Core OS«

In der Schicht *Core OS* befinden sich vor allem sogenannte *Frameworks*. Frameworks sind »Gerüste« für die Softwareentwicklung. Frameworks stellen zum Teil die bereits erwähnten APIs ebenso wie Beispielcode und weitere von Programmierern nutzbare Elemente zur Verfügung. Programmierer können diese nutzen, um ihre Programme bestmöglich an die Bedürfnisse der Anwender anzupassen. So ist sichergestellt, dass die Programme stets eine optimale, möglichst ähnliche Benutzeroberfläche haben.

Acceleration Framework

Das *Acceleration Framework* bietet Programmierern die Möglichkeit, ihre Programme schneller zu machen – vor allem wenn es sich um aufwendige Medienprogramme handelt.

Disk Arbitration

Disk Arbitration ist ein Framework, das Programmierer nutzen können, um mit Volumes umzugehen. Ohne dieses Framework würden Sie beispielsweise nicht das von Boxcryptor (siehe Seite 727) genutzte *Zauberlaufwerk* auf Ihrem Schreibtisch zu sehen bekommen und also auch verschlüsselte Dateien nicht annähernd so komfortabel nutzen können, wie das mit Boxcryptor der Fall ist.

Open CL

Open CL ist eine Programmiersprache, mit der sich – sehr vereinfacht beschrieben – die Rechenlast einer Aufgabe aufteilen lässt, sodass für die Berechnung nicht nur der Prozessor (CPU), sondern auch der Prozessor der Grafikkarte (GPU) genutzt wird.

Open Directory

Directory-Dienste sind in großen Netzwerken eine Selbstverständlichkeit. Es gibt dabei unterschiedliche Protokolle, mit denen Directory-Dienste genutzt werden können. *Open Directory* ist die Directory-Architektur von OS X, mit der sich andere Directory-Protokolle innerhalb dieser Architektur als Plug-in nutzen lassen. Auf diese Weise lässt sich Open Directory problemlos in bereits vorhandene Netzwerke integrieren. Dank dieser Architektur ist es z. B. lediglich eine Frage von wenigen Mausklicks, um einen Mac in eine *Microsoft Active Directory Domain* einzubinden – etwas, das viele eingefleischte Windows-Administratoren nicht erwarten und das sie daher immer wieder überrascht. Für Mac-Nutzer ist dies schlicht eine Selbstverständlichkeit.

System Configuration Framework

Das *System Configuration Framework* erlaubt es Programmen, auf Änderungen in der Netzwerkverfügbarkeit zu reagieren und sich entsprechend zu verhalten. Ohne das System Configuration Framework wäre es beispielsweise nicht möglich, eine Internetverbindung nur bei Bedarf aufzubauen.

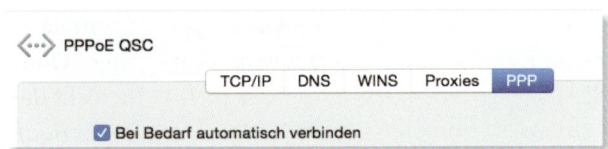

^ **Abbildung 25.6** *Dank des System Configuration Frameworks kein Problem: eine automatische Internetverbindung bei Bedarf*

25.4 Die Schicht »Core Services«

Von den *Core Services* profitieren Sie im Alltag am Mac schon ganz deutlich. Einige der folgenden Technologien werden Ihnen sicher auch in Form von Programmen bereits bekannt vorkommen.

File Coordination

File Coordination ist eine Technologie, die dafür sorgt, dass der Lese- und Schreibzugriff auf das Dateisystem in geregelten Bahnen verläuft und Programme nicht wahllos, sondern koordiniert auf Dateien und Ordner zugreifen.

Bundles und Packages

Bundles sind Ansammlungen von Dateien, die für Sie wie eine Datei aussehen, tatsächlich aber Ordner, mitunter mit einer riesigen Hierarchie an Unterordnern, sein können. Solchen Bundles oder Containerformaten begegnen Sie in OS X an vielen Stellen. Bundles vereinfachen die Handhabung komplexer Dateistrukturen, da sie nicht nur wie eine einzelne Datei wirken, sondern sich in der Regel auch entsprechend handhaben lassen.

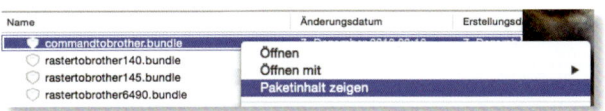

^ **Abbildung 25.7** *Ein typisches Bundle – es sieht wie eine einzelne Datei aus. Der Rechtsklick aber zeigt: Da steckt mehr drin.*

Packages sind prinzipiell ganz ähnlich wie Bundles. Auch ein Package enthält in der Regel mehrere weitere Dateien und Ordner. Im Gegensatz zum Bundle sind Packages jedoch für die Softwareinstallation gedacht, da sie neben den Inhalten, also den Dateien und Ordnern, auch Handlungsanweisungen für die Installation enthalten. Das wird Ihnen möglicherweise bereits aus Kapitel 5, »Programme auf dem Mac«, bekannt vorkommen: Öffnen Sie ein Package, startet das Installationsprogramm (siehe Seite 188). Das Installationsprogramm liest die im Package enthaltenen Anweisungen aus, welche Dateien wohin zu kopieren sind, und kopiert diese dann aus dem Package in die gewünschten Zielordner.

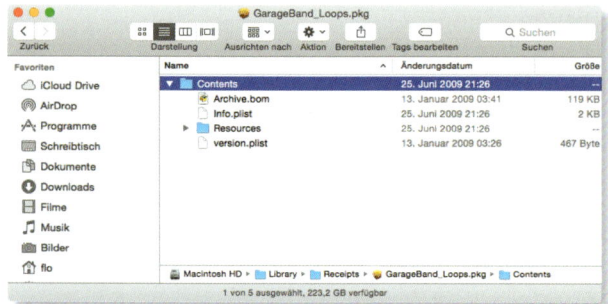

^ **Abbildung 25.8** *Der Inhalt eines Packages*

Internationalization and Localization

Internationalization and Localization ist für die Eindeutschung zuständig, also z. B. dafür, dass Sie in Ihrem Benutzerordner Ordner sehen, die *Musik*, *Dokumente* und *Schreibtisch* heißen, obwohl die wahren Namen der Ordner *Music*, *Documents* und *Desktop* lauten. Alles, was in OS X mit Sprachen und deren korrekter Darstellung und Anwendung zu tun hat, wird von dieser Technologie geregelt.

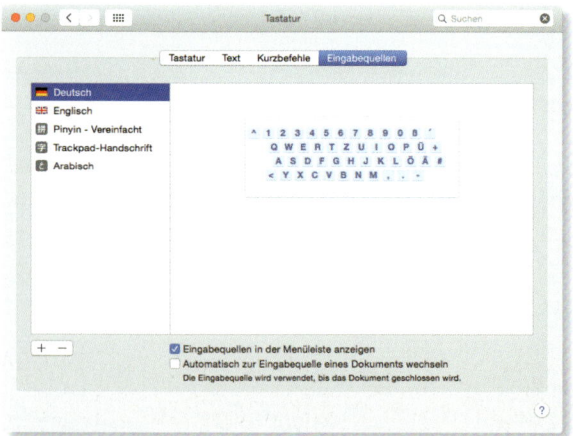

^ **Abbildung 25.9** *Dank Internationalisierung und Lokalisierung unter OS X eine Selbstverständlichkeit: Mehrsprachigkeit von Anfang an*

Grand Central Dispatch

Grand Central Dispatch ist eine zentrale Technologie von OS X und sorgt unter anderem dafür, dass Pro-

zesse, je nach Situation, benötigte Informationen erhalten oder eine Weile pausieren, und sorgt so dafür, dass Programme effizienter und schneller laufen. Man kann sich GCD ein bisschen wie ein großes Schwarzes Brett vorstellen, auf dem alle Prozesse Informationen hinterlassen und von den dort gefundenen Informationen ihr weiteres Tun abhängig machen. Durch diese zentrale Koordinationsstelle funktionieren Programme reibungsloser und letztlich also auch leistungsfähiger.

Bonjour

Bonjour ist eine der Technologien, die Sie im Laufe der Zeit vermutlich deshalb lieben gelernt haben, weil damit alles so einfach und selbstverständlich ist. Mit Bonjour können Geräte und Programme ohne großen Aufwand im Netzwerk miteinander kommunizieren und sich so gegenseitig ihre Dienste anbieten. Dank Bonjour tauchen Freigaben anderer Computer in iTunes, iPhoto, im Finder und in vielen anderen Programmen auf, sobald sie verfügbar sind. Bonjour ist außerhalb der Mac-Welt als *Zero-Configuration Networking Architecture* bekannt; das zugehörige Protokoll nennt sich *mDNS*.

^ **Abbildung 25.10** *Freigaben anderer Netzwerkteilnehmer nutzen – dank Bonjour ein Kinderspiel*

Security Services

Security Services ist der Dienst, der sich im System um Benutzerauthentifizierung, Passwörter, Zertifikate und den Schlüsselbund kümmert. Ohne ihn gäbe es kein Anmeldefenster, keine Netzwerkanmeldungen usw.

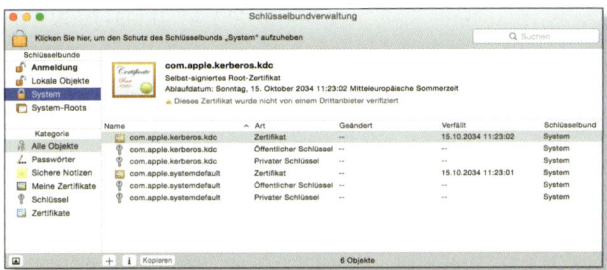

Abbildung 25.11 *Security Services in Aktion: die Schlüsselbundverwaltung*

Speech Technologies

Die Sprachtechnologien sind ein wesentlicher Bestandteil von OS X und vor allem einer, der OS X auch deutlich von anderen Betriebssystemen unterscheidet. Das umfasst sowohl die Sprachsteuerung (also die Möglichkeit, das System durch gesprochene Anweisungen zu steuern) als auch die Sprachsynthese (beispielsweise mithilfe der Funktion VoiceOver, also der Ausgabe von Sprache durch das System). Bei beiden Technologien ist OS X der Vorreiter unter den Betriebssystemen, was die Integration von unterstützenden Technologien angeht.

Die Möglichkeit, das System mit der Sprache zu steuern, kommt vor allem Menschen mit motorischen Einschränkungen zugute, und die Sprachausgabe ist natürlich vor allem – aber bei Weitem nicht nur – für Blinde und stark sehgeschwächte Menschen ein Segen.

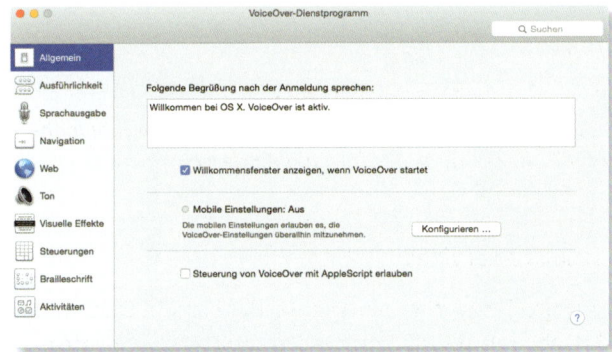

Abbildung 25.12 *Beispiel für Speech Technologies in OS X: VoiceOver*

Identity Services

Identity Services managen die Benutzer und Gruppen. Sie ermöglichen es u. a. Administratoren, andere Benutzer anzulegen, die kein eigenes Benutzerverzeichnis haben, sondern beispielsweise nur für Freigaben verwendet werden.

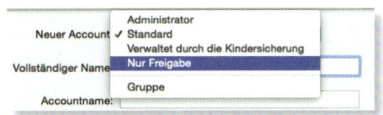

Abbildung 25.13 *Einen »Nur Freigabe«-Nutzer anlegen*

Abbildung 25.14 *Identity Services in Aktion*

SQLite

SQLite ist eine Datenbank, die sich leicht in andere Programme integrieren lässt. OS X enthält Unterstützung für SQLite. Funktionen wie *Versionen*, die Sie in Kapitel 6, »Mit Dateien arbeiten«, auf Seite 233 kennengelernt haben, bauen auf SQLite-Datenbanken auf.

Abbildung 25.15 *SQLite in Aktion: Versionen*

Core Services Umbrella Framework

Das *Core Services Umbrella Framework* fasst mehrere weitere Frameworks zusammen, die Programmierern z. B. Funktionen wie das Suchen oder die Verwendung von Metadaten zur Verfügung stellen.

Address Book

Das Programm *Kontakte* ist quasi nur die sichtbare Seite einer systemweit zur Verfügung stehenden Technologie namens *Address Book*. Address Book ist eine Datenbank, die Ihnen Kontaktdaten in anderen Programmen zur Verfügung stellt.

^ **Abbildung 25.16** *Kontakte*

Automator

Auch *Automator* ist nicht nur ein Programm, sondern eine gleichnamige Technologie. Denn es gäbe nichts im Programm Automator zusammenzuklicken, wenn nicht andere Programme auf Ihrem Mac die Automator-Technologie unterstützen würden. Nur so ist es möglich, dass Teile der Funktionalität von Programmen auch außerhalb des Programms selbst genutzt werden können. So stellt also beispielsweise das Grafikbearbeitungsprogramm *Pixelmator* Funktionen für Automator bereit, die in Arbeitsabläufen verwendet werden können, auch wenn Pixelmator gerade nicht selbst aktiv ist.

Das Programm Automator finden Sie direkt im Ordner *Programme*. Informationen dazu erhalten Sie ab Seite 787.

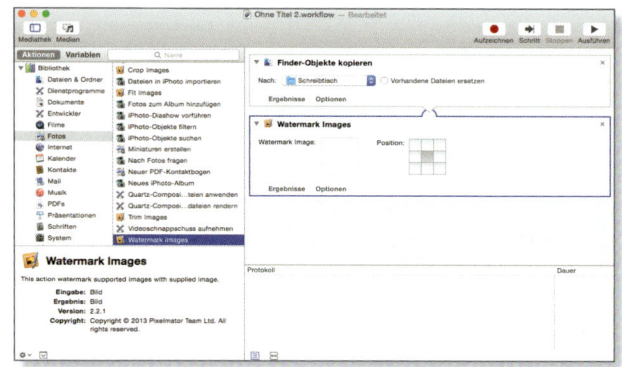

^ **Abbildung 25.17** *Mit dem Programm Automator lässt sich die gleichnamige Technologie nutzen.*

Foundation

Foundation stellt viele Funktionen für Programmierer bereit. Sie können damit z. B. Programme wie das Notification Center nutzen. Eine andere Funktion ist es wert, hier gesondert erwähnt zu werden, weil es eine Funktion ist, die für Sie eine enorme Auswirkung im Alltag hat – und eine besonders praktische noch dazu: die *Data Detectors*. Data Detectors sind Funktionen, die bestimmte Strukturen im Text erkennen und daraus auf die Art des Textes schließen. Auf diese Weise erkennen Data Detectors bislang Datum, Adressen, URLs, Telefonnummern, Reisedaten wie etwa Fluginformationen und Tracking-Informationen von Paketdiensten und können diese Informationen weiterreichen.

^ **Abbildung 25.18** *Ein Data Detector hat eine Adresse erkannt.*

Data Detectors sind im Alltag eine große Hilfe, da Sie die von den Data Detectors gefundenen Strukturen so leicht weiterverwenden können. Wenn Sie z. B. in Mail mit dem Mauszeiger über ein Datum fahren, blendet der zuständige Data Detector ein Kontextmenü ein, mit dem Sie aus dem angezeigten Datum bequem einen Termin in Kalender anlegen können.

QuickLook

Die zu *QuickLook* gehörende Funktion nennt sich in auf Deutsch lokalisierten OS-X-Systemen *Übersicht* und ist eine der praktischsten Funktionen des Betriebssystems. Dank der Übersicht haben Sie die Möglichkeit, sich den Inhalt von Dateien vorab anzusehen, ohne sie dafür öffnen zu müssen. Eine ausführliche Beschreibung der Übersicht finden Sie in Kapitel 3, »Dateiverwaltung mit dem Finder«, auf Seite 134.

^ **Abbildung 25.19** *Die Übersicht eines Bildes*

WebKit

Die Technologie *WebKit* macht Safari zu einem der schnellsten und besten Browser. WebKit haben Sie bereits in Kapitel 7, »Internet und Netzwerk«, kennengelernt (siehe Seite 274). WebKit ist aber nicht nur der Kern von Safari, sondern auch eine eigenständige Technologie zum Rendern von Websites, die Programmierer auch in ihre eigenen Programme integrieren können.

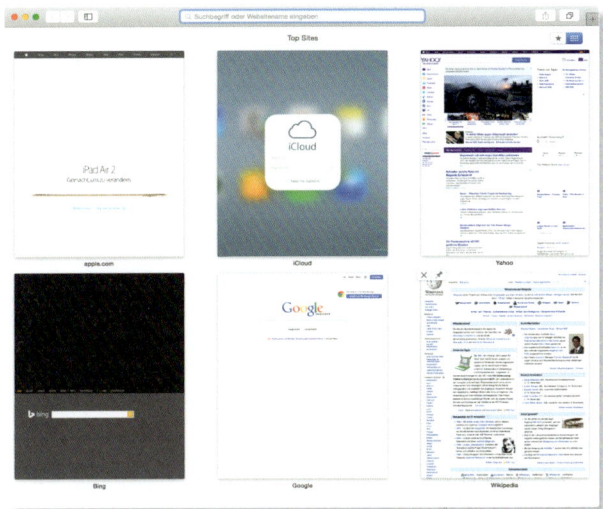

^ **Abbildung 25.20** *Basiert auf WebKit: Safari*

Input Method Kit

Das *Input Method Kit* ist die Technologie, die dafür sorgt, dass Sie mit OS X nicht nur lateinische Zeichen und arabische Zahlen nutzen können, sondern auch nicht lateinische Sprachen und die entsprechenden Eingabemethoden. Am eindrucksvollsten macht sich das bei der handschriftlichen Eingabe von Zeichen auf dem Trackpad bemerkbar.

^ **Abbildung 25.21** *Dank des Input Method Kit können Sie nicht lateinische Zeichen auch mit dem Trackpad eingeben.*

Lesen Sie im Abschnitt »Eingabemethoden und Trackpad-Handschrift für nicht lateinische Zeichen« auf Seite 582 nach, wie Sie diese Funktion aktivieren.

25.5 Die Media-Schicht

In der *Media-Schicht* befinden sich die Medientechnologien, die für das Handling von Mediendateien und das Verarbeiten von Effekten zuständig sind.

Quartz

Quartz bietet Bildbearbeitungs- und Rendering-Funktionen und außerdem Filterfunktionen, die sich in Programmen einsetzen und mit denen sich beispielsweise PDF-Dateien verkleinern lassen. Auch viele Bildschirmschoner wurden mit der Quartz-Technologie erstellt.

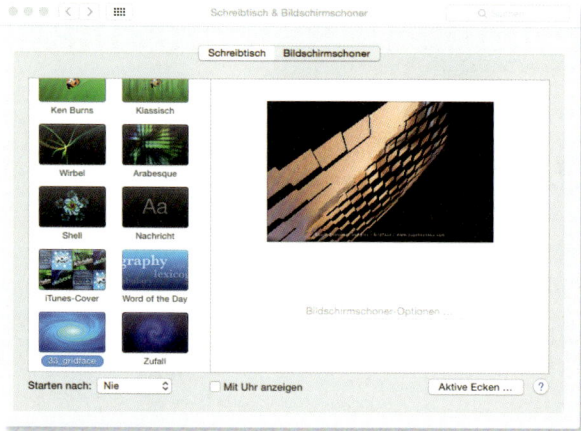

∧ Abbildung 25.22 *Ein mit Quartz erstellter Bildschirmschoner*

Eine interessante Website, die sich mit Quartz beschäftigt und das Potenzial der Technologie deutlich macht, ist *http://zugakousaku.com/#/?en-lab*.

Core Animation

Mit *Core Animation* können Animationen in Programmen verwendet werden. Dabei handelt es sich nicht um fertige Animationen, sondern die Animationen werden in Echtzeit berechnet und ausgeführt. Animationen dienen in OS X, gemäß den strengen OS X Human Interface Guidelines, jedoch nicht der Belustigung, sondern der Optimierung der Bedienung, vor allem was das Verständnis von Vorgängen und Abläufen betrifft. Am

deutlichsten wird das im Alltag an der Animation, die deutlich macht, wenn ein Button auswählbar ist. Dabei wird ein blauer Rahmen um den Button gelegt.

ColorSync

Das *ColorSync*-Dienstprogramm, das Sie in Kapitel 16, »Dienstprogramme – nützliche Helfer«, auf Seite 618 kennengelernt haben, dient zur Verwaltung von *ColorSync*. Diese Technologie sorgt dafür, dass alle Programme und Geräte eine einheitliche Farbverwaltung nutzen.

CUPS

CUPS steht für *Common Unix Printing System* und ist das hauptverantwortliche Druckmanagementsystem in OS X. Eine weitere Aufgabe des Drucksystems von OS X ist die systemweite native Unterstützung von PDF. So können Sie aus jedem Programm heraus Dateien nicht nur auf dem Drucker ausgeben, sondern auch PDFs aus ihnen erstellen.

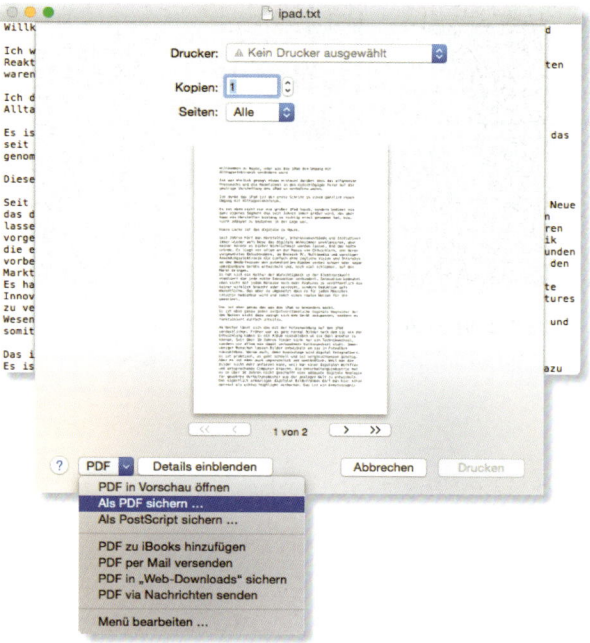

∧ Abbildung 25.23 *Steht systemweit in jedem Druckdialog zur Verfügung: die PDF-Erstellung*

AV Foundation

Das Framework *AV Foundation* stellt Funktionen zur Erstellung und Bearbeitung von Mediendateien zur Verfügung. Programmierer können so auf viele Bearbeitungsfunktionen direkt zugreifen und müssen sie nicht selbst entwickeln.

QuickTime

QuickTime ist die grundlegende Multimediatechnologie von OS X. QuickTime besteht nicht nur aus dem bereits aus Kapitel 14, »Andere Multimediaprogramme auf dem Mac«, bekannten *QuickTime Player*, sondern auch aus einem Framework. QuickTime bildet die Grundlage beinahe aller Multimediaprogramme auf dem Mac.

▲ **Abbildung 25.24** *Sichtbarstes, aber nicht einziges Merkmal von QuickTime: der QuickTime Player*

25.6 Die Cocoa-Schicht

Die oberste Ebene, die Anwendungsebene, wird auch *Cocoa-Ebene* genannt – nach der von OS X verwendeten Programmiersprache *Cocoa* (die anderswo auch *Objective-C* heißt). Dort sind all die Technologien zu Hause, die Sie bei der Arbeit mit OS X ganz bewusst wahrnehmen und nutzen, wie beispielsweise der Vollbildmodus, die Bedienungshilfen, AppleScript und vieles mehr.

Resume

Die Technologie *Resume* ist dafür verantwortlich, dass Sie nach einem Neustart alles wieder so vorfinden, wie Sie es vor dem Herunterfahren verlassen haben.

▲ **Abbildung 25.25** *Resume in Aktion*

Auto Save

Auto Save sorgt dafür, dass Dokumente, die Sie aktuell bearbeiten, in regelmäßigen Abständen gesichert werden. Programmierer, die diese Technologie in ihren Programmen einsetzen, nehmen Ihnen so die Sicherung ab und halten dadurch potenzielle Datenverluste in sehr engen Grenzen.

Vollbildmodus

Der *Vollbildmodus* ist ebenfalls eine Funktion, die vom Betriebssystem bereitgestellt wird und die Programmierer in ihre Programme übernehmen können. Dadurch, dass der Vollbildmodus derart standardisiert zur Verfügung gestellt wird, ist gewährleistet, dass sich das Verhalten von Programmen im Vollbildmodus stets gleicht und Sie nicht bei jedem Programm aufs Neue herausfinden müssen, wie der Vollbildmodus umgesetzt wurde.

AppleScript

AppleScript ist die hauseigene Skriptsprache von OS X. Der AppleScript-Editor, den Sie in Kapitel 23, »Routineaufgaben automatisieren mit Automator und AppleScript«, auf Seite 796 kennengelernt haben, ist quasi der Zugang zu dieser Technologie. Dabei ist AppleScript technologisch besonders interessant, da es im Vergleich zu anderen Skriptsprachen sehr viel umfangreichere Möglichkeiten bietet, Programme untereinander per Skript zu verbinden. So lassen sich beispielsweise Daten, die von einem Programm generiert wurden, an ein anderes Programm übergeben, und auch die Grenze zu anderen Skriptsprachen ist fließend durch die Einbindung von Kommandozeilenbefehlen in AppleScript.

Spotlight

Spotlight ist eine tief ins System verankerte Suchtechnologie, deren sichtbare Enden z. B. die Suchzeile in der Menüleiste oder die intelligenten Ordner im Finder sind. Spotlight steht jedoch auch systemweit anderen Programmen zur Verfügung.

Abbildung 25.26 *Spotlight an prominenter Stelle mitten auf dem Schreibtisch*

Ink Services

Ink ist eine Technologie, die es Ihnen erlaubt, handschriftliche Eingaben zu machen, falls an Ihren Mac ein Grafiktablett angeschlossen ist.

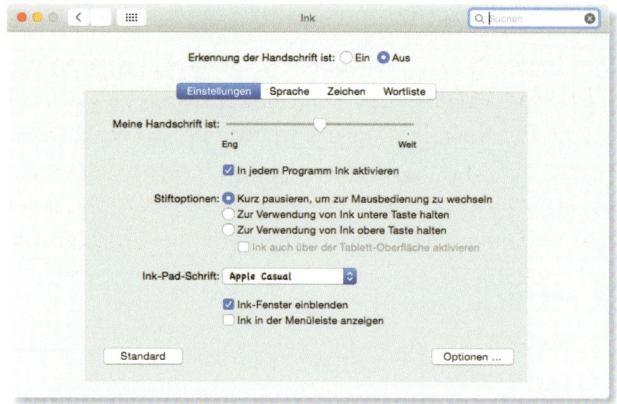

Abbildung 25.27 *Die Einstellungen von Ink sehen Sie nur dann in den Systemeinstellungen, wenn ein Grafiktablett an Ihren Mac angeschlossen ist.*

App Kit

App Kit ist ebenfalls ein Framework. Damit lassen sich Programme für Funktionen wie *Spaces* und den schnellen Benutzerwechsel fit machen.

Screen Saver Framework

Das *Screen Saver Framework* hilft Programmierern von Bildschirmschonern bei deren Implementierung.

Compressed Memory

Compressed Memory ist eine Technologie, mit der es das System schafft, die am wenigsten genutzten Teile des Arbeitsspeichers um bis zu 50 % zu komprimieren und so weiteren Arbeitsspeicher für Bereiche, in denen er akut benötigt wird, freigeben zu können. Früher wurden dazu die wenig benötigten Teile aus dem Arbeitsspeicher auf spezielle Teile der Festplatte ausgelagert, was länger dauerte und mehr Energie kostete. Praktisch bedeutet die Komprimierung, dass Sie circa 6 GByte Arbeitsspeicher zur Verfügung haben, obwohl in Ihrem Mac beispielsweise nur 4 GByte Arbeitsspeicher verbaut sind.

Timer Coalescing

Sie haben bereits in Kapitel 16, »Dienstprogramme – nützliche Helfer«, das Dienstprogramm *Aktivitätsanzeige* kennengelernt. Dort haben Sie gesehen, dass selbst auf einem System, auf dem augenscheinlich gerade nichts los ist, trotzdem reger Betrieb herrscht. Jeder der laufenden Prozesse meldet also in bestimmten Abständen immer wieder Bedarf an Systemressourcen.

⌃ **Abbildung 25.28** *Schematische Darstellung der Situation, die Timer Coalescing verbessert*

Wenn also viele Prozesse immer wieder solchen Bedarf melden, kommt das System nur selten zur Ruhe – zu Ruhephasen, die sich zum Stromsparen nutzen ließen. Um dem System mehr solcher Ruhezeiten zu ermöglichen, versucht *Timer Coalescing*, die Anfragen der Prozesse zu synchronisieren. Diese Synchronisierung bewirkt längere Ruhezeiten für das System, da die Anfragen der einzelnen Prozesse auf diese Weise nicht wie gewohnt sofort, sondern in größeren Abständen gemeinschaftlich kommen. Die so ermöglichten längeren Ruhezeiten des Systems tragen wiederum zu einer besseren Batterielaufzeit bei.

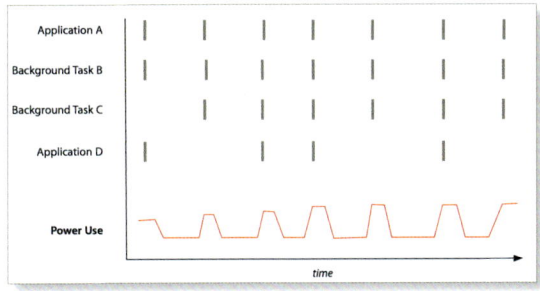

⌃ **Abbildung 25.29** *Schematische Darstellung des Effekts von Timer Coalescing*

Dieser kurze Einblick in die Technologien von OS X verdeutlicht, wie diese Technologien, und insbesondere die unter OS X Mavericks neu eingeführten und vor allem auf Stromsparen ausgerichteten, doch im Alltag ganz konkrete positive Auswirkungen haben.

App Nap

Das englische Wort *Nap* bedeutet *Nickerchen*. Die Technologie *App Nap* schickt also Anwendungen, die gerade geöffnet sind, aber eigentlich keine Ressourcen vom System nutzen müssten, da sie gerade nicht in Verwendung sind, in einen »Kurzschlaf«. Auf diese Weise wird der Energieverbrauch des Systems gesenkt, was wiederum zu längeren Batterielaufzeiten führt.

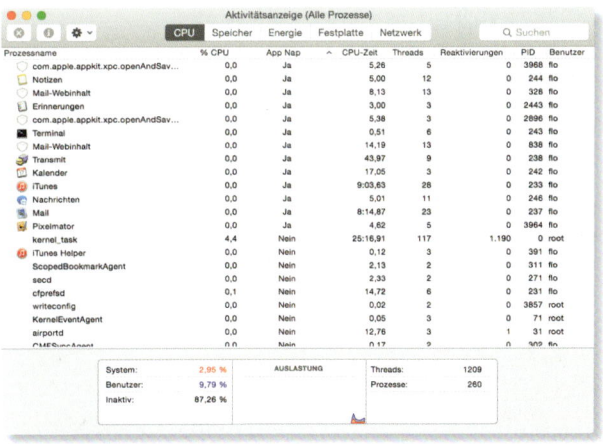

⌃ **Abbildung 25.30** *App Nap gönnt Anwendungen gerne mal ein Nickerchen.*

Zu guter Letzt

Nachdem Sie jetzt am Ende der Technologie-Übersicht und damit auch am Ende dieses Buches angekommen sind, sind Sie durch das Lesen der Kapitel und die ausprobierten Programme vermutlich schon zu einem recht souveränen Mac-Nutzer geworden.

Wenn Sie Ihr Wissen über OS X vertiefen wollen, empfehle ich Ihnen die iOS-App *grasp*. Mit den von mir kuratierten Fragensets »OS X für Einsteiger« und »OS X für Experten« können Sie Ihr Wissen über OS X bequem festigen. Grasp ist im App Store bzw. unter *https://itunes.apple.com/de/app/grasp-pretty.-smart./ id853194512?mt=8* verfügbar.

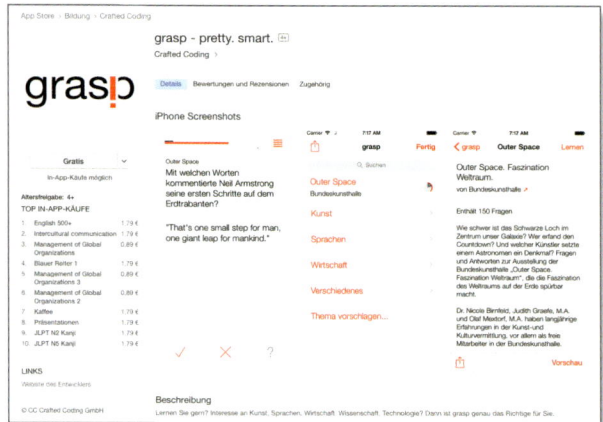

△ **Abbildung 25.31** *grasp hilft Ihnen, Ihr Wissen zu vertiefen.*

Nehmen Sie sich – auch wenn es vielleicht schwerfallen mag, denn der Mac und OS X wissen wirklich zu begeistern – nun eine mehrstündige digitale Auszeit. Machen Sie einen Spaziergang, gehen Sie ins Kabarett, oder nehmen Sie ein gutes Buch (Literatur, kein Fachbuch) zur Hand, und freuen Sie sich darauf, morgen wieder mit Ihrem Mac arbeiten zu können. Ich wünsche Ihnen dabei und bei der Rückkehr an Ihren Mac von ganzem Herzen viel Freude!

Anhang
Nützliche Tastenkombinationen

Die Verwendung von Tastenkombinationen ist sicherlich eine Geschmackssache, aber häufig lassen sich Befehle mit einer Tastenkombination schneller ausführen, anstatt sie mit der Maus und dem (Um-)Weg über die Menüleiste aufzurufen. An dieser Stelle finden Sie daher eine Auswahl nützlicher Tastenkombinationen für OS X. Die Tastenkombinationen im Abschnitt »Allgemeine Tastenkombinationen« gelten in der Regel systemweit in OS X, während Sie in den anderen Abschnitten vor allem Tastenkombinationen zu programmspezifischen Befehlen finden. Ich hoffe, dass Ihnen diese Zusammenstellung bei Ihrer täglichen Arbeit am Mac behilflich ist und wünsche Ihnen viel Freude beim Ausprobieren.

Allgemeine Tastenkombinationen

Tastenkombination	Aktion
cmd + .	Aufrufen der Einstellungen in den meisten Programmen (die sich an die Apple-Vorgaben halten)
cmd + C	Element kopieren
cmd + V	Element einfügen
cmd + Z	Letzten Befehl widerrufen
cmd + A	Alle Elemente markieren
cmd + M	Aktives Fenster minimieren
cmd + W	Aktives Fenster schließen
cmd + F3	Alle Fenster ausblenden und Schreibtisch anzeigen
cmd + alt + H	Außer dem aktiven Fenster, alle Fenster ausblenden
cmd + S	Datei sichern
esc	Vollbildmodus beenden
cmd + H	Programm ausblenden
cmd + Q	Programm beenden
cmd + F	Suche aufrufen
cmd + +	Darstellung vergrößern
cmd + -	Darstellung verkleinern
cmd + J	Darstellungsoptionen einblenden

Tastenkombination	Aktion
`cmd` + `P`	Drucken
`cmd` + `→`	Programmwechselanzeige aufrufen
`cmd` + Leertaste	Spotlight-Suchfeld aufrufen
`cmd` + `alt` + `esc`	»Sofort beenden«-Dialogfenster einblenden
`cmd` + `alt` + `⇧` + `esc`	Programmende erzwingen
`⏏` (bei Macs mit optischen Laufwerken)	Eingelegtes Medium wird entfernt

Tastenkombinationen für den Finder

Tastenkombination	Aktion
`cmd` + `▲`	Eine Ebene zurück navigieren, Ordner schließen
`cmd` + `▼`	Eine Ebene weiter navigieren, Ordner öffnen
`cmd` + `N`	Neues Fenster
`⇧` + `cmd` + `N`	Neuen Ordner anlegen
`cmd` + `ctrl` + `N`	Alle markierten Dateien in einen neuen Ordner legen
`cmd` + `O`	Markiertes Element/Programm öffnen/starten
`cmd` + `1`	Symbolansicht aufrufen
`cmd` + `2`	Listenansicht aufrufen
`cmd` + `3`	Spaltenansicht aufrufen
`cmd` + `4`	Cover-Flow-Ansicht aktivieren
`cmd` + `I`	Informationen zum markierten Element aufrufen
`alt` + `cmd` + `P`	Pfadleiste einblenden
`⇧` + `cmd` + `7`	Statusleiste einblenden
`alt` + `cmd` + `S`	Seitenleiste ausblenden
`⇧` + `cmd` + `P`	Vorschau einblenden
`cmd` + Mausklick auf weitere Dateien	Mehrere Dateien markieren
`⇧` + Mausklick auf letzte zu markierende Datei einer Liste	Mehrere aufeinanderfolgende Dateien markieren
`cmd` + `D`	Datei oder Ordner duplizieren
`alt` + Drag & Drop	Datei wird kopiert (anstatt verschoben)
`cmd` + `alt` + Drag & Drop	Im Zielordner wird ein Alias erzeugt

Tastenkombination	Aktion
`cmd` + `L`	Erstellt Alias
`cmd` + `R` (bei markiertem Alias)	Ruft die Originaldatei auf
`cmd` + `←`	Datei in den Papierkorb legen
`⇧` + `cmd` + `←`	Papierkorb leeren
`alt` + `⇧` + `cmd` + `←`	Papierkorb ohne Rückfrage leeren
`cmd` + `E`	Markiertes Volume wird entfernt
`alt`	Zeigt den Ordner »Library« im Menü »Gehe zu«
`⇧` + `cmd` + `G`	Ruft Pfadeingabefenster auf
`ctrl` + `cmd` + `T`	Ordner zur Seitenleiste hinzufügen
`cmd` + `K`	Mit Server verbinden

Tastenkombinationen für Safari

Tastenkombination	Aktion
Leertaste	Eine Bildschirmanzeige nach unten blättern
`⇧` + Leertaste	Eine Bildschirmanzeige nach oben blättern
`⇧` + `cmd` + `L`	Seitenleiste mit Lesezeichenübersicht einblenden
`⇧` + `cmd` + `B`	Favoritenleiste einblenden
`cmd` + `T`	Neuen Tab öffnen
`cmd` + Klick auf einen Link	Link wird in einem neuen Tab geöffnet
`⇧` + `cmd` + `N`	Neues privates Fenster
`⇧` + `cmd` + `K`	Pop-ups unterdrücken
`alt` + `cmd` + `E`	Cache leeren
`cmd` + `L`	Adresse öffnen
`cmd` + `I`	Seite als E-Mail versenden
`cmd` + `R`	Seite neu laden
`cmd` + `D`	Lesezeichen hinzufügen
`⇧` + `cmd` + `N`	Lesezeichenordner hinzufügen
`alt` + `cmd` + `2`	Verlauf einblenden
`⇧` + `cmd` + `D`	Aktuelle Seite der Leseliste hinzufügen
`alt` + `cmd` + `L`	Downloads einblenden

Tastenkombinationen für Mail

Tastenkombination	Aktion
⇧ + cmd + N	Alle neuen E-Mails empfangen
cmd + R	Auf E-Mail antworten
cmd + N	Neue E-Mail erstellen
⇧ + cmd + A	Datei an neue E-Mail anhängen
alt + cmd + B	Adressfeld Blindkopie einblenden
alt + cmd + I	Markierte E-Mail(s) anhängen
⇧ + cmd + D	E-Mail erneut senden
⇧ + cmd + M	Postfachliste ausblenden
alt + cmd + L	Regeln auf Postfach anwenden

Tastenkombinationen für Kontakte

Tastenkombination	Aktion
⇧ + cmd + Ä	Zur nächsten Visitenkarte wechseln
⇧ + cmd + Ö	Zur vorherigen Visitenkarte wechseln
⇧ + cmd + N	Neue Gruppe anlegen
alt (bei markiertem Kontakt)	Zeigt alle Gruppen an, denen der Kontakt zugeordnet ist
cmd + 1	Gruppen ausblenden
cmd + O	Kontakte importieren
cmd + L	Visitenkarte bearbeiten
⇧ + cmd + L	Markierte Visitenkarten zusammenlegen

Tastenkombinationen für Kalender

Tastenkombination	Aktion
cmd + L	Heute anzeigen
⇧ + cmd + L	Bestimmtes Datum anzeigen
cmd + N	Neues Ereignis
alt + cmd + I (bei markiertem Ereignis)	Detailinformationen zu einem Ereignis aufrufen
cmd + E	Ereignis bearbeiten
cmd + 1	Tagesansicht

Tastenkombination	Aktion
`cmd` + `2`	Wochenansicht
`cmd` + `3`	Monatsansicht
`cmd` + `4`	Jahresansicht
`alt` + `cmd` + `S`	Neues Kalenderabonnement

Tastenkombinationen für Karten

Tastenkombination	Aktion
`cmd` + `1`	Karte (Ansicht)
`cmd` + `2`	Satellit (Ansicht)
`cmd` + `0`	3D-Karte zeigen
`cmd` + `L`	Zum aktuellen Ort wechseln
`cmd` + `R`	Route einblenden
`⇧` + `cmd` + `D`	Stecknadel setzen
`cmd` + `D`	Als Favorit sichern

Tastenkombinationen für Nachrichten

Tastenkombination	Aktion
`cmd` + `N`	Neue Konversation
`cmd` + `←`	Konversation löschen
`alt` + `cmd` + `B`	Visitenkarte einblenden
`alt` + `cmd` + `E`	E-Mail senden
`alt` + `cmd` + `F`	Datei senden
`alt` + `cmd` + `L`	Dateiübertragungen einblenden

Tastenkombinationen für Pages, Keynote und Numbers

Tastenkombination	Aktion
`cmd` + `B`	Fett
`cmd` + `I`	Kursiv
`cmd` + `U`	Unterstrichen

Tastenkombination	Aktion
`cmd` + `Ä`	Rechtsbündig(Textausrichtung / Pages und Keynote) Vorheriges Tabellenblatt (Numbers)
`cmd` + `Ö`	Linksbündig (Textausrichtung / Pages und Keynote) Nächstes Tabellenblatt (Numbers)
`cmd` + `Ü`	Zentriert (Textausrichtung / Pages und Keynote)
`⇧` + `cmd` + `N`	Neue Folie einfügen (Keynote)
`alt` + `cmd` + `I`	Blocksatz (Pages und Keynote)
`cmd` + `X`	Markierte Elemente ausschneiden
`alt` + `cmd` + `P`	Miniaturenleiste einblenden (Pages) Präsentation starten (Keynote)
`alt` + `cmd` + `T`	Kommentar- und Änderungsbereich einblenden (Pages)
`cmd` + `R`	Lineal einblenden
`⇧` + `cmd` + `I`	Steuerzeichen einblenden (Pages)
`⇧` + `cmd` + `K`	Kommentar zu markiertem Element einfügen
`⇧` + `cmd` + `H`	Markierung einfügen (Pages)
`alt` + `cmd` + `G`	Elemente gruppieren

Tastenkombinationen für iTunes

Tastenkombination	Aktion
`cmd` + `1`	Ruft Mediathekbereich Musik auf
`cmd` + `2`	Ruft Mediathekbereich Filme auf
`cmd` + `3`	Ruft Mediathekbereich TV-Sendungen auf
`cmd` + `.`	Wiedergabe stoppen
`cmd` + `N`	Neue Wiedergabeliste erstellen
`alt` + `cmd` + `N`	Neue intelligente Wiedergabeliste erstellen
`alt` + `cmd` + `M`	Miniplayer aufrufen
`cmd` + `U`	Stream öffnen
`⇧` + `cmd` + `R`	Datei im Finder zeigen
`cmd` + `B` (in der Titelansicht)	Spaltenanzeige einblenden
`cmd` + `ß`	Statusleiste einblenden
`alt` + `cmd` + `E`	Equalizer einblenden

Tastenkombination	Aktion
alt + cmd + L	Downloads einblenden
⇧ + cmd + H	Startseite des iTunes Store der aktuellen Kategorie aufrufen
alt + Klick auf das Programm-icon	Beim Programmstart eine neue Mediathek anlegen bzw. eine alternative Mediathek auswählen

Tastenkombinationen für iMovie, GarageBand, iPhoto und Quicktime

Tastenkombination	Aktion
cmd + I	Medien importieren (iMovie)
cmd + J	Filmeigenschaften einblenden (iMovie)
cmd + T	Loop/Aufnahme an der Position des Abspielmarkers teilen (GarageBand/QuickTime) Überblendung hinzufügen (iMovie)
E	Zum Film hinzufügen (iMovie)
Q	Verbinden (iMovie)
W	Einfügen (iMovie)
cmd + B	Clip teilen
alt + Ü	Auf Auswahl trimmen
cmd + D	Spur duplizieren (GarageBand)
cmd + N	Neues Album erstellen (iPhoto)
⇧ + cmd + K	Schlagworte einblenden (iPhoto)
cmd + K	Schlagworte verwalten (iPhoto)
⇧ + cmd + R	Wertung einblenden (iPhoto)
⇧ + cmd + T	Titel einblenden (iPhoto)
cmd + E	Foto bearbeiten (iPhoto)
cmd + .	Foto markieren (iPhoto)
cmd + L	Foto ausblenden (iPhoto)
ctrl + alt + cmd + N	Neue Audioaufnahme starten (QuickTime)
alt + cmd + N	Neue Videoaufnahme starten (QuickTime)
ctrl + cmd + N	Neue Bildschirmaufnahme starten (QuickTime)

Tastenkombinationen für Screenshots

Tastenkombination	Aktion
`⇧` + `cmd` + `3`	Screenshot des gesamten Bildschirms erstellen
`⇧` + `cmd` + `4` + mit der Maus ausgewählten Bereich	Screenshot einer Auswahl
`⇧` + `cmd` + `4` + Leertaste	Screenshot eines bestimmten Fensters erstellen
`⇧` + `cmd` + `Z` (nur im Programm Bildschirmfoto)	Screenshot des gesamten Bildschirms per Selbstauslöser erstellen

Tastenkombinationen beim Einschalten

Tastenkombination	Aktion
`alt`	Bootvolume wählen
`T`	Target-Modus starten
`C`	Start von optischen Medium
`N`	Von Netzlaufwerk starten
`cmd` + `V`	Verbose-Modus starten
`cmd` + `R`	Recovery-Modus starten
`⇧` (nach dem Gong drücken)	Erweiterungen werden beim Systemstart nicht geladen
`alt` + `cmd` + `P` + `R` (bis nach dem zweiten Gong gedrückt halten)	RAM zurücksetzen

Stichwortverzeichnis

L

O

- Alles Schritt für Schritt erklärt

- Musik, Filme und Apps kaufen und verwalten

- iPhone, iPod und iPad mit iTunes verbinden

René Gäbler

iTunes
Die verständliche Anleitung

Mit dieser Anleitung haben Sie iTunes endlich im Griff! Verwalten Sie Ihre Musik, Filme und Apps und übertragen Sie Ihre Sammlungen auf Ihr iPhone, iPad oder Ihren iPod. Sichern Sie die Daten, die sich auf Ihrem Apple-Gerät befinden und spielen Sie Ihre Medien über AirPlay und Apple TV ab. Für dieses Buch sind keine Vorkenntnisse erforderlich, alle Funktionen werden Schritt für Schritt erklärt und ausführlich und verständlich beschrieben.

291 Seiten, broschiert, in Farbe, 19,90 Euro
ISBN 978-3-8421-0122-7
erschienen Februar 2015
www.vierfarben.de/3546

- Telefonieren, Internet, E-Mails, Fotografieren u.v.m.

- Tipps und Hinweise zu den besten Apps und Tools

- Aktuell zu iOS 8

Hans-Peter Kusserow

iPhone 6
Die verständliche Anleitung

So viele Funktionen, so viele Fragen! Mit dieser übersichtlichen Anleitung wissen Sie immer, wie's funktioniert. Apple-Experte Kusserow vermittelt selbst die allerneuesten technischen Raffinessen des iPhones anschaulich und leicht verständlich. Von der Pike auf lernen Sie nach und nach, sämtliche Anwendungen richtig und sicher zu nutzen. Alles ganz praktisch!

400 Seiten, broschiert, in Farbe, 19,90 Euro
ISBN 978-3-8421-0145-6
erschienen Dezember 2014
www.vierfarben.de/3738

»Empfehlung der Redaktion!«
Macwelt.de

Das gesamte Buchprogramm: www.vierfarben.de

- Alles Schritt für Schritt erklärt

- E-Mails, Musik, Filme, Fotos und Spiele

- Aktuell zu iOS 8.1, für alle iPad-Modelle

Giesbert Damaschke

Das iPad-Buch
Die verständliche Anleitung

Lassen Sie sich Ihr iPad ganz genau erklären! Schritt für Schritt und in vielen Bildern sehen Sie in diesem Buch, wie Sie die Möglichkeiten Ihres iPads richtig nutzen. Erleben Sie all die großartigen Anwendungen und lernen Sie die besten Apps für Musik, Filme, Spiele und Fotos kennen. Diese verständliche Anleitung macht Ihnen den Einstieg leicht. Sie ist für alle iPad-Modelle geeignet, für iPad, iPad Air und iPad Mini.

320 Seiten, broschiert, in Farbe, 19,90 Euro
ISBN 978-3-8421-0149-4
erscheint März 2015
www.vierfarben.de/3744

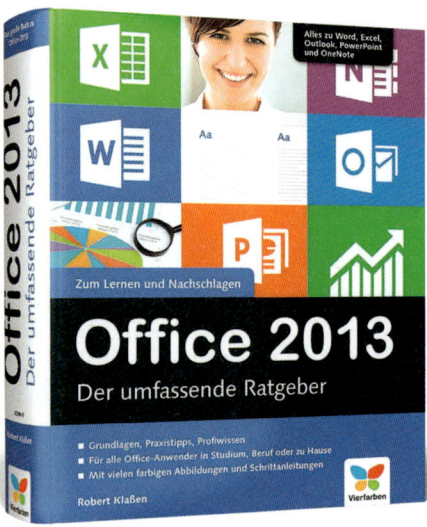

■ Grundlagen, Praxistipps und Profiwissen

■ Alles zu Word, Excel, Outlook, PowerPoint und OneNote

■ Mit vielen Schritt-für-Schritt-Anleitungen, Beispielen und Tipps

Robert Klaßen

Office 2013

Der umfassende Ratgeber

Dieser umfassende Ratgeber beantwortet Einsteigern und Fortgeschrittenen alle Fragen zu Word, Excel, Outlook, PowerPoint und OneNote! Auf knapp 1.200 Seiten steht Ihnen der erfahrene Fachbuchautor und Office-Experte Robert Klaßen mit Rat und Tat zur Seite. Verständliche Schritt-für-Schritt-Anleitungen, nützliche Tipps, anschauliche Screenshots und viele Praxisbeispiele machen dieses Buch zu einem Lern- und Nachschlagewerk, das Sie bald nicht mehr missen möchten.

1.194 Seiten, gebunden, in Farbe, mit CD, 39,90 Euro
ISBN 978-3-8421-0090-9
erschienen Mai 2014
www.vierfarben.de/3424

■ Grundlagen, Praxistipps und Profiwissen

■ Formeln, Funktionen, Diagramme, VBA u.v.m.

■ Mit Beispielen und Lernvideos auf DVD

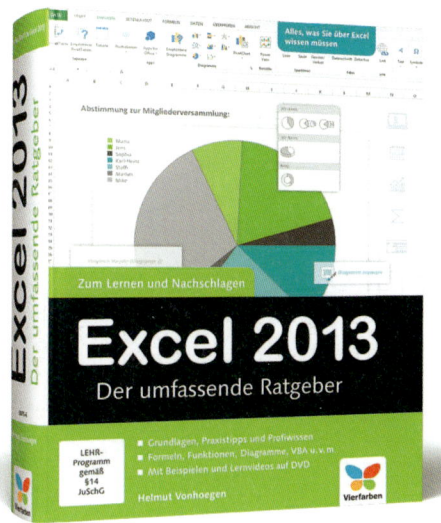

Helmut Vonhoegen

Excel 2013
Der umfassende Ratgeber

Was immer Sie mit Excel 2013 tun wollen, in diesem Ratgeber erhalten Sie kompetent Auskunft. Von einfachen Formeln und Diagrammen über komplexe Berechnungen und Datenanalysen bis hin zur Makroprogrammierung mit VBA. Hier finden Sie die richtige Antwort auf Ihre Fragen.

918 Seiten, gebunden, in Farbe, mit DVD, 39,90 Euro
ISBN 978-3-8421-0075-6
erschienen Mai 2013
www.vierfarben.de/3288

»Excel-Einsteiger erhalten die jeweiligen Features der Software anschaulich vermittelt. Die gelungene Strukturierung ermöglicht gezieltes Nachschlagen aktueller Fragestellungen.«
IT-Mittelstand

- Das ganze Fotowissen leicht verständlich erklärt

- Besser fotografieren: Menschen, Tiere, Landschaften u.v.m.

- Digitale Fototechnik verstehen und richtig einsetzen

Dietmar Spehr

Digital fotografieren lernen
Schritt für Schritt zu perfekten Fotos

Dieser Fotokurs für Ein- und Aufsteiger zeigt Ihnen alles, was Sie brauchen, um endlich Fotos zu machen, die begeistern. So setzen Sie das Gelesene schnell in Ihre Fotopraxis um. Porträtieren Sie Menschen, fangen Sie die Schönheit der Natur ein, erkunden Sie die Makrofotografie und vieles mehr – endlich mehr Spaß und Erfolg mit der Fotografie!

424 Seiten, broschiert, in Farbe, 19,90 Euro
ISBN 978-3-8421-0063-3
erschienen März 2014
www.vierfarben.de/3216

»Dieses Buch macht einfach Lust und Laune, seine Kamera zu verstehen und sein Wissen fotografisch zielgerichtet einzusetzen.«
prophoto-online.de

■ Der einfache Weg zu besseren Fotos!

■ Bringen Sie Ihre digitalen Fotos zum Strahlen

■ Alle Werkzeuge und Funktionen – Schritt für Schritt erklärt

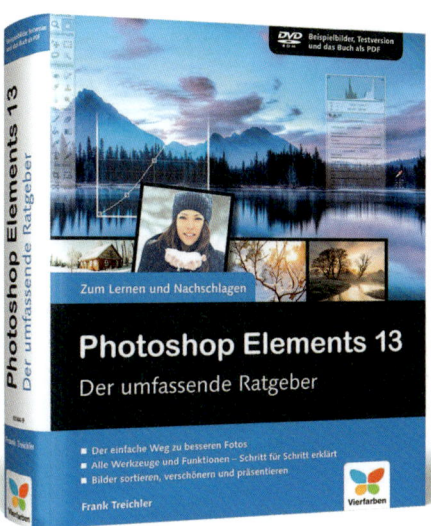

Frank Treichler

Photoshop Elements 13
Der umfassende Ratgeber

Dieses Buch zeigt Ihnen den perfekten Workflow für die Bildbearbeitung mit Photoshop Elements: Bringen Sie Ordnung in Ihre Fotosammlung, korrigieren Sie Bildfehler, oder verschönern Sie Fotos mit Filtern und Effekten. In diesem umfassenden Ratgeber finden Sie alle Elements-Funktionen – Schritt für Schritt und verständlich erklärt.

1.008 Seiten, gebunden, in Farbe, mit DVD, 39,90 Euro
ISBN 978-3-8421-0144-9
erschienen November 2014
www.vierfarben.de/3729

»Praktischer Ratgeber mit umfangreichen Tipps aus der Praxis. Der Autor vermittelt die Themen verständlich, mit Leidenschaft und Humor.«
psd-tutorials.de

- Die Welt der Kamera entdecken

- Einfach bessere Fotos machen

- Für jedes Alter

Günter Hauschild

Der Fotokurs für junge Fotografen

Noch nie war fotografieren lernen so einfach wie mit diesem Buch! Auch die beste Kamera macht nicht immer alles richtig, und für tolle Fotos muss man ihr manchmal ein bisschen unter die Arme greifen. Wie das geht, zeigt dieser Fotokurs in kurzen und verständlichen Lektionen. Und weil selber machen noch schöner ist als lesen, gibt es viele Tipps für eigene kleine Fotoprojekte und was man mit den tollen Fotos alles anstellen kann! Ein Buch zum Lesen, Lernen und Ausprobieren.

199 Seiten, gebunden, in Farbe, 24,90 Euro
ISBN 978-3-8421-0080-0
erschienen September 2013
www.vierfarben.de/3313

»Gehört bei jedem Kauf der ersten Kamera dazu!«
fotoGEN

Jetzt den Newsletter bestellen!

- Für alle Versionen inkl. Plus, Premium und 360

- Videoschnitt, Effekte, Fotos, Präsentation u.v.m.

- Mit zahlreichen Beispielvideos auf DVD

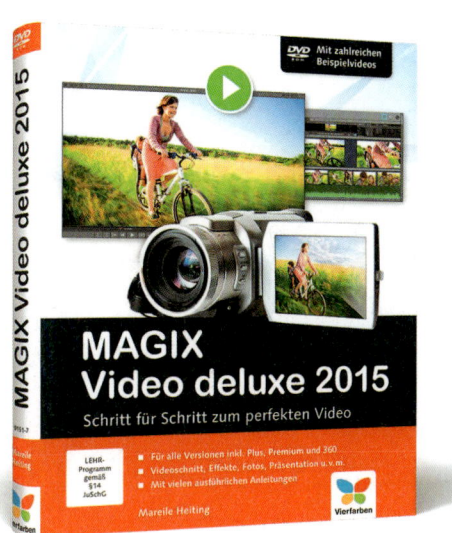

Mareile Heiting

MAGIX Video deluxe 2015
Schritt für Schritt zum perfekten Video

Wie Sie Ihre Videosequenzen mit MAGIX Video Deluxe 2015 in sehenswerte Filme verwandeln, lernen Sie in diesem Buch. Mareile Heiting zeigt Ihnen dabei alles haarklein und gibt Ihnen verständliche Anleitungen an die Hand: vom Importieren Ihrer Filmsequenzen über die Nachbearbeitung und den gekonnten Schnitt bis hin zur Ausgabe auf DVD oder Blu-Ray. Natürlich kommen auch die Spezialitäten nicht zu kurz: Bild- und Übergangseffekte, Nachvertonung, Standbilder und Fotoeinblendungen und, und, und.

414 Seiten, gebunden, in Farbe, mit DVD, 29,90 Euro
ISBN 978-3-8421-0151-7
erschienen November 2014
www.vierfarben.de/3761

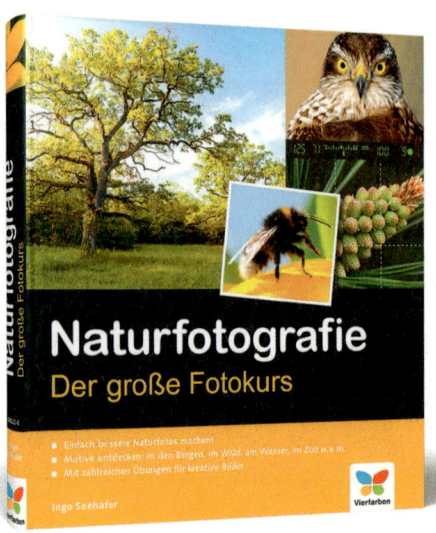

- Einfach bessere Naturfotos machen!

- Motive entdecken: in den Bergen, im Wald, am Wasser, im Zoo u.v.m.

- Mit zahlreichen Übungen für kreative Bilder

Ingo Seehafer

Naturfotografie
Der große Fotokurs

Dieses Buch wird Sie nicht lange im Sessel halten, denn nicht nur die fantastischen Beispielbilder machen Lust auf die Naturfotografie. Ingo Seehafer schildert seine Erfahrungen – natürlich mit handfesten Fototipps und Anleitungen. Ziehen Sie los, nehmen Sie beeindruckende Landschaften auf, porträtieren Sie Tiere und Pflanzen u.v.m.

327 Seiten, gebunden, in Farbe, 39,90 Euro
ISBN 978-3-8421-0022-0
erschienen Februar 2013
www.vierfarben.de/2893

»Praxis und »Softskills«! Ein Buch für Naturbegeisterte: Im Vordergrund steht der fotografische Einsatz im Freien.«
COLORFOTO

Leseprobe unter: www.vierfarben.de

- Setzen Sie kleine Motive groß in Szene!

- Grundlagen und spezielle Techniken einfach erklärt

- Mit zahlreichen Übungen für kreative Bilder

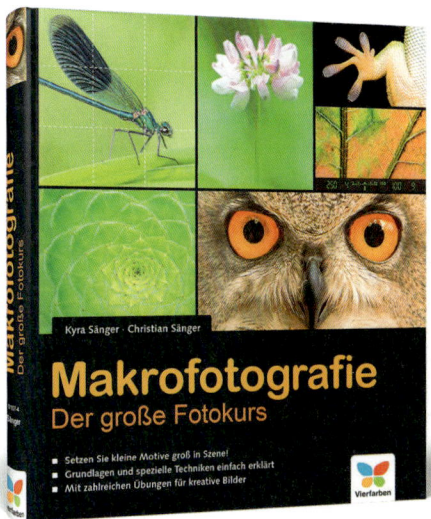

Kyra Sänger, Christian Sänger

Makrofotografie
Der große Fotokurs

Erschaffen Sie faszinierende Bilder von Lebewesen und Strukturen, die dem Auge normalerweise verborgen bleiben. Wie Sie besonders anspruchsvolle Fototechnik meistern, lernen Sie aus erster Hand von den beiden Spezialisten Kyra und Christian Sänger. Die beiden Autoren sparen auch nicht mit kreativen Ideen, die Ihre eigenen Bilder bereichern werden – für mehr Spaß und Erfolg in der Makrofotografie!

374 Seiten, gebunden, in Farbe, 39,90 Euro
ISBN 978-3-8421-0107-4
erschienen Oktober 2014
www.vierfarben.de/3466

»Wer sich für Makrofotografie interessiert, kann unbesorgt zugreifen!«
Digital PHOTO

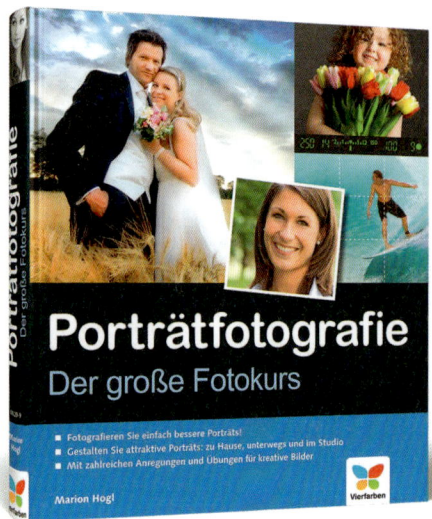

- Fotografieren Sie einfach bessere Porträts!

- Gestalten Sie attraktive Porträts: zu Hause, unterwegs und im Studio

- Mit zahlreichen Anregungen und Übungen für kreative Bilder

Marion Hogl

Porträtfotografie
Der große Fotokurs

Wenn Sie Bilder machen wollen, die auch die Porträtierten begeistern, dann ist dies das richtige Buch für Sie! Wie Sie Menschen gekonnt in Szene setzen, lernen Sie anhand fantastischer Bildbeispiele und von der Pike auf. Der umfassende Porträt-Fotokurs für alle Ein- und Aufsteiger!

359 Seiten, gebunden, in Farbe, 39,90 Euro
ISBN 978-3-8421-0029-9
erschienen September 2012
www.vierfarben.de/2577

»Ein lesens- und betrachtenswertes Buch als Einstieg in die Portraitfotografie.«
Akademie Fotodialoge

 Folgen Sie uns: www.facebook.com/Vierfarben